칼빈 주석

고린도전후서

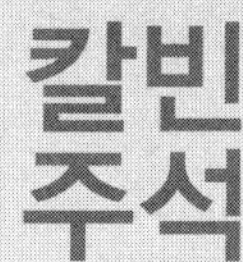

라 틴 어 원 전 완 역 본

고린도전후서

박 문 재 옮 김

21

IOANNIS CALVINI COMMENTARII

SINCE 1984
크리스천
다이제스트

고린도전서

헌 사 獻辭

팔레즈(Falais)와 브레다(Breda)의 주군이신
저 고명하신 부르고뉴의 자크(Jacques) 공께 이 책을 헌정함

이 주석서에서 나는 지난 오랜 세월 동안 많은 사람들의 간절한 권유와 끊임없이 반복된 요청에 따라서, 모든 사람의 소망과 염원에 부응하여, 결코 모호하지 않고 유익한 한 서신에 대한 주석과 해설을 시도하였습니다. 내가 이런 말을 하는 것은 이 주석서를 쓴 나를 사람들이 칭송해 주기를 바라서가 아니라(그런 것은 그리스도의 종들의 마음과 생각에서 결코 있어서는 안 되는 야심이다), 사람들이 이 주석서를 대수롭지 않거나 탐탁지 않게 여기지 않고, 기쁜 마음으로 받아서 읽을 때에만, 이 주석서를 통해서 조금이라도 유익을 얻을 수 있을 것이기 때문에, 어떻게 해서든지 사람들로 하여금 이 주석서를 환대하도록 하기 위해서입니다. 나는 내 자신을 과시하기 위해서가 아니라, 이 주석서가 하나님의 교회에 아주 큰 유익을 끼칠 수 있도록 하기 위해서, 내 나름대로는 최선을 다하였고, 온갖 정성과 심혈을 기울였지만, 그런 나의 수고가 정말 성공을 거둔 것인지의 여부는 독자들이 판단할 문제입니다. 하지만 적어도 나는 이 주석서가 바울의 마음과 생각을 철저하게 이해하는 데 적지 않은 도움을 줄 것이라는 것에 대해서는 자신 있게 말할 수 있습니다. 따라서 나는 지극히 고명하신 공께서도 이 주석서를 무척 만족해하실 것임을 의심하지 않기 때문에, 그렇다고 하더라도 공께서 나를 도를 넘어서 지나치게 치하하지 않으시기를 미리 말해 둘 필요가 있다고 느낍니다. 하지만 물론, 공께서 그렇게 나를 치하하신다고 하여도, 나는 공의 판단을 지극히 존중하고, 공의 그러한 판단이 아주 중요하다고 생각해서, 이 주석서가 공의 극찬을 받았다는 사실만으로도, 나의 수고가 놀라울 정도의 성공을 거둔 것이라고 생각할 것입니다.

내가 이 작품을 공께 헌정하게 된 데에는, 단지 나의 이 주석서를 공으로부터 인

정받고자 하는 소망만이 작용한 것이 아니라, 여러 가지 다른 고려들도 작용하였는데, 그 중에서도 가장 크게 작용한 요인은 공의 인품이 바울이 이 서신에서 논증을 통해서 베풀고 있는 가르침과 놀라울 정도로 부합한다는 것입니다. 왜냐하면, 오늘날에는 너무나 많은 사람들이 자신들에게 주어진 의무들과 자기가 해야 할 일들을 충분히 다 수행해 왔다고 착각하고서, 복음에 대하여 들으면, 단지 거기에 동의한다는 고갯짓만 하면서, 복음을 차갑고 냉랭하며 사변적인 철학으로 받아들일 뿐인 반면에, 공께서는 바울이 이 서신에서 증언하고 있는 대로, 복음 안에서 숨쉬며 복음을 따라 살아가는 생생하고 탁월한 모범이 되고 계시기 때문입니다. 내가 분명하게 밝혀 두고자 하는 것은, 공에 대하여 이렇게 말하는 것은 공을 위한 것이 아니라, 공의 그러한 모범적인 삶이 이 시대에 신앙의 모범으로서 아주 중요한 의미를 지니고 있어서라는 것입니다.

공께서는 첫째가는 반열에 속한 귀족으로서 지극히 존귀하고 높은 지위에 있으시고, 막대한 부와 재산을 소유하고 계시며, 그 정도의 지위와 부를 지닌 사람들은 극도로 타락한 삶을 살기가 너무나 쉬운데도, 스스로 겸손하며 절제하는 삶을 살아 오셨고, 공의 권속들에게도 고결하고 존귀한 삶을 살도록 잘 다스려 오셨기 때문에, 다른 것들은 살펴볼 필요도 없이, 이것 하나만으로도 만인의 귀감이 될 만합니다. 공께서는 자기 자신을 다스리는 일과 권속들을 다스리는 일, 이 두 가지 모두에서 지금까지 놀라울 정도로 잘해 오셨습니다. 왜냐하면, 공께서는 스스로 모범적인 삶을 사셨을 뿐만 아니라, 그러한 삶을 보여 주는 분명한 증표들을 통해서, 공에게 야심 같은 것은 전혀 없다는 것을 모든 사람으로 하여금 알게 하셨기 때문입니다. 공께서는 공의 구체적인 삶 속에서, 공이 겸손과 절제를 실천하시고, 화려함을 추구하는 것이 아니라 도리어 피하는 놀라울 정도로 모범적인 삶을 살고 계신다는 것을 도처에서 차고 넘치게 보여 주셨으면서도, 공의 그러한 삶 속에서는 인색함이나 비루함 같은 것을 보여 주는 징후 같은 것은 전혀 찾아볼 수 없었습니다. 또한, 공께서는 그 누구를 상대해서도 오만하거나 무례하게 행하는 모습을 조금도 보여 주지 않으시고, 도리어 모든 사람을 사랑하며 모든 사람에게 인자하게 대하신다는 것을 보여 주심으로써, 모든 사람들로 하여금 공의의 겸손함을 칭송하지 않을 수 없게 만드셨습니다.

다음으로, 공의 권속에 대해서는, 공께서는 그들로 하여금 주인의 마음과 행실을 그대로 본받아 따라하도록 다스리셨다고 말하는 것으로 이미 충분할 것입니다.

아랫사람들의 언행을 보면, 그들의 주인이 어떤 사람인지를 알 수 있습니다. 이렇게 공께서 자신의 권속을 다스려 오신 것도 만인이 본받아야 할 탁월하고 보기 드문 귀감이 되어야 합니다. 하지만 내가 그런 것들보다 훨씬 더 중요하게 여기는 것은, 그리스도의 나라가 어느 곳에서 잘 자라가기 시작할 때마다 정신이 나가고 광분해서 날뛰는 악인들의 중상모략으로 인해서, 공께서 아무런 죄도 없이 황제 앞에서 단죄를 당하여, 지금 공의 고국을 떠나서 귀양살이를 하고 계시는데도, 불굴의 당당함으로 그 모진 삶을 견디실 뿐만 아니라, 이전에 고국에서 사람들로부터 받았던 칭송을, 지금 귀양살이를 하고 계시는 곳에서도 여전히 받고 계신다는 사실입니다. 내가 이 정도로 설명해도, 사람들은 이미 공이 어떤 사람인지를 잘 알게 되었을 것이기 때문에, 공과 관련해서 그 밖의 다른 것들을 일일이 다 열거하지 않고 그냥 넘어가겠습니다.

그리스도인들은 그리스도를 위해서라면 자신의 재물과 성과 영지를 기쁜 마음으로 다 버려야 할 뿐만 아니라, 하늘 아래에서 가장 귀중하다고 여겨지는 모든 것들을 그리스도를 인하여서 기꺼이 멸시하는 것이 마땅하기 때문에, 그렇게 하는 것이 그들의 몸에 일상적으로 배어 있어야 하는 것은 너무나 당연한 일입니다. 그러나 오늘날 우리 중에서 거의 모든 사람이 그렇게 하기를 주저하거나 무관심하기 때문에, 그리스도인으로서 너무도 당연한 그러한 덕목이 지금은 특별히 칭송을 받을 가치가 있는 것이 되었습니다. 그래서 나는 그러한 덕목이 공에게서 너무나 두드러지게 나타난 것을 보고서, 공의 그러한 모범이 많은 사람들의 마음속에 본받고자 하는 소원을 불러일으켜서, 그들이 앞으로도 계속해서 자신들의 보금자리에서 나태하게 빈둥거리는 것이 아니라, 마침내 그리스도의 영으로 활활 타올라서 분발하게 되기를 아주 간절히 바라고 있습니다. 광분하여 날뛰는 신앙의 원수들임이 분명한 자들이 앞으로도 종종 또다시 공을 고소하고 중상모략하며 공격을 한다고 하여도, 그들은 오로지 그들 자신을 점점 더 거짓 속으로 깊이 몰아넣어서 더욱더 가증스럽고 역겨운 자들로 만드는 것만을 얻을 수 있을 것입니다. 적어도 제정신을 지닌 사람이라면 누구나 다 그들이 공을 갈기갈기 찢어 놓고자 하는 미친 개들이고, 물어뜯을 수 없을 때에는 맹렬하게 짖어대기라도 해서 어떻게든 공을 해치고자 한다는 것을 잘 알고 있습니다.

하지만 그들은 지금 아주 멀리 떨어져 있어서, 공에게 조금도 해악을 끼칠 수 없게 된 것은 잘된 일입니다. 공께서는 그 악한 자들로부터 해악을 입어서, 이 세상의 재물을 많이 빼앗기기는 하였지만, 그 대신에 경건한 자들 가운데서 결코 적지 않은 영광을 얻으셨습니다. 그렇지만 물론 공께서는 참된 그리스도인답게 경건한 자들 가운데서 얻은 영광조차도 아무것도 아닌 것으로 여기고 계십니다. 왜냐하면, 공께서는 "우리의 겉사람"이 낡아져서 우리가 이 세상을 떠나자마자 우리에게 나타나게 될 저 하늘에 쌓아 둔 영광 외에는 그 어떤 것에도 만족하지 않으시기 때문입니다(고후 4:16). 지극히 고명하신 공이여, 이제 작별할 시간입니다. 주 예수께서 그의 나라의 확장을 위하여 앞으로도 오랫동안 공을 안전하게 지켜 주시고, 공으로 하여금 언제나 주 예수 안에서 사탄과 그의 모든 졸개들에 대하여 승리를 거두게 하시기를 기원합니다.

1546년 1월 24일

제네바에서

두 번째 헌사 獻辭

비코(Vico)의 후작의 유일한 적자이시고 합법적인 후계자이시며, 고명한 가문의 자손이라는 사실보다 탁월한 덕목들로 인하여 더욱 유명한 귀족이신 갈리아주스 카라키올루스(Galliazus Caracciolus) 경께 이 책을 헌정함

이 주석서가 처음으로 빛을 보았을 때, 나는 그 때에는 어떤 한 사람을 전혀 알지 못하였거나 철저하게 알지 못한 상태에서 그 사람의 이름을 이 주석서의 헌사에 올렸었지만, 이제는 그 이름을 지울 수밖에 없게 되었습니다. 내가 그렇게 했을 때, 그는 나를 경솔하고 변덕스럽다고 욕하거나, 내가 이전에 그에게 부여하였던 것들을 이제 자기에게서 빼앗아가 버렸다고 불평하겠지만, 나는 그런 것을 두려워하지 않습니다. 그동안 그는 아주 의도적으로 개인적으로 가능한 한 나를 멀리하고자 하였을 뿐만 아니라, 우리의 교회와의 관계도 끊고자 해 왔기 때문에, 나의 이러한 조치에 대해서 불평할 정당한 이유가 전혀 없습니다. 내가 나의 관행으로부터 벗어나서 나의 글들에서 어떤 사람의 이름을 지운다는 것이 마음에 걸리고, 내가 어떤 사람을 지극히 높이고 칭송하면서, 그 사람이 모든 사람들의 빛이 되어 주기만을 간절히 원하였는데, 그 사람이 나의 그러한 기대를 저버렸다는 사실이 나의 마음을 아프게 합니다. 하지만 그렇게 잘못된 것을 바로잡을 수 있는 힘이 내게는 없기 때문에, 내가 지금으로서 할 수 있는 일은, 그 사람의 이름을 지우고 묻어 버리기 위해서, 그 사람의 이름을 입에 올리는 것조차도 그에게 영광을 부여하는 것이 될 것이기 때문에, 이제는 그의 이름조차도 이 글에서 밝히지 않는 것입니다.

하지만 나는 지극히 고명하신 공께는 일정 정도 양해를 구하고 사과를 해야 할 것 같습니다. 왜냐하면, 우리의 모든 친구들이 다 잘 알고 있듯이, 공께서는 믿을 수 없을 정도로 인자한 성품을 지니고 계실 뿐만 아니라, 개인적으로 나에 대해서

애정을 갖고 계신다는 것을 내가 믿는 까닭에, 나는 정말 순수한 마음으로 이 주석서를 공께 헌정하여야 함에도 불구하고, 이렇게 부득이한 사정으로 인해서 처음에 이 주석서를 어떤 사람에게 헌정한 것을 취소하고, 다시 새롭게 공께 이 주석서를 헌정하게 되었기 때문입니다. 내가 십 년만 더 일찍 공을 알았더라면, 지금과 같은 이런 실수를 저지르지 않았을 것이라는 회한이 또다시 내 마음속에 듭니다. 하지만 모든 교회의 모범을 찾았다는 점에 있어서는, 나의 이러한 조치는 다행스러운 일이라고 할 수 있습니다. 왜냐하면, 내가 처음에 이 주석서를 헌정하였던 사람을 지우고 땅에 묻는다고 해도, 그것이 교회에 끼치는 해악이나 손실은 전혀 없을 뿐만 아니라, 도리어 그 사람 대신에 공을 교회의 모범으로 세울 수 있게 되어서, 교회는 모든 점에서 더욱더 풍성하고 탁월한 보상을 받게 되었기 때문입니다.

공께서는 오직 하나님을 공에 대한 증인으로 갖고 계시는 것에 만족하시기 때문에, 사람들로부터의 박수갈채를 구하지 않으시고, 공에 대한 찬사를 널리 전하는 것이 나의 의도도 아니지만, 나의 독자들이 알아서 유익한 것들을 완전히 숨기는 것은 합당하지 않은 일이 될 것이어서, 나는 공을 이렇게 소개하고자 합니다. 공께서는 제일가는 명문가에서 태어나셔서, 부귀영화를 누리시는 가운데, 지극히 고귀한 가문과 아주 엄격한 미덕을 갖추신 배우자 및 많은 자손들과 함께, 그 누구도 부럽지 않은 평안하고 화목하며 행복한 삶을 살아오신 분임에도 불구하고, 자신의 비옥하고 아름다운 영지와 막대한 재산과 안락하고 편안한 크고 넓은 저택을 뒤로 하시고, 가문의 모든 영화를 버리시고서, 아비와 아내와 자녀와 친척과 친구들을 떠나, 세상적으로 우리를 유혹하는 수많은 것들에 작별을 고하시고 우리에게 오셔서, 마치 원래부터 우리의 일원이셨던 것처럼, 우리의 소박하고 미천한 생활방식에 만족하며 살고 계시는 분이십니다.

하지만 나는 공의 그러한 모범을 다른 사람들에게 말하고 본받으라고 하면서도, 정작 그 모범이 내게 주는 유익을 간과하고 있는 것은 결코 아닙니다. 왜냐하면, 내가 다른 사람들로 하여금 공의 덕목들을 본받도록 하기 위하여, 그것들을 나의 독자들의 눈 앞에 거울처럼 생생하게 제시하면서도, 누구보다도 더 가까이에서 공의 모범을 직접 눈으로 본 내가 나의 매일매일의 삶 속에서 그것들을 묵상하고 더 열심으로 본받고자 하지 않는다면, 그것은 정말 부끄러운 일이 될 것이기 때문입니다. 공의 모범이 나의 신앙과 경건에 힘이 되어 주고 있다는 것은 내 자신이 경험을 통해서 이미 알고 있는 일이고, 이곳에서 살아가는 하나님의 모든 자녀들도 다 나처럼 공의 모범이 그들에게 얼마나 큰 유익을 끼쳐 왔는지를 인정하고 있기 때문에, 나는 공의 모범을 널리 알려서, 공의 모범이 점점 더 멀리까지 펴져 나가서, 아주 멀리 있는 형제들까지도 우리와 같은 유익을 얻게 하는 것이 중요하다고 생각하였습니다. 그러나 공은 사람들 앞에 자기 자신을 드러내고 과시하고자 하는 성향과 성품이 조금도 없는 분인데, 내가 다른 나라들과 아주 먼 지역들에서 살아가는 사람들 앞에서 공에 대한 찬사를 길게 늘어놓는 것은 정말 어리석은 일이 될 것이기 때문에, 이 정도로 해 두고자 합니다. 그런데도, 멀리 떨어져 있어서 지금까지 공을 알지 못하였던 사람들이 몇 사람이라도, 내가 공의 이 놀라운 모범에 대하여 한 말을 듣고서, 공을 본받으려고, 자신들이 정들었던 보금자리를 멀리하고 이 곳으로 온다면, 나는 공에 대하여 내가 쓴 것에 대한 풍성한 상을 얻은 것이 될 것입니다.

그리스도인들은 달리는 그리스도를 따를 수 있는 길이 없는 경우에는 기꺼이 자신의 재물과 성과 영지를 기쁜 마음으로 다 버려야 할 뿐만 아니라, 하늘 아래에서 가장 귀중하다고 여겨지는 모든 것들을 그리스도를 위하여 기꺼이 멸시하는 것이 마땅하기 때문에, 그렇게 하는 것이 그들의 몸에 일상적으로 배어 있어야 하는 것은 너무나 당연한 일입니다. 그러나 오늘날 우리 중에서 거의 모든 사람이 그렇게 하기를 주저하거나 무관심하기 때문에, 많은 사람들이 복음의 교훈에 냉랭하게 동의하기만 할 뿐이고, 자신이 소유한 아주 작고 허름한 농장조차도 복음을 위하여 버리고자 하는 사람은 백 명 중에서 한 명도 채 되지 않습니다. 그런 까닭에, 거의 모든 사람들에게 있어서는, 지극히 작은 편안함마저도 복음을 위하여 버린다는 것이 극히 어려운 일이 되어 버렸고, 하물며 복음을 위하여 자신의 목숨을 내 놓아야 하는 상황에 직면해서도, 기꺼이 목숨을 버리는 일은 거의 상상조차 할 수 없는 일이 되어 버렸습니다.

나는 모든 사람들이 공이 보여 주고 있는 모든 뛰어난 덕목들 중에서도 가장 먼저 자기부인의 덕목을 본받았으면 좋겠습니다. 왜냐하면, 공이나 나나 한결같이 증언할 수 있는 것은, 우리는 복음을 위하여 자신의 조국을 떠나 왔으면서도, 여전히 자신의 옛 성품을 버리지 못하였음이 드러난 그런 사람들과 교제하는 것으로부터는 거의 기쁨을 느끼지 못한다는 것입니다. 하지만 내가 말로 표현하는 것보다는 나의 독자들이 그 점을 곰곰이 생각하고 묵상하는 것이 더 나을 것이기 때문에, 이제 나는 지금까지 성령의 놀라운 역사를 통해서 공에게 힘을 주셨던 하나님께서 앞으로도 공에게 힘을 주셔서, 불굴의 인내로써 끝까지 믿음을 지키게 하시기를 간구합니다. 왜냐하면, 나는 하나님께서 얼마나 힘들고 어려운 고난들을 통해서 공을 지금까지 연단해 오셨는지를 잘 아는 까닭에, 이후로도 힘들고 어려운 싸움이 여전히 공을 기다리고 있다는 것도 잘 알기 때문입니다. 또한, 공께서는 하늘로부터 우리를 도우시는 손길이 우리에게 임하는 것이 얼마나 절실히 필요한 일인지를 풍부한 경험을 통해서 잘 알고 계실 것이기 때문에, 스스로 자원해서 나와 마음을 같이하여, 끝까지 인내하여 믿음을 지킬 수 있는 은혜를 주시라고 하나님께 간구하실 것임을 나는 압니다. 그러므로 나는 하나님으로부터 지극히 큰 능력을 받으신 분이자, 영적인 복의 모든 보화들을 그 손 안에 가지고 계신 분이신 우리의 왕 그리스도께서 그의 나라의 확장을 위해서, 공께서 우리와 함께 오래도록 안전하게 거하시게 하시고, 공을 통해서 사탄과 그의 졸개들에 대하여 이후로도 계속해서 승리하게 되시기를 간구하고자 합니다.

이 주석서가 처음으로 출간된 지 10년이 되는 1556년 1월 24일에

서론

특별하고 중요한 주제들을 많이 포함하고 있는 고린도전서는 여러 가지로 다양하고 풍성한 유익을 우리에게 제공해 준다. 우리가 본문을 따라서 그러한 주제들을 하나씩 살펴가다 보면, 그것들을 아는 것이 얼마나 중요한 일인지가 분명하게 밝혀지겠지만, 이 서신의 주제를 다루는 이 서론에서도 그 점은 어느 정도 드러나게 될 것이다. 이 서론에서 나는 이 서신의 주제들을 간략하게 제시하고자 애쓰는 동시에, 중요한 요점을 하나도 빠뜨리지 않고 모두 포함시켜서 이 서신의 전체적인 개요를 제시하고자 한다.

고린도가 아가야 지방에 위치한 부유하고 유명한 도시였다는 사실을 모르는 사람은 없을 것이다. 이 도시는 뭄미우스(L. Mummius)에 의해서 파괴되는데, 그 이유는 다름 아닌 이 도시가 갖고 있던 지리적인 이점 때문이었다. 또한, 나중에 이 도시는 후대 사람들에 의해서 재건되었는데, 그 이유도 뭄미우스가 이 도시를 파괴했던 이유와 동일한 것이었다. 즉, 이 도시는 지정학적으로 좋은 자리에 위치해 있었기 때문에, 비록 파괴되었다가도 얼마 안 있어서 단기간에 신속하게 재건될 수 있었던 것이다. 이 도시는 한쪽으로는 에게 해, 그리고 다른 쪽으로는 이오니아 해를 끼고 있었고, 아티카(Attica) 지방과 펠로폰네소스(Peloponnesus) 지방을 잇는 대로의 경유지였다는 점에서, 무역항이 되기에 최적의 조건을 갖추고 있었다. 누가가 사도행전에서 보도하고 있듯이, 바울은 고린도에 "일 년 육 개월을 머물며 하나님의 말씀을 가르치다가"(행 18:11), 유대인들의 박해로 말미암아 부득이 거기를 떠나 수리아로 향하였다(행 18:18). 이렇게 바울이 떠나고 없는 틈을 타서, 거짓 사도들(pseudoapostoli)이 고린도 교회에 침투해 들어왔다.

내 생각으로는, 그들은 거짓 교훈과 가르침으로 고린도 교회를 공공연히 어지럽히거나 고의적으로 건전한 교훈을 훼손하려고 한 것이었다기보다는, 자신들의 탁월하고 장엄한 연설에 대한 자부심이 상당해서, 아니 자신들의 겉만 번지르르한 달변에 취해 자만심에 사로잡혀서, 바울의 단순하고 소박한 설교, 그리고 심지어 복음 자체를 멸시하고 경멸하였던 것으로 보인다. 또한, 그들은 나중에 그들의 야심으로 말미암아 고린도 교회가 여러 파당들로 갈라지는 빌미를 제공하였다. 마지막으로, 그들은 자신들이 사람들로부터 명성을 얻고 칭송을 받는 것 외에는 다른 그 어떤 일에도 전혀 관심이 없었기 때문에, 그리스도의 나라를 확장하고 하나님의 백성이 잘되게 하기보다는 그들 자신의 명성을 드높이는 일에만 온 힘을 쏟았다.

한편, 모든 상업도시들이 통상적으로 그러하듯이, 당시 고린도에도 사치와 교만, 허영과 쾌락, 끝없는 탐욕과 야망 등과 같은 여러 가지 악들이 만연해 있었는데, 그러한 악들은 심지어 교회 안에까지 밀려들어 왔고, 그 결과로 교회 안에서 마땅히 이루어져야 할 치리나 권징(disciplina)은 거의 이루어지지 못할 정도로 느슨해져 있었고 거의 유명무실한 상태가 되었다. 문제는 거기에서 그치지 않았다. 그런 것보다 더 심각했던 문제는 교훈의 순수성(doctrinae puritas)이 이미 훼손되고 타락하기 시작해서, 신앙의 근본 가르침들 중의 하나였던 죽은 자의 부활에 관한 가르침에 대해서까지 의문이 제기되고 있었다는 것이다. 하지만 이렇게 온갖 종류의 타락과 부패가 판을 치고 있는데도 불구하고, 그 와중에서도 고린도 교인들은 마치 모든 것이 제자리를 잡고서 교회가 완벽하게 질서 있고 규모 있게 제대로 잘 돌아가고 있고 교회에는 아무런 문제가 없는 것처럼 여기고서, 그들 자신에 대하여 만족하고 태평하게 지내고 있었다.

사탄이 구사하는 통상적인 전략들은 이런 것들이다. 첫째로, 사탄은 진리의 교훈이 전파되는 길(doctrinae via)을 차단할 수 없는 경우에는, 그 길로 몰래 기어올라가서 그 길 위에서 그 교훈을 공격해 들어간다. 둘째로, 사탄은 진리와 상반되는 거짓말들로 진리의 교훈을 억눌러서 사람들 사이에서 퍼질 수 없도록 틀어막을 수 없는 경우에는, 은밀한 갱도나 구덩이들을 뚫어서 그 진리의 교훈을 붕괴시키고 무너뜨린다. 마지막으로, 사탄은 일거에 사람들의 마음을 진리의 교훈으로부터 멀어지게 만들 수 없는 경우에는, 사람들의 마음이 점진적으로 조금씩 진리의 교훈으로부터 벗어나게 만든다.

하지만 나는 고린도 교회를 어지럽히고 문제를 일으켰던 이러한 불한당 같은 자들이 진리를 의도적으로 공격하고 대적하였던 공공연한 "진리의 원수들"(veritatis hostes)은 아니었다고 생각하는데, 내가 그렇게 생각하는 데에는 다 그럴 만한 이유가 있다. 우리는 바울의 다른 모든 서신들에서는 "거짓 교훈들"을 가차없이 다루고, 그 어디에서도 너그럽게 용서하거나 봐주는 것을 보지 못한다. 갈라디아서, 골로새서, 빌립보서, 디모데서는 모두 다 짧은 서신들이어서 분량이 그리 많지 않는데도, 바울은 이 모든 서신들에서 단지 거짓 사도들을 호되게 책망하고 비난하는 데서 그치지 않고, 동시에 그들이 어떠한 점들에서 교회에 해악을 끼치고 있는지를 조목조목 정확하게 지적하여 제시하는데, 그가 이렇게 한 것은 지극히 합당하고 옳은 일이었다. 왜냐하면, 신자들은 자신들이 어떤 인물들을 피해야 하는지에 대해서만이 아니라, 어떠한 악들을 경계해야 하는지에 대해서도 가르침을 받는 것이 마땅하기 때문이다. 따라서 만일 고린도 교회에 침투한 거짓 사도들이 "거짓 교훈들"을 가지고 교회를 어지럽힌 것이 사실이라면, 나는 고린도전서와 비교해서 훨씬 더 짧은 서신들에서도 이러한 문제점들을 세세하게 지적하였던 바울이 상대적으로 긴 이 서신에서 그러한 것들을 언급하지 않고 어물쩡 넘어갔을 것이라고 도저히 생각할 수 없고 믿을 수 없다. 게다가, 그가 이 서신에서 지적하고 있는 고린도 교인들의 많은 잘못들 중에서 어떤 것들은 아주 사소한 것들이었던 것처럼 보이는데, 이것으로 미루어 볼 때, 그는 믿는 자들이 책망받을 만한 일을 했다면, 그것이 아무리 사소한 것이라도 그냥 넘어가지 않으려고 했다는 것을 우리는 알 수 있다.

또한, 바울은 터무니없고 쓸데없는 말들을 장황하게 늘어놓는 선생들과 웅변가들을 반박하는 데 많은 지면을 할애한다. 즉, 그는 그들의 야심을 단죄하고, 그들이 복음을 인간적인 철학으로 변질시켰다고 책망하며, 그들이 공허하고 허황된 말의 향연을 벌이는 데 몰두하면서 단순히 죽은 문자만을 추구하는 한, 그들에게는 성령의 능력이라는 것은 존재할 수 없다는 것을 많은 말들을 동원해서 보여주지만, 그들이 어떠한 거짓 가르침들을 베풀었는지에 대해서는 한 마디도 언급하지 않는다. 그러므로 나는 그들이 복음의 본질과 관련된 내용들을 공공연하게 훼손하였던 것이 아니라, 단지 사람들 사이에서 유명해지고 특별한 대접을 받고 싶은 잘못되고 비뚤어진 열정에 불타서, 그리스도의 복음을 단순하게 가르치지 않고, 그런 단순함이나 순전함과는 거리가 먼 새로운 가르침의 방식을 고안해 내서, 그런 방식으로 복음을 가르쳐서 사람들로부터 칭송과 존경을 받아 내고자 하였던 것이라는 결론을 내리지 않을 수 없다. 이것은 자아를 벗어 던지지도 않고 자기 자신을 부인하지도 않은 채로, 무턱대고 막무가내로 주의 일에 뛰어드는 모든 사람들에게 필연적으로 일어날 수밖에 없는 일이다. 그리스도를 섬기기 위한 첫걸음은 우리 자신을 잊어버리고, 오로지 어떻게 하면 주님께 영광을 돌릴 수 있고, 사람들을 구원할 수 있을 것인지만을 생각하는 것이다. 또한, 자기 자신이 먼저 복음의 능력을 맛보고 경험함으로써, 복음에 대하여 입으로 말하지 않고 마음으로부터 말할 수 있게 된 사람, 즉 복음을 입이 아니라 마음으로 전할 수 있게 된 사람이 아니라면, 어느 누구도 복음을 다른 사람들에게 전하거나 가르칠 자격이 없다. 그러므로 하나님의 성령으로 거듭나지 않은 사람들은 복음의 감화와 능력을 내적으로 느껴 보지 못한 사람들이고, "내가 네게 거듭나야 하겠다 하는 말을 놀랍게 여기지 말라"(요 3:7)는 말씀이나, 우리가 "새로운 피조물"(고후 5:17)이 되어야 한다는 말씀의 의미를 제대로 알지 못하는 사람들이기 때문에, 설교는 살아 있고 생생하며 능력이 있는 것이어야 하는데도, 그들의 설교는 죽은 설교가 될 수밖에 없다. 그런 자들은 다른 사람들과는 무엇인가 다른 특별하고 훌륭한 설교를 한다는 소리를 듣기 위해서, 복음에 여러 가지 색을 덧칠해서 알록달록하게 하여 복음을 변질시켜서, 복음이 세상적인 철학의 한 종류처럼 보이게 만드는 자들이다.

실제로 우리가 지금 고린도전서를 살펴보면서 거론하고 있는 사람들이 고린도에서 그런 일을 하는 것은 그리 어렵지 않았다. 왜냐하면, 고린도에는 상인들이 많았고, 상인들이라는 사람들은 언제나 겉으로 드러난 모습에 쉽게 넘어가는 성향을 지니고 있어서, 그들 자신이 겉만 번지르르하게 포장한 물건들을 속여서 남들에게 팔 뿐 아니라, 그들 스스로도 다른 사람들의 그러한 속임수에 넘어가 줌으로써, 어떤 의미에서는 그렇게 속임수를 주고받으며 살아가는 것 자체를 즐기는 자들이기 때문이다. 그뿐만이 아니라, 그들은 예민하고 민감한 귀를 가져서, 그들에 대하여 다른 사람들이 하는 말들에 아주 예민하게 반응하는 성향을 지니고 있기 때문에, 남들로부터 엄하고 호되게 책망 받는 것을 견딜 수 없어 한다. 그래서 그들은 자신들을 좀 더 부드럽게 대해 주고 편안하게 해 주는 선생들을 만나면, 자신들에 대한 그러한 대접에 대한 보답으로 그 선생들을 칭송하고 듣기 좋은 말들을 늘어놓는다. 이런 일은 사람이 사는 곳이라면 어디에서나 일어나는 일이라는 점을 나는 인정하지만, 우리는 특히 부유한 상업도시에서는 이런 일이 더더욱 비일비재하게 일어난다는 것을 염두에 두어야 한다.

반면에, 바울은 경건한 하나님의 사람이자 탁월한 덕목들을 갖춘 대단한 인물이었음에도 불구하고, 외적인 화려함과 우아함으로 자기 자신을 꾸미지 않았고, 자기 자신을 특별하게 보이고 남들보다 뛰어나게 보이려고 자신의 위세나 능력이나 지위를 내 보이며 거들먹거리지도 않았다. 사실, 바울은 내적으로는 성령의 감화와 능력으로 충만한 사람이었지만, 외적으로는 그 어떤 것도 내 보이려 하지 않았고 조금도 과시하려 하지 않았다. 그는 사람들이 듣기 좋아하는 감언이설로 사람들의 비위를 맞추거나 사람들을 기분 좋게 할 줄도 몰랐고, 사람들을 기쁘게 하는 일에는 전혀 관심이 없었다(갈 1:10, "이제 내가 사람들에게 좋게 하랴 하나님께 좋게 하랴 사람들에게 기쁨을 구하랴 내가 지금까지 사람들의 기쁨을 구하였다면 그리스도의 종이 아니니라"). 그가 말하고 행하는 모든 것 속에서 추구한 단 한 가지 목적은, 그리스도께서 모든 사람들을 다스리셔서, 자기 자신을 비롯한 모든 사람들이 죄에서 회복되어 그리스도 아래에서 복종하는 삶을 살게 되는 것이었다. 고린도 교인들은 영적으로 유익한 교훈보다는 새롭고 신기한 교훈을 바라고 있었고, 그러한 새롭고 신기한 교훈에 목말라 하고 있었기 때문에, 복음은 이미 그들의 입맛에 맞지 않았다.

그들은 새로운 것들을 열망하고 있었기 때문에, 그리스도는 이미 그들에게 진부하고 낡고 무미건조한 것이 되어 있었다. 따라서 고린도 교인들은 아직까지는 어떠한 악들에 실제로 빠져 있었던 것은 아니었을지라도, 본성적으로 그러한 악들에 유혹되고 휩쓸려서 타락할 수 있는 성향이 그들에게는 이미 농후하게 존재하였다. 그런 까닭에, 이런 상황에서 거짓 사도들이 고린도 교인들에게 접근해서, 그들이 바울로부터 이미 가르침을 받아서 간직하고 있던 그리스도의 교훈을 변질시키는 일은 아주 쉬운 일이었다. 왜냐하면, 그리스도의 교훈을 변질시킨다는 것은, 그 교훈에 여러 가지 이물질들을 주입하고 여러 가지 색으로 덧칠을 하여, 복음의 생래적인 단순함(nativa simplicitas)을 오염시켜서, 세상의 철학과 조금도 다를 것이 없게 만들어 버리는 것이기 때문이다. 이렇게 이 거짓 사도들은 고린도 교인들의 입맛에 맞추어서 자신들의 설교에 온갖 양념들을 첨가함으로써, 결국 복음이 그 참된 맛을 잃어버리고 변질되게 만드는 데 성공하였다. 우리는 지금까지 당시의 고린도 교회의 상황과 사정을 살펴보았기 때문에, 이제 바울이 이 서신을 쓰게 된 목적을 알 수 있는 위치에 있게 되었다. 따라서 나는 이제 이 서신의 각 장의 요지를 간략하게 서술함으로써 이 서신의 주제를 요약해 보고자 한다.

이 서신의 **제1장**에서 바울은 감사의 말로 편지를 시작하지만, 사실 이 감사의 말은 그들에게 처음 시작한 것을 끝까지 붙들고 나아가라고 격려하는 권면으로서의 성격을 지닌 말이다. 그가 이런 식으로 고린도 교인들의 마음을 풀어 주고 어루만져 주는 말로 이 서신을 시작하는 것은 그들로 하여금 이 서신의 본론에서 자기가 그들에게 권면하거나 지시할 것들을 좀 더 유순하게 잘 받아들이도록 하기 위한 것이다. 하지만 그들의 마음을 어루만져 주는 것도 잠시뿐이고, 그는 곧바로 이어서, 고린도 교인들이 끼리끼리 파당들을 지어서 서로 편을 갈라 다투고 분쟁을 일으킴으로써 교회에 혼란을 야기시키고 있는 것에 대하여 그들을 책망하기 시작한다. 바울은 그들 가운데 만연되어 있던 파당을 이루어 서로 분쟁하는 악을 고치고 바로잡기를 원하였기 때문에, 그들에게 교만을 버리고 겸손할 것을 촉구한다. 즉, 그는 한편으로는 오직 십자가의 도만이 참된 지혜이고, 세상의 모든 지혜는 어리석은 것이라고 설파함으로써, 고린도 교인들이 자신들을 지혜롭다고 생각하여 교만하게 행하는 것이 얼마나 어리석은 일인지를 보여 주며, 복음 앞에서 그들이 진정으로 겸손하여야 함을 깨우쳐 주고, 다른 한편으로는 하나님께서 자신의 양 무리의 일원으로 받아들인 사람들이 어떤 부류의 사람들인지를 잘 살펴보라고 권면함으로써, 하나님이 대체로 세상에서 별로 인정받지도 못하는 미천하고 보잘것없는 자들을 택하셔서 자기 백성이자 자신의 자녀들로 삼으셨다는 것을 보여 주며, 하나님의 은혜 앞에서 그들 개개인이 겸손하여야 함을 깨우쳐 준다.

제2장에서 바울은 자신이 그들에게 행한 설교(praedicatio), 즉 자기가 복음과 하나님의 말씀을 전할 때에 어떤 식으로 전하였는지를 본보기로 제시한다. 즉, 그의 설교는 인간적인 관점에서 볼 때에는 너무나 평범하고 하찮아 보여서 품위나 고상함이나 장중함 같은 것은 없었지만, 그럼에도 불구하고 그 설교에서는 성령의 능력(spiritualis virtus)이 두드러지게 나타났다는 것이다. 바울은 계속해서 자신이 지금까지 그들에게 전한 복음의 특징이 무엇이었는지를 자세하게 설명해 나가면서, 복음 속에는 하늘에 속한 신비한 지혜(sapientia)가 담겨 있는데, 그 지혜는 인간의 그 어떤 날카로운 지성이나 통찰력으로도 파악될 수 없고, 그 어떤 육신적인 지각으로도 파악될 수 없으며, 인간의 그 어떤 이성적인 추론들을 통해서 사람들에게 설득할 수 없고, 아름다운 말과 화려한 수식어를 사용하는 것을 필요로 하지도 않으며, 오직 "성령의 나타나심"으로 말미암아 사람들의 심령에 알려지고 그들의 마음에 인쳐지는 것이라고 말한다. 마지막으로, 이 모든 것의 결론으로서 바울이 제시하는 것은 복음 전도는 십자가의 낮아지심(crucis humilitas)에 그 본질이 있기 때문에, "사람의 지혜"와는 거리가 멀고, 또한 단순한 인간적인 판단에 의해서 평가

될 수 없다는 것인데, 그가 이러한 결론을 제시하는 이유는, 사람들로 하여금 그들 자신의 인식이나 지각(sensus)에 대한 왜곡된 확신을 근거로 해서 모든 것을 판단하는 것은 잘못된 것이기 때문에, 그러한 잘못되고 왜곡된 확신을 버리도록 하기 위한 것이다.

제3장에서 바울은 앞 장의 마지막 부분을 고린도 교인들에게 적용한 내용으로 시작한다. 다시 말해서, 그는 그들이 육신적인 자들이기 때문에, 복음의 가장 기본적인 원리들조차도 거의 배울 수 없는 상태에 있다고 탄식하는 것으로 이 장을 시작한다. 이런 식으로, 바울은 그들이 말씀을 제대로 깨닫지 못하고 배울 수 없는 이유는 말씀 자체에 어떤 문제나 결함이 있기 때문이 아니라, 그들 자신이 무지하기 때문이라는 사실을 지적한다. 이와 동시에, 그는 그들의 마음이 새롭게 될 때에만, 그들이 어떤 일에 대해서든 올바르고 적절한 판단을 내릴 수 있게 될 것이기 때문에, 그들의 마음이 새로워질 필요가 있다고 은연중에 그들에게 경고한다. 이어서, 그는 복음 사역자들이 그들 자신의 신분에 대하여 어떻게 생각하여야 하고 어떻게 처신해야 하는지를 보여준다. 즉, 복음 사역자들은 하나님에게 돌려져야 할 영광을 자신들이 가로챔으로써, 하나님께서 자신이 마땅히 받으셔야 할 영광을 조금이라도 덜 받으시게 되는 일이 발생해서는 안 된다는 것이다. 왜냐하면, 주님(Dominus)은 오직 한 분뿐이시고, 모든 사람은 그의 종들(servus)이며, 오직 주님만이 모든 권세를 지니고 계시고, 오직 주님만이 모든 결과들을 좌우하시며, 모든 사람들은 단지 그의 도구들에 지나지 않기 때문이다. 또한, 바울은 사역자들이 행하는 모든 사역의 유일한 목적은 교회를 세우는 것(aedificare ecclesiam)이 되어야 한다는 것을 보여준다. 그는 이 기회를 빌려서, 교회를 잘 세울 수 있는 올바르고 정확한 방법을 설명해 주는데, 그것은 그리스도만을 유일한 "터"로 삼고서, 다른 모든 구조물들을 그 "터" 위에 쌓아 올리는 것이다. 그리고 바울은 말이 나온 김에 여기에서 자기는 "지혜로운 건축자"로서 터를 잘 닦아 두었다고 말한 후에, 그렇기 때문에 다른 사람들은 자기가 처음에 닦아 둔 "터" 위에 건축물들을 지음으로써, 자기가 처음에 짓기 시작한 건물이 변형되지 않고 원래의 모습을 그대로 간직한 채 완성될 수 있게 하여야 한다고 경고한다. 또한, 그는 고린도 교인들에게 그들은 "하나님의 성전들"이기 때문에, 그들 자신을 거짓되고 부패한 교훈과 가르침들로 더럽혀서는 안 된다고 경고한다. 마지막으로, 그는 다시 한 번 교만한 육신적인 지혜는 "헛것"이기 때문에, 믿는 자들은 그리스도를 아는 지식만을 존귀하게 여겨

야 한다고 말한다.

제4장의 시작 부분에서 바울은 참된 사도의 직임이 무엇인지를 설명한다. 그리고 고린도 교인들이 그를 사도로 인정하지 않은 이유가 그들의 왜곡되고 잘못된 판단에 있었기 때문에, 바울은 그들의 그러한 판단을 일축하고, "주의 날"에 모든 진실이 밝혀질 것이라고 호소한다. 또한, 겉으로 드러난 그의 초라하고 보잘것없는 모습이 그들로 하여금 그를 하찮게 생각하고 멸시하게 만든 이유였기 때문에, 그는 자신의 그러한 모습은 자신에게 수치라기보다는 도리어 영광으로 여겨져야 마땅한 것임을 그들에게 보여 준다. 이어서, 바울은 자신이 실제로 겪었던 환난들을 열거하는데, 이러한 환난들은 그가 자신의 영광이나 자신의 배를 채우는 데에는 아무런 관심이 없었고(롬 16:18, "이같은 자들은 우리 주 그리스도를 섬기지 아니하고 다만 자기들의 배만 섬기나니 교활한 말과 아첨하는 말로 순진한 자들의 마음을 미혹하느니라"), 오로지 그리스도의 일을 신실하고 충성되게 수행해 왔다는 것을 분명하게 보여 주는 증거들이었다. 따라서 그는 고린도 교인들은 사람들의 눈으로 보기에 초라하고 보잘것없어 보이는 자신의 모습을 보았을 때, 그것이 어떤 의미인지를 깨닫고서, 자기를 그리스도의 충성된 일꾼으로 여기고서 존귀하게 대해 주는 것이 마땅한 일이었다고 말한다(14-16절). 이 장의 끝 부분에서, 그는 자기가 직접 그들에게 가기 전에 먼저 디모데를 그들에게 보냈다고 말하면서 그를 천거하는 한편, 자기가 거기에 가게 되면, 거짓 사도들의 허풍과 자랑이 얼마나 하찮고 아무것도 아닌 것들인지를 낱낱이 다 드러낼 것이라고 미리 경고한다.

제5장에서 바울은 어떤 사람이 그의 계모와 근친상간을 범한 것을 고린도 교인들이 묵인하고 아무렇지도 않은 일인 양 그냥 대수롭지 않게 넘어간 것에 대해서 그들을 책망하면서, 그들 중에서 그러한 극악무도한 일이 일어났는데도, 그들이 마치 자신들이 대단한 자들인 것처럼 파당을 지어 서로 잘났다고 자랑하는 행태를 보인 것은 있을 수 없는 일이며, 도리어 그들은 그런 일이 그들 중에 일어난 것을 지극히 수치스러운 일로 여겨 얼굴을 들 수 없을 정도로 부끄러워하는 것이 마땅한 일이었다고 경고한다. 이러한 경고에서 한 걸음 더 나아가서, 그는 교회는 이러한 종류의 죄악들을 범한 자들에 대해서는 출교 조치를 내려서, 교회의 회중 가운데서 이러한 죄악을 범하고자 하는 충동이 억제되게 하여야 하고, 한 사람의 부정함이 나머지 다른 사람들에게로 전염되는 것을 막아야 한다는 취지의 일반적인 교훈을 제시한다.

제6장은 크게 두 부분으로 이루어져 있다. 첫 번째 부분에서 바울은 고린도 교인들이 자신들 사이에서 일어난 분쟁들을 불신자가 주관하는 법정으로 가져감으로써, 서로가 서로에게 상처를 주고 괴로움을 더해 줄 뿐만 아니라, 복음에 치명적인 불명예를 안기는 것에 대해서 통렬하게 책망한다. 두 번째 부분에서는, 바울은 그들이 음행에 빠져 있는 것을 책망하는데, 고린도 교회에서 음행은 거의 적법한 일처럼 여겨질 정도로 만연되어 있었다. 이 장에서 그는 처음에 먼저 아주 강경한 어조로 그들에게 경고하고 난 후에, 나중에는 자기가 왜 그들에게 그런 식으로 강력하게 경고를 한 것인지를 여러 가지 논거들을 들어서 그들에게 설명함으로써, 자신의 경고를 더욱 강화시킨다.

제7장은 미혼과 결혼과 독신에 관한 내용을 담고 있다. 바울이 이 장에서 한 여러 가지 말들로부터 우리가 추론할 수 있는 것은, 고린도 교인들은 독신으로 사는 것을 천사들의 덕목이라고 부르며 대단히 훌륭하고 고상한 덕목으로 여기는 미신적인 생각에 빠져 있었고, 그 결과 결혼하는 것을 마치 무슨 속되고 부정한 일이라도 되는 양 멸시하고 있었다는 것이다. 바울은 결혼과 독신에 대한 고린도 교인들의 이러한 잘못된 생각을 제거하고 바로잡기 위해서, 모든 신자들은 결혼과 관련해서 구체적으로 자신의 은사가 무엇인지를 살펴보아야 하고, 모든 사람이 동일한 소명을 받은 것이 아니기 때문에, 이 문제에 있어서 자신의 능력을 넘어서려고 해서는 안 된다고 가르친다. 이러한 기본적인 원칙 위에서, 그는 한편으로 어떤 사람들이 결혼을 하지 않아야 하는지를 보여 주고, 그들이 그렇게 결혼을 하지 않는 목적이 무엇이 되어야 하는지도 분명하게 보여 준다. 그리고 다른 한편으로는, 그는 결혼을 해야 하는 사람은 어떤 사람들인지와 그리스도인들의 결혼의 참된 원리가 무엇인지도 보여 준다.

제8장에서 바울은 우상 숭배자들 및 그들의 부정한 제물, 그리고 믿음이 연약한 자들의 양심에 걸림돌이 될 수 있는 일체의 행위를 멀리하라고 명한다. 고린도 교인들 중에서 우상 숭배자들과 어울리며 그들의 부정한 제물들을 함께 먹은 자들은 자신들은 오직 한 하나님만을 마음속에서 인정하고 고백하였고, 우상들은 실제로는 존재하지 않는 것들인데 인간이 날조한 헛된 것들일 뿐임을 충분히 알고 있는 상태에서 그렇게 행한 것이기 때문에, 자신들은 결코 악하거나 잘못된 생각을 갖고 우상 숭배자들과 어울리고 우상 제물들을 먹은 것이 아니라고 핑계를 대면서 자신들을 변명하였다. 하지만 바울은 모든 신자들은 그 어떤 행동을 하든 그 때마

다 자신의 형제들을 고려하여야 한다는 원칙과 그들이 자신의 형제들을 고려하지 않고 독선적으로 행하였다가 그러한 독선으로 말미암아 믿음이 무너지거나 위태로워질 수 있는 연약한 형제들이 많이 있다는 사실을 근거로, 그들의 그러한 변명을 일축한다.

제9장에서 바울은 자기 자신도 지키지 않는 법을 다른 사람들에게 부당하게 강요한다는 인상을 주지 않기 위해서, 자기가 그들에게 요구하고 있는 것들은 모두 자신이 이미 행해 왔던 일들임을 보여 준다. 그는 자기 자신이 그 어떤 사람에게도 걸림돌이 되지 않으려고, 주께서 자기에게 허락해 주신 자유를 어떻게 자발적으로 절제했는지, 그리고 온갖 부류의 사람들로 하여금 그를 받아들이게 하기 위해서, 이렇게 해도 되고 저렇게 해도 되는 가치중립적인 일들에 있어서는, 그때그때 경우에 따라서 어떤 식으로 "여러 모습"을 취하여 행해 왔는지를 그들에게 상기시킨다. 그가 그들에게 이러한 두 가지 사실을 상기시키는 목적은, 모든 신자들은 자신의 형제들의 덕을 세우기 위해서 그들을 고려하고 그들의 눈높이에 맞추어 행하려는 노력은 하지 않고, 오로지 자기가 보기에 옳다고 생각되는 경우에는 다른 형제들을 고려하지 않고 오로지 자신의 생각에만 집착해서 행하는 것은 잘못된 것임을 자신의 본보기를 통해서 그들로 하여금 배우게 하려는 것이었다.

제10장에서는, 내가 처음에 말했듯이, 고린도 교인들은 그들 자신에게 매우 만족하고 있었기 때문에, 바울은 그들 자신이 안전하고 그들에게는 아무 문제가 없다고 여기는 잘못된 생각에 스스로 속아서는 안 된다는 것을 유대인들의 사례를 본보기로 삼아서 그들에게 경고하는 것으로 시작한다. 그는 만약 그들이 우쭐대고 자랑하는 것이 하나님께서 그들에게 주신 풍성한 은사들과 외적인 것들 때문이라면, 유대인들도 그들 못지않게 우쭐대고 자랑할 이유를 충분히 갖고 있었지만, 유대인들은 자신들에게 주어진 은혜와 복들을 잘못 사용하고 악용하였기 때문에, 하나님이 그들에게 주신 온갖 은혜와 복들이 그들에게 아무런 유익도 되지 못했다는 것을 보여 준다. 바울은 이렇게 유대인의 사례를 근거로 삼아서 그들에게 경고한 후에, 다시 앞에서 다루었던 주제로 되돌아가서, 주의 성찬에 참여하는 자들이 마귀들의 식탁에 참여하는 것이 얼마나 부적절한 일이고 도저히 용납될 수 없는 수치스럽고 부정한 행위라는 것을 보여 준다. 마지막으로, 바울은 우리는 어떤 일을 하든지 간에 다른 사람들을 고려하고 배려해서 거기에 맞추어 행함으로써, 우리 자신이 다른 사람들에게 걸림돌이 되는 일이 일어나지 않게 하여야 한다는 말로

마무리한다.

제11장에서 바울은 고린도 교회의 예배를 비롯한 공적인 모임들에서 행해지고 있던 그리스도인으로서의 품격과 부합하지 않는 여러 가지 나쁜 폐해들을 바로잡기 위해서, 우리가 하나님과 천사들 앞에 서게 되는 이러한 모임들 속에서 어떠한 품격을 갖추어야 하는지에 대해서 말한다. 하지만 그는 주로 그들이 주의 성찬을 그릇되게 시행하고 있는 것을 거론하며 그들을 책망한다. 바울은 그러한 책망과 더불어서, 고린도 교회 안에 어느샌가 들어와서 자리를 잡고 있던 성찬과 관련된 폐해들을 바로잡기 위한 방법을 제시하는데, 그것은 교회가 성찬을 올바르게 시행하기 위한 유일하게 확실한 기준이자 영원한 규범으로 삼아야 마땅한 것, 즉 주께서 처음에 성찬을 제정하신 본래의 취지를 그들로 하여금 돌이켜보게 만드는 것이었다.

하지만 고린도 교인들 중에서 많은 사람들이 성령의 은사들을 자신의 개인적인 야심을 위해서 악용하고 있었기 때문에, 제12장에서는 바울은 하나님께서 믿는 자들에게 은사들을 주신 목적 및 그 은사들을 올바르고 적절하게 사용하는 법을 다루는데, 그것은 모든 신자들이 자신이 받은 은사를 통해서 서로가 서로에게 유익을 끼침으로써, 모두가 그리스도의 한 몸으로 연합되어 가는 것이다. 그는 사람의 몸을 비유로 들어서 이 교훈을 설명한다. "몸"(corpus)에는 서로 다른 많은 "지체들"(membra)이 있고, 그 지체들이 지닌 기능들도 제각각 다르다. 그럼에도 불구하고, 그 지체들 간에는 놀라울 정도의 조화와 균형(symmetria), 그리고 상호 간의 교류(communio)가 이루어지고 있기 때문에, 각각의 지체는 자신에게 주어진 고유한 기능을 통해서 몸 전체에 유익을 끼치게 된다. 그러므로 그는 이 문제를 해결할 수 있는 최고의 조율자이자 인도자는 "사랑"이라는 결론을 내린다.

따라서 제13장에서는 바울은 "사랑"이라는 주제에 대해서 아주 상세하고 길게 설명한다. 하지만 그가 말하고자 하는 핵심은 다음과 같은 것으로 귀결된다: 모든 것은 사랑(caritas)에 비추어서 판단되어야 한다. 바울은 이 기회를 빌려서 본론에서 벗어나서, "사랑"의 덕목을 본격적으로 칭송하는데, 그가 그렇게 한 목적은 모든 신자들에게 다른 그 어떤 은사보다도 "사랑"의 은사를 사모할 것을 권하는 한편, 고린도 교인들에게 그들 가운데서 "사랑"을 구체적으로 행하도록 권면하고 싶었기 때문이었다.

제14장에서 바울은 고린도 교인들이 성령의 은사를 어떻게 잘못 사용해 왔는지에 관해서 좀 더 구체적으로 지적하기 시작한다. 그들은 특히 자신이 받은 은사들을 사람들 앞에서 자신들을 과시하기 위하여 사용하는 데 상당한 정도로 몰두해 왔기 때문에, 그는 그들에게 무슨 일을 하든 덕을 세우는 데 초점을 맞추고, 그 한 가지 목적으로 은사들도 사용하여야 한다고 가르친다. 바울이 그들이 다른 모든 은사들보다 특히 예언을 잘하게 되기를 바라고 예언의 은사를 높이 평가한 이유도 예언이 다른 모든 은사들보다 다른 사람에게 더 큰 유익을 끼칠 수 있었기 때문이었다. 반면에, 고린도 교인들은 방언을 하면 신령한 사람처럼 보이는 효과가 있어서 사람들 앞에서 자신을 과시하는 데 쓸모가 있었기 때문에, 방언은 다른 사람들에게 덕을 세우고 유익을 끼치는 데 별 소용이 없는데도, 예언보다는 방언을 더 높게 평가하고 방언의 은사를 받고자 하였다. 또한, 그는 방언이나 예언과 같은 은사들을 교회의 공적인 모임에서 행할 때에는 차례를 따라서 질서 있게 행할 것을 그들에게 명한다. 아울러, 그는 다른 사람들에게는 아무런 교훈도 주지 않아서 무의미하고 유익도 되지 않는 방언을 교회에서 시끄럽게 행하는 것을 책망한다. 왜냐하면, 교회에서는 신자들을 교훈하고 권면하는 것이 언제나 가장 우선시되어야 하는데도, 사람들이 저마다 다른 사람들이 알아들을 수 없는 방언을 말함으로써, 정작 사람들에게 필요한 교훈의 말과 권면의 말은 뒷전으로 밀려나게 되기 때문이다. 이어서, 바울은 여자가 교회의 공적인 모임에서 남들을 가르치는 것은 볼썽사나운 일로 규정하고서, 여자가 공적으로 가르치는 것을 금한다.

제15장에서 바울은 고린도 교인들 가운데 퍼져 있던 복음 진리에 있어서 매우 파괴적이고 치명적인 오류를 지적하고 반박한다. 복음 진리와 관련된 그러한 오류는 고린도 교인들 사이에 전반적으로 퍼져 있었다고 볼 수는 없지만, 적어도 상당수의 교인들의 마음을 사로잡고 있었기 때문에, 그 오류에 대한 분명한 치료가 반드시 필요한 상황이었는데도 불구하고, 바울은 이 문제에 관한 언급을 이 서신의 말미까지 의도적으로 미루어 둔 것처럼 보인다. 왜냐하면, 만일 그가 이 서신의 서두에서 다짜고짜 이 문제를 꺼내드는 것으로 시작하였거나, 이 서신을 시작하고 나서 얼마 안 지나서 이 문제로 주제를 전환하여 다루었다면, 고린도 교인들은 자신들 모두가 이 문제로 사도로부터 비난을 받고 있다고 생각하였을 것이 틀림없기 때문이다. 그래서 그는 이 문제가 아주 중요한 문제임에도 불구하고, 이 서신의 끝부분에 와서야, 부활에 대한 소망은 복음에 필수적인 것이기 때문에, 부활 소망이

없이는 모든 복음이 일순간에 다 무너지게 될 수밖에 없다는 것을 보여준다. 그는 강력하고 힘 있는 논증들을 통해서 부활에 관한 가르침을 확고하게 제시하고 정립한 후에, 이어서 장차 부활이 어떤 과정과 방식으로 이루어지게 될 것인지를 자세하게 설명하는 말을 덧붙인다. 요컨대, 이 장에서 바울은 이 주제에 관한 논의를 완벽하고 빈틈없이 전개해 나간다.

제16장은 두 부분으로 이루어져 있다. 첫 번째 부분에서 바울은 고린도 교인들에게 궁핍함에 처해 있는 예루살렘 교회의 형제들을 도울 것을 권면한다. 당시에 예루살렘 교인들은 한편으로는 극심한 기근에 시달리는 가운데, 다른 한편으로는 불신자들의 잔인한 공격과 박해를 받고 있었다. 전에 예루살렘 교회를 돌보고 있던 사도들은 자신들의 형제들을 물질적으로 돕도록 이방인 교회들을 독려하는 소임을 바울에게 맡겼었다. 그래서 바울은 고린도 교인들에게 그들이 평소에 헌금하고자 원하는 만큼의 연보를 해서 모아 두었다가, 자기가 그들에게 갔을 때, 그 연보를 곧바로 예루살렘으로 가져갈 수 있게 하라고 그들에게 명한다. 마지막으로, 그는 따뜻한 권면과 인사말로 이 서신을 마무리한다.

이상으로 우리가 지금까지 이 서신의 각 장에 나오는 요지를 살펴본 결과를 통해서 알 수 있는 것은, 내가 이미 서두에서 밝혔듯이, 이 서신은 많은 중요한 주제들에 관한 다양한 논의를 담고 있고, 그렇기 때문에 매우 유익한 교훈들로 가득 차 있다는 것이다.

제1장

1하나님의 뜻을 따라 그리스도 예수의 사도로 부르심을 받은 바울과 형제 소스데네
는 2고린도에 있는 하나님의 교회 곧 그리스도 예수 안에서 거룩하여지고 성도라
부르심을 받은 자들과 또 각처에서 우리의 주 곧 그들과 우리의 주 되신 예수 그리
스도의 이름을 부르는 모든 자들에게 3하나님 우리 아버지와 주 예수 그리스도로부
터 은혜와 평강이 있기를 원하노라(1:1-3).

1. 부르심을 받은 바울. 바울은 자신의 가르침에 대한 권위와 호의를 확보하기 위해서 자신의 거의 모든 서신을 이런 식으로 시작한다. 그는 하나님이 자신에게 맡겨주신 직분, 즉 하나님에 의해서 보내심을 받은 그리스도의 사도라는 직분으로부터 자신의 권위를 확보하는 동시에, 서신을 받는 사람들에 대한 자신의 사랑을 증언함으로써 그들의 호의를 이끌어 낸다. 왜냐하면, 우리를 진심으로 도와주고 우리가 잘되게 하기 위하여 신실하게 우리를 돌보아 준다고 여겨지는 사람에게 우리는 기꺼이 신뢰를 보내는 경향이 있기 때문이다. 따라서 이 문안 인사에서 바울이 자신은 "그리스도의 사도"이고 하나님으로부터 "부르심"을 받았다고, 즉 자기가 "하나님의 뜻"에 의해서 사도로 세우심을 받았다고 말할 때, 그는 자신의 권위를 주장하고 있는 것이다. 교회에서 말씀을 선포하고 가르치고자 하는 자는 누구나 두 가지 요건을 갖추어야 하는데, 그 중 한 가지는 하나님에 의해서 그 직분으로 "부르심"을 받아야 한다는 것이고, 다른 한 가지는 자신의 소임을 신실하고 충성되게 수행하여야 한다는 것이다. 여기에서 바울은 자신이 이 두 가지 모두에 해당한다고 주장하는 것이다. 바울이 자신을 "사도"라고 부르는 것 속에는, 자기가 선한 양심으로 그리스도의 대사로서의 소임을 수행하고 있고, 복음의 순전한 교훈을 선포하고 있다는 의미가 내포되어 있다. 그러나 어떤 사람도 "부르심"을 받지도 않았는데 이 영광스러운 이름을 스스로 취할 수는 없기 때문에, 바울은 자기가 별 생각 없이 독단적으로 판단해서 자기 자신을 "사도"로 자처한 것이 아니라, 하나

님에 의해서 "사도"로 임명된 것이라는 말을 덧붙인다.

그러므로 여기에서 우리는 어떤 사람을 그리스도의 사역자로 인정할 것인지 말 것인지의 여부를 알고자 할 때에는, 이 두 가지 요소, 즉 한편으로는 그 사람이 그 직분으로 "부르심"을 받았는지의 여부, 다른 한편으로는 그 사람에게 그 직임을 신실하고 충성되게 수행할 수 있는 역량이 있는지의 여부를 모두 고려하여야 한다는 것을 배우게 된다. 따라서 "부르심"을 받지 않은 사람은 어느 누구도 그리스도의 사역자라는 호칭과 직임을 합법적으로 취할 수 없을 뿐만 아니라, 설령 어떤 사람이 그 직분으로 부르심을 받았다고 할지라도, 그 직임을 제대로 수행할 수 있는 역량이 그 사람에게 갖추어져 있지 않는 경우에는, 그 사람을 그리스도의 사역자로 인정하는 데에는 그 사람이 "부르심"을 받았다는 사실만으로는 충분하지 않다. 왜냐하면, 주님은 말 못하는 벙어리 우상들(muta idola)이 되게 하기 위하여, 또는 "부르심"을 핑계로 다른 사람들 위에 폭군처럼 군림하게 하기 위하여, 또는 자신들의 기분대로 법을 만들어 다스리게 하기 위하여, 자신의 사역자들을 택하시고 보내시는 것이 아니고, 도리어 어떤 사람들이 자신의 사역자들이 되어야 하는지를 구체적으로 정해 주시고, 자신의 사역자들을 그의 법으로 속박하시기 때문이다. 요컨대, 주님은 특정한 사역을 위해서 자신의 사역자들을 택하셔서 사용하시는 것이기 때문에, 그리스도의 사역자가 될 사람들은 무엇보다도 먼저 게으르거나 나태하지 말고 부지런하고 신실하게 행하는 자여야 하고, 다음으로는 자신의 직임의 한계와 제한 내에서 자신의 분수에 맞게 합당하고 적절하게 행하는 자여야 한다.

이렇게 사도직은 "부르심"에 달려 있는 것이기 때문에, 만약 어떤 사람이 "사도"로 인정받기를 원한다면, 그 사람은 자기가 진정으로 "부르심"을 받았다는 것을 보여 주어야 한다. 뿐만 아니라, 사람들이 자신을 믿어 주거나 자신의 가르침에 귀를 기울여 주기를 바라는 모든 사람들도 마찬가지이다. 여기에서 바울은 이러한 근거들에 의거해서 자신의 권위를 주장하고 옹호하고 있는 것이기 때문에, 어떤 사람이 아무런 근거나 증거도 없이 특정한 직분을 원하는 것은 이만저만 오만불손한 일이 아니다. 그러나 우리가 알아야 할 것은, 어떤 사람이 자기는 "부르심"에 따라서 직분을 받았을 뿐만 아니라, 그 직임을 신실하게 수행하고 있다고 주장하고자 한다면, 그 사람은 그 두 가지 모두를 반드시 증명해야 한다는 것이다. 왜냐하면, 자신들의 직분을 의기양양하게 자랑하는 자들이 실제로는 하나님으로부터 그 직분을 받지 않은 경우가 종종 있기 때문이다. 우리는 그러한 예로 오래 전의 "거짓 선지자"들을 들 수 있는데, 당시에 그들은 자신들이 하나님으로부터 "보내심"을 받았다고 요란하게 허풍을 떨던 자들이었다. 그리고 오늘날 교황주의자들이 요란스럽게 떠들어대고 있는 것도 다름 아닌 "하나님에 의한 서품"(Dei ordinatio)과 사도들로부터 직접 내려왔다고 하는 "신성불가침의 계승"(sacrosancta successio)에 관한 것이 아니던가? 그러나 그들이 자랑하는 그 모든 것들은 허상이고 헛된 것임은 아주 분명하다. 따라서 여기에서 중요한 것은 누가 어떤 말들을 하며 큰소리로 허풍을 떨고 과시하는지가 아니라, 진실(veritas)이 무엇인가 하는 것이다. 이름이나 호칭을 갖다 붙이는 것은 선한 자나 악한 자나 모두 얼마든지 할 수 있는 일이기 때문에, 누가 자기 자신을 진정으로 사도라고 칭할 수 있는 것인지, 그리고 누가 그렇게 하는 것이 거짓인지를 확인하기 위해서는, 우리는 진실을 검증해 보지 않을 수 없다. 바울의 "부르심"(vocatio)에 관해서는 하나님께서 많은 계시를 통해서 친히 증언하셨을 뿐만 아니라, 그후에 바울의 사역 속에서 나타난 수많은 이적들을 통해서 확증하셨다. 바울의 "신실함"(fides)은 그가 그리스도의 복음을 순전하게 선포하였느냐 아니냐에 따라서 평가되어야 한다. 마지막으로, 이중의 부르심(duplex vocatio), 즉 하나님의 부르심과 교회의 부르심에 관해서는 나의 「기독교강요」를 보라.

사도. 이 단어는 어원상으로 "보내심을 받은 자"라는 일반적인 의미를 지니고 있어서, 모든 종류의 사역자들을 지칭하기 위해서 폭 넓게 사용되는 경우가 종종 있기는 하지만, 그럼에도 불구하고 기독교의 특별한 호칭으로 사용될 때에는, 온 세상에 복음을 전파하라는 주님의 지상명령에 의하여 따로 구별되고 세움 받은 사람들을 가리킨다. 바울이 그러한 의미에서의 사도들 중의 한 사람으로 인정받는 것은 다음과 같은 두 가지 이유로 말미암아 매우 중요한 일이었는데, 그 중 하나는 모든 사역자들 가운데서 사도들은 복음을 전파함에 있어서 권위와 기회와 힘을 지닐 수 있었기 때문이었고, 다른 하나는 모든 교회를 세우고 가르치는 권한은, 엄밀히 말해서, 오직 사도들에게만 있었기 때문이었다.

하나님의 뜻을 따라. 사도 바울은 자기 자신이 갖고 있는 모든 좋은 것이 전적으로 하나님으로부터 온 것이고, 그 모든 것에 대해서 자기는 하나님께 온전히 빚진 자라는 사실을 기쁜 마음으로 인정하곤 했는데, 여기에서 자신의 사도직과 관련해서는 특히 더욱더 그렇게 말을 하고 있다. 바울이 자신의 사도직과 관련해서 이 점을 특히 더 강조해서 말하고 있는 것은, 사람들이 자신의 사도직에 대하여 지니고 있던 의혹(suspicio), 즉 바울은 주님으로부터 사도로 부르심을 받은 적이 없는데도 불구하고, 교만하고 주제넘게도 스스로 사도로 자처하고 사도직을 수행하고 있는 것이라는 온갖 의혹을 제거하기 위한 것이다. 구원으로의 부르심이 은혜로 말미암는 것처럼, 사도직으로의 부르심도 은혜로 말미암는 것임은 두말할 필요도 없이 확실한 사실인데, 그리스도께서는 이것에 대하여 다음과 같이 가르치신 바 있다: "너희가 나를 택한 것이 아니요 내가 너희를 택하여 세웠나니"(요 15:16). 한편, 바울이 자기가 "하나님의 뜻을 따라" 사도가 되었다고 말하고 있는 것 속에는, 자신의 사도직을 무너뜨리려고 하거나, 어떤 식으로든 반대하는 모든 자들은, 하나님께서 사도로 세우시고 임명하신 것에 반기를 들고 도전하는 것이라고 경고하는 의미도 동시에 내포되어 있다. 따라서 바울은 여기에서 자기는 사도라는 영광스러운 직분을 하나님으로부터 받은 자라고 쓸데없고 헛된 자랑을 늘어놓고 있는 것이 아니라, 자신의 사도직에 대하여 악의적으로 자행되고 있는 모든 비방과 폄하로부터 자신의 사도직을 옹호하고 방어하기 위하여 의도적으로 이런 식으로 말하고 있는 것이다. 왜냐하면, 고린도 교인들에게 사도로서의 그의 권위는 충분히 확고하게 확보되어 있었을 것임에 틀림없는 까닭에, 만일 사악한 자들이 하나님께서 그에게 수여하신 이 영광스러운 직분을 은밀하고 교묘하게 무력화시키려고 시도하지 않았다면, 굳이 그가 "하나님의 뜻"을 특별히 언급할 이유는 없었을 것이기 때문이다.

형제 소스데네. 바울이 여기에서 언급하고 있는 "소스데네"는 누가가 사도행전 18:17에서 언급한 고린도에 있던 유대인 회당의 바로 그 "회당장"이다. 바울이 자신의 서신의 첫머리에 그의 이름을 포함시킨 것은 고린도 교인들이 복음을 향한 그의 열정과 헌신을 알고 그를 존경하고 있었기 때문이었다. 따라서 소스데네에게는 이제 이전의 호칭인 "회당장"으로 불리는 것보다는 바울의 "형제"라고 불리는 것이 훨씬 더 큰 영광이었다.

2. 고린도에 있는 하나님의 교회. 사탄이 하나님보다 더 강력하게 역사하고 있다고 말해도 좋을 만큼 수많은 악습과 악행에 빠져 있던 무리를 바울이 "하나님의 교회"라고 부르는 것이 우리에게 이상하게 보일지도 모르겠지만, 그가 고린도 교인들의 환심을 사기 위해서 듣기 좋은 말로 아부하려고 이렇게 말한 것이 아니라는 것은 확실하다. 왜냐하면, 바울은 사람들에게 그런 식으로 아부하는 일에 익숙

하지 않을 뿐만 아니라, 하나님의 성령의 인도하심을 받아서 말하고 있는 그가 그렇게 하고 있을 리가 없기 때문이다. 그렇다면, 고린도 교인들이 이렇게 많은 더럽고 추한 죄악 속에 빠져 있었는데도 불구하고, 과연 바울로 하여금 그들의 무리를 교회라고 부르도록 만든 그 무엇이 여전히 그들 가운데 남아 있었던 것인가? 나의 대답은 이렇다: 하나님께서는 전에 바울이 고린도에 있을 때에 그에게 "두려워하지 말라 … 이 성중에 내 백성이 많음이라"(행 18:9-10)고 말씀하셨기 때문에, 바울은 하나님의 그 약속을 기억하는 가운데, 다수의 불경건한 사람들 속에 남아 있던 소수의 경건한 사람들을 생각하고서, 그들을 교회로 인정하는 큰 영광을 그들에게 주었다는 것이다. 게다가, 고린도 교회에는 많은 악행들이 만연되어 있었고, 가르침과 행실에 있어서 여러 가지 다양한 부패와 타락이 교회 속으로 침투해서 자리 잡고 있기는 하였지만, 그럼에도 불구하고 거기에는 여전히 참된 교회로서의 징표들이 얼마간은 남아 있었다. 그러므로 우리는 이 구절에 세심하게 주의를 기울여 잘 살펴서, 우리가 이 세상에 존재하는 교회들에게 점이나 흠이나 주름진 것이 하나도 없는 교회가 될 것을 요구해서는 안 된다는 것과 어느 믿는 자들의 모임이 우리가 바라는 기준을 모든 점에서 만족할 만한 정도로 충족시키지 못한다는 이유로 그 모임에 교회라는 이름을 사용하는 것은 합당하지 않다고 성급하고 경솔하게 판단해서는 안 된다는 것을 배워야 한다. 완벽한 순전함(perfecta puritas)이 없는 곳에는 교회도 없다고 생각하는 것은 매우 위험한 발상이다. 왜냐하면, 그러한 생각에 사로잡혀 있는 사람은 결국 다른 모든 사람들로부터 떨어져나가서, 자기 자신만을 이 세상에서 유일하게 거룩한 사람으로 여기거나, 아니면 소수의 다른 위선자들을 규합해서 자기 자신만의 파당을 형성하고서, 다른 모든 교회를 부정하고 오직 자신의 파당만이 참된 교회라고 주장할 것이 틀림없기 때문이다.

그렇다면, 바울이 고린도에 있는 교회를 하나님의 교회로 인정한 근거는 대체 무엇이었는가? 그것은 그가 그들 가운데서 교회의 성립 근거가 되는 여러 가지 징표들, 즉 복음의 교훈, 세례, 성찬 같은 요소들을 발견하였기 때문이라는 것은 두말할 필요가 없다. 즉, 고린도 교인들 중 일부 사람들이 부활에 관해서 확신을 갖지 못하게 된 것은 사실이지만, 그러한 잘못된 관념이나 생각이 교회 전체에 퍼져 있었던 것은 아니기 때문에, 그들의 그러한 잘못은 고린도 교회라는 이름과 실체를 부정하는 것을 정당화할 수 있는 합당한 근거가 될 수는 없었다는 것이다. 물론, 성찬의 시행과 관련해서 일부 잘못된 오류들이 들어와서 자리를 잡았고, 교회의 치리나 권징이 제대로 시행되지 못하고 거의 다 무너졌으며, 교인들의 도덕적 해이가 심각하게 우려할 만한 수준이 되었고, 소박하고 참된 복음의 교훈이 멸시받았으며, 허영에 빠져서 자신들을 과시하는 일에 몰두하는 분위기가 팽배해 있었고, 사역자들의 야심으로 말미암아 교인들이 분열되어 여러 파당으로 나뉘어 있었던 것은 다 사실이었다. 하지만 그럼에도 불구하고 그들 모두는 한 분 유일하신 하나님께 예배를 드렸고, 그리스도의 이름으로 기도하였으며, 오직 그리스도로 말미암은 구원을 확신하고 있었고, 기독교 신앙의 기본적인 교훈들을 변함없이 붙들고 있었으며, 그들 가운데서 이루어진 사역이 전적으로 타락한 것도 아니었기 때문에, 그들 가운데 "하나님의 교회"는 여전히 존재하고 있었다. 따라서 방금 말한 바와 같이, 하나님에 대한 예배가 온전히 지속되고 있고, 기독교 신앙의 기본적인 교훈들이 유지되고 있는 곳에는, 거기에 하나님의 교회도 존재하는 것이라고, 우리는 어렵지 않게 결론을 내릴 수 있다.

그리스도 예수 안에서 거룩하여지고 성도라 부르심을 받은 자들. 여기에서 바울은 고린도 교인들이 지금까지 하나님께로부터 엄청난 복들을 받아 누려 왔고, 그들이 받은 복들은 그들에 대한 자신의 복음를 통해서 이루어진 것이었기 때문에, 그들은 자기에게 최소한 감사라도 해야 하는데도 불구하고, 실제로는 자기에게 전혀 감사하고 있지 않는 것을 책망이라도 하는 것 같은 뉘앙스로, 그들이 하나님으로부터 어떤 복들을 받았는지를 그들에게 상기시킨다. 왜냐하면, 그들이 하나님의 특별한 소유로 성별되는 복을 받게 된 것은 바울의 사역으로 말미암은 것이었는데도, 그들로 하여금 하나님으로부터 복을 받게 해 준 당사자인 바울을 거부하고 그의 사도직을 부정하는 것보다 더 배은망덕한 일은 있을 수 없기 때문이다.

여기에서 바울은 "그리스도 예수 안에서 거룩하여지고"와 "성도라 부르심을 받은"이라는 두 가지 수식어를 통해서 어떤 사람이 교회의 참된 구성원 또는 지체가 될 수 있는지와 교회의 친교에 참여하기에 합당한 사람은 누구인지를 보여준다. 만약 당신이 거룩한 삶을 통해서 당신 자신이 그리스도인임을 보여 주지 않는다면, 당신은 마치 그리스도인인 것처럼 위장하고 교회 안에 몸담고 있을 수는 있겠지만, 결코 그 구성원 또는 지체가 될 수는 없다. 따라서 하나님의 백성으로 여겨지기를 원하는 모든 사람은 먼저 그리스도 안에서 거룩해져야 한다. "거룩하여짐"(sanctificatio)이라는 단어는 "구별"(segregatio)을 뜻하는데, 이것은 우리가 성령에 의해서 새로운 생명으로 거듭나서, 세상이 아니라 하나님을 섬기게 될 때, 우리 안에서 일어나는 일이다. 왜냐하면, 우리는 본성적으로는 거룩하지 않지만, 성령이 우리를 거룩하게 구별해서 하나님에게 바쳐 드리기 때문이다. "거룩하여지는" 것은 우리가 그리스도의 몸인 교회에 접붙임 바 될 때에 실제로 일어나고(우리가 그리스도의 몸인 교회 밖에 있을 때에는 오직 더럽고 부정한 자들로 존재할 뿐이다), 성령은 오직 그리스도로부터만 우리에게 주어지고 다른 그 어떤 것으로부터 주어질 수 없기 때문에, 바울이 우리가 그리스도로 말미암아 하나님에게 가까이 나아가서, 그리스도 안에서 "새로운 피조물"이 된다는 의미에서, 우리가 "그리스도 안에서 거룩하여진다"고 말한 것은 합당하다.

나는 "그리스도 예수 안에서 거룩하여지고" 다음에 나오는 "성도라 부르심을 받은"이라는 어구는 "너희는 거룩함을 위하여 부르심을 받았다"는 것을 의미하는 것이라고 본다. 하지만 이 어구는 두 가지 의미로 이해할 수 있다. 첫째로, 우리는 바울이 믿는 자들이 거룩하여진 원인(causa sanctificationis)을 하나님의 부르심이라고 말하고 있는 것으로 이해할 수 있다 — 하나님이 그들을 택하셨다는 점에서. 따라서 이 해석을 따르면, 바울은 이렇게 말한 것과 같다: 사람이 거룩해지는 것은 하나님의 은혜(gratia)에 달려 있는 것이지 사람의 덕성(virtus)에 달려 있는 것이 아니다. 둘째로, 우리는 이 어구를 다음과 같은 의미로 이해할 수도 있다: 우리가 거룩하여지는 것은 우리의 신앙 고백(professio)과 일치하는 것이다. 즉, 우리가 거룩하여지는 것은 복음의 교훈의 목적이라는 것이다. 전자의 의미가 문맥에 좀 더 잘 부합하는 것처럼 보이기는 하지만, 두 가지 의미가 모두 다음과 같은 점에서 일치하기 때문에, 어느 쪽으로 이해하든 의미상으로 큰 차이가 나지는 않는다: 우리의 거룩함은 하나님의 택하심이라는 원천에서 나올 뿐만 아니라, 우리의 부르심의 목적이기도 하다.

그러므로 우리가 거룩하여지는 것은 결코 우리 자신의 노력에 의해서 이루어지는 것이 아니라 오직 하나님의 부르심에 의해서 이루어지는 것임을 우리는 명심하여야 한다. 왜냐하면, 본성적으로 부정한 우리를 거룩하게 하시는 분은 오직 하나님뿐이시기 때문이다. 내가 생각하기에, 바울은 우리를 거룩하게 해 주는 원천, 예수 그리스도로 말미암아 우리에게 활짝 열리게 된 저 거룩함의 원천을, 마치 손가락으로 가리키듯이, 우리에게 보여줄 때, 우리가 생각하는 것보다 한 단계 더 높은 곳에 있는 것, 즉 하나님의 기뻐하시는 뜻(Dei beneplacitum)이야말로 바로 그 원천이라는 것을 보여 주는 것으로 보인다 — 그리스도께서 우리에게 오신 것도 하나님의 이 기뻐하시는 뜻에 따른 것이었다. 우리가 복음에 의해서 "하나님의 흠 없는 자녀"(빌 2:15)로서의 거룩한 삶으로 부르심을 받는다는 것은 사실이지만, 우리에 대한 그러한 부르심이 효과를 나타내기 위해서는, 거룩한 삶이 우리 안에서 실제가 되지 않으면 안 된다. 여기에서 고린도 교인들 중에는 그런 사람이 많지 않았다고 반론을 제기하는 사람이 있을 수 있다. 하지만 거기에 대한 나의 대답은 바울이 여기에서 언급하고 있는 "성도들"에는 연약한 교인들이 제외되지 않았다는 것이다. 왜냐하면, 하나님께서는 우리 안에서 자신의 일을 시작하셨을 뿐이고, 거기서부터 계속적으로 여러 단계를 밟아서 점차 우리의 거룩함을 완성해 나가시기 때문이다. 그러한 반론에 대한 나의 대답으로 한 가지 덧붙여서 말하자면, 여기에서 바울은 하나님의 부르심에 부응해서 성도로서의 자신의 역할을 제대로 해내지 못한 고린도 교인들을 부끄럽게 만들기 위해서 그들 가운데서 드러난 여러 가지 결함들과 잘못들을 바라보기보다는, 그들 가운데에서 역사하시는 하나님의 은혜를 바라보고서, 그들을 "성도"라고 부르고 있다는 것이다.

예수 그리스도의 이름을 부르는 모든 자들에게. "예수 그리스도의 이름을 부르는"이라는 수식어는 모든 믿는 자들에게 공통적으로 해당된다. 왜냐하면, 하나님의 이름을 부르는 것은 믿음을 실천하는 주된 방법들 중의 하나인 까닭에, 믿는 자들의 본분이자 의무인 이것을 실천하고 있느냐의 여부에 따라서 믿음이 있느냐 없느냐의 유무가 결정되기 때문이다. 또한, 우리는 바울이 믿는 자들이 그리스도의 이름을 부르고 있다고 말함으로써, 그리스도의 신성을 증명하고 있다는 사실에도 주목하여야 한다. 왜냐하면, 어떤 존재의 이름을 예배와 경배의 목적으로 부른다는 것은 그 존재를 하나님으로 예배하고 경배한다는 것을 보여 주는 가장 기본적인 증거들의 하나이기 때문이다. 따라서 현재의 맥락 속에서 "이름을 부른다"는 것은 그리스도에 대한 전적인 신앙 고백을 의미하는 제유법적인 표현인데, 이것은 많은 성경 본문들에서 하나님의 이름을 부른다는 것이 하나님에 대한 온전한 예배를 가리키는 것과 마찬가지이다. 어떤 이들은 이러한 표현이 단순한 신앙 고백만을 나타내는 것이라고 설명하지만, 그러한 설명은 근거가 빈약하고 성경의 용례와도 동떨어진 것이다.

나는 여기에서 사용된 대명사들인 "그들"과 "우리"를 속격으로 보고 앞에 나오는 "주 예수 그리스도"에 걸리는 것으로 이해해서 "그들과 우리의 주 예수 그리스도"로 해석하지만, 다른 이들은 이 두 개의 대명사를 탈격으로 보고 앞에 나오는

"각처"에 걸리는 것으로 이해해서 "그들의 각처와 우리의 각처에서"로 해석한다(예컨대, 히에로니무스가 번역한 불가타 역본). 이 구절에 대한 나의 번역은 히에로니무스(Hieronimus)의 번역이 아닌 크리소스토모스(Chrysostomus)를 따른 것이다. 크리소스토모스와 나의 이러한 번역은 "각처에서"라는 어구가 "주 예수 그리스도"와 "그들과 우리의"의 중간에 끼여 있어서, 우리에게 뭔가 어색하고 거칠어 보일 수 있지만, 실제로 바울이 사용한 헬라어 어법 속에서는 이러한 구문은 전혀 어색하지도 않고 거친 것도 아니다. 내가 불가타 역본의 번역보다 이러한 번역을 선호하는 이유는, 만일 "그들과 우리의"가 "각처"에 걸리는 것으로 이해한다면, 바울은 "각처에서"라고 말한 후에 추가적으로 거기에 "그들과 우리의"라는 어구를 덧붙일 필요나 이유가 없었을 뿐만 아니라 실제로 그렇게 덧붙이는 것은 부적절한 것이기도 하기 때문이다. 불가타 역본의 번역을 따른다고 했을 때, 그렇다면 바울은 도대체 어느 곳들을 "우리의 각처"라고 부를 수 있었다는 것인가? 그들은 바울이 말한 "우리의 각처"는 유대 땅을 가리키는 것이라고 설명하지만, 무슨 근거가 그렇게 말할 수 있는 것인가? 또한, 바울은 어느 곳들을 "그들의 각처"라고 부를 수 있었다는 것인가? 그들은 바울이 말한 "그들의 각처"는 유대 땅을 제외한 세상의 다른 모든 지역을 가리키는 것이라고 설명하지만, 그러한 설명도 적절하지 않다. 따라서 결국 크리소스토모스와 내가 제시한 해석이 가장 적절한 것이라고 볼 수 있다. 왜냐하면, 우리는 바울이 "각처에서 우리 주 예수 그리스도의 이름을 부르는 모든 자들"이라고 말한 후에, 그리스도는 유대인이건 이방인이건 그를 부르는 모든 사람의 "주"라는 것을 분명하게 보여 주기 위해서, "그들과 우리의 주"라는 어구를 덧붙이고 있는 것으로 보는 것이 합당하기 때문이다.

각처에서. 이 어구는 바울의 다른 서신들에는 나오지 않기 때문에, 바울은 서신들을 쓸 때에 자신이 보여 준 평소의 관례를 깨고 이 어구를 여기에서 언급하고 있는 것이다. 그가 다른 서신들에 나오는 문안인사에서는 자신의 편지를 수신하게 될 상대방에 대해서만 언급하는 것이 보통인데, 여기에서는 특별히 이 어구를 덧붙인 이유는, 고린도 교회가 이 서신을 받게 될 때에 사악한 자들로부터의 비방과 중상모략이 있으리라는 것, 즉 그가 서신을 쓸 때에도 고린도 교인들에 대해서 고압적인 태도를 취하고 있으며, 다른 교회들에 대해서는 감히 주장하지 못했던 권위를 고린도 교인들에게는 두드러지게 내세우고 있다는 비방이 있을 것을 예상하였고, 그러한 비방을 미리 차단하고자 하였기 때문이다. 앞으로 차츰 분명하게 밝혀지게 되겠지만, 바울은 자신이 떳떳하지 못하기 때문에 당당하게 활동을 해 나갈 자신이 없어서, 자신만의 성을 건설하여 나머지 다른 사도들과의 관계를 끊고 은밀하게 은둔해서 그 성에 군림하여 살기 위해서 자신만의 작은 둥지를 만들어 나가고 있다는 부당한 비난과 공격을 받고 있었다. 따라서 이 어구를 통해서, 바울은 자기는 자신만의 성을 건설해서 숨으려고 하는 것이 아니라, 모든 사람이 자신의 목소리를 멀리서도 들을 수 있을 정도로 탁 트인 공공연한 무대 위에서 활동하고 있다고 말함으로써, 그러한 거짓 비방을 반박하려 한 것으로 보인다.

3. 하나님 우리 아버지와 주 예수 그리스도로부터 은혜와 평강이 있기를 원하노라. 나는 독자들에게 동일한 내용과 설명을 반복해서 읽어야 하는 수고와 괴로움을 끼치기를 원하지 않기 때문에, 이 기도에 대해서는 나의 로마서 주석의 서두 부분을 참조하기 바란다.

[4]그리스도 예수 안에서 **너희**에게 주신 **하나님**의 은혜로 말미암아 **내가 너희**를 위하여 항상 **하나님**께 **감사하노니** [5]**이는 너희**가 그 안에서 모든 일 곧 모든 언변과 모든 지식에 풍족하므로 [6]그리스도의 증거가 **너희** 중에 견고하게 되어 [7]**너희**가 모든 은사에 부족함이 없이 우리 주 예수 그리스도의 나타나심을 기다림이라 [8]주께서 **너희**를 우리 주 예수 그리스도의 날에 책망할 것이 없는 자로 끝까지 견고하게 하시리라 [9]**너희**를 불러 그의 아들 예수 그리스도 우리 주와 더불어 교제하게 하시는 하나님은 미쁘시도다(1:4-9).

4. 내가 너희를 위하여 항상 하나님께 감사하노니. 바울은 앞에서 문안인사를 통해서, 자신의 사도직이 하나님으로부터 나온 것이라고 말함으로써, 자신의 권위(autoritas)를 확보한 후에, 이제 여기에서는 고린도 교인들을 향한 자신의 사랑을 표현함으로써, 자신의 교훈과 가르침에 대한 그들의 호의(gratia)를 확보하려고 한다. 그는 이런 식으로 그들의 마음을 사전에 부드럽게 누그러뜨려서, 그들로 하여금 자신의 책망과 훈계를 끈기 있게 경청할 수 있도록 만든다. 그는 그들이 지금까지 복을 받은 것을 마치 자신이 복을 받은 것처럼 기뻐한다는 사실과, 그가 그들에 대해서 좋게 생각하고 있으며 그들의 장래에 대해서도 선한 소망을 갖고 있다는 사실을 증거로 제시하면서, 그들에 대한 자신의 사랑을 확신시킨다. 하지만 다른 한편으로는, 그는 그들에게 교만해질 수 있는 빌미를 주지 않기 위해서, 그들이 받

은 모든 복은 하나님께로부터 온 것이기 때문에, 모든 영광과 감사는 하나님께 돌려져야 한다고 말함으로써, 자기가 기뻐하고 감사하는 것이 모두 하나님을 향해 있는 것임을 분명히 하고, 그들이 자랑할 일이 아니라고 분명하게 선을 긋는다. 즉, 그는 이렇게 말한 것과 같다: "나는 진심으로 여러분을 축하하지만, 여러분과 관련된 모든 것으로 인한 영광은 하나님께 돌아가는 것이 마땅하다." 바울은 하나님을 "나의 하나님"(한글개역개정에는 "나의"라는 단어가 생략되어 있다 — 역주)이라고 부르는데, 나는 로마서 주석에서 그 의미에 대해서 이미 설명한 바 있다. 또한, 바울은 고린도 교인들의 비위를 맞추려고 그들에게 듣기 좋은 말을 하고 있는 것이 아니기 때문에, 아무런 이유나 근거도 없이 그들을 칭찬한 것은 결코 아니었다. 비록 그들 모두가 그러한 칭찬을 받을 자격이 있는 것은 아니었고, 그들 중에는 하나님이 주신 풍성한 은사들을 자신들의 야심을 충족시키기 위하여 남용한 자들도 많았지만, 그럼에도 불구하고 바울은 하나님이 그들에게 주신 풍성한 은사 자체를 복이 아니라고 말하거나 하찮은 것으로 멸시할 수는 없었다. 왜냐하면, 모든 은사는 그 자체로 충분한 가치가 있는 것들이기 때문이다. 그리고 성령의 은사는 모든 사람을 세우기 위해서 주어지는 것이기 때문에, 바울이 고린도 교인들 각자에게 주어진 은사들을 고린도 교회 전체에 주어진 공동의 은사들로 여긴 것은 합당한 일이었다. 우리는 바울이 그들의 어떤 모습을 보고서 하나님께 감사하고 있는지를 살펴보아야 한다.

그리스도 예수 안에서 너희에게 주신 하나님의 은혜로 말미암아. 여기에서 "은혜"(gratia)는 고린도 교인들이 복음으로 말미암아 얻은 온갖 종류의 "복들"(bona)을 포괄적으로 가리키는 일반적인 단어이다. 왜냐하면, 여기에 언급된 "은혜"는 하나님의 "은총"을 뜻하는 것이 아니라, 하나님께서 아무 대가 없이 사람들에게 부어 주시는 "은사들," 즉 은혜의 선물들을 뜻하는 환유법적인 표현이기 때문이다.

5. 이는 너희가 그 안에서 모든 일 곧 모든 언변과 모든 지식에 풍족하므로. 바울은 바로 이어서 그들이 구체적으로 받은 하나님의 은혜가 무엇이고 어떤 것들인지를 설명해 나가는데, 먼저 그들이 "모든 일"에서 풍족하게" 되었다고 말한 후에, 그 "모든 일"이라는 것이 "교훈과 하나님의 말씀"(doctrina et sermo Dei, 한글개역개정에서는 "모든 언변과 모든 지식")이라고 말한다. 왜냐하면, 그리스도인들은 그러한 것들에 있어서 풍성해야 하고, 사람들이 흔히 그러한 것들을 대수롭지 않게 여기

고 하찮게 여기는 경향이 있지만, 우리는 그러한 것들을 더욱더 귀하고 소중하게 여기고 더욱더 높이 평가해야 하기 때문이다. 나는 여기에서 "그 안에서"로 번역된 헬라어 '엔 아우토'(ἐν αὐτῷ)를 "그로 말미암아"로 번역하기보다는(예컨대, 흠정역) "그 안에서"라는 번역을 그대로 유지하는 것이 좋다고 생각하는데, 그 이유는 "그 안에서"라는 번역이 좀 더 분명하고 강력한 의미를 담고 있는 것으로 생각되기 때문이다. 왜냐하면, 우리가 그리스도의 몸에 속한 지체이고, 그리스도에게 접붙인 바 되어 있는 까닭에, 우리는 그리스도 안에서 풍성함을 누리는 것이기 때문이고, 좀 더 정확하게 말하자면, 우리가 그리스도와 하나가 되어 있는 까닭에, 그리스도께서는 자신이 아버지 하나님으로부터 받은 모든 것을 우리와 함께 나누어 가지시는 것이기 때문이다.

6. 그리스도의 증거가 너희 중에 견고하게 되어. 에라스무스(Erasmus)는 우리와는 달리 "그러한 것들에 의해서 그리스도의 증거가 너희 중에 견고하게 되었다"고 번역하는데, 여기에서 "그러한 것들"은 "지식과 말씀"을 가리킨다. 그러나 이 구절은 그런 뜻이 아니다. 이 본문을 있는 그대로 받아들이면, 그 의미는 단순명료하다. 즉, 하나님께서 자신의 복음 진리가 견고하게 되도록 하기 위하여 고린도 교인들 가운데서 그 복음 진리에 인을 치셨다는 것이다. 하지만 그 방법에는 두 가지가 있을 수 있는데, 그 중 하나는 이적들에 의한 것이고, 다른 하나는 성령의 내적 증언에 의한 것이다. 크리소스토모스(Chrysostomus)는 바울이 여기에서 하나님께서 이적들에 의해서 복음 진리를 견고하게 하셨다고 말한 것으로 이해하는 것으로 보이지만, 나는 바울의 이 말을 좀 더 넓은 의미로 이해한다. 무엇보다도 먼저, 우리가 믿음으로 복음을 받을 때, 그것은 "하나님이 참되시다는 것을 인친 것"(요 3:33)이기 때문에, 우리와 관련해서는 복음은 믿음에 의해서 견고하게 되어야 한다는 것은 분명하다. 물론, 복음을 확증하는 데에 이적들이 매우 중요하다는 사실을 내가 부정하는 것은 아니지만, 우리는 그것보다는 한 차원 더 높은 원천을 찾아보아야 하는데, 그것은 하나님의 성령이야말로 복음에 대한 보증(arrha)이며 인침(sigillum)이라는 것이다. 따라서 나는 이 구절을 이렇게 설명한다: 하나님께서 처음부터 고린도 교인들 가운데서 그의 복음의 효력이 나타나게 하셨기 때문에, 그러한 한에 있어서, 그들은 복음을 아는 지식에 있어서 풍성하였다. 또한, 하나님께서는 어떤 한 가지 방식만을 사용하신 것이 아니고, 한편으로는 성령의 내적 감화(interna spiritus virtus)를 통해서 역사하셨고, 다른 한편으로는 다양하고 탁월한 은

사들, 이적들, 그리고 다른 온갖 보조수단들을 통해서 그들 가운데 역사하셨다. 바울은 복음을 "그리스도의 증거"(testimonium Christi) 또는 "그리스도에 대한 증거"라고 부르는데, 이것은 복음은 전체적으로 우리에게 그리스도를 분명하게 보여 주는 것이 그 목적이기 때문이다: "그 안에는 지혜와 지식의 모든 보화가 감추어져 있느니라"(골 2:3). 만약 그리스도께서 복음의 일차적인 원천으로서 복음을 시작하신 분이시고, 사도들은 이차적 또는 보조적인 증인들이라는 사실을 근거로, "그리스도의 증거"라는 어구를 능동의 의미로 이해해서 "그리스도께서 증거하신 것"이라는 뜻으로 해석하고자 하는 사람이 있다면, 나는 그 사람의 해석에 이의를 제기할 생각이 없지만, 나는 내가 앞서 설명한 해석이 더 합당하다고 본다. 물론, 바울이 나중에 언급하고 있는 "하나님의 증거"(2:1)를 수동의 의미로 이해하는 것은 문맥상 적절하지 않기 때문에, 그 어구는 두말할 필요도 없이 능동의 의미로 이해되어야 한다는 것은 사실이지만, 여기에서 나오는 "그리스도의 증거"라는 어구는 그것과는 경우가 다르다. 게다가, 바로 이어서 바울이 덧붙이고 있는 "그리스도 외에는 아무것도 알지 않기로 작정하였다"(2:2)는 구절은 나의 이러한 견해를 확고하게 지지해 준다.

7. 너희가 모든 은사에 부족함이 없이 우리 주 예수 그리스도의 나타나심을 기다림이라. 여기에서 "부족함"으로 번역된 '휘스테레이스타이'(ὑστερεῖσθαι)는 그들에게 실제로 필요한 것이 결여되어 있는 것을 의미한다. 따라서 바울이 말한 바에 의하면, 고린도 교인들은 하나님의 모든 은사들을 부족함 없이 풍성하게 누리고 있었다는 말이 된다. 바울은 이렇게 말한 것과 같다: "주께서는 너희가 복음의 빛을 받을 자격이 있다고 여기셨을 뿐만 아니라, 성도들이 구원의 길에서 진보를 이루는 데 도움이 될 수 있는 온갖 필요한 은혜들을 너희에게 풍족하게 공급해 주셨다." 바울은 성도들에게 있어서 구원의 도구들 또는 수단들(salutis instrumenta)이 되는 영적인 은혜들을 "은사들"(charismata)이라고 부른다. 여기에서 어떤 이들은, 성도들은 자신들에게 은혜가 풍성하고 더 이상 받을 필요가 없을 정도로 풍족해서 어떤 부분에서도 은혜가 부족하지 않다고 느끼는 것은 있을 수 없기 때문에, 항상 "주리고 목마를 수밖에 없다"(마 5:6)고 반론을 제기할 수 있다. 왜냐하면, 세상에 부족함이 없는 사람은 그 어디에도 있을 수 없기 때문이다. 그러한 반론에 대한 나의 대답은 이렇다: 바울이 여기에서 고린도 교인들이 모든 은사에 부족함이 없다고 말한 이유는, 그들은 자신들에게 필요한 은사들을 충분히 공급받고 있었고, 그

들에게 부족한 것이 있을 때마다, 주께서 때를 따라 그들의 부족함을 채워주고 계셨기 때문이다. 그들이 "우리 주 예수 그리스도의 나타나심을 기다리고" 있다는 말을 그가 덧붙인 이유도 바로 거기에 있었다. 즉, 바울은 그들이 아무것도 더 이상 바랄 것이 없을 정도로 모든 것을 완벽하게 갖추고 있다고 생각한 것이 아니고, 다만 그들이 그리스도께서 나타나실 때에 온전함(perfectio)에 도달하여 그 앞에 서기 위하여 계속해서 성장해 나가는 데 그때그때 필요한 만큼의 은사들을 풍족하게 갖고 있다는 의미로 그렇게 말한 것이었다. 나는 여기에서 "기다리고 있다"로 번역된 현재분사는 "너희가 기다리는 동안에"라는 의미를 지니는 것으로 이해한다. 따라서 이 절의 의미는 다음과 같이 될 것이다: "따라서 너희가 우리의 지혜이신 그리스도께서 온전히 나타나실 때인 완전한 계시의 날을 기다리는 동안에, 너희는 온갖 은사에서 부족함이 없다."

8. 주께서 너희를 … 끝까지 견고하게 하시리라. 여기에서 사용된 관계대명사(한글개역개정에는 "주께서"로 번역되어 있다)의 선행사는 저 멀리 떨어져서 4절에 나오는 "하나님"이기 때문에, "견고하게 하시리라"의 주어는 그리스도가 아니라 "하나님"이다. 즉, 사도 바울은 계속해서 그들을 생각할 때에 자신이 느끼는 기쁨을 표현하면서, 앞에서는 자기가 그들에 대해서 어떻게 생각하고 있는지를 말했듯이, 이제 여기에서는 자기가 그들의 장래에 대해서 무엇을 소망하고 있는지를 그들에게 말하고 있다. 이것은 그들로 하여금 그들을 향한 자신의 사랑을 좀 더 확실하게 알게 하기 위한 것일 뿐만 아니라, 자기 자신의 모범을 통해서 동일한 소망을 품으라고 권면하기 위한 것이다. 그는 이렇게 말한 것과 같다: "너희의 구원은 장래에 있기 때문에, 너희는 지금 그 장래의 구원을 소망하면서 불안정한 상태에 있기는 하지만, 하나님께서는 너희를 결코 버리지 않으실 것이고, 너희 안에서 시작하신 구원을 반드시 완성하셔서, 모든 사람이 그리스도의 심판대 앞에 서야 하는 그 날이 올 때(고후 5:10), 우리 모두가 책망 받을 것이 없는 자들로 발견될 수 있을 것이라는 사실을 확신해야 한다."

우리 주 예수 그리스도의 날에 책망할 것이 없는 자. 바울은 에베소서와 골로새서에서 우리의 부르심의 목적이 우리가 그리스도 앞에 거룩하고 "책망할 것이 없는 자"로 나타날 수 있게 하는 것이라고 가르친다(엡 1:4, "창세 전에 그리스도 안에서 우리를 택하사 우리로 사랑 안에서 그 앞에 거룩하고 흠이 없게 하시려고"; 골 1:22, "이제는 그의 육체의 죽음으로 말미암아 화목하게 하사 너희를 거룩하고 흠 없고 책망할 것이 없는 자로 그 앞에 세우고자 하셨으니"). 하지만 우리가 유의해야 할 것은 그러한 온전한 정결함(mundities)은 하루 아침에 이루어지는 일이 아니고, 우리가 날마다 회개(poenitentia)에 힘써서, 우리를 하나님 앞에서 책망 받을 자들로 만드는 우리의 죄악들로부터 우리 자신이 깨끗하게 됨으로써(벧후 1:9), 마침내 "사망의 몸"과 더불어서 우리의 모든 더러운 죄악을 벗어버릴 때, 우리에게서 온전하게 이루어진다는 것이다. "주의 날"에 관해서는 우리가 제4장에서 말할 기회가 있을 것이다.

9. 하나님은 미쁘시도다. 성경이 하나님에 대해서 "미쁘시다"라고 말할 때, 그것은 종종 하나님 안에 있는 한결같으심(constantia)과 일관되심(perpetuus tenor)을 가리키기 때문에, 하나님께서 자기가 시작하신 일을 끝까지 완성하시고 이루신다는 것을 뜻한다. 바울은 로마서 11:29에서 "하나님의 부르심에는 후회하심이 없느니라"고 말한다. 그러므로 내 생각에는, 이 구절의 의미는 하나님께서는 자신의 결심이나 계획에 있어서 흔들림이 없으시다는 것이다. 하나님께서 우리를 부르시는 것은 장난삼아 한 번 불러 보시는 것이 결코 아니기 때문에, 하나님은 자신이 시작하신 일을 반드시 끝까지 책임지시고 이루신다. 그런 까닭에, 우리는 우리가 지난날에 하나님으로부터 받은 은택들을 기억하고, 그 기억을 토대로 해서 장래에 대하여서도 항상 선한 소망을 품어야 한다.

하지만 바울의 생각은 더 높은 것을 향하고 있다. 즉, 그는 여기에서 일단 고린도 교인들이 하나님의 부르심을 받아서 그리스도와 교제하게 되었다면, 하나님께서 그들을 내치시거나 버리시는 일은 있을 수 없다는 것을 논증하고 있다는 것이다. 하지만 바울의 그러한 논증이 무엇을 의미하는지를 제대로 알기 위해서 우리가 먼저 알아야 할 것은, 우리는 하나님이 우리 각 사람을 부르신 것을 하나님이 우리 각 사람을 택하신 증표로 여겨야 한다는 것이다. 그러므로 우리가 다른 사람들의 부르심에 관해서는 우리의 부르심을 바라볼 때와 동일한 확신과 확실성을 가지고 판단할 수는 없지만, 최대한 선의로 판단해야 한다는 원칙에 의거해서, 우리는 부르심을 받은 모든 사람들은 결국에는 최종적으로 구원을 받게 될 것이라고 생각하여야 한다. 이것은 하나님의 부르심을 받은 자들에게는 그 부르심의 효력과 결과가 반드시 나타나게 되어 있다고 간주하여야 한다는 것을 의미한다. 하지만 바울은 하나님의 말씀이 그 심령 속에 뿌리를 내려서 어느 정도의 열매를 맺고 있는 사람들을 염두에 두고서 이렇게 말한 것이다. 이것에 대해서, 하나님의 말씀을 받기는 받았지만 나중에 넘어지는 사람이 많다고 반론을 제기하는 사람이 있다면, 나는 이렇게 대답할 것이다: 성도의 견인(perseverantia), 즉 하나님께서 어떤 사람을 부르시고 끝까지 붙드셔서 최종적으로 구원을 이루게 하시는 것은 그 사람이 하나님의 택하심을 받았느냐에 달려 있는데, 어떤 사람의 택하심과 관련해서 확실하게 신뢰할 만한 증인은 오직 성령뿐이시다. 하지만 성령만이 확실한 증인이라고 해서, 바울이 고린도 교인들의 부르심이 흔들릴 수 없는 확고한 것이라는 확신을 가질 수 없었던 것은 결코 아니었다. 왜냐하면, 그는 아버지로서의 하나님의 사랑과 은총을 보여 주는 증거들이 고린도 교인들 가운데서 나타난 것을 보았기 때문이다.

하지만 그러한 증거들은 우리로 하여금 육신의 안일함(carnis securitas)에 안주하도록 하기 위한 것이 아니라, 도리어 주님을 더욱 의뢰하게 만들기 위한 것이다. 왜냐하면, 성경은 우리로 하여금 육신의 안일함을 떨쳐 버리도록 하기 위해서, 종종 우리 자신이 얼마나 연약한 존재인지를 똑똑히 보여 주며, 우리가 깨어서 정신 차리지 않으면 언제라도 육신의 안일함에 빠질 수 있음을 경고하기 때문이다. 바울이 그런 위험성을 감수하고서라도 그들에게 이 말을 해주어야 하겠다고 생각한 것은, 자기가 나중에 그들의 눈 앞에 제시하게 될 그들의 많은 잘못들을 그들이 깨달았을 때, 그들이 자신의 참담한 모습에 낙담하지 않도록 하기 위한 것이었다. 지금까지 말한 것을 요약하면 다음과 같다: 구원의 바른 길로 접어든 후에 계속해서 그 길로 달려가고 있는 모든 사람들이 비록 여전히 많은 잘못들과 악들에 둘러싸여 있다고 할지라도, 신실한 그리스도인들은 그들에 대하여 선한 소망을 품고서, 그들이 결국에는 신앙의 진보를 이루어 최종적인 구원을 얻게 될 것임을 의심하지 말아야 한다. 또한, 우리는 하나님의 성령으로 말미암아 빛을 받아서 그리스도를 아는 지식을 지니게 되었을 때, 우리 각자는 하나님의 택하심을 받아서 영생이라는 기업(haereditas)에 참여하게 되었다는 것을 확신하여야 한다. 왜냐하면, 실효적인 부르심(efficax vocatio), 즉 하나님에 의해서 진정으로 부르심을 받았다는 사실은 믿는 자들에게 하나님에 의해서 자신들이 택함 받았다는 것을 보여 주는 증거이기 때문이다. 물론, 우리 믿는 자들에게 그렇게 영원한 기업이 보장되어 있다고 해도, 우리는 모두 마치 이제 우리의 구원은 따놓은 당상이라도 된다는 듯이 육신의 안일함에 빠져서는 안 되고, 오직 "두렵고 떨림"으로, 하나님이 우리에게 약속하신 "구원을 이루어" 나가야 한다(빌 2:12). 이 문제에 대해서는 우리가 제10장에서 좀 더 자세하게 살펴볼 것이다.

너희를 불러 그의 아들 예수 그리스도 우리 주와 더불어 교제하게 하시는. 여기에서 "교제"로 번역된 헬라어 '코이노니아'(κοινωνία)를 에라스무스는 "나눔"(consortium)으로 번역하였고, 불가타 역본은 "교제"(societas)로 옮겼지만, 나는 "공유"(communio)를 역어로 선택하였는데, 그 이유는 "공유"라는 역어가 '코이노니아'의 의미를 좀 더 잘 표현하고 있다고 생각되기 때문이다. 왜냐하면, 복음의 궁극적인 목적은 그리스도를 우리의 소유가 되게 하고, 우리 각 사람이 그리스도의 몸에 접붙임이 되게 하는 것이기 때문이다. 하나님 아버지께서는 그리스도를 우리에게 선물로 주셔서 소유하게 하실 때, 실제로는 그리스도 안에서 심지어 자기 자신까지도 우리로 하여금 "공유하게" 하시는데, 우리가 온갖 복들에 참여할 수 있는 것은 바로 그러한 사실에 기인한다. 따라서 바울이 여기에서 논증하고 있는 것은 다음과 같다: "너희는 복음을 믿음으로 받아서 그리스도와의 공유 관계 속으로 들어온 것이기 때문에, 사망의 위협을 두려워할 이유가 전혀 없다. 왜냐하면, 너희는 사망을 이기시고 죽은 자 가운데서 부활하신 그리스도에 참여하는 자들이 되었기 때문이다." 요컨대, 그리스도인들은 자기 자신을 바라볼 때에는, 두려움과 절망에 빠질 수밖에 없지만, 그들은 그리스도에 참여하여 그리스도를 공유하는 관계로 부르심을 받았기 때문에, 구원의 확신이 있는 한, 자신이 그리스도의 지체라는 것을 깨달아서, 그리스도의 모든 좋은 것들을 자신의 것으로 여겨야 한다는 것이다. 그러므로 우리가 우리 자신이 그리스도로부터 절대로 분리될 수 없고 끊어질 수 없는 그리스도의 지체라는 것을 알고 확신한다면, 우리는 최종적인 견인(finalis perseverantia), 즉 우리가 최종적인 구원에 이르게 될 것이라는 확실한 소망을 지니게 될 것이다.

10형제들아 내가 우리 주 예수 그리스도의 이름으로 너희를 권하노니 모두가 같은
말을 하고 너희 가운데 분쟁이 없이 같은 마음과 같은 뜻으로 온전히 합하라 11내
형제들아 글로에의 집 편으로 너희에 대한 말이 내게 들리니 곧 너희 가운데 분쟁
이 있다는 것이라 12내가 이것을 말하거니와 너희가 각각 이르되 나는 바울에게, 나
는 아볼로에게, 나는 게바에게, 나는 그리스도에게 속한 자라 한다는 것이니 13그
리스도께서 어찌 나뉘었느냐 바울이 너희를 위하여 십자가에 못 박혔으며 바울의
이름으로 너희가 세례를 받았느냐(1:10-13).

10. 형제들아 내가 우리 주 예수 그리스도의 이름으로 너희를 권하노니. 바울은 고린도 교인들이 아주 예민하고 민감해서 조금만 건드려도 상처받기 쉽다는 것을 알고 있었기 때문에, 지금까지는 매우 부드럽고 온화한 어조로 그들을 조심스럽게 어루만지듯이 다루었다. 하지만 마치 유능하고 경험이 풍부하여 노련한 외과의사가 고통이 따르는 치료에 앞서서 상처를 부드럽게 어루만진 후에는 과감하게 수술을 감행하듯이, 바울은 그들이 자신의 호된 책망을 받아들일 수 있도록 먼저 그들의 마음을 어루만져 준비시킨 후에, 이제는 그들을 좀 더 엄격하게 다루기 시작한다. 그럼에도 불구하고, 우리가 뒤에서 살펴보게 되겠지만, 그는 여기에서 그들에 대한 책망을 시작하면서도 최대한의 절제력을 발휘해서 조심스럽게 운을 뗀다. 그의 말의 요지는 이렇다: "나는 하나님께서 너희를 구원으로 인도하시기 위하여 너희에게 그 많은 은사들을 풍성하게 주신 것이 헛되지 않기를 간절히 소망하는 한편, 너희도 하나님이 너희에게 주신 저 놀라운 은사들이 너희의 악들로 인하여 더럽혀지지 않도록 조심하고 애쓰는 것이 마땅하다. 그러므로 너희는 서로 한마음과 한뜻이 되어야 한다. 내가 너희에게 한마음과 한뜻이 될 것을 부탁하는 것은 다 그럴 만한 이유가 있어서인데, 사실 나는 너희 중에 심지어 서로를 적대시할 정도의 분열과 분쟁이 있다는 것과 믿음으로 말미암은 참된 하나됨을 깨뜨리는 파벌과 경쟁이 난무하고 있다는 소식을 들었다." 하지만 단순한 권면으로는 그들의 마음을 움직이거나 그들을 설득하기에 충분하지 않을 수 있었기 때문에, 바울은 그들이 사랑하는 그들의 주님이신 그리스도의 이름으로, 그들이 한마음과 한뜻이 되어 서로 화합하라고 간곡하게 부탁한다.

모두가 같은 말을 하고 너희 가운데 분쟁이 없이 같은 마음과 같은 뜻으로 온전히 합하라. 바울은 세 가지 서로 다른 표현을 사용해서, 그들에게 화합과 일치를 이룰 것을 권면한다. 첫 번째로, 그는 그들 모두가 한 목소리를 낼 것을 요구한다. 두 번째로, 그는 일치(unitas)를 방해하고 갈라놓는 악(malum)을 제거할 것을 요구한다. 세 번째로, 그는 진정한 화합의 방법으로서, 그들 모두가 "같은 마음과 같은 뜻"을 가져야 한다고 요구한다. 이 세 가지 중에서 바울이 두 번째로 제시한 것, 즉 불화와 반목을 조심하라는 요구가 순서상으로는 가장 먼저 오는 것이 자연스럽다. 왜냐하면, 그들의 일치와 화합을 방해하는 악인 불화와 반목을 제거하여야 한다는 요구(두 번째 요구)로부터, 그들 모두가 한마음과한 뜻으로 화합해야 한다는 요구(세 번째 요구)가 자연스럽게 생겨나고, 마지막으로 그들 모두가 마치 한 입으로 말하듯이 같은 말을 해야 한다는 요구(세 번째 요구)가 생겨나기 때문이다. "모두가 같은 말을 하는" 것은 그리스도인들의 화합과 일치의 열매로 지극히 바람직한 일이다. 따라서 그리스도인들 사이에서 서로 불화하는 것보다 그리스도인답지 않은 모습은 없다. 왜냐하면, 믿는 자들이 서로 화합하고 일치하는 것이야말로 우리 신앙의 가장 중요한 원리이고, 게다가 교회가 평안하고 잘되는 것은 그러한 화합과 일치에 달려 있기 때문이다.

하지만 우리는 바울이 그리스도인의 하나 됨에 있어서 구체적으로 정확하게 무엇을 요구하고 있는지를 살펴보지 않으면 안 된다. 바울이 원한 것은 고린도 교인들이 먼저 한마음이 되는 것이고, 다음으로는 한뜻을 갖는 것이며, 마지막으로는 그들 모두가 "같은 말"을 함으로써, 그들의 그러한 일치와 하나됨을 분명하게 드러내는 것이었다. 한편, 이 본문에 대한 나의 번역은 에라스무스의 번역과는 다소 다르기 때문에, 여기에서 나는 독자들에게 한 가지 사실을 환기시켜 두고자 하는데, 그것은 바울이 이 본문에서 사용하고 있는 분사는 "서로 빈틈이나 어긋남이 전혀 없이 제대로 조화롭게 결합되어 있는" 상태를 뜻한다는 것이다(한글개역개정에서는 이 분사를 "온전히 합하라"고 번역하였다 — 역주). 왜냐하면, 이 본문에서 "온전히 합하다"로 번역된 헬라어 동사 '카타르티제스타이'(καταρτίζεσθαι) — 여기에서는 이 동사의 분사 형태인 '카테르티스메노스'(κατηρτισμένος)가 사용되고 있다 — 는 원래 사람의 몸의 각 지체들이 최적의 조화를 이루고서 서로 결합되고 연합되어 있는 것을 의미하기 때문이다. 이 본문에서 불가타 역본이 "생각"(sententia)으로 번역한 헬라어는 '그노멘'(γνώμην)인데, 나는 이 단어가 여기에서는 "생각"이 아니라 "뜻"(voluntas)을 가리키는 것으로 보는 것이 더 나을 것이라고 본다. 그런 식으로 번역하면, 우리의 심령은 "마음"과 "뜻"으로 뚜렷하게 구별되어서, "같은 마음"은 "믿음"을 가리키는 것이 되고, "같은 뜻"은 "사랑"을 가리키는 것이 된다. 따라서 바울은 우리가 복음의 교훈에 있어서 일치를 이룰 뿐만 아니라, 우리의 감정과 뜻에 있어서도 하나가 되어서, 모든 점에 있어서 한마음이 될 때, 그리스도인들의 연합과 하나됨이 견고하게 세워질 수 있다고 말하고 있는 것이다. 또한, 우리는 누가가 초대 교회의 신자들이 "한마음과 한뜻"(행 4:32)으로 행하였다고 증언하고 있는 것도 그러한 맥락 속에서 바라보아야 한다. 그리스도의 영이 다스리는 모든 곳에서는 그러한 연합과 하나됨이 존재하게 된다는 것은 확실하다. 바울이 고린도 교인들에게 그러한 일치의 결과로서 "같은 말"을 하라고, 즉 심지어 말에 있어서조차도 불일치가 있어서는 안 된다고 명하고 있는 것은, 그리스도인의 일치가 얼마나 온전해야 하는 것인지를 아주 분명하게 보여 준다. 모든 그리스도인들이 "같은 말"을 하는 것은 실천하기가 매우 어려운 일이라는 것은 두말할 필요도 없는 것이지만, 그렇기 때문에 그렇게 하는 것이 그리스도인들에게는 더더욱 절실하게 필요하다. 왜냐하면, 그들에게는 하나의 믿음(una fides)뿐만이 아니라, 하나의 신앙 고백(una confessio)도 요구되기 때문이다.

11. 내 형제들아 글로에의 집 편으로 너희에 대한 말이 내게 들리니 곧 너희 가운데 분쟁이 있다는 것이라. 일반적인 권면만으로는 효과가 별로 없는 것이 보통이기 때문에, 바울은 방금 전에 자기가 한 말이 특히 그들에게 해당되는 것임을 밝힌다. 즉, 그는 자기가 특별한 이유도 없이 그리스도인들의 화합과 일치에 대해서 장황하게 말한 것이 아니라, 고린도 교인들로 하여금 그들 속에 있는 잘못을 깨닫게 하려고 그런 말을 한 것임을 이 절에서 밝히고 있다는 것이다. 그는 그들 가운데 거룩한 연합이 존재하여야 함에도 불구하고, 그들이 그러한 거룩한 연합에 등을 돌리고 돌아섰을 뿐만 아니라, 서로 간에 단순히 의견이 서로 불일치하는 수준을 넘어서서, 그런 것보다 훨씬 더 심각하고 위험한 수준의 불일치인 "분쟁"에 휘말려 있다는 것을 분명하게 지적해 준다.

한편, 바울은 자신이 제대로 확인도 되지 않은 근거 없는 소문에 가볍게 귀를 기울여서, 그러한 소문을 사실로 믿고서, 이렇게 말하고 있다고 비난할 자들이 있을 것을 대비해서, 자기에게 이러한 소식을 전해준 사람들이 누구였는지를 구체적으로 밝힌다. 바울이 교회 전체에 대한 유력한 증인으로 서슴지 않고 "글로에의 집" 사람들을 내세웠다는 사실로 미루어볼 때, 그 집안 사람들은 고린도 교회에서 대단한 존경을 받고 있던 사람들이었을 것임에 틀림없다. "글로에"가 어떤 지역의 명칭이었는지, 아니면 어떤 여자의 이름이었는지는 결코 확실하지 않지만, 나는 그것이 어떤 여자의 이름이었을 가능성이 더 크다고 본다. 따라서 우리는 바울에 의해서 고린도 교회의 이러한 병폐가 치유되기를 바라면서 그에게 그러한 사실을 알려 주었던 사람들은 고린도의 명망있는 유력한 가문에 속한 사람들이었을 것이라고 생각하여야 한다. 한편, 크리소스토모스(Chrysostomus)의 견해를 따라서, 많은 해석자들은 바울이 자기에게 고린도 교회의 사정을 알려 준 당사자들이 곤경에 빠지지 않도록 하기 위해서, 여기에서 "글로에의 집"이라고만 밝히고, 그들의 구체적인 실명을 밝히지는 않은 것이라고 생각하지만, 나는 그런 주장이 근거 없는 것이라고 본다. 왜냐하면, 바울은 "글로에" 가문의 어떤 특정한 사람들이 아니라 그들 모두를 지칭하면서, 그들이 자기에게 고린도 교회에 관한 소식을 알려준 것이라고 말하고 있을 뿐만 아니라, 그들도 자신들의 이름이 거론되는 것을 기꺼이 감수하고자 했을 것임은 의심의 여지가 없기 때문이다.

또한, 바울은 자신이 고린도 교인들에 대하여 지나치게 엄격한 태도를 취함으로써 그들을 필요 이상으로 자극하지 않기 위해서, 상냥하고 온화한 어조를 사용함으로써, 그들에 대한 책망의 수위(水位)를 적절히 조절한다. 하지만 이것은 그가 그들의 병폐를 가벼운 것으로 보았기 때문이 아니고, 그들의 심기를 건드리지 않고 도리어 그들의 마음을 좀 더 누그러뜨려서 유순하게 만들어서, 그들로 하여금 자신들의 병폐가 얼마나 심각한 것인지를 깨닫게 하기 위한 것이었다.

12. 내가 이것을 말하거니와 너희가 각각 이르되. 어떤 이들은 여기에서 바울은 다른 사람들이 한 말들을 그대로 가져와서 옮겨 놓은 것이라고 생각한다. 즉, 이 절에 나오는 말들은 바울이 자신의 생각 속에서 만들어 내서 밖으로 표현한 말들이 아니라, 고린도 교인들이 파당을 지어서 실제로 공공연하게 하고 다닌 말들을 그대로 옮긴 것이라는 것이다. 불변화사 '호티'(ὅτι)에 대해서는, 사본에 따라 차이가 있기는 하지만, 나는 여기에서 '호티'가 관계대명사가 아니라 접속사("왜냐하면 … 이기 때문이다")로 사용되고 있는 것이라고 생각한다. 따라서 이 '호티'가 이끄는 절은 단지 앞 절에 나오는 내용에 대한 보충설명을 담고 있기 때문에, 다음과 같은 의미를 갖는다: "내가 너희 가운데 분쟁이 있다고 말하는 것은 너희가 각각 특정한 사람의 이름에 영광을 돌리고 있기 때문이다." 하지만 어떤 이들은 바울이 이 절에서 하고 있는 말 속에는 아직 어떠한 분쟁의 암시도 나타나지 않는다고 말하면서, 그러한 해석에 대하여 이의를 제기할 수도 있다. 그러한 반론에 대한 나의 대답은, 신앙에 있어서 생각과 견해가 서로 다를 때, 사람들의 생각 속에 있던 차이가 공공연한 분쟁으로 분출되는 것은 시간문제라는 것이다. 사람들을 단결시키고, 우리의 마음을 하나로 묶어서, 화평을 유지하게 하는 데 신앙적인 의견 일치나 공감보다 더 효율적인 것이 없는 반면에, 신앙과 관련해서 의견의 불일치가 발생할 경우에는, 머지않아 사람들의 감정이 격앙되어 분쟁이 일어나게 될 것은 불 보듯 뻔한 필연적인 결과이고, 게다가 신앙과 관련된 분쟁은 다른 그 어떤 분야에서의 분쟁보다도 더욱 격렬한 분쟁이 될 수밖에 없다. 따라서 바울이 고린도 교회 안에 파당이 있다는 사실을 제시한 것은 그들 가운데 분쟁이 있음을 보여 주는 충

분한 증거를 제기한 것이 된다.

나는 바울에게, 나는 아볼로에게, 나는 게바에게, 나는 그리스도에게 속한 자라 한다는 것이니. 바울은 여기에서 그리스도의 신실한 종들을 열거하는데, 고린도에서 자신의 후임자가 되었던 아볼로, 그리고 베드로의 이름은 물론이고, 자신의 이름까지도 거론한다. 그가 자신의 이름도 덧붙이고 있는 것은 자기가 그리스도를 위해서가 아니라 그 자신을 위해서 이런 말을 하고 있는 것이라는 인상을 주지 않기 위해서다. 하지만 바울이 여기에서 거론한 여러 파당들 중에서, "거룩한 일치"(sanctus consensus)로 묶여져 있던 이 사역자들 중에서 어느 한 특정한 인물만을 열렬하게 지지하고, 다른 사역자들에 대해서는 거부감을 나타내었던 파당이 존재하였던 것으로는 보이지 않는다. 그는 다른 사람들에게 해당되는 불미스러운 일을 마치 그들이 아니라 자기 자신이나 바나바에게 해당되는 일인 것처럼 말하고 있는데, 우리는 그가 나중에 그가 고린도전서 3:4-6에서 "어떤 이는 말하되 나는 바울에게라 하고 다른 이는 나는 아볼로에게라 하니 너희가 육의 사람이 아니리요 그런즉 아볼로는 무엇이며 바울은 무엇이냐 그들은 주께서 각각 주신 대로 너희로 하여금 믿게 한 사역자들이니라"고 말하고 있는 것을 통해서 그러한 사실을 확인할 수 있다. 그가 그렇게 한 것은 고린도 교인들로 하여금 그런 불미스러운 일들에 앞장 선 특정한 사람들을 생각하지 말고, 파당과 분쟁이 엄연히 존재한다는 사실 자체를 직시하고 잘 생각해 보도록 하기 위한 것이었다.

한편, 여기에서 바울은 고린도 교회의 파당들 중에는 자신들이 "그리스도에게 속한 자"라고 고백한 자들도 있었다고 말하는데, 어떤 이들은 이것에 대해서, 자신들이 그리스도에게 속한 자라고 고백한 것도 비난을 받아야 할 일이냐고 반문할지도 모른다. 그러한 반문에 대한 나의 대답은, 바울은 신자들이 오직 그리스도께만 헌신하지 않고, 특정한 인물들을 추종하게 될 때에 발생하게 되는 어처구니없는 결과가 초래된다는 것을 이런 식으로 좀 더 분명하게 보여주고 있다는 것이다. 즉, 하나님의 교회에서 신자들이 특정한 인물들을 추종하게 되면, 그리스도는 교회의 일부에서만 필요하신 분이 되고 말며, 아울러 그리스도를 부인하고자 하지 않는 신자들은 특정한 인물들을 추종하는 다른 사람들과는 갈라서는 것 외에는 다른 대안이 없게 된다는 것이다. 하지만 이 구절은 여러 가지로 왜곡되어 해석되고 있기 때문에, 우리는 바울이 여기에서 의도하고 있는 것이 무엇인지를 좀 더 세심하고 정확하게 파악할 필요가 있다.

그렇다면, 바울이 이 말을 한 취지는 정확히 무엇인가? 그것은 교회 안에서 권위는 오직 그리스도께만 있어야 하고, 모든 신자는 단 한 사람의 예외도 없이 오직 그리스도만을 의지하여야 하며, 그리스도만이 모든 신자의 주와 선생으로 불리셔야 하고, 교훈 안에서 어떤 사람의 이름도 그리스도의 이름과 필적되는 위치에 두어서는 안 된다는 것이다. 그래서 바울은 교회 안에서 "제자들을 끌어"(행 20:30) 자신들을 따르게 하여 교회를 분열시키는 자들이야말로 우리의 믿음의 철천지원수라고 비난하면서, 사람들이 그리스도의 절대주권을 훼손할 정도로 교회 안에서 높은 자리에 오르고 높임을 받는 것을 결코 용납하지 않는 것은 물론이고, 사람들이 그리스도의 존귀와 위엄을 조금이라도 감소시키면서 그리스도께 돌아가야 할 영광을 자신들이 차지하는 것을 용납하지 않는다. 물론, 그리스도의 사역자들이 자신들에게 합당한 존귀와 영광을 누리는 것이 마땅하다는 것은 사실이다. 왜냐하면, 복음 사역자들도 그들 나름대로 교회의 지도자이며 선생이기 때문이다. 하지만 그것은 어디까지나 그리스도에게 돌아가야 할 존귀와 영광이 조금도 훼손되지 않는 한도 내에서 이루어져야 한다는 것을 우리는 늘 명심하지 않으면 안 된다. 즉, 이유 여하를 막론하고, 그리스도만이 유일한 주님이시고, 또한 교회 내에서 그리스도께서 그런 대접을 받으셔야 한다는 사실은 절대로 훼손될 수 없다는 것이다. 그렇기 때문에, 모든 신자들로 하여금 그리스도만을 섬기게 하고, 주권과 권세와 영광이 오직 그리스도께 있다고 고백하게 하며, 그리스도의 깃발 아래에서 싸우게 하고, 오직 그리스도께만 순종하게 하며, 모든 신자들을 그리스도의 통치 아래로 모으는 것이 선한 사역자들의 목적이 되어야 한다. 반면에, 선한 믿음이 아니라 자신의 야심을 좇아 교회에서 행하는 사역자들이 있다면, 그들은 그리스도를 위하여 사람들을 모으는 것이 아니라, 신자들을 자신의 제자로 삼아서 그들 자신을 위하여 모을 것이다. 따라서 복음 사역자들이 그리스도를 좇지 않고 자기 자신의 이익을 좇을 때, 그것은 모든 악의 근원(fons)이고, 가장 해로운 역병(pestis)이며, 모든 교회에 가장 치명적인 독약(venenum)이다. 요컨대, 교회의 연합 또는 하나됨(ecclesiae unitas)은 특히 이 한 가지, 즉 우리 모두가 오직 그리스도만을 의지하고, 모든 사람들은 낮은 데 처하여서, 그리스도의 존귀와 위엄을 조금도 훼손하지 않는 것에 달려 있다는 것이다.

13. 그리스도께서 어찌 나뉘었느냐. 고린도 교인들 사이에서의 파당과 분쟁으로부터 이와 같은 도저히 용납될 수 없는 악이 초래되었다. 내가 이것을 도저히 용

납될 수 없는 악이라고 말한 것은, 교회 안에서는 오직 그리스도만이 다스리셔야 하고, 복음의 목적은 그리스도를 통해서 우리가 하나님과 화목을 이루는 것인 까닭에, 무엇보다 가장 필요한 것은 그리스도 안에서 우리가 하나가 되는 것인 데도, 다른 사람들보다 좀 더 분별력이 있었던 소수의 교인들만이 변함없이 오직 그리스도만을 자신들의 주로 고백하는 있을 수 없는 일이 벌어졌기 때문이다. 그런데 교회가 이 지경에 이르렀는데도 불구하고, 고린도 교인들 모두는 자신들이 그리스도인이라는 것을 자랑하고 있었다. 그리스도께서는 교회 내에서 이런 식으로 갈기갈기 찢김을 당하셨다. 우리가 그리스도를 머리로 하여 그 밑에서 온전하게 살려면, 우리는 한 몸이 되어야 한다. 만일 우리가 서로 다른 몸으로 갈라지고 찢어진다면, 우리는 그리스도로부터도 갈라지는 것이다. 그러므로 교회는 여러 파당들로 갈라져서 불화와 분열 가운데 있는데도, 그런 것은 아랑곳하지 않고, 자신들은 그리스도인이라고 자랑하며, 그리스도의 이름을 자랑하는 것은 그리스도를 갈기갈기 찢는 행위일 뿐이다. 물론, 우리가 그리스도를 찢는다는 것은 사실상 불가능한 일이다. 왜냐하면, "우리는 미쁨이 없을지라도" 그리스도께서는 "항상 미쁘시니 자기를 부인하실 수 없으신"(딤후 2:13) 까닭에, 결코 자신의 교회가 화합과 일치로부터 떠나서 언제까지나 불화하고 분열하는 것을 두고 보시지 않으실 것이기 때문이다. 그렇기 때문에, 바울은 이런 말도 안 되는 상황을 앞에 두고서, 고린도 교인들로 하여금 지금 자신들의 분열로 말미암아 자신들이 그리스도로부터 멀리 떠나 있다는 비참한 현실을 깨닫게 되기를 바라고 있었다. 왜냐하면, 그리스도께서는 그들을 거룩함 가운데서 하나로 묶으셔서 그 연합이 결코 깨지지 않게 하실 때에만, 그들 가운데서 다스리실 수 있으신데, 실제로 그들은 여러 파당들로 나뉘어 갈기갈기 찢겨져 있는 까닭에, 그들을 다스리실 수 없으시고, 그들로부터 멀찍이 떨어져 계실 수밖에 없으시기 때문이다.

바울이 너희를 위하여 십자가에 못 박혔느냐. 바울은 교회의 유일한 머리이시고 유일한 선생이시며 유일한 인도자이신 그리스도로부터 그의 그러한 영광스러운 자리를 빼앗는 것이나, 그 영광과 존귀의 일부라도 탈취하여 사람들에게 돌리는 것이 얼마나 무엄하고 용납될 수 없는 일인지를, 두 가지 강력한 논거를 통해서 보여 준다. 그 중 첫 번째 논거는, 우리는 그리스도로 말미암아 속량하심을 받아서, 그리스도의 소유가 되었기 때문에, 우리가 우리 자신을 주장해서는 안 된다는 것이다. 바울은 로마서 14:9에서 이 논거를 사용해서 이렇게 말한다: "이를 위하여 그리스도께서 죽었다가 다시 살아나셨으니 곧 죽은 자와 산 자의 주가 되려 하심이라." 따라서 우리는 언제나 그리스도의 소유이기 때문에, 살아도 그에 대해서 살고 죽어도 그에 대해서 죽어야 한다는 것이다. 또한 바울은 고린도전서 7:23에서는 이렇게 말한다: "너희는 값으로 사신 것이니 사람들의 종이 되지 말라." 고린도 교인들은 그리스도의 피로 속량함을 받은 자들이기 때문에, 그들이 사람을 자신들의 머리로 여기고 받들 때, 그것은 어떤 의미에서는 구속의 은혜를 포기하는 것이나 마찬가지였다. 우리는 우리 자신의 것이 아니라 그리스도의 것이기 때문에, 우리에게는 우리 자신을 사람에게 종으로 바칠 자유재량권이 없다는 것은 아주 중요한 가르침이다. 따라서 바울이 여기에서 책망하고 있는 고린도 교인들의 가장 큰 배은망덕함은, 그들이 그리스도의 피로 속량하심을 받았음에도 불구하고, 그들의 머리이신 그리스도를 떠났다는 사실이었다 — 비록 그들이 무지해서 그렇게 했을지라도 말이다.

또한, 이 구절은 교황주의자들이 자신들의 면죄부 제도를 유지하기 위해서 날조한 사악한 교리를 좌초시킨다. 그들은 그리스도의 피로 말미암은 공로만이 아니라, 순교자들의 피로 이루어진 아무런 실체가 없는 허구적인 공덕들을 교회의 보물로 쌓아 두고서, 자신들은 면죄부 제도를 통해서 바로 그 보물을 사람들에게 분배해 주는 것이라고 가르친다. 그들은 순교자들은 자신들의 죽음을 통해서 하나님 앞에 우리를 위해서 공덕을 쌓아 놓았고, 우리는 우리의 죄를 사함 받기 위해서 그렇게 쌓여진 공덕들로부터 도움을 받을 수 있다는 것이다. 물론, 그들은 자신들이 이렇게 말한다고 해서, 그것이 순교자들을 우리의 구속자들이라고 말하는 것은 아니라고 입으로는 주장하지만, 순교자들이 하나님 앞에 쌓아 놓은 공덕들이 우리가 죄 사함에 영향을 주고 있다고 말하는 것은 사실상 순교자들을 우리의 구속자들이라고 말하고 있는 것과 같다는 것은 너무나 분명한 사실이 아닌가? 교황주의자들의 그러한 주장에는, 죄인과 하나님의 화해의 문제, 죄 사함을 받는 것에 관한 문제, 하나님의 진노를 누그러뜨리는 것과 관련된 문제, 죄악의 대속에 관한 문제 등이 서로 함께 얽혀서 결부되어 있다. 그들은 이 모든 것이 한편으로는 그리스도의 피에 의해서, 그리고 다른 한편으로는 순교자들의 피에 의해서 이루어진다고 자랑스럽게 말한다. 따라서 그들은 사람이 구원을 얻는 문제에 있어서 순교자들을 그리스도의 동역자(socius)들로 만들어 버린다. 그러나 바울은 여기에서 그리스도 외에는 우리의 죄 사함과 구원을 위해서 십자가에 못 박힌 사람이 아무도 없다는 사실을 아주 분명하게 천명한다. 순교자들의 죽음이 우리의 신앙에 유익이 되는 것은 사실이지만, 레오(Leo)가 우리에게 말해 주었듯이, 순교자들이 우리에게 주는 유익이라는 것은 우리로 하여금 죄 사함과 의(義)의 선물을 얻게 해 주는 것이 아니라, 그 어떤 고난에도 끝까지 신앙을 지키는 훌륭한 모범을 우리에게 보여 주는 것일 뿐이다.

바울의 이름으로 너희가 세례를 받았느냐. 바울의 두 번째 논거는 신자들이 세례를 받을 때에 행한 신앙 고백으로부터 가져온 것이다. 우리가 누구의 이름으로 세례를 받느냐에 따라서 우리가 충성을 바칠 대상이 결정된다. 우리가 그리스도의 이름으로 세례를 받았다는 사실은 우리에게는 그리스도를 섬길 의무가 있다는 것을 의미한다. 따라서 이러한 논거에 의하면, 고린도 교인들이 특정한 사람들에게 복종하여 그 사람들의 종이 된 것은 그들이 자신들의 참된 주이신 그리스도를 배반하고 변절한 죄를 범한 것이라는 결론이 도출된다. 우리는 여기에서 "세례"라는 것은 서로에 대한 의무를 상호적으로 부담하는 계약과 유사한 성격을 지닌다는 점에 유의하여야 한다. 왜냐하면, "세례"라는 증표에 의해서, 주님께서는 우리를 자신의 권속으로 받아 주시고 자신의 백성으로 삼아 주시는 것과 마찬가지로, 우리는 오직 주님께만 충성할 것을 서약함으로써, 이후로는 그 다른 어떤 영적 주인을 섬겨서도 안 되는 의무를 부담하기 때문이다. 따라서 세례를 통해서, 하나님께서는 우리와 은혜 계약을 맺으셔서, 우리에게 죄 사함과 새 생명을 약속하시듯이, 우리에게는 영적 전쟁에 있어서 오직 그리스도께 충성하겠다는 맹세가 부과되고, 이 맹세에 의해서 우리는 영원히 오직 그리스도께만 순종할 것을 약속하게 된다. 바울은 여기에서 세례를 언급하면서, 세례를 통한 쌍방 계약 중에서 하나님과 관련된 부분인 전자는 문맥과 관련이 없어서 언급하지 않았지만, 세례를 언급하였을 때에는 세례 받은 사람과 관련된 부분인 후자는 물론이고 전자도 필연적으로 전제될 수밖에 없다. 사실, 바울은 고린도 교인들이 그리스도를 온전히 버리고 특정한 사람들을 추종함으로써 배교를 행하였다고 본 것이 아니기 때문에, 그들을 배교자들이라고 규정하고 책망하고 있는 것은 아니다. 하지만 그들이 오직 그리스도에게만 붙어 있지 않고, 그리스도께만 바쳐야 할 충성을 분산시켜서 사람들에게도 그 충성 중의 일부를 계속해서 바친다면, 그것은 계약을 파기하는 짓이 될 것이라는 사실을 지적하고 있는 것이다.

여기에서 "그리스도의 이름으로 세례를 받는다"는 것이 무엇을 의미하는가 하는 질문이 제기된다. 나의 대답은 "그리스도의 이름으로 세례를 받는다"는 것은, 세례가 그리스도의 권위(autoritas)에 근거하고 있을 뿐만 아니라, 그리스도의 권능(virtus)에도 기초하고 있으며, 어떤 의미에서는 그 권능에 달려 있고, 마지막으로는 세례의 모든 효과는 세례가 그리스도의 이름으로 행해진다는 사실에 달려 있다는 것을 의미한다는 것이다.

한편, 또 다른 질문이 제기되는데, 그리스도께서는 아버지와 아들과 성령의 이름으로 세례를 주라고 사도들에게 친히 명하셨는데, 왜 바울은 고린도 교인들이 그리스도의 이름으로 세례를 받았다고 말하고 있느냐 하는 것이다. 이 질문에 대한 나의 대답은 우리는 세례를 다룰 때에 다음과 같은 여러 가지 사실들을 종합적으로 고찰하여야 한다는 것이다. 우리가 가장 먼저 고찰하여야 할 것은 하나님 아버지께서는 그의 자비로우신 선하심으로 우리를 그의 교회 속에 심으시고, 양자됨을 통해서 우리를 그의 자녀들로 받아주신다는 것이다. 둘째로, 우리는 하나님과 화목됨이 없이는 하나님과 연합될 수 없기 때문에, 우리에게는 그리스도께서 자기 피로 말미암아 우리에게 하나님의 은혜를 다시 회복시켜 주시는 것이 필요하다. 셋째로, 우리는 세례에 의해서 하나님에 대하여 성별되는 것이기 때문에, 우리에게는 우리를 새로운 피조물로 만드시는 성령의 개입이 필요하다. 게다가, 우리를 그리스도의 피로 씻어 주시는 것은 성령의 고유한 사역이다. 이렇게 세례에는 "아버지와 아들과 성령"이 모두 개입되어 있다. 하지만 우리는 오직 그리스도를 통해서만 성부의 자비하심이나 성령의 은혜를 얻을 수 있기 때문에, 우리가 세례를 일차적으로 그리스도와 연결시켜서 "그리스도의 이름"과 결부시키는 것은 합당하다. 하지만 그러한 사실이 세례에 있어서 성부와 성령의 이름을 배제하여야 하는 근거나 이유가 되는 것은 결코 아니다. 왜냐하면, 우리가 세례의 효력에 대해서 압축적으로 요약해서 말하고 싶을 때에는 그리스도의 이름만을 말할 수 있지만, 좀 더 정확하게 말하고 싶을 때에는 성부와 성령의 이름도 분명하게 밝히는 것이 마땅하기 때문이다.

[14]나는 그리스보와 가이오 외에는 너희 중 아무에게도 내가 세례를 베풀지 아니한
것을 감사하노니 [15]이는 아무도 나의 이름으로 세례를 받았다 말하지 못하게 하려
함이라 [16]내가 또한 스데바나 집 사람에게 세례를 베풀었고 그 외에는 다른 누구에
게 세례를 베풀었는지 알지 못하노라 [17]그리스도께서 나를 보내심은 세례를 베풀게

하려 하심이 아니요 오직 복음을 전하게 하려 하심이로되 말의 지혜로 하지 아니함은 그리스도의 십자가가 헛되지 않게 하려 함이라 [18]십자가의 도가 멸망하는 자들에게는 미련한 것이요 구원을 받는 우리에게는 하나님의 능력이라 [19]기록된 바 내가 지혜 있는 자들의 지혜를 멸하고 총명한 자들의 총명을 폐하리라 하였으니 [20]지혜 있는 자가 어디 있느냐 선비가 어디 있느냐 이 세대에 변론가가 어디 있느냐 하나님께서 이 세상의 지혜를 미련하게 하신 것이 아니냐(1:14-20).

14. 나는 그리스보와 가이오 외에는 너희 중 아무에게도 내가 세례를 베풀지 아니한 것을 감사하노니. 이 본문을 통해서 바울은 고린도 교인들의 뒤틀린 심령(pravitas)을 날카롭게 책망하고 있다. 왜냐하면, 그들의 뒤틀린 심령으로 말미암아 바울은 이 거룩하고 영광스러운 세례를 사람들에게 친히 베풀고 싶어도, 그런 마음을 억누르고 도리어 직접 자기가 세례를 베푸는 것을 기피할 수밖에 없게 되었기 때문이다. 만일 바울이 고린도 교회에 속한 더 많은 신자들에게 세례를 베풀었다고 할지라도, 그것은 어디까지나 사도로서의 그의 소임에 부합하게 합당하게 행한 것이 되었을 것이다. 그런데 바울은 여기에서 도리어 고린도 교인들 중에서 자기가 직접 세례를 베푼 사람이 극히 적다는 사실을 기뻐해야 하는 처지에 놓이게 되었다. 즉, 바울은 전에 자기가 그들 중 극소수에게만 직접 세례를 베푼 것은 사실은 안타깝고 아쉬운 일이었음에도 불구하고, 세례 때문에 그들이 자기에게 영광을 돌리게 되거나, 혹시라도 바울 자신도 그런 식으로 추종자들을 끌어 모으려는 야심가들 중의 한 사람이 되지 않도록 하기 위해서, 하나님께서 자신의 섭리에 의해 그렇게 되게 하신 것을 인정하고 감사하여야 하였다. 그렇다면, 만일 바울이 고린도 교인들 중 많은 사람들에게 직접 세례를 베풀었다면, 어떻게 되었을까? 물론, 바울이 그렇게 하였다고 할지라도, 그에게는 그 어떤 잘못도 있을 수 없었다. 하지만 내가 이미 말했듯이, 고린도 교인들과 그들의 거짓 사도들에 대한 바울의 혹독한 책망은, 하나님의 종들은 본래는 칭찬받을 만한 좋은 일들이지만, 도리어 신자들이 처한 여러 가지 사정으로 인해서 신자들에게 해악이 될 것임이 예상되는 경우에는, 기꺼이 그 일들을 행하기를 자제하고 절제하여야 한다는 원리를 토대로 하고 있다. 따라서 만일 바울이 자기가 친히 사람들에게 세례를 베푸는 것이 그 자체로 좋은 일이고, 자기도 그렇게 하기를 기뻐한다고 해서, 신자들의 사정 등과 같은 다른 요인들을 고려함이 없이, 많은 사람들에게 세례를 베풀었다면, 사실상 바

울 자신도 고린도 교인들과 똑같은 잘못을 범한 꼴이 될 수밖에 없었을 것이다.

17. 그리스도께서 나를 보내심은 세례를 베풀게 하려 하심이 아니요. 바울은 자기가 앞에서 말한 것, 즉 자기가 고린도 교인들 중에서 극소수의 사람들에게만 직접 세례를 베푼 것에 대하여 감사한다고 말한 것에 대하여 다음과 같이 반박할 사람들이 있을 것을 예상하고서, 여기에서 이 말을 하고 있다: 그리스도께서는 자신의 사도들에게 사람들에게 복음을 가르칠 뿐만 아니라 세례도 베풀라고 분명히 명하셨기 때문에, 바울이 극소수의 사람들에게만 세례를 베푼 것은 자신의 직무를 유기하고 제대로 수행하지 않은 것이다. 따라서 바울은 세례를 베푸는 것은 자신의 직임에 있어서 중요한 부분이 아니었고, 그리스도께서 자기에게 온 힘을 다해서 행하라고 명하신 것은 가르치는 사역이었다고 대답한다. 왜냐하면, 그리스도께서 사도들에게 "너희는 가서 복음을 전파하고 세례를 베풀라"(마 28:19; cf. 막 16:15)고 명하셨을 때, 그것은 일차적으로 복음을 전파하여 가르치라고 명하신 후에, 거기에 부수적인 것으로서 세례를 덧붙이신 것인 까닭에, 가르침(doctrina)이 세례(baptismum)보다 항상 우선시되는 것이 마땅하기 때문이다.

하지만 여기에서 우리는 두 가지 사실에 주목해야 한다. 첫 번째는 여기에서 바울은 그리스도로부터 자신이 세례를 베풀라는 명령을 받았다는 사실을 부인한 것이 아니라(왜냐하면, "너희는 가서 세례를 베풀라"는 그리스도의 명령은 모든 사도들에게 적용되는 것이고, 또한 만일 바울이 이 명령을 받지 않았다면, 그는 단 한 사람에게도 섣불리 세례를 베풀지 않았을 것이기 때문이다), 다만 자신에게 있어서 복음을 전하고 가르치는 일과 사람들에게 세례를 주는 일 중에서 어느 쪽이 더 중요한 소임인지를 지적하고 있는 것일 뿐이라는 것이다. 두 번째는 바울은 여기에서, 어떤 이들이 생각하듯이, 세례의 권위나 효력을 폄하하고 있는 것이 결코 아니라는 것이다. 왜냐하면, 바울은 여기에서 세례의 권능과 효력에 대해서 논하고 있는 것도 아니고, 세례의 효력을 깎아내리기 위해서, 이렇게 가르침과 세례를 비교하고 있는 것도 아니며, 단지 회심한 자들에게 세례를 베풀 수 있는 사람들은 많이 있었던 반면에, 가르치는 은사를 받은 사람은 많지 않았고, 게다가 세례는 한 번에 한 사람에게만 베풀 수 있었던 반면에, 가르침은 한 번에 다수의 많은 사람들에게 베풀 수 있었던 까닭에, 가르치는 은사에 있어서 그 누구보다도 탁월하였던 바울은 자신에게 더 절실하게 요구된 사역에 힘을 집중하였고, 다른 사람들이 더 잘 할 수 있었던 사역은 그들에게 맡겨 두었다고 말하고 있는 것이기 때문이다.

만약 독자들이 바울이 여기에서 이런 말을 하게 된 모든 상황을 좀 더 꼼꼼하게 살펴본다면, 여기에 반어법이 숨어 있다는 것을 알아차리게 될 것이다. 왜냐하면, 여기에서 바울은 자기를 비롯한 사역자들이 아낌없이 수고하여 복음을 전파하고 가르쳐서 많은 사람들을 회심시켜 놓으면, 이렇게 수고한 사역자들은 따로 있는데도, 그 회심한 사람들에게 세례를 베푸는 일을 맡은 다른 사역자들이 세례를 집례하는 자신들의 지위를 이용해서 사람들로부터 영광을 얻고자 하고 자신의 파당을 형성하고자 한 것을 재치있게 꼬집고 있는 것이기 때문이다. 고린도 교회를 세우기 위해서 바울이 행한 수고는 믿기 힘들 정도로 큰 것이었다. 그런데 바울이 그렇게 세운 고린도 교회에 그의 후임으로, 겉만 번지르르한 말들을 그럴 듯하게 늘어놓으며 자신들의 이득만을 챙기는 거짓 교사들이 왔고, 그들은 사람들에게 세례를 베푸는 자신들의 지위를 이용해서 고린도 교인들을 자기 사람들로 만들어서 파당들을 형성하였다. 따라서 여기에서 바울은 사람들로부터 오는 그러한 영광은 그들로 하여금 받게 내버려 두고, 자기는 괴롭고 힘든 일을 감당한 것에 만족한다고 말하고 있는 것이다.

오직 복음을 전하게 하려 하심이로되 말의 지혜로 하지 아니함은. 바울은 자기가 앞에서 한 말과 관련해서 두 가지 반론이 제기될 것을 예상하고서, 미리 그 반론들을 반박하기 위하여 여기에서 이 말을 하고 있다. 먼저, 겉만 번지르르한 말들로 그럴 듯하게 하나님의 말씀을 가르치면서 자신들이야말로 진정한 복음의 일꾼들이라고 주장하였던 이 거짓 교사들은, 말 잘하는 달변(facundia)의 은사가 없었던 바울이 자기는 주님으로부터 가르치는 소임을 부여받았다고 말하는 것은, 정말 우스꽝스럽기 짝이 없는 노릇이라고 얼마든지 조롱할 수 있었다. 그런 까닭에, 바울은 자기가 백번 양보하여 그들의 말대로 청산유수 같은 화려하고 유려한 언변을 구사하는 타고난 달변가는 아니라고 할지라도, 자기는 성령의 능력을 힘입어 일하는 사역자이고, 성령의 사역자는 세련되지도 않고 우아하지도 않은 평범한 말들로도 얼마든지 세상의 지혜를 무너뜨리고 제압할 수 있다고 말하고 있는 것이다.

다음으로는, 다른 사람들은 세례를 베푸는 자신들의 지위를 이용해서 사람들로부터 영광을 받고자 하고 있는 것과 마찬가지로, 바울은 복음을 선포하는 것을 통해서 사람들로부터 오는 영광을 추구하고 있는 것이라고 반박하는 자들이 있을 수 있었다. 이것에 대해서 그는 이렇게 간단하게 대답한다: 자신이 사용하고 있는 가르침의 방식은 사람들이 보기에 대단하거나 탁월하거나 우아하다고 느낄 만한 것이 전혀 없고, 사람들의 귀를 사로잡을 만한 대단한 매력도 전혀 없으며, 자신의 가르침 속에는 사람들로부터 영광이나 존귀를 얻고자 하는 그 어떤 야심도 담겨 있지 않기 때문에, 자기는 그러한 의심을 받을 이유가 전혀 없다. 여기에서 내가 잘못 생각하고 있는 것이 아니라면, 이것으로부터 우리는 바울이 주로 어떤 문제들을 중심으로 고린도 교회의 위선적이고 거짓된 사역자들과 논쟁을 벌였는지를 분명하게 추론할 수 있다. 즉, 여러 가지 야심으로 가득 차서 행하였던 고린도 교회의 거짓 교사들은 화려하고 그럴 듯한 말들과 인간적인 지혜들로 가득 차려진 진수성찬을 고린도 교인들 앞에 베풀어서, 그 교인들의 환심을 사려고 하였다는 것이다. 이 근본적인 악으로부터 두 가지 악이 파생된다: 첫 번째는 이 거짓 교사들이 자신들의 가르침에 도입한 그러한 위선적인 요소들로 말미암아 복음의 단순성(evangelii simplicitas)이 왜곡됨과 동시에, 그리스도께서 아주 새롭고 이질적인 옷을 입게 되심으로써, 그리스도에 관한 원래의 순전한 지식이나 개념(notitia)은 온데 간 데 없이 감쪽같이 사라지게 되었다는 것이다. 두 번째는 거짓 교사들의 우아하고 고상한 말들과 기발한 발상들과 수준 높은 가르침처럼 보이는 헛된 과장들에 사람들의 마음이 끌렸기 때문에, 성령의 능력(spiritus energia)은 그들 가운데서 사라져 버리고, 그들에게는 죽은 문자(mortua litera) 외에는 아무것도 남아 있지 않게 되었다는 것이다.

그 결과, 복음 안에서 찬란하게 빛나던 하나님의 위엄은 더 이상 그들 가운데서 나타나지 않게 되었고, 오로지 가식과 과시와 허영만이 판을 치게 되었다. 따라서 바울은 그러한 복음의 타락과 부패를 책망하기 위하여, 여기에서 자기가 어떤 방식으로 복음을 전하는지에 관한 주제로 옮겨가서는, 자신의 방식은 야심에 가득 찬 자들이 그들 자신을 과시하기 위하여 가르치는 방식과 극단적으로 상치되는 것이지만, 올바르고 합당한 방식이라고 말한다. 그는 이렇게 말한 것과 같다: "나는 너희 중에서 고상한 척하는 선생들이라는 자들이 대단히 매력적이고 우아해 보이는 말들로 너희의 귀를 즐겁게 해 주고 있다는 것을 안다. 반면에, 나는 세련되지 못하고 거칠며 서툴고 수식도 별로 없는 소박한 말들로 너희에게 복음을 전하고 가르쳤다는 것을 고백할 수밖에 없지만, 그럼에도 불구하고, 나는 내가 복음을 그런 방식으로 전한 것에 대하여 아무런 부끄러움이 없을 뿐만 아니라, 도리어 자랑스럽게 여기고 있다는 것도 고백한다. 왜냐하면, 복음은 그런 방식으로 전하는 것이 마땅하고 합당한 것이었고, 그런 방식은 하나님께서 내가 복음을 전할 때에 사용하도록 내게 정해 주신 방법이었기 때문이다." 여기에서 바울이 말한 "말의 지혜"는 허황된 궤변을 가리키는 것이 아니라, 소재들을 신중하게 선택하여 고상한 수사들을 사용하여 표현해 내고 정교하게 배열해서 사람들을 감동시키는 진정한 웅변을 의미한다. 바울은 자기에게는 대중 앞에서 그러한 진정한 웅변을 행할 수 있는 능력을 갖고 있지 못하다고 분명하게 밝힌다. 아니, 좀 더 정확하게 말하자면, 인간의 그러한 진정한 웅변 같은 것은 자기가 복음을 선포하고 가르치는 데 적절하지도 않고 유익하지도 않다고 말하고 있는 것이다.

그리스도의 십자가가 헛되지 않게 하려 함이라. 바울은 전에도 자주 교만한 "육신의 지혜"(carnis sapientia)와 그리스도의 이름을 대비시킨 적이 있었는데, 지금 여기에서는 육신적인 지혜의 교만함과 높아짐을 꺾기 위해서, "그리스도의 십자가"를 전면에 등장시킨다. 왜냐하면, 믿는 자들의 모든 지혜는 "그리스도의 십자가" 안에 다 들어 있는데, 역설적이게도 "십자가"보다 더 천대받고 멸시받는 것은 이 세상에 없기 때문이다. 그러므로 하나님 앞에서 진정으로 지혜롭게 되기를 원하는 모든 사람들은 반드시 그들 자신을 철저하게 낮추어서 십자가의 비천함(crucis humilitas)을 끌어안아야만 한다. 여기에서 바울은 그리스도의 제자들은 어떤 부류의 사람들이어야 하고, 어떠한 배움의 길을 추구해야 하는지를 보여 줄 뿐만 아니라, 그리스도의 학교(schola Christi)에서 사람들을 가르칠 때에 어떤 방법이 진정으로 합당한지도 보여 준다. 여기에서 바울은 "만일 나의 전도가 화려하고 고상하고 탁월한 언변으로 장식된 것이었다면, 그리스도의 십자가는 무용지물이 되고 말았을 것"이라고 말한다. 그는 사람들로 하여금 오직 십자가에 못 박히신 그리스도 속에만 있는 구원의 은택을 얻도록 하기 위해서, 사람들에게 복음을 전할 때에 "그리스도의 십자가"를 전면에 앞세워 왔다. 그런데 그러한 은택을 얻도록 우리를 초청하는 복음의 교훈을 전하는 방식은 십자가의 본질을 그대로 담고 있는 것이 될 수밖에 없기 때문에, 세상 사람들의 눈으로 볼 때에는 그 방식이 영광스러운 것으로 보이는 것이 아니라, 보잘것없고 천하고 멸시할 만한 것으로 보일 수밖에 없다. 따라서 이 구절의 의미는 이런 것이다: 만일 바울이 철학적인 명철함과 영리한 화술을 이용해서 고린도 교인들에게 복음을 전하였다면, 인간의 구원은 그런 식으로는 우리에게 올 수 없는 것이기 때문에, 사람들에게 진정한 구원을 가져다 줄 수 있는 그리스도의 십자가의 능력은 묻히고 말았을 것이다.

여기에서 두 가지 질문이 제기되는데, 첫 번째는, 바울은 이 본문에서 "말의 지혜"를 그리스도와는 완전히 반대되는 것으로서 모든 점에서 단죄하고 있는 것이냐 하는 것이고, 두 번째는, 바울은 여기에서 복음의 가르침과 유창하고 유려한 웅변은 항상 서로 상극이어서, 그 둘은 서로 공존할 수 없기 때문에, 웅변술로 복음을 화려하게 치장하는 것은 복음 전도나 설교를 망가뜨리고 무너뜨리는 것이라고 말하고자 하는 것이냐 하는 것이다. 첫 번째 질문에 대한 나의 대답은, 바울은 모든 기술이나 학문이 사람들이 중요한 일들을 이루어 내는 데 유익하고 도움을 주는 하나님의 뛰어난 선물들인 것을 알고 있었기 때문에, 그런 것들을 전적으로 배격할 만큼 그렇게 비이성적인 사람이 결코 아니었다는 것이다. 그러한 기술들과 학문들은 미신적인 것이 아니라, 도리어 견실한 지식을 담고 있고, 이치에 맞는 참된 원리들 위에 세워져 있어서, 인간 사회에서 모든 사람들에게 공통되는 일들을 수행하고 처리하는 데 유익하고 적절하기 때문에, 그러한 기술들과 학문들이 성령으로부터 유래하였다는 것은 의심의 여지가 없고, 사람들이 그러한 기술들과 학문들로부터 얻을 수 있고 경험할 수 있는 모든 유익들은 하나님께서 사람들에게 주신 것들인 까닭에, 그 유익들로 인한 모든 영광은 하나님께 돌려져야 한다는 것도 의심의 여지가 없다. 따라서 우리는 여기에서 바울이 한 말을 인간의 온갖 기술들과 학문들을 폄하하는 것으로 여겨서는 안 된다. 즉, 바울은 인간의 기술이나 학문을 신앙이나 경건과 대립되는 것으로 여기고 있는 것이 결코 아니라는 말이다.

두 번째 질문은 첫 번째 질문에 비해서 좀 더 까다롭다. 왜냐하면, 바울은 어떤 식으로든 "말의 지혜"가 끼어들면, "그리스도의 십자가"가 헛되게 될 것이라고 말하기 때문이다. 나의 대답은 이렇다: 우리는 이 문제를 제대로 답변하기 위해서는, 바울이 이 서신을 통해서 지금 말하고 있는 상대가 어떤 사람들이었는지를 주목해 보아야 하는데, 고린도 교인들은 어리석게도 겉보기에 고상하고 유려하며 유식해 보이는 언변을 대단한 것으로 여겨서, 그런 말들에 귀가 솔깃해서 그 마음이 쉽게 움직이는 사람들이었다는 것이다. 따라서 사람들의 구미에 맞게 꾸며지지 않은 있는 그대로의 그리스도(nudus Christus)와 온갖 색들로 덧칠되어서 혼잡하게 되지 않은 순수한 형태의 복음(simplex evangelium)을 받아들이기 위해서는, 그들은 다른 어떤 사람들보다도 더욱 십자가의 비천함에 귀 기울이는 법을 배울 필요가 있었다. 하지만 나는 이것은 단지 고린도 교인들의 경우만이 아니라, 어느 정도는 모든 세대에 적용되는 것임을 인정한다. 즉, "그리스도의 십자가"는 세상의 지혜에 의해서만이 아니라, 화려한 언변에 의해서도 헛되게 된다는 것이다. 왜냐하면, 십자가에 못 박히신 그리스도를 선포하는 것은 너무나 단순명료한 일인데, 쓸데없는 미사여구로 복음을 덧칠하고 장식해서 애매모호하게 만들어서는 안 되기 때문이다. 세상의 지혜를 부끄럽게 만드는 것은 오직 복음만이 할 수 있는 일이다. 복음에 의해서, 우리는 우리 자신이 아무것도 모르는 자임을 깨닫게 되어 우리 자신의 명철이나 생각을 내려놓고서 전적으로 하나님으로부터 가르침을 받고자 하는 유순한 자들로 변화되고, 또한 하나님이 친히 가르쳐 주시는 것 외에는 우리 자신의 힘으로 무엇인가를 알려고 하지도 않고, 알고 싶어 하지도 않게 된다.

육신의 지혜와 관련해서, 그것이 어떠한 점들에서 그리스도의 십자가와 상극인지에 대해서는 우리가 조금 뒤에 좀 더 상세하게 살펴보게 될 것이기 때문에, 여기에서는 웅변이나 달변(eloquentia)에 대해서만, 이 본문이 요구하는 한도 내에서, 간단하게 언급하고자 한다. 우리는 하나님께서 처음부터 복음은 어떠한 웅변이나 달변의 도움 없이도 사람들에게 전달될 수 있게 하셨다는 것을 알고 있다. 웅변이나 달변을 할 수 있는 인간의 혀도 하나님께서 지으신 것인데, 만일 하나님께서 복음을 전하시는 데 웅변이나 달변을 사용하고자 하셨다면, 하나님께서 스스로 달변가가 되실 수 없으셨겠는가? 따라서 하나님께서는 당연히 달변가가 되실 수 있으셨지만, 그렇게 되기를 원하지 않으신 것이었다는 결론이 나온다. 그렇다면, 하나님께서는 왜 그것을 원하지 않으신 것일까? 나는 특히 중요한 이유로 다음과 같은 두 가지를 꼽고 싶다. 첫 번째 이유는 하나님의 진리가 지닌 위엄은 담백하고 평이한 언어로 전달될 때에 도리어 더욱 명확해지고, 하나님의 성령의 능력은 외부로부터의 그 어떤 도움이 없이 사람들의 심령 속으로 파고 들 수 있기 때문이었다. 두 번째 이유는 하나님께서는 우리가 진정으로 순종하고자 하고 가르침을 받고자 하는지를 좀 더 효과적으로 시험하시기 위해서, 그리고 아울러 우리를 참된 겸손을 훈련시키시기 위해서, 사람들에게 소박한 말들로 복음이 전해지게 하셨다는 것이다. 왜냐하면, 하나님께서는 자신의 학교에 별 볼 일 없고 보잘것없는 "작은 자들"에게만 입학허가를 내주시기 때문이다. 오직 겉보기에 천하고 무가치하게 보이는 십자가의 도에 만족하고, 그리스도를 어떠한 가면으로도 장식하기를 결코 바라지 않고, 험한 십자가에 못 박히신 그리스도를 있는 그대로 받아들이는 사람들만이 하늘의 지혜를 소유할 수 있다. 따라서 복음의 가르침은 믿는 자들로 하여금 온갖 교만함이나 오만함과 결별하도록 만드는 데 주안점이 두어질 수밖에 없었다.

그렇다면, 만약 오늘날 어떤 사람이 다소간 화려한 수사를 구사하면서 복음의 교훈을 자신의 달변으로 빛나게 만든다면, 우리는 그것을 어떻게 바라보아야 하는가? 우리는 그 사람이 화려한 달변을 사용함으로써, 복음의 가르침을 호도하고 그리스도의 영광을 가렸다고 여기고서, 그 사람을 배척하여야 하는가? 이 질문에 대해서 내가 가장 먼저 말하고자 하는 것은 웅변이나 달변(eloquentia)은 복음의 단순성(evangelii simplicitas)과 무조건적으로 상충되는 것으로 보아서는 결코 안 된다는 것이다. 즉, 웅변이나 달변이 복음을 전혀 경멸하지 않고, 도리어 마치 여종이 자신이 여주인을 섬기듯이, 복음을 자신의 상전으로 모시고 철저하게 복종하는 경우에는, 웅변이나 달변은 복음의 단순성과 전혀 충돌하지 않고 상충되지 않는다. 왜냐하면, 아우구스티누스가 말했듯이, "어부인 베드로를 주신 분도 하나님이시고, 웅변가인 키프리아누스(Cyprianus)를 주신 분도 하나님이시기" 때문이다. 이 말은 이런 뜻이다: 권위 면에서 키프리아누스보다 훨씬 우위에 있었던 베드로에게는 말 잘하는 은사가 주어지지 않았던 반면에, 권위에 있어서 베드로의 발 밑에 있던 키프리아누스는 탁월한 웅변으로 유명해서 웅변술의 스승으로 불렸는데, 그럼에도 불구하고 이 두 사람은 모두 하나님으로부터 온 사람들이라는 것이다. 따라서 웅변이나 달변은 그리스도인들을 겉보기에 화려하고 그럴 듯한 말로 현혹시키려고 하는 것이거나, 그리스도인들에게 허망한 기쁨을 주어서 그들의 참된 지각을 마비시키려고 하는 것이거나, 화려한 미사여구와 언변으로 그리스도인들의 귀를 즐겁게 해 주려고 하는 것이거나, 자신의 언변을 과시함으로써 그리스도의 십자가를 가리려고 하는 것이 아니고, 그런 것들과는 정반대로, 우리에게 복음이 지닌 원래의 단순성을 상기시켜 주려고 하는 것이거나, 웅변이나 달변의 우월성을 자발적으로 포기함으로써 십자가의 설교만을 높이려고 하는 것이거나, 마지막으로 성령의 능력 외에는 자랑할 것이 아무것도 없는 어부들과 무지한 자들로 하여금 복음을 알아들을 수 있게 하려는 전령으로서의 역할을 수행하려고 하는 것이라면, 비난받거나 배척되어서는 안 된다.

이 질문에 대해서 내가 두 번째로 말하고자 하는 것은 하나님의 성령께서도 그 자신의 웅변이나 달변을 가지고 계신다는 것이다. 하지만 성령의 웅변이나 달변은 수사학적인 장식들로 말미암아 빛이 나는 것이라기보다는, 말씀 자체 속에 원래부터 고유하게 내재되어 있는 영광으로 말미암아 빛이 나는 것이다. 선지자들이 가지고 있던 웅변이나 달변도 그러한 종류의 것이었는데, 특히 이사야, 다윗, 솔로몬의 경우가 그러하였고, 모세도 역시 그러한 인물에 속한다. 또한, 사도들의 글은 그

다지 세련된 것은 아니었지만, 거기에서도 종종 밝은 불꽃이 번득이곤 한다. 따라서 하나님의 성령에 합당한 웅변이나 달변은 허세와 과시가 없고, 알맹이도 없이 소리만 요란하지도 않다. 도리어, 성령이 함께 하는 웅변이나 달변은 견실하고 참되며 진정한 힘이 있고, 우아함이나 품격(elegantia)보다는 정직함과 진실함(sinceritas)이 있다.

18. 십자가의 도가 멸망하는 자들에게는 미련한 것이요 구원을 받는 우리에게는 하나님의 능력이라. 이 본문의 전반부에서 바울은 복음에 대한 어떤 사람들의 주장이 실제로 일리가 있는 것임을 인정한다. 즉, 사람들은 바울이 앞에서 말한 것처럼 그렇게 복음을 단순하고 소박하게(nudum et humile) 사람들에게 전한다면, 복음이 전파되는 모든 곳에서 복음은 "미련한 것"으로 여겨져서 사람들로부터 멸시를 받게 될 것이라는 반론을 즉각 제기하는 일이 충분히 일어날 수 있었기 때문에, 바울은 그러한 반론을 예상하고서, 사람들의 그러한 주장이 전적으로 틀린 것이 아님을 미리 인정하고 있는 것이다. 하지만 바울은 거기에 "멸망하는 자들"에게 그러한 것이라는 단서를 덧붙임으로써, 그들의 그러한 주장이 전적으로 틀린 것은 아니지만, 그러한 자들의 견해나 판단을 경청할 필요는 별로 없다는 뜻을 내비친다. 사실, 일부러 "멸망 받을" 각오를 하고서 복음을 멸시하려고 하는 자가 어디에 있겠는가? 따라서 우리는 이 본문을 다음과 같이 이해하여야 한다: "십자가를 전하는 것은 인간의 지혜(humana sapientia)로 볼 때에는 칭찬할 만하거나 매력적인 것이 없기 때문에, '멸망하는 자들'에 의해서 '미련한 것'으로 여겨지게 된다. 하지만 우리가 보면, 십자가의 말씀으로부터는 하나님의 지혜(sapientia Dei)가 빛을 발하고 있다." 한편, 바울은 이 본문에 나오는 말을 통해서, 고린도 교인들의 잘못된 생각과 판단을 간접적으로 책망하고 있다. 즉, 그들은 자신들의 야심을 채우기 위해 감언이설로 그들을 유혹한 거짓 교사들의 현란한 말에는 너무나 쉽게 넘어가서 그 교사들을 하나님의 대단한 종들인 양 공경하고 추종한 반면에, 그들을 구원으로 인도할 하나님의 능력으로 무장한 하나님의 사도인 바울은 오로지 그리스도만을 그들에게 전하였다는 이유로 그들로부터 멸시를 당하였다는 것이다. 십자가를 전하는 것이 어떻게 사람들을 구원에 이르게 하는 "하나님의 능력"이 되는지에 대해서는, 나는 로마서 1:16을 주석하면서 설명한 바 있다.

19. 기록된 바 내가 지혜 있는 자들의 지혜를 멸하고 총명한 자들의 총명을 폐하리라 하였으니. 바울은 앞 절에 이어서 여기에서는 사람들이 이 세상의 "지혜 있

는 자들"이 복음을 멸시하고 조롱했다는 사실을 근거로 제시하면서 복음의 진리를 훼방하는 것이 실제로는 얼마나 잘못된 일인지를, 선지자 이사야의 증언을 인용하여 논증을 계속해 나간다. 왜냐하면, 이사야 선지자가 한 말로 미루어 볼 때, 이 세상의 "지혜 있는 자들"의 그러한 견해나 생각은 하나님께서 보실 때에는 아무것도 아니었음이 너무나 명백하기 때문이다. 이 구절은 이사야서 29:14에서 인용된 것이다. 거기에서 하나님께서는 이스라엘 백성의 위선에 대해서 특별한 종류의 징벌로 보응하실 것이라고 선언하시는데, 그것은 "지혜자의 지혜가 없어지고 명철자의 총명이 가려지리라"는 것이었다. 이 말씀을 지금 바울이 직면하고 있는 상황에 적용하면 이렇게 된다: 다른 일들에서는 사리분별이 뛰어난 것처럼 보이던 사람들이 복음과 관련해서는 이처럼 어처구니없는 판단을 내리고 있는 것은 전혀 새로운 일도 아니고 특별한 일도 아니다. 왜냐하면, 자신의 천부적인 능력에 의지해서 자기 자신과 다른 사람들의 지도자가 되려고 했던 자들의 교만을 하나님께서 그런 식으로 징계하신 것은 예전부터 비일비재하게 일어났던 일이기 때문이다. 하나님은 옛적에도 이스라엘 백성들 가운데서 이런 식으로 지도자들의 지혜를 멸하셨다. 세상의 열방들이 부러워하던 이스라엘 백성들의 지혜에 이런 일이 일어났던 것이라면, 다른 사람들의 경우는 어떠하겠는가?

우리는 먼저 이사야 선지자의 말과 바울의 말을 비교해 보고, 전체적인 내용을 좀 더 세밀하게 살펴볼 필요가 있다. 이사야 선지자는 "지혜자의 지혜가 없어지고 명철자의 총명이 가려지리라"고 말함으로써 자동사들을 사용한 반면에, 바울은 하나님을 주어로 하는 타동사들로 바꾸어서 인용한다. 하지만 이 둘은 의미에 있어서는 아무런 차이가 없다. 왜냐하면, 이사야서 본문에서 여기에 인용된 구절이 나오는 바로 그 동일한 절의 전반부를 보면, 하나님께서 "내가 이 백성 중에 기이한 일 곧 기이하고 가장 기이한 일을 다시 행하리니"라는 말씀이 먼저 나오기 때문이다. 따라서 "지혜자의 지혜가 없어지리라"는 것은 하나님께서 이스라엘 중에 있는 지혜자들의 지혜를 친히 멸하시겠다는 뜻이고, "총명이 가려지리라"는 것은 하나님께서 그 지혜자들의 총명을 지워 버리시겠다는 뜻이다. 바울의 본문에서 "폐하다"로 번역된 두 번째 동사인 '아테테인'(ἀθετεῖν)은 그 의미가 모호해서, 에라스무스는 "거부하다, 배척하다"(reiicere)로 옮겼지만, 종종 "지우다", 또는 "도말하다", 또는 "말소하다"로 번역되기도 하기 때문에, 나는 이사야 선지자가 사용한 동사인 "사라지다" 또는 "가려지다"와 상응하기 위해서는, 이 동사를 후자의 의미로 이해하는 것이 좋다고 본다. 하지만 내가 그렇게 판단한 데에는 좀 더 중요한 다른 이유가 있는데, 그것은 이제 곧 밝혀지겠지만, "거부하다, 배척하다"라는 의미는 바울이 지금 다루고 있는 내용과 부합하지 않는다는 것이다.

이제 우리는 이사야서 본문과 바울의 본문의 의미를 살펴보기로 하자. 이사야 선지자가 말하고자 한 것이 다음과 같은 것임은 의심의 여지가 없다: 하나님께서 이스라엘의 지도자들에게서 건전한 판단력과 총명을 박탈해 버리실 것이기 때문에, 이스라엘 백성은 그들을 제대로 다스릴 수 있는 자격을 갖춘 지도자들을 더 이상 갖지 못하게 될 것이다. 이사야 선지자는 다른 대목에서는 이스라엘의 모든 백성의 눈이 감기게 될 것이라고 경고한 바 있는데(사 6:10), 이제 여기에서는 마치 사람의 몸에서 두 눈을 뽑아 버리시려는 듯이, 하나님께서 이스라엘의 지도자들의 지혜와 총명을 없애 버리실 것이라고 선포하고 있다. 그런데 이사야 선지자가 "지혜"와 "총명"이라는 단어들을 긍정적이고 좋은 의미로 사용하고 있는 반면에, 바울은 바로 그 동일한 이사야서 본문을 판이하게 다른 목적을 가지고 인용하면서, 그 단어들을 정반대로 아주 나쁜 의미로 사용하고 있다는 것이 우리의 해석을 아주 어렵게 만든다. 즉, 바울은 하나님께서는 사람들의 "지혜"를 뒤틀리고 사악한 것으로 여기시고, 사람들의 "총명"을 허망한 것으로 여기셔서 단죄하신다는 의미로, 이사야 선지자의 말을 인용하고 있다는 것이다. 나는 이것이 해석자들이 이 본문을 설명하는 통상적인 방식이라는 것을 인정하지만, 사도들은 성령에 의해서 계시된 하나님의 말씀들을 그 말씀들이 원래 지니고 있던 진정한 의미와 의도와는 이질적인 다른 의미와 의도로 결코 왜곡하지 않는다는 것은 확실하기 때문에, 나는 바울이 하나님의 말씀을 왜곡하여 거짓 것으로 만들어 버렸다고 비난하는 쪽이 아니라, 해석자들의 통상적인 견해를 버리는 쪽을 기꺼이 택하고자 한다.

또한, 다른 점들에 있어서도, 이사야서 본문이 지닌 원래의 취지는 바울의 의도와 다르지 않다. 왜냐하면, 하나님께서 올바른 영(rectus spiritus)을 거두어 가실 때, 세상에서 가장 지혜로운 자들마저도 어리석기 짝이 없는 자들이 되고 마는 것이라면, 인간의 지혜라는 것이 전혀 신뢰할 만한 것이 되지 못한다는 것은 너무나 분명하기 때문이다. 또한, 자기 자신의 총명과 판단력을 지나치게 믿고서 거기에 집착하여 스스로를 지혜롭다고 여기는 자들을 눈멀게 하셔서 아무것도 보지 못하게 하시는 것이 하나님의 통상적인 징벌 방식이기 때문에, 육신적인 사람들이 하나님을 대적하여 일어나서, 주제넘고 오만방자하게도 자신의 지혜와 총명을 앞세우고, 하나님의 영원하신 진리를 멸시하게 될 때, 그들이 미련한 자들이 되어 버리고 그들의 생각이 허망하여지는 것은 조금도 놀랄 일이 아니다. 이제 우리는 바울이 이사야 선지자의 증언을 여기에서 인용한 것이 얼마나 적절한 것이었는지를 알게 된다. 이사야 선지자는 "그들 중의 지혜자의 지혜가 없어지는 것"이 하나님을 제멋대로 섬긴 자들에게 내리시는 하나님의 보응이라고 선언한 것이고, 바울은 이 세상의 지혜는 스스로 높아져서 하나님을 대적할 때에 허망하고 무익하며 쓸데없는 것이 되고 만다는 것을 증명하기 위해서, 이사야의 그러한 증언을 가져와서 인용하고 있는 것이다.

20. 지혜 있는 자가 어디 있느냐 선비가 어디 있느냐 이 세대에 변론가가 어디 있느냐. 바울은 이사야 선지자의 증언이 너무나 옳다는 것을 보여 주기 위해서, 그 증언을 자기 시대에 구체적으로 적용하여, 이 조롱하는 말을 여기에 덧붙인다. 해석자들은 대체로 이 본문에 나오는 말은 바울이 이사야 선지자의 글에서 가져온 것이라고 생각하지만, 사실은 바울은 자기가 앞에서 인용한 이사야의 말을 토대로 해서, 여기에서 자신의 생각을 피력한 것이다. 따라서 해석자들이 바울이 이 절에서 인용한 이사야서 본문으로 지목하는 이사야서 33:18("네 마음은 두려워하던 것을 생각해 내리라 계산하던 자가 어디 있느냐 공세를 계량하던 자가 어디 있느냐 망대를 계수하던 자가 어디 있느냐")은 이 절에 대한 논의와는 아무런 연관성이 없다. 왜냐하면, 이사야 선지자는 장차 하나님께서 이스라엘 백성을 산헤립의 멍에로부터 구원해 주실 것을 약속하는 말씀을 선포한 후에, 하나님이 그들에게 베풀어 주실 은혜가 얼마나 클 것인지를 좀 더 분명하게 보여 주기 위해서, 그 때가 되어 그들에 대한 구원의 약속이 성취되었을 때, 전에 이방인들의 압제 아래에서 그들이 고통을 받았던 저 끔찍한 일들이 그들 가운데서 온 데 간 데 없이 사라지고 없을 것임을 생생하게 상기시켜 주고 있는 것이기 때문이다. 즉, 이사야 선지자는 이스라엘 백성이 산헤립의 압제 아래에서 "계산하던 자들"과 "공세를 계량하던 자들"과 "망대를 계수하던 자들"에 의해서 늘 공포와 불안감을 느끼며 살아 왔기 때문에, 하나님의 은혜로 그런 지독한 곤경에서 벗어나게 되었을 때에는, 그 시절을 회고하는 것만으로도 하나님께 감사하게 될 것이라고 말하고 있는 것이다. 따라서 바울이 이 절에서 한 말이 이사야서로부터 인용한 것이라고 생각하는 것은 잘못이다.

"이 세대에"라는 어구는 마지막에 나오는 명사인 "변론가"에만 걸리는 것이 아니고, 그 앞의 두 명사인 "지혜 있는 자"와 "선비"에도 걸리는 것으로 보아야 한다. 또한, 바울은 여기에서 성령을 통해서 하나님의 말씀으로 조명을 받아서 지혜롭게 된 자들이 아니라, 단지 세속적인 통찰력이나 현명함을 지니고 있는 자들이나 그런 것들을 신뢰하는 자들을 "지혜 있는 자"라고 부르고 있다. 여기에서 사용된 "서기관"(한글개역개정에는 "선비")이라는 단어는 "선생" 또는 "학자"를 가리킨다는 것이 해석자들의 일반적 견해이다. "서기관"이라는 단어와 연관된 히브리어 동사 '사파르'(ספר)는 "세다" 또는 "이야기하다"를 뜻하고, 여기에서 파생된 명사인 '세페르'(ספר)는 "책"을 뜻하기 때문에, 히브리인들은 학식이 있는 사람들과 책들을 가까이 하는 사람들을 '소페림'(סופרים, 단수형은 '소페르')이라고 불렀고, '소페르 함멜렉'(ספר המלך)은 "왕의 서기관"(왕하 12:10)이라는 뜻으로서, 궁정의 고관을 가리키는 데 사용되었다. 헬라어는 이 단어를 히브리어에서의 어원을 따라 '그람마테이스'(γραμματεῖς, "서기관")로 번역하였다. 또한, 바울은 일반 사람들이 대답하기 곤란한 어려운 질문들을 제기함으로써 자신들의 명철함을 과시했던 사람들을 "변론가"라고 부른다. 이런 식으로, 바울은 인간의 지혜를 대변하는 자들이라고 할 수 있는 "지혜 있는 자"와 "선비"(서기관)와 "변론가"를 거론하면서, 인간의 지혜를 비롯해서 인간이 본성적으로 지닌 모든 재능(ingenium)은 하나님의 나라에서는 아무런 쓸모가 없는 무용지물임을 분명하게 천명한다. 바울이 인간의 지혜를 이처럼 맹렬하고 과격하게 규탄하고 공격한 데에는 다 그럴 만한 이유가 있었는데, 그것은 사람들로 하여금 그들 자신을 비롯한 인간에 대하여 주제 넘은 과도한 자부심을 품지 못하게 하는 것은 너무나 절실한 일인데도, 육신(carnis)에 대한 사람들의 잘못된 과도한 신뢰를 뿌리 뽑는 것이 얼마나 어려운 일인지는 말로 표현할 수 없을 정도이기 때문이었다. 아주 조금이라도 자신의 지혜를 믿고 거기에 의지해서 스스로 판단을 내리는 것은 인간에게는 절대로 있어서는 안 되는 일이다.

하나님께서 이 세상의 지혜를 미련하게 하신 것이 아니냐. 바울이 여기에서 사용한 "지혜"라는 단어는 본성적으로 타고난 이해하는 능력은 물론이고, 경험과 학습 또는 기술과 학문에 대한 지식 등을 통해서 인간이 인식하고 이해할 수 있는 모든 것을 의미한다. 왜냐하면, 그는 여기에서 세상의 지혜와 성령의 지혜를 대비시키고 있기 때문이다. 따라서 성령의 조명에 의한 것을 제외하고, 인간이 가질 수 있는 모든 지식은 "이 세상의 지혜"에 포함된다. 바울은 하나님께서 그러한 "이 세상의 지혜"를 우스꽝스러운 것으로 만들어 버리셨다고 말한다. 다시 말해서, 하나님께서는 세상의 지혜를 미련하고 어리석은 것이 되게 하셨다는 것이다. 우리는 세상의 지혜가 미련한 것인 이유는 두 가지가 있다고 보아야 하는데, 첫 번째는 사람이 알고 있거나 이해하고 있는 모든 것은 참된 지혜에 토대를 두고 있는 것이 아니라면 단지 헛된 것들에 불과하기 때문이고, 두 번째는 맹인의 눈으로 색깔을 구별하는 것이 불가능하듯이, 세상의 지혜로는 영적인 교훈을 이해하는 것이 불가능하기 때문이다. 우리는 여기에서 다음과 같은 두 가지 사실에 유의하여야 하는데, 하나는 그리스도를 아는 하늘에 속한 지식이 결여되어 있는 온갖 학문적인 지식은 연기와 같다는 것이고, 다른 하나는 나귀가 음악의 화음을 이해할 수 없듯이, 인간은 아무리 그 지성이 날카롭고 영리할지라도, 하나님의 신비들(mysteria)을 이해하는 데에는 아둔할 수밖에 없다는 것이다. 이런 식으로, 바울은 "이 세상의 지혜"를 자랑하는 자들, 즉 오직 세상의 피조물들 속에서 쾌락과 기쁨을 발견할 수 있기 때문에 거기에 집착해서 세상의 것들을 향유하고 있는 한 자신들은 행복하다고 생각하는 까닭에, 그리스도와 모든 구원의 교훈을 멸시하고 아랑곳하지 않는 자들의 파멸적이고 치명적인 교만(exitialis superbia)을 호되게 질책함과 동시에, 자신들의 능력을 믿고 스스로의 힘으로 하늘 위에까지 오르려고 시도하는 자들의 오만방자함(supercilium)을 꺾어 놓는다.

바울의 이러한 말에 대해서 다음과 같은 반론이 제기될 수 있다: 인간에게 주어진 갖가지 지식과 지혜는 하나님께서 인간이 이 세상을 살아갈 때에 사용하도록 주신 최고의 은사들 중 하나임에 틀림없는데, 그런데도 여기에서 바울이 그리스도와 분리된 온갖 종류의 지식과 지혜를 마치 아무 짝에도 쓸데없는 쓰레기인 양 땅바닥에 내동댕이치고서 발로 짓밟아 뭉개 버리는 것은 어떻게 정당할 수 있는 것인가? 인간을 다른 모든 동물들보다 우월한 존재로 만들어 주는 것이 바로 인간의 이성(hominis ratio)이라는 것은 잘 알려져 있는 사실이기 때문에, 그렇다면 우리는 인간의 이성보다 더 고귀한 것은 없다고 해야 하고, 인간을 진정으로 인간답게 만들어 주는 여러 학문들을 지극히 높이고 소중히 여기는 것이 마땅하지 않는가? 또한, 그러한 학문들은 아주 많은 탁월하고 귀한 성과들을 내고 있지 않은가? 다른 학문들은 그만두고라도, 공화국들과 왕국들을 유지시켜 주는 정치학과 법학은 모든 사람이 극찬하고 있지 않은가? 이러한 반론과 반문들에 대한 나의 대답은 이렇다: 바울은 인간의 천부적인 통찰력(perspicacia)이나, 경험에 의해서 얻은 분별력

(prudentia)이나, 교육에 의해서 성취한 교양이나 문화(cultus)를 맹목적으로 매도하는 것이 아니고, 단지 이 모든 것들이 영적인 지혜(spiritualis sapientia)를 얻는 데에는 아무런 도움도 되지 못하고 전혀 유용하지 않다는 사실만을 선언하고 있는 것이다. 그리고 확실한 것은 사람이 자기 자신의 통찰력을 의지하거나 인간의 학문의 도움을 받아서 하늘에 오르려고 시도하는 것, 달리 말하면 하나님 나라의 비밀스럽고 신비한 일들을 판단하려고 하거나 알아보려고 밀고 들어오는 것(cf. 출 19:21, "여호와께서 모세에게 이르시되 내려가서 백성을 경고하라 백성이 밀고 들어와 나 여호와에게로 와서 보려고 하다가 많이 죽을까 하노라")은 정신 나간 짓이라는 것이다. 왜냐하면, 하나님 나라의 비밀이나 신비들은 인간의 판단이나 지각이나 총명으로부터 감추어져 있는 것들이기 때문이다. 그러므로 우리가 유의해야 할 것은 바울이 여기에서 "이 세상의 지혜"가 헛되다고 가르치고 있는 것은 현재의 맥락 속에서 다루어지고 있는 주제에 국한해서 해석되어야 한다는 것이다. 즉, 세상의 지혜는 이 세상과 관련해서 유익하고 유용한 것일 뿐이고, 하늘에 속한 신령한 일들과 관련해서는 전적으로 무익하고 전혀 도움이 되지 않는다는 것이다. 따라서 인간의 지식이나 학문의 모든 분야는 거기에서 그리스도가 빠지면 다 헛된 것들이 되고 말며, 모든 학문에 능통하더라도 하나님을 알지 못하는 자의 삶은 헛될 수밖에 없다. 또한, 우리가 빠뜨리지 말고 반드시 말해 두어야 할 사실은, 각종 재능들, 영리한 판단력, 온갖 학문들, 언어들에 관한 지식 같은 하나님의 탁월한 선물들이 불경건한 자들의 수중에 들어갔을 때에는, 그런 것들은 어떤 식으로든 타락하고 부패하고 만다는 것이다.

[21]하나님의 지혜에 있어서는 이 세상이 자기 지혜로 하나님을 알지 못하므로 하나님께서 전도의 미련한 것으로 믿는 자들을 구원하시기를 기뻐하셨도다 [22]유대인은 표적을 구하고 헬라인은 지혜를 찾으나 [23]우리는 십자가에 못 박힌 그리스도를 전하니 유대인에게는 거리끼는 것이요 이방인에게는 미련한 것이로되 [24]오직 부르심을 받은 자들에게는 유대인이나 헬라인이나 그리스도는 하나님의 능력이요 하나님의 지혜니라 [25]하나님의 어리석음이 사람보다 지혜롭고 하나님의 약하심이 사람보다 강하니라(1:21-25).

21. 하나님의 지혜에 있어서는 이 세상이 자기 지혜로 하나님을 알지 못하므로

하나님께서 전도의 미련한 것으로 믿는 자들을 구원하시기를 기뻐하셨도다. 사람은 하나님이 만드시거나 행하신 모든 일들 속에 드러난 하나님의 지혜를 묵상하게 되면, 생래적으로 타고난 본성적인 능력의 빛의 도움을 받아서 하나님을 알 수 있게 되는 것이 원래 올바른 창조 질서였을 것임은 분명하다. 하지만 그러한 질서가 인간의 타락으로 말미암아 무너지고, 모든 것이 전복되고 거꾸로 되어 버렸기 때문에, 하나님께서는 우리에게 구원의 길을 보여 주시기에 앞서, 먼저 우리를 미련하게 만들지 않으면 안 되셨고, 그렇게 우리를 미련하게 만드신 후에야, 겉보기에는 미련한 것(stultitia)처럼 보이지만 사실은 하나님 자신의 참된 지혜인 것을 우리의 눈 앞에 내미셨다. 이렇게 창조 질서의 전복을 가져온 것은 인간의 배은망덕이었다. 하나님께서 만드신 만물은 하나님의 지혜를 보여 주는 너무나 분명한 증표이기 때문에, 바울은 하나님이 지으신 모든 것을 여기에서 "하나님의 지혜"라고 부른다. 따라서 하나님께서는 자신의 피조 세계 속에서 자신의 놀라운 지혜를 보여 주는 깨끗한 거울을 우리에게 제공해 주신 것이다. 그렇기 때문에, 하나님이 지으신 세계와 그 가운데 있는 온갖 피조물들, 그리고 하나님이 행하셨거나 행하고 계시는 모든 일들을 바라보는 사람은, 그가 건전한 판단력의 한 줄기 불꽃이라도 갖고 있기만 하다면, 하나님을 찬송하고 경배하지 않을 수 없게 된다. 만일 인간이 하나님이 지으시거나 행하신 모든 것들을 관찰하고 묵상함으로써 하나님을 아는 참된 지식에 이르게 된다면, 그것은 하나님이 본래 인간에게 주신 지혜를 발휘해서 하나님을 알게 되는 것이고, 인간이 지혜를 얻는 자연스럽고 본래적인 방식을 따라 하나님을 알게 되는 것이다. 하지만 사람들은 아담의 타락으로 말미암아, 하나님께서 자신의 모든 피조물 속에 심어 두신 하나님의 지혜를 통해서 구원에 이르는 그 어떤 지식도 얻을 수 없게 되었기 때문에, 하나님은 이제 다른 방식으로 사람들에게 구원의 지식을 가르치시는 일에 착수하셨다. 그러므로 우리가 우리 자신의 지각을 비우기 전에는, 우리를 구원에 이르게 해 줄 하나님을 아는 지식을 얻을 수 없게 된 것은 우리 자신의 잘못 때문이고 우리 속에 내재된 결함 때문이다.

바울이 복음을 "전도의 미련한 것"이라고 부른 것은, 세상의 저 어리석은 현자들(μωροσόφοι, '모로소포이')이 헛된 확신에 도취되어 겁도 없이 하나님의 신성불가침의 진리를 자신들의 비판과 검열의 대상으로 삼고서 복음을 "미련한 것"이라고 결론을 내리는 것에 대하여, 그들이 미련한 것이라고 부른 것이 무엇을 할 수 있고, 그들이 지혜라고 부른 것이 무엇을 할 수 있는지를 대비해서 보여 주기 위하여,

그들이 사용한 표현을 그대로 가져와서 사용한 것이다. 게다가, 인간의 이성으로 생각할 때, 분명히 인류 역사에서 다음과 같은 말보다 더 미련하고 어리석은 말은 없었다: 영원하시고 불멸하시는 하나님께서 죽을 수밖에 없는 존재인 유한한 인간이 되셨고, 영원한 생명이 죽음에 굴복하였으며, 의(義)가 죄의 그늘로 들어갔고, 복의 근원이 저주에 굴복하였다. 그리고 그리스도께서 그렇게 하셨기 때문에, 인류가 죽음으로부터 속량함을 받고 복된 영생에 참여하여 영원한 생명을 소유할 수 있게 되었고, 죄가 폐하여짐으로써 의가 다스리게 되었으며, 죽음과 저주가 생명에 의해서 삼켜질 수 있었다. 하지만 인간의 이성으로 생각할 때에는 세상에서 가장 미련한 것일 수밖에 없는 복음이 하늘들보다도 높고 천사들조차도 놀랄 만한 비밀스럽고 신비한 하나님의 지혜라는 것을 우리는 안다.

바울의 이 본문은 지극히 아름답고 찬란한 구절이다. 이 구절로부터 우리는 빛 가운데 있으면서도 아무것도 보지 못하는 인간의 심령이 얼마나 눈멀어 있는지를 분명히 알 수 있다. 우리 앞에 펼쳐져 있는 세계와 만물은 하나님께서 우리에게 자신의 영광을 가시적인 형상으로 보여 주시는 극장과 같다는 말은 사실이다. 그렇지만, 하나님의 영광을 찬란하게 보여 주는 그러한 광경이 우리의 눈 앞에 펼쳐져 있는데도, 우리가 거기에서 하나님의 영광을 제대로 알아보지 못하는 이유는, 이 세계와 만물 속에 하나님의 영광이 희미하게 나타나 있기 때문이 아니라, 우리의 마음이 하나님으로부터 멀리 떠나 있기 때문이다(골 1:21). 우리의 마음이 하나님으로부터 멀리 떠나 있다는 것은 우리에게는 하나님의 영광을 볼 수 있는 능력도 없고 그렇게 하고자 하는 의지도 없다는 뜻이다. 왜냐하면, 하나님께서는 자기 자신을 분명하게 보여 주기는 하지만, 하나님은 우리가 오직 믿음의 눈으로만 볼 수 있기 때문이다. 우리는 하나님이 지으신 세계와 만물 속에서 하나님의 신성을 아주 조금만 맛볼 수 있을 뿐이지만, 그것은 우리로 하여금 핑계할 수 없게 만드는 데에는 충분하다(롬 1:20). 따라서 바울이 여기에서 사람이 하나님께서 지으신 만물을 통해서는 하나님을 알 수 없다고 말할 때, 그것은 하나님에 관한 순전하고 온전한 지식을 획득할 수 없다고 말한 것으로 이해하여야 한다. 모든 인간은 자연이라는 보편적인 학교 안에서 어렴풋이나마 하나님의 신성을 감지하고, 따라서 나중에 그 누구도 하나님이 계신 줄 몰랐다고 자신의 무지를 핑계로 댈 수 없기는 하지만, 하나님이 어떤 분이신지는 알지 못한다.

하지만 사람들은 하나님을 알려고 하기는커녕, 그것과는 정반대로 자신의 욕심을 따라 행함으로써, 그들의 생각은 허망하여지고 어두워지기 때문에(롬 1:21), 빛이 그들에게 비쳐도, 이미 어둠이 되어 버린 그들은 빛을 깨닫지 못하게 된다(요 1:5). 인간은 단순히 무지로 말미암아 미혹에 빠지는 것이 아니고, 자신들의 무관심과 나태함과 배은망덕함으로 말미암아 미혹에 빠지는 것이기 때문에, 거기에 대한 책임을 피할 수 없게 된다. 그래서 바울은 "모든 사람이 하나님을 알되 하나님을 영화롭게 하지 않았다"(롬 1:21)고 선언한다. 다른 한편으로는, 인류 역사상에서 단지 피조 세계의 인도를 받아서 하나님을 알게 되는 경지에까지 이른 사람은 아무도 없었다. 만약 어떤 이들이 철학자들이 바로 그런 사람들이 아니냐고 반론을 제기한다면, 나는 인간으로서의 우리의 연약함이 특히 철학자들에게서 가장 극명하게 드러난다는 대답을 해 주고 싶다. 왜냐하면, 내가 이미 앞에서 말한 모든 참된 지식과 지혜의 원천과 원리로부터 멀리 떨어져 나가서 끊임없이 허망한 사변에 몰입하지 않는 사람을 우리가 인류 역사상의 모든 철학자들 중에서 단 한 사람이라도 발견하는 것은 불가능하고, 철학자들 중 대다수는 미신에 빠져 있는 늙은 여인네들 못지않게 미혹에 깊이 사로잡혀 있어서 어리석기가 그지없는 자들이기 때문이다. 바울이 여기에서 "믿는 자들의 구원"을 언급하고 있는 것은 복음이 하나님의 "구원의 능력"이라고 한 18절과 상응한다. 또한, 바울은 "믿는 자들"의 수가 적다는 사실과 세상이 눈멀고 어리석다는 사실을 대비시켜서, 믿는 자들은 구원을 위해 하나님에 의해서 따로 구별된 자들이라는 점에서, 믿는 자들의 수가 적고 많음은 하나님의 주권에 속한다는 것을 보여 줌으로써, "믿는 자들"이 적다는 것에 우리가 실망하거나 실족해서는 안 된다는 것을 우리에게 경고한다.

22-23. 유대인은 표적을 구하고 헬라인은 지혜를 찾으나 우리는 십자가에 못 박힌 그리스도를 전하니 유대인에게는 거리끼는 것이요 이방인에게는 미련한 것이로되. 이것은 앞 절에 대한 설명이다. 즉, 바울은 복음을 전하는 것이 왜 사람들에게 미련한 것으로 받아들여지게 되는지, 그 이유를 여기에서 보여 준다. 하지만 그는 단순히 앞 절에서 말한 것을 반복해서 설명하는 것이 아니라, 거기에서 한 걸음 더 나아가, 유대인들은 복음을 미련한 것으로 치부해서 무시하는 데서 그치지 않고 혐오하고 증오하기까지 한다고 말한다. 따라서 바울은 여기에서 이렇게 말하고 있는 것이다: "유대인들은 하나님의 능력을 보여 주는 증거로서의 표적들이 자신들의 눈 앞에 보여지기를 원하고, 헬라인들은 탁월하고 날카로운 통찰력과 혜안을 제시해서 인간의 지성을 만족시켜 주는 것을 좋아한다. 하지만 유대인이나 헬라인

이 원하고 바라는 것과는 반대로, 우리는 얼핏 보면 연약함(imbecillitas)과 미련한 것(stultitia) 외에는 그 어떤 그럴 듯하고 대단한 것도 찾아볼 수 없는 십자가에 못 박히신 그리스도를 그들 앞에 선포한다. 유대인들이 볼 때, 그리스도는 하나님에 의해서 버림을 받은 자이기 때문에, 그들에게 그리스도는 '거리끼는 것' 이다. 그리고 헬라인들은 십자가에 못 박힌 그리스도를 믿는 것이 사람이 죄 사함과 구원을 받는 방법이라는 말을 공상소설쯤으로 여긴다."

나는 여기에서 바울이 사용한 "헬라인"이라는 단어는 단순히 이교도 혹은 이방인을 뜻하는 것이 아니고, 각종 학문에 능통하고 높은 지성을 소유한 사람들을 가리킨다고 생각한다. 하지만 바울은 이 단어를 제유법으로 사용하고 있다는 점에서, 이 단어는 헬라인 외에 다른 모든 이방인들도 가리킨다. 바울은 유대인과 헬라인의 차이를 이렇게 구별한다: 유대인은 율법에 대한 비이성적이고 터무니없는 열심에 근거해서 그리스도를 공격하고 복음에 대하여 끝없는 분노를 표출하였던 반면에(위선자들이 자신들의 잘못되고 거짓된 신념을 옹호하기 위해서 언제나 그렇게 해 왔듯이), 교만으로 가득 찬 헬라인들은 바울이 전한 복음을 진부하고 재미없는 것으로 여겨서 멸시하였다.

바울은 표적을 구하는 것이 유대인들의 잘못이라고 지적하였지만, 그것은 표적을 요구하는 것 자체가 나쁜 일이라고 말하고 있는 것이 아니라, 유대인들의 다음과 같은 잘못들을 그러한 표현을 통해서 지적하고자 한 것이다: 첫 번째는 그들이 막무가내로 끊임없이 표적을 구한 것은 어떤 의미에서는 자신들의 기준과 요구에 맞추어서 증거를 제시할 것을 고집함으로써 하나님을 자신들의 법으로 압박하고 속박하고자 한 것이었다는 것이다. 두 번째는 그들은 자신들의 죄악으로 말미암아 분별력과 총명이 흐려져서 하나님의 일을 알아보지 못하는 것인 데도, 그것을 고칠 생각은 하지 않고, 자신들이 눈으로 볼 수 있고 인정할 수 있는 표적들을 통해서 하나님을 자신들의 손으로 직접 만지고 싶어 했고, 그렇게 되지 않으면 직성이 풀리지 않았다는 것이다. 세 번째는 그들은 표적들 자체에 압도되고 거기에 홀려서 넋이 빠져 있었다는 것이다. 마지막으로, 네 번째는 그들은 어떤 표적이 제시되어도 그 표적만으로는 만족하지 못하고, 날마다 새로운 표적을 찾는 데 혈안이 되어 있었다는 것이다. 표적을 구하는 것 자체가 잘못이 아니라는 것을 보여 주는 예는 많다. 히스기야는 하나님께 표적을 구해서 하나님이 보여 주신 표적으로 말미암아 즉시 그리고 기꺼이 하나님의 말씀을 확신하게 된 것이었지만, 그렇게 한 것 때문에 하나님으로부터 책망을 받지 않았고(왕하 19:29; 20:8), 심지어 두 번이나 표적을 요구한 기드온도 책망을 받지 않았다(삿 6:37, 39). 반면에, 이사야 선지자는 아하스 왕에게 하나님으로부터 오는 표적을 구하라고 말하였지만, 그 말을 거부하고 표적을 구하지 않은 아하스 왕은 도리어 하나님으로부터 정죄를 당하였다(사 7:12).

그렇다면, 똑같이 표적을 요구한 것인 데도, 다른 사람들은 하나님으로부터 책망을 받지 않았는데, 바울이 여기에서 유대인들이 표적을 구하는 것은 잘못이라고 지적한 이유는 무엇일까? 유대인들의 잘못은, 선하고 합당한 목적으로 표적들을 요구하지 않았다는 것, 그리고 한도 끝도 없이 표적들을 요구하였다는 것, 그리고 표적들을 선하게 사용하지 않았다는 것이었다. 사람이 표적을 구하는 목적은 자신의 믿음을 세우는 데 도움이 되게 하기 위한 것이어야 하는데, 유대인들은 자신들의 불신앙을 지속적으로 유지하는 데에만 관심이 있었기 때문에, 역설적으로 표적을 구하는 것을 자신들의 불신앙을 계속해서 유지하는 수단, 즉 핑곗거리로 활용하고 있었다. 사람이 스스로 법을 만들어서 그 법을 하나님께 들이밀며 그 법대로 하라고 요구하는 것은 무엄하기 짝이 없는 불법임에도 불구하고, 유대인들은 자신들의 기괴한 욕망을 채우기 위하여, 자신들의 기준을 제시하며, 하나님께 그 기준을 충족시키는 증거를 내놓을 것을 요구하는 오만방자한 짓을 서슴지 않았다. 표적은 우리를 그리스도를 아는 지식과 하나님의 영적인 은혜로 인도하는 것이어야 하지만, 유대인들에게 표적은 그들의 길을 가로막는 장애물일 뿐이었다. 그렇기 때문에, 그리스도께서는 "악한 세대가 표적을 구한다"(막 8:12)고 말씀하시면서 유대인들을 책망하셨다. 왜냐하면, 그들은 만족할 줄 모르는 호기심으로 한도 끝도 없이 표적들을 요구하였을 뿐만 아니라, 무수한 표적들을 받았지만, 자신들이 하나님으로부터 받은 수많은 표적들로부터 그 어떠한 유익도 얻지 못하였기 때문이었다.

24. 오직 부르심을 받은 자들에게는 유대인이나 헬라인이나 그리스도는 하나님의 능력이요 하나님의 지혜니라. 바울은 앞 절과 대비되는 내용을 담고 있는 이 절을 통해서, 그리스도께서 그처럼 부당하고 불의하게 대접을 받으신 것이 그리스도의 그 어떤 잘못이나 인간의 본성적이고 보편적인 그 어떤 성향 때문이 아니라, 하나님에 의해서 빛을 받지 않은 자들의 악함(pravitas) 때문이라는 것을 보여준다. 왜냐하면, 유대인이건 헬라인이건 그들을 하나님께서 택하신 경우에는, 그들이 그

리스도께로 나아와서 확실한 구원을 발견하는 것을 막을 수 있는 것은 아무것도 없기 때문이다. 여기에서 바울은 그리스도의 비천함(humilitas)에서 야기된 걸림돌("거리끼는 것")을 "능력"과 대비시키고, "미련한 것"을 "지혜"와 대비시킨다. 따라서 이 절에서 바울이 말하고자 하는 요지는 이런 것이다: "나는 유대인의 완악함(pervicacia)을 움직일 수 있는 것은 표적뿐이라는 것도 알고 있고, 헬라인의 자만(fastus)을 깨뜨릴 수 있는 것은 공허한 지혜뿐이라는 것도 알고 있다. 하지만 우리는 그런 것들에 신경을 쓸 필요가 없다. 왜냐하면, 우리의 그리스도께서 저 험한 십자가로 말미암아 사람들의 눈에 비천해지신 것이 유대인들에게는 거리끼는 것으로 받아들여지고, 헬라인들에게는 조롱의 대상이 된다고 할지라도, 그럼에도 불구하고 그리스도는 유대인이든 헬라인이든 모든 택함 받은 자들에게 그러한 거리끼는 것을 뛰어넘어 구원을 주는 하나님의 능력이심과 동시에, 공허한 지혜의 가면을 벗겨 버리는 하나님의 지혜이시기 때문이다."

25. 하나님의 어리석음이 사람보다 지혜롭고 하나님의 약하심이 사람보다 강하니라. 하나님께서 자신의 지혜를 우리에게 분명하게 보여 주시지 않으셔서, 하나님이 어리석고 터무니없이 행하시는 것이 아닌가 생각될 정도로 그렇게 우리를 대하실 때에도, 우리가 "하나님의 어리석음"으로 규정할 수 있을 것 같은 그러한 하나님의 행위는 사실은 인간의 가장 지혜로워 보이는 행위보다도 훨씬 더 지혜롭다. 또한, 하나님께서 자신의 능력을 감추심으로써 우리의 눈에 약하기 짝이 없어 보이는 방식으로 행하시는 것처럼 보일 때에도, 우리에게는 하나님의 "약하심"으로 생각되는 것이 사실은 인간의 어떤 강력한 것보다도 훨씬 더 강력하다. 하지만 우리는 이 구절을 읽을 때, 내가 앞에서 이미 언급하였듯이, 여기에는 실제로는 그렇지 않은 데도 사람들이 그렇다고 하니까 일단 그렇다고 가정해 보자는 용인(concessio)의 의미가 내포되어 있다는 사실에 언제나 유의하여야 한다. 왜냐하면, 하나님에게 "어리석음"이나 "약하심"이라는 수식어들을 붙이는 것은 누가 보아도 합당하지 않지만, 바울은 하나님의 모든 영광을 거리낌 없이 탈취하는 정신 나간 인간의 교만을 반박하기 위해서, 어쩔 수 없이 이러한 반어법적 표현들을 사용할 수밖에 없었기 때문이다.

[26]형제들아 너희를 부르심을 보라 육체를 따라 지혜로운 자가 많지 아니하며 능한 자가 많지 아니하며 문벌 좋은 자가 많지 아니하도다 [27]그러나 하나님께서 세상의

미련한 것들을 택하사 지혜 있는 자들을 부끄럽게 하려 하시고 세상의 약한 것들을 택하사 강한 것들을 부끄럽게 하려 하시며 [28]하나님께서 세상의 천한 것들과 멸시 받는 것들과 없는 것들을 택하사 있는 것들을 폐하려 하시나니 [29]이는 아무 육체도 하나님 앞에서 자랑하지 못하게 하려 하심이라 [30]너희는 하나님으로부터 나서 그리스도 예수 안에 있고 예수는 하나님으로부터 나와서 우리에게 지혜와 의로움과 거룩함과 구원함이 되셨으니 [31]기록된 바 자랑하는 자는 주 안에서 자랑하라 함과 같게 하려 함이라(1:26-31).

26-27. 형제들아 너희를 부르심을 보라 육체를 따라 지혜로운 자가 많지 아니하며 능한 자가 많지 아니하며 문벌 좋은 자가 많지 아니하도다 그러나 하나님께서 세상의 미련한 것들을 택하사 지혜 있는 자들을 부끄럽게 하려 하시고 세상의 약한 것들을 택하사 강한 것들을 부끄럽게 하려 하시며. 여기에서 헬라어 동사 '블레페테' (βλέπετε)는 명령법으로 보든 직설법으로 보든 문맥과 잘 부합하기 때문에, 어느 쪽으로 사용된 것인지가 분명하지 않은데, 나는 그 결정을 독자들에게 맡기고자 한다. 하지만 어느 쪽으로 이해하든, 이 본문의 의미가 달라지지 않는다는 것은 분명하다. 우리가 이 동사를 직설법으로 보아서, 이 구절을 "너희는 너희의 부르심을 본다"라고 해석할 경우에는, 여기에서 바울은 현재적으로 명백한 사실과 대면시키기 위해서 고린도 교인들을 증인으로 소환하고 있는 것이 된다. 반면에, 이 동사를 명령법으로 보는 경우에는, 바울은 엄연한 사실 자체를 직시하도록 무기력하고 나태한 상태에 있는 고린도 교인들을 일깨우고 있는 것이 된다. "부르심"이라는 단어를 다음과 같이 "부르심"을 받은 무리를 가리키는 집합명사로 이해하는 것도 가능하다: "너희는 하나님께서 어떤 부류의 사람들을 너희 가운데로 부르셨는지를 보고 있다." 하지만 나는 바울은 여기에서 "너희의 부르심을 보라"는 말을 통해서, 하나님께서 그들을 부르셨을 때, 그 부르심의 근저에 있는 원리를 다시 한 번 생각해 보라고, 고린도 교인들에게 환기시키고 있는 것이라고 생각하고 싶다.

그리고 이것은 매우 강력한 논증이다. 왜냐하면, 바울의 이 말로부터 다음과 같은 사실이 도출되기 때문이다: 만일 그들이 십자가의 비천함을 멸시한다면, 그것은 어떤 의미에서는 그들의 부르심, 즉 하나님께서는 인간적인 지혜와 능력과 영광 같은 것을 모두 무시하고 그들을 부르신 그 부르심을 무효로 만들거나 헛된 것으로 만드는 것이다. 그러므로 바울은 여기에서 고린도 교인들이 하나님의 은혜를 잊은 것은 물론이고 자기 자신들의 분수도 모른 채, 그리스도의 복음을 경멸하고 배척하고 있다고 암묵적으로 그들의 배은망덕함을 비난하고 있는 것이다. 하지만 우리는 바울이 여기에서 하나님께서 고린도 교인들을 부르신 것을 언급한 목적을 생각할 때에 본문과 주목하여야 할 것은 다음 두 가지이다. 첫 번째는 바울은 자기가 지금까지 말해 왔던 것이 참이라는 것을 고린도 교인들의 구체적인 사례를 통해서 확증하고자 했다는 것이고, 두 번째는 바울은 그들이 하나님께서 그들을 부르실 때에 지키셨던 원리를 제대로 심사숙고하기만 한다면, 자신들의 온갖 교만을 완전히 떨쳐내 버리는 것이 마땅하기 때문에, 그들은 지금처럼 그렇게 교만하게 행할 수 없다는 것을 그들에게 경고하고자 했다는 것이다.

바울은 하나님께서 세상에서 지혜로운 자들과 높임을 받는 자들을 부끄럽게 하시고, 사람들의 지혜로운 것이나 높임을 받는 것들을 아무것도 아닌 것으로 만드셨다고 말하는데, 그가 이것을 이렇게 두 가지로 표현한 것은 모두 적절하다. 왜냐하면, 어떤 사람들이 세상적으로 지혜로운 자들이거나 높임을 받는 자들이라고 할지라도, 그들이 부끄러움을 당할 때, 그들이 지닌 힘과 지혜는 사라지고 소멸되고 마는데, 이렇게 원래부터 실체가 없던 그러한 것들은 소멸되어서 아무것도 아닌 것이 되어야 마땅하기 때문이다. 또한, 바울이 하나님께서 세상에서 가난한 자들과 미련한 자들과 비천한 자들을 택하셨다고 말한 것은, 하나님이 큰 자들과 지혜로운 자들과 높임을 받는 자들보다 그러한 자들을 더 선호하셨다는 뜻이다. 만일 하나님께서 두 부류의 사람들을 모두 동등하게 다루셨다면, 그것은 육신의 교만(carnis arrogantia)을 무너뜨리는 데 충분하지 않았을 것이다. 따라서 하나님께서는 세상에서 다른 사람들보다 우월해 보이는 자들이 사실은 아무것도 아닌 자들이고 미천하고 별 볼일 없는 자들이라는 것을 보여 주시기 위해서, 사람들을 부르심에 있어서 그런 자들을 뒤편으로 밀어 버리시고, 도리어 세상에서 멸시당하는 자들을 부르신 것이었다.

그러나 어떤 이들이 이 사실을 근거로 삼아서, 하나님께서는 큰 자들이나 지혜로운 자들을 구원의 소망으로부터 배제시키시기 위해서, 이런 식으로 육신적인 영광(carnis gloria)을 폄하하시는 것이라고 결론을 내린다면, 그것은 자신들이 어리석은 자들임을 보여 주는 것일 뿐이다. 그런 어리석은 자들 중에는, 바울이 여기에서 한 말을 빌미로 삼아서, 세상에서 큰 자들이나 지혜로운 자들을 하나님으로부터 버림을 받은 사람들이라고 규정하고서 모욕할 뿐만 아니라, 그들을 인간도 아닌 아주 형편없는 자들로 여기고서 멸시하는 어처구니없는 짓을 하는 자들도 있다. 하지만 바울은 이전에 세상에서 대단한 사람들도 아니었고 지금도 그렇게 될 가능성이 없음에도 불구하고 교만을 부리고 있는 고린도 교인들을 상대로 이 말씀을 하고 있는 것임을 우리는 기억하여야 한다. 즉, 하나님께서는 세상에서 힘 있고 지혜로우며 잘난 사람들을 부끄럽게 만드신다는 것은 사실이지만, 그것은 하나님이 약하고 무지하며 별 볼일 없는 사람들을 높이셔서 그들을 교만하게 하고자 하시는 것이 아니고, 세상에서 잘난 사람이나 못난 사람이나 모든 사람들을 다 똑같이 낮추시기 위한 것이라는 말이다. 따라서 세상에서 비천한 사람들은 이렇게 생각하는 것이 마땅하다: "세상에서 잘난 사람들도 하나님 앞에서는 이렇게 아무것도 아닌데, 하물며 세상에서 보잘것없는 우리는 얼마나 더 겸손해야 하겠는가? 만약 해조차도 하나님 앞에서는 빛을 잃는다면, 별들은 하나님 앞에서 어떻게 처신하는 것이 마땅할까? 별들이 하나님 앞에서 빛을 잃는다면, 원래부터 빛이 없던 존재들은 하나님 앞에서 어떻게 되겠는가?" 하나님의 부르심을 받은 사람들은, 자신들은 세상에서 아무것도 아닌 존재들이었지만, 하나님의 은혜로 부르심을 받은 자들이라는 것을 기억하고서, 바울이 여기에서 한 말을 악용해서 자신을 높여 교만해지거나 그들 자신을 자랑해서는 안 되고, 도리어 정반대로, "너는 믿으므로 섰느니라 높은 마음을 품지 말고 도리어 두려워하라"(롬 11:20)는 바울의 권면을 기억하고서, 하나님 앞에서 두려워하는 마음과 자신을 낮추는 겸손한 마음으로 조심스럽게 행하여야 한다.

바울은 여기에서 가문이 좋은 사람이나 능력이 뛰어난 사람은 단 한 사람도 하나님에 의해서 부르심을 받지 않았다고 말하는 것이 아니라, 하나님의 부르심을 받은 고린도 교인들 중에서는 그러한 사람들이 많지 않다고 말하면서, 하나님이 그렇게 하신 목적을 이렇게 말한다: 하나님께서 세상에서 큰 자들을 부르시지 않으시고 세상에서 멸시받고 천대받는 자들을 부르신 목적은 육신적인 영광(gloria carnis)을 무너뜨리시고 폐하시기 위한 것이었다. 하지만 이 동일한 하나님께서는 다윗의 입을 통해서 왕들에게 그리스도에게 입맞추라고 명하셨고(시 2:12), 바울은 "하나님은 모든 사람이 구원을 받으며 진리를 아는 데에 이르기를 원하시느라"고 말하면서, 그리스도는 큰 자나 작은 자, 왕이나 평민 같은 신분의 고하를 막론하고 모든 사람에게 나타나셨다고 말한다(딤전 2:1-4). 하나님께서는 이것이 사실이라는 증거를 우리에게 친히 보여 주셨다. 즉, 그리스도께 가장 먼저 나아온 것은 목자들이었고, 그 후에 철학자들이 그리스도께 나아 왔다. 또한, 무식하고 미천한 어부들이 그리스도의 사도들이라는 가장 영광스러운 자리를 차지하였고, 그 후에 왕들과 그 신하들과 의원들과 웅변가들이 그 사도들의 학교에 입학하였다.

28. 하나님께서 세상의 천한 것들과 멸시 받는 것들과 없는 것들을 택하사 있는 것들을 폐하려 하시나니. 바울은 로마서 4:17에서도 "기록된 바 내가 너를 많은 민족의 조상으로 세웠다 하심과 같으니 그가 믿은 바 하나님은 죽은 자를 살리시며 없는 것을 있는 것으로 부르시는 이시니라"고 말함으로써, 여기에서와 마찬가지로 "없는 것"이라는 표현을 사용하지만, 그 의미는 서로 다르다. 거기에서 바울은 모든 경건한 자들의 부르심에 관해서 설명하면서, 부르심을 받기 전에 그들은 아무것도 아니었다는 의미로 그렇게 말하고 있는 반면에(비록 사람들이 보기에 그들이 이전에 대단한 자들처럼 보였을지라도 하나님께서 보시기에는 이것이 진실이다), 그가 여기에서 말하고 있는 "없는 것들"(οὐδένεια, '우데네이아')은 사람들이 보기에 아무것도 아닌 자들을 가리키는 것으로 보아야 한다. 이것은 바울이 바로 뒤에 덧붙인 대응되는 구절을 통해서 명백하게 드러나는데, 그 대응되는 구절에서 바울은 하나님이 없는 것들을 택하시는 것은 "있는 것들을 폐하려 하시는" 것이라고 말한다. 왜냐하면, 실제에 있어서는 우리 모두는 아무것도 아닌 까닭에, 모든 것은 현상으로만 존재하는 것처럼 보일 뿐이고, 실제로는 존재하는 것이 아니기 때문이다. 따라서 우리는 여기에서 "있는 것들"은 실제로는 "없는 것들"인데 "있는 것처럼 보이는 것들"을 의미하는 것으로 보아야 한다. 그러므로 이 구절은 "가난한 자를 먼지 더미에서 일으키시며 궁핍한 자를 거름 더미에서 들어 세워"(시 113:7)라는 말씀이나, "여호와께서 비굴한 자들을 일으키시며"(시 146:8)라는 말씀, 그리고 이것들과 비슷한 성격의 말씀들과 정확히 일치한다. 이 본문을 통해서 우리는 어떤 사람이 하나님의 택하심을 받았다면, 그 사람에게 어떤 공로나 가치가 있어서, 하나님이 그 사람을 택하신 것이라고 생각하는 것이 얼마나 어리석은 것인지를 분명히 알게 된다.

29. 이는 아무 육체도 하나님 앞에서 자랑하지 못하게 하려 하심이라. 다른 많은 성경 본문들에서와 마찬가지로 여기에서도 "육체"라는 단어는 모든 인간을 가리키는 것이기는 하지만, 이 절에서는 무엇인가 특별한 의미를 내포하고 있다. 왜냐하면, 하나님께서 이사야 선지자를 통해서 "애굽인은 육체이고 영이 아니다"(사

31:3)라고 말씀하신 것처럼, 여기에서도 성령께서는 인간을 "육체"라고 천하게 부르셔서 인간이 보잘것없는 존재임을 상기시키며, 인간의 교만에 재갈을 물리시는 것이기 때문이다. 하지만 우리 인간에게는 진정으로 자랑할 것이 아무것도 남아 있지 않다는 말은 기억할 만한 말씀이다. 바울은 우리에게 자랑할 것이 없다고 말하면서, 거기에 "하나님 앞에서"(coram Deo)라는 어구를 덧붙인다. 왜냐하면, 많은 사람들이 "세상 앞에서"(coram mundo) 자신을 자랑하는 것을 좋아하고 기뻐하지만, 그런 자랑은 덧없는 것이어서 연기처럼 곧 사라지게 될 것이고, 장차 그들이 죽어서 하나님 앞에 나아와 섰을 때에는, "모든 육체는 하나님 앞에서 잠잠할지니라"(합 2:20)는 하박국 선지자의 말처럼, 모든 인간은 침묵할 수밖에 없게 될 것이기 때문이다. 그러므로 우리에게 무엇이든지 자랑할 만한 것이 조금이라도 있다면, 우리는 그것이 우리 자신에게서 난 것이 아니라, 하나님께서 우리에게 주신 것임을 명심하고서, 그 어떤 자랑도 할 생각을 아예 하지 말아야 한다.

30. 너희는 하나님으로부터 나서 그리스도 예수 안에 있고. 바울은 고린도 교인들 중에 혹시라도 자기가 지금까지 말한 내용들이 자신들과는 거리가 먼 얘기라고 생각하는 사람들이 있지 않도록 하기 위해서, 이제 자기가 앞에서 말한 것들이 왜 그들에게 해당되는 것인지를 보여 주려고, 그들은 하나님으로부터가 아니었다면 결코 존재할 수 없었을 것임을 여기에서 분명하게 선언한다. 여기에서 강조점은 '에스테'(ἐστε, "너희는 있다")에 두어져 있는 까닭에, 바울은 이렇게 말한 것과 같다: "너희의 존재의 궁극적인 근원은 '없는 것을 있는 것으로 부르시는 이'(롬 4:17)이신 하나님이시고, 너희의 생존 또는 존립의 토대는 그리스도 안에(in Christo) 있기 때문에, 너희에게는 너희 자신을 자랑하거나 스스로 교만할 만한 그 어떤 근거도 없다." 바울은 여기에서 단순히 하나님이 우리를 창조하신 것에 대해서 말하고 있는 것이 아니라, 하나님의 은혜로 말미암아 우리가 거듭남으로써 영적인 실체를 가진 존재로 살아가게 된 것에 대해서 말하고 있는 것이다.

예수는 하나님으로부터 나와서 우리에게 지혜와 의로움과 거룩함과 구원함이 되셨으니. 사람들 중에는, 하나님으로부터 떠나겠다고 대놓고 공언하고자 하지는 않지만, 오직 그리스도 안에서 모든 것을 다 발견할 수 있거나 오직 그리스도만으로 모든 것이 충족되는 것은 아니라는 듯이, 그리스도에게서 어떤 부족함을 느끼고 그리스도 밖에서 무엇인가를 찾으려고 하는 자들이 많이 있기 때문에, 여기에서 바울은 그리스도 안에 있는 보물들이 얼마나 놀라운 것들이고, 그 대단한 보물들이 어떤 것들인지를 하나하나 열거함으로써, 우리가 "그리스도 안에 있어서" 그 안에서 살아간다는 것이 무엇을 의미하는지를 우리에게 보여 준다. 왜냐하면, 바울은 그리스도를 우리의 "의로움"이라고 부르는데, 이것을 뒤집어서 해석하면, 우리에게는 오직 죄악만이 있을 뿐이라는 말이 되고, 이것은 바울이 여기에서 열거하는 다른 모든 개념들에도 동일하게 적용되기 때문이다.

바울은 여기에서 그리스도에게 네 가지 찬사를 돌리는데, 이것들은 그리스도의 모든 덕목들을 요약한 것이고, 우리가 그리스도로부터 받는 모든 은택들을 집약적으로 표현한 것이다. 첫째로, 바울은 그리스도께서 우리의 "지혜"(sapientia)가 되셨다고 말하는데, 이것은 아버지 하나님께서 그리스도 안에서 자기 자신을 우리에게 온전히 계시하신 까닭에, 우리는 그리스도 외에는 다른 그 무엇을 알려고 할 필요가 없어졌기 때문에, 우리가 그리스도 안에서 온전한 "지혜"를 얻게 된다는 뜻이다. 골로새서 2:3에도 이것과 비슷한 말씀이 나온다: "그 안에는 지혜와 지식의 모든 보화가 감추어져 있느니라." 우리는 다음 장에서 이것에 관해서 좀 더 자세하게 언급할 것이다.

둘째로, 바울은 그리스도께서 우리의 "의로움"(iustitia)이 되셨다고 말하는데, 이것은 그리스도께서 자신의 죽으심을 통해서 우리의 죄를 대속하셨고, 그의 순종이 우리의 "의로움"으로 전가되었기 때문에, 우리가 그리스도의 이름으로 아버지 하나님께 받아들여지게 되었다는 뜻이다. 왜냐하면, 믿음으로 말미암는 의는 죄 사함과 하나님이 우리를 값없이 받아주시는 것에 있고, 우리는 그리스도를 통해서 이 둘을 얻기 때문이다.

셋째로, 바울은 그리스도를 우리의 "거룩함"(sanctificatio)이라고 부르는데, 이것은 우리가 본성적으로는 거룩하지 않지만, 그리스도의 성령에 의해서 거듭나서 거룩하게 되어 하나님을 섬길 수 있게 되었다는 뜻이다. 이것으로부터 우리는 다음과 같은 사실을 추론해 낼 수 있다. 즉, 우리가 우리에게 믿음이 있다고 하면서도, 동시에 거룩한 삶을 살아가지 않는다면, 우리는 거룩한 삶이 없는 그런 믿음만으로는 값없이 의롭다 하심을 얻을 수 없다는 것이다. 왜냐하면, 바울이 여기에서 열거하고 있는 은혜의 선물들, 즉 은사들은 떼려야 뗄 수 없게 서로 결합되어 있는 것들이기 때문에, 그 은사들을 따로따로 떼어 놓으려고 하는 자는 어떤 의미에서는 그리스도 자신을 찢어 놓으려고 하는 것과 같기 때문이다. 그러므로 하나님이 우리에게 값없이 베풀어 주시는 은혜로 말미암아 그리스도를 통해서 의롭다 하심을 얻고자 하는 사람은, 성령으로 인하여 흠 없고 순전한 삶으로 거듭나서, 그리스도를 의지해서 거룩함을 덧입어 거룩한 삶을 살아가고자 하지 않는다면, 그리스도로 말미암아 의롭다 하심을 얻는 것조차 불가능하다는 것을 알아야 한다. 한편, 우리가 믿음으로 말미암아 값없이 주어지는 의를 사람들에게 선포하는 것은, 사람들로 하여금 선한 일을 하지 않아도 된다고 부추겨서, 사람들이 선한 일을 하는 것을 막는 것이라고 우리를 비난하는 사람들이 있다. 하지만 바울은 이 구절에서 그리스도를 믿는다는 것은 그리스도로 말미암아 죄 사함을 받는 것일 뿐만 아니라, 그리스도 안에서 거듭나서 거룩한 삶을 살게 된다는 것도 의미하는 것이라고 말함으로써, 그런 자들의 주장을 여지없이 반박하고 있다. 하지만 우리는 그리스도의 이 두 가지 사역이 서로 밀접하게 연관되어 있다는 것은 사실임에도 불구하고, 서로 구별되는 것이라는 점도 유의하여야 하기 때문에, 바울이 여기에서 분명하게 구별하고 있는 것들을 우리가 서로 뒤섞어서 마치 같은 것인 양 취급한다면, 그것은 잘못된 일이 될 것이다.

넷째로, 바울은 그리스도께서 "구원함"(redemptio)을 위해서 우리에게 주어지셨다고 가르치는데, 이것은 우리가 그리스도로 말미암아 죄에게 종 노릇 하던 모든 것과 거기로부터 비롯된 모든 참상들로부터 해방되었다는 뜻이다. 따라서 구원은 우리 안에서 시작된 그리스도의 최초의 선물이자 장차 마지막으로 완성될 선물이다. 구원은 우리가 죄와 사망의 미로에서 벗어날 때에 시작되기는 하지만, 로마서 8:23("우리 곧 성령의 처음 익은 열매를 받은 우리까지도 속으로 탄식하여 양자될 것 곧 우리 몸의 속량을 기다리느니라")이 말해 주듯이, 우리는 최종적인 부활의 날까지 구원에 대한 갈망을 품고서 속으로 신음하며 살아갈 수밖에 없다. 만약 어떤 사람이 그리스도께서 어떻게 우리에게 "구원함"이 되셨느냐고 묻는다면, 나는 그리스도께서 자기 자신을 구원의 대가, 곧 속전(pretium)을 치르시고 우리를 속량하심으로써 우리의 "구원함"이 되신 것이라고 대답할 것이다.

마지막으로, 우리는 바울이 여기에서 열거한 그리스도 안에 있는 모든 좋은 것들의 절반이나 일부만을 구하는 것이 아니라 그 전부를 구하여야 한다. 왜냐하면, 바울은 하나님께서 우리가 의로움과 거룩함과 지혜와 구원함을 이루어 나가는 것을 지지해 주거나 보충해 주시기 위한 보조수단으로 그리스도를 주신 것이라고 말하고 있는 것이 아니라, 그리스도 안에서 이 모든 것들이 온전히 성취되었다고 말하고 있는 것이기 때문이다. 이 본문에서는 그리스도께서 이루신 모든 일들에 대해서 성경의 다른 그 어떤 구절보다도 더 분명하게 설명하고 있기 때문에, 우리는 여기에서 믿음의 능력과 본질에 관한 최고의 이해를 얻을 수 있다. 왜냐하면, 그리스도는 우리의 믿음의 고유한 대상이신 까닭에, 그리스도께서 우리에게 주시는 은택들이 어떤 것들인지를 아는 것은 믿음이 무엇인지를 알게 되는 것이기 때문이다.

31. 기록된 바 자랑하는 자는 주 안에서 자랑하라 함과 같게 하려 함이라. 우리는 여기에서 하나님께서 그리스도 안에서 모든 것을 우리에게 후하고 풍성하게 주신 목적에 주목하게 되는데, 바울은 하나님이 그렇게 하신 목적은, 우리로 하여금 그 어떤 것도 우리 자신의 힘으로 한 것처럼 우리 자신을 자랑하지 않고, 그리스도께서 모든 것을 우리에게 주신 것을 인정하고서, 오직 그리스도만을 자랑하게 하기 위한 것이라고 말한다. 왜냐하면, 하나님께서 아무것도 가진 것 없이 벌거벗은 우리를 보시고, 우리를 그렇게 벌거벗은 채로 내버려 두지 않으시고, 단 한 가지 조건, 즉 우리가 자랑하고자 할 때, 우리 자신을 자랑하지 말고, 하나님을 자랑하겠다는 한 가지 조건만을 내거시고, 우리가 그 조건을 수락할 때, 자신의 영광으로 우리에게 옷을 입혀 주시기 때문이다. 요컨대, 인간은 하나님 한 분 외에는 다른 곳에는 선한 것이 없다는 사실을 깨닫고, 자기 자신을 자랑하고 싶은 모든 열망을 포기하고, 오직 하나님께만 영광을 돌리고자 하는 열망에 사로잡혀야 한다는 것이다. 이러한 사실은 바울이 여기에서 인용한 본문이 나오는 예레미야서의 원래의 문맥 속에서 한층 분명하게 드러난다. 왜냐하면, 거기에서 하나님께서는 모든 사람들로 하여금 자신의 힘과 지혜와 부유함을 자랑하지 못하게 하시고, 오직 하나님을 아는 지식을 자랑하라고 명하시기 때문이다(렘 9:23-24).

또한, 이 본문은 하나님께서 우리가 하나님을 "공의와 의와 긍휼"을 행하시는 분으로 알기를 원하신다는 것을 우리에게 보여 준다. 왜냐하면, 하나님은 실제로 그런 분이시라는 것은 두말할 필요도 없거니와, 우리가 그런 하나님을 알 때에만, 우리는 우리의 마음 중심에서 진심으로 하나님을 신뢰하고 경외하게 되기 때문이다. 따라서 자기 자신에 대해서는 아무것도 자랑하지 않고 오직 하나님만을 높이기를 열망하는 사람, 하나님이 주신 은혜에 만족하는 사람, 자신의 모든 행복은 아버지이신 하나님으로부터 사랑받는 데 있다고 여기는 사람, 한 마디로 말해서 오로지 하나님 한 분만으로 만족하는 사람이야말로 "진정으로" 하나님을 자랑하는 사람이다. 내가 "진정으로"라는 표현을 사용한 이유는, 바울이 로마서 2:17에서 "유대인이라 불리는 네가 율법을 의지하며 하나님을 자랑하며"라고 분명하게 말하고 있는 것에서 알 수 있듯이, 위선자들도 하나님을 자랑하지만, 그들은 하나님이 자신들에게 많은 선물들을 주신 것이 마치 그들이 잘나서 그런 것인 양 스스로 자고해졌거나, 육신적이고 불경건한 자부심으로 인하여 기고만장해졌거나, 그들 자신이 하나님의 말씀을 남용하고 악용하고 있는 것인데도, 마치 자신들은 모든 영광을 하나님께 돌리는 것처럼 가장하고 하나님을 자랑하는 모습을 보임으로써, 자신들의 그러한 더럽고 추한 모습을 경건함으로 포장하고자 하는 것이기 때문에, 그들이 하나님을 자랑하는 것은 "거짓된" 것이기 때문이다.

제2장

[1]형제들아 내가 너희에게 나아가 하나님의 증거를 전할 때에 말과 지혜의 아름다운 것으로 아니하였나니 [2]내가 너희 중에서 예수 그리스도와 그가 십자가에 못 박히신 것 외에는 아무 것도 알지 아니하기로 작정하였음이라(2:1-2).

1. 형제들아 내가 너희에게 나아가 하나님의 증거를 전할 때에 말과 지혜의 아름다운 것으로 아니하였나니. 바울은 앞에서 자기가 고린도 교인들 가운데서 어떤 방식으로 가르쳤는지에 대하여 말하는 것으로 시작해서, 그런 후에 즉시 복음을 전할 때에는 어떤 식으로 전하는 것이 합당한지에 대하여 일반적으로 다루는 논의로 넘어갔었는데, 이제 여기에서는 고린도 교인들이 자기와 관련해서 멸시하는 모든 것들은 다 복음 자체의 본질과 떼려야 뗄 수 없을 정도로 결부되어 있다는 것을 보여 주기 위하여, 다시 자기 자신에 대한 얘기, 특히 자신의 복음 전도 방식에 대한 얘기로 되돌아온다. 바울은 자기에게는 인간적인 언변이나 지혜 같은 것이 없었기 때문에, 복음 전도를 통해서 무엇인가를 성취하고 상당한 성과를 얻기 위해서, 인간적인 언변이나 지혜의 도움을 받거나 그런 것들에 의지하는 것을 조금도 하지 않았었다고 고백한다. 물론, 바울은 자신에게는 인간적인 언변이나 지혜 같은 그러한 능력들이 없다는 것을 인정하면서도, 자기에게 그런 능력들이 없었기 때문에, 인간이 그러한 도움을 필요로 하지 않는 하나님의 능력이 자신의 사역 속에서 더욱 분명하게 드러날 수 있었다는 것을 넌지시 내비친다. 이 후자에 대해서는 바울이 조금 후에 좀 더 구체적으로 설명할 것이지만, 지금은 일단 자기에게는 인간적인 지혜가 없었다는 사실만을 인정하고, 그럼에도 불구하고 자신은 "하나님의 증거"를 전하였다고 말한다.

일부 주석자들은 여기에서 "하나님의 증거"가 수동의 의미, 즉 하나님에 관한 증거를 의미하는 것이라고 설명하지만, 나는 사도 바울이 의도했던 것은 그 정반대의 의미, 즉 능동의 의미였다는 사실을 믿어 의심치 않는다. 따라서 "하나님의 증거"는 하나님으로부터 발원한 것, 즉 하나님께서 저자이시고 증인이신 복음의 교훈을 의미하는 것이다. 바울은 여기에서 "말"(λόγος, '로고스')과 "지혜"(σοφία, '소피아')를 구분해서 이 둘을 모두 언급하는데, 이것은 내가 앞에서 말하였던 사실, 즉 바울은 지금까지 일부 사람들의 허무맹랑한 이론이나 주장에 대해서 말해 온 것이 아니라, 인간의 총체적인 지식과 지혜에 대해서 말해 온 것이라는 사실을 다시 한 번 확인해 준다.

2. 내가 너희 중에서 예수 그리스도와 그가 십자가에 못 박히신 것 외에는 아무것도 알지 아니하기로 작정하였음이라. 여기에서 "작정하다"로 번역된 헬라어 '크리네인'(κρίνειν)은 종종 '에클레게인'(ἐκλέγειν), 즉 "어떤 것을 가치 있는 것으로 여겨서 택하다"라는 뜻으로도 사용되기 때문에, 헬라어 구문과 상치되지 않는 한, 내가 이 구절을 "나는 너희 중에서 예수 그리스도와 그가 십자가에 못 박히신 것 외에 그 어떤 것을 아는 것을 가치 있는 것으로 여기지 않았다"로 번역한 것은 얼마든지 가능한 번역이라는 것을 건전한 판단력을 갖고 있는 사람이라면 부인하지 않을 것이라고 나는 생각한다. 우리가 이 구절을 "나는 그 어떤 지식도 가치 있는 것으로 여기지 않았다"라고 번역하여도, 그러한 번역을 어색하거나 거친 번역이라고 할 수는 없을 것이지만, 바울의 이 문장에 일부 단어들을 보충해 넣어서, 다음과 같이 해석하는 것이 훨씬 더 자연스럽고 매끄러운 번역이 될 것이다: "나는 너희 중에서 예수 그리스도와 그가 십자가에 못 박히신 것 외에는 내 자신의 힘과 노력으로, 또는 단지 지식 자체를 위하여 어떤 것을 아는 것이 가치 있고 중요한 것으로 여기지 않았다." 하지만 나는 어떤 이들이 나와 다르게 이 구절을 해석하는 것, 즉 바울은 여기에서 그리스도를 아는 지식을 제외한 그 어떤 지식도 사실은 지식으로 대접받거나 지식이라고 불릴 자격이 없다고 선언한 것으로 해석하는 것을 전적으로 배척하고 거부하는 것은 아니다. 다만 이 구절을 그런 식으로 이해하기 위해서는, 종종 그렇듯이, 헬라어 전치사인 '안티'(ἀντί)를 보충해 넣어서 읽어야 한다. 전자의 해석이 받아들여질 수 있는 것인지, 또는 후자의 해석이 좀 더 만족스러운 것인지와는 상관 없이, 이 구절의 실질적인 의미는 다음과 같다: "내가 전도하거나 설교할 때에 거기에 아름답고 우아한 미사여구가 없고, 내가 복음을 변증할 때에 세련되고 정교하며 치밀한 논증을 사용하지 않은 이유는, 나에게는 그리스도를 단순하게 전하는 것만이 유일하게 중요하였던 까닭에, 내가 그러한 미사여구나 세련된 논증을 추구하거나 그런 것들을 사용하려고 애쓰지 않았을 뿐만 아니

라, 심지어 경멸하고 멸시하였기 때문이다."

바울은 자기가 "예수 그리스도"를 전하였다고 말하면서, 거기에 "그가 십자가에 못 박히신 것"이라는 어구를 덧붙이고 있는데, 이것은 그가 그리스도에 관해서 십자가 외에는 다른 그 어떤 것도 전하지 않았다는 뜻이 아니고, 사람들이 그리스도께서 십자가에 못 박히신 것을 비천하게 보고 멸시함에도 불구하고, 자기는 그런 비천한 그리스도를 사람들에게 전하였다는 뜻이다. 그는 이렇게 말한 것과 같다: "그리스도의 십자가는 사람들이 비천하고 수치스러운 것으로 여기기 때문에, 교만한 자들은 십자가로 인한 수치 때문에 그리스도를 멸시하고 배척하지만, 나는 내가 그 십자가를 전함으로써 사람들로부터 수치를 당한다고 할지라도, 그런 이유 때문에 나를 비롯한 모든 믿는 자들의 구원의 근원이신 그리스도를 바라보지 않거나, 나의 모든 지혜가 그리스도 안에 있다고 고백하는 것을 부끄러워한 것이 아니라, 도리어 더욱더 오직 그런 그리스도만을 전하기 위해 온 힘을 다하였다." 따라서 우리는 바울이 여기에서 한 말을 이렇게 설명할 수 있을 것이다: "그리스도께서는 십자가에 못 박히셔서, 세상 사람들에게 거리끼고 수치스러운 존재가 되셨지만, 내게는 그리스도를 아는 지식 외에는, 내가 정말 알아야 하겠다고 생각이 들 정도로 그렇게 가치 있고 중요한 지식은 전혀 없었다." 바울은 앞 절에서 한 말을 보충설명하기 위하여 이 절에 덧붙여 놓은 이 말을 통해서, 바울이 있는 그대로 단순하게 전한 그리스도와 그의 복음을 고상하지 못하다고 여겨서 멸시하고 업신여기고서, 그리스도의 복음에 고상하고 세련되며 유식한 지혜와 지식을 덧붙이고 색칠한 것을 복음이라고 전함으로써, 고린도 교인들로부터 박수갈채와 명성을 얻는 데 혈안이 되어 있던 저 교만한 선생들의 속을 한층 더 뒤집어 놓았다. 이 본문은 정말 귀하고 아름다운 말씀인데, 이 말씀은 우리로 하여금 신실하고 충성된 사역자들이 무엇을 가르쳐야 하는지, 그리고 우리가 평생토록 배워야 하는 것이 무엇인지를 가르쳐 주고, "그리스도와 그가 십자가에 못 박히신 것" 외에는 그 밖의 다른 모든 것은 "배설물"로 여겨야 한다는 것을 깨닫게 해 준다(빌 3:8-9, "모든 것을 해로 여김은 내 주 그리스도 예수를 아는 지식이 가장 고상하기 때문이라 내가 그를 위하여 모든 것을 잃어버리고 배설물로 여김은 그리스도를 얻고 그 안에서 발견되려 함이니 내가 가진 의는 율법에서 난 것이 아니요 오직 그리스도를 믿음으로 말미암은 것이니 곧 믿음으로 하나님께로부터 난 의라").

3내가 너희 가운데 거할 때에 약하고 두려워하고 심히 떨었노라 4내 말과 내 전도함
이 설득력 있는 지혜의 말로 하지 아니하고 다만 성령의 나타나심과 능력으로 하
여 5너희 믿음이 사람의 지혜에 있지 아니하고 다만 하나님의 능력에 있게 하려 하
였노라(2:3-5).

3. 내가 너희 가운데 거할 때에 약하고 두려워하고 심히 떨었노라. 바울은 앞에서 자기에게는 사람의 눈으로 볼 때에 특별하거나 뛰어난 것이 없고 사람들의 칭송을 받고 대단하다는 말을 들을 만한 것도 없고, 그래서 자신의 대적들은 그런 자신의 모습들을 들먹이며, 그런 것들을 빌미로 삼아서 자신의 사도직의 권위까지 무너뜨리기 위하여 온갖 비방과 중상모략을 일삼았지만, 사실은 대적들이 비방하는 자신의 그런 모습들이야말로 자기가 그리스도의 사도라는 것을 극명하게 보여주는 증거들이라는 사실을 살짝 언급하기만 했었는데, 이제 여기에서는 그것을 좀 더 자세하게 설명한다. 바울은 자기가 육신을 따라, 즉 인간적으로 볼 때에 너무나 보잘것없어 보이고 초라하고 미천해 보였기 때문에, 인간적으로는 공경을 받거나 칭송을 받을 만한 사람으로 보이지 않았지만, 그럼에도 불구하고 자기가 인간적인 그 어떤 도움에도 의지하지 않았던 까닭에, 하나님의 능력이 자신의 사역 속에서 더욱더 분명하게 나타났고, 그 결과 많은 열매들을 맺을 수 있었다는 것을 보여 준다. 여기에서 바울이 이런 말을 한 것은, 고린도 교인들 가운데서 그들의 환심을 사서 명성을 얻고 높임을 받을 목적으로 겉으로만 번지르르하고 그럴 듯한 언변과 화술로 자신들이 대단한 자들인 것처럼 허세를 부리는 데 몰두하였던 저 어리석은 허풍쟁이들뿐만이 아니라, 그들의 번지르르한 언변과 그럴 듯한 허세에 홀려서 그들을 대단한 하나님의 종들로 여기고 떠받들었던 고린도 교인들까지 겨냥한 것이었다. 그런 고린도 교인들에게 바울이 자기가 전에 그들 가운데서 어떻게 복음을 전하였었는지를 상기시키는 이 말은 그들에게 상당한 충격파로 작용해서 아주 큰 영향을 미쳤을 것이고, 그들로 하여금 제정신으로 다시 돌아오게 하는 데 상당한 힘을 발휘하였을 것임에 틀림없다. 왜냐하면, 그들은 육신적으로 볼 때에는 바울에게는 복음 전도에 있어서 성공을 거두거나 사람들의 환심을 살 만한 요소가 없었다는 것을 너무나 잘 알고 있었는데도 불구하고, 하나님께서 바울의 전도가 경이적인 성공을 거두게 하신 것을 직접 두 눈으로 목격하였을 뿐만 아니라, 바울이 복음을 전할 때에 하나님의 성령이 거기에 함께 하신다는 것을 그들 자신의 눈으

로 똑똑히 보았었는데도 불구하고, 그들은 어느샌가 바울이 전한 단순한 복음에 싫증을 느껴서 자신들의 마음을 사로잡을 수 있는 무엇인가 좀 더 거창하고 세련되어 보이는 지혜를 갈망하고 있었고, 살아 계신 성령에 붙잡혀서 살아간 것이 아니라, 외적으로 화려하고 그럴 듯한 것들에 빠져서 거기에서 헤어나지 못하고 있었기 때문이다. 따라서 바울이 그런 고린도 교인들에게 자기가 처음으로 그들에게 가서 복음을 전하였을 때에 자기가 어떤 모습이었고 어떤 방식으로 복음을 전하였으며 그 결과가 어떠하였는지를 상기시켜 준 것은 바울로서는 지극히 합당하고 마땅한 일이었다. 그는 고린도 교인들이 전에 경험한 하나님의 능력으로부터 떨어져 나가는 것을 원하지 않았다.

바울은 여기에서와 나중에 또다시 몇 차례에 걸쳐서 "약함"이란 단어를 다른 사람들의 호감이나 존경을 감소시킬 수 있는 일체의 요인을 가리키는 것으로 사용한다(고후 11:30, "내가 부득불 자랑할진대 내가 약한 것을 자랑하리라"; 12:5["나를 위하여는 약한 것들 외에는 자랑하지 아니하리라"], 9, 10). "두려움"과 "떨림"은 이러한 "약함"의 결과이지만, 이 두 단어에 대해서는 다음과 같은 두 가지 설명이 가능하고, 우리는 이 둘 중 어느 쪽으로도 이해할 수 있다. 첫 번째는 바울은 자신이 수행해야 하는 사명의 막중함을 생각하고서 두려움을 느끼지 않을 수 없었기 때문에, 실제로 고린도 교인들에게 복음을 전하고자 했을 때에 두렵고 떨리는 마음이 될 수밖에 없었다는 것이다. 두 번째는 바울은 많은 위험에 둘러싸여 있었기 때문에, 늘 두려움과 염려 가운데서 살았다는 것이다. 이 두 가지 설명은 모두 문맥에 잘 부합하기는 하지만, 나의 판단으로는 두 번째 설명이 좀 더 간단명료하다. 사실, 복음을 전할 때에 자신을 절제해서 조심하고 신중한 태도로 임하는 것은 하나님의 종들에게 합당하다. 즉, 하나님의 종들은 자신의 연약함을 늘 의식하고서, 한편으로는 자신에게 맡겨진 사명이 얼마나 어려운 것인지를 명심하고, 다른 한편으로는 그 사명이 얼마나 귀하고 놀라운 것인지를 명심하는 가운데, 두렵고 떨리는 마음으로 그 사명을 감당하는 것이 마땅하기 때문이다. 왜냐하면, 자신만만하고 의기양양하게 복음 사역에 뛰어드는 자들이나, 마치 자신들이 그 일을 감당할 수 있는 충분한 능력을 이미 갖추고 있다는 듯이, 안이한 마음가짐으로 복음 사역에 임하는 자들은, 자기 자신에 대해서도 모르는 자들이고, 복음 사역이 어떤 것인지에 대해서도 모르는 자들이기 때문이다. 그러나 바울은 여기에서 "두려움"을 자신의 "약함"과 연결시키고 있고, "약함"이라는 단어는 사람들로부터 멸시와 천대를 초래할 수 있는 바울의 여러 모습들을 의미하기 때문에, 우리는 바울이 여기에서 말한 "두려움"은 외적인 위험들이나 어려움들과 연관되어 있던 두려움을 가리키는 것이라고 말할 수 있을 것이다. 그러나 그러한 "두려움"은 바울로 하여금 하나님의 일에 매진하는 것을 막을 수 없었다는 것도 확실한 사실이고, 바울의 전도의 결과가 그것을 잘 확증해 준다. 하나님의 종들은 임박한 위험들을 알아차리지 못할 정도로 둔감해서도 안 되고, 위험들을 느끼지 못할 정도로 무감각해서도 안 된다. 하나님의 종들은 다음과 같은 두 가지 중요한 이유로 말미암아 심각한 두려움을 느끼는 것이 마땅하다: 첫 번째는 그들은 자신들이 얼마나 비참하고 무력한지를 직시하고서, 오직 하나님만을 온전히 의지하는 법을 배워야 하기 때문이고, 두 번째는 그들 자신을 철저하게 부인하는 훈련을 받아야 하기 때문이다. 그러므로 바울은 두려움을 느끼지 않은 것이 아니었지만, 그러한 두려움을 이기고서, 위기의 한가운데서도 계속해서 담대할 수 있었고, 믿음 위에 굳게 서서 불굴의 인내와 강인함으로 사탄과 세상의 모든 공격에 온 몸으로 맞설 수 있었기 때문에, 그 결과 모든 난관을 뚫고 승리할 수 있었다.

4. 내 말과 내 전도함이 설득력 있는 지혜의 말로 하지 아니하고 다만 성령의 나타나심과 능력으로 하여. 바울이 여기에서 말하고 있는 "설득력 있는 지혜의 말"은 진리보다는 기교에 의존하는 교묘하고 화려한 언변과 사람들이 듣기에 탁월한 통찰력이 있어 보이고 정말 그럴 듯하게 들려서 사람들의 마음을 사로잡아 버리는 그런 언변을 뜻한다. 또한, 바울이 인간적인 지혜가 들어 있는 말에 "설득력"이 있다고 말한 것은 타당하다. 왜냐하면, 하나님의 말씀은 말씀 자체의 위엄(maiestas)을 통해서 우리로 하여금 거기에 순종하도록 우리를 강제하는 것인 반면에, 인간의 지혜는 청중들의 마음을 얻기 위해서 사용하는 듣기 좋고 그럴 듯해 보이는 수사들을 비롯한 자신만의 특유한 유혹 수단을 갖고 있기 때문이다. 바울은 "설득력 있는 지혜의 말"을 "성령의 나타나심과 능력"과 대비시킨다. 대부분의 해석자들은 바울이 말한 "성령의 나타나심과 능력"을 좁은 의미로 해석해서 이적들을 가리키는 것으로 생각하지만, 나는 이 어구를 좀 더 넓게 해석해서, 하나님의 손이 사도들을 통해서 모든 방법으로 강력하게 역사하셨다는 것을 뜻하는 것으로 이해한다. 여기에서 "성령의 나타나심과 능력"으로 번역된 어구는 헬라어 본문에서 직역하면 "성령과 능력의 나타남"인데, 바울은 여기에서 환치법(hypallage)을 사용하고 있는 것으로 보이기 때문에, 우리는 이 어구를 "성령의 능력의 나타남"(표준새번역

성경은 이런 취지로 번역하고 있다 – 역주)으로 번역하는 것이 옳을 것 같다. 하지만 그런 식으로 번역하지 않는다고 할지라도, 적어도 바울은 여기에서 이 어구를 통해서, 자신의 사역 가운데 성령이 임재하고 있다는 사실이 이적들과 표적들과 결과들을 통해서 드러났다는 것을 보여 주려고 했던 것임이 분명하다. 바울이 "나타나심"(ἀποδείξις – '아포데익시스')이라는 단어를 사용한 것은 적절하다. 왜냐하면, 하나님께서 여러 인간적이고 열등한 도구들을 사용하셔서 역사하실 때에는, 그 도구들이 하나님의 역사를 가리고 은폐하는 여러 겹의 베일의 역할을 하는 까닭에, 우리는 인간적인 도구들 속에서 드러난 하나님의 역사를 우리의 눈으로 목격하면서도, 우리의 영적인 감지력이 둔함으로 인해서, 여러 겹의 베일들에 싸인 하나님의 역사가 분명하게 나타나지 않고, 우리도 그 역사를 잘 감지하지 못하게 되지만, 바울의 경우에는 그의 사역을 행하는 과정에서 인간적이거나 세상적인 도구들이 개입되어 하나님의 역사를 가리는 베일로서의 역할을 한 것이 아니었던 까닭에, 바울의 사역 속에서는 하나님의 손이 분명하게 드러났고, 하나님의 능력이 분명하게 나타났기 때문이다(사 52:10, "여호와께서 열방의 목전에서 그의 거룩한 팔을 나타내셨으므로 땅 끝까지도 모두 우리 하나님의 구원을 보았도다").

5. 너희 믿음이 사람의 지혜에 있지 아니하고 다만 하나님의 능력에 있게 하려 하였노라. 여기에서 사용된 동사 '에이미'(εἰμί)는 "… 에 달려 있다, … 에 좌우되다"의 뜻이다. 따라서 바울은 여기에서 이렇게 말하고 있는 것이다: "내가 고린도 교인들 가운데서 '사람의 지혜'를 의지하지 않고 오로지 '하나님의 능력'만을 의지해서 그들에게 그리스도를 전하였기 때문에, 고린도 교인들의 믿음은 사람 위에 세워지지 않고 하나님 위에 세워지는 은택을 입을 수 있었다. 만일 바울이 오직 언변의 능력에 의지해서 그리스도를 전하였더라면, 바울이 전한 그리스도와 그의 복음은 바울보다 더 뛰어난 언변을 지닌 사람들에 의해서 얼마든지 뒤집어질 수 있었을 뿐만 아니라, 오직 뛰어난 언변에만 의지하고 있는 진리를 진정한 진리라고 부를 사람은 아무도 없었을 것이다. 물론, 그리스도와 그의 복음을 전할 때, 언변의 도움을 받을 수는 있겠지만, 그리스도와 그의 복음이 언변에 의존하는 것이 되어서는 절대로 안 된다. 하지만 인간의 언변 같은 그 어떠한 외적인 도움이 전혀 없이, 복음이 있는 그대로 단순하게 전해질 때, 그 복음은 사람들에게 가장 강력한 능력을 발휘할 수 있게 될 것임은 두말할 필요가 없다. 그렇기 때문에, "하나님의 능력"이 바울의 전도 속에서 찬란하게 빛이 발하며 나타났고, 그 결과 바울이 인간적

이거나 세상적인 보조수단들의 도움을 의지하지 않고도 수많은 장애물들을 극복하고 많은 열매를 맺었다는 사실은, 바울의 전도에 대한 최고의 칭찬이 된다. 따라서 고린도 교인들은 바울로부터 전해 받은 복음과 그 교훈이 하나님의 권세에 의해서 밑받침된 것임을 너무나 잘 알고 있었고, 결코 그 사실을 부정할 수 없었기 때문에, 그들이 바울로부터 받은 복음으로부터 떠난다는 것은 있을 수 없는 일이라는 결론이 자연스럽게 도출된다. 아울러, 바울이 여기에서 말하고 있는 고린도 교인들의 "믿음"은 단지 그들에게만 적용되는 것이 아니라, 보편적으로 모든 신자들에게 적용되는 것이기 때문에, 우리는 "믿음"의 본질은 사람에 의해서 좌지우지되는 것이 아니라, 오로지 하나님께만 달려 있고 하나님에 의해서 좌지우지되는 것이라는 사실을 알아야 한다. 그러한 믿음이야말로 확실한 믿음이고, 오직 그러한 믿음만이 마귀의 온갖 궤계와 공격에도 무너지지 않고 끝까지 견뎌내어 승리할 수 있는 믿음이라는 것은 의심의 여지가 없다. 하나님께서 우리에게 말씀하셨다는 것과 우리가 믿은 것이 사람들이 생각 속에서 교묘하게 고안해 내고 날조한 것이 아니라는 것을 우리가 확신하지 않으면, 우리가 그러한 믿음으로 승리하는 일은 결코 있을 수 없게 된다. 믿음이 오직 하나님의 말씀 위에만 세워져야 한다고 말하는 것은 지극히 합당한 말이지만, 우리가 거기에 이 두 번째 교훈, 즉 믿는 자들은 자기가 듣는 말씀의 능력과 결과를 살펴서, 그 말씀이 하나님으로부터 나온 것인지, 아니면 그렇지 않은지를 분별하여야 한다는 말을 덧붙이는 것도 마찬가지로 합당하다.

[6]그러나 우리가 온전한 자들 중에서는 지혜를 말하노니 이는 이 세상의 지혜가 아
니요 또 이 세상에서 없어질 통치자들의 지혜도 아니요 [7]오직 은밀한 가운데 있는
하나님의 지혜를 말하는 것으로서 곧 감추어졌던 것인데 하나님이 우리의 영광을
위하여 만세 전에 미리 정하신 것이라 [8]이 지혜는 이 세대의 통치자들이 한 사람도
알지 못하였나니 만일 알았더라면 영광의 주를 십자가에 못 박지 아니하였으리라 [9]
기록된 바 하나님이 자기를 사랑하는 자들을 위하여 예비하신 모든 것은 눈으로
보지 못하고 귀로 듣지 못하고 사람의 마음으로 생각하지도 못하였다 함과 같으니
라(2:6-9).

6. 그러나 우리가 온전한 자들 중에서는 지혜를 말하노니. 원래 배우지 못한 무

식한 자들이 야만적인 난폭함과 사나움으로 학문을 무시하고 멸시하는 경우가 많기 때문에, 바울은 자기가 바로 그런 자여서 그런 식으로 지혜를 멸시하는 것이라는 말을 듣게 될 것을 우려해서, 자기는 그런 부류의 사람이 아니라는 것을 분명히 하기 위하여, 이제 여기에서는 자기가 참된 지혜를 말하겠다고 선언한다. 하지만 그는 자기가 알고 있는 참된 지혜는 오직 "온전한 자들," 즉 제대로 된 판단력을 지닌 사람들만이 분별할 수 있는 그런 지혜라고 선을 긋는다. 바울이 여기에서 말하고 있는 "온전한 자들"(τοῖς τελείοις, '토이스 텔레이오이스')은 완전하고 절대적인 지혜에 도달한 사람들을 의미하는 것이 아니라, 건전하고 타락하지 않은 판단력을 소유한 사람들을 뜻한다. 칠십인역 번역자들이 항상 '텔레이오스'(τέλειος)로 번역한 히브리어 '탐'(תם)은 "온전한"을 의미한다. 하지만 바울은 여기에서 "온전한 자들"을 언급함으로써, 자기가 전한 복음이나 말씀을 제대로 깨닫지 못하는 사람들을 간접적으로 꾸짖으면서, 그들이 자신의 가르침을 이해하지 못하는 것은 그들의 판단력이 제대로 올바르게 되어 있지 않은 탓이라는 사실을 지적한다. 사실상, 바울은 이렇게 말한 것과 같다: "만약 너희 중에 내가 전하는 말씀이 마음에 들지 않는 사람들이 있다면, 그것은 그들의 판단력이 왜곡되고 잘못되었음을 보여 주는 것이다. 왜냐하면, 건전한 정신과 올바른 판단력을 가진 사람들은 나의 가르침을 항상 최고의 지혜(summa sapientia)로 인정할 수밖에 없기 때문이다." 바울이 전한 복음이나 말씀이 언제나 모든 사람들로부터 합당한 평가를 받았던 것은 아니었기 때문에, 여기에서 바울은 건전하고 온전한 판단력을 지닌 사람들, 즉 세상의 구미에 맞지 않는 자신의 가르침이 참된 지혜라는 것을 깨달을 수 있는 사람들만이 하나님이 자기에게 주신 지혜를 알아볼 수 있을 것이라고 말할 수밖에 없었다. 또한, 바울은 어느 누구에게도 알려져 있지 않은 지혜를 오직 자기만이 알고 있다고 자랑하려고 하는 것이 결코 아니라는 것을 보여 주려고, 바울은 "우리가 말하노니"라고 말함으로써, 자기가 지금부터 말하고자 하는 놀라운 지혜는 건전하고 올바른 판단력을 갖춘 신자들은 누구나 다 아는 지혜라는 것을 분명하게 밝힌다.

이 세상의 지혜가 아니요. 바울은 자신이 이미 앞에서 분명하게 밝혔던 사실, 즉 복음은 인간의 지혜가 아니라는 사실을 여기에서 다시 한 번 반복하는데, 그가 이 말을 또다시 반복한 것은 그가 전한 가르침을 옹호하는 사람들이 세상에 거의 없을 뿐만 아니라, 세상에서 최고의 학식을 갖춘 사람들은 도리어 그런 가르침을 멸시하였다는 반론을 어느 누구도 제기하지 못하도록 하기 위한 것이었다. 즉, 바울은 자기가 전한 복음은 이 세상에 속한 지혜가 아니기 때문에, 세상 사람들이나 세상에서 유명하다고 하는 사람들이 복음을 지혜로 인정하지 않는 것은 얼마든지 있을 수 있는 일이라는 것을 인정하면서도, 복음에 대한 세상 사람들의 그러한 부정적인 반응이 복음이 참된 지혜라는 사실을 무효로 돌릴 수 없다고 단호하게 말하고 있는 것이다.

또 이 세상에서 없어질 통치자들의 지혜도 아니요. 바울이 여기에서 말한 "세상의 통치자들"은 아무런 재능이나 능력도 없으면서 단지 높은 지위에 앉아 있다는 이유만으로 존경을 받는 그런 자들을 가리키는 것이 아니라, 어떤 특출난 재능으로 인해서 세상에서 유명하고 뛰어난 사람들을 가리킨다. 왜냐하면, 세상에서는 정말 대단한 지성을 갖추고 있거나 아주 똑똑한 자들이 아니더라도, 지위가 높다는 이유만으로 사람들로부터 높임을 받는 자들도 종종 있기 때문이다. 하지만 바울은 우리가 세상에서 대단한 자들로 통하는 그런 통치자들의 외적인 위세에 놀라거나 겁을 먹지 않도록 하기 위해서, 그런 자들은 세상에서 대단한 자들로 높임을 받는다고 할지라도, 결국 멸망할 수밖에 없는 자들이라는 말을 덧붙인다. 왜냐하면, 결국에는 없어지고 멸망할 수밖에 없어서 스스로도 결코 영원할 수 없는 자들인 세상의 "통치자들"의 지혜에 의지해서, 영원의 문제(res aeterna)를 다루고 해결하고자 하는 것은 합당하지 않은 일이고 어불성설이기 때문이다. 따라서 바울은 이렇게 말한 것과 같다: "하나님의 나라가 나타날 때, 이 세상의 지혜는 물러가고, 일시적이고 덧없는 세상 지혜는 영원한 하나님의 지혜 앞에 무릎을 꿇는 것이 마땅하다. 왜냐하면, 이 세상의 통치자들이 세상 사람들의 눈으로는 특출나고 대단하며 굉장한 지혜를 갖고 있는 것 같지만, 그러한 지혜는 순식간에 온데간데없이 사라져 버릴 것인데, 그런 자들의 지혜를 영원토록 멸망하지 않을 하나님의 나라와 비교한다는 것 자체가 말이 되지 않는 일이기 때문이다."

7. 오직 은밀한 가운데 있는 하나님의 지혜를 말하는 것으로서 곧 감추어졌던 것인데. 바울은 복음의 교훈이 세상의 "통치자들"에 의해서 대수롭지 않은 하찮은 것으로 여겨지는 이유를 제시하면서, "하나님의 지혜"는 "은밀한 가운데 있고" "감추어져 있기" 때문이라고 말한다. 다시 말해서, 복음은 인간 지성의 통찰력이나 이해력의 한계를 초월해 있기 때문에, 최고 수준의 지성인으로 여겨지는 사람들일지라도 자신의 눈을 아무리 높이 들어서 바라보려고 해도, 인간의 눈을 벗어나 저 높이 있는 복음을 볼 수 없다는 것이다. 그럼에도 불구하고, 그들은 복음을

볼 수도 없고 알 수도 없기 때문에, 자신의 이해 범위 내에서만 복음을 바라보고서는, 마치 복음이 자신들에게 무릎이라도 꿇었다는 듯이, 복음을 얕잡아 보고 멸시한다. 그 결과, 그들이 자고하여 복음을 멸시하면 할수록, 그들은 복음을 점점 더 알 수 없게 된다. 아니, 복음은 그들의 시야가 도달할 수 없을 정도로 저 높이 있는 까닭에, 그들은 복음을 알기는커녕 볼 수조차 없다.

하나님이 우리의 영광을 위하여 만세 전에 미리 정하신 것이라. 바울은 바로 앞에서 복음이 감추어진 것이라고 말하였기 때문에, 믿는 자들은 이 말을 듣고서, 하나님이 복음을 우리가 볼 수 없게 감추어 놓으셨다고 하는데, 우리가 그 복음을 어떻게 찾을 수 있을까 하고 놀라서 낙담하고 포기하게 될 위험성이 있었다. 따라서 바울은 그러한 위험성을 미리 내다보고서, 복음이 감추어진 것인 것은 맞지만, 그럼에도 불구하고 하나님께서 "우리의 영광을 위하여" 영원 전부터 "미리 정해진 것"이기 때문에, 우리는 복음을 우리의 것으로 받아들여 향유할 수 있는 것이라고 선언한다. 말하자면, 바울은 복음은 하나님께서 자신의 영원하신 계획에 따라서 우리에게 나누어 주신 것임을 가르치고 있는 것이다. 따라서 어느 누구도 복음은 감추어진 지혜이기 때문에, 자기와는 아무런 상관이 없는 것이라고 생각하거나, 복음은 인간의 능력 범위 안에 있는 것이 아니기 때문에, 사람이 복음에 눈길을 주고 복음을 향유하려고 하는 것은 분수를 모르고 덤벼드는 것이라고 생각해서는 안 된다.

하지만 여기에서 바울은 이 말을 하면서, 그런 것 외에도 아울러 좀 더 깊고 높은 사실을 생각하고 있었다. 즉, 바울은 그리스도께서 이 땅에 오심으로 말미암아 우리에게 은혜의 문이 활짝 열렸다는 사실, 그리고 구약 시대에 살았던 우리 조상들과 신약 시대에 살아가고 있는 우리를 명시적으로 비교하고 있는 것은 아니지만, 율법 아래에서 살았던 우리의 조상들보다 우리가 더 복되고 좋은 위치에 있게 되었다는 사실을 강조하고 있는 것이다. 나는 로마서 마지막 장의 주석에서 이 점에 관해서 상세하게 다룬 바 있다. 바울은 하나님께서 "만세 전에 미리 정하셨다"고 선언하는 것으로부터 자신의 논증을 시작한다. 왜냐하면, 하나님께서 "정하신" 모든 것에는 그 목적이 있는 까닭에, 우리는 하나님께서 우리를 위해서 복음을 예비하신 것이라면, 우리로 하여금 반드시 복음을 들을 수 있게 해 주실 것임은 의심의 여지가 없다는 결론을 도출해 낼 수 있기 때문이다. 즉, 하나님께서는 우리가 복음의 교훈을 들을 때에 그 의미를 깨닫고 받아들이도록 하시기 위하여, 우리의 능력과 눈높이에 맞추어서 말씀하실 것이 분명하기 때문이다. 그래서 이사야는 이렇게 말하였다: "나는 감추어진 곳과 캄캄한 땅에서 말하지 아니하였으며 야곱 자손에게 너희가 나를 혼돈 중에서 찾으라고 이르지 아니하였노라"(사 45:19). 또한, 바울은 우리로 하여금 복음을 매력적인 것으로 생각하고 복음을 알고 싶어 하도록 만들기 위해서, 하나님께서 우리에게 복음을 주시기로 미리 정하신 것이 "우리의 영광"을 위한 것임을 분명하게 밝히는데, 이 어구를 통해서도 우리와 우리의 조상들을 비교해서 말하고 있는 것으로 보인다. 왜냐하면, 바울이 사용한 이 어구는 하늘의 아버지께서는 그러한 영광을 자기 아들이 이 땅에 오실 때까지 미루어 두심으로써, 그 영광을 우리에게만 허락하시고, 우리 조상들에게는 허락하지 않으셨다는 것을 간접적으로 보여 주는 것이기 때문이다.

8. 이 지혜는 이 세대의 통치자들이 한 사람도 알지 못하였나니. 우리가 이 구절에 "자기 자신의 명철함으로는"이라는 어구를 덧붙여서 읽는다면, 이 구절은 보통 사람들이나 비천한 사람들에 비해서 특별히 "통치자들"에게 더 잘 해당되는 것이라고 볼 수만은 없다. 왜냐하면, 가장 큰 자로부터 가장 작은 자에 이르기까지, 우리 모두는 "자기 자신의 명철함으로는," 바울이 앞에서 말한 하나님의 지혜를 짐작조차 할 수 없기 때문이다. 물론, 세상 사람들은 "통치자들"이 자신들보다 뛰어난 혜안을 지니고 있는 지혜자들이라고 여겼고, 통치자들 자신도 스스로에게 지혜가 있다고 생각하였다는 점에서는, "이 세대의 통치자들"이 눈이 멀고 무지하였다는 것은 다른 사람들보다도 더욱더 큰 비난을 받아 마땅한 일이라고 말할 수도 있을 것이다. 아울러, 나는 바울이 "통치자들이 한 사람도 알지 못하였나니"라고 표현한 것을 성경의 일반적인 어법을 따라 좀 더 단순하게 해석하여야 한다고 본다. 무슨 말이냐 하면, 성경에서는 어떤 일이 통상적으로 자주 일어난다는 것을 표현하고자 할 때에는, 마치 그 일이 단 한 번도 빠짐없이 항상 일어나는 것처럼 표현하고, 어떤 일이 거의 일어나지 않거나 드물게 일어난다는 것을 표현하고자 할 때에는, 마치 그 일이 단 한 번도 일어나지 않는 것처럼 표현하는 경우가 비일비재하다는 것이다. 따라서 세상에서 다른 사람들보다 높은 지위를 누리면서도 동시에 하나님을 아는 참된 지식을 갖고 있는 사람들이 일부 발견된다고 할지라도, 그러한 사실이 여기에서 바울이 "이 세대의 통치자들이 한 사람도 알지 못하였다"고 말한 취지와 모순되는 것은 아니다.

만일 알았더라면 영광의 주를 십자가에 못 박지 아니하였으리라. 하나님의 지혜가 그리스도 안에서 찬란하고 명료하게 빛났지만, "통치자들"은 그리스도 안에서 하나님의 지혜를 전혀 감지하지 못하였다. 그리스도를 십자가에 못 박는 데 앞장섰던 자들 중 일부는 거룩함과 지혜에 있어서 명망이 높았던 유대 백성의 지도자들이었고, 다른 일부는 빌라도와 로마 제국이었다. 여기에서 우리는 육신적이고 인간적인 관점에서 볼 때에만 지혜로운 자들이 얼마나 눈이 먼 자들인지를 보여주는 전형적인 사례를 본다. 하지만 바울이 여기에서 전개하고 있는 논증을 설득력이 부족한 것으로 보고서, 다음과 같이 이의를 제기하는 자들도 얼마든지 있을 수 있다: "도대체 무슨 소리를 하는 것인가? 우리는 하나님의 진리를 모르는 것이 아니라 잘 알고 있음에도 불구하고, 고의적인 악의를 가지고 진리를 대적하여 싸우는 자들을 매일같이 보고 있지 않은가? 또한, 백 번 양보해서, 우리가 설령 하나님의 진리를 공공연하게 대놓고 반역하는 자들을 목격할 수는 없다고 할지라도, 어떤 사람이 하나님의 말씀인 것을 알면서도 의도적으로 거기에 반대하고, 심지어 그 말씀에 대적하며 싸운다면, 그것은 악의적인 완악함으로 하나님을 대적하는 것, 즉 성령을 훼방하는 죄가 아닌가? 그렇기 때문에, 그리스도께서는 바리새인을 비롯해서 그들과 비슷한 무리들로 하여금, 자신들은 알지 못해서 그런 것이라고 자신들의 무지를 핑계로 삼지 못하게 하시려고, 그들이 그리스도를 알았다고 선언하시고(요 7:28, "너희가 나를 알고 내가 어디서 온 것도 알거니와 내가 스스로 온 것이 아니니라"), 오직 그들이 진리를 미워하기 때문에, 하나님 아버지의 신실한 종인 그리스도를 박해하는 것이라고 저 사악한 진리를 비난하신 것이 아니던가?"

이러한 반론에 대해서, 나는 무지에는 두 종류가 있다고 대답하고자 한다. 그 중 한 종류의 무지는 사려 깊지 못한 열심에서 생겨나는 것인데, 그러한 무지는 단순히 선한 것을 배척하는 데에서 그치지 않고, 선한 것을 도리어 악한 것이라고 생각한다. 어떤 사람이 악한 양심을 지닌 상태에서 무지로 말미암아 죄를 범하였다면, 그 일이 죄가 된다는 사실을 그 사람이 알았든 몰랐든, 그 사람의 행위 속에는 언제나 위선이나 교만이나 경멸이 개입되어 있기 때문에, 그 사람의 무지는 그의 죄에 대한 변명이 될 수 없고, 따라서 하나님께서는 그 사람의 죄에 대하여 그에게 반드시 책임을 물으신다. 한편, 사람의 마음이나 사고 속에서 판단력과 이해력을 비롯한 온갖 지적인 작용이 다 마비되어서, 다른 사람들에게나 당사자에게나 명백한 무지임이 분명한 경우가 간혹 있을 수 있는데, 하나님의 빛을 받아 회심하기 전의 바울이 바로 그런 무지의 상태에 있었다. 왜냐하면, 그가 그리스도를 증오하고 그리스도의 교훈에 대하여 적개심을 품었던 것은 율법에 대한 왜곡된 열심에 사로잡혀서 명백한 무지 상태에 있었던 까닭이기 때문이다. 물론, 회심 전의 바울에게 위선이나 교만이 전혀 없었던 것은 아니어서, 그가 그리스도인들을 박해한 죄를 하나님 앞에서 변명할 여지가 있었던 것은 아니었지만, 그러한 악덕들은 그의 무지와 눈먼 것에 의해서 완전히 가려져 있었기 때문에, 그 자신도 그러한 것들을 깨닫거나 눈치 채지는 못하였다.

또 다른 종류의 무지는 단순한 무지라기보다는 광기나 발작에 좀 더 가까운 것이다. 왜냐하면, 자발적으로 일어나서 하나님을 대적하는 자들은 "보아도 보지 못하는"(마 13:13) 자들로서, 말하자면 미쳐서 날뛰는 자들이기 때문이다. 불신앙 속에는 언제나 눈먼 것이 수반된다는 것은 의심할 여지 없이 분명한 사실이지만, 중요한 것은 그러한 눈먼 것(caecitas)이 종종 악의(malitia)를 가리고 은폐하기 때문에, 그런 사람들은 자기가 악을 범한다는 사실을 전혀 지각하지 못할 수 있다는 것이다. 너무나 명백한 악을 자행하고도, 자기는 악을 저지를 의도가 전혀 없었고 오로지 선한 의도로 그렇게 한 것이라고 말하는 사람들이 있는데, 그런 사람들은 망상에 빠져서 제정신이 아닌 상태에서 진실을 알지 못하고 자기기만에 사로잡혀서 행하기 때문에 그렇게 말하는 것이다. 때로는, 어떤 사람의 마음속에서 악의가 득세해서, 내면의 양심의 항변에도 불구하고, 사악한 광분함에 빠져들기도 한다. 그렇기 때문에, 만일 이 세대의 통치자들이 하나님의 지혜를 알았더라면, 그리스도를 십자가에 못 박지 않았을 것이라고 바울이 말한 것은 전혀 이상한 일이 아니다. 왜냐하면, 바리새인들과 서기관들은 악의에 사로잡혀 혼미함 가운데서 그들 자신의 어둠 속에 갇혀 있었던 까닭에, 그리스도의 교훈이 진리라는 것을 알 수 없었기 때문이다.

9. 기록된 바 하나님이 자기를 사랑하는 자들을 위하여 예비하신 모든 것은 눈으로 보지 못하고 귀로 듣지 못하고 사람의 마음으로 생각하지도 못하였다 함과 같으니라. 거의 모든 해석자들은 바울이 이 구절을 이사야 64:4로부터 인용하였다는 것에 대하여 동의한다. 또한, 이 구절은 언뜻 보면 그 의미가 분명하고 평이해 보이기 때문에, 해석자들은 이 본문을 설명하는 데 큰 어려움을 겪지 않아 왔다. 하지만 이 구절을 좀 더 자세히 뜯어 보면, 우리는 두 가지 어려움을 발견하게 되는데, 첫 번째는 바울이 여기에 기록해 놓은 인용문이 이사야서 본문에 나오는 것과 일치하지 않는다는 것이고, 두 번째는 바울이 이사야 선지자의 증언을 원래의 의도와는

다르게 사용하고 있는 것처럼 보인다는 것이다. 따라서 우리는 먼저 이사야서에서 선지자 이사야가 한 말을 검토해 보지 않으면 안 되는데, 이사야서 본문은 그 의미가 모호하게 표현되어 있어서, 해석자들에 따라서 다양하게 번역되어 왔다. 어떤 이들은 "창세로부터 사람들은 주 외에는 자기를 앙모하는 자에게 이런 식으로 행하는 신에 대해서 들어 본 자도 없었고, 귀로 듣고 깨달은 자도 없었으며, 눈으로 본 자도 없었나이다"로 번역하였고, 어떤 이들은 이 구절을 하나님께 아뢰는 말씀으로 이해해서, "하나님이여, 주를 앙망하는 자들을 위하여 주께서 행하시는 일들은 주 외에는 눈으로 본 자도 없고 귀로 들은 자도 없나이다"로 번역하였다. 이사야서 본문을 문자적으로 번역하면 다음과 같다: "창세로부터 사람들은 주 외에는 자기를 앙모하는 자에게 이런 식으로 행하실(또는, 예비하실) 신(또는, 하나님)을 들은 자도 없고, 귀로 듣고 깨달은 자도 없으며, 눈으로 본 자도 없었나이다." 만약 우리가 히브리어 본문에 나오는 "하나님"(**אלהים**, '엘로힘')을 대격으로 읽는다면, 앞의 번역문에는 관계대명사가 추가되어야 한다.

언뜻 보기에는, 관계대명사 뒤로 3인칭의 동사가 뒤따라 나오기 때문에, 그러한 번역은 이사야서 본문의 문맥에 좀 더 잘 부합하는 것처럼 보이지만, 다른 그 어떤 근거들보다도 우리가 가장 중요한 근거로 생각해야 할 바울의 본문에서 이 인용문이 지니는 의미와는 상당히 거리가 먼 것이다. 왜냐하면, 이사야 선지자의 이 예언은 하나님의 성령께서 친히 이사야에게 받아쓰게 하셨던 것이고, 지금은 바울의 입을 통해서 그 예언을 해석해 주고 계신 것인 까닭에, 이 예언에 대해서 성령 자신보다 더 확실하고 신뢰할 만한 해석자는 없기 때문이다. 따라서 나는 히브리어 어법의 특성에 비추어 보더라도, 이사야 선지자가 한 이 예언의 진정한 의미를 우리가 다음과 같이 이해하는 것이 가능하다고 단언한다(여기에서 내가 굳이 히브리어 어법의 특성까지 거론하는 이유는 불경건한 자들의 부당한 비방과 중상모략을 차단하기 위한 것이다): "하나님이여, 주를 앙모하는 자들을 위하여 주께서 행해 오신 일들은 눈으로 보아도 보지 못하였고 귀로 들어도 듣지 못하였으며, 오직 주께서만이 아시나이다." 여기에서 인칭이 갑자기 바뀐 것은 전혀 문제가 되지 않는다. 선지자들의 글에서는 이런 현상이 아주 흔하게 나타난다는 것을 우리는 알고 있기 때문에, 이 점은 우리가 제시하는 해석에 아무런 장애가 되지 않는다. 하지만 만약 어떤 이들이 우리의 해석을 거부하고 전자의 해석을 선호한다고 할지라도, 그들은 마치 우리나 사도 바울이 이사야서 본문의 자연스럽고 단순한 의미를 그대로 받아들이지 않고 왜곡해서 그 본문을 다른 의미로 사용하고 있다고 비난할 수는 없다. 왜냐하면, 그들은 "행하다"라는 동사를 수식해 주는 부사 "이런 식으로"를 보충해 넣어서 해석을 하여야 하는 반면에, 우리가 제시한 해석에서는 그럴 필요가 없기 때문이다.

바울의 인용문에 덧붙어 있는 "사람의 마음으로 생각하지도 못하였다"는 어구는 본래 이사야서 본문에는 포함되어 있지 않았던 것이기는 하지만, 이 어구의 내용 자체는 이사야서 본문에 나오는 "주 외에는"이라는 어구와 내용적으로 모순되지 않는다. 왜냐하면, 이사야 선지자는 그러한 일들을 아는 지식은 오직 하나님께만 속한다고 말하고 있는 것인 까닭에, 인간의 육체적인 감각뿐만 아니라 모든 정신적인 능력으로도 그러한 일들을 아는 것은 불가능하다는 결론은 거기로부터 자연스럽게 도출될 수밖에 없기 때문이다. 따라서 이사야 선지자가 비록 보는 것과 듣는 것에 관해서만 언급하였을지라도, 그는 암묵적으로 사람의 마음과 정신의 모든 기능들도 포함해서 말하고 있는 것이다. 우리가 듣는 것과 보는 것, 이렇게 두 가지 종류의 수단들에 의해서 지식(notitia)을 획득하고 이 지식을 통해서 이해(intellectus)에 도달하게 된다는 것은 분명하다. 바울이 히브리어 본문에 나오는 "자기를 앙망하는 자"라는 어구 대신에 "자기를 사랑하는 자"라는 어구를 사용한 것은 칠십인역 번역자들을 따른 것인데, 히브리어에서 "앙망하다"와 "사랑하다"는 한 글자만 다르게 서로 비슷한 철자로 되어 있어서, 칠십인역 번역자들은 두 글자를 착각해서 "앙망하다"를 "사랑하다"로 번역하였기 때문에, 이런 일이 벌어지게 된 것이다. 하지만 이 점은 우리가 현재 논의하고 있는 문제에 아무런 영향을 끼치지 않기 때문에, 바울은 통상적인 헬라어 성경의 읽기를 따랐다. 바울이 당시에 통용되고 있던 헬라어 성경에 크게 의존하고 있었다는 사실은 우리가 도처에서 확인할 수 있다. 따라서 이 두 어구가 문자적으로 정확하게 일치하는 것은 아니지만, 둘 사이에 실질적인 의미 차이는 없다고 말할 수 있다.

우리는 이제 이 본문이 무엇을 말하고자 하는 것인지, 그 내용과 취지에 대해서 말할 차례가 되었다. 이사야서 본문에서 선지자는 하나님께서 곤경에 처한 자기 백성을 언제나 놀라운 방법으로 도와 오셨다는 사실을 상기하면서, 경건한 자들을 향하신 하나님의 은혜는 사람의 지각으로는 도무지 파악할 수 없는 것이라고 선포하고 있다. 하지만 "선지자가 선포한 그러한 말이 바울이 여기에서 논증하고 있는 영적인 가르침 및 영생의 약속들과 무슨 상관이 있는 것이냐"고 반문하는 사람이 있을 것이다. 우리는 그러한 반문에 대해서 세 가지로 대답할 수 있다. 우리는 이사야서 본문에서 선지자는 세상적인 복들에 대해서 생각하고 말한 후에, 한 걸음 더 나아가서 좀 더 일반적인 선포로 나아갔고, 거기에서 한층 더 나아가서 믿는 자들을 위하여 하늘에 예비되어 있는 영적인 복들을 선언하며 크게 기뻐하게 된 것이라고 말해도 전혀 무리가 없기는 하겠지만, 나는 이사야서 본문에서 선지자는 하나님께서 믿는 자들에게 날마다 수여하시는 은혜들에 대하여 말하고 있는 것으로 보는 좀 더 단순한 해석을 선호한다. 하지만 우리는 그러한 은혜들을 생각할 때, 믿는 자들에게 그러한 은혜들이 주어지는 현상이 아니라, 그 현상의 배후에 있는 근본적인 원인, 즉 그 현상이 있게 만든 근원을 주목하여야 하는데, 그 근원은 하나님의 무조건적인 선하심(gratuita Dei bonitas)이고, 이 선하심으로 말미암아 우리는 하나님의 자녀들이 될 수 있었다. 따라서 하나님의 그러한 은혜들을 제대로 올바르게 평가하고자 애쓰는 자들은 그 은혜들이 고립적으로 존재하는 것이 아니라, 우리의 아버지로서의 하나님의 사랑과 밀접하게 연결되어 있다는 것을 깨닫게 될 것이고, 그렇게 함으로써 현세에서 그들에게 주어진 일시적인 은혜들을 하나의 수단 또는 디딤돌로 삼아서 영원한 생명으로 인도함을 받게 될 것이다. 한편, 선지자의 말은 작은 것을 통해서 큰 것을 보여 주는 논증 방식이라고 해석하는 것도 가능하다. 왜냐하면, 인간의 지성으로는 하나님이 현세에서 믿는 자들에게 주신 은혜들조차 헤아리는 것이 불가능하다면, 하물며 저 높은 하늘에서 일어나는 일들을 인간의 지성으로 헤아린다는 것은 꿈도 꿀 수 없는 일일 것이기 때문이다. 하지만 내가 생각하기에 어떤 해석이 가장 만족스러운 해석인지에 대해서는 나는 앞에서 이미 밝힌 바 있다.

[10]오직 하나님이 성령으로 이것을 우리에게 보이셨으니 성령은 모든 것 곧 하나님
의 깊은 것까지도 통달하시느니라 [11]사람의 일을 사람의 속에 있는 영 외에 누가 알
리요 이와 같이 하나님의 일도 하나님의 영 외에는 아무도 알지 못하느니라 [12]우리
가 세상의 영을 받지 아니하고 오직 하나님으로부터 온 영을 받았으니 이는 우리
로 하여금 하나님께서 우리에게 은혜로 주신 것들을 알게 하려 하심이라 [13]우리가
이것을 말하거니와 사람의 지혜가 가르친 말로 아니하고 오직 성령께서 가르치신
것으로 하니 영적인 일은 영적인 것으로 분별하느니라(2:10-13).

10. 오직 하나님이 성령으로 이것을 우리에게 보이셨으니. 바울은 모든 사람이 눈이 멀어 있고, 인간의 지성이나 정신적인 능력으로는 하나님을 아는 지식에 도달할 수 없다고 결론을 내린 후에, 이제 여기에서는 믿는 자들이 어떻게 이 눈먼 상태로부터 벗어나게 되는지를 보여 주는데, 그것은 하나님께서 사람들에게 은혜를 주셔서 성령의 특별한 조명을 허락해 주실 때, 사람들은 눈먼 상태에서 벗어나 하나님의 지혜를 알 수 있게 된다는 것이다. 그런 까닭에, 하나님의 신비를 이해함에 있어서 인간의 지성이나 마음이 둔감하면 할수록, 그리고 그 불확실성이 크면 클수록, 하나님의 성령의 나타나심을 의지하는 우리의 믿음은 더욱더 확실한 것이 된다. 여기에서 우리는 우리의 유익을 위하여 우리의 결함까지도 사용하시는 하나님의 무한하신 선하심을 깨닫게 된다.

성령은 모든 것 곧 하나님의 깊은 것까지도 통달하시느니라. 바울은 믿는 자들로 하여금 하나님의 성령께서 주시는 계시를 안심하고 신뢰할 수 있도록 격려하기 위하여 이 구절을 덧붙인다. 즉, 바울은 이렇게 말한 것과 같다: "우리에게는 하나님의 성령이라는 증인이 계신다는 것만으로도 아무런 부족함 없이 차고 넘치게 충분하다. 왜냐하면, 성령께서는 하나님의 속에 있는 아무리 깊은 것까지도 다 꿰뚫어 아시기 때문이다." 바울이 여기에서 "통달하다"라는 단어로 말하고자 한 것이 바로 그런 것이다. "깊은 것"이라는 단어는 우리가 감히 알려고 하거나 파헤치려고 해서는 안 되는 하나님의 비밀스러운 생각들(arcana iudicia)을 의미하는 것이 아니라, 구원의 교훈(salutis doctrina) 전체를 가리키는 것으로 이해되어야 한다. 만약 하나님께서 자신의 성령을 통해서 우리의 마음을 깨우치셔서 구원의 교훈을 깨닫게 해 주지 않으셨다면, 성경을 통해서 주어진 구원의 교훈은 우리가 도무지 알 수 없는 글이 되어 버려서, 우리에게 아무런 유익도 없고 전혀 쓸모도 없는 것이 되고 말았을 것이다.

11. 사람의 일을 사람의 속에 있는 영 외에 누가 알리요 이와 같이 하나님의 일도 하나님의 영 외에는 아무도 알지 못하느니라. 바울이 여기에서 우리에게 가르쳐 주고자 하는 것은 두 가지인데, 첫 번째는 복음의 교훈은 성령의 증언(testimonium) 외에 다른 방법으로는 사람이 결코 깨달을 수 없다는 것이고, 두 번째는 성령은 신실하고 신뢰할 만한 증인(testis)이시기 때문에, 성령으로부터 증언을 듣게 되는 사람들은, 마치 자신들이 믿는 것들을 자신들의 손으로 실제로 만지는 것 같은 확실하고 분명한 확신을 갖게 된다는 것이다. 바울은 사람의 영과 관련

된 비유를 사용해서, 이러한 사실을 증명해 나간다. 즉, 사람은 자신의 생각은 잘 알지만, 다른 사람들은 그 사람의 마음속에 감추어진 생각을 알 수가 없는 것처럼, 하나님의 생각과 뜻도 마찬가지로 모든 사람들에게 감추어져 있는 것이다. "누가 그의 모사가 되었느냐?"(롬 11:34). 따라서 하나님의 생각은 그 어떤 인간도 접근할 수 없는 가장 깊숙한 곳, 곧 지성소이다. 하지만 하나님의 성령께서 친히 우리를 하나님의 마음속으로 인도해 주신다면, 달리 말해서, 우리가 볼 수 없고 깨닫을 수 없는 하나님께 속한 것들에 대해서 우리로 하여금 확신할 수 있도록 만들어 주신다면, 우리에게는 더 이상 그 어떤 의구심이나 불확실성이 존재할 여지가 전혀 없게 된다. 왜냐하면, 하나님 안에 있는 모든 것 중에서 성령이 미처 미치지 못해서 성령이 알 수 없는 것은 단 하나도 있을 수 없기 때문이다.

하지만 바울이 사용한 이러한 비유는 온전히 적절한 것 같지는 않아 보인다. 왜냐하면, 사람들은 언어라는 정신 활동을 통해서 다른 사람들과 각자의 생각과 감정을 소통함으로써, 서로의 마음과 생각을 알 수 있게 되기 때문이다. 그렇다면, 우리는 왜 하나님의 말씀으로부터 하나님의 뜻이 무엇인지를 알 수 없는 것일까? 그 이유는 사람들은 위장과 거짓을 통해서 자신들의 실제 생각을 드러내지 않고 숨기는 것이 몸에 배어 있는데, 하나님의 말씀은 의심할 여지 없이 확실한 진리이고, 하나님 자신을 생생하게 반영하고 있는 것인 까닭에, 사람들이 자신을 적당히 위장하고 거짓으로 포장한 채로 하나님의 말씀을 대할 때에는, 하나님께는 그런 것이 통하지 않아서 소통이 이루어질 수 없어서, 그런 마음가짐과 태도로는 거기에서 하나님의 뜻을 알아낼 수가 없게 되기 때문이다.

그러나 우리는 바울이 이 비유를 어느 정도까지 적용하려고 했는지는 심사숙고해야 할 문제이다. 어떤 사람의 마음속에 있는 생각을 아는 것은 오직 그 사람뿐이고, 다른 사람들은 그 생각을 알 수가 없다. 설령, 그 사람이 나중에 자신의 마음에 있는 생각을 다른 사람들에게 알려 주었다고 하더라도, 그 사람의 속에 있는 것을 그 사람의 영만이 안다는 사실이 달라지는 것은 아니다. 왜냐하면, 다른 사람들이 그 사람의 말을 제대로 알아듣지 못해서 그 사람의 생각을 오해하는 경우도 있을 수 있고, 그 사람이 자신의 생각을 제대로 표현하지 못한 경우도 있을 수 있기 때문이다. 설령 이 두 가지 경우가 아니라고 하더라도, 오직 그 사람의 영만이 진실로 그 사람 속에 있는 생각을 잘 알고 있다는 사실에는 아무런 변화가 없다. 하지만 하나님의 생각과 사람들의 생각은 서로 차이가 있다. 즉, 사람들은 서로가 서로의 마음을 이해할 수 있지만, 하나님의 말씀은 연약한 사람의 마음이 도저히 도달할 수 없는 높은 곳에 숨겨진 비밀스러운 지혜(arcana sapientia)와 같다. 한편, 바울이 여기에서 말한 사람의 "영"(spiritus)은 사람들의 지적 작용이 일어나는 곳인 "혼"(anima)을 가리킨다는 점에 유의하라. 왜냐하면, 만일 바울이 지성을 부여받은 혼이 아니라 지성 자체가 사람의 속에 있는 생각을 알고 있다고 말한 것이라면, 바울은 정확하게 말한 것이 아니게 될 것이기 때문이다.

12. 우리가 세상의 영을 받지 아니하고 오직 하나님으로부터 온 영을 받았으니. 이제 바울은 자기가 이미 앞에서 언급하였던 것을 강조하기 위해서, 대비를 사용해서 이렇게 말한다: "우리가 받은 계시의 영은 세상에 속한 영, 즉 단지 땅에 붙어서 엉금엉금 기어다닐 뿐이고 하늘을 바라볼 수는 없는 영, 허무함에 굴복되어 있는 영, 확신이 없어 안절부절하며 이리저리 흔들리고 변덕이 심한 영, 우리로 하여금 의구심과 당혹감만을 갖게 만드는 영이 아니다. 우리가 받은 영은 하나님으로부터 온 영, 즉 모든 하늘들 위에 있는 영, 견고하여 변치 않는 영, 모든 의심이 사라지게 해 주는 영이다." 이 본문은 믿는 자들은 견고한 확신 속에 있는 것이 아니라 자신들이 믿고 있는 것들을 지속적으로 의심하는 것이 마땅하다고 주장하는 궤변론자들의 악마적인 교설을 아주 극명하게 반박하고 있는 매우 중요한 구절이다. 궤변론자들은 모든 믿는 자들은 자신들이 과연 하나님의 은혜 가운데 있는지의 여부에 대해서 늘 의심하여야 한다고 주장한다. 또한, 그들은 인간의 이성에 기초한 철학적 추론에 근거한 구원의 확신이 아닌 다른 그 어떤 확신도 인정하지 않는다. 그들은 두 가지 측면에서 우리의 믿음을 무너뜨리려고 하는데, 첫 번째는 우리로 하여금 우리가 진정으로 은혜의 상태(status gratiae)에 있는지를 의심하도록 만들려고 하는 것이고, 두 번째는 거기에서 한 걸음 더 나아가서 우리로 하여금 궁극적인 견인(finalis perseverantia)에 대해서 의심을 품도록 만든다. 그러나 여기에서 사도는 다음과 같은 보편적인 진리를 선포한다: 택함 받은 자들인 우리는 성령을 받았고, 성령은 우리가 이미 하나님의 자녀가 되었으며, 자녀로서의 신분 가운데서, 장차 우리가 받게 될 영원한 구원을 기다리며 살아가고 있다는 것을 우리에게 증언해 주고 있기 때문에, 우리는 성령의 증언을 통해서 그러한 사실을 확실하게 알고 있다. 여기에서 분명한 사실은 궤변론자들이 자신들의 교설이 옳다는 것을 보여 주기 위해서는, 택함 받은 자들이 하나님의 성령을 받지 않았다는 것을 증명해 내거나, 택함 받은 자들이 받은 성령조차도 하나님 속에 있는 것들을 제대로 알 수

없다는 것을 증명해 내야 하는데, 이 두 가지는 바울이 이 본문에서 우리에게 가르치는 것과 정면으로 충돌하는 것들이다.

따라서 우리는 믿음의 본질이 다음과 같은 것임을 알게 된다: 하나님으로부터 오신 성령께서는 우리를 향하신 하나님의 자비하심과 선하심을 우리의 양심에 확실하게 증언해 주시고, 성령의 그러한 증언을 토대로 우리의 양심은 그러한 사실을 확신하게 되어서, 하나님을 우리의 아버지라고 부르는 데 조금도 주저하지 않게 된다. 그래서 바울은 우리의 믿음을 세상 위로 높이 들어올려서, 그 높은 곳에서 우리의 믿음이 육신의 모든 교만을 내려다 보며, 인간 세상에서 높아지고 자고해진 모든 것들이 사실은 아무것도 아닌 헛되고 거짓된 것들임을 깨달아서 그것들을 멸시할 수 있게 해 준다. 만일 그렇게 되지 않았다면, 우리는 인간이 자신들의 영악함과 교활함을 이용해서 끝없이 높아지고 자고해지는 것을 바라볼 때, 인간의 그러한 온갖 교만들이 장차 진정으로 높아진 하나님의 아들들인 우리에 의해서 철저하게 짓밟히게 될 것이 분명한 데도 불구하고, 우리의 믿음은 이 세상에서 늘 겁에 질린 채로 어쩔 줄 몰라 하게 되었을 것이다.

우리로 하여금 하나님께서 우리에게 은혜로 주신 것들을 알게 하려 하심이라. 바울이 "알다"라는 단어를 쓴 것은 우리의 믿음으로 말미암은 마음의 확신과 평안을 좀 더 잘 표현하기 위한 것이다. 하지만 우리가 유의해야 할 것은 이러한 믿음으로 말미암은 확신과 평안은 자연적인 방법으로 획득되거나 우리의 지각 능력으로 이해되는 것이 아니고, 전적으로 성령의 계시로 말미암는다는 것이다. 바울이 여기에서 말한 "하나님께서 우리에게 은혜로 주신 것들"은 그리스도의 죽음과 부활을 통해서 우리가 얻게 된 복들을 가리키는데, 우리가 하나님과 화목하게 된 것, 죄 사함을 받게 된 것, 영생의 소망을 갖도록 부르심을 받은 것, 중생의 영에 의해서 거룩함을 입게 된 것, 새로운 피조물이 되어서 하나님에 대해서 살아가게 된 것 등이 바로 그런 복들에 속한다. 바울은 에베소서에서도 동일한 취지로 이렇게 말한다: "그의 부르심의 소망이 무엇이며 성도 안에서 그 기업의 영광의 풍성함이 무엇이며 그의 힘의 위력으로 역사하심을 따라 믿는 우리에게 베푸신 능력의 지극히 크심이 어떠한 것을 너희로 알게 하시기를 구하노라"(엡 1:18-19).

13. 우리가 이것을 말하거니와 사람의 지혜가 가르친 말로 아니하고 오직 성령께서 가르치신 것으로 하니. 바울은 지금까지 사도로서의 자신의 사역이 합당한 것임을 증명하고 고린도 교인들에게 확신시키는 데 주력해 왔기 때문에, 여기에서

도 자기가 전한 복음의 성격이 어떤 것인지를 밝힌다. 그는 자기가 복음을 전할 때, 거기에는 우리의 구원과 그리스도 안에 숨겨져 있는 이루 헤아릴 수 없이 귀한 보화들에 대하여 성령께서 비밀한 계시를 통해서 우리에게 가르쳐 주신 가장 중요한 것들이 담겨져 있다고 말함으로써, 자신의 전도에 대하여 최상의 찬사를 부여하고 있는데, 이것은 고린도 교인들로 하여금 바울 자신이 전한 복음이 얼마나 귀하고 소중한 것인지를 알게 하기 위한 것이다. 바울은 이렇게 자신의 전도의 성격을 밝히는 말을 하는 가운데, 자기가 앞에서 말하였던 내용으로 되돌아간다. 즉, 자기는 "말과 지혜의 아름다운 것으로"(고전 2:1) 전도를 하지 않았고, 오직 "성령께서 가르치신 것"을 전하는 것으로 만족하였다는 것이다. 여기에서 "사람의 지혜가 가르친 말"은 인간적인 학문이나 지식의 냄새를 풍기고 수사학자들의 규범에 잘 들어맞는 세련되고 우아한 말, 또는 청중들의 감탄을 자아내기 위해서 철학적인 수사를 잔뜩 동원한 말을 가리키는 반면에, "성령께서 가르치신 것"은 진리라는 알맹이는 빠진 가운데 겉으로만 그럴 듯하게 들리고 화자 자신을 과시하고 드러내고자 공허한 말이 아니라, 성령의 존귀와 위엄에 좀 더 잘 어울리는 진솔하고 단순한 스타일의 말을 가리킨다. 따라서 우리는 우리가 행하는 전도나 가르침이 인간적인 웅변이 되어서, 억지스럽고 천박한 화려함으로 하나님의 지혜를 변질시키는 일이 없도록 항상 유의하여야 한다. 실제로 바울의 가르침은 그 어떤 외적인 보조수단들의 도움을 전혀 받지 않는 가운데 성령의 능력이 순수하게 빛을 발하는 그런 가르침이었다.

영적인 일은 영적인 것으로 분별하느니라. 여기에 나오는 헬라어 동사 '쉉크리네스타이'(συγκρίνεσθαι)가 "무엇을 어디에 맞추다"를 뜻하는 것임은 의심의 여지가 없다. 부다이우스(Budaeus)가 인용한 아리스토텔레스의 글이 보여 주듯이, 이 단어는 종종 그런 뜻으로 사용되기 때문에, 이 단어에서 파생된 명사인 '쉉크리마'(σύγκριμα)는 "서로 결합되거나 붙어 있는 것"을 가리키는 데에도 사용된다. 다른 해석자들은 이 단어를 "비교하다" 또는 "대조하다"로 번역하지만, 내가 말한 의미가 이 본문의 문맥에 좀 더 잘 부합한다는 것은 확실하다. 따라서 여기에서 그는 영적인 말들은 영적인 성격을 지니고 있기 때문에, 그러한 성격에 맞추어 전할 때에만, 그 영적인 말들이 가리키는 실체가 드러나게 된다고 말하고 있는 것이다. 달리 말하면, 그는 하늘에 속한 성령의 지혜는 영적인 것이기 때문에, 화려한 수식 없이 단순명료한 말로 전해서, 성령의 능력이 그 지혜를 스스로 드러내도록 하는 것이 합당하다는 것이다. 이 말을 통해서, 바울은 사람들의 박수갈채를 받으려고 겉보기에는 번지르르하고 세련되어 보이지만 실제로는 공허하고 아무런 알맹이도 없는 말들을 구사하여 자신들의 학식과 지성이 대단함을 과시하는 자들은 확실한 진리를 전혀 알고 있지 않은 자들이고, 합당하지 않은 분칠과 덧칠을 해서 하나님의 신령한 가르침을 타락시키고 부패시키는 자들이라고 책망한다.

[14]육에 속한 사람은 하나님의 성령의 일들을 받지 아니하나니 이는 그것들이 그에
게는 어리석게 보임이요, 또 그는 그것들을 알 수도 없나니 그러한 일은 영적으로
분별되기 때문이라 [15]신령한 자는 모든 것을 판단하나 자기는 아무에게도 판단을
받지 아니하느니라 [16]누가 주의 마음을 알아서 주를 가르치겠느냐 그러나 우리가
그리스도의 마음을 가졌느니라(2:14-16).

14. 육에 속한 사람은 하나님의 성령의 일들을 받지 아니하나니. 여기에서 바울이 말하는 "육에 속한 사람"은, 사람들이 일반적으로 생각하는 것과는 달리, 육신의 정욕에 빠져 있는 자들을 가리키는 것이 아니고, 오직 타고난 본성적인 것들만을 지니고 있는 모든 사람을 가리키는데, 이러한 사실은 바울이 "육에 속한 사람"을 "신령한 자"(15절)과 대비시키고 있는 것으로부터 분명하게 드러난다. "신령한 자"는 그의 심령이 성령의 조명에 의해서 지배되는 사람을 가리키기 때문에, "육에 속한 사람"이 전적으로 자연적인 본성에 의해서 지배되는 사람을 가리킨다는 것은 분명하다. 왜냐하면, "혼"(anima)은 자연적이고 본성적인 것이지만, "영"(spiritus)은 초자연적으로 주어진 것이기 때문이다. 바울은 너무나 많은 사람들이 복음을 멸시하고 배척하고 있다는 사실이 믿음이 연약한 자들을 실족시키는 걸림돌이 될 수 있다는 것을 알고 있었기 때문에, 여기에서 그러한 걸림돌을 제거하기 위해서, 자기가 앞에서 다루었던 것으로 되돌아간다. 즉, 여기에서 바울은 맹인들이 태양의 광채를 볼 수 없다고 해서, 두 눈이 멀쩡한 우리가 일부러 그 눈을 감고 태양의 광채를 보지 않으려 하는 것이 어처구니없는 일인 것과 마찬가지로, 우리가 전적으로 본성적인 지각에 의지하기 때문에 복음을 알지 못해서 멸시하고 배척하는 자들에게 신경을 쓰고, 그렇게 신경 쓰는 것으로 인해서 우리의 믿음의 경주가 방해를 받는 일이 생겨서는 안 된다는 것을 보여 준 것이다. 만일 하나님께서 모든 사람들에게 은혜를 베풀어 주고자 하셨지만, 다른 사람들은 모두 어리석어서

그 은혜가 소중한 것을 몰라서 배척하였기 때문에, 그 은혜의 소중함을 아는 어느 특정한 사람에게만 특별히 은혜를 베풀어 주셨는데, 그 사람이 자기가 받은 은혜가 모든 사람에게 공통적으로 주어진 것이 아니고, 하나님이 자기에게만 특권을 베푸신 것이라고 생각해서, 그 은혜를 거부한다면, 그 사람은 지극히 배은망덕한 자라고 할 수밖에 없을 것이다. 이 본문에서 바울은 이렇게 말한다: "순전히 인간적인 관점에서만 지혜로운 자들에게 복음의 교훈은 무미건조하고 아무런 맛도 없이 느껴진다. 그렇다면, 왜 그런 일이 일어나는 것인가? 그 이유는 그들의 눈이 멀어 있기 때문이다. 이렇게 그들의 눈이 멀어서 복음의 광채를 알아보지 못해서 믿지 않는 것이라면, 그러한 사실이 어떻게 복음의 존귀와 위엄을 감소시키거나 훼손시킬 수 있겠는가?" 요컨대, 바울은 무지한 자들이 순전히 대다수의 사람들이 복음을 어떻게 보느냐 하는 것을 잣대로 삼아서 복음을 평가하여, 복음의 가치를 폄하하고 복음을 업신여긴다는 사실이야말로 복음이 얼마나 대단하고 소중하며 위엄 있는 것인지를 반증해 주는 것이라는 논증을 펼쳐 나가고 있는 것이다. 즉, 그는 복음이 많은 사람들로부터 멸시받는 이유는 그들이 복음의 가치를 제대로 모르기 때문이고, 그들이 복음의 가치를 제대로 모르는 이유는 복음은 인간에게 선천적으로 주어진 본성적인 지혜로는 도무지 이해할 수 없을 정도로 너무나 심오하고 고상하기 때문이라고 여기에서 가르치고 있기 때문이다. 복음이 인간의 모든 지성을 초월하는 것이기 때문에, 인간은 자신의 본성적인 지각으로는 복음의 진정한 맛을 느낄 수조차 없는 것이라면, 복음은 얼마나 놀라운 하나님의 지혜이겠는가! 여기에서 바울은, 사람들은 자신들이 깨닫지조차 못하는 복음을 감히 어리석은 것이라고 단정하고 멸시한다고 말함으로써, 인간의 교만을 암묵적으로 질책하는 동시에, 인간의 정신적인 능력이나 본성적인 지성으로는 영적인 일을 분별할 수 없다고 말함으로써, 인간의 마음이나 생각이 얼마나 연약한지, 아니 얼마나 둔감한지를 보여 준다. 다시 말해서, 바울은 사람이 "성령의 일들"을 받지 않는 것은 단지 사람의 성향이 오만방자하기 때문일 뿐만 아니라, 사람의 마음과 생각으로는 "성령의 일들"을 받을 수 있는 능력이 없기 때문이라는 것도 아울러 가르치고 있는 것이다. 만일 바울이 사람들은 지혜롭게 되기를 원하지 않는다고 말하였더라도, 그 말은 참된 말이 되었겠지만, 바울은 거기에서 한 걸음 더 나아가서, 사람들은 지혜롭게 되고자 하여도 될 수도 없다고 말하고 있다. 이것으로부터 우리는 믿음은 사람이 원해서 얻을 수 있는 것이 아니라, 전적으로 하나님으로부터 주어지는 것이라는 결론을 얻게 된다.

그러한 일은 영적으로 분별되기 때문이라. 이것은 복음의 교훈은 하나님의 성령으로부터 오는 것이기 때문에, 복음을 해석해서 우리에게 열어 보여 주는 유일하게 진정한 해석자는 성령이시라는 것을 의미한다. 따라서 복음의 교훈에 관한 일을 판단함에 있어서, 인간의 마음과 생각은 성령의 조명을 받을 때까지는 눈먼 상태에 있을 수밖에 없다는 결론이 나온다. 여기에서 우리가 알 수 있는 것은 모든 사람은 본성적으로는 하나님의 성령을 갖고 있지 않다는 것이다. 만일 모든 사람 안에 태어날 때부터 본성적으로 성령이 내주해 계신다면, 바울이 지금까지 전개해 온 모든 논증은 다 무너지게 될 것이다. 물론, 모든 사람 안에서 활동하고 있는 이성의 불꽃(lumen rationis)이 하나님의 성령으로부터 온 것임은 사실이다. 그러나 우리가 지금 여기에서 다루고 있는 것은 모든 인간 속에 내재되어 있는 이성에 대한 것이 아니라, 하늘의 지혜를 알게 해 주는 특별 계시(peculiaris revelatio)에 대한 것이고, 이 계시는 하나님께서 오직 자기 자녀들에게만 주어지는 것이 합당하다고 여기신다. 그렇기 때문에, 복음은 모든 인간에게 보편적으로 주어지는 것이기 때문에, 모든 사람이 아무런 차별 없이 값없이 거저 구원받을 수 있다고 생각하는 사람들의 무지는 도저히 용인될 수 없는 것이다.

15. 신령한 자는 모든 것을 판단하나. 바울은 앞에서 "육에 속한 사람"에게는 하나님의 성령에 속한 일들을 판단할 수 있는 능력이 없다고 단정하고 나서, 이제 여기에서는 그러한 일들을 합당하게 제대로 판단할 수 있는 것은 오직 "신령한 자" 뿐이라는 것을 보여 준다. 왜냐하면, 오직 하나님의 영만이 하나님께 속한 모든 일들을 알고 있고, 하나님의 일들과 사람의 일들을 분별해 내어서, 하나님의 일들에 대해서는 옳다고 시인하는 동시에, 사람의 일들로부터 온갖 신뢰성을 제거하는 것은 하나님의 성령에게 맡겨진 고유한 소임이기 때문이다. 따라서 이 구절의 의미는 이런 것이다: "이 일에 있어서 모든 육신적인 분별력은 아무런 소용이 없다. 오직 신령한 자만이 하나님의 신비들에 관한 확고하고 분명한 지식을 얻게 되고, 그 결과 참과 거짓, 하나님의 교훈과 인간의 날조된 지식들을 확실하게 분별하여 결코 미혹에 빠지지 않게 된다."

한편, "신령한 자"가 아무에게도 판단을 받지 않는 이유는 그의 믿음의 확실성은 사람들의 판단이나 평가에 의해서 좌지우지될 수 있는 것이 아니기 때문이다. 신령한 자들의 확실한 믿음은 심지어 천사들조차도 좌지우지할 수 있는 것이 아니다. 하지만 여기에서 우리는 사도 바울은 "아무에게도 판단을 받지 않는" 특권을 모든 믿는 자들 개개인에게 부여하고 있는 것이 아니고, 하나님의 말씀에 부여하고 있는 것이라는 점을 유의하여야 한다. 그리고 "신령한 자들"은 하나님의 말씀을 따라 판단을 행하게 되면, 그 판단이 옳다는 것을 깨닫게 되고, 그들의 판단은 하나님으로부터 올바른 판단으로 인정을 받게 되는데, 이러한 일들이 반복적으로 일어날 때, 신령한 자들에게는 인간의 불확실한 판단이나 지각을 뛰어넘는 확고하고 확실한 믿음이 자리를 잡게 된다. 또한, "판단하다"라는 단어의 의미를 주목하라. 이 단어는 우리가 성령의 조명을 받아서 진리를 알게 되는 것을 의미할 뿐만 아니라, 분별의 영으로 무장하고서, 진리와 거짓 사이에서 갈팡질팡하지 않고, 피해야 할 일과 따라야 할 일을 결정할 수 있다는 의미이기도 하다. 그런데 우리는 여기에서 이런 질문을 할 수 있다: 누가 그러한 "신령한 자"인가? 그리고 모든 일을 판단할 수 있을 만큼 성령의 조명을 받은 사람을 우리가 어디에서 찾을 수 있는가? 사실, 우리는 우리 자신이 얼마나 무지한지를 잘 알고 있고, 우리가 언제 오류를 범할지 모르는 위험에 항상 노출되어 있다는 것과 심지어 가장 완전하다는 사람조차도 끊임없이 실족한다는 것도 너무나 잘 알고 있지 않은가? 이러한 질문에 대한 대답은 쉬운데, 그것은 여기에서 바울은 성령으로 새롭게 된 모든 사람이 모든 종류의 오류에서 벗어나게 된다는 취지로 이 말을 한 것이 아니라는 것이다. 그가 여기에서 우리에게 가르치고자 한 것은 신앙의 교훈을 판단함에 있어서 인간의 지혜는 아무런 소용이 없고, 신앙의 교훈을 판단하는 권세는 오직 하나님의 성령에게 속해 있다는 것일 뿐이다. 따라서 어떤 사람이 거듭났다면, 그 사람은 자기가 받은 은혜의 분량만큼 정확하고 올바르게 판단하게 되지만, 모든 것을 정확하고 올바르게 판단할 수 있는 것은 아니다.

자기는 아무에게도 판단을 받지 아니하느니라. 바울이 "신령한 자"는 "아무에게도 판단을 받지 않는다"고 말한 이유에 대해서는, 내가 이미 앞에서 설명한 바 있다. 즉, 신령한 자가 아무에게도 판단을 받지 않는 이유는, 신앙의 진리는 오직 하나님께만 달려있고, 하나님의 말씀 위에 세워져 있는 까닭에, 사람들의 의지나 판단에 의해서 좌지우지되어 서거나 무너지는 것이 결코 아니기 때문이다. 바울이 나중에 뒤에서 "예언하는 자들의 영은 예언하는 자들에게 제재를 받나니"(고전 14:32)라고 말한 것도 바울이 여기에서 한 말과 서로 모순되거나 상치되는 것은 아니다. 왜냐하면, 바울이 예언하는 자들 사이에서 서로 간에 "제재"가 필요하다고 말한 이유는 각각의 "예언하는 자들"이 다른 "예언하는 자들"의 예언을 멸시하거나 거부하지 말고 그들의 예언에 귀를 기울여서, 그 예언이 과연 하나님의 진리인지를 분별하여, 하나님의 진리로 드러난 것을 궁극적으로 확정하여, 모든 믿는 자들로 하여금 그 진리를 받아들일 수 있게 하기 위한 것이기 때문이다. 따라서 믿음으로 말미암아 하나님으로부터 받은 지식이 사람들의 판단에 의해서 흔들리는 것을 막기 위해서, 바울은 여기에서 그러한 지식을 하늘과 땅보다도 더 높이 들어올린다. 한편, 우리는 여기에서 "아무에게도"로 번역된 '휘프 우데노스 (ὑπ' οὐδενός) 를 중성으로 읽을 수도 있는데, 그렇게 되면 이 어구는 사람이 아니라 사물을 가리키는 것이 되어서, 이 구절은 "자기는 그 어떤 것에 의해서도 판단을 받지 아니하느니라"가 된다. 우리가 이 구절을 그런 식으로 이해한다면, 이 절과 앞 절 간의 대비가 더욱 뚜렷해진다: 신령한 자는 하나님의 성령을 받은 사람이기 때문에 "모든 것"을 판단하지만, 인간의 지혜나 이성의 지배를 받지 않기 때문에 "그 어떤 것"에 의해서도 판단받지 않는다. 이 말을 통해서, 바울은 경건한 자들의 양심을 인간의 모든 규범과 법령과 비난으로부터 벗어나게 해준다.

16. 누가 주의 마음을 알아서 주를 가르치겠느냐. 바울은 이사야서 40장의 내용을 염두에 두고서 이 말을 한 것으로 보인다. 거기에서 이사야 선지자는 "누가 여호와의 영을 지도하였으며 그의 모사가 되어 그를 가르쳤으랴"(사 40:13)고 반문한다. 즉, 하나님께서 천지와 만유를 창조하시거나 그 밖의 다른 일들을 하실 때, 하나님을 도운 자가 누가 있었으며, 하나님께서 어떠한 계획과 목적으로 모든 일들을 행하셨는지를 알고 있는 자가 누가 있느냐고 선지자는 반문한다. 이사야 선지자와 마찬가지로, 바울도 이제 여기에서 이러한 반문을 사용해서, 복음 속에 담겨진 하나님의 비밀한 계획은 사람들이 자신들의 지적 능력으로는 도저히 알 수도 없고 짐작할 수도 없는 것이었음을 보여 주고자 한다. 따라서 이 절에 나오는 반문은 바울이 바로 앞에서 한 말을 확증해 주는 역할을 한다.

그러나 우리가 그리스도의 마음을 가졌느니라. 바울이 여기에서 사용한 "우리"라는 말이 모든 믿는 자들을 가리키는 것인지, 아니면 복음 사역자들만을 가리키는 것인지는 확실하지 않다. 사실, 이 두 가지 의미 중 어느 쪽으로 해석해도, 현재의 문맥 속에서 어색할 것은 전혀 없지만, 나는 "우리"라는 말이 바울 자신을 비롯한 충성스러운 사역자들만을 특별히 가리키는 것으로 이해하고자 한다. 따라서 바울이 여기에서 한 말은, 하나님의 종들은 성령의 도우심을 받아서 육신의 생각과는 정반대되는 "그리스도의 마음"을 배우기 때문에, 마치 그들의 입에서 나오는 말들이 하나님의 입에서 나오는 말씀들인 것처럼, 담대하게 사람들을 가르치고 복음을 전할 수 있다는 것을 뜻한다. 처음에 하나님의 종들에게 주어졌던 이러한 은사는 나중에는 점차 교회 전체로 퍼져 나갔다.

제3장

[1]형제들아 내가 신령한 자들을 대함과 같이 너희에게 말할 수 없어서 육신에 속한
자 곧 그리스도 안에서 어린 아이들을 대함과 같이 하노라 [2]내가 너희를 젖으로 먹
이고 밥으로 아니하였노니 이는 너희가 감당하지 못하였음이거니와 지금도 못하
리라 [3]너희는 아직도 육신에 속한 자로다 너희 가운데 시기와 분쟁이 있으니 어찌
육신에 속하여 사람을 따라 행함이 아니리요 [4]어떤 이는 말하되 나는 바울에게라
하고 다른 이는 나는 아볼로에게라 하니 너희가 육의 사람이 아니리요(3:1-4).

1. 형제들아 내가 신령한 자들을 대함과 같이 너희에게 말할 수 없어서. 바울은 고린도 교인들이 십자가의 교훈에 별로 매력을 느끼지 못하여 시큰둥해하고 있는 것은 십자가의 교훈에 문제가 있어서가 아니라 그들 자신의 탓이라는 것을 깨닫도록 하기 위해서, 자신이 지금까지 "육신에 속한 자"에 관해서 말했던 것을 이제 여기에서는 고린도 교인들에게 적용하기 시작한다. 당시에 고린도 교인들은 복음을 받아들이기는 하였지만, 그들의 몸에 배어 있던 상인적인 기질로 인하여 자부심과 교만함으로 가득하였기 때문에, 단순하기 짝이 없는 복음의 진리를 따르는 일은 그들에게 여전히 아주 꺼림칙하고 마음 내키지 않는 아주 어려운 일이었던 것으로 보인다. 그런 까닭에, 그들은 사도 바울이 전한 말씀 속에서는 하나님의 능력이 역시한다는 것을 알고 있으면서도, 사도와 그가 전한 말씀은 하찮은 것으로 폄하하고, 성령의 역사는 함께 하지 않지만 온갖 인간적인 학식과 수사를 동원하여 겉보기에 대단히 세련되고 우아하며 굉장해 보이는 거짓 교사들의 가르침에 더 귀를 기울이게 되었다. 따라서 바울은 그들의 오만방자함을 좀 더 효과적으로 억제하고 바로잡기 위해서, 그들이 육신적인 생각에만 몰두해 있어서, 하나님의 신령한 지혜를 받을 수 있는 상태가 되어 있지 않은 자들이라고 선언한다. 바울이 그들을 "형제들"이라고 부름으로써 그들에 대한 자신의 책망의 강도를 조금 낮추고 있는 것은 사실이지만, 그들의 마음이 육신적인 생각의 어둠으로 완전히 뒤덮여 있어

서, 그들의 그러한 상태가 자기가 그들에게 전하는 말씀이 그들의 심령 속으로 들어가는 것에 방해가 되었다고 말할 때, 그것은 분명히 그들을 책망하고 있는 것이다. 그들이 아직 바울이 전하는 말씀을 받아들여 청종할 수 있는 준비가 되어 있지 않다면, 어떻게 그들에게서 건전한 판단을 기대할 수 있겠는가? 하지만 바울이 여기에서 말하고자 한 것은 그들이 전적으로 완전히 육신적인 자들이 되어 버려서, 성령의 불꽃이 그들 안에서 완전히 꺼져 버렸다는 것이 아니라, 그들이 지금도 여전히 육신적인 생각에 지나치게 몰두해 있기 때문에, 육신이 성령을 압도하고 질식시킴으로써, 성령의 빛이 거의 꺼져가고 있는 상태에 있다는 것이다. 따라서 그들이 비록 은혜에서 완전히 떨어져 나간 것은 아니었지만, 그럼에도 불구하고 그들 안에서는 성령보다 육신이 주도권을 잡고 더 큰 힘을 발휘하고 있었기 때문에, 바울은 그들을 "육신에 속한 자"라고 부른 것이다. 이러한 사실은 바로 뒤에서 바울이 그들을 "그리스도 안에서 어린 아이들"이라고 표현한 것에 의해서 충분히 확증된다. 왜냐하면, 만일 그들이 거듭나서 갓 태어난 자들이 아니었다면, 바울은 그들을 "어린 아이들"이라고 부르지도 않았을 것이고, 그러한 거듭남이 성령의 역사에 의한 것이 아니었다면, 바울은 그들을 "그리스도 안에서"라는 어구를 덧붙이지 않았을 것이기 때문이다.

육신에 속한 자 곧 그리스도 안에서 어린 아이들을 대함과 같이 하노라. 성경에서 "어린 아이"라는 표현은 종종 좋은 의미로 사용되는데, 예를 들면, 베드로는 우리에게 "갓난 아기들" 같이 되라고 권면하고 있고(벧전 2:2), 그리스도께서는 "누구든지 하나님의 나라를 어린 아이와 같이 받아들이지 않는 자는 결단코 거기 들어가지 못하리라"(눅 18:17)고 말씀하셨다. 하지만 여기에서 "어린 아이"라는 표현은 지혜나 이해력이 결여되어 있거나 미숙한 자라는 나쁜 의미로 사용되고 있다. 왜냐하면, 바울이 고린도전서 14:20에서 말하고 있듯이, 우리는 "지혜에는 아이가 되지 말고 악에는 어린 아이"가 되어야 하기 때문이다. 고린도전서에서 바울이 한 이 말은 "어린 아이"라는 표현을 우리가 방금 앞에서 한 의미로 사용하고 있다는 것을 너무나 분명하게 보여 주기 때문에, 이 본문의 의미와 관련된 그 어떤 모호성도 다 제거해 준다. 또한, 우리는 에베소서 4:13-14도 동일한 맥락에서 이해할 수 있다: "우리가 다 하나님의 아들을 믿는 것과 아는 일에 하나가 되어 온전한 사람을 이루어 그리스도의 장성한 분량이 충만한 데까지 이르리니 이는 우리가 이제부터 어린 아이가 되지 아니하여 사람의 속임수와 간사한 유혹에 빠져 온갖 교훈의 풍조에 밀려 요동하지 않게 하려 함이라."

2. 내가 너희를 젖으로 먹이고 밥으로 아니하였노니. 바울이 여기에서 한 이 말에 대해서, 어떤 이들은 바울은 자기가 복음을 전하거나 가르치는 대상에 맞추어서 그리스도를 각각 다르게 바꾸어서 전하거나 가르쳤다고 말하고 있는 것이냐고 질문할지도 모르겠다. 그러한 질문에 대한 나의 대답은 바울은 복음의 교훈의 본질과 관련된 것이 아니라, 단지 복음을 전하거나 가르치는 방식이나 형태만을, 자기가 전하거나 가르치는 대상에 맞추어 조금씩 바꾸었다는 것이다. 즉, 여기에서 바울은 자기가 한 분 동일하신 그리스도를 "어린 아이"인 자들에게는 "젖"의 형태로 먹였고, "장성한 자"인 자들에게는 단단한 음식의 형태로 먹였다는 것이다. 마찬가지로, 바울은 동일한 복음의 진리도, 그 복음을 받는 자가 "어린 아이"이냐 "장성한 자"이냐에 따라서, 각 사람의 수준과 역량에 맞추어 가르쳤다. 따라서 지혜로운 교사라면, 자신의 가르침을 받는 사람의 수준과 역량에 맞추어서 가르치는 것이 마땅하기 때문에, 믿음이 연약하고 무지한 자들을 대상으로 할 때에는 신앙의 기초적인 원리들로부터 차근차근 가르쳐야 하고, 그들이 따라오지 못할 정도로 어려운 내용으로 성급하게 넘어가서는 안 된다. 요컨대, 너무 많은 것을 한 번에 가르치려 하다가는 탈이 날 것이 뻔하기 때문에, 지혜로운 교사는 조금씩 차근차근 가르침을 베풀어야 한다.

하지만 앞에서 말하였듯이, "어린 아이"에게 신앙의 기초적인 원리들을 가르치는 경우에도, 거기에는 신앙에 있어서 필수적인 지식들이 반드시 포함되어야 하고, 그러한 지식은 좀 더 장성하고 성숙한 자들에게 주어지는 가르침에 못지 않게 온전한 것이어야 한다. 이것과 관련해서는 아우구스티누스(Augustinus)의 요한복음 제98번째 강해를 읽어 보라. 어떤 자들은 모종의 위험을 무릅쓰지 않기 위하여 복음에 속한 진리를 애매모호하게 얼버무려서 전하거나 가르치고, 분명하고 당당하게 전하거나 가르치기를 꺼린다. 그러면서도, 그들은 자신들은 바울이 이 본문에서 한 말에 순종해서 그렇게 하고 있는 것이라고 주장하지만, 내가 지금까지 설명한 것이 잘 보여 주듯이, 그들의 그러한 주장은 일고의 가치조차 없는 터무니없는 변명일 뿐이다. 그런 자들은 그리스도를 사람들의 눈 앞에 생생하게 보여 주지 않고 너무 멀리 떨어뜨려 놓아서, 그리스도의 모습이 너무 희미하여, 사람들로 하여금 거의 볼 수 없게 만들 뿐만 아니라, 그리스도를 수많은 덮개들로 가려 놓기 때문에, 그들을 따르는 제자들은 언제까지나 끔찍한 무지의 상태에 머물러 있을 수밖에 없게 된다. 그런 자들이 그리스도를 얼마나 만신창이로 만들어서 사람들에게 보여 주고 있는지에 대해서, 나는 그 추악한 실상을 입에 올리고 싶지도 않다. 그들은 단지 반쪽짜리 그리스도를 전하는 정도가 아니라, 그리스도를 갈기갈기 찢어서 사람들에게 제시하고, 입으로는 그리스도를 전한다고 말하지만, 실상은 자신들이 행하고 있는 것이 끔찍한 우상 숭배인데도, 그것을 복음이라는 이름으로 은폐할 뿐만 아니라, 그들 자신의 행실을 통해서 그 끔찍한 우상 숭배를 더욱 강화시킨다. 설령 그들이 얼마간 좋은 말을 했다고 할지라도, 그들은 그 좋은 말을 그냥 내버려 두지 않고, 곧바로 거기에 수많은 추악한 거짓말들로 덧칠함으로써, 그 좋은 말을 흉악한 모습으로 바꾸어 놓는다. 그런 자들이 바울과 전혀 다르다는 것은 너무나 명약관화한 사실이어서 두말할 필요조차 없다. 바울이 말한 "젖"은 독이 아니라 자양분이 풍부한 양식을 가리키고, "어린 아이들"이 성장하는 데 꼭 필요하고 유익한 것을 가리킨다.

이는 너희가 감당하지 못하였음이거니와 지금도 못하리라. 바울은 고린도 교인들로 하여금 그들 자신이 똑똑하다고 자랑하지 못하게 하려고, 자기가 그들을 처음으로 보았을 때, 그들이 어떠한 상태에 있었는지를 먼저 언급한 후에, 더욱 심각한 것은 그들이 지금까지도 그러한 미숙한 상태에 머물러 있다는 사실이라는 말을 덧붙인다. 사실, 고린도 교인들은 바울의 전도를 받아서 그리스도를 옷 입었을 바로 그 때에 육신을 벗어 버리는 것이 마땅하였다. 즉, 그들은 바울의 가르침을 받고서 그 자양분을 잘 섭취하여 믿음의 진보를 이루는 것이 마땅하였는데, 실제로는 그렇지 못하였다. 우리는 바울이 바로 그 점을 안타까워하고 있는 것을 본다. 왜냐하면, 말씀을 받는 자가 열심히 배우려고 하기는 하는데 배우는 데 둔해서 진도가 잘 나가지 못하는 것이 아니라, 나태하거나 다른 그 어떤 잘못된 이유로 인해서 진보가 없는 경우에는, 그로 하여금 앞으로 나아가게 하고 높은 곳으로 올라가게 하는 것은 선한 교사의 책무이기 때문이다.

3. 너희는 아직도 육신에 속한 자로다. 썩어질 수밖에 없는 육신이 어떤 사람을 지배하고 있을 때에는, 육신은 그 사람의 심령까지도 점령하고 있는 것이기 때문에, 그 사람의 심령 속에는 하나님의 지혜가 들어설 자리가 없게 된다. 그렇기 때문에, 우리가 그리스도의 학교에서 신앙의 진보를 이루고자 한다면, 우리는 무엇보다도 먼저 우리 자신의 육신적인 생각과 의지를 포기하여야만 한다. 고린도 교인들 속에는 경건의 불꽃(pietatis scintilla)이 희미하게 남아 있었던 것은 사실이지만,

실제로는 가물가물거리며 거의 꺼져가는 것이었다.

너희 가운데 시기와 분쟁이 있으니. 결과들이 모든 것을 증명한다. 즉, 시기와 분쟁과 파당은 어느 곳에서나 육신의 열매들이기 때문에, 우리는 그러한 열매들을 보고서, 그 곳에 그 뿌리가 생생하게 살아 있다는 것을 분명하게 알 수 있는 것이다. 그런데 고린도 교인들 사이에는 그러한 악덕들이 널리 퍼져 있었기 때문에, 바울은 그러한 사실을 근거로 해서, 그들이 "육신에 속한 자"라는 것을 분명하게 증명한다. 그는 갈라디아서 5:25에서도 동일한 논증을 사용한다: "만일 너희가 성령으로 말미암아 살아가고 있는 것이라면, 또한 성령으로 행하라." 고린도 교인들은 자신들이 신령한 자들이라는 것을 인정받고 싶어 했지만, 바울은 그들에게 그들이 지금 행하고 있는 일들을 돌이켜 보라고 말한다. 왜냐하면, 그들은 자신들이 행하고 있는 일들을 통해서, 자신들의 입으로 주장한 것, 즉 자신들이 신령한 자들이라고 주장한 것을 부정하고 있기 때문이다. 한편, 바울은 "너희 가운데 시기와 분쟁이 있으니"라고 말할 때, "시기"와 "분쟁"을 합당한 순서에 맞추어서 말하고 있다는 것에 주목하라. 즉, "시기"로부터 "분쟁"이 생겨나고, 일단 "분쟁"의 불이 붙게 되면, 그것은 치명적인 파당들로 귀결된다. 그리고 이 모든 악의 근원은 인간의 야심(ambitio)이다.

육신에 속하여 사람을 따라 행함이 아니리요. 이 본문은 "육신"이라는 말이 궤변론자들의 주장처럼, 단지 정욕 또는 관능으로부터 생겨나는 저급한 욕망만을 국한해서 가리키는 것이 아니라, 인간의 본성 전체를 지칭하고 있다는 것을 분명하게 보여 준다. 본성이 이끄는 대로 행하는 자들은 하나님의 성령의 지배를 받는 자들이 아니다. 사도 바울의 정의에 의하면, 그러한 자들은 "육신에 속한 자들"이기 때문에, "육신"과 "인간의 본성"은 완전한 동의어이다. 따라서 바울이 다른 곳에서 우리가 "그리스도 안에서 새로운 피조물"(고후 5:17)이 되어야 한다고 요구한 것은 당연한 일이다.

4. 어떤 이는 말하되 나는 바울에게라 하고 다른 이는 나는 아볼로에게라 하니. 이제 바울은 고린도 교인들이 파당을 이루어 서로 분쟁하는 상황을 구체적으로 지적하면서, 그 상황에 좀 더 생동감을 부여하기 위해서, 자신이 마치 고린도 교인들 중의 한 사람이라도 되는 것처럼 말을 해 나간다. 바울에 따르면, 그들은 마치 그리스도께서 그들 모두에게 유일한 한 분 선생이 아니시기라도 한 것처럼, 저마다 특정한 인물을 자신의 선생으로 모시고 있다고 자랑하고 있다는 것이다. 사람들이

이렇게 각자의 욕심에 사로잡혀서 제각각 다른 생각으로 신앙생활을 하고 있는 곳에서는, 복음의 진보는 거의 또는 전혀 나타날 수 없다. 하지만 우리는 사도 바울이 그들이 사람을 추종하는 잘못된 열심에 빠져 있다고 책망하고 있는 것으로 보아서, 그들은 자신들의 그러한 상황을 있는 그대로 솔직하게 인정하였다고 보아서는 안 된다. 하지만 야심에서 비롯된 호의는 어리석은 수다를 수반하는 것이 보통이기 때문에, 그들은 바울이나 바울과 같은 부류의 사람들은 하찮게 여기고 멸시한 반면에, 겉만 번지르르하고 그럴 듯하며 고상하고 우아해 보이는 가르침을 자신들에게 베푼 선생들에 대해서는 훌륭한 선생들이라고 입에 침이 마르도록 칭송하는 모습을 보임으로써, 그들 자신의 말들을 통해서 자신들의 왜곡된 시각을 드러내었던 것으로 보인다.

5그런즉 아볼로는 무엇이며 바울은 무엇이냐 그들은 주께서 각각 주신 대로 너희로
하여금 믿게 한 사역자들이니라 6나는 심었고 아볼로는 물을 주었으되 오직 하나님
께서 자라나게 하셨나니 7그런즉 심는 이나 물 주는 이는 아무 것도 아니로되 오직
자라게 하시는 이는 하나님뿐이니라 8심는 이와 물 주는 이는 한가지이나 각각 자
기가 일한 대로 자기의 상을 받으리라 9우리는 하나님의 동역자들이요 너희는 하나
님의 밭이요 하나님의 집이니라(3:5-9).

5. 그런즉 아볼로는 무엇이며 바울은 무엇이냐. 이제 바울은 고린도 교인들에게 "사역자들"을 어떤 사람들로 보아야 하는지, 그리고 그들이 하나님에 의해서 사역자들로 세우심 받은 목적이 무엇인지에 대해서 말하기 시작한다. 여기에서 바울은 다른 사역자들의 이름은 언급하지 않고, 자기 자신과 아볼로의 이름만을 밝히고 있는데, 이것은 그가 다른 사역자들을 시기하고 있는 것이 아니냐는 오해를 받지 않기 위한 것이다. 그는 이렇게 반문한다: "사역자들은 복음을 전해서 너희를 믿음으로 이끌라고 세움 받은 사람들에 불과하지 않느냐." 이러한 반문을 근거로 해서, 바울은 우리가 그 어떤 사람도 자랑해서는 안 되고, 믿음은 오직 그리스도만을 자랑하는 것이라는 결론을 이끌어 낸다. 그런 까닭에, 사람들을 적정한 정도를 넘어서서 지나치게 칭송하는 것은 그 사람들의 참된 가치를 진정으로 칭송하는 것이 아니라 도리어 모욕하는 것이 된다. 왜냐하면, 그 사람들은 믿음의 "사역자들"인 까닭에, 그들 자신이 아닌 그리스도를 위해서 제자들을 얻는 사람들이기 때문이

다. 사역자들에 대하여 바울이 이런 식으로 말하는 것은 사역자들의 권위를 깎아 내리고 있는 것처럼 보이지만, 사실은 사역자들에게 제대로 된 합당한 권위와 권세를 부여하고 있는 것이다. 왜냐하면, 바울은 우리가 그 사람들의 사역을 통해서 믿음을 얻게 되는 것이라는 엄청난 말을 하고 있는 것이기 때문이다. 또한, 어떤 사람들이 행하는 가르침을 성령께서 사람들에게 역사하시기 위하여 사용하시는 도구라고 말하는 것은 그 사람들의 가르침에 대한 최고의 찬사이고, 하나님께서 그들을 자신의 일꾼들로 사용하셔서 무한히 값진 믿음이라는 보물을 사람들에게 나누어 주시는 것이라는 말을 들을 때, 사역자들은 최고의 영광과 존귀를 받는 것이다.

그들은 주께서 각각 주신 대로 너희로 하여금 믿게 한 사역자들이니라. 헬라어 본문에는 비교를 나타내는 불변화사 '호스'(ὡς, "~대로")가 '헤카스토'(ἑκάστῳ, "각자에게")의 뒤에 나오지만, 이것은 순서가 뒤바뀐 것이기 때문에, 나는 이 어구의 의미를 좀 더 분명하게 드러내기 위하여, 라틴어로 unicuique sicut(이것은 헬라어 어순을 그대로 따른 것이다 – 역주)가 아니라 sicut unicuique(이것은 헬라어 어순을 뒤집은 것이다 – 역주)로 번역하였다. 또한, 어떤 사본들에는 불변화사 '카이'(καί)가 나오지 않지만, 그렇더라도 이 절의 전반부와 후반부는 하나로 연결되기 때문에, 이 본문은 전체적으로 다음과 같은 취지로 번역될 수 있다: "너희는 사역자들로 말미암아 믿게 되었는데, 주께서는 그 일을 할 수 있도록 각각의 사역자들에게 서로 다른 다양한 은사를 주셨다." 우리가 이 본문을 이렇게 읽는다면, 이 절의 후반부는 바울이 자기가 전반부에서 말한 "사역자들"이 무엇을 뜻하는지를 설명하기 위해 덧붙인 것이 된다. 바울은 이렇게 말한 것과 같다: "하나님께서는 사역자들의 수고를 사용하신다. 하지만 그들은 사람들을 믿음으로 이끄는 일에 있어서 그들 자신의 힘으로 무엇인가를 할 수 있는 자들이 아니라, 하나님의 손에 붙들린 도구들로서 쓰임을 받는 자들이다." 나는 내가 선택한 읽기가 바울의 의도에 좀 더 가깝다고 생각하는데, 우리가 이러한 읽기를 따른다면, 이 문장은 다음과 같이 두 부분으로 이루어져서, 좀 더 온전한 의미를 전달할 수 있게 된다. 먼저, 바울은 "사역자들"은 그리스도께 전적으로 헌신되어서 너희로 하여금 그리스도를 믿게 만드는 자들이라고 말한 후에, 다음으로 그들은 하나님으로부터 받은 것이 없이는 아무것도 행할 수 없고, 오직 하나님으로부터 받은 각자의 분량만큼만 일할 수 있으며, 그들 스스로의 힘으로는 아무것도 행할 수 없기 때문에, 그들 자신에 대해서 자랑할 것이 아무것도 없는 자들이라고 말함으로써, 각각의 사역자들이 복음을 전도함에 있어서 어떠한 은사나 재능을 가지고 있든, 그러한 것들은 모두 다 하나님으로부터 온 것임을 보여 준다. 그리고 나서 마지막으로, 바울은 각각의 사역자들은 하나님으로부터 각자의 분량만큼만 은사와 재능을 부여받았기 때문에, 사람들을 제대로 믿음으로 이끌기 위해서는, 서로의 도움이 반드시 필요하고, 따라서 모든 사역자들은 다 하나가 되어 복음의 일에 협력하는 것이 마땅하다는 것을 가르친다.

6. 나는 심었고 아볼로는 물을 주었으되. 바울은 하나님의 말씀의 본질과 전도의 용도를 보여 주는 데 아주 적절한 비유를 사용함으로써, 사역자들이 행하는 사역이 어떠한 것인지를 좀 더 분명하게 보여 준다. 땅이 열매를 내도록 하기 위해서는, 농부는 땅을 갈고 씨를 뿌리는 등 여러 가지 일을 하여야 한다. 하지만 농부가 이 모든 일을 다 하였다고 할지라도, 하나님께서 햇빛을 보내 주시고, 특히 그의 놀랍고 신비로운 능력을 베푸셔서, 씨로 하여금 자라나게 하시지 않는다면, 농부의 모든 수고는 수포로 돌아가고 말 것이다. 그런 까닭에, 농부의 수고가 쓸데없는 것도 아니고, 그가 뿌린 씨가 무익한 것도 아닐지라도, 농부가 땅에 뿌린 씨에서 열매가 날 수 있는 것은 오직 하나님의 축복(Dei benedictio) 덕분이다. 땅에 떨어진 씨가 썩어진 후에 싹이 돋는 것보다 더 경이로운 일이 어디에 있겠는가? 마찬가지로, 하나님의 말씀도 씨이고, 씨의 본질적인 속성은 열매를 맺는 것이다. 한편, 사역자들은 땅을 갈고 씨를 뿌리는 농부들 또는 경작자들과 같다. 여기에는 물론 물을 주는 것과 같은 다른 일들도 행해져야 한다. 씨를 뿌리고 열매가 맺힐 때까지 최선을 다해서 땅이 열매를 낼 수 있도록 도와 주는 것이 "사역자들"이 할 일이다. 그러나 그들의 수고가 열매를 맺는 것은 하나님의 은혜로 말미암은 이적인 것이지, 결코 인간적인 노력의 결과는 아니다.

하지만 우리는 여기에서 말씀을 전하고 가르치는 것이 얼마나 필요한 일인지, 또 그러한 전도와 가르침이 지속적으로 이루어지는 것이 얼마나 중요한 일인지를 주목하여야 한다. 사실, 하나님께서 사람의 노력과 수고를 사용하지 않으시고 땅에 복을 주셔서 저절로 열매가 맺히게 하시는 것은 사람의 많은 수고와 땀을 통해서 결실이 맺히게 하시는 것보다 더 어려운 일은 결코 아닐 것이다. 하지만 하나님께서는 사람으로 하여금 땅을 일구며 땀을 흘리도록 하셨고, 땅은 사람들의 수고에 대해서 소산을 내도록 정하셨기 때문에, 우리는 거기에 따라서 살아야 한다. 마찬가지로, 사람들이 아무것도 하지 않을지라도, 하나님께서는 마음만 먹으시면 잠

자고 있는 사람들에게도 얼마든지 믿음을 불어넣어 주실 수 있으시다. 그러나 하나님께서는 그렇게 하시지 않으시고, "들음" 으로부터(ex auditu) 믿음이 생겨나게 하셨다(롬 10:17, "믿음은 들음에서 나며 들음은 그리스도의 말씀으로 말미암았느니라"). 따라서 하나님께서 정하신 그러한 방편을 사용하지 않고 가만히 있어도 믿음에 이를 수 있다고 생각하는 사람은, 땅을 갈고 씨를 뿌리는 등 경작에 필요한 일들은 전혀 하지 않은 채, 입을 벌리고 하늘에서 양식이 떨어지기를 기다리는 농부처럼 행하는 것이다. 이제 우리는 바울이 하나님의 말씀을 지속적으로 전하고 가르쳐야 한다고 말한 의도가 무엇이었는지를 알게 된다. 즉, 씨가 뿌려지는 것만으로는 충분하지 않고, 그 씨는 다른 여러 가지 도움들을 받아서 계속해서 자라가야 한다는 것이다. 따라서 이미 씨를 받은 사람들에게는 물을 공급해 주는 것이 필요하고, 온전히 성장할 때까지, 다시 말해서, 씨가 죽어서 열매를 맺게 될 때까지 지속적인 도움이 제공되어야 한다. 그렇기 때문에, 여기에서 바울은 고린도 교회에서 자기가 행한 말씀 사역을 계승한 아볼로가 자신이 뿌린 씨에 물을 준 것이라고 말한다.

7. 그런즉 심는 이나 물 주는 이는 아무것도 아니로되. 우리가 지금까지 말한 것으로부터 분명한 것은 사역자들이 한 수고들은 결코 하찮은 것이 아니었다는 것이다. 그런데도 바울은 여기에서 그러한 사역자들은 "아무것도" 아니라고 말하고 있기 때문에, 우리는 바울이 왜 사역자들의 수고를 그처럼 낮게 평가하고 폄하하는 이유가 무엇인지를 살펴보지 않으면 안 된다. 무엇보다도 먼저, 우리는 바울은 성례전들의 경우에 있어서와 마찬가지로, "사역자들" 에 대해서도 다음과 같이 두 가지 서로 다른 방식으로 말하곤 한다는 것을 주목할 필요가 있다. 첫째로, 어떤 경우들에 있어서 바울은 "사역자들" 은 먼저 사람들로 하여금 거듭나게 하여 죄 사함을 받고 심령이 새로워지게 하고, 그런 후에 그들에게 자양분을 공급하고 양육하여 영생에 이르게 하여 그리스도의 나라를 세우고 사탄의 나라를 멸하는 일을 행하도록 하나님에 의해서 세우심을 받은 자들이라고 말한다는 것이다. 이러한 관점에서 보면, "사역자들" 에게는 단지 "심고 물을 주는" 소임만이 부여되어 있는 것이 아니라, 그들의 수고가 헛되게 되지 않게 하기 위하여 성령의 능력도 공급되고 있는 것이 된다. 그래서 바울은 고린도후서 3:6에서 자기 자신을 "율법 조문의 사역자" 가 아니라, 하나님의 말씀을 사람들의 마음에 새기는 "성령의 사역자" 라고 부른다. 둘째로, 또 다른 경우들에 있어서 바울은 "사역자들" 을 주인이 아니라 종이고, 손

이 아니라 손에 붙잡힌 도구로서, 하나님이 아닌 인간에 불과한 존재들이라고 말한다. 이러한 관점에서 보면, "사역자들"은 하나님이 시키시는 일들을 하는 존재일 뿐만 아니라, 하나님께서 자신의 성령을 통해서 그 일들에 효력을 주지 않으시면, 그들이 행한 일들마저도 헛되고 무익한 일들이 될 뿐이다. 바울이 이렇게 마치 "사역자들"을 폄하하는 듯이 말하는 이유는, 단지 복음 사역만을 놓고 볼 때에는, 우리는 사람에 불과하고 일꾼에 불과한 "사역자들"을 바라보아서는 안 되고, 성령의 은혜를 통해서 사역자들 안에서 역사하시는 하나님을 바라보아야 한다는 것을 가르치기 위한 것이다.

하지만 내가 여기에서 "성령의 은혜를 통해서"라는 말을 하였다고 해서, 사역자들이 어떤 말들을 했을 때, 거기에 반드시 성령의 은혜가 임하는 것처럼 말한 것으로 오해해서는 안 된다. 즉, 성령의 은혜는 사람인 사역자들이 한 말들에 구속되거나 종속되는 것이 아니고, 단지 그리스도께서는 사역자들을 세우셔서 그들이 행하는 복음 사역을 통해서 사람들을 구원하시기로 정하셨기 때문에, 그들의 사역이 헛되지 않도록 하시기 위하여, 그들이 복음을 전하거나 가르칠 때, 거기에 성령으로 역사하셔서 자신의 능력을 나타내시는 것일 뿐이다. 따라서 그리스도께서 자신에게 속한 것을 사역자들에게 이전해 주셨다고 해서, 그리스도의 권세나 능력이 없어지거나 감소되는 것은 결코 아니다. 왜냐하면, 그리스도께서는 사역자들과 분리되어 계시는 것도 아니고, 사역자들은 그리스도와 분리되어 독자적으로 능력을 행하는 것도 아니며, 도리어 그리스도께서 사역자들을 통해서 자신의 능력을 효과적으로 나타내시고 드러내시는 것이기 때문이다. 그렇지만 우리는 판단력이 부패되고 훼손되어 있어서, 사역자들의 그러한 모습을 볼 때, 사역자들을 통해 나타나는 그리스도의 능력과 권세를 보는 것이 아니라, 그 능력을 사역자들의 능력으로 오해하여, 사람이자 일꾼에 불과한 사역자들을 지나치게 높이는 일이 비일비재하게 일어난다. 따라서 우리는 그러한 과오를 바로잡기 위해서, 주님과 사역자들을 따로 분리해 놓고서, 복음 사역과 관련해서 주님은 어떤 분이시고, 사역자들은 어떤 자들인지를 따로따로 생각해 볼 필요가 있다. 그렇게 했을 때, 사람이자 일꾼에 불과한 사역자들이 그들 자체로는 얼마나 보잘것없고 하찮은 존재이고, 얼마나 무력한 존재인지가 분명하게 드러난다.

따라서 우리가 알아야 할 것은 이 절에서 바울이 "사역자들"을 주님과 비교해서 어떤 자들인지를 밝힌 것은, 사람들이 하나님의 은혜는 과소평가하는 반면에, "사역자들"에 대해서는 도가 지나칠 정도로 후하게 칭송함으로써 하나님의 것을 빼앗아서 그들에게로 돌리는 일이 비일비재하게 일어나기 때문이었다는 것이다. 따라서 바울이 "심는 이나 물 주는 이는 아무 것도 아니로되"라고 말하고 "오직 자라게 하시는 이는 하나님뿐"이라고 말하였을 때, 그것은 사람인 사역자들의 수고가 아무런 소용이 없다는 뜻으로 그런 말을 한 것이 아니고, 하나님과 그의 사역자들에게 각각 가장 합당한 자리를 돌려 드린 것이기 때문에, 최적의 균형을 유지하고 있는 말을 한 것이다. 우리가 다른 곳에서 보게 되겠지만, 성례전들에 대해서도 동일한 논증이 적용된다. 따라서 하늘에 계신 우리 아버지께서는 자신의 땅을 일구는 우리의 수고를 배척하시는 것도 아니고 그 수고의 열매를 허락하지 않으시는 것도 아니지만, 그럼에도 불구하고 온전한 찬양이 오직 자신에게만 돌려지도록 하기 위해서, 우리의 수고가 열매를 거두느냐 거두지 못하느냐의 여부가 오직 자신의 축복에 의해서 좌우되게 하신다. 그런 까닭에, 우리가 우리의 수고와 노력과 인내로부터 무엇인가 어떤 열매를 거두고자 한다면, 우리는 우리 자신과 우리의 일을 전적으로 하나님의 은혜에 맡기고, 이 모든 일에서 오직 하나님만을 의지함으로써, 하나님께서 우리의 수고와 노력과 인내에 복주시도록 의뢰하여야 한다는 것이다. 왜냐하면, 하나님께서 복주시지 않으시면, 우리는 어떠한 일에서도 아무런 열매를 거두지 못하게 될 것이기 때문이다.

8. 심는 이와 물 주는 이는 한가지이나. 바울은 고린도 교인들이 그들 자신을 여러 복음 사역자들의 이름을 붙인 파당에 속한 자라고 말하는 것은, 그들 자신의 파당을 유지하기 위한 목적으로 복음 사역자들의 이름을 악용하고 있는 것임을, 또 다른 근거 위에서 분명하게 보여 준다. 왜냐하면, 사역자들은 한 가지 목적을 위해서 서로 협력하고 있는 사람들이고, 하나님께서 그들에게 주신 사명을 포기하지 않는 한, 어떤 일이 있어도 서로 갈라서거나 나뉠 수 없는 사람들인데, 고린도 교인들은 자신들의 파당과 분쟁을 위해서 그런 사역자들이 마치 서로 갈라서거나 나뉘어 있는 자들인 것처럼 이용하고 있기 때문이다. 바울은 "심는 이와 물 주는 이는 한 가지"라고 말한다. 달리 말하면, 그들은 하나의 목적을 갖고 있고, 한 분 주님을 섬기고 있으며, 동일한 사역을 행하고 있기 때문에, 그들의 유대와 결합은 그 어떠한 분리도 허용하지 않을 만큼 매우 긴밀하다는 것이다. 그들은 하나님의 밭을 온 힘을 다해 일구는 사역자들이기 때문에, 서로 일치단결하여 상부상조해야 하는 관계에 있다. 그런 까닭에, 그들의 이름이 분쟁과 갈등을 부추기는 깃발(vexilla)이 된

다는 것은 있을 수 없는 일이다. 이 본문은 "사역자들"에게 일치(concordia)를 권면하는 아름다운 구절임과 동시에, 야심에 가득 찬 선생들을 간접적으로 책망하는 구절이기도 하다. 바울은 거짓 교사들이 자신의 이름을 내고자 하는 야심으로 인해서 고린도 교인들 간의 분쟁의 원인을 제공함으로써, 자신들이 그리스도의 종이 아니라 헛된 영광을 추구하는 허영의 노예라는 것과 씨를 심고 물을 주기보다는 뽑고 불사르는 데 열중한 자들이라는 것을 스스로 드러냈다고 책망한다.

각각 자기가 일한 대로 자기의 상을 받으리라. 바울은 여기에서 모든 "사역자들"이 무엇을 목표로 삼고서 일해야 하는지를 보여 주는데, 그것은 많은 사람들의 환심을 사고 많은 사람들로부터 박수갈채를 받기 위한 것이어서는 안 되고, 하나님을 기쁘시게 해 드리고자 하는 것이어야 한다는 것이다. 바울이 이 말을 하는 것은, 한편으로는 세상의 영광에 도취해서 다른 것들은 전혀 생각하지 않는 저 야심으로 가득 찬 선생들에게 장차 있을 하나님의 심판을 상기시켜 주기 위한 것이고, 다른 한편으로는 겉만 번지르르한 고상한 언변과 그 속에 진리는 없고 자신을 과시하고자 하는 헛된 화려함만이 가득한 언동에 박수갈채를 보내는 고린도 교인들에게, 그들이 그렇게 하는 것이 얼마나 무가치하고 쓸데없는 것인지를 경고하기 위한 것이다. 이와 동시에, 이 말을 통해서 바울은 자기에게는 양심에 거리끼는 것이 아무것도 없기 때문에, 하나님의 심판을 두려움 없이 담대하게 고대하고 있다는 것을 내비치고 있다. 야심에 가득 찬 사람들이 세상의 평가에 연연하는 이유는, 그들이 하나님께 헌신하는 법을 배우지 않았기 때문이기도 하지만, 그것보다는 하나님의 심판이 그들의 눈 앞에 보이지 않기 때문이다. 따라서 하나님께서 그들 가운데 나타나셔서, 하나님이 계신다는 것을 그들이 알게 될 때, 사람들로부터의 인정과 박수갈채를 받고 싶다는 그들의 어리석은 열망은 순식간에 사라지고 만다.

9. 우리는 하나님의 동역자들이요. 이것은 최고의 논증이다: 우리는 하나님에 의해 고용되어 하나님의 일을 하는 사역자들이고, 하나님은 신실하시고 공의로우신 분이기 때문에, 절대로 우리의 품삯을 떼먹지 않으신다. 그런 까닭에, 사역자들인 우리가 사람들의 눈치를 보거나 사람들로부터의 상을 기대한다면, 그것은 크게 잘못하는 것이다. 여기에서 우리는 복음 사역에 관한 놀랄 만한 말을 듣게 되는데, 그것은 하나님께서는 모든 것을 스스로 하실 수 있으신 데도 불구하고, 우리처럼 보잘것없는 존재를 자신의 조력자들로 삼으시고 자신의 도구들로 사용하신다는 것이다. 그런데 교황주의자들이 인간의 자유의지(liberum arbitrium)에 관한 자신

들의 이론을 확증하기 위한 증거로 이 본문을 악용한 것은 확실히 어리석음의 극치를 보여 준다. 왜냐하면, 바울이 여기에서 가르치고 있는 것은 사람이 천부적으로 주어진 본성적인 능력으로 무엇을 할 수 있느냐에 대한 것이 아니라, 하나님께서 자신의 은혜로 말미암아 사람들을 자신의 도구로 사용하셔서 무엇을 하시느냐에 대한 것이기 때문이다. 어떤 사람들은 이 본문에서 바울이 자기는 하나님의 사역자로서, 자신의 동료들, 즉 교회의 다른 선생들과 동역자 관계에 있다고 말하고 있는 것으로 설명한다. 하지만 나는 그러한 설명이 어색하고 억지스럽다는 느낌을 떨쳐 버릴 수 없고, 또한 이 문제를 그렇게 복잡하게 생각해야 할 이유를 전혀 발견할 수 없다. 왜냐하면, 하나님의 집을 짓거나 하나님의 포도밭을 가꾸는 것은 하나님 자신의 고유한 일임에도 불구하고, 하나님께서는 자기와 함께 일을 할 사람들로서 사역자들을 부르신 것이라고 이해하는 것이 사도 바울의 의도와 아주 잘 부합하기 때문이다. 하나님께서는 사역자들을 자신의 도구로 사용하셔서 홀로 일하시는 것이지만, 사역자들의 입장에서 보면, 자신들은 하나님과 함께 일하는 것이다. 사역자들의 품삯이라는 주제에 대해서는 나의 「기독교 강요」를 보라.

너희는 하나님의 밭이요 하나님의 집이니라. "하나님의 밭"과 "하나님의 집"이라는 표현은 능동의 의미와 수동의 의미, 이렇게 두 가지 의미로 다 설명될 수 있다. 먼저, 이 표현들을 능동의 의미로 이해하면, 다음과 같이 된다: "너희는 사람들의 수고에 의해서 하나님의 밭에 심긴 자들이지만, 사실은 너희를 자신의 밭에 심으신 진짜 농부는 하늘에 계신 아버지 하나님이시다. 또한, 너희는 사람들에 의해서 건축된 자들이지만, 사실은 너희를 건축하셨고 건축해 나가시는 진짜 건축자는 하나님 아버지이시다." 반면에, 이 표현들을 수동의 의미로 이해하면, 다음과 같이 된다: "우리가 너희와 함께 있을 때, 우리는 하나님의 밭인 너희 가운데 하나님의 말씀이라는 씨를 뿌렸고, 그후로도 물을 주는 등 온갖 정성을 기울였다. 그러나 그것은 우리 자신을 위한 것도 아니고, 우리를 위한 열매를 수확하기 위한 것도 아니다. 우리는 다만 하나님의 말씀에 순종하여 모든 수고를 한 것일 뿐이다. 우리가 하나님의 집인 너희를 건축하기 위해서 열심히 수고한 것은 사실이지만, 우리는 우리 자신의 이익을 염두에 두고서 그렇게 한 것이 아니고, 다만 너희가 하나님이 경작하시는 밭과 하나님이 건축하시는 집이기 때문에, 하나님의 일꾼으로서 하나님의 일을 한 것일 뿐이다." 나는 후자의 해석이 더 합당하다고 생각한다. 왜냐하면, 바울은 여기에서 그리스도의 진정한 사역자들은 그들 자신이 아니라 주님을 위해서 일하는 사람들이라는 사실을 말하고 싶었던 것이라고 나는 생각하기 때문이다. 따라서 이것으로부터 우리는 "하나님의 밭"과 "하나님의 집"으로서 오직 하나님께만 속한 고린도 교인들이 자신들의 선생들, 즉 특정한 사람들에게 충성을 바친 것은 잘못된 행동이라는 결론을 도출해 낼 수 있게 된다. 여기에서 바울은 먼저 자기가 앞에서 사용하였던 비유인 농사 비유의 연속선 상에서 고린도 교인들을 "하나님의 밭"이라고 부르고, 그런 후에 다음 절부터 시작되는 좀 더 일반적인 논의를 위한 발판을 마련하기 위해서, 건축으로부터 가져온 또 다른 비유를 사용하여 그들을 "하나님의 집"이라고 부르고 있다.

[10]내게 주신 하나님의 은혜를 따라 내가 지혜로운 건축자와 같이 터를 닦아 두매 다
른 이가 그 위에 세우나 그러나 각각 어떻게 그 위에 세울까를 조심할지니라 [11]이
닦아 둔 것 외에 능히 다른 터를 닦아 둘 자가 없으니 이 터는 곧 예수 그리스도라
[12]만일 누구든지 금이나 은이나 보석이나 나무나 풀이나 짚으로 이 터 위에 세우면
[13]각 사람의 공적이 나타날 터인데 그 날이 공적을 밝히리니 이는 불로 나타내고 그
불이 각 사람의 공적이 어떠한 것을 시험할 것임이라 [14]만일 누구든지 그 위에 세운
공적이 그대로 있으면 상을 받고 [15]누구든지 그 공적이 불타면 해를 받으리니 그러
나 자신은 구원을 받되 불 가운데서 받은 것 같으리라(3:10-15).

10. 내가 지혜로운 건축자와 같이 터를 닦아 두매. 우리가 조금 후에 살펴보겠지만, 이것은 아주 적절한 비유이기 때문에, 성경에 자주 등장한다. 여기에서 바울은 사도의 직임에 대한 자신의 신실함과 충성됨을 확신에 넘치는 단호한 어조로 아주 분명하게 선언하는데, 그가 이렇게 단호하고 분명하게 자신의 사도직을 천명하여야 했던 것은, 한편으로는 고린도 교회 내의 악한 선생들의 비방과 중상모략을 물리치고, 다른 한편으로는 이미 사도 바울의 교훈을 깔보기 시작하고 있던 고린도 교인들의 오만방자함을 질책하기 위한 것이었다. 고린도 교회의 거짓 교사들과 그들을 따르는 교인들이 바울을 얕보고 깔아뭉갤수록, 바울은 더욱더 자기 자신을 높이 들어올린다. 그는 마치 그들이 감히 범접할 수 없는 아주 높은 강단에 올라가서서 선포하는 듯한 어조로, 자기는 "하나님의 집"인 그들을 건축함에 있어서 그 모든 건축을 총괄하는 책임을 맡은 하나님의 도편수(primus architectus)로서 "터"를 닦아 놓았고, 건축자에게 합당한 "지혜"를 가지고서 그 일을 수행하였으며,

"터"를 닦을 때와 동일한 원리로 그 집의 나머지 상부 구조물을 완성하는 역할을 다른 사람들에게 맡겼던 것이라고 당당하게 선언한다.

우리가 여기에서 주목해야 할 것은 바울이 "건축자"에 관한 이야기를 꺼낸 데에는 두 가지 목적이 있었다는 것인데, 첫 번째는 고린도 교인들이 자신의 가르침을 업신여기고 멸시하는 것을 보고서, 그 가르침의 권위를 확보하고자 한 것이었고, 두 번째는 자신이 유명해지고 싶은 열망에 사로잡혀서 새로운 가르침을 열심히 모색하고 있는 자들의 교만을 꺾어 놓고자 한 것이었다. 그런 까닭에, 바울은 "하나님의 집"을 건축함에 있어서 부질없는 경거망동을 해서는 안 된다는 것을 그들에게 경고하면서, 다음과 같은 두 가지를 금지하는데, 하나는 그들은 바울이 닦아 놓은 것과 다른 "터"를 닦으려고 시도해서는 안 된다는 것이고, 다른 하나는 바울이 닦아 놓은 "터"와 조화를 이루지 않는 건축물을 그 터 위에 세워서는 안 된다는 것이다.

내게 주신 하나님의 은혜를 따라. 바울은 오직 하나님께만 속한 영광을 자기가 아주 조금이라도 자신의 것으로 취하는 일이 혹시라도 일어나지 않도록 하기 위하여 언제나 극히 신중한 자세를 견지하는데, 여기에서도 하나님의 집을 짓는 것과 관련된 모든 일은 하나님이 주신 은혜로 말미암아 된 것이라고 말함으로써, 모든 공로를 하나님께 돌리고, 자기 자신에게는 아무런 공로로 남겨 두지 않으며, 자신은 단지 하나님의 도구일 뿐이라는 사실만을 강조한다. 하지만 여기에서 바울은 자기 자신을 쳐서 겸손하게 하나님께 굴복시키는 데서 그치고 있는 것이 아니라, 아울러 저 오만불손한 자들, 즉 자신들이 사람들로부터 높임을 받는 데만 급급해서, 하나님의 은혜를 가리는 일을 서슴지 않고 행하고, 그러고도 전혀 개의치 않는 자들을 넌지시 책망하고 있는 것이기도 하다. 또한, 바울은 고린도 교인들이 대단한 것으로 여기는 겉만 번지르르하고 화려한 허세는 성령의 은혜와는 아무런 상관이 없는 것임에 반해서, 하나님의 인도하심에 따라서 일하는 자신은 그들의 멸시를 받을 이유가 전혀 없다는 점도 여기에서 암시하고 있다.

11. 이 닦아 둔 것 외에 능히 다른 터를 닦아 둘 자가 없으니 이 터는 곧 예수 그리스도라. 이 문장은 두 부분으로 이루어져 있다: 첫 번째는 그리스도가 교회의 유일한 "터"라고 말하고 있는 부분이고, 두 번째는 고린도 교인들은 바울의 가르침을 통해서 그리스도라는 올바른 "터" 위에 세움을 받았다고 말하고 있는 부분이다. 왜냐하면, 그들은 올바른 "터" 위에 건축되기 시작하였음에도 불구하고, 귀가

근질근질해서 무엇인가 새로운 교훈을 듣고 싶어 하였던 까닭에, 다시 올바른 "터"이신 그리스도께로 돌이킬 필요가 있었기 때문이다. 또한, 바울에게는 자기가 고린도 교회의 터를 닦은 하나님의 최고의 "건축자"로 인정받는 것이 아주 중요하였다. 왜냐하면, 그랬을 때에만, 고린도 교인들이 바울의 가르침을 버리는 것은 곧 그리스도 자신을 버리는 것과 동일하게 여겨질 수 있을 것이었기 때문이다. 따라서 이 절의 요지는, 교회는 어떠한 경우에도 오직 그리스도라는 "터" 위에만 세워져야 하고, 바울은 고린도 교인들 가운데서 교회의 제대로 된 "터"를 닦는 소임을 충성스럽고 신실하게 수행하였다는 것이다. 그런 까닭에, 바울의 뒤를 이어서 고린도 교회에서 복음 사역을 담당하게 된 사람들은 자신들이 선한 양심으로 하나님을 섬기는 자들이고, 그리스도의 참된 사역자들이라는 말을 듣고자 한다면, 자신들의 가르침이 바울의 가르침과 동일하게 유지되게 함으로써, 바울이 닦아 둔 "터"가 보존되도록 하여야 한다는 것이다. 이것으로부터 우리는 다음과 같은 결론을 도출해 낼 수 있다: 교회에서 참된 사역자들의 뒤를 이어서 사역을 담당하게 된 자들이 그 참된 사역자들의 이전의 가르침에 맞추어서 가르침을 베푸는 것을 자신들의 목표로 삼지 않거나, 그 교회에서 이미 시작된 참된 가르침을 계속해서 발전시키고자 할 뿐이고, 어떤 새로운 가르침을 도입하고자 하는 시도를 할 의도가 전혀 없다는 것을 분명히 하지 않는다면, 그런 자들은 교회를 세우는 충성스러운 일꾼들이 아니라, 도리어 교회를 해치는 자들일 뿐이다. 왜냐하면, 교회 안에서 이미 시작된 참된 가르침과 다른 종류의 가르침을 끌어들임으로써, 이미 참된 가르침 안에 든든히 서 있는 신자들을 혼란스럽게 만들어서, 그들로 하여금 교회의 올바른 "터"가 과연 어떤 것인가에 대해서 의구심을 품게 만드는 것보다 더 파괴적인 일은 없기 때문이다.

그렇다면, 절대로 훼손되거나 흔들려서는 안 되는 근본적인 가르침은 무엇인가? 그것은 그리스도께서 교회의 유일한 "터"라는 사실이다. 그러나 그리스도의 이름을 자주 입에 올리기는 하지만, 그 이름을 빙자해서, 하나님의 진리 전체를 뿌리째 뽑아 버리는 사람들이 많다. 그러므로 우리는 교회가 그리스도라는 "터" 위에 올바르게 세워진다는 것이 무엇을 의미하는지를 유념할 필요가 있는데, 그것은 우리의 의(iustitia), 구속, 성화, 지혜, 대속, 우리가 깨끗하게 되는 것, 즉 우리의 "생명" 및 "영광"과 관련된 모든 것을 오직 그리스도께만 돌리는 것이다. 간단히 말해서, 그것은 바울이 고린도전서 1:30에서 이미 말한 것, 즉 "너희는 하나님으로부터 나서 그리스도 예수 안에 있고 예수는 하나님으로부터 나와서 우리에게 지혜와 의로움과 거룩함과 구원함이 되셨다"는 것에 부합하는 방식으로, 그리스도 및 그의 직임과 권능과 공로를 전하고 가르치는 것이다. 만일 우리가 그리스도를 총체적으로 온전하게 알지 못해서, 단지 부분적으로 구속주로만 그리스도를 알아 그 이름을 부르고, 의와 성화와 구원을 그리스도가 아닌 다른 곳에서 구한다면, 그것은 그리스도를 교회의 "터"의 지위에서 축출하고, 그 자리에 가짜 돌을 갖다 놓는 것인데, 교황주의자들이 바로 그런 자들이다. 그들은 그리스도에게서 그에게 속한 거의 모든 권능과 공로를 박탈해 버리고, 허울뿐인 이름만을 남겨둔다. 그러한 자들은 절대로 그리스도라는 "터" 위에 세워진 자들이 아니다. 왜냐하면, 그리스도가 교회의 "터"가 되는 것은 그가 구원과 영생의 유일한 원인(causa)이시고, 우리가 오직 그리스도 안에서만 하나님 아버지를 알게 되며, 우리에게 주어지는 모든 복의 근원이 그리스도 안에 있는 까닭인데, 만일 그리스도께서 그런 분으로 인정받지 못한다면, 그리스도는 더 이상 교회의 "터"라고 할 수 없을 것이기 때문이다.

그러나 이것에 대해서 다음과 같은 질문이 제기될 수 있다: "터가 건물의 일부분에 불과한 것처럼, 그리스도도 구원의 가르침의 일부이거나 시작에 불과한 것이 아닌가? 만약 그렇다면, 신자들은 그리스도 안에서(in Christo) 시작하기는 하지만, 그 완성은 그리스도 밖에서(extra Christum) 이루어져야 하는 것이 아닌가? 그리고 바울이 여기에서 암시하고 있는 것도 그런 것이 아닌가?" 하지만 바울이 말하려고 한 것은 그런 것이 아니라는 것이 나의 대답이다. 왜냐하면, 만일 바울이 그러한 의도로 이런 말을 한 것이라면, 그것은 자기가 골로새서 2:3에서 "그 안에는 지혜와 지식의 모든 보화가 감추어져 있느니라"고 말한 것과 모순이 될 것이기 때문이다. 따라서 "그리스도를 배운" 사람은 하늘에 속한 가르침의 일부가 아니라 그 전부를 배운 것이다. 하지만 바울의 사역은 고린도 교인들을 위하여 "터"를 닦는 것에 집중되어 있었기 때문에, 그는 여기에서 자신이 행한 일, 즉 그리스도를 단순하고 순전하게 선포한 사실에 대해서만 언급하고 있는 것이다. 그런 이유로, 바울은 자신이 고린도 교인들 가운데서 행하였던 사역을 그들에게 상기시키면서, 그리스도를 제대로 된 올바른 "터"라고 불렀던 것이고, 그리스도는 "터"일 뿐이고, "터"를 제외한 건물의 다른 부분은 아니라는 의미로, 그리스도를 "터"라고 부른 것은 아니었다. 결론적으로 말해서, 바울은 여기에서 그리스도를 아는 지식을 그 지식과 어긋나는 일체의 다른 가르침들과 서로 비교하고 있는 것이 아니고, 바울 자신과 다른 사역자들 간의 관계가 어떠하여야 하는지만을 부각시키고 있는 것이다.

12. 만일 누구든지 금이나 은이나 보석이나 나무나 풀이나 짚으로 이 터 위에 세우면. 바울은 집을 건축하는 것에 관한 비유를 계속해서 이어가면서, "터"를 아무리 제대로 잘 닦아 놓았다고 하여도, 그 터 위에 맞는 건물이 세워지지 않는다면, 집은 제대로 지어질 수 없다고 말한다. 왜냐하면, 마치 금으로 된 "터" 위에 싸구려 재료로 된 건물을 세우는 것이 말도 안 되는 어이없는 일인 것과 마찬가지로, 그리스도라는 터 위에 온갖 쓰레기 같은 가르침들을 모아 놓은 잡다한 건물을 세워서, 그리스도의 진리의 가르침을 가리고 질식시켜 버린다면, "터"를 잘 닦아 놓은 것이 아무 소용이 없게 되어 버리기 때문이다. 바울이 여기에서 말한 "금이나 은이나 보석"은 "터"이신 그리스도에게 합당한 가르침이고, 그러한 "터"에 어울리는 건물에 합당한 가르침을 가리킨다. 하지만 우리는 이 가르침이 그리스도 밖에 있는 어떤 근원들로부터 오는 것이라고 생각해서는 안 된다. 우리가 깨달아야 할 것은 건물이 완성될 때까지 우리는 계속해서 그리스도를 가르쳐야 한다는 것이다. 다만, 우리는 순서에 주의해서, 먼저 "터"에 해당하는 일반적인 가르침들 및 꼭 필요한 중요한 가르침들로부터 시작하고, 그런 다음에 신자들의 믿음을 붙들어 주고 강화시켜 주며 성장하게 만들어 주는 데 필요한 책망과 권면을 위한 온갖 가르침들로 넘어가야 한다.

한편, "나무나 풀이나 짚"은 "터"와 상응하지 않는 가르침들을 뜻하는데, 좀 더 구체적으로 말하자면, 사람들이 자신들의 마음과 생각 속에서 지어낸 것들에 불과한데도, 마치 하나님의 말씀인 양 위장해서 우리에게 제시하는 그러한 가르침들이다. 하나님께서는 인간이 날조해 낸 것들이 아니라, 자신의 순수한 말씀으로 교회가 세워지기를 원하신다. 인간이 날조한 것들에는 호기심에서 생겨난 질문들(curiosae quaestiones)이 포함되어 있는데, 그러한 것들은 사람들이 자기 자신을 과시하거나 자신들의 어리석은 욕망을 충족시키기 위한 것이 대부분이기 때문에, 사람을 구원하는 데는 아무런 도움이 되지 않는다. 바울은 각 사람이 행한 일들이 비록 당분간은 숨겨져 있겠지만 언젠가는 분명하게 드러날 것이라고 경고한다. 그는 이렇게 말한 것과 같다: "사실, 악한 일꾼들이 일시적으로는 세상을 속일 수 있고, 세상은 각 사람이 얼마나 진실한지 또는 얼마나 파렴치한지를 즉시 알아차리지 못할 수도 있다. 하지만 지금 어둠 속에 묻혀 있는 것들은 언젠가는 결국 밝은 빛 아래 속속 드러날 수밖에 없고, 지금 사람들 앞에서 아름답게 빛나고 있는 것들도 장차 하나님 앞에서 무너져서 결국 아무것도 아닌 것으로 드러나게 될 것이다."

13. 그 날이 공적을 밝히리니. 불가타 역본에서 "그 날" 대신 "주의 날"로 되어 있는 것은 아마도 누군가가 여기에서 바울이 "그 날"이라고 한 것이 "주의 날"을 가리키는 것이라고 설명하기 위해서 속격인 "주의"라는 단어를 덧붙여 놓았기 때문인 것으로 보인다. 하지만 "그 날"이라는 어구 자체만으로도 어둠이 물러가고 진리가 밝게 빛나는 "날"을 가리키는 데 아무 문제가 없기 때문에, 굳이 "주의 날"이라는 설명을 덧붙이지 않아도, 확실한 의미가 충분히 전달된다. 따라서 여기에서 사도는 하나님의 일을 가식적으로 행한 사람이 누구이고, 자신에게 맡겨진 사명을 신실하게 수행한 사람이 누구인지가 언제까지나 감추어져 있지는 않을 것이라고 선언한 것이다. 그는 이렇게 말한 것과 같다: "어둠이 영원토록 모든 것을 지배하지는 못할 것이고, 언젠가는 동이 트고 밝은 빛이 비쳐서, 모든 것이 빛 속에서 그 진정한 모습을 드러내게 될 것이다." 나는 여기에서 바울이 말한 "그 날"이 사람의 날이 아닌 "주의 날"이라는 것을 인정하기는 하지만, 우리가 그것을 단순히 "그 날"이라고 읽을 때, 그것은 좀 더 매력적이고 효과적인 비유가 된다. 왜냐하면, 신실한 주의 종들과 거짓 일꾼들이 언제나 명확하게 구별되는 것은 아니고, 그 이유는 악덕들(vitia)뿐만 아니라 미덕들(virtutes)까지도 밤의 어둠 속에 덮여 있기 때문이지만, 그 밤이 영원토록 계속되지는 않는다는 것을 바울은 "그 날"이라는 표현으로 은근히 암시하고 있는 것이기 때문이다. 장차 하나님께서 모든 것을 드러내실 때가 이르면, 하나님께서는 인간의 눈먼 야심과 세상의 박수갈채라는 어둠을 완전히 몰아내실 것이다. 우리가 주목해야 할 것은, 바울은 자기는 선한 양심(bona conscientia)으로 말미암은 확신을 가지고 있다는 것을 늘 보여 주면서, 그와 그의 사도직에 대하여 가해진 악한 비방과 중상모략들에 대해서는 가차없이 단호하게 거부하고 멸시하는 태도를 취한다는 것이다. 그래서 바울은 먼저 고린도 교인들에게 사람들의 환심을 사고 사람들로부터 인정을 받으려는 야심을 버리고 올바르고 건전한 판단을 회복하게 되기를 촉구하는 동시에, 다음으로는 자신의 사역이 얼마나 신실한 것인지를 분명하게 확증해서 보여 준다.

그 불이 각 사람의 공적이 어떠한 것을 시험할 것임이라. 바울은 지금까지 가르침에 관해서 비유를 사용해서 설명한 후에, 이제 여기에서는 다시 "불"의 비유를 사용해서, 가르침들은 "불"의 시험을 받게 될 것이고, 각각의 가르침이 실제로

"터"이신 그리스도에게 부합하는 것이었느냐 아니냐에 따라 거기에 상응하는 결과를 얻게 될 것이라고 말한다. 따라서 여기에서 바울이 말한 "불"은 하나님의 성령을 뜻하는데, 성령은 어떤 가르침이 "금" 같은 것이고, 어떤 교훈이 "짚" 같은 것인지를 친히 시험하신다. 하나님께서 주신 가르침은 불에 가까이 다가갈수록 더욱 밝게 빛나는 반면에, 사람의 머리에서 나온 가르침은, 마치 "짚"이 불에 살라지듯이, 순식간에 다 타서 소멸하고 만다. 또한, 이러한 일들은 바울이 방금 앞에서 언급한 "그 날"을 암시하는 것으로 보인다. 그는 이렇게 말한 것과 같다: "그 날에 해의 밝은 빛이 고린도 교인들의 헛된 야심 속에 은밀하게 감추어져 있던 모든 것들을 백일하에 드러낼 것임과 동시에, 해의 열기가 쓰레기 같이 더럽고 추한 것들을 바싹 말려서 태워 버리고 말 것이다." 사람들은 자신들이 대단히 날카로운 분별력을 지니고 있다고 생각하지만, 그들의 분별력이라는 것은 저 깊은 곳에 감추어져 있는 알맹이를 꿰뚫어 보지는 못하고 고작해야 겉에 있는 피상적인 껍데기만을 살필 수 있을 뿐이다. 사도는 오직 "그 날"이 도래해야만, 밝은 빛과 맹렬한 불로 모든 것을 속속들이 시험하는 것이 가능하다는 것을 고린도 교인들에게 상기시킨다.

14. 만일 누구든지 그 위에 세운 공적이 그대로 있으면 상을 받고. 바울이 여기에서 말하고자 하는 것은 사람이 행한 일은 주의 날에 시험을 받고 통과한 후에야 비로소 칭찬과 "상"을 받게 될 것이기 때문에, 사람들의 평가에 연연해하고 사람들의 인정을 받으면 만족해하는 자들은 어리석은 자들이라는 것이다. 따라서 바울은 참되고 신실한 사역자들에게 그들의 눈을 들어 "그 날"을 바라볼 것을 권면하고 있는 것이다. 바울은 "그대로 있으면"이라는 어구를 통해서, 많은 교훈들이 철저한 "시험"을 받게 될 때까지는, 햇빛에 반사되어 잠시 영롱하게 반짝거리는 물거품처럼, 사람들로부터 환호와 박수갈채를 받게 될 것이지만, 그러한 박수갈채가 영원히 지속되지는 않을 것임을 암시하고 있다. 이것으로부터 우리가 도출할 수 있는 결론은, 지금 사람들로부터 박수갈채를 받는 많은 것들이 머지않아 하나님의 심판으로 말미암아 헛된 것으로 드러나서 멸망받게 될 것이기 때문에, 우리는 사람들의 박수갈채를 아무것도 아닌 것으로 여겨야 한다는 것이다.

15. 누구든지 그 공적이 불타면 해를 받으리니. 그는 이렇게 말한 것과 같다: "사람들에 의해서 가장 뛰어난 건축자로 인정을 받았다고 해서, 그러한 사실을 근거로 자기가 잘났다고 여기고 자기 자신을 자랑해서는 안 된다. 왜냐하면, 그 사람이

행한 일들이 사람들로부터는 대단한 인정을 받았다고 할지라도, 장차 그 날이 도래하였을 때, 하나님의 인정을 받지 못하게 되면, 날이 밝는 것과 동시에, 그 사람이 행한 모든 일이 다 무너져 내릴 것이 틀림없기 때문이다." 따라서 바울은 여기서 모든 사람이 자신의 사역을 평가하고 시험할 때에 기준으로 삼아야 할 척도를 제시하고 있는 것이다. 어떤 이들은 이 구절, 즉 이 절의 전반부는 사람들이 베푸는 "가르침들"에 대하여 말하고 있는 것으로 보고서, '제미우스타이'(ζημιοῦσθαι)는 단지 "소멸하다"를 의미하는 것이라고 설명하고, 바로 뒤에 이어지는 남성 대명사는 앞에 나온 남성 명사인 '테메리오스'(θεμέλιος, "터")를 받는 것으로 보아야 하기 때문에, 이 절의 후반부는 "터"에 대하여 말하고 있는 것으로 해석해야 한다고 주장한다. 하지만 그런 설명을 하는 이들은 전체적인 문맥에 충분한 주의를 기울이지 않은 것이다. 바울은 이 절에서 자신의 가르침뿐만이 아니라 다른 사람들의 가르침도 "시험"을 받을 것이라고 말한 것이기 때문에, 이 절을 "터"와 연결짓는 것은 적절하지 않다. 그는 13절에서 "불이 각 사람의 공적이 어떠한 것을 시험할 것임이라"고 일반적인 설명을 한 후에, 그러한 시험에 의해서 어떠한 결과가 나타날 것인지를 14절과 15절에서 구체적으로 말하고 있는 것이기 때문에, 그가 이 절에서 하고 있는 말이 13절의 일반적인 설명을 넘어서서 그 이전까지 연결된다고 볼 수는 없다. 분명한 것은 바울은 여기에서 "터"에 대해서 말하고 있는 것이 아니라, 그 "터" 위에 세워진 "건물"에 대해서 말하고 있다는 것이다. 따라서 우리는 바울이 앞 절에서 하나님으로부터 자신의 "수고"를 인정받은 신실한 건축자들은 "상"을 받게 될 것이라고 이미 말하였기 때문에, 이제 이 절에서는 악한 건축자들에게 주어지게 될 정반대의 결과, 즉 "나무나 풀이나 짚"을 섞은 자들은 자신들이 기대했던 "상"을 받지 못하게 될 것임을 말하고 있는 것이라고 보는 것이 합당하다.

그러나 자신은 구원을 받되 불 가운데서 받은 것 같으리라. 바울이 여기에서 "터"는 그대로 유지하면서도 "금"에 "풀"을 섞고, "은"에 "짚"을 섞으며, "보석"에 "나무"를 섞는 자들에 대해서 말하고 있는 것임은 의심의 여지가 없다. 달리 말하면, 그들은 그리스도라는 "터" 위에 건축을 하기는 하지만, 육신의 연약함으로 말미암아 인간적인 어떤 것에 굴복을 하거나, 아니면 무지로 말미암아 순수한 하나님의 말씀에서 어느 정도 벗어나 있는 사람들이다. 키프리아누스(Cyprianus), 암브로시우스(Ambrosius), 아우구스티누스(Augustinus)를 비롯한 많은 성인들이 그러한 부류의 사람들이었다. 한편, 우리 시대와 비교적 가까운 인물들로는 그레고리우스(Gregorius)와 베르나르두스(Bernardus) 등을 꼽을 수 있는데, 그들은 그리스도 위에 건축하는 것을 목표로 삼기는 하였지만, 종종 올바른 건축 방법에서 벗어나 건물을 짓곤 하였다. 바울은 그러한 사람들이 구원을 받을 수는 있지만, 하나님이 그들의 무지를 제거해 주시고, 그들의 더러움을 깨끗하게 씻겨 주신다는 조건 아래에서만 구원을 받을 수 있다고 말한다. 이것이 "불 가운데서 받은 것 같으리라"는 어구의 뜻이다. 따라서 바울이 이 구절을 통해서 말하고자 한 것은, 그들이 자신들이 행한 일이 다 허사라는 것을 순순히 인정하고서, 마치 "금"이 용광로 안에서 제련이 되듯이, 하나님의 긍휼하심을 통해서 정결해지기만 한다면, 그들에게 구원의 소망이 없는 것은 아니라는 것이다.

하나님께서는 종종 고난들을 통해서 자기 백성을 정결하게 하시지만, 나는 여기에서 바울이 말한 "불"은 성령의 "시험"을 가리키는 것으로 본다. 하나님의 백성이 한동안 무지에 사로잡혀 있을 때, 하나님께서는 성령의 불 시험을 통해서 그들의 무지를 제거하시고 그들을 바로잡으신다. 나는 많은 해석자들이 여기에서 바울이 말한 "불"을 그리스도의 십자가와 연관짓는다는 것을 잘 알고 있지만, 그럼에도 불구하고 건전한 판단력을 갖고 있는 사람들이라면 누구나 나의 이러한 해석을 기뻐할 것이라고 확신한다.

우리는 여기에서 이 구절이 연옥에 관한 교리를 지지한다고 주장하는 교황주의자들에 대해서 답변하지 않을 수 없는데, 그들은 하나님으로부터 죄 사함을 받고자 하는 죄인들은 구원을 받기 위해서는 "불"을 통과하여야 한다고 주장한다. 즉, 죄 사함을 받으려고 하는 죄인들은 하나님의 공의를 만족시키기 위해서 이런 식으로 하나님으로부터 징벌을 받아야 한다는 것이다. 교황주의자들은 징벌의 수위와 그러한 징벌을 면제받을 수 있는 수단들에 대해서 그들 자신이 지어낸 이야기들을 끝도 없이 늘어놓지만, 나는 그런 말도 되지 않는 수많은 망발들에 대해서는 입에 담고 싶지도 않고 거론하고 싶지도 않기 때문에, 다음과 같은 한 가지 질문만을 그들에게 하고자 한다: 바울은 여기에서 어떤 사람들이 불을 통과하게 될 것이라고 말하고 있는 것인가? 바울은 여기에서 분명히 복음 사역자들이 자신들의 사역을 통해서 그리스도라는 "터" 위에 세우는 건물에 대해서 말하고 있는 것이기 때문에, 복음 사역자들과 그들이 사람들에게 베푼 가르침들이 불을 통과하게 될 것이라고 말하고 있는 것인데도 불구하고, 교황주의자들은 "이 동일한 원리는 모든 사람에게 적용된다"고 우긴다. 하지만 바울이 여기에서 말한 것이 모든 사람에게 적용되는지의 여부는 하나님께서 판단하실 일이지, 우리가 판단하고 정할 수 있는 것이 아니다! 설령 우리가 백 번 양보해서 그들의 주장을 인정한다고 하더라도, 그들은 "불"이라는 말의 의미를 정말 유치하게 해석한다. 바울은 여기에서 "불"이 어떤 목적으로 사용된다고 말하고 있는 것인가? 바울이 말한 "불"은 어떤 가르침이 참된 것인지 거짓된 것인지를 시험하기 위한 것으로서, 한편으로는 "풀"과 "짚" 같은 가르침들은 살라 버리고, 다른 한편으로는 "금"과 "은" 같은 가르침들은 그대로 남아 있게 하는 역할을 하는 것이 아니던가? 그런데도 교황주의들은 이 "불"이 연옥의 불을 가리킨다고 주장하는데, 그렇다면 연옥의 불이 도대체 어떻게 어떤 가르침들의 진위를 분별해 낸다는 것인가? 연옥의 불을 통해서 참된 가르침과 거짓된 가르침이 어떻게 다른지를 배운 사람이 지금까지 한 사람이라도 있었는가? 또한, 각 사람이 행한 일이 백일하에 분명하게 드러나게 될 "그 날"은 언제 오는 것인가? "그 날"은 세상의 시작과 함께 시작되었고, 세상의 끝날까지 계속되는 것인가? 우리는 "짚"이나 "풀"이나 "금"이나 "은"이 은유적인 의미로 사용되었다는 사실을 인정하지 않을 수 없는데, 만일 "불"은 은유적인 의미로 사용된 것이 아니라고 한다면, 이 절의 전반부와 후반부 간에는 서로 연결될 수 없게 되고 말 것이다. 교황주의자들의 주장이 얼마나 터무니없는지는 이미 너무나 분명하게 드러났기 때문에, 아무 짝에도 쓸데없는 이런 얘기는 이 정도에서 그치는 것이 좋겠다. 사도가 여기에서 말하려고 한 진정한 의미는 이미 충분하게 밝혀졌다.

[16]너희는 너희가 하나님의 성전인 것과 하나님의 성령이 너희 안에 계시는 것을 알
지 못하느냐 [17]누구든지 하나님의 성전을 더럽히면 하나님이 그 사람을 멸하시리라
하나님의 성전은 거룩하니 너희도 그러하니라 [18]아무도 자신을 속이지 말라 너희
중에 누구든지 이 세상에서 지혜 있는 줄로 생각하거든 어리석은 자가 되라 그리
하여야 지혜로운 자가 되리라 [19]이 세상 지혜는 하나님께 어리석은 것이니 기록된
바 하나님은 지혜 있는 자들로 하여금 자기 꾀에 빠지게 하시는 이라 하였고 [20]또
주께서 지혜 있는 자들의 생각을 헛것으로 아신다 하셨느니라 [21]그런즉 누구든지
사람을 자랑하지 말라 만물이 다 너희 것임이라 [22]바울이나 아볼로나 게바나 세계
나 생명이나 사망이나 지금 것이나 장래 것이나 다 너희의 것이요 [23]너희는 그리스
도의 것이요 그리스도는 하나님의 것이니라(3:16-23).

16. 너희는 너희가 하나님의 성전인 것과 … 알지 못하느냐. 바울은 선생들에게 그들의 의무에 대해서 충고하기를 마치고 난 후에, 이제 제자들을 향해서, 그들이 무엇에 주의하여야 할지에 대해서 말하기 시작한다. 그는 앞에서 선생들에게 "너희는 하나님의 집을 짓는 건축자들이다"라고 말하였는데, 이제 제자들에게는 "너희는 하나님의 성전이기 때문에, 너희 자신을 더럽히지 않도록 조심해야 한다"고 말한다. 바울이 이렇게 말한 것은 고린도 교인들에게 최고의 영광을 부여한 것이기는 하지만, 사실 그렇게 말한 목적은 그들의 죄악을 좀 더 분명하게 드러내기 위한 것이었다. 왜냐하면, 하나님께서 그들을 성별하셔서 자신의 성전으로 삼으셨다는 것은 그들을 자신의 성전을 지키는 자들로 임명하셨다는 것을 의미하는 것이기도 한 까닭에, 그런 그들이 특정한 사람들을 섬겼다면, 그것은 그들에게 주어진 거룩한 의무를 저버린 것이 되기 때문이다. 모든 신자 개개인은 하나님의 성전을 이루는 하나의 산 돌(벧전 2:5)이기 때문에, 바울은 그들 모두가 전체로서 하나님의 한 성전을 이루고 있다고 말한다. 하지만 성경에서는 각각의 신자를 하나님의 성전으로 부르는 경우도 종종 있다. 바울은 나중에 고린도전서 6:18-19("음행을 피하라 사람이 범하는 죄마다 몸 밖에 있거니와 음행하는 자는 자기 몸에 죄를 범하느니라 너희 몸은 너희가 하나님께로부터 받은 바 너희 가운데 계신 성령의 전인 줄을 알지 못하느냐")에서도 여기에서와 동일한 개념을 또다시 사용하고 있기는 하지만, 그 취지는 동일하지 않다. 즉, 거기에서는 고린도 교인들의 순결(castitas)에 대해서 권면하고 있는 것인 반면에, 여기에서는 그들의 믿음이 오직 그리스도에 대한 순종 가운데서 변치 않고 유지되어야 한다는 것을 권면하고 있는 것이다. 바울이 여기에서 사용한 의문문("알지 못하느냐")은 그들을 증인으로 호출하고 있는 것으로서, 이것은 그가 그들이 잘 알고 있는 것에 대해서 말하고 있다는 것을 암시하기 때문에, 그의 의도를 한층 더 강조하는 효과를 갖는다.

하나님의 성령이 너희 안에 계시는 것을. 이 구절은 그들이 "하나님의 성전"인 이유를 말해 주고 있는 것이기 때문에, 우리는 여기에서 계사(繫辭) '카이'(καί)가 이유를 나타내는 접속사로 사용된 것으로 이해하여야 한다. 이것은 흔히 사용되는 용법이다. 예를 들면, 어떤 시인은 "너는 그것을 들었고, 그리고 그것은 너에게 보고되었다"라고 말하고 있는데, 이것은 "그것이 너에게 보고되었기 때문에, 네가 그것을 들은 것이다"를 뜻한다. 따라서 바울은 이렇게 말한 것이다: "하나님께서 자신의 성령을 통해서 너희 안에 거하시기 때문에, 너희는 하나님의 성전들이다.

왜냐하면, 부정한 곳은 결코 하나님의 거처가 될 수 없기 때문이다." 우리는 이 구절에서 성령의 신성을 확증해 주는 명백한 증거를 본다. 왜냐하면, 만일 성령이 피조물이나 단순한 물건에 불과한 것이라면, 성령이 우리 안에 내주한다고 해서, 우리가 "하나님의 성전"이 될 수는 없기 때문이다. 아울러, 이 구절은 하나님께서 어떤 방식으로 자기 자신을 우리에게 나누어 주시는지와 우리가 어떤 것에 의해서 하나님과 하나가 되는지도 우리에게 보여 준다. 즉, 하나님께서는 자신의 성령의 능력을 우리에게 부어 주심으로써, 자기 자신을 우리에게 나누어 주시고, 우리와 하나가 되신다.

17. 누구든지 하나님의 성전을 더럽히면 하나님이 그 사람을 멸하시리라. "하나님의 성전"은 지극히 거룩하여야 하기 때문에, 바울은 하나님의 성전을 "더럽히는" 자는 누구든지 하나님의 징벌을 피할 수 없다는 엄중한 경고를 여기에 덧붙인다. 바울이 여기에서 말하고 있는 "더럽히다"라는 말은 사람들이 하나님의 성전인 교회 속으로 침투해서, 거기에서 하나님을 밀어내고, 그들 자신이 주인 행세를 하는 것을 가리킨다. 왜냐하면, 고린도후서 11:2("내가 하나님의 열심으로 너희를 위하여 열심을 내노니 내가 너희를 정결한 처녀로 한 남편인 그리스도께 드리려고 중매함이로다")에서 바울이 그리스도의 순수한 가르침을 믿는 믿음을 영적인 순결이라고 부르는 것에서 알 수 있듯이, 그러한 믿음은 우리를 거룩하게 성별하여 바르고 순수하게 하나님을 예배하도록 인도하기 때문이다. 그런데 우리가 사람들이 고안해 내고 날조해 낸 것들로 오염되자마자, 우리는 하나님께서 오직 자기에게만 바쳐야 한다고 말씀하신 믿음의 제사를 피조물들에게 바치는 것이 되기 때문에, "하나님의 성전"은 더럽혀지고 만다.

18. 아무도 자신을 속이지 말라 너희 중에 누구든지 이 세상에서 지혜 있는 줄로 생각하거든 어리석은 자가 되라 그리하여야 지혜로운 자가 되리라. 바울은 여기에서 문제의 핵심을 정확하게 지적해서 말한다. 왜냐하면, 사실 고린도 교회의 모든 문제는 그들이 스스로 지혜롭다고 생각한 데서 비롯된 것이었기 때문이다. 그래서 바울은 그들에게 그들 자신이 무슨 지혜를 지니고 있는 양 교만해져서 잘못된 확신에 빠져 그들 자신을 속이는 일이 있어서는 안 된다고 강력하게 경고한다. 그러니까 바울이 여기에서 하고 있는 말에 의하면, 자기 자신의 지각과 총명을 의지하는 자들은 모두 "자신을 속이는" 자라는 것이다. 바울이 여기에서 "아무도"라고 말할 때, 그는 선생들만이 아니라 고린도 교인들까지 염두에 두고 그렇게 말한

것이라고 나는 생각한다. 왜냐하면, 고린도 교인들은 야심에 가득 찬 사람들을 더 잘 추종하고 그들의 말에 더 잘 귀를 기울였고, 게다가 매우 까다로운 입맛을 지니고 있어서, 단순하고 소박한 복음에 대해서는 별 향취를 느끼지 못하고 무미건조하고 밋밋하게 여겨서 싫증을 느꼈기 때문이다. 또한, 거짓 교사들은 사람들로부터 좋은 평판을 듣고 환심을 사기 위해서, 진리를 있는 그대로 전하는 데에는 관심이 없었고, 오직 온갖 현학적이고 겉만 번지르르한 가르침들로 자기 자신을 과시하는 데에만 온통 정신이 팔려 있었다. 따라서 바울은 이 두 부류의 사람들 모두에게 이렇게 경고한다: "아무도 자신의 지혜에 만족하고 흡족해하지 말라. 자신이 지혜롭다고 생각하는 자는 이 세상에서 어리석은 자가 되어야 한다." 이것을 다른 식으로 표현하자면, "이 세상에서 지혜로운 자로 인정을 받아서 유명해진 자는 자기 자신을 낮추고 비워서 그들 자신을 어리석은 자로 여기는 것이 마땅하다." 그러나 사도가 여기에서 우리에게 요구하는 것은 천부적인 지혜나 오랜 경험을 통해서 얻은 지혜까지도 완전히 포기하라는 것이 아니고, 단지 우리의 지혜를 하나님에게 복종시켜서, 우리가 오직 하나님의 말씀으로만 지혜롭게 되라는 것이다.

"이 세상에서 어리석은 자가 되라"는 말이나 우리 자신을 어리석은 자로 여기라는 말은, 우리의 눈에 옳아 보이고 그럴 듯해 보이는 것을 따르지 말고, 모든 일에서 기꺼이 하나님 앞에서 완전히 엎드려져서 하나님의 말씀에 온전히 순종하고자 하고 , 하나님이 가르쳐 주시는 것은 무엇이든지 두려움과 경외함으로 받아들이라는 뜻이다. 여기에서 바울이 사용한 "이 세상에서"라는 어구는 "이 세상의 판단이나 생각을 따라서"를 뜻한다. 세상의 지혜는 무엇인가? 그것은 우리가 모든 일을 얼마든지 우리 스스로의 힘으로 판단하고 처리할 수 있으며, 우리 자신을 통제할 수 있으며, 우리가 행하는 모든 일을 잘 관리하고 대처할 수 있다고 생각하는 것, 우리가 어느 누구에게도 의지하지 않고, 어느 누구의 인도도 필요로 하지 않으며, 우리 자신의 일을 스스로 감당할 수 있다고 생각하는 것이다. 반면에, 자기 자신의 지각이나 총명을 포기하고, 마치 눈이 먼 자인 양 자기 자신을 하나님의 인도하심에 전적으로 맡기며, 자기 자신을 신뢰하지 않고 전적으로 하나님만을 의지하고, 자신의 모든 지혜의 근원이 하나님이심을 인정하며, 순종하고 배우기를 열망하는 마음으로 자기를 쳐서 하나님께 복종하는자는 "이 세상에서 어리석은 자"이다. 이와 같이, 하나님의 뜻이 우리를 지배하고 주관하게 되기 위해서는, 우리의 지혜가 포기되고 제거되어야 하고, 하나님의 지혜가 우리 속에 채워지기 위해서는, 우리 자신의 지각과 총명이 비워져야 한다. "이 세상에서"라는 어구는 "지혜 있는 줄로 생각하거든"에 걸리는 것으로 볼 수도 있고, "어리석은 자가 되라"에 걸리는 것으로 볼 수도 있지만, 어느 쪽으로 보든, 의미는 거의 동일하기 때문에, 독자들은 어떤 식으로 읽어도 상관없다.

19-20. 이 세상 지혜는 하나님께 어리석은 것이니. 이것은 서로 상반된 두 가지를 제시해서 결론을 이끌어 내는 논증 방식이기 때문에, 어느 한 쪽을 지지하는 것은 곧 다른 한 쪽을 기각하는 것이 된다. 따라서 "이 세상 지혜는 하나님께 어리석은 것이다"라는 명제로부터 도출되는 결론은, 우리가 "이 세상에서 어리석은 자"가 되지 않으면, 우리는 하나님이 보시기에 결코 지혜로운 자가 될 수 없다는 것이다. 우리는 바울이 고린도전서 1:20에서 말한 "이 세상 지혜"를 다룰 때, 인간의 천부적인 통찰력은 하나님의 선물이고, 지혜를 얻기 위한 수단들인 여러 교양 학문들이나 전공 학문들도 하나님의 선물이라는 것을 이미 설명한 바 있다. 하지만 사람이 하나님께서 주신 그러한 천부적인 선물들을 통해서는 하나님의 나라에 들어갈 수가 없기 때문에, 인간의 천부적이거나 경험적인 지식이나 지혜는 "여주인"이 아니라 "여종"이 될 수밖에 없는 태생적인 한계를 지닌다. 아니, 좀 더 정확하게 말하자면, 그러한 것들은 하나님의 말씀과 성령에 완전히 굴복될 때까지는, 아무런 가치도 없는 공허한 것들이라고 간주되어야 하고, 더 나아가 그러한 것들이 스스로 일어나서 그리스도를 대적하는 경우에는, 위험하고 해로운 질병으로 간주되어야 하며, 그러한 것들이 스스로 무엇인가를 이룩하려고 든다면, 사람이 하나님께로 나아가는 데 아주 고약한 최악의 장애물로 간주되어야 한다. 그런 까닭에, 바울은 여기에서 "이 세상의 지혜"는 부당하고 주제넘게 자기가 이 세상과 인간을 종으로 부리는 "주인"인 양 행세할 뿐만 아니라, 하나님의 말씀에 의해서 지도받기를 거부하고, 자신을 낮추어서 하나님께 전적으로 굴복하기를 거부하고 있다고 본다. 그러므로 어떤 사람이 자기는 하나님으로부터 배운 것 외에는 아무것도 아는 것이 없음을 인정하는 동시에, 자신의 지각이나 이성을 포기하고 오직 그리스도의 인도하심에 무조건적으로 자기 자신을 내어맡길 때까지는, 그는 세상에 대해서는 지혜로운 자이지만, 하나님에 대해서는 어리석은 자이다.

기록된 바 하나님은 지혜 있는 자들로 하여금 자기 꾀에 빠지게 하시는 이라 하였고. 바울은 자신이 앞에서 한 말이 옳음을 확증하기 위해서 성경에서 두 개의 구절을 가져와서 인용하는데, 여기에 인용된 첫 번째 구절은 욥기 5:13에서 가져온 것이다. 이 인용문은 세상의 그 어떠한 지혜도 하나님의 지혜 앞에는 설 수 없기 때문에 하나님의 지혜가 칭송을 받는 것이 합당하다는 것을 보여 준다. 욥기 본문에서 이 말을 한 화자는 영리하고 간교한 자들의 "계략"에 대해서 이렇게 말하고 있는 것임은 의심의 여지가 없지만, 인간의 지혜는 늘 하나님의 지혜로부터 동떨어져 있다는 점에서, 이 말은 단지 사악한 자들의 계략에만 적용되는 것이 아니라, 사람의 지혜 전반에 적용된다. 사람이 스스로의 힘으로 획득한 모든 지혜가 하나님 앞에서 아무것도 아니라는 것을 보여주기 위해서 바울이 욥기의 이 본문을 인용한 것은 매우 적절한 것이다.

또 주께서 지혜 있는 자들의 생각을 헛것으로 아신다 하셨느니라. 20절에 나오는 두 번째 구절은 시편 94:11에서 인용된 것인데, 거기에서 다윗은 모든 사람을 가르치는 권능이 오직 하나님께만 있다고 한참 역설한 후에, "여호와께서는 사람의 생각이 허무함을 아시느니라"는 말을 덧붙인다. 따라서 우리가 "사람의 생각"을 아무리 높게 평가할지라도, 하나님이 보시기에, "사람의 생각"은 모두 허무하고 허망한 것일 뿐이다. 하나님께서는 사람이 생각하고 도모하는 모든 것이 "허무한" 것이라고 저 높은 하늘에서 선언하신다. 이것은 육체를 신뢰하는 것이 얼마나 부질없는 짓인지를 일깨워 주는 놀랍고 대단한 구절이다.

21. 그런즉 누구든지 사람을 자랑하지 말라. 아무런 실체가 없고 그림자처럼 허망한 존재인 사람을 의지하는 것보다 더 불확실한 일이 어디에 있겠는가? 따라서 바울이 앞에 나온 내용을 근거로 해서, "누구든지 사람을 자랑하지 말라"는 결론을 여기에서 이끌어 낸 것은 합당하다. 왜냐하면, 하나님께서 사람이 자기 자신을 자랑할 수 있는 그 어떤 여지도 남겨두지 않으셨다는 것을 우리는 충분히 확인할 수 있었기 때문이다. 하지만 곧 밝혀지겠지만, 그러한 결론은 그가 앞에서 말한 모든 가르침에 근거한 것이기도 하다. 왜냐하면, 우리는 모두 오직 그리스도께만 속해 있는 자들임에도 불구하고, 마치 우리 중 어떤 자들이 받아야 할 영광이 있기라도 하다는 듯이, 오직 그리스도께만 돌려야 할 영광을 특정한 사람들에게 돌림으로써, 그리스도의 영광을 덜어내는 것은 불경한 짓이라고 바울이 가르친 것은 지극히 합당한 일이기 때문이다.

22. 바울이나 아볼로나 게바나 세계나 생명이나 사망이나 … 다 너희의 것이요. 바울은 계속해서 선생들이 교회 안에서 어떠한 위치와 지위를 갖는 것이 합당한지에 대해서 말한다. 즉, 바울 자신이나 아볼로나 게바 등 그 어떤 선생도 유일한 선

생이신 그리스도의 권위나 존엄을 감소시키거나 해쳐서는 안 된다는 것이다. 그리스도는 교회의 유일한 스승이시고, 우리는 오직 그의 말씀만을 들어야 하기 때문에, 그리스도는 다른 모든 선생들과는 구별되어야 한다. 그리스도께서도 자신에 관해서 "너희 선생은 하나이요"(마 23:8)라고 친히 증언하셨고, 아버지 하나님께서도 다른 어떤 사람도 추천하지 않으시고 오직 그리스도만을 가리켜서 "너희는 그의 말을 들으라"(마 17:5)고 말씀하셨다. 따라서 오직 그리스도만이 자신의 말씀으로 우리를 다스리는 권세를 부여받으셨다. 그렇기 때문에, 바울은 자기 자신이나 아볼로나 게바를 비롯한 다른 모든 선생들이 다 "우리의 것"이라고 말한다. 즉, 달리 말하면, 그 선생들이 우리의 양심을 지배하지 못하게 하고, 도리어 우리가 그 선생들을 선용할 수 있게 하시려고, 하나님께서 그 선생들을 "우리의 것"으로 주셨다는 것이다. 따라서 바울은 한편으로는 그 선생들이 무익한 존재가 아니라는 것을 보여주는 동시에, 다른 한편으로는 그들이 스스로를 높여서 그리스도와 맞서지 못하게 하려고 그들의 합당한 위치를 정해주고 있는 것이다. 바울이 여기에서 덧붙인 "생명이나 사망이나 지금 것이나 장래 것이나"라는 어구는 현재의 문맥과 관련된 한에 있어서 과장법이 사용된 것이다. 하지만 그가 이런 표현을 사용한 것은, 큰 것으로부터 시작해서 작은 것으로 내려가면서, 다음과 같이 자신의 주장을 펼치기 위한 것이었다: "그리스도께서는 생명과 사망을 비롯한 모든 것을 우리에게 주셨다. 그렇다면, 그리스도께서 선생들을 우리에게 주셔서, 그들로 하여금 우리를 압제하는 것이 아니라, 도리어 자신들의 사역을 통해서 우리를 돕게 하셨다는 사실을 우리가 추호라도 의심할 수 있겠는가?"

이것과 관련하여, 바울과 베드로도 사람이었고, 그들도 역시 다른 사람들과 마찬가지로 인간으로서의 한계를 벗어날 수 없었을 것이라는 점에서, 그들이 쓴 글도 우리가 검토하고 비판해야 하지 않느냐고 주장하는 사람이 있을 수 있다. 나의 대답은 이렇다: 여기에서 바울이 자신과 베드로의 이름을 제시한 것은 자기 자신이나 베드로가 특별한 사람이라는 것을 주장하기 위한 것이 아니고, 어떤 사람 자체와 그 사람이 갖고 있는 직분의 권위는 별개라는 것을 고린도 교인들에게 상기시키기 위한 것이다. 그는 이렇게 말한 것과 같다: "한 인간으로서의 나 자신에 대해서 말하자면, 나는 우리의 사역을 통해서 오직 그리스도만이 존귀하게 되시고, 내 자신은 단지 한 인간으로만 여겨지기를 원한다." 그러나 우리가 일반적으로 잊지 말아야 할 것은, 사역자의 직분을 수행하는 사람들은 큰 자나 작은 자나 모두

"우리의 것"이기 때문에, 그들이 자신들의 가르침이나 교훈이 그리스도에게서 온 것이라는 것을 분명하게 보여줄 때까지, 우리에게는 그들의 가르침이나 교훈을 수용하지 않을 자유가 있다는 것이다. 왜냐하면, 모든 사역자는 검증을 받아야 하고, 그러한 검증을 통과해서 그들이 신실한 그리스도의 종이라는 것이 증명되었을 때에만, 그들에게 순종하여야 할 의무가 우리에게 생기기 때문이다. 그렇지만 베드로와 바울에 관한 한, 하나님께서는 그들이 그리스도의 신실한 종들이라는 충분한 증거를 우리에게 보여 주셨기 때문에, 그들의 가르침이나 교훈이 하나님으로부터 온 것임은 논란의 소지가 전혀 없다. 그렇기 때문에, 우리가 공경하는 마음가짐을 가지고서, 그들이 전한 것들을 하늘로부터 온 계시의 말씀으로 겸손하게 받아들일 때, 그것은 사람으로서의 그들의 말을 듣는 것이 아니고, 그들 안에서 말씀하시는 그리스도의 말씀을 듣는 것이다.

23. 그리스도는 하나님의 것이니라. 하나님과 그리스도 간의 이러한 종속관계는 그리스도의 인성과 관련된 것이다. 왜냐하면, 그리스도는 우리와 같은 육신을 입으셨고, "종의 형체"를 가지셨으며, 끝까지 아버지 하나님께 "복종하셨기" 때문이다(빌 2:7-8). 또한, 우리가 그리스도를 통해서 아버지 하나님과 연합되어 하나가 될 수 있기 위해서, 하나님께서는 그리스도의 "머리"가 되셔야만 하셨다(고전 11:3, "나는 너희가 알기를 원하노니 각 남자의 머리는 그리스도요 여자의 머리는 남자요 그리스도의 머리는 하나님이시라"). 그러나 우리는 바울이 왜 이 말씀을 여기에 덧붙였는지, 그의 의도를 주목하여야 한다. 여기에서 바울은 우리가 누릴 수 있는 최고의 행복(summa felicitas)은 최고의 선(summum bonum)이신 하나님과 우리가 연합하는 것이고, 이러한 연합은 하늘에 계신 아버지 하나님께서 우리를 위해서 정해 주신 머리이신 그리스도 아래로 우리 모두가 모일 때에 실제로 이루어지는 것임을 우리에게 상기시켜 주고 있는 것이다. 그리스도께서도 제자들에게 여기에서와 동일한 취지로 이렇게 말씀하셨다: "내가 아버지께로 감을 기뻐하였으리라 아버지는 나보다 크심이니라"(요 14:28). 거기에서 그리스도께서는 만복의 근원이신 아버지께로, 믿는 자들을 인도하는 중보자로서 자기 자신을 소개하신 것이다. 확실한 것은 머리와의 연합으로부터 떨어져 나간 사람들은 이 큰 복을 빼앗기게 된다는 것이다. 따라서 하나님의 통치 아래에 머물기를 원하는 사람들은 오직 그리스도 아래에 그들 자신을 둔다는 이러한 순서는 이 구절의 맥락과 잘 부합한다.

제4장

1사람이 마땅히 우리를 그리스도의 일꾼이요 하나님의 비밀을 맡은 자로 여길지어
다 2그리고 맡은 자들에게 구할 것은 충성이니라 3너희에게나 다른 사람에게나 판
단 받는 것이 내게는 매우 작은 일이라 나도 나를 판단하지 아니하노니 4내가 자책
할 아무 것도 깨닫지 못하나 이로 말미암아 의롭다 함을 얻지 못하노라 다만 나를
심판하실 이는 주시니라 5그러므로 때가 이르기 전 곧 주께서 오시기까지 아무 것
도 판단하지 말라 그가 어둠에 감추인 것들을 드러내고 마음의 뜻을 나타내시리니
그 때에 각 사람에게 하나님으로부터 칭찬이 있으리라(4:1-5).

1. 사람이 마땅히 우리를 그리스도의 일꾼이요 하나님의 비밀을 맡은 자로 여길지어다. 고린도 교인들이 그리스도의 사역자들 중에서 특정한 사람을 좋아하고 싫어하는 것에 따라서, 고린도 교회가 이렇게 여러 파당으로 나뉘어서 갈기갈기 찢어져 있는 것은 아주 심각하고 중대한 문제였기 때문에, 바울은 말씀의 사역에 관한 논의를 계속해서 좀 더 자세하게 설명해 나가기 시작한다. 우리는 이 단락에서 다음과 같은 세 가지를 순서대로 살펴볼 필요가 있다. 첫 번째로, 바울은 교회 안에서 목회자가 해야 할 직무가 어떤 것인지를 규정한다(1절). 두 번째로, 바울은 어떤 사람이 교회의 직분을 맡고 있다거나, 교회의 직분자가 해야 할 일을 실질적으로 하고 있다는 것만으로는, 그 사람을 그리스도의 일꾼이라고 말하기는 충분하지 않고, 그 사람이 자신에게 맡겨진 직분과 소임을 신실하고 충성되게 수행할 때에만, 그 사람을 그리스도의 일꾼이라고 할 수 있다는 것을 보여 준다(2절). 세 번째로, 바울은 자신에 대한 고린도 교인들의 생각과 판단이 너무나 왜곡되어 있었기 때문에, 자기를 비롯해서 그들 모두를 판단하실 분은 바로 하나님이시고, 그 하나님께서 최후의 심판의 날에 자신을 비롯해서 그들 모두를 판단하실 것이라는 사실을 근거로 해서, 그 때까지는 아무것도 판단하지 말아야 한다는 것을 상기시켜 준다(3-5절).

그러면, 이제 첫 번째부터 살펴보자. 먼저, 바울은 신자들이 교회에서 교사 직분을 맡고 있는 사람들을 어떻게 생각하고 대우하여야 하는지를 보여 준다. 그는 이 문제를 다루면서, 한편으로는 사역자들의 권위를 깎아내리지 않고, 다른 한편으로는 사람에게 합당한 것 이상의 권위를 그들에게 돌리지 않기 위하여 매우 신중하게 설명을 해 나간다. 실제로, 교회에서는 신자들이 사역자들의 권위를 깎아내릴 위험성도 있고, 사람에 불과한 사역자들에게 사람 이상의 권위를 돌릴 위험성도 있는데, 이 두 가지 태도는 둘 다 매우 위험하다. 왜냐하면, 신자들이 사역자들을 업신여기는 경우에는, 하나님의 말씀이 경시되는 결과가 초래되고, 사역자들을 과분하게 높여주는 경우에는, 그들로 하여금 자신의 분수를 모르고 방자하게 행하게 함으로써, 결국 주님을 능멸하고 대적하도록 만드는 결과가 초래되기 때문이다. 바울이 이 문제를 아주 신중하게 접근하고 있다는 사실은, 그가 교회의 사역자를 "그리스도의 일꾼"이라고 부르는 데서 잘 나타난다. 즉, 사역자는 자기 자신의 일을 처리하는 사람이 아니라, 자신을 "일꾼"으로 고용하신 주님을 위해서 일하는 사람이라는 것이다. 또한, 사역자들은 교회 위에 군림해서 교회를 독단적으로 다스리는 권세를 행사하도록 세움 받은 사람이 아니라, 그리스도의 권세 아래에서 그 권세에 복종하여 일하도록 세움 받은 사람이라는 것이다. 요컨대, 교회의 사역자들은 "일꾼"(minister)이지 "주인"(dominus)이 아니라는 것이다.

바울이 교회의 사역자들을 "그리스도의 일꾼"이라고 규정한 후에, 거기에 "하나님의 비밀을 맡은 자"라는 어구를 덧붙인 것은, "그리스도의 일꾼"인 사역자들이 어떤 일을 하는 사람인지를 잘 보여 준다. 즉, 그리스도께서 그들에게 맡기셔서 하라고 하신 일은 "하나님의 비밀들"을 나누어 주는 것(dispensare)에 국한되어 있다는 것이다. 달리 말하면, 그들의 소임은 하나님께서 자신들에게 맡기신 것들을 그들의 "손으로 받아서" 그대로 사람들의 손에 전달해 주는 것이기 때문에, 그들이 자신들의 입맛에 따라서 취사선택하여 어떤 것들은 전해 주고 어떤 것들은 전해 주지 않는다면, 그것은 잘못된 일이라는 것이다. 따라서 바울은 이렇게 말한 것과 같다: "하나님께서는 교회의 사역자들을 자기 아들의 일꾼들로 택하셔서, 그들을 통해서 자기 아들이 하늘의 지혜를 널리 전파할 수 있게 하셨다. 그런 까닭에, 그들은 자신들에게 맡겨진 소임에서 단 한 발자국도 벗어나서는 안 된다." 아울러, 바울은 여기에서 고린도 교인들이 그동안 보여 준 행태를 간접적으로 비판하고 있는 것으로 보인다. 왜냐하면, 그들은 바울을 비롯한 여러 사역자들이 그들에게 전해 준 "하나님의 비밀들"은 소홀히 한 채로, 사람들이 꾸며낸 기이하고 신기한 교설들을 열심히 좇아다녔고, 그 결과 세속적인 학식과 교훈을 기준으로 삼아서 교사들을 평가하고 판단하는 행태를 보여 왔기 때문이었다. 바울은 복음이 담고 있는 내용들을 "하나님의 비밀들"이라고 부름으로써, 복음에 최고의 찬사를 돌리고 있다. 한편, 교회의 예전들은 이러한 하나님의 비밀들에 부속되어 있는 부록과 같은 것들이기 때문에, 우리는 말씀의 사역을 맡은 자들은 예전들을 집례하는 권한도 부여받은 것이라는 결론을 자연스럽게 도출해 낼 수 있다.

2. 그리고 맡은 자들에게 구할 것은 충성이니라. 여기에서 바울은 이렇게 말한 것과 같다: "청지기의 직분을 맡은 자들이 자신에게 맡겨진 일을 제대로 행하지 않는다면, 청지기라는 직분을 맡았다는 것만으로, 그들을 청지기라고 하기에는 충분하지 않다. 자신들에게 맡겨진 일을 신실하고 충성되게 행할 때에야, 그들은 비로소 제대로 된 청지기들이라고 할 수 있다." 우리가 이 구절에 특히 주목하여야 하는 이유는, 교황주의자들은 단지 자신들이 하나님의 제사장들로 부르심을 받았다는 이유만으로, 자신들이 행하고 가르치는 모든 것들이 하나님께서 부여하신 권위를 지니고 있다고 하는 교만하고 오만방자한 주장을 늘어놓고 있기 때문이다. 반면에, 바울은 자기에게 사도라는 칭호(titulus)가 부여되었다는 사실에 만족한 채로, 그러한 사실에 근거해서 사람들에게 사도로서의 권위를 주장한 사람이 결코 아니었고, 따라서 어떤 사람이 교회의 특정한 직분으로 부르심을 받았다고 할지라도, 그 사람이 자기에게 맡겨진 소임을 신실하고 충성되게 수행하지 않는다면, 그 부르심이 합당한 부르심이 되기에는 결코 충분하지 않다고 보았다. 그러므로 교황주의자들이 자신들의 우상인 교황의 전횡과 폭정을 유지하기 위해서 하나님과 그리스도의 이름을 내세워 방패막이로 삼을 때마다, 우리는 바울이 그리스도의 사역자들에게 요구한 것은 결코 그러한 것이 아니었다고 답변하여야 한다. 만약 여러분이 모든 사정과 상황을 정확하게 꿰뚫어보고서 판단할 수 있는 입장에 있다면, 여러분은 교황과 그의 추종자들이 그리스도의 사역자들로서의 직무(officium)를 신실하고 충성되게 수행하고 있지 않은 것은 물론이고, 직분(ministerium) 자체도 하나님과 그리스도로부터 정당하고 합법적으로 받은 것이 아님을 어렵지 않게 알아차리게 될 것이다. 그러나 이 구절은 단지 교회에 들어와 있는 사악한 교사들에 대한 경고일 뿐만 아니라, 한 걸음 더 나아가서, 오로지 그리스도의 영광과 교회의 덕 세움을 위하여 일하는 것이 아니라, 다른 어떤 속셈과 의도를 가지고 일하는 모

든 자들에 대한 경고이기도 하다. 왜냐하면, 표면적으로 진리를 가르친다고 해서 모두가 신실하고 충성된 사역자인 것은 결코 아니고, 진심으로 주님을 섬기고 그리스도의 나라를 확장시키고자 하는 열망을 마음 중심에 가지고서 일하는 자들만이 신실하고 충성된 사역자들이기 때문이다. 그런 의미에서, 아우구스티누스(Augustinus)가 "이리"와 "선한 목자"의 중간에 "삯꾼들"(요 10:12)이 위치하고 있다고 말한 것은 일리가 있다. 거기에서 아우구스티누스가 그리스도께서는 선한 청지기들에게 충성된 것과 아울러서 지혜로움도 요구하신다는 사실(눅 12:42, "주께서 이르시되 지혜 있고 진실한 청지기가 되어")을, 바울이 여기에서 말한 것보다 더 분명하게 지적하고 있는 것은 사실이지만, 바울과 아우구스티누스가 말하고자 한 의미는 동일하다. 왜냐하면, 그리스도께서 청지기들에게 "충성"을 요구하시는 말씀을 하셨을 때, 그것은 건전하고 사려깊은 통찰을 수반한 올바른 양심을 의미한 것과 마찬가지로, 바울이 "충성된 사역자"라고 말하였을 때, 그것은 지혜롭고 올바른 마음을 지니고서 선하고 참된 사역자로서의 역할을 수행하는 사람을 의미하는 것이기 때문이다.

3. 너희에게나 다른 사람에게나 판단 받는 것이 내게는 매우 작은 일이라. 바울이 앞에서 전개해 온 논리의 흐름을 따르면, 원래 그는 여기에서 자신의 신실함과 충성됨을 집중적으로 설명하고 밝혀서, 고린도 교인들의 눈 앞에 드러내어, 그들로 하여금 그러한 사실에 입각해서, 자기가 그리스도의 참된 일꾼이요 사도라는 것을 "판단할" 수 있게 해 주는 것이 순서였다. 그러나 고린도 교인들의 판단력은 이미 제대로 된 판단을 할 수 없을 정도로 마비되어 있었기 때문에, 바울은 그런 식으로 논리를 전개하는 것을 포기하고, 대신에 장차 있게 될 그리스도의 최후의 심판에 호소한다. 고린도 교인들은 거짓 사도들의 겉보기에 그럴 듯한 가식적인 모습들에는 놀라고 감탄하면서도, 본질적이고 참되며 탁월한 것들에는 아무런 관심도 기울이지 않는 잘못을 범하고 있었다. 그렇기 때문에, 바울은 자기에 대하여 그들이 어떤 "판단"을 내린다고 할지라도, 그 판단은 뒤틀리고 왜곡되고 눈먼 것이 될 수밖에 없기 때문에, 자기는 그들의 판단을 대수롭지 않은 것으로 생각한다고 아주 확신 있게 밝히고 있는 것이다. 바울은 여기에서, 사람들의 인정과 찬사를 받고자 하는 데에만 혈안이 되어 있었을 뿐만 아니라, 사람들의 존경을 받으면, 자신들이 복된 자가 될 것이라고 착각하고 있었던 거짓 사도들의 헛된 망상(vanitas)을 정확하게 짚어내는 동시에, 고린도 교인들의 눈을 멀게 하여 그들의 판단력을 마

비시킨 근본적인 원인이었던 교만(arrogantia)을 엄중하게 책망한다.

그런데 여기에서 한 가지 질문이 생긴다: 바울은 무슨 권리로 한 교회의 "권징"을 거부하고 신자들의 "판단"을 배제하였던 것인가? 우리가 이렇게 질문하는 것이 정당한 이유는 모든 사역자들은 교회의 "판단"을 받고, 그 판단을 받아들이는 것이 합당하기 때문이다. 이 질문에 대한 나의 대답은, 선한 사역자들은 자기가 신자들에게 가르친 내용들만이 아니라 자신의 삶까지도 교회의 판단에 맡기는 것이 합당하고, 교회의 세밀한 검증을 회피하지 않는 것이 선한 양심을 지닌 사역자들의 마땅한 도리라는 것이다. 따라서 만일 고린도 교회에서 공정하고 합당한 조사와 심리가 행해지고 있었다면, 바울이 자신에 대한 고린도 교회의 "판단"을 당연히 받아들였을 것이고, 자기가 무엇을 가르치고 어떻게 살아 왔는지를 진술하기 위해서 기꺼이 소환에 응하였을 것임은 의심의 여지가 없다. 왜냐하면, 그는 고린도 교인들에게 그러한 권한이 그들에게 있다는 사실을 종종 말해 왔을 뿐만 아니라, 그런 경우들에서 올바른 "판단"을 내려 줄 것을 간절하게 부탁하기도 하였기 때문이다. 그러나 신실하고 충성된 사역자가 사람들이 자신에 대하여 부당하고 악의적인 편견들을 가지고 있어서, 그 사람들 가운데서는 진실을 밝힐 수 있는 공정한 조사와 심리가 이루어지는 것은 불가능하기 때문에, 자기가 공정하고 적법한 조사와 심리를 보장받을 수 없다는 것을 알게 되었을 때, 그는 자기에 대한 사람들의 생각이나 판단과는 상관없이, 하나님께 직접 호소하기 위해서 하나님의 심판대 앞으로 나아갈 수밖에 없다. 따라서 주의 종들은 자기가 사람들에게 가르친 것들과 자신이 살아 온 삶에 대하여 검증받는 것을 감수할 뿐만 아니라, 오히려 자발적으로 검증받을 것을 자청하는 것이 마땅하고, 자신에 대한 어떤 고소나 반대가 있을 때에는 거기에 대해서 답변하기를 거부하지 말아야 한다. 따라서 사역자들은 이것을 이 문제와 관련하여 자신들이 따라야 할 준칙으로 삼아야 한다. 그러나 사역자들이 자기에 대하여 어떤 고소나 고발이 제기되었는데도, 그 제기된 문제에 대하여 해명할 기회를 박탈당한 채로, 자신에 대한 판결이 선고되는 것을 보게 된다면, 마음을 크게 먹고서, 사람들의 의견이나 판단은 무시하고, 장차 최후의 심판의 날에 하나님께서 재판관이 되셔서 자기를 판단해 주시기를 담대하게 기다려야 한다. 옛적에 선지자들은 자신들을 통해서 선포된 하나님의 말씀을 멸시하는 목이 곧은 사람들을 상대하는 가운데, 하나님의 주권적인 다스리심과 진리의 빛을 거부하는 그들의 마귀적인 완악함을 제압하기 위해서, 어떻게 보면 고압적으로 보일 정도로 사람들의 온갖 비방이나 판단들을 깡그리 다 무시하고서, 그들이 듣든지 아니 듣든지, 홀로 우뚝 서서 하나님의 경고와 심판의 말씀들을 담대하게 전하여야 하였다. 그러나 어떤 사람이 자기 자신을 변호할 수 있는 기회가 주어져 있거나, 적어도 자기 자신을 해명해야 할 필요가 있는데도 불구하고, 그러한 자리를 피하기 위한 구실이나 핑계로 하나님의 이름을 들먹이며, 하나님께서 자신의 결백함을 다 아실 것이라고 주장한다면, 그것은 자신의 무죄를 호소하는 것이 아니라, 도리어 자신의 뻔뻔스러움(impudentia)만을 드러내는 일이 될 것이다.

어떤 해석자들은 "사람의 날에게나"(한글개역개정에는 "다른 사람에게나")라는 어구를 다른 식으로 설명하기도 하지만, 내 생각에는 여기에서 "날"이라는 단어는 비유적으로 사용되어서 "재판"(iudicium)을 의미한다고 보는 것이 가장 간단하고 자연스러운 설명이다. 왜냐하면, 재판을 하려면 날이 정해져야 하고, 당사자들은 정해진 날에 법정에 출두해야 하기 때문이다. 여기에서 바울은 진리나 하나님의 말씀에 따라 재판이 이루어지는 것이 아니라, 사람들의 변덕스러운 욕망과 무분별하고 경솔함을 따라서 사람들의 입맛에 맞게 재판이 진행되고 판결이 선고되는 날들을 "사람의 날"이라고 부르고 있다. 간단히 말해서, "사람의 날"은 하나님의 주재 아래 재판이 이루어지는 것이 아니라, 사람들이 제멋대로 독단적으로 재판을 하는 날을 가리킨다. 따라서 바울은 이렇게 말하고 있는 것이다: "사람들로 하여금 자신들의 마음이 내키는 대로 재판하라고 해라. 그들이 어떤 판결을 내리든 간에, 장차 하나님께서는 그 판결들을 모두 다 기각시키실 것이고, 나는 그 사실 하나만으로 충분히 만족한다."

나도 나를 판단하지 아니하노니. 이것은 바울이 자기를 제멋대로 판단하고 있는 고린도 교인들에게, "나 자신을 가장 잘 아는 나도 나 자신을 감히 판단하지 않는데, 하물며 나를 잘 알지도 못하는 너희가 어떻게 나를 판단하겠느냐"라고 항변하고 있는 것이다. 바울은 자기가 어떤 잘못을 저질렀다고는 생각하지 않지만, 그렇다고 해서 그것이 하나님 앞에서 자기가 무죄하다는 것을 의미하는 것은 아니기 때문에, 자기 스스로도 감히 자신을 판단하지 않고, 장차 하나님께서 자기를 판단하실 날만을 기다리고 있다고 말한다. 그는 이렇게 말함으로써, 고린도 교인들이 자신들의 권한이라고 내세우고 주장하는 것이 사실은 오직 하나님께만 속한 권한이라는 것을 확고하게 못을 박는다. 따라서 바울은 여기에서 이렇게 말하고 있는 것이다: "나는 늘 내 자신을 꼼꼼하고 주의 깊게 들여다보고 살펴보지만, 그럴 때마다 내가 어떤 사람인지를 속속들이 다 정확하게 꿰뚫어볼 수 있는 예리한 눈이 내게 없다는 것을 깨닫는다. 그런 까닭에, 나는 내가 내 자신을 판단하려고 하지 않고, 나에 대한 최종적인 판단을 오로지 하나님께 맡겨 놓고 있다. 왜냐하면, 오직 하나님만이 나를 판단하시고 심판하실 수 있으시고, 오직 하나님만이 그러한 권한을 가지고 계시기 때문이다. 그런데 너희는 도대체 나와 어떻게 다르기에, 무슨 근거로 나를 판단할 수 있는 권한과 능력을 가지고 있다고 생각하는 것인가?"

하지만 우리는 바울이 여기에서 고린도 교인들이 그들 자신이나 그들의 형제, 또는 그들의 사역자들에 대하여 모든 종류의 "판단"을 일체 해서는 안 된다고 말하고 있는 것으로 이해하는 것은 터무니없고 이치에 맞지도 않는 것이기 때문에, 바울이 여기에서 판단하지 말라고 한 것은, 하나님의 말씀에 의거하여 그 선악의 여부를 판단하는 것이 가능한 사람들의 행실을 판단하지 말라는 것이 아니라, 인간의 자의적이고 왜곡된 판단력으로는 알 수 없고 오직 하나님만이 아시는 각 사람의 진가를 판단해서는 안 된다고 말하고 있는 것으로 이해하여야 한다. 각 사람이 하나님 앞에서 어떤 인물인지, 그리고 그 사람이 어떠한 영광을 누릴 자격이 있는지를 결정하는 것은, 하나님의 고유한 권한이다. 그런데도 고린도 교인들은 하나님만이 아시는 것들을 마치 자신들이 다 알고 있다는 듯이 행세하면서, 자신들의 그러한 판단에 의거해서 바울을 멸시하고 비난하는 한편, 그들 가운데서 자신들의 구미에 맞게 행한 다른 거짓 사도들은 근거도 없이 경솔하게 높이 받들고 칭송하는 행태를 보였다. 이것이 바울이 앞에서 이미 언급한 바 있는 "사람의 날" (dies humanus)이다. 즉, 사람들이 심판의 보좌에 앉아서, 마치 자신들이 신들이라도 된다는 듯이, 하나님 아버지에 의해서 유일한 심판주로 임명되신 그리스도께서 장차 자신의 날, 곧 "그리스도의 날"(dies Christi)에 행하시기로 되어 있는 일들을 가로채서, 자신들의 판단에 따라서 각 사람에게 영광의 등급을 매겨서, 어떤 사람들은 높은 자리로 올려주고, 어떤 사람은 가장 낮은 자리로 끌어 내리는 일이 벌어지고 있을 때, 이것이 바로 "사람의 날"이다.

하지만 도대체 그들은 무엇을 기준으로 삼아서, 각 사람을 이렇게 판단하고 구별하고 있는 것인가? 그들은 오직 겉으로 드러난 것들만을 보고, 저 깊이 숨겨져 있는 진실은 보지 못하는 자들이기 때문에, 그들에게 고귀하고 존귀하게 보이는 것들이 사실은 하나님이 보시기에 가증스러운 것들인 경우가 비일비재하다. 여기에서 어떤 사람이 마치 나무가 그 열매에 의해서 구별되듯이(마 7:16), 하나님의 말씀의 일꾼들도 그들 각자의 업적을 통해서 이 세상에서 구별될 수 있는 것이 아니냐는 반론을 제기한다면, 나는 그 말이 원론적으로 틀린 말이 아니라는 것을 기꺼이 인정한다. 그러나 우리는 그러한 반론이 현실적으로 정말 맞는 말인지를 알아보기 위해서는, 바울이 당시에 상대하여야 했던 사람들이 각각의 일꾼들의 업적을 제대로 판단할 수 있는 자들이었는지를 생각해 보지 않으면 안 된다. 그들은 오직 겉으로 드러난 것들만을 보고서, 겉보기에 그럴듯해 보이는 모습으로 행하고 가르치는 자들을 하나님의 대단한 일꾼으로 판단했고, 겉보기에 비천하고 보잘것없어 보이는 모습으로 행하고 가르치는 자들을 멸시받을 만한 일꾼으로 판단한 자들이었을 뿐만 아니라, 하나님의 나라에서 각 사람이 어떤 지위를 갖게 될 것인가 하는 문제는, 그리스도께서도 이 땅에 계실 때, 그러한 권한은 오직 하나님께만 있다고 말씀하시며, 스스로 판단하시기를 유보하실 정도로 조심스러운 문제였는데도, 그들은 마치 하나님께서 자신들에게 이 문제를 자신들의 뜻대로 결정할 권한을 주셨다는 듯이 행세한 자들이었다. 따라서 여기에서 바울은, 우리가 어떤 사람들을 신실한 일꾼이라고 판단하고 공표하거나, 어떤 사람들을 하나님의 말씀에 비추어서 악한 일꾼이라고 판단하는 것을 금지한 것이 아니고, 단지 야심으로 가득 차서 행하고 있던 거짓 사도들이 자신의 정체를 숨기고서 고린도 교회에서 행하며 가르치고 있는데도, 고린도 교인들이 그런 자들의 진면목을 낱낱이 조사하고 살핀 후에, 그런 자들이 칭송받을 만한 자격이 있어서 칭송한 것이 아니라, 그런 자들의 그럴듯한 겉모습만을 보고서, 그 겉모습이 자신들의 구미에 맞기 때문에 그들을 칭송하고, 반면에 참된 사역자들에 대해서는 무시하고 멸시하는 태도를 취하는 것을 보고서, 고린도 교인들의 그러한 경망스러움과 경솔함을 단죄한 것이다.

4. 내가 자책할 아무 것도 깨닫지 못하나 이로 말미암아 의롭다 함을 얻지 못하노라. 우리는 바울이 여기에서 자신의 삶 전체와 관련해서 말하고 있는 것이 아니라, 자신의 사도직과 관련해서만 말하고 있다는 점을 유의하여야 한다. 만일 바울이 자기 자신이나 자신의 삶에 대해서 "자책할" 것이 아무것도 없었다면, 그가 로마서 7:15에서 탄식하며 쏟아낸 말들은 다 근거 없는 말들이 되고, 그는 거짓말쟁이가 되고 말 것이다. 왜냐하면, 거기에서 바울은 자기는 악을 행하는 것을 절대로 원한 것이 아닌데도, 자기가 원하지 않는 악을 행할 수밖에 없고, 자신이 하나님께 온전히 순종하고 싶어도, 죄의 훼방을 받아서, 그렇게 할 수 없다고 고백하면서, 자신의 신세와 처지를 한탄하며 탄식하고 있기 때문이다. 따라서 바울은 자기 안에

죄가 거하고 있다는 것을 알고 있었고, 그 사실을 정직하게 고백하였다. 그러나 바울은 여기에서 다루어지고 있는 주제인 자신의 사도직과 관련해서는, 자기가 신실하고 충성되고 흠 없이 사도직을 수행해 왔기 때문에, 양심에 거리끼는 것이나 "자책할" 것이 아무것도 없었다. 바울의 이러한 증언은 결코 평범한 것이 아니다. 이 증언은 그의 마음이 얼마나 충성되고 거룩하고 경건한 것이었는지를 분명하게 보여 준다. 그럼에도 불구하고, 그는 자신의 사도직과 관련해서 자기에게 "자책할" 것이 없다고 해서, 그것으로 인해서 자기가 하나님으로부터 "의롭다 함을 얻을" 수 있는 것은 아니라고 선언한다. 즉, 자기는 하나님이 보시기에 모든 죄책으로부터 벗어난 순전한 인간이 아니라는 것이다. 왜 그런 것인가? 그것은 하나님께서는 우리가 보지 못하는 깊은 곳까지도 감찰하시기 때문에, 우리의 눈에는 완벽하게 깨끗해 보이는 것도 하나님의 눈에는 추악한 것으로 보이기 때문이다. 우리는 여기에서 매우 훌륭하고 유익한 교훈을 발견하게 되는데, 그것은 하나님의 심판이 얼마나 엄격할지를 우리 자신의 생각이나 기준으로 판단해서는 안 된다는 것이다. 왜냐하면, 우리의 눈은 침침해서 잘 볼 수 없고, 우리의 귀는 아주 둔해서 잘 들을 수 없는 반면에, 하나님의 눈과 귀는 모든 것을 꿰뚫어 보시고 아주 세미한 소리까지도 다 들으실 정도로 밝으시기 때문이다. 게다가, 우리는 우리 자신에 대해서 지나치게 관대해서 우리 자신을 제대로 올바르게 판단할 수 없지만, 하나님은 지극히 엄격한 심판관이시다. 그런 까닭에, 솔로몬이 사람들은 자기 자신을 저 깊은 곳까지 살필 수 없기 때문에 자신의 행위를 피상적으로 판단하고 평가하지만, 하나님은 사람들의 모든 행위의 밑바닥까지 다 살펴보실 수 있으시기 때문에 각각의 행위를 제대로 올바르게 판단하실 수 있으시다는 사실을 깨닫고서, "사람의 행위가 자기 보기에는 모두 정직하여도 여호와는 마음을 감찰하시느니라"(잠 21:2)고 말한 것은 너무나 분명한 진리이다.

교황주의자들은 이 구절을 근거로 삼아서, 믿음의 확실성을 근본부터 흔들어 놓는다. 내가 진실로 고백하건대, 만일 그들의 가르침이 받아들여진다면, 우리는 이 땅에서 살아가는 동안에 평생 우리 자신이 지닌 믿음으로 인하여 하나님으로부터 의롭다 하심을 얻었다는 확신을 가지지 못한 불안정한 상태 속에서, 우리가 하나님의 나라에 들어가지 못하게 되면 어쩌나 하는 불안감을 늘 안고 살아갈 수밖에 없게 될 것이다. 왜냐하면, 만일 우리가 하나님에 의해서 받아들여졌는지의 여부가 하나님의 전적인 은혜가 아니라, 우리가 행한 일들에 의해서 좌우되고 결정되는 것이라면, 우리의 마음이 어떻게 평안을 누릴 수 있겠는가? 따라서 나는 교황주의자들이 제시한 그들의 핵심적인 근본교리는 사람들의 양심을 끊임없이 교란하여 사람들에게 불안감만을 안겨 줄 뿐이라는 것을 단언한다. 그렇기 때문에, 우리는 교황주의자들의 그러한 잘못된 교리를 반박하기 위하여, 우리가 하나님께서 그리스도 안에서 우리에게 값없이 은혜를 주시겠다고 약속하셨다는 사실을 의지할 때에만, 우리 각 사람은 자기가 하나님으로부터 의롭다 하심을 받았다는 것을 확실하게 알 수 있다고 가르치는 것이다.

5. 그러므로 때가 이르기 전 곧 주께서 오시기까지 아무것도 판단하지 말라. 바울이 이 단락을 마무리하면서 결론적으로 말하고 있는 것을 담고 있는 이 구절은, 우리가 앞에서 이미 말했듯이, 바울이 모든 종류의 판단을 일률적으로 다 금지한 것이 아니라, 어떤 일들에 대해서 잘 알아보지도 않고 경솔하고 성급하게 판단을 내리는 것만을 금지하고 있는 것임을 분명하게 보여 준다. 즉, 고린도 교인들은 각 사람이 어떠한 사람인지를 아무런 편견 없이 바라보고 신중하게 살펴서 각 사람에 대하여 판단한 것이 아니라, 자신들의 취향과 욕망과 야심에 눈이 멀어서, 자신들의 마음대로 자의적으로 판단해서, 악하고 잘못된 자들로 단죄해야 할 사람들을 도리어 높이고 칭송하며, 존귀하게 대하고 칭송해야 할 사람들을 도리어 멸시하고 하찮게 여기는 잘못을 범하였을 뿐만 아니라, 사람들을 그런 식으로 판단함으로써, 하나님 앞에서 각 사람이 정말 어떤 사람인지를 판단하는 일은 인간에게 허용된 일이 아님에도 불구하고, 마치 자신들에게 그러한 권한이 있는 것처럼 행하는 월권을 자행하였기 때문에, 바울은 그들에게 그런 식으로 판단하는 것은 잘못된 것이라고 단호하게 말한 것이다. 따라서 우리는 각 사람을 판단함에 있어서 우리에게 허용된 것이 어디까지인지를 알고, 우리가 지금 알 수 있는 것은 어떤 것들이고, 그리스도의 날까지 기다려야 하는 것은 어떤 것들인지도 알아서, 그러한 범위와 한계를 넘어서서 사람들을 판단하려고 하지 말아야 한다. 왜냐하면, 이 세상에는 사람들에게 지금 당장 분명하게 드러나 있는 일들이 있는가 하면, 그리스도의 날까지 두터운 베일 뒤에 감추어져 있는 일들도 있기 때문이다.

그가 어둠에 감추인 것들을 드러내고 마음의 뜻을 나타내시리니. 바울이 여기에서 "그리스도의 날"이 어떤 날일지에 대하여 설명한 말이 참되고 적절한 것이라면, 바울의 이러한 말로부터 도출될 수 있는 자연스러운 결론은, 이 세상의 일들은 많은 부분이 어둠 속에 감추어져 있을 뿐만 아니라, 이 세상에는 빛이 그리 많이 있지 않아서, 많은 일들이 밝히 드러나지 않고 모호한 채로 남아 있기 때문에, 사람들의 눈에는 이 세상의 일들이 아주 질서정연하게 운행되고 있는 것으로 보이지 않는 것이 당연하다는 것이다. 내가 여기에서 세상의 일들이라고 말한 것은 사람들의 삶과 행위들을 가리킨다. 이 구절의 후반부에서 바울은 이 세상의 일들이 우리에게 아주 분명하게 드러나지 않게 만드는 어둠과 무질서가 생겨난 원인이 무엇인지를 설명하면서, 그것은 사람의 마음속에 놀랄 만큼 깊고 은밀한 부분들이 존재하기 때문이라고 말한다. 그런 까닭에, 하나님께서 모든 사람의 "마음의 뜻"과 "생각"을 온전히 다 드러내실 때까지는 항상 어둠이 존재할 것이다.

그 때에 각 사람에게 하나님으로부터 칭찬이 있으리라. 바울은 여기에서 이렇게 말한 것과 같다: "자, 고린도 교인들이여, 너희는 마치 너희가 많은 사람들이 참여한 경주의 심판관인 것처럼 행동하면서, 어떤 사람에게는 면류관을 씌워주고, 어떤 사람은 망신을 주어서 쫓아내고 있다. 그러나 그렇게 할 수 있는 권한은 오직 그리스도께만 있고, 실제로 그리스도께서는 장차 모든 사람에 대하여 그렇게 행하실 것이다. 그런데 너희는 누가 면류관을 받기에 합당한지가 분명하게 밝혀지기도 전에, 지금 그런 일을 행하고 있다. 그리스도께서는 어떤 사람이 면류관을 받게 될 것이고, 어떤 사람이 이를 갈며 슬피 울게 될 것인지를 자기가 분명하게 드러내실 날을 이미 정해두셨다." 바울이 이런 말을 할 수 있었던 것은, 장차 각 사람에게 하나님으로부터 칭찬이 있으리라는 것에 대하여 자신의 선한 양심으로부터 오는 확신이 있었기 때문이다. 우리가 그런 확신 속에서 우리에 대한 칭찬을 하나님의 손에 맡길 때, 우리는 사람들로부터 오는 박수갈채나 칭송을 아무것도 아닌 하찮은 것으로 여길 수 있게 된다.

[6]형제들아 내가 너희를 위하여 이 일에 나와 아볼로를 들어서 본을 보였으니 이는 너희로 하여금 기록된 말씀 밖으로 넘어가지 말라 한 것을 우리에게서 배워 서로 대적하여 교만한 마음을 가지지 말게 하려 함이라 [7]누가 너를 남달리 구별하였느냐 네게 있는 것 중에 받지 아니한 것이 무엇이냐 네가 받았은즉 어찌하여 받지 아니한 것 같이 자랑하느냐 [8]너희가 이미 배 부르며 이미 풍성하며 우리 없이도 왕이 되었도다 우리가 너희와 함께 왕 노릇 하기 위하여 참으로 너희가 왕이 되기를 원하노라(4:6-8).

6. 형제들아 내가 너희를 위하여 이 일에 나와 아볼로를 들어서 본을 보였으니. 우리가 이 구절을 통해서 알 수 있는 것은, 바울을 따랐던 자들이 고린도 교회에서 분파를 조장하고 여러 파당들을 만들어 낸 장본인들이 아니었다는 것이다. 왜냐하면, 그들이 바울로부터 파당을 조성하라는 가르침을 받았을 리는 만무하기 때문이다. 따라서 우리는 과시욕과 공명심에 사로잡힌 자들이 거짓 사도들과 거짓 교사들을 추종하는 양상을 보이면서, 고린도 교회에 여러 파당들이 생겨나서 서로 갈등하고 다투게 된 것이라고 추정할 수 있다. 하지만 바울은 자기 이름과 자기와 가까운 형제였던 아볼로의 이름을 들어서 말하는 것이 부담감을 덜고, 고린도 교인들의 반감도 덜 불러일으킬 수 있는 길이라는 것을 알고 있었기 때문에, 자기 자신의 경우를 예로 들어서 다른 사람들 안에 내재되어 있는 악(vitium)을 보여 주는 쪽을 택하였다. 아울러, 바울은 파당을 조성한 주동자들을 그들의 귀로 듣기 거북한 말로 엄중하게 책망하고, 고린도 교회에 치명적인 해악을 입힌 이러한 분열을 초래한 근본적인 원인들을 날카롭게 지적하는데, 그것은 만일 그들이 신실한 교사들의 가르침에 만족하였더라면, 이렇게 나쁜 상황이 초래되지 않았으리라는 것이다.

이는 너희로 하여금 기록된 말씀 밖으로 넘어가지 말라 한 것을 우리에게서 배워. 어떤 사본들에는 "너희가 우리에게서 배워" 대신에 "너희가 너희 중에서 배워"로 되어 있다. 이 두 가지 읽기는 둘 다 적절하고, 서로 의미의 차이도 없다. 왜냐하면, 바울이 여기에서 말하고자 하는 것은 "나는 너희가 본으로 삼도록 하기 위해서, 나와 아볼로를 예로 들어서 이 모든 일을 너희에게 설명하였다"는 것이기 때문이다. 따라서 "우리에게서 배우라"는 것은 "너희는 내가 너희 앞에 제시한 우리의 본을 거울로 삼아서 그대로 배우라"는 뜻이고, "너희 중에서 배우라"는 것은 "우리의 본을 너희의 것으로 만들어서 너희에게 적용하라"는 뜻이다.

그렇다면, 바울은 고린도 교인들이 자기와 아볼로의 본을 따라서 무엇을 배우기를 원한 것인가? 그것은 어느 누구도 자기를 가르친 교사가 다른 교사들보다 더 훌륭하다고 자랑하거나 우쭐대서는 안 된다는 것이다. 달리 말하면, 어느 누구도 자신들을 가르친 교사를 들먹이며 교만해져서는 안 되고, 교회 내에 파당을 형성하거나 교회를 분열시키기 위해서 교사들의 이름을 악용해서도 안 된다는 것이다. 또한, 우리가 여기에서 주목해야 할 것은, 각 사람이 자기 분수를 모르고 잘난 척을 하면서 다른 사람들을 깔보려고 하는 것, 즉 교만이나 자기 자랑이 모든 갈등과 다툼의 근원이 된다는 것이다.

"기록된 것"(한글개역개정에는 "기록된 말씀")이라는 어구는 두 가지로 설명될 수 있다. 즉, 이 어구는 바울 자신이 기록한 것을 가리키는 것일 수도 있고, 바울이 인용한 성경 본문을 가리키는 것일 수도 있다. 그러나 이것은 중요한 문제가 아니기 때문에, 어느 쪽으로 이해하든, 그것은 독자들의 몫이다.

7. 누가 너를 남달리 구별하였느냐. 이 구절의 의미는 이런 것이다: "다른 사람들로부터 인정받고 유명해지고자 하는 야심으로 교회를 혼란에 빠뜨리고 있는 자는 누구든지 앞으로 나와 보라. 내가 그 자에게 묻고 싶은 것은, 누가 무슨 권한으로 그 자를 다른 사람들보다 앞세웠는지, 즉 누가 무슨 근거 위에서 그 자에게 다른 사람들보다 앞자리에 앉을 수 있는 권세를 주었는가 하는 것이다." 바울이 여기에서 전개하는 논증 전체는, 주님이 자신의 교회에 세우신 질서(ordo), 즉 그리스도의 몸의 지체들은 서로 연합하여 하나가 되어야 하고, 각각의 지체는 자기 자신에게 주어진 자리와 서열과 직임과 영광에 만족하여야 한다는 사실에 근거하고 있다. 만약 어느 한 지체가 자신에게 주어진 자리를 버리고 다른 지체에 주어진 자리를 차지하려고 한다면, 그리스도의 몸 전체는 어떻게 되겠는가? 그러므로 우리는 주님이 우리 모두에게 교회 안에서 각자의 자리와 직분을 정해 주신 것은, 우리로 하여금 우리의 공통의 머리이신 주님 아래에서 서로 합력하고 돕게 하기 위한 것임을 알아야 한다. 또한, 우리는 주님이 우리에게 이처럼 다양한 은사들을 주신 것은, 우리로 하여금 자신의 분수를 지키는 가운데 겸손하게 주님을 섬기게 하기 위한 것임과 동시에, 우리가 갖고 있는 모든 것을 그것들을 우리에게 주신 주님의 영광을 위하여 사용하게 하기 위한 것임을 알아야 한다.

따라서 다른 사람들보다 높아지고자 하는 사람들의 비뚤어진 야심을 바로잡는 최선의 해법은, 그들을 하나님 앞으로 다시 불러서, 각 사람이 높은 자리에 앉거나 낮은 자리에 앉는 것은 그들의 뜻에 의한 것이 아니고, 오직 하나님의 뜻에 의한 것이라는 것을 알게 해주고, 하나님께서는 어떤 사람에게도 그리스도를 대신하여 교회의 머리 역할을 할 정도의 위치로 올라설 수 있을 만큼 많은 은사를 주시지는 않고, 오직 모든 일에 있어서 하나님만이 영광을 받으실 수 있도록 자신의 은사들을 사람들에게 골고루 나누어 주신다는 것을 깨닫게 해 주는 것이다.

여기에서 "남달리 구별하였다"는 것은 남들보다 뛰어나게 하거나 탁월하게 하였다는 것을 의미한다. 하지만 아우구스티누스가 펠라기우스주의자들을 반박하기 위해서 자주 이 구절을 인용해서, 다음과 같이 말한 것은 합당하다: "어떤 사람 안에 존재하는 온갖 뛰어나거나 탁월한 것들은, 그것이 무엇이든지, 태어날 때부터 그에게 주어진 것이 아니기 때문에, 우리는 그것들을 본성적으로나 유전적으로 그에게 주어진 것들이라고 말할 수 없고, 또한 그 사람의 자유의지에 의해서 후천적으로 획득된 것들이라고 말할 수도 없다. 그것들은 전적으로 하나님의 긍휼하심(misericordia)으로부터 흘러나와서 그 사람에게 값없이 주어진 것들이기 때문에, 그 사람은 그것들을 하나님 앞에서 자신의 공로로 삼을 수 없다." 왜냐하면, 여기에서 바울이 하나님의 은혜와 인간의 공로 또는 인간이 스스로 지니고 있는 가치를 대비시키고 있다는 것은 의심의 여지가 없기 때문이다.

네게 있는 것 중에 받지 아니한 것이 무엇이냐. 바울은 이 구절을 통해서 자기가 앞에서 한 말을 확증하고 있다. 즉, 어떤 사람에게 다른 사람들보다 뛰어나고 탁월한 것이 있다고 할지라도, 그것이 자기가 이루어낸 것이 아니라 하나님으로부터 거저 받은 것이라면, 실제로 그 사람이 자신의 것이라고 할 수 있는 것은 아무것도 없게 되는데, 그런 상황에서 어떤 뛰어나거나 탁월한 것을 자신의 것으로 갖고 있지 않은 사람이 마치 그것이 자신의 것인 양 자랑할 수 없다는 것은 너무나 당연한 일이라는 것이다. 온통 남의 것이고 자신의 것이라고 자랑할 것이라고는 아무것도 없는 사람이 남의 것을 마치 자신의 것인 양 자랑하는 것보다 더 허망한 일이 어디 있겠는가? 이렇게 남들보다 뛰어나거나 탁월한 것을 자신의 것으로 갖고 있는 사람은 이 세상에 아무도 없기 때문에, 자기 자신을 높이고 자랑하는 사람은 참으로 어리석고 미련한 자일 수밖에 없다. 기독교적인 겸양(modestia)의 참된 토대는, 먼저는 우리에게는 선한 것이 전혀 없기 때문에, 우리 자신에 대하여 만족하지 않는다는 데 있고, 다음으로는 하나님께서 우리 안에 선한 것을 심어 주셨다면, 그것은 우리로 하여금 자신을 자랑하는 자가 되게 하는 것이 아니라, 우리 자신을 더욱더 하나님의 은혜에 빚진 자가 되게 함으로써, 우리 자신을 더욱더 낮아지게 만든다는 데 있다. 결론적으로, 키프리아누스(Cyprianus)가 말한 것처럼, 우리에게 있는 것들 중에서 우리의 것은 아무것도 없기 때문에, 우리는 아무것도 자랑해서는 안 된다는 것이다.

네가 받았은즉 어찌하여 받지 아니한 것 같이 자랑하느냐. 바울이 "내가 나 된 것은 하나님의 은혜로 된 것이니 내게 주신 그의 은혜가 헛되지 아니하여 내가 모든 사도보다 더 많이 수고하였으나 내가 한 것이 아니요 오직 나와 함께 하신 하나님의 은혜로라"(고전 15:10)고 말하였듯이, "우리가 우리 된 것"은 전적으로 "하나님의 은혜"로 된 것이기 때문에, 우리에게는 우리 자신을 자랑할 것이 아무것도 없다. 우리는 앞에서 고린도전서 1장을 다룰 때, 그리스도께서 모든 복의 근원이 되셨기 때문에, 우리는 이제 "주 안에서 자랑하는" 법을 배워야 한다는 것을 살펴보았고, 우리가 우리 자신을 자랑하는 것을 포기할 때에만 그렇게 할 수 있다는 것도 이미 살펴보았다.

8. 너희가 이미 배 부르며. 바울은 지금까지는 고린도 교인들의 자신감이 왜 헛되고 잘못된 것인지를 담담하고 평이한 어조로 조목조목 짚어 가며 지적함으로써, 그들로 하여금 변명의 여지가 없게 만들어 놓은 후에, 이제 여기에서는 반어법을 사용해서 그들의 잘못을 사정 없이 질타한다. 바울이 그들에게 "이미 배 불렀다"고 질타한 것은, 그들은 마치 자신들이 세상에서 가장 행복한 사람들인 양 자기 자신을 만족해하며 배 부른 사람의 행세를 하고 있었기 때문이었다. 바울은 그들의 오만방자함(insolentia)을 하나하나 점층법적으로 드러낸다. 즉, 그는 먼저 그들이 이미 "배 불렀다"고 과거형으로 말한 후에, 다음으로 그들이 앞으로 "풍성하게 될 것"이라는 말을 미래형으로 덧붙이고, 마지막으로 그들이 "왕이 되었다"고 말하는데, 이것은 앞의 두 가지보다 더욱 심각한 것이다. 따라서 바울은 이렇게 말한 것과 같다: "너희는 지금 배가 불러 있는 것은 말할 것도 없고, 앞으로도 풍요를 누리며 풍성하게 살아갈 것 같은데, 그 다음에는 또 무엇이 되고 싶은 것이냐? 왕이 되어서 왕 노릇이라도 해 보고자 하는 것이냐?"

아울러, 여기에서 바울은 은연중에 그들의 배은망덕함을 책망한다. 즉, 그들은 바울을 비롯한 여러 사역자들의 수고 덕분에, 지금의 이 모든 것을 갖게 된 것인데도 불구하고, 그 은혜도 모르고, 그 사역자들에게 감사하기는커녕 도리어 멸시하고 업신여기는 태도를 보이고 있다는 것이다. 바울이 사용한 "우리 없이도"라는 표현은 이런 의미이다: "주님께서는 나와 아볼로의 사역을 사용하셔서 너희에게 모든 은사들을 주시고 지금의 너희를 있게 해 주신 것인데도, 나와 아볼로는 이제 너희에게 아무것도 아닌 존재들이 되어 버렸다. 하나님이 주신 은사들에 대해서는 흡족해하고 만족해하면서도, 너희로 하여금 하나님으로부터 그러한 은사들을 얻도록 하기 위하여 밤낮으로 수고한 사역자들에 대해서는 멸시하고 업신여기는 태도로 대한다면, 그것은 얼마나 도리에 맞지 않는 일이겠는가!"

우리가 너희와 함께 왕 노릇 하기 위하여 참으로 너희가 왕이 되기를 원하노라. 여기에서 바울은 고린도 교인들이 하나님으로부터 많은 복들을 받고 행복해하고 만족해하는 것을 시기해서가 아니라, 그들이 하나님으로부터 받은 귀한 복들을 헛되게 하고 있으면서도, 도리어 잘못된 망상에 사로잡혀서 자기만족에 빠져 있기 때문에 자기가 이런 말을 하는 것임을 분명히 함과 동시에, 자기는 처음부터 그들을 자신의 수하에 두고서 주관하고자 하는 마음은 일체 없었고, 오로지 그들을 하나님의 나라로 인도하고자 하는 마음만을 지니고 있었다는 것을 분명히 한다. 즉, 바울이 이렇게 말하고 있는 것의 이면에는, 고린도 교인들은 자신들이 하나님의 아들들이자 하나님 나라의 시민들임을 자랑하며, 하나님의 나라의 모든 권세가 마치 자신들의 수중에 있다는 듯이 허세를 부리고 있지만, 그들의 그러한 자만과 허세는 전혀 근거 없는 것으로서 위험하기 짝이 없는 것이라는 암시가 자리잡고 있다. 왜냐하면, 모든 하나님의 자녀들은 자신들의 공통의 머리가 되시는 그리스도 아래에서 각 사람에게 주어진 은혜의 분량대로 자랑할 때만, 그 자랑은 자만이나 허세가 되지 않고, 진정으로 참된 자랑이 될 수 있기 때문이다.

"우리가 너희와 함께 왕 노릇 하기 위하여"라는 어구 속에는 다음과 같은 의미가 담겨 있다: "하나님께서 너희에게 지극히 풍성한 은사들을 값없이 거저 베풀어 주신 덕분에, 너희는 마치 너희 자신이 하나님의 나라에서 대단한 자들이 되기라도 한 것처럼 너희 자신을 자랑하고, 복음 사역을 위하여 온갖 고초를 겪어서 겉보기에 형편없어 보이는 나를 비롯한 여러 사역자들을 아무런 망설임도 없이 멸시하고 업신여기고 있다. 하지만 너희의 그러한 자만과 허세가 얼마나 무익한 것인지를 깨달아야 한다. 왜냐하면, 우리 사역자들이 하나님 앞에서 자랑할 수 있는 것이 아무것도 없다면, 너희도 마찬가지로 하나님 앞에서 자랑할 것이 아무것도 없을 것임은 너무나 당연하기 때문이다. 만일 너희가 하나님의 복음을 갖고 있는 것이 너희가 자랑할 수 있는 것이라고 한다면, 너희에게 그 복음을 전해 준 우리는 너희보다 얼마나 더 자랑할 것이 많이 있겠는가? 그러나 사실은 우리와 너희에게 있는 모든 것은 하나님께서 주신 것이기 때문에, 우리에게나 너희에게나 자랑할 것은 아무것도 없다. 그런데도 모든 교만한 자들은 한결같이 그들 자신에게 자랑할 것이 전혀 없는데도, 마치 자신들의 모든 것이 다 자랑할 것인 것처럼 생각하여 어리석고 미련하게 행함으로써, 모든 것을 자신들의 것인 양 자랑하여 스스로 영광을 취하다가, 그들이 이미 받았던 모든 복들조차 다 빼앗기고, 결국에는 영원한 구원의 소망까지도 잃어버리고 만다."

[9]내가 생각하건대 하나님이 사도인 우리를 죽이기로 작정된 자 같이 끄트머리에 두
셨으매 우리는 세계 곧 천사와 사람에게 구경거리가 되었노라 [10]우리는 그리스도
때문에 어리석으나 너희는 그리스도 안에서 지혜롭고 우리는 약하나 너희는 강하
고 너희는 존귀하나 우리는 비천하여 [11]바로 이 시각까지 우리가 주리고 목마르며
헐벗고 매맞으며 정처가 없고 [12]또 수고하여 친히 손으로 일을 하며 모욕을 당한즉
축복하고 박해를 받은즉 참고 [13]비방을 받은즉 권면하니 우리가 지금까지 세상의
더러운 것과 만물의 찌꺼기 같이 되었도다 [14]내가 너희를 부끄럽게 하려고 이것을
쓰는 것이 아니라 오직 너희를 내 사랑하는 자녀 같이 권하려 하는 것이라 [15]그리스
도 안에서 일만 스승이 있으되 아버지는 많지 아니하니 그리스도 예수 안에서 내
가 복음으로써 너희를 낳았음이라(4:9-15).

9. 내가 생각하건대 하나님이 사도인 우리를. 여기에서 바울은 "사도인 우리"라는 표현을 사용하고 있는데, 이것이 자기 자신만을 가리키는 것인지, 아니면 아볼로와 실라까지도 포함하는 것인지는 확실하지 않다. 왜냐하면, 바울은 때때로 그들을 사도라고 부르기 때문이다. 하지만 나는 이 표현이 바울 자신만을 가리키는 것으로 이해하고자 한다. 그렇다고 하더라도, 어떤 사람이 이 표현을 넓은 의미로 이해해서 아볼로와 실라를 다 포함하는 것으로 해석하고자 한다면, 나는 그의 견해에 크게 반대하지는 않을 것이다. 다만, 크리소스토모스(Chrysostomus)처럼, 바울이 여기에서 하나님께서 모든 사도들을 "끄트머리"에 두시고서 사람들로부터 수치와 욕을 당하는 삶을 살게 하셨다고 말한 것으로 이해하는 것은 문제가 될 것이다. 왜냐하면, 바울은 여기에서 "끄트머리"라는 말을 그리스도께서 부활하신 후에 사도의 반열에 들게 된 사람들을 가리키는 의미로 사용하고 있음이 분명하기 때문이다. 또한, 바울은 자기가 사형장으로 끌려가기 직전에 이리저리 끌려다니며 사람들의 구경거리가 되는 사형수들과 같은 처지라고 말한다. 여기에서 "두셨다"로 번역된 단어는 사형수들이 처형되기 전에 온 동네로 끌려 다니는 모습을 연상시키는 단어이다. 그리고 바울은 거기에 "구경거리가 되었다"는 말을 덧붙임으로써, 그 점을 더욱 분명하게 표현한다. 따라서 바울은 여기에서 이렇게 말하고 있는 것이다: "하나님께서는 복음을 전하다가 환난과 고난을 받아 비참해진 나의 모습을 온 세상 사람들의 구경거리가 되게 하셨다. 중죄인들은 수많은 군중 앞으로 끌려 나가서 맹수와 싸우거나, 검투 시합을 하거나, 다른 어떤 형벌이나 고문을 받고,

군중들은 그런 모습을 보고 즐기는데, 내가 바로 그런 중죄인들의 모습이다. 게다가 한 술 더 떠서, 나는 일부 한정된 군중의 구경거리가 된 것이 아니라, 온 세상의 구경거리가 되었다." 여기에서 우리는 바울이 놀라울 정도로 굳건한 믿음을 보여 주고 있는 것에 주목하여야 한다. 그는 하나님께서 자기를 이처럼 가혹하게 다루고 계시는 데도 불구하고, 결코 좌절하거나 낙심하지 않았다. 왜냐하면, 그는 경기장에 끌려나가서 수치와 조롱을 당하는 중죄인 같은 처지가 되었음에도 불구하고, 그것을 세상과 사람들의 완악함 탓으로 돌리지 않고, 도리어 전적으로 하나님의 섭리로 돌렸기 때문이다. 나는 여기에서 바울이 사용한 "천사와 사람에게"라는 어구를 이런 뜻으로 이해한다: "나는 이 땅에서만이 아니라 하늘에서도 조롱거리와 구경거리가 되었다." 여기에 언급된 "천사들"이 선한 천사들을 가리킨다고 보는 것은 말이 안 되기 때문에, 악한 천사들을 가리킨다고 보는 것이 일반적이다. 그러나 바울이 여기에서 말하고자 하는 것은 세상의 모든 사람이 자신의 비참한 처지를 목격하고 즐거워한다는 것이 아니라, 자신이 온 세상의 조롱거리로 작정된 것처럼 보이도록 하나님께서 자신의 삶을 인도하신다는 것이다.

10. **우리는 그리스도 때문에 어리석으나 너희는 그리스도 안에서 지혜롭고 우리는 약하나 너희는 강하고 너희는 존귀하나 우리는 비천하여.** 바울이 여기에서 사용하고 있는 대비는 지독한 역설을 담고 있는 가운데 우리의 가슴을 아프게 후벼파는 힘이 있다. 왜냐하면, 고린도 교인들이 그들 자신은 온갖 육신적인 복과 영광을 풍성하게 누리고 있었으면서도, 정작 그들을 그런 복된 사람들로 만들어 주기 위하여 밤낮으로 애쓰고 수고한 영적인 아버지이자 선생인 바울이 온갖 수치와 고통을 당하고 있는 것에 대해서는 뒷짐을 지고 방관하고 있었다는 것은 분명히 용납될 수 없는 배은망덕하고 후안무치한 행위라는 것을 넘어서서, 인간의 이성으로 이해하려고 해도 도무지 이해할 수 없는 일이었기 때문이다. 물론, 바울이 이런 식으로 자기를 어리석고 약하며 비천하다고 말하며 자신을 폄하한 것은, 자기는 지혜롭고 강하며 귀하게 되는 것을 복음 사역을 위하여 다 포기하였지만, 고린도 교인들만큼은 그런 것들을 포기하지 않고 다 갖게 하고자 하는 진지하고 진심 어린 마음에서 그렇게 말한 것이라고 생각하는 사람들도 있다. 하지만 우리는 그들의 그러한 생각이 옳지 않다는 것을 바로 뒤에 이어지는 짧은 구절을 통해서 어렵지 않게 증명할 수 있기 때문에, 바울이 고린도 교인들이 그리스도 안에서 지혜롭고 강하고 존귀하다고 말한 것은, 실제로는 그렇지 않지만, 그들이 그렇다고 생각하

고 있으니까, 그들의 생각을 일단 인정해서 말해 나가는 반어법적 양보법(ironica concessio)을 사용한 것으로 보아야 한다.

바울은 여기에서 이렇게 말한 것과 같다: "나는 이 세상에서 어리석은 자가 되어야만 너희에게 복음을 전할 수 있었는데, 너희는 복음을 갖게 된 것만으로는 부족해서, 사람들로부터 지혜롭다는 말까지 듣고 싶어 한다. 그렇다면, 나는 너희를 위하여 자원해서 어리석은 자가 되었는데, 너희는 지혜로운 자라고 불리고 싶어 하는 것이 과연 합당한 일인지를 곰곰이 생각해 보라. 너희의 선생인 나는 그리스도 때문에 어리석은 자가 되었는데, 제자인 너희는 여전히 지혜로운 자로 머물러 있으려 하는 것은 도무지 앞뒤가 맞지 않는 것이 아니겠느냐?" 따라서 여기에서 "그리스도 안에서 지혜롭다"는 말은 결코 좋은 의미로 사용된 것이 아니다. 사실, 바울은 고린도 교인들이 그리스도와 세상의 지혜를 혼합시키려고 하는 시도는 가소롭게 여긴다. 그것은 완전히 상극인 두 가지를 하나로 결합시키고자 하는 것이다. 우리는 바울이 말한 "어리석음과 지혜로움"에 대해서만이 아니라, 그 뒤에 이어지는 "약함과 강함"이나 "존귀함과 비천함"에 대해서도 똑같은 설명을 할 수 있다. 바울은 이렇게 말한 것이다: "너희는 강하고 존귀하다. 달리 말해서, 너희는 세상의 부와 명예를 자랑하는 반면에, 십자가의 수치는 배척하고 거부한다. 만일 그런 너희가 옳다면, 내가 너희를 위하여 비천하고 약하게 된 것은 도대체 무엇이란 말이냐?" 바울은 실제로 고린도 교인들 가운데서도 약하고 멸시를 당하는 처지에 놓여 있었기 때문에(고후 10:10), 그의 이러한 탄식에서는 자신에 대한 그들의 불의하고 부당한 대우에 대한 분노(indignitas)가 묻어난다. 요컨대, 영적인 아버지인 바울은 자신의 영적인 자녀들을 위하여 비천한 처지가 되는 것을 마다하지 않고 세상의 모욕이란 모욕은 다 당하고 있는데, 자신의 자녀들과 제자들은 유명해져서 명성과 인기를 얻고 싶어 안달이 나 있는 것은, 모든 것이 거꾸로 뒤집혀 있는 말도 안 되는 상황이었기 때문에, 여기에서 바울은 과대망상에 빠져 있는 고린도 교인들을 비웃고 있는 것이다.

11. 바로 이 시각까지 우리가 주리고 목마르며 헐벗고 매맞으며 정처가 없고. 사도는 여기에서 자신이 처한 상황을 마치 그림을 그려서 보여 주듯이 아주 생생하게 묘사하는데, 여기에는 고린도 교인들로 하여금 교만한 마음을 내려놓고 그를 본보기로 삼아서 온유한 마음을 품고 그와 더불어 십자가를 지는 법을 배우게 하려는 사도의 목적이 숨어 있다. 바울은 여기에서 뛰어난 글 솜씨를 발휘하여, 자기

가 왜 사람들로부터 멸시를 받게 되었는지, 그 원인이 된 상황들을 고린도 교인들에게 상기시켜 주면서, 한편으로는 자신의 유별난 믿음과 복음 전도에 대한 지칠 줄 모르는 열심을 보여 주는 확고한 증거를 제시하는 동시에, 다른 한편으로는 그러한 증거는 전혀 제시하지도 못한 채 가장 높은 자리만 차지하려고 하는 자신의 경쟁자들을 암묵적으로 비난하고 있다.

12. 또 수고하여 친히 손으로 일을 하며 모욕을 당한즉 축복하고 박해를 받은즉 참고. 여기에서 사용된 단어들의 의미는 모호한 것이 전혀 없지만, 우리는 다만 '로이도루메노이'(λοιδορούμενοι, "모욕을 당한즉," 12절)와 '블라스페무메노이'(βλασφημούμενοι, "비방을 당한즉," 13절)라는 두 개의 분사가 의미상으로 어떤 차이가 있는지만 유의하면 된다. 첫 번째 분사와 동일한 어원에서 나온 '로이도리아'(λοιδορία)라는 명사는 정도가 심한 야유 내지는 악담을 가리키는 것으로서, 사람의 심기를 가볍게 건드리는 정도가 아니라 심하게 물어뜯는 것을 의미하고, 아울러 공개적인 모욕을 통해서 사람의 명성에 먹칠을 하는 것을 의미한다. 따라서 '로이도레인'(λοιδορεῖν)이라는 동사는 마치 뾰족한 물건으로 찌르듯이 악담과 욕설로 사람에게 상처를 입히는 것을 의미한다. 그래서 나는 여기에서 바울이 사용한 첫 번째 분사를 "사람들이 입에 담지 못할 악담을 퍼부어서 격동시켜도"라는 의미로 해석하였다. 반면에, 두 번째 분사와 동일한 어원에서 나온 '블라스페미아'(βλασφημία)라는 명사는 좀 더 평이한 말들을 사용해서 사람을 헐뜯고 비방하는 것을 의미한다.

바울은 자신이 온갖 모욕과 수모를 당하고 박해를 받을 때에도, 그런 것들을 다 참고 감내할 뿐만 아니라, 거기에서 한 걸음 더 나아가서, 자신을 모욕하고 박해한 자들을 위해서 기도하고 축복한다고 말함으로써, 이 모든 것은 하나님께서 그로 하여금 그리스도의 십자가로 인하여 능욕과 수치를 당하게 하신 것일 뿐만 아니라, 자신은 하나님의 섭리에 의한 그러한 능욕과 박해를 얼마든지 다 자원해서 기꺼이 감당하고자 하는 마음의 준비가 되어 있다는 것을 보여 준다. 여기에서 바울은 이렇게 말함으로써, 고린도 교회를 휘저어 놓고 있는 거짓 사도들을 질책하고 있는 것으로 보인다. 왜냐하면, 그들은 소녀처럼 너무나 소심하고 나약해서, 누군가가 손가락으로 살짝 건드리기만 해도, 엄살을 부리며 죽겠다고 난리를 칠 그런 자들이었기 때문이다. 또한, 바울은 자기를 비롯한 복음 사역자들이 생계를 직접 꾸려 나가기 위해서 일한 것에 대해서 말할 때에는, 자신들이 한 일이 얼마나 미천한 것이었는지를 좀 더 분명하게 표현하기 위해서, "수고하여"라는 말 뒤에 "우리 자신의 손으로"(한글개역개정에는 "친히 손으로")라는 수식어를 덧붙인다. 따라서 바울은 이렇게 말한 것과 같다: "나는 단지 생계를 꾸려 나가기 위해서 내가 스스로 직접 일하였을 뿐만 아니라, 나의 두 손을 사용해서 천한 일들을 마다하지 않고 열심히 고되게 일하였다."

13. 우리가 지금까지 세상의 더러운 것과 만물의 찌꺼기 같이 되었도다. 여기에서 바울은 "더러운 것"과 "찌꺼기"라는 두 가지 용어를 사용한다. 그가 첫 번째로 사용한 용어인 '페리카타르마타'(περικαθάρματα, "더러운 것")는 공적으로 행해진 저주 의식(咀呪儀式)에서 신들에게 제물로 바쳐진 사람들을 의미하였다. 이러한 저주 의식은 고대 이방인들의 세계에서 한 도시 전체를 정결하게 하고 속죄를 행하기 위해서 행해지던 관습이었다. 헬라인들은 이 저주 의식에서 제물로 바쳐진 사람들을 종종 '카타르모이'(καθαρμοί)라고 부르기도 했지만, 좀 더 흔하게는 '카타르마타'(καθάρματα)라고 불렀는데, 그 이유는 그들이 도시 전체의 모든 죄악과 허물을 대신 담당함으로써, 도시의 나머지 사람들을 정결하게 해 주는 역할을 한다고 생각하였기 때문이었다. 바울은 이 단어에 전치사 '페리'(περί)를 접두사로 결합시킴으로써, 당시에 행해진 속죄 의식 자체를 고린도 교인들에게 생생하게 연상시켜 주고 있는 것으로 보인다. 왜냐하면, 이러한 속죄 의식에서 신들에게 제물로 바쳐진 가련한 사람들은 도시의 길거리들로 이리저리로 두루 끌려 다녔기 때문이다. 물론, 이것은 신들에게 바쳐진 제물이 된 그들로 하여금 도시의 구석구석에 숨어 있는 온갖 악과 저주를 거두어 가게 하여서, 도시 전체를 훨씬 더 정결한 곳으로 만들기 위한 것이었다. 여기에서 "우리"라는 복수형은 바울이 자기 자신에 대해서만 말하고 있는 것이 아니라, 고린도 교인들에 의해서 자기와 마찬가지로 멸시를 받고 있던 자신의 동역자들에 대해서도 말하고 있는 것이라는 사실을 암시하고 있는 것으로 보이기는 하지만, 반드시 그렇게 해석하여야만 하는 것은 아니다. 바울이 여기에서 사용한 또 하나의 용어인 '페립세마'(περίψημα, "찌꺼기")는 목공작업에서 생겨나는 톱밥이나, 각종 부스러기, 또는 빗자루로 쓸어 모은 오물들을 가리키는 말이다. 이 두 가지 용어에 대해서는 부다이우스(Budaeus)의 주석을 참조하라.

이제 우리는 바울이 여기에서 이러한 용어들을 사용한 의도를 생각해 보아야 한다. 즉, 바울은 고린도 교인들에 의해서 멸시와 천대를 받고 있는 자신의 극도로 비참한 처지와 상황이 어떤 것이고, 그러한 처지에 있는 자신의 심정이 어떤 것인지를 표현하기 위해서, 자신은 신들에게 속죄 제물로 바쳐진 사람처럼 온 세상의 저주를 한 몸에 받고 있으며, 또한 자신은 마치 아무짝에도 쓸모없는 폐물이나 찌꺼기인 양 모든 사람에게 혐오와 기피의 대상이 되고 있다고 말한 것이다. 하지만 우리가 유의해야 할 것은, 바울은 전자의 비유에서 자기 자신이 속죄 제물이라는 점을 암시하고 있는 것은 결코 아니고, 다만 모든 사람들로부터 저주를 당한 사람으로 취급되어서 온갖 수치와 모욕을 당하고 있다는 점에서만, 자신이 모든 사람의 저주를 뒤집어 쓰고 신들에게 희생 제물로 바쳐진 사람들과 다를 바가 없다고 말하고 있는 것일 뿐이라는 것이다.

14. 내가 너희를 부끄럽게 하려고 이것을 쓰는 것이 아니라 오직 너희를 내 사랑하는 자녀 같이 권하려 하는 것이라. 바울은 자기가 앞에서 사람들의 가슴을 칼로 후벼파는 듯한 반어법을 사용해서 말한 것들이 고린도 교인들의 마음을 상하게 할 수 있다는 것을 의식하였기 때문에, 이제 분위기를 반전시키기 위해서, 자기가 그런 말들을 한 것은, 그들을 부끄럽게 하여 고개를 들 수 없게 하기 위한 것이 아니라, 복음으로 그들을 낳은 영적인 아버지로서, 아버지가 자녀를 사랑하는 마음으로 그들이 잘되게 하기 위하여 훈계하기 위한 것이었다고 해명한다. 아버지가 자녀를 책망하거나 징계하였을 때에는, 그러한 책망이나 징계는 "자녀"로 하여금 "부끄러움"을 느끼게 만들 수밖에 없다는 것은 두말할 필요가 없다. 왜냐하면, "자녀"가 자신의 잘못에 대해서 책망을 들었을 때에 부끄러움을 느끼는 것은, 자녀가 자신의 잘못을 깨닫고 정신을 차려서 행실을 고쳐 나가는 데 필수적인 첫걸음이 되기 때문이다. 따라서 아버지가 "자녀"를 책망하거나 징계할 때, 자녀가 부끄러워하는 것은 필연적으로 수반되는 과정이기는 하지만, 책망이나 징계의 목적은 자녀로 하여금 부끄러움을 느끼게 하는 것 자체가 아니라, 자기 자신의 잘못을 깨닫게 하기 위한 것이다. 우리는 바울이 고린도 교인들로 하여금 그들 자신에 대해서 "부끄러움"을 느끼게 하려고 지금까지 여러 가지 것들을 말해 왔다는 것을 알고 있다. 실제로, 바울은 나중에 고린도전서 6:5에서 그들을 "부끄럽게 하려고" 그들의 잘못과 허물을 지적하는 것이라고 명시적으로 분명하게 말한다. 하지만 그가 여기에서 "내가 너희를 부끄럽게 하려고 이것을 쓰는 것이 아니라"고 말한 것은, 그들의 죄를 모든 사람들 앞에 공개적으로 다 드러내어서 그들을 망신시키고 그들에게 수치와 부끄러움을 안겨 주는 것이 자신의 의도가 아니라는 점을 분명히 밝

히고 싶었기 때문이다. 왜냐하면, 선의를 가지고 훈계하는 사람은 훈계 받는 사람이 저지른 수치스러운 일들에 관한 얘기가 자기 자신과 훈계를 받는 상대방 사이에서만 머무르게 하고, 그것들이 밖으로 새어나가지 않도록 각별한 주의를 기울이는 반면에, 악의를 가지고 질책하는 사람은 다른 사람의 부끄러운 죄들을 많은 사람들 앞에서 공개적으로 낱낱이 까발림으로써, 상대방에게 수치심을 불러일으키고, 상대방으로 하여금 모든 사람들로부터 비난을 받게 만들기 때문이다. 그래서 바울은 고린도 교인들이 자신의 의도를 오해하지 않도록 하기 위해서, 자기가 지금까지 한 모든 말들이 고린도 교인들을 비난하거나 그들의 명예를 훼손하기 위한 것이 아니고, 단지 아버지의 사랑으로 그들의 부족한 점을 깨우쳐 주고 그들의 잘못들을 바로잡아 주어서 지금보다 더 잘되게 하기 위한 것이었다는 것을 여기에서 분명하게 해명하고 있는 것이다.

그렇다면, 바울이 고린도 교인들에게 이러한 훈계를 한 목적은 무엇이었을까? 바울의 이러한 훈계의 목적은, 과대망상에 빠져서 그 마음이 잔뜩 부풀어 올라 기고만장하고 교만해져 있던 고린도 교인들로 하여금 자기를 본보기로 삼아서 그리스도의 십자가를 인하여 스스로 낮아져서 살아가는 것을 자랑으로 여기는 법을 배우게 하고, 또한 자기가 하나님과 천사들 앞에서 칭찬을 받는 신앙인이자 사도로서 살아왔다는 것을 그들도 인정하고서 자기를 더 이상 멸시하고 천대하는 일이 없게 하기 위한 것이었다. 결국, 그것은 그들로 하여금 지금까지 그들이 교만해져서 오만방자한 행태를 보였던 것들을 다 버리고서, 거짓 사도들이 그들에게 가르친 겉만 번지르르하고 알맹이는 하나도 없는 허탄한 것들을 배척하고, 바울이 자신의 몸에 지니고 있던 "그리스도의 흔적"(갈 6:17)을 고귀하고 값진 것으로 생각하도록 만드는 것이었다. 교회의 교사들과 사역자들이 여기에서 얻어야 할 교훈은, 사람들을 책망할 때에는 지나치게 가혹하게 몰아부침으로써 책망 받는 자들의 마음에 상처를 주지 않도록 절제하고 조심하여야 한다는 것, 그리고 속담에서도 말하고 있듯이, 식초에는 꿀이나 기름을 적당히 섞어야 한다는 것이다. 그러나 그들이 최우선적으로 유의하여야 할 것은, 책망 받는 자들로 하여금 모욕감을 느끼게 하거나 조롱을 당하고 있다는 인상을 받지 않게 하는 것이다. 아니, 그것으로도 충분하지 않기 때문에, 사람들을 책망하거나 경책하는 교사들이나 사역자들은 책망 받는 자들로 하여금 자신들의 책망이나 경책의 목적이 오직 그들로 하여금 잘되게 하기 위한 것이라는 점을 인식시켜 줄 필요가 있다. 사실, 교사들이나 사역자들이 사람들을 책망하면서, 지금 내가 말한 대로 적절하게 유화적인 제스처를 취하지 않고 무조건 호통만 친다면, 그들은 책망을 통해서 아무것도 얻을 수가 없게 될 것이다. 그러므로 우리가 사람들의 잘못을 바로잡아서 무엇인가 선한 결과를 얻어내고자 한다면, 그들에 대한 우리의 책망이 그들을 아끼는 마음에서 비롯되었다는 것을 그들로 하여금 분명히 알게 하여야 한다.

15. 그리스도 안에서 일만 스승이 있으되 아버지는 많지 아니하니. 바울은 바로 앞에서 자기가 고린도 교인들의 "아버지"라고 말한 후에, 이제 여기에서는 그들의 "아버지"는 오직 자신에게만 해당된다고 말하면서, 그 이유는 오직 자기만이 그리스도 안에서 그들을 낳았기 때문이라는 것을 보여 준다. 여기에서 바울은 겉으로는 자기가 그들을 영적으로 낳았기 때문에, 자신만이 그들의 영적 아버지라는 것을 객관적으로 담담하게 말하고 있는 것처럼 보이지만, 사실 그 이면에서는 이 비유를 통해서 거짓 사도들을 단단히 겨냥하고 있다. 왜냐하면, 고린도 교인들은 모든 점에 있어서 거짓 사도들을 하나님의 대단한 종들로 여기고서 지극정성으로 공경하였던 반면에, 그들을 영적으로 낳은 아버지였던 바울 자신은 그들에 의해서 멸시와 천대를 받으며 그들 사이에서 거의 아무것도 아닌 존재로 여겨지고 있었기 때문이다. 그래서 바울은 고린도 교인들에게 "아버지"에게 돌려야 할 영광과 "스승"에게 돌려야 할 영광이 어떻게 달라야 하는지를 한 번 잘 생각해 보라고 권면한다. 그는 이렇게 말한 것과 같다: "너희는 너희에게 온 저 새로운 스승들을 지극정성으로 섬기고 공경하고 있는데, 만약 너희가 너희의 아버지는 나이고, 그들은 스승에 지나지 않는다는 것을 잊지만 않는다면, 나는 너희가 그들을 스승으로 공경하는 것을 반대할 이유가 없다."

그러나 바울은 그들의 "아버지"로서의 자신의 권위를 주장하면서, 그들에 대한 자신의 감정은 그들이 그토록 떠받들고 공경하고 있는 자들이 그들에 대하여 갖고 있는 감정과는 전혀 다른 것임을 강조한다. 즉, 그는 이렇게 말하고 있는 것이다: "너희의 스승이라고 하는 사람들은 너희를 가르치기 위해서 수고하고 있고, 그들의 그러한 수고는 그 나름대로 소중하고 귀한 것이다. 하지만 너희의 아버지인 내가 너희를 사랑하고 염려하며 애타하고 어떻게든 잘되게 하고자 하는 심정은 그 스승들이 너희에 대하여 지니고 있는 감정과는 전혀 다른 것이다." 이와 동시에, 그는 여기에서도 그들의 미숙한 신앙을 은연중에 지적하고 있는데, 그들의 신앙의 이러한 미숙함에 대해서는 앞에서도 이미 책망을 한 바 있다. 고린도 교인들은 교만에 있어서는 다 자란 성인을 넘어서서 거인이 되어 있었지만, 신앙에 있어서는 미숙하기 짝이 없는 어린아이일 뿐이었기 때문에, 아직도 여전히 "스승들" 아래에서 가르침과 훈육을 받는 것이 마땅하였다. 또한, 바울은 그들의 스승들이 자신들의 제자들을 언제까지나 자신들의 영향력 아래에 묶어 두기 위해서 초보적인 교훈들만을 계속해서 가르치는 어처구니없고 심지어 해롭기까지 한 교육 방식을 비난한다.

그리스도 예수 안에서 내가 복음으로써 너희를 낳았음이라. 바울이 고린도 교회의 유일한 "아버지"로 여겨져야 하는 이유는 그가 그 교회를 낳았기 때문이었다. 바울은 여기에서 생명의 유일한 근원이신 "그리스도 예수 안에서" 자기가 그들을 "낳았다"고 말함으로써, 고린도 교인들의 영적인 출생(spiritualis generatio)을 매우 적절하게 묘사하고 설명하고 있다. 즉, 사람들로 하여금 영원한 생명을 받아서 태어나게 하시는 일은 오직 그리스도께 속한 일이고, 자기는 그저 그리스도께서 그 일을 하시도록 돕는 종의 역할을 다한 것일 뿐이라는 것이다. 또한, 바울은 "복음으로써" 그들을 낳았다고 말함으로써, 이 영적인 출생에서 형상인(causa formalis, 形相因, 이 용어는 아리스토텔레스의 철학에서 온 것으로서, 어떤 대상을 구체적으로 형성시킨 원인이라는 의미이다 — 역주)으로 작용해서, 새롭게 영적으로 태어난 그들의 형상을 결정한 것은 "복음"이었다는 것도 분명하게 밝히고 있다. 따라서 우리는 여기에서 다음과 같은 사실을 주목하여야 한다: 그리스도 밖에는 오직 죽음이 있을 뿐이고, 우리가 그리스도에게 접붙임이 될 때에만, 우리는 하나님 앞에서 진정으로 태어나서, 영원한 생명을 지닌 하나님의 자녀가 될 수 있다. 하지만 이러한 출생은 오직 "복음"을 통해서 이루어지고, 다른 것들을 통해서는 이루어질 수 없다. 왜냐하면, 베드로가 선지자 이사야의 말을 인용해서 가르쳐 주고 있는 바와 같이(벧전 1:24-25; 사 40:6-8), 본성적으로 육신에 지나지 않는 우리 인간은 풀과 같이 썩어서 사멸될 수밖에 없는 존재인 까닭에, 원래 모태에서 태어난 그대로의 본성을 지니고서는 영원한 생명 속으로 들어갈 수 없고, 오직 "썩지 아니할 씨"인 "하나님의 말씀"에 의해서 새롭게 될 때에만 영생 속으로 들어갈 수 있게 되기 때문이다. 이 세상에서 "복음"이라는 것이 흔적도 없이 갑자기 사라져 버렸다고 가정해 보라. 그 때에는 우리 모두는 하나님 앞에서 저주받아 죽은 존재들로 머물러 있을 수밖에 없게 될 것이다. 이렇게 우리를 영원한 생명 가운데서 새롭게 태어나게 해준 이 "말씀"은 그 후로도 우리를 키워주고 성장시켜 주는 "젖"과 "단단한 음식"이 된다(고전 3:2). 여기에서 어떤 이들이 "교회 안에서 매일같이 하나님으로부터 새로운 자녀들이 태어나는 것이라면, 바울은 왜 자신의 뒤를 이어 고린도 교회에서 사역한 사람들도 마찬가지로 그 교회의 아버지들이라는 사실을 부인하는 것인가" 라고 반문한다면, 거기에 대한 대답은 쉬운데, 그것은 여기에서 바울은 교회의 탄생(ecclesiae primordium)에 대해서 말하고 있다는 것이다. 즉, 바울이 고린도 교회를 세운 후에 그 교회에서 사역자들로 일한 사람들의 사역을 통해서 많은 사람들이 영원한 생명으로 새롭게 태어났고 계속해서 태어나고 있다는 것은 사실이지만, 고린도 교회의 터를 닦아 놓은 사람은 바울이었기 때문에, 고린도 교회의 아버지라는 영광스러운 호칭은 오직 바울에 대해서만 사용될 수 있다는 것이다. 또한, 어떤 이들은 이렇게 반문할 수도 있을 것이다: "교회에서 모든 목회자들은 영적인 아버지로 여겨져야 하는 것이 마땅한 일이 아닌가? 그렇다면, 바울은 왜 아버지라는 호칭이 다른 사람들에게는 해당되지 않고, 오직 자신에게만 해당된다고 주장하는 것인가?" 거기에 대한 나의 대답은 바울은 여기에서 "아버지"라는 호칭을 상대적인 의미로 사용하고 있다는 것이다. 따라서 "아버지"라는 호칭이 어떤 면에서는 그들에게도 해당되는 것일 수도 있겠지만, 바울과 견주어 본다면, 그들은 단지 "스승들"에 지나지 않는 것이다. 또한, 우리는 내가 조금 전에 말한 것, 즉 여기에서 바울은 자기를 제외한 다른 모든 사역자들은 "스승들"일 뿐이고, 오직 자기만이 "아버지"라고 말하고 있는 것이 아니라, 잘못된 야심을 품고서 고린도 교회로 들어와서는, 다른 사람이 받아야 할 영광을 가로채서 그들 자신이 받고 있는 거짓 사도들과 교사들이 고린도 교인들의 "스승들"이라고 한다면, 고린도 교인들에게 자기는 그런 자들과는 질적으로 다른 존재인 "아버지"라고 말하고 있는 것임을 유념하여야 한다. 왜냐하면, 바울은 자기처럼 그리스도의 나라를 확장하고자 하는 일념에 불타서 목숨을 걸고 온 마음을 다해서 복음 사역을 해 온 아볼로나 실라나 디모데 같은 사람들을 고린도 교인들이 "아버지"라고 부르며 그들에게 최상의 영광을 돌린 것이라면, 거기에 대해서는 굳이 반대하지 않았을 것이기 때문이다. 하지만 당시에 고린도 교인들로부터 극진한 대접과 공경을 받고 있던 자들은 고린도 교회를 세우기 위하여 피땀 흘려 수고하고 애쓴 바울이 마땅히 받아야 할 영광을 가로채서, 그 노략물을 그들끼리 나누어 갖고, 고린도 교인들 위에 군림하여, 자신들의 야심을 채우고 있던 자들이었다.

오늘날 모든 교회가 처한 상황도 당시에 고린도 교회가 처해 있던 상황보다 조금도 더 나을 것이 없다는 것은 확실한 사실이다. 오늘날 신자들을 자신의 자녀들로 여기고서 "아버지"의 사랑으로 교회를 돌보는 사역자, 다시 말해서 아무런 대가를 바라지 않고 오직 신자들의 안전과 구원을 위해서 헌신하는 사역자는 거의 없는 것이 현실이지 않은가? 반면에, 마치 일용직 삯군처럼 품삯을 바라고 일을 하면서도, 신자들로 하여금 자기를 공경하고 복종하게 만드는 사역자는 얼마나 많은가? 하지만 현실이 그렇다고 하더라도, 타락하고 잘못된 교리들을 통해서 교회를 파괴하지는 않고, 어느 정도는 복음적인 가르침을 통해서 최소한의 유익을 교회에 끼치는 사역자들이나 교사들이 많이 있다는 것은 좋은 일이다. 앞에서 나는 교회에서 사역하는 많은 사역자들과 교사들이 품삯을 바라고 일할 뿐만 아니라, 신자들이 그들을 공경하고 복종하게 만들고자 하는 행태를 보이고 있는 현실에 대해서 개탄한 바 있는데, 내가 말한 교사들은 교황을 따르는 사제들을 가리키는 것이 아니고(그들은 내가 여기에서 말하는 사역자들이나 교사들에 포함될 자격조차도 없는 자들이다), 교리에 있어서는 우리와 뜻을 함께 하면서도, 그리스도의 일에 전적으로 헌신하는 것이 아니라, 자기 자신의 이득을 챙기는 데 몰두하는 자들을 가리킨다. 사실, 모든 사역자들은 그들 자신이 신자들로부터 "아버지"로 대접받기를 원하는 동시에, 신자들이 그들 자신을 자녀로 여기고서 "아버지"인 사역자들에게 순종할 것을 요구한다. 하지만 신자들에게 진정으로 "아버지답게" 행동함으로써, 자기가 그들의 진정한 "아버지"라는 것을 보여주는 사역자는 몇이나 될까?

우리에게는 아직 해결해야 할 한 가지 문제가 더 남아 있는데, 그것은 그리스도께서는 친히 우리에게 "땅에 있는 자를 아버지라 하지 말라 너희의 아버지는 한 분이시니 곧 하늘에 계신 이시니라"(마 23:9)고 말씀하셨는데도 불구하고, 왜 바울은 여기에서 자기는 고린도 교인들에 대하여 "아버지"라고 아주 단호하고 분명하게 말하고 있는 것인가 하는 것이다. 이 문제는 우리가 앞에서 말한 것들보다 더 어려운 문제이지만, 거기에 대한 나의 대답은 이렇다: 정확하게 말하자면, 사실은 우리의 영혼의 아버지이시자 육신의 아버지이신 분은 오직 하나님 한 분뿐이시다. 하지만 육신과 관련해서는, 하나님께서는 사람들에게 육신의 자손들을 허락하시고, 그 자손들로부터 "아버지"라는 영광스러운 이름으로 불리는 것도 허락하셨다. 반면에, 영혼과 관련해서는, "아버지"로서의 권리와 이름은 오직 하나님만이 여전히 전속적으로 보유하고 계신다. 그런 까닭에, 나는 사도가 히브리서 12:9에서 하나님을 특별히 "영들의 아버지"라고 부름으로써, "육신의 아버지"와 구별하고 있는 것이라고 생각한다. 이렇게 사람의 영혼과 관련해서는 오직 하나님만이 사람들의 "아버지"가 되실 수 있는이유는, 오직 하나님만이 자신에게 속한 고유한 능력으로 사람들의 영혼을 낳으시고 거듭나게 하시며 소생시키시기 때문이다. 그럼에도 불구하고, 하나님께서는 이런 목적을 위해서 자신의 종들의 사역을 사용하시기 때문에, 신자들이 자신들의 영혼을 거듭나게 하고 소생시키시는 하나님의 사역에 사용된 사역자들을 자신들의 영적인 "아버지"라고 부르는 것은, 하나님의 영광을 훼손하는 것이 결코 아니기 때문에, 해로울 것이 전혀 없다. 우리가 앞에서 이미 말하였듯이, 하나님의 말씀은 영적인 씨(spirituale semen)이다. 하나님께서는 이 말씀과 함께 자신의 능력으로 우리의 영혼을 거듭나게 하시지만, 그 과정에서 사역자들의 사역은 아무런 역할도 하지 못하고 아무런 유익도 끼치지 못하는 유명무실한 것으로서 없어도 되는 것이 결코 아니다. 따라서 우리가 하나님께서 친히 행하시는 일이 무엇이고, 사역자들을 통해서 행하고자 하시는 일이 무엇인지를 주의 깊게 묵상해 본다면, 우리는 신자들은 어떤 의미에서는 오직 하나님만을 "아버지"라는 이름으로 부르는 것이 합당하지만, 어떤 의미에서는 사역자들을 "아버지"라고 부르는 것도 하나님의 권리를 침범하거나 훼손하지 않는 것이 될 수 있다는 것을 쉽게 이해하게 된다.

16그러므로 내가 너희에게 권하노니 너희는 나를 본받는 자가 되라 17이로 말미암아
내가 주 안에서 내 사랑하고 신실한 아들 디모데를 너희에게 보내었으니 그가 너
희로 하여금 그리스도 예수 안에서 나의 행사 곧 내가 각처 각 교회에서 가르치는
것을 생각나게 하리라 18어떤 이들은 내가 너희에게 나아가지 아니할 것 같이 스스
로 교만하여졌으나 19주께서 허락하시면 내가 너희에게 속히 나아가서 교만한 자들
의 말이 아니라 오직 그 능력을 알아보겠으니 20하나님의 나라는 말에 있지 아니하
고 오직 능력에 있음이라 21너희가 무엇을 원하느냐 내가 매를 가지고 너희에게 나
아가랴 사랑과 온유한 마음으로 나아가랴(4:16-21).

16. 그러므로 내가 너희에게 권하노니 너희는 나를 본받는 자가 되라. 바울은 이제 자기가 고린도 교인들의 "아버지"로서 그들에게 원하는 것이 무엇인지를 자기 자신의 말로 직접 훈계하는데, 그것은 그들은 그의 "자녀들"이기 때문에, 그들의 아버지인 그와 하나도 닮은 것이 없고 완전히 딴판인 그런 자들이 되어서는 안 된

다는 것이다. 즉, 바울이 영적으로 낳은 자녀들인 고린도 교인들이 그들의 영적인 아버지인 바울을 전혀 닮지 않았다면, 그들은 바울의 자녀들이라고 말하기 힘들다는 것이다. 게다가, "자녀들"이 자기 "아버지"를 닮기 위해서 애쓰는 것보다 더 이치에 맞는 일이 무엇이 있겠는가? 그럼에도 불구하고, 바울은 자녀들에 대한 "아버지"로서의 고유한 권리도 포기하고, 명령이 아니라 간청을 통해서 그들에게, 마땅히 순리를 따라 아버지를 본받는 자녀들이 될 것을 권면한다. 또한, 그는 이 서신의 다른 곳에서는 "내가 그리스도를 본받는 자 된 것 같이"(고전 11:1)라는 구절을 덧붙임으로써, 자기가 그들에게 자기를 본받으라고 말한 것이 무슨 의미인지를 분명하게 보여 준다. 즉, 그들은 바울의 언행과 삶을 유심히 잘 살펴보고서 그대로 따라함으로써, 그리스도인들에게 주어진 본분, 곧 "그리스도를 본받는 자"가 되는 것을 이루어 나가야 한다는 것이다. 이것은 우리가 사역자들을 본받고 따를 때에 어느 정도까지, 그리고 어떤 한계 내에서 본받고 따라야 하는지를 잘 보여 주는데, 그것은 우리는 우리를 그리스도께로 인도하지 않는 사역자는, 그가 누구인지를 막론하고, 본받거나 따라가서는 안 된다는 것이다. 하지만 우리는 바울이 여기에서 다루고 있는 상황이 어떤 것인지를 알고 있다. 고린도 교인들은 그리스도의 십자가로 인하여 비천하게 되고 수치를 당하는 것을 꺼리고 회피하였을 뿐만 아니라, 바울이 세상적인 영광을 다 도외시하고서, 오로지 그리스도를 위하여 기꺼이 사람들로부터 모욕과 박해와 비난을 받으며 살아 왔다는 이유만으로, 그들의 "아버지"인 바울을 멸시하고 천대하였다. 또한, 그들은 자신들이 세상적으로 멸시받을 만한 모습으로 살아가는 것이 아니라, 도리어 세상적으로 인정받고 자랑할 만한 삶을 살고 있는 것을, 하나님으로부터 복 받은 삶이라고 착각하였고, 자신들의 교회에서 그런 모습을 보여 준 거짓 사도들과 교사들을 하나님으로부터 존귀와 영광을 받은 종들이라고 생각하여 극진하게 공경하였다. 그래서 바울은 그들이 진정으로 본받아야 할 것은 바로 자기가 그들에게 보여 준 삶이기 때문에, 그들은 자신을 본받아서, 그리스도께 순종하고, 그리스도의 십자가로 인한 온갖 모욕과 박해와 고난을 다 감내하는 삶을 살아야 한다고 권면한다.

17. 내가 주 안에서 내 사랑하고 신실한 아들 디모데를 너희에게 보내었으니 그가 너희로 하여금 그리스도 예수 안에서 나의 행사 곧 내가 각처 각 교회에서 가르치는 것을 생각나게 하리라. 이 구절의 의미는 이런 것이다: "내가 어떤 식으로 살고 있는지, 그리고 내가 과연 너희의 본이 될 만한 사람인지를 알기 위해서, 너희는

디모데가 너희에게 해 주는 말들을 들으라. 그는 나와 관련한 이 모든 일들에 대해서 신실한 중인이 될 자격이 충분한 인물이다." 어떤 사람의 증언이 확실하고 믿을 만하기 위해서는, 다음과 같은 두 가지 조건이 충족되어야 하는데, 증언하는 자가 자신이 증언하고자 하는 내용에 대해서 잘 알고 있어야 한다는 것이 첫 번째 조건이고, 증언하는 자가 신실해서 믿을 만하여야 한다는 것이 두 번째 조건이다. 바울은 디모데가 이 두 가지 조건을 모두 갖추고 있음을 보여 준다. 왜냐하면, 먼저 그는 디모데를 "사랑하는 아들"이라고 부르는데, 그의 이러한 표현은 디모데가 그를 개인적으로 매우 잘 알고 있을 뿐만 아니라, 자신의 모든 사정에도 정통하다는 것을 보여 주는 것이고, 다음으로는 그가 디모데를 "주 안에서 신실한 자"라고 부르고 있기 때문이다. 바울은 디모데에게 두 가지 소임을 맡기는데, 첫 번째 소임은 고린도 교인들이 마땅히 명심하고서 그대로 준행하였어야 하지만, 실제로는 제대로 명시하고 있지도 않고 그대로 준행하고 있지도 않은 몇 가지 중요한 일들을 상기시켜 주는 것이었고(여기에서 바울은 암묵적으로 그들을 책망하고 있다), 두 번째 소임은 바울이 지금 고린도 교인들에게 권면하고 훈계하는 여러 가지 교훈들을 단지 그들에게만이 아니라 각처에 있는 교회들에서도 얼마나 일관되게 가르쳐 왔는지를 증언하는 것이었다. 바울은 이 서신을 쓸 때에도 여전히 거짓 사도들의 비방과 중상모략에 시달리고 있었던 것일 가능성이 높다. 즉, 그들은 바울이 다른 교회들에 대해서는 온건한 태도를 보이는 반면에, 유독 고린도 교회에 대해서는 유달리 위세를 부리는 등, 다른 교회들에서와는 달리 고린도 교회를 아주 우습게 알고 무시하는 처신을 하고 있다는 듯이, 바울을 비방하고 공격한 것으로 보인다. 왜냐하면, 바울이 굳이 디모데를 고린도 교인들에게 보내서, 자기가 다른 교회에서 어떻게 처신하고 있는지를 세세하게 증언해 주라고 한 데에는 반드시 그럴 만한 이유가 있었을 것이기 때문이다. 따라서 여기에서 우리는 사역자들은 어디에서나 일관되게 가르치고 일관되게 행하는 데에 주의를 기울여야 하고, 어느 특정한 교회나 모임에서 자신의 가르치는 방식이나 사람들을 대하는 태도 등에 대하여 이의가 제기되었을 때에는, 바울이 그랬던 것처럼, 증인들을 세워서 사실 관계를 증언하게 함으로써, 사역자들에 대한 비방이나 중상모략으로 인하여 복음 전파가 방해받는 일을 즉각 차단하는 것이 지혜로운 일임을 알게 된다.

18. 어떤 이들은 내가 너희에게 나아가지 아니할 것 같이 스스로 교만하여졌으나. 거짓 사도들이나 교사들의 상투적인 행태는 어느 교회에 선한 사역자들이 없

는 틈을 이용해서 교인들을 감언이설로 꾀어서 교회를 자기 마음대로 쥐락펴락하며 제멋대로 오만방자하게 행하는 것이다. 그렇기 때문에, 바울은 그들이 자기가 다시는 고린도 교회에 와서 사역하지 못할 것이라고 생각해서, 그런 식으로 오만방자하게 행하고 있지만, 그들의 그러한 생각은 착각이고, 자기가 반드시 거기에 가서, 그들의 사악한 목적과 의도를 드러내고, 그들로 하여금 멋대로 날뛰지 못하게 할 것임을 내비친다. 사악하고 후안무치한 인간들이 그리스도의 종들을 공공연히 대적하기 위해서 호시탐탐 기회를 엿보는 것은 비일비재하게 있는 일이다. 하지만 그들은 결코 정정당당하게 앞으로 나와서 공개적으로 대결하려고 하지는 않고, 언제나 뒤에서 음흉하고 교묘한 술수들과 술책들을 사용해서 자신들의 목적을 이루고자 함으로써, 자신들이 정당하거나 올바르지 못하다는 것을 그들 스스로 드러낸다.

19. 주께서 허락하시면 내가 너희에게 속히 나아가서. 여기에서 바울은 이렇게 말한다: "그들은 내가 적어도 한참 동안은 고린도 교회에 갈 수 없을 것이라고 생각하고서, 내가 없는 동안에 기세등등하게 교회를 장악하고 교인들 위에 군림해서 모든 것을 자기들 마음대로 할 수 있을 것이라고 착각하고 있다. 그들은 자신들이 그런 식으로 의기양양해했던 것이 얼마나 부질없는 짓이었는지를 곧 깨닫게 될 것이다." 하지만 바울은 자기가 거기에 가면, 그들에게 벼락을 내려서 본때를 보여 주겠다는 식으로 겁을 주는 것이 아니라, 그들의 양심에 압박을 가하는 방식을 사용한다. 왜냐하면, 그들이 아무리 겉으로는 사람들 앞에서 바울에 대하여 온갖 비방과 중상모략을 쏟아 놓으면서, 바울을 멸시하고 무시하는 태도를 취해 왔다고 할지라도, 실제로는 바울이 하나님의 능력으로 무장한 사람이라는 것을 잘 알고 있었기 때문이다. 바울이 이렇게 절박한 상황에서 "내가 반드시 가겠다"고 단정적으로 말하는 것이 아니라, "주께서 허락하시면"이라는 단서를 달아서 "내가 너희에게 속히 나아가겠다"고 말하고 있는 것은, 우리도 장래 일에 대해서 다른 사람들에게 어떤 약속을 하거나, 우리 자신의 일을 결정할 때에는, 마치 우리 자신이 모든 것을 결정할 수 있다는 듯이 단정적으로 말하지 말고, 모든 일에 대한 결정권은 주께 있다는 사실을 인정하고 고백한다는 의미에서 "주께서 허락하시면"이라는 단서를 반드시 붙이는 것이 마땅하다는 것을 우리에게 가르쳐 준다. 그런 의미에서, 야고보가 "오늘이나 내일이나 우리가 어떤 도시에 가서 거기서 일 년을 머물며 장사하여 이익을 보리라"고 말하는 자들에 대하여, 우리 인간은 한 시간 후에 어떻게

될지도 모르는 그러한 존재인데, 그들이 그런 계획을 세우는 것은 어리석기 짝이 없는 일이라고 조롱하면서, 그들은 그렇게 말하는 것이 아니라, 도리어 "주의 뜻이면 우리가 살기도 하고 이것이나 저것을 하리라 할 것이라" 고 말해야 한다고 가르친 것은 지극히 합당하다(약 4:13, 15). 우리가 "주께서 허락하시면" 이나 "주의 뜻이면" 이라는 말을 항상 우리 입에 달고 살 수 있는 것은 아니겠지만, 그렇게 말하는 습관을 들일 수 있다면, 그것은 더욱 좋은 일이 될 것이다. 왜냐하면, 우리는 그 말을 할 때마다, 우리가 계획을 세우기는 하지만, 그 모든 것을 주관하시는 이는 하나님이시기 때문에, 우리는 우리의 계획을 하나님의 뜻에 종속시키고, 궁극적으로 하나님의 뜻을 받아들이고 거기에 순복하여야 한다는 교훈을 되새기게 될 것이기 때문이다.

교만한 자들의 말이 아니라 오직 그 능력을 알아보겠으니. 거짓 사도들이나 교사들은 성령으로 인한 열심과 능력은 갖고 있지 않았지만, 사람들의 구미에 맞게 매력적으로 말하여 사람들의 마음을 사로잡는 재주는 갖고 있었기 때문에, 우리는 여기에서 바울이 "교만한 자들의 말" 이라고 한 것은 그러한 거짓 사도들이나 교사들이 즐겨 사용하던 재치있고 재미있는 말들을 가리키는 것으로 이해하여야 한다. 반면에, 여기에서 "능력" 은 주의 말씀을 맡은 신실하고 충성된 사역자들이 부여받은 영적인 힘을 뜻한다. 따라서 이 구절의 의미는 다음과 같다: "나는 그들이 그처럼 자기 자신을 대단하게 여기고서 교만하여진 것이 과연 합당한 근거가 있는 것인지를 알아볼 것이다. 그들이 내세우고 자랑하는 것은 처음부터 끝까지 오로지 유창한 말솜씨뿐이고, 그들이 교만해진 이유도, 자신들의 입담으로 사람들을 사로잡아서, 사람들의 환심을 사서 사람들을 자신들의 마음대로 휘두르게 된 데 있을 뿐이다. 하지만 나는 그들의 말솜씨를 토대로 해서 그들을 대단한 사람들로 평가하지는 않을 것이다. 만약 그들이 나에게서 하나님의 참된 종들로 신임을 받기 원한다면, 그들은 자신들에게 성령의 '능력' 이 있다는 것을 내게 보여 주어야 할 것이다. 왜냐하면, 성령으로 인한 '능력' 이야말로 그리스도의 참된 종인 사람들과 단지 그리스도의 종의 탈을 쓰고 종의 행세를 할 뿐이고 실제로는 그리스도의 종이 아닌 자들을 구별할 수 있게 해주는 기준이 될 수 있기 때문이다. 그런데도 그들이 그러한 '능력' 을 내게 보이지 않다면, 나는 그들의 모든 가식적인 행동은 물론이고, 그들 자신도 무시하고 경멸할 것이다. 그들이 자랑하는 매력적인 말솜씨와 달변은 연기처럼 허망한 것에 불과하기 때문에, 그들이 자신들의 그러한 말솜씨를 믿고 날뛰는 것도 마찬가지로 허망한 짓에 불과할 뿐이다."

20. 하나님의 나라는 말에 있지 아니하고 오직 능력에 있음이라. 하나님께서는 자신의 말씀을 "규"로 삼아서 교회를 다스리시기 때문에, 복음에 의해서 다스려지는 나라는 종종 "하나님의 나라"로 불린다. 따라서 우리는 여기에서 바울이 하나님께서 우리 가운데서 다스리시는 것과 관련이 있거나, 그러한 것을 목적으로 하는 모든 것을 "하나님의 나라"라고 표현한 것으로 이해하여야 한다. 바울은 "하나님의 나라"는 "말"(sermo)에 있지 않다고 선언한다. 왜냐하면, 사람이 말은 잘하는데 거기에 알맹이는 없고 소리만 요란한 것이라면, 그러한 말은 아무짝에도 쓸모없는 것이기 때문이다. 따라서 우리는 복음의 교훈을 가르침에 있어서 화려한 언변이나 뛰어난 말솜씨는 건장한 체구와 건강한 피부색을 자랑하는 육체(corpus)와 같은 것인 반면에, 바울이 여기에서 언급하고 있는 "능력"(virtus)은 영혼(anima)과 같은 것이라는 사실을 알아야 한다. 우리는 복음을 선포하는 행위 자체 안에 모종의 권능(maiestas)이 깃들어 있다는 것을 이미 살펴보았다. 이러한 권능은 복음의 사역자가 "말"보다는 "능력"으로 자신의 소임을 수행할 때, 즉 사역자가 자기 자신의 재능이나 말솜씨를 의지하지 않고 영적인 무기들로 무장하고 주의 일에 힘을 쏟을 때에 자연스럽게 나타난다. 여기에서 영적인 무기들이란 하나님께 영광을 돌리고 하나님을 존귀하게 해드리려고 하는 열심, 그리스도의 나라를 세우고자 하는 열정, 교회의 덕을 세우고 사람들의 덕을 세우고자 하는 간절한 마음, 하나님을 경외하는 것, 온갖 반대와 역경에도 굴하지 않는 믿음의 인내, 청결한 양심을 비롯해서 복음 사역에 필요한 은사들을 말한다. 사역자가 이러한 무기들로 무장하지 않은 채로 행하는 복음 선포는, 제아무리 화려한 수사가 사용되고, 경탄스러울 정도의 학식과 재기가 총동원된다고 할지라도, 여전히 거기에는 하나님의 권능의 역사도 없고 생명의 역사도 없기 때문에, 아무런 힘도 없는 것이 되고 만다. 따라서 바울이 고린도후서 5:17에서 "누구든지 그리스도 안에 있으면 새로운 피조물이라"고 말한 것도 이 구절과 일맥상통한다. 왜냐하면, 거기에서 바울은 우리가 아무런 능력도 없는 껍데기에 불과한 외적인 것들(externa larva)을 의지해서 그것으로 만족해서는 안 되고, 오직 성령의 역사로 말미암은 내적인 능력(interna virtutus)을 의지하여야 한다고 말하고 있기 때문이다.

이 구절은 직접적으로는 거짓 사도들이나 교사들이 자신들의 교묘하고 매력적인 말솜씨를 무기로 자신들의 야심을 이루고자 하는 것을 꾸짖는 말이기는 하지만, 그와 동시에 고린도 교인들이 그들의 그러한 속임수와 술수에 넘어가서 잘못되고 왜곡된 판단을 하고 있는 것을 책망하는 것이기도 하다. 왜냐하면, 고린도 교인들은 그리스도의 종들이 자신들의 소임을 수행함에 있어서 그다지 중요하지 않은 능력 또는 자질을 기준으로 삼아서, 어떤 사람들이 그리스도의 신실하고 충성된 종들인지를 판단하고 평가하였던 까닭에, 그러한 잘못된 평가기준으로 인해서 그들의 판단은 완전히 잘못되고 왜곡된 것이 되고 말았기 때문이다. 우리는 여기에서 당시의 고린도 교인들에게만이 아니라 오늘날의 우리에게도 해당되는 중요한 문제에 봉착한다: 바울은 "하나님의 나라가 말에 있지 아니하고 오직 능력에 있다"고 말하고 있음에도 불구하고, 실제로는 대부분의 신자들에게 있어서, 그들이 자랑하는 복음이나 새 생명이나 영적인 능력 같은 것들은 "능력"이 아니라 "말"에 있는 것이 현실이 아닌가? 이것은 단지 일반 신자들만의 문제가 아니다. 세상에는 성령의 "능력"은 없으면서도 복음을 세속적인 학문처럼 이용해서 이익과 명성을 얻으려고 세련되고 매력있게 말하는 데에만 관심을 기울이고 있는 사역자들이 얼마나 많은가! 이 문제에 대한 나의 대답은 이것이다. 나는 바울이 여기에서 말한 "능력"은 단지 "이적들"(miracula)만을 가리키는 것이 아니라고 믿는다. 왜냐하면, 이 구절에서 바울이 "능력"과 "말"을 대비시키고 있다는 사실은, 우리가 여기에 나오는 "능력"이라는 단어를 좀 더 넓은 의미로 이해하여야 한다는 것을 보여 주기 때문이다.

21. 너희가 무엇을 원하느냐 내가 매를 가지고 너희에게 나아가랴 사랑과 온유한 마음으로 나아가랴. 신약성경에 나오는 서신들의 장절을 구분한 사람은 이 절을 4장에 포함시켰지만, 사실은 앞 절까지를 4장으로 하고, 이 절은 5장의 첫 번째 절로 삼았어야 했다. 왜냐하면, 바울은 앞의 20절까지는 고린도 교인들이 너무나 어리석고 어처구니없게도 교만할 근거가 전혀 없는데도 교만하여져서 기고만장하게 행하고 있다는 것, 그리고 그들이 근거 없는 확신과 추악한 야심으로 말미암아 잘못되고 뒤틀린 판단력을 갖고서 그러한 판단력에 의거해서 여러 가지를 잘못 판단하고 있는 것에 대해서 책망하였던 반면에, 여기 21절부터는 그들이 지금 어떠한 악들(vitia)을 저지르고 있는지, 그리고 그들이 부끄러워하여야 할 것들이 어떤 것들인지에 대해서 좀 더 구체적으로 말하기 시작하고 있기 때문이다.

여기에서 바울은 이렇게 말한다: "너희는 마치 너희가 하나님으로부터 인정받아서 온갖 좋은 복들을 다 받아서, 너희가 하는 모든 일들이 다 잘되고 형통하게 되어

가고 있기라도 한 것처럼 의기양양해서 우쭐대고 자랑하고 있지만, 그것은 어디까지나 착각에 지나지 않기 때문에, 너희의 비참하고 가련한 처지를 빨리 깨닫고서 너희 자신을 부끄러워하며 하나님 앞에서 슬퍼하고 애곡하는 것이 좋을 것이고, 그렇게 하는 것을 신속하게 하면 할수록 좋을 것이다. 왜냐하면, 만일 너희가 계속해서 이런 식으로 나간다면, 나는 너희를 더 이상 온유하게 대할 수만은 없고, 이제부터는 엄한 아버지가 되어서 너희에게 회초리를 들 수밖에 없게 될 것이기 때문이다." 그는 이렇게 경고하면서도, "너희가 무엇을 원하느냐"고 말한 후에, "매를 가지고 나아가는 것"과 "사랑과 온유한 마음으로 나아가는 것"에 대하여 말함으로써, 이 둘 중에서 하나를 선택할 권리를 고린도 교인들에게 주고 있지만, 아무래도 무게는 경고 쪽에 더 실려 있다. 왜냐하면, 여기에서 바울은 자기가 계속해서 "사랑"과 "온유한 마음"으로 그들을 대해야 할 것인지의 여부는 자신에게 달려 있는 것이 아니고, 그들이 앞으로 어떻게 하느냐에 달려 있는 것인 까닭에, 그들이 계속해서 고집을 부리고 자신들의 잘못된 마음과 행실을 고치지 않는 경우에는, 그들의 선택 여하와는 상관없이, 자기는 그들을 엄하게 대할 수밖에 없다는 것을 선언하고 있는 것이기 때문이다. 따라서 바울은 이렇게 말하고 있는 것이다: "내가 너희에게 어떤 사람이 되느냐 하는 것은 너희의 선택에 달려 있다. 나는 너희에게 얼마든지 온유한 자가 될 수 있지만, 만약 너희가 지금까지 잘못되게 행해 온 것들을 버리고 너희의 행실을 올바르게 바로잡지 않는다면, 너희에 대하여 영적인 아버지인 나로서는 매를 들지 않을 수 없다."

바울은 고린도 교인들이 그들의 잘못된 행실을 스스로 바로잡지 않는 경우에는, 자기가 나서서 회초리로 그들을 다스리겠다고 다짜고짜로 경고하는 것은 이치에 맞지도 않고 어찌 보면 황당하기까지 한 일이 될 것이었기 때문에, 이러한 경고를 위한 정지작업으로서, 이미 앞에서 자기가 고린도 교인들에 대하여 영적인 "아버지"라는 사실을 먼저 확실하게 증명하였고, 이제는 그러한 사실을 토대로 해서, 자기는 그들에 대하여 "아버지"로서의 권위를 지니고 있기 때문에, 자녀들인 그들이 고집을 부리고 잘못된 길로 계속해서 나간다면, "매"를 들 수밖에 없다고 강경한 입장에 서서 말함으로써, 누구나 자신의 이러한 경고를 수긍할 수 있게 만든다. 바울이 여기에서 말한 "매"는 사역자들이 신자들의 잘못된 행실을 바로잡기 위해서 사용하는 엄격한 징계 수단들을 뜻한다.

한편, 그는 "매"와 대립되는 것으로 "사랑"과 "온유한 마음"을 제시한다. 자녀를 징계할 때, 아버지는 자신의 자녀를 미워하는 것이 결코 아니고, 도리어 징계는 사랑하는 마음에서 나온다. 다만, 아버지는 슬픈 표정과 엄한 말을 통해서 자신의 자녀에게 자기가 화가 나 있다는 것을 보여 줄 뿐이다. 이제 이것에 대해서 좀 더 풀어서 분명하게 말해 보자. 한 마디로 말해서, 아버지는 자신의 자녀에 대하여 어떤 표정을 짓든지 간에 항상 자신의 자녀를 사랑한다. 하지만 아버지가 자녀에게 자상하게 가르침을 베풀 때에는 그 사랑이 겉으로 드러나는 반면에, 잘못한 자녀에게 화가 나서 심한 말을 하거나, 심지어 "매"로 징계할 때에는, 그 사랑이 화가 난 모습을 띠게 된다. 따라서 엄격한 훈육이 시행될 때에는 사랑이 겉으로 드러나지 않기 때문에, 바울이 "사랑"과 "온유한 마음"을 하나로 묶어서 말한 것은 지극히 합당하다. 어떤 이들은 바울이 여기에서 말한 "매"는 오직 출교(excommunicatio)를 의미할 수밖에 없다고 주장하지만, 나는 바울이 고린도 교인들에게 경고한 엄격한 조치들 중에 출교가 포함되어 있었을 것이라는 점은 인정하면서도, 여기에서 "매"는 출교뿐만이 아니라 좀 더 폭넓은 엄격한 조치들을 의미하는 것이라고 생각한다.

한편, 우리는 여기에서 선한 사역자가 따라야 할 행동 지침을 볼 수 있는데, 그것은 선한 사역자는 사람들을 그리스도에게로 억지로 끌고 가려고 해서는 안 되고, "온유한 마음으로" 그들을 그리스도에게로 인도하기 위하여 최선을 다하는 것이 마땅하다는 것이다. 선한 사역자는 될 수 있는 대로 사람들에게 온유한 마음과 태도를 유지하여야 하고, 부득이하고 꼭 필요한 경우에만 엄격하게 대하고 엄격한 조치를 내리는 것을 고려하여야 한다. 하지만 선한 사역자라면, 꼭 필요하다고 생각되는 경우에는, 망설임 없이 과감하게 "매"를 들어야 한다. 왜냐하면, 가르침을 받을 준비가 되어 있는 사람은 온유하게 대하여야 하지만, 완악하고 오만한 사람은 엄격하게 다룰 필요가 있기 때문이다. 또한, 우리는 하나님의 말씀 안에는 교훈들만 들어 있는 것이 아니라, 신랄하고 호된 책망들도 도처에 널려 있는 것을 보게 되는데, 그러한 책망의 말씀들은 하나님께서 사역자들에게 제공해 주신 "매"이기 때문에, 사역자들은 그러한 책망의 말씀들을 "매"로 사용해서 사람들의 잘못된 행실을 바로잡는 것이 마땅하다. 천성적으로 심성이 온유한 사역자일지라도, 신자들이 완악하여 하나님의 말씀에 순종하고 않고 제멋대로 행할 경우에는, 마치 전혀 다른 사람이 된 것처럼, 그런 신자들을 냉정하고 엄격하게 대할 필요가 종종 있다.

제5장

[1]너희 중에 심지어 음행이 있다 함을 들으니 그런 음행은 이방인 중에서도 없는 것이라 누가 그 아버지의 아내를 취하였다 하는도다 [2]그리하고도 너희가 오히려 교만하여져서 어찌하여 통한히 여기지 아니하고 그 일 행한 자를 너희 중에서 쫓아내지 아니하였느냐 [3]내가 실로 몸으로는 떠나 있으나 영으로는 함께 있어서 거기 있는 것 같이 이런 일 행한 자를 이미 판단하였노라 [4]주 예수의 이름으로 너희가 내 영과 함께 모여서 우리 주 예수의 능력으로 [5]이런 자를 사탄에게 내주었으니 이는 육신은 멸하고 영은 주 예수의 날에 구원을 받게 하려 함이라(5:1-5).

1. 너희 중에 심지어 음행이 있다 함을 들으니 그런 음행은 이방인 중에서도 없는 것이라 누가 그 아버지의 아내를 취하였다 하는도다. 우리가 앞에서 이미 살펴보았듯이, 고린도 교인들이 파당들을 형성해서 서로 다투고 교회에서 분란을 일으키게 된 것은 그들의 주제넘은 교만과 지나친 자부심에서 비롯된 것이었기 때문에, 바울이 여기에서 주제를 전환해서, 그들의 악행들과 병폐들에 대해서 언급하기 시작한 것은 지극히 적절한 것이었다. 먼저, 바울은 고린도 교인들 중 한 사람이 자신의 계모와 부적절한 관계를 맺은 것이 얼마나 수치스러운 일인지를 보여 준다. 그 사람이 자신의 아버지의 아내로 있는 계모를 유혹해서 수시로 부적절한 관계를 맺은 것인지, 아니면 그 계모를 자신의 아내로 삼아서 부부로 함께 살았던 것인지는 확실하지 않다. 그러나 어느 경우이든, 이것은 너무나 수치스럽고 파렴치한 일이었다. 왜냐하면, 그 사람이 행한 것이 전자인 경우에는, 그것은 흉악하고 가증스러운 음행이자 간음이었을 것이고, 후자인 경우에도, 그것은 미풍양속과 순리에 반하는 부정하고 추악한 부부관계로 살아가는 것이 되었을 것이기 때문이다. 바울은 자기가 고린도 교인들에 대하여 근거 없는 의심을 품고서 그들을 괴롭히고 있다는 인상을 주지 않기 위해서, 자신은 공공연하게 널리 잘 알려져 있던 문제를 그들에게 제기하고 있는 것임을 분명히 한다. 왜냐하면, 나는 바울이 여기에서 사

용한 '홀로스'(ὅλως, "심지어")라는 부사는 이 사람에 관한 이야기가 괜한 헛소문이 아니라 분명한 사실이고, 이 소문이 널리 퍼져서 교회와 복음 전파에 엄청난 걸림돌이 되고 있다는 것을 암시하는 것으로 이해하여야 한다고 보기 때문이다.

바울은 "그런 음행은 이방인 중에서도 없는 것"이라고 말한다. 그런 까닭에, 어떤 이들은 바울이 옛적에 르우벤이 자기 아버지의 첩과 간통한 사건(창 35:22)을 염두에 두고, 이렇게 말한 것이라고 생각한다. 즉, 바울이 이스라엘에 대해서는 언급하지 않은 채, 단지 "이방인 중에서도" 이런 일이 없었다고 말한 이유는, 르우벤 사건이 보여 주듯이, 그런 불미스러운 사건이 이스라엘의 역사 속에서 실제로 일어났기 때문이라는 것이다. 하지만 이방인들의 역사책에도 이러한 종류의 근친상간에 대한 기록이 실제로 많이 남아 있다는 점에서, 그들의 그러한 주장은 터무니없는 것이다. 따라서 그들의 그러한 억지스러운 해석은 바울이 여기에서 "그런 음행은 이방인 중에서도 없는 것"이라고 말한 의도와는 너무나 거리가 멀다. 왜냐하면, 바울이 여기에서 유대인이 아니라 이방인을 언급한 이유는, 고린도 교인들 중 한 사람이 저지른 이러한 근친상간이 얼마나 추악한 죄악인지를 한층 더 강조하고자 한 것일 뿐이기 때문이다. 따라서 바울은 이렇게 말하고 있는 것이다: "너희는 심지어 이방인들 사이에서도 용납될 수 없는 그런 수치스러운 일, 아니 이방인들조차도 항상 끔찍하고 기괴한 일로 여겼던 그런 일을, 마치 정당하고 합법적인 일이라도 되는 것처럼, 아무렇지 않게 여기고 용납하고 있다."

따라서 바울이 이런 일은 이방인들 중에서도 들어 본 적이 없는 일이라고 말하였을 때, 그것은 이런 일이 이방인들 중에서 한 번도 일어난 적이 없었다거나, 그들의 문헌에 그런 일에 관한 기록이 전혀 없다는 의미로 그렇게 말한 것이 아니었다. 이방인들이 쓴 비극적인 희곡들 중에는 실제로 이런 일을 소재로 다룬 것이 여럿 있었다(여기에서 칼빈은 소포클레스가 쓴 비극에 등장하는 오이디푸스 왕을 특히 염두에 두고 있는 것 같다 — 역주). 이러한 근친상간은 인간으로서의 최소한의 수치심도 내팽개치고 동물적인 욕정을 따른 데서 비롯된 일이었기 때문에, 바울은 그런 일이 이방인들 가운데서도 가증스럽고 수치스러운 일로 여겨졌다는 의미로 그렇게 말한 것이었다. 여기에서 어떤 사람이 바울은 고린도 교회에 속한 한 개인이 저지른 죄악을 들어서 고린도 교인들 전체를 책망하고 있는데, 과연 그것이 정당한 것이냐고 묻는다면, 나는 이렇게 대답하겠다: 바울이 여기에서 이 문제로 고린도 교인들을 책망하고 있는 것은 그들 중의 한 사람이 범죄한 것에 대한 연대책임을 물어서 그들 전체를 싸잡아 책망하고 있는 것이 아니라, 우리가 나중에 살펴보게 되겠지만, 고린도 교인들이 그런 죄악을 저지른 사람을 가장 무거운 벌로 징계하는 것이 마땅한데도 불구하고, 그 사람에 대하여 아무런 조치도 취하지 않고, 마치 아무렇지도 않은 일인 양, 그러한 죄악에 대하여 눈을 감음으로써, 교회 내에서 죄악을 조장하고 있었기 때문이었다.

2. 그리하고도 너희가 오히려 교만하여져서 어찌하여 통한히 여기지 아니하고. 바울은 여기에서 이렇게 반문한다: "너희는 너희 가운데서 그런 일이 일어났다는 사실로 인해서 너무나 창피하고 수치스러워서 스스로 자숙하고 있어야 마땅한데도, 도리어 너희는 하나님으로부터 많은 복을 받아 모든 일이 형통하고 있기 때문에, 그런 일은 아무것도 아닌 것으로 여기고서, 스스로 교만해져서 너희 자신을 자랑하고 있다. 너희는 정말 너희가 그런 식으로 후안무치하게 행하는 것이 부끄럽지도 않은 것이냐?" 바울은 어떤 사람이 아무리 뛰어난 능력이나 덕성을 갖추고 있다고 할지라도, 그 사람에게 있는 그 모든 것들은 원래 그 사람의 것이 아니라, 단지 하나님께서 값없이 주신 것들이기 때문에, 그런 것들을 자랑하는 것은 있을 수 없는 일이라는 것을 이미 앞에서 말함으로써, 고린도 교인들이 그들 자신을 자랑하는 것이 아무런 근거도 없는 터무니없는 것임을 지적한 바 있는데, 이제 여기에서는 다음과 같이 말함으로써, 앞에서와는 다른 관점에서, 그들이 그들 자신을 자랑하는 것이 어처구니없는 짓이라고 질책한다: "너희는 지금 너희의 머리를 두 손으로 감싸고 부끄러워하고 곤혹스러워해도 모자랄 판인데, 도리어 스스로 높아지고 교만해져서, 말도 안 되는 이유를 대며 우쭐대며 너희 자신을 자랑하고 있는 것이냐? 수치스러워하고 통탄해야 할 상황에서, 그렇게 하기는커녕 도리어 자기 자랑을 늘어놓는 것은, 지독하게 눈이 멀었음을 보여 주는 것이기 때문에, 그러한 행태는 사람들이나 천사들로 하여금 눈살을 찌푸릴 수밖에 없게 만드는 짓이다."

바울이 "어찌하여 통한히 여기지 아니하고"라고 말하고 있는 것은 일종의 대조법을 통해서 논증을 전개하고 있는 것이다. 왜냐하면, "통한히 여김"이 있는 곳에는 "교만"이나 "자랑" 같은 것들이 더 이상 발을 붙일 수 없는 까닭에, 우리는 여기에서 "통한히 여기는" 것은 "교만하거나 자랑하는"과 대비되고 대조되는 것으로 이해하여야 하기 때문이다. 한편, 어떤 이들은 고린도 교인들이 자신들이 근친상간의 죄악을 저지른 것도 아니고, 그들 중에서 오직 한 사람이 그러한 죄악을 저지른 것인데도, 바울이 그들 전체에게 이 일에 대해서 "통한히 여겨야 하는" 것이 마땅하다고 말하는 이유가 도대체 무엇인지를 모르겠다고 반문을 제기할 수도 있기 때문에, 나는 바울이 그렇게 말한 두 가지 이유를 제시하고자 한다. 첫 번째는 교회 구성원들 사이에는 연대관계가 존재하기 때문에, 어느 한 구성원이 범한 중대한 과오는 다른 모든 구성원들에게 필연적으로 영향을 미칠 수밖에 없다는 것이고, 두 번째는 교회에서 이런 수치스럽고 죄악된 일이 일어났을 때에는, 그 죄악으로 인한 죄책은 단지 그러한 일을 저지른 장본인에게만 미치는 것이 아니고, 그 일로 인하여 공동체 전체도 일정 정도 오염시킨다는 것이다. 하나님께서는 어느 가족 중에서 아내나 자녀들이 수치스러운 일을 범하였을 때에는, 그 일로 인하여 그 가족의 가장을 부끄럽게 하시고, 어느 친족 중에서 한 사람이 수치스러운 일을 범하였을 때에는, 그 일로 인하여 그 친족 전체를 부끄럽게 하신다. 마찬가지로, 어느 교회 안에서 추악한 범죄가 발생하면, 교회 전체가 그 수치를 뒤집어 쓰게 된다는 것을, 모든 교회는 명심하여야 한다.

뿐만 아니라, 거기에서 한 걸음 더 나아가서, 우리는 옛적에 이스라엘 백성 중에서 아간(수 7:1)이라는 사람이 신성모독을 행하였을 때, 하나님께서는 그 한 사람으로 말미암아 이스라엘 민족 전체에 대해서 진노를 발하셨다는 것을 알고 있다. 그러나 하나님은 어느 한 사람의 범죄로 말미암아 죄 없는 다른 사람들을 향하여 무조건 진노하시는 그런 분은 결코 아니다. 즉, 어느 한 무리 안에서 극악무도한 범죄나 악행이 일어났다는 것은, 하나님의 진노를 촉발시킬 수밖에 없는 모종의 아주 좋지 않은 징후가 그 무리 안에 이미 존재하고 있다는 것을 보여주는 것이기 때문에, 하나님께서는 그 무리에 속한 한 사람의 겉으로 드러난 범죄나 악행을 계기로 삼으셔서 그 무리 전체를 응징하심으로써, 그 무리 전체가 이미 그러한 악행으로 말미암아 더럽혀져 있다는 것을 분명하게 보여 주시는 것일 뿐이고, 한 사람의 범죄로 말미암아, 그 범죄와 관계없는 다른 사람들을 아무런 까닭 없이 벌하시는 것은 결코 아니라는 것이다. 이것으로부터 우리가 쉽게 도출해 낼 수 있는 결론은, 모든 교회에서는 그들 중에서 단지 한 사람만이 어떤 죄악을 저지른 것이라고 할지라도, 그런 일이 일어났다는 것 자체를 교회라는 몸 전체와 관련된 재앙으로 여기고서 "통한히 여기는" 것이 마땅하다는 것이다. 또한, 교회에서 그런 일이 일어났을 때, 우리가 악을 미워하는 마음과 거룩함을 따르고자 하는 열심으로 더욱 불타오르는 가운데, 그 일을 바로잡고자 할 때에만, 경건하고 올바른 방식으로 그러한 죄악된 일을 바로잡을 수 있게 될 것임은 두말할 필요가 없다. 왜냐하면, 그러한 마음과 열심으로 그런 일을 처리하지 않고, 단지 그런 죄악을 범한 사람만을 아주 가혹하고 혹독하게 문책하게 된다면, 선하고 유익한 결과가 도출되는 것이 아니라, 도리어 교회 전체에 해로운 독기만을 퍼뜨리게 되는 쓰라린 결과를 초래하게 될 것이기 때문이다.

그 일 행한 자를 너희 중에서 쫓아내지 아니하였느냐. 이제 바울은 자기가 왜 이렇게 가혹하리만치 고린도 교인들을 엄하게 책망하고 있는 것인지, 그 이유에 대해서 좀 더 분명하게 밝히는데, 그것은 그들이 영적으로 무기력하고 나태해지고 무감각해져서, 그들 가운데서 이처럼 가증스럽고 경악할 만한 범죄가 일어났는데도, 그 일이 얼마나 심각하고 중대한지조차 깨닫지 못하고, 별 것 아닌 일로 치부하여 묵인하고 방조하였기 때문이라는 것이다. 따라서 근본적인 문제는 고린도 교인들이 영적으로 무감각해져서 나태해진 것(ignavia)에 있었다. 또한, 바울의 이러한 말로부터 우리가 분명하게 알 수 있는 것은, 교회들은 엄격한 권징을 통해서 그들 내부에 존재하는 악들을 바로잡거나 제거할 수 있는 권한을 하나님으로부터 부여받았다는 것, 그리고 교회들이 내부의 더러운 죄악들을 정결하게 하기 위하여 정신을 바짝 차리고서 애쓰지 않는 것은 변명의 여지가 있을 수 없는 명백한 직무유기의 범죄를 저지르는 일이라는 것이다. 왜냐하면, 여기에서 바울이 고린도 교인들을 책망한 이유는, 그들이 자신의 회중에 속한 한 개인이 저지른 극악무도한 죄악을 징계하는 것을 소홀히 한 까닭인데, 만일 그들에게 그러한 자를 권징할 수 있는 권한이 주어져 있지 않았다면, 그들에 대한 바울의 책망은 정당한 것이 될 수 없었을 것이기 때문이다. 따라서 이 구절은 교회에 출교권이 있음을 확증해 주는 근거 구절이 된다. 또한, 이 구절은 교회들에 이러한 권징과 책벌의 권한이 주어져 있기 때문에, 그러한 권한을 행사할 필요성이 있음에도 불구하고 행사하지 않는 교회는 하나님 앞에 죄를 범하고 있는 것임을 보여 준다. 왜냐하면, 만일 교회가 꼭 필요한 경우에 권징의 권한을 행사하지 않는다고 해도, 그것이 범죄나 잘못이 되지 않는 것이었다면, 고린도 교인들에게 권징의 권한을 행사하지 않은 책임을 물은 바울의 처사는 부당한 것이 되었을 것이기 때문이다.

3. 내가 실로 몸으로는 떠나 있으나 … 이런 일 행한 자를 이미 판단하였노라. 바울은 앞에서 고린도 교인들이 자신들에게 부여된 권징의 의무를 이행하는 것을 소홀히 하였다는 이유로, 그들의 나태함을 책망한 후에, 이제 여기에서는 그들이 이 일과 관련해서 무엇을 행해야 하는지를 보여 주는데, 그것은 근친상간을 행한

당사자를 회중으로부터 쫓아냄으로써, 그들 가운데에서 더러움을 제거하라는 것이었다. 고린도 교인들은 이미 진작에 그런 출교 조치를 취하여야 하였음에도 불구하고, 도리어 유야무야 넘어가고자 하는 잘못을 범하고 있었기 때문에, 바울은 여기에서 당장에 그 사람을 출교시키는 조치를 하라고 단호하게 명한다. 그는 자기가 "몸으로는" 고린도 교회에서 떠나 있는 사람인데도, 이미 단호하게 그러한 결정을 내렸다고 말하는데, 이것은 정작 고린도 교회에 몸담고서 그 현장에 있던 그들은 아무런 조치도 하지 않고 수수방관하며 태만히 행한 것에 대하여 더욱 강하게 질책하고 있는 것이다. 왜냐하면, 그가 이렇게 말한 것은 근친상간의 죄를 범한 자에 대한 바울 자신의 태도와 고린도 교인들의 태도 간의 극명한 차이를 암묵적으로 대비시키고 있는 것이기 때문이다. 즉, 그는 이렇게 말한 것과 같다: "너희들은 늘 거기에 몸으로 있어서, 그러한 일을 현장에서 직접 보고 느끼고 있었기 때문에, 교회에 해를 끼치는 그러한 병을 고치기 위한 조치를 진작에 취하였어야 함에도 불구하고, 그냥 뒷짐 지고 보고만 있었다. 하지만 나는 몸으로는 이미 거기에서 떠나 있음에도 불구하고, 멀리서 그런 일이 거기에서 있었다는 소식을 들은 것만으로도, 그냥 참고만 있을 수 없어서, 그 사람에게 어떤 조치를 취해야 하는지를 이미 이렇게 정해 놓았다." 여기에서 바울은 혹시라도 어떤 사람이 그는 고린도 교회와는 그렇게 멀리 떨어져 있어서 현장의 사정을 잘 알지도 못하였을 터인데도, 단지 소문만을 듣고서 너무 성급하게 판단을 내린 것이 아니냐고 항변할 수도 있을 것임을 예상하고서, 거기에 대비하는 차원에서, 자기가 "몸으로는" 떠나 있었지만 "영으로는" 그들과 함께 거기에 있었다고 해명하는데, 이것은 자기가 고린도 교회에 대하여 사도로서의 자신의 본분을 행하기 위하여, 늘 고린도 교회의 동향을 상세하게 파악해서 인지하고 있었기 때문에, 자기는 비록 "몸으로는" 거기로부터 멀리 떨어져 있지만, "영으로는" 현장에 가서 그 사건의 전모를 샅샅이 다 살펴본 것이나 다름이 없다고 말한 것이었다. 이제 우리는 바울이 고린도 교인들에게 근친상간을 범한 자에 대한 출교 조치를 어떤 식으로 시행해야 하는지에 대해서 가르치고 있는것을 주목할 필요가 있다.

4. 너희가 내 영과 함께 모여서. 바울은 현실적으로 자기가 "몸으로는," 즉 직접 거기로 가서 그들과 함께 모여서, 그 범죄한 자에 대한 출교 조치를 진행할 수는 없었기 때문에, 그들에게 "내 영과 함께 모여서" 출교 조치를 진행하라고 명하면서, 비록 자기가 "영으로" 그들과 함께 하는 것이지만, 그것은 실제로 자기가 그들과

함께 모여서 이 조치를 진행하는 것과 같다고 선언한다. 여기에서 우리가 주목해야 할 것은, 바울은 사도였음에도 불구하고, 자기 마음대로 혼자서 독단적으로 출교를 단행한 것이 아니라, 해당 교회와의 만남과 협의를 통해서 공동으로 일을 처리하고 있다는 것이다. 물론, 그가 주도적으로 나서서, 이 일을 어떻게 처리해야 하는지를 그들에게 적극적으로 보여준 것은 사실이다. 하지만, 그가 고린도 교회에 속한 다른 사람들을 이 일과 관련된 의사결정에 참여시켰다는 사실 자체는, 그러한 권한이 어느 한 개인에게 속한 것이 아니라, 교회 전체에 속한 것임을 분명하게 보여준 것이다. 그러나 교회의 일반 회중은 적절한 조언을 제공받지 못하면 그 어떤 일도 적절하고 신중하게 처리할 수 없기 때문에, 교회는 일찍부터 장로회(長老會)라는 제도를 도입하였다. 즉, 모든 교인의 동의를 얻어서 구성된 장로들의 모임이 어떤 사안에 대해서 일차적으로 판단하는 권한을 갖고, 그런 다음에 장로회에서 이미 판단해서 결정한 사안을 전체 회중에게 회부해서 인준 절차를 거치도록 한 것이다. 따라서 회중 전체가 직접 출교를 결정하게 하든, 아니면 장로회 같은 대의기관을 내세워서 일단 결정한 것을 회중 전체에 의해서 인준을 받게 하든, 어느 한 사람이 이러한 권한을 장악해서, 자기가 원하는 사람을 자기 마음대로 출교시키는 것은 그리스도와 사도들이 제정한 제도(institutum)에 어긋나는 것이고, 교회의 질서(ordo)에도 어긋나는 것이며, 마지막으로는 공평(aequitas)의 원리에도 어긋나는 것이다. 그러므로 우리가 출교 문제를 다룸에 있어서 유의하여야 할 것은, 장로들의 협의(consilium)와 회중의 동의(consensus)라는 절차를 밟아서, 출교가 시행되도록 하여야 한다는 것이다. 또한, 우리는 이러한 절차를 준수하는 것이야말로 교회 내에서 독선과 전횡이 자행되는 것을 막는 유효한 방책이 된다는 것도 잊지 말아야 한다. 왜냐하면, 독선과 전횡만큼, 그리스도께서 명하시고 제정하신 권징과 양립할 수 없는 것은 없기 때문이다. 교회에서 모든 권력이 한 사람에게 집중될 때, 독선과 전횡의 문은 활짝 열린다.

주 예수의 이름으로. 악인들도 사악하고 가증스러운 음모를 꾸미기 위해서 모임을 갖기 때문에, 우리가 "그리스도의 이름으로" 모인 것이 아니라면, 단순히 모임을 갖는 것만으로는 충분하다고 할 수 없다. 어떤 모임이 그리스도의 이름으로 모인 것이 되기 위해서는 두 가지 요건이 필요한데, 첫 번째는 그리스도의 이름을 부르는 것으로 모임을 시작하여야 한다는 것이고, 두 번째는 그 모임에서는 그리스도의 말씀에서 벗어나는 것은 그 어떤 것이라도 다루어서는 안 된다는 것이다.

따라서 어떤 모임에서 거기에 모인 모든 사람들이 다같이 진심으로 주의 이름을 부르며, 성령의 인도하심을 받게 해 달라고 기도하고, 자신들이 계획하는 모든 일이 주의 은혜로 말미암아 형통한 결과를 가져오게 해 달라고 간구한다면, 그들은 자신들이 다루어야 할 사안에 있어서 소망이 있는 출발을 한 셈이다. 또한, 그 모임이 주께서 받으시는 거룩한 모임이 되기 위해서는, 거기에 참석한 사람들은 자신들이 다루어야 할 사안에 대하여, 주께서 무엇이라고 하시는지를 알고, 주의 뜻대로 행하기 위하여, 이사야 선지자가 말했듯이, 주의 입에 물어보아야 한다(사 30:2). 달리 말하면, 주께서 계시해 주시는 말씀이 무엇인지를 경청한 후에, 그들 자신과 그들의 모든 계획을 주의 뜻(voluntas)에 철저하게 복종시켜서, 오직 주께 순종하는 마음으로 주의 뜻을 따라 행하여야 한다는 것이다. 이것은 아주 사소한 우리 자신의 일에도 그대로 적용하여야 할 절차이다. 그러므로 우리가 중대한 일을 처리할 때, 특히 그것이 우리 자신의 일이 아니라 하나님의 일과 관련된 것일 때에는, 우리가 이러한 절차를 얼마나 더 철저하고 완벽하게 지키는 것이 마땅한지에 대해서는 두말할 필요도 없을 것이다. 예를 들면, 출교는 사람이 정한 규례가 아니고 하나님께서 친히 제정하신 제도이기 때문에, 우리가 이 제도를 사용하여야 할 때에는, 마땅히 하나님께 묻는 것으로부터 시작하여야 한다는 것은 두말할 필요가 없다는 것이다. 요컨대, 바울이 고린도 교인들에게 "그리스도의 이름으로" 모이라고 명하였을 때, 그는 그들에게 단지 명목상으로 그리스도의 이름을 걸고 모이라거나, 입술로만 신앙 고백을 하는 것으로 모임을 시작하라고 말한 것이 아니라, 진심으로 이 사안을 그리스도께 맡겨 드리고, 그리스도의 뜻을 따라 처리하라고 명한 것이다. 마지막으로, 바울은 이 말을 통해서 이 사안이 얼마나 심각하고 중대한 일인지를 보여 준다.

또한, "두세 사람이 내 이름으로 모인 곳에는 나도 그들 중에 있느니라"(마 18:20)는 그리스도의 약속이 참된 것이라면, 그리스도의 이름으로 모이는 이 모임에서 행해지는 모든 일은 그리스도께서 하시는 일이 되기 때문에, 바울은 여기에 "우리 주 예수의 능력으로"라는 어구를 덧붙인다. 이것으로부터 우리는 올바른 절차를 따라서 결정된 합법적인 출교는 하나님의 능력이 역사해서 된 일이고, 그렇기 때문에 이 일은 하나님이 보시기에 매우 중요한 일이라는 것을 알게 된다. 아울러, 출교는 "무엇이든지 너희가 땅에서 매면 하늘에서도 매일 것이요 무엇이든지 땅에서 풀면 하늘에서도 풀리리라"(마 18:18)고 하신 그리스도의 말씀을 성취하는 것이라는 점에서도, 출교는 매우 중요한 일이다. 출교와 관련해서 확실한 것은 그리스도의 능력은 사람의 뜻이나 생각에 의해서 좌지우지되는 것이 아니라, 그리스도의 영원한 진리에 근거해서 베풀어진다는 것이다. 그렇기 때문에, 하나님을 멸시하는 자들은 다른 누구보다도 더 출교와 관련하여 바울이 한 말을 두려워하는 것이 마땅한 일이지만, 모든 교회들과 신실한 사역자들도 바울이 여기에서 한 말 속에서, 출교라는 이렇게 중대한 문제를 얼마나 경건한 마음으로 진행해 나가야 하는지에 관해서 경고를 받는 것이 마땅하다.

5. 이런 자를 사탄에게 내주었으니 이는 육신은 멸하고 영은 주 예수의 날에 구원을 받게 하려 함이라. 사도들은 사악한 자들과 완악한 자들을 사탄에게 내주어서, 사탄을 그러한 자들을 바로잡는 채찍으로 사용할 수 있는 권세를 부여받았기 때문에, 크리소스토모스(Chrysostomus)와 그의 추종자들은 바울의 이 말이 그러한 종류의 어떤 징벌과 관련이 있는 것으로 이해하였는데, 그러한 이해는 알렉산더와 후메내오에 관한 디모데전서 1:20("그 가운데 후메내오와 알렉산더가 있으니 내가 사탄에게 내준 것은 그들로 훈계를 받아 신성을 모독하지 못하게 하려 함이라")의 일반적인 해석과 부합하는 것이기도 하다. 따라서 그들은 바울이 "이런 자를 사탄에게 내주었다"고 말한 것은 그 자의 육체에 가혹한 징벌을 가하는 것을 의미한다고 생각하였다. 그러나 이 구절이 등장하는 문맥 전체를 세밀하게 살펴봄과 동시에, 이 구절을 고린도후서에서 언급되고 있는 내용과 비교해 볼 때, 그들의 그러한 해석은 억지스러운 것이고, 바울이 여기에서 말하고자 하는 것과 부합하지 않기 때문에, 나는 이 구절에 대한 그러한 해석은 배제되어야 한다고 생각한다.

나는 "사탄에게 내주었다"는 말은 단순히 출교와 관련이 있는 것으로 이해한다. 실제로, "사탄에게 내주다"라는 말은 출교를 가리키는 적절한 표현이다. 왜냐하면, 그리스도께서 교회 안에서 다스리시듯이, 사탄은 교회 밖에서 다스리기 때문이다. 아우구스티누스도 사도 바울이 한 말씀들에 관한 자신의 제68번째 설교에서 이 구절을 주해하면서, 그와 같은 취지로 이 구절을 설명한다. 즉, 우리가 교회의 친교 속으로 받아들여지고, 그 친교 안에 머물러 있는 것은, 우리가 그리스도의 보호하심과 인도하심 아래에 있다는 것과 동일한 의미를 지닌다. 하지만 교회에서 쫓겨난 사람은 교회에 대하여 외인이 되었고, 그리스도의 다스리심에서 끊어졌기 때문에, 그 사람은 어떤 의미에서는 사탄에게 넘겨진 것이다.

바울은 "이런 자를 사탄에게 내주었으니"라고 말한 후에, 자기가 이렇게 말한 것이 사람들이 생각하듯이 그렇게 끔찍한 말이 아니라는 것을 보여 주기 위하여, "육신은 멸하고 영은 주 예수의 날에 구원을 받게 하려 함이라"는 구절을 곧바로 덧붙인다. 왜냐하면, 바울이 "이런 자를 사탄에게 내주었으니"라고 말하였을 때, 그것은 교회로부터 출교라는 징계를 받은 사람은 이제는 아무런 구원의 소망도 없이 완전히 멸망하게 되거나, 영원히 사탄의 종이 되었다는 의미가 아니라, 교회는 그 사람을 영원히 구원하기 위하여, 이런 식으로 일시적으로 혹독한 징벌을 내린 것이라는 의미였기 때문이다. 즉, 바울은 육신의 멸망은 일시적인 것으로 보았고, 영혼의 멸망은 영혼의 구원과 마찬가지로 영원한 것으로 보고서, "우리는 주께서 주의 나라에서 그 사람을 영원히 지켜 주시도록, 이 세상에서 그를 일시적으로 정죄한 것이다"라고 말한 것과 같다. 어떤 이들은 출교를 선고하는 것은 "육신"에 대한 것이라기보다는 "영혼"에 대한 것인데, 그것을 어떻게 육신을 멸하는 것이라고 할 수 있느냐고 반문할지도 모르겠는데, 거기에 대한 나의 대답은, 내가 앞에서 이미 말한 것과 같이, 육신의 멸망과 영혼의 구원은 별개의 문제라는 것이다. 육신의 멸망은 일시적인 것인 반면에, 영혼의 구원은 영원한 것이기 때문에, 이 둘은 서로 아무런 상관이 없다. 히브리서 5:7에서 사도가 그리스도께서 이 땅에서 육신으로 태어나셔서 그 육신이 멸할 때까지 사신 기간을 지칭하기 위해서, "그의 육신의 날들"(한글개역개정에는 "그는 육체에 계실 때에")이라는 표현을 사용한 것도 바로 그러한 맥락에서였다. 따라서 어떤 사람이 크고 중대한 죄악을 범해서, 그 영혼을 구원하기 위해서는, 그의 육신을 멸하는 혹독한 징계를 가할 필요가 있을 때에는, 교회는 그 사람의 육신은 멸하고 그 영혼은 구원을 받게 하기 위하여 출교라는 조치를 내릴 수 있고, 또한 내려야 한다는 것이다. 교회가 범죄한 사람들을 이 세상에서 용서하지 않고 엄중하게 징계하는 이유는, 하나님께서 그들을 용서하시도록 하기 위한 것이다. 출교의 방식과 이유와 필요성, 그리고 출교의 목적과 한계 등에 관해서 좀 더 자세히 알고자 하는 독자는 나의 「기독교 강요」를 참조하라.

**[6]너희가 자랑하는 것이 옳지 아니하도다 적은 누룩이 온 덩어리에 퍼지는 것을 알
지 못하느냐 [7]너희는 누룩 없는 자인데 새 덩어리가 되기 위하여 묵은 누룩을 내버
리라 우리의 유월절 양 곧 그리스도께서 희생되셨느니라 [8]이러므로 우리가 명절을
지키되 묵은 누룩으로도 말고 악하고 악의에 찬 누룩으로도 말고 누룩이 없이 오
직 순전함과 진실함의 떡으로 하자**(5:6-8).

6. 너희가 자랑하는 것이 옳지 아니하도다. 바울이 "너희가 자랑하는 것이 옳지 아니하도다"라고 책망한 것은, 단지 고린도 교인들이 인간에게 합당하지 않는 자랑을 그들 자신에게 돌리고, 자신들의 분수도 모른 채 주제넘게 그들 자신에 대한 자랑을 늘어놓았기 때문만이 아니라, 그들 자신이 잘못한 것을 생각하면, 그들은 지금 자신들의 잘못을 뉘우치며 가슴을 치고 통한히 여겨도 부족할 판에, 도리어 그들 자신이 대단한 자들이라도 된다는 듯이 마냥 의기양양해 있었기 때문이었다. 그들이 그들 자신과 관련해서 자랑한 모든 것은 오직 하나님께로부터 온 것들이고, 그들의 것이라고 할 수 있는 것은 아무것도 없었기 때문에, 바울은 그들에게는 자랑할 것이 아무것도 없다고 이미 앞에서 분명하게 선언한 바 있다. 따라서 여기에서는 바울은 죽을 수밖에 없는 유한한 인간에 불과한 고린도 교인들이 자신들에게 있는 온갖 뛰어나고 탁월한 것들이 마치 원래부터 자신들의 소유였다는 듯이 내세운다고 해서, 그들에게 있는 모든 것들이 다 하나도 빠짐 없이 하나님의 것이고 하나님에 의해서 주어진 것이라는 사실이 없어지는 것이 아님을 지적하고 있는 것이 아니고, 그들이 아무런 정당한 근거도 없이 그들 자신을 자랑하고 으스대며 뽐내는 것은 지독하게 어리석은 짓임을 지적하고 있는 것이다. 왜냐하면, 고린도 교인들은 부끄럽고 낯 뜨거운 수치스러운 일들만을 저지르고 있으면서도, 마치 자신들이 하나님으로부터 큰 복을 받아 모든 일이 형통하는 찬란한 황금시대를 구가하고 있는 것인 양 한껏 자고해져서 그들 자신에 대한 자랑을 쏟아내고 있었기 때문이다.

적은 누룩이 온 덩어리에 퍼지는 것을 알지 못하느냐. 고린도 교인들이 이렇게 큰 악행을 방조하고 조장하는 것을 사소하거나 중요하지 않은 일로 생각하지 않도록 하기 위해서, 바울은 그러한 경우에 있어서 관용(indulgentia)을 베풀거나 사실을 은폐(dissimulatio)하는 것이 얼마나 위험한 일인지를 여기에서 보여 준다. 그는 속담을 인용해서, 한 사람이 병이 들게 되면, 그 병이 무리 전체에 퍼지게 된다는 사실을 지적한다. 바울이 여기에서 인용한 속담은 현재의 문맥 속에서 유베날리스(Iuvenalis, 주후 1세기 후반에서 2세기 초반에 살았던 로마의 풍자시인 — 역주)가 다음과 같이 말한 것과 동일한 의미를 갖는다: "한 마리 돼지에 생긴 부스럼이 들판에 있는 돼지들의 무리 전체에 퍼지고, 하나의 병든 포도나무가 다른 포도나무들을 감염시킨다." 내가 방금 전에 "현재의 문맥 속에서"라는 단서를 달아서 말한 것은, 우리가 나중에 살펴보게 되겠지만, 바울은 이 속담을 다른 곳에서는(갈 5:9) 여기에서와 다른 의미로 인용해서 사용하고 있기 때문이다.

7. 너희는 누룩 없는 자인데 새 덩어리가 되기 위하여 묵은 누룩을 내버리라. 바울은 계속해서 "누룩"의 비유를 사용해서, 특정한 사안과 관련된 교훈으로부터 일반적인 교훈으로 옮겨간다. 달리 말하면, 그는 앞에서는 근친상간과 관련해서 "누룩"에 관한 비유를 사용하였지만, 여기에서는 이 비유의 적용범위를 확장해서, 신자로서의 삶의 모든 영역에서 정결한 삶을 살 것을 고린도 교인들에게 권면한다. 왜냐하면, 우리가 우리의 모든 삶 속에서 우리 자신을 계속해서 정결하게 유지하지 않는다면, 우리는 그리스도 안에 거할 수 없게 되기 때문이다. 바울이 어느 특정한 문제를 거론하면서, 그 기회를 이용해서 일반적인 권면으로 넘어가는 것은 흔히 있는 일이다. 우리가 이미 보았듯이, 그는 다른 일과 관련해서도 "누룩"에 관한 비유를 언급한 바 있지만, 자기가 이제부터 고린도 교인들에게 제시하고자 하는 일반적인 교훈에도 이 "누룩" 비유가 잘 어울린다고 생각하였기 때문에, 여기에서 이 비유를 계속해서 사용하고 있는 것이다.

우리의 유월절 양 곧 그리스도께서 희생되셨느니라. 나는 이 구절을 본격적으로 설명하기에 앞서서, 먼저 이 구절에 나오는 단어들에 관해서 간단하게 언급하고자 한다. 바울이 여기에서 사용한 "묵은 누룩"(vetus fermentum)이라는 용어와 로마서 6:6에서 사용한 "옛 사람"(vetus homo)이라는 용어는 둘 다 동일한 원리에 의거해서 명명된 것들이다. "옛 사람"이라는 용어가 의미하는 것은, 우리가 그리스도 안에서 다시 태어나기 전에 우리 안에는 부패한 본성이 자리 잡고 있었다는 것이다. 따라서 우리가 모태로부터 태어날 때의 상태는 "옛 것"이라고 불리고, 그러한 "옛 것"은 우리가 성령의 은혜로 새롭게 될 때에 죽어야 한다. 헬라어 본문에서 동사 '에튀테'(ἐτύθη, "희생되셨다")는 "그리스도"와 "유월절 양" 사이에 놓여 있기 때문에, 두 단어 모두와 연관될 수 있지만, 나는 후자에 걸리는 것으로 이해하였다. 하지만 어떻게 이해하든, 의미에 있어서 차이가 나는 것은 아니기 때문에, 이것은 그다지 중요한 문제는 아니다. 에라스무스는 8절에 나오는 헬라어 '헤오르타조멘'(ἑορτάζωμεν)을 "우리가 명절을 지키자"로 번역하였는데, 이 단어는 희생제사가 드려진 후에 거행되는 엄숙한 식사에 참여하는 것을 의미하기도 한다. 여기에서는 문맥상으로 후자의 뜻이 좀 더 잘 어울리는 것으로 보인다. 따라서 나는 에라스무스의 번역을 따르지 않고, 불가타 역본을 따라서 "우리가 식사를 하자" 또는 "우리가 잔치를 하자"로 번역하였는데, 그 이유는 후자의 번역이 바울이 여기에서 다루고 있는 신비한 일과 좀 더 잘 어울리기 때문이다.

이제 바울이 이 구절에서 무엇을 말하고자 한 것인지를 본격적으로 살펴보자. 바울은 여기에서 고린도 교인들에게 거룩한 삶을 살도록 권면하고자 하였기 때문에, 구약 시대에 유월절 절기를 통해서 표상되었던 것이 오늘날 우리 가운데서 실체로 구현되어서 현실이 되어야 한다는 것을 역설하면서, 표상(figura)과 실체(veritas)가 어떤 관계에 있는지를 설명한다. 먼저, 유월절은 희생제사(sacrificium)와 거룩한 식사(sacrum epulum)라는 두 부분으로 이루어져 있었기 때문에, 우리는 바울이 여기에서 이 두 가지 모두를 언급하고 있는 것이라고 보아야 한다. 어떤 사람들은 유월절의 어린 양이 희생제사에서 제물로 사용되었다는 사실을 인정하지 않지만, 유월절 제사에서 사람들은 피를 뿌리는 행위를 통해서 하나님과의 화목한 관계를 회복하였다는 것을 생각하면, 유월절의 어린 양이 희생제사에서 제물로 사용되었다는 것은 분명한 사실이다. 바울은 '튀에스타이'(θύεσθαι, "희생되셨다")라는 동사를 사용하는데, 이 단어는 희생제사에 딱 들어맞는 단어이다. 만일 이 단어가 여기에서 사용된 의미 이외의 다른 뜻으로 사용된 것이라면, 이 단어는 이 문맥에 전혀 들어맞지 않는 단어가 되고 말 것이기 때문에, 바울은 여기에서 희생제사(sacrificium) 없이는 화목(reconciliatio)도 없다는 사실을 분명하게 확증하고 있는 것이다. 유대인들은 해마다 유월절에 어린 양을 희생제물로 바쳤고, 희생제사를 드린 후에는 공동 식사 또는 잔치가 이어졌는데, 이 잔치는 칠 일 동안 계속되었다. 여기에서 바울은 그리스도가 우리의 "유월절 양"이라고 말한다. 그리스도는 단 한 번 희생제물로 드려지셨지만, 그 한 번의 희생제사의 효력은 영원히 지속되는 것이었다. 이제 남은 것은 우리가 희생제사 후에 있는 공동의 식사 또는 잔치에 참석해서 희생제물을 먹는 일인데, 그것은 우리가 일 년에 한 번씩 행하여야 하는 일이 아니고, 계속적으로 행하여야 하는 일이다.

8. 이러므로 우리가 명절을 지키되 묵은 누룩으로도 말고 악하고 악의에 찬 누룩으로도 말고 누룩이 없이 오직 순전함과 진실함의 떡으로 하자. 우리는 이 거룩한 식사, 즉 성찬을 행함에 있어서 "누룩"을 멀리해야 하는데, 이것은 하나님께서 조상들에게 "누룩"을 금하신 것과 같은 취지이다. 그렇다면, 우리가 멀리해야 할 "누룩"이란 무엇을 말하는 것인가? 조상들이 명절로 지켜 행하였던 구약 시대의 유월절이 신약 시대에 도래하게 되어 있던 참된 유월절, 즉 예수 그리스도의 희생제사를 표상하는 것이었듯이, 구약 시대의 유월절을 구성하고 있던 요소들도 오늘날

우리에게 현실로 이루어진 실체를 표상하는 것이었다. 그러므로 우리가 그리스도의 살과 피를 먹고 마시고자 한다면, 우리는 "순전함"과 "진실함"으로 이 성찬에 참여하여야 하는데, 이러한 "순전함"과 "진실함"이 바로 우리가 준비해야 하는 "누룩 없는 떡"이다. 그리고 유월절의 떡에 누룩을 섞는 것은 하나님의 명령을 어기는 일이기 때문에, "순전함"이나 "진실함"과 어울릴 수 없는 모든 "악의"와 "악함"은 제거되어야 한다. 요컨대, 바울은 우리가 악의와 거짓을 버릴 때에만, 그리스도의 참된 지체들이 될 수 있다고 선언하고 있는 것이다.

또한, 우리가 이 구절에서 놓치지 말아야 할 사실은 옛 유월절은 단지 과거에 하나님으로부터 받은 은택, 즉 출애굽의 은혜를 "기념하는"(μνημόσυνον, '므네모쉬논') 예식이었던 것이 아니고, 장차 그리스도께서 오셔서, 우리를 죽음에서 생명으로 옮기시는 역사가 일어나기를 기다리는 예식이기도 하였다는 것이다. 만일 그렇지 않다면, 골로새서 2:17에서 율법은 "그림자"이고 그리스도가 "몸"이라고 말함으로써, 그리스도가 모든 율법이 장래의 일을 그림자로서 보여 준 것, 즉 율법의 실체였다고 선언한 것은 타당하지 않게 될 것이다. 또한, 이 구절은 가톨릭에서 드리는 미사가 얼마나 신성모독적인 것인지를 여실히 보여 준다. 왜냐하면, 바울은 그리스도께서 날마다(quotidie) 희생되고 계신다고 가르친 것이 아니라, 그의 희생되심은 단번에(semel) 완성된 것이고, 우리는 평생토록(tota vita) "유월절 양"이신 그리스도의 살과 피를 먹고 마시는 영적인 식사를 반복해서 행하는 것이라고 가르친 것이기 때문이다.

[9]내가 너희에게 쓴 편지에 음행하는 자들을 사귀지 말라 하였거니와 [10]이 말은 이 세상의 음행하는 자들이나 탐하는 자들이나 속여 빼앗는 자들이나 우상 숭배하는 자들을 도무지 사귀지 말라 하는 것이 아니니 만일 그리하려면 너희가 세상 밖으로 나가야 할 것이라 [11]이제 내가 너희에게 쓴 것은 만일 어떤 형제라 일컫는 자가 음행하거나 탐욕을 부리거나 우상 숭배를 하거나 모욕하거나 술 취하거나 속여 빼앗거든 사귀지도 말고 그런 자와는 함께 먹지도 말라 함이라 [12]밖에 있는 사람들을 판단하는 것이야 내게 무슨 상관이 있으리요마는 교회 안에 있는 사람들이야 너희가 판단하지 아니하랴 [13]밖에 있는 사람들은 하나님이 심판하시려니와 이 악한 사람은 너희 중에서 내쫓으라(5:9-13).

9. 내가 너희에게 쓴 편지에 음행하는 자들을 사귀지 말라 하였거니와. 바울이 여기에서 언급한 "편지"는 오늘날 전해 내려오지 않는다. 이 편지 외에도 오늘날 전해지지 않은 편지들이 많이 있었을 것임은 의심의 여지가 없는 사실이지만, 우리는 하나님께서 우리에게 꼭 필요하고 충분하다고 생각하신 정도만큼만 우리를 위해서 어떤 편지들은 남겨 두시고 어떤 편지들은 전해지지 않게 하셨다는 사실을 아는 것으로 만족하여야 한다. 그런데 이 단락에는 모호한 점이 없지 않기 때문에, 이 단락에서 바울이 말하고자 하는 것이 무엇인지를 놓고 여러 가지 잘못된 해석들이 제시되어 왔다. 나는 이 자리에서 그러한 잘못된 해석들을 일일이 반박하는데 시간과 노력을 허비할 생각은 전혀 없고, 다만 내가 참된 해석이라고 생각하는 것만을 제시하고자 한다.

바울은 자기가 앞서의 편지를 통해서 고린도 교인들에게 이미 한 번 경고하였던 것을 여기에서 다시 한 번 상기시키는데, 그것은 "음행하는 자들을 사귀지 말라"는 것이었다. 여기에서 "사귀다"로 번역된 헬라어는 어떤 사람과 친밀한 관계를 맺고 교제를 나누는 것을 뜻한다. 바울이 이렇게 자기가 이미 전에 말하였던 것을 또다시 상기시켜 주고 있는 것은, 그가 이미 그들에게 경고를 하였는데도 불구하고, 그들이 아무런 조치도 취하지 않은 것에 대하여, 그들의 태만함(segnities)을 책망하는 의미를 지닌다. 바울은 이런 식의 일깨움을 통해서, 자기가 앞서의 편지를 통해서 경고한 것에 대하여 고린도 교인들이 아무런 조치도 취하지 않고 시간만 질질 끌고 있는 것에 대하여 따끔하게 질책하여, 신속하게 실행에 옮기도록 촉구하는 한편, 자기가 "음행한 자들과 사귀지 말라"고 경고한 것이 세상에서 "음행하는 자들과 사귀지 말라"고 한 것이 아니었다는 보충설명을 덧붙이고 있는데(10절), 이것은 자기가 지금 말하고 있는 "음행하는 자들"은 정확히 말해서 교회에 속한 사람들만을 가리키는 것임을 고린도 교인들에게 좀 더 분명하게 이해시키기 위한 것이었다. 요컨대, 바울은 자신들이 신자라고 고백하고 교회에 다니며 신자로서 교회의 모든 활동에 참여하고 있음에도 불구하고 여전히 음행을 일삼음으로써, 하나님을 욕보이는 수치스러운 삶을 살고 있는 자들과 사귀지 말라고 그들에게 말한 것이었다. 그는 이렇게 말한 것과 같다: "주 안에서 형제로 여겨지기를 원하는 모든 사람들은 그리스도인답게 거룩하고 정결한 삶을 살아야 한다. 그런데도 앞에서는 형제라고 말하면서도 뒤로는 음행을 저지르며 거룩하고 정결한 삶을 살지 않는 자들이 있다면, 너희는 그 자들을 경건한 자들의 모임에서 쫓아내야 하고, 모든 신실한 자들은 그들과 관계를 맺거나 교제하지 말아야 한다. 하물며, 형제라고 하면서도 공공연하게 대놓고 불경건한 삶을 살아가는 자들에 대해서는, 너희가 어떤 조치를 취하여야 할지는 말할 필요조차 없다. 그런 자들에 대해서는, 내가 너희에게 그런 자들을 사귀지 말라는 경고의 말을 굳이 하지 않더라도, 너희가 스스로 알아서 그들을 너희의 모든 모임에서 쫓아내고 출교시키는 것이 마땅하다." 고린도 교인들은 사악한 죄인들이 자신을 형제라고 자처하면서도 음행을 저지르며 살아가고 있는데도, 그런 자들과의 모든 교제를 단절하고 출교시키지 않고, 도리어 그들을 묵인하고 비호하며 교회라는 울타리 안에 품어 준 것이기 때문에, 바울은 그들의 태만함을 더욱 엄중하게 질책한 것이다. 왜냐하면, 외부인들이 아닌 자기 집안 식구의 문제를 보살피지 않은 것은 더더욱 수치스러운 일일 수밖에 없기 때문이다.

10. 만일 그리하려면 너희가 세상 밖으로 나가야 할 것이라. 해석자들은 특히 이 구절에 대한 해석을 놓고서 서로견해가 갈린다. 어떤 해석자는 이 구절이 "너희는 즉시 헬라를 떠나야 한다"는 뜻이라고 말하고, 암브로시우스(Ambrosius)는 "너희는 차라리 죽어야 한다"는 의미라고 말한다. 에라스무스(Erasmus)는 이 구절을 희구법으로 이해하여야 한다고 생각하는데, 그의 견해에 의하면, 바울은 이렇게 말한 것이 된다: "너희가 완전히 이 세상을 떠날 수만 있다면 얼마나 좋겠는가! 하지만 너희는 아무리 그렇게 하고 싶어도 그렇게 할 수 없기 때문에, 말로는 그리스도인이라고 자처하면서도 삶에 있어서는 극악무도한 짓들을 아무렇지도 않게 저지르며 살아가는 자들과의 교제라도 끊고, 그들을 멀리하여야 한다."

가장 유력한 것은 크리소스토모스(Chrysostomus)의 해석인데, 그는 이 구절을 다음과 같이 해석한다: "내가 전에 너희에게 음행하는 자들을 멀리하라고 명하였을 때, 나는 이 세상에 있는 모든 음행하는 자들을 다 멀리하라고 명한 것이 아니었다. 만일 그렇게 하려면, 너희는 다른 세상을 찾아보아야 할 것이다. 왜냐하면, 우리가 이 세상에서 살고 있는 한 그러한 자들을 만나지 않고 살 수는 없기 때문이다. 그러므로 내가 너희에게 그런 것을 요구하고 명령했을 리는 만무하다. 내가 너희에게 명한 것은 단지 주 안에서 형제라고 자처하고 너희 가운데서 형제로 인정받기를 원하면서도 여전히 음행하는 삶을 사는 자들과는 뒤섞이지도 말고 사귀지도 말라는 것이다. 왜냐하면, 너희가 그런 자들을 받아 주고 함께 사귀게 되면, 세상 사람들은 교회가 그런 자들의 사악한 범죄를 묵인하고 용납하는 집단인 것처럼 생각하게 될 것이기 때문이다." 이 해석에 의하면, 우리는 여기에서 사용된 "세상" 이라는 단어가 "현세"를 가리키는 것으로 이해하여야 하는데, "세상" 이라는 단어는 요한복음 17:15에서도 동일한 의미로 사용되고 있다: "내가 비옵는 것은 그들을 세상에서 데려가시기를 위함이 아니요 오직 악에 빠지지 않게 보전하시기를 위함이니이다."

이러한 해석에 대해서는 다음과 같은 반론이 제기될 수 있다: "여기에서 바울은 그리스도인들이 아직 이교도들과 뒤섞여 살고 있던 당시의 시대적 상황 속에서 말하고 있다. 그렇다면, 모든 사람이 명목상으로는 다 그리스도인이 되어 있는 오늘날에 있어서는 우리는 어떻게 하여야 하는가? 우리가 그리스도인으로 자처하면서도 여전히 악행을 저지르는 자들과 사귀기를 원하지 않는다면, 오늘날에도 우리는 세상 밖으로 나가야 할 것이 아니겠는가? 하지만 지금은 모든 사람이 그리스도의 이름을 고백하고 세례를 받아서 그리스도의 사람들로 성별된 자들이기 때문에, 교회 밖에 있는 외인(外人)이라고 해야 할 사람은 단 한 사람도 없지 않은가." 이러한 반론에 대해서, 크리소스토모스의 해석을 따르는 사람들은 어렵지 않게 다음과 같이 대답할 수 있을 것이다: 여기에서 바울은 교회에는 출교권이 주어져 있기 때문에, 교회가 자신에게 맡겨진 출교권을 제대로 행사하기만 한다면, 출교는 선한 신자들을 악한 신자들로부터 분리시킴으로써, 악한 신자들로 인하여 교회 전체가 악행에 물드는 것을 막을 수 있는 좋은 제도라는 것을 당연한 것으로 전제하고서, 이렇게 말하고 있는 것이다. 고린도 교인들은 교회 밖의 외인들에 대해서는 재판권이 없었고, 세상 사람들의 방탕한 삶을 막을 수 있는 힘도 없었다. 따라서 고린도 교인들에게는 세상 사람들의 악을 치유할 수 있는 방법이 없었기 때문에, 그들이 사악한 자들과의 접촉을 피하고자 한다면, 그들은 세상을 떠날 수밖에 없었다.

나는 본문에서 사용된 단어들의 뜻을 왜곡해서 억지로 꿰어 맞춘 해석은 그 어떤 것도 선뜻 받아들일 수 없기 때문에, 내가 선호하는 해석은 지금까지 소개한 것들과는 사뭇 다른 것이다. 나는 "밖으로 나가다"라는 단어는 "분리되다"를 의미하고, "세상" 이라는 단어는 "세상의 쓰레기 같은 것들"을 의미하는 것으로 이해한다. 따라서 나의 해석에 의하면, 바울은 여기에서 이렇게 말한 것과 같다: "이 세상 사람들과의 사귐에 대해서는 내가 너희에게 굳이 따로 경고할 필요가 전혀 없다. 왜냐하면, 성경에서 '우리는 하나님께 속하고 온 세상은 악한 자 안에 처한 것이며' (요일 5:19)라고 말씀하고 있는 것처럼, 너희는 이미 이 세상으로부터 구별되어서,

이 세상의 모든 것을 단죄하고, 이 세상과의 사귐에서 완전히 떠난 사람들이기 때문이다." 나의 이러한 해석이 마음에 들지 않는 사람들은 다음과 같은 해석을 따르는 것도 좋을 것이다: "나는 너희가 이 세상의 음행하는 자들과 어울려서는 안 된다는 너무나 당연한 말을 하려고 너희에게 이렇게 말하고 있는 것이 아니다. 왜냐하면, 내가 굳이 그렇게 명하지 않더라도, 그것은 너무나 당연한 일인 까닭에, 너희는 스스로 알아서 그렇게 하는 것이 마땅하기 때문이다." 나는 전자의 해석을 더 선호하지만, 그런 해석은 내가 처음으로 제시한 것은 아니고, 다른 사람들이 이전에 제안하였던 것을, 내가 단지 여기에서 바울이 전개하고 있는 논증의 흐름에 맞추어서 조금 변형시켜서 제시한 것일 뿐이다. 따라서 바울은 고린도 교인들은 하나님께서 이미 세상으로부터 건져내시고 구별하셔서 하나님의 사람들로 삼으신 자들이기 때문에, 그들이 세상 사람들과 성별되어 살아가야 한다는 것은 너무나 당연한 일이고, 따라서 그들이 세상의 악한 자들과 사귐을 갖지 않는 것과 마찬가지로, 교회 내에서도 악한 자들과 사귐을 갖지 말아야 하는 것도 너무나 당연한 일이라는 의미로, 여기에서 자기가 "음행하는 자들과 사귀지 말라"고 말한 것은 "외인들," 즉 세상 사람들과 관련해서 그런 말을 한 것이 아니라고 말하고 있는 것이다.

11. 만일 어떤 형제라 일컫는 자가 음행하거나 탐욕을 부리거나 우상 숭배를 하거나. 헬라어 본문을 보면, 이 구절에서는 정동사 대신에 '오노마조메노스'(*ὀνομαζόμενος*, "… 라 일컫는 자")라는 분사가 사용되고 있는데, 우리는 이 분사가 그 앞에 나오는 명사인 "형제"에 걸리는 것으로 보고서, "형제라 일컫는 어떤 자"라고 해석하여야 한다. 그런데도 이 분사가 그 뒤에 나오는 것들에 걸리는 것이라고 보고서, 이 구절을 "어떤 형제가 음행하거나 탐욕을 부리거나 우상 숭배를 하거나 모욕하거나 술 취하거나 속여 빼앗는 자로 밝혀진 경우에는, 그런 자와는 사귀지도 말고 함께 먹지도 말라"로 해석하는 자들이 있는데, 그런 자들은 바울의 의도와는 다른 의미를 억지로 갖다붙이고자 하는 자들이다. 그런 자들이 주장하는 것처럼, 유죄임이 분명하게 밝혀지지 않는 한, 어떤 사람도 교회의 판결에 의해서 처벌받아서는 안 된다는 것은 주목할만한 가치가 있는 올바른 주장임을 나도 인정한다. 하지만 우리는 바울이 여기에서 한 이 말로부터 그러한 주장을 도출해 낼 수는 없기 때문에, 이 본문을 그러한 주장을 뒷받침하는 증거 본문으로 사용하는 것은 옳지 않다. 따라서 바울이 여기에서 말하고자 하는 것은 이런 것이다: "만일 형제라

고 불리는 어떤 사람이 그리스도인에게 어울리지 않는 부끄러운 삶을 살고 있다면, 너희는 그를 멀리하고 사귐을 갖지 말라." 요컨대, 여기에서 "형제라 일컫는 자"라는 표현은 실제로는 "형제"가 아님에도 불구하고 거짓으로 "형제"로 자처한 자를 가리킨다. 또한, 바울은 여기에서 죄인들의 목록을 전부 다 열거하는 대신에, 대여섯 개만을 예시하고, 나머지 전체는 "그런 자"라고 포괄적으로 표현하는데, 이것은 사람들의 내면에서의 온갖 불경건한 것들과 은밀한 일들은 교회의 판단 대상으로 삼기에는 적절하지 않기 때문에, 단지 사람들이 죄악이라는 것을 잘 알고 있는 일들을 저지르며 살아가고 있는 죄인들의 부류들만을 거론한 것이다.

하지만 바울이 여기에서 "우상 숭배자"를 어떤 의미로 사용한 것인지는 분명하지 않다. 그리스도를 믿는다고 고백한 사람이 어떻게 우상을 섬길 수 있다는 것인가? 어떤 사람들은 당시에 고린도 교인들 중에는 그리스도를 온전히 받아들이지 않고 절반만 받아들여서, 그리스도인으로 자처하면서도 여전히 부패한 미신에 빠져서 우상을 섬기던 사람들이 있었다고 생각한다. 이것은 옛적에 이스라엘 백성들이 하나님을 예배하면서도, 동시에 사악한 미신에 빠져 우상을 숭배함으로써 여호와 신앙을 더럽혔고, 나중에 사마리아 사람들도 그런 식으로 혼합된 종교를 믿었던 것과 마찬가지라는 것이다. 하지만 나의 생각은 좀 다르다. 나는 바울이 여기에서 말한 "우상 숭배자"들은 그리스도인으로 자처하면서도 동시에 우상을 섬겼던 자들을 가리키는 것이 아니라, 실제로는 우상이 아무것도 아니라는 것을 알고, 우상 숭배를 멸시하면서도, 세상 사람들의 환심을 사기 위해서, 자신들도 우상을 섬기는 척 행동했던 자들을 가리키는 것이라고 본다. 그렇다면, 바울은 그런 식으로 처신한 그리스도인들을 교회의 회중 속으로 받아들여서는 안 된다고 말한 것인데, 그런 자들의 그러한 행위는 하나님의 영광을 우습게 여기고 아무렇지도 않게 발로 짓밟는 행위였다는 점에서, 바울의 그러한 조치는 합당한 것이었다. 하지만 우리는 이것과 관련된 당시의 사정을 잘 살펴보아야만, 바울이 왜 그런 자들에 대하여 단호한 조치를 취할 필요가 있다고 생각했는지를 알 수 있게 된다. 당시에 고린도 교인들은 하나님께 순전한 예배를 드릴 수 있는 교회를 갖고 있었고, 교회에서 행해지는 합법적인 성례전들을 통한 하나님의 은택을 얼마든지 누릴 수 있는 처지에 있었다. 그럼에도 불구하고, 고린도 교인들 중에서 바울이 "우상 숭배를 하는" 자들이라고 지칭한 교인들은, 이미 그리스도인으로서의 신앙을 고백한 자들임에도 불구하고, 불경건한 자들과의 세속적인 친교를 계속해서 이어나가고, 그들로부터 배척을 받지 않기 위해서, 마치 자신들도 여전히 우상을 숭배하는 자들인 것처럼 행세하고, 세상의 우상 숭배자들과 계속해서 사귐을 갖고 있었다. 내가 이렇게 말하는 이유는, 우리가 오늘날 교황의 폭정 아래에서 복음적인 교회와 단절된 채 수많은 거짓된 예전들로 스스로를 더럽히고 있는 그리스도인들을, 바울이 말한 "우상 숭배를 하는" 자들로 단죄하고서, 당시와 똑같은 엄격한 잣대를 들이대어서, 가톨릭 교회에 몸담고 있는 그리스도인들과는 상종을 하지 말아야 한다고 생각하는 사람이 없도록 하기 위한 것이다. 나는 그들이 거짓된 예전들을 따르고 있다는 점에서 큰 죄를 짓고 있다고 생각한다. 또한, 나는 그들로 하여금 그들 자신을 그리스도께 온전히 헌신하는 법을 배울 수 있도록 하기 위해서, 그들을 지속적으로 엄중하게 책망하고, 올바르게 신앙생활을 하도록 계속해서 촉구할 필요가 있다는 것도 인정한다. 하지만 그들이 지금 처해 있는 상황은 고린도 교인들이 당시에 처해 있던 상황과는 다르기 때문에, 나는 그들을 출교시키는 것이 마땅하다고 생각하지는 않는다.

그런 자와는 함께 먹지도 말라. 먼저, 우리는 바울이 여기에서 교회 전체가 이렇게 해야 한다고 말하고 있는 것인지, 아니면 단지 개개인들이 개인적으로 이렇게 해야 한다고 말하고 있는 것인지를 알아야 한다. 이것은 분명히 개개인들이 "그런 자"에 대하여 어떻게 행하여야 하는지를 말한 것이기는 하지만, 그럼에도 불구하고 모든 교인이 따라야 할 교회 전체의 규율과 관련된 것이기도 하다는 것이 나의 대답이다. 왜냐하면, 출교권은 각 개인에게 속한 것이 아니고 회중 전체에게 속한 것이기 때문이다. 따라서 어떤 교인도 교회가 출교한 사람과 개인적으로 친교를 나누어서는 안 된다. 교회가 어떤 사람을 출교 조치 하여 교회의 공식적인 성찬에 참여하는 것을 금지하였는데도 불구하고, 개별 교인들이 그 사람을 자신들의 만찬에 마음대로 초대한다면, 교회의 권위는 땅에 떨어지고 말 것이다. 여기에서 "함께 먹는다"는 것은 공동의 삶을 영위하거나 친밀하게 공동 식사를 하는 것을 의미한다. 가령, 내가 어떤 식당에 들어 갔는데, 우연히 거기에 교회로부터 출교 당한 자가 식탁에 앉아 있는 것을 보았다고 하자. 그런 경우에, 내게는 그 사람을 식당에서 쫓아낼 권리가 없기 때문에, 나는 그 사람과 함께 앉아서 식사를 하지 않을 수 없다. 그렇다면, 이 경우도 "그런 자와 함께 먹는" 것이 되는 것인가? 그런 경우는 바울이 여기에서 말한 것에 해당되지 않는다. 바울이 이 말을 한 의도는, 우리가 할 수 있는 한도 내에서는, 교회의 친교로부터 쫓겨난 자와는 친밀한 관계를 맺지 않아야 한다는 것이다.

그런데도 로마에 자리 잡고 있는 저 적그리스도는 출교 조치를 내리는 것으로 만족하지 못하고, 출교 당한 사람에게 먹을 것이나 땔감이나 마실 것을 비롯해서 어떤 종류의 생활필수품도 제공하는 것을 금지하는 명령들을 쉴 새 없이 쏟아내고 있다. 출교와 관련된 교황주의자의 그러한 조치들은 엄격한 훈육과 징계를 통해서 한 영혼을 바로잡고자 하는 것이 아니라, 폭압적이고 야만적이고 무자비한 만행일 뿐이기 때문에, 바울이 여기에서 말한 것을 정면으로 거스르고 있는 것이다. 바울은 악행을 저질러서 교회에서 출교된 사람들을 "원수와 같이 생각하지 말고 형제 같이 권면하라"(살후 3:15)고 말하였다. 왜냐하면, 교회가 어떤 사람에게 출교라는 수치스러운 딱지를 공적으로 붙이는 것은 그 사람으로 하여금 자신의 잘못을 깨닫고 온전히 정신을 차리도록 하기 위한 것이기 때문이다. 게다가, 교황주의자들은 거기에서 한 걸음 더 나아가서, 출교를 당할 만한 죄를 짓지도 않은 사람들에게조차, 단지 그들의 마음에 들지 않는다는 이유 하나만으로, 그러한 무지막지하고 잔인한 출교 조치를 내려서, 그들에 대한 자신들의 분노를 쏟아 내고 있다. 설령 교회 내에서 이처럼 가혹한 출교 처분을 받아 마땅한 사람이 간혹 있을지라도, 내가 앞에서 말한 것과 같이 먹을 것과 마실 것과 땔감까지도 금하는 명령들을 내리는 것은 교회 법정의 성격과는 전혀 어울리지 않는다는 것이 나의 생각이다.

12. 밖에 있는 사람들을 판단하는 것이야 내게 무슨 상관이 있으리요마는 교회 안에 있는 사람들이야 너희가 판단하지 아니하랴. 우리가 교회 안에서 악행을 저지르며 살아가는 사람들을 판단하는 것은 하나님께서 우리에게 주신 권세이기 때문에, 그것을 막거나 훼방할 수 있는 것은 아무것도 없고, 심지어 마귀들조차도 하나님이 우리에게 주신 말씀에 의해서 판단받는 것으로부터 벗어날 수 없다는 것은 두말할 필요가 없다. 그러나 바울이 여기에서 말하고자 하는 것은 교회에 귀속되어 있는 재판권(iurisdictio)에 관한 것이다. 그는 이렇게 말한 것과 같다: "하나님께서는 자신의 권속들을 징계할 수 있는 권한을 우리에게 주셨다. 그러한 징계는 교회가 시행하는 권징의 일부로서 교회 내로만 국한되는 것이기 때문에, 외인들에게는 적용되지 않는다. 우리가 외인들에게 그들에 대한 하나님의 판결을 선고할 수 없는 이유는, 하나님께서는 외인들을 법정에 세워서 심문하고 판결을 내리고 형벌을 집행하는 권한을 교회에 주시지 않으셨기 때문이다. 따라서 우리는 외인들을 하나님의 심판에 맡겨둘 수밖에 없다." 바울이 외인들에 대해서는 하나님께서 그

들을 심판하실 것이라고 말한 것은, 지금 그들이 제멋대로 행하여 방종한 삶을 사는 것을 통제할 수 있는 자는 아무도 없기 때문에, 하나님께서 그들을 고삐 풀린 짐승들처럼 날뛰도록 내버려 두고 계시지만, 언젠가는 그들을 직접 벌하실 것이라는 의미이다.

13. 이 악한 사람은 너희 중에서 내쫓으라. 여기에서 바울이 말한 "악한 사람"(τὸν πονηρὸν, '톤 포네론')은 자신의 계모와 근친상간을 범한 사람을 가리킨다는 것이 통상적인 해석이다. 어떤 사람들은 이 어구가 "악한 사람"이 아니라 "악" 또는 "악한 일"을 가리키는 것으로 이해하지만, 헬라어 본문을 보면, '포네론' 앞에 남성 정관사인 '톤'이 붙어 있기 때문에, 그런 해석은 불가능하다. 하지만 아무런 수식어도 붙어 있지 않은 '호 포네로스'(ὁ πονηρός, "악한 자")는 어떤 특정한 악인을 지칭하기보다는 악의 화신을 지칭하기 때문에, 바울은 여기에서 '톤 포네론'이라고 말할 때, 근친상간을 범한 "악한 자"를 지칭함과 동시에, "마귀"라는 뉘앙스도 염두에 둔 것이라고 생각하는 것도 가능하다. 마귀가 악행을 일삼는 삶을 살아가는 "악한 사람"의 인격 가운데 터를 잡고 들어앉아서 우리 가운데서 자신의 왕국을 구축하려고 한다는 것은 확실한 사실이 아닌가? 만약 이러한 해석이 타당한 것이라면, 바울은 우리 가운데서 악한 자들을 용납하지 않는 것이 얼마나 중요한 일인지를 우리에게 상기시켜 주고 있는 것이 된다. 왜냐하면, 우리가 악한 자들을 우리 가운데서 용납하지 않을 때, 사탄은 우리 가운데 구축한 자신의 왕국으로부터 축출되는 것이기 때문이다. 하지만 어떤 사람이 이 어구가 단순히 근친상간을 범한 "사람"을 가리키는 것으로 보고자 한다고 해도, 나는 거기에 이의를 제기하지는 않을 것이다. 한편, 크리소스토모스(Chrysostomus)는 동일한 범죄에 대해서 율법은 사형을 요구하는 반면에, 바울은 출교 조치로 만족하고 있다는 점을 들어서, 율법의 냉혹함과 복음의 온유함을 대비시킨다. 하지만 그러한 견해는 근거도 없고 옳다고 볼 수도 없다. 왜냐하면, 여기에서 바울은 칼로 무장한 재판관들을 향해서 말하고 있는 것이 아니고, 무장하지 않은 회중들, 즉 형제의 자격으로서 오직 책망하는 것만이 허용되어 있는 사람들을 향해서 말하고 있는 것이기 때문이다.

제6장

1너희 중에 누가 다른 이와 더불어 다툼이 있는데 구태여 불의한 자들 앞에서 고발
하고 성도 앞에서 하지 아니하느냐 2성도가 세상을 판단할 것을 너희가 알지 못하
느냐 세상도 너희에게 판단을 받겠거든 지극히 작은 일 판단하기를 감당하지 못하
겠느냐 3우리가 천사를 판단할 것을 너희가 알지 못하느냐 그러하거든 하물며 세상
일이랴 4그런즉 너희가 세상 사건이 있을 때에 교회에서 경히 여김을 받는 자들을
세우느냐 5내가 너희를 부끄럽게 하려 하여 이 말을 하노니 너희 가운데 그 형제간
의 일을 판단할 만한 지혜 있는 자가 이같이 하나도 없느냐 6형제가 형제와 더불어
고발할 뿐더러 믿지 아니하는 자들 앞에서 하느냐 7너희가 피차 고발함으로 너희
가운데 이미 뚜렷한 허물이 있나니 차라리 불의를 당하는 것이 낫지 아니하며 차
라리 속는 것이 낫지 아니하냐 8너희는 불의를 행하고 속이는구나 그는 너희 형제
로다(6:1-8).

이제 바울은 고린도 교인들이 저지른 또 다른 잘못, 곧 탐욕에 사로잡혀서 어떻게든 조금도 손해를 안 보고 자신의 이득을 챙기기 위해서 무슨 일이든지 소송을 통해 해결하려고 지나치게 소송을 남발한 것에 대해서 책망하기 시작한다. 바울이 여기에서 그들을 책망하고 있는 것은 크게 보아서 두 가지인데, 첫 번째는 고린도 교인들이 신자들 간의 다툼을 불신자들의 법정으로 가져감으로써, 세상 사람들로 하여금 복음을 우습게 보게 만들고 조롱당하게 만드는 빌미를 제공하였다는 것이고, 두 번째는 그리스도인들은 다른 사람들이 자신들에게 해악이나 손해를 가하더라도, 그러한 것들을 인내로써 감내하여야 하는데도 불구하고, 고린도 교인들은 다른 사람들로부터의 손해나 해악을 감수하기는커녕, 도리어 다른 사람들에게 손해나 해악을 가하는 잘못을 범하였다는 것이다. 따라서 바울이 첫 번째로 책망하고 있는 것은 좀 더 특별한 것인 반면에, 두 번째의 것은 좀 더 일반적인 것이다.

1. 너희 중에 누가 다른 이와 더불어 다툼이 있는데 구태여 불의한 자들 앞에서

고발하고 성도 앞에서 하지 아니하느냐. 이것은 고린도 교인들에 대하여 바울이 책망하고 있는 첫 번째 내용이다. 그리스도인들은 다른 형제와 다툼이 생긴 경우에는, 그 다툼을 불신자들에게 가져가서 판단해 달라고 요청해서는 안 되고, 믿는 자들 앞에 가져가서 그들의 판단을 받는 것이 마땅하다. 내가 이렇게 말하는 것에 대하여 어떤 사람이 꼭 그렇게 해야 하는 이유가 있는가 하고 반문한다면, 나는 이미 앞에서 말하였듯이, 사탄의 부추김을 받고 살아가는 세상의 불경건한 자들은 복음의 교훈과 하나님의 말씀 속에서 비방할 빌미를 찾아내기 위해서 언제나 호시탐탐 기회를 엿보고 있기 때문에, 믿는 자들이 그들 사이에서의 분쟁이나 다툼을 그런 불경건한 자들 앞에 가져가서 판단을 받고자 하면, 그것은 불경건한 자들 사이에서 복음을 비웃음거리로 만들고 그리스도의 이름을 조롱거리로 만들며 그리스도인들을 욕먹게 만들기 때문이라고 대답할 것이다. 따라서 믿는 자들이 자신들 간의 다툼의 전모를 불신자들 앞에서 낱낱이 다 밝히고 드러내는 것은 그들에게 하나님과 그리스도를 믿는 신앙과 복음을 비방하고 중상모략할 수 있는 더할 나위 없이 좋은 빌미와 절호의 기회를 거의 의도적으로 제공하는 것이나 다름없다. 또한, 믿는 자들 사이에서의 다툼은 세상 법정이 아니라 교회 내에서 해결해야 할 이유를 한 가지만 더 든다면, 그것은 우리가 의도적이고 적극적으로 우리의 형제를 불신자들의 법정에 넘기는 행위는 그 형제를 무시하고 모욕하는 처사가 된다는 것이다. 하지만 여기에서 이러한 반론이 제기될 수 있다: "다툼과 분쟁이 있는 모든 문제들에 대해서 모든 사람을 위해 재판을 열고서 심문을 하여 법적인 판단을 내려 주는 것은 총독들에게 맡겨진 고유한 소임이 아닌가? 그렇다면, 믿는 자들도 시민이기 때문에, 총독의 직분을 맡은 불신자가 믿는 자들 간의 다툼이나 분쟁을 맡아서 재판할 권한을 갖는 것은 당연한 일이지 않은가? 불신자들인 총독들이 그러한 권한을 갖고 있는 것으로 보는 것이 합당하다면, 우리가 같은 형제에 의해서 우리의 권리가 침해당한 경우에도, 그 권리를 지키기 위해서, 불신자들의 법정에 호소하여 우리의 권리를 회복해서는 안 되는 이유가 무엇인가?" 그러한 반론에 대한 나의 대답은 이런 것이다: 지금 여기에서 바울은 어쩔 수 없는 피치 못할 사정이 있어서 불신자들의 법정에 소송을 하게 된 신자들을 책망하고 있는 것이 아니라, 얼마든지 다른 해결책이 있고, 교회를 통해서도 해결할 수 있는 다툼인 데도 불구하고, 불신자들의 힘을 빌려서 믿는 형제들을 괴롭히기 위해서 세상 법정에 송사를 남발하는 신자들을 책망하고 있다는 것이다. 따라서 우리가 의도적으로 형제를 불신자의 법정에 세우는 것은 합당하지 못한 일이 되겠지만, 어떤 형제가 우리를 상대로 소송을 제기하였을 경우에는, 우리가 세상 법정에 출두해서 우리의 입장을 주장하고 자신을 변호하는 것은 잘못된 일이 아니다.

2. 성도가 세상을 판단할 것을 너희가 알지 못하느냐 세상도 너희에게 판단을 받겠거든 지극히 작은 일 판단하기를 감당하지 못하겠느냐. 바울은 여기에서 작은 것으로부터 큰 것으로 옮겨 가는 논증 방법을 사용한다. 왜냐하면, 바울은 세상적인 일들에 관한 다툼이 있을 때, 마치 경건한 자들 중에는 그런 문제들에 대해서 제대로 "판단"을 할 만한 적임자가 없기라도 하다는 듯이, 그리스도인들이 서로 간의 다툼을 세상 법정으로 가져가서 불신자인 재판관에게 그들 간의 다툼에 대한 "판단"을 맡기는 것은 하나님의 교회에 해악을 가하는 일이라는 사실을 보여 주기 위해서, 다음과 같이 논증하는 방식을 취하고 있기 때문이다: "하나님께서는 성도들이 온 세상을 판단하고 심판할 자격이 있다고 인정하셔서, 성도들을 온 세상을 판단할 심판자들로 세우셨다. 그런 까닭에, 마치 성도들에게 그러한 자격이 없는 양, 작은 것들을 판단하는 일에서조차도 성도들을 배제하는 것은 결코 합당한 일이 아니다." 이것으로부터 우리가 얻을 수 있는 결론은, 고린도 교인들이 하나님에 의해서 자신들에게 부여된 영광과 특권을 불신자들에게 넘겨준 것은, 그들 자신을 비하하고 모욕하는 일이었다는 것이다.

우리는 바울이 여기에서 "세상을 판단할 것"과 관련하여 한 말은 그리스도께서 이 땅에 계실 때에 제자들에게 하신 말씀을 근거로 삼은 것이라고 보아야 한다: "인자가 자기 영광의 보좌에 앉을 때에 나를 따르는 너희도 열두 보좌에 앉아 이스라엘 열두 지파를 심판하리라"(마 19:28). 이것은 믿는 자들과 온 세상을 심판할 수 있는 권세는 전적으로 하나님의 아들이신 그리스도께 주어져 있지만, 그리스도께서는 자기가 장차 이 심판을 행하실 때, 자신의 성도들에게 배석판사들로 이 심판에 참여하는 영광을 주실 것이라는 것이다. 게다가, 구약 시대에 노아가 믿음으로 자기 시대의 모든 사람을 정죄하였던 것과 마찬가지로(히 11:7), 신약 시대의 성도들도 자신들의 경건함과 믿음, 하나님을 경외함, 선한 양심, 온전하고 흠 없는 삶을 통해서 불신자들로 하여금 하나님 앞에서 변명의 여지가 없도록 만들고 있기 때문에, 그들은 이미 세상을 심판하기 시작하고 있는 것이고, 장래에도 세상을 심판하게 될 것이다.

하지만, 만일 우리가 여기에서 바울이 말한 것이 "재판"이나 "심판"을 의미하는 것이 아니라, 그 본래의 의미대로 "판단"을 의미하는 것으로 받아들이지 않는다면, 바울의 논의는 더 이상 진전될 수 없을 것이기 때문에, 첫 번째 해석이 사도의 의도에 좀 더 잘 부합한다. 그러나 어떤 사람이 바울이 여기에서 말하고 있는 것이 "재판"이나 "심판"이 아니라 "판단"에 관한 것이라는 해석을 받아들인다고 해도, 바울은 여기에서 "성도들은 인간의 모든 학문에서 세상 사람들이 도달해 있는 지식보다 훨씬 더 탁월하고 뛰어난 하늘의 지혜를 부여받았기 때문에, 별에 관해서도 천문학자들보다 더 잘 판단할 수 있다"고 말한 것과 같다고 얘기한다면, 바울이 여기에서 "판단"을 염두에 둔 것이라고 한 우리의 해석은 별 의미를 갖지 못하게 될 것이고, 그 누구도 그러한 얘기에 동의하지 않을 것이다. 왜냐하면, 경건과 영적 교훈이 우리에게 인간적인 학문에 관한 지식을 제공해 주지 않는다는 것은 너무나 분명한 사실이기 때문이다. 이것과 관련해서 내가 해줄 수 있는 대답은 이런 것이다: 온갖 학문들과 관련한 "지식"과 어떤 문제들에 대한 "판단"은 그 성격이 서로 달라서, 전자가 예리한 지성, 공부와 연구, 전문가들로부터의 배움을 통해서 획득되는 반면에, 후자는 공평한 마음과 선한 양심에 좀 더 좌우된다는 것이다. 여기에서 어떤 사람은 이렇게 말할 것이다: "법률 전문가들은 그들이 비록 불신자들이라고 할지라도, 어떤 다툼이나 분쟁에 대해서는 법률에 문외한인 신자들보다 더 잘 그리고 더 정확하게 판단할 것이다. 왜냐하면, 만일 그렇지 않다면, 법률 지식이라는 것은 애시당초 아무런 쓸모가 없는 것이 될 것이기 때문이다." 그러한 문제제기에 대해서 나는 이렇게 대답하고자 한다: "바울은 여기에서 불신자들인 법률 전문가들의 지식이나 견해가 아무짝에도 쓸모없다고 규정하고서, 그런 것들을 모두 다 완전히 배척하고 있는 것은 절대로 아니다. 왜냐하면, 다툼이나 분쟁이 있는 어떤 모호한 문제에 대하여 확실하고 정확한 결론을 내리기 위해서는 법률 지식이 필요한 경우에는, 사도는 그리스도인들에게 법률 전문가의 자문을 얻는 것을 금하고 있는 것은 아니기 때문이다." 바울이 소송과 관련한 고린도 교인들의 행태에 대해서 책망하고 있는 것은, 그들이 자신들 간의 다툼을 세상의 법률 지식을 사용해서 해결하였기 때문이 아니라, 마치 교회 안에서는 자신들의 "다툼"을 제대로 정확히 "판단"해서 해결해 줄 적임자가 없다는 듯이, 그 다툼을 세상 법정으로 가져가서 불신자들의 "판단"을 받아 해결하려고 하였기 때문이었다. 이것은 바울이 하나님께서 자기 백성들인 믿는 자들에게 탁월하고 뛰어난 "판단"을 할 수 있는 능력을 주셨다는 사실을 고린도 교인들에게 상기시켜 준 것이다.

나는 바울이 여기에서 말한 "너희 안에서"(한글개역개정에는 "너희에게")라는 어구가 "너희 가운데서"를 의미하는 것으로 본다. 왜냐하면, 신자들이 그리스도의 이름으로 한 곳에 모일 때마다, 그 모임 가운데에는 마지막 날에 그 완전한 모습을 드러내게 될 장래의 심판이 이미 어느 정도 반영되고 있는 것이기 때문이다. 그런 까닭에, 바울은 세상이 교회 안에서 심판을 받고 있다고 말한 것이다. 즉, 그리스도의 심판의 보좌가 교회 안에 세워지고, 그리스도께서 그 보좌로부터 세상에 대하여 자신의 심판권을 행사하고 계신다는 것이다.

3. 우리가 천사를 판단할 것을 너희가 알지 못하느냐 그러하거든 하물며 세상 일이랴. 이 구절에 대한 해석은 다양하다. 크리소스토모스(Chrysostomus)는 이 구절을 "제사장들"과 관련된 것으로 이해하는 사람들도 있다고 소개하지만, 그러한 해석은 너무 억지스럽다. 또 어떤 사람들은 이 구절을 "하늘의 천사들"에 대한 것으로 이해하고서, "천사들"은 하나님의 말씀의 "판단"을 받게 되어 있지만, 필요한 경우에는, 하나님의 말씀을 통해서 우리의 "판단"을 받을 수도 있다는 의미로 이 구절을 해석하고, 갈라디아서 1:8에 나오는 말씀도 그러한 맥락에서 이해될 수 있다고 말한다: "하늘로부터 온 천사라도 우리가 너희에게 전한 복음 외에 다른 복음을 전하면 저주를 받을지어다." 얼핏 보면, 이러한 해석은 바울이 여기에서 말하고 있는 맥락과 전체적으로 잘 부합되는 것처럼 보인다. 왜냐하면, 하나님께서 자신의 말씀을 통해서 빛을 비춰 주신 모든 성도들이 그 하나님의 말씀을 통해서 사람들만이 아니라 천사들도 "판단할" 수 있는 권세를 부여받은 것이라면, 성도들이 그들 간의 사소한 문제들에 대해서 그들 내에서 스스로 "판단하는" 것이 마땅하다는 것은 두말 할 필요도 없는 일일 것이기 때문이다. 하지만 바울은 여기에서 미래 시제를 사용함으로써, 자기가 종말의 마지막 날에 대하여 말하고 있는 것임을 보여 주고 있을 뿐만 아니라, 바울이 여기에서 사용하고 있는 표현은 통상적으로 실제적으로 행해지는 판단을 가리키는 것이기 때문에, 우리는 여기에서 바울은 성도들이 마지막 날에 그리스도와 함께 배교한 천사들을 판단하고 심판하게 될 것에 대해서 말하고 있는 것으로 이해하여야 한다는 것이 나의 견해이다. 따라서 우리는 바울이 다음과 같이 말한 것으로 결론지을 수 있다: "악한 천사들은 타락하기 전에는 원래 하늘에서 하나님을 모시던 존재들이었고, 그 후에 타락하여 그러한 고귀한 위치에서 떨어진 뒤에도 지금까지도 여전히 영원히 죽지 않는 존재로 남아서, 이 부패한 세상 위에 군림하고 있다. 하지만 그러한 악한 천사들조차도 장차 우

리의 판단과 심판을 받게 될 것이다. 그렇다면, 이 땅에 속한 세상적인 일들이 우리의 판단과 심판에서 절대로 벗어날 수 없고, 우리가 그러한 일들을 판단하는 것은 너무나 당연한 일이 아니겠는가?"

4. 그런즉 너희가 세상 사건이 있을 때에 교회에서 경히 여김을 받는 자들을 세우느냐. 우리는 바울이 여기에서 "세상 사건," 즉 현세에 속한 일들이라고 말할 때, 구체적으로 어떤 일들을 염두에 두고 그렇게 말하고 있는 것인지를 주의깊게 살피고 유의할 필요가 있다. 왜냐하면, 공적인 일들을 판단하고 재판하는 것은 우리의 소관이 아닌 까닭에, 우리가 우리 마음대로 그런 일들을 심문하거나 재판할 수 없지만, 사적인 일들인 경우는 정부 당국이나 관원들의 동의나 승낙을 받을 필요 없이 우리가 스스로 처리할 수 있기 때문이다. 따라서 우리가 사적인 일들을 자율적으로 판단하고 결정하는 것은 정부 당국의 권한을 침범하는 것이 아니기 때문에, 사도가 그리스도인들에게 그들 간에 일어난 다툼이나 분쟁을 세상 법정, 즉 불신자들이 재판관으로 있는 법정으로 가져가지 말라고 한 것은 부당하거나 불법적인 일이 결코 아니다. 그리고 바울은 고린도 교인들이 그들 간의 다툼이나 분쟁을 세상 법정의 법률 전문가들에게 가져가는 것보다 더 좋은 해결책이 자신들에게는 없다고 변명하지 못하게 하기 위해서, 교회 안에서 그러한 다툼이나 분쟁을 판단할 자들을 택해서 평화적이고 공평한 방법으로 "세상 사건들"을 해결하라고 명하는 동시에, 그들로 하여금 자신들에게는 그러한 일을 감당할 수 있는 적임자가 없다고 주장하지 못하게 하려고, 그들 중에서 신분이나 지위가 가장 낮은 사람조차도 그러한 일을 넉넉하게 감당할 수 있다는 말까지 덧붙인다. 따라서 바울이 그들 간에 현세에 속한 일 때문에 다툼이나 분쟁이 일어났을 때, "교회에서 경히 여김을 받는 자들"을 세워서 그 일을 판단하고 해결하라고 고린도 교인들에게 명한 것은, 세상 법정의 재판관들의 권한이나 명예를 훼손한 것이 결코 아니다. 왜냐하면, 내가 앞에서 이미 말하였듯이, 바울은 다음과 같은 의미로 그렇게 말한 것이기 때문이다: "너희는 너희 중에 무슨 다툼이나 분쟁이 생기기만 하면, 세상 법정의 재판관들에게로 달려가지만, 그것은 정말 쓸데없는 일이다. 왜냐하면, 너희 중에서 가장 낮고 천한 형제를 세워서, 너희 중의 다툼이나 분쟁을 판단하고 해결하는 소임을 맡길지라도, 그 형제는 세상 법정에 있는 불신자들인 재판관들보다도 그러한 일을 더 잘 감당할 수 있기 때문이다."

다른 것들을 좀 더 추가하고 있기는 하지만, 이 구절에 대하여 이러한 해석에 가장 근접한 설명을 하고 있는 인물은 크리소스토모스(Chrysostomus)이다. 그는 사도가 여기에서 고린도 교인들에게 말하고자 한 것은, 비록 그들 가운데서는 모든 면에서 충분한 판단력과 지혜를 갖춘 사람을 찾을 수 없다는 생각이 그들에게 들지라도, 그들은 자신들 가운데서 누구라도 택하여 세워서 그들 간의 다툼이나 분쟁을 해결하는 것이 마땅하다는 것이라고 생각한다. 암브로시우스(Ambrosius)는 이 구절에 대해서 분명한 견해를 밝히지 않는다. 나는 앞에서 이 구절에 대하여 제시한 나의 해석이 여기에서 사도가 의도한 것을 충실하게 드러낸 것이라고 생각한다. 즉, 사도는 어떤 다툼이나 분쟁에 대한 판단하는 능력에 관한 한, 믿는 자들 가운데서 가장 보잘것없고 미천한 자들조차도 불신자들보다 훨씬 낫다고 본 것이었다.

해석자들 중에는, 이 구절을 우리가 앞에서 살펴본 해석들과는 전혀 다른 의미로 이해하는 사람들도 있는데, 그들은 동사 '카티제테' (καθίζετε)를 명령형이 아니라 직설법 현재형으로 보고서, "너희는 세우라"가 아니라 "너희는 세우는도다"로 해석하고, "교회에서 경히 여김을 받는 자들"을 불신자를 가리키는 것이라고 보고서, 바울은 고린도 교인들이 그들 간의 다툼이나 분쟁을 해결할 자로 불신자들을 세우는 것을 책망하고 있는 것이라고 해석한다. 하지만 바울이 불신자를 "교회에서 경히 여김을 받는 자들"이라고 표현하였다고 보는 것은 아주 부적절한 판단이기 때문에, 이 구절에 대한 그들의 그러한 설명은 건전한 해석이라기보다는 재치있는 발상에 지나지 않는다. 또한, 내가 거기에 한 가지 더 덧붙일 것은, 그들의 주장대로, 이 구절을 서술문으로 보고서, "너희가 세우는도다"로 해석한다면, 현재의 헬라어 본문에 나오는 것처럼, 종속절에서 "만일 세상 사건이 있게 된다면"이라는 조건문이 사용된 것은 책망과는 어울리지 않는다는 것이다. 왜냐하면, 그러한 조건문의 사용은 책망의 강도를 떨어뜨릴 뿐이기 때문이다. 따라서 만일 이 구절이 바울이 서술문을 사용해서 고린도 교인들을 책망하고자 한 것이라면, 여기에서는 "세상 사건이 있을 때"라는 직설법 문장이 사용되었어야 할 것이다(한글개역개정에서는 "세상 사건이 있을 때에"라고 번역함으로써, 헬라어 본문의 조건문의 취지가 제대로 드러나지 않는다 — 역주). 그런 이유로, 나는 바울이 고린도 교인들 간의 다툼이나 분쟁과 관련하여 지금까지 잘못 형성되어 온 관행을 바로잡을 수 있는 해법을 이 구절에서 제시하고 있는 것이라는 해석을 제시한 것이다.

그런데 아우구스티누스(Augustinus)의 글을 보면, 이 구절이 교부들을 비롯한 옛 사람들에 의해서 잘못 이해되고 있었다는 사실이 드러난다. 그는 자신이 쓴 「수도사의 성무(聖務)」라는 책에서 자신의 일과에 대해 언급하면서, 자기가 가장 곤혹스러운 일은 하루 중에서 일정한 시간을 세속적인 일에 바쳐야 하는 것이라고 말하고서는, 사도 바울이 자신에게 이러한 과제를 부여하였기 때문에, 자기는 부득이하게 그렇게 할 수밖에 없다고 토로한다. 아우구스티누스의 이러한 고백과 고대의 한 서신은, 마치 사도 바울이 이 구절을 통해서 주교들에게 신자들 간의 다툼이나 분쟁을 해결할 소임을 맡겼다는 듯이, 당시에는 주교들이 분쟁 해결을 위해서 일정한 시간을 할애하는 관행이 있었다는 것을 보여 준다. 그런데 세월이 흐를수록, 상황은 언제나 나빠지게 되어 있듯이, 시간이 흐르면서 이러한 잘못된 관행은 점점 확대되고 고착화되어서, 마침내는 주교를 보좌하는 자들이 금전 문제와 관련된 다툼이나 분쟁까지도 관할하여 재판권을 행사하게 되었다. 고대의 그러한 관행에서 비난받아 마땅한 잘못된 점은 두 가지인데, 하나는 주교들이 자신들의 사명(officium)과는 무관한 일에 개입하였다는 것이고, 다른 하나는 그들이 자신들에게 주어진 본래적인 소명(vocatio)에서 벗어난 일을 하면서도, 하나님의 권위와 명령에 의거해서 자신들이 그렇게 하고 있는 것이라고 핑계를 댐으로써, 하나님을 불의한 자로 만들고, 하나님의 존귀하심에 누를 끼쳤다는 것이다. 하지만 당시에 주교들이 그러한 잘못을 범한 것은 어느 정도 변명의 여지가 있었다. 하지만 오늘날 교황제도 속에서 만연되어 있는 그러한 천박하고 속물적인 관행을 변명하거나 변호하려 드는 것은 뻔뻔함과 후안무치함의 극치가 아닐 수 없다.

5. 내가 너희를 부끄럽게 하려 하여 이 말을 하노니 너희 가운데 그 형제간의 일을 판단할 만한 지혜 있는 자가 이같이 하나도 없느냐. 이 구절의 의미는 이런 것이다: "너희가 다른 것들은 다 아무렇지도 않게 생각한다고 할지라도, 적어도 이 한 가지는 정말 심각한 문제라고 생각하여야 하는데, 그것은 너희 중에서, 형제들 간의 다툼이나 분쟁을 맡아서 평화적으로 해결해 줄 수 있는 사람이 단 한 사람도 없어서, 그런 것들을 해결하는 영광을 불신자들에게 넘겨 주고 있다는 사실은 너무나 수치스럽고 부끄러운 일이라는 것이다." 바울이 여기에서 "내가 너희를 부끄럽게 하려 하여 이 말을 하노니"라고 말하고 있는 것은, 그가 앞에서 "내가 너희를 부끄럽게 하려고 이것을 쓰는 것이 아니라"(4:14)고 한 말과 서로 상충되지 않는다. 왜냐하면, 바울이 앞에서 "내가 너희를 부끄럽게 하려고 이것을 쓰는 것이 아니라"고 말한 것은, 자기가 그들을 공개적으로 창피를 주고 망신을 주기 위해서 그

렇게 쓰고 있는 것이 아니라는 의미였고, 여기에서 "내가 너희를 부끄럽게 하려 하여 이 말을 하노니"라고 한 것은, 자기가 그들의 잘못을 책망해서, 그들로 하여금 스스로 부끄러움을 느끼고서 그들 가운데서 잘못된 일을 바로잡게 함으로써, 그들의 진정한 존귀함과 영광을 회복할 수 있게 하기 위한 것인 까닭에, 그가 그들을 부끄럽게 하려 한다고 말한 것은 그들을 망신주고자 하는 것이 아니라, 도리어 그들이 진정으로 존귀하고 영광되게 하는 데에 자기가 지대한 관심을 가지고 있음을 보여 주는 것이기 때문이다. 이렇게 바울은 고린도 교인들이 자신들의 교회와 거기에 속한 형제들을, 세상 일과 관련된 그들 간의 다툼이나 분쟁 같은 하찮은 일조차도 제대로 판단하거나 해결할 수 없는 것으로 여겨서, 그런 일을 판단하고 해결하는 영광을 교회와 거기에 속한 형제로부터 빼앗아서 불신자들에게 갖다 바치는 것은, 그들 스스로를 정말 하찮은 자들로 만들어 버리는 너무나 수치스러운 일이라는 것을 진정으로 깨닫기를 원하였다.

7. 너희가 피차 고발함으로 너희 가운데 이미 뚜렷한 허물이 있나니 차라리 불의를 당하는 것이 낫지 아니하며 차라리 속는 것이 낫지 아니하냐. 나는 앞에서 이 단락에서 바울이 고린도 교인들을 책망하고 있는 내용은 크게 보아서 두 가지로 나눌 수 있다고 하였는데, 바울은 이제 여기에서 좀 더 일반적인 내용으로 된 두 번째 책망을 제시한다. 바울이 앞에서 고린도 교인들이 그들 간의 다툼이나 분쟁을, 불신자들이 재판관으로 있는 세상 법정으로 가져가서 판단을 받고자 함으로써, 불신자들 가운데서 복음을 조롱거리와 비웃음거리로 전락시켰다는 것을 첫 번째 책망의 내용으로 제시한 바 있는데, 여기에서 그가 두 번째로 책망하는 내용은 그들이 형제들을 상대로 소송을 제기하였다는 것이었다. 그는 그들의 그러한 행위를 "허물"이라고 부른다. 우리는 바울이 사용한 헬라어 '헷테마'(ἥττημα, "허물")라는 단어의 독특한 의미에 유의하여야 한다. 이 단어는 원래 불의를 당하거나 손해를 입었을 때에 그것을 참지 못하고 마음에 상처를 받는 것과 같은 연약한 마음(imbecillitas animi)을 의미하였는데, 나중에는 연약함이나 결연하지 못함에서 생기는 온갖 종류의 결점을 지칭하는 데 사용되었다. 따라서 바울이 여기에서 질책하고 있는 고린도 교인들의 잘못은, 그들이 형제들을 상대로 소송을 남발함으로써, 서로가 서로에게 고통을 안겨 주고 있다는 사실이었다. 그는 이러한 사태의 원인이 그들이 불의나 손해를 감내할 줄 모르기 때문이라고 말한다. 주님께서는 "악에게 지지 말고 선으로 악을 이기라"(롬 12:21)고 모든 믿는 자들에게 명하셨기 때

문에, 자기 자신을 통제하고 절제하여 다른 사람들로부터의 해악이나 손해를 감내할 수 없는 사람이라면, 그 사람은 인내의 부족(impatientia)으로 말미암아 자기가 받은 해악이나 손해를 감당하지 못해서 결국 죄를 짓게 될 것임은 너무나 분명한 사실이다. 그리고 그러한 인내의 부족으로 말미암아 신자들 사이에서 다툼이나 분쟁이 일어나서 서로에 대하여 소송을 남발하게 된다면, 그것은 분명히 그들의 "허물"일 수밖에 없다는 결론이 도출된다.

바울이 여기에서 이런 식으로 말하고 있는 것은, 개인들 간에 다툼이나 분쟁에 일어났을 때, 소송을 통해서 그 문제를 해결하려고 하는 것은 절대로 용납될 수 없다고 말하고 있는 것으로 보일 수 있다: "형제들을 상대로 해서 소송을 제기하는 자들은 모두가 잘못을 범하는 것이다. 그러므로 어느 누구도 형제들 간에 다툼이 일어났을 때에 세상 법정에 호소하여 자신의 권리를 보호받으려고 해서는 절대로 안 된다." 어떤 사람들은 바울이 이처럼 형제들 간의 다툼을 세상 법정에서의 소송으로 가져가는 것을 반대한 것에 대해서, 사도는 여기에서 형제들 간에 소송이 제기된 경우에는, 어느 한 편이 반드시 허위 주장을 펼치고 있는 것이기 때문에, 그것은 전체적으로 잘못된 것이라고 선언하고 있는 것이라고 설명한다. 그러나 바울은 여기에서 적극적으로 형제들에게 해악을 끼치는 행위만이 아니라, 다른 사람들로부터의 해악을 참지 못하는 것도 잘못이라고 말하고 있는 것이기 때문에, 그들의 주장은 궤변에 지나지 않고, 그러한 궤변으로는, 바울이 여기에서 이렇게 말한 의도를 밝혀낼 수 없다. 따라서 나의 대답은 다음과 같이 간단하다: 바울은 형제들 간에 다툼이나 분쟁이 일어났을 때에 중재자를 세워서 판단하고 해결하게 하는 것은 잘못이 아니라고 조금 앞에서 말한 바 있기 때문에, 형제 간의 사랑을 해치지 않는 범위에서, 그리스도인들이 자신의 권리를 온건하고 절제된 방식으로 확보하고자 하거나 회복하고자 하는 것은 불법이거나 금지된 것이 아니라는 것을 그러한 말로써 충분히 보여 준 것이다. 이러한 사실로부터 우리가 아주 쉽게 추론할 수 있는 것은, 바울은 고린도 교회에서 형제들 간에 벌어지는 소송들과 관련된 전후맥락과 여러 가지 상황을 잘 알고 있었기 때문에, 그런 것들을 구체적으로 다 고려해서, 그들 사이에서 벌어지는 소송에 대해서 여기에서 이렇게 엄중하고 단호한 태도를 취하고 있다는 것이다. 실제로 그리스도인들이라고 하면서도, 형제들 간에 다툼이나 분쟁이 자주 일어나서, 소송이 빈번하게 제기되고, 당사자들이 법대로 하겠다며 법에 호소하여 자신들의 권리를 완강하게 주장하고 있다면, 그것은 그들의 마음이 악한 욕망과 탐욕으로 지나치게 불타 오르고 있다는 것을 너무나 분명하게 보여주는 것이기 때문에, 그들이 그리스도의 가르침에 순종해서 마음을 가라앉히고 다른 사람들로부터의 해악을 감내할 수 있는 준비가 전혀 되어 있지 않다는 것은 두말할 필요가 없을 정도로 명백한 사실이다. 좀 더 간단하고 분명하게 말하자면, 바울은 그리스도인들은 다른 사람들로부터 받는 해악을 인내로써 감내하는 것이 마땅하다고 여겼기 때문에, 형제들 간에 소송을 제기하는 것을 탐탁지 않은 것으로 여긴 것이었다.

이제 다른 사람들로부터 가해지는 해악을 참고 인내할 수 있는 사람이 과연 소송을 제기하는 것이 가능한 것인지에 대해서 생각해 보자. 만일 그런 것이 가능하다면, 모든 경우는 아닐지라도 대부분의 경우에 소송을 제기하는 것은 잘못된 것이 아닐 것이다. 물론, 나는 타락하고 부패한 인간의 행실과 심성으로 말미암아 조그마한 손해나 해악에도 참지 못하는 태도가 거의 모든 소송에 필수적으로 수반되고 있다는 것을 인정한다. 하지만 그렇다고 하더라도, 우리는 어떠한 일 자체와 거기에 부수적으로 따라 붙는 부정적인 요소를 일단은 구별하지 않으면 안 된다. 따라서 우리는 바울이 소송을 탐탁지 않게 생각한 이유는, 어떤 사람이 자신의 권리를 확보하기 위해서 재판관에게 호소하여 자신의 정당한 주장을 펼치는 것이 그 자체로 악한 일이라고 여겼기 때문이 아니라, 소송을 제기하는 행위에는 거의 언제나 인간의 타락한 심성(affectus)들, 예를 들면 절제하지 못함, 복수하고자 하는 마음, 적개심, 완악함 등등이 필연적으로 개입된다는 사실 때문이라는 것을 기억하여야 한다.

그런데 교회에 속한 저술가들 중에서, 이 문제를 좀 더 주의 깊고 꼼꼼하게 검토하고 살펴본 사람이 없다는 사실은 의외이다. 아우구스티누스(Augustinus)는 다른 사람들보다는 상대적으로 이 문제에 더 많은 관심을 기울였고, 어느 정도 본질에 근접하였으며, 그가 이 문제에 대하여 말한 것들이 일리가 없었던 것이 아니었음에도 불구하고, 그조차도 이 문제의 본질을 명쾌하게 해명하지 못하고, 애매모호한 입장에서 벗어나지를 못하였다. 이 문제에 대해서 좀 더 분명하게 설명하려고 하는 사람들은 우리가 공적인 복수와 사적인 복수를 반드시 구별하여야 한다고 말한다. 달리 말하면, 관원들을 통한 공적인 복수는 하나님께서 정하신 제도이기 때문에, 우리는 사적으로 복수하려고 경솔하고 무책임하게 나서지 말고, 하나님께서 우리 대신에 복수해 주실 것을 믿고서, 복수하는 것을 하나님께 맡기고, 관원들에게 호소하여 공적으로 복수하여야 한다는 것이다. 이것은 지극히 지혜롭고 합당한 말처럼 보이기는 하지만, 우리는 거기에서 한 걸음 더 나아가야 한다. 왜냐하면, 하나님께서 우리에게 일체의 복수를 금지하신 것이라면, 그것은 하나님을 통해서 복수하는 것조차 허용하지 않으신 것이고, 따라서 우리가 복수하기 위해서 관원들에게 호소하는 것도 마찬가지로 허용하지 않으신 것으로 보아야 할 것이기 때문이다. 따라서 그리스도인들에게는 어떤 종류의 복수도 허용되지 않고, 그리스도인들은 자기 스스로 사적인 복수를 하지 말아야 하는 것은 물론이고, 관원들을 통한 공적인 복수도 하지 말아야 한다는 것이 나의 생각이다. 아니, 그리스도인들은 복수를 하겠다는 생각조차도 버리는 것이 마땅하다. 따라서 만일 어떤 그리스도인이 하나님을 거역함이 없이 자신의 권리를 법에 호소하고자 한다면, 무엇보다도 먼저 일체의 복수심과 악감정과 분노와 독기를 버린 후에, 비로소 법정에 나가야 하고, 그 모든 과정에서 사랑이 그를 인도하여야 한다.

여기에서 어떤 사람들은 그리스도인들이 악한 감정들을 모두 떨쳐 버릴 때에만 소송을 제기할 수 있다고 한다면, 그런 식으로 소송을 제기하는 그리스도인들은 극소수일 것이라고 말한다면, 나는 그 말이 옳다는 것을 인정하는 동시에, 소송을 하는 그리스도인들 중에서 그처럼 선한 모범을 보이는 사람은 거의 찾아보기가 어려운 것이 현실이라고 말할 것이다. 그럼에도 불구하고, 소송 제도는 그 자체로는 악한 것이 아니었지만, 남용이나 오용에 의해서 부정적인 것으로 변질된 것임을 아는 것은 다음과 같은 몇 가지 이유에서 유익한 일이다. 첫 번째는 하나님께서 소송 제도를 창설하신 데에는 그럴 만한 이유가 있으신 것이기 때문에, 우리가 소송 제도 자체를 악한 것으로 단죄한다면, 그것은 하나님께서 괜히 시간만 낭비하시고 헛된 일을 하신 것으로 단죄하는 것이 된다는 것이다. 두 번째는 그리스도인들로 하여금 소송과 관련해서 자신들에게 허용된 한계를 알게 함으로써, 그들이 자신의 양심을 거슬러서 소송하는 일이 없게 할 수 있다는 것이다. 사람들이 소송과 관련해서 하나님이 정하신 목적과 한계를 벗어나서 소송을 남발하게 되면, 그것이 공공연하게 "하나님을 멸시하는"(시 10:13) 것이 되는 이유가 여기에 있다. 세 번째는 그리스도들은 하나님이 정해 주신 한계를 넘어서서 소송을 남발하는 것은, 그들의 그러한 허물이나 잘못으로 말미암아, 하나님께서 그들 사이에서의 다툼이나 분쟁을 해결하도록 하시기 위하여 허락해 주신 수단을 변질시키고 훼손하는 것임을 깨닫고서, 그렇게 되지 않도록 항상 소송과 관련해서 신중하고 절제하는 태도를 취하여야 한다는 것이다. 마지막으로, 네 번째는 우리는 악인들의 몰염치와 뻔뻔스러움을 우리 자신의 순수하고 진실된 열정으로 제어할 필요가 있는데, 그런 일은 우리가 그들을 법의 처벌에 맡길 때에만 가능하다는 것이다.

8. 너희는 불의를 행하고 속이는구나. 우리는 바울이 고린도 교인들이 그들 사이에서 소송을 남발한 것에 대하여 그들을 그처럼 호되고 준엄하게 책망한 이유가, 그들이 천박한 탐욕에 빠져서 서로가 서로를 물어뜯고 해치려고 달려들었기 때문이었다는 것을 여기에서 알게 된다. 그가 방금 전에 다른 사람들로부터의 부당한 손해나 해악을 인내할 줄 모르는 자들은 그리스도인들이 아니라고 말했던 것은, 고린도 교인들이 얼마나 큰 악을 자행하고 있는 것인지를 보여 주기 위한 것이었다. 즉, 여기에서 바울은 그리스도인들은 다른 사람들로부터 부당하게 해악을 당하거나 손해를 보더라도, 그런 것들을 인내로써 감내하는 것이 마땅한 일인데도 불구하고, 고린도 교인들은 같은 형제들로부터 사소한 해악이나 손해를 입어도, 그것을 참지 못하고 툭 하면 세상 법정에 소송을 제기할 뿐만 아니라, 한 걸음 더 나아가서 적극적이고 의도적으로 같은 형제들에게 불의를 행하고 속이고 있다는 것을 아주 뚜렷하게 대비해서 보여 줌으로써, 그들이 저지르고 있는 악은 도저히 눈 뜨고 볼 수 없을 정도로 추악하기 짝이 없다는 것을 선명하게 드러내고 있는 것이다.

그는 너희 형제로다. 바울은 고린도 교인들이 그렇게 불의하게 대하고 기만하며 속여서 등쳐 먹고 있는 사람들이 바로 그들의 "형제"라는 사실을 상기시켜 줌으로써, 그들이 저지르고 있는 죄악이 더욱 극악무도한 짓임을 한층 더 부각시킨다. 왜냐하면, 그리스도인들이 교회 밖의 외인들을 속여서 등쳐 먹는 죄악을 범하였다면, 그것도 중죄에 해당하는 것인데, 교회에 속한 형제가 다른 형제를 속여서 등쳐 먹는 짓을 한다면, 그것은 중죄라는 말로는 부족하고, 해괴하기 짝이 없는 일일 것이기 때문이다. 그리스도인들은 모두 다 하늘에 계시는 하나님을 한 아버지로 모시는 "형제들"이 아닌가? 여기에서 바울은 형제가 아닌 외인을 상대로 해서 그리스도인들이 악을 저지르는 것도 당연히 결코 가볍게 여기지 않았을 것이기 때문에, 그런 그가 고린도 교인들이 다 똑같이 거룩하게 된 형제들을 대수롭지 않게 여겨서, 그 형제들을 상대로 해서 불의를 저지르고 속여서 등쳐 먹고 있다고 말한 것은, 그들이 완전히 눈이 멀어서 아무것도 보지 못하고 있다는 것을 일깨워 주고 있는 것이다.

[9]불의한 자가 하나님의 나라를 유업으로 받지 못할 줄을 알지 못하느냐 미혹을 받지 말라 음행하는 자나 우상 숭배하는 자나 간음하는 자나 탐색하는 자나 남색하는 자나 [10]도적이나 탐욕을 부리는 자나 술 취하는 자나 모욕하는 자나 속여 빼앗는 자들은 하나님의 나라를 유업으로 받지 못하리라 [11]너희 중에 이와 같은 자들이 있더니 주 예수 그리스도의 이름과 우리 하나님의 성령 안에서 씻음과 거룩함과 의롭다 하심을 받았느니라(6:9-11).

9-10. 불의한 자가 하나님의 나라를 유업으로 받지 못할 줄을 알지 못하느냐. 우리는 바울이 여기에서 말한 "불의"(iniustitia)를 "의"(iustitia)와 반대되는 개념으로 이해하여야 한다. 따라서 "불의한 자"는 자신의 형제들을 해치고 다른 사람들을 속이고 사기를 쳐서 등쳐 먹는 자들, 한 마디로 말해서, 자기 자신의 이득을 얻기 위해서 다른 사람들에게 해악을 끼치는 자들을 가리키는데, 그러한 자들은 "하나님의 나라"를 "유업으로" 받을 수 없다. 여기에서 바울은 "간음하는 자들"이나 "도적들"이나 "탐욕을 부리는 자들"이나 "모욕하는 자들"을 "불의한 자들"의 예들로 열거하고 있는데, 이것은 과거에 그런 죄들을 지은 자들을 가리키는 것이 아니라, 여전히 그러한 죄들을 저지르며 살아가고 있으면서도, 회개할 생각을 전혀 하지 않고, 도리어 계속해서 완악하게 그런 죄들을 고집스럽게 행하며 살아가는 자들을 의미한다는 것은 너무나 분명한 사실이어서, 여기에서 굳이 말할 필요조차 없을 것이다. 사도는 직접 조금 뒤에 고린도 교인들이 이전에 바로 그런 사람들이었다고 말함으로써, 우리의 설명이 옳다는 것을 확증해 준다. 그렇다면, "불의한 자들"이 "하나님의 나라"를 "유업"으로 받게 되려면, 그들이 먼저 참된 회개를 통해서 주님께로 돌이켜서, 그러한 회심을 통해 의롭다 하심을 얻고, 악한 길에서 떠나야 한다는 말이 된다. 왜냐하면, 죄인들의 회심이 하나님께서 그들의 죄를 사해 주시는 근거가 되는 것은 아니지만, 그럼에도 불구하고 우리는 회개하지 않은 사람이 하나님과 화목하게 될 수 없다는 것을 알고 있기 때문이다. 여기에서 사용된 "알지 못하느냐"라는 반문 형식의 의문문은 바울이 말한 것을 더욱 강조하고 강화시키는 역할을 한다. 즉, 바울은 이런 식으로 반문을 사용하여 표현함으로써, 자기는 고린도 교인들이 이미 잘 알고 있는 것, 그리고 경건한 자들이라면 누구나 잘 알고 있는 것만을 여기에서 말하고 있는 것일 뿐임을 보여 주고 있는 것이다.

미혹을 받지 말라 음행하는 자나 우상 숭배하는 자나 간음하는 자나 탐색하는

자나 남색하는 자나. 그는 "불의한 자들"이라는 한 가지 유형의 죄인을 먼저 제시하고, 그런 자들은 하나님의 나라를 유업으로 받을 수 없다고 단호하게 말한 후에, 곧바로 이어서 "음행하는 자나 우상 숭배하는 자나 간음하는 자나 탐색하는 자나 남색하는 자" 같은 다른 많은 유형의 죄인들을 여기에서 열거해 나간다. 그러나 나는 바울이 여기에서 여러 유형의 죄인들을 일반적으로 열거하고 있는 것이 아니고, 당시에 고린도 교인들이 주로 저지르고 있던 죄악들을 구체적으로 열거하고 있는 것이라고 생각한다.

바울은 여기에서 직접적으로 성(性)과 관련된 죄악들을 나타내는 네 가지 유형의 죄인들을 나열하고 있는데, 모든 역사 기록은 당시에 그러한 죄악들이 고린도를 지배하고 있었다는 것을 잘 보여 준다. 아니, 좀 더 정확하게 말하자면, 성과 관련된 그러한 죄악들은 고린도에서 미쳐 날뛰고 있었다고 표현하는 것이 옳을 것이다. 내가 다른 곳에서 이미 언급하였듯이, 당시에 세계 각국의 상인들이 모여드는 교역의 중심지로 유명하였던 고린도에는 돈과 풍요가 넘쳐 났고, 풍요와 더불어서 사치와 향락이 꽃을 만개하였으며, 이것은 온갖 종류의 음란과 퇴폐를 가져 왔다. 그렇지 않아도 고린도 사람들은 본래 음탕한 족속이었는데, 고린도에 만연되어 있던 수많은 타락하고 부패한 것들이 그들의 그러한 기질을 더욱 부추기고 부채질하였다. "음행하는 자"와 "간음하는 자"가 어떻게 다르고 어떤 차이가 있는지에 대해서는 우리가 앞에서 이미 충분히 살펴보아서 잘 알고 있다. "계집애 같은 자들"(한글개역개정에는 "탐색하는 자")은, 공공연하게 창기 짓을 하지는 않지만, 사람들을 호리는 말투, 여자 같은 몸짓과 의상 등과 같은 여러 가지 유혹하는 수단들을 통해서 자신의 음탕함을 드러내는 자들을 의미하는 것이라고 본다. "남색하는 자"는 성과 관련해서 자연의 순리에 반하는 추잡한 짓을 하는 자들로서, 이 모든 성적인 죄악들을 저지르는 자들 중에서 가장 가증스러운 자들이었지만, 이런 일은 헬라 세계에서는 너무 흔한 일이었다.

도적이나 탐욕을 부리는 자나 술 취하는 자나 모욕하는 자나 속여 빼앗는 자들은 하나님의 나라를 유업으로 받지 못하리라. 바울은 여기에서 세 가지 용어들을 동원해서, 불의하고 불법적인 죄악들을 열거해 나간다. 먼저, 그는 속임수나 교묘한 술책으로 형제들을 등쳐먹는 자들을 "도적들"이라고 부른다. "속여 빼앗는 자들"은 다른 사람의 재물을 강제로 빼앗는 자들, 또는 "하르퓌이아이"(Harpyiae, 헬라 신화에서 여자의 얼굴과 몸을 하고 새의 날개와 발톱을 가지고서 무엇이든지 닥치는 대로 먹어 치우는 괴물 — 역주)처럼, 사람들을 사방에서 끌어 모아 닥치는 대로 먹어 치우는 자들을 의미한다. 또한, 바울은 "도적들"이 속임수를 써서 다른 사람들의 것을 가로채는 이면에는 "탐욕"이 자리 잡고 있다는 것을 보여 주고, 도적들만이 아니라, 그러한 탐욕으로 행하는 자들도 마찬가지로 하나님의 나라에 들어갈 수 없다는 것을 밝히기 위해서, "탐욕을 부리는 자들"이라는 어구를 덧붙인다. 우리는 "술 취하는 자들"에는 지나친 식탐(食貪)에 빠진 자들도 포함되는 것으로 이해하여야 한다. 바울이 여기에서 특히 "비방하는 자들"(한글개역개정에는 "모욕하는 자")을 언급하고 있는 이유는, 고린도라는 도시에 남들을 비방하고 중상모략하는 것이 난무하고 있었기 때문일 가능성이 높다. 요컨대, 바울은 자기가 고린도에서 직접 보고 들은 죄악들과 그러한 죄악들을 일상적으로 행하며 살아가는 자들을 여기에서 한꺼번에 지적하고 있는 것이다.

바울은 자기가 고린도 교인들에게 지금 해 주고 있는 경고를 그들이 귓전으로 흘려 듣지 않도록, 자신의 경고에 더 큰 힘과 무게를 부여하기 위해서, "미혹을 받지 말라"고 말한 후에, 여러 부류의 죄악들을 열거해 나가기 시작한다. 즉, 바울은 죄악들을 열거하기 전에, "미혹을 받지 말라"는 말을 먼저 던짐으로써, 고린도 교인들은 하나님의 사람들이기 때문에, 세상 사람들처럼 여러 가지 헛된 소망들로 그들 자신을 속여서, 거기에서 위로와 힘을 얻고, 그들에게 경고하시는 하나님의 말씀을 무시하고는, 자신들의 죄악을 가볍게 여기거나 제대로 보지 않으려고 함으로써, 결과적으로 하나님을 멸시하는 죄악을 저질러서는 안 된다고 충고한 것이다. 일상적으로 죄악을 저지르며 살아가고 있는 우리에게, 마치 우리가 그러한 죄악된 삶 가운데 계속해서 머물러 있어도 아무 문제가 없고 괜찮다는 듯이, 우리에게 아첨하며 우리가 듣고자 하는 말들만을 해 주는 것보다 더 해로운 독약은 없다. 그러므로 우리는 하나님께서 우리의 죄를 책망하시고 장차 심판하시겠다고 준엄하게 말씀하시는데도, 하나님의 그러한 책망과 경고의 말씀을 농담으로 치부하고서 별것 아니라는 듯이 웃어 넘겨 버리는 저 세속적이고 불경건한 자들의 말을, 헬라 신화에 나오는 바다의 요정인 세이렌(Siren)이 선원들을 옴짝달싹하지 못하게 유혹하는 아름답고 매력적인 노래 같이 들릴지라도, 실제로는 우리의 영혼을 죽이고자 하는 사탄의 치명적인 독침으로 여기고 단호하게 물리쳐야 한다. 우리가 마지막으로 주목하여야 할 것은, 바울이 여기에서 '클레로노메인'(*κληρονομεῖν*, "유업으로 받다")이라는 동사를 사용한 것은 아주 적절한 것이었다는 것이다. 왜냐하면, 이 단어는 "하나님의 나라"가 자녀들에게 "유업"으로 주어지는 것이라고 말함으로써, 은혜로 말미암아 하나님의 자녀가 된 자들에게만 주어지는 것이라는 사실을 보여 주기 때문이다.

11. 너희 중에 이와 같은 자들이 있더니. 어떤 사람들은 헬라어 본문에 '티네스'(τινές, "얼마, 약간")라는 단어가 있다는 것을 근거로 삼아서, 이 구절을 다음과 같이 제한적으로 해석한다: "너희 중에 이와 같은 자들이 얼마 있더니." 그러나 나는 사도가 고린도 교인들 전부가 전에는 그런 자들이었다고 말한 것으로 보아야 한다고 생각한다. 실제로 헬라인들은 오직 적용범위를 제한하고자 하는 목적으로 '티네스'라는 단어를 사용한 것이 아니라, 단지 문장을 장식하기 위한 것으로도 종종 사용하였는데, 이 단어의 그러한 통상적인 어법을 고려할 때, 나는 이 단어가 여기에서는 일종의 군더더기 말로 사용된 것이라고 본다. 하지만 우리는 여기에서 바울이 마치 고린도 교인들 모두에게 이 모든 죄악을 돌리면서, 그들 모두를 싸잡아서 비난하고 있는 것으로 이해해서는 안 된다. 그가 여기에서 지적하고자 하는 것은 단지 성령으로 거듭나기 전까지는 어느 누구도 이러한 죄악들에서 자유로울 수 없다는 것이다. 우리가 확실히 알아야 할 것은 인간의 본성 안에는 원래부터 모든 죄악의 씨앗(semen omnium malorum)이 들어 있지만, 주께서 특정한 사람이 자신의 행실을 통해서 외적으로 맺는 구체적인 열매들을 통해서 육신의 부패성(carnis pravitas)을 보여 주실 때, 모든 죄악 가운데서 특히 그 특정한 죄악이 그 사람에게서 우세하게 되고 겉으로 분명하게 드러나게 된다는 것이다.

바울은 로마서 1장에서 모든 불신자들은 하나님을 알지도 못하고 하나님에게 감사하지도 않는 죄를 짓고 있다는 것을 보여줌과 동시에, 거기로부터 생겨나는 많은 죄악들을 열거하고 있다. 하지만 그것은 각각의 불신자들이 거기에 열거된 모든 죄악들을 다 실제로 범하며 살아가고 있다는 의미가 아니고, 그 죄악들 중에서 적어도 한 가지 죄악을 범하며 살아가는 자들이기 때문에, 어느 누구도 그 모든 죄악에서 자유로울 수는 없다는 의미이다. 따라서 설령 간음죄를 범하지 않은 자일지라도, 그는 반드시 다른 어떤 죄를 범하고 있는 자이다. 마찬가지로, 바울은 로마서 3장에서 아담의 모든 후손들에 대해서, "그들의 목구멍은 열린 무덤이요 그 혀로는 속임을 일삼으며 그 입술에는 독사의 독이 있고 그 입에는 저주와 악독이 가득하고 그 발은 피 흘리는데 빠른지라"(롬 3:13-15)고 선언하고 있지만, 이것은 모든 사람이 피에 굶주려 있고 잔인하다거나, 모든 사람의 입에 저주와 악독이 가득하다는 의미가 아니고, 우리가 하나님에 의해서 새롭게 빚어지기 전에는, 우리 중에서 어떤 사람은 잔인하고, 어떤 사람은 속임을 일삼으며, 어떤 사람은 정욕에 사로잡혀 음행을 저지르고, 어떤 사람은 교묘한 술수로 남의 등을 쳐서 재물을 도적질하는 삶을 살게 된다는 것이다. 결국, 모든 인간은 한 사람의 예외도 없이 공통적으로 "부패의 증표"(vitiositatis specimen)를 지니고 있다. 우리 모두는 이처럼 은밀한 내면의 성향을 갖고 있기 때문에, 만일 주께서 우리의 내면에 있는 이러한 성향을 억제해서 밖으로 뛰쳐나오지 못하도록 하시지 않는다면, 온갖 죄악들에 빠질 수밖에 없게 된다. 따라서 바울이 이 구절에서 말하고자 하는 것은 간단히 말해서 이런 것이다: 고린도 교인들은 하나님의 은혜로 말미암아 거듭나기 전에는, 어떤 사람들은 탐욕에 사로잡혀서 살아가는 자들이었고, 어떤 사람들은 간음하는 자들이었으며, 어떤 사람들은 남의 재물을 강탈하고 도적질하는 자들이었고, 어떤 자들을 남자임에도 불구하고 여자 흉내를 내며 자신의 음탕함을 드러내는 "탐색하는 자들"이었고, 어떤 사람들은 남들에 대한 비방과 중상모략을 일삼는 자들이었다. 하지만 전에 그렇게 살았던 그들이 이제 그리스도로 말미암아 진정으로 자유함을 얻어서 더 이상 그러한 자들로 살고 있지 않다.

여기에서 사도의 의도는 그들이 이전에 어떠한 사람들이었는지를 상기시켜 줌으로써 그들을 낮아지게 만들고, 나아가서 그들을 향한 하나님의 은혜를 일깨워 주는 것이었다. 왜냐하면, 우리가 하나님의 은혜로 말미암아 과거의 비참한 상태에서 빠져나왔다면, 우리가 이전에 처해 있던 상태가 비참한 것이었을수록, 하나님의 은혜의 풍성함은 더욱더 찬란하게 빛을 발하게 되기 때문이다. 또한, 하나님의 은혜를 찬양하는 것은 그리스도인들에 대한 권면의 시작이자 출발점이다. 왜냐하면, 하나님의 은혜가 이처럼 지극한 찬양을 받아 마땅한 것이라면, 그러한 사실로부터 자연스럽게 도출되는 결론은, 그리스도인들은 하나님의 그러한 은혜를 헛된 것으로 만들지 않기 위해서 온 마음과 힘을 다하여야 한다는 것이 될 것이기 때문이다. 바울은 여기에서 이렇게 말한 것과 같다: "하나님께서 너희가 이전에 빠져 있던 그 시궁창으로부터 너희를 꺼내 주신 것만으로도, 너희는 감지덕지하는 것이 마땅하기 때문에, 너희가 또다시 그런 시궁창에 빠져든다는 것은 도저히 있을 수도 없고 용납될 수도 없는 일이다." 마찬가지로, 베드로도 동일한 취지로 이렇게 말한다: "너희가 음란과 정욕과 술취함과 방탕과 향락과 무법한 우상 숭배를 하여 이방인의 뜻을 따라 행한 것은 지나간 때로 족하도다"(벧전 4:3).

씻음과 거룩함과 의롭다 하심을 받았느니라. 바울은 고린도 교인들이 이전 상태로 되돌아가서는 절대로 안 된다는 것을 아주 단호하게 말하기 위해서, 그들이 하나님의 은혜를 받아서 완전히 새로운 사람들로 변화되었다는 이 한 가지 개념을, 여기에서 세 개의 단어를 사용해서 표현한다. 따라서 이 세 가지 단어는 전체적으로 동일한 것을 표현하기 위해서 사용된 것이기는 하지만, 이렇게 세 가지 단어가 중첩적으로 사용되고 있다는 사실 자체가 고린도 교인들에게 아주 강력한 메시지를 전하고 있다. 왜냐하면, 바울은 여기에서 "씻음"이라는 단어를 통해서는 그들이 더럽고 추악하게 살아 온 것을 부각시키고 있고, "거룩함"이라는 단어를 통해서는 그들이 하나님을 거슬러 불경건하고 부정하게 살아 온 것을 부각시키고 있으며, "의롭다 하심"이라는 단어를 통해서는 그들이 죄악된 삶을 살아 왔다는 것을 부각시키고 있기 때문이다. 바울이 이 구절에서 이러한 암묵적인 대비를 통해서 말하고자 하는 것은, 고린도 교인들은 이미 의롭다 함을 받았기 때문에, 또다시 정죄 받는 상태로 되돌아가서는 안 되고, 그들은 이미 거룩하게 되었기 때문에, 또다시 자신을 부정한 자들로 만들어서는 안 되며, 이미 씻음을 받았기 때문에, 또다시 자신을 더럽혀서는 안 되고, 도리어 정반대로 정결한 삶을 살아가야 하고, 참된 거룩함을 유지하여야 하며, 자신의 과거의 더럽고 추악한 삶을 혐오하여야 한다는 것이다.

이것으로부터 우리는 하나님께서 우리에게 은혜를 베푸셔서 우리의 죄를 사해 주시고 우리를 자기와 화목하게 만드신 목적이 무엇인지를 알게 된다. 나는 앞에서 이 세 단어가 한 가지 동일한 개념을 표현하기 위한 것이라고 말하기는 했지만, 그렇다고 해서 이 단어들 간에 아무런 의미 차이가 없다는 의미로 그렇게 말한 것은 아니다. 왜냐하면, 엄밀하게 말해서, 우리가 "의롭다 하심을 받았다"는 것은 하나님께서 우리의 죄를 우리에게 돌리지 않으심으로써 우리로 하여금 모든 죄책에서 벗어나게 해 주신 것을 의미하고, 우리가 "씻음을 받았다"는 것은 하나님께서 우리의 죄를 깨끗이 지워 주시고 더 이상 기억하지 않으신다는 것을 의미하기 때문이다. 따라서 이 두 단어 간의 유일한 차이는, 전자는 직접적이고 단도직입적인 표현인 반면에, 후자는 비유적인 표현이라는 점이다. 우리가 "씻음"이라는 단어를 비유적인 표현으로 보는 것은, 그것은 그리스도의 보혈을 물에 비유한 것이기 때문이다. 한편, 하나님께서는 우리의 타락한 본성을 자신의 성령으로 새롭게 하심으로써, 우리를 거룩하게 하신다. 그렇기 때문에, "거룩함"을 받는 것은 "거듭남"

과 관련되어 있다. 여기에서 사도는 여러 가지 단어들을 사용해서 말하고 있기는 하지만, 이 구절에서 사도가 이렇게 말하고 있는 목적은, 죄에 묶여서 그 속박 아래에서 죄의 종 노릇 하여 온갖 죄악들을 자행하며 살아가던 고린도 교인들을 그러한 삶으로부터 구원해 주신 하나님의 은혜는 말로 표현할 수 없을 정도로 큰 것임을 강조함으로써, 그들이 하나님의 진노와 보응을 불러일으킬 수 있는 온갖 죄악들을 끔찍한 것으로 여겨서 혐오하고 온 힘을 다해 피하는 것이 얼마나 마땅한 일인지를 그들로 하여금 알게 하기 위한 것이다.

주 예수 그리스도의 이름과 우리 하나님의 성령 안에서. 여기에서 바울은 "그리스도"와 "성령"의 직임이 어떻게 다른 것인지를 정확하고 적절하게 구별해서 제시한다. 우리는 그리스도의 보혈로 말미암아 "씻음"을 얻게 되고, 그리스도의 죽으심과 부활을 통해서 "의롭다 하심"과 "거룩함"을 얻게 된다. 이렇게 "그리스도"께서는 우리로 하여금 "씻음"과 "의롭다 하심"을 얻을 수 있는 근거와 토대를 다 마련해 놓으셨지만, 우리가 구체적으로 "성령"의 역사와 능력을 의지해서, 그리스도께서 준비해 놓으신 그러한 복들에 참여할 때에만, 그 "씻음"과 "의롭다 하심"의 효력이 우리에게서 나타나는 것이기 때문에, 바울이 여기에서 "그리스도"와 더불어 "성령"을 언급한 것은 지극히 합당하다. 따라서 그리스도는 우리에게 있어서 모든 복의 근원(fons)이시고, 우리는 모든 것을 그리스도로부터 얻지만, 우리로 하여금 그리스도와 교통하게 하고 그리스도의 온갖 복들을 얻게 해 주는 분은 성령이시다. 왜냐하면, 우리는 믿음(fides)을 통해서 그리스도를 영접하고, 그리스도의 은혜들을 우리의 것으로 만들게 되지만, 우리 안에서 믿음이 생기게 해 주시는 분은 다름아닌 성령이시기 때문이다.

[12]모든 것이 내게 가하나 다 유익한 것이 아니요 모든 것이 내게 가하나 내가 무엇
에든지 얽매이지 아니하리라 [13]음식은 배를 위하여 있고 배는 음식을 위하여 있으
나 하나님은 이것 저것을 다 폐하시리라 몸은 음란을 위하여 있지 않고 오직 주를
위하여 있으며 주는 몸을 위하여 계시느니라 [14]하나님이 주를 다시 살리셨고 또한
그의 권능으로 우리를 다시 살리시리라 [15]너희 몸이 그리스도의 지체인 줄을 알지
못하느냐 내가 그리스도의 지체를 가지고 창녀의 지체를 만들겠느냐 결코 그럴 수
없느니라 [16]창녀와 합하는 자는 그와 한 몸인 줄을 알지 못하느냐 일렀으되 둘이 한
육체가 된다 하셨나니 [17]주와 합하는 자는 한 영이니라 [18]음행을 피하라 사람이 범

하는 죄마다 몸 밖에 있거니와 음행하는 자는 자기 몸에 죄를 범하느니라 [19]너희 몸은 너희가 하나님께로부터 받은 바 너희 가운데 계신 성령의 전인 줄을 알지 못하느냐 너희는 너희 자신의 것이 아니라 [20]값으로 산 것이 되었으니 그런즉 너희 몸으로 하나님께 영광을 돌리라(6:12-20).

12. 모든 것이 내게 가하나. 이 단락은 바울이 앞에서 전개해 온 내용과 잘 이어지지 않고 흐름상으로 단절되는 것처럼 보였기 때문에, 해석자들은 이 단락이 바울이 앞에서 말해 온 것과 어떻게 연결되고 있는지를 밝히기 위해서 심혈을 기울여 왔다. 나는 여러 가지 다양한 설명들을 다 소개하지는 않고, 다만 내 생각에 가장 적절하다고 생각되는 설명만을 제시하고자 한다. 고린도 교인들은 신자가 된 후에도 음탕하고 부도덕하던 자신들의 예전 모습을 상당 부분 유지하고 있었을 뿐만 아니라, 그 도시의 타락한 악습들을 끊어 버리지 않고 여전히 즐기고 있었을 가능성이 크다. 사람들 사이에 어떤 악습들이 만연되어 있는데도, 그 악습들에 대해서 어떠한 처벌도 가해지지 않게 되면, 사람들은 그러한 악습들을 법으로 여기게 되고, 그런 후에 자신들의 악습들을 정당화하기 위한 여러 가지 논리를 개발해 내고, 그 과정에서 제시된 말도 안 되는 변명과 구실들이 마치 그러한 악습들에 대한 정당한 근거들이라고 되는 것처럼 생각하게 된다. 그러한 변명과 구실들 중 하나가 그리스도인의 자유(christianae libertas)라는 것이었다. 즉, 고린도 교인들은 그리스도인의 자유라는 가르침을 내세우며, 그리스도인인 자신들에게는 그 어떤 것에 얽매이거나 속박당하지 않고 거의 모든 일을 자신들의 마음대로 행할 수 있다고 생각하였다. 그들은 하나님께서 그들을 자유롭게 해 주셨기 때문에, 영적으로 자유인이 된 자신들은 신령한 자들이고, 도덕 같은 것들에 얽매이지 않는 자들이 되었다고 생각해서, 주제넘고 지나친 교만에 빠져서, 방탕하고 사치한 삶에 탐닉하였고, 그렇게 행하고 사는 것은 영적인 문제가 아니라 외적인 문제이기 때문에, 자신들은 죄를 짓는 것이 전혀 아니라고 생각하였다. 아니, 바울의 말에 따르면, 그들은 그리스도인으로서 자신들에게 주어진 자유를 남용하고 악용해서, 심지어 음행을 일삼기까지 하였던 것같다. 따라서 바울이 고린도 교인들의 악행들에 대해서 언급한 후에, 그들이 자신들의 외적인 죄악들과 관련해서 스스로를 정당화하고 자신들의 헛된 망상을 유지하기 위해서 늘어놓은 말도 안 되는 변명들과 핑계들을 비판하고 공격한 것은 지극히 적절한 일이었다.

여기에서 바울이 다루고 있는 것은 하나님께서 신자들의 자유로운 선택에 맡겨 두신 일들에 대한 것임이 확실한데도, 단지 그들이 이렇게 해도 되고 저렇게 해도 되는 그런 가치중립적인 일들만이 아니라, 모든 일들을 다 포괄적으로 가리키는 "모든 것"이라는 표현을 사용한 것은, 고린도 교인들이 단순히 가치중립적인 일들에서만이 아니라 모든 일에서 지나치게 방탕하고 방종하게 살고 있다는 것을 간접적으로 지적하며 책망하고 있는 것일 수도 있고, 하나님께서는 무한히 너그러우시며 관대하셔서, 단지 가치중립적인 일들만이 아니라 모든 일에서 신자로 하여금 자발적으로 선택하여 행하게 하시고, 거기에 대하여 스스로 책임지게 하셨기 때문에, 신자는 모든 일에서 스스로 절제하고 신중하게 선택하여 행하여야 한다는 것을 말하고자 한 것일 수도 있다. 왜냐하면, 고린도 교인들이 모든 것들이 풍족하게 주어져 있는데도 그런 상황 속에서 자발적으로 절제하지 못하고 스스로 한계를 지키지 못하고 있다는 것은, 결국 그들이 방탕하고 방종한 삶을 살고 있음을 보여 주는 증표일 수밖에 없기 때문이다. 여기에서 바울은 먼저 그리스도인들에게 주어진 자유에 대해서 두 가지 제한이 있음을 말하고 나서, 다음으로 하나님께서 그리스도인들에게 자유를 주셨을 때, 그 자유는 음행을 행하는 자유까지 포함하는 것은 아니라고 고린도 교인들에게 경고한다.

바울이 여기에서 "모든 것이 내게 가하나"라고 말한 것은, 고린도 교인들이 음행을 비롯해서 자신들이 저질러 온 악행들에 대해서, 어떤 말들로 그 악행들을 정당화하고, 자신들의 행위를 변명할 것인지를 미리 예견하고서 한 말로 보아야 한다. 그는 이렇게 말한 것과 같다: "나는 사람들이 너희가 저지르고 있는 외적인 악행들을 비난할 때, 너희가 너희의 악행들을 어떤 식으로 변명하고 정당화해서, 상투적으로 그러한 비난을 피해 왔는지를 잘 알고 있다. 즉, 너희는 '모든 것이 우리에게 가하다' 라는 말로, 너희가 저지르고 있는 온갖 악행을 정당화해 왔는데, 그것은 너희는 신령한 자들이기 때문에 그 어떤 조건이나 제약 없이 모든 것을 다 할 수 있다고 주장하는 것이다."

다 유익한 것이 아니요. 이것은 바울이 그리스도인들에게 주어진 자유에 대해서 부과하는 첫 번째 제약이다. 즉, 그리스도인들은 마땅히 서로의 덕을 세워야 하고, 그러한 의무를 저버려서는 안 되기 때문에, 그들에게 무제한의 방종은 허용되지 않는다는 것이다. 이 구절의 의미는 이런 것이다: "하나님께서는 우리 그리스도인들에게 이 일을 허용하셨고, 저 일도 허용하셨다고 해서, 우리는 아무런 조건이나 제약 없이 이 일과 저 일을 해도 되는 것이 아니다. 즉, 하나님이 어떤 일을 허용하셨다는 사실은, 우리가 그 일을 해도 된다는 충분한 근거가 될 수 없다. 왜냐하면, 우리 각 사람은 어떤 일이 하나님께서 우리에게 허용하신 일이라고 해도, 우리가 그 일을 하는 것과 하지 않는 것 중에서 어느 쪽이 더 우리 형제들에게 유익이 될 것인지를 살펴서, 그들에게 유익이 되는 쪽을 선택하여야 할 의무가 있기 때문이다." 바울이 나중에 뒤에서 좀 더 상세하게 설명하고 있고(고전 10:23-24), 로마서 14:13 이하에서도 보여 주고 있듯이, 각각의 그리스도인은 하나님 앞에서 내면적으로 자유를 갖고 있지만, 거기에는 다른 사람들에게 유익이 되도록 자신의 자유를 사용하여야 한다는 제약이 두어져 있다.

모든 것이 내게 가하나 내가 무엇에든지 얽매이지 아니하리라. 이것은 바울이 그리스도인들에게 주어진 자유에 부과하는 두 번째 제약으로서, 우리는 만물을 다스리는 주인들로 세움을 받았기 때문에, 그 어떤 것에도 예속되어서는 안 된다는 것이다. 어떤 것에 예속되어서 종 노릇 하는 것은 자신의 욕망을 통제할 수 없는 자들이 행하는 것이다. 나는 여기에서 사용된 헬라어 '티노스'(τινός)를 중성으로 보고서, 사람이 아니라 사물을 가리키는 것으로 이해한다. 따라서 이 구절의 의미는 이런 것이다: "우리는 만물의 주인이지만, 주인의 권리를 남용함으로써, 도리어 너무나 비참한 종 노릇을 하게 되는 일이 벌어져서는 안 된다. 왜냐하면, 우리는 우리의 욕망들을 절제하지 못하고, 우리의 지나친 욕망들을 따라 행하게 되면, 외적인 것들에 얽매이게 되고, 우리에게 예속되어야 할 것들에게 도리어 우리가 예속되어 종 노릇 하는 일이 벌어지게 되기 때문이다." 어떤 그리스도인이 자신의 형제들을 위해서 자신의 자유를 포기하여야 마땅한데도, 그렇게 하기가 싫어서 짜증을 부리며, 결국 자기가 하고 싶은 대로 행하게 되면, 그 사람은 겉으로는 자신의 자유를 누린 것처럼 보이지만, 사실은 그가 자신의 욕망의 노예가 되어 있다는 것을 드러내고 있는 것일 뿐이다.

13. 음식은 배를 위하여 있고 배는 음식을 위하여 있으나 하나님은 이것 저것을 다 폐하시리라. 바울은 여기에서 그리스도인들이 물질적인 것들을 어떻게 사용하는 것이 마땅한지를 보여 준다. 즉, 이 세상의 물질적인 것들은 그리스도인들이 단지 그림자처럼 신속하게 사라져 버리게 될 이 세상에서의 삶을 유지하는 데 필요한 것들일 뿐이라는 것이다. 바울은 조금 뒤인 7:29에서도 이와 동일한 취지로 이렇게 말한다: "세상 물건을 쓰는 자들은 다 쓰지 못하는 자 같이 하라 이 세상의 외

형은 지나감이니라." 또한, 이것으로부터 우리는 그리스도인들은 물질에 지나치게 매달리거나 얽매여서는 안 된다는 것을 배운다. 따라서 이 세상의 썩어 없어질 것들과 관련해서 다툼이나 분쟁이 생겼을 때, 경건한 자들은 그런 썩어 없어질 것들에 매달려서 전전긍긍해서는 안 된다. 그리스도인들에게 자유가 주어졌다는 것과 그리스도인들이 자신들에게 주어진 자유를 오용하는 것은 서로 별개의 문제이다. 우리는 "하나님의 나라는 먹는 것과 마시는 것이 아니요"(롬 14:17)라는 말씀 속에서도, 이 구절에서와 동일한 취지를 발견한다.

몸은 음란을 위하여 있지 않고 오직 주를 위하여 있으며 주는 몸을 위하여 계시느니라. 바울은 앞에서 그리스도인의 자유와 관련한 두 가지 제약 또는 제한에 대해서 말한 후에, 이제는 거기에서 한 걸음 더 나아가서, 우리 그리스도인들에게 주어진 자유가 음행을 하는 자유까지 포함하는 것은 아니라는 말을 덧붙인다. 바울이 특별히 이렇게 음행을 그리스도인의 자유와 연결시켜서 말한 이유는, 당시에 고린도에서는 그러한 음행의 악이 만연되어 있어서, 너무나 비일비재하게 일어나고 있었고, 그 결과 사람들은 음행이 마치 합법적으로 허용되어 있는 일처럼 생각하였기 때문이었다. 우리는 당시의 그러한 사정을 사도행전 15:20에 언급된 예루살렘 공의회의 결정사항에서도 엿볼 수 있는데, 거기에서 예루살렘의 사도들은 이방 그리스도인들에게 보내는 편지에서, 이방인들에게 "음행"을 멀리할 것을 명하고 있고, 사도들이 이렇게 특별히 명한 이유는 이방인들이 "음행"을 합법적인 것으로 생각하였기 때문이었음이 분명하다. 그런 까닭에, 바울은 이제 "음란"과 "음식"은 서로 경우가 다르다고 말한다. 즉, 하나님께서는 "배"의 역할은 "음식"을 먹고 소화를 시켜 몸에 자양분을 공급하는 것으로 정하셨지만, "몸"은 "음란"을 위한 것으로 정하신 것이 결코 아니라는 것이다. 바울은 하나님께서 사람의 "몸"은 그리스도를 위한 것으로서 그리스도께 바쳐지도록 정하신 것이라고 말함으로써, 하나님이 사람의 몸을 그리스도를 위한 것으로 정하셨는데, 어떻게 사람의 몸을 "음란"에 바치는 것이 옳겠느냐고 말한다. 이것은 두 개의 서로 모순되는 명제를 제시하여서, 한 쪽이 맞으면 다른 한 쪽이 반드시 틀릴 수밖에 없다는 논증방식을 사용하여, 자신의 논증을 강화시키고 있는 것이다. 바울은 "주는 몸을 위하여 계시느니라"는 구절을 덧붙이고 있는데, 이것은 매우 중요한 의미를 지닌다. 왜냐하면, 이 구절을 통해서 바울은 하나님 아버지께서 우리를 자기 아들과 연합시키셨는데도 불구하고, 우리가 우리의 "몸"을 그러한 거룩한 연합으로부터 분리시켜서, 그리스도와는 전혀 어울리지 않는 일에 넘겨준다면, 그것은 너무나 부끄럽고 수치스러운 일이 될 것이라고 지적하고 있는 것이기 때문이다.

14. 하나님이 주를 다시 살리셨고 또한 그의 권능으로 우리를 다시 살리시리라. 여기에서 바울은 그리스도께서 어떠한 지위를 가지신 분이신지를 말함으로써, 음행이 그리스도인들과 얼마나 어울리지 않는 것인지를 보여 준다. 즉, 그리스도께서는 하늘의 영광에 들어가신 분이시기 때문에, 이 세상의 추악한 일들과는 아무런 상관이 없으시다는 것이다. 우리가 이 구절에서 살펴보아야 할 것은 두 가지이다. 첫 번째는 그리스도께서 죽은 자 가운데서 다시 살아나신 것은 하늘의 영광을 얻으시기 위한 것이기 때문에, 우리가 그리스도에게 드려진 우리의 "몸"을 음행으로 더럽히는 것은 그리스도인에게 합당하지 않은 수치스럽고 부끄러운 일이라는 것이다. 두 번째는 우리는 그리스도와 더불어서 복된 영생과 하늘의 영광에 참여할 자들이기 때문에, 우리의 "몸"을 창기처럼 세상의 더러움 속에서 뒹굴게 만드는 것은 지극히 부끄러운 일이라는 것이다. 골로새서 3:1에도 이 구절과 비슷한 취지의 말씀이 나온다: "너희가 그리스도와 함께 다시 살리심을 받았으면 위의 것을 찾으라 거기는 그리스도께서 하나님 우편에 앉아 계시느니라." 두 구절 간에 차이가 있다면, 그것은 바울은 골로새서 본문에서는 첫 번째 부활, 달리 말하면, 우리를 변화시켜서 새로운 삶을 얻게 하신 성령의 은혜에 관해서도 말하고 있는 반면에, 여기에서는 마지막 부활에 관해서만 말하고 있다는 것이다. 한편, 부활은 인간의 지각과 이성으로는 거의 믿기 어려운 일이기 때문에, 성경은 부활에 관해서 말할 때에는, 우리로 하여금 거기에 대하여 확신을 갖도록 하게 하기 위해서, 언제나 우리에게 하나님의 "권능"을 상기시켜 준다.

15. 너희 몸이 그리스도의 지체인 줄을 알지 못하느냐 내가 그리스도의 지체를 가지고 창녀의 지체를 만들겠느냐 결코 그럴 수 없느니라. 이것은 13절에 나온 "몸은 오직 주를 위하여 있으며"라는 구절에 대한 해석 또는 부연설명에 해당한다. 사실, 바울은 13절에서 "몸은 오직 주를 위하여 있다"고 아주 짤막하게 말하고 끝내 버렸기 때문에, 바울이 거기에서 한 말의 의미가 다소 애매해서, 도대체 그가 거기에서 무엇을 말하고자 한 것인지가 모호할 수 있었다. 그래서 바울은 그 구절을 부연설명이라도 하겠다는 듯이 여기에서 이렇게 말한 것이다: 그리스도와 우리, 그리고 우리와 그리스도는 서로 완전히 연합되어서 한 몸을 이루고 있다. 그렇기 때문에, 내가 "창녀"와 합한다면, 그것은 내가 할 수 있는 한도 내에서, 그리스

도를 갈기갈기 찢어서 만신창이로 만들어 버리는 것이다. 여기에서 "내가 할 수 있는 한도 내에서"라고 말한 것은 내가 아무리 그리스도와 연합되어서 한 몸을 이루고 있다고 할지라도, 그리스도를 그 더럽고 추악한 일에 끌어들여서 더럽히는 것은 불가능하기 때문이다. 따라서, 내 편에서 볼 때에는, 내가 창녀와 합하는 행위는 그리스도를 만신창이로 만들어 버리는 일이라는 것이다. 이것은 이처럼 가증스러운 행위였기 때문에, 바울은 결코 있어서는 안 되는 일이나 상상할 수조차 없는 일을 말할 때에 자신이 즐겨 사용하는 "결코 그럴 수 없느니라"는 표현을 여기에서 사용한다. 우리가 유의해야 할 것은, 우리가 그리스도와 맺는 영적인 연합(unitas spiritualis)은 단순히 영혼(anima)만의 문제가 아니라 몸(corpus)의 문제이기도 하기 때문에, "우리는 그의 몸의 지체"(엡 5:30)라는 것이다. 만일 우리와 그리스도의 연합이 그처럼 총체적이고 완전한 것이 아니라면, 부활의 소망은 근거가 희박하고 실현가능성이 거의 없는 것이 되고 말 것이다.

16. 창녀와 합하는 자는 그와 한 몸인 줄을 알지 못하느냐 일렀으되 둘이 한 육체가 된다 하셨나니. 바울은 "창녀"와 몸을 섞는 자가 그리스도에게 얼마나 큰 해악을 끼치는 것인지를 여기에서 좀 더 자세하게 설명한다. 왜냐하면, 창녀와 한 몸이 되는 자는 자기가 원래 붙어 있던 그리스도의 몸으로부터 자기를 떼어내는 것이기 때문이다. 바울은 창세기 2:24에 나오는 말씀을 인용하지만, 그것을 자신의 주제와 어떻게 연결지으려고 한 것인지는 확실하지 않다. 만약 바울이 음행하는 두 사람이 한 몸을 이룬다는 것을 증명하기 위해서 그 구절을 인용한 것이라면, 그것은 그 구절의 참된 의미를 왜곡해서 그 구절을 잘못된 의미로 해석하고 있는 것이다. 왜냐하면, 모세가 창세기에서 "둘이 한 육체가 된다"고 한 것은, 남녀 간의 추잡하고 금지된 육체적 결합에 대한 것이 아니라, 하나님께서 복 주신 결혼을 통한 남녀 간의 연합에 대한 것이기 때문이다. 모세는 합법적인 결혼을 통한 남녀 간의 그러한 연합으로 인한 유대(vinculum)는 너무나 강력하고 결코 나뉠 수 없는 것이기 때문에, 아버지와 아들 사이에 존재하는 친밀한 관계를 뛰어넘는 것이라고까지 말한다. 따라서 창세기 2:24의 말씀이 음행과는 아무런 관련이 없다는 것은 너무나 확실한 사실이다. 이 점 때문에, 나는 여기에서 바울이 창세기 2:24을 인용한 구절은 바로 앞에 나온 구절이 아니라, 좀 더 앞에 있는 구절을 확증하기 위해서 인용된 것이 아닌가 하는 생각을 종종 해 왔다. 즉, 바울은 이렇게 말한 것일 수 있다: "모세는 결혼을 통한 연합에 의해서 남편과 아내는 한 몸을 이룬다고 말하였다. 반면에,

주와 연합하는 자는 한 몸(una caro)을 이룰 뿐만 아니라 한 영(unus spiritus)을 이룬다." 따라서 이 단락 전체는 우리와 그리스도 사이에 이루어진 영적 결혼의 고귀함과 그 결과를 강조하고 있는 것이다.

그러나 이러한 설명에 전적으로 만족할 수 없는 사람들도 있을 것이기 때문에, 나는 그 사람들을 위해서 이것과는 다른 설명도 제시하고자 한다. 음행은 하나님께서 제정하신 결혼 제도의 타락한 형태이기 때문에, 결혼과 일정 정도 닮은 면이 있다. 그렇기 때문에, 결혼에 대한 설명 중 일부는 음행에도 적용될 여지가 없지 않은데, 이것은 음행을 결혼과 동급의 고귀한 것으로 높이기 위한 것이 아니라, 죄의 심각성을 좀 더 분명하게 나타내기 위한 것이다. 따라서 "둘이 한 육체가 된다"는 원리는 원래 결혼한 남녀 사이에서만 적용될 수 있는 것이지만, 결혼과 유사한 행위인 음행을 행하는 남녀에게도 확대해서 적용될 수 있다. 즉, 음행하는 자들은 추악하고 부정한 관계 속에서 한 몸을 이룬 자들이기 때문에, 부정함은 한 사람에게서 다른 사람에게로 전이가 된다. 내가 이미 말하였듯이, 결혼의 타락한 형태가 음행이기 때문에, 음행이 결혼이라는 신성한 연합과 닮은 점이 있다고 말하는 것이 아주 틀린 것은 아니지만, 그 성격은 정반대여서, 음행은 하나님의 저주(maledictio) 아래 놓여 있는 반면에, 결혼은 하나님의 축복(benedictio) 아래 놓여 있다. 결혼과 음행은 서로 정반대되는 것임에도 불구하고, 두 가지 사이에 닮은 점이 있다는 것은 그러한 것을 의미한다. 하지만 나는 결혼과 음행이 서로 닮은 점이 있기 때문에 "둘이 한 육체가 된다"는 말씀이 그대로 동일한 수준에서 음행에도 적용된 것이라기보다는, 이 말씀은 원래 일차적으로 결혼을 가리키는 것이었는데, 단지 부차적으로만 음행에 적용된 것이라고 이해하는 것이 좋다고 보고, 다음과 같이 말하고자 한다: "하나님께서는 남편이나 아내가 다른 사람과 육체적인 결합을 가지지 않도록 하기 위해서, 그들이 한 몸을 이룬다고 선언하신 것이다. 따라서 음행하는 남자와 음행하는 여자도 한 몸을 이루기는 하지만, 그들의 연합은 저주 아래 놓여 있다." 이렇게 이해하는 것이 좀 더 간단하고 문맥과도 잘 부합하는 것임은 확실하다.

17. 주와 합하는 자는 한 영이니라. 바울은 그리스도와 성도 간의 연합은 남편과 아내의 연합보다 더욱 긴밀하고, 그렇기 때문에 전자를 후자보다 더욱 소중하게 여기는 것이 마땅한 것은 물론이고, 지극한 정결과 신의로써 그 연합을 유지하는 것이 마땅하다는 것을 보여 주기 위해서, 여기에서 이 말을 덧붙인다. 자기 아내와

이미 한 몸이 된 남자가 "창녀"와 부정한 관계를 맺어서는 안 되는 것이라면, 그리스도와 "한 몸"이 되었을 뿐만 아니라 "한 영"이 된 신자가 "창녀"와 부정한 관계를 맺는 것은 더더욱 가증스러운 죄악일 수밖에 없다. 따라서 바울은 여기에서 남편과 아내의 연합을 깨는 행위도 중죄에 해당하는데, 하물며 그리스도와 성도 간의 연합을 깨는 죄는 얼마나 더 큰 죄이겠느냐는 식의 논증방식을 사용하고 있다.

18. 음행을 피하라 사람이 범하는 죄마다 몸 밖에 있거니와 음행하는 자는 자기 몸에 죄를 범하느니라. 바울은 앞에서 어떻게 행하는 것이 올바른 것인지를 보여 준 후에, 이제 여기에서는 우리가 "음행"이 얼마나 수치스럽고 추악한 일인지를 명심하고서, 음행을 지극히 가증스럽게 여기고, 음행이라고 하면 치를 떠는 것이 마땅하다는 것을 보여 주는데, 좀 더 구체적으로 다른 죄들과의 비교를 통해서, "음행"이 얼마나 큰 죄악인지를 우리 앞에 제시한다. 즉, 모든 죄악 중에서 자기 몸에 수치와 불명예의 낙인을 찍는 것은 "음행"의 죄악이 유일하다는 것이다. 하지만 성경에서는 "너희의 손에 피가 가득함이라"(사 1:15)고 말하기도 하고, "너희가 너희 지체를 부정과 불법에 내주어"(롬 6:19)라고 말하기도 한다는 점에서, 절도나 살인이나 술 취함과 같은 죄악들도 우리의 몸을 더럽히는 죄악들이라는 것은 분명하다. 그래서 어떤 사람들은 그러한 난점을 피하기 위해서, "자기 몸"이라는 어구를 그리스도와 성도의 연합을 가리키는 것으로 이해하기도 한다. 하지만 나는 그러한 설명은 건전한 해석이라기보다는 편의적인 해석에 불과한 것이라고 생각한다. 뿐만 아니라, 그들이 제시한 그런 식의 설명으로는 그러한 난점을 피할 수도 없다. 왜냐하면, 그들의 설명을 따른다면, 우상 숭배에 대해서도 "음행"과 똑같은 말을 할 수 있기 때문이다. 즉, 우상 앞에 엎드려 절하는 사람도 그리스도와 성도의 연합에 해악을 끼치고 죄를 범하는 것이 된다. 따라서 나는 이 구절을 이렇게 해석한다: 바울은 우리의 몸에 불명예와 수치를 끼치는 다른 죄악들이 있다는 사실을 전적으로 부인한 것은 아니고, 단지 다른 죄악들은 "음행"만큼 우리의 몸에 더러운 자국을 남기지는 않는다고 말한 것일 뿐이다. 나의 손이 도둑질이나 살인으로 더럽혀지고, 나의 혀가 비방이나 위증으로 더럽혀지며, 나의 몸이 술 취함으로 더럽혀지는 것은 사실이지만, "음행"은 그러한 죄악들이 남기는 자국보다 훨씬 더 깊은 자국을 우리 몸에 남긴다. 따라서 바울은 여기에서 오직 음행만이 우리의 몸에 자국을 남기고 우리의 몸에 죄를 범하는 것이고, 그 밖의 다른 모든 죄악들은 "몸 밖에" 있어서, 우리의 몸을 더럽히지도 않고 우리의 몸에 자국을 남기지도 않

는다고 말한 것이 아니라, 단지 음행은 다른 죄악들에 비해서 우리의 몸에 영향을 미치는 정도가 훨씬 더 크고 심각하다는 것을 지적한 것이다.

19-20. 너희 몸은 너희가 하나님께로부터 받은 바 너희 가운데 계신 성령의 전인 줄을 알지 못하느냐. 바울은 우리로 하여금 이런 더럽고 추악한 음행을 멀리하고 다시는 쳐다보지도 못하게 하기 위하여, 두 가지 논거를 더 제시하는데, 첫 번째 논거는 우리의 "몸"은 "성령의 전"이라는 것이고, 두 번째 논거는 주께서 우리를 "값으로 사셔서" 자신의 소유로 삼으셨기 때문에, 우리는 더 이상 "우리 자신의 것이 아니라"는 것이다. 바울이 사용한 "전"이라는 단어에는 강조의 의미가 들어 있다. 왜냐하면, 바울은 "전"이라는 단어를 통해서, 하나님의 성령은 세속적이고 부정한 곳에는 거하실 수 없는 분인 까닭에, 우리가 우리 자신을 성령의 "전"으로 거룩하게 구별하지 않는다면, 우리는 우리 자신을 성령의 거처로 드릴 수 없다는 것을 단호하게 천명하고 있기 때문이다. 하나님께서 우리 안에 거하기를 원하신다는 것은 죽을 수밖에 없는 존재인 우리에게는 도저히 상상할 수 없는 일이 일어난 것이고, 이루 말할 수 없이 큰 영광이자 은혜일 수밖에 없다! 그렇기 때문에, 우리가 음행을 비롯해서 우리의 불경스러운 행위들로 말미암아, 우리를 성령의 전으로 삼으신 하나님께서 우리를 떠나시는 일이 일어나지 않도록, 더욱더 두려워하고 조심하는 것이 마땅하다는 것은 두말할 필요가 없다.

너희는 너희 자신의 것이 아니라 값으로 산 것이 되었으니. 이것은 바울이 우리로 하여금 음행 같은 죄악들은 아예 엄두조차 내지 못하게 하기 위하여 추가적으로 제시한 두 번째 논거로서, 우리에게는 우리 마음대로 살아도 좋은 재량권이 없다는 것이다. 바울은 우리가 우리 자신의 것이 아니라는 것을 증명하기 위해서, 주께서 우리를 속량하시려고 "값"(pretium)을 치르시고 우리를 사셨다는 사실을 제시한다. 이것과 비슷한 취지의 말씀이 로마서 14:9에도 나온다: "이를 위하여 그리스도께서 죽었다가 다시 살아나셨으니 곧 죽은 자와 산 자의 주가 되려 하심이라." 우리는 바울이 여기에서 사용한 "값"이라는 단어를 두 가지로 이해할 수 있는데, 하나는 그리스도께서는 우리를 값없이 거저 얻으셔서 자신의 소유로 삼으신 것이 아니라, 우리를 속량하셔서 자신의 것으로 삼으시기 위해서, 거기에 상응하는 "값"을 치르셨다는 것이고, 다른 하나는 그리스도께서 우리를 헐값에 사셔서 자신의 것으로 삼으신 것이 아니라, "아주 비싼 값"을 치르시고서 우리를 얻으셨다는 것이다. 나는 두 번째 의미로 이해하는 것이 더 좋을 것이라고 생각하는데, 사도 베드로도 비슷한 취지로 말한다: "너희가 대속함을 받은 것은 은이나 금 같이 없어질 것으로 된 것이 아니요 오직 흠 없고 점 없는 어린 양 같은 그리스도의 보배로운 피로 된 것이니라"(벧전 1:18-9). 요컨대, 여기에서 바울은 그리스도께서 어떠한 대가를 치르시고 우리를 속량하셔서 자신의 소유로 삼으신 것인지를 우리의 가슴에 새기고 명심하기만 한다면, 우리가 우리와 연합된 그리스도를 우리에게서 강제로 떼어내는 짓인 음행 같은 죄악들을 저지르지 않게 될 것이고, 우리 육신의 방종에 순종의 재갈을 물릴 수 있게 될 것이라고 말하고 있는 것이다.

그런즉 너희 몸으로 하나님께 영광을 돌리라. 바울의 이러한 결론을 통해서, 고린도 교인들이 그리스도인의 자유라는 명목 아래에서 자신들의 "몸"을 육신의 방탕함과 방종함에 맡겨서 마음대로 더럽혀 왔고, 그래서 바울이 그들의 그러한 행실에 재갈을 물리지 않을 수 없었다는 것이 분명하게 드러난다. 그러므로 바울은 고린도 교인들의 그러한 잘못된 생각과 행실을 모두 교정하기 위해서 이렇게 훈계한다: 너희는 너희의 "영혼"만이 아니라 너희의 "몸"도 하나님의 것이라는 것을 명심하고서, 너희의 "영혼"만이 아니라 너희의 "몸"으로도 하나님께 영광을 돌려야 한다. 그는 이렇게 말한 것과 같다: "신자들의 심령이 하나님 앞에서 마땅히 정결하여야 하는 것과 마찬가지로, 신자들이 사람들 앞에서 몸으로 하는 외적인 행실도 하나님 앞에서 마땅히 정결하여야 한다. 왜냐하면, 하나님께서는 우리의 심령만이 아니라, 우리의 몸도 속량하여 주셨고, 우리의 심령과 몸은 둘 다 하나님의 수중에 있기 때문이다." 바울은 바로 앞에서도 고린도 교인들이 자신들은 외적인 행실에서만 자유를 누리고 있고, 자신들의 심령으로는 오로지 하나님만을 섬기고 있기 때문에, 자신들은 하나님에 대하여 올바르게 처신하고 있는 것이라고 착각하지 않도록 하기 위해서, 우리의 "영혼"만이 아니라 우리의 "몸"도 "성령의 전"이라고 선언한 바 있다. 왜냐하면, 우리가 우리의 영혼과 마음과 육신을 포함한 우리 자신의 전부를 하나님께 드려서 하나님을 섬기고, 우리의 외적인 행실까지도 하나님의 말씀으로 인도함을 받아 행하지 않는다면, 우리는 결코 올바르게 행하고 있는 것이 아니기 때문이다.

제7장

[1]너희가 쓴 문제에 대하여 말하면 남자가 여자를 가까이 아니함이 좋으나 [2]음행을 피하기 위하여 남자마다 자기 아내를 두고 여자마다 자기 남편을 두라(7:1-2).

바울은 지금까지 고린도 교인들에게서 문제가 되었던 "음행"에 대해서 자세하게 말한 후에, 이제 여기에서는 "음행"을 피할 수 있는 해법인 결혼에 대해서 말하기 시작하는 것이기 때문에, 이렇게 그가 "음행"이라는 문제에서 "결혼"이라는 해법으로 주제를 전환한 것은 지극히 적절하다. 고린도 교회는 교인들이 서로 파당을 형성하여 다투고 분쟁을 일으키는 등 큰 내분에 휩싸여 있어서 아주 혼란스러운 상황이었음에도 불구하고, 고린도 교인들은 여전히 바울을 공경하는 마음을 일정 정도 지니고 있었던 것으로 보인다. 왜냐하면, 이 단락은 그들이 미심쩍거나 의심이 가는 문제들에 대해서는 여전히 바울의 조언을 구하고 있었음을 보여 주기 때문이다. 우리는 그들이 바울에게 조언을 구하였던 문제들이 어떤 것들이었는지를 정확하게 알 수는 없지만, 여기에서 바울이 답변한 내용들을 통해서, 그 문제들이 어떤 것들이었는지를 추측해 볼 수 있다. 또한, 기독교회가 세워진 지 얼마 지나지 않아서, 사탄의 교활한 술수를 통해서 교회 안에 미신이 은밀하게 침투해 들어왔고, 그 결과 상당히 많은 교인들이 어리석게도 독신주의(coelibatus)를 예찬하면서, 하나님이 제정하신 거룩한 제도였던 결혼을 멸시하게 되었고, 심지어 결혼을 부정한 것으로 간주하고 혐오하기까지 한 신자들도 많이 있었다는 것은 잘 알려져 있는 사실이다. 이러한 풍조는 아마도 고린도 교인들 사이에서도 널리 퍼져 있었던 것 같다. 또는, 적어도 고린도 교인들 중에는 결혼으로 인하여 생겨나는 무거운 책임들을 짊어지기 싫어서, 하나님을 섬기는 신앙과 관련된 여러 가지 구실들을 늘어 놓으며 독신주의를 예찬하면서, 신앙생활을 제대로 하려면 결혼해서는 안 된다는 식으로, 교인들의 마음을 흔들어 놓고 있었던 것으로 보인다. 아울러, 바울은 그 밖의 다른 많은 문제들에 대해서도, 고린도 교인들에게 가르침을 주고 있는 것으로 보아서, 그러한 문제들에 대해서도 그들로부터 조언을 요청받았던 것 같다. 하지만 우리에게 중요한 것은 고린도 교인들이 바울에게 그러한 문제들에 대한 조언을 구하였다는 사실이 아니라, 바울이 그러한 각각의 문제들에 대하여 어떠한 가르침을 주고 있느냐 하는 것이기 때문에, 우리는 이 문제들에 대한 바울의 가르침에 귀를 기울여야 한다.

1. 너희가 쓴 문제에 대하여 말하면 남자가 여자를 가까이 아니함이 좋으나. 바울의 답변은 두 부분으로 구성되어 있다. 즉, 그는 먼저 할 수만 있다면, 모든 남자가 여자를 가까이 하지 않는 것이 좋다고, 일반적인 원칙에 대하여 말한 후에, 다음으로는 거기에 다음과 같은 수정을 가한다: 원칙이 그렇기는 하지만, 많은 남자들은 육신의 연약함으로 말미암아 그렇게 할 수 없기 때문에, 그러한 남자들은 하나님께서 그들을 위해서 마련해 놓으신 해결책이자 그들이 실제로 사용할 수 있는 해결책을 경시하거나 무시해서는 안 된다. 또한, 우리가 유의하여야 할 것은, 바울이 남자가 결혼하지 않는 것이 "좋다"고 말하였을 때, 그가 "좋다"는 단어를 어떤 의미로 사용하였느냐 하는 것이다. 왜냐하면, 바울이 결혼하지 않는 것이 "좋다"고 표현한 것을 보고서는, 우리가 결혼을 통한 남녀 간의 연합을 바울은 악한 것으로 생각한 것이라고 결론을 내린다면, 그것은 바울의 의도가 전혀 아니기 때문이다. 그런데도 히에로니무스(Hieronymus)는 그렇게 생각했는데, 나는 그가 그렇게 생각한 것은 무지의 소치라기보다는, 과열된 논쟁이 빚은 부작용의 결과라고 본다. 왜냐하면, 이 고명한 신학자는 탁월한 능력의 소유자였음에도 불구하고, 논쟁할 때에는 너무 감정에 휩쓸려 격정적이 되어서, 진리의 테두리 내에 머물지를 못하고, 그 한계를 넘어서 버려서, 진실 자체를 바라보지 못하는 경우가 비일비재하였다는 한 가지 치명적인 약점을 지니고 있었기 때문이다. 이 구절에 대하여 그가 내린 결론은 이런 것이었다: "남자는 여자에게 손을 대지 않는 것이 좋다. 따라서 남자가 여자에게 손을 대는 것은 나쁘다." 하지만 바울이 여기에서 "좋다"라는 단어를 "나쁘다"거나 "악하다"와 상반되는 의미로 사용하지 않았다는 것은 확실하다. 그는 다만 결혼한 사람들에게 따라다니는 수많은 괴로움과 피곤함과 염려를 생각해 볼 때, 결혼을 하는 것과 결혼을 하지 않는 것 중에서 어느 쪽이 신자들에게 유익한 것일지를 보여 주고 있는 것일 뿐이다. 그렇기 때문에, 우리는 바울이 결혼과 관련한 이러한 원칙론적인 선언을 한 후에, 곧바로 그 원칙을 수정하기 위하여 덧붙이고 있는 말에 주목할 필요가 있는데, 그랬을 때에만 우리는 바울이 무슨 의

도로 이 원칙론적인 말을 하였는지를 제대로 파악할 수 있게 된다. 즉, 바울은 어떤 남자가 여자를 가까이 하지 않고도 정욕에 사로잡혀서 그 삶이 엉망이 되는 것이 아니라 얼마든지 정욕을 다스리며 올바르게 잘 살아갈 수 있는 경우에는, 결혼을 하지 않고 아내 없이 결혼생활에 얽매이지 않는 삶을 살아가는 것이 진정으로 유익하다고 말하고자 한 것이다. 이제 하나의 비유를 통해서, 이것을 설명해 보기로 하자. 어떤 사람이 "먹지도 않고 마시지도 않고 잠도 자지 않는 것이 좋다"고 말했다고 했을 때, 그것은 먹는 것과 마시는 것과 잠자는 것을 나쁜 일이라고 비난한 것은 결코 아니고, 단지 그러한 일들에 얽매이게 되면, 그러한 일들에 바쳐야 하는 시간만큼, 영적인 일에 바칠 우리의 시간이 줄어들 것이기 때문에, 우리가 우리의 관심을 분산시키는 그러한 일들에서 벗어나서 하늘의 일을 묵상하는 일에 우리 자신을 온전히 바칠 수 있는 여건이 된다면, 우리는 좀 더 복된 사람이 될 것이라는 것이 그의 의도일 것이다. 따라서 바울은 여기에서 결혼 생활에는 신자들이 하나님을 섬기는 일에 전념하는 것을 가로막는 많은 요소들이 있기 때문에, 결혼 자체가 나쁘거나 악한 것은 결코 아니지만, 할 수만 있다면, 결혼에 얽매여서 신앙생활에 방해를 받지 않도록 하기 위하여, 결혼을 하지 않는 것이 좋다고 말한 것이다.

그렇지만 여기에서 또 다른 의문이 생기는데, 그것은 바울이 여기에서 한 말은 하나님께서 창세기 2:18에서 "사람이 아내 없이 사는 것이 좋지 아니하니"라고 하신 말씀과 어긋나는 것처럼 보인다는 것이다. 왜냐하면, 하나님께서는 거기에서 분명히 좋지 않다고 말씀하셨음에도 불구하고, 바울은 여기에서 좋다고 말하고 있기 때문이다. 그러한 의문에 대한 나의 대답은 이런 것이다: 아내는 남편에게 있어서 "돕는 배필"로서 남편의 삶을 행복하게 만들어 주는 존재이고, 결혼은 하나님의 의도에 부합하는 제도이다. 왜냐하면, 하나님께서 처음에 제정하신 결혼 제도에 따르면, 남자는 아내 없이는 반쪽짜리 인간(dimidius homo)에 불과한 존재였고, 자신은 무엇인가 특별하고 꼭 필요한 조력을 받아야 하는데도 받지 못하고 있다고 느낄 수밖에 없는 존재였던 까닭에, 말하자면 아내는 남자를 완전한 인간 또는 완전한 존재로 만들어 주는 그런 존재였기 때문이다. 그런데 그 후에 아담과 하와가 범죄하여 타락함으로써 죄가 들어왔고, 그 죄는 하나님이 제정하신 결혼 제도를 근본적으로 망가뜨리고 훼손시켰다. 달리 말하면, 원래 하나님의 큰 축복이었던 결혼 생활은 이제 죄로 말미암아 하나님의 혹독한 징벌이 되어 버렸고, 그 결과 결혼은 수많은 괴로움의 근원이 되어 버렸다. 즉, 결혼 생활로 말미암은 수많은 괴로움이나 고통은 하나님이 세우신 결혼 제도가 타락한 데에 따른 필연적인 결과라는 것이다. 물론, 결혼 제도와 관련하여 하나님께서 주신 원래의 복이 아직도 부분적으로는 남아 있어서, 독신자의 삶이 결혼한 사람의 삶보다 훨씬 비참한 경우가 종종 있기는 하지만, 그럼에도 불구하고 결혼한 사람들이 훨씬 많은 괴로움과 고통을 감수해야 한다는 점에서, 바울이 남자들에게 여자를 멀리하고 결혼을 하지 않는 것이 좋은 일이라고 가르친 것은 합당한 것이었다. 결혼에는 많은 괴로움들이 수반된다는 것은 이제 누구나 다 아는 사실이다. 하지만 그렇다고 해서, 세상 사람들이 결혼을 폄하함과 동시에 여자를 폄하해서, "아내는 필요악(malum necessarium)"이라거나 "여자는 가장 큰 악 중의 하나"라고 악의적인 농담들을 서슴없이 하는 것은 결코 용납될 수 없는 일이다. 왜냐하면, 그러한 농담들은 사탄이 경영하는 공장에서 만들어져서 나오는 것들이고, 그 목적은 오직 하나님의 거룩한 제도를 욕보이고 모욕하여서, 사람들로 하여금 결혼을 교수대나 전염병 정도로 여겨서 기피하게 만들려는 것이기 때문이다.

요컨대, 우리는 하나님께서 처음에 제정하신 흠 없는 제도로서의 결혼과 그 후에 인간의 타락으로 말미암아 들어온 죄로 인한 징벌로서의 결혼을 구별하여야 한다는 것이다. 이렇게 이 둘을 서로 구별해서 말하자면, 남자가 아내와 연합하는 것은 처음에는 전적으로 좋은 일이었던 반면에, 아담의 타락 이후로 지금은 부분적으로만 좋은 일이라는 것이다. 왜냐하면, 지금은 우리의 죄로 말미암은 하나님의 저주가 결혼에도 영향을 미쳐서, 결혼 생활은 달콤함(dulce)과 씁쓸함(amarum)이 뒤섞인 것이 되었기 때문이다. 하지만 금욕(continentia)의 은사를 받지 못한 사람들, 즉 독신의 은사를 받지 못한 사람들에게는 결혼은 음행을 피하기 위해서 반드시 필요한 좋은 해결책이다.

2. 음행을 피하기 위하여 남자마다 자기 아내를 두고 여자마다 자기 남편을 두라. 이제 바울은 정욕을 절제할 수 없는 사람들은 결혼이라는 해결책을 사용하여야 한다고 말한다. 왜냐하면, 문자 그대로만 본다면, 이 문장은 마치 모든 남자와 여자에게 적용되는 것처럼 보일 수도 있지만, 앞뒤 문맥으로 볼 때, 바울이 여기에서 한 말은 스스로 정욕을 절제할 수 없다고 느끼는 남자와 여자에게만 제한적으로 적용되어야 한다는 것이 분명하기 때문이다. 바울의 이 말이 자신에게 해당되는지의 여부는 각 사람이 판단하여야 하지만, 어쨌든 육신의 정욕을 억제할 수 없는 모든 사람들은, 자신들의 결혼 생활에서 아무리 큰 어려움들이 예상된다고 할

지라도, 이 명령이 하나님에 의해서 그들에게 주어진 것임을 알아야 한다. 그러나 여기에서 "우리가 정욕을 참지 못하여 음행을 저지르는 것을 방지하는 것이 결혼의 유일한 이유이자 목적인 것인가"라고 반문하는 사람이 반드시 있을 것이다. 나의 대답은, 바울은 여기에서 그런 의미로 이렇게 말하고 있는 것이 아니라는 것이다. 왜냐하면, 바울은 결혼을 하지 않고도 얼마든지 정욕을 절제하며 살아갈 수 있는 은사를 받은 사람들은 각자의 선택에 따라 결혼을 해도 되고 하지 않아도 된다고 말하는 반면에, 정욕을 절제할 수 없는 사람들은 반드시 결혼해서, 자신들의 연약함을 보완하여야 한다고 명하는 것이기 때문이다. 요컨대, 바울이 여기에서 말하고자 하는 핵심은 결혼이 왜 필요한가에 대한 것이 아니고, 어떤 사람들에게 결혼이 필요한가에 대한 것이다. 왜냐하면, 우리가 인류 최초의 결혼, 즉 아담과 하와의 결혼을 살펴보면, 결혼은 당시에는 인류 가운데 아직 존재하지도 않았던 정욕이라는 병(morbus)을 억제하기 위한 것이 아니라, 자손을 생산하기 위한 것이었고, 정욕이라는 병에 대한 해결책으로서의 결혼의 목적은 인류가 타락한 이후의 일이라는 것을 알게 되기 때문이다.

또한, 일부다처제는 바울이 여기에서 말한 것에 어긋나는 제도이다. 왜냐하면, 사도가 "남자마다 자기 아내를 두고 여자마다 자기 남편을 두라"고 명한 것은, 단지 아내만이 남편에 대하여 순결의 의무를 다하여야 하는 것이 아니라, 남편도 아내에 대하여 순결의 의무를 다하여야 한다는 것을 의미하기 때문이다. 따라서 남자는 일단 자기 아내에게 순결을 지킬 것을 서약한 후에는, 어떤 이유로든 다른 여자와 성적인 관계를 맺어서, 자신의 아내에 대한 성적인 순결을 더럽혀서는 안 되는데, 일부다처제에서 한 번 결혼한 남자가 다른 여자와 또다시 결혼하여 성적인 관계를 맺는 것은 자신의 원래의 아내에 대한 순결의 의무를 저버리는 것이기 때문이다.

3남편은 그 아내에 대한 의무를 다하고 아내도 그 남편에게 그렇게 할지라 4아내는 자기 몸을 주장하지 못하고 오직 그 남편이 하며 남편도 그와 같이 자기 몸을 주장하지 못하고 오직 그 아내가 하나니 5서로 분방하지 말라 다만 기도할 틈을 얻기 위하여 합의상 얼마 동안은 하되 다시 합하라 이는 너희가 절제 못함으로 말미암아 사탄이 너희를 시험하지 못하게 하려 함이라(7:3-5).

3. 남편은 그 아내에 대한 의무를 다하고 아내도 그 남편에게 그렇게 할지라. 바울은 이제 결혼 생활에 있어서 남편과 아내가 지켜야 할 법도를 제시한다. 달리 말하면, 그는 남편과 아내의 "의무"가 무엇인지를 가르친다. 먼저, 그는 남편은 자기 아내를 사랑하고, 아내는 자기 남편을 사랑해야 한다는 일반적인 원칙을 제시한다. 어떤 사람들은 여기에서 바울이 말하고 있는 "의무"가 부부관계에 있어서의 "의무"를 가리키는 것이라고 해석하는데, 나는 그것이 과연 합당한 해석인지는 잘 모르겠다. 그들이 그렇게 생각하는 이유는 이 구절의 바로 뒤에서 바울이 "아내는 자기 몸을 주장하지 못하고 오직 그 남편이 하며 남편도 그와 같이 자기 몸을 주장하지 못하고 오직 그 아내가 하나니"(4절)라고 말하고 있기 때문이다. 하지만 나는 바울이 4절에서 말하고 있는 것은 지금 여기에서 말한 것으로부터 도출해 낸 내용에 해당된다고 보는 것이 좀 더 합당하다고 생각한다. 즉, 바울은 이 절에서 남편과 아내는 서로 사랑해야 할 의무가 있다고, 결혼생활에 있어서의 큰 원칙을 말한 후에, 그러한 원칙으로부터, 4절에서 남편이나 아내가 각자의 몸을 주장해서는 안 된다는 결론을 도출해 내고 있다는 것이다.

그러나 사도는 여기에서 왜 아내에게 남편에 대한 순종과 복종을 요구하지 않고, 남편과 아내를 동등하게 다루고 있는가라는 질문이 제기될 수 있다. 그러한 질문에 대해서, 나는 여기에서 사도의 의도는, 결혼생활 전반과 관련된 남편과 아내의 의무 전부가 아니라, 단지 부부관계와 관련해서 서로 간의 의무에 대해서만 말하고자 한 것이었다고 대답하고자 한다. 그러므로 남편과 아내는 결혼생활과 관련된 다른 일들에 있어서는 서로 다른 권리와 의무를 갖지만, 부부관계에 있어서는 서로가 서로에 대하여 신의(fides)를 지켜야 한다는 점에서 서로가 동등하다. 그렇기 때문에, 여기에서 다시 한 번 일부다처제는 부인된다. 남자가 자기 몸에 대한 권리를 포기하고, 그 권리를 자기 아내에게 넘겨 주어야 하는 것이, 부부관계에 있어서의 불변의 의무이자 법도라면, 그가 한 여자와 결혼한 후에도, 마치 자신이 자유의 몸인 양 다른 여자와 또다시 결혼한다는 것은 생각할 수도 없는 일이지 않겠는가?

5. 서로 분방하지 말라. 속된 사람들은 바울이 남편과 아내 간의 동침이라는 은밀한 일에 대해서 이런 식으로 대놓고 말하는 것이 점잖지 못한 짓이고 사도로서의 품격에도 어울리지 않는 것이라고 생각할지도 모르겠다. 하지만 사도로 하여금 이 문제를 거론하게 만든 이유들이 무엇이었는지를 우리가 잘 생각해 본다면, 우

리는 그가 이러한 문제에 대해서 언급하지 않을 수 없었다는 것을 알게 될 것이다. 먼저, 우리 자신도 경험을 통해서 알고 있듯이, 성적인 문제에 대한 외식적인 태도가 경건한 자들을 얼마나 미혹시키고 있는지를 사도는 잘 알고 있었다. 즉, 사탄은 실제로는 옳지 않은 일인데도 겉보기에는 옳은 것처럼 보이는 일들로 경건한 자들을 현혹해서 그들의 지각을 마비시키고 올바른 판단을 할 수 없게 만드는데, 성적인 문제가 바로 그 대표적인 예로서, 그런 식으로 미혹된 경건한 자들은 성적인 것은 무엇이든지 다 나쁜 것이라고 생각해서, 결국에는 아내와 동침하는 것은 그들을 부정하고 더럽게 만드는 것이라고 생각하게 되고, 거기에서 한 걸음 더 나아가서 하나님이 그들을 결혼생활을 하도록 부르셨음에도 불구하고, 그들은 결혼생활 자체를 버리고서, 다른 종류의 삶, 즉 독신으로 사는 것이 합당한 일이라고 생각하는 잘못을 범하게 된다는 것이다. 다음으로, 바울은 모든 사람이 얼마나 자기애(amor sui)에 빠져 있고, 얼마나 쾌락(voluptas)에 탐닉하고 있는지를 잘 알고 있었다. 자신의 욕구(libido)를 충족시킨 남편이 자기 아내를 소홀히 대할 뿐만 아니라 권태감을 표출까지 하는 것은 이런 이유에서이다. 사실, 때때로 자기 아내에게 권태감(fastidium)을 느껴 보지 않은 사람은 거의 없다. 이런 이유들 때문에, 바울은 결혼생활에 있어서 남편과 아내의 상호적인 의무에 대해서 이처럼 신경을 써서 다루지 않을 수 없었다. 그는 이렇게 말한 것과 같다: "결혼한 사람들이 독신 생활로 돌아가고 싶다는 생각을 하게 된다면, 그것이 독신 생활이 더 거룩한 것이라고 생각하였기 때문이든, 아니면 문란한 성생활을 하고 싶은 유혹을 받았기 때문이든, 그들은 자신들이 상호적인 의무관계(mutuus nexus)로 묶여 있다는 것을 기억하여야 한다. 남편의 몸의 절반은 아내의 것이고, 마찬가지로 아내의 몸의 절반은 남편의 것이다. 따라서 그들에게는 독신 생활을 선택할 자유가 없고, 도리어 다음과 같은 생각으로 자기 자신을 다스리고 다독거리는 것이 마땅하다: "남편과 아내는 서로의 도움을 필요로 하기 때문에, 하나님께서는 우리가 서로 돕도록 하시기 위해서, 우리를 하나로 묶어 주셨다. 그렇기 때문에, 남편과 아내는 서로가 필요로 하는 것을 도와 주어야 하고, 어느 쪽이든 자기 마음대로 행동해서는 안 된다."

합의상 얼마 동안은 하되. 바울은 "분방하기" 위해서는 남편과 아내 간에 합의가 있어야 한다고 말하는데, 이것은 무엇보다도 "분방하는" 것이 남편과 아내 중에서 어느 한 당사자만의 금욕(continentia)에 관한 문제가 아니고, 두 사람 모두의 문제이기 때문이다. 그는 여기에 다른 두 가지 조건을 덧붙인다. 그 중 첫 번째 조건은 "분방"이 단지 일시적인 것이라야 한다는 것이다. 왜냐하면, 장기간에 걸친 금욕은 결혼한 부부가 감당할 수 있는 일이 아닌 까닭에, 그럼에도 불구하고 그들이 자신들의 능력 이상으로 무리하게 분방하다가는 사탄의 계략에 말려들어 범죄할 것이 뻔하기 때문이다. 두 번째 조건은 남편이나 아내는 금욕을 그 자체로 선하고 거룩한 일로 여기거나, 금욕 자체를 하나님을 섬기는 일로 여겨서, 부부관계를 멀리하는 것이어서는 안 되고, 금식을 하거나 집중적으로 기도하는 것 같은 다른 경건의 일을 하기 위한 시간을 확보하기 위한 것이어야 한다는 것이다. 한편, 바울이 여기에서 이처럼 부부 간에 분방하는 것을 극도로 경계하고, 꼭 필요한 경우가 아니면 분방하지 말라고 신신당부를 하였음에도 불구하고, 사탄은 많은 신자들을 부추겨서 잘못된 생각에 빠지게 하여, 독신생활에 대한 그릇된 열망에 사로잡혀서, 불법적인 이혼을 감행하도록 자극하고 충동질해 왔다. 남편들은 독신생활을 선택해서 수도사로서의 삶을 살아가는 것이 하나님을 좀 더 기쁘시게 해 드리는 일이라고 여겨서, 아내를 버려두고 수도원으로 들어가 버렸고, 아내들은 남편의 간절한 만류를 뿌리치고서, 독신의 상징인 베일을 착용하고 평생을 수녀로 살아가는 길을 택하였다. 그러한 남편들과 아내들은 그런 식으로 행하면서도, 자신들의 그러한 행위가 배우자에 대한 신의를 저버림으로써 하나님과의 언약을 파기한 행위이고, 결혼으로 인한 연합과 연대를 벗어버림으로써, 하나님이 그들에게 지워준 멍에를 자기 마음대로 벗어 버린 행위라는 것을 단 한순간도 인정하지 않았다.

사실, 이러한 폐습은 고대의 교회법에 의해서 어느 정도 바로잡혔다. 왜냐하면, 고대의 교회법은 남편이 독신 생활을 하기로 결심하였다는 구실로, 아내의 뜻에 반해서 아내를 버리는 것을 금지하였고, 마찬가지로 아내가 금욕을 이유로 남편에게 자기 몸을 허락하지 않는 것도 금지하였기 때문이다. 하지만 고대의 교회법도 남편과 아내가 두 사람 다 죽을 때까지 독신으로 살기로 결심한 경우에는, 서로가 갈라서는 것을 허용하는 잘못을 범하였다. 왜냐하면, 그것은 부부 중에서 어느 한쪽이든, 또는 두 사람 모두이든, 이미 결혼한 경우에는, 독신 생활을 하기로 결심하는 것은 하나님의 성령을 거스르는 일임에도 불구하고, 두 사람이 모두 독신 생활을 하기로 합의하면, 마치 합법적인 일이 되는 것처럼 인정한 것이기 때문이다. 바울은 결혼한 사람들은 단지 일시적으로만 "분방"을 해야 한다고 분명하게 명하였다. 그런데도 주교들은 결혼한 부부가 평생 동안 부부관계를 갖지 않고 독신으로 살아가는 것은 아무 문제가 없다고 보고 허락하였다. 바울이 명한 것과 주교들이 취한 조치가 서로 명백하게 상충된다는 것을 모를 자가 어디 있겠는가? 따라서 이 문제에 있어서 옛 사람들의 견해가 하나님의 말씀에서 벗어난 것임은 너무나 분명하기 때문에, 우리가 이 문제와 관련해서 옛 사람들의 견해를 대놓고 공공연하게 반박하고, 그들과 견해를 달리한다고 할지라도, 아무도 그것을 이상하게 여겨서는 안 될 것이다.

다만 기도할 틈을 얻기 위하여. 우리는 바울이 여기에서 모든 종류의 "금식"과 "기도"가 분방의 이유 또는 근거가 될 수 있다고 말하고 있는 것이 아니라는 것을 유의하여야 한다(칼빈이 사용한 헬라어 본문에서는 여기에 "기도" 외에도 "금식"을 함께 언급하고 있다; "다만 금식하고 기도할 틈을 얻기 위하여" — 역주). 왜냐하면, 그리스도인들은 늘 검소하고 절제된 삶을 살아야 하는데, 그러한 검소함과 절제는 그리스도인들에게 꼭 필요한 덕목들로서, 일종의 "금식"에 해당한다고 말할 수 있고, 마찬가지로, "기도"와 관련해서도, 그리스도인들은 매일 일정한 시간을 정해서 기도하여야 할 뿐만 아니라, 늘 쉬지 않고 기도하여야 한다고 말할 수 있기 때문이다. 따라서 바울이 여기에서 말하고 있는 "금식"은 신자들이 어떤 큰 죄를 지었을 때에 그 죄에 대한 하나님의 진노를 누그러뜨리기 위해서 엄숙한 회개의 증표로서 행하는 금식이나, 신자들이 중대한 문제를 앞두고 작정기도를 하기에 앞서 그 준비작업으로서 먼저 자신을 회개하고 정결하게 하기 위하여 행하는 금식 같은 것을 가리킨다. 동일한 맥락에서, 바울이 여기에서 말하고 있는 "기도"도 신자들이 어떤 일에 대하여 작정하고서 온 마음과 힘을 다해서 드리는 특별한 "기도"를 가리킨다. 실제로 우리는 "금식"과 "기도"에 전념하기 위해서 모든 것을 다 내려 놓아야 할 경우가 종종 있는데, 모종의 재앙이 임박해 있고, 그 재앙이 하나님의 진노의 징표로 생각될 때, 또는 모종의 난관에 부딪쳤을 때, 또는 교회에서 목회자의 임직 같이 아주 중요한 문제를 처리해야 할 때 등이 그런 경우에 해당된다. 이처럼 "금식"은 "기도"를 준비하기 위한 것이기 때문에, 사도가 여기에서 이 둘을 결합시켜서 말한 것은 지극히 합당하다. 그래서 그리스도께서도 "기도와 금식 외에 다른 것으로는 이런 종류가 나갈 수 없느니라"(마 17:21; 막 9:29, 한글개역개정에는 "금식"이 생략되어 있음)라고 말씀하심으로써, 귀신을 쫓아내는 일과 관련해서 기도와 금식을 결합해서 함께 말씀하셨다. 따라서 바울이 "틈을 얻기 위하여"라고 말한 것은, 남편이나 아내가 금식이나 기도에 전념하는 것을 방해하는 모든 것들을 다 내려 놓고서, 오로지 금식이나 기도에 전념할 필요가 있을 때에만, 서로 합의해서 분방을 하여야 한다고 말한 것이다. 그런데 아내와 잠자리를 같이하는 것이 기도를 방해한다는 이유로 합방하는 것을 악한 일로 여기는 사람이 있다면, 거기에 대한 나의 대답은 아주 간단하고 쉬운데, 그것은 그 사람이 부부가 합방하는 것이 기도에 방해가 된다는 이유를 들어서, 합방을 악한 일이라고 말한다면, 똑같은 논리로 먹고 마시는 것이 금식에 방해가 된다는 이유를 들어서, 먹고 마시는 것을 악한 일이라고 말하여야 하는데, 그 사람은 실제로는 그렇게 말하지 않을 것이기 때문에, 그 사람의 논리는 잘못된 것이라는 것이다. 한편, 지금이 정상적으로 먹고 마셔야 할 때인지, 아니면 금식을 하며 자신을 돌아보고 회개하여야 할 때인지를 지혜롭고 신중하게 판단하는 것은 신자들 자신의 몫이다. 마찬가지로, 지금이 아내와 잠자리를 같이하는 것이 합당한 때인지, 아니면 아내와의 잠자리를 피하고 하나님과 관련된 다른 중요한 일을 해야 할 때인지를 지혜롭고 신중하게 판단하는 것도 신자들 자신의 몫이다.

다시 합하라 이는 너희가 절제 못함으로 말미암아 사탄이 너희를 시험하지 못하게 하려 함이라. 바울은 앞에서 부부는 금식이나 기도를 하기 위해서 분방을 할 수 있지만, 서로 간의 합의에 의해서 일시적으로만 분방하라고 말하고 나서, 이제 여기에서는 왜 그렇게 해야 하는지, 그 이유를 제시한다. 옛 사람들은 바울이 여기에서 말한 이유를 제대로 이해하고서, 사도가 "얼마 동안은 하되 다시 합하라"고 말한 것을 심각하게 받아들여서, 그 말씀을 그대로 교회에 적용하고 가르쳤어야 함에도 불구하고, 그렇게 하지 않고, 경솔하고 사려 깊지 못하게 생각해서, 결혼한 부부가 두 사람 다 평생 동안 독신으로 살겠다고 합의한 경우에는, 이미 부부가 된 사람들로 하여금 평생 동안 분방을 허용하는 잘못을 범하고 말았다. 왜냐하면, 옛 사람들이 그런 잘못을 범한 것은 사도가 여기에서 한 말을 다음과 같이 해석하였기 때문이었다: "결혼한 부부가 상호 합의에 의해서 '얼마 동안' 금욕 생활을 하는 것이 좋은 일이라면, 하물며 부부 모두가 서로 합의해서 평생 동안 금욕 생활을 하겠다고 선언한다면, 그것은 얼마나 좋은 일이겠는가!"

하지만 그들은 자신들의 그러한 추론 속에 얼마나 큰 위험이 도사리고 있는지를 간파하지 못하였다. 다시 말하면, 그들은 우리가 우리의 연약한 힘으로는 감당하지 못할 일을 시도할 때, 그것은 사탄에게 우리를 공격해서 쓰러뜨릴 수 있는 절호의 기회를 제공하는 것이라는 사실을 깨닫지 못하였다. 여기에서 어떤 사람은 "사탄이 공격해 온다면, 우리가 사탄을 물리치면 되지 않겠는가"라고 반문할지도 모르겠다. 하지만 우리에게 사탄을 물리칠 수 있는 무기와 방패가 없다면, 어떻게 할 것인가? 그들은 다시 이렇게 말할 것이다. "우리가 주님께 그런 무기와 방패를 달라고 구하면 될 것이 아닌가?" 그러나 우리가 경솔한 생각과 잘못된 판단에 의거해서, 대담하게도 하나님께서 명하신 것을 어기고서 무모한 일을 벌여 놓고서는, 나중에 일이 잘못되었음을 알고서, 하나님께 도와 달라고 기도하는 것은 소용 없는 일일 것이다. 따라서 우리는 바울이 "너희가 절제 못함으로 말미암아"라고 말한 것을 각별히 유의하여야 한다. 왜냐하면, 바울은 이 말을 통해서, 자기가 부부는 부득이한 경우에 분방하더라도 "얼마 동안은 하되 다시 합하라"고 신신당부하였는데도, 우리가 그 말을 듣지 않고, 장기간 또는 평생 동안 분방하게 된다면, 우리는 육신의 연약함으로 말미암아 사탄의 유혹에 그대로 넘어가서 하나님으로부터 멀어지게 되고 신앙과 관련된 온갖 어려움들을 겪게 될 것이라고 경고하고 있는 것이기 때문이다. 우리에게 정말 사탄의 유혹이나 시험을 차단하고 물리치고자 하는 마음이 있다면, 우리는 하나님께서 우리를 보호하시기 위해서 준비해 두신 해결책을 받아들여서, 거기에 순종하여 행하는 가운데, 사탄의 유혹이나 시험에 맞서는 것이 합당한 방법이고 정도이다. 따라서 우리가 바울의 경고를 무시하고, 장기간이나 평생 동안 아내와 분방한다면, 그것은 우리가 하나님께서 명하신 것들을 무시하고 행하더라도, 마치 하나님께서는 우리에게 사탄의 그 어떤 시험이나 유혹도 다 물리칠 수 있는 영원한 능력을 주시기로 약속하신 것처럼, 말도 안 되는 망상에 빠져서 경솔하고 무모하게 행하는 것이 될 뿐이다.

[6]**그러나 내가 이 말을 함은 허락이요 명령은 아니니라** [7]**나는 모든 사람이 나와 같기
를 원하노라 그러나 각각 하나님께 받은 자기의 은사가 있으니 이 사람은 이러하
고 저 사람은 저러하니라** [8]**내가 결혼하지 아니한 자들과 과부들에게 이르노니 나와
같이 그냥 지내는 것이 좋으니라** [9]**만일 절제할 수 없거든 결혼하라 정욕이 불 같이
타는 것보다 결혼하는 것이 나으니라**(7:6-9).

6. 그러나 내가 이 말을 함은 허락이요 명령은 아니니라. 바울은 고린도 교인들이 결혼과 관련해서 자기가 지금까지 말한 것들을 악용해서, 부부관계를 자신의 욕정을 마음껏 채우는 통로로 사용하지 않도록 하기 위해서, 그런 것을 방지하기 위한 말을 여기에 덧붙인다. 즉, 그는 자기가 지금까지 그들에게 결혼을 하라고 말

하고, 꼭 필요한 경우가 아니면 분방하지 말라고 말한 것은 그들의 연약함을 고려해서 말한 것이기 때문에, 자기가 그들에게 결혼을 장려하였고, 부부생활을 통해서 마음껏 정욕을 채우는 것을 허락하였다는 식으로 생각해서는 안 되고, 도리어 자기가 결혼하라고 말하고, 분방하지 말하고 말한 것은 그들의 성적인 방종이나 일탈을 방지하기 위한 것임을 명심해야 한다고 말한다. 따라서 바울은 그들이 성적인 방종이나 일탈을 방지하기 위한 결혼 생활을 악용해서, 자신들의 정욕을 마음껏 충족시키고, 부부 간에는 그런 식으로 정욕을 불태워도 전혀 부끄러운 일이 아니라고 생각하는 일이 생기지 않기를 원하였다.

이와 동시에, 바울이 여기에서 이런 말을 덧붙인 데에는, 사악한 자들이 다음과 같이 비아냥대며 조롱하는 것을 미리 차단하고자 하는 의도도 있었다: "무엇이라구? 당신은 신자들인 남편들과 아내들이 자발적으로 육체의 정욕을 채우며 육신적인 쾌락을 충분히 만끽하지 않을 것이 염려가 되어서, 그들에게 그렇게 하라고 촉구하고 있는 것인가?" 왜냐하면, 성자들인 척하는 저 교황주의자들조차도 바울의 이러한 가르침에 크게 당혹해하면서, 기꺼이 바울과 한 판 겨뤄 보려고 벼르기 때문이다. 그들은 바울이 결혼한 부부들은 동거할 의무가 있다고 말하고, 독신 생활로 전환하는 것을 허락하지 않은 것을 문제삼았다. 그래서 바울은 자기가 앞에서 왜 그런 식으로 가르친 것인지, 그 이유를 제시함과 동시에, 자기가 결혼한 사람들에게 부부관계를 갖도록 권면한 것은, 그들에게 쾌락을 좇도록 권장하기 위한 것도 아니고, 자신이 그런 식으로 조언하는 것을 기뻐하였기 때문도 아니며, 도리어 자신의 편지를 받아서 읽어 보게 될 신자들의 연약함으로 말미암아, 그들의 연약함을 보완하기 위해서 그들에게 진정으로 필요한 것이 무엇인지를 깊이 고려한 끝에 나온 가르침이었다고 말한다.

독신주의를 열광적으로 옹호하는 어리석은 자들은 이 절에 나오는 두 어구를 모두 다 악의적으로 해석한다. 그들은 여기에서 "허락"으로 번역된 단어가 헬라어와 라틴어에서 "허락"이라는 뜻 외에 "용서"라는 뜻도 갖고 있다는 것을 악용해서, 바울이 "내가 이 말을 함은 허락이요"라는 말을 이렇게 해석한다: 바울이 남자와 여자가 결혼해서 부부관계를 맺으라고 앞에서 말해 놓고서, 그것을 "용서"라고 말한 것은, 부부 간의 성적 관계는 "죄악"이지만, 자기가 그런 죄악된 행위를 용서하고서 그렇게 말한 것이라는 의미가 된다. 또한, 그들은 바울이 "명령은 아니니라"고 말한 것은, 자기가 앞에서 결혼을 하라고 말하기는 했지만, 결혼 생활을 꼭 해야 한다고 하나의 명령으로 말한 것은 아니기 때문에, 결혼 생활을 중간에 포기하고 독신 생활로 되돌아가는 것이 더욱 거룩한 일이라고 말한 것으로 해석한다. 먼저, 나는 "허락"이라는 단어에 대한 그들의 해석에 대해서 이렇게 반박하고자 한다. 인간의 모든 정념(affectus)은 절제되지 않고 정도가 지나쳐서 죄악이 되는 것이 다반사이기 때문에, 부부 간의 성생활에 있어서도 문란함이 있을 수 있고, 분명히 그러한 문란한 성생활이 죄악이라는 것은 나도 인정한다. 게다가, 인간의 정욕은 다른 정념들보다도 더 난폭하고 거의 짐승 수준이기 때문에, 통제하기가 더욱 어렵다는 것도 나는 인정한다. 하지만 다른 한편으로, 나는 다음과 같은 사실도 우리가 인정하여야 한다고 보는데, 그것은 결혼 생활에 비록 악한 것이나 부끄러운 것이 있다고 할지라도, 그러한 것들은 결혼의 존귀함과 고결함에 의해서 충분히 덮여지기 때문에, 더 이상 악하거나 부끄러운 것이 아니고, 적어도 하나님께서는 그런 것들을 결혼 생활에 있어서의 악으로 여기지 않으신다는 것이다.

아우구스티누스(Augustinus)는 「결혼의 유익에 관하여」라는 자신의 저서를 비롯한 여러 곳들에서 이 문제를 그러한 요지로 우아하게 서술하고 있다. 따라서 우리는 바울이 여기에서 말하고자 한 것을 다음과 같이 요약할 수 있다: 남편과 아내가 잠자리를 같이 하는 것이 정결하고 정숙하고 거룩한 행위인 것은 그것이 하나님께서 정하신 원리이고 질서이기 때문이다. 절제되지 않은 욕망은 타락한 인간본성으로부터 초래된 죄악이다. 그러나 신자들에게 결혼은 그러한 죄악을 덮어주는 것이기 때문에, 하나님께서는 결혼 생활에서 부부가 정상적으로 행하는 성생활을 죄악으로 여기지 않으신다.

다음으로, 나는 "명령"이라는 단어에 대한 그들의 해석에 대해서 이렇게 반박하고자 한다. 성경에서는 "명령"이라는 단어는 원래 신자들에게 마땅한 의로운 의무들이나, 그 자체로 하나님을 기쁘시게 하는 일들을 가리키는 데 사용하는데, 바울이 결혼과 부부관계에 대하여 앞에서 말한 것들은 고린도 교인들의 무절제한 정욕을 해결하기 위한 해결책으로 그들에게 제시한 것이기 때문에, 바울은 거기에 대해서 자기가 한 말들은 "명령은 아니라"고 여기에서 말하고 있는 것이다. 하지만 바울은 우리가 특별히 독신의 은사를 받은 것이 아니라면, 우리의 정욕으로 인하여 사탄의 시험에 걸려 넘어지지 않으려면, 자기가 말한 해결책을 반드시 따라야 한다는 것을 앞에서 이미 우리에게 충분히 보여 주었다.

7. 나는 모든 사람이 나와 같기를 원하노라 그러나 각각 하나님께 받은 자기의

은사가 있으니 이 사람은 이러하고 저 사람은 저러하니라. 이것은 앞에서 말한 내용에 대한 보충 설명이다. 즉, 바울은 앞에서 그들에게 정욕을 감당할 수 없을 때에는 결혼을 하고, 결혼한 부부는 피치 못할 사정이 있는 경우 외에는 분방하지 말라고 말하고 나서, 자기가 그렇게 말한 것은 누구나 다 따라야 할 절대적인 "명령"이 아니라, 그렇게 해도 좋다는 "허락"이라고 말하였는데, 이제 여기에서는 자기가 그렇게 말한 것이 무슨 의미인지를 좀 더 분명하게 드러내고 있는 것이다. 바울은 다시 남자가 여자를 가까이 하지 않는 것이 좋다는 대원칙으로 돌아가서, 실제로 자기가 그렇게 독신으로 지내고 있고, 모든 사람도 자기처럼 그렇게 독신을 지내기를 원한다고 말하고, 그렇게 독신으로 지내는 것이 결혼하는 것보다 그리스도인들에게 더 합당한 것임을 천명한다. 그런 후에, 바울은 독신 생활이 결혼 생활보다 그리스도인들에게 합당한 것이기는 하지만, 그것은 독신 생활을 감당할 수 있어야 한다는 전제조건이 충족된 경우에만 합당한 것이 되기 때문에, 모든 그리스도인들은 각자 자기가 하나님으로부터 독신의 "은사"를 받았는지, 그렇지 않은지를 반드시 따져 보아야 한다고 말한다. 따라서 바울이 앞에서 그들에게 결혼을 하라고 "명령하지" 않은 이유가 여기에서 밝혀지는데, 그 이유는 바울은 그들에게 반드시 결혼하라고 말하고 싶은 마음이 없었고, 도리어 그들이 가급적 결혼하지 않기를 원하였기 때문이었다. 하지만 모든 그리스도인들이 자기처럼 결혼을 하지 않고 독신으로 살아갈 수 있는 은사를 받은 것은 아니었기 때문에, 바울은 그들의 연약함을 고려하지 않을 수 없었고, 바로 그들의 그러한 연약함을 전제로 해서, 차선책으로 그들에게 결혼을 하라고 명한 것이었다.

따라서 만일 사람들이 바울이 여기에서 한 말을 진지하게 받아들여서, 바울의 의도가 무엇인지를 신중하게 살펴서 정확하게 이해하였다면, 온갖 심각한 폐단들과 악습들의 근원이 된 독신주의를 추구하는 저 악한 미신은 결코 이 세상에 발을 붙일 수 없었을 것이다. 여기에서 바울은 동정(童貞, virginitas)을 지키며 살아가는 것은 특별한 "은사"로서 모든 사람에게 똑같이 주어진 것이 아니기 때문에, 그것은 모든 사람들이 자신의 의사를 따라서 자유롭게 선택할 수 있는 그런 성질의 것이 아니라고 분명하게 선언한다. 또한, 바울의 그러한 가르침은 그리스도의 말씀에서 한 치도 벗어나지 않는 정확한 가르침이다: "예수께서 이르시되 사람마다 이 말을 받지 못하고 오직 타고난 자라야 할지니라 어머니의 태로부터 된 고자도 있고 사람이 만든 고자도 있고 천국을 위하여 스스로 된 고자도 있도다 이 말을 받을 만한 자는 받을지어다"(마 19:11). 따라서 바울이 결혼을 하지 않고도 살아갈 수 있는 은사가 모든 사람에게 주어진 것이 아니라고 말할 때, 그는 우리 주님을 대변해서 주님의 말씀을 풀이해서 우리에게 들려주고 있는 것이다.

그렇다면, 교회에서는 그동안에 무슨 일이 벌어졌던 것인가? 그것은 신자들이 결혼과 관련해서 하나님이 자기에게 주신 은사는 고려하지도 않고, 자신의 마음이 끌리는 대로, 제멋대로 하나님 앞에서 자기는 영원히 금욕 생활을 하겠다고 맹세하고 서약하는 일이 벌어진 것이었다. 이런 잘못을 범한 것은 단지 무지한 일반 신자들만이 아니었다. 고명하다고 하는 신학자들도 인간이 얼마나 연약한 존재인지를 망각한 채로 무조건적으로 순결 서약을 함으로써, 바울의 경고, 아니 그리스도께서 친히 하신 경고를 무시해 왔다. 히에로니무스(Hieronymus)는, 그가 어떤 종류의 열정에 사로잡혔는지는 우리가 알 수 없지만, 아무튼 열정에 사로잡혀 눈이 멀어서, 단지 그릇된 견해들에 빠진 정도가 아니라, 그릇된 견해들을 향하여 돌진하였다. 평생토록 순결을 지키는 것은 고귀한 은사라는 것은 나도 인정한다. 하지만 그것은 우리가 선택할 수 있는 것이 아니라, 어디까지나 하나님께서 자신의 뜻대로 베풀어 주시는 "은사," 곧 "선물"이라는 점을 우리는 잊어서는 안 된다! 또한, 모든 사람이 그러한 은사를 받은 것이 아니라, 극소수의 사람들만이 그러한 은사를 받았다고 하신 그리스도의 말씀에 우리는 귀를 기울여야 한다! 따라서 우리는 우리에게 주어진 힘으로는 감당할 수 없는 일을 위해서 우리 자신을 헌신하겠다고 경솔하게 맹세해서는 안 된다는 것을 알아야 한다! 만일 우리가 우리 자신의 소명을 아랑곳하지 않은 채로 우리의 한계를 넘어서는 것을 열망한다면, 우리가 열망하는 그것이 아무리 훌륭하고 선한 일이라고 할지라도, 우리는 은사를 따라 행하는 것이 아니라, 주제넘게 우리 마음대로 행하는 것이 될 뿐이다.

그럼에도 불구하고, 옛 사람들은 동정을 지키는 것을 가장 크고 훌륭한 덕목으로 칭송하고, 그렇게 평생 동안 순결을 지키며 살아가는 것 자체가 하나님을 아주 잘 섬기는 것이라고 생각하는 잘못을 저질렀다. 그리고 그러한 잘못도 이미 위험스러운 것이었는데, 거기로부터 또 다른 잘못이 등장하였다. 즉, 독신 생활이 이처럼 대단히 고귀하고 존경받을 만한 것으로 인정받게 되면서, 많은 사람들이 경쟁적으로 경솔하게 평생 동안 금욕하며 살아가겠다고 맹세하고 나선 것이었다. 이것이 문제가 된 것은 그렇게 많은 사람들이 독신 생활을 맹세하였지만, 그들 중에서 하나님으로부터 독신의 은사를 받은 사람은 극소수에 지나지 않았다는 데 있었다.

세 번째 잘못도 생겨났다. 그것은 교회의 사역자들에게 결혼을 금지한 것이었는데, 그 이유는 결혼 생활을 영위하면서 성직을 감당하는 것은 성직자가 마땅히 추구해야 하는 거룩함에 어울리지 않는다는 것이었다. 하나님께서는 결혼을 멸시하고 경솔하게 제멋대로 평생 동안 금욕하며 살아가겠다고 맹세한 자들의 오만방자함(arrogantia)을 일차적으로는 그들의 내면에서 은밀한 정욕의 불이 타오르게 하심으로써, 그리고 이차적으로는 추악하고 가증스러운 행실들을 행하게 하심으로써 벌하셨다. 교회의 사역자들에게 합법적인 결혼을 허용하지 않는 이러한 폭압으로 말미암아, 교회는 유능하고 충성스러운 일꾼들을 많이 잃게 되었다. 왜냐하면, 경건하고 사려 깊은 남자들은 자신이 독신의 은사를 받지 않았는데도 교회의 사역자가 되기 위해서 하나님의 명령을 어기고 독신 생활을 선택하는 덫에 빠지려 하지 않았기 때문이다. 마침내, 오랜 시간이 흐른 후, 그 때까지 억눌려 있던 정욕이 악취를 풍기면서 봇물처럼 터져나왔다. 교회에서는 성직자들이 아내를 갖게 되면 교수형에 처해지게 될 것이라고 경고하였지만, 성직자들은 창녀나 다름없는 내연녀들을 거느리고 살면서도 아무런 처벌을 받지 않는 것은 대수롭지 않은 일이 되어 버렸고, 사제들의 정욕으로부터 안전을 보장받을 수 있는 가정은 하나도 없었다. 그런데 이런 일들조차도 별것 아닌 일들에 지나지 않았다. 왜냐하면, 사례로 거론하기도 낯뜨겁고 차라리 영원한 망각 속에 묻어두는 것이 좋을 듯한 온갖 해괴하고 괴상망측하기 짝이 없는 일들을 사제들이 저질러 왔다는 것이 지금은 낱낱이 드러나 있기 때문이다.

8. 내가 결혼하지 아니한 자들과 과부들에게 이르노니 나와 같이 그냥 지내는 것이 좋으니라. 이 절은 바울이 앞 절에서 한 말을 전제한 것인 동시에, 거기로부터 추론된 것이다. 바울은 앞에서 하나님의 "은사"가 사람마다 다르게 주어져 있고, 모든 사람이 금욕할 수 있는 것이 아니며, 금욕할 수 없는 사람은 결혼이라는 해결책에 의지할 수밖에 없다고 말한 후에, 이제 여기에서는 "결혼하지 아니한 자들과 과부들"에게 가능한 한 독신 생활을 하는 것이 좋다고 말한다. 하지만 바울이 여기에서 그들에게 독신 생활을 하는 것이 좋다고 권면하고 있기는 하지만, 그것은 어디까지나 그들 중에서 독신 생활의 은사를 받은 사람들을 대상으로 그렇게 권면한 것이다. 즉, "결혼하지 아니한 자들과 과부들" 중에서 독신의 은사를 받은 사람들은 굳이 결혼하려고 하지 말고, 독신으로 지내는 것이 좋다는 의미이다. 따라서 바울은 여기에서 말하고자 한 요지는 이런 것이다: 독신 생활에는 많은 장점들이 있

기 때문에, 아직 결혼하지 않았거나 혼자 된 과부들 중에서 독신 생활을 감당할 수 있는 사람들은 결혼을 해서 여러 가지 것들에 얽매여 신앙 생활을 하는 데 제약을 받기보다는, 독신 생활이 지닌 장점들을 십분 선용하는 편이 더 낫다. 따라서 평생 동안 독신 생활을 하는 것은 삼층천에 닿을 정도의 지극한 칭송을 받아 마땅한 일은 아닐지라도, 하나님으로부터 특별한 은사를 받은 사람들에게만 합당한 것이고, 모든 사람에게 합당한 것은 아니라는 사실은 불변의 진리이다. 교황주의자들은 신자들은 세례를 받을 때에 이미 순결한 삶을 살 것을 하나님께 약속한 것이라고 주장한다 — 우리에게는 그러한 약속을 지킬 능력이 없는데도 말이다! 그들의 주장을 반박하는 것은 어렵지 않다. 우리는 세례를 받을 때, 하나님께서 자신의 모든 백성들에게 공통적으로 요구하시는 것들을 지키며 살아가겠다고 약속한 것일 뿐이고, 평생 동안 금욕하며 살아가는 것은 하나님께서 대다수의 사람들에게는 허락하지 않으시고 단지 소수의 사람들에게만 허락하신 특별한 은사이기 때문에, 금욕의 은사는 우리가 세례를 받을 때에 한 약속에 포함되지 않는다는 것이다. 따라서 독신의 은사를 받지도 않은 사람이 순결의 서약을 하는 것은 학식 없는 무지한 사람이 선지자나 교사나 통역자가 되겠다고 서약하는 것과 같다.

또한, 우리는 바울이 "그냥 지내다"라는 단어를 사용하고 있는 것에 유의하여야 하는데, 이 단어는 일시적으로 독신 생활을 하는 것이 아니라, 평생 동안 계속해서 변함없이 독신 생활을 하는 것을 의미한다. 우리가 이 단어를 주목해야 하는 이유는, 사람이 일시적으로 독신 생활을 유지하면서 이성을 가까이 하지 않고 정결하게 사는 것은 대체로 누구에게나 가능하겠지만, 그런 식의 독신 생활을 평생 동안 계속해서 이어가는 것은 전혀 다른 문제여서, 시간이 흐르면서 어떤 식으로 바뀔지는 아무도 알 수 없기 때문이다. 이삭은 서른 살이 될 때까지도 아내가 없었지만, 정욕이 불같이 타오르는 그 시기를 정결하게 보냈지만, 그 후에는 결혼 생활을 하도록 부르심을 받았고, 야곱의 경우는 더욱 극적인 사례였다. 그래서 사도는 지금 현재 독신으로 있는 사람들이 그 상태 그대로 계속해서 평생 동안 변함 없이 "그냥 지내는" 것이 좋다고 권면하였지만, 그들이 그러한 상태를 평생 동안 유지할 수 있을 만한 은사를 받았는지가 확실하지 않기 때문에, 그들 모두에게 자신들이 과연 결혼 생활을 하도록 부르심을 받은 것인지, 아니면 정말 독신의 은사를 받은 것인지를 곰곰이 생각해 보라고 권면한 것이다.

또한, 이 구절은 사도 바울이 당시에 결혼하지 않고 독신으로 지내고 있었다는 것을 보여 준다. 에라스무스(Erasmus)는 사도가 결혼한 사람들과 관련해서 자기 자신에 관한 얘기를 했다는 것을 이유로, 그가 결혼하였다고 추론하지만, 그것은 어불성설이다. 왜냐하면, 그런 식의 논리를 적용한다면, 사도가 여기에서 독신자들과 관련해서 자기 자신에 관한 얘기를 했다는 것을 이유로, 그가 결혼을 하지 않았음이 분명하다고 추론할 수도 있기 때문이다. 사도가 지금까지 한 말들을 전체적으로 살펴보면, 그는 당시에 결혼을 하지 않은 것이 분명하다. 어떤 사람들은 사도가 결혼을 하긴 했지만, 자기 아내를 어딘가에 떼어 놓고, 자발적으로 부부관계와 결혼 생활을 포기하고서, 혼자서 돌아다니며 하나님의 일에 전념한 것이라고 추측하지만, 나는 그러한 추측을 도저히 용납할 수 없다. 왜냐하면, 만일 사도가 정말 그렇게 한 것이라면, 그것은 그가 결혼한 사람들에게 분방을 일시적으로만 하고 반드시 다시 합하라고 명한 것(고전 7:5)과 모순되는 것이기 때문이다. 만일 그가 자신이 다른 사람들에게 이러저러하게 행하라고 명해 놓고서는, 정작 자기 자신은 자기가 명한 것과 정반대로 행하고 있었던 것이라면, 그것은 정말 어처구니없고 기가 막힌 위선일 것이다.

바울은 겸손과 겸양(modestia)의 모범을 보여 준 인물이었는데, 그러한 그의 겸손은 결혼과 독신의 문제에 관하여 사람들에게 권면하거나 명할 때에도 그대로 드러난다. 즉, 그는 금욕(continentia)의 은사를 받아서 독신으로 살았지만, 그런 은사를 받지 않은 다른 사람들에게는, 자신의 기준에 맞추어서 독신으로 살라고 강요하지 않았고, 도리어 그들의 연약함을 생각해서 결혼하여 살고, 결혼해서도 함부로 분방하지 말라고 적극적으로 권하였다. 따라서 우리도 그를 본받아서, 가령 우리가 하나님으로부터 어떤 특별한 은사를 받았다고 할지라도, 아직 그러한 단계에 이르지 못한 다른 사람들에게, 우리와 똑같이 할 것을 강요하거나, 그렇게 하지 못하는 것을 질책해서는 안 된다.

9. 만일 절제할 수 없거든 결혼하라. 바울은 결혼을 하지 않고 혼자 지내는 것이 좋다고 일관되게 조언하지만, 그의 그러한 조언 속에는 언제나 "만일 할 수 있거든"이라는 조건이 전제되어 있기 때문에, 어떤 사람이 육신의 연약함으로 말미암아 그러한 독신의 자유를 누리는 것이 불가능할 때에는, 두말하지 않고 "결혼하라"고 명한다. 바울은 여기에서 "결혼하라"고 명령문으로 말하고 있기 때문에, 우리는 이 말을 단순한 조언이나 권면으로 여겨서는 안 된다. 그는 음행하는 자들만이 아니라, 내면에서 타오르는 정욕으로 말미암아 하나님이 보시기에 완전히 더럽

혀진 자들에게도, 이런 식으로 결혼하라고 명함으로써, 음행만이 아니라 그 근원인 정욕에도 재갈을 물리고 억제하는 조치를 취한다. 정욕을 절제할 수 없는 사람이 "결혼"이라는 해결책을 도외시한다면, 그것은 하나님을 시험하는 것임이 분명하기 때문에, 이것은 단순히 권면이나 조언이 필요한 문제가 아니라, 준엄한 명령을 통해서 엄격하게 금지하여야 할 문제이다.

정욕이 불 같이 타는 것보다 결혼하는 것이 나으니라. 이것은 엄밀한 의미에서 비교가 아니다. 왜냐하면, 합법적인 결혼은 모든 점에서 존귀한 것인 반면에, 정욕으로 불타는 것은 아주 좋지 못한 일인 까닭에, 바울은 여기에서 둘 중의 어느 한 쪽이 다른 쪽보다 조금 더 낫다고 말하고 있는 것이 아니기 때문이다. 하지만 사도는 비록 정확한 표현은 아니지만 통상적인 어법을 따라서 이렇게 말한 것이다. 우리도 흔히 이렇게 말한다: "우리가 육신의 쾌락을 좇다가 비참하게 멸망에 이르는 것보다는 그리스도와 더불어 하나님의 나라를 유업으로 받기 위해서 이 세상의 즐거움들을 포기하는 것이 낫다." 내가 이 말을 하는 것은 히에로니무스(Hieronymus)가 이 구절을 가지고 유치한 말장난을 해서, 이렇게 말하였기 때문이다: "결혼하는 것"이 좋은 것은 "정욕이 불 같이 타는 것"보다 덜 나쁘기 때문이다. 그의 그러한 말장난에 대해서 나는 이렇게 말하고 싶다: 만일 이 문제가 말장난을 해서 웃어 넘길 수 있는 그런 일이라고 해도, 그의 말장난은 재치있고 재미있는 해학이 아니라, 썰렁한 개그에 지나지 않는다. 하지만 이 문제는 그리스도인들에게 너무나 중요하고 심각한 문제인데도, 그는 이 문제를 진지하게 다루지 않고, 저급한 말장난의 대상으로 여기서 그렇게 말한 것이기 때문에, 그의 그러한 말장난은 지성인에게는 도무지 어울리지 않는 불경스러운 조롱이고, 그것은 결코 가볍지 않은 잘못이다. 따라서 우리는 이 구절을 이렇게 이해하여야 한다: "정욕이 불 같이 타는 것"이 하나님 보시기에 지극히 가증스러운 일인 반면에, "결혼하는 것"은 선하고 건전한 해결책이다.

그렇다면, 우리는 "정욕이 불 같이 타는 것"이 무엇을 의미하는 것인지를 생각해 보아야 하는데, 많은 사람들이 육신의 정욕으로 인하여 시달리고 괴로워하기는 하지만, 그렇다고 해서 그들 모두가 반드시 당장 결혼할 필요는 없기 때문이다. 그리고 우리는 바울의 비유를 제대로 올바르게 이해하기 위해서는, "불 같이 타는" 정도의 정욕과 "열기를 느끼는" 정도의 정욕을 구별하여야 한다. 따라서 바울이 여기에서 "정욕이 불 같이 탄다"고 말한 것은, 단순히 욕구를 느끼는 정도가 아니라,

주체할 수 없을 정도로 정욕이 불타오르는 것을 의미한다. 하지만 어떤 사람들은 자기가 정욕에 굴복해서 외적으로 범죄하지만 않는다면, 자신은 아무런 잘못도 범하지 않은 것이라는 헛되고 잘못된 망상에 빠져 있기 때문에, 우리는 정욕과 관련된 시험에는 세 단계가 있다는 것을 유념할 필요가 있다.

가장 높은 단계는 정욕의 공격이 너무나 극심해서, 정욕을 억제하고자 하는 의지가 단번에 꺾이고 마는 경우이다. 이처럼 우리의 마음이 정욕으로 활활 불타 오르는 것은 "정욕이 불 같이 타는 것" 중에서도 최악의 경우에 해당된다.

가장 낮은 단계는 육신의 정욕의 화살이 우리에게 꽂혀서 우리를 괴롭히지만, 우리는 거기에 굴하지 않고 격렬하게 맞섬으로써, 그 결과 참되고 정결한 사랑을 포기하지 않고, 도리어 모든 추악하고 더러운 욕망을 혐오하게 되는 경우이다. 이 경우에 해당하는 모든 사람, 특히 젊은이들은 성적인 충동으로 인하여 심란할 때마다 하나님을 경외하는 마음으로 그러한 시험에 대처함으로써, 음란한 생각이 발붙일 틈을 주지 말아야 하고, 정욕에 맞서 싸울 힘을 달라고 하나님께 간구하여야 하며, 정욕의 불길을 끄기 위해서 전심전력을 다해야 한다는 것을 명심하여야 한다. 그리고 그들이 이러한 싸움에서 이긴 경우에는, 하나님께 영광을 돌리고 감사하는 것이 마땅하다. 사실, 정욕 때문에 어느 정도 고통을 겪지 않은 사람이 어디 있겠는가? 하지만 정욕이 우리를 완전히 지배하기 전에, 우리가 정욕의 맹렬한 기세에 재갈을 물린다면, 그것은 참으로 좋은 일이다. 왜냐하면, 우리가 맹렬한 정욕에 그렇게 재갈을 물리는 데 성공한다면, 우리는 우리 속에서 정욕의 열기를 느끼기는 하겠지만, 정욕이 불 같이 타오르는 일은 없을 것이기 때문이다. 이것은 우리 속에서 정욕의 열기를 느끼는 것은 전혀 잘못된 것이 아니라는 것이 결코 아니고, 단지 우리가 하나님 앞에서 우리 자신을 낮추고 탄식하며 우리 자신의 연약함을 인정할 때, 우리는 비록 일시적일망정 평정심을 유지할 수 있다는 뜻이다. 요컨대, 우리가 하나님의 은혜를 의지해서 정욕과의 싸움에서 우위를 점할 수 있고, 사탄의 창과 화살들을 용감하게 막아낼 수 있는 한, 우리는 이 싸움을 포기해서는 안 된다는 것이다.

앞에서 말한 가장 높은 단계의 시험과 가장 낮은 단계의 시험 외에도 그 중간에 해당하는 시험이 있는데, 그것은 우리 속에서 정욕이 일어나지 않도록, 우리가 온 마음을 다하여 대적하고 막았음에도 불구하고, 맹목적인 성적 충동이 불길처럼 일어나서, 우리의 마음이 평정심을 잃고 하나님의 이름을 부를 수 없을 정도로 흔들리게 되는 경우이다. 우리로 하여금 하나님께 나아가 순결한 마음으로 기도하지 못하도록 만들고, 우리의 양심의 평정을 깨뜨리는 이러한 종류의 시험은 결혼을 하지 않고서는 결코 끌 수 없는 정욕의 불길이다. 이제 우리는 정욕의 문제는 단지 우리 자신의 몸을 더럽히지 않고 정결하게 유지하는 것과 관련된 문제일 뿐만 아니라, 우리가 조금 뒤에 살펴보겠지만, 우리의 심령과도 관련된 문제라는 것을 알게 된다.

[10]결혼한 자들에게 내가 명하노니 (명하는 자는 내가 아니요 주시라) 여자는 남편에
게서 갈라서지 말고 [11](만일 갈라섰으면 그대로 지내든지 다시 그 남편과 화합하든
지 하라) 남편도 아내를 버리지 말라 [12]그 나머지 사람들에게 내가 말하노니 (이는
주의 명령이 아니라) 만일 어떤 형제에게 믿지 아니하는 아내가 있어 남편과 함께
살기를 좋아하거든 그를 버리지 말며 [13]어떤 여자에게 믿지 아니하는 남편이 있어
아내와 함께 살기를 좋아하거든 그 남편을 버리지 말라 [14]믿지 아니하는 남편이 아
내로 말미암아 거룩하게 되고 믿지 아니하는 아내가 남편으로 말미암아 거룩하게
되나니 그렇지 아니하면 너희 자녀도 깨끗하지 못하니라 그러나 이제 거룩하니라
[15]혹 믿지 아니하는 자가 갈리거든 갈리게 하라 형제나 자매나 이런 일에 구애될 것
이 없느니라 그러나 하나님은 화평 중에서 너희를 부르셨느니라 [16]아내 된 자여 네
가 남편을 구원할는지 어찌 알 수 있으며 남편 된 자여 네가 네 아내를 구원할는지
어찌 알 수 있으리요 [17]오직 주께서 각 사람에게 나눠 주신 대로 하나님이 각 사람
을 부르신 그대로 행하라 내가 모든 교회에서 이와 같이 명하노라(7:10-17).

10. 결혼한 자들에게 내가 명하노니 (명하는 자는 내가 아니요 주시라) 여자는 남편에게서 갈라서지 말고. 이제 바울은 "결혼"의 또 다른 원리, 즉 "결혼"은 한 번 맺어지면 결코 끊어질 수 없는 유대(insolubile vinculum)라는 원리를 다루면서, 이방인들 사이에서 일상적으로 행해지고 있던 이혼이든, 유대인들 사이에서 모세의 율법에 어긋나지 않게 행해지고 있던 이혼이든, 모든 이혼을 정죄한다. 왜냐하면, 그는 결혼이라는 것은 남편과 아내가 다시는 결코 끊어질 수 없는 유대로 서로 묶여 있는 것인 까닭에, 남편은 아내를 버리지 말고 아내는 남편을 떠나지 말라고 명하고 있기 때문이다. 하지만 바울이 적어도 한 가지의 예외를 인정해서, 한 쪽 배우자가 간음한 경우에는 이혼을 허락했어야 할 것 같은데, 실제로는 그렇게 하고

있지 않은 것은 의외이다. 왜냐하면, 그리스도께서는 간음을 합법적인 이혼 사유로 말씀하셨는데(마 5:32), 바울이 그리스도의 가르침을 어떤 식으로든 배제하고자 했을 것 같지는 않기 때문이다. 따라서 나는 바울이 여기에서 이혼에 대하여 말하면서 간음한 경우를 예외적인 경우로 언급하지 않은 이유가 분명히 있었을 것이라고 보는데, 바울은 여기에서 이혼 문제와 관련해서 예외적인 경우들을 일일이 다 열거하면서 조목조목 설명하기보다는, 이혼에 관한 대원칙만을 천명한 후에, 그 구체적이고 세세한 것들과 관련하여, 주님께서 어떤 경우에 이혼을 예외적으로 허락하셨는지에 대해서는, 고린도 교인들로 하여금 직접 알아 보도록 하는 것이 좋겠다고 생각해서, 이렇게 대원칙만을 제시하였다는 것이다. 실제로 선생들은 어떤 문제를 간단하게 다루고자 할 때에는, 일반적이고 전체적인 원칙만을 제시하고, 예외적인 사항들은 더욱 상세하고 포괄적이며 정확한 논의를 위해서 뒤로 미루어 두는 것이 보통이다.

바울은 "명하는 자는 내가 아니요 주시라"는 구절을 괄호 안에 첨가함으로써, 자신이 지금 여기에서 가르치고 있는 것들은, 자기가 생각해 낸 것들이 아니라, 하나님의 법(lex Dei)으로부터 온 것임을 분명하게 보여 준다. 물론, 그가 가르친 것들 중에는 성령의 계시로부터 온 것들도 있었지만, 그런 것들도 결국에는 하나님의 법으로부터 온 것이기 때문에, 그는 하나님이 이 가르침의 원천이라고 선언한 것이다. 만약 당신이 바울이 여기에서 가르치고 있는 것들을 성경 속에서 찾아내고자 할지라도, 당신은 문자 그대로 일치하는 성경 본문들을 그 어디에서도 찾을 수 없을 것이다. 그러나 옛적에 모세가 남편과 아내의 연합은 하나님이 정하신 것이기 때문에, "남자가 부모를 떠나 그 아내와 합하여 둘이 한 몸"이 되어야 한다(창 2:24)고 선언하였기 때문에, 우리는 그러한 성경 본문으로부터 결혼이 얼마나 강력한 연합이고 결코 끊어질 수 없는 연합인지를 쉽사리 추론할 수 있다. 왜냐하면, 아들은 태어날 때부터 자신의 부모와 결합되어 있어서, 그러한 멍에는 스스로 벗어버릴 수 없는 것인데도, 하나님께서는 결혼으로 인한 연합을 자식과 부모 간의 연대보다도 더 우선시하셔서, 남자에게 부모를 떠나 아내와 합하라고 명하신 것인 까닭에, 부부 간의 연합은 결코 끊어질 수 없는 연합이라는 것은 너무나 분명하기 때문이다.

11. (만일 갈라섰으면 그대로 지내든지 다시 그 남편과 화합하든지 하라) 남편도 아내를 버리지 말라. 우리는 이 구절이 간음으로 말미암아 쫓겨난 아내들에게도

적용되는 것으로 이해해서는 안 된다. 이 점은 당시에 간음한 여자들이 어떠한 처벌을 받았는지를 보면 분명히 알 수 있는데, 간음은 로마법 아래에서도 사형에 해당하는 죄였고, 만민법(ius gentium) 아래에서도 대체로 그러하였다. 하지만 남편들은 아내의 행실이 불량하다거나, 아내의 외모가 마음에 들지 않는다거나, 이런저런 허물이 있다는 이유로 이혼을 선언하는 경우가 종종 있었고, 아내들 편에서도 남편의 가혹 행위나 비인간적인 대우를 견디다 못해서 도망치는 경우가 종종 있었기 때문에, 여기에서 바울은 그런 경우에 이혼이나 결별로 말미암아 결혼 생활이 깨져서는 안 된다고 말한 것이다. 왜냐하면, 결혼이라는 것은 하나님의 이름으로 맺어진 계약(foedus)인 까닭에, 사람의 변덕스럽고 자의적인 감정이나 판단에 따라서 유지되기도 하고 깨뜨려지기도 하는 것이 될 수 없고, 우리 마음대로 무효로 만들 수 있는 것도 아니기 때문이다. 요컨대, 사람들이 맺는 다른 계약들은 전적으로 당사자들의 의사에 따라서 맺어진 것들이기 때문에, 당사자들의 의사에 따라서 해지될 수 있지만, 결혼에 의해서 맺어진 관계는, 설령 그것이 당사자들의 마음에 들지 않는다고 할지라도, 다른 사람과 새로운 결혼 관계를 맺기 위해서, 기존의 결혼 관계를 제멋대로 깨는 것은 불가능하다는 것이다. 왜냐하면, 부모와 자식 간의 천부적인 권리가 깨뜨려질 수 없는 것이라면, 하물며 우리가 이미 말하였듯이, 천부적인 유대보다도 더 우위에 있는 결혼으로 인한 연합이 절대로 깨뜨려질 수 없다는 것은 두말할 필요도 없기 때문이다.

한편, 바울은 남편하고 갈라선 아내에게 결혼하지 말고 "그대로 지내라"고 명하고 있기는 하지만, 이것은 그렇게 갈라선 것이 용납될 수 있는 일이라고 말하고 있는 것도 아니고, 아내가 남편에게서 떨어져서 혼자 살아가는 것을 용인한다는 의미도 아니다. 설령 남편에 의해서 집에서 쫓겨났거나 버림을 받은 것이라고 할지라도, 아내는 자기가 남편의 권세로부터 벗어났고, 결혼으로 인한 연합에서 놓여났다고 생각해서는 안 된다. 왜냐하면, 남편에게는 결혼을 무효로 만들 권한이 없기 때문이다. 그러므로 여기에서 바울은 아내들이 남편으로부터 자발적으로 갈라서는 것이나, 남편과 이혼하지는 않았더라도, 남편과 별거해서, 마치 과부인 양 남편과 떨어져서 사는 것을 허용한 것이 아니고, 남편에게 다시 돌아가지도 않고, 남편에 의해서 다시 받아들여지지도 않는다고 하여도, 그런 처지에 있는 아내들은 여전히 기존의 결혼 관계에 매여 있는 것이기 때문에, 다른 남자에게 시집가서는 안 된다고 분명하게 선언한 것이다.

하지만 이렇게 남편과 떨어져 살게 된 아내가 선천적으로 음탕하거나, 어떤 다른 이유로 도저히 정욕을 억제할 수 없는 경우에는 어떻게 하여야 하는가? 그녀가 이처럼 끝없는 욕망으로 불타 오르고 있는데도, 그녀에게 결혼이라는 해결책을 허락하지 않는 것은 비인간적인 처사가 아닌가? 이러한 질문에 대한 나의 대답은, 우리가 육신의 연약함으로 말미암아 괴로움을 겪을 때에는, 어떻게든 모종의 합법적인 해결책이 모색되어야 한다는 것이다. 우리가 그렇게 합법적인 해결책을 따른 후에는, 우리의 정욕에 재갈을 물리는 것은 하나님께서 자신의 영으로 행하셔야 할 일이다. 한편, 아내가 병에 걸려서 오랜 동안 병석에 누워 있게 된 경우에도, 남편이 아내를 버리고 다른 여자를 아내로 맞이하는 것은 정당화될 수 없다. 마찬가지로, 결혼 후에 남편이 병에 걸려서 도저히 정상적인 생활을 할 수 없게 되었다고 해도, 아내가 그것을 이유로 다른 남자에게 가는 것은 허용되지 않는다.

요컨대, 하나님께서는 우리가 정욕을 절제할 수 없는 것에 대한 해결책으로 합법적인 결혼을 처방해 주셨기 때문에, 우리는 결혼 제도를 선용하여야 하고, 자신의 정욕을 절제할 수 없는데도 결혼을 거부하고 주제넘게 독신으로 생활하는 것을 고집하여 하나님을 시험함으로써, 우리의 무분별한 생각과 행위로 인하여 하나님으로부터 징벌을 받는 일이 생기지 않도록 하여야 한다는 것이다. 그리고 우리가 일단 결혼을 한 후에는, 결혼 생활이 우리의 기대와는 반대로 정상적으로 이루어지지 못하더라도, 우리는 하나님께서 우리를 도와 주시기를 바라야 한다.

12. 그 나머지 사람들에게 내가 말하노니 (이는 주의 명령이 아니라) 만일 어떤 형제에게 믿지 아니하는 아내가 있어 남편과 함께 살기를 좋아하거든 그를 버리지 말며. "나머지 사람들"은 다른 사람들과는 달리 일반적인 원칙이 적용되지 않는 사람들을 의미한다. 왜냐하면, 결혼한 부부가 두 사람 모두 기독교 신앙을 갖고 있지 않은 경우에는, 그 결혼에 대해서는, 부부가 둘 다 기독교 신앙을 갖고 있는 경우에 적용되는 것과 동일한 원칙을 적용할 수는 없기 때문이다. 바울은 이 문제를 두 가지로 나누어서 해결책을 제시한다. 첫 번째는 믿는 배우자는 믿지 않는 배우자가 원하지 않는 한 그와 갈라서거나 이혼해서는 안 된다는 것이고, 두 번째는 믿지 않는 배우자가 종교 문제를 이유로 자신의 배우자를 버린다면, 그 배우자인 형제 또는 자매는 결혼으로 인한 유대로부터 벗어나게 된다는 것이다.

그런데 왜 바울은 자기가 방금 전에 앞에서 말하였던 것들은 "주의 명령"이라고 밝혔으면서도, 그런 것들과는 달리, 여기에서 말하고 있는 이러한 것들은 "주의 명령이 아니라"고 분명하게 밝히고 있는 것인가? 이것은 자기가 여기에서 말하고 있는 것들은 하나님의 성령과는 상관 없이 오로지 자기 자신에게서 나온 것이라고 말하려 한 것이 아니고, 율법이나 선지자의 글에는 이 주제에 관한 명확한 말씀이 없기 때문에, 자기가 지금부터 말하려고 하는 것들을 자기 자신에게 돌림으로써, 불경건한 자들이 그런 말들이 성경의 어디에 나오느냐고 시비를 걸며 자기를 비방하는 것을 미리 차단하려고 한 것이다. 따라서 바울은 고린도 교인들이 자기가 여기에서 한 말들을 하나님의 가르침이 아니라 단지 사람의 머리에서 나온 것으로 여겨서 대수롭지 않게 여기고 무시하는 일이 벌어지지 않도록 하기 위해서, 자기가 한 말들은 자신의 생각을 따라 지어낸 것이 아니라고 나중에 분명하게 밝힌다.

바울이 여기에서 말하고 있는 것들은 그가 앞에서 말한 것들과 전혀 상충되지 않는다. 왜냐하면, 결혼 관계가 신성하고, 결혼 생활에서 부부가 자신들에게 부과된 여러 가지 의무들을 지켜야 하는 것은, 전적으로 하나님이 그 결혼 생활을 주관하시는 까닭인데, 믿지 않는 남편이 하나님을 대적하고 미워하여 믿는 아내를 내쳤다면, 아내가 그런 남편에게 다시 가서 어떻게든 평생 동안 함께 살 이유는 전혀 없기 때문이다.

14. 믿지 아니하는 남편이 아내로 말미암아 거룩하게 되고 믿지 아니하는 아내가 남편으로 말미암아 거룩하게 되나니. 바울은 여기에서 믿는 자들을 곤혹스럽게 만들 수 있는 어려운 문제를 거론한다. 결혼으로 인한 연합과 유대는 아주 특별한 것이어서, 아내는 남편의 반쪽이고, 둘은 한 몸을 이루며(고전 6:16), 남편은 아내의 머리(엡 5:23)이고, 아내는 모든 일에서 남편의 반려자이다. 이렇게 부부는 아주 밀접한 관계 속에서 살아가기 때문에, 믿는 남편이나 아내가 믿지 않는 아내나 남편으로부터 부정적인 영향을 전혀 받지 않고 함께 살아간다는 것은 불가능한 일처럼 보인다. 그래서 바울은 여기에서 믿는 자와 믿지 않는 자의 결혼도 여전히 거룩하고 정결한 것이고, 우리는 마치 믿지 않는 아내가 믿는 남편을 부정하게 만들기라도 할 것처럼 두려워할 필요가 없다고 분명하게 선언한다. 하지만 우리가 유의해야 할 것은, 바울은 여기에서 믿는 자가 믿지 않는 자와 결혼을 해도 되느냐 하는 문제가 아니라, 이미 이루어진 그러한 결혼을 유지해야 하느냐 하는 문제에 대해서 말하고 있다는 것이다. 왜냐하면, 믿는 남자가 믿지 않는 여자와 결혼을 해도 되는지, 또는 믿는 여자가 믿지 않는 남자와 결혼을 해도 되는지에 관한 문제라면, 거기에는 다음과 같은 명령이 적용되어야 할 것이기 때문이다: "너희는 믿지 않는

자와 멍에를 함께 메지 말라 … 그리스도와 벨리알이 어찌 조화되며 믿는 자와 믿지 않는 자가 어찌 상관하며"(고후 6:14-15). 반면에, 이미 그런 결혼을 한 사람에게는 믿지 않는 자와 결혼해도 되는가 하는 문제에 있어서는 더 이상 선택의 여지가 없기 때문에, 바울은 여기에서 그런 사람에게 적용되는 조언을 하고 있는 것이다.

바울이 여기에서 "거룩하게 된다"고 말한 것은 사람들에 의해서 다양한 의미로 해석되고 있지만, 나는 바울이 오직 결혼과 관련해서 그렇게 말한 것으로 보고서, 그 말의 의미를 다음과 같이 이해한다: 믿는 아내와 믿지 않는 남편이 결혼 생활을 영위하는 경우에는, 피상적으로 보면, 믿는 아내가 믿지 않는 남편으로 말미암아 부정하게 될 것이 뻔하기 때문에, 그런 결혼 생활은 허용될 수 없고, 두 사람은 갈라서는 것이 마땅한 것처럼 보일 수 있지만, 사실은 그런 것과는 정반대로 믿지 않는 남편이 믿는 아내로 말미암아 신앙을 갖게 되고 정결하게 되는 일이 벌어질 수도 있다. 왜냐하면, 어느 한 당사자의 경건함이 결혼을 거룩하게 하는 힘이 다른 당사자의 불경건함이 결혼을 부정하게 만드는 힘보다 더 커서, 부부관계나 일상적인 삶에 있어서 믿지 않는 자는 점점 거룩해지고, 그 결과 믿지 않는 자가 자신의 부정함으로 믿는 자를 더럽히게 되는 일이 일어나지 않게 되기 때문이다. 따라서 믿는 자는 깨끗한 양심을 가진 채로 믿지 않는 자와 함께 살 수 있다. 하지만 이러한 "거룩하게 됨"은 믿지 않는 배우자에게 유익이 되도록 하기 위한 것이 아니고, 오직 믿는 배우자가 믿지 않는 배우자와의 관계로 말미암아 더럽힘을 받아 부정하게 되는 일이 일어나지 않게 함과 동시에, 결혼 자체가 부정하게 되지 않도록 하기 위한 것이다.

하지만 여기에서 한 가지 질문이 생긴다. 그리스도인인 남편이나 아내의 믿음이 결혼을 거룩하게 하는 것이라면, 믿지 않는 자들 간의 결혼은 모두가 부정한 것이고, 음행이나 다를 바가 없게 되는 것이 아닌가? 나의 대답은 이렇다: 믿지 않는 자들에게는 아무것도 깨끗한 것이 없는데(딛 1:15), 그 이유는 그들은 자신들의 부정함으로 말미암아, 하나님께서 창조하신 가장 선하고 아름다운 것들까지도 부정하게 만들기 때문이다. 결과적으로, 그들은 결혼까지도 더러운 것으로 만든다. 왜냐하면, 그들은 결혼 제도를 제정하신 분이 하나님이시라는 것을 인정하지 않고, 자신들의 악한 마음으로 결혼 제도를 악용하는 까닭에, 그들의 결혼은 결코 거룩하게 될 수 없기 때문이다. 하지만 이러한 사실로부터, 믿지 않는 자들 간의 결혼이 음행하는 것과 다를 것이 없다고 결론을 내리는 것은 옳지 않다. 왜냐하면, 설령 그들이 자신들의 불순한 의도와 목적으로 결혼 제도를 악용하고 있다고 할지라도, 결혼은 하나님에 의해서 제정된 제도로서, 사람들의 무분별하고 지나친 정욕을 억제해서, 성적인 방종을 어느 정도 막아 주는 소임을 하고 있는 것인 까닭에, 그 자체로는 여전히 신성한 것이기 때문이다. 이렇게 결혼은 다른 사회 제도들과 마찬가지로 나름대로의 목적들을 이루기 위해서 하나님에 의해 제정된 것이기 때문에, 우리는 어떤 제도의 본질이 그 자체로 어떠한 것인가 하는 것과 사람들이 그 제도를 어떤 식으로 악용하고 있는가 하는 것을 항상 구별할 줄 알아야 한다.

그렇지 아니하면 너희 자녀도 깨끗하지 못하니라 그러나 이제 거룩하니라. 바울은 여기에서 결과를 토대로 해서 논증을 전개해 나가는데, 이 논증의 취지는 이런 것이다: "만일 너희의 결혼이 깨끗하지 못한 것이었다면, 그 결혼으로부터 태어난 너희의 자녀들도 깨끗하지 못하였을 것이다. 그러나 실제로는 너희의 자녀들은 다 거룩하다. 그러므로 너희의 결혼도 마찬가지로 거룩한 것이다. 따라서 부모 중에서 어느 한 쪽이 경건하지 않다고 해서, 거룩한 자녀가 태어나지 못하는 것이 아니듯이, 부모 중에서 어느 한 쪽이 믿지 않는 자일지라도, 그들의 결혼은 깨끗한 것이 될 수 있다." 어떤 학자들은 바울이 여기에서 믿는 자와 믿지 않는 자의 결혼에서 태어난 자녀들도 국법에 의해서 합법적인 자녀들로 인정을 받는다는 사실을 말하고 있는 것이라고 설명한다. 하지만 고대에 믿는 자나 믿지 않는 자나 국법상으로는 결혼이나 자녀들과 관련해서 아무런 차별도 받지 않았기 때문에, 그러한 설명은 전혀 근거가 없다. 게다가, 바울이 여기에서 이렇게 말한 의도는, 내가 이미 앞에서 말했듯이, 믿는 자가 믿지 않는 자와 더불어 계속해서 결혼 생활을 유지하게 되면, 자기가 믿지 않는 배우자에 의해서 부정하게 될 것이라고 생각해서, 그러한 결혼 생활을 유지하는 것에 대하여 거리낌을 갖지 않도록 하기 위한 것임은 너무나 분명하다. 따라서 바울이 여기에서 하고 있는 말은 심오한 신학적 통찰로부터 나온 매우 주목할 만한 말이다. 왜냐하면, 이 구절은 믿는 자들의 자녀들은 교회에서 거룩한 자들로 여겨지는 특권을 지닌다는 점에서, 믿지 않는 자들의 자녀들과 구별된다는 것을 보여 주기 때문이다.

하지만 여기에서 한 가지 질문이 생긴다: 이 구절은 바울이 다른 곳에서 "우리도 다른 이들과 같이 본질상 진노의 자녀이었다"(엡 2:3)고 가르친 것이나, 다윗이 "내가 죄악 중에 출생하였음이여 모친이 죄 중에 나를 잉태하였나이다"(시 51:5)라고 고백한 것과 어떻게 서로 부합하는 것인가? 나의 대답은 이렇다: 아담의 자손들은 한 사람도 빠짐 없이 모두 다 죄와 정죄 아래 놓여 있다. 따라서 믿는 자의 자손이든, 믿지 않는 자의 자손이든, 모든 사람은 한 사람도 예외 없이 저주 아래 놓여 있다. 사실, 믿는 자들이 육신을 따라서 낳은 자녀들이라고 해서, 그들이 반드시 성령으로 거듭나게 될 것이라는 보장도 없다. 그러므로 본성적인 상태에 있어서는 모든 사람이 동일한 조건 아래에서 태어나고, 그 후에 이 땅에 사는 동안에 계속해서 그러한 본성적인 상태에 머물러 있는 경우에는, 믿는 자의 자손이든 믿지 않는 자의 자손이든, 결국 죄는 물론이고 영원한 죽음을 피할 수 없게 된다. 이런 상황 속에서, 사도가 여기에서 믿는 자의 자녀들에게 돌린 특권은 하나님과의 언약으로부터 주어지는 복(beneficium foederis)에서 비롯된 것이고, 믿는 자들에게 주어진 그러한 하나님의 언약이 개입됨으로써, 믿는 자의 자녀들이 본성적으로 타고난 저주가 제거될 뿐만 아니라, 본성적으로 부정하였던 그들이 은혜로 말미암아 성별되어서 하나님에 대하여 거룩한 자들이 된다. 그래서 바울은 로마서 11:16에서 아브라함의 모든 자손들이 거룩한 것은 하나님께서 아브라함과 생명의 언약(foedus vitae)을 맺으셨기 때문이라고 논증한다: "뿌리가 거룩한즉 가지도 그러하니라." 또한, 하나님께서는 이스라엘의 모든 자손들을 자신의 자녀들이라고 부르신다. 그리고 이제 그리스도의 십자가로 말미암아 유대인과 이방인을 중간에서 가로막고 있던 담이 허물어졌기 때문에, 하나님께서 아브라함의 자손들과 맺으셨던 구원의 언약(foedus salutis)은 이방인들에게도 동일하게 적용된다. 이렇게 믿는 자의 자녀들이 인류의 보편적인 운명인 정죄와 저주로부터 벗어나서, 그들로부터 구별되어 하나님께 드려진 자들이라면, 교회가 그러한 구원의 언약의 증표인 세례를 그들에게 베풀지 않을 이유가 없지 않겠는가? 하나님께서 자신의 말씀을 통해서 믿는 자의 자녀들을 자신의 교회로 받아들이신 것이라면, 우리가 그들에게 구원의 언약의 증표인 세례를 베푸는 것을 거부하는 것은 합당한 일이 아니지 않겠는가? 한편, 경건한 자의 자손들 중에서 다수가 타락하였음에도 불구하고, 어떤 점들에서 그들이 여전히 거룩한 자들인지에 대해서는, 나는 로마서 10장과 11장을 다루면서, 거기에서 자세하게 설명한 바 있다.

15. 혹 믿지 아니하는 자가 갈리거든 갈리게 하라 형제나 자매나 이런 일에 구애될 것이 없느니라. 이것은 믿는 자가 믿지 않는 자와 이미 결혼 생활을 하고 있을 때, 믿는 자가 어떻게 해야 하는지에 대하여 바울이 두 번째로 권면하는 내용이다. 여기에서 바울은 믿는 남편이 믿지 않는 아내와 계속해서 함께 살아가고자 하는

데도 불구하고, 믿지 않는 아내로부터 그렇게 하기를 거부하거나, 아무런 다른 잘못이 없는데도 불구하고 단지 기독교 신앙을 가지고 있다는 이유로 믿지 않는 남편으로부터 버림 받은 믿는 아내를 결혼으로 인한 연합과 유대로부터 벗어나게 해 준다. 왜냐하면, 그러한 경우에는, 믿지 않는 배우자는 자신의 배우자와 갈라선 것이라기보다는 하나님과 갈라선 것이기 때문이다. 따라서 그러한 경우에는 결혼으로 인한 일차적이고 근원적인 연대(primum et praecipuum vinculum)가 단순히 느슨해진 정도가 아니라 완전히 깨졌다는 특별한 이유가 존재한다. 어떤 사람들은 우리가 오늘날 교황주의자들과의 관계에 있어서도 이것과 유사한 상황에 놓여 있다고 생각하지만, 우리는 이 두 경우 간에 어떠한 차이가 있는지를 신중하게 생각해서, 지혜롭게 행하고 경거망동하지 않도록 조심하여야 한다.

그러나 하나님은 화평 중에서 너희를 부르셨느니라. 이 구절과 관련해서 사람들의 해석은 다양하다. 어떤 사람들은 바울이 여기에서 "우리는 화평 중에서 부르심을 받았기 때문에, 다툼의 구실이나 요인이 될 수 있는 모든 것들을 피하여야 한다"고 말한 것으로 해석한다. 하지만 나는 이 구절을 좀 더 단순하게 이해한다: "우리는 화평으로 부르심을 받았기 때문에, 될 수 있는 대로 모든 사람과 화평하여야 한다. 따라서 우리는 믿지 않는 배우자가 먼저 결별을 선언하지 않는 한, 경솔하게 먼저 나서서 그들에게서 갈라서면 안 된다. 하나님께서 우리를 화평 중에서 부르신 것은, 우리가 모든 사람을 선대함으로써, 그들과 화평한 관계를 유지하도록 하시기 위한 것이다." 따라서 이 구절은 바울이 믿지 않는 자와 결혼 생활을 하는 믿는 자에게 준 첫 번째 권면, 즉 "만일 어떤 형제에게 믿지 아니하는 아내가 있어 남편과 함께 살기를 좋아하거든 그를 버리지 말며 어떤 여자에게 믿지 아니하는 남편이 있어 아내와 함께 살기를 좋아하거든 그 남편을 버리지 말라"(고전 7:12-13)고 말한 것과 관련된 것이다. 왜냐하면, 부득이한 경우여서 어쩔 수 없이 이혼하는 것이 아니라, 믿는 자 편에서 어떤 이유로든 먼저 이혼하고자 하는 것은, 하나님께서 우리를 화평하게 하는 자로 부르신 것과 우리가 그 부르심에 화답하여 그리스도인으로서 신앙을 고백한 것을 정면으로 부정하는 것이 되기 때문이다.

16. 아내 된 자여 네가 남편을 구원할는지 어찌 알 수 있으며 남편 된 자여 네가 네 아내를 구원할는지 어찌 알 수 있으리요. 이 구절이 믿지 않는 배우자와 결혼한 믿는 자에게 준 바울의 두 번째 권면, 즉 "믿지 아니하는 자가 갈리거든 갈리게 하라"(15절)를 다시 한 번 확증하고 확인해 주는 것이라고 생각하는 사람들은 이 구

절을 이렇게 해석한다: "믿는 아내가 믿지 않는 남편을 결국에 가서 과연 구원할 수 있게 될지, 또는 믿는 남편이 믿지 않는 아내를 결국에 가서 과연 구원할 수 있게 될지는 불확실하기 때문에, 너희는 불확실한 소망에 매달려서는 안 된다." 하지만 나는 믿는 아내나 남편이 믿지 않는 남편이나 아내를 구원하게 된다면, 그것은 너무나 크고 놀라운 축복이기 때문에, 여기에서 바울은 믿는 아내나 남편에게 그러한 축복을 얻기 위해서 최선을 다하라고 격려하기 위하여 이렇게 말한 것이라고 본다. 사실, 믿음을 가질 수 없을 정도로 절망적인 상태에 빠져 있는 불신자는 없다. 불신자들은 죽은 자들임에 분명하지만, 하나님께서는 죽은 자들도 얼마든지 살리실 수 있으시다. 따라서 선한 결과를 기대할 수 있는 소망이 약간이라도 남아 있다고 여겨지거나, 믿는 배우자가 자신의 거룩한 행실을 통해서 믿지 않는 배우자를 돌이킬 수 있을지 없을지가 불분명할 때에는, 배우자를 떠나기에 앞서서 모든 수단을 다 동원해서 믿지 않는 배우자를 믿음으로 인도하기 위하여 온 힘을 다하여야 한다. 왜냐하면, 어떤 사람이 구원받을 수 있을지 없을지가 의문스러울 때에는, 우리는 좋은 쪽으로 생각해서, 그 사람이 구원을 받을 수 있게 될 것이라는 선한 소망을 품고서 최선을 다하는 것이 마땅하기 때문이다.

바울이 여기에서 "아내 된 자여 네가 남편을 구원할는지"라고 표현한 것은, 사람을 구원하시는 것은 오로지 하나님께만 속한 고유한 권한이라는 점에서, 오직 하나님께만 속한 것을 사람에게 돌리고 있는 것이기 때문에, 엄밀하게 말하자면 부적절한 것이기는 하지만, 전혀 틀린 말이라고 할 수는 없다. 왜냐하면, 하나님께서는 사람들을 자신의 도구로 사용하셔서 자신의 선한 목적을 이루시는 까닭에, 어떤 사람을 구원하실 때, 그 일에서 자신의 도구로 사용하시는 자들에게 자신의 능력을 어느 정도 나누어 주셔서 그 일을 이루는 데 기여하게 하시거나, 아니면 하나님이 그들을 사용하셔서 이루신 그 일을 그들의 사역과 결부시켜서 그들이 이룬 것이라고 말씀하시기 때문이다. 그런 까닭에, 하나님은 어떤 일을 이루셨을 때, 오직 자기 자신만이 받으셔야 할 영광을, 종종 그 일을 이루는 데 도구로 사용된 사람들에게 돌리신다. 하지만 우리가 잊지 말아야 할 것은, 우리가 하나님의 도구로서 쓰임을 받지 않는 한, 우리 스스로 할 수 있는 것은 아무것도 없다는 것이다.

17. 오직 주께서 각 사람에게 나눠 주신 대로 하나님이 각 사람을 부르신 그대로 행하라. 이것은 헬라어 본문을 문자 그대로 번역한 것이지만, 나는 이 문장을 좀 더 매끄럽게 하기 위하여, 헬라어에서 여격과 대격으로 사용된 "각 사람"을 주어

로 삼아서, "오직 각 사람은 주께서 나눠 주신 은혜를 따라, 그리고 주께서 부르신 그대로 행하라"고 번역하였다. 이 구절의 의미는 이런 것이다: "따라서 너희가 이제 행해야 할 일은 너희 각자에게 주어진 은혜를 따라서, 그리고 너희 자신의 부르심에 합당하게 행하는 것뿐이다. 각 사람은 자신의 이웃에게 유익을 끼치기 위해서 최선을 다하여야 하지만, 특히 자신의 부르심으로 말미암아 마땅히 해야 할 일들에 있어서는 더욱더 분발하여 최선을 다하여야 한다." 바울은 여기에서 두 가지, 즉 "부르심"과 "은혜의 분량"을 언급하면서, 결혼과 독신의 문제와 관련해서 특별히 이 두 가지를 유념하라고 명한다. 왜냐하면, 한편으로는 하나님께서 우리를 구원 사역을 감당할 만한 일꾼으로 여기셔서, 우리에게 은혜를 주셔서 우리의 형제들을 구원하는 일을 하게 하신 것은, 우리로 하여금 우리에게 주어진 사명에 박차를 가하게 만드는 큰 자극제가 되고, 다른 한편으로는 하나님께서 우리를 부르셔서 어떤 곳에 두셨다면, 우리는 그 곳이 비록 우리에게 만족스럽지 못한 경우에도, 하나님이 우리에게 메워 주신 멍에를 기꺼이 메고서, 부르신 그 곳에서 우리의 최선을 다하는 것이 마땅하기 때문이다.

내가 모든 교회에서 이와 같이 명하노라. 나는 바울이 이 구절을 덧붙인 것은 어떤 자들이 거짓 주장을 하며 자기에 대한 비방과 중상모략을 하고 있는 것을 반박하기 위한 것이라고 생각한다. 그 자들은 바울이 다른 교회들에 대해서는 감히 그렇게 하지 못하면서, 고린도 교회에 대해서는 유독 과도한 권위를 행사하며 교회 위에 군림하고 있다고 비방하였다. 하지만 바울은 또 다른 목적으로 이렇게 말한 것일 수도 있다. 즉, 그는 자기가 단지 고린도 교회만이 아니라, 모든 교회에서 이미 그렇게 가르쳐 왔다는 것을 밝힘으로써, 고린도 교인들로 하여금 모든 믿는 자들에게 주어진 이 가르침의 중요성을 깨닫고서 더욱 기꺼이 받아들일 수 있게 하고자 한 것일 수도 있다는 것이다. 왜냐하면, 바울이 자신들에게 준 어떤 가르침이 모든 교회에 속한 경건한 자들에게 공통적으로 주어진 것이라는 말을 들었을 때, 고린도 교인들은 사도가 다른 교회의 신자들보다 자신들에게 이렇게 더 가혹한 족쇄를 채우는 것인가 하고 불만을 품거나 마땅치 않게 여기지 않고, 도리어 그 가르침을 좀 더 기꺼이 받아들일 수 있었을 것이기 때문이다.

[18]할례자로서 부르심을 받은 자가 있느냐 무할례자가 되지 말며 무할례자로 부르심을 받은 자가 있느냐 할례를 받지 말라 [19]할례 받는 것도 아무 것도 아니요 할례 받

지 아니하는 것도 아무 것도 아니로되 오직 하나님의 계명을 지킬 따름이니라 [20]각 사람은 부르심을 받은 그 부르심 그대로 지내라 [21]네가 종으로 있을 때에 부르심을 받았느냐 염려하지 말라 그러나 네가 자유롭게 될 수 있거든 그것을 이용하라 [22]주 안에서 부르심을 받은 자는 종이라도 주께 속한 자유인이요 또 그와 같이 자유인으로 있을 때에 부르심을 받은 자는 그리스도의 종이니라 [23]너희는 값으로 사신 것이니 사람들의 종이 되지 말라 [24]형제들아 너희는 각각 부르심을 받은 그대로 하나님과 함께 거하라(7:18-24).

18. 할례자로서 부르심을 받은 자가 있느냐 무할례자가 되지 말며 무할례자로 부르심을 받은 자가 있느냐 할례를 받지 말라. 바울은 바로 앞에서 "부르심"에 관해서 말하고 있었기 때문에, 다른 곳에서도 흔히 그랬던 것처럼, 여기에서도 부르심에 대하여 말하게 된 기회를 활용해서, "부르심"에 관한 일반적인 권면을 제시한다. 이와 동시에, 바울은 자기가 앞에서 결혼에 관해서 말하였던 것들을 여러 가지 다양한 예들을 들어서 확증한다. 여기에서 바울이 말하고자 하는 요지는 우리가 하나님의 뜻으로 말미암아 어떤 곳으로 부르심을 받았다면, 여러 가지 외적인 조건들을 빌미로, 그곳으로부터 경솔하게 물러서서는 안 된다는 것이다. 당시에 할례는 많은 사람들에게 있어서 논란거리였기 때문에, 바울은 할례 문제를 다루는 것으로 부르심에 관한 논의를 시작하면서, 어떤 사람이 이방인인가 아니면 유대인인가 하는 것은 하나님에게는 아무런 상관이 없는 일이기 때문에, 각 사람은 자기에게 주어진 것에 만족하며 살아가야 한다고 권면한다. 하지만 바울은 각 사람에게 주어진 삶이나 처지가 하나님의 뜻을 따라 주어진 합법적인 것이라는 전제 하에서 이렇게 말하고 있는 것이기 때문에, 우리는 어떤 사람이 불법적인 삶이나 상황 속에 있는데도, 그것을 하나님의 부르심으로 여겨서는 안 된다는 것을 항상 유념하여야 한다.

19. 할례 받는 것도 아무 것도 아니요 할례 받지 아니하는 것도 아무 것도 아니로되. 바울이 "부르심"에 관하여 말하는 가운데, 여기에서 "할례 받는 것"과 "할례 받지 아니하는 것"을 대비시키고 있는 것이 과연 적절한 것이었는가 하는 문제와는 상관없이, 바울은 이 기회를 빌려서 유대인들의 미신적인 신앙과 거기에 수반된 오만방자함을 비판하고자 하는 목적으로 그러한 대비를 여기에서 전개하고 있는 것으로 보인다. 왜냐하면, 유대인들은 "할례"에 대하여 대단한 긍지와 자부심

을 갖고 있었던 까닭에, 이방 그리스도인들 중에서 다수는 자신들이 "할례"를 받지 않은 이방인이라는 사실로 인해서, 유대 그리스도인들에 비해서 열등한 위치에 놓여 있는 것이라고 생각해서, 왠지 찜찜하고 마음이 좋지 않을 수 있었기 때문이다. 그래서 바울은 여기에서 "할례 받는 것"이나 "할례 받지 아니하는 것"이 둘 다 "아무것도 아니라"고 말함으로써, 이방 그리스도인들은 자신들이 "할례"를 받지 않은 것에 대하여 열등감을 느끼고서, "할례"를 받으려고 한다면, 그것은 어리석은 일밖에 되지 않는다는 것을 분명히 한다. 하지만 우리는 바울이 그리스도의 복음으로 말미암아 신약 시대가 열림으로써, "할례"라는 징표는 이미 폐기된 것이라는 전제 아래에서 이렇게 말하고 있다는 것을 유의하여야 한다. 왜냐하면, 만약 이 자리가 구약 시대에 있어서 하나님의 언약과 계명에 대하여 말하는 자리였다면, 그는 의심할 여지 없이 하나님의 언약에 대한 징표로서의 "할례"를 훨씬 더 높이 평가하였을 것이기 때문이다. 그러므로 바울은 로마서 2:27에서도 율법의 규정에 따라서 "할례"를 받은 사람이 실질적으로 율법을 지키지 않는다면, 할례라는 것은 율법 전체를 지키겠다는 서약의 증표이기 때문에, 그런 경우에는 할례를 받았다는 사실 자체는 무의미하고, 하나님 앞에서 내세울 수 있는 것이 전혀 아니라고 선언한다. 마찬가지로, 바울은 여기에서도 "할례"와 "무할례"를 대비시키면서, 둘 다 아무것도 아니라고 말하는데, 이것은 "할례"는 좋은 것도 아니고 나쁜 것도 아니며 중요하지도 않은 것이라는 의미로 그렇게 말한 것임이 확실하다. 왜냐하면, "할례"가 폐기되었다는 것은, 구약 시대에 "할례"는 장차 이루어지게 될 구원의 신비(mysterium)를 상징하는 징표로서의 역할을 하였지만, 이제는 더 이상 그런 징표로서의 역할을 할 수 없게 되었다는 것을 의미하기 때문이다. 따라서 할례는 이제 더 이상 그 어떠한 징표(signum)도 아니고, 단지 무용지물에 불과하다. 신약 시대에는 "세례"가 율법 시대에서 "할례"가 담당하였던 징표로서의 역할을 계승하였다. 따라서 이제 우리는 "세례"를 통해서 우리의 옛 사람이 그리스도와 함께 죽고, 그것과 동시에 우리가 그리스도의 영으로 할례를 받는 것으로 충분하게 되었다.

오직 하나님의 계명을 지킬 따름이니라. 교회가 율법의 예식들에 매여 있어서, 율법의 모든 것을 지켜야 했던 구약 시대에는, "할례"는 하나님의 "계명들" 중의 하나로서 반드시 지켜야 하는 것이었다. 하지만 그리스도께서 이 땅에 오심으로써 율법 전체가 가리키고 있던 것을 성취하셨을 때, "할례"가 폐기되었다. 그런데도, 무지하고 연약한 자들은 습관을 따라 여전히 "할례"를 받고 있지만, 이제 할례는 하나님의 계명이 아니기 때문에, 할례를 받는 것은 아무런 유익이 없다. 그래서 바울은 여기에서 "할례"는 아무것도 아니라고 말함으로써, 지금에 있어서는 할례가 그 어떤 의미도 지닐 수 없다는 것을 분명히 한다. 그는 이렇게 말한 것과 같다: "할례 같은 것들은 단지 외면적인 것들에 지나지 않기 때문에, 너희는 그런 것들에 신경을 쓰느라고 시간을 낭비하지 말고, 하나님 앞에서 진정으로 귀한 일들, 즉 경건에 속한 일들과 하나님이 명하시는 의무들을 행하는 데 착념하라." 한편, 교황주의자들이 "믿음으로 말미암는 의"라는 개념을 폐기하기 위해서, 이 구절을 증거본문으로 인용하고 있는 것은 유치하기 짝이 없는 짓이다. 왜냐하면, 바울이 여기에서 할례나 무할례 같은 것은 전혀 중요하지 않고 "오직 하나님의 계명을 지키는" 것만이 중요하다고 말한 것은, 교황주의자들의 주장처럼, 사람이 하나님의 계명들을 지킴으로써 의롭게 될 수 있다고 말함으로써, 사람이 하나님 앞에서 의롭다 하심을 얻는 방법이나 토대가 무엇인지를 제시한 것이 아니라, 단지 믿는 자들이 어디에 힘을 쏟아야 하는지를 보여 주고 있는 것이기 때문이다. 즉, 그는 이렇게 말한 것과 같다: "할례니 무할례니 하는 그런 쓸 데 없는 일들에 힘을 낭비하지 말고, 오직 하나님께서 너희에게 명하신 것들을 열심으로 행하여 하나님을 기쁘시게 하는 일에 힘을 쏟아라."

20. 각 사람은 부르심을 받은 그 부르심 그대로 지내라. 이것은 대원칙이고, 이것으로부터 다른 원칙들이 파생된다: 각 사람은 자신의 "부르심"에 만족하고서 그 부르심을 고수하여야 하고, 자신의 부르심을 다른 것으로 바꾸려고 해서는 안 된다. 성경에서 "부르심"(vocatio)은 합법적이고 올바른 삶의 방식에만 적용된다. 왜냐하면, 부르심이라는 것은 하나님이 주체가 되셔서 우리를 부르시는 것인데, 하나님께서 믿는 자들을 불법적이고 죄악된 삶의 방식으로 부르신다는 것은 불가능하기 때문이다. 내가 이 점을 굳이 여기에서 강조하는 목적은, 어느 누구도 이 구절을 잘못 해석하고 악용해서, 세상적이고 죄악된 것이 명백한 삶의 방식을 하나님의 부르심이라고 하며 정당화하지 못하도록 하기 위한 것이다.

그런데 바울의 말은 각 사람은 자신의 "부르심"을 고수하여야 하기 때문에, 자신의 부르심을 버리거나 그 부르심으로부터 벗어나서는 안 된다고 말하고 있는 것처럼 들리기 때문에, 바울은 여기에서 사람들에게 절대로 어겨서는 안 되는 어떤 의무를 부과하고 있는 것인가 하는 질문이 제기될 수 있다. 왜냐하면, 정말 바울이 재단사는 평생 동안 재단사의 일을 하여야 하고, 다른 직업을 가져서는 안 된다거나,

상인은 평생 상인으로 살아야지 농부가 되려고 해서는 안 된다는 의미로 이런 말을 한 것이라면, 그것은 지나치게 가혹한 것일 수밖에 없기 때문이다. 이러한 질문에 대한 나의 대답은 이런 것이다: 사도의 의도는 결코 그런 것이 아니다. 여기에서 사도는 무할례자가 잘못된 지식으로 말미암아 할례자에 대하여 열등감을 느끼고서 할례자가 되기 위하여 할례를 받으려 하는 것과 같이, 어떤 합당한 이유도 없이 잘못된 미신의 영향을 받거나 그 밖의 다른 동기에 의해서 무리하게 자신의 부르심을 바꿔 보려고 시도하는 것을 차단하기 위해서 이렇게 말한 것일 뿐이다. 다음 절에서 바울은 어떻게 하는 것이 각자의 "부르심"에 합당하게 행하는 것인지를 생각해서 그렇게 행하여야 한다는 원칙을 모든 사람들에게 상기시켜 준다. 따라서 바울은 각 사람은 자신이 일단 어떤 삶을 선택하였다면, 평생 동안 무조건 그 삶을 살아야 한다고 강요하고 있는 것이 아니라, 사람들이 자기가 현재 처한 상황이 좋지 않다고 해서 자신의 부르심에 불만을 품고서, 합당한 이유도 없이 현재의 부르심을 내팽개치고 다른 삶을 살아 보겠다고 하는 것은 옳지 않은 일이라고 책망함과 동시에, 옛 속담에도 있듯이, 각 사람은 자신의 직업을 귀하게 여기고서 평생 동안 한 우물을 파는 것이 마땅하다고 권면하고 있는 것이다.

21. 네가 종으로 있을 때에 부르심을 받았느냐 염려하지 말라. 우리는 여기에서 바울이 이렇게 말하고 있는 목적이 믿는 자들의 양심을 편안하게 해 주는 데 있다는 것을 알게 된다. 왜냐하면, 그는 그리스도인이 된 "종들"에게, 자신들이 "종"이라는 사실이 하나님을 섬기는 데 장애가 될 것처럼 잘못 생각하고서 낙담하지 말고, 종이라고 할지라도 얼마든지 하나님을 제대로 섬길 수 있다는 것을 명심하고서, 온갖 염려와 걱정을 다 떨쳐 버리고, 종이라는 신분 가운데서 기쁜 마음으로 하나님을 섬기라고 권면하고 있기 때문이다. 그래서 그는 "종으로" 살아가는 그리스도인들에게 "염려하지 말라"고 말한다. 달리 말하면, 그는 "그리스도인이 된 후에도 여전히 종을 살아가는 것은 하나님 앞에서 합당하지 않은 일이라고 생각하는 것은 완전히 잘못된 것이기 때문에, 너는 어떻게 하면 종의 멍에를 벗어버릴 수 있을까 하고 고민하고 염려하며 속을 끓이지 말고, 안심하고 모든 염려를 내려 놓고 마음을 편히 가져라"고 말한 것이다. 이것으로부터 우리가 알 수 있는 것은, 다양한 계급과 신분은 하나님의 섭리로 말미암아 이 세상에 존재하는 것이기 때문에, 하나님께서는 우리에게 그러한 것들을 무시하지 말라고 명하고 있다는 것이다.

그러나 네가 자유롭게 될 수 있거든 그것을 이용하라. 나는 여기에 사용된 불변화사 '카이' (καί)는 특별히 강조의 의미는 없는 것으로 본다. 바울은 이렇게 말한 것과 같다: "만약 네가 종으로 그대로 살아야 하는 것이 아니라, 자유를 얻을 수 있다면, 그렇게 하는 것이 너에게 더 유익할 것이다." 하지만 바울이 이 절에서도 여전히 "종들"을 향하여 말하고 있는 것인지, 아니면 이제는 "자유인들"에게 눈을 돌려서 그들에게 말하고 있는 것인지는 확실하지 않다. 만약 후자가 맞다면, 헬라어 본문의 '게네스타이' (γενέσθαι)는 "되다"라는 의미가 아니라 "~이다"라는 의미로 사용되고 있는 것이다. 이 단어가 지닌 두 가지 의미 중에서 어느 의미로 이해하든, 둘 다 문맥과 잘 어울리고, 이 구절의 의미도 달라지는 것은 없다. 여기에서 바울은 단지 자유가 좋은 것이라고 말하고 있는 것이 아니라, "종"으로 살아가는 것보다는 "자유인"으로 살아가는 것이 그리스도인에게 더 유익하다는 것을 보여 주고자 한다. 만약 그가 "종들"에게 말하고 있는 것이라면, 그는 이렇게 말하고 있는 것이 될 것이다: "나는 앞에서 너희에게 그리스도인이 되어서도 종으로 살아가는 것은 아무런 문제가 없는 일이기 때문에 염려할 필요가 없다고 말하였지만, 그렇다고 해서, 너희에게 기회가 주어졌을 때, 너희가 종의 멍에를 벗고서 자유인이 되는 것조차 막은 것은 결코 아니다." 만약 그가 "자유인들"에게 말하고 있는 것이라면, 이 구절은 일종의 양보구문 역할을 하기 때문에, 그는 이렇게 말한 것과 같다: "어떤 사람에게 종으로 살 수도 있고 자유인으로 살 수도 있는 선택권이 주어져 있다면, 자유인으로 사는 것이 더 좋고 바람직한 일이기는 하지만, 나는 그리스도인이 된 종들이 자유인이 될 수 없는 경우에는 종으로 평생을 산다고 해도, 그것도 나쁜 것은 아니기 때문에, 염려하지 말고, 마음을 편히 가지라고 권면한다."

22. 주 안에서 부르심을 받은 자는 종이라도 주께 속한 자유인이요 또 그와 같이 자유인으로 있을 때에 부르심을 받은 자는 그리스도의 종이니라. "종"으로 있을 때에 주 안에서 부르심을 받는다는 것은, "종"으로서 하나님의 택하심을 받아 그리스도의 은혜에 참여하는 자가 되었다는 뜻이다. 바울이 이 절에서 이렇게 말하고 있는 것은, 그리스도인이 된 "종들"에게는 힘과 위로를 주는 동시에, "자유인"으로서 그리스도인이 된 자들은 자신들이 자유인으로 태어나서 살아가고 있는 것에 자부심을 느끼고 자랑하며 교만하게 구는 것에 재갈을 물리기 위한 것이다. "종들"은 세상에서 멸시와 천대를 받는 자신들의 운명을 수치스럽고 굴욕적인 것으로 여길 수밖에 없었기 때문에, 바울은 그리스도인이 되어서도 노예로 살아갈 수밖에 없는 자신들의 가혹한 처지로 인하여 그들이 느껴야 했던 참담한 심정을 보듬어서

어루만져 주고 위로해 줄 필요가 있었고, 그러한 위로는 그들에게는 매우 값진 것이었다. 한편, "자유인들"은 사회적으로 종들보다 월등히 나은 자신들의 신분으로 말미암아, 그들 자신을 대단한 자들로 여기고서, 의기양양해 하며 교만하기 쉬웠기 때문에, 바울은 그들이 그러한 잘못된 교만에 빠지지 않도록, 진리의 말씀으로 그들의 생각을 바로잡고 그들을 낮출 필요가 있었다. 따라서 사도는 여기에서 그리스도인이 된 종들을 위로하는 한편, 그리스도인이 된 자유인들에게는 경고를 보내는, 두 가지 일을 동시에 하고 있는 것이다. 달리 말하면, 바울은 한편으로 종들과 관련해서는, 영혼의 자유가 육체의 자유보다 훨씬 중요하기 때문에, "종들"이 하나님께서 그들에게 주신 측량할 수 없이 고귀한 선물을 제대로 묵상하기만 한다면, 그들은 이 세상에서의 자신들의 불운한 처지를 넉넉히 감내할 수 있고, 또한 그렇게 하여야 한다고 위로하고, 다른 한편으로 "자유인들"과 관련해서는, 육체의 자유보다 훨씬 더 중요한 영혼의 자유라는 측면에서는 자유인들이라고 해서 "종들"보다 더 나은 것이 전혀 없기 때문에, 자유인들은 자신의 사회적 신분으로 인하여 거들먹거리거나 우쭐대서는 안 된다고 경고하고 있는 것이다. 하지만 우리는 이렇게 바울이 "자유인들"에게는 경고를 보내고, "종들"에게는 위로를 하고 있는 것을 확대해석해서, "종들"을 더 호의적으로 보고, "자유인들"을 무시하는 태도를 취하거나, 사회질서를 전복시켜서, "자유인들"을 타도하고 "종들"을 옹호하는 것이 마땅하다고 하는 잘못된 결론을 거기로부터 도출해 내서는 안 된다. 왜냐하면, 내가 이미 말하였듯이, 사도가 "종들"에게는 위로를 주고, "자유인들"에게는 경고를 한 이유는, "자유인들"에게는 "종들"을 멸시하고 횡포를 부리지 못하도록 그들을 적절하게 제어할 필요가 있었던 반면에, "종들"에게는 낙담하지 않도록 모종의 위로와 격려를 해줄 필요가 있었고, 사도는 이 두 부류의 사람들에게 각각 무엇이 요구되고 있는지를 제대로 간파하고 있었던 까닭에, 한 쪽에 대해서는 위로하고, 다른 쪽에 대해서는 경고를 한 것일 뿐이기 때문이다. 바울은 여기에서 하나님께서는 사회적인 신분으로 인한 차별 같은 육신적인 불이익(carnis incommodum)을 당하고 있는 자들에게는 영적인 유익(bonum spirituale)을 더하시는 것으로 보상해 주신다고 가르치고 있기 때문에, 하나님의 그러한 섭리는 사회질서를 공고히 하는 데에도 기여한다.

23. 너희는 값으로 사신 것이니 사람들의 종이 되지 말라. 사도는 앞에서도 여기에서와 똑같은 "값으로 산 것"(고전 6:20)이라는 표현을 사용하였는데, 거기에서는

여기에서와는 다른 목적으로 음행과 관련해서 이 표현을 사용하였었다. 또한, 나는 "값"이라는 단어가 무엇을 의미하는지에 대해서도 이미 거기에서 설명한 바 있다. 이 절의 요지는 이런 것이다: 바울은 앞에서 이미 "종들"에게 자신들의 처지에 대해서 염려하지 말 것을 권면하였었는데, 이제 여기에서는 그렇다고 해서 그들이 그들 자신을 주인들에게 완전히 내어 주어서, 주인들의 사악하고 뒤틀린 욕망들을 이루기 위한 도구로 전락해서는 안 된다는 것을 유념하여야 한다고 말한다. "주님께서 너희를 값으로 사셔서 속량하셨기 때문에, 너희는 주님께 성별된 자들이다. 따라서 너희는 사람을 기쁘게 하려고 너희 자신을 더럽혀서는 안 되는데, 만약 주인들이 자신들의 사악하고 죄악된 욕망을 따라 너희에게 악한 일들을 할 것을 요구하였을 때, 너희가 그 요구에 복종해서 악한 일들을 행한다면, 그것은 사람을 기쁘게 하려고 너희 자신을 더럽히는 것이다."

그리스도인이 된 종들에 대한 이러한 경고가 당시에 특히 절실하게 요구되었던 것은, 당시에 "종들"은 주인들에 의한 위협과 구타는 물론이고, 심지어 죽음의 공포에 시달리는 가운데, 주인의 명령이라면 어떤 것이든지 무조건 복종해야 하는 상황이었고, 주인들은 합법적인 일들만이 아니라, 매춘부를 주선하는 일 같은 수치스럽고 죄악된 일들까지도 종이 해야 하는 일로 여겨서, 종들에게 그런 일들을 시켜서 행하게 하였기 때문이었다. 그러므로 바울이 그리스도인이 된 종들에게, 비록 주인들의 명령이라고 해도, 수치스럽고 사악한 일들은 행해서는 안 된다고 명한 것은 합당한 일이었다. 하지만 오늘날에는 너무나 많은 사람들이 마치 매춘부처럼 돈을 받고서 자신의 영혼과 몸을 팔아서, 사람의 종이 되어, 사람의 더럽고 죄악된 욕망들을 채워 주기 위하여 열심히 일하는 것이 만연되어 있기 때문에, 나는 모든 사람이 바울이 여기에서 한 말을 철저하게 깨닫고 명심해서, 그런 잘못에서 벗어났으면 좋겠다는 생각이 든다. 따라서 적어도 그리스도인인 우리만이라도, 우리는 우리를 "값으로 사신" 분의 소유이기 때문에, 절대로 사람의 종이 되어서는 안 된다는 사실을 한시라도 잊지 말아야 한다.

24. 형제들아 너희는 각각 부르심을 받은 그대로 하나님과 함께 거하라. 나는 앞에서 바울이 각 사람은 부르심을 받은 그대로 지내라고 말하였을 때, 그것은 사람들로 하여금 자기가 일단 어떤 삶을 살게 되었을 때에는 평생 동안 그러한 삶을 그대로 고수해야 하기 때문에, 자신의 삶을 바꿀 수 있는 합당한 기회가 왔을 때에도, 기존의 삶을 고수하고, 다른 삶으로 옮겨가서는 안 된다는 의미로 그렇게 말한 것

이 아니고, 단지 많은 사람들이 어떤 이유로든 잘못된 동기로 자기가 현재 처해 있는 처지에 불만을 품고서 어떻게든 그 처지를 벗어나서 다른 삶을 살려고 무리하게 시도하는 잘못된 변덕스러운 행태를 바로잡고자 한 것일 뿐이라는 것을 이미 지적한 바 있다. 따라서 바울은 사람이 이 세상에서 무슨 일을 하며 어떤 식으로 살아가고 있든, 그 삶이 하나님 앞에서 합당하고 올바른 삶이기만 하면, 신앙생활을 해 나가는 데 전혀 문제가 없기 때문에, 각 사람이 사회적으로 볼 때에 어떤 삶을 살아가느냐 하는 것은 하나님 앞에서 전혀 중요한 일이 아니라고 말하고 있는 것이다.

[25]처녀에 대하여는 내가 주께 받은 계명이 없으되 주의 자비하심을 받아서 충성스
러운 자가 된 내가 의견을 말하노니 [26]내 생각에는 이것이 좋으니 곧 임박한 환난으
로 말미암아 사람이 그냥 지내는 것이 좋으니라 [27]네가 아내에게 매였느냐 놓이기
를 구하지 말며 아내에게서 놓였느냐 아내를 구하지 말라 [28]그러나 장가 가도 죄 짓
는 것이 아니요 처녀가 시집 가도 죄 짓는 것이 아니로되 이런 이들은 육신에 고난
이 있으리니 나는 너희를 아끼노라(7:25-28).

25. 처녀에 대하여는 내가 주께 받은 계명이 없으되 … 내가 의견을 말하노니. 바울은 이 서신의 7장의 앞부분에서 이미 결혼에 대해서 다룬 바 있지만, 거기에서 다룬 내용은 다소 애매하고 간략한 것이었기 때문에, 이제 여기에서 다시 결혼에 대한 주제로 되돌아온다. 먼저, 바울은 독신에 대한 자신의 생각을 좀 더 분명하게 밝히는데, 이 문제는 아주 어려운 문제였을 뿐만 아니라 오해하기도 쉬운 문제였기 때문에, 우리가 뒤에서 보게 되겠지만, 독신에 대해서 말할 때에는 언제나 조건을 달아서 말을 한다. 나는 여기에서 바울이 "처녀들"(한글개역개정에는 "처녀")이라고 표현한 것은 "동정"(童貞)을 가리키는 것으로 이해한다. 바울은 독신으로 사는 것에 대해서는 자기가 "주께 받은 계명이 없다"고 밝히는데, 실제로 하나님께서는 어떤 사람들이 평생을 독신으로 지내야 하는지에 대해서는 성경의 그 어디에서도 말씀하신 적이 없다. 반면에, 성경은 하나님께서 남자와 여자를 동시에 지으셨다고 말하고 있기 때문에(창 1:27), 모든 남녀가 예외 없이 결혼을 해야 한다고 말하고 있는 것처럼 보이고, 적어도 성경이 그 누구에게도 독신으로 살 것을 명하거나 권하지 않았다는 것은 분명하다.

바울은 여기에서 독신에 대하여 자기가 말하는 것들은 자신의 "의견"이라는 것을 분명하게 밝히지만, 이것은 바울 자신의 말이 확실성이 부족하거나 결여되어 있는 미심쩍은 것이라는 뜻이 아니고, 도리어 확실하고 논란의 여지가 없는 것으로 받아들여져야 한다는 뜻이다. 사실, 그가 사용하고 있는 '그노메'(γνώμη)라는 단어는 "의견"이라는 의미로 사용될 뿐만 아니라, "판결"이라는 의미로도 사용된다. 바울이 이렇게 여기에서 자신의 "의견"이라고 밝힌 가운데 말씀을 해 나가고 있는 것을 근거로 들어서, 이 구절로부터 교황주의자들은 기록된 하나님의 말씀을 벗어나서도 진리가 있다고 하는 왜곡된 결론을 도출해 내는데, 정작 바울 자신에게는 하나님의 말씀의 한계를 벗어나려는 의도가 추호도 없었다. 왜냐하면, 만약 누군가가 이 대목을 자세히 살펴 본다면, 그는 바울이 여기에서 제시하고 있는 모든 내용은 마태복음 5:32과 19:5 이하에 나오는 그리스도의 말씀에 다 나오는 것이고, 거기에 포함되어 있지 않은 것을 바울이 여기에서 말한 것은 하나도 없다는 것을 알아차리게 될 것이기 때문이다. 하지만 바울은 자기가 지금부터 하는 말들이 구약 성경의 그 어디에도 나오지 않는다는 반론이 제기될 수도 있다는 것을 예견하고서, 그러한 반론을 미리 차단하기 위하여, 자기가 알기로는, 누가 결혼을 해야 하고 누가 결혼을 하지 말아야 하는지를 분명하게 밝혀 주는 확실한 하나님의 명령이 율법에는 나오지 않는다는 것을 먼저 인정하고서, 독신에 대한 본격적인 얘기를 해 나가려고 한 것이었다.

주의 자비하심을 받아서 충성스러운 자가 된. 바울이 이 말을 여기에 덧붙인 이유는, 자신의 판단에 대한 권위를 확실하게 확보해서, 그 누구도 자기가 여기에서 하는 말들은 개인적인 생각일 뿐이기 때문에 받아들이지 않아도 된다고 생각하지 않도록 하기 위한 것이다. 여기에서 바울은 자기가 한 개인으로서 말하는 것이 아니라, 교회의 충성스러운 교사이자 그리스도의 사도로서 말하는 것이라고 선언한다. 어떤 사람이 하나님께 충성스러운 자가 되었다는 것은 사람이 자신의 힘이나 능력으로는 절대로 받을 수 없는 지극히 큰 영광이고 존귀함이었기 때문에, 바울은 늘 그랬듯이 여기에서도 자기가 충성스러운 자가 된 것은 "주의 자비하심을 받아서" 그렇게 된 것일 뿐이라고 분명하게 밝힌다. 우리가 이것으로부터 분명하게 알 수 있는 것은, 바울이 여기에서 자신의 "의견"이라고 전제하고서 말하고 있는 것들은, 인간이 스스로 생각해 내고 고안해 내서 교회에 들여온 그런 것들이 결코 아니고, 그런 것들과는 아무 상관도 없는 것이라는 것이다.

바울이 여기에서 말한 "충성스러운 자"는 진리에 충실한 자, 즉 단지 경건한 열정으로 행하는 것이 아니라, 진리를 아는 지식을 하늘로부터 수여받아서, 그 진리를 있는 그대로 순전하고 진실하게 가르치는 자를 의미한다. 왜냐하면, 교회의 선생이 된 자들은, 선한 양심을 갖고 있는 것만으로는 충분하지 않고, 진리를 아는 지식과 지혜를 겸비하여야 하기 때문이다.

26. 내 생각에는 이것이 좋으니 곧 임박한 환난으로 말미암아 사람이 그냥 지내는 것이 좋으니라. 나는 이 구절을 에라스무스의 번역이나 불가타 역본과 다르게 번역하였지만, 의미에 있어서는 아무런 차이가 없다. 기존의 번역들은 이 구절을 두 부분으로 나누어서, "내 생각에는 사람이 그냥 지내는 것이 좋은데, 임박한 환난으로 말미암아 그것이 좋으니라"로 번역한 반면에, 나는 이 구절을 한 문장으로 이해해서, "내 생각에는 임박한 환난으로 말미암아 사람이 그냥 지내는 것이 좋으니라"로 번역하였다. 믿을 만한 고대의 사본들은 이 구절을 하나의 문장으로 보고서, 전반부와 후반부를 쌍점(:)으로만 연결하고 있고, 나는 그러한 사본들을 따른 것이기 때문에, 나의 번역은 충분한 권위가 있다. 이 절의 의미는 이런 것이다: "성도들은 이 세상에서 끊임없이 이런저런 환난들로 인하여 고통을 받을 수밖에 없고, 거기에 대처하는 가장 좋은 해법은 독신의 자유와 이점을 활용하는 것이기 때문에, 나는 성도들에게는 독신으로 살아가는 것이 유익이 될 것이라고 생각한다."

어떤 사람들은 바울이 여기에서 말한 "임박한 환난"이 성도들의 고난이 극에 달하였던 사도들의 시대에만 해당되는 것으로 이해하지만, 바울은 성도들이 이 세상에서 언제나 겪을 수밖에 없는 고난을 말하고자 한 것으로 보인다. 따라서 나는 바울이 말한 "환난"이 모든 시대에 해당되는 것으로 보고, 이 구절을 다음과 같이 이해한다: 성도들에게는 이 세상에서 이리저리 쫓겨다니며 온갖 종류의 환난과 고난을 겪는 것이 흔한 일이기 때문에, 성도들은 자신들의 그러한 처지를 감안해서 결혼을 하지 않고 독신으로 지내는 것이 합당한 것으로 보인다. 여기에서 "그냥 지낸다"는 것은 계속해서 결혼을 하지 않은 채로 지내는 것 또는 결혼하는 것을 피하는 것을 의미한다.

27. 네가 아내에게 매였느냐 놓이기를 구하지 말며. 바울은 결혼하지 않은 성도들에게 결혼과 독신 중에서 어느 쪽이 더 좋은 길인지를 제시한 후에, 이미 결혼한 자들까지도 독신이 주는 유익에 연연해서, 결혼의 멍에를 벗어 버리려고 할 수도 있었기 때문에, 거기에 대비해서, 그렇게 해서는 안 된다는 말을 여기에 덧붙인다.

따라서 이 구절은 바울이 앞 절에서 한 말을 제한하는 역할을 한다. 즉, 바울은 자기가 앞에서 독신의 유익에 대하여 말하면서, 성도들은 독신으로 지내는 것이 좋을 것이라고 권하였다고 해서, 이미 결혼한 신자들이 그 말에 혹해서, 자신의 처지나 소명을 생각하지도 않고, 막무가내로 독신 생활에 대한 열망에 사로잡혀서, 기존의 결혼 생활을 멸시하거나 하찮게 여기는 일이 있어서는 안 된다고 말하고 있는 것이다. 그는 여기에서 이미 결혼한 신자들은 독신 생활에 대한 동경으로 인해서 결혼 생활을 파탄에 이르게 해서는 안 된다고 경고하는 데서 그치지 않고, 한 걸음 더 나아가서, "놓이기를 구하지 말라"고 말함으로써, 결혼한 신자들은 결혼 생활에서 흔히 찾아오는 싫증과 권태를 단호하게 물리치고서, 자신의 아내와 더불어서 기쁜 마음으로 화목하게 살아가야 한다고 명한다.

아내에게서 놓였느냐 아내를 구하지 말라. 바울이 지금까지 말해 온 전체적인 맥락에서 볼 때, 이 절의 후반부에 나오는 이 말은 모든 사람에게 적용되는 것이 아니라, 각 사람에게 주어진 은사와 상황에 맞게 적용되어야 한다는 것은 분명하다. 달리 말하면, 바울은 어떤 이유에서이든 결혼 생활에서 벗어난 신자들은 누구나 다 또다시 아내를 구해서 결혼 생활을 하려고 하지 말고 독신으로 지내야 한다고 말하고 있는 것이 아니라, 오직 그렇게 할 수 있는 은사를 받은 신자들만 평생을 독신으로 지내는 것이 좋다고 말하고 있는 것이다. 따라서 재혼을 해야 할 절박한 필요성이 있는 사람이 아니라면, 굳이 결혼이라는 사슬로 자신을 또다시 묶을 이유는 없다. 왜냐하면, 하나님의 섭리로 주어진 자유를 가볍게 내팽개치는 것은 합당하지 않기 때문이다.

28. 그러나 장가 가도 죄 짓는 것이 아니요. 사람들은 바울이 앞 절에서 말한 것을 들었을 때, 자기가 독신으로 지낼 수 있는 것을 잘 알면서도, 그렇게 하기를 거부하고서, 다시 아내를 얻어서 결혼이라는 속박에 매인다면, 그것은 하나님을 시험하는 것이 될 것이라고 생각할 위험이 있었다. 그래서 바울은 그러한 거리낌을 제거해 주기 위해서, 한 번 결혼했다가 혼자가 된 사람들에게는 결혼할 자유가 있고, 그들이 혼자 지내지 않고 다시 장가를 간다고 해서, 그것이 죄 짓는 것이 되는 것은 결코 아니라고 말해 준다. 여기에서 불변화사 '카이'(καί)는 강조의 의미로 사용된 것으로 보이기 때문에, 이 구절은 다음과 같은 의미가 된다: 비록 결혼을 해야 할 절박한 필요성이 없을지라도, 혼자 된 사람들은 자신이 원하는 경우에는 언제라도 결혼을 해도 좋다.

처녀가 시집 가도 죄 짓는 것이 아니로되. 바울이 자기가 앞에서 말한 것에 대한 보충적인 설명으로 이 구절을 덧붙인 것인지, 아니면 자기가 앞에서 말한 것의 한 예를 든 것인지는 확실하지 않지만, 우리가 분명하게 말할 수 있는 것은, 여기에서 바울의 의도는 결혼의 자유를 모든 사람에게로 확대하고자 한다는 것이다. 이 구절을 바울이 앞에서 말한 것에 대한 보충설명으로 보는 사람들은, 남편이 죽은 후에 재혼을 하는 것보다, 얼마든지 독신으로 지낼 수도 있는 처녀가 결혼하겠다고 나서는 것이 사람들의 눈에는 더 잘못된 것처럼 보이고, 더 욕을 먹을 일 같아 보이며, 적어도 더 수치스러운 일처럼 보였기 때문에, 바울은 특별히 이 구절을 여기에 덧붙인 것이라고 생각한다. 이렇게 이해한다면, 바울은 다음과 같은 논리를 전개하고 있는 것이 된다: "처녀가 시집 가는 것도 죄 짓는 것이 아닌데, 하물며 과부가 재혼하는 것이 무슨 문제가 되겠는가." 하지만 나는 바울이 과부와 처녀의 경우를 둘 다 동등한 것으로 다루고 있는 것이라고 생각한다: "처녀가 결혼을 할 수 있듯이, 과부도 결혼을 할 수 있다."

오늘날과 마찬가지로, 고대인들도 평생토록 단 한 번 결혼하여 한 명의 남편과 백년해로를 하는 부인들에게 정숙한 여인이라는 영광을 수여하는 것이 관례였고, 한 번 결혼한 여자가 받는 그러한 영광으로 인해서, 상대적으로 재혼한 사람들은 행실이 좋지 않은 사람들로 여겨지고, 재혼을 하는 것에 대해서는 부정적으로 인식되었기 때문에, 발레리우스(Valerius)는 다음과 같은 유명한 말까지 하였다: "재혼하는 것이 죄인 것은 아니지만, 재혼하고자 하는 것은 정욕을 절제할 수 없음을 드러내는 증표이다." 그래서 사도는 독신으로 있는 사람들이 결혼하는 것은 죄를 짓는 것도 아니고 부끄러운 일도 아니기 때문에, 처녀이든 과부이든, 독신자들은 누구든지 자유롭게 결혼해도 된다는 것을 여기에서 분명하게 밝힌 것이다.

이런 이들은 육신에 고난이 있으리니 나는 너희를 아끼노라. 바울은 결혼과 독신에 대한 권면을 하면서, 왜 자기가 믿는 자들에게 독신 생활을 권장하는지, 그 이유를 여러 번 반복적으로 언급하는데, 그것은 자기가 결혼 생활보다 독신 생활을 선호하는 것이 독신 생활이 그 자체로 좋은 것이기 때문이 아니라, 독신 생활이 가져다주는 유익 때문이라는 것을 분명히 하기 위한 것이다. 즉, 그는 결혼 생활에는 많은 고난이 불가피하게 수반될 수밖에 없기 때문에, 자기는 모든 믿는 자들이 그러한 고난을 피하도록 하기 위하여, 결혼을 하지 말고, 독신으로 살라고 권면하는 것이라고 말한다. 바울이 결혼한 사람들에게는 "육신에 고난이 있을 것"이라고 말한 것은, 결혼한 사람들이 가정을 꾸리고 이 세상을 살아가면서 온갖 책임과 걱정과 근심으로 인해서 괴로움을 겪게 될 것이라고 말한 것이기 때문에, "육신에 고난이 있다"는 심신이 고달프다는 것을 의미한다. 또한, "너희를 아낀다"는 것은 "너희가 결혼으로 인한 고통과 괴로움들로부터 벗어나기를 원한다"를 뜻한다. 그는 이렇게 말한 것과 같다: "나는 너희의 연약함을 생각해서, 될 수 있으면 너희가 고난을 겪지 않기를 원한다. 그런데 결혼은 사람에게 많은 고난을 가져다준다. 이렇게 내가 너희에게 결혼을 하지 말고 독신으로 살아가라고 하는 이유는, 너희가 결혼이 가져다주는 온갖 고난과 해악으로부터 벗어나기를 바라기 때문이다." 하지만 우리는 바울이 이렇게 말하였다고 해서, 그가 결혼을 필요악(malum necessarium)으로 여긴 것이라고 생각해서는 안 된다. 왜냐하면, 바울이 여기에서 말하고 있는 "고난들"은 결혼 자체로부터 비롯된 것이라기보다는, 인간의 죄로 인해서 결혼이 타락하고 변질된 데서 비롯된 것이기 때문이다. 즉, 결혼으로 인한 고난들은 원죄(peccatum originale)의 결과이다.

[29]형제들아 내가 이 말을 하노니 그 때가 단축하여진 고로 이 후부터 아내 있는 자
들은 없는 자 같이 하며 [30]우는 자들은 울지 않는 자 같이 하며 기쁜 자들은 기쁘지
않은 자 같이 하며 매매하는 자들은 없는 자 같이 하며 [31]세상 물건을 쓰는 자들은
다 쓰지 못하는 자 같이 하라 이 세상의 외형은 지나감이니라 [32]너희가 염려 없기를
원하노라 장가 가지 않은 자는 주의 일을 염려하여 어찌하여야 주를 기쁘시게 할
까 하되 [33]장가 간 자는 세상 일을 염려하여 어찌하여야 아내를 기쁘게 할까 하여 [34]
마음이 갈라지며 시집 가지 않은 자와 처녀는 주의 일을 염려하여 몸과 영을 다 거
룩하게 하려 하되 시집 간 자는 세상 일을 염려하여 어찌하여야 남편을 기쁘게 할
까 하느니라 [35]내가 이것을 말함은 너희의 유익을 위함이요 너희에게 올무를 놓으
려 함이 아니니 오직 너희로 하여금 이치에 합당하게 하여 흐트러짐이 없이 주를
섬기게 하려 함이라(7:29-35).

29. 형제들아 내가 이 말을 하노니 그 때가 단축하여진 고로. 바울은 그리스도인들이 결혼을 한 후에 하나님은 전혀 기억하지 않고 오직 육신적인 만족이나 기쁨만을 생각하며 방종한 삶을 살아가는 것을 억제하기 위하여, 여기에서 결혼의 신성한 용도를 다시 한 번 언급하면서, 결혼 생활을 자신의 욕망을 마음껏 충족시키

는 계기로 삼아서, 세상의 쾌락으로 무절제하게 빠져드는 일이 있어서는 안 된다고 신자들에게 권면한다. 왜냐하면, 결혼 제도는 신자들로 하여금 육신적인 욕망을 마음껏 채우도록 하기 위한 것이 아니라, 그들이 자신의 욕망을 절제하지 못하여 범죄하는 일이 일어나지 않게 하기 위한 것이기 때문이다. 이렇게 결혼이 사람들의 정욕을 적절하게 통제해서 무절제한 호색과 음란에 빠져들지 않게 해 주는 방책이 되려면, 신자들은 결혼 생활을 자신의 정욕을 마음껏 채우는 빌미로 삼지 말고, 적절한 수준에서 절제하지 않으면 안 된다. 따라서 바울은 결혼한 사람들에게 주님을 경외하는 가운데 정결할 삶을 살라고 권면하면서, 그들이 이 세상의 다른 유익한 것들과 마찬가지로, 결혼 제도도 적절하게 선용하여 그들의 정욕을 다스리면서, 그들의 마음이 온전히 하늘에 속한 삶을 생각할 수 있게 할 때, 그러한 거룩하고 정결한 삶을 살 수 있게 될 것이라고 권면한다. 바울은 사람의 인생이 그리 길지 않고 짧다는 사실을 근거로 해서, 자신의 논증을 전개해 나간다: "우리가 지금 살아가고 있는 이 삶은 덧없고 무상한 것이기 때문에, 우리는 덧없이 빨리 지나가는 이 세상에서의 삶에 매달리거나 집착해서는 안 된다. 그러므로 지금 아내가 있는 자들은 마치 아내가 없는 자들인 것처럼 살아가야 한다." 사실, 모든 사람이 이러한 말을 입에 달고 살기는 하지만, 이 말을 진정으로 마음에 새기고 살아가는 사람은 거의 없다. 내가 이 구절을 처음으로 번역하였을 때에는, 어떤 사본에 나와 있는 대로, "형제들아 내가 이 말을 하노니, 그 때가 단축하여졌고, 이후부터 아내 있는 자들은 없는 자 같이 하며"라고 번역하였는데, 나중에 알고 보니, 내가 사용한 사본은 다른 많은 사본들로부터 지지를 받지 못하는 사본이었고, 다른 사본들에는 "그 때가 단축하여진 고로"로 되어 있어서, 나는 그렇게 번역해야, 이 구절의 의미가 분명해질 것이라고 생각하게 되어서, 번역을 수정하였고, 그렇게 수정된 번역은 일부 고대 사본들과도 일치하는 것이다. 따라서 내가 방금 앞에서 설명한 대로, 우리는 여기에서 바울은 "때가 단축하여졌다"는 것을 근거로 삼아서, 이후의 논증을 전개해 나가는 것으로 이해하여야 한다. 우리가 어떠한 일에 대해서 진지하게 생각할 때, 과거보다는 미래에 더 초점을 맞추듯이, 바울은 여기에서 먼저 우리에게 남은 시간이 얼마 되지 않는다는 사실을 상기시키고 있는 것이다.

이 후부터 아내 있는 자들은 없는 자 같이 하며. 이 세상에서의 우리의 삶을 풍성하게 해 주는 모든 것들은 하나님께서 우리에게 주신 신성한 선물들이지만, 우리는 그것들을 악용해서 더럽히고 망쳐 놓는다. 왜 그런 일이 일어나는지를 곰곰이 생각해 보면, 우리는 그 이유가 사람들이 언제까지나 이 세상에서 살게 될 것이라는 망상 속에 빠져 있기 때문이라는 것을 알게 된다. 우리의 그러한 망상 때문에, 우리가 한 평생을 살아가는 데 있어서 우리에게 도움이 되어야 할 것들이 실제로는 우리를 옭아매는 족쇄들이 되어 버린다. 따라서 사도가 우리로 하여금 이러한 어리석음과 둔감함으로부터 벗어나게 해 주려고, 우리에게 우리의 인생이 짧다는 사실을 상기시켜 주고, 그러한 사실을 근거로 해서, 그렇기 때문에 우리는 이 세상의 모든 것들을 사용할 때, 마치 사실은 우리가 그 모든 것들의 소유자가 아닌 것처럼 생각하고서 사용해야 한다고 권면한 것은 지극히 마땅한 일이었다. 왜냐하면, 자기 자신이 이 세상에서 나그네로 살아간다고 생각하는 사람은 이 세상에 속한 것들을 사용할 때, 그것들이 마치 다른 사람의 것인 양, 달리 말하면, 자신은 오늘 하루만 그것을 빌려서 사용하는 것인 양, 그렇게 사용하기 때문이다. 요컨대, 그리스도인들은 세상적인 일들에 마음을 빼앗겨서도 안 되고, 그것들 속에서 평안함을 누려서도 안 된다는 것이다. 우리는 어느 때라도 이 세상을 떠날 채비가 되어 있는 사람처럼 살아가야 한다. 바울이 여기에서 말한 "우는 것"은 인생을 살아가다가 역경을 만나서 힘들고 서글플 때를 가리키고, "기쁨"은 인생이 순탄하게 잘 풀리는 때를 가리킨다. 이것은 결과를 가기고서 원인을 표현해 내는 화법이다. 끝으로 우리가 유의해야 할 것은 사도는 여기에서 그리스도인들에게 자신들의 모든 소유를 버리라고 명하는 것이 아니고, 다만 그들의 마음이 이 세상의 것들에 묶여서 헤어나오지 못하는 일이 있어서는 안 되기 때문에, 이 세상의 것들에 대하여 초연해질 것을 요구하고 있는 것일 뿐이라는 것이다.

31. 세상 물건을 쓰는 자들은 다 쓰지 못하는 자 같이 하라. 이 구절의 전반부에는 '크로메노이'(χρώμενοι, "쓰다")라는 분사가 사용되고, 후반부에는 '카타크로메노이'(καταχρώμενοι, "다 쓰다")라는 복합어 형태의 분사가 사용되고 있다. 후자의 복합어에 붙은 헬라어 전치사 '카타'(κατά)는 대체로 좋지 않은 의미를 지니거나, 적어도 강조의 의미를 지닌다. 따라서 바울이 여기에서 말하고자 하는 것은, 우리가 "세상 물건"을 사용하더라도, 그것들이 천국으로 가는 우리의 여정을 방해하거나 지체시키는 것이 되어서는 안 되고, 도리어 우리로 하여금 푯대를 향해서 힘차게 나아갈 수 있도록 우리를 도와 주는 것들이 되도록 사용하여야 한다는 것이다.

이 세상의 외형은 지나감이니라. 바울은 세상이 허망하고 무상하다는 사실을 이러한 말로써 절묘하게 표현한다. 그는 이렇게 말한다: "이 세상에는 언제까지나 변함없고 확실한 것은 아무것도 없다. 많은 사람들이 말하듯이, 모든 것은 알맹이 없는 허울들이고 실체 없는 그림자들일 뿐이다." 그런데 여기에서 바울은 세상을 연극 무대에 비유하고 있는 것으로 보인다. 왜냐하면, 연극이 시작되어서 진행되는 동안에는, 무대에서 행해지는 모든 것들이 다 현실인 것처럼 보이지만, 막이 내리는 순간, 지금까지 관객들의 시선을 사로잡고 있던 모든 것들은 순식간에 그들의 시야에서 사라져 버리고 말기 때문이다. 에라스무스(Erasmus)는 자신의 라틴어 역본에서, 바울이 여기에서 사용한 헬라어 '스케마'(σχῆμα)를 '하비투스'(habitus, "상태, 형편")라는 단어로 번역하였는데, 나는 그가 왜 그런 식으로 번역하였는지, 그 이유를 모르겠다. 왜냐하면, 바울은 여기에서 "실체"와 대비되는 개념으로 "외형"이라는 단어를 사용하였고, 라틴에서 "실체"에 해당하는 '수브스탄티아'(substantia)와 대비되는 단어는 '피구라'(figura)인 까닭에, 분명히 에라스무스의 그러한 번역은 바울의 의도를 모호하게 하는 결과를 가져왔기 때문이다.

32. 너희가 염려 없기를 원하노라. 바울은 여기에서 말하고 있는 것들을 이미 앞에서도 한 번 권면하기는 하였지만, 그 때에는 충분하게 설명하지 않았다고 생각해서, 다시 한 번 여기에서 자세하게 설명해 나가는데, 언제나 그랬듯이 여기에서도, 먼저 그들에게 독신 생활을 할 것을 권유하고, 그런 후에 결혼 생활이든 독신 생활이든 각자에게 합당하다고 생각되는 쪽을 자유롭게 택하라고 권면한다. 바울이 독신 생활의 이점을 기회가 날 때마다 역설한 것은, 결혼 생활로 인한 책임과 부담이 결코 만만치 않다는 것을 잘 알고 있었기 때문에, 얼마든지 독신으로 지낼 수 있는 여건과 은사가 주어져 있어서, 결혼으로 인한 그러한 책임과 부담을 굳이 짊어질 필요가 없는 사람들이, 자신들에게 주어진 그러한 좋은 기회를 굳이 내팽개쳐 버리는 것은 정말 안타까운 일이었기 때문이었고, 또한 결혼을 하기로 작정한 사람들은 결혼으로 인한 그러한 책임과 부담에 대해서 미리 경고를 받고서, 나중에 그들의 생각과는 달리 결혼 생활에서 어려운 일들에 봉착했을 때, 절망에 빠지지 않도록 하는 것이 훨씬 유익한 일이었기 때문이었다. 우리는 많은 사람들이 그런 일을 겪는 것을 본다. 사람들은 결혼하기 전에는 달콤한 결혼 생활을 서로에게 약속하지만, 나중에 실제로 결혼 생활을 하다가 그러한 기대가 무너졌을 때에는, 부부 간의 지극히 사소한 갈등과 충돌에도 아주 쉽게 동요되어서, 과연 결혼 생활을 지속해야 하는지 말아야 하는지를 고민하게 되고, 이혼에 이르게 되는 경우도

자주 생겨난다. 따라서 결혼하고자 하는 사람들은 결혼 생활에서 그들이 겪게 될 어려운 일들에 대하여 미리 경고를 받아서, 단단히 각오를 한 채로 결혼 생활에 들어감으로써, 실제로 그러한 일들이 일어나더라도, 잘 참아내고 극복할 수 있게 될 것이기 때문에, 결혼 생활로 인한 고난에 대한 경고는 그들에게도 아주 유익하다. 이 구절의 의미는 이런 것이다: "결혼을 하게 되면, 심란한 일들이 많이 생기게 되고, 그 결과 온 마음을 다하여 하나님을 섬기는 것이 어려워질 수 있기 때문에, 나는 너희가 굳이 결혼을 해서 그런 어려운 일들을 겪는 것을 바라지 않는다."

바울은 앞에서는 "고난"(고전 7:28, 칼빈은 이 단어를 "괴로움"이라는 의미로 이해한다 — 역주)이라는 단어를 사용하였던 반면에, 여기에서는 "염려" 또는 "근심"이라는 단어를 사용하고 있기 때문에, 어떤 사람들은 바울이 거기에서와 여기에서 서로 다른 내용을 말하고 있는 것은 아닌가 하는 의문을 가질 수 있다. 하지만 나는 "고난" 또는 "괴로움"은 자녀나 배우자의 죽음, 부부 사이의 권태감으로부터 생겨나는 하찮은 언쟁(이것은 변호사들이 쓰는 용어이다), 자녀의 비행, 가족 부양의 어려움 등과 같이 슬프거나 우울한 일들로부터 생겨나는 것인 반면에, "염려"나 "근심"은 결혼식에서의 바보 같은 행동이나 농담, 결혼한 사람들이 신경을 써야 하는 여러 가지 일들 같이, 행복하고 즐거운 상황과 관련해서 생겨나는 것이라고 생각한다.

장가 가지 않은 자는 주의 일을 염려하여 어찌하여야 주를 기쁘시게 할까 하되. 바울은 앞에서 그리스도인들에게, "너희가 염려 없기를 원하노라"고 말했었는데, 바울이 그렇게 말한 것은 그들이 자신들의 마음과 뜻을 온통 주께 드려서, 오직 주만을 생각하고 주의 일만을 생각하게 되기를 자기는 바란다는 의미로 그렇게 말한 것임이 여기에서 분명하게 드러난다. 그는 독신 생활이 그런 삶을 가능하게 해 줄 것임을 보여 줌으로써, 모든 사람이 세상 염려로부터 벗어나서 오직 주만을 섬기게 되는 온전한 자유를 누리게 되기를 원하는 것이 자신의 심정임을 분명하게 보여 준다. 하지만 여기에서 바울은 독신으로 사는 사람은 누구든지 그런 삶을 살게 될 것이라고 말하고 있는 것은 결코 아니다. 사제들과 수도사들과 수녀들의 삶이 바울이 여기에서 말한 그런 삶과 너무나 거리가 멀다는 것은 우리가 경험상으로 너무나 잘 알고 있다. 우리는 그들의 독신 생활이야말로 하나님께 헌신된 삶과는 가장 거리가 먼 삶임을 알기 때문에, 그들의 독신 생활보다 더 하나님께 헌신된 삶과 거리가 먼 삶을 상상할 수 없을 정도이다. 독신 생활을 악용하는 자들이 어디 그들뿐이겠는가? 방종하고 음란한 삶을 통해서 자신들의 욕망을 마음껏 충족시키면서도, 자신들의 그러한 죄악된 진면목을 드러내지 않기 위해서, 결혼을 하지 않고 독신으로 살아가는 가증스럽고 음란한 자들이 또 얼마나 많은가! "정욕이 불 같이 타는"(고전 7:9) 곳에 하나님을 향한 열심(Dei studium)이 존재할 여지는 전혀 없다. 바울이 여기에서 말하고자 하는 것은 결혼하지 않은 사람들은 결혼 생활로 인한 책임과 부담으로부터 자유로울 수 있기 때문에, 온 마음과 시간을 드려서 "주의 일"에 헌신할 수 있고, 그것을 방해할 수 있는 것은 아무것도 없다는 것이고, 바울이 한 이 말은 오직 독신으로 살아갈 수 있는 은사를 받은 사람들에게만 적용된다는 것을 전제로 한 것이다. 따라서 독신의 은사를 받은 신자들은 이러한 자유를 선용해서 큰 유익을 얻는 반면에, 그렇지 않은 사람들은 독신 생활을 자기 자신을 파멸시키는 데 악용하게 된다.

33. 장가 간 자는 세상 일을 염려하여 어찌하여야 아내를 기쁘게 할까 하여. 바울이 여기에서 말한 "세상"은 우리가 이 땅에서 살아갈 때에 우리에게 주어져 있는 온갖 여건과 상황을 의미하는 것으로 보아야 하기 때문에, 우리는 "세상 일"을 "현세의 삶에 속한 온갖 일들"을 가리키는 것으로 이해하여야 한다. 바울의 이 말을 근거로 해서, 어떤 사람들은 결혼한 자들은 모두 다 오로지 "세상 일"만 생각하는 자들이기 때문에, 하나님의 나라와는 아무런 상관도 없는 외인들이라고 단정해 버린다. 거기에 대한 나의 대답은, 사도는 여기에서 단지 결혼한 자들이 어떤 것들을 생각하고 염려하는지에만 초점을 맞추어서 말하고 있는 것일 뿐이라는 것이다. 즉, 그는 이렇게 말한 것과 같다: "결혼한 사람들은 한 쪽 눈은 주를 향해 있지만, 또 다른 쪽 눈은 자신의 아내를 향해 있다. 이렇게 결혼이라는 것은 무거운 등짐과 같은 것이어서, 경건한 자들조차도 그 무거운 짐에 심령이 짓눌려서, 하나님을 향하여 가벼운 걸음으로 신속하게 달려가기가 어렵다." 하지만 우리는 결혼 생활로 인한 이러한 해악들이 결혼 자체의 속성이 아니라 인간의 죄악으로부터 비롯된 것임을 항상 기억하여야 한다. 히에로니무스(Hieronymus)는 온갖 논리와 논거들을 동원해서, 결혼 자체를 악한 것으로 보고서 결혼을 부정하지만, 그의 그러한 주장이 실패로 끝날 수밖에 없는 이유도 거기에 있다. 만일 누군가가 농사 짓는 것이나 장사하는 것이나 그 밖의 다른 온갖 삶의 방식들 속에는 악한 면들이 있다는 이유로, 사람들의 그러한 온갖 삶의 방식들을 싸잡아서 비난한다면, 그 사람의 그러한 주장을 터무니없고 어이없는 허튼 소리로 여겨서 조롱하지 않을 사람이 누가 있겠

는가? 왜냐하면, 이 세상에서 사람들이 영위하는 온갖 다양한 삶의 방식 속에 내재하는 악들은 인간의 죄악으로 인하여 생겨난 것들일 뿐이고, 농사 짓는 것이나 장사하는 것 자체가 악한 일들인 것은 아니기 때문이다. 그러므로 우리는 결혼 생활에 어떤 해악들이 필연적으로 수반된다고 할지라도, 그러한 해악들은 결혼 생활 자체로부터 생겨나는 것이 아니라, 인간의 보편적인 죄악성으로부터 생겨난 것임을 유의하여야 한다. 왜냐하면, 만일 인간이 타락하지 않아서, 하나님의 신성한 제도를 더럽히지 않았더라면, 오늘날 남자가 결혼해서 자기 아내와 함께 산다고 해서, 하나님을 등지게 되는 일은 일어나지 않았을 것이고, 아내는 자신이 창조된 목적 그대로 모든 좋은 일에서 남편을 돕는 배필이 되었을 것이기 때문이다.

하지만 이렇게 반문하는 사람들이 있을 수 있다: "만약 결혼한 사람들은 세상 일들에 대해 염려하고 근심할 수밖에 없고, 그러한 염려와 근심은 언제나 죄악된 것들로 단죄될 수밖에 없는 것이라면, 결혼한 사람들이 깨끗한 양심으로 하나님의 이름을 부르고 하나님을 섬기는 것은 불가능한 일이 아니겠는가?" 이런 반문에 대한 나의 대답은, "염려"라고 해서 다 똑같은 염려인 것이 아니고, 염려에도 세 가지 종류가 있다는 것이다. 먼저, 불신앙으로부터 생겨나서 그 자체로 경건하지 못한 악한 "염려"가 있는데, 이러한 염려들에 대해서는 그리스도께서 마태복음 6:25에서 말씀하신 바가 있다: "내가 너희에게 이르노니 목숨을 위하여 무엇을 먹을까 무엇을 마실까 몸을 위하여 무엇을 입을까 염려하지 말라." 다음으로는, 사람들에게 필요한 것이기는 하지만, 하나님을 기쁘시게 하지는 못하는 "염려"가 있는데, 예컨대 한 집안의 가장이 자기 처자식을 위해서 하게 되는 "염려"가 그런 것이다. 하나님께서는 우리가 우리 자신에 대해서는 아무것도 "염려하지" 않는 그런 목석 같은 사람이 되기를 원하시는 것은 아니다. 마지막으로, 앞의 두 가지가 혼합된 염려가 있는데, 이것은 우리가 "염려할" 필요가 있는 일을 "염려하는" 것이기는 하지만, 우리가 본성적으로 타고난 죄악된 무절제함(intemperantia)으로 말미암아, 적절한 수준에서 염려하는 것이 아니라, 지나치게 염려하는 경우이다. 따라서 이런 "염려"는 그 자체로는 결코 나쁜 것이 아니지만, 다만 적절하게 절제되지 못하고 도가 지나쳤다는 점에서 악한 것으로 단죄되는 염려라고 할 수 있다. 따라서 여기에서 사도가 이 말을 한 의도는, 단지 결혼한 자들이 결혼 생활로 인해서 하나님을 생각하지 않고 온통 세상 일을 생각하는 데 몰두하는 죄악된 모습을 보이는 것을 책망하기 위한 것이 아니라, 모든 신자들에게 결혼 생활로 인한 해악들을 알게 함으로써, 신자들로 하여금 할 수만 있다면 독신으로 살아감으로써, 결혼 생활이라는 무거운 짐을 벗고서, 온 마음을 다하여 하나님을 섬기며 살아가도록 하기 위한 것이다.

34. 마음이 갈라지며. 이 구절을 둘러싸고 아주 많은 다양한 해석이 제기되어 왔다는 것은 놀라운 일이다. 우리가 통상적으로 사용하는 헬라어 본문은 불가타 역본의 본문과 너무나 차이가 많기 때문에, 우리는 그러한 차이를 필사자나 번역자의 실수 또는 부주의로 돌리는 것은 불가능하다. 왜냐하면, 실수나 부주의로 인한 차이는 기껏해야 한 글자나 한 단어와 관련해서 차이가 생겨나는 것이 보통이기 때문이다. 헬라어 사본들의 읽기는 문자 그대로 직역하면, 대체로 다음과 같다: "장가 간 자는 세상 일을 염려하여 어찌하여야 아내를 기쁘게 할까 하고, 시집 간 자와 처녀는 나뉘며, 시집 가지 않은 자는 주의 일을 염려하여 … " 이렇게 헬라어 사본들은 본문에 나오는 "나뉘다"를 "서로 다르다"는 의미로 이해하기 때문에, 헬라어 사본들의 읽기는 이런 의미라고 할 수 있다: "시집 간 자와 처녀는 서로 크게 다르다. 처녀는 세상 일로부터 온전히 벗어나서 오직 하나님의 일만을 생각하게 되는 반면에, 시집 간 자는 이런저런 세상 일들에 마음을 빼앗기게 된다." 하지만 이 읽기는 "나뉘다"라는 단어가 원래 지니고 있는 자연스러운 의미와는 상당히 거리가 있는 것이기 때문에, 나는 이 읽기를 인정하기가 어렵고, 특히 헬라어 사본들 중에는 이 구절을 그런 식으로 읽지 않고, 좀 더 적절하고 덜 억지스럽게 읽고 있는 사본들도 있기 때문에, 내가 그러한 읽기를 받아들이기는 더욱더 어려워진다. 따라서 나는 이 구절을 34절이 아니라 33절과 연결시켜서, 다음과 같이 읽을 수 있다고 본다: "장가 간 자는 한편으로는 하나님의 일을 생각하여야 하고, 다른 한편으로는 자기 아내를 생각하여야 해서, 온전히 하나님께만 헌신할 수 없다는 점에서, 그 마음이 나뉘게 된다."

시집 가지 않은 자와 처녀는 주의 일을 염려하여 몸과 영을 다 거룩하게 하려 하되 시집 간 자는 세상 일을 염려하여 어찌하여야 남편을 기쁘게 할까 하느니라. 바울은 앞에서 남자들과 관련해서 행하였던 가르침을 이제 여기에서는 여자들에게도 똑같이 적용한다: 즉, 처녀들과 과부들은 "세상 일"의 방해를 받지 않기 때문에, 온전히 "주의 일"만을 "염려할" 수 있다는 것이다. 바울이 여기에서 모든 처녀들과 과부들이 실제로 다 그렇게 하고 있다고 말하고 있는 것이 아니라, 그들이 마음만 먹는다면 얼마든지 그렇게 할 수 있다고 말하고 있는 것이다. 바울은 처녀들과 과부들이 독신으로 사는 것을 선용해서 자신들의 "몸과 영을 다 거룩하게 하려" 한다고 말함으로써, 단지 독신으로 지내는 것 자체가 아니라, 마음과 생각을 비롯해서 심령 자체를 하나님을 향해서 깨끗하게 지키는 것이야말로 진정으로 정절(castitas)을 지키는 것이고, 그런 식으로 정절을 지키는 것만이 하나님께서 받으실 만한 참된 정결의 삶이라는 것을 보여 준다. 나는 사람들이 이 점에 좀 더 주목하고 관심을 기울였으면 좋겠다. "몸"과 관련해서는, 우리는 수사들과 수녀들을 비롯해서 교황에게 충성을 바치는 온갖 쓰레기 같은 성직자들이 독신 생활을 선택함으로써, 주께 자신들의 몸을 바쳤다는 사실을 잘 알고 있다. 하지만 그들의 독신 생활은 우리가 그것보다 더 가증스럽고 음란하며 역겨운 것은 상상해 낼 수 없을 정도이기 때문에, 그들은 겉으로만 자신들의 몸을 주께 바쳤을 뿐, 그들에게는 진정한 독신 생활은 존재하지 않는다. 따라서 우리는 독신 생활을 선택해서 살아가는 것 자체가 "몸"의 정절을 지키고 정결하게 살아가는 것이라는 말은 이제 그만 집어치워야 한다. 금욕(continentia)의 삶으로 명성을 날린 사람들 중에서 음탕한 정욕으로 불타 오르지 않은 사람이 과연 한 사람이라도 있을까? 바울이 여기에서 한 이 말로부터, 우리는 "몸"뿐만이 아니라 "영혼"까지도 정결한 것이 하나님께서 진정으로 기뻐하시는 정결이라는 것을 알게 된다. 나는 입만 열면 천하 사람들이 모두 다 들어야 한다는 듯이 금욕을 외치는 자들이 자신들이 상대하고 있는 분이 하나님이라는 사실을 제발 좀 알았으면 좋겠다. 그들이 그러한 사실을 깨닫기만 한다면, 그들은 이토록 자신만만하게 우리에게 칼을 겨누지는 못할 것이다. 정말 어처구니없고 어이없는 것은, 오늘날 실제로는 후안무치하게도 공공연하게 온갖 추악한 음행들을 자행하는 자들이 많은 사람들 앞에서 금욕에 관해서 번드르르한 장광설을 늘어놓고 있다는 것이다. 그런 자들이 많은 사람들 앞에서는 자신들이 고귀한 자들인 것처럼 행한다고 할지라도, 자신들의 마음과 생각을 정결하고 온전하게 하지 않는다면, 그들이 사람들 앞에서 보이기 위하여 행하는 것들은 하나님 앞에서 아무것도 아니다.

35. 내가 이것을 말함은 너희의 유익을 위함이요 너희에게 올무를 놓으려 함이 아니니 오직 너희로 하여금 이치에 합당하게 하여 흐트러짐이 없이 주를 섬기게 하려 함이라. 우리는 여기에서 사도가 얼마나 자신을 절제하며 사려 깊게 말하고 있는 것인지를 볼 수 있어야 한다. 사도는 한편으로는 결혼 생활에 따르는 고달픔과 어려움과 고난을 잘 알고 있었고, 다른 한편으로는 독신 생활의 이점들도 잘 알

고 있었지만, 그럼에도 불구하고, 신자들에게 이렇게 하라거나 저렇게 하라는 식으로 독단적으로 명령하고 밀어붙이는 것이 아니라, 도리어 자기가 앞에서 독신 생활을 칭송하였기 때문에, 혹시라도 사람들이 독신 생활에 대한 자신의 그러한 칭송에 압도당해서, 자신들의 각자의 은사와 처지를 전혀 고려하지 않은 채로, 전에 사도들이 그리스도께 대답하였던 것과 똑같이, "만일 사람이 아내에게 이같이 할진대 장가 들지 않는 것이 좋겠나이다"(마 19:10)라고 말하며, 막무가내로 독신 생활을 선택하게 될 것을 우려해서, 자기는 지금까지 단지 그들에게 유익을 끼치기 위해서, 결혼 생활과 독신 생활 중에서 어느 쪽이 그들에게 가장 유익한 것인지에 대해서 말한 것일 뿐이고, 그들 중 그 누구에게도 독신 생활을 강요해서 부담을 주고 갈등하게 만들고자 하는 의도는 자기에게 전혀 없다는 것을 분명하게 밝힌다.

여기에서 우리가 주목해야 할 것은 다음 두 가지이다. 첫 번째는, 바울이 믿는 자들에게 독신으로 살아가기를 이렇게 간곡하게 권하는 이유가 무엇이었는가 하는 것이다. 바울이 독신 생활을 권한 것은 독신 생활 그 자체가 하나님 앞에서 선한 일이거나 믿는 자들에게 합당한 좀 더 온전한 형태의 삶이었기 때문이 아니라, 믿는 자들은 평생 동안 오로지 하나님을 섬기는 일에 온 마음을 다하여 살아가는 것이 마땅한데, 독신 생활은 믿는 자들로 하여금 세상 일로 인하여 방해를 받지 않고 오로지 하나님을 섬기는 일에만 전념할 수 있는 여건을 만들어 주기 때문이었다. 두 번째는, 우리는 사람들의 양심에 "올무"를 놓아서 옴짝달싹하지 못하게 만들어서, 거의 반강제로 그들로 하여금 결혼을 하지 못하게 만들어서는 안 되고, 도리어 모든 사람에게 선택의 자유를 주어야 한다는 것이다. 바울의 이 두 가지 가르침과 관련하여 지금까지 얼마나 많은 오류가 있어 왔는지는, 우리가 굳이 말할 필요가 없을 정도이다. 특히, 바울의 두 번째 가르침과 관련해서, 모든 성직자에게 결혼을 금지시키고 독신으로 살도록 정한 교회법을 주저 없이 밀어붙여서 제정하였던 자들이 바울의 가르침을 완전히 깔아 뭉개는 오만방자함을 보였다는 것은 분명한 사실이다. 또한, 영원한 금욕을 맹세한 자들에 대해서도 우리는 똑같은 말을 할 수 있는데, 바울은 여기에서 자기는 그들을 유익하게 하고자 하는 것일 뿐이고 그들에게 올무를 놓고자 하는 것이 아니라고 분명히 가르쳤음에도 불구하고, 그들은 바울의 그러한 가르침을 무시하고, 자신의 은사와 처지를 고려하지 않고 막무가내로 독신 생활을 맹세함으로써, 바울이 그들에게 피하라고 당부한 "올무" 속으로 스스로 뛰어들어서, 영원한 멸망의 구렁텅이에 빠지게 되었다. 따라서 바울이 여기에서 한 말들은 성령께서 바울의 입을 빌려서 말씀하신 것들이기 때문에, 성령께서는 사람들에게 결혼 생활과 독신 생활 중에서 어느 한 쪽을 스스로 선택할 수 있는 자유를 주시려고 하셨음에도 불구하고, 교황주의자들은 사람들의 양심에 "올무"를 놓고 족쇄를 채워서 독신 생활을 강요한 것이기 때문에, 그들이 하나님과 성령을 대적하였다는 죄책에서 벗어날 길은 없다. 왜냐하면, 성령께서 바울의 입을 통해서는 사람들에게 "올무"를 놓으려는 의도가 없으시다고 분명하게 밝히신 후에, 나중에 가서 자신의 뜻을 뒤집으셔서, 지금부터는 사람들에게 "올무"를 놓아서 강제적으로 독신 생활을 시켜야 하겠다고 교황주의자들에게 귀띔을 해 주셨을 것 같지는 않기 때문이다.

[36]그러므로 만일 누가 자기의 약혼녀에 대한 행동이 합당하지 못한 줄로 생각할 때에 그 약혼녀의 혼기도 지나고 그같이 할 필요가 있거든 원하는 대로 하라 그것은 죄 짓는 것이 아니니 그들로 결혼하게 하라 [37]그러나 그가 마음을 정하고 또 부득이한 일도 없고 자기 뜻대로 할 권리가 있어서 그 약혼녀를 그대로 두기로 하여도 잘하는 것이니라 [38]그러므로 결혼하는 자도 잘하거니와 결혼하지 아니하는 자는 더 잘하는 것이니라(7:36-38).

36. 그러므로 만일 누가 자기의 약혼녀에 대한 행동이 합당하지 못한 줄로 생각할 때에 그 약혼녀의 혼기도 지나고 그같이 할 필요가 있거든 원하는 대로 하라 그것은 죄 짓는 것이 아니니 그들로 결혼하게 하라. 이제 바울은 슬하에 자녀를 두고 있는 부모에게로 화제를 돌린다(한글개역개정에서 "약혼녀"로 번역된 헬라어 '파르테노스'는 "처녀", "젊은 미혼여성"을 뜻하고, 여기에서 칼빈은 이 단어를 "처녀 딸"의 의미로 이해하는데, 한글개역에서는 "처녀 딸"로 옮긴 바 있다 — 역주). 혼기가 다 찬 딸을 둔 부모는 바울이 앞에서 독신 생활을 강력하게 권하고 결혼 생활의 어려움들에 대하여 말한 것을 들었기 때문에, 자기 딸을 결혼시켜서 그런 고생을 시키는 것이 과연 부모로서 할 도리인가 하는 회의를 얼마든지 가질 수 있었을 것이다. 자녀들에 대한 애정이 크면 클수록, 부모의 근심과 걱정도 커지게 마련이다. 그래서 바울은 혼기가 다 찬 딸을 둔 부모들의 그러한 고민을 덜어주기 위해서, 부모는 스스로 자녀의 입장이 되어서, 과연 어떻게 하는 것이 자녀에게 유익할지를 생각하여, 결혼을 시킬 것

인지, 아니면 독신으로 살게 할지를 결정하라고 조언한다. 하지만 그는 지금까지와 마찬가지로 두 가지를 동시에 말하는 양동 작전을 구사해서, 한편으로는 독신을 칭송하고, 다른 한편으로는 누구에게나 결혼할 자유가 있다고 말한다. 게다가, 바울에게 있어서 결혼은 단순히 선택의 문제가 아니라, 정욕을 절제하지 못하는 사람들에게는 그 정욕을 절제할 수 있게 하는 데 필수적인 해결책이었기 때문에, 그 누구에게도 결혼해서는 안 된다고 말한다면, 그것은 잘못된 것이 될 수밖에 없었다.

이 절의 전반부에서 바울은 혼기가 찬 딸을 시집 보내는 문제에 대해서 언급하면서, 어떤 사람이 자신의 딸을 독신으로 지내게 하는 것이 "합당하지 못한" 일이라고 생각한다면, 그는 그 딸을 시집 보내도, 그것이 "죄 짓는 것"이 되는 것은 아니라고 분명하게 선언한다. 우리는 바울이 여기에서 사용한 '아스케모네인' (ἀσχημονεῖν, "합당하지 못하다")이라는 단어는 개별적인 합당함, 즉 구체적으로 각 사람의 본성에 비추어 보았을 때에 합당하지 못하고 부적절하다는 것을 의미하는 것으로 이해하여야 하는데, 그 이유는 철학자들은 모든 사람에게 공통되는 보편적인 합당함에 대해서도 말하기 때문이다. 달리 말하면, 어떤 사람에게 합당한 것이 다른 사람에게는 전혀 합당하지 않은 것일 수도 있는데, 이 경우의 합당함은 개별적인 합당함에 해당한다는 것이다. 따라서 키케로(Cicero)가 말하였듯이, 각 사람은 자신의 타고난 개성과 특성을 알아야 한다. 어떤 사람에게는 독신 생활이 합당한 것이더라도, 그는 그러한 개별적인 합당함을 근거로 삼아서, 독신 생활이 자기에게 합당하기 때문에, 다른 사람들에게도 합당할 것이라고 생각해서는 안 된다. 또한, 다른 사람들도 자신의 은사와 능력과 처지는 생각하지도 않은 채, 독신 생활이 결혼 생활보다 믿는 자들에게 유익하다는 것만 생각하고서, 독신의 은사를 받은 그 사람을 부턱대고 본받아서, 자신들도 독신으로 살겠다고 맹세해서는 안 되는데, 그런 식의 행동은 원숭이처럼 남을 흉내 내는 짓일 뿐이고, 순리를 따라 행하는 것이 결코 아니다. 그러므로 부모 된 자들은 자기 딸의 기질이나 천성을 신중하게 고려해서, 그 딸이 독신 생활을 감당하기에 부적절한 것으로 판단이 되면, 딸을 시집 보내는 것이 옳다. 바울이 "혼기"라고 말할 때, "혼기"로 번역된 헬라어는 직역하면 "꽃다운 나이"라는 뜻으로서, 결혼 적령기를 가리키는데, 법률가들은 12살부터 20살까지를 여자들의 혼기로 정의한다. 또한, 바울은 결혼 적령기에 있는 딸들은 꽃처럼 아주 예민하고 상처 받기 쉬운 나이이기 때문에, 혼기가 찬 딸을 둔 부모들이 자기 딸을 시집 보내야 하는 것인지, 아니면 독신으로 살게 해야 하는 것인지 하는 문제를 결정할 때에는, 정말 자기 딸과 잘 공감하는 가운데 자애롭고 공평하게 행하여야 한다는 것을 여기에서 보여 준다.

나는 "그같이 할 필요가 있거든"이라는 어구는 혼기가 찬 딸의 연약함, 즉 그 딸에게 금욕 생활을 할 수 있는 은사가 없는 경우를 암시하는 것이라고 본다. 왜냐하면, 그런 경우에 부모는 자신의 딸을 반드시 시집 보낼 "필요"가 있을 것이기 때문이다. 히에로니무스(Hieronymus)는 "그것은 죄 짓는 것이 아니니"라는 구절을 물고 늘어지면서, 마치 이 구절에서 바울이 딸을 시집보내는 것이 죄 짓는 것은 아니지만 별로 자랑스러운 일도 아니라고 말하였다는 듯이, 이 구절을 꼬투리로 삼아서 결혼을 비하하고 있지만, 그것은 매우 유치한 생각이다. 왜냐하면, 바울은 여기에서 단지 부모들이 자신의 딸을 시집 보내어 결혼이라는 무거운 짐을 지우고서는, 자신들이 딸에게 비인간적인 몹쓸 짓을 했다고 생각하지 않도록 하기 위하여, 그들이 잘못한 것은 아무것도 없다고 단호하게 선언하고 있는 것이기 때문이다.

37. 그러나 그가 마음을 정하고 또 부득이한 일도 없고 자기 뜻대로 할 권리가 있어서 그 약혼녀를 그대로 두기로 하여도 잘하는 것이니라. 혼기가 찬 딸을 둔 부모에게 주는 권면 중에서 후반부에 속하는 이 절에서, 바울은 결혼을 하지 않고 혼자 살 수 있는 은사를 받은 딸들의 경우에 대해서 다루면서, 부모가 혼기가 찬 자신의 딸이 시집 가지 않고 독신으로 살 수 있다는 것을 알았고, 그 딸도 부모의 결정에 따르겠다고 하는 경우에는, 그 딸로 하여금 독신으로 살게 하는 것은 잘한 일이라고 칭찬한다. 그러나 우리는 바울이 여기에서 혼기가 찬 딸을 둔 부모들에게 어떤 것들을 요구하고 있는지를 잘 살펴보아야 한다.

먼저, 그는 "마음을 정하고"라고 말함으로써, 부모에게 "확고한 뜻"(firma voluntas)을 요구한다. 하지만 우리는 이것을 수도사들이 행하는 결단과 같은 것이라고 이해하면 안 된다. 왜냐하면, 수도사들은 평생 동안 독신 생활을 할 것을 자원하여 서원하는 것이지만, 부모는 자신의 딸이 충분히 독신으로 살 수 있다는 것을 분명하게 확인하고서, 딸이 자신의 뜻에 따르기만 한다면, 자신의 딸로 하여금 독신으로 살게 하겠다고 확고하게 마음을 정한 것이기 때문이다. 바울이 여기에서 부모에게 "확고한 뜻"이 있어야 한다고 특별히 언급한 것은, 사람들은 감정과 기분에 따라 성급하게 어떤 계획을 정했다가는, 그 다음 날에는 자신의 결정을 후회하는 일이 비일비재하기 때문에, 그런 일이 일어나는 것을 막는 한편, 지금 그가 다루고 있는 문제는 매우 중대한 것이어서, 부모들이 아주 신중하게 생각하고 결정할 것이 요구되었기 때문이었다.

다음으로, 바울은 "부득이한 일도 없을 것"을 요구하는데, 이것은 많은 사람들이 어떤 일을 심사숙고해서 결정해야 할 때에 합리적으로 이치를 따라 생각하기보다는 자신의 고집을 관철하고자 하는 경향이 있기 때문이다. 사람들은 바울이 지금 다루고 있는 혼기가 다 찬 딸과 관련된 문제에서, 자기 딸을 독신으로 살게 하는 것이 과연 합당한지를 여러 모로 차분하고 신중하게 살피고 검토하는 것이 아니라, 단지 자기는 자기 딸을 시집 보내고 싶지 않기 때문에, 독신으로 살게 해야 하겠다는 식으로 막무가내로 결정해 버리고서는, 자기에게는 자기 딸을 시집 보낼지 말지를 결정할 권한이 있기 때문에, 자기가 하고 싶은 대로 결정했는데, 누가 자기에게 이의를 제기하겠느냐고 도리어 큰소리를 친다. 그래서 바울은 부모들이 혼기가 찬 딸과 관련된 중대한 일을 경솔하게 자기 멋대로 결정하지 말고, 자신들이 받은 은혜의 분량에 따라서 적절하고 합당한 결정을 하기를 바랐다. 그는 "부득이한 일도 없다"라고 한 말이 무슨 뜻인지를, 그 뒤에 이어지는 구절, 즉 "자기 자신의 뜻을 다스릴 힘이 그들에게 있다"(한글개역개정에는 "자기 뜻대로 할 권리가 있어서")는 말을 통해서 적절하게 설명한다. 그는 이렇게 말한 것과 같다: "나는 그들이 이 문제를 철저하게 제대로 살펴서 하나님의 뜻이 무엇인지를 확실하게 알게 되었다는 확신이 서기 전에는, 자기 딸을 독신으로 살게 하겠다고 결정하지 않기를 바란다. 왜냐하면, 하나님의 작정하심에 맞서는 것은 지극히 경솔하고 위험천만한 일이기 때문이다."

어떤 사람들은 "이러한 논리에 따르면, 바울이 여기에서 말한 조건들에 주의를 기울이기만 하면, 어떤 맹세나 서원도 단죄되어서는 안 된다"고 말할 것이다. 그런 주장에 대한 나의 대답은 이렇다: 우리는 장래와 관련된 하나님의 뜻을 확실하게 알 수 없기 때문에, 금욕의 은사와 관련하여 우리가 평생 동안 따라야 할 어떤 결정을 해서는 안 된다. 따라서 우리는 어떤 결정을 할 때, 그것이 우리에 대한 하나님의 확실한 뜻이라고 단정해서 결정하는 것이 아니라, 단지 지금 우리에게 주어져 있는 은사를 잘 활용해서, 하나님이 주시는 확신 가운데서 어떤 결정을 한 후에, 나중에 언제라도 하나님께서 우리를 다른 길로 부르시는 경우에는, 그 길로 행할 것이라는 마음으로, 우리 자신을 온전히 하나님께 맡기는 가운데, 그 결정을 따라 행하는 것일 뿐이다.

그대로 두기로 하여도. 바울은 부모들이 자기 딸을 시집 보내야 하겠다는 계획과 염려를 다 포기하고서 독신으로 살게 하기로 결정하기 전에, 과연 그렇게 하는 것이 합당한 것인지를 모든 면에서 주의 깊고 세심하게 살펴보아야 한다는 것을 좀 더 분명하게 밝히기 위해서, 이 구절을 덧붙인 것으로 보인다. 왜냐하면, 딸들은 결혼하겠다고 적극적으로 나서는 것이 부끄러워서, 또는 자기 자신에 대해서 잘 몰라서, 결혼을 하지 않겠다고 하는 경우가 흔히 있지만, 그럼에도 불구하고 다른 여자들과 다름없는 정욕이 있어서, 결혼을 통해서 그 정욕을 해소하지 못하는 경우에는 유혹에 빠져 범죄할 가능성이 있기 때문이다. 따라서 부모들은 무엇이 자기 딸을 위한 최선의 선택인지를 잘 생각해서, 딸들이 무지나 무경험이나 합당하지 않은 열망이나 잘못된 동기 같은 것으로 인하여 잘못된 선택을 고집할 때, 자신들의 지혜와 경험을 통해서 딸들의 생각을 바로잡아 주어야 한다.

이 구절은 부모의 권위를 확증하는 데 도움이 되는 본문이다. 부모의 권위는 보편적인 자연법에 기원을 두고 있는 것이기 때문에, 신성한 것으로 여겨지는 것이 마땅하다. 자녀들이 부모의 허락 없이는 그다지 중요하지 않은 다른 일들도 할 수 없는 것이라면, 하물며 결혼과 같이 중요한 문제에 있어서 자녀들에게 선택권이 주어져 있지 않다는 것은 지극히 당연한 것이다. 자녀들에 대한 부모의 권위는 시민법에 의해서도 철저하게 보장되어 왔을 뿐만 아니라, 특히 하나님의 법(lex Dei)에 의해서는 더욱더 확고하게 보장되고 있다. 교황의 사악함이 더욱더 가증스러운 이유도 거기에 있다. 왜냐하면, 교황은 인간의 법은 물론이고 하나님의 법까지도 무시한 채, 자녀들은 부모에게 복종해야 할 의무가 없다고 선언함으로써, 자녀들을 부모에 대한 순종이라는 멍에로부터 자유롭게 해 주는 만용을 저질렀기 때문이다. 하지만 우리는 일단 교황이 왜 그런 선언을 한 것인지, 그 이유부터 들어보아야 하는데, 교황은 그러한 조치는 성례전의 권위에 근거한 것이라고 말한다. 나는 결혼을 성례전의 하나로 삼은 교황의 무지함에 대해서는 거론조차 하고 싶지 않고, 다만 교황이 모든 민족의 미풍양속(publica honestas)만이 아니라, 하나님의 영원하신 작정하심(aeterna Dei ordinatio)도 짓밟아 버린 채로, 성례전이라는 미명 하에, 청년들은 그들의 정욕에 재갈을 물리고자 하는 부모의 훈육에 복종하지 않아도 된다고 선언함으로써, 청년들로 하여금 아무런 부끄러움도 모르는 채로 마음껏 자신들의 정욕과 혈기를 발산하며 방탕으로 치닫게 하였는데, 도대체 거기에 성례전과 관련된 무슨 권위가 있고 무슨 영광이 있다고 말하는 것인지를 묻고 싶을 뿐이다. 그러므로 우리는 자녀들을 결혼시키는 문제에 있어서는 부모의 권위가 가장 중요한 요소라는 것을 깨달아야 한다. 물론, 이것은 부모들이 그 권위를 악용해서, 자녀들 위에 폭군처럼 군림해서는 안 된다는 것을 전제로 하는데, 실제로 시민법에서는 부모의 권위에 일정한 제약을 가함으로써, 악용의 가능성을 어느 정도 차단하고 있다. 여기에서 사도가 자녀들의 결혼에 관한 문제를 부모들이 결정함에 있어서는 "부득이한 일"이 없어야 한다고 말한 것은, 이 문제에 대한 부모들의 결정이 자녀들에게 가장 유익이 되는 방향으로 이루어져야 한다는 것을 말한 것이다. 따라서 우리는 부모와 자녀 간에는 다음과 같은 두 가지, 즉 자녀는 부모의 명령에 순종하여야 하는 반면에, 부모는 자녀의 뜻을 무시하고 어떤 선택을 강요해서는 안 되고, 오로지 자녀의 유익을 위해서만 부모로서의 권위를 행사하여야 한다는 것이 서로 적절하게 균형을 이루어야 하고, 부모와 자녀는 이 두 가지를 부모와 자녀 간의 관계를 위한 합당한 지침으로 삼아야 한다는 것을 명심하여야 한다.

38. 그러므로 결혼하는 자도 잘하거니와 결혼하지 아니하는 자는 더 잘하는 것이니라. 이것은 혼기가 찬 딸을 둔 부모에 대한 바울의 권면을 다루는 이 단락을 구성하고 있는 두 부분에 대한 결론적인 부분이다. 간단히 말해서, 여기에서 바울은 딸을 결혼시키는 부모도 잘못하는 것이 전혀 아니지만, 딸을 결혼시키지 않고 집에 머무르게 하며 독신으로 살게 하는 부모는 더 잘하는 것이라고 말하고 있는 것이다. 하지만 우리는 바울이 37절에서 언급한 예외적인 경우가 아닌 때에는, 바울은 여기에서 부모가 자기 딸을 결혼시키는 것보다 독신으로 살게 하는 것이 더 잘하는 일이라고 말하고 있는 것은 결코 아니라는 것을 알아야 한다. 자기 딸이 독신의 은사를 받지 않아서 결혼을 안 하고는 제대로 살 수가 없는데도, 부모가 그런 자기 딸을 결혼시키지 않으려고 한다면, 그 부모는 잘하고 있는 것이 아니라, 도리어 아주 나쁘고 악한 부모이다. 그런 부모는 더 이상 부모가 아니라 잔인한 폭군일 뿐이다.

지금까지 논의된 것을 요약해 보면, 다음과 같다. 첫째, 믿는 자들이 독신을 결혼보다 선호해야 하는 이유는, 독신이 우리를 세상 일들로부터 벗어나게 해 주고, 그 결과 우리로 하여금 온 마음과 시간을 드려서 전적으로 하나님을 섬길 수 있도록 좀 더 좋은 기회를 제공해 주기 때문이다. 둘째, 이렇게 믿는 자들에게는 독신이 결혼보다 더 유익하고 장점이 많기는 하지만, 어떤 사람이 결혼하기를 원한다면, 어느 누구도 그것을 강제로 막아서는 안 된다. 셋째, 결혼 자체가 하나님께서 우리의 연약함을 돌보시려고 허락해 주신 치유책이기 때문에, 금욕의 은사 또는 독신의 은사를 받지 않은 모든 사람은 반드시 결혼을 해서, 결혼 생활을 잘 선용하여 우리의 연약함을 보완하고, 그것을 토대로 해서 더욱더 하나님을 섬기는 일에 매진하여야 한다. 건전한 판단력을 갖고 있는 사람이라면 누구나 결혼에 관한 바울의 가르침이 이상의 세 가지로 요약될 수 있다는 나의 견해에 동의할 것이라고 나는 믿는다.

[39]아내는 그 남편이 살아 있는 동안에 매여 있다가 남편이 죽으면 자유로워 자기 뜻대로 시집 갈 것이나 주 안에서만 할 것이니라 [40]그러나 내 뜻에는 그냥 지내는 것이 더욱 복이 있으리로다 나도 또한 하나님의 영을 받은 줄로 생각하노라(7:39-40).

39. 아내는 그 남편이 살아 있는 동안에 매여 있다가 남편이 죽으면 자유로워 자기 뜻대로 시집 갈 것이나. 바울은 지금까지는 남편이든 아내이든 혼자가 된 모든 사람들에게 해당되는 말을 해 왔지만, 아내는 아무래도 여자로서 사회적으로 좀 더 정숙할 것을 요구받고 있는 상황에서 남편보다는 더 조심스럽고 소극적일 수밖에 없어서, 자신의 의지를 따라 자유롭게 행하는 데 더 제약이 있었기 때문에, 바울은 특별히 아내들에 대해서는 따로 분명한 지침을 제시해 줄 필요가 있다고 생각하였다. 그래서 이제 그는 첫 번째 남편과 사별한 후에는 아내도 첫 번째 아내와 사별한 남자들과 마찬가지로 얼마든지 재혼할 자유가 있다고 가르친다. 우리는 앞에서 고대에서도 재혼하고자 하는 여자들에게는 정욕을 절제하지 못하고 색을 밝히는 여자라는 오명이 따라붙었고, 반면에 한 번 결혼한 것으로 만족하고 혼자 되었어도 독신으로 그냥 지내는 여자들에게는 "정숙한 여인"이라는 영광스러운 화관이 주어지곤 하였다는 것을 이미 언급하였는데, 이러한 사회적인 분위기와 시선은 재혼하려는 여자들에게는 거의 모욕이나 다름 없는 일이었다. 그런데 그러한 생각이 그리스도인들 사이에서도 언제부터인가 득세하게 되었다. 그래서 교회에서는 어느 누구도 재혼을 축복해 주지 않았고, 심지어 어떤 공의회들에서는 성직자들이 재혼한 여자들과 자리를 함께 하는 것조차 금지하기도 하였다. 여기에서 사도는 교회 내에서 재혼한 여자들에 대한 그러한 횡포를 잘못된 것이라고 분명하게 못을 박는 동시에, 과부들은 자신들이 원하기만 한다면 재혼하는 것은 전혀 잘못이 아

니고, 재혼에 그 어떤 장애물도 있을 수 없다고 분명하게 선언한다.

이 구절의 본문은 "아내는 그 남편이 살아 있는 동안에 율법에 매여 있다가"로 읽든, 아니면 "아내는 그 남편이 살아 있는 동안에 율법에 의해서 매여 있다가"로 읽든, 의미상으로는 별 차이가 없다(칼빈은 여기에서 νόμῳ — '노모'라는 여격 명사가 삽입되어 있는 헬라어 사본을 자신의 대본으로 삼고 있었기 때문에, 그는 이 헬라어 명사를 "율법에"로 번역할 것인지, 아니면 "율법에 의해서"로 번역할 것인지에 대해서, 자신의 견해를 제시하고 있다 — 역주). 왜냐하면, 하나님께서 남편과 아내가 한 몸이 되게 하신 까닭에, 사람은 그 연합을 나눌 수 없다고 선언하고 있는 것은 율법이기 때문이다. 하지만 우리가 이 단어를 전자처럼 "율법에"로 읽는다면, 이 구절은 한편으로는 율법의 권위 또는 권능을 확인해 주고 있는 것이고, 다른 한편으로는 사람이 율법에 복종하는 것이 마땅하다는 것을 좀 더 분명하게 말하고 있는 것이 될 것이다.

이제 바울은 정반대되는 것들을 대비시키는 방식으로 자신의 논의를 전개해 나간다. 왜냐하면, 그는 "남편이 살아 있는 동안에는" 아내가 남편에게 매여 있는 반면에, 남편이 죽은 후에는 아내는 남편에게서 벗어나게 되는 것이라고 말하고 있기 때문이다. 이렇게 남편에게서 벗어나서 자유롭게 된 후에는, 아내는 "자기 뜻대로" 결혼할 수 있다.이 구절에서처럼 "잠들다"라는 동사가 "죽다"라는 뜻으로 사용될 때, 여기에서 죽는다는 것은 영혼의 죽음이 아닌 육신의 죽음을 가리킨다는 것은 성경에서 사용된 이 단어의 일관된 용법에 비추어 보았을 때에 의문의 여지가 없다. 따라서 "잠들다"라는 이 작은 한 단어를 근거로 삼아서, 육신으로부터 분리된 영혼은 살아 있는 것이 아니라 "잠들어" 있는 것이기 때문에, 생각도 없고 지각도 없다고 주장하는 자들은 정신 나간 자들로서, 자신들이 무지하고 어리석은 자들이라는 것을 드러낼 뿐이다.

주 안에서만 할 것이니라. 사람들은 바울이 혼자 된 과부들이 얼마든지 결혼해도 된다고 할지라도, 불신자와 재혼함으로써, 불신자와 멍에를 함께 매는 일이 있어서는 안 되고, 이제는 자유로운 몸이 되었다고 해서, 불신자들과 어울리며 향락을 좇는 삶을 살아서는 안 된다고 경고하기 위해서, 이 구절을 덧붙인 것이라고 생각하면서, 그 밖의 다른 해석은 읽을 수 없다는 듯이 말한다. 물론, 나는 그들의 그런 생각이 틀린 것이 아니라는 것은 인정하지만, 바울이 여기에서 이렇게 말한 데에는 그 이상의 의미가 있다고 본다. 즉, 바울이 여기에서 "주 안에서만 할 것이니라"고 말한 것 속에는, 과부들이 불신자와 재혼해서도 안 되고, 불신자들과 어울려서 향락을 즐겨서도 안 된다는 의미가 들어 있는 것은 너무나 당연한 것이고, 단지 그런 의미만이 아니라, 좀 더 적극적인 의미에서, 과부들은 자신들에게 결혼하는 것이 허용되어 있다고 하더라도, 오로지 주를 경외하는 마음과 경건한 마음으로 올바른 동기를 따라서만 재혼하여야 한다는 의미가 들어 있다는 것이다. 왜냐하면, 그럴 때에만, 과부들의 재혼은 축복된 결혼이 될 것이기 때문이다.

40. 그러나 내 뜻에는 그냥 지내는 것이 더욱 복이 있으리로다 나도 또한 하나님의 영을 받은 줄로 생각하노라. 바울은 왜 과부들에게 혼자 지내는 것이 더욱 복이 있다고 말하고 있는 것인가? 과부로 지내는 것 자체가 일종의 미덕이었기 때문인가? 아니다. 바울이 과부들에게 혼자 지내는 것이 더 복된 일이라고 말한 것은, 그것이 세상 일에 대해서 신경을 쓰고 염려하고 근심하는 일들로부터 그나마 어느 정도 벗어나서 하나님을 섬기는 일에 전념할 수 있게 해 주는 길이었기 때문이었다. 바울은 "내 뜻에는"이라는 구절을 덧붙이고 있는데, 그렇다고 해서 그가 자신의 생각에 대해서 확신을 가지고 있지 않다는 의미가 그 구절 속에 내포되어 있는 것은 아니고, 단지 자기가 주 안에서 이 문제에 대하여 생각해 본 결과, 이것이 자기가 도달한 결론이라고 말한 것일 뿐이다. 왜냐하면, 그는 이 말을 한 후에 바로 뒤에서, 자기가 "하나님의 영을 받은" 것으로 생각한다고 말하는데, 이것은 자기가 도달한 이러한 결론이 하나님의 성령의 역사에 의해서 주어진 것임을 사실상 선언한 것으로서, 자기가 여기에서 하고 있는 말에 완전하고 확고한 권위를 보장해 주는 것이기 때문이다. 또한, 그가 말한 "생각하노라"는 어구는 다소 반어법적인 것으로서, 비꼬는 듯한 뉘앙스가 내포되어 있는데, 그가 이런 식으로 말한 이유는 이런 것이었다. 즉, 고린도 교회에서 활동하던 거짓 사도들은 자신들의 권위를 자랑하는 동시에 바울을 폄하하기 위해서, 툭 하면 자신들이 "하나님의 영을 받았다"고 입버릇처럼 말하면서, 자신들이 하나님의 대단한 종들이라도 되는 것처럼 거들먹거렸기 때문에, 바울은 그들은 사실은 하나님의 영을 받지도 않은 자들이지만, 설령 그들이 정말 하나님의 영을 받았다고 할지라도, 자기도 적어도 그들만큼은 "하나님의 영을 받은" 자라고 되받아치면서, 그렇기 때문에 고린도 교인들은 자기가 한 말들을 명심하고 그대로 준행해야 할 것이라고 말하고 있는 것이다.

제8장

1우상의 제물에 대하여는 우리가 다 지식이 있는 줄을 아나 지식은 교만하게 하며
사랑은 덕을 세우나니 2만일 누구든지 무엇을 아는 줄로 생각하면 아직도 마땅히
알 것을 알지 못하는 것이요 3또 누구든지 하나님을 사랑하면 그 사람은 하나님도
알아 주시느니라 4그러므로 우상의 제물을 먹는 일에 대하여는 우리가 우상은 세상
에 아무 것도 아니며 또한 하나님은 한 분밖에 없는 줄 아노라 5비록 하늘에나 땅에
나 신이라 불리는 자가 있어 많은 신과 많은 주가 있으나 6그러나 우리에게는 한 하
나님 곧 아버지가 계시니 만물이 그에게서 났고 우리도 그를 위하여 있고 또한 한
주 예수 그리스도께서 계시니 만물이 그로 말미암고 우리도 그로 말미암아 있느니
라 7그러나 이 지식은 모든 사람에게 있는 것은 아니므로 어떤 이들은 지금까지 우
상에 대한 습관이 있어 우상의 제물로 알고 먹는 고로 그들의 양심이 약하여지고
더러워지느니라(8:1-7).

이제 바울은 자기가 6장에서 충분히 설명하지 않고 단지 잠깐 언급만 한 채로 넘어갔던 문제로 되돌아온다. 거기에서 그는 고린도 교인들의 탐욕에 대해서 언급하면서, “도적이나 탐욕을 부리는 자나 속여 빼앗는 자들은 하나님의 나라를 유업으로 받지 못하리라”(10절)는 말로 탐욕에 관한 논의를 마무리한 후에, 그리스도인의 자유에 대해서 “모든 것이 내게 가하나 다 유익한 것이 아니요”(12절)라고 말하고, 그 기회를 빌려서 음행의 문제를 언급하고, 거기에서 한 걸음 더 나아가서 결혼 문제까지도 언급하였었다. 따라서 이제 바울은 음행과 결혼 문제를 다루느라고, 6장에서 운만 떼놓고서는 제대로 다루지 못하였던 “가치중립적인 일들”에 관한 논의로 되돌아와서, 그리스도인으로서 우리에게 주어진 자유가 그러한 일들에 있어서 어떠한 제한을 받는 것이 마땅한지에 대해서 자세하게 설명하기 시작한다. 여기에서 내가 말한 가치중립적인 일들이라는 것은 그 자체로는 선하지도 않고 악하지도 않은 일들이기 때문에, 하나님께서 우리의 재량에 맡겨 두신 일들을 가리킨

다. 하지만 아무리 가치중립적인 일들이고, 하느냐 마느냐의 선택권이 우리에게 일임되어 있다고 하더라도, 우리는 그러한 일들에서 그리스도인으로서 우리에게 주어져 있는 자유를 마음껏 활용하여 우리 마음대로 다 할 수 있는 것이 아니라, 도리어 적절하고 합당한 한계를 지켜서, 우리에게 주어진 자유가 방종으로 변질되지 않도록 할 필요가 있었기 때문에, 바울은 이 문제에 관한 가르침을 베푸는 것이 마땅하였는데, 게다가 때마침 고린도 교인들은 이 자유와 관련해서 특히 한 가지 문제에 있어서 심각한 잘못을 범하고 있었기 때문에, 바울은 다른 문제가 아니고 바로 그 문제를 들어서, 그리스도인의 자유에 관한 문제를 전반적으로 다룬 것이다. 당시에 고린도 교인들이 그리스도인의 자유와 관련해서 범하였던 구체적인 잘못은, 그들이 우상은 아무것도 아니라는 참된 지식을 앞세워서, 우상 숭배자들이 자기들의 신을 섬기기 위해서 모이는 종교적 행사에 거리낌 없이 참석하고, 우상들에게 바쳐졌던 제물도 우상 숭배자들과 함께 어울려 먹고 마신 것이었다. 고린도 교인들 중에서 지식이 있다고 하는 신자들이 이런 식으로 행동하자, 그런 지식이 없거나 믿음이 연약한 신자들 중에는, 그들의 그러한 행동을 보고서 시험에 들거나 걸려 넘어지는 사람들이 많이 있었기 때문에, 사도는 그들은 주께서 허락해 주신 자유를 잘못 사용하고 있는 것이라고 가르친다.

1. 우상의 제물에 대하여는 우리가 다 지식이 있는 줄을 아나. 바울은 자신들이 참된 지식이 있다고 자부하면서 우상의 신전에 자유롭게 드나들며 우상 제물을 거리낌 없이 먹고 마시고 있던 자들이 자신들의 행위를 정당화하기 위하여 어떤 말들을 하든, 그 모든 말들이 다 옳다는 것을 자기가 기꺼이 인정해 주겠다고 말하는 것으로, 이 주제에 대한 논의를 시작한다. 그는 이렇게 말한 것과 같다: "나는 너희가 그리스도인의 자유를 들어서 너희 자신을 정당화하고 변호하리라는 것을 잘 알고 있다. 너희는 너희가 복음으로 인해서 참된 지식을 갖게 되었기 때문에, 하나님은 한 분뿐이시고, 우상들은 신이 아니라는 것을 모르는 사람은 너희 중에 단 한 사람도 없다고 주장한다. 나는 너희가 그렇게 말하는 것들이 모두 사실이라는 것을 그대로 다 인정한다. 하지만 너희가 그러한 참된 지식을 갖고 있고, 그 지식을 따라 행하였다고 할지라도, 너희의 그런 지식과 행위가 너희의 소중한 형제들을 파멸로 이끌고 있다면, 너희가 가지고 있는 참된 지식이라는 것이 도대체 무슨 유익이 있고 무슨 소용이 있다는 말인가?"

그래서 바울은 한편으로는 그들이 자신들의 행위를 정당화하기 위해서 제시하는 참된 지식에 관한 말들은 하나도 틀리지 않고 다 옳다는 것을 인정하면서도, 다른 한편으로는 그들이 그 참된 지식을 내세워서, 자신들의 행위를 변호하거나 해명하는 것은 다 쓸데없고 공허한 변명일 뿐임을 보여 준다.

지식은 교만하게 하며 사랑은 덕을 세우나니. 바울은 지식의 열매가 무엇이고 사랑의 열매가 무엇인지를 분명하게 제시함으로써, 사랑(caritas) 없이 지식(scientia)만을 자랑하는 것이 얼마나 어리석고 쓸데없는 일인지를 보여 준다. 그는 이렇게 말한 것과 같다: "사랑의 본질은 덕을 세우는 것인 반면에, 참된 지식이라고 해도, 그 지식이 우리의 마음을 한껏 부풀리고 높아지게 만들어서 우리를 교만하게 만들 뿐이라면, 그러한 지식이 우리에게 무슨 유익이 있고 무슨 소용이 있겠는가?" 이 구절은 표현이 아주 간결하고 간단하기 때문에, 그 의미가 다소 모호하게 보일 수도 있지만, 우리가 다음과 같이 이해한다면, 이 구절의 의미를 파악하는 것은 그리 어렵지 않을 것이다: "사랑이 없이 하는 일은 무엇이든지 겉으로는 보기에는 아무리 대단해 보이고 훌륭해 보일지라도, 하나님이 보시기에는 너무나 하찮고 쓸데없는 일일 뿐만 아니라, 도리어 하나님을 노엽게 해드리는 일일 뿐이다. 따라서 대놓고 사랑을 거슬러서 행하는 일인 경우에는, 하나님께서 그 일을 어떻게 보실지는, 우리가 더 말할 필요도 없지 않겠는가. 그런데 너희 고린도 교인들이 자랑하는 지식은 사랑을 정면으로 거스르는 지식이다. 우리 속에 사랑이 있으면, 우리는 저절로 형제들에게 관심을 갖게 되고, 형제들의 덕을 세워 주기 위하여 애를 쓸 수밖에 없게 되는 반면에, 우리 속에 사랑은 없고 지식만 있는 경우에는, 우리는 교만하게 될 수밖에 없게 되고, 형제들을 멸시하게 될 수밖에 없다. 그러므로 우리를 교만하게 만들어서, 형제들의 덕을 세우기 위해서 애쓰기는커녕 도리어 형제들을 멸시하게 만드는 그런 지식은 저주 받은 지식이 아니겠는가."

하지만 바울은 여기에서 자기가 지적한 여러 가지 잘못들이 학문과 지식으로 말미암아 생겨나는 것으로 이해하고서, 학문과 지식을 탓하고 있는 것은 결코 아니다. 즉, 그는 학식 있는 자들은 자주 자아도취에 빠져서, 자신들이 대단한 사람들인 줄로 착각하고서, 다른 사람들을 멸시하게 된다는 의미로, 이 말을 한 것은 아니라는 것이다. 또한, 그는 학식이나 지식은 본질적으로 교만을 낳게 된다는 의미로, 이 말을 한 것도 아니다. 그는 다만 하나님을 경외하는 마음과 형제에 대한 사랑이 결핍된 지식이 사람들을 어떻게 만드는지를 보여 주고자 하는 것일 뿐이다. 재산이나 명예나 높은 벼슬이나 귀족 신분이나 출중한 외모 같은 것들은 사람을 자고하게 만들기 때문에, 그런 것들을 지닌 사람들은 그런 것들로 인해서 자기 자신에 대하여 잘못되고 뒤틀린 자부심(confidentia)을 갖게 되고, 교만해지기 십상이지만, 언제나 그런 것은 아니다. 돈 많고, 잘 생기고, 영광을 누리고, 높은 지위에 있고, 좋은 집안에서 태어났어도, 늘 겸손하고 교만한 구석이라고는 전혀 없는 사람들도 우리는 많이 만날 수 있다. 따라서 우리는 그러한 좋은 조건들을 갖추고 있는 사람들을 단지 그러한 좋은 조건들을 갖추고 있다는 이유만으로 비난할 수 없다. 왜냐하면, 우리 모두가 잘 알고 있듯이, 그러한 좋은 것들은 하나님이 자신의 뜻을 따라 그들에게 주신 선물인 까닭에, 그러한 것들 자체를 비난하거나, 그런 좋은 조건들을 갖춘 사람들을 무조건적으로 비난하는 것은 합당하지 않은 일일 뿐만 아니라 어리석은 일이 될 것이기 때문이다. 게다가, 그 자체로는 해로운 것도 아니고 악한 것도 아닌 그러한 조건들 자체를 비난한다면, 그것은 정작 비난을 받아야 할 사람들에게 면죄부를 주는 것이나 다름없다. 왜냐하면, 그러한 경우에 그들은, 하나님이 그들에게 원래부터 악한 것들을 주셔서, 자신들을 비난받게 하신 것인 까닭에, 자신들은 어쩔 수 없이 사람들로부터 비난받게 된 것이지, 결코 자신들이 악하게 행해서 비난받는 것이 아니라고 변명할 수 있게 됨으로써, 사실은 그들이 자신들에게 주어진 그런 것들을 악용해서 비난받게 된 것임을 은폐하고, 거기에서 빠져나갈 수 있게 되기 때문이다. 따라서 내가 말하고자 하는 요지는 이런 것이다: 만일 사람을 교만하게 만드는 것이 부(富)의 본질적인 속성이라면, 부자의 잘못은 부자 자신이 아니라 그가 가진 부로부터 기인하는 것이기 때문에, 설령 그가 교만하게 되어도, 그를 비난할 수 있는 여지는 없게 된다는 것이다.

따라서 우리는 "지식"에 대해서도 똑같은 말을 할 수 있다. 즉, "지식"은 그 자체로는 좋은 것이지만, 지식이 자신의 좋은 속성을 그대로 유지하기 위해서는, 경건이 밑받침되어야 하기 때문에, 불경건한 자의 수중에 들어간 지식은 좋은 것이 아니라 악한 것으로 변질되고, 그 지식은 아무 짝에도 쓸데없는 헛된 것이 되고 만다는 것이다. 왜냐하면, "사랑"은 "지식"의 고유한 맛과 풍미를 드러나게 해 주는 양념 같은 것인 까닭에, "사랑"이 없으면 "지식"은 아무런 맛도 없고 그 어떤한 풍미도 없는 것이 되어 버리기 때문이다. 사실, 어떤 지식이 우리를 겸손하게 만들고, 형제들에게 유익을 끼치는 데 힘쓰도록 해 주지 않는다면, 우리가 그 지식을 하나님을 아는 참된 지식이라고 말할지라도, 그 지식은 참된 "지식"이라기보다는 "지식"을 가장한 공허한 관념에 불과한 것인데, 우리는 대단히 유식한 것처럼 생각되는 사람들에게서도 그런 공허한 지식을 본다. 하지만 우리가 그러한 이유를 들어서 "지식" 자체를 비난해서는 안 되는 것은, "칼"이 미치광이의 손에 들어가서 많은 사람들을 해칠지 모른다는 이유로 칼 자체를 비난해서는 안 되는 것과 같다. 내가 이런 말을 하는 이유는, 그리스도인이라고 자처하는 사람들 중에는, 모든 인문학적 지식이나 교양을 배척하려고 하는 광신자들이 일부 있기 때문이다. 그들은 인간 세상의 인문학적 지식들이나 교양들은 사람들로 하여금 허세를 부리게 만들고 교만하게 만들 뿐이며 우리의 일상생활에는 별다른 도움이 되지 않는 것들이라고 주장한다. 하지만 그러한 지식들과 교양들을 그렇게 막무가내로 폄하하고 극단적으로 부정하는 그들이야말로 사실은 가장 교만한 자들이다. "무지야말로 교만의 극치이다"라는 옛 속담이 있는데, 이 속담은 그런 자들에게 가장 어울리는 말이다.

2. 만일 누구든지 무엇을 아는 줄로 생각하면 아직도 마땅히 알 것을 알지 못하는 것이요. 자기가 무엇을 알고 있다고 생각하는 사람은, 다른 사람들이 갖고 있지 않은 "지식"을 자기는 갖고 있다는 생각 때문에, 자신을 다른 사람들보다 우월한 존재로 여기게 되어 교만하게 되고, 다른 사람들을 자기보다 못한 자들로 여겨서 깔보고 멸시하게 된다. 바울이 여기에서 단죄하고 있는 것은 "지식" 자체가 아니라, 불경건한 자들이 자신들에게 있는 지식을 토대로 해서 갖게 되는 우월감과 교만함이기 때문에, 바울은 우리에게 모든 일에서 확실한 지식을 갖지 못하고 모든 것에 대하여 의심하는 회의론자가 되라고 말하고 있는 것도 아니고, 우리가 실제로는 알고 있어도 짐짓 아무것도 모르는 체하며 거짓으로 순박한 척하는 태도를 취하는 것이 잘하는 일이라고 말하고 있는 것도 아니다. 따라서 자기가 무엇을 안다고 생각하는 사람, 달리 말하면, 남들이 갖고 있지 못한 지식을 자기는 갖고 있다는 생각에 우쭐해져서, 남들보다 자신을 낫게 여기고 자만에 빠진 사람은, 마땅히 알아야 할 것을 아직 알지 못하고 있는 자이다. 왜냐하면, 참된 지식의 출발점은 하나님을 아는 것(Dei cognitio)이고, 하나님을 진정으로 아는 참된 지식은 우리 안에 겸손과 순종이라는 열매를 낳는 까닭에, 우리의 마음을 높은 데로 들어올리는 것이 아니라, 도리어 하나님 앞에 납작 엎드리게 만들기 때문이다. 교만이 있는 곳에는 하나님을 아는 지식은 없고, 오직 무지만이 있을 뿐이다. "지식은 교만하게 하며 사랑은 덕을 세우나니"라는 구절은 참으로 아름다운 구절이다. 나는 모든 사람이 이 구절을 깊이 묵상해서, 진정으로 참된 지식이 무엇인지를 철저하게 이해하고 깨달아서, 참된 지식을 따라 행할 수 있게 되기를 소망한다.

3. 또 누구든지 하나님을 사랑하면 그 사람은 하나님도 알아 주시느니라. 이것은 결론이다. 여기에서 바울은 그리스도인들에게 있어서는 하나님을 사랑하는 것이 가장 칭찬받을 만한 일이고, 우리가 하나님을 사랑할 때, 우리에게 주어진 지식과 다른 온갖 은사들도 하나님과 사람들 앞에서 칭찬받을 만한 것들이 된다는 것을 보여 준다. 왜냐하면, 우리가 하나님을 사랑하면, 우리는 하나님 안에서 우리의 이웃들도 사랑하게 될 것이기 때문이다. 이렇게 해서, 우리가 행하는 모든 것들은 적절하게 제어가 되어 합당한 것들이 되어서, 하나님으로부터 인정받게 될 것이다. 따라서 바울이 여기에서 우리에게 가르쳐 주고 있는 것은, 우리가 하나님을 사랑하지 않는 한, 우리에게 있는 그 어떠한 지식이나 학문도 칭찬받을 만한 것이 될 수 없다는 것이다. 왜냐하면, 우리가 갖고 있는 은사들을 하나님께 인정받는 유일한 길은 우리가 하나님을 사랑하는 것뿐이기 때문이다. 바울은 고린도후서 5:17에서 "누구든지 그리스도 안에 있으면 새로운 피조물이라" 고 말하는데, 이것은 우리에게 중생의 영이 없으면, 우리에게 있는 다른 모든 것들은 아무리 그럴 듯해 보이는 것들이라고 할지라도, 아무런 가치도 없고 쓸모도 없는 것이라고 말하고 있는 것이기 때문에, 이 구절에서 말하고자 하는 것과 동일한 취지이다. "하나님이 알아 주신다" 는 것은 하나님께서 자기를 사랑하는 자들을 자기 자녀들로 인정하신다는 것, 또는 그들이 일정한 신분을 소유한 것으로 인정해 주신다는 것을 의미한다. 따라서 하나님을 사랑하지 않는 자들, 즉 하나님을 아는 참된 지식이 있다고 큰소리치면서도 삶 속에서는 교만하게 행하는 자들에 대해서는, 하나님께서 자신의 자녀들로서의 그들의 신분을 인정해 주지 않으시고, 그들의 이름을 "생명책" 과 경건한 자들의 명단에서 지워 버리신다.

4. 그러므로 우상의 제물을 먹는 일에 대하여는 우리가 우상은 세상에 아무 것도 아니며 또한 하나님은 한 분밖에 없는 줄 아노라. 이제 바울은 다시 "우상의 제물" 에 관한 논의로 돌아와서, 고린도 교인들이 우상 제물과 관련한 자신들의 행위를 정당화하기 위해서 늘어놓은 핑계들과 변명들을 좀 더 분명하게 반박한다. 이 문제와 관련해서 그들이 저지른 모든 잘못의 근원은 그들이 스스로를 자랑스러워하면서 우월감 속에서 다른 사람들을 깔보고 멸시한 데 있었기 때문에, 앞에서 바울은 그들이 자랑하는 "지식" 이라는 것은 온통 교만으로 가득 차 있어서, 그 지식 속에서는 사랑은 눈을 씻고 찾아보아도 찾아볼 수 없다고 말함으로써, 그들의 지식에 대하여 전체적으로 비판하고 단죄하는 것으로, 우상 제물에 관한 논의를 시작

한 것이었다. 이제 그는 그들이 자랑스럽게 떠벌리고 있는 "지식"이라는 것이 어떠한 것인지에 대해서 자세하게 설명한다. 고린도 교인들은 자신들의 지식에 대하여 자부심을 가지고서, 자랑스럽게 이렇게 말하였다: "우상들은 세상에 실제로 존재하는 것이 아니라, 단지 사람들이 자신들의 머리에서 날조해 낸 공허한 것이기 때문에, 아무것도 아닌 것들이다. 따라서 사람들이 우상들에게 제물들을 바치고 제사를 지내는 것은, 아무것도 모르는 사람들이 망상 속에서 어리석게 행하는 것으로서, 아무런 의미도 없는 쓸데없는 짓을 하는 것일 뿐이다. 그렇기 때문에, 그리스도인들이 우상들을 숭배하고자 하는 마음이 없이 단순히 그저 우상에게 바쳐진 제물을 먹는 것은 자기 자신을 더럽히는 것이 결코 아니다." 이것이 고린도 교인들이 제시한 해명의 요지인데, 어쨌든 거기에는 훌륭한 가르침이 담겨 있기 때문에, 바울은 그들이 해명하고 있는 말 자체가 잘못된 것이라고 반박하는 것이 아니고, 그들이 참된 지식을 악용해서, 그리스도인들에게 지극히 중요한 사랑의 법을 무시하고 짓밟아 놓고도, 참된 지식을 앞세워서 자신들의 잘못을 정당화하고 있는 것을 단죄한다.

에라스무스는 헬라어 본문에 나오는 '우덴 에이돌론' (οὐδέν εἴδωλον)이라는 어구를 "우상은 없다"로 번역하지만, 나는 불가타 역본과 마찬가지로 "우상은 아무것도 아니다"로 번역하는 쪽을 택하였다. 왜냐하면, 바울이 여기에서 말하고자 하는 요지는, 하나님은 오직 한 분이신 까닭에, 우상들은 "아무것"도 아니라는 것이기 때문이다. 즉, 우리 하나님 외에 다른 신이 없다는 명제가 참이라면, 우상은 실제로 존재하는 것이 아니라, 단지 사람들이 자신들의 생각 속에서 만들어 낸 헛된 것이라는 결론이 자연스럽게 도출된다. 바울이 "또한 하나님은 한 분밖에 없는 줄 아노라"고 말할 때, 나는 그 구절에서 계사로 사용된 '카이' (καί)를 이유를 나타내는 접속사("왜냐하면")로 이해한다. 따라서 바울은 사람들은 우상을 신으로 섬기지만, 사실은 사람들이 생각하는 그 신을 우상이 실제로 나타내고 있는 것이 전혀 아니기 때문에, 우상은 "아무것"도 아니라고 말하고 있는 것이 된다. 즉, 사람들은 신들을 표상하기 위하여 우상들을 세워 놓았는데, 오직 한 분 참된 신이신 하나님은 우리가 볼 수도 없고 만질 수도 없는 분이시기 때문에, 사람들의 의도와는 달리, 우상들은 실제로 존재하는 신들을 표상하고 있는 것이 아니고, 단지 헛되고 공허한 것들에 지나지 않는다는 것이다. 우리는 바울이 "우상은 아무것도 아니다"라고 선언하면서, "하나님은 한 분밖에 없다"는 것을 그 이유로 제시하고 있는 것에 유의하여야 한다. 왜냐하면, 거기에서 바울은 하나님은 우리의 눈으로 볼 수 있는 그런 분이 아니시고, 우리의 눈으로 볼 수 있는 어떤 상징물로 표상될 수 있는 분도 아니신 까닭에, 우리는 그런 상징물들을 사용해서 하나님을 섬겨서는 안 된다고 말하고 있는 것이기 때문이다. 그러므로 사람들이 우상들을 세우는 목적이 참된 하나님을 표상하기 위한 것이든, 아니면 거짓 신들을 표상하기 위한 것이든, 우상들을 세우는 것은 그 자체가 잘못된 것이다. 그래서 하박국 선지자는 우상들은 하나님의 모습이나 형상을 하고서는 사람들을 속이고, 한 걸음 더 나아가서 신이라는 거짓 호칭을 사용해서 사람들을 농락한다는 점에서, 우상들을 "거짓 스승"이라고 불렀다. 따라서 우리는 헬라어 본문에 나오는 '우덴'(οὐδέν, "아무것도 아니다")은 우상의 본질(essentia)이 아니라 속성(qualitas)을 가리키고 있는 것으로 보아야 한다. 그러므로 여기에서 바울은 우상은 은이나 나무나 돌과 같은 물질들로 만들어지는 것이고, 하나님께서는 사람들이 자신을 그런 눈에 보이는 상징물들로 표현하는 것을 원하시지 않으셨기 때문에, 우상은 결국 무의미하고 무가치하다는 의미에서 아무것도 아닌 공허한 것이라고 말하고 있는 것이다.

5. 비록 하늘에나 땅에나 신이라 불리는 자가 있어 많은 신과 많은 주가 있으나. 바울은 우상들은 이름(nomen)은 있으나 실체(res)는 없는 것들이라고 말한다. 여기에서 그가 사용한 "신이라 불린다"는 단어는 사람들이 신으로 여기고서 섬기고 숭배한다는 것을 의미한다. 또한, 그는 "하늘에나 땅에나"라고 말함으로써, 사람들이 신으로 여기는 것들을 크게 두 부류로 구분한다. "하늘"에 있다고 일컬어지는 신들은 천체들을 가리키는데, 성경은 그러한 것들로 해와 달과 별들을 꼽는다. 하지만 모세는 그런 것들은 우리를 위해서 창조된 피조물들이라고 말함으로써, 사람들에 의해서 신이라고 불리거나 숭배받을 가치가 전혀 없는 것들임을 보여 준다. 하나님께서는 해는 우리를 섬기는 종으로, 달은 우리를 섬기는 여종으로 창조하셨는데, 거꾸로 우리가 그런 것들을 신으로 섬긴다면, 그것은 얼마나 어리석은 일이겠는가!

한편, 바울이 "땅"에서 신이라 불리는 자들이 있다고 했을 때, 나는 종교적 숭배의 대상이 되었던 인물들, 즉 사람들이 신으로 모시고서 제사를 지냈던 인물들을 바울이 그런 식으로 말한 것이라고 생각한다. 플리니우스(Plynius)는 인류에 크게 기여해서 사람들로부터 추앙을 받았던 인물들이 신성한 종교적 의식을 통해서 숭배의 대상이 되면서, 그러한 인물들은 영원불멸한 존재인 신으로 숭배를 받게 되었다고 말한다. 예컨대, 유피테르(Iupiter, 최고신), 마르스(Mars, 군대의 신), 사투르누스(Saturnus, 농경의 신), 메르쿠리우스(Mercurius, 교역의 신), 아폴로(Apollo, 태양의 신) 등은 원래 인간이었으나, 사후에 신들의 반열에 오르게 되었다는 것이다. 또한, 좀 더 후대에 가서는, 헤라클레스(Hercules), 로물루스(Romulus), 그리고 마침내 카이사르들(Caesares)도 신들의 반열에 올랐다. 여기에서 우리는 인간들은 자신의 생사조차도 제마음대로 할 수 없는 존재인데도, 마치 자신들이 신들을 만들어 낼 수 있는 힘을 가진 것처럼 행동해 온 것을 알게 된다. "땅"에 속한 신들 중에는, 짐승을 비롯한 생물들은 말할 것도 없고, 심지어 무생물을 신격화한 것들도 있었다. 예컨대, 이집트인들은 소, 뱀, 고양이, 양파, 마늘 등을 신격화하였고, 로마인들은 경계석이나 화롯불까지도 신으로 섬겼다(로마에서 '테르미누스[Terminus]는 경계를 다스리는 신이었고, '베스타' [Vesta]는 화롯불 또는 주방을 관장하는 여신이었다 — 역주). 따라서 이런 것들은 진짜 신들이 아니라 단지 이름만 신들일 뿐이고, 고린도 교인들도 이 사실을 잘 알고 있기 때문에, 바울은 여기에서 그런 것들에 대해서 왈가왈부함으로써 아까운 시간을 허비하지 않겠다고 말한다.

6. 그러나 우리에게는 한 하나님 곧 아버지가 계시니 만물이 그에게서 났고 우리도 그를 위하여 있고. 바울은 고린도 교인들이 자신들의 행위를 정당화하기 위해서 입버릇처럼 들먹거렸던 참된 지식의 말씀을 그대로 가져와서 여기에서 반복함으로써, 그들이 어떤 식으로 자신들을 변명하며 억울하다고 토로할지를 자기도 다 알고 있음을 보여 줌과 동시에, 그들의 변명을 그대로 반복하는 데서 그치지 않고, 그러한 기회를 선용해서 한 분 유일하신 하나님에 관한 올바른 가르침을 그들에게 다시 한 번 제대로 일깨워 주고자 한다. 즉, 그는 참 하나님의 가장 위대한 특징을 근거로 삼아서, 자기와 그들이 믿는 하나님만이 한 분 유일하신 하나님이시라는 것을 증명한다: "기원(起源)이 자신의 외부에 있는 존재는 무엇이든지 영원한 것이 아니고, 따라서 신도 아니다. 만물은 한 분에게서 기원하였고, 따라서 오직 만물을 창조하신 분만이 하나님이시다." 달리 말하면, "만물을 존재하게 하신 분이면서, 만물의 궁극적인 근원이 되시는 분만이 오직 참 하나님이신데, 만물의 궁극적인 근원은 오직 한 분이시기 때문에, 하나님은 오직 한 분만이 계신다"는 것이다.

바울은 '헤메이스 에이스 아우톤' (ἡμεῖς εἰς αὐτόν, "우리도 그를 위하여 있고") 이라는 어구를 덧붙이는데, 이 어구는 우리가 하나님에 의해서 창조되었기 때문에, 계속해서 하나님 안에 머물러 있다는 의미이다. 그런데 이 어구는 표면적인 형태로만 보면 여기에서는 그런 것과는 다른 의미, 즉 우리는 하나님으로부터 기원하였기 때문에, 우리라는 존재의 궁극적인 목적이신 하나님께 우리의 삶 전체를 되돌려드려야 한다는 의미로 사용되고 있는 것처럼 보일 수 있다. 실제로 로마서 11:36에서 "이는 만물이 주에게서 나오고 주로 말미암고 주에게로 돌아감이라"고 했을 때, 거기에서 '주에게로 돌아가다'로 번역된 '에이스 아우톤'이 바로 그런 의미로 사용된 예이다.

하지만 여기에서 사용된 '에이스 아우톤'은 '엔 아우토'(ἐν αὐτῷ) 대신에 사용된 것이기 때문에, 원래 '에이스 아우톤'이 지닌 의미가 아니라, 우리가 앞에서 말한 그런 의미로 사용된 것이다. 이렇게 '에이스 아우톤'을 '엔 아우토'라는 의미로 사용한 용례는 바울의 글에서 흔히 나온다. 따라서 그가 여기에서 말하고자 하는 것은, 하나님은 우리를 지으신 분이실 뿐만 아니라, 우리가 지금 이렇게 살아가고 있는 것도 다 하나님의 능력을 의지해서 살아가고 있는 것이라는 것이다. '헤메이스 에이스 아우톤'을 이런 식으로 이해하는 것이 옳다는 것은, 바울이 바로 뒤에서 그리스도에 대하여 말하면서, "우리도 그로 말미암아" 있다고 말하고 있는 것에 의해서 분명하게 증명된다. 왜냐하면, 여기에서 바울은 만물을 창조하신 역사와 만물을 계속해서 능력으로 붙들고 계시는 역사를 성부와 성자에게 동일하게 돌리면서도, 성부와 성자라는 위격상의 차이를 고려해서, 각각의 위격에 합당한 표현을 사용해서, 사실은 동일한 의미인데도 표현을 서로 다르게 한 것이기 때문이다. 따라서 그는 "한 하나님"에 대해서 말할 때에는, 우리가 "아버지 안에서" 살아가고 있는 것이라고 말한 후에, "한 주"에 대해서 말할 때에는, 우리가 "아들로 말미암아" 살아가고 있는 것이라고 말한 것이다. 왜냐하면, 성부는 모든 존재의 근원이시기는 하지만, 우리는 성자로 말미암아 성부 안에 있게 되는 까닭에, 성부는 오직 성자를 통해서만 우리에게 계속해서 존재할 수 있는 능력을 부여해 주시기 때문이다.

또한 한 주 예수 그리스도께서 계시니 만물이 그로 말미암고 우리도 그로 말미암아 있느니라. 이 구절에 나오는 내용들은 성부 하나님과의 관계 속에서 성자이신 그리스도가 만물 및 우리 인간과 관련해서 어떤 분이신지를 설명하는 말들이다. 즉, 성부나 성자 같은 위격에 대한 특별한 언급이 없는 경우에는, 하나님에게 해당되는 모든 것들은 그리스도에게도 그대로 해당된다. 하지만 여기에서처럼, 성부의 위격과 성자의 위격을 구별해서, 각각의 위격을 상대적으로 설명하는 경우에는, 각각의 위격에 맡겨진 고유한 역할과 소임을 중심으로 성부와 성자에 대하여 말하는 것이 합당하기 때문에, 사도는 여기에서 그러한 관점에서 성부와 성자를 구별해서 설명한 것은 지극히 합당하다.

하나님의 아들이신 그리스도께서는 성육신하신 후에 아버지로부터 만물에 대한 통치권을 받으셨기 때문에, 아들만이 하늘과 땅을 다스리시고, 아버지는 아들을 통해서 만물을 다스리신다. 바울이 여기에서 예수 그리스도를 "한 주"라고 부르는 이유가 거기에 있다. 그러나 만물을 다스리시는 권세가 오직 아들에게만 있다는 것은, 이 세상에 존재하는 온갖 권세들은 불법적인 것이고, 따라서 당연히 폐기되어야 한다는 의미는 결코 아니다. 왜냐하면, 여기에서 바울은 영적인 통치권에 대해서 말하고 있는 반면에, 이 세상의 권세들과 통치권들은 시민적이고 정치적인 것들이기 때문이다. 이것은 바울이 방금 전에 말한 "많은 주"(5절)에 대해서도 적용이 되는데, 거기에서도 그는 왕을 비롯해서 높은 권세를 누리는 사람들이 아니라, 어리석은 인간들이 높이 떠받들어 모시는 우상들과 악한 영들을 가리켜서 "주들"이라고 지칭한 것이었다. 따라서 오로지 "한 주"만을 인정하고 섬기는 것이 우리의 신앙이지만, 그렇다고 해서 세상 나라들에 통치자들, 즉 세상의 주들이 있어서는 안 된다고 말하는 것이 결코 아닐 뿐만 아니라, 우리가 "한 주"를 모시는 가운데, 세상 나라들에 존재하는 많은 통치자들, 즉 세상의 주들을 공경하고 예를 갖추는 것은 합당한 일이다.

7. 그러나 이 지식은 모든 사람에게 있는 것은 아니므로. 바울은 자기가 지금까지 말해 온 참된 지식들, 즉 고린도 교인들이 자신들의 행위를 정당화하기 위해서 말해 온 참된 지식들을 따라 행하는 것이라고 해도, 오직 그것만으로 그 행위들이 올바르다고 할 수 없고, 자신들이 어떻게 행하는 것이 형제들에게 유익할 것인지를 고려해서 행하는 것이 거기에 더해질 때에만, 그 행위들은 올바른 것들이 될 수 있다는 것을 보여 주기 위해서, 이제 여기에서 "그러나 이 지식은 모든 사람에게 있는 것이 아니다"는 말로, 그러한 참된 지식이 모든 것을 정당화해 주는 것은 아니라는 것을 아주 분명하게 선언한다. 따라서 그가 여기에서 말한 것에 비추어 보면, 우리는 그가 앞에서 "우리가 다 지식이 있는 줄을 아나"(1절)라고 말했을 때, 그 말 속에는 이미 그들이 그들에게 주어진 자유를 남용하고 있다는 책망이 내포되어 있었다는 것을 알 수 있다. 이제 바울은 좀 더 적극적으로 그들의 잘못을 드러내기 위해서, 그들이 참된 지식을 지니고서 그 지식에 의거해서 마음대로 휘젓고

다니는 동안에, 그들 곁에는 연약하고 무지한 형제들도 있었다는 사실을 상기시키면서, 그들은 마땅히 그러한 연약한 형제들을 고려해서, 그 형제들의 눈높이에 맞추어서 행동했어야 했다고 여기에서 은연중에 말하고 있는 것이다. 그는 이렇게 말한 것과 같다: "하나님께서 보시기에, 너희의 지식과 판단은 지극히 옳다. 그리고 이 세상에 너희만 살고 있다면, 너희는 우상에게 바쳐졌던 음식을 다른 여느 음식들과 마찬가지로 마음껏 먹을 수 있고, 너희가 그렇게 한다고 해서, 너희를 비난할 사람은 아무도 없을 것이다. 그러나 너희 곁에는 다른 형제들도 살고 있고, 너희는 그 형제들에게 빚진 자로 살아가는 것이 마땅하기 때문에, 당연히 그 형제들에게 유익이 되는 방향으로 행하여야 한다. 그런데 너희에게는 참된 지식이 있지만, 그들에게는 너희가 갖고 있는 그런 지식이 없다. 그러므로 너희는 너희가 갖고 있는 참된 지식에 따라서만 행하면 아무 문제가 없다고 생각해서는 안 되고, 그러한 지식을 갖고 있지 못한 다른 형제들에게 너희의 행동이 어떤 영향을 미칠 것인지도 고려해서 행하는 것이 마땅하다."

우리는 바울이 여기에서 하고 있는 말에 특히 주의를 기울여야 한다. 왜냐하면, 다른 사람들을 배려하거나 생각하지 않고 오직 자신의 이익만을 추구하는 것보다 우리가 더 좋아하는 일은 없는 까닭에, 우리는 우리 자신만을 생각해서 스스로 판단한 것에만 귀 기울이기를 좋아하고, 다른 사람들이 다 보는 데서 우리가 행하는 것들은 우리 자신만의 양심이 아니라 우리 형제들의 양심과도 연관되어 있는 문제라는 것에 대해서는 그렇게 심각하게 생각하지 않기 때문이다.

어떤 이들은 지금까지 우상에 대한 습관이 있어 우상의 제물로 알고 먹는 고로. 고린도 교인들 중에서 연약한 사람들은 복음으로 말미암안 참된 지식을 갖고 있지 않았고, 여전히 미신적인 견해에 사로잡혀 있었기 때문에, 우상들이 정말 능력을 갖고 있고, 우상들에게 제물을 바치면 정말 효험이 있는 것처럼 생각하였다. 그러나 여기에서 바울은 참된 종교를 전혀 모르는 우상 숭배자들에 대해서 말하고 있는 것이 아니고, 아직 복음을 제대로 배우지 못해서, 우상이 "아무것"도 아니라는 사실도 알지 못하였고, 우상에게 제물을 바치는 것은 아무런 의미도 없는 쓸데없는 짓이라는 사실도 알지 못하였던 무지한 신자들에 대해서 말하고 있는 것이다. 그들은 참된 지식이 없었기 때문에, 이렇게 생각하고 있었다: "우상들은 어떤 능력을 갖고 있는 존재이기 때문에, 우상에게 바쳐진 제물은 일반 음식들과는 다를 수밖에 없다. 따라서 우상들에게 한 번 바쳐진 음식은 더 이상 정결한 음식이 아니다." 그래서 그들은 만약 자신들이 우상의 제물을 먹는다면, 그것은 어떤 식으로든 우상 숭배에 참여하는 것이고, 일정 정도 그들 자신을 부정하게 하는 것이라고 생각하였다. 연약한 형제들이 그런 식으로 생각하고 믿고 있는 상황에서, 지식이 있는 자들이 자신의 지식에 의거해서 거리낌 없이 우상의 신전을 드나들며 우상의 제물을 먹는다면, 연약한 형제들은 믿음이 좋은 신자들이 그렇게 행하는 것을 보고서는, 신자들도 비록 양심에 거리낌이 있다고 할지라도, 어느 정도는 우상 숭배를 해도 되고, 우상의 제물을 먹어도 되는 것이라고 생각해서, 자신들의 양심을 거슬러서 대담하게 우상 숭배를 하게 될 것이었다. 바울은 바로 그런 이유 때문에, 고린도 교인들이 지식이 있다고 하여 마음대로 행함으로써 자신들의 형제들을 멸망으로 인도하고 있다고 단죄하며 호되게 책망하고 있는 것이다.

그들의 양심이 약하여지고 더러워지느니라. 하나님께서는 우리가 어떤 일이 하나님께 열납되는 일이라는 확신도 없이 그 일을 하는 것을 원하시지 않으신다. 따라서 우리가 어떤 일을 하는 것에 대하여 양심에 거리낌이 있는데도 그 일을 감행한다면, 양심의 거리낌에도 불구하고 그 일을 하였다는 사실 자체만으로, 우리의 행위는 하나님이 보시기에 죄악된 것이 되고 만다. 바울이 로마서 14:23에서 말한 것도 여기에서 말한 것과 맥을 같이한다: "믿음을 따라 하지 아니하는 것은 다 죄니라." 속담에도 "양심을 거슬러 행하는 것은 지옥을 위하여 행하는 것"이라는 말이 있는데, 그 말은 옳은 말이다. 어떤 사람이 행한 일이 선한 일이 되려면, 그 사람이 하나님을 경외하는 마음과 깨끗한 양심으로 그 일을 해야 하기 때문에, 겉으로 볼 때는 아무리 선한 것처럼 보이는 일일지라도, 그 사람이 양심을 거슬러 그릇된 마음으로 그 일을 한 것이라면, 그 일은 선한 일이 될 수 없다. 왜냐하면, 어떤 사람이 자신의 양심을 거슬러 행하였다면, 그러한 사실 자체가 그 사람이 하나님을 멸시하는 가운데 그 일을 행하였다는 것을 보여 주는 것이기 때문이다. 반면에, 우리가 모든 일에 있어서 하나님의 뜻을 따르고자 할 때, 그것은 하나님을 경외한다는 것을 보여 주는 증거가 된다. 따라서 우리가 손가락 하나를 까딱할 때에도, 그것이 하나님의 뜻에 맞는 것인지에 대해서 우리 마음속에 의심이 있는데도 불구하고, 우리가 그렇게 하였다면, 우리는 하나님을 멸시한 것이 되고 만다. "음식"과 관련해서 우리가 생각하여야 할 것이 또 하나 있는데, 그것은 "음식"은 오직 하나님의 말씀으로만 거룩하게 된다는 것이다(딤전 4:5). 따라서 하나님의 말씀이 없으면, 음식은 오직 부정할 뿐인데, 그것은 하나님께서 지으신 것이 부정하기 때문이 아니고, 사람들이 음식을 부정한 방식으로 사용하기 때문이다. 요컨대, 사람의 마음이 믿음으로 말미암아 정결하게 되는 것과 마찬가지로, 믿음이 없이는 그 어떤 것도 하나님이 보시기에 정결할 수 없다.

[8]음식은 우리를 하나님 앞에 내세우지 못하나니 우리가 먹지 않는다고 해서 더 못
사는 것도 아니고 먹는다고 해서 더 잘사는 것도 아니니라 [9]그런즉 너희의 자유가
믿음이 약한 자들에게 걸려 넘어지게 하는 것이 되지 않도록 조심하라 [10]지식 있는
네가 우상의 집에 앉아 먹는 것을 누구든지 보면 그 믿음이 약한 자들의 양심이 담
력을 얻어 우상의 제물을 먹게 되지 않겠느냐 [11]그러면 네 지식으로 그 믿음이 약한
자가 멸망하나니 그는 그리스도께서 위하여 죽으신 형제라 [12]이같이 너희가 형제에
게 죄를 지어 그 약한 양심을 상하게 하는 것이 곧 그리스도에게 죄를 짓는 것이니
라 [13]그러므로 만일 음식이 내 형제를 실족하게 한다면 나는 영원히 고기를 먹지 아
니하여 내 형제를 실족하지 않게 하리라(8:8-13).

8. 음식은 우리를 하나님 앞에 내세우지 못하나니. 이것은 고린도 교인들 중에서 우상 제물을 거리낌 없이 먹었던 자들이 내세웠던 또 다른 변명이었을 것이다. 즉, 그들은 하나님을 섬기는 것과 "음식"은 아무 상관이 없기 때문에, 자기들이 우상 제물을 먹는 것이 문제가 될 것이 전혀 없다고 말하였을 것이다. 바울은 음식에 대한 이러한 지식이 옳다고 말하는데, 이것은 그가 로마서 14:17에서 "하나님의 나라는 먹는 것과 마시는 것이 아니요"라고 말한 것과 일맥상통한다. 하지만 바울은 음식에 관하여 우리에게 그러한 참된 지식이 있다고 할지라도, "우리의 자유가 다른 형제들을 해치는 것이 되지 않도록, 우리는 각별히 유의해서 우리의 자유를 사용하여야 한다"(9절)고 말한다. 즉, 여기에서 바울은 우리가 무엇을 먹는가 하는 것은, 하나님께서 우리에게 자유를 허락해 주셨기 때문에, 우리 자신의 양심만이 문제가 되는 경우에는 무엇이든지 자유롭게 먹어도, 하나님 앞에서 문제가 되지 않지만, 그러한 우리가 그러한 자유를 사람들 앞에서 사용할 때에는, 사랑의 법에 의한 규제를 받기 때문에, 우리가 무엇을 먹거나 먹지 않는 것이 다른 형제들에게 어떤 영향을 미치는지를 세심하게 살펴서 행하여야 한다고 말하고 있는 것이다. 따라서 고린도 교인들이 자신들의 행위를 정당화하기 위하여 내세운 논리는 문제가 있는 것이었다. 왜냐하면, 그들은 자신들에게 주어진 자유를 사랑의 법이라는

테두리 내에서 사용하여야 하는데도, 나무만 보고 숲은 보지 못하고서, 어떤 음식을 먹어도 되는지에 관해서는 자신들에게 자유가 주어져 있기 때문에, 그 자유를 제약할 수 있는 것은 없고, 어떤 경우에도 그 자유를 따라 행하면 된다고 생각하고, 또 그렇게 행함으로써, 다른 형제들을 고려하고 배려하여야 할 사랑의 법을 완전히 무시해 버린 것이기 때문이다. 따라서 바울은 "음식"이 우리를 하나님 앞에 내세우지 못한다는 것은 확실한 사실이기 때문에, 그것을 틀렸다고 해야 할 이유가 전혀 없지만, 하나님께서는 모든 일에서 "사랑"을 따라 행하라고 우리에게 명하셨기 때문에, 음식을 먹는 것과 관련해서도 사랑의 법을 준행하여야 하고, 만약 그렇게 하는 것을 게을리한다면, 그것은 죄악일 수밖에 없다고 말한다.

우리가 먹지 않는다고 해서 더 못사는 것도 아니고 먹는다고 해서 더 잘사는 것도 아니니라. 음식을 먹은 사람이 그렇지 않은 사람보다 배가 부를 것은 당연하기 때문에, 바울은 여기에서 배가 부르고 안 부르고에 대해서 말하고 있는 것이 아니다. 여기에서 그가 말하고자 하는 것은, 우리가 음식을 먹든 먹지 않든, 그런 것에 의해서 우리가 더 의롭게 되는 것도 아니고 덜 의롭게 되는 것도 아니라는 것이다. 또한, 그는 여기에서 모든 종류의 먹지 않는 것이나 모든 종류의 먹는 것에 대해서 말하는 것도 아니다. 왜냐하면, 산해진미를 차려 놓고서 탐욕스럽게 먹는 것은 하나님께서 싫어하시는 것이고, 술 취하지 않는 것과 음식을 절제하는 것은 하나님을 기쁘시게 하는 것이기 때문이다. 따라서 우리는 바울이 여기에서 말하고자 하는 것은, 하나님의 나라는 영적인 나라이기 때문에, 음식을 먹는 것 같은 외적인 일들을 어떻게 하느냐에 달려 있는 것이 아니고, 따라서 하나님의 나라와 무관한 가치중립적인 일들은 하나님이 보시기에 그 자체로 중요한 것이 아니라는 것이다. 바울은 고린도 교인들이 자신들의 행위를 정당화하기 위하여 이렇게 말할 것을 미리 예상하고서, 그들이 평소에 하던 말을 이 구절에 그대로 옮겨 놓기는 하였지만, 그럼에도 불구하고 그들의 말이 틀린 것은 아니라고 분명하게 인정한다. 왜냐하면, 사실 그들이 자신들을 변호하기 위하여 제시한 이 말은 바울이 전에 그들에게 가르친 것이었기 때문이다. 이 점에 대해서는 우리가 바로 앞에서 이미 살펴본 바 있다.

9. 그런즉 너희의 자유가 믿음이 약한 자들에게 걸려 넘어지게 하는 것이 되지 않도록 조심하라. 바울은 그들이 자신들에게 주어져 있다고 말하는 "자유" 그 자체에 대해서는 그대로 인정하고 조금도 부정하지 않으면서도, 다만 그들에게 주어

진 "자유"가 "믿음이 약한 자들"을 실족하게 하는 걸림돌이 되어서는 안 된다고 말함으로써, 그러한 자유의 사용에 대해서는 일정한 제한을 가한다. 여기에서 그는 믿음이 좋다고 하는 자들에게, 교회에서 믿음이 약한 자들, 곧 믿음의 교훈에 아직 굳게 서지 못한 자들을 존중하고 배려하는 것이 마땅하다는 것을 힘 주어 강조한다. 왜냐하면, 연약한 자들은 교회 내에서 무시를 당하는 것이 보통이었지만, 주께서는 교회가 믿음이 약한 그런 자들을 각별히 보살피기를 원하시고, 또한 그렇게 하라고 명하시기 때문이다. 한편, 여기에서 바울은 교회 내에는 그리스도인으로서 우리가 가진 자유를 자신들의 마음대로 제한하고 싶어 하는 폭군 같은 무지막지한 거인들이 있지만, 우리는 그런 자들의 그러한 시도를 무시해도 좋다는 것을 은연중에 암시한다. 왜냐하면, 믿음이 연약한 자들은 그들에게 우리가 걸림돌이 되어서 시험에 들고 죄악에 빠질 염려가 있지만, 그런 거인들은 신자들에게서 어떻게든 트집거리를 찾아내어서, 자신들의 마음대로 신자들을 좌지우지하고자 하는 데에만 혈안이 되어 있는 자들인 까닭에, 우리가 그들의 횡포를 무시한다고 해도, 그들이 우리로 인하여 실족하게 될 염려는 전혀 없기 때문이다. "걸려 넘어지게 하는 것"이라는 단어가 무슨 의미인지에 대해서는 곧 알게 될 것이다.

10. 지식 있는 네가 우상의 집에 앉아 먹는 것을 누구든지 보면 그 믿음이 약한 자들의 양심이 담력을 얻어 우상의 제물을 먹게 되지 않겠느냐. 이 구절은 고린도 교인들 중에서 믿음이 강한 자들이 자신들에게 주어진 자유를 그 어떤 제약도 없이 마음껏 사용하고 누리고 있었던 것을 좀 더 분명하게 보여 준다. 우상 숭배자들이 자기들의 우상에게 제사를 지내고 그 제물로 잔치를 베풀었을 때, 그들이 아무런 거리낌도 없이 거기에 가서, 우상 숭배자들과 함께 우상에게 바쳐졌던 제물을 먹는 일이 비일비재하였다. 이제 바울은 그들의 그러한 행동이 어떤 나쁜 결과를 초래하였는지를 보여 준다. 나는 이 절의 전반부를 "네가 지식이 있을지라도, 네가 우상의 집에 앉아 먹는 것을 누구든지 보면"으로 번역하였고, 후반부에는 양보의 불변화사를 넣어서, "그는 믿음이 약한 자임에도 불구하고, 그의 양심이 담력을 얻어 우상의 제물을 먹게 되지 않겠느냐"로 번역하였는데, 나로서는 이렇게 이해하는 것이 바울의 의도를 좀 더 분명히 드러낼 수 있다고 생각한다. 왜냐하면, 그는 이 구절에서 양보의 의미를 담아서, 다음과 같이 말한 것이기 때문이다: "너는 지식이 있어서 그런 식으로 행동하였다고 하자. 하지만 너의 그런 행동을 보는 네 형제는, 너와 같은 그런 지식이 없는데도 불구하고, 네가 보여 준 행동을 본받아서 거

기에 고무되고 담력을 얻어서, 너와 똑같이 행동하게 될 것이다. 만일 네가 앞장 서서 그런 식으로 행동하지 않았더라면, 그는 우상의 신전에 드나들거나 우상의 제물을 먹는 일은 절대로 하지 않았을 것이다. 그런데 네가 그런 식으로 행하였기 때문에, 그는 자기에게는 여전히 그렇게 하는 것이 양심에 거리낌이 있어도, 자기는 단지 믿음이 좋다고 하는 네가 그런 식으로 행동하는 것을 따라하는 것일 뿐이기 때문에, 자기에게는 아무런 잘못도 없다고 생각하게 되고, 자신의 행동을 정당화해 줄 수 있는 충분한 변명이 된다고 여기고서, 혼자라면 도저히 상상할 수도 없는 악한 일들을 대담하게 저지르게 된다."

바울이 여기에서 "믿음이 약한 자들"이라고 말할 때, "약하다"는 것은 믿음의 교훈을 받은지 얼마 안 되어서, 또는 제대로 받지 않아서 여전히 초보적인 신앙 상태에 머물러 있는 것, 또는 우상에 대한 확실하고 참된 지식을 갖고 있지 않아서 여전히 우상과 우상의 제물에 대하여 양심에 거리낌이 있는 것을 의미한다. 나는 다른 사람들이 이것을 어떤 식으로 설명하는지를 모르는 것이 아니다. 그들은 여기에 언급된 "걸려 넘어지게 하는 것"의 의미를 이렇게 이해한다: 신앙에 대해서 잘 모르는 초보적인 사람들은 신앙이 좋은 다른 사람들이 행하는 것들을 그대로 본받아 행하는 것이 하나님을 잘 섬기는 길이라고 생각하기 때문에, 신앙이 좋은 사람들이 나쁜 본을 보였을 때, 신앙에 초보적인 사람들은 실족하게 될 수밖에 없다. 하지만 이러한 이해는 여기에서 바울이 말하고자 하는 의도와는 전혀 부합하지 않는다. 내가 이미 말했듯이, 바울이 그들을 책망한 이유는, 그들이 신앙에 있어서 무지하고 미숙한 형제들을 담대하게 만들어서, 그들로 하여금 자신의 양심에 비추어서 옳지 않다고 생각하는 일조차도 대담하게 행하도록 만들었기 때문이었다. 여기에서 "담력을 얻다"로 번역된 단어는 원래 "세워지다"(aedificari)를 의미하는데, 올바른 교훈 위에 세워지지 않은 건물(aedificatio)은 결국 무너질 수밖에 없다.

11. 그러면 네 지식으로 그 믿음이 약한 자가 멸망하나니 그는 그리스도께서 위하여 죽으신 형제라. 일반적으로 사람들은 양심에 거리낌이나 의심이 있는 일을 하는 것을 그다지 심각하게 여기지 않지만, 우리는 그렇게 행하는 것이 얼마나 중대하고 심각한 죄인지를 똑똑히 직시하지 않으면 안 된다. 사실, 우리가 평생토록 추구해야 하는 목표는 하나님의 뜻을 따라 살아가는 것이다. 그렇기 때문에, 하나님의 뜻을 거스르는 것은 우리의 모든 행위를 망치는 것이다. 그런데 우리는 우리 자신의 외적인 행위들을 통해서 하나님의 뜻을 거스르기도 하지만, 우리의 마음과

생각으로도 하나님의 뜻을 거스르는데, 어떤 일이 그 자체로는 악한 일이 아니라고 할지라도, 우리가 우리의 양심에 거리낌이 있는데도 그 일을 강행하는 것이 바로 그런 경우에 해당한다. 그러므로 우리가 양심을 거슬러 행할 때마다, 그것은 멸망을 향하여 돌진해 가고 있는 것임을 우리는 명심하여야 한다.

나는 이 구절을 의문문으로 읽어서 다음과 같이 이해한다: "그가 네 지식으로 말미암아 멸망해도 좋다는 것이냐?" 따라서 바울은 이렇게 말한 것과 같다: "너의 지식이 네 형제를 멸망시키는 계기가 된다는 것이 말이 되는 것이냐? 네가 올바른 지식을 갖고 있는 목적이 네 형제를 멸망시키기 위한 것이냐?" 바울은 그들의 그런 행동이 얼마나 비인간적이고 오만방자한 것임을 보여 주고, 그들의 그런 행동을 단죄하기 위해서, 여기에서 "형제"라는 단어를 사용한다. 거기에는 다음과 같은 의미가 내포되어 있다: "너는 네 형제가 어떻게 되어도 상관없다는 듯이, 네 형제를 무시하고, 너의 행동이 네 형제에게 미칠 영향 같은 것은 아랑곳하지 않고 행하고 있는데, 네가 그렇게 무시하는 형제가 아직 믿음이 약해서 확고한 믿음 위에 서서 하나님을 섬기지 못하고 있다는 것은 사실이지만, 그럼에도 불구하고 그는 하나님께서 자신의 자녀로 삼으신 사람이기 때문에, 너의 형제이다. 그런데도 네 연약한 형제를 배려하지도 않고 네 마음대로 행하여, 그 형제를 멸망에 빠뜨리고 있는 너는 잔인무도하기 짝이 없는 자이다."

하지만 "형제"라는 단어보다 더욱 강력한 메시지를 전달하는 것은, 바로 뒤에 나오는 구절, 즉 신앙에 있어서 무지한 자들이나 연약한 자들도 그리스도의 피로 속량함을 받은 자들이라는 것이다. 즉, 그들이 믿음이 약한 자들이라고 해도, 그리스도께서는 그들이 멸망하지 않고 영생을 얻도록 하시기 위하여 기꺼이 자신의 목숨까지도 바치셔서 죽음까지도 사양하지 않으셨다는 것이다. 그런데 그리스도께서 이처럼 값비싼 대가를 치르시고서 속량하신 사람들이 구원을 얻지 못하고 멸망하게 되는 것을 우리가 아무렇지도 않게 생각한다면, 그런 우리는 도대체 어떤 사람이겠는가. 그리스도께서 우리의 형제 한 사람 한 사람을 위해서 피를 흘려 죽으셨다는 말씀은, 우리가 많은 사람들을 구원하는 일만이 아니라, 우리의 형제 한 사람 한 사람의 구원 문제도 지극히 중요한 일로 여겨서 깊이 관심을 가져야 한다는 것을 우리에게 기억나게 해 주는 귀한 말씀이다.

12. 이같이 너희가 형제에게 죄를 지어 그 약한 양심을 상하게 하는 것이 곧 그리스도에게 죄를 짓는 것이니라. 모든 연약한 사람의 영혼이 그리스도께서 흘리신

피로 얻어진 것이라면, 그리스도께서 속량하신 형제를 고기 한 조각 때문에 다시금 죽음으로 내모는 사람은, 자기가 그리스도의 피를 얼마나 대수롭지 않게 여기고 있는지를 보여 주는 것이다. 따라서 이런 식으로 그리스도의 피를 멸시하는 것은 그리스도를 공공연히 모독하는 것이다. 우리는 믿음이 강한 자가 "약한 양심"을 얼마나 상하게 하기 쉬운지에 대해서는 이미 앞에서 설명한 바 있다. 즉, "약한 양심"을 지닌 사람은 믿음이 강한 자들이 하는 행동을 보고 담력을 얻어서, 평소에 혼자라면 양심에 거리껴서 엄두도 내지 못했을 일을, 그러한 양심의 거리낌에도 불구하고 대담하게 감행해 버리게 된다는 것이다.

13. 그러므로 만일 음식이 내 형제를 실족하게 한다면 나는 영원히 고기를 먹지 아니하여 내 형제를 실족하지 않게 하리라. 바울은 고린도 교인들이 그리스도인의 자유를 내세워서 형제들을 배려하지도 않고 오만방자하게 제멋대로 행하고 있는 것을 더욱 호되게 책망하기 위해서, 우리가 우상의 제물을 먹는 것이 믿음이 약한 형제를 실족시키는 일이 된다면, 우리는 우상의 신전에 가서 우상의 제물을 먹는 일을 자제하는 수준에서 그쳐서는 안 되고, 평생토록 고기를 먹는 것 자체를 포기해야 한다고 분명하게 선언한다. 하지만 여기에서 그는 고린도 교인들에게 그렇게 하라고 명하는 것이 아니라, 자기라면 그렇게 하겠다고 선언하는 방식을 취한다. 하지만 평범한 사람이 일평생 고기를 먹지 않고 살아간다는 것은 거의 불가능한 일이기 때문에, 물론 이것은 과장법적인 표현이다. 따라서 그가 여기에서 말하고자 하는 것은, 만약 자기가 하는 어떤 일이 연약한 형제를 실족시킬 가능성이 있다면, 자기는 그 일을 하는 것이 자기에게 허용되어 있다고 하더라도, 결코 자신의 그러한 자유를 사용하지 않겠다는 것이다. 왜냐하면, 그리스도인의 자유는 사랑의 법이라는 테두리 내에서만, 즉 사랑의 법에 합치되는 경우에만 사용되는 것이 마땅하기 때문이다. 만약 당신이 모든 일을 결정할 때에 오직 자신에게 이익이 되는지의 여부만을 생각해서 결정하는 데 익숙해져 있어서, 다른 형제들을 고려하거나 배려해서, 자신의 권리를 한 치도 양보하거나 포기한 적이 없었다면, 나는 당신이 바울이 여기에서 하고 있는 말을 마음속에 깊이 새겨 들었으면 좋겠고, 바울의 가르침만이 아니라, 그가 몸소 보여 준 모범에도 관심을 기울였으면 좋겠다. 그는 우리보다 얼마나 더 훌륭한가! 그래서 우리라면 그렇게 하기가 쉽지 않았을 상황에서, 그는 형제를 위해서 기꺼이 자기 자신에게 주어진 자유를 포기하기를 마다하지 않은 것이 아닌가?

이 가르침을 따르는 것이 아무리 어려울지라도, 어떤 사람들은 어리석은 설명으로, 또 어떤 사람들은 사악한 속임수로 이러한 가르침을 변질시키지만 않는다면, 이 본문 자체의 의미를 파악하는 것은 결코 어려운 것이 아니다. 앞에서 말한 이 두 부류의 사람들은 여기에서 "실족하게 하다"로 번역된 단어에 대한 해석에서 오류를 범한다. 왜냐하면, 그들은 사람들을 "실족하게 한다"는 것은 사람들에게 "증오심이나 불쾌감을 불러일으킨다"는 것을 의미하는 것이라고 설명하거나, 거의 동일한 말이기는 하지만, 사람들을 "불쾌하게 만들거나 화나게 한다"는 것을 의미하는 것이라고 설명하기 때문이다. 하지만 그들의 해석과는 달리, 이 단어가 속해 있는 문맥을 살펴보면, 어떤 사람이 나쁜 본을 보여 줌으로써, 형제가 가는 길에 장애물을 놓아서, 형제를 올바른 길로부터 돌이키게 만들거나 길에서 넘어지도록 만든다는 것을 의미한다는 것은 너무나 분명하다. 따라서 바울이 여기에서 다루고 있는 것은, 사람의 기분이나 비위를 맞추는 것에 관한 문제가 아니고, 약한 사람들이 넘어지지 않도록 붙들어 주고 바른 길에서 벗어나지 않도록 지혜롭게 인도하는 것에 관한 문제이다.

이 단어의 의미를 곡해한 자들 중에서 첫 번째 부류에 속한 자들은 어리석고 얼빠진 자들이고, 두 번째 부류에 속한 자들은 사악하고 뻔뻔스러운 자들이다. 여기에서 내가 첫 번째 부류에 속한 자들을 어리석은 자들이라고 지칭하는 이유는, 그들은 가치중립적인 일들에 있어서는 그리스도인들은 잘못된 미신적인 신앙을 갖고 있는 사람들을 기분 나쁘게 할 수 있는 일을 해서는 안 된다고 주장하는 자들이기 때문이다. 그들은 이렇게 말한다: "바울은 여기에서 사람들의 기분을 나쁘게 만들 수 있는 모든 일을 금지한 것이다. 예컨대, 금요일에 고기를 먹는 것은 미신적인 신앙을 지닌 연약한 자들을 불쾌하고 화나게 하는 일이기 때문에, 우리 그리스도인들은 그런 행동을 하지 말아야 한다. 연약한 자들이 그 자리에 있을 때만이 아니라, 그들이 있든 없든, 금요일에는 예외 없이 고기를 먹지 말아야 한다. 왜냐하면, 우리가 고기를 먹은 사실을 그들이 언젠가는 알게 될 수도 있기 때문이다." 나는 그들이 "실족하게 하다"라는 단어의 의미를 잘못 이해한 것에 대해서는 더 이상 거론하지 않겠다. 하지만 그들이 범한 결정적인 오류는, 바울은 여기에서, 연약한 자들을 가르치려는 노력은 하지도 않은 채로 여전히 올바른 지식을 갖고 있지 못한 연약한 자들 앞에서 우상의 신전에 드나들거나 우상의 제물을 먹지 말아야 함에도 불구하고 자신들에게는 올바른 지식이 있기 때문에 그렇게 행하여도 아무런 문제가 없다고 여기고서는, 자신들에게 주어진 자유를 부적절하게 사용하는 자들을 단죄하고 책망하고 있는 것이라는 사실을 깨닫지 못하고 있다는 것이다. 따라서 올바른 지식을 갖고 있는 자들이 그리스도인에게 주어진 자유에 대해서 연약한 형제들에게 미리 말을 해 주고서, 그 연약한 형제들이 실족할 위험성을 제거하고서, 지식을 따라 행한 것이었다면, 바울이 그들을 책망할 일도 없었을 것이다. 또한, 바울은 우리가 우리에게 주어진 자유를 따라 행하는 일이 연약한 자들을 실제로 실족시킬 수 있는 위험이 존재한다는 것이 확인된 경우가 아니라면, 우리가 행하는 일이 연약한 자들에게 걸림돌이 될 것이라고 미리 짐작하고서, 그 일을 하지 말아야 한다고 명하고 있는 것이 아니다.

나는 이제 "실족하게 하다"의 의미를 오해한 또 다른 부류의 사람들에 대해서 언급하고자 한다. 그들은 니고데모의 아류로 불릴 만한 자들로서, 사람들을 기분 나쁘게 하거나 화나게 해서는 안 된다는 미명 아래, 불경건한 자들과 적당히 타협해서, 그들의 미신적이고 잘못된 행동들에 동참하는 자들이다. 그들은 자신들이 그렇게 하는 것이 잘못된 것인데도 그것을 정당화할 뿐만 아니라, 다른 신자들에게도 자신들과 같이 그렇게 하여야 한다고 강요하기까지 한다. 우리가 그런 자들의 사악한 위선을 단죄하는 데에 사용할 수 있는 말들 중에서, 바울이 여기에서 말한 것보다 더 분명하게 그들의 위선을 단죄할 수 있는 말은 없을 것이다. 왜냐하면, 바울은 올바른 지식이 있어서 아무런 문제가 없다고 하면서 우상의 신전을 드나들며 우상의 제물을 먹는 자들은 자신들의 본보기를 통해서 연약한 자들에게 담력을 주어서 양심의 거리낌에도 불구하고 우상 숭배를 감행하게 만드는 자들인 까닭에, 하나님과 사람에게 중대한 해악을 끼치는 자들이라는 것을 보여 주고 있는데, 이 두 번째 부류에 속한 자들은 우상 숭배자들을 기분 나쁘게 해서는 안 된다는 논리를 사용해서, 우상 숭배자들과 어울림으로써, 마찬가지로 연약한 자들을 우상 숭배로 끌어들여서 멸망하게 만드는 자들이기 때문이다. 그런데도 그들은 우상 숭배가 비록 잘못된 미신이라고 할지라도, 무지한 우상 숭배자들에게는 아주 소중한 것이기 때문에, 우리는 무조건 우상 숭배를 단죄하고 비난함으로써 그들을 화나게 해서는 안 되고, 우리는 그들의 우상 숭배가 아무것도 아니라는 참된 지식이 있는 까닭에, 거기에 참여한다고 해서 문제가 되는 것은 아니기 때문에, 그들에게 적당히 맞춰 주어 가면서, 그들을 올바른 신앙으로 선도하는 것이 마땅하다고 변명함으로써, 자신들의 행위를 정당화하려고 애를 쓴다. 그들의 뻔뻔스러운 주장에 일

일이 대꾸하는 것도 그들에게는 영광스러운 일이 될 것이기 때문에, 나는 그렇게 하지 않겠다. 다만, 나는 바울의 시대와 오늘날 우리가 살아가고 있는 시대를 비교해 보고, 그러한 비교를 바탕으로 해서, 수없이 많은 연약한 자들을 실족시키고 있는 미사를 비롯한 온갖 가증스러운 예식들이 횡행하는 현실이 과연 용납될 수 있는 것인지를 독자들이 스스로 판단해 볼 것을 권한다.

제9장

[1]내가 자유인이 아니냐 사도가 아니냐 예수 우리 주를 보지 못하였느냐 주 안에서
행한 나의 일이 너희가 아니냐 [2]다른 사람들에게는 내가 사도가 아닐지라도 너희에
게는 사도이니 나의 사도 됨을 주 안에서 인친 것이 너희라 [3]나를 비판하는 자들에
게 변명할 것이 이것이니 [4]우리가 먹고 마실 권리가 없겠느냐 [5]우리가 다른 사도들
과 주의 형제들과 게바와 같이 믿음의 자매 된 아내를 데리고 다닐 권리가 없겠느
냐 [6]어찌 나와 바나바만 일하지 아니할 권리가 없겠느냐 [7]누가 자기 비용으로 군 복
무를 하겠느냐 누가 포도를 심고 그 열매를 먹지 않겠느냐 누가 양 떼를 기르고 그
양 떼의 젖을 먹지 않겠느냐 [8]내가 사람의 예대로 이것을 말하느냐 율법도 이것을
말하지 아니하느냐 [9]모세의 율법에 곡식을 밟아 떠는 소에게 망을 씌우지 말라 기
록하였으니 하나님께서 어찌 소들을 위하여 염려하심이냐 [10]오로지 우리를 위하여
말씀하심이 아니냐 과연 우리를 위하여 기록된 것이니 밭 가는 자는 소망을 가지
고 갈며 곡식 떠는 자는 함께 얻을 소망을 가지고 떠는 것이라 [11]우리가 너희에게
신령한 것을 뿌렸은즉 너희의 육적인 것을 거두기로 과하다 하겠느냐 [12]다른 이들
도 너희에게 이런 권리를 가졌거든 하물며 우리일까보냐 그러나 우리가 이 권리를
쓰지 아니하고 범사에 참는 것은 그리스도의 복음에 아무 장애가 없게 하려 함이
로다(9:1-12).

1. 내가 자유인이 아니냐 사도가 아니냐. 바울은 앞에서 자기는 우상의 제물을 먹는 것이 형제를 실족하게 만드는 것이라면, 차라리 평생 동안 고기를 먹지 않겠다고 말하였었는데, 이제 여기에서는 객관적인 사실을 근거로 해서, 자신의 그러한 말을 확증하는 동시에, 자기가 그들에게 그렇게 말한 것은 이미 자기 자신이 오래 전부터 실제로 실천해 오고 있던 것을 그들도 행하라고 말한 것일 뿐이었음을 보여 준다. 다른 사람들에게 어떤 법을 지킬 것을 요구하려면, 스스로도 그 법을 준수해야 한다는 것은, 자연법상의 공평과 형평의 원리에 따른 당연한 이치이다. 이

것은 교회의 선생들에게 특히 요구되는 덕목이다. 즉, 교회의 선생들은 언제 어디서나 자신의 모범적인 삶을 통해서, 자신의 가르침을 다른 사람들에게 확증할 수 있어야 한다. 우리는 바울이 고린도 교인들에게 요구한 일, 즉 형제를 위해서 자신들에게 허락된 자유의 사용을 자제한다는 것이 얼마나 어려운 일인지를 경험을 통해서 잘 알고 있다. 따라서 바울은 자기 자신이 일찍부터 그렇게 해 오지 않았더라면, 그들에게 그런 요구를 하지도 않았을 것이다. 바울은 여기에서 자기가 그들에게 가르치고 명한 것을 자기도 앞으로 하겠다고 약속하는 것으로 마무리할 수도 있었지만, 설령 그가 그런 약속을 한다고 해도, 그들 모두가 자기가 그렇게 행하리라는 것을 믿지 않을 수 있었기 때문에, 어쩔 수 없이 자기가 지금까지 그렇게 해 왔다는 사실을 그들 앞에서 밝힌다. 즉, 그는 자기가 거짓 사도들에게 자신을 비방할 빌미를 제공하지 않기 위해서, 자신이 얼마든지 누릴 수도 있었던 자유를 포기했던 한 주목할 만한 사례를 제시하는데, 그것은 그가 자기에게서 복음을 전해 받았던 고린도 교인들의 도움으로 생활하지 않고, 자신의 손으로 직접 일을 해서 생계를 꾸려 나가는 쪽을 택한 것이었다.

또한, 바울은 사도들이 신자들로부터 음식과 의복을 제공받을 수 있는 권리가 있다는 것에 대해서도 언급한다. 여기에서 그가 이런 말을 한 것은, 그들이 형제들의 덕을 세우기 위해서 자신들의 권리를 포기하는 일을 결코 하려고 하지 않았기 때문에, 그들에게 자신을 본받아서 형제들을 위해서 그들의 권리들을 포기하도록 권면하기 위한 것임과 동시에, 자기는 결코 비난받을 일을 하지도 않았는데, 그런 자기를 비방하고 자신의 사역을 폄하한 자들이 얼마나 자기에게 부당한 짓을 한 것인지를 좀 더 분명하게 밝히기 위한 것이었다. 바울은 자신의 주장이 얼마나 정당한 것인지를 강조하기 위해서 수사 의문문을 사용하는데, 먼저 "내가 자유인이 아니냐"고 반문함으로써, 자기가 자유인으로서 가지고 있는 좀 더 일반적인 권리와 자유를 시사한 후에, 다음으로는 "내가 사도가 아니냐"고 반문함으로써, 자기가 사도로서 가지고 있는 좀 더 특별한 권리와 자유를 시사한다. "내가 사도가 아니냐"라고 반문한 것은, "내가 그리스도의 사도인데, 다른 신자들보다 더 힘들고 고달프게 살아야 할 이유가 어디 있겠는가"라고 말한 것이다. 따라서 바울은 자기가 사도라는 것을 근거로 해서, 자기는 일반 신자들보다도 더 큰 권리와 자유를 누릴 권한이 있다는 사실을 증명하고 있는 것이다.

예수 우리 주를 보지 못하였느냐. 그는 자기가 어떤 점에서도 다른 그 어떤 사도에게 뒤지지 않는다는 것을 보여 주기 위해서, 자기가 주님을 직접 보았다는 사실을 분명하게 짚고 넘어간다. 왜냐하면, 바울을 질시하고 대적했던 자들은 사사건건 이 한 가지 사실을 물고 늘어지면서, 바울은 그리스도를 한 번도 직접 뵌 적이 없는 사람인 까닭에, 그가 전한 복음에 관한 모든 가르침은, 그가 다른 사람들로부터 받은 것들일 뿐이라고 말하며, 바울의 사도직을 의심하고 폄하해 왔기 때문이었다. 그리스도께서 이 세상에 계실 때에는 바울과 함께 하신 적이 없었고, 다만 부활하신 후에 그에게 나타나셨다는 것은 의심의 여지가 없는 분명한 사실이다. 그러나 불멸의 영광에 들어가신 그리스도를 뵈었다는 것이 육신의 옷을 입고서 낮아지신 그리스도를 뵈었다는 것보다 영광에 있어서 결코 뒤떨어지는 일은 아니었다. 바울은 자기가 환상 가운데서 그리스도를 뵈온 사건에 대해서, 사도행전의 두 곳(22장과 26장)에서 회고하고 있을 뿐만 아니라, 이 서신의 15:8에서도 언급하고 있다. 따라서 그가 "예수 우리 주를 보지 못하였느냐"라고 반문한 것은 사도로서의 자신의 소명이 논란의 여지가 전혀 없는 것임을 확증하기 위한 것이었다. 왜냐하면, 그가 열두 사도의 하나로 택함을 받은 것은 아니었을지라도, 그리스도께서 하늘로부터 그에게 나타나셔서 그를 사도로 임명하신 것은, 권위에 있어서 결코 뒤떨어지는 일이 아니었기 때문이다.

주 안에서 행한 나의 일이 너희가 아니냐. 이제 바울은 자기가 복음 전도를 통해서 고린도 교인들을 주님께로 인도한 사실이 자신의 사도직을 확증하는 두 번째 증거라고 말한다. 그런데 그들이 회심하였다고 말한 것은 어떤 의미에서 그들의 영혼이 새롭게 창조되었다고 말한 것과 다름 없기 때문에, 그가 그것을 "나의 일"이라고 말한 것은 주제넘은 것으로서, 우리를 화들짝 놀랍게 하는 주장일 수 있다. 그리고 그가 이 서신의 3:7에서 "심는 이나 물 주는 이는 아무것도 아니로되 오직 자라게 하시는 이는 하나님뿐이니라"고 말한 것과 이 구절에서 말한 것은 과연 조화가 되는 것인가 하는 것도 문제가 될 수 있다. 이러한 문제에 대한 나의 대답은 이렇다: 인간은 하나님의 도구로 사용될 뿐이고, 도구 자체는 스스로는 아무것도 이룰 수 없으며, 하나님께서 그 도구를 사용하실 때에만, 능력의 역사가 나타나는 것이기 때문에, 하나님의 일을 이루시는 분은 오직 하나님뿐이시다. 따라서 우리는 인간의 사역을 통해서 어떤 결과가 나타났을 때, 그 결과로 인한 모든 영광을 오직 하나님께만 돌리는 것이 마땅하기 때문에, 하나님이 일과 관련해서 하나님의 역사와 인간의 사역을 비교해서 말할 때에는, "심는 이나 물 주는 이는 아무것도 아니로되 오직 자라게 하시는 이는 하나님뿐이니라"는 말하는 것이 맞다. 인간이 하나님과 동역할 때, 인간에게 돌려질 수 있는 몫은 이것말고는 없다. 그런 까닭에, 성경은 하나님과 비교했을 때, 인간은 아무것도 아닌 존재라고 말한다. 반면에, 인간의 사역을 하나님의 역사와 비교해서 말하는 것이 아니라, 순전히 인간의 사역 그 자체에 대해서만 말하는 경우일 때에는, 어떤 사람의 사역으로 인한 결과와 영광은 여기에서처럼 그 사역자 자신에게 돌려질 수 있다. 왜냐하면, 이런 경우에 있어서는, 어떤 사람이 하나님의 도우심 없이 독자적으로 무엇을 이루었는가에 대해서 말하고 있는 것이 아니라, 단지 어떤 사람이 하나님의 도구로서 이 모든 사역의 원천이신 하나님의 도우심과 성령의 능력으로 말미암아 무엇을 이루었는지에 대해서 말하고 있는 것이기 때문이다.

2. 다른 사람들에게는 내가 사도가 아닐지라도 너희에게는 사도이니 나의 사도 됨을 주 안에서 인친 것이 너희라. 바울이 이 말을 하는 것은 사도로서의 자신의 권위를 둘러싸고 고린도 교인들 사이에서 벌어지고 있던 논란을 종식시키기 위한 것이다. 그는 이렇게 말한 것이다: "나의 사도직에 대해서 의심을 품는 사람들이 일부 있지만, 적어도 너희는 나의 사도직을 추호도 의심해서는 안 된다. 왜냐하면, 너희 교회는 나의 사역으로 말미암아 세워진 까닭에, 너희가 그리스도를 믿는 신자들이라는 것이 사실이라면, 적어도 너희만은 나를 사도로 인정하지 않으면 안 되기 때문이다." 또한, 바울은 사람들이 단지 자기가 고린도에서 전도한 사실만을 자신의 사도직에 대한 증거로 내세우고 있는 것이라고 생각하지 않도록 하기 위해서, 자기가 고린도 교인들에게 말씀을 전할 때, 하나님께서 그들에게 역사하셔서 "믿음"을 주어 복음을 믿게 하심으로써, 아주 구체적으로 자신의 사도직을 인쳐 주셨다는 사실을 상기시킨다. 여기에서 어떤 사람들이 거짓 사도들도 전도를 해서 제자들을 자신들의 주변으로 끌어 모으기 때문에, 바울이 그런 식으로 자신의 사도직을 증명한다면, 거짓 사도들도 자신들의 사도직이 증명된 것이라고 말하지 않겠느냐고 반문한다면, 거기에 대한 나의 대답은, 자신의 사역의 결과를 가지고서, 자기가 하나님의 참된 사역자라는 것을 증명하고자 한다면, 다른 무엇보다도 먼저 요구되는 것은 그 사람의 가르침이 하나님 앞에서 순전하고 거짓 없는 가르침이어야 한다는 것이다. 따라서 사기꾼들이 설령 수많은 사람들, 아니 심지어 온 나라를 상대로 사기를 쳐서, 그들 모두를 속여서 자신들을 따르게 하였다고 할지라도, 그들이 그러한 결과를 내세우며 의기양양해할 것은 아무것도 없다. 바울이 빌립보서

1:15에서 말하고 있듯이, 순전하지 않은 마음으로 복음을 전파하는 사람들이 그리스도의 나라를 확장시키는 도구로 가끔 사용되기도 하지만, 바울이 자기가 하나님으로부터 보내심을 받은 사도라는 것을 증명하기 위하여, 자신의 사역의 결과들을 근거로 제시한 것은 지극히 합당한 일이었다. 왜냐하면, 고린도 교회에서는 하나님이 그들에게 주신 복들과 은사들이 찬란하게 빛을 발하고 있었던 까닭에, 바울의 사역의 그러한 결과들은 그의 사도 됨을 인쳐 주기에 조금도 부족함이 없는 것들이었기 때문이다.

3. 나를 비판하는 자들에게 변명할 것이 이것이니. 바울은 자기가 사도이면서도, 사도로서 자기에게 주어진 권리와 자유를 교회와 형제들의 유익을 위하여 포기하는 삶을 살아 왔다고 말하고자 하는 원래의 주제를 전개해 나가면서도, 부차적으로는 이 기회에, 마치 자기가 일반적인 평범한 사역자들 중의 한 사람에 불과하기라도 한 것처럼 자신의 사도직을 부정하고 자기에 대하여 비방과 중상모략을 일삼아 왔던 자들의 "비판"을 잠재우려고 했던 것으로 보인다. 그는 "나의 사도직을 부정하고자 하는 자가 있을 때마다, 지금까지 나는 언제나 너희를 나의 방패막이로 내세우곤 해 왔다"고 말한다. 달리 말하면, 만일 고린도 교인들이 바울을 사도로 인정하지 않는다면, 그것은 곧 그들 자신이 하나님의 자녀들이라는 것을 부정하는 것이어서, 그들을 폄하하고 그들 자신을 해치는 일이 된다는 것이다. 왜냐하면, 그들이 지금 지니고 있는 믿음이 바울의 "사도직"에 대한 엄숙한 "증언"(testificatio)인 동시에, 그를 비방하는 자들에 대한 그의 "변명"(defensio)이기도 하다면, 그들이 바울의 사도직을 부정하는 바로 그 순간, 그들의 믿음도 그 어떤 근거나 토대도 없는 것이 되어 버려서, 결국 동시에 무너질 수밖에 없기 때문이다. 다른 사람들은 여기에서 "나를 비판하는 자들"로 번역된 어구를 "나를 심문하는 자들"이라고 번역하지만, 바울은 여기에서 자신의 사도직에 대해서 문제 제기를 하는 자들을 그런 식으로 표현한 것이기 때문에, 나는 "나에 대해서 꼬치꼬치 캐고 다니는 자들"이라고 번역하였다. 나는 라틴 작가들이 피의자에게 행하는 법률 절차를 "심문하다"라고 말하는 것을 모르지 않지만, 바울이 여기에서 헬라어 '아나크리네인' (ἀνακρίνειν)을 사용한 의도는 나의 번역에서 좀 더 잘 드러난다고 생각한다.

4-5. 우리가 먹고 마실 권리가 없겠느냐. 바울은 자기가 앞에서 이미 말했던 것들을 근거로 삼아 생각해 볼 때, 자기에게는 자기가 먹고 마실 것을 그들에게 요구할 "권리"가 있다는 것이 너무나 당연한 결론으로 도출될 수 있는데도, 자기는 먹

고 마시는 일에 있어서 교회에 그 어떠한 부담도 주지 않기 위해서, 자신의 그러한 권리를 실제로는 사용하지 않았다는 사실을 여기에서 수사 의문문의 형태로 내비친다. 따라서 바울은 한편으로는 고린도 교인들에게 자기를 부양할 것을 요구하지 않았다는 점에서, 사도로서의 자신의 권리와 자유를 포기한 것이었고(4절), 다른 한편으로는 자기가 결혼을 하지 않음으로써, 그들 모두가 공동으로 자신의 "아내"를 부양하지 않아도 되었다는 점에서, 또 다른 자신의 권리와 자유를 포기한 것이었다(5절).

우리가 … 믿음의 자매 된 아내를 데리고 다닐 권리가 없겠느냐. 에우세비우스(Eusebius)는 이 구절을 근거로 해서, 바울은 기혼자였으나, 그의 아내는 다른 곳에 살고 있었기 때문에, 교회에 짐이 되지 않을 수 있었던 것이라고 추론하지만, 그가 독신자였을지라도, 충분히 이렇게 말할 수 있었을 것이라는 점에서, 그의 추론은 전혀 근거가 없는 억측에 지나지 않는다. 바울은 그리스도인인 아내를 "자매"라는 이름으로 부르고 있는데, 이것을 통해서 그는 다음과 같은 두 가지 사실을 보여준다. 첫 번째는 믿는 남편과 믿는 아내는 남편과 아내임과 동시에 서로 형제이자 자매라는 이중의 유대로 이루어져 있기 때문에, 믿는 자들인 남편과 아내 간의 유대는 아주 강력하고 소중한 것으로 여겨져야 한다는 것이다. 두 번째는 믿는 남편과 믿는 아내는 서로에 대해서 순결함과 정직함을 지켜야 한다는 것이다. 따라서 우리는 이러한 사실들로부터, 결혼이라는 것이 교회의 사역자들에게 합당하지 않은 것이 결코 아니라는 결론을 얻을 수 있다. 사도들의 결혼에 대해서는 우리는 조금 후에 살펴볼 것이기 때문에, 나는 여기에서 그 문제는 거론하지 않겠다. 왜냐하면, 여기에서는 바울은 단지 모든 사람이 결혼을 해서 "믿음의 자매 된 아내"를 데리고 다닐 권리가 있다는 것을 보여 주고 있는 것일 뿐이기 때문이다.

다른 사도들과 주의 형제들과 게바와 같이. 바울은 하나님께서 모든 사람들에게 결혼을 허용하셨다는 사실과는 별개로, 결혼과 관련해서 다른 사람들은 일반적으로 어떻게 하고 있는지에 대해서 말하면서, 자기가 자신의 권리와 자유를 포기한 것이라는 사실을 좀 더 분명하게 부각시키기 위해서, 다른 사람들의 사례들을 차례로 열거하는데, 맨 먼저 자기 이외의 다른 사도들의 경우를 제시한 후에, 다음으로는 "주의 형제들도 아무런 주저 없이 자기 아내를 데리고 다닐 뿐만 아니라, 심지어 사도들 중에서 으뜸이라고 베드로조차도 동일한 자유와 권리를 누리고 있다"고 말한다. 여기에서 바울이 언급하고 있는 "주의 형제들"은 그가 갈라디아서

2:9에서 예루살렘 교회가 "기둥같이 여기고" 있다고 말한 요한과 야고보를 가리킨다. 뿐만 아니라, 바울은 성경의 일반적인 관례를 따라서, 주님과 혈족 관계에 있는 사람들도 "주의 형제들"이라고 부른다.

만약 이 구절 속에서 교황권(papatus)을 옹호해 줄 만한 증거를 찾고자 하는 사람이 있다면, 그 사람은 정말 어처구니없는 짓을 하고 있는 것이다. 어떤 공동체에나 다른 사람들을 이끌 지도자는 항상 필요한 법이기 때문에, 우리는 베드로가 사도들 중에 으뜸으로 여겨지고 있었다는 사실을 부인하지 않는다. 또한, 사도들이 자발적으로 베드로를 존경하고 따랐던 것은 그가 다른 사람들보다 탁월한 능력과 은사를 갖고 있었기 때문이라는 것도 우리는 부인하지 않는다. 왜냐하면, 하나님의 은혜의 선물을 다른 사람들보다 더 많이 받은 사람들이 존경과 영광을 받는 것은 당연한 일이기 때문이다. 하지만 베드로가 사도들 중에서 으뜸이었다는 사실, 즉 그의 수장성(primatus)은 그에게 통치권(dominium)이 주어졌다는 것을 의미하는 것은 결코 아니었다. 아니, 베드로의 수장성을 통치자의 절대적인 권위와 비교하는 것 자체가 가당치 않은 일이다. 왜냐하면, 베드로가 다른 사도들보다 더 높은 자리에 앉아 있었다는 것은, 다른 사도들을 통치하는 위치에 있었다기보다는, 다른 사도들을 섬기고 그들에게 책임을 져야 할 위치에 있었다는 것을 의미하는 것이기 때문이다. 게다가, 교회의 수장이라는 것과 온 세계에 대한 통치권을 주장하는 것은 전혀 별개의 문제이다. 그리고 설령 우리가 베드로와 관련된 모든 주장을 다 인정한다고 할지라도, 그것이 도대체 교황과 무슨 상관이 있다는 것인가? 교황주의자들은 맛디아가 가룟 유다의 자리를 계승하였듯이, 가룟 유다 같은 자들도 베드로의 자리를 계승할 수 있기 때문에, 그런 자들이 베드로를 대신한다고 해서 문제될 것은 전혀 없다고 생각하는 것인가? 베드로의 후계자들이 활동하였던 지난 900년 이상의 세월을 돌이켜 볼 때, 아니 베드로의 후계자임을 자처하며 위세등등하던 교황들의 시대만을 되돌아 보더라도, 그들 중에서 가룟 유다보다 터럭 한 올만큼이라도 나았던 인물을 단 한 명도 찾아볼 수 없다는 것을 지금 우리가 분명하게 보고 있지 않은가? 하지만, 여기에서 우리가 그런 문제들을 자세하게 다룰 수는 없기 때문에, 독자들은 나의 「기독교 강요」를 읽어 보기 바란다.

우리가 주목해야 할 것이 한 가지가 더 있는데, 그것은 교황의 수하에 있는 성직자들은, 결혼이라는 것은 성직자에게는 어울리지 않는 것이라는 이유를 들어서, 결혼을 극도로 혐오하고 있지만, 사도들은 결혼하는 것을 굳이 기피하지 않았다는 것이다. 하나님의 사제들이 자신들의 합법적인 아내와 동침할지라도, 그것이 그들을 더럽히게 되는 것이라는 저 놀랍고 기발한 발상이 생겨난 것은, 사도들의 시대가 지나고 난 후의 일이었고, 급기야 교황 시리키우스(Syricius, 주후 384-399년)의 입에서는, "결혼은 육체를 더럽히는 것이며, 그런 식으로 결혼을 통해서 육체가 더럽혀진 사람은 누구도 절대로 하나님을 기쁘시게 할 수 없다"는 어처구니없는 발언이 아주 자연스럽게 나오게 되었다. 만일 그들의 주장이 옳다면, 죽을 때까지 그렇게 더러운 상태로 살았던 저 불쌍한 사도들은 도대체 어떻게 되었다는 것인가? 하지만 여기에서 교황주의자들은 그럴 듯한 이야기를 날조해 내서, 자신들이 처한 궁지를 교묘하게 빠져나간다. 교황주의자들은 사도들이 자신들의 아내를 데리고 다니기는 하였지만, 아내들과 동침하지는 않았고, 다만 복음의 열매를 수확하기 위해서, 즉 교회로부터 부양을 받기 위해서 아내들을 데리고 다닌 것일 뿐이라고 궁색한 변명을 늘어놓는다. 즉, 그들은, 만일 사도들이 아내 없이 혼자 이곳저곳으로 돌아다녔다면, 사도들은 교회들로부터 아무런 부양도 받을 수 없었을 것이라는 듯이 말하고, 사도들의 아내들은 아무런 할 일도 없었기 때문에 굳이 사도들과 같이 다니지 않아도 되었는데, 오로지 사도들과 더불어서 교회들로부터 밥을 얻어먹기 위해서 자발적으로 여기저기로 돌아다닌 것이라는 듯이 말하는 것인데, 그들의 그런 말을 믿을 사람이 단 한 사람이라도 있을지 모르겠다. 한편, 암브로시우스(Ambrosius)는 바울이 여기에서 말한 "아내"는 사도들의 가르침을 듣기 위해서 열심히 따라다녔던 다른 사람들의 아내들을 가리키는 것이라고 설명하는데, 그것은 너무 억지스러운 설명이다.

7. 누가 자기 비용으로 군 복무를 하겠느냐 누가 포도를 심고 그 열매를 먹지 않겠느냐 누가 양 떼를 기르고 그 양 떼의 젖을 먹지 않겠느냐. 이 절에서 사용된 동사는 현재 시제로 되어 있기 때문에, "자기 비용으로 군 복무를 하고 있는 사람이 누가 있느냐"는 의미이지만, 나는 바울이 사용한 강한 어조를 다소 누그러뜨리기 위해서 완료 시제로 바꾸어서, "자기 비용으로 군 복무를 한 사람이 누가 있었느냐"로 번역하였다. 이제 바울은 사람의 일상생활로부터 가져온 세 가지 비유를 사용해서, 자기는 교회를 섬기는 사도로서 일한 것이기 때문에, 만일 자기가 교회에서 주는 비용으로 자신의 생활비를 충당하였다고 하더라도, 그것은 인간의 보편적인 이성에 비추어 보았을 때에도 지극히 마땅한 일이었을 것임을 아주 분명하게 보여 준다. 그가 사용한 첫 번째 비유는 군대의 법으로부터 가져온 것으로서, "군

복무"를 하는 자는 공적인 비용으로 식량을 제공받는 것이 마땅한 일이라는 것이고, 두 번째 비유는 포도나무 농사를 하는 사람의 예로부터 가져온 것으로서, 농부가 "포도"를 심는 것은 재미삼아서 그렇게 하는 것이 아니라 "열매"를 거두어서 먹기 위한 것이기 때문에, 포도 나무의 열매를 그가 먹는 것은 마땅한 일이라는 것이며, 세 번째 비유는 양을 키우는 사람의 예로부터 가져온 것으로서, 목자는 "양 떼"를 길러서 "양 떼의 젖"을 먹기 위해서 일을 하는 것이기 때문에, 그 젖을 공짜로 먹는 것은 마땅한 일이라는 것이다. 바울이 여기에서 사용한 예들은 자연법상의 정의에 따른 가장 공평한 원리인데, 어느 누가 사역자들에게 생활필수품을 제공하는 것을 부당하다고 하겠는가? 물론, 고대 로마 같은 경우에는, 군인들이 봉급을 받지 않고 자신들의 비용으로 "군 복무"를 한 경우도 있었지만, 그것은 그 때에는 아직 나라에서 각 개인에게 공물이나 세금을 부과하지 않고 있었던 때였고, 또한 지금 바울은 어디에서나 통용되는 보편적인 관행을 근거로 자신의 주장을 펼치고 있는 것이기 때문에, 극소수의 예외가 있다고 하더라도, 그런 예외적인 경우들이 바울이 여기에서 한 말과 모순이 되는 것은 아니다.

8-9. 내가 사람의 예대로 이것을 말하느냐 율법도 이것을 말하지 아니하느냐 모세의 율법에 곡식을 밟아 떠는 소에게 망을 씌우지 말라 기록하였으니 하나님께서 어찌 소들을 위하여 염려하심이냐. 바울은 자기가 앞에서 인간 세상에서 통용되는 여러 예들을 들어서 사도로서의 자신의 권리와 자유를 말한 것을 사람들이 듣고서, 그들이 하나님의 일은 사람의 일과는 이치가 다른 까닭에, 자기가 예시한 여러 비유들은 하나님의 일과는 아무런 상관이 없다고 반박할 수도 있었기 때문에, 이제 여기에서는 그것은 단지 인간 세상의 이치일 뿐인 것이 아니라, 하나님께서도 동일하게 그렇게 명하셨다는 것을 보여 준다. "사람의 예대로 말하다"라는 어구는, 로마서 3:5에서 "(내가 사람의 말하는 대로 말하노니) 진노를 내리시는 하나님이 불의하시냐"라고 말할 때와 같이, 종종 "육신의 완악한 생각대로 말하다"는 의미로 사용되기도 하지만, 여기에서는 단지 인간 세상에서 흔히 일어나는 일들을 인간의 법정에서 다루는 것처럼 말하는 것을 의미한다. 바울은 자기가 인간적인 관점에서만 말하고 있는 것이 아니라고 반문하면서, "곡식을 밟아 떠는 소에게 망을 씌우지 말라"는 모세의 율법을 인용해서, 하나님께서는 사람들이 자신들의 수고에 대해서 합당한 삯을 받기를 원하신다는 사실을 증명함과 동시에, 이 모세 율법의 규정이 자기가 지금 다루고 있는 주제, 즉 사도로서의 자신의 권리와 자유라

는 주제에 적용된다는 것을 보여 주기 위해서, 하나님은 "소들을 위하여 염려하심"이 아니고, 도리어 사람들을 염두에 두시고서 그렇게 말씀하신 것이라는 설명을 덧붙인다.

여기에서 우리에게 무엇보다도 먼저 생기는 질문은, 율법 규정 속에는 예를 들면 "그 품삯을 당일에 주고 해 진 후까지 미루지 말라"(신 24:15)는 말씀처럼 삯과 관련된 여러 구절들이 있는데, 왜 바울은 유독 "곡식 떠는 소에게 망을 씌우지 말지니라"(신 25:4)는 구절을 증거 본문으로 선택한 것인가 하는 것이다. 하지만 이 구절을 좀 더 주의 깊게 읽어 본 사람이라면 누구나, 하나님께서 "소들"을 잘 배려해 주라고 말씀하신 이 본문이 우리에게 오히려 더 강력한 메시지를 전달해 주고 있다는 것을 깨닫게 될 것이다. 왜냐하면, 우리는 이 본문을 통해서, 하나님께서 우리에게 말 못하는 짐승조차도 이렇게 합당하게 대우하기를 원하시는 것을 볼 때, 사람들 사이에서는 훨씬 더 공정하게 일을 처리할 것을 요구하고 계신다는 것을 알게 되기 때문이다. 바울이 "하나님께서는 소들을 위하여 염려하심이냐"라고 말할 때, 우리는 그가 "소들"은 하나님의 섭리에 포함되지 않는다는 뜻으로 그렇게 말한 것으로 이해해서는 안 된다. 왜냐하면, 하나님은 "참새 한 마리"(마 10:29)도 소홀히 여기는 분이 아니시기 때문이다. 또한, 우리는 바울이 이 율법 규정을 알레고리적으로 해석하려고 했다고 생각해서는 안 된다. 즉, 바울은 하나님께서 "소에게 망을 씌우지 말라"고 말씀하신 것은 소와는 아무 상관이 없고, 단지 소에 빗대어서 일한 사람에게는 삯을 주는 것이 도리라는 가르침을 주시고자 하신 것이라고 해석한 것이 아니라는 것이다. 그런데도 일부 골빈(emptyheaded) 자들은, 바울이 여기에서 율법을 알레고리적으로 해석한 것이라고 단정하고서는, 그것을 근거로 삼아서, 자신들이 성경에 나오는 모든 것을 알레고리적으로 해석해서, 성경의 어떤 본문에 나오는 개를 사람을 가리키는 것으로 이해하고, 나무는 천사를 가리키는 것으로 이해하는 등, 성경 전체를 난장판으로 만들어 버리고도, 자신들의 그러한 해석은 정당하다고 강변한다.

바울이 여기에서 말하고자 하는 것은 아주 간단하다. 즉, 하나님께서 소들에게 인정을 베풀라고 명하신 것은, 문자 그대로 "소들"에게도 긍휼을 베풀라고 말씀하신 것이지만, "소들"도 사람의 유익을 위해서 창조된 피조물이기 때문에, 하나님의 그러한 명령은 궁극적으로 소들 자체를 위한 것이라기보다는 사람들을 배려하신 것이라는 것이다. 따라서 "소들"을 긍휼히 여기라는 말씀은, 우리로 하여금 다른 사람들을 긍휼히 여기게 만드는 자극제가 되어야 한다. 솔로몬도 잠언 12:10에서 "의인은 자기의 가축의 생명을 돌보나 악인의 긍휼은 잔인이니라"(잠 12:10)고 말한 바 있다. 따라서 우리는 하나님께서 모세에게 이 계명을 주실 때, 단지 "소들"에게만 관심을 갖고 계셨던 것이 아님을 알아야 한다. 하나님께서는 사람들을 염두에 두고 계셨고, 사람들이 이 말씀을 교훈으로 삼아서, 공평을 몸에 배게 만들어서, 일꾼의 품삯을 떼어먹지 않게 되기를 원하셨던 것이다. 왜냐하면, 밭을 갈고 타작을 할 때에 주도적인 역할을 하는 것은 소가 아니라 그 소를 부려서 일을 하도록 만드는 일꾼이기 때문이다. 따라서 바울은 자기가 9절에서 말한 하나님의 계명을 제대로 해설하기 위해서, 10절에서 "밭 가는 자는 소망을 가지고 갈며 곡식 떠는 자는 함께 얻을 소망을 가지고 떠는 것이라"는 말을 덧붙임으로써, "소"에 대한 하나님의 계명은 모든 종류의 노동과 수고에는 반드시 삯과 보상이 주어져야 한다는 명령이기도 하다는 것을 분명히 한다.

10. 밭 가는 자는 소망을 가지고 갈며 곡식 떠는 자는 함께 얻을 소망을 가지고 떠는 것이라. 이 구절에 대한 헬라어 본문의 읽기는 두 가지가 있는데, 나는 그 중에서 좀 더 일반적인 읽기를 택하였다: "곡식 떠는 자는 자신의 소망에 참여하고자 하는 소망으로 곡식을 떤다." 그러나 이 구절에서 "소망"이라는 단어를 두 번 반복해서 사용하지 않는 읽기가 좀 더 간단하고 자연스러운 읽기이다. 따라서 나에게 선택권이 있다면, 나는 이 구절을 이렇게 읽고 싶다: "밭 가는 자는 소망을 가지고 갈며, 곡식 떠는 자는 자기 몫을 얻으려는 소망으로 곡식을 떤다." 하지만 대부분의 헬라어 사본들이 전자의 읽기를 따르고 있고, 또한 이 두 가지 읽기 간에 의미상의 차이도 거의 없기 때문에, 나는 전자의 읽기를 그대로 따르고자 한다. 이 절에서 바울은 자기가 앞 절에서 언급한 "곡식을 밟아 떠는 소에게 망을 씌우지 말라"는 하나님의 계명에 대해서 설명하면서, "밭 가는 농부"와 "곡식 떠는 농부"가 자신의 수고에 대해서 아무런 열매를 거두지 못한다면, 그것은 지극히 부당한 일이 될 것이고, 그들이 땀 흘려 열심히 일하는 것은 자신들의 수고의 열매를 얻을 수 있을 것이라는 소망이 있기 때문이라고 말한다. 그렇기 때문에, 우리는 바울의 이러한 해석이 "소들"에게도 적용이 된다고 추론할 수는 있지만, 바울의 의도는 어디까지나 그러한 해석을 사람들에게 적용하는 것이었다고 말할 수 있다. 농부가 밭을 갈 때에는 단지 소망을 갖고 있는 것에 지나지 않았지만, 실제로 곡식을 수확해서 그 열매를 얻게 되었을 때, 우리는 그 농부가 "자신의 소망에 참여하는 자가 되었다"고

말할 수 있다.

11. 우리가 너희에게 신령한 것을 뿌렸은즉 너희의 육적인 것을 거두기로 과하다 하겠느냐. 하지만 바울이 여기에서 전개하고 있는 논리에 대해서 아직도 의문을 가지고서 다음과 같이 반문하는 사람들이 여전히 있을 수 있었다: "사람들이 이 세상에서 살아가면서 하는 모든 일들에 대한 삯 또는 보상은 결국 먹는 것과 입는 것일 수밖에 없기 때문에, 밭을 갈고 곡식을 떠는 사람들은 거기에서 나오는 열매 중에서 자신들의 몫을 받는 것이다. 하지만 복음 사역의 열매는 '신령한 것' 이라는 점에서 세상 일들과는 그 성격이 전혀 다르다. 따라서 복음 사역자가 자신의 수고에 합당한 열매를 거두고자 한다면, '육적인 것' 은 그 어떤 것도 요구해서는 안 된다." 따라서 바울은 그 누구도 그런 식의 논리로 자신의 논리에 대하여 트집을 잡지 못하게 하기 위하여, 큰 것과 작은 것, 즉 "신령한 것"과 "육적인 것"을 대비시키는 가운데 자신의 논리를 전개해 나간다. 그는 이렇게 말한 것과 같다: "복음을 위하여 수고하는 것은 먹을 것과 입을 것을 위하여 수고하는 것과 그 성격이 다르다는 것은 사실이다. 하지만 너희가 값으로 따질 수 없는 소중한 것인 '신령한 것' 을 복음 사역자로부터 받고서, 너희의 영혼을 위하여 수고한 사역자에게 하잘것없는 '육적인 것' 으로 보답을 한다고 해서, 그것이 너희에게 손해가 되는 것은 전혀 아니지 않느냐? 영혼이 육신보다 더 소중하듯이, 하나님의 말씀, 즉 영혼의 양식은 육적인 양식보다 더욱 귀한 것이 아니냐?"

12. 다른 이들도 너희에게 이런 권리를 가졌거든 하물며 우리일까보냐. 바울은 다른 사람들의 예를 거론함으로써, 사도로서의 자기 자신의 "권리"를 다시 한 번 확증한다: "다른 사람들이 모두 당연하게 주장하는 '권리' 를 나라고 해서 주장해서는 안 되는 이유라도 있는 것인가? 고린도에서 복음을 위하여 일하였고 지금도 일하고 있는 일꾼들 중에서 나보다 더 열심히 일한 사람은 없기 때문에, 나는 다른 어떤 사람보다도 더 큰 보답을 너희로부터 받는 것이 마땅한 일이 아닌가?" 바울은 여기에서 자기가 고린도 교인들 가운데서 자신에게 주어져 있는 권리를 사용해서 실제로 그들로부터 부양을 받았고, 그것은 자신의 정당한 권리였다고 말하고 있는 것이 아니다. 왜냐하면, 그는 실제로 자신의 그러한 권리를 사용하지 않고 포기하였기 때문이다. 따라서 여기에서 바울은 만일 자기가 자신에게 주어져 있는 권리를 자원해서 포기하지 않았더라면, 그들은 자기를 부양하는 것이 마땅하였을 것임을 일깨워 주고 있는 것이다.

그러나 우리가 이 권리를 쓰지 아니하고 범사에 참는 것은 그리스도의 복음에 아무 장애가 없게 하려 함이로다. 바울은 이제 여기에서 자신이 앞에서부터 다루어 온 주제의 핵심을 다루기 시작한다. 즉, 자기가 어느 누구도 부정할 수 없는 자신의 "권리"를 사용하였어도, 거기에 대해서 이의를 제기할 사람은 아무도 없었지만, 자기가 그렇게 자신의 "권리"를 사용할 자유를 그대로 관철하는 경우에는, 복음의 진보에 "장애"를 초래할 수 있는 상황이었기 때문에, 자기는 자원해서 그 권리를 포기하고서, 밤낮으로 직접 일해서 생계를 유지하면서 복음 사역을 하느라고 힘들고 고달플지라도, "범사에 참는" 쪽을 택하였다는 것이다. 그는 이렇게 자기가 앞에서 고린도 교인들에게 다른 형제들의 유익을 위하여 자신들의 자유를 스스로 절제해서 사용하라고 명하였지만, 자기는 이미 벌써부터 그들 앞에서 직접 모범을 보였음을 깨우쳐 주고서는, 그들도 자신을 본보기로 삼아서 복음을 방해하거나 복음의 진보를 지연시키는 삶을 살아서는 안 된다는 것을 분명하게 가르쳐 준다. 왜냐하면, 고린도 교인들은 바울이 여기에서 자기가 자신의 권리 및 자유와 관련해서 어떻게 행하였는지에 대하여 증언한 것을 그들도 그대로 행하는 것이 마땅한 일이었기 때문이다. 또한, 그는 여기에서 자기가 앞에서 했던 말, 즉 "모든 것이 내게 가하나 다 유익한 것이 아니요"(고전 6:12)라는 말을 다시 한번 확인해 주면서, 하나님께서 우리에게 어떤 일들을 행해도 좋다고 허락하시고 우리에게 그 일들을 해도 되고 안 해도 되는 자유를 주신 경우에도, 우리는 그 자유를 마음껏 사용해서는 안 되고, 우리가 어떻게 하는 것이 복음과 교회와 형제들을 위하여 가장 유익한 것인지를 생각해서 행하여야 한다는 것을 보여 준다.

[13]성전의 일을 하는 이들은 성전에서 나는 것을 먹으며 제단에서 섬기는 이들은 제단과 함께 나누는 것을 너희가 알지 못하느냐 [14]이와 같이 주께서도 복음 전하는 자들이 복음으로 말미암아 살리라 명하셨느니라 [15]그러나 내가 이것을 하나도 쓰지 아니하였고 또 이 말을 쓰는 것은 내게 이같이 하여 달라는 것이 아니라 내가 차라리 죽을지언정 누구든지 내 자랑하는 것을 헛된 데로 돌리지 못하게 하리라 [16]내가 복음을 전할지라도 자랑할 것이 없음은 내가 부득불 할 일임이라 만일 복음을 전하지 아니하면 내게 화가 있을 것이로다 [17]내가 내 자의로 이것을 행하면 상을 얻으려니와 내가 자의로 아니한다 할지라도 나는 사명을 받았노라 [18]그런즉 내 상이 무엇이냐 내가 복음을 전할 때에 값없이 전하고 복음으로 말미암아 내게 있는 권리

를 다 쓰지 아니하는 이것이로다 [19]내가 모든 사람에게서 자유로우나 스스로 모든
사람에게 종이 된 것은 더 많은 사람을 얻고자 함이라 [20]유대인들에게 내가 유대인
과 같이 된 것은 유대인들을 얻고자 함이요 율법 아래에 있는 자들에게는 내가 율
법 아래에 있지 아니하나 율법 아래에 있는 자 같이 된 것은 율법 아래에 있는 자
들을 얻고자 함이요 [21]율법 없는 자에게는 내가 하나님께는 율법 없는 자가 아니요
도리어 그리스도의 율법 아래에 있는 자이나 율법 없는 자와 같이 된 것은 율법 없
는 자들을 얻고자 함이라 [22]약한 자들에게 내가 약한 자와 같이 된 것은 약한 자들
을 얻고자 함이요 내가 여러 사람에게 여러 모습이 된 것은 아무쪼록 몇 사람이라
도 구원하고자 함이니(9:13-22).

13-14. 성전의 일을 하는 이들은 성전에서 나는 것을 먹으며 제단에서 섬기는 이들은 제단과 함께 나누는 것을 너희가 알지 못하느냐 이와 같이 주께서도 복음 전하는 자들이 복음으로 말미암아 살리라 명하셨느니라. 바울은 그리스도의 사역자들이 마땅히 받아야 할 삯이나 보상을 제대로 챙겨주는 데 지극히 인색하였던 고린도 교인들을 간접적으로 책망하기 위해서, 그리스도인의 자유에 관한 본래의 주제는 일단 접어두고, 복음을 위하여 일하는 사역자들이 자신의 수고에 대한 삯을 받는 것은 너무나 합당한 것임을 역설하는 데 상당히 많은 시간을 들이고 있는 것으로 보인다. 바울이 자기가 복음 사역자로서 삯이나 보상을 받는 것은 너무나 당연한 일이라는 것을 이렇게 역설하고 강조하고 있는 이유는, 만일 자기가 자신의 그러한 권리를 자원해서 포기하지 않았더라면, 자신의 복음 사역이 큰 방해를 받고 타격을 입어서, 자기가 고린도 교회에서 복음을 제대로 전하는 것이 어려워졌을 것이었기 때문이었다. 고린도 교인들이 배은망덕하게도 바울에 대한 거짓 사도들의 비방과 중상모략에 맞장구를 쳐 주지만 않았더라도, 거짓 사도들은 결코 복음을 방해할 수 없었을 것이다. 고린도 교인들은 거짓 사도들의 비방을 결연하게 물리쳤어야 했지만, 실제로는 그렇게 하기는커녕, 도리어 거짓 사도들의 말을 믿고 거기에 동조해서, 바울이 교회로부터 부양받을 자신의 권리를 완전히 포기하도록 압박하였고, 만일 그가 그 권리를 포기하지 않는다면, 복음조차도 거부할 태세였다. 그들이 이렇게 복음을 멸시하고, 자신들의 사도에 대해서 잔인하고 야박하게 굴었던 것은 호되게 책망을 받아야 마땅한 일이었지만, 바울은 이제라도 그들이 올바른 교훈을 받아들여서 자신들의 행실을 고칠 수 있도록 하기 위하여, 그들

을 대놓고 직접적으로 책망하여 모욕감을 안겨주는 대신에, 온유한 어조로 간접적으로 책망한다.

바울은 자기가 교회로부터 부양을 받을 권리는 하나님께로부터 온 것인데도, 자신이 그 권리를 사용하지 않았다는 것을 증명하기 위해서, 또다시 새로운 비유를 사용한다. 하지만 그는 이제 여기에서는 인간 세상에서 일어나는 일들을 가져와서, 그러한 예들에 빗대어서 자신의 권리를 증명하는 방법을 사용하지 않고, 교회가 사역자들의 생계를 책임지고서 그들에게 여러 가지 쓸 것들을 공급하는 것은 하나님께서 친히 정하신 것임을 보여 준다. 어떤 사람들은 이 절에서 두 가지 비유가 사용되고 있다고 생각한다. 첫 번째 비유는 하나님을 섬기는 제사장들에 관한 것이고, 두 번째 비유는 이방의 신들을 섬기는 사제들에 관한 것이라는 것이다. 하지만 나는 바울이 자기가 늘 하던 대로, 서로 다른 용어를 사용해서 동일한 한 가지 일을 표현한 것이라고 생각한다. 이교도들은 사제들에게 음식이나 의복이 아니라 값비싼 가재도구들이나 호화스러운 사치품들을 바쳤기 때문에, 바울이 여기에서 이교도들의 관행에 빗대어서 복음 사역자인 자신의 권리를 증명하고자 했다는 것은 근거가 희박하다. 하지만 나는 바울이 여기에서 서로 다른 두 종류의 사역에 빗대어서, 자신의 권리를 주장하고 있다는 것에 대해서는 이의를 제기할 생각이 없다. 왜냐하면, 우리가 잘 알고 있듯이, 이스라엘에서는 성전을 섬기는 자들이 두 부류로 구분되어 있어서, 좀 더 높은 직급의 제사장들이 있었고, 그 밑으로는 직급이 낮은 레위인들이 있었기 때문이다. 하지만 여기에서 그런 것은 중요한 문제가 아니다.

이 구절의 요지는 이런 것이다: 제사장들과 레위인들은 이스라엘에서 성전을 섬기는 사역자들이었고, 하나님께서는 그들이 성전에서 자신들이 행하는 사역을 통해서 생활에 필요한 것들을 공급받고 생계를 꾸려나갈 수 있게 하셨다. 따라서 오늘날 기독교회의 사역자들에게도 그것과 동일한 원리가 적용되는 것이 마땅하다. 그리고 여기에서 기독교회의 사역자들이란 복음을 전파하는 사람들을 가리킨다. 교황주의자들은 이 구절을 근거로 들이대면서, 성직자들이 희생제사, 곧 미사를 드리는 수고를 할 수 있기 위해서는, 신자들이 성직자들의 빈 속을 든든하게 채워주어야 한다고 주장한다. 하지만 세 살짜리 어린아이도 이 구절을 근거로 삼아서 그러한 주장을 하는 것이 얼마나 합당치 않은 것인지를 금방 알아차릴 수 있을 것이다. 그들은 성직자들에 대한 대접이나 예우에 관한 모든 성경 구절을 자신들에게 이익이 되는 방향으로 아전인수격으로 해석하기를 서슴지 않는다. 따라서 나는 독자들에게 오직 바울의 말에만 집중하고 거기에만 관심을 기울일 것을 촉구한다. 바울이 여기에서 말하고자 하는 것은, 옛적에 하나님께서는 제사장들과 레위인들에게 따로 기업을 주지 않으시고 오직 성전을 섬기는 일을 맡기시고서는, 그들은 성전에서 일하는 자들인 까닭에, 성전에서 나는 것으로 부양을 받아 살아나가는 것이 마땅하다고 명하셨기 때문에, 오늘날 복음 전파를 위해서 헌신하는 사역자들도 교회로부터 합당한 부양을 받는 것이 마땅하다는 것이다. 따라서 바울은 여기에서 옛적의 제사장 직분과 오늘날의 사역자 직분을 동일시한 것이 아니라, 단지 하나님께서 성전에서 일하는 자들이 성전으로부터 부양을 받게 하신 것과 마찬가지로, 교회에서 일하는 자들은 교회로부터 부양을 받는 것이 마땅하다고 말한 것일 뿐이다. 그러므로 우리는 구약의 제사장들이 했던 일과 신약의 복음 사역자들이 하고 있는 일을 동일시해서는 안 된다. 왜냐하면, 율법 아래 있던 제사장들은 제사를 관장하고, 제단을 섬기며, 성막과 성전을 관리하는 소임을 맡도록 구별된 사람들이었던 반면에, 오늘날의 복음 사역자들은 복음의 말씀을 선포하고 성례전을 집례하도록 부르심을 받은 사람들이기 때문이다. 하나님께서는 복음 사역자들에게 어떤 식으로든 제사를 드리라고 명하신 적이 없으실 뿐만 아니라, 신약 시대에는 사역자들이 제사를 거행하기 위해서 나아갈 수 있는 제단도 아예 존재하지 않는다.

따라서 여기에서 바울이 구약 시대에 성전에서 희생제사를 드리던 제사장들과 레위인들에 빗대어서 복음 사역자들에 대하여 말하고 있는 것을, 말씀을 전하고 선포하는 사역자들 이외의 다른 일들을 하는 자들에게 적용하는 것이 얼마나 터무니없는 것인지는 너무나 분명하다. 따라서 교황의 성직자들은 자신들에게 부과된 소임, 즉 복음을 전파하는 일은 전혀 행하지 않고, 미사를 통해서 그리스도의 희생제사를 반복하는 쓸데없는 일만을 하고 있으면서도, 그리스도의 참된 사역자들에게 돌아가야 할 재물을 자신들이 탈취하고 있는 것이기 때문에, 그들은 지위 고하를 막론하고 성물(聖物)을 강탈하는 자들일 뿐이라는 결론이 이 구절로부터 쉽게 도출될 수 있다. 여기에서 바울 사도는 고린도 교인들에게 교회가 어떤 사역자들을 부양하여야 한다고 명하고 있는 것인가? 그것은 두말할 것도 없이 복음을 선포하는 일에 헌신하는 사역자들이다. 그렇다면, 교황의 성직자들은 복음은 선포하지 않고 엉뚱한 희생제사만 반복하고 있으면서, 도대체 무슨 권리로 자신들은 제사장이기 때문에 자신들의 삯을 받아야 한다고 주장하는 것인가? 그들은 자신들이 교회에서 각종 예식을 집례하고 미사를 집전하기 때문에, 자신들에게는 그럴 권리가 있다고 말하지만, 하나님께서는 그들에게 그런 일들을 행하라고 명하신 적이 없으시기 때문에, 그들은 하나님이 사역자들에게 명하신 일들은 하나도 하지 않고 엉뚱한 일들만 하고 있으면서도, 다른 참된 사역자들에게 돌아가야 할 삯을 가로채고 있는 것이 분명하지 않은가? 끝으로, 바울은 여기에서 제사장들과 레위인들이 "성전에서 나는 것을 먹으며" "제단과 함께 나눈다"고 말하는데, 이것은 환유법을 사용한 표현으로서, 사람들이 하나님께 봉헌한 제물들로 제사장들과 레위인들이 살아갔다는 것을 의미한다.

15. 그러나 내가 이것을 하나도 쓰지 아니하였고 또 이 말을 쓰는 것은 내게 이같이 하여 달라는 것이 아니라 내가 차라리 죽을지언정 누구든지 내 자랑하는 것을 헛된 데로 돌리지 못하게 하리라. 고린도 교인들은 바울이 이렇게 말하는 것을 듣고서는, 그가 앞으로는 삯을 요구할 것이라고 생각할 수 있었기 때문에, 그는 그들이 그런 식으로 오해하는 것을 막기 위해서, 자기는 결코 그러한 것을 원해서 이런 말을 하는 것이 아니라고 분명히 못을 박은 후에, 자신은 차라리 죽으면 죽었지, 자신이 "자랑하는 것", 즉 자기가 어떠한 삯이나 대가도 받지 않고 복음 사역을 감당하고 고린도 교인들을 섬겼다는 사실을 헛된 것으로 만드는 짓은 절대로 하지 않을 것이라고 선언한다. 바울은 복음의 권위가 어느 정도는 자신이 "자랑하는 것," 즉 아무런 대가도 받지 않고 일한 것과 연관되어 있다는 것을 알고 있었기 때문에, 그가 그것을 이처럼 소중하게 여긴 것은 전혀 놀랄 일이 아니다. 왜냐하면, 만일 그가 고린도 교회에서 어떤 대가를 받고 복음을 전하였더라면, 그는 거짓 사도들에게 자신을 공격할 빌미를 제공하였을 것이고, 그것으로 말미암아 고린도 교인들은 자신을 더욱 멸시하고 배척하며 거짓 사도들에게는 더욱 열렬한 환호를 보냈을 위험성이 농후하였기 때문이었다. 여기에서 바울이 "차라리 죽을지언정"이라고 말한 것은 그가 복음을 전파할 수 있는 기회를 얻는 것을 자신의 목숨보다 더 소중하게 여긴 사람이었다는 것을 잘 보여 준다.

16. 내가 복음을 전할지라도 자랑할 것이 없음은 내가 부득불 할 일임이라 만일 복음을 전하지 아니하면 내게 화가 있을 것이로다. 바울은 자기가 앞에서 말한 "내 자랑하는 것"을 헛되게 하지 않는 것이 얼마나 중요한 것인지를 보여주기 위해서, 만일 자기가 단지 자신에게 주어진 사명만을 수행한 것이라면, 다시 말해서

하나님께서 자신에게 강권적으로 명하신 것만을 행한 것일 뿐이라면, 자신은 "부득불" 그렇게 할 수밖에 없었기 때문에, 자신에게는 "자랑할 것"이 전혀 없게 되었을 것이라고 말한다. 하지만 바울은 앞에서는 "누구든지 내 자랑하는 것을 헛된 데로 돌리지 못하게 하리라"고 말함으로써, 자기에게는 "자랑할 것"이 있다고 말해 놓고서는, 여기에서는 "내가 복음을 전할지라도 자랑할 것이 없다"고 말하고 있기 때문에, 우리는 바울이 왜 그렇게 말하고 있는 것인지를 묻지 않을 수 없다. 왜냐하면, 바울은 실제로 디모데후서 1:3에서는, 자기가 "청결한 양심"으로 가르치는 사명을 감당해 온 것을 자랑하고 있기 때문이다. 나의 대답은 이런 것이다: 이하의 절들에서 앞으로 좀 더 분명하게 드러나게 되겠지만, 바울은 자기가 복음을 전하는 것 자체는 하나님으로부터 받은 사명을 행하는 것이기 때문에, 거기에는 자기가 "자랑할 것"이 전혀 없지만, 거짓 사도들이 바울을 비방하고 중상모략할 구실과 빌미를 찾으려고 계속해서 호시탐탐 기회를 엿보고 있는 상황에서, 자기가 거짓 사도들의 그러한 시도를 무력화시키기 위하여, 하나님이 자기에게 허락하신 권리와 자유를 포기한 것은, 자기가 "부득불" 그렇게 한 것이 아니고, 자원해서 자신의 권리와 자유를 포기한 것이기 때문에, 그 점에서 자기에게는 "자랑할 것"이 있다고 말한 것이다.

이 구절은 먼저는 사역자들이 하나님으로부터 받은 부르심(vocatio)이 어떠한 성격의 것인지, 그리고 그 부르심 안에서 사역자들과 하나님의 유대가 얼마나 긴밀한 것인지를 가르쳐 주고, 다음으로는 사역자들의 직임(officium)이 무엇인지를 가르쳐 준다는 점에서 매우 주목할 만하다. 먼저 부르심과 관련해서, 일단 하나님으로부터 부르심을 받은 사람은 자기 마음대로 그 부르심으로부터 벗어날 수 있다고 생각해서는 안 된다. 설령 거기에서 벗어날 수 있다고 할지라도, 그 사람에게는 고난과 화(禍)가 임하게 될 것이다. 왜냐하면, 부르심을 받은 사람은 하나님과 교회에 바쳐지고, 거룩한 유대에 의해서 하나님과 교회에 묶이게 되는 까닭에, 그러한 유대를 깨는 것은 죄악이기 때문이다. 다음으로, 사역자들의 직임과 관련해서, 바울이 "내가 복음을 전하지 아니하면 내게 화가 있을 것"이라고 말한 것은, 하나님께서는 복음을 전하도록 하기 위해서 바울을 부르신 것이기 때문에, 복음을 전하는 일은 그에게는 "부득불 할 일"이었다는 것이다. 따라서 바울의 직임을 계승한 사람이라면, 그가 말한 "부득불 할 일," 곧 복음을 전하는 일을 회피할 수 있는 사람은 있을 수 없다. 교황과 주교들은 복음을 전하고 가르치는 일은 자신들과는 절대로 어울리지 않는 일이라고 생각하면서도, "사도적 계승"이라는 말을 입에 달고 사는데, 그렇다면 그들은 도대체 자신들이 어떤 점에서 사도를 계승하고 있다는 것인가?

17. 내가 내 자의로 이것을 행하면 상을 얻으려니와. 여기에서 바울이 말하고 있는 "상"은 라틴어에서 '오페라이 프레티움'(operae pretium, "수고에 대한 상급")에 해당하는 것으로서, 그는 이것을 앞에서는 자신의 "자랑하는 것"이라고 표현한 바 있다. 어떤 사람들은 바울은 여기에서 누구라도 온 힘을 다해서 자신의 직분을 신실하게 감당하는 사람은 "상"을 받게 되어 있다고 말한 것으로 설명하기도 하지만, 나는 여기에서 "자의로 행한다"는 것은, 다른 사람들을 견고하게 세우기 위한 열심에 사로잡혀서, 교회에 유익이 된다고 생각되는 일은 하나도 빠짐없이 기쁜 마음으로 물불을 가리지 않고 부지런히 행하는 것을 의미하는 것으로 이해한다. 반면에, 어떤 일이 자기가 원하지 않는 일이기 때문에, 꼭 필요한 것들만을 마지못해서 억지로 하는 사람들을 바울은 "자의로 행하지 않는 사람들"이라고 부른다. 어떤 일을 자기가 원해서 열심을 품고서 "자의로" 행하는 사람은, 그 일을 이루기 위해서는 꼭 해야 할 일이거나, 그대로 내버려 두었다가는 그 일을 이루는 데 방해가 될 수 있는 일들을 전부 다 적극적으로 찾아내서 행하기 마련이다. 따라서 누가 시켜서도 아니고 어쩔 수 없어서도 아니라 "자의로" 복음 사역을 해 왔던 바울은 형식적이나 습관적으로 복음을 전한 것이 아니고, 복음 전파에 유익하다고 생각되는 모든 방법을 총동원해서 복음을 전해 왔다. 따라서 진정으로 복음을 전하고자 하는 뜨거운 열심을 품고서 기쁜 마음으로 복음 전파에 자신을 헌신해서, 복음을 전하기 위해서라면, 자기에게 주어진 권리와 자유까지도 기꺼이 포기한 것이, 그의 "상"이었고, 그가 "자랑하는 것"이었다.

내가 자의로 아니한다 할지라도 나는 사명을 받았노라. 다른 사람들은 이 구절을 어떻게 해석하든지 간에, 나의 생각으로는 이 구절의 참된 의미는, 사람이 마지못해서 억지로 하는 일은 결코 하나님으로부터 인정을 받을 수 없다는 것이다. 따라서 하나님께서 우리에게 어떤 일을 하라고 명하셨을 때, 우리가 마지못해서 그 일을 하면서도, 마치 우리가 하나님이 명하신 일을 준행하고 있는 것처럼 생각한다면, 그것은 큰 오산이다. 왜냐하면, 하나님께서 자신의 종들인 우리에게 요구하시는 것은, 우리가 하나님의 말씀에 순종하는 것을 기뻐해서, 하나님의 명령이 떨어지자마자 기쁜 마음으로 신속하게 그 말씀을 행함으로써, 우리가 하나님을 기뻐하고 있다는 것을 보여 주는 것이기 때문이다. 요컨대, 바울은 하나님께서 자기에게 주신 사명을 자기가 기쁜 마음으로 흔쾌히 "자의로" 행할 때에만, 자기는 하나님의 부르심에 따라 올바르게 제대로 행하는 것이라고 말하고 있는 것이다.

18. 그런즉 내 상이 무엇이냐 내가 복음을 전할 때에 값없이 전하고. 바울은 자신이 지금까지 말한 것들을 근거로 삼아서, 자기가 고린도 교인들에게 "값없이 복음을 전한 것"이 자신의 "상"이자 자랑거리라고 결론을 내린다. 이것으로부터 분명하게 드러나는 사실은, 그는 자원해서 복음을 전하는 일에 헌신하였고, 복음의 진보를 가로막는 온갖 장애물들을 극복하기 위해서 온 힘을 다하였으며, 단지 복음을 전하는 것만으로는 만족하지 못하고, 복음 전도로 인한 열매를 극대화하기 위해서 온갖 노력을 기울였다는 것이다. 따라서 그가 여기에서 말하고자 하는 요지는 이런 것이다: "나는 복음을 전하지 않을 수 없는 처지에 있다. 만일 내가 복음을 전하지 않는다면, 그것은 하나님의 부르심을 거역하는 것이기 때문에, 나에게 화와 저주가 있을 것이다. 하지만 복음을 전하는 일을 한다고 해도, 기쁘고 즐거운 마음으로 자의로 복음을 전하지 않는다면, 단지 복음을 전하는 것만으로는 충분하지 않다. 왜냐하면, 하나님의 명령이라서 억지로 행하는 사람은 자신의 소임을 신실하게 준행하는 것이 아니기 때문이다. 반면에, 내가 자의로 기쁜 마음으로 하나님의 명령에 순종하여 행한다면, 그것은 내가 자랑할 수 있는 것이 될 것이다. 따라서 내가 당당하게 내 자신을 자랑할 수 있기 위해서, 나는 값없이 복음을 전하여야 했다."

교황주의자들은 이 구절을 근거로 삼아서, 이른바 "의무 이상의 선행"(supererogatio)에 관한 교리를 수립하고서는, 이렇게 주장한다: "바울은 복음을 전한 것만으로도 자신의 사명을 훌륭하게 완수한 것이 될 것이었지만, 거기에서 한 걸음 더 나아가서, 자신에게 의무로 주어진 것 이상의 일들을 적극적으로 행하였다. 따라서 그는 자신이 하지 않아도 되는 일들, 즉 자신의 의무 이상의 일을 행한(supererogare) 것이다. 이렇게 바울은 하지 않아도 될 일이지만 복음을 위해서 자원해서 한 일과 하나님이 주신 사명으로 말미암아 반드시 해야 하는 일을 구별한다." 그들의 주장에 대한 나의 대답은 이런 것이다: 하나님께서 사역자들에게 허락하신 삯을 포기하였다는 점에서, 바울은 하나님께서 자기가 부르신 사역자들에게 통상적으로 요구하시는 것을 행하고도, 거기에서 한 걸음 더 나아간 것은 사실이다. 하지만 복음 전파에 걸림돌이 될 가능성이 있는 모든 일을 미리 차단하는 것도 바울이 반드시 해야 할 일이었다. 그리고 바울이 자기에게 주어진 권리를 포기한 것은, 자신의 권리를 마음껏 누리게 되면, 복음의 진보에 방해가 될 것임을 알았기 때문이었다. 따라서 나는 비록 그렇게 하는 것이 누구나 할 수 있는 평범한 일은 아니었지만, 그가 한 일은 하나님 앞에서 마땅히 해야 할 일을 한 것 이상은 아니었다고 생각한다. 나는 이렇게 묻고 싶다. "복음 전파에 걸림돌이 될 수 있는 일을 힘 닿는 데까지 미리 제거하고자 하는 것은 선한 목자라면 마땅히 해야 할 일이 아닌가?" 그리고 나는 다시 이렇게 묻고 싶다. "바울이 한 일이 바로 그런 일이 아니라면, 도대체 무엇이란 말인가?" 따라서 바울이 그렇게 한 것은 비록 누구나 할 수 있는 평범한 일은 아니었을지라도, 사도로서 자신의 직분에 따른 소임을 다한 것이기 때문에, 우리는 바울이 하나님께 드리지 않아도 될 것을 드린 것이라고 생각할 이유가 없다. 따라서 사악한 자들이 "의무 이상의 선행"(supererogatio)을 운운하며, 우리는 의무 이상의 선행을 행함으로써, 우리의 죄를 하나님 앞에서 탕감받게 된다고 주장하고 사람들에게 가르치는 것은, 사악한 자들의 망상에 불과할 뿐이다. 또한, 마귀적인 교만함이 짙게 배어 있는 "의무 이상의 선행"이라는 용어 자체도 폐기되는 것이 마땅하다. 교황주의자들이 이 구절을 그런 식으로 해석한 것은 이 구절을 악의적으로 왜곡하고 있는 것임은 두말할 필요도 없이 명백한 사실이다.

우리는 이 구절과 관련된 교황주의자들의 오류를 성경 전체의 가르침에 비추어서 다음과 같이 반박할 수 있다: 그리스도께서 "이와 같이 너희도 명령 받은 것을 다 행한 후에 이르기를 우리는 무익한 종이라 우리의 하여야 할 일을 한 것뿐이라 할지니라"(눅 17:10)고 친히 말씀하신 것에서 분명히 알 수 있듯이, 그리스도의 사역자들이 설령 하나님의 법과 명령에 따라서 자신들에게 주어진 모든 일을 다 행하였다고 하여도, 사역자들은 자신의 공로를 주장할 수 있는 것이 아무것도 없고, 따라서 그들은 그저 "무익한 종"일 뿐이기 때문에, 그들이 행한 일들 중에서 어떤 것들을 "의무 이상의 선행"으로 분류하여, 그렇게 부르는 것은 크게 잘못된 것이다. 왜냐하면, 우리는 하나님의 법과 계명을 따르지 않은 어떠한 행위도 선한 행위가 되거나 하나님께서 열납하시는 행위가 될 수 없다는 것을 아는 까닭에, 교황주의자들이 "의무 이상의 선행"이라고 부르는 것들도 결국 하나님의 법과 계명을 따라 행한 것들일 뿐이고, 그러한 행위들은 사역자들로서 마땅히 해야 할 일들이지, 결코 그들의 주장대로 "의무 이상의 선행"이 될 수 없기 때문이다. 나는 이것을 다음과 같이 증명하고자 한다. 모든 선한 행위는, 하나님을 섬기기 위한 것과 사랑을 실천하기 위한 것, 이렇게 두 부류로 나뉜다. 그런데 "네 마음을 다하고 목숨을 다하고 뜻을 다하고 힘을 다하여 주 너의 하나님을 사랑하라"(막 12:30)는 강령에 입각한 것이 아니라면, 그 어떤 행위도 하나님을 섬기는 행위가 될 수 없고, "네 이웃을 네 자신과 같이 사랑하라"(막 12:31)는 강령을 충족시키는 것이 아니라면, 그 어떤 행위도 사랑의 의무를 제대로 준행하는 행위가 될 수 없다. 따라서 우리가 이 두 강령을 따라 행한다고 하여도, 우리가 행한 그 일들은 절대로 "의무 이상의 선행"이 될 수 없다. 그런데도 교황주의자들은 어떤 사람이 소득의 10분의 1을 하나님께 바치면, 그것은 하나님께서 사람들에게 명하신 십일조를 바치는 것이기 때문에, 그 사람은 하나님 앞에서 마땅히 해야 할 일을 행한 것이 된다는 사실에 근거해서, 어떤 사람이 소득의 5분의 1이라든가, 아니면 3분의 1처럼, 십일조보다 더 많은 것을 바치면, 그 사람은 "의무 이상의 선행"을 하게 되어, 그것이 그 사람의 공로로 돌아가는 것이라고 추론한다. 하지만 그러한 궤변을 무너뜨리는 것은 너무나 쉬운 일이다. 왜냐하면, 하나님께서 신자들의 행위를 열납하시는 것은 그 행위가 완전해서가 아니고, 그들이 그리스도의 공로를 의지해서 믿음으로 하나님께 드리는 것을 보시고서, 그들의 행위에 내포된 불완전함과 부족함을 그들의 탓으로 돌리시지 않으시기 때문이다. 따라서 설령 신자들이 소득의 십일조가 아니라 소득 전부를 하나님께 바친다고 할지라도, 그들은 그들이 하나님께 바쳐야 할 것보다 더 많은 것을 바치는 것이 결코 아니다.

복음으로 말미암아 내게 있는 권리를 다 쓰지 아니하는 이것이로다. 우리에게 주어져 있는 권리를 마음껏 사용하는 것이 사람들에게 걸림돌이 될 수 있다면, 그것은 자유의 남용이고 악용이라는 사실이 여기에서 분명하게 드러난다. 따라서 우리는 복음의 진보에 걸림돌이 되지 않는 한도 안에서 우리의 자유를 사용하여야 한다. 또한, 이 구절은 내가 조금 전에 앞에서 말하였던 것, 즉 바울이 하나님으로부터 받은 자유는 결코 자기 마음대로 사용해서는 안 되는 것이었기 때문에, 바울이 복음 전파에 걸림돌이 될 것을 우려해서 교회로부터 부양받을 자신의 권리를 포기한 것과 같은 그의 모든 처신은 어디까지나 자신의 직분이 요구하는 바에 따르기 위한 것이었다는 것을 확증해 준다.

19-20. 내가 모든 사람에게서 자유로우나 스스로 모든 사람에게 종이 된 것은 더 많은 사람을 얻고자 함이라 유대인들에게 내가 유대인과 같이 된 것은 유대인들을

얻고자 함이요 율법 아래에 있는 자들에게는 내가 율법 아래에 있지 아니하나 율법 아래에 있는 자 같이 된 것은 율법 아래에 있는 자들을 얻고자 함이요. 헬라어 본문에서 '에크 판톤'(ἐκ πάντων)은 중성으로 볼 수도 있고 남성으로 볼 수도 있는데, 전자로 보면 "모든 것에서"가 되고, 후자로 보면 "모든 사람에게서"가 된다. 나는 후자의 해석을 선호한다. 바울은 지금까지는 자기가 고린도 교인들에게 보여 준 한 가지 아주 구체적인 모범, 즉 자기가 믿음이 약한 사람들을 배려해서 그들의 눈높이에 맞추어 행하기 위하여 무척 조심스럽고 신중하게 행하였다는 것만을 집중적으로 다루었는데, 이제 여기에서는 복음을 위하여 자신의 권리와 자유를 포기한 것은 자신의 행동을 전체적으로 지배한 일반적인 원리였다는 것을 다양한 본보기들을 통해서 보여 준다. 여기에서 바울의 행동을 전체적으로 지배한 원리는, 자기는 어느 누구보다 더 많은 자유와 권리를 지니고 있었지만, 마치 자기 자신은 모든 사람들의 밑에 있는 사람이라는 듯이, "스스로 모든 사람에게 종이 되어" 행하였다는 것이고, 그가 보여준 다양한 본보기들은 그가 이방인들 가운데서는 이방인처럼 행하였고 유대인들 가운데서는 유대인처럼 행한 것을 가리킨다. 달리 말하면, 그는 유대인들과 함께 있을 때에는 그들의 율법을 지키려고 의도적으로 노력하였고, 아울러 자기가 율법을 지키는 것이 이방인들에게 걸림돌로 작용하지 않게 하는 데에도 각별한 주의를 기울였다는 것이다.

여기에서 바울이 " … 같이"(ὡς — '호스')라는 불변화사를 사용한 것은, 자기가 설령 "유대인과 같이" 되어서 유대인처럼 행하였다고 할지라도, 자신의 그러한 처신으로 말미암아 자신의 자유가 제한되거나 손상된 것은 결코 아니었다는 것을 보여 주기 위한 것이다. 왜냐하면, 그는 비록 외적으로는 다른 사람들에게 맞추어서 자기 자신을 변화시켰지만, 내적으로는 하나님 앞에서 여전히 동일한 자아를 유지하고 있었기 때문이다. "모든 사람에게 종이 되었다"는 것은 그 때 그 때 형편과 상황에 따라서 자신의 겉모습(forma)을 변화시켰고, 자기가 상대하는 사람이 누구인가에 따라서 여러 가지 다양한 역할(persona)을 수행하였다는 뜻이다. 바울이 "내가 율법 아래에 있지 아니하나 율법 아래에 있는 자 같이 된 것"이라고 말할 때, 우리는 그가 말한 "율법"은 오직 율법 중에서 예전들이나 예식들과 관련된 것들만을 가리키는 것이라고 이해하여야 한다. 왜냐하면, 율법 중에서 도덕 규범과 관련된 것들은 유대인들만이 아니라 이방인들에게도 적용되는 것들이었고, 게다가 바울은 그런 것들을 양보하면서까지 사람들에게 맞추고자 할 수는 없었기 때문이다.

내가 앞에서 이미 말했듯이(고전 8:8), 바울이 여기에서 말하고 있는 것은 오직 가치중립적인 일들에만 적용된다.

21. 율법 없는 자에게는 내가 하나님께는 율법 없는 자가 아니요 도리어 그리스도의 율법 아래에 있는 자이나 율법 없는 자와 같이 된 것은 율법 없는 자들을 얻고자 함이라. 바울은 여기에서 "율법 없는 자에게는 내가 율법 없는 자와 같이 되었다"라고 간단하게 말할 수도 있었지만, 그런 식으로 말하는 것은 언뜻 들으면 지나치게 과격한 발언으로 생각될 수도 있었기 때문에, "내가 하나님께는 율법 없는 자가 아니요 도리어 그리스도의 율법 아래에 있는 자이나"라는 삽입구를 덧붙인다. 따라서 바울이 자기는 "그리스도의 율법 아래에 있는 자"라고 밝힌 것은, 자기가 바로 앞에서 "내가 율법 없는 자와 같이 되었다"고 말한 것을 사람들이 오해하지 않도록 하기 위한 것이었다. 또한, 바울이 이러한 삽입구를 여기에 덧붙인 것은, 유대인들은 마치 자기가 사람들에게, 이제는 그들이 모세 율법의 굴레로부터 해방되었다고 가르침으로써, 사람들을 무절제와 방종으로 내몰고 있기라도 한 것처럼, 자기에 대해서 적개심을 품어 왔지만, 자기에 대한 유대인들의 적개심은 전혀 근거 없고 부당한 것임을 은연중에 보여 주기 위한 것이기도 하다. 바울은 자기가 "율법 없는 자"가 아니라 "그리스도의 율법 아래에 있는 자"라는 것을 명시적으로 밝힘으로써, 거짓 사도들이 자신이 전한 복음에 가하고 있는 부당한 비난을 근본적으로 차단하고자 하였다. 왜냐하면, "그리스도의 율법"이라는 표현은, 그리스도의 가르침 속에는 사람들로 하여금 올바른 삶을 영위하도록 만드는 데 필요한 모든 교훈들이 하나도 빠짐없이 다 들어 있다는 의미가 내포되어 있기 때문이다.

22. 약한 자들에게 내가 약한 자와 같이 된 것은 약한 자들을 얻고자 함이요 내가 여러 사람에게 여러 모습이 된 것은 아무쪼록 몇 사람이라도 구원하고자 함이니. 이제 바울은 자기가 "여러 사람에게 여러 모습이 된 것"과 자신이 그렇게 한 목적이 무엇이었는지를 다시 한 번 개괄적으로 언급한다. 바울은 유대인들 앞에서는 유대인 같이 행하였지만, 모든 유대인들 앞에서 그렇게 한 것은 아니었다. 왜냐하면, 유대인들 가운데서 다수는 교만하고 악의적인 바리새파 사람들의 영향을 받아서, 그리스도인의 자유를 완전히 말살하려고 한 완악한 자들이었기 때문이다. 바울이 그런 자들에게까지 자기 자신을 맞추려고 하지 않은 이유는, 그런 자들에게까지 신경을 쓰는 것은 그리스도께서 원하시는 일이 아니었기 때문이다. 그리스도께서 "그냥 두라 그들은 맹인이 되어 맹인을 인도하는 자로다"(마 15:14)라고 말씀

하신 것처럼, 우리는 약한 자들을 상대할 때에는 우리 자신을 낮추고 그들의 눈높이에 맞추어서 행하는 것이 마땅하지만, 완악한 자들에게까지 우리 자신을 맞출 필요는 없다.

한편, 바울이 "여러 사람에게 여러 모습이 된 것"은 그들을 그리스도에게로 인도하기 위한 것이었을 뿐이고, 그들로부터 어떤 이익을 얻거나, 그들의 환심을 사기 위한 것이 결코 아니었다. 또한, 우리가 유의하여야 할 또 한 가지 사실은, 바울은 오직 가치중립적인 일들, 즉 우리가 이렇게 해도 되고 저렇게 해도 되는 일들에 있어서만, 자기 자신을 연약한 자들에게 맞추었다는 것이다. 바울은 깊은 신앙을 지닌 그리스도인으로서 하나님 안에서 온전한 자유를 누리고 있었음에도 불구하고, 한 영혼이라도 구하기 위해서 자기 자신을 이렇게까지 낮춘 실로 위대한 인물이었다. 그런 바울과 비교해 보았을 때, 우리는 사실 보잘것없는 존재일 뿐이다. 그런데도 그런 우리가 우리 자신의 울타리에만 갇혀서, 약한 사람들을 무시하고, 그들에게 조그마한 일 하나도 양보하려고 하지 않는다면, 우리는 얼마나 부끄러운 짓을 하고 있는 것이 되겠는가? 우리가 사도의 가르침을 받들어서, 믿음이 약한 자들을 세우기 위한 목적으로, 가치중립적인 일들에 있어서 우리 자신을 약한 자들의 눈높이에 맞추는 것은 지극히 합당한 일이다. 반면에, 자기 자신의 편안함만을 추구하느라고, 약한 자들을 돌보는 데에는 신경을 쓰지 않고, 도리어 사람들, 심지어 악한 자들의 심기를 불편하게 만들지 않는 데에만 신경을 곤두세우고 있는 자들이 큰 잘못을 범하고 있는 것임은 두말할 필요조차 없다. 더구나, 해도 되고 안 해도 그만인 가치중립적인 일들(res indifferentes)과 해서는 안 되는 불법적인 일들(res illicitas)을 구별하는 것조차 못하는 사람들은 이중으로 잘못을 범하는 것이다. 왜냐하면, 그런 자들은 다른 사람들을 기쁘게 하려고 하나님께서 금하신 일들을 서슴지 않고 행할 것이기 때문이다. 하지만 그런 자들이 범하는 악의 극치는 자신들의 사악한 위선을 은폐하기 위해서 바울의 이 말을 악용하는 것이다. 그러나 내가 지금까지 간단하게 언급한 이 세 가지 사실을 잘 기억하고 있는 사람은 그러한 자들이 무슨 말을 하든 손쉽게 반박할 수 있을 것이다.

또한, 우리는 바울이 결론적으로 제시하고 있는 구절도 주목하여야 한다: "아무쪼록 몇 사람이라도 구원하고자 함이니." 왜냐하면, 그는 여기에서 자신이 여러 사람에게 여러 모습이 되고자 하는 목적이 그들 중에서 얼마간이라도 "구원하기" 위한 것임을 보여 주고 있기 때문이다. 우리가 여기에서 오늘날 일부 헬라어 사본들에서도 발견되는 불가타 역본에 나오는 "모든 사람을 구원하고자 함이니"라는 읽기를 따르지 않는다면, 바울은 여기에서 자기가 모든 사람을 구원하고자 애쓰고 있다고 말하는 것이 아니라, 단지 몇 사람이라도 구원하고자 애쓰고 있는 것이라고 말한다. 하지만 바울이 아무리 자신을 낮추고서 여러 사람에게 여러 모습으로 다가갔어도, 그러한 노력이 성공을 거두지 못하는 경우도 비일비재하였을 것이기 때문에, 그가 이처럼 "몇 사람이라도"라는 제한적인 표현을 사용한 것은 적절한 것이었다. 달리 말하면, 그는 자기가 비록 "모든 사람"을 얻을 수는 없지만, 그럼에도 불구하고 자기는 "몇 사람이라도" 얻기 위한 노력을 결코 포기하지 않겠다고 말한 것이다.

23내가 복음을 위하여 모든 것을 행함은 복음에 참여하고자 함이라 24운동장에서 달
음질하는 자들이 다 달릴지라도 오직 상을 받는 사람은 한 사람인 줄을 너희가 알
지 못하느냐 너희도 상을 받도록 이와 같이 달음질하라 25이기기를 다투는 자마다
모든 일에 절제하나니 그들은 썩을 승리자의 관을 얻고자 하되 우리는 썩지 아니
할 것을 얻고자 하노라 26그러므로 나는 달음질하기를 향방 없는 것 같이 아니하고
싸우기를 허공을 치는 것 같이 아니하며 27내가 내 몸을 쳐 복종하게 함은 내가 남
에게 전파한 후에 자신이 도리어 버림을 당할까 두려워함이로다(9:23-27).

23. 내가 복음을 위하여 모든 것을 행함은 복음에 참여하고자 함이라. 고린도 교인들은 바울이 지금까지 말한 것은 하나님으로부터 사도라는 직분을 받은 그에게만 해당되는 특별한 일이라고 얼마든지 생각할 수 있었기 때문에, 그는 복음 자체의 목적에 비추어 볼 때, 자기가 지금까지 말한 모든 것은 모든 그리스도인들에게 공통적으로 해당되는 것이라고 말한다. 왜냐하면, 바울은 자신이 "복음에 참여하는 자"가 되고자 하는 목적으로 그렇게 행하고 있는 것이라고 분명하게 선언함으로써, 자신과 같이 행하지 않는 사람은 복음에 참여하는 자가 되지 못할 것이라는 사실을 암묵적으로 밝힌 것이기 때문이다. "복음에 참여하는 자"가 된다는 것은 복음의 열매를 받아 누리는 자가 된다는 것이다.

24. 운동장에서 달음질하는 자들이 다 달릴지라도 오직 상을 받는 사람은 한 사람인 줄을 너희가 알지 못하느냐. 바울은 고린도 교인들에게 자기가 전하고자 했던 가르침들을 다 전한 후에, 그 가르침들을 그들의 마음에 좀 더 깊이 각인시키기

위해서 권면의 말을 덧붙인다. 그의 권면의 요지는, 비록 그들이 주의 길로 달리기를 시작하였을지라도, 결승점에 도달하지 못한다면, 달리기를 시작한 것만으로는 충분하지 않기 때문에, 그들이 앞으로도 참고 견디는 가운데 이 경주를 계속해 나가지 않는다면, 그들이 지금까지 이룬 것은 다 수포로 돌아가게 되리라는 것이다. 이것은 그리스도께서 "나중까지 견디는 자는 구원을 얻으리라"(마 10:22)고 하신 말씀과 부합한다. 이 대목에서 바울은 달리기 시합에서 가져온 비유를 사용해서, 달리기 시합에서 경주장에 들어서는 사람은 많지만, 결승점에 일등으로 들어온 사람만이 승리의 면류관을 받게 되는 것처럼, 복음의 부르심을 받아서 경주에 나선 사람도 자기가 경주를 시작했다는 사실만으로 만족하고 기뻐해서는 안 되고, 죽을 때까지 계속해서 달음질을 하지 않으면 안 된다고 말한다. 하지만 우리의 경주와 "운동장에서 달음질하는 자들"의 경주는 다음과 같은 점에서 차이가 있다: 인간 세상에서 열리는 달리기 시합에서는 다른 사람들보다 먼저 결승점에 들어오는 사람만이 승리를 거두고 상을 받게 되지만, 우리의 경주에서는 많은 사람이 동시에 상을 받을 수도 있다는 점에서, 우리의 경주가 그들의 경주보다 더 낫다는 것이다. 왜냐하면, 하나님께서는 우리가 다른 사람들을 앞질러서 일등으로 종착지에 도착할 것을 요구하시는 것이 아니라, 단지 우리가 중도에 포기하고 다른 길로 새지 않고, 계속해서 쉬지 않고 열심히 달려서 결국 종착지에 도달할 것만을 요구하시기 때문이다. 따라서 그리스도인들의 경주는 자기는 빨리 달리고 다른 사람들이 달리는 것은 방해를 해서 서로 일등을 하기 위하여 다투는 그런 경주가 아니고, 도리어 모든 그리스도인들이 서로를 도와 주고 부축해 주어서 모두 다 종착지에 도달하게 하는 그런 경주이다. 바울은 디모데후서 2:5에서 그리스도인들의 경주가 그런 성격의 경주라는 것을 조금 다른 식으로 표현한다: "경기하는 자가 법대로 경기하지 아니하면 승리자의 관을 얻지 못할 것이며."

너희도 상을 받도록 이와 같이 달음질하라. 바울은 바로 앞에서 사람들이 달리기 시합을 할 때에 어떤 식으로 하는지를 설명한 후에, 이제 여기에서는 자기가 달리기 시합에 빗대어서 고린도 교인들에게 가르치고자 하는 교훈을 그들의 삶에 적용한다. 즉, 그리스도인들의 인생은 하나님께서 정해 주신 길로 경주하는 것과 같기 때문에, 우리가 그 길에 들어서서 "달음질"을 시작한 것만으로는 충분하지 않고, 평생토록 정해진 코스를 따라 "달음질"을 해야 한다는 것이다. 따라서 우리는 조금 달리다가 지쳐서 주저앉아 버리거나, 경기 도중에 "달음질"을 포기해서는 안 되고, 오직 죽음만이 우리의 "달음질"에 종지부를 찍을 수 있을 뿐이다. 불변화사인 '후토스'(οὕτως, "이와 같이")는 두 가지로 해석될 수 있다. 크리소스토모스(Chrysostomus)는 이 단어가 앞의 내용에 걸리는 것으로 보아서 이렇게 이해한다: "달음질하는 자가 결승점에 도달하기 전에는 달음질을 멈추지 않는 것처럼, 너희도 살아 있는 동안에는 달음질을 멈춰서는 안 된다." 하지만 이 단어를 뒤의 내용, 즉 "상을 받도록"이라는 어구에 걸리는 것으로 보고, 바울이 다음과 같이 말한 것으로 이해하여도, 전혀 이상할 것은 없다: "너희는 상을 받기 위해서 달려야 하고, 중간에 기권하기 위해서 달려서는 안 된다." "경기장"(한글개역개정에는 "운동장")이라는 단어의 뜻이나, 당시에 어떤 종류의 경주들이 행해졌는지에 대해서는 사전에 잘 나와 있기 때문에, 나는 그런 것들에 대해서는 여기에서 특별히 언급하지 않겠다. 당시 사람들은 말을 타고 경주하기도 했고, 맨발로 경주하기도 했다는 것은 널리 알려져 있는 사실이다. 하지만 바울이 여기에서 무슨 말을 하려고 하는지를 이해하기 위해서, 우리가 그런 것들까지 알 필요는 없다.

25. 이기기를 다투는 자마다 모든 일에 절제하나니 그들은 썩을 승리자의 관을 얻고자 하되 우리는 썩지 아니할 것을 얻고자 하노라. 바울은 앞에서 그들에게 끝까지 달음질할 것을 권면하였기 때문에, 어떻게 하여야 그들이 끝까지 달음질할 수 있는지에 대해서도 말해 줄 필요가 있었다. 이제 그는 권투 선수들로부터 가져온 비유를 들어서, 자기가 그들에게 가르치고자 하는 것을 설명한다. 하지만 그는 권투 선수와 관련된 모든 것을 다 비유로 사용하는 것이 아니고, 자기가 지금 다루고 있는 문제와 관련된 부분만 가져와서 비유로 사용하는데, 그것은 고린도 교인들이 믿음이 약한 형제들을 배려해서 자신들에게 주어진 권리나 자유를 "절제하여야" 한다는 것과 관련된 것이었다. 따라서 여기에서 바울은 작은 일, 즉 세상에서 권투 선수들이 절제하는 모습을 예로 들어서, 큰 일, 즉 그리스도인들의 영적 경주를 설명하는 방식을 취한다. 권투 선수들은 경기에서 잘 싸워서 승리하기 위한 일념으로, 온갖 맛있는 음식들을 자발적으로 포기하고, 오직 경기에서 승리하는 데 도움을 주는 특별한 음식만을 먹었고, 심지어 그런 음식조차도 마음껏 먹지 않고 아주 적은 양만 먹었다. 그렇게 해서 그들이 얻을 수 있는 것은 기껏해야 "썩을 승리자의 관"이었는데도, 그들은 경기에서 승리하여 그 "관"을 차지하기 위하여 그렇게 치열하게 절제하였다. 그들이 곧바로 시들어 버리고 말 나뭇잎으로 만들어진 면류관을 그처럼 소중하게 생각하여 온 힘을 다하여 절제하였다면, 우리가 믿음의

경주에서 승리하였을 때에 하나님이 장차 우리에게 주실 영원히 시들지 않는 면류관을 우리가 지극히 영광스럽고 소중하게 여기고서, 그 "썩지 아니할" 면류관을 얻기 위하여 모든 것에서 절제하는 것이 마땅하다는 것은 너무나 자명하다. 그런데도 우리가 "썩지 아니할" 면류관을 얻기 위하여, 다른 형제들을 배려해서 우리에게 주어진 권리나 자유를 절제하여야 하는데도 불구하고, 그렇게 하려고 하지 않는다면, 그것은 우리가 세상의 권투 선수들보다 못한 자들이라는 것을 보여 주는 것이기 때문에, 부끄럽고 창피하기 짝이 없는 일이 아닐 수 없다. 그런 까닭에, 우리는 우리의 경주에서 승리하여 "썩지 아니할" 면류관을 얻기 위하여 우리의 권리와 자유를 얼마간 포기하는 것을 괴롭고 힘든 일로 생각하지 말아야 한다. 고대에 권투 선수들이 극도로 절제된 생활에 만족하고 살았다는 사실은 사람들에게 널리 퍼지고 사람들의 입에 오르내려서, 마침내 "모든 일에 절제하는" 그들의 생활방식은 속담이 될 정도였다.

26. 그러므로 나는 달음질하기를 향방 없는 것 같이 아니하고 싸우기를 허공을 치는 것 같이 아니하며. 바울은 자신의 가르침이 고린도 교인들의 마음과 피부에 더 큰 무게로 생생하게 느껴지게 하기 위해서, 이제 자기 자신에 관한 이야기로 되돌아와서, 자신의 예를 본보기로 제시한다. 어떤 사람들은 바울이 여기에서 자기가 지니고 있는 소망은 확실해서 반드시 이루어질 것이라고 말하고 있는 것이라고 생각한다. 즉, 바울은 이렇게 말하고 있는 것과 같다는 것이다: "내게는 주께서 약속하신 것이 있고, 주의 약속은 반드시 이루어지기 때문에, 나의 달음질이 헛일이 되거나 나의 수고가 수포로 돌아갈 염려는 전혀 없다." 하지만 나는 바울이 여기에서 말하고자 한 것은, 믿는 자들은 오직 하나님이 정해 주신 결승점을 향하여 정확하게 "달음질"을 하여야 하고, 도중에서 길을 잃고 방황하는 일이 없게 하여야 한다는 것이다. 즉, 그는 이렇게 말한 것이다: "주께서는 우리에게 경주자처럼 '달음질' 하라고 하시고 권투 선수처럼 '싸우라' 고 하셨지만, 우리가 향방 없이 아무 데로나 달리지 않도록 결승점을 정해 주셨고, 우리가 허공을 치다가 지쳐서 나가떨어지지 않도록 어디를 타격해야 하는지에 대하여 확실한 지침을 제시해 주셨다." 바울은 이 구절에서 자신이 앞에서 사용했던 달리기에 관한 비유와 권투에 관한 비유를 결합해서, "나는 내가 어디로 달려 가고 있는지를 알고 있고, 노련한 권투 선수처럼 어디를 타격해야 하는지도 알고 있다"고 말한 것이다. 따라서 바울은 그리스도인들이 자신의 이 말을 듣고서, 그들 앞에 당면한 믿음의 경주 또는 싸움을

어떻게 하여야 하는 것인지를 제대로 알아서, 그들에게 주어진 신앙상의 모든 의무들을 충성스럽고 신실하게 온 힘을 다하여 행할 수 있게 되기를 바란 것이었다. 왜냐하면, 어떤 길로 가는 것이 제대로 가는 것인지를 잘 몰라서 엉뚱한 길을 헤매고 다니는 것은 중대하고 심각한 문제이기 때문이다.

27. 내가 내 몸을 쳐 복종하게 함은. 부다이우스(Budaeus)는 여기에서 "내가 내 몸을 쳐"로 번역된 구절을 "내가 내 몸을 감시해서"로 읽지만, 나는 사도가 여기에서 '휘포피아제인'(ὑποπιάζειν)이라는 동사를 "노예처럼 부리다"라는 의미로 사용한 것이라고 생각한다. 왜냐하면, 바울은 여기에서 자신은 자기 자신에게 만족하지도 않고 자기 자신을 탐탁지 않게 여기는 까닭에, 자신의 육정(affectus)을 억누르고 다스린다고 말하고 있기 때문이다. 사납게 날뛰는 야생마를 길들일 때와 마찬가지로, 육체의 욕심, 즉 육정을 다스리기 위해서는, 먼저 "몸"이 고분고분하게 말을 듣도록 길들이지 않으면 안 된다. 옛적의 수도사들은 사도의 이 말을 실천에 옮기기 위해서 많은 수도 방법들을 고안해 냈는데, 예컨대 장의자 위에서 잠을 자기도 하고, 오랫동안 잠을 안 자고 불침번을 서는가 하면, 조금이라도 사치스럽다고 생각되는 물건들은 모두 물리치는 것이 그런 것들이었다. 하지만 그런 수도사들은 사도가 우리에게 그렇게 하라고 이유를 제대로 알지 못하고, "정욕을 위하여 육신의 일을 도모하지 말라"(롬 13:14)는 사도의 또 다른 명령과 동일한 맥락 속에서 이 구절을 이해하였기 때문에, 중요한 핵심을 놓치고서, 제대로 된 길로 들어서지 못하고, 오로지 "육체의 연단"을 위해 온 힘을 기울인 것이었다. 하지만 사도는 다른 곳에서 "육체의 연단은 약간의 유익이 있으나"(딤전 4:8)라고 말한 것은 언제나 진리이다. 따라서 우리는 오로지 육체의 연단을 위해서 힘을 쏟아서는 안 되지만, 한편으로는 우리의 육신이 방종으로 치달아서, 우리가 경건의 의무들을 준행하는 것을 방해하는 일이 없게 하기 위해서, 다른 한편으로는 우리가 육신의 욕심들에 탐닉함으로써, 다른 사람들에게 걸림돌이 되는 일이 없게 하기 위해서, 우리의 몸을 엄하게 다스려서, 우리의 몸이 우리의 명령에 종처럼 절대복종할 수 있게 하는 것이 마땅하다.

내가 남에게 전파한 후에 자신이 도리어 버림을 당할까 두려워함이로다. 어떤 사람들은 이 구절을 이렇게 해석한다: "나는 다른 사람들에게는 제대로 올바르게 가르쳐 주었으면서도, 정작 나 자신은 올바르게 살지 못하고 악하게 살아서 하나님의 정죄를 받지는 않을까 하는 두려움이 내게 있다." 그러나 나는 이 구절은 다른 사람들과 관련이 있는 것으로 보고서, 다음과 같이 이해하는 것이 좀 더 바람직하다고 본다: "나의 삶은 다른 사람들을 위한 모종의 규범 또는 기준이 되는 것이 마땅하다. 따라서 나는 나의 품행과 행실이 나의 가르침과 모순되거나, 내가 남들에게 요구한 일을 정작 나 자신은 게을리해서, 내 자신에게는 수치스러운 일이 되고 형제들에게는 걸림돌이 되는 일이 없도록 하기 위해서 최선을 다해 살고 있다." 또한, 우리는 바울이 앞에서 "내가 복음을 위하여 모든 것을 행함은 복음에 참여하고자 함이라"(23절)고 말함으로써, 자기가 복음을 위하여 온갖 수고를 해 온 것은 복음에 참여하기 위한 것이라고 밝힌 것처럼, 다른 사람들은 바울의 수고를 통해서 복음에 참여하는 자들이 되었는데, 정작 자기 자신은 복음에 참여하는 자가 못된다면, 그것은 말이 안 되는 일이기 때문에, 자기는 자신의 몸을 쳐서 철저하게 절제시키고 복종시켜서, 믿음의 경주를 제대로 끝까지 해 나가는 일에 집중하고 있다고 말한 것에 비추어서, 이 구절을 이해하는 것이 좋을 것이다.

제10장

[1]형제들아 나는 너희가 알지 못하기를 원하지 아니하노니 우리 조상들이 다 구름
아래에 있고 바다 가운데로 지나며 [2]모세에게 속하여 다 구름과 바다에서 세례를
받고 [3]다 같은 신령한 음식을 먹으며 [4]다 같은 신령한 음료를 마셨으니 이는 그들을
따르는 신령한 반석으로부터 마셨으매 그 반석은 곧 그리스도시라 [5]그러나 그들의
다수를 하나님이 기뻐하지 아니하셨으므로 그들이 광야에서 멸망을 받았느니라
(10:1-5).

바울은 자기가 앞에서 두 가지 비유를 사용해서 가르쳤던 내용을, 이제 여기에서는 구약 시대에 일어난 실제적인 사례들을 들어서 확증한다. 고린도 교인들은 자신들 앞에 당면한 믿음의 싸움이나 경주에서 이제 겨우 출발점을 떠난 자들임에도 불구하고, 마치 자신들이 군 복무를 이미 다 마친 퇴역군인이나, 달리기 코스를 이미 다 완주한 선수라도 되는 것처럼, 의기양양하게 자랑하고 다녔다. 바울은 그들이 그런 식으로 자만심에 가득 차서 그들 자신을 헛되이 자랑하고 다니는 것에 대해서 이렇게 일침을 가한다: "내가 보니, 너희는 출발점 위에 편안히 드러누워서 아무것도 하지 않은 채 마음 편하게 즐거워하고 있기 때문에, 나는 너희에게 너희와 똑같이 행하였던 옛적의 이스라엘 백성이 결국 어떻게 되었는지를 알려 줄 것이니, 너희가 그들의 사례를 보고서 정신을 차렸으면 좋겠다. 실제로 너희는 그들에 관한 이야기를 듣고 나면 정신이 번쩍 들게 될 것이다."

하지만 과거의 사례를 들어서 설명을 하는 경우에는, 서로 간의 상황의 차이로 인해서 설득력이 떨어지는 경향이 있기 때문에, 바울은 고린도 교인들이 지금 처해 있는 상황과 이스라엘 백성이 과거에 처해 있던 상황 간에는 아무런 차이도 없다는 것을 먼저 보여 준다. 여기에서 바울의 의도는 고린도 교인들도 옛적에 이스라엘 백성이 받았던 것과 동일한 보응을 받을 수 있다는 것을 경고하는 데 있었기 때문에, 그는 다음과 같이 말문을 연다: "너희는 너희가 마치 그 누구도 누리지 못

한 남다른 특권이라도 누리고 있는 것처럼 거들먹거리고 으스대서는 안 된다. 왜냐하면, 옛적의 이스라엘 백성들도 오늘날 너희가 누리고 있는 것과 같은 그런 놀라운 특권을 누리고 있었기 때문이다. 다시 말해서, 하나님의 교회가 오늘 너희 가운데 있듯이, 그들 가운데도 하나님의 교회가 있었고, 하나님의 은혜의 징표인 성례전들이 너희에게 있는 것과 마찬가지로, 그런 성례전들은 그들에게도 있었다. 그러나 그런 그들이라고 할지라도, 하나님이 그들에게 은혜로 주신 선물들을 악용하였을 때, 그들은 하나님의 심판을 피할 수 없었다. 그러므로 너희가 돌이키지 않는다면, 그들에게 임한 심판이 너희에게도 곧 임할 것임을 깨닫고서, 너희는 두려워하는 것이 마땅하다. 유다도 자신의 서신에서 '너희가 본래 범사를 알았으나 내가 너희로 다시 생각나게 하고자 하노라 주께서 백성을 애굽에서 구원하여 내시고 후에 믿지 아니하는 자들을 멸하셨으며' (유 1:5)라고 말함으로써, 그러한 취지의 경고를 하고 있다는 것을 명심하라."

1-2. 우리 조상들이 다 구름 아래에 있고 바다 가운데로 지나며 모세에게 속하여 다 구름과 바다에서 세례를 받고. 바울은 고린도 교인들에게, 이스라엘 백성을 그처럼 혹독하게 징벌하셨던 하나님의 손에서 그들도 결코 벗어날 수 없다는 것을 분명하게 알게 해 주어서, 그들로 하여금 핑계를 대고서 빠져나가지 못하게 하기 위하여, 여기에서 먼저 옛적의 이스라엘 백성들도 그들과 조금도 다를 바 없는 하나님의 백성이었음을 보여 준다. 바울이 여기에서 말하고자 하는 요지는, 지금의 고린도 교인들의 상황과 옛적의 이스라엘 백성의 상황은 서로 하나도 다르지 않고 동일하기 때문에, 하나님께서 옛적에 이스라엘 백성을 아끼지 않으셨다면, 오늘날에도 고린도 교인들을 아끼지 않으시리라는 것은 의심의 여지가 없다는 것이다. 바울은 이스라엘 백성의 상황과 고린도 교인들의 상황이 동일하다는 것을 증명하고자 하는 목적으로, 그들도 고린도 교인들과 마찬가지로 하나님으로부터 동일한 은혜를 받았다는 것을 보여 주기 위해서, 그들이 하나님의 은혜를 받았음을 나타내 주는 징표들이자, 그들이 하나님의 교회였음을 증명해 주는 징표였던 성례전들을 언급한다. 왜냐하면, 성례전들은 하나님의 교회임을 나타내는 표지들이기 때문이다. 먼저, 바울은 "세례"라는 성례전에 대해서 언급하면서, 하나님께서 이스라엘 백성을 "구름 아래" 있게 하셔서 광야의 뜨거운 햇빛으로부터 보호를 받게 하시고, 그들의 길을 인도해 주신 것과 그들을 "바다 가운데로" 지나게 하신 것은 그들에게 "세례"를 베풀어 주신 것이었다고 가르친다. 또한, 바울은 3-4절에서 "신령

한 음식"과 "신령한 음료"라는 표현들을 사용함으로써, 이스라엘 백성이 하나님께서 하늘에서 내려 주신 만나를 먹고, 반석에서 나오게 하신 물을 마신 것은 "성찬"이라는 성례전이었다는 것을 보여 준다.

바울은 이스라엘 백성들이 "모세 안에서"(한글개역개정에는 "모세에게 속하여"), 즉 모세의 집례 혹은 인도 아래에서 세례를 받았다고 말한다. 내가 이 어구를 "모세 안에서"라고 해석하는 이유는, 나는 여기에서 사용된 전치사 '에이스'(εἰς)는 성경의 통상적인 용법대로 '엔'(ἐν) 대신에 사용된 것으로 이해하여야 한다고 보기 때문이다. 왜냐하면, 바울이 고린도전서 1:13에서 "그리스도께서 어찌 나뉘었느냐 바울이 너희를 위하여 십자가에 못 박혔으며 바울의 이름으로 너희가 세례를 받았느냐"고 말하였듯이, 우리는 두말할 필요도 없이 "그리스도의 이름으로" 세례를 받는 것이고, 그 어떤 다른 사람의 이름으로 세례를 받는 것이 아니기 때문이다. 우리가 그리스도의 이름으로 세례를 받는 데에는 두 가지 이유가 있는데, 첫 번째 이유는 우리는 "세례"를 통해서 다른 어떤 사람의 가르침이 아니라 오직 그리스도의 가르침 속으로 입문하기 때문이고, 두 번째 이유는 우리가 받는 "세례"는 오직 그리스도의 능력에 근거한 것인 까닭에, 세례를 받는 사람은 오직 그리스도의 이름만을 불러야 하기 때문이다. 따라서 내가 이미 말했듯이, 이스라엘 백성들은 "모세 안에서," 즉 모세의 인도 혹은 사역을 통해서 세례를 받은 것이다. 그렇다면, 그들은 어떻게 세례를 받은 것인가? 그들은 "구름과 바다 속에서" 세례를 받았다. 바울이 이렇게 이스라엘 백성이 "구름 속에서"와 "바다 속에서" 세례를 받았다고 말하고 있는 것을 근거로 삼아서, 어떤 사람들은 이스라엘 백성은 세례를 두 번 받은 것이라고 말하지만, 그것은 잘못된 생각이다. 왜냐하면, 바울이 여기에서 "구름"과 "바다"라는 두 가지 표징을 언급한 것은 사실이지만, 우리는 이 두 표징이 한데 합쳐져서, 오늘날 우리 가운데서 행해지는 세례와 마찬가지로, 하나의 세례(baptismum unum)를 이루고 있었던 것으로 보아야 하기 때문이다.

하지만 더 어려운 문제는 따로 있는데, 그것은 바울이 여기에서 이스라엘 백성이 하나님으로부터 세례를 받았다고 말하면서, 하나님께서 이스라엘 백성에게 은혜로 주신 것들이라고 언급하고 있는 것들은, 영적이고 영원한 은혜들이 아니라, 세상적이고 일시적인 유익들이기 때문이다. 하나님이 그들을 위해 공급해 주신 "구름"은 이스라엘 백성을 태양의 열기로부터 보호해 주고, 그들이 가야 할 길을 인도해 주었지만, 그러한 것들은 현세의 삶과 관련된 외면적인 유익들에 불과한 것이었다. 마찬가지로, 하나님께서 이스라엘 백성으로 하여금 "바다를 건너게" 하신 것도 그들을 애굽 왕 바로의 압제로부터 벗어나게 해 주시고, 긴박한 죽음의 위험으로부터 건져 주셨다는 것을 의미하기 때문에, 그런 것들도 세상적이고 일시적인 유익에 불과한 것이었다. 반면에, 오늘날에 행해지는 세례가 우리에게 주는 유익은 영적인 것이다. 그렇다면, 바울은 왜 이스라엘 백성에게 세상적인 유익을 주었을 뿐인 사건들을 성례전적인 사건들로 격상시키고, 그러한 사건들 속에서 모종의 영적인 신비(spirituale mysterium)를 찾으려고 한 것인가? 이러한 질문에 대한 나의 대답은 이렇다: "바울이 이적에 해당하는 이러한 사건들 속에서 단순히 육신적인 유익 그 이상의 의미를 찾은 것은 당연한 일이었다. 왜냐하면, 하나님께서 이적을 통해서 자기 백성에게 현세적인 유익을 주고자 하시고, 실제로 그러한 현세적인 유익을 주셨을 때에도, 하나님이 그렇게 하시는 주된 목적은 자기 백성에게 그러한 현세적인 유익을 주시는 것 자체에 있다기보다는, 자신이 그들의 하나님이시라는 것을 보여 주시고 증거하시는 데 있고, 하나님의 궁극적인 목적은 영원한 구원(salus aeterna)에 있기 때문이다."

성경에서 "구름"은 종종 하나님의 임재의 상징으로 사용된다. 따라서 하나님께서 "구름"을 통해서, 자기가 자신의 택하신 백성들과 함께 하고 계심을 보여 주셨을 때, 이스라엘 백성은 거기에서 단지 세상적인 유익만을 얻은 것이 아니라, 영적인 생명과 관련된 모종의 유익도 얻었으리라는 것은 두말할 필요가 없다. 이렇게 이스라엘 백성이 "구름 아래" 있었다는 것이 그들에게 현세적인 유익은 물론이고 영원한 생명과 관련된 유익도 주었던 것과 마찬가지로, 그들이 "바다를 건넌 것"도 그런 두 가지 의미를 모두 갖는 사건이었다. 왜냐하면, 이 사건은 한편으로는 바다 한가운데로 길이 열려서 이스라엘 백성이 애굽 왕 바로의 손아귀로부터 무사히 빠져나올 수 있었다는 현세적인 의미를 지님과 동시에, 다른 한편으로는 그들을 자신의 보호하심과 인도하심 아래 품어 주신 하나님께서 앞으로도 그들을 모든 길에서 지켜 주시리라는 영적인 의미도 지녔기 때문이다. 이 사건을 통해서, 이스라엘 백성은 하나님께서 자신들을 돌보고 계시고, 자신들의 구원에 깊은 관심을 갖고 계신다는 것을 깨달을 수 있었다. 이것으로부터 우리는 유월절도 단순히 이스라엘 백성이 애굽으로부터 해방된 것을 기념하는 절기였던 것이 아니라, 그리스도를 기념하는 성례전이기도 하였다는 것을 알게 된다. 왜냐하면, 하나님께서는 이스라엘 백성에게 애굽에서의 해방이라는 현세적인 은택을 베풀어 주심으로써, 자신이 그들의 구주이시라는 것을 친히 보여 주신 것이기 때문이다. 이러한 사실들을 주의 깊게 제대로 고려하는 사람이라면 누구나, 바울이 여기에서 하고 있는 말 속에는 그 어떤 모순이나 잘못된 것이 없다는 것을 알게 될 뿐만 아니라, 한 걸음 더 나아가서 유대인들의 세례와 우리의 세례는 영적인 본질과 가시적인 표징이라는 양면에서 놀랄 만한 일치를 보여 주고 있다는 것을 깨닫게 될 것이다.

어떤 사람들은 구약성경에는 그런 말씀이 한 마디도 나오지 않는데, 무슨 근거로 그렇게 말할 수 있는 것이냐고 반론을 제기한다. 나는 구약성경에 그런 말씀이 나오지 않는다는 사실을 부정하지는 않지만, 하나님께서는 구약성경에 기록되지 않은 부분들을 신약성경에서 자신의 성령을 통해서 보충하셨다는 것도 마찬가지로 의심의 여지가 없는 사실이다. 예컨대, 우리에게 전해진 구약성경에는 놋뱀 사건을 성례전과 연결시켜 말씀한 것이 전혀 없었지만, 그리스도께서는 요한복음 3:14에서 "모세가 광야에서 뱀을 든 것 같이 인자도 들려야 하리니"라고 말씀하심으로써, 사실은 놋뱀 사건이 영적인 성례전이었다는 것을 계시해 주셨다. 즉, 우리 주님께서는 구약성경이 우리에게 알려 주지 않았던 신비한 비밀을, 자신이 합당하다고 생각하시는 방식으로 자기 시대의 신자들에게 알려 주셨던 것이다.

3. 다 같은 신령한 음식을 먹으며. 바울은 이제 오늘날의 성찬에 해당하는 성례전이 이스라엘 백성 가운데도 존재하였다는 것에 대해서 말하기 시작한다. 그는 이렇게 말한다: "하늘로부터 주어진 '만나'와 반석에서 흘러나온 '물'은 단지 육신을 위한 음식이었던 것이 아니라, 영혼을 위한 신령한 양식이기도 하였다." 왜냐하면, "만나"와 "반석에서 흘러나온 물"이 육신의 생존을 위해 필수적인 것들이었다는 것은 사실이지만, 그렇다고 해서 그것들이 다른 목적으로 사용될 수 없는 것은 결코 아니었기 때문이다. 따라서 하나님께서 이스라엘 백성에게 "만나"와 "물"을 공급해 주셨을 때, 그것은 단순히 그들의 육신에 필요한 양식을 공급해 주신 것이 아니라, 그들의 영혼을 영원히 잘되게 해 줄 영의 양식도 공급해 주신 것이었다. 우리가 그리스도께서 요한복음 6장에서 하신 말씀을 오해하지 않고 제대로 이해하기만 한다면, 우리는 "만나"가 지닌 이 두 가지 측면이 서로 완벽하게 조화된다는 것을 어렵지 않게 알 수 있게 될 것이다. 왜냐하면, 거기에서 그리스도께서는 영혼을 위한 "참 떡"과 "만나"를 대비하시면서, "만나"는 우리의 배를 위한 "썩을 양식"이라고 말씀하시기 때문에, 그러한 내용은 바울이 여기에서 "만나"를 "신령한 음식"이라고 말한 것과 서로 모순되는 것처럼 보이기 때문이다. 하지만 이 문제는

어렵지 않게 해결될 수 있다. 먼저 우리가 알아야 할 것은, 성경의 기자들은 성례전을 비롯한 여러 가지 문제들을 다룰 때, 자신이 쓴 글을 읽을 독자들의 수준에 맞추어서 설명하는 경우가 종종 있는데, 그러한 경우에는 독자들의 생각 같은 것은 아랑곳하지 않고 그 문제의 본질을 설명해 나가는 것이 아니라, 비록 그 문제에 대한 독자들의 생각이 잘못된 것이라고 해도, 독자들의 그러한 생각을 고려해서 그 문제를 설명해 나간다는 것이다.

그런 까닭에, 바울은 자신의 서신들에서 여러 번 "할례"에 대해서 말하지만, 언제나 동일하게 설명하지 않고, 그 때 그 때 상황에 맞추어서 할례를 설명한다. 예컨대, 그는 하나님께서 제정하신 제도라는 관점에서 "할례"에 대해서 말할 필요가 있을 때에는, "할례"가 "믿음으로 된 의를 인친 것"(롬 4:11)이라고 말하는 반면에, 외적인 표징에 지나지 않는 "할례"를 자랑하면서 자신들의 구원의 근거를 "할례"에 두는 자들과 치열한 논쟁을 벌일 때에는, 그런 자들은 할례를 받음으로써 율법 전체를 준수하여야 할 의무를 진 자들이기 때문에, 할례는 "저주 아래에" 있음을 나타내는 징표라고 말한다(갈 3:10). 하지만 후자의 경우에 바울은 하나님이 제정하신 순전한 제도로서의 "할례"를 그런 식으로 공격한 것이 아니라, 단지 거짓 사도들이 할례에 대하여 잘못된 생각을 가지고서 할례를 자랑하고 있는 것을 반박하기 위하여, 그 경우에 "할례"는 "저주 아래에" 있다는 것을 나타내는 징표라고 말한 것일 뿐이다.

이제 그리스도께서 요한복음 6장에서 말씀하신 내용으로 돌아가서, 당시의 상황을 생각해 보자. 당시에 유대인들은 영적인 일들에 대해서는 무지하고 오직 육신적인 것밖에 모르고 있었기 때문에, 모세가 광야에서 무려 40년 동안이나 이스라엘 백성들을 먹여 살렸다는 것을 대단한 것으로 여기고서, 그리스도보다 모세를 더 우위에 두었을 뿐만 아니라, "만나"가 지닌 영적인 의미는 완전히 도외시한 채로, "만나"를 단지 이스라엘 백성의 굶주린 배를 채워 주는 음식이었다고만 생각하고 있었다. 그런 까닭에, 그리스도께서는 그런 상황에서 "만나"의 참된 의미를 설명해 보아야, 그들이 알아들을 수도 없고, 괜한 논란만 불러일으킬 것이었기 때문에, 그것에 대해서는 말씀하지 않으시고, 단지 자신이 상대하고 있던 유대인들이 "만나"를 사람들의 배를 부르게 해 준 양식으로 생각하고 있는 것을 일단 받아들여서, 그것을 전제하고서는, 그들이 아무리 "만나"를 대단하게 여길지라도, 그들이 생각하는 "만나"는 결국 "썩을 양식"에 지나지 않는다고 말씀하신 것이었다.

따라서 그리스도께서는 이렇게 말씀하신 것과 같다: "너희가 모세를 역사상 가장 위대한 선지자로 여기고, 경이롭기까지 한 위대한 인물로 떠받드는 이유는, 그가 광야에서 사십 년 동안이나 너희 조상의 굶주린 배를 채워 주었다고 생각하기 때문이다. 그리고 너희가 나를 배척하는 유일한 이유도 거기에 있다. 즉, 내가 너희의 배를 채워 줄 양식을 풍족하게 주지 않기 때문에, 너희는 나를 대단한 인물로 여기지 않는다. 이렇게 너희는 너희 조상들이 먹은 '썩을 양식'을 그처럼 대단하게 여기고 있다. 그런데 나는 지금 너희에게 너희의 영혼이 먹고 영원한 생명을 얻게 하는 생명의 떡을 주고자 한다. 그렇다면, 너희는 이 생명의 떡을 '만나'보다 더 대단한 것으로 여겨서 받아 먹는 것이 마땅하지 않겠느냐?"

따라서 우리는 요한복음 6장에서 그리스도께서는 만나가 진정으로 무엇을 의미하는지에 대하여 말씀하신 것이 아니고, 도리어 청중들이 만나에 대하여 갖고 있는 생각이 비록 잘못된 것이라고 해도, 그들의 그런 생각을 일단 전제하고서, 그 상황에 맞추어서 자신이 그들에게 가르치고자 하신 것을 말씀하신 것임을 알게 된다. 반면에, 바울은 여기에서 불신자들이 잘못 이해하고 있는 "만나"의 의미를 전제하고 말하고 있는 것이 아니라, 하나님께서 원래 의도하신 "만나"의 의미를 말하고 있는 것이다.

또한, 바울은 조상들이 "같은 신령한 음식"을 먹었다고 말함으로써, 첫째로는 이스라엘 백성에게 존재하였던 이 성례전의 효능이 무엇이었는지를 보여 주고, 둘째로는 율법에 따른 옛 성례전들은 오늘 우리에게 있는 성례전들과 동일한 효능을 지니고 있었다는 것을 보여 준다. 왜냐하면, "만나"가 "신령한 음식"이었다면, 하나님께서는 그 성례전을 통해서 이스라엘 백성들에게 단순한 상징(figura)만을 주신 것이 아니라, 그 상징이 표상하는 실체(res)까지도 함께 주셨다는 것을 의미하기 때문이다. 달리 말하면, 하나님께서는 결코 사람들을 속이실 수 없으신 분이시기 때문에, 알맹이는 없고 단지 허울뿐인 단순한 상징만을 이스라엘 백성에게 주셨을 리는 없다는 것이다. 표징 또는 징표(signum)는 단순한 상징이 아니기 때문에, 그 속에는 그것이 표상하는 실체(substantia)가 들어 있다. 교황주의자들은 단순한 물질이었던 것이 실체로 바뀌는 변형(metamorphosis)에 대하여 말하면서, 화체설이라는 잠꼬대 같은 주장을 펼치지만, 나는 그들이 도대체 무슨 변형을 말하는 것인지를 알지 못한다. 또한, 우리에게는 하나님께서 결합해 놓으신 상징과 실체를 분리할 수 있는 권한도 없다. 교황주의자들의 입장은 실체와 상징을 혼동하는 잘못을 범하고 있는 것인 반면에, 슈벵크펠트(Schwenkfeld) 같은 속된 자들은 상징과 실체를 완전히 별개의 것으로 구별함으로써, 이 둘이 서로 결합되어 있다는 것을 부정하는 잘못을 범하고 있다. 우리는 이러한 두 극단 중 어느 것에도 치우치지 말고 중도적인 입장을 고수하여야 한다. 달리 말하면, 우리는 한편으로는 하나님께서 상징과 실체를 서로 결합시켜 놓으신 것을 그대로 인정하고서, 이 둘을 분리하려고 해서는 안 되고, 다른 한편으로는 상징과 실체는 서로 구별된다는 것을 인정하고서, 상징과 실체를 혼동하는 잘못을 범해서는 안 된다는 것이다.

이제 우리는 바울이 옛적의 조상들이 "다 같은 신령한 음식을 먹었다"고 말함으로써 우리에게 보여 준 두 번째 요지, 이 성례전과 관련된 옛 표징들과 오늘날의 표징들의 성격이 서로 동일하다는 것을 보여 준 것에 대해서 살펴볼 차례이다. "옛 율법에 속한 성례전들은 단지 은혜를 표상하는 것들이었던 반면에, 우리의 성례전들은 실제로 은혜를 우리에게 수여한다"(sacramenta veteris legis figurasse gratiam, nostra vero conferre)는 말은 신학자들 사이에서는 이미 절대적인 명제가 되어 있다. 바울이 이 구절에서 말하고 있는 것은 성례전이 표상하는 실체가 하나님의 옛 백성들에게도 우리와 동일하게 주어졌다는 것을 증명해 주기 때문에, 이 구절은 그러한 잘못된 명제를 반박하는 데 아주 좋은 증거 본문이다. 따라서 교황주의자들의 본산인 소르본느(Sorbonne)의 궤변론자들이 율법 아래에 있던 거룩한 조상들은 표징(signum)만을 갖고 있었고 실체(veritas)는 갖고 있지 못하였다고 생각한 것은 사악한 발상이라고 하지 않을 수 없다. 물론, 그리스도께서 성육신하신 이후에, 우리가 그러한 표징들의 효능을 조상들에 비해서 더욱 분명하고 풍성하게 누리게 되었다는 사실은 나도 인정한다. 그런 까닭에, 성례전들이 주는 유익과 관련해서 우리와 조상들 간의 차이는, 우리가 조금 더 많이 누리고, 그들은 조금 덜 누렸다고 말할 수 있는 "정도에 있어서의 차이"에 지나지 않는다. 우리가 실체를 받아서 누리고 있는 반면에, 조상들은 빈껍데기에 불과한 표징만을 가지고 있었다는 말은 결코 사실이 아니다.

어떤 사람들은 바울이 "다 같은 신령한 음식을 먹으며"라고 말한 것은, 이스라엘 백성들이 자기들끼리 똑같은 음식을 먹었다는 의미로 그렇게 말한 것일 뿐이고, 그들과 우리를 비교하고 있는 것은 아니라고 주장한다. 하지만 그런 주장을 하는 사람들은 여기에서 바울이 왜 그런 말을 한 것인지, 그 의도를 간과한 것이다. 왜냐하면, 바울이 여기에서 그런 말을 한 의도는, 옛 이스라엘 백성들도 우리와 동일한 은택을 누렸고 우리와 동일한 성례전에 참여한 자들이었던 까닭에, 오직 우리만이 무슨 특별한 특권이라도 누리고 있는 것처럼 생각해서도 안 되고, 그들이 하나님의 징벌을 받았어도, 우리는 근본적으로 그들과 다른 자들인 까닭에, 그들과 동일한 징벌을 받게 되지 않을 것으로 생각해서도 안 된다는 것이기 때문이다. 나는 이 문제를 가지고 어느 누구와도 논쟁하고 싶은 마음이 없고, 다만 나의 생각을 밝히고 싶을 뿐이다. 하지만 나는 나와 반대되는 해석을 하는 사람들이 어떤 생각을 갖고 있는지를 잘 안다. 그들은 자신들의 해석이 바울이 방금 전에 사용했던 비유와 아주 잘 어울린다고 생각한다. 즉, 모든 이스라엘 백성들은 동일한 "운동장"에 모였고, 모두가 동일한 출발선에 서 있었으며, 모두가 동일한 코스를 달렸고, 모두가 동일한 소망을 품고 있었지만, 그들 중에서 많은 사람들을 상을 받지 못하고 탈락하였다는 것이다. 하지만 그러한 이유에도 불구하고, 모든 점을 세심하게 고려해 볼 때, 나는 나의 견해를 포기할 마음이 없다. 왜냐하면, 사도는 여기에서 오직 두 가지 성례전만을 언급하고 있을 뿐만 아니라, 특히 세례에 역점을 두고서 설명하고 있는데, 이것이 이스라엘 백성의 성례전과 오늘날 우리의 성례전을 대비하기 위한 것이 아니라면, 사도가 왜 그렇게 하고 있는지, 그 의도를 달리 설명하기가 어렵기 때문이다. 만일 사도가 우리와 이스라엘 백성을 비교하기 위한 것이 아니고, 단지 이스라엘 백성의 울타리 안에서 그들만을 서로 비교할 생각이었다면, 그는 할례를 비롯해서 이스라엘 백성들에게 좀 더 잘 알려진 중요한 성례전들을 거론하는 것이 훨씬 효과적이었을 것이다. 하지만 실제로 그는 이스라엘 백성 사이에서 상대적으로 중요성이 덜한 성례전들을 선택해서 설명해 나가고 있는데, 그 이유는 그것들이 우리와 이스라엘 백성을 비교하는 데 좀 더 효과적이기 때문이었다. 만일 바울의 의도가 그런 것이 아니라면, 그가 6절 이하에 덧붙이고 있는 다음과 같은 훈계는 적절하지 않은 것이 되고 말 것이다: "이스라엘 백성들에게 일어났던 모든 일은 우리에게 본보기가 된다. 왜냐하면, 만약 우리가 그들이 범하였던 죄악을 똑같이 반복한다면, 그들에게 임했던 하나님의 심판이 우리에게도 임하리라는 것은 불을 보듯 뻔한 일이기 때문이다."

4. 다 같은 신령한 음료를 마셨으니 이는 그들을 따르는 신령한 반석으로부터 마셨으매 그 반석은 곧 그리스도시라. 어떤 사람들은 여기에서 바울은 광야에서 이스라엘 백성에게 물을 공급해 주었던 "신령한 반석"은 그리스도이셨다고 말한 것일 뿐이고, 성례전의 가시적인 징표로서의 "반석"에 관해서 말한 것은 아니라고

생각하는데, 이것은 바울의 말을 터무니없이 곡해한 것이다. 왜냐하면, 우리는 바울이 지금 외적인 징표에 관해서 말하고 있다는 것을 너무나 분명히 알고 있기 때문이다. 그들은 바울이 여기에서 그냥 "반석"이라고 말하지 않고, "신령한 반석"이라는 표현을 사용하고 있는 것은, 그리스도를 나타내기 위한 것임에 틀림없다고 반론을 제기하지만, 그러한 반론은 별 의미가 없다. 왜냐하면, 바울이 여기에서 "신령한 반석"이라는 표현을 사용한 것은, "반석"이 모종의 영적인 신비를 상징하고 있었다는 것을 우리로 하여금 알게 하기 위한 것일 뿐이기 때문이다. 아무튼 바울이 지금 우리의 성례전들과 이스라엘 백성들의 성례전들을 비교하고 있다는 것은 변함없는 사실이다. 그들이 제기하는 또 다른 두 번째 반론은 더더욱 어리석고 유치하다. 그들은 "한 곳에 고정되어 있는 반석이 어떻게 이스라엘 백성들을 따라다닐 수 있었겠는가?"라고 반문한다. 그들의 그러한 반문은, 바울이 하나님께서 이스라엘 백성들이 광야에서 생활하는 동안에, 반석에서 나온 "물"이 계속해서 그들을 뒤따르게 하셨다는 사실을, "반석"이라는 단어로 표현한 것이 너무나 명백한데도, 그들이 그런 분명한 의미는 완전히 외면하고서, 오직 문자에만 집착한 것임을 보여 주는 것이다. 여기에서 바울은 하나님께서 반석에서 흘러나온 물에게 이스라엘 백성들이 어디를 가든지, 마치 바위 자체가 그들을 따라다니는 것처럼, 그들을 뒤따르라고 명하셨다고 말하면서, 하나님의 은혜를 찬양하고 있다. 만일 바울이 여기에서 그리스도께서 교회의 영적인 토대가 되신다는 사실을 말하고자 한 것이었다면, 그는 "그 반석은 곧 그리스도셨다"라고 과거 시제로 말하지 않았을 것이다(한글개역개정에는 "그 반석은 곧 그리스도시라"라고 현재 시제로 번역되어 있지만, 헬라어 본문은 과거 시제로 되어 있다 – 역주). 따라서 "그 반석은 곧 그리스도셨다"는 바울의 말은 오직 이스라엘 백성들에게만 적용되는 것임은 너무나 분명하다. 그러므로 다투기를 좋아하는 자들은 바울이 여기에서 사용한 표현들이 성례전적인 표현 양식들이라는 사실을 알지 못하고, 어리석게도 문자적으로 이해해서, 터무니없는 주장을 늘어놓고 있으면서도, 자신의 주장이 옳다고 끝까지 고집하는 것은, 그들의 뻔뻔스럽고 후안무치함만을 드러내는 것일 뿐임을 알고, 당장 그런 주장을 집어치우는 것이 마땅하다.

나는 표징들과 그것들이 표상하는 실체가 옛 성례전들에서 결합되어 있다는 것을 이미 말한 바 있다. 따라서 옛 성례전들은 그리스도를 표상하는 표징들이었다는 점에서, 그리스도와 그러한 표징들의 결합은 공간적인 결합도 아니었고, 본성적이거나 실체적인 결합도 아니었으며, 성례전적인 결합이었다. 사도가 "반석"이 곧 "그리스도"였다고 말한 것은 그러한 성례전적인 결합에 근거한 것이었다. 왜냐하면, 성례전과 관련된 본문에서 가장 흔히 사용되는 비유법이 환유법이고, 우리가 외적인 표징이 표상하고 있는 실체를 그 표징을 사용해서 지칭할 때, 일반적으로 그것은 환유법이 사용된 예이기 때문이다. 따라서 바울은 여기에서 "그리스도"라는 실체를 그 외적인 표징으로 나타낸 것이고, 그가 그렇게 한 근거는 내가 이미 앞에서 말했던 실체와 표징의 성례전적 결합에 있었다. 나는 이 주제에 대해서는 11장을 살펴볼 때에 좀 더 자세하게 다룰 예정이기 때문에, 여기에서는 이 정도로만 간략하게 말하는 것으로 그치고자 한다.

하지만 우리가 살펴보아야 할 한 가지 질문이 더 남아 있다. 지금 우리는 성찬을 통해서 그리스도의 살을 먹고 피를 마시지만, 그리스도께서 성육신하시기 전에 살았던 이스라엘 백성들은 어떻게 "신령한 음식"을 먹고 "신령한 음료"를 마셨다는 것인가? 이 질문에 대한 나의 대답은 이렇다: 그리스도께서 아직 몸을 입으시기 전이었을지라도, 그리스도의 몸은 이스라엘 백성들을 위한 양식이었다. 이것은 공허한 말장난이나 궤변이 아니다. 왜냐하면, 그들의 구원은 그리스도의 죽음과 부활의 은혜에 달려 있었고, 그런 까닭에 그들이 구속의 은혜에 참여할 수 있기 위해서는, 그리스도의 살과 피를 반드시 받아 먹어야 하였기 때문이다. 그리고 이스라엘 백성들이 그리스도의 살과 피를 받아 먹은 것은 성령의 신비한 역사(opus arcanum)에 의한 것이었고, 성령은 그리스도께서 실제로 몸을 입으시기 전에도 그의 몸이 이스라엘 백성들에게서 효력을 발휘할 수 있도록 역사하셨다. 하지만 그들은 오늘날의 우리와는 다른 그들 나름의 방식으로 먹고 마셨다. 또한, 내가 이미 말했듯이, 그리스도께서는 우리에게 좀 더 온전하게 계시되신 까닭에, 오늘날 우리는 좀 더 온전하게 그리스도의 살과 피를 먹고 마실 수 있게 되었다. 왜냐하면, 오늘날 우리는 실체로서의 그리스도의 살과 피를 먹고 마시는 것이지만, 당시에 그들은 그렇게 할 수 없었기 때문이다. 달리 말하면, 그리스도께서는 십자가에 달리셨던 자신의 몸을 우리의 양식으로 내어 주셔서, 그 살과 피로 우리를 먹이시고, 우리는 그 살과 피로부터 우리의 생명을 가져온다는 것이다.

5. 그러나 그들의 다수를 하나님이 기뻐하지 아니하셨으므로. 이제 우리는 사도가 왜 지금까지 이스라엘 백성에 대하여 이렇게 자세하게 말해 온 것인지, 그 이유를 이 구절을 통해서 알게 되는데, 그것은 옛적의 이스라엘 백성은 우리 못지않게

하나님으로부터 많은 은혜들과 특권들을 받은 사람들이었지만, 그들 중에서 다수는 하나님의 진노를 불러일으키는 짓을 하다가 결국 심판을 받고 멸망하였다는 사실을 우리에게 깨닫게 함으로써, 우리로 하여금 우월감이나 자만에 빠져 범죄함으로써 멸망당하는 자들이 되지 말고, 도리어 겸손함과 두려움으로 행하도록 하기 위한 것이었다. 왜냐하면, 우리가 하나님으로부터 받은 진리의 빛과 풍성한 은혜를 빼앗기지 않는 유일하고 확실한 길은 다름아닌 겸손함과 두려움으로 행하는 것이기 때문이다. 바울은 이렇게 말한다: "하나님께서는 모든 이스라엘 사람을 자기 백성으로 택하셨지만, 그들 중에서 많은 사람들이 은혜에서 떨어져나갔다. 따라서 그들에게 일어났던 일이 우리에게 일어나지 않도록, 우리는 그들을 본보기로 삼아서 주의를 게을리하지 않아야 한다. 왜냐하면, 하나님께서는 많은 은혜를 받고도 자기를 거역하고 범죄한 이스라엘 백성들을 엄중하게 징벌하신 분이신 까닭에, 만약 우리가 그들과 같이 행한다면, 틀림없이 우리들도 용서하지 않으실 것이기 때문이다."

여기에서 또 다른 반론이 제기된다. "옛적에 외식하는 자들과 불경건한 자들이 신령한 음식을 먹은 것이 사실이라면, 오늘날에도 불신자들이 성례전에 참여해서 떡을 먹고 포도주를 마시는 경우에, 그것은 실체 자체인 그리스도의 살과 피를 받아서 먹고 마시는 것이 된다는 것인가?" 어떤 사람들은 자신들이 여기에서 불신자들이 성례전에 참여한다고 해도, 그들은 실체로서의 그리스도의 살과 피를 먹고 마실 수 없다고 말하면, 하나님의 진리가 사람들의 불신앙에 의해서 무효가 되고 가로막히는 것처럼 보일 것을 우려해서, 그런 경우에는 불경건한 자들도 표징과 더불어서 실체도 받아서 먹고 마시는 것이라고 가르친다. 하지만 그들의 그러한 우려는 전혀 근거 없는 것이다. 왜냐하면, 하나님께서는 그리스도의 살과 피에 참여하기에 합당한 자에게나 합당하지 않은 자에게나 그 표징이 표상하는 것을 주시는 것은 맞지만, 모든 사람이 그것을 받아서 실제로 누릴 수 있는 것도 아니고, 이렇게 합당하지 않은 자들이 성례전의 효력을 맛볼 수 없다는 사실로 인해서, 성례전의 본질이 바뀌거나, 성례전의 효력이 조금이라도 감소되는 것은 아니기 때문이다. 따라서 하나님의 입장에서 보면, "만나"는 불신자들에게도 "신령한 음식"이었지만, 불신자들의 입은 온전히 육신적인 입이었기 때문에, 그들에게는 만나가 지닌 신령한 음식으로서의 효력이 나타날 수 없었다. 나는 이 문제에 관련해서 좀 더 자세한 논의는 11장에서 다루고자 한다.

그들이 광야에서 멸망을 받았느니라 바울은 앞에서 하나님이 이스라엘 백성의 다수를 기뻐하지 않으셨다고 말하였는데, 이제 여기에서는 하나님이 이스라엘 백성들에 대하여 맹렬한 진노를 발하시고, 그들의 배은망덕을 응징하셨다고 말함으로써, 그 증거를 제시한다. 어떤 사람들은 바울이 여기에서 말하고 있는 것이, 단 두 사람, 즉 갈렙과 여호수아를 제외하고는, 이스라엘의 모든 백성이 광야에서 죽은 사실을 가리키는 것이라고 이해하지만, 나는 바울이 여기에서 광야에서 멸망을 받았다고 말한 사람들은, 그가 조금 뒤에 소개할 여러 사례들에 등장하는 사람들을 가리키는 것이라고 이해한다.

[6]이러한 일은 우리의 본보기가 되어 우리로 하여금 그들이 악을 즐겨 한 것 같이 즐겨 하는 자가 되지 않게 하려 함이니 [7]그들 가운데 어떤 사람들과 같이 너희는 우상숭배하는 자가 되지 말라 기록된 바 백성이 앉아서 먹고 마시며 일어나서 뛰논다 함과 같으니라 [8]그들 중의 어떤 사람들이 음행하다가 하루에 이만 삼천 명이 죽었나니 우리는 그들과 같이 음행하지 말자 [9]그들 가운데 어떤 사람들이 주를 시험하다가 뱀에게 멸망하였나니 우리는 그들과 같이 시험하지 말자 [10]그들 가운데 어떤 사람들이 원망하다가 멸망시키는 자에게 멸망하였나니 너희는 그들과 같이 원망하지 말라 [11]그들에게 일어난 이런 일은 본보기가 되고 또한 말세를 만난 우리를 깨우치기 위하여 기록되었느니라 [12]그런즉 선 줄로 생각하는 자는 넘어질까 조심하라 (10:6-12).

6. 이러한 일은 우리의 본보기가 되어. 바울은 우리가 이스라엘 백성들이 하나님의 진노하심을 촉발시켜서 징벌을 받은 것을 우리의 "본보기"로 삼고, 그들의 예로부터 우리에게 적절한 교훈을 얻어서, 우리도 그들처럼 하나님의 진노하심을 촉발시키는 일이 없도록 하여야 한다는 것을 한층 더 명시적으로 경고한다. 바울은 이렇게 말한 것이다: "하나님께서는 자기가 이스라엘 백성들을 벌하실 때, 얼마나 엄하고 혹독하게 벌하시는지를 우리에게 아주 생생하게 보여 주심으로써, 우리로 하여금 그 본보기를 마음에 새기고서, 하나님을 두려워하는 법을 배우게 하고자 하셨다." 내가 이 구절을 번역할 때에 "본보기"(typus)라는 표현을 사용한 이유에 대해서는 나중에 말하기로 하고, 지금 여기에서는 단지 나의 번역이 불가타 역본과 에라스무스의 번역을 따르지 않은 것은 심사숙고의 결과라는 것만을 알아주

었으면 한다. 왜냐하면, 이 두 역본에서는 하나님께서 이스라엘 백성의 모습을 통해서 우리에게 교훈을 주셨다는 취지로, 이 구절을 번역함으로써, 바울이 말하고자 한 의도를 모호하게 만들어 버리거나, 적어도 그 의도를 분명하게 드러내지 않고 있기 때문이다.

우리로 하여금 그들이 악을 즐겨 한 것 같이 즐겨 하는 자가 되지 않게 하려 함이니. 이제 바울은 옛적의 이스라엘 백성이 보여 준 행실들 중에서 우리에게 "본보기"가 될 만한 몇 가지 구체적인 사례들을 열거하면서, 그들의 그러한 행실들 속에 드러난 몇 가지 죄악들을 단죄하고 책망하는 동시에, 고린도 교인들은 그러한 본보기들로부터 경고를 받아서, 그러한 죄악들을 반복하는 일이 있어서는 안 된다는 것을 분명하게 말한다. 다른 사람들은 바울이 여기에서 "그들이 악을 즐겨 하였다"고 말한 것을 민수기 26:64("모세와 제사장 아론이 시내 광야에서 계수한 이스라엘 자손은 한 사람도 들지 못하였으니")에 기록된 내용과 연결시키지만, 나는 그것이 민수기 11:4 이하에 기록된 사건을 가리키는 것이라고 생각한다. 민수기 11장을 보면, 이스라엘 백성들이 광야에서 얼마 동안 "만나"만 먹게 되었을 때, 그들은 마침내 만나를 먹는 것에 염증을 느끼고서는, 자신들이 애굽에 있을 때에 먹었던 다른 종류의 음식들을 먹고 싶어 하기 시작하였다. 여기에서 이것은 이스라엘 백성들이 두 가지 측면에서 죄악을 범한 것인데, 하나는 하나님이 특별히 은혜로 그들에게 내려 주신 양식인 "만나"를 거부한 것이었고, 다른 하나는 하나님의 뜻을 거슬러서 고기를 비롯한 여러 가지 다른 맛있는 음식들을 강렬하게 원한 것이었다. 하나님께서는 이스라엘 백성의 이러한 "탐욕"에 진노하셔서 지극히 큰 재앙으로 그들을 치셨기 때문에, 그 재앙을 당하여 죽은 사람들이 장사된 곳은 "탐욕의 무덤"(민 11:34, 한글개역개정에는 "기브롯 핫다아와")으로 불리게 되었다. 이렇게 하나님은 자기 백성들이 자기가 은혜로 준 선물에 염증을 느끼거나, 탐욕으로 말미암아 다른 것들을 갈망하는 것을 얼마나 미워하시는지를, 이 "본보기"를 통해서 보여 주셨다. 왜냐하면, 하나님께서 정해 주신 한계를 넘어서는 것은 무엇이든지 악이자 불법이기 때문이다.

7. 그들 가운데 어떤 사람들과 같이 너희는 우상 숭배하는 자가 되지 말라. 바울은 여기에서 출애굽기 32장에 기록된 사건을 소개한다. 모세가 여호와 하나님으로부터 율법을 받기 위해서 시내 산 위에 올라간 후에, 분별 없고 변덕스러운 이스라엘 백성들이 더 이상 기다릴 수 없을 만큼 시간이 흘렀을 때, 아론은 백성들의 강요

에 못 이겨서, 금송아지를 만들어서, 백성들로 하여금 그 금송아지 앞에서 절하고 예배하게 하였다. 물론, 이 때에 이스라엘 백성들이 이렇게 금송아지를 만들어 예배한 것은 자신들이 섬겨 왔던 여호와 하나님을 버리고, 다른 신을 섬기고자 한 것이 아니었고, 단지 자신들의 육신적인 감각을 충족시켜 줄 수 있는 하나님의 임재에 관한 가시적인 증표를 갖는 것이었다. 하지만 하나님은 그러한 우상 숭배를 단호하게 벌하심으로써, 자신이 우상 숭배를 얼마나 가증스럽게 여기시는지를 분명하게 보여 주셨다.

기록된 바 백성이 앉아서 먹고 마시며 일어나서 뛰논다 함과 같으니라. 이 구절을 정확하게 제대로 이해하는 사람은 아주 드물다. 왜냐하면, 대부분의 사람들은 "배가 부르고나니 춤을 춘다"는 속담처럼, 이스라엘 백성들이 실컷 먹고 마시고 난 후에 기분이 좋아지고 흥이 나서 춤추고 놀았다는 식으로 이 구절을 이해해서, 그들이 육신의 욕망을 마음껏 발산하며 방탕하게 행하였다고 모세가 말하고 있는 것으로 해석하기 때문이다. 하지만 모세가 여기에서 묘사하고 있는 것은 종교적인 축제, 즉 우상을 섬기는 의식에 관한 것이다. 따라서 이스라엘 백성이 "앉아서 먹고 마시며 일어나서 뛰놀았다"는 것은 우상에게 제사를 지낸 후에 행해진 잔치를 가리키는 것으로서, 그들이 우상을 숭배하는 장면을 생생하게 묘사한 것이다. 고대에 신을 섬기는 의식의 일부로서, 희생제사와 먹고 마시는 것을 한데 결합시킨 것은, 우상을 섬기는 자들이나 여호와 하나님을 섬기는 백성 모두에게 공통적인 관습이었고, 부정한 사람들이나 해당 신을 섬기지 않는 사람들은 그러한 모임에 참여할 수 없었다. 또한, 이방인들은 자신들이 섬기는 우상을 위해서 우상 앞에서 거룩한 유희를 행하는 풍습을 갖고 있었는데, 이 구절이 이스라엘 백성들이 "금송아지"를 자신들의 신이라고 부르며 제사를 지내면서, 이방인들의 풍습을 그대로 따라 하였다는 것을 보여 준다는 것은 의심의 여지가 없다. 사람들은 자신들이 좋아하는 일은 하나님도 좋아하실 것이라고 생각하는 본성적인 어리석음을 지니고 있어서, 하나님을 기쁘시게 해드리기 위하여, 자신들이 좋아하는 일들을 하나님 앞에서 행하고자 하는 습성이 있기 때문에, 이방인들은 자신들이 우상 앞에서 우스꽝스러운 모습들과 음란한 춤을 보여 주고, 저속한 말과 온갖 음란한 짓들을 하면, 자신들의 우상들이 기뻐할 것이라고 생각하는 어리석은 망상에 사로잡히게 되었다. 그러므로 모세가 이스라엘 백성이 "앉아서 먹고 마시며 일어나서 뛰놀았다"고 말한 것은, 간단히 말해서, 우상을 섬기기 위해서 먹고 마시며 뛰놀았던 이방인들의 이러한 관습을 이스라엘 백성들이 하나도 빠뜨리지 않고 따라했다는 것이다.

하지만 여기에서 한 가지 질문이 생기는데, 사도는 왜 이스라엘 백성들이 우상에게 제사를 드리는 행위에 대해서는 말하지 않고, 단지 그들이 우상에 대한 제사를 끝내고서 잔치를 열어 먹고 마시고 뛰논 것에 대해서만 언급하고 있느냐 하는 것이다. 왜냐하면, 우상에게 제사를 지내는 행위는 우상 숭배의 핵심적인 요소이고, 잔치와 유희는 제사를 지내고 난 후에 부수적으로 행하는 일들에 지나지 않았기 때문이다. 그 이유는 여기에서 사도는 이스라엘 백성들이 옛적에 우상을 숭배한 일 가운데서, 지금 고린도 교인들과 관련된 문제를 가장 잘 보여 줄 수 있는 장면과 요소를 선택해서, 그들에게 보여 주고자 하였기 때문이었다. 왜냐하면, 고린도 교인들은 불신자들과 함께 어울려서 그들이 섬기는 우상들에게 제사를 지내기 위해서 그들의 집회에 참석했던 것 같지는 않고, 다만 불신자들이 자신들의 우상에게 제사를 지낸 후에 벌인 잔치에 참석해서, 거기에 나온 우상의 제물을 먹고 마셨고, 우상 숭배와 밀접하게 연결된 타락한 유희들을 불신자들과 함께 구경하는 것을 굳이 마다하지는 않았던 것으로 보이기 때문이다. 따라서 고린도 교인들은 우상 제사에 직접적으로 참여한 것은 아니었지만, 제사 후에 벌어진 잔치와 유희에 참여해서, 우상 숭배자들과 함께 먹고 마시고 뛰놀았기 때문에, 사도가 그것은 하나님께서 옛적의 이스라엘 백성과 관련해서 분명하게 정죄하신 죄악이라고 선언한 것은 지극히 마땅한 일이었다. 요컨대, 바울이 여기에서 말하고자 하는 요지는, 우리가 우상에게 직접적으로 제사를 지내지 않는다고 할지라도, 우상 숭배와 관련된 그 어떤 것에라도 참여한다면, 그것은 우리 자신을 더럽히는 일이고, 또한 우상 숭배와 관련된 외형적인 상징들로 자신을 더럽히는 자들은 하나님의 징벌을 피할 수 없다는 것이다.

8. 그들 중의 어떤 사람들이 음행하다가 하루에 이만 삼천 명이 죽었나니 우리는 그들과 같이 음행하지 말자. 바울은 이제 "음행"의 죄악을 다룬다. 고린도 사람들이 성적으로 문란하였다는 것은 역사 기록들을 통해서 너무나 분명하게 드러나 있는 사실이다. 뿐만 아니라, 그리스도를 믿는다고 고백하였던 고린도 교인들도 그러한 음행의 죄악에 여전히 빠져 있었다는 사실도, 우리가 앞에서 살펴보았던 이 서신의 여러 장들로부터 너무나 쉽게 밝혀진다. 이스라엘 백성들 가운데서 "이만 삼천 명"(또는, 모세에 따르면, "이만 사천 명")이 "하루에" 죽었다는 사실로부터, 우리는 하나님께서 더러운 음행을 얼마나 가증스럽게 여기시는지를 똑똑히 기억

하고, 이러한 죄악에 대한 하나님의 징벌을 두려워하는 것이 마땅하다. 여기에서 이스라엘 백성 중에서 죽은 사람의 숫자에 대해서 바울의 말과 모세의 말 사이에 차이가 있는 것은 사실이지만, 이 둘을 조화시키는 것은 쉬운 일이다. 왜냐하면, 사람의 숫자를 정확하게 계수하는 것이 목적이 아닌 경우에는, 전체 인원의 근사치를 제시하는 것은 잘못된 것도 아니고, 새삼스럽거나 이상한 일도 아니기 때문이다. 예컨대, 로마 사람들은 실제로는 일백 이명의 사람들을 일백 명이라는 뜻의 "백인대"(Centumviri)로 지칭하였다. 따라서 하나님의 손에 의해서 죽임을 당한 이스라엘 사람은 대략 이만 삼천 명에서 이만 사천 명 가량이었는데, 모세는 상한선인 이만 사천 명이라고 기록한 것이고 바울은 하한선인 이만 삼천 명이라고 말한 것이기 때문에, 얼핏 보면, 이 두 사람이 서로 다르게 말한 것처럼 보이지만, 사실은 둘 다 맞는 말을 한 것이다. 바울이 이 구절에서 언급하고 있는 사건에 대한 이야기는 민수기 25:1-9에 기록되어 있다.

그러나 여전히 한 가지 어려운 문제가 남아 있는데, 그것은 하나님께서 이스라엘 백성들에게 진노하신 이유에 대해서, 모세는 그들이 바알브올의 제사에 참여하였기 때문이라고 말하는 반면에, 바울은 이 재앙이 "음행"의 결과였다고 말하고 있다는 것이다. 하지만 민수기 25장을 보면, 이스라엘 백성들이 타락해서 바알브올을 섬기게 된 계기는 "음행"에서 비롯되었다. 즉, 그들이 하나님을 떠나 우상을 숭배하게 된 것은, 그러한 거짓된 종교에 대한 열심이 있었기 때문이 아니라, 창기들의 유혹에 넘어갔기 때문이었다. 따라서 이스라엘 백성들이 여호와 하나님을 떠나 바알브올이라는 우상을 섬기게 된 것과 관련된 모든 악행은 "음행"의 탓으로 돌리는 것이 마땅하다. 왜냐하면, 이 모든 일의 발단은 발람이 이스라엘 백성들이 여호와 하나님을 진정으로 섬기지 못하도록 만들기 위해서, 미디안 사람들을 사주해서, 그들의 딸을 이스라엘 백성들에게 창기로 바치도록 제안했던 것에서 시작된 데다가, 창기들의 꼬임에 빠져서 그들 자신을 죄악에 내맡긴 이스라엘 백성들의 지독한 눈 멂 자체가 음행에 대한 하나님의 징벌이었기 때문이다. 그러므로 우리는 이 사건에서 하나님께서 이스라엘 백성들을 여러 측면에서 엄중하고 혹독하게 징벌하셨다는 사실을 명심해서, "음행"이 결코 사소한 죄악이 아니라는 것을 배워야 한다.

9. 그들 가운데 어떤 사람들이 주를 시험하다가 뱀에게 멸망하였나니 우리는 그들과 같이 시험하지 말자. 이 구절은 민수기 21장에 기록된 사건과 관련이 있다.

민수기 21장을 보면, 이스라엘 백성들은 오랜 동안의 광야 생활에 지치고 넌더리가 나서, 불만이 가득하여 자신들의 신세를 한탄하며, "하나님은 왜 우리를 갖고 노시는가"라고 말하면서 하나님을 원망하기 시작하였다. 바울은 이스라엘 백성들이 이렇게 하나님을 향하여 투덜거리며 불평한 것을 "시험"이라고 부르는데, "시험"은 "인내"와 반대되는 개념이기 때문에, 그가 그렇게 부른 것은 지극히 합당한 일이다. 왜냐하면, 이스라엘 백성들이 이 때에 하나님께 반기를 들고 대들었던 이유는, 사악하고 몰염치한 욕망에 매몰되어서, 하나님이 정해 주신 때까지 참고 기다릴 수 없었기 때문이었다. 그러므로 바울이 여기에서 우리에게 경고하고 있는 죄악, 즉 하나님이 하시는 일들에 대하여 불평함으로써 하나님을 시험하는 죄악의 근원은 "인내하지 못한 것"(impatientia)에 있다는 것을 우리 모두는 깨달아야 한다. 이스라엘 백성이 여기에서 보여 준 그러한 성급함과 인내하지 못함은, 우리가 하나님보다 앞서 나가고자 하는 욕망에 사로잡혀서, 우리 자신을 하나님의 인도하심에 맡기지 못하고, 도리어 하나님을 우리의 뜻과 기준에 맞추려고 할 때에 생겨난다. 하나님께서는 이스라엘 백성들의 이러한 오만방자함을 가차없이 징계하셨다. 하나님은 언제나 동일하시며 언제나 공의로우신 재판관이시다. 따라서 우리가 옛적의 이스라엘 백성들과 동일한 징벌을 받고 싶지 않다면, 우리는 하나님을 "시험하지" 말아야 한다.

이 구절은 그리스도의 영원하심을 증언해 주고 있는 주목할 만한 본문이다(이 구절의 읽기와 관련해서, 어떤 헬라어 사본에는 "주"라는 단어가 사용되고 있고, 어떤 헬라어 사본에는 "그리스도"라는 단어가 사용되고 있는데, 칼빈은 후자의 읽기로 되어 있는 사본을 사용하였기 때문에, 이 구절을 "그들 가운데 어떤 사람들이 시험하다가 뱀에 멸망하였나니 우리는 그들과 같이 그리스도를 시험하지 말자"로 번역하였다 — 역주). 에라스무스(Erasumus)는 이 구절이 이스라엘 백성들이 "그리스도"를 시험하였다는 의미로 읽혀지는 것은 이상하다고 여겨서, 이 구절을 "그들 가운데 어떤 사람들이 하나님을 시험한 것처럼, 우리는 그리스도를 시험하지 말자"라고 번역하였는데, 그가 헬라어 본문에는 없는 "하나님"이라는 단어를 보충해서 이 구절을 번역한 것은 너무 억지스러운 것이기 때문에, 그의 번역은 일고의 가치도 없다. 그리스도가 이스라엘 백성들의 지도자로 불리는 것은 전혀 이상한 일이 아니다. 왜냐하면, 하나님께서는 그리스도를 중보자로 세우셔서 그를 통해서만 자기 백성들에게 은혜를 베풀어 주신 것처럼, 그리스도의 손을 통하지 않고서는 그들에게 그 어떤 은택도 수여해 주지 않으셨기 때문이다. 또한, 모세는 자기에게 먼저 나타난 뒤에, 그 이후로 이스라엘 백성들이 광야를 여행할 때에 내내 그들과 동행하였던 "사자"를 종종 야웨라고 부른다. 따라서 우리는 그 "사자"가 하나님의 아들이었고, 구약 시대에도 그는 교회의 머리로서 이스라엘 백성을 인도하고 있었던 것이라고 확실하게 말할 수 있다. "그리스도"라는 칭호는 그의 인성과 관련하여 사용되는 칭호이기 때문에, 당시에 하나님의 아들을 그리스도라는 칭호로 부르는 것은 합당하지 않았지만, 바울은 요한복음 3:13에서 "하늘에서 내려온 자 곧 인자 외에는 하늘에 올라간 자가 없느니라"고 말할 때, 엄밀하게 말한다면, "하늘에서 내려온 자"는 "인자"(사람의 아들)가 아니라 "하나님의 아들"로 지칭하는 것이 합당한 것이었지만, 속성들의 교류(communicatio proprietatum), 즉 예수 안에 있는 신성과 인성이 서로 교류한다는 측면에서, "인자"라고 표현할 수 있었던 것처럼, 여기에서도 그런 의미에서 "그리스도"라는 칭호를 사용하여 구약 시대에 활동하셨던 하나님의 아들을 지칭한 것이다.

10. 그들 가운데 어떤 사람들이 원망하다가 멸망시키는 자에게 멸망하였나니 너희는 그들과 같이 원망하지 말라. 어떤 사람들은 여기에서 바울이 말하고 있는 "원망"이 가나안 땅을 정탐하기 위해서 파송되었던 열두 명의 정탐꾼 이야기와 관련이 있는 것으로 이해한다. 즉, 정탐꾼들 중에서 일부가 그 땅에 대하여 악평을 하였고, 그러자 백성들은 그 정탐꾼들의 보고를 듣고 낙심해서 모세를 "원망"하였는데(민 14:2), 이 구절은 그 일을 언급한 것이라는 것이 그들의 주장이다. 하지만 이러한 "원망"에 대해서 하나님께서는 특별한 징벌을 즉시 가하지는 않으셨고, 다만 원망한 자들은 모두가 가나안 땅을 보지 못하게 될 것이라고만 말씀하셨던 반면에, 이 구절은 "어떤 사람들이 원망하다가 멸망시키는 자에게 멸망하였다"고 분명하게 말하고 있기 때문에, 우리는 이 구절을 그들의 주장과는 다르게 설명할 필요가 있다. 물론, 그렇게 원망한 자들에 대하여 하나님께서 그들이 가나안 땅에 들어가지 못할 것이라고 선언하신 것 자체가 엄중한 징벌이라는 것은 틀림없는 사실이지만, 바울은 그들이 "멸망시키는 자에게 멸망하였다"고 말하고 있기 때문에, 이 구절은 그런 것과는 다른 종류의 징벌을 의미하고 있는 것임이 분명하다.

그런 이유로, 나는 이 구절을 민수기 16장에 기록되어 있는 사건과 관련시켜서 이해한다. 민수기 16장을 보면, 하나님께서 고라와 아비람 일당의 교만을 벌하시자, 이스라엘 백성들은 하나님이 자신들을 벌하시기 위하여 역병을 보내신 것을 모세와 아론의 탓으로 돌리고서, 그들에게 원망과 불평을 쏟아 놓았다(민 16:41). 하나님은 백성들의 이러한 소요에 대하여 진노하셔서 하늘에서 불을 내려 징계하셨는데, 이 일로 인해서 죽은 사람이 일만 사천 명이 넘었다. 이 사건은 하나님을 원망하면서 소요를 일으키는 자들, 즉 하나님을 거슬러 반기를 드는 무리들에 대한 하나님의 진노가 어떠한 것임을 너무나 분명하게 보여 주는 중요한 증거였다. 물론, 이 사건에서 이스라엘 백성들이 원망한 것은 하나님이 아니라 모세였다. 그러나 그들은 모세에 대해서 원망을 할 이유가 전혀 없었을 뿐만 아니라, 그들이 모세에게 분노한 유일한 이유는, 모세가 하나님에 의해서 수여된 자신의 사명을 충성스럽게 감당하였다는 것뿐이었기 때문에, 그들이 모세를 원망한 것은 사실상 하나님을 원망하고 공격한 것이었다. 따라서 우리가 하나님의 충성스러운 사역자들에 대항하여 맞선다면, 그런 경우에 우리가 상대하는 것은 사역자들이 아니라 하나님 자신이라는 것을 우리는 명심하여야 하고, 또한 그러한 무모한 도전은 하나님의 징벌을 결코 피할 수 없다는 것을 깨달아야 한다.

한편, 우리는 여기에서 사용된 "멸망시키는 자"라는 단어는 하나님의 심판을 수행하는 천사를 가리키는 것으로 이해하여야 한다. 또한, 다양한 성경 본문들이 우리에게 보여 주듯이, 하나님께서는 사람들을 징계하시기 위해서 때로는 악한 천사들을 사용하기도 하시고, 때로는 선한 천사들을 사용하기도 하신다. 여기에서 바울은 "멸망시키는 자"가 악한 천사였는지, 아니면 선한 천사였는지를 구체적으로 밝히고 있지 않기 때문에, 독자들은 어느 쪽으로 이해해도 무방할 것이다.

11. 그들에게 일어난 이런 일은 본보기가 되고. 바울은 이 모든 일들이 이스라엘 백성들에게 일어난 것은, 그것들이 우리에게 "본보기"(typus)가 되게 하기 위한 것이라는 사실을 다시 한 번 언급한다. 달리 말하면, 하나님께서는 옛적에 범죄한 이스라엘 백성들을 심판하심으로써, 그것들을 우리를 위한 "본보기"가 되게 하셨다는 것이다. 나는 다른 해석자들이 이 구절에 나오는 표현들을 토대로 해서 매우 정교하고 치밀한 이론들을 전개하고 있다는 것을 잘 알고 있다. 하지만 나는 이스라엘 백성들과 관련된 이러한 사례들은 우상 숭배자들과 음행하는 자들과 하나님을 멸시하는 자들에게 임할 하나님의 심판이 어떠한 것일지에 대해서, 마치 생생하게 묘사된 그림처럼, 우리에게 교훈을 전해 주는 것이라고 말하고자 한 것이 사도가 여기에서 의도한 것이라고 보기 때문에, 내가 지금까지 그런 식으로 설명한 것만으로도, 사도가 여기에서 한 말들의 의미를 이미 충분히 드러낸 것이라고 생각한

다. 왜냐하면, 사도가 여기에서 한 말들은 과거에 이스라엘 백성이 저질렀던 그러한 죄악들에 대해서 진노하시는 하나님의 모습을 묘사하고 있는 생생한 그림들이기 때문이다.

나의 이러한 설명은 간명하고 정확할 뿐만 아니라, 이 구절을 왜곡하려고 기를 쓰는 일부 정신 나간 자들의 시도를 차단하는 효과도 있다. 그런 자들은 옛적에 이스라엘 백성에게 일어났던 모든 일들은 장차 신약 시대에 일어날 모든 일들을 미리 보여 주는 예표들에 불과하다는 자신들의 주장을 증명하기 위해서, 이 구절을 왜곡해서 해석한다. 그들은 먼저 옛적의 이스라엘 백성은 교회를 예표한다는 것을 기정사실로 전제한 후에, 다음으로는 그러한 전제로부터, 하나님께서 이스라엘 백성에게 약속하셨던 것이나 수여하셨던 것들은, 그것이 은혜였든지, 아니면 징벌이었든지와는 상관없이, 모두가 그리스도께서 강림하신 후에 완전하게 성취될 일들에 대한 예표일 뿐이고, 거기에 어떤 실체가 내포되어 있었던 것은 아니라는 결론을 도출해 낸다. 이것은 지극히 위험하고 파괴적인 망언으로서, 거룩한 조상들을 지독하게 모욕하는 것일 뿐만 아니라, 하나님에 대해서는 더더욱 심각한 모욕이다. 왜냐하면, 구약 시대의 이스라엘 백성은 기독교회의 예표인 동시에, 그 자체로 참된 교회(vera ecclesia)였기 때문이다. 그들의 상황은 우리의 상황을 그대로 빼닮아서, 당시에 그들은 교회를 구성하는 데 필수적인 요소들을 이미 다 갖추고 있었고, 당시에 이스라엘에 주어졌던 하나님의 약속들은 복음을 예표하는 것이었을 뿐만 아니라, 거기에는 복음이 내포되어 있었다. 그들의 성례전들은 우리의 성례전들을 예표하는 것이기도 하였지만, 그들의 시대에서 유효하게 행해진 참된 성례전들이었다. 요컨대, 구약 시대에 말씀과 성례전들을 올바르게 제대로 사용한 사람들은 오늘날의 우리들과 동일한 믿음의 영(spiritus fidei)을 수여받았다는 것이다. 따라서 바울이 여기에서 한 말은 저 정신 나간 자들의 주장을 조금도 정당화해 주지 않는다. 왜냐하면, 바울이 여기에서 한 말은, 구약 시대에 이스라엘 백성에게 일어났던 일들은, 장차 신약 시대에 이루어질 실체(veritas)를 전혀 지니고 있지 않는 "모형들"에 불과한 것이었고, 단지 그 실체를 보여 주기 위한 모종의 연극(scena)에 지나지 않는 것이었다고 말하고 있는 것이 결코 아니고, 내가 이미 앞에서 설명하였듯이, 옛적에 이스라엘 백성 가운데서 일어난 사건들은 그 자체로 당시의 하나님의 경륜을 따라 하나님의 교회 속에서 실체적으로 일어난 사건들로서, 신약 시대에 하나님의 교회인 우리에게 교훈이 될 만한 것들을 그림처럼 생생하게 담고 있는 것이었음을 우리에게 분명하게 가르쳐 주고 있기 때문이다.

우리를 깨우치기 위하여 기록되었느니라. 이 절의 후반부는 바울이 전반부에서 말한 것의 의미를 좀 더 분명하게 드러내 주기 위해서, 하나님께서 이러한 일들을 기록하게 하신 것은, 이스라엘 백성들을 위한 것이 아니라, 오직 신약 시대에서 살아가게 될 우리를 위한 것이었다고 설명한다. 하지만 이러한 사실로부터 우리는 이스라엘 백성의 범죄들에 대한 그러한 징벌이 이스라엘 백성들을 훈육하기 위한 하나님의 진정한 징계가 아니었다는 결론을 도출해 내서는 안 된다. 하나님께서 당시에 이스라엘 백성들을 심판하신 것은 연극이 아니라 실제적인 사건이었고, 다만 그 일들을 성경에 기록하게 하심으로써, 장차 우리를 위한 교훈으로 영원토록 기억되게 하고자 하셨다. 역사가 이미 죽은 자들에게 무슨 유익이 되겠는가? 또한, 살아 있는 자들이 다른 사람들의 사례를 통해서 경고를 받고 각성하지 않는다면, 역사가 살아 있는 자들에게 무슨 유익이 되겠는가? 따라서 여기에서 바울은 성경에는 우리가 알아서 유익이 되지 않는 것은 하나도 기록되어 있지 않기 때문에, 모든 신자들은 그러한 사실을 하나의 철칙으로 여기고서 각자의 마음에 새겨야 한다고 말하고 있는 것이다.

말세를 만난. 여기에서 "말세"로 번역된 헬라어 '텔로스'(τέλος)의 복수형은 종종 "신비들"(mysteria)을 의미하고, 그러한 의미가 여기에서 전혀 어울리지 않는 것은 아니지만, "말세"라는 통상적인 번역이 좀 더 분명하고 자연스러운 의미를 전달하기 때문에, 나는 통상적인 번역을 따른다. 바울은 "말세," 즉 모든 시대의 끝이 우리에게 도래하였다고 말하는데, 그 이유는 구약 시대에 하나님께서 약속하신 모든 일들이 당시에 이루어졌고, 따라서 자기와 고린도 교인들을 비롯한 모든 사람들은 당시에 마지막 때를 살고 있는 것이었기 때문이다. 왜냐하면, 그리스도의 나라는 율법과 모든 선지자들이 고대하던 궁극적인 목표였기 때문이다.

하지만 바울이 여기에서 하고 있는 말은 사람들의 통상적인 생각과는 다르다. 왜냐하면, 일반적으로 사람들은 하나님께서는 옛 언약 아래에서는 언제라도 사람들의 죄악을 응징할 만반의 준비를 갖추고 계셨던 엄하고 냉혹하신 분이셨지만, 지금은 사람들이 간청을 하면 언제라도 곧 들어주시고 용서할 준비가 되어 계신 분이라고 생각하기 때문이다. 또한, 사람들은 우리가 은혜의 법(lex gratiae) 아래에 있다고 말하면서, 그 이유는 우리의 하나님은 옛 사람들의 하나님보다 훨씬 더 쉽게 우리를 용서하시고 기꺼이 우리와 화목하게 지내시기를 원하시기 때문이라고 말한다. 하지만 바울은 여기에서 무엇이라고 말하고 있는가? 옛적에 이스라엘 백성이 범죄하였을 때, 하나님께서는 그들을 가차없이 징계하신 것처럼, 지금의 우리도 범죄한다면, 하나님은 우리를 결코 봐주시지 않으실 것이라고 말하고 있지 않는가? 따라서 신약 시대에 들어와서는 하나님께서 사람들의 죄악을 벌하심에 있어서 훨씬 관대해지셨다고 생각하는 것은 잘못된 것이기 때문에, 우리가 그런 생각을 하고 있다면, 그것을 당장에 집어치워야 한다! 물론, 그리스도의 오심으로 말미암아 하나님의 은혜와 복이 사람들에게 훨씬 풍성하게 부어진 것은 확실하다. 하지만 하나님께서 그리스도를 믿고 자신의 말씀에 순종하는 자들에게 풍성한 은혜를 베풀어 주신다는 것을 근거로 삼아서, 그렇기 때문에 하나님께서는 자신의 은혜를 악용하는 죄인들에 대해서도 엄하게 징벌하지 않을 것이라는 결론을 도출해 내는 것은 도대체 무슨 논리란 말인가?

다만 우리가 유념해야 할 한 가지 사실이 있다면, 그것은 하나님께서 오늘날 우리를 징벌하실 때에는, 구약 시대에 사용하셨던 것과는 다른 식의 징벌을 사용하신다는 것이다. 옛적에는 하나님께서 신실한 자들에게 그들의 아버지로서의 자신의 사랑을 보여 주시기 위해서 외형적인 복들을 부어 주셨듯이, 진노를 표출하실 때에도 주로 육체적인 징벌을 가하시는 방식을사용하셨다. 반면에, 좀 더 온전한 계시가 주어진 오늘날에 있어서는, 하나님께서 악한 자들을 징벌하실 때, 가시적이고 육체적인 징벌을 사용하시는 경우는 흔하지 않다. 이 주제에 대한 좀 더 자세한 설명을 듣고 싶은 독자들은 나의 「기독교 강요」를 참조하면 좋을 것이다.

12. 그런즉 선 줄로 생각하는 자는 넘어질까 조심하라. 바울은 지금까지 자기가 한 말들을 토대로 삼아서, 우리가 신앙 속으로 입문하였다거나 신앙에 있어서 진보를 이루었다고 해서, 그런 것들을 자랑하며, 거기에 안주하고서 안일하게 살아가서는 안 된다는 결론을 여기에서 제시한다. 왜냐하면, 실제로 고린도 교인들은 자신들이 지금까지 이룬 것, 즉 바울이 전한 복음을 받아들여서 하나님으로부터 온갖 풍성한 은혜와 은사들을 받아, 참된 지식을 얻어 그리스도인으로서의 자유를 마음껏 누리며 살게 된 것을 의기양양해하면서, 거기에 안주해서 자신들의 연약함은 망각한 채로 많은 부끄러운 짓들을 자행하는 삶을 살고 있었기 때문이다. 선지자들은 이스라엘 백성들의 그릇된 자만을 수시로 책망했는데, 고린도 교인들의 자만이 바로 그런 것이었다. 그런데 교황주의자들은 이 구절에 대한 자신들의 왜곡된 해석을 근거로 해서, 자신들의 사악한 교리, 즉 신자들은 자신들의 믿음이 확실

하다고 확신해서는 안 되고, 자신의 믿음에 대해서 언제나 의심을 품어야 한다는 교리를 주장하고 있기 때문에, 우리는 확신(securitas)에는 두 종류가 있다는 사실을 명심하여야 한다.

그 중 하나는 하나님의 약속(promissio Dei)을 근거로 한 확신이다. 경건한 양심을 지닌 신자들은 하나님께서 그들을 절대로 버리지 않으실 것이라는 확신을 가지고서, 사탄과 죄악에 맞서 담대하게 싸우지만, 동시에 자신의 연약함을 기억하고서, 두려움과 겸손함으로 하나님께 자기 자신을 내어 맡긴다. 이러한 종류의 확신은 다수의 성경 본문, 특히 로마서 8:33("누가 능히 하나님께서 택하신 자들을 고발하리요 의롭다 하신 이는 하나님이시니")에서 보여 주고 있는 것과 같은 거룩한 확신으로서, 하나님을 믿는 믿음으로부터 나오고, 그러한 믿음과 분리될 수 없는 확신이다. 다른 하나는 사람들이 영적으로 혼수상태에 빠져서 무감각해지고 나태해질 때(socordia)에 망상 속에서 생겨난 확신이다. 이 경우에 사람들은 자신들에게 주어진 재능들과 은사들을 보고 의기양양해지고 우쭐해져서, 마치 자신들이 원수의 사정권에서 벗어나 있기라도 한 것처럼 확신하고서, 거기에 안주하여 안일하게 행하고, 자신들이 영적으로 어떤 상태에 있는지에 대해서는 아무런 주의도 기울이지 않게 됨으로써, 그 결과 사탄의 모든 공격에 무방비로 노출이 되게 되는데, 바울은 여기에서 "선 줄로 생각하는 자"는 조심해야 한다고 말함으로써, 고린도 교인들이 그러한 잘못된 확신에 빠져서 살아가고 있다는 것을 지적하고서, 그들이 계속해서 그런 확신에 차서 기고만장한다면, 그들은 반드시 크게 넘어지게 될 것이라고 경고하고 있는 것이다. 왜냐하면, 바울은 그들이 아무런 근거도 없는 그러한 터무니없는 확신에 빠져서, 그들 자신에 대하여 자만하는 가운데 안일하게 살아가고 있는 것을 보았기 때문이다. 하지만 여기에서 바울은 교황주의자들이 주장하는 것처럼, 고린도 교인들에게 하나님의 뜻에 대해서 확신을 가져서는 안 된다거나, 자신들의 구원에 대해서 의심을 품으라고 말한 것은 결코 아니었다. 요컨대, 우리가 명심해야 할 것은, 바울은 여기에서 하나님을 신뢰하는 것이 아니라 사람을 신뢰하고 육체를 신뢰하는 잘못된 확신에 의거해서 스스로 자고해져서 의기양양해하는 자들에게, 그들의 잘못된 확신을 버리고서, 그들의 연약함을 직시해서 스스로 낮아지지 않으면, 결국에는 넘어지게 될 것이라고 말한 것일 뿐이다. 왜냐하면, 바울은 골로새서에서 "믿음이 굳건한 것"(골 2:5)에 대해서 골로새 교인들을 칭찬한 후에, 그들에게 "그리스도 안에 뿌리를 박으며 세움을 받아 믿음에 굳게 설 것"

(골 2:7)을 권면함으로써, 그리스도인들은 올바르고 참된 확신에 견고하게 서야 한다는 것을 역설하고 있기 때문이다.

[13]사람이 감당할 시험 밖에는 너희가 당한 것이 없나니 오직 하나님은 미쁘사 너희
가 감당하지 못할 시험 당함을 허락하지 아니하시고 시험 당할 즈음에 또한 피할
길을 내사 너희로 능히 감당하게 하시느니라 [14]그런즉 내 사랑하는 자들아 우상 숭
배하는 일을 피하라 [15]나는 지혜 있는 자들에게 말함과 같이 하노니 너희는 내가 이
르는 말을 스스로 판단하라 [16]우리가 축복하는 바 축복의 잔은 그리스도의 피에 참
여함이 아니며 우리가 떼는 떡은 그리스도의 몸에 참여함이 아니냐 [17]떡이 하나요
많은 우리가 한 몸이니 이는 우리가 다 한 떡에 참여함이라 [18]육신을 따라 난 이스
라엘을 보라 제물을 먹는 자들이 제단에 참여하는 자들이 아니냐(10:13-18).

13. 사람이 감당할 시험 밖에는 너희가 당한 것이 없나니. 다른 사람들이 이 구절을 어떤 식으로 해석하든, 나는 바울이 이 구절에서 이렇게 말하고 있는 것은, 고린도 교인들을 격려하고 그들의 힘을 북돋워 주기 위한 것이라고 생각한다. 즉, 바울은 자기가 앞에서 지금까지 들려주었던 하나님의 진노하심에 관한 여러 무시무시하고 두려운 사례들을 듣고서, 고린도 교인들이 당혹스러워하거나 겁을 잔뜩 집어먹고 절망하는 일이 벌어지지 않도록 하기 위해서, 이 말을 하고 있다는 것이다. 따라서 바울은 지금까지 자기가 해 온 권면이 고린도 교인들에게 실질적인 유익이 되게 하기 위해서, 그들에게는 아직 회개하고 돌이킬 수 있는 여지가 남아 있다는 사실을 여기에 덧붙인다. 그는 이렇게 말한 것과 같다: "너희는 아직 절망할 필요가 없다. 나는 너희로 하여금 절망하게 하기 위해서 이런 말들을 한 것이 결코 아니다. 왜냐하면, 지금까지 너희가 겪어 온 일들은 특별히 너희에게만 일어난 일들이 아니라, 신자들이 흔히 겪는 일들이기 때문이다." 다른 사람들은 여기에서 바울은 아주 작은 시험에도 쉽사리 무릎을 꿇고마는 고린도 교인들의 나약함을 책망하고 있는 것이라고 생각하는 경향이 있다. 물론, 이 구절에서 "사람이 감당할"이라고 번역된 단어가 종종 정도가 지나친 것이 아니라는 의미에서 "적당한"으로 번역될 수 있다는 것은 사실이다. 따라서 그들은 이 구절 속에는 "너희가 그처럼 사소한 시험에도 굴복하는 것이 합당한 일이냐?"고 책망하는 뜻이 함축되어 있는 것으로 이해한다. 하지만 이 구절을 위로와 격려의 말로 이해하는 것이 문맥에 좀 더 잘 부

합하기 때문에, 나는 앞에서 말한 것과 같이 이해하고자 한다.

오직 하나님은 미쁘사 너희가 감당하지 못할 시험 당함을 허락하지 아니하시고 시험 당할 즈음에 또한 피할 길을 내사 너희로 능히 감당하게 하시느니라. 바울은 앞에서 고린도 교인들이 힘을 내서 회개로 돌아서도록 하기 위해서, 그들이 과거에 행하였던 일들과 관련해서 낙심하지 말라고 말하고 나서, 여기에서는 그들로 하여금 장래 일과 관련해서도 확실한 소망을 지닐 수 있도록 하기 위해서, 하나님은 그들이 "감당하지 못할 시험 당함을 허락하지 아니하신다"고 분명하게 선언한다. 하지만 고린도 교인들이 자신들의 힘과 능력을 의지해서 시험을 이겨내고자 한다면, 아주 작은 시험에도 넘어져서, 그 즉시 모든 것이 끝장이 나 버릴 것이었기 때문에, 바울은 그들이 하나님을 바라보아야 한다는 말을 덧붙인다. 바울은 이 권면 속에서 하나님을 "미쁘신" 분이라고 부르는데, 그가 하나님을 이렇게 부르는 것은, 하나님께서는 자기가 약속하신 것들을 반드시 지키시는 신실하신 분이라는 것을 그들에게 상기시켜 주기 위한 것이기도 하지만, 단지 거기에서 그치는 것이 아니라, 다음과 같은 메시지를 그들에게 전달하기 위한 것이다: "하나님은 자기 백성들을 확실하게 지켜 주시고 보호해 주시는 분이시기 때문에, 너희가 하나님의 보호하심 아래 있다면, 너희는 안전할 수밖에 없다. 왜냐하면, 하나님은 자기 백성을 결코 홀로 내버려 두지 않으시는 분이시기 때문이다. 따라서 일단 하나님께서 너희를 자신의 보호하심 아래로 받아들이셨다면, 너희가 하나님을 전적으로 의지하는 한, 너희는 아무것도 두려워할 것이 없다. 왜냐하면, 너희가 하나님의 도우심이 필요할 때, 하나님께서 너희로부터 도움의 손길을 거두어들이시거나, 우리가 연약함으로 말미암아 무거운 짐에 짓눌려 있는 것을 보시고도, 우리가 계속해서 환난 가운데 있도록 내버려 두신다면, 그것은 하나님께서 우리를 속이시거나 우롱하시는 것이나 다름없을 것이기 때문이다."

하나님께서는 우리가 시험에 지지 않도록 두 가지 방식으로 우리를 도와 주시는데, 그 중 하나는 우리에게 시험을 이길 힘을 주시는 것이고, 다른 하나는 시험 자체에 제한을 두시는 것이다. 바울은 하나님께서 우리를 도우시는 첫 번째 방식을 무시하는 것은 아니지만, 여기에서는 특히 두 번째 방식의 도우심에 대해서 언급하고 있는데, 그것은 하나님께서는 우리가 시험의 무게에 짓눌리는 일이 없도록 하시기 위하여 시험의 정도를 완화하신다는 것이다. 즉, 우리에게 능력을 주신 하나님께서는 우리의 능력이 어느 정도인지를 잘 알고 계시기 때문에, 우리가 당하는 시험을 우리의 능력이 감당할 수 있는 정도로 조정하신다는 것이다.

14. 그런즉 내 사랑하는 자들아 우상 숭배하는 일을 피하라. 바울은 자기가 옛적의 이스라엘 백성의 사례들을 들어서 하나님의 심판을 경고한 말을 듣고서, 고린도 교인들이 낙심하고 절망하지 않도록 하기 위해서, 우리가 지금까지 살펴본 것처럼, 잠깐 동안 본론을 벗어나서 위로와 격려의 말을 그들에게 해 주는 데 지면을 할애하였는데, 이제는 다시 본론으로 되돌아와서, 그리스도인이 불경건한 자들의 미신적인 종교 모임에 참여하는 것은 합당하지 않다는 의미에서, "우상 숭배하는 일을 피하라"고 말한다. 우리가 먼저 살펴보아야 할 것은 바울이 말한 "우상 숭배"가 무엇을 의미하는가 하는 것이다. 바울은 고린도 교인들이 우상들을 진심으로 섬길 만큼 무지몽매하다고는 결코 생각하지 않았고, 따라서 그들이 진정으로 우상을 숭배하고 있다고 생각하지도 않았다. 하지만 고린도 교인들은 불경건한 자들이 자신들의 우상을 섬기기 위해서 거행하는 종교 의식에 참석하는 것에 대해서는 아무런 양심의 가책도 느끼지 않았기 때문에, 바울은 다른 신자들에게 아주 나쁜 본보기가 될 소지가 있는 그들의 이러한 주제넘고 몰지각한 방종을 엄중하게 책망한다. 따라서 바울은 고린도 교인들이 우상은 아무것도 아니고, 우상의 제물은 사람을 부정하게 하는 것이 아니라는 것을 복음으로 말미암은 참된 지식을 통해 알고서는, 우상의 신전을 아무렇지도 않게 드나들면서, 우상 숭배자들과 함께 어울려서 우상의 제물을 먹음으로써, 비록 형식적인 것이라고 해도, 우상 숭배와 연관된 여러 가지 외적인 행위들을 한 것을 가리켜서, 여기에서 "우상 숭배"라고 표현하고 있는 것임은 의심의 여지가 없다. 왜냐하면, 우리는 근본적으로 우리의 내면 속에서 진정으로 하나님을 섬길 때에만, 우리가 하나님을 섬긴다고 말할 수 있는 것은 말할 필요도 없지만, 하나님 앞에 엎드려 절하는 것을 비롯해서, 하나님을 섬기는 것과 관련된 여러 상징적인 행위들을 외적으로 행하는 것도 하나님을 섬기는 것이라고 말하기 때문이다. 따라서 우상 숭배와 관련하여서도, 우리는 그러한 원칙을 적용해서 동일하게 말할 수 있다.

오늘날 많은 사람들은 자신들은 겉으로는 우상 숭배와 관련된 외적인 행위들에 참여하고 있기는 하지만, 자신들의 마음은 "우상 숭배"와는 거리가 멀기 때문에, 실제로는 우상 숭배를 하는 것이 아니라고 변명하려고 애쓰지만, 여기에서 바울은 바로 그러한 행위들 자체를 "우상 숭배"로 규정하고서 책망하고 있기 때문에, 그들의 변명은 단지 자신들의 우상 숭배를 정당화하는 핑계에 지나지 않는다. 왜냐하면, 하나님은 우리로부터 내면적이고 은밀한 진심 어린 사랑만이 아니라, 우리가 여러 가지 외적인 행위들을 통해서 드리는 경배도 받으시는 것이 마땅한 까닭에, 어떤 식으로든 외적으로라도 우상에게 경배를 드리는 자들은 하나님께 드려야 할 영광을 우상에게 바치는 것이기 때문이다. 설령 그들이 자신의 마음은 그런 것이 아니었다고 항변할지라도, 그들이 외적으로 우상을 경배하였다는 것은 부정할 수 없는 사실이기 때문에, 그들이 자신들의 외적인 행위를 통해서, 마땅히 하나님께 드렸어야 할 영광을 우상에게 돌렸다는 사실도 조금도 달라지지 않는다.

15. 나는 지혜 있는 자들에게 말함과 같이 하노니 너희는 내가 이르는 말을 스스로 판단하라. 바울은 성찬의 신비를 토대로 해서, 고린도 교인들의 그러한 행위들이 우상 숭배가 되는 이유를 밝힐 예정이었기 때문에, 그들로 하여금 이 신비가 얼마나 큰 것인지를 주목하게 하기 위해서, 본론으로 들어가기 전에 여기에서 먼저 짤막한 서론을 제시한다. 그는 이렇게 말한 것과 같다: "나는 이제 갓 신앙에 입문한 초신자들에게 지금 말하고 있는 것이 아니다. 너희는 성찬의 효력에 대해서 이미 잘 알고 있다. 다시 말하면, 우리가 성찬을 통해서 그리스도의 몸에 참여하여 그리스도와 한 몸이 된다는 것을 너희는 너무나 잘 알고 있다. 그런데도 너희가 우상 숭배자들의 집회에 참석해서, 그들과 함께 먹고 마심으로써, 그들과 한 몸이 된다면, 그것은 얼마나 수치스럽고 부적절한 일이겠는가!" 따라서 여기에서 바울은 고린도 교인들은 아무것도 알지 못하고 무지하며 지혜가 없어서 그런 큰 죄악을 범해 온 것이 아니라, 그리스도의 학교에서 제대로 가르침을 받아서, 자신들의 그러한 행동이 죄악이라는 것을 어렵지 않게 알 수 있었음에도 불구하고, 경솔하고 분별 없이 그런 큰 죄악을 범해 온 것이었기 때문에, 더욱더 책망을 받아 마땅하다는 것을 은연중에 내비친 것이다.

16. 우리가 축복하는 바 축복의 잔은 그리스도의 피에 참여함이 아니며. 그리스도의 성찬은 떡과 포도주라는 두 가지 요소로 이루어지지만, 바울은 먼저 포도주에 대해서 언급하기 시작하는데, 성찬에 참여한 신자들에게 포도주가 신비한 축복을 가져다준다는 의미에서, 그것을 "축복의 잔"이라고 부른다. 어떤 사람들은 여기에서 "축복"으로 번역된 단어를 "감사"로 이해하고, "축복하다"로 번역된 단어를 "감사하다"로 이해하지만, 나는 그러한 해석에 동의하지 않는다. 물론, 이 단어가 그러한 의미로 사용되는 경우가 있다는 것을 나도 인정하지만, 바울이 여기에서 사용하고 있는 구문 속에서는 그러한 의미가 전혀 어울리지 않는다. 에라스무

스(Erasmus)는 헬라어 본문에 없는 '카타' 라는 전치사를 여기에 보충해 넣으면서 까지 그렇게 해석하고자 시도하지만, 그의 그러한 시도는 너무 억지스럽다. 반면에, 이 구절에 대한 나의 해석은 단순명료하다.

따라서 "잔을 축복한다"는 것은, 우리에게 "잔"이 그리스도의 피를 상징하는 것이 되게 하기 위해서 잔을 성별한다는 것을 의미한다. 이 성례전을 통해서 자신의 죽음을 기념하라는 그리스도의 명령에 따라서 믿는 자들이 함께 모일 때, 그리스도께서 우리에게 주신 약속의 말씀에 따라서 "잔"은 그리스도의 피를 상징하는 것이 된다. 반면에, 교황주의자들이 말하는 축성(祝聖, consecratio)은 이교도들의 풍습에 기원을 둔 일종의 주술 같은 것으로서, 그리스도인들이 지키는 순전한 형태의 성찬과는 아무런 상관이 없는 것이다. 물론, 바울 자신이 디모데전서 4:5("하나님의 말씀과 기도로 거룩하여짐이라")에서 말하고 있듯이, 우리가 먹고 마시는 모든 것은 하나님의 말씀으로 거룩하여진다는 것은 사실이다. 하지만 디모데전서 본문에서 말하는 축복은 여기에서 바울이 말하고 있는 축복과는 목적 자체가 다른 것으로서, 하나님께서 주신 선물들을 우리가 사용하는 것이 정결한 것이 되게 함과 동시에, 우리가 그 선물들을 사용하는 것이 하나님께는 영광이 되고, 우리 자신에게는 유익이 되게 하기 위한 것이다. 반면에, 성만찬에서 행해지는 신비한 축복(mystica benedictio)의 목적은, 평범한 음료였던 포도주가 그리스도의 피의 상징이 되어서, 우리의 영혼을 위한 신령한 양식으로 성별되도록 하기 위한 것이다.

바울은 이런 식으로 축복을 받은 "잔"을 '코이노니아'(κοινωνία), 즉 "그리스도의 피에 참여하는 것"이라고 말한다. 어떤 사람들은 이것이 도대체 무슨 뜻이냐고 물을 것이다. 하지만 바울이 그렇게 말한 것 속에는 논란을 불러일으키거나 불분명한 것은 전혀 없고, 바울의 말은 모든 것이 아주 분명하고 명확하다. 왜냐하면, 바울은 여기에서 믿는 자들이 "그리스도의 피"로 말미암아 서로 결합되어서 하나의 몸을 이루게 된다는 것을 아주 분명하게 말하고 있고, 믿는 자들이 축복의 잔을 통해서 이런 식으로 하나가 되는 것을 바울이 '코이노니아,' 즉 "그리스도의 피에 참여하는 것"이라고 부른 것도 지극히 합당하기 때문이다.

우리는 "떡"에 대해서도 동일하게 말할 수 있다. 우리는 바울이 마치 자기가 포도주에 대하여 말한 것을 보충설명이라도 하려는 듯이, 바로 뒤에서 "우리가 다 함께 동일한 떡에 참여하기 때문에, 우리 모두가 한 몸이 된다"는 말을 덧붙이고 있는 것에 주목하여야 한다. 그러나 우리 가운데 '코이노니아'가 존재할 수 있는 것,

즉 우리가 한 몸이 될 수 있는 것은, 우리가 그 전에 이미 그리스도와 연합되어서 "그 몸의 지체"(엡 5:30)가 되어 있기 때문이다. 즉, 우리가 서로 연합하여 한 몸이 되기 위해서는, 우리 각 사람이 먼저 그리스도와 연합되어 있어야 한다는 것이다. 내가 한 가지 덧붙이고자 하는 것은, 여기에서 바울이 말하고 있는 것은, 단순히 사람들 간의 친교에 관한 것이 아니라, 그리스도와 신자들 사이에 존재하는 영적인 연합에 관한 것이라는 점이고, 이러한 사실을 통해서 바울은 고린도 교인들이 우상 숭배자들과 어울려서 함께 우상의 제물을 먹는 것은 우상과 연합하여 한 몸이 됨으로써 스스로를 더럽히는 것이기 때문에, 도저히 용납될 수 없는 신성모독이라는 사실을 분명히 밝히고자 한 것이었다는 것이다. 따라서 우리가 이 절의 전후 맥락으로부터 내릴 수 있는 결론은, '코이노니아'(κοινωνία), 즉 "그리스도의 피에 참여한다는 것"은, 그리스도께서 우리 모두를 그의 몸에 접붙이심으로써, 그 결과 그가 우리 안에 사시게 될 때, 우리는 그리스도의 피로 말미암아 그와 연합하게 된다는 것을 의미한다는 것이다.

바울이 여기에서 "축복의 잔"을 "그리스도의 피에 참여하는 것"이라고 말한 것은, 단지 비유에 지나지 않는 것이 아니라, 엄연한 실체를 표현하고 있는 것이기 때문에, 이것을 단순한 비유적인 표현이라고 말하는 것은 옳지 않다. 즉, 바울은 성찬에 참여한 믿는 자들이 포도주를 마실 때, 그들의 영혼은 실제로 그리스도의 피에 참여하게 된다는 것이다. 그러나 교황주의자들은 자신들의 성찬과 관련해서, "축복의 잔"이 "그리스도의 피에 참여하는" 성례전이라고 말할 수 없다. 왜냐하면, 그들이 거행하는 성찬 예식은 사람들이 고안해 낸 온갖 요소들로 짜깁기가 되어 있어서, 우리 주님이 명하신 요소는 흔적도 남아 있지 않는 까닭에, 그러한 기이한 예식을 성찬이라고 부를 수 있는지도 의문이지만, 설령 그 예식을 성찬이라고 부를 수 있다고 할지라도, 그 성찬은 형편없이 망가지고 훼손된 것이기 때문이다. 또한, 그들이 거행하는 성찬을 구성하는 다른 모든 요소가 그리스도께서 제정하신 성찬에 해당한다고 가정하더라도, 그리스도의 성찬의 절반에 해당하는 "잔"을 나누고 "잔"에 참여하는 것이 신자들에게 차단되어 있다는 단 한 가지 사실만 보더라도, 그들의 성찬이 "그리스도의 피에 참여하는 것"이 되는 것은 불가능하다.

우리가 떼는 떡은 그리스도의 몸에 참여함이 아니냐. 이것으로부터 우리는 초대 교회의 관습은 한 덩어리의 떡으로부터 각각의 신자가 자신의 몫을 떼어서 먹는 것이었다는 것을 분명하게 알 수 있다. 성찬에 참여한 모든 신자들은 이러한 예식을 통해서 자신들이 그리스도의 한 몸에 서로 연합되어 있다는 것을 자신들의 눈으로 생생하게 목격하고 깨달을 수 있었다. 또한, 이러한 관습이 상당히 오랜 기간 동안 지속되었다는 것은, 사도들의 시대로부터 약 삼세기 동안에 걸쳐서 활동하였던 교회 지도자들의 증언을 통해서 분명하게 확인된다. 일반 신자들은 자신의 손으로 떡을 만지지도 못하고 사제가 떼어주는 떡을 입으로 받아먹기만 해야 하는 미신적인 관습이 득세한 것은 그 후의 일이었다.

17. 떡이 하나요 많은 우리가 한 몸이니 이는 우리가 다 한 떡에 참여함이라. 여기에서 바울이 이렇게 말하고 있는 의도가 우리에게 서로 사랑할 것을 권면하기 위한 것이 아니라는 것은 내가 앞에서 이미 말한 바와 같다. 바울이 여기에서 이 말을 하는 목적은, 우리와 그리스도 간에 존재하는 이러한 연합은, 우리 모두가 그 거룩한 연합의 표징들인 포도주와 떡을 받아서 먹고 마시기 위하여 한자리에 모이는 것에서도 알 수 있듯이, 우리의 신앙 고백을 외적으로 나타내고 표현하는 자리에서도 확고하고 분명하게 유지되어야 한다는 것을 고린도 교인들로 하여금 깨닫게 하기 위한 것이다. 여기에서 바울은 성찬의 구성요소 중 하나에 관해서만 말하고 있지만, 성경의 용례들은 "떡을 떼는 것"이 성찬 전체를 가리키는 제유법적인 표현이라는 것을 너무나 분명하게 보여 준다. 독자들은 바울이 여기에서 포도주에 대해서는 언급하지 않고, 단지 떡에 대해서만 언급하고 있다는 사실과 관련해서 한 가지 주의할 점이 있다. 즉, 일부 협잡꾼들은 바울이 여기에서 "떡"에 대해서만 언급한 것은 평신도들은 성례전의 절반에 해당하는 "포도주"에는 참여해서는 안 된다는 것을 분명하게 보여 준 것이라고 주장하며 추악한 말장난을 늘어놓고 있지만, 초신자들은 그러한 말에 현혹되어서 혼란스러워할 필요가 없다는 것이다.

18. 육신을 따라 난 이스라엘을 보라 제물을 먹는 자들이 제단에 참여하는 자들이 아니냐. 바울은 모든 종교적인 예식들은 하나님 또는 우상과 우리를 어떤 식으로든 연합시키는 힘을 갖고 있다는 것을 증명하기 위해서, 여기에서 또 다른 예를 제시한다. 모세의 율법에 따르면, 오직 제단에서 여호와 하나님을 합당하게 제사 지낼 수 있는 자들만이, 제단에서 나온 제물을 먹을 수 있게 되어 있었다. 여기에서 바울이 말한 "제단에 참여하는 자들" 속에는, 제사를 집례하는 제사장들만이 아니라, 그렇게 하나님께 제사를 지내고 난 제물의 남은 부분을 나누어 먹었던 일반 사람들도 포함되었다. 따라서 "제물을 먹는 자들"은 오직 "제단에 참여해서" 희생제사를 지낸 사람들뿐이었다는 결론이 나온다. 다시 말하면, 하나님께서 자신의 성

전과 그 안에서 거행되는 예식들에 참여하는 것이 합당하다고 여기시고 성별하신 자들만이 "제물을 먹는 자들"이 될 수 있었다는 것이다.

우리는 바울이 여기에서 "이스라엘"이라는 말 앞에 "육신을 따라 난"이라는 어구를 덧붙인 것은, 고린도 교인들로 하여금 옛적의 이스라엘 백성들의 예식과 지금 그리스도인들의 예식을 서로 비교해서 생각해 보고, 그들이 거행하는 성찬이 이스라엘이 거행하였던 희생제사과는 비교할 수 없을 정도로 대단한 것임을 상기하도록 하기 위한 것으로 볼 수도 있기 때문에, 그런 경우에 그는 이렇게 말한 것과 같다: "옛적에 이스라엘 백성들이 거행하였던 예식들과 그들에게 주어졌던 초보적인 가르침이 그러한 효력을 지니고 있었다면, 하나님께서 그 때보다 훨씬 더 온전하게 자기 자신을 계시하여 주신 우리의 신비한 성찬이 얼마나 더 뛰어난 효력을 지니고 있는 것일지를 너희는 생각해 보아야 하지 않겠는가?" 하지만 나는 바울은 여기에서 여전히 율법 아래에 있던 유대인들과 그리스도께 회심한 사람들을 구별하기 위해서 "육신을 따라 난 이스라엘"이라고 표현한 것으로 보는 것이 좀 더 간단명료한 이해라고 생각한다.

또 하나 우리가 유념해야 할 대비는, 하나님께 드리는 제사는 그 제사를 드린 사람들을 거룩하게 하는 반면에, 우상에게 제사하는 자들은 그 제사로 말미암아 부정하고 되고 속되게 된다는 것이다. 왜냐하면, 사람을 거룩하게 하시는 분은 오직 하나님뿐이시고, 다른 모든 우상들은 사람을 속되고 부정하게 만들기 때문이다. 다시 한 번 말하지만, 믿는 자들이 성례전을 통해서 하나님과 교제하고 연합하게 되는 것과 마찬가지로, 믿지 않는 자들은 미신적인 우상 숭배를 통해서 자신들의 우상들과 교제하고 연합하게 된다는 것이다. 그러나 사도는 이 문제를 본격적으로 논의하기에 앞서서, 사람들이 어떤 반론을 제기할 것인지를 예상하고, 미리 그 반론에 대한 답변을 먼저 제시한다.

[19]그런즉 내가 무엇을 말하느냐 우상의 제물은 무엇이며 우상은 무엇이냐 [20]무릇 이방인이 제사하는 것은 귀신에게 하는 것이요 하나님께 제사하는 것이 아니니 나는 너희가 귀신과 교제하는 자가 되기를 원하지 아니하노라 [21]너희가 주의 잔과 귀신의 잔을 겸하여 마시지 못하고 주의 식탁과 귀신의 식탁에 겸하여 참여하지 못하리라 [22]그러면 우리가 주를 노여워하시게 하겠느냐 우리가 주보다 강한 자냐 [23]모든 것이 가하나 모든 것이 유익한 것은 아니요 모든 것이 가하나 모든 것이 덕을 세우

는 것은 아니니 [24]누구든지 자기의 유익을 구하지 말고 남의 유익을 구하라(10:19-24).

19. 그런즉 내가 무엇을 말하느냐 우상의 제물은 무엇이며 우상은 무엇이냐. 바울은 지금까지 우상의 신전에 드나들며 우상의 제물을 먹는 것은 우상과 교제하고 연합하는 것이 된다고 말하였기 때문에, 얼핏 보면 바울의 그러한 주장은 우상에게도 어떤 실체가 있고 무슨 능력도 있는 것으로 여기는 것처럼 보였기 때문에, 무엇인가 잘못된 것처럼 보일 수 있었다. 따라서 바울의 앞에서의 논증에 대해서 즉각적으로 다음과 같은 반론이 얼마든지 제기될 수 있었다: "살아계신 하나님에 대한 제사와 아무것도 아닌 우상에 대한 제사를 그런 식으로 비교하는 것이 과연 타당한 것인가? 하나님께서 성례전들을 통해서 우리를 자기 자신과 연합시키신다는 것은 두말할 필요가 없지만, 우상은 아무것도 아닌 존재인데, 어떻게 하나님의 경우와 마찬가지로, 우상을 섬기는 자들이 우상과 교제하고 연합될 수 있다는 것인가? 당신은 우상이 정말로 존재하거나, 우상에게 무엇인가를 행할 수 있는 능력이 있다고 생각하는 것인가?" 이제 바울은 그러한 반론이 제기될 것을 예상하고서, 자기는 우상 자체가 그런 능력을 지니고 있다고 말하고 있는 것이 아니라, 우상에게는 그런 힘이 없지만, 우상에게 제사하는 사람들의 마음과 태도 때문에 그런 일이 일어나게 된다는 것을 말하고 있는 것이라고 대답한다. 즉, 그는 우상 숭배자들의 온갖 더러움과 부정함은 그들의 마음으로부터 비롯되는 것임을 간접적으로 지적한 것이라고 말하고 있는 것이다. 따라서 바울은 우상은 아무것도 아니라고 일관되게 말한다. 또한, 그는 이방인들이 아무리 거창하고 엄숙한 예식들을 통해서 우상들에게 제사를 지낸다고 할지라도, 그들이 하는 그 모든 일들은 다 헛된 것이고, 하나님이 지으신 피조물들이 그들의 그러한 어리석고 헛된 행위들로 말미암아 더럽게 되거나 부정하게 되는 것도 아니라고, 마찬가지로 일관되게 말한다. 하지만 우상 숭배자들은 하나님으로부터 정죄를 받아 마땅한 온갖 추악하고 미신적인 생각으로 자신들의 마음을 가득 채우고서는, 우상 숭배와 관련된 종교 예식들을 행하는 것일 뿐만 아니라, 그들이 행하는 그러한 행위들 자체가 사악하기 짝이 없는 것들이기 때문에, 바울은 우상 숭배를 통해서 우상과 교제하고 연합하는 자들은 모두가 더럽고 부정하게 되는 것이라고 말한 것이다.

20. 무릇 이방인이 제사하는 것은 귀신에게 하는 것이요 하나님께 제사하는 것

이 아니니. 우리는 여기에 나오는 바울의 대답을 좀 더 잘 이해하려면, 그가 생략한 부정문을 보충해 넣어서, 그의 대답을 전체적으로 살펴볼 필요가 있다: "나는 우상이 실제로 존재한다고 말하는 것도 아니고, 우상에게 어떤 것을 할 수 있는 능력이 있다고 말하는 것도 아니다. 이방인들이 우상에게 제물을 바치고 제사를 지내는 것은 하나님에게 하는 것이 아니라 귀신에게 하는 것이다. 내가 그들의 우상 숭배가 그들의 사악하고 불경스러운 미신으로부터 비롯된 것이라고 보는 이유가 거기에 있다. 왜냐하면, 우리는 사람들이 행하는 어떠한 일을 평가하거나 판단할 때, 항상 그 배후에 있는 내적인 동기를 살펴보아야 하기 때문이다. 따라서 우상 숭배자들의 제사와 어떤 식으로든 관계를 맺는 자는 자신이 그들과 동일한 미신을 신봉하고 있다는 것을 모든 사람에게 분명하게 선언하는 것이다."

그래서 바울은 자신이 이미 앞에서 말한 그러한 취지에 입각해서, 다음과 같이 자신의 논증을 계속해서 이어간다: 하나님의 입장에서 생각한다면, 어떤 사람들이 진정으로 우상을 숭배하고자 하는 마음이 없이, 그저 단순히 우상의 신전에 가서 우상의 제물들을 먹고 마신다면, 그들의 행위는 하나님 앞에서 아무것도 아닌 일이 될 수도 있겠지만, 사람들의 입장에서 생각한다면, 우상의 제단 아래 앉아서 먹고 마시는 자들은 자신들이 우상을 섬기는 자라는 것을 외적으로 선언하는 것이기 때문에, 그들의 행위는 잘못된 것이다.

어떤 사람들은 헬라인들은 '다이모니아(δαιμόνια)'라는 단어를 신과 비슷한 존재를 가리키는 데 사용하는 것이 보통이었고, 여기에서 바울도 이 단어를 그러한 뜻으로 사용한 것이라고 생각한다. 헬라인들은 영웅 같은 인물들을 하급신으로 간주해서 '다이모니아' 라고 불렀고, 따라서 이 단어는 좋은 뉘앙스를 지니고 있었다. 플라톤(Platon)도 수호신이나 천사와 같은 존재를 가리키기 위해서 이 단어를 종종 사용하였다. 하지만 바울이 여기에서 이 말을 한 의도는, 어떤 행위들이 진정으로 우상을 숭배하는 것은 아니라고 할지라도, 우상 숭배처럼 비쳐질 수 있는 경우에는, 그런 행위를 하는 것은 결코 작은 죄가 아니라는 것을 보여주는 것이었기 때문에, 바울이 여기에서 사용한 '다이모니아' 를 그러한 의미로 이해하는 것은 바울의 의도에서 완전히 벗어난 것이다. 왜냐하면, 바울이 이 말을 한 의도는, 이방인들이 우상에게 제사하는 행위가 지닌 신성모독의 성격을 완화시키려는 것이 아니라 최대한 부각시키려는 것이기 때문이다. 따라서 바울은 이방인들의 우상 숭배가 얼마나 극악무도한 죄인지를 보여 주기 위해서 '다이모니아' 라는 단어를 사용하였는데, 우리가 그 단어를 좋은 뉘앙스를 지닌 단어로 왜곡해서 해석하여, 우상 숭배라는 죄악이 지닌 극악무도함을 덮어 주고자 한다면, 그것은 얼마나 어처구니없고 황당한 일이 되겠는가! 모세는 우상에게 바친 제사를 "귀신들"에게 바친 제사라고 분명하게 말한다(신 32:17, "그들은 하나님께 제사하지 아니하고 귀신들에게 하였으니 곧 그들이 알지 못하던 신들, 근래에 들어온 새로운 신들 너희의 조상들이 두려워하지 아니하던 것들이로다"). 바울의 시대에 널리 사용되던 칠십인 역본의 신명기 32:17에는 '다이모니아'라는 단어가 나오는데, 칠십인 역본에서는 이 단어를 "귀신들"이라는 의미로 사용하는 것이 보통이다. 따라서 바울은 우상 숭배가 얼마나 심각한 죄악인지를 보여 주기 위해서 신명기에 기록된 모세의 말에 나오는 이 단어를 가져와서 사용한 것이고, 이방인들의 용례를 따라서 이 단어를 사용한 것이 결코 아니었다는 것은 너무나 분명하다.

그런데 이런 설명들은, 내가 방금 전에 바울은 우상 숭배자들의 내면적인 동기에 초점을 맞추어 말하였다고 한 것과 모순되는 것처럼 보일 수 있다. 왜냐하면, 우상 숭배자들은 비록 허구적이고 날조된 것이기는 하지만 어쨌든 자신들의 신을 섬긴다고 생각한 것이고, 귀신들을 섬긴다고 생각한 것은 아니었기 때문이다. 이것에 대한 나의 대답은, 그 두 가지 설명은 전혀 모순되지 않는다는 것이다. 왜냐하면, 사람들의 "생각"이 허망하여져서(롬 1:21), 한 분 하나님 대신에 피조물을 섬길 때, 그것은 사탄을 섬기는 것인 까닭에, 그들이 거기에 대한 응분의 벌을 받는 것이 마땅하기 때문이다. 그들은 하나님과 사탄 사이에서 "중간 영역"을 찾으려고 애쓰지만, 그런 것은 불가능하다. 왜냐하면, 그들이 참 하나님으로부터 돌아서는 순간, 사탄이 그들의 경배의 대상으로 즉시 그들 앞에 등장하고, 그들은 사탄은 경배할 수밖에 없게 되기 때문이다.

나는 너희가 귀신과 교제하는 자가 되기를 원하지 아니하노라. 만일 "귀신"이라는 단어가 하나님도 아니고 사탄도 아닌 중립적인 존재를 가리키는 것이라면, 바울이 여기에서 하는 말은 얼마나 무의미한 것이 되겠는가? 왜냐하면, 그는 여기에서 우상 숭배자들을 호되게 책망하고 있는 것이기 때문이다. 또한, 그는 자기가 고린도 교인들이 "귀신과 교제하는 자가 되기를 원하지" 않는 이유도 제시하는데, 그것은 어느 누구도 "주의 잔과 귀신의 잔을 겸하여 마시지 못하고 주의 식탁과 귀신의 식탁에 겸하여 참여하지 못하기"(21절) 때문이라는 것이다. 주께서는 모든 거룩한 예식 속에서 우리와 "교제"하시겠다고 약속하셨다. 따라서 우리가 우상 숭배를 비롯해서 온갖 신성모독적인 것들을 버릴 때, 그리고 오직 그 때에만, 그리스도께서는 우리가 자신의 살과 피를 마시는 성찬에 참여하는 것을 허용하신다는 것을 깨달아야 한다. 이렇게 우리는 그리스도와 교제하는 자가 되든지, 아니면 우상 숭배를 통해서 귀신과 교제하는 자가 되든지, 어느 한 쪽을 선택하여야 하고, 이 두 가지를 다 하는 것은 불가능하다. 그런데도 어떤 사람들은 우상 숭배자들을 불쾌하게 만드는 것이 덕이 되지 않는다는 미명 아래, 하나님께서 금지하신 불경스러운 미신적인 예식들로 자신들을 더럽히기를 주저하지 않으면서도, 자신들이 지금 무슨 짓을 하고 있고, 자신들이 얼마나 끔찍하고 비참한 상태에 있는 것인지를 전혀 알지 못한다. 그런 자들은 자발적으로 그리스도와 교제하는 것을 버린 것이고, 그리스도의 구원의 식탁에 이르는 길을 스스로 차단해 버린 것이다.

22. 그러면 우리가 주를 노여워하시게 하겠느냐. 바울은 고린도 교인들이 우상의 신전에 가서 우상의 제물을 먹고 마시는 것이 얼마나 가증스럽고 끔찍한 범죄인지에 대한 가르침을 다 마치고서, 이제 여기에서는 한층 격앙된 어조로 계속해서 말을 이어간다. 왜냐하면, 바울은 "주를 노여워하시게 하는 것"이 가장 두려운 일인데도 불구하고, 고린도 교인들이 그런 일을 아무렇지도 않게 생각하거나, 대수롭지 않은 사소한 잘못쯤으로 여기고 있다는 것을 잘 알고 있었기 때문이었다. 사람들은 남들로부터 자신의 잘못을 지적받았을 경우에는 자신의 잘못을 순순히 인정하려고 하지를 않고, 이런저런 핑계를 대면서 어떻게든 자신의 행위를 정당화하고자 하는 것이 보통이듯이, 고린도 교인들도 그리스도인인 자신들에게 주어진 자유를 들먹거리며, 자신들이 우상의 신전에 드나들며 우상 숭배자들과 어울려서 함께 우상의 제물을 먹고 마시는 주제넘고 오만방자한 짓을 행해 온 것을 애써 변명하면서, 그것이 가증스럽고 심각한 죄악이라는 것을 인정하지 않고, 자신들이 한 그런 일들은 잘못이 아니고, 설령 잘못이라고 해도 사소한 실수에 지나지 않는데, 왜 그렇게 문제삼는지 모르겠다는 식의 태도를 보이고 있었다. 반면에, 바울은 여기에서 고린도 교인들이 그렇게 행하는 것은 하나님을 상대로 싸우고 있는 것이라고 단호하게 선언하는데, 이것은 지극히 마땅한 말이다. 왜냐하면, 하나님께서 우리에게 요구하시는 것은, 자신의 말씀을 통해서 우리에게 알게 해 주신 모든 것을 철저하게 준행하라는 것인데, 우리가 하나님의 명령을 거역하는 일들을 행하고 있으면서도, 거기에 대한 벌을 받지 않으려고, 이런저런 핑계를 늘어놓으면서, 자신들은 잘못한 것이 아니라고 끝까지 고집한다면, 그것은 하나님을 공공연히 대적

하여 하나님과 싸우고 있는 것이 될 수밖에 없기 때문이다. 이사야 선지자가 "악을 선하다 하고 암흑을 광명이라고 하는 모든 자들"(사 5:20)에게 화가 있을 것이라고 선포한 것도 바로 그런 이유에서였다.

우리가 주보다 강한 자냐. 바울은 하나님을 대적하여 진노하시게 하는 것이 얼마나 위험한 일인지를 경고한다. 왜냐하면, 하나님을 진노하시게 하고 살아남을 수 있는 자는 아무도 없기 때문이다. 사람과 사람이 싸울 때에는 승리의 여신이 누구의 손을 들어줄지는 아무도 알 수 없지만, 하나님을 상대로 싸움을 하는 것은 자기 무덤을 자기가 파는 것과 다를 바 없다. 따라서 하나님을 우리의 적으로 만드는 것이 두렵다면, 우리는 하나님의 말씀을 거스르고 거역하는 것임이 명명백백한 우리 자신의 죄악된 행위들에 대해서 끝까지 오리발을 내밀며, 우리에게는 잘못이 없다고 발뺌을 하는 것에 대해서도 두려움을 느끼는 것이 마땅하다. 또한, 우리가 하나님께서 친히 분명하게 말씀하신 것들에 대해서 이의를 제기하며 왈가왈부하고 있다면, 우리는 우리가 그렇게 하고 있는 것도 두려운 일로 생각해서, 당장 그렇게 하는 것을 중단하여야 한다. 왜냐하면, 그것은 옛적에 거인족들이 하나님을 대적하여 그들이 하나님처럼 되려고 하늘에 오르려고 한 것과 전혀 다르지 않은 행동이기 때문이다.

23. 모든 것이 가하나 모든 것이 유익한 것은 아니요 모든 것이 가하나 모든 것이 덕을 세우는 것은 아니니. 바울은 또다시 그리스도인의 자유라는 주제로 되돌아온다. 고린도 교인들은 이러한 자유를 내세워서 자신들의 행위를 변호하고 있었지만, 바울은 앞에서 자기가 이미 제시한 바 있는 것과 동일한 설명을 또다시 꺼내서, 그들의 생각이 잘못된 것임을 지적한다. 우상의 신전에 가서 우상에게 바쳐졌던 제물을 먹는 것이나, 이방인들의 모임에 참석하는 것은 외형적인 일이기 때문에, 그것 자체가 금지되는 것은 아니다. 따라서 바울은 고린도 교인들의 그러한 행위 자체가 잘못되었다고 말하는 것이 아니라, 그들이 교회와 다른 형제들의 덕을 세우는 문제를 마땅히 고려하여야 하는데도, 그렇게 하지 않은 것이 문제라는 것을 분명히 한다. 그래서 그는 "모든 것이 가하나 모든 것이 유익한 것은 아니요"라고 말한다. 즉, 우리는 그리스도인들에게 허용된 모든 것을 다 자유롭게 할 수 있기는 하지만, 우리가 그렇게 하였을 때, 우리가 한 모든 것이 우리의 이웃에게도 유익이 되는 것은 아니라는 것이다. 다시 말해서, 우리에게 허용된 모든 일에 있어서, 우리가 우리 자신만의 유익을 구해서는 안 되고, 어떤 일이 내게는 유익이 되지만 다른

형제들에게는 유익이 되지 않는다면, 우리는 그 일을 하지 말아야 한다는 것이다. 바울은 어떤 일이 우리에게 허용되어 있는 일이라고 할지라도, 형제들에게는 유익이 되지 않는다면, 우리는 그 일을 하지 않아야 하는데, 그 목적은 형제들의 "덕을 세우기" 위한 것이라고 말한다. 즉, 우리는 범사에 우리 형제들의 "덕을 세움"으로써 우리 형제들을 도와주어야 한다는 것이다.

여기에서 어떤 사람들은 이렇게 반문할 수도 있다: "그것이 도대체 무슨 소리인가? 하나님께서 우리에게 허락해 주신 일이라고 할지라도, 그 일이 우리 형제들에게 유익이 되지 않는다면, 우리가 그 일을 해서는 안 된다는 것은, 결국 그 일이 우리에게 허용되어 있지 않다는 뜻이 아닌가? 그렇다면, 그리스도인으로서 우리에게 주어진 자유라는 것은 결국 하나님에 의해서 결정되는 것이 아니라, 사람들에 의해서 좌지우지되는 것이 아닌가?" 하지만 바울이 한 말을 곰곰이 생각해 보면, 우리는 바울이 그리스도인으로서 우리에게 주어진 자유가 우리의 형제들이나 이웃들에 대한 배려로 인해서 조금도 훼손되는 것이 아니고, 다만 우리가 자유를 사용함에 있어서 제약이 따르는 것이라고 말하고 있는 것일 뿐임을 알게 된다. 왜냐하면, 여기에서 바울은 그리스도인의 완전한 자유를 그대로 다 인정한 후에, 우리가 그 자유를 사용하면 남들에게 덕이 되지 않는 경우에만, 그 자유를 사용하지 말아야 한다고 말하고 있는 것이기 때문이다.

24. 누구든지 자기의 유익을 구하지 말고 남의 유익을 구하라. 바울은 로마서 14장에서도 여기에서와 동일한 주제를 다루는데, 거기에서 그는 아무도 자기가 좋아하는 일은 무엇이든지 다 행하려고 하지 말고, 도리어 자기가 하고자 하는 일들 중에서 혹시라도 형제들에게 걸림돌이 될 수 있는 일들은 없는지를 잘 살펴서, 그런 일들을 피함으로써, 형제들의 덕을 세우기 위하여 애써야 한다고 말한다. 이것은 우리에게 꼭 필요한 가르침이다. 왜냐하면, 우리의 본성은 철저히 타락하고 부패해 있어서, 우리는 모두 우리의 형제들을 배려하기는커녕 거들떠보지 않고 오로지 우리 자신의 유익만을 구하는 그런 존재들이기 때문이다. 하지만 그리스도께서 "네 이웃을 네 몸과 같이 사랑하라"(마 22:39)고 말씀하시며 보여 주신 사랑의 법(lex caritatis)은 우리에게 우리 이웃이 잘되는 것에도 관심을 가질 것을 명령한다. 여기에서 우리가 한 가지 유의하여야 할 것은, 사도는 각 사람에게 자기 자신의 유익을 조금도 구해서는 안 된다고 말하고 있는 것이 아니고, 단지 사람들이 자기 자신의 유익을 구하는 데에만 몰두해서, 형제들의 유익을 위해서 자신의 권리나 자

유를 포기해야 할 필요가 있을 때조차도, 자신의 권리나 자유를 조금도 포기하지 않으려고 해서는 안 된다고 말하고 있다는 것이다.

[25]무릇 시장에서 파는 것은 양심을 위하여 묻지 말고 먹으라 [26]이는 땅과 거기 충만
한 것이 주의 것임이라 [27]불신자 중 누가 너희를 청할 때에 너희가 가고자 하거든
너희 앞에 차려 놓은 것은 무엇이든지 양심을 위하여 묻지 말고 먹으라 [28]누가 너희
에게 이것이 제물이라 말하거든 알게 한 자와 그 양심을 위하여 먹지 말라 [29]내가
말한 양심은 너희의 것이 아니요 남의 것이니 어찌하여 내 자유가 남의 양심으로
말미암아 판단을 받으리요 [30]만일 내가 감사함으로 참여하면 어찌하여 내가 감사하
는 것에 대하여 비방을 받으리요 [31]그런즉 너희가 먹든지 마시든지 무엇을 하든지
다 하나님의 영광을 위하여 하라 [32]유대인에게나 헬라인에게나 하나님의 교회에나
거치는 자가 되지 말고 [33]나와 같이 모든 일에 모든 사람을 기쁘게 하여 자신의 유
익을 구하지 아니하고 많은 사람의 유익을 구하여 그들로 구원을 받게 하라
(10:25-33).

25. 무릇 시장에서 파는 것은 … 먹으라. 바울은 앞에서 고린도 교인들이 우상은 아무것도 아니고 우상의 제물을 먹어도 부정하게 되는 것이 아니라는 자신들의 참된 지식을 앞세워서, 우상의 신전에 드나들며 우상의 제물을 먹기 위해서는, 비록 진정으로 우상 숭배를 하는 것은 아니지만, 마치 자신들이 우상을 숭배하는 자들인 것처럼 행세할 수밖에 없고, 우상 숭배자들이 미신적인 예식들을 행하는 자리에 함께 참여할 수밖에 없는데, 그들의 그런 행위는 믿음이 약한 형제들을 걸려 넘어지게 하는 행위일 뿐만 아니라, 그 자체가 귀신과 교제하는 우상 숭배가 될 수 있다는 것을 경고함으로써, 그들에게 우상 숭배처럼 보이거나 우상 숭배가 될 수 있는 행위들을 하지 말도록 요구하였는데, 이제 여기에서는 그런 행위들만 아니라, 우상 숭배와는 크게 상관이 없어 보이는 행위일지라도, 다른 사람들에게 걸림돌이 될 수 있는 일을 해서도 안 된다고 말한다. 왜냐하면, 해도 되고 안 해도 되는 가치 중립적인 일일지라도, 우리가 그 일을 사려 깊지 못하게 행할 때에는, 우리의 그러한 행위가 다른 사람들에게 종종 걸림돌로 작용할 수 있기 때문이다. 고린도 교인들이 범한 여러 가지 잘못들은, 크게 보면, 형제들이나 이웃들을 배려하지 않고 그들의 덕을 세우는 쪽으로 행하지 않았다는 한 가지 잘못에 속하는 것들이었지만,

다른 사람들에게 걸림돌이 될 수 있는 정도에 있어서는 각각 달랐다. 이제 바울은 음식을 먹는 것과 관련해서, 우리에게는 양심의 거리낌을 받지 않고 무엇이든지 다 먹을 수 있는 자유가 있고, 그것은 하나님께서 허락하신 것이라고, 먼저 전체적인 원칙을 분명하게 선언한 후에, 다만 약한 양심을 지닌 사람들에게 걸림돌이 되거나 해가 되지 않도록 하기 위하여, 그러한 자유를 사용함에 있어서는 일정한 제약이 가해져야 한다고 말한다. 따라서 바울이 이 단락에서 전개하고 있는 논의의 결론은 다음과 같은 두 개의 요지로 이루어져 있다고 말할 수 있는데, 첫 번째는 음식을 먹는 것을 비롯한 가치중립적인 일들에 있어서는 우리에게는 그리스도인에게 주어진 자유를 갖고 있다는 것이고, 두 번째는 우리에게 주어진 그러한 자유는 사랑의 법에 의해서 제약을 받기 때문에, 우리는 그 자유를 아무런 제약 없이 마음껏 사용할 수 있는 것은 아니라는 것이다.

묻지 말고. 여기에서 바울이 사용한 동사인 '아나크리네스타이' (ἀνακρίνεσθαι, 한글개역개정에는 "묻다")는 사람이 어떤 일에 대해서 이렇게 생각하면 이렇게 해야 할 것 같고 저렇게 생각하면 저렇게 해야 할 것 같아서, 어떻게 해야 할지에 대하여 마음의 결정을 하지 못하는 것을 의미한다. 따라서 바울은 이제 우리는 음식을 정한 음식과 부정한 음식으로 구별할 필요가 없고, 무슨 음식이든 다 먹어도 된다고 말함으로써, 우리가 음식과 관련해서 양심의 거리낌을 갖거나 불안해하는 것으로부터 우리를 벗어나게 해 준다. 왜냐하면, 우리가 하는 일이 하나님께서 허락하신 일이라는 것을 하나님의 말씀을 통해서 확신하게 될 때, 우리의 마음과 양심이 모든 불안과 염려에서 벗어나서 평안해지는 것은 합당한 일인 까닭에, 바울이 여기에서 하나님께서 "묻지 말고" 먹으라고 말씀하셨으니 그렇게 하라고 말하였을 때, 우리의 양심이 음식과 관련된 온갖 불안감에서 해방되어 평안해질 것은 당연하기 때문이다.

양심을 위하여. 이것은 "하나님의 심판대 앞에서"라는 의미이다. 그는 이렇게 말한 것과 같다: "너희가 상대해야 하는 분은 하나님이시기 때문에, 어떤 일이 너희에게 허용되는 것인지 아닌지를 놓고서, 너희가 스스로 헤아리고 따져볼 필요는 전혀 없다. 왜냐하면, 내가 너희에게 무엇이든지 먹어도 좋다고 말한 이유는, 하나님께서 너희가 단 하나의 예외도 없이 모든 음식을 다 먹어도 좋다고 이미 허락하신 까닭이기 때문이다."

26. 이는 땅과 거기 충만한 것이 주의 것임이라. 바울은 자기가 앞에서 모든 음

식을 다 먹어도 될 자유가 우리에게 주어져 있다고 말하고 나서, 이제 여기에서는 그 말을 확증하기 위하여, 다윗의 시편(시 24:1)을 증거로 인용한다. 어떤 사람들은 시편에 나오는 이 본문이 바울이 여기에서 말하고 있는 것과 무슨 상관이 있느냐고 반론을 제기할수도 있겠지만, "땅과 거기 충만한 것이 주의 것"이라면, 세상에는 거룩하고 정결하지 않은 것이 하나도 없다는 말이 되기 때문에, 바울이 이 구절을 자신의 말에 대한 증거 본문을 인용한 것은 합당하다는 것이 나의 대답이다. 우리는 사도가 다루고 있는 문제가 무엇인지에 대해서 항상 주의를 기울이고 있어야만, 사도가 전혀 상관이 없는 것 같은 성경의 어떤 본문을 인용했을 때에도, 사실은 그 인용된 본문이 그가 현재 다루는 문제와 밀접하게 연결되어 있다는 것을 알 수 있게 된다. 또한, 어떤 사람들은 하나님께서 지으신 것들이라고 해도, 불신자들이 그것들을 우상에게 바치는 제물로 사용하였다면, 그것들은 부정한 것들이 된 것이 아니겠느냐고 반문할 수도 있겠지만, 바울은 하나님께서는 여전히 온 땅과 거기에 있는 만물을 소유하시고 다스리고 계시기 때문에, 전혀 그렇지 않다고 말한다. 즉, 하나님께서는 자신의 장중에 있는 모든 것을 자신의 권능을 통해서 보존하시고 거룩하게 하시기 때문에, 설령 하나님이 지으신 것들을 불신자들이 부정한 용도로 사용한다고 해도, 그것들이 부정하게 되는 것은 아니라는 것이다. 그러므로 하나님의 자녀들이 사용하는 모든 것이 정결한 이유는, 그것들이 다른 출처에서가 아니라, 하나님의 손으로부터 그 모든 것을 받아서 사용하기 때문이다.

시편 기자는 하나님께서 온갖 선한 것들로 이 땅에 베풀어 주셔서 이 땅을 풍성하게 하셨다는 것을 나타내기 위하여 "땅에 충만한 것"이라는 표현을 사용하였는데, 그 이유는 만일 "땅"에 나무나 풀이나 짐승을 비롯한 온갖 다양한 만물이 없었다면, 땅은 가재도구가 하나도 없는 텅 빈 집처럼 황량하고 을씨년스러우며, 심지어 흉하고 볼썽사나운 모습을 하고 있을 것이었기 때문이다. 어떤 사람이 "땅은 인간의 죄악으로 말미암아 저주를 받았는데, 어떻게 온갖 선한 것들로 풍성할 수 있는 것이냐"고 반론을 제기한다면, 거기에 대한 대답은 쉬운데, 그것은 여기에서 바울은 믿는 자들을 상대로 말하고 있는 것이었고, 그들에게 땅과 만물은 이미 그리스도를 통해서 거룩하게 되었기 때문에, 더럽혀지지 않은 순수하고 온전한 상태의 "땅"을 염두에 두고서 이렇게 말할 수 있었다는 것이다.

27-28. 불신자 중 누가 너희를 청할 때에 너희가 가고자 하거든 너희 앞에 차려 놓은 것은 무엇이든지 양심을 위하여 묻지 말고 먹으라 누가 너희에게 이것이 제

물이라 말하거든 알게 한 자와 그 양심을 위하여 먹지 말라. 바울은 앞에서 모든 음식을 다 먹어도 좋다는 보편적인 원칙을 선언한 후에, 여기에서는 그리스도인에게 주어진 그러한 자유를 사용할 때, 그 자유를 제약하는 한 가지 예외를 제시한다. 즉, 불신자들 중에서 어떤 사람이 믿는 자인 우리를 식사에 초대해 놓고서는, 우리 앞에 차려진 음식이 우상에게 제물로 바쳤던 것이라는 사실을 알려준 경우에는, 우리가 그 음식을 먹게 되면, 우리의 그러한 행위는 믿음이 약한 형제들에게 걸림돌이 될 위험성이 있다는 것을 뻔히 알면서도, 그런 위험성을 아랑곳하지 않고 그 음식을 먹는 것은, 형제들을 실족하게 만드는 죄를 범하는 것이라는 것이다. 요컨대, 바울은 모든 음식을 다 먹어도 되는 자유가 우리에게 주어져 있지만, 그럼에도 불구하고 어떤 음식을 먹을 때에는, 우리의 그러한 자유가 연약한 양심을 지닌 형제들을 실족하게 하고 위험에 빠뜨리는 일이 되지는 않는 것인지를 세심하게 살피고 배려하여야 한다고 가르치고 있는 것이다.

여기에서 바울은 "너희가 가고자 하거든" 이라고 말함으로써, 자기는 고린도 교인들이 "불신자들" 의 식사 초대를 받아서 그들의 집에 가서 그들과 함께 식사하는 것을 찬성하지 않고, 그러한 초대는 사양하는 것이 더 좋다는 것을 은연 중에 암시하고 있다. 하지만 "불신자" 의 집에 가서 식사를 함께 하는 것은 그 자체로는 선악의 어느 것에도 속하지 않는 가치중립적인 일이기 때문에, 바울은 그들에게 절대로 가지 말라는 식으로 단호하게 금지하지는 않는다. 그럼에도 불구하고, 믿는 자들은 그러한 올무와 덫에서 멀리 떨어져 있는 것이 상책이라는 것은 두말할 필요가 없다. 왜냐하면, 믿는 자들은 우상의 신전에 가서 우상 숭배자들과 함께 앉아서 우상의 제물을 먹는 것과 같이, 약한 형제들에게 걸림돌이 될 것이 아주 분명한 일만이 아니라, 약한 형제들에게 걸림돌이 될 수 있는 가능성이 조금이라도 있는 일도 조심하고 피하는 것이 합당하기 때문이다.

29. 내가 말한 양심은 너희의 것이 아니요 남의 것이니. 바울은 고린도 교인들이 그리스도인으로서 가지고 있는 자유를 자기가 축소시키거나 제약하는 것으로 비쳐지지 않도록 항상 아주 세심한 주의를 기울인다. "너희는 너희 형제의 연약한 양심을 상하게 하지 않기 위해서, 이 문제와 관련한 너희의 자유를 양보하는 것이 마땅하고, 너희의 권리를 남용함으로써 형제에게 걸림돌이 되는 일이 일어나지 않도록 조심하여야 한다. 하지만 너희가 그런 식으로 이 문제와 관련해서 너희의 권리나 자유를 스스로 제한한다고 할지라도, 너희의 양심 자체가 그 문제에 거리낌을

갖는 것은 아니기 때문에, 너희의 양심은 여전히 자유롭다. 따라서 너희가 너희의 권리나 자유를 사용할 때, 다른 사람들의 연약한 양심을 고려해서, 내가 너희의 행위를 제약한다고 해도, 나는 너희의 권리나 자유 자체를 제약하는 것은 아니기 때문에, 마치 내가 그 문제와 관련해서 너희의 양심에 올무를 놓아서 너희의 양심 자체를 옭아매는 것이라고, 너희는 생각해서는 안 된다."

우리가 유의해야 할 것은, 바울은 "양심"이라는 단어를 여기에서는 오직 하나님과의 관계 속에서의 양심이라는 좁은 의미로 사용하고 있는 반면에, 로마서 13:1-5과 디모데전서 1:5에서는 단지 하나님과의 관계만이 아니라 다른 사람들과의 관계 속에서의 양심이라는 넓은 의미로 사용하고 있다는 것이다. 로마서에서 바울은 우리는 단지 하나님의 진노하심이 두려워서가 아니라, 우리의 양심을 위해서도, "위에 있는 권세들," 즉 통치자들에게 복종하여야 한다고 말한다. 즉, 단지 하나님에게 벌을 받는 것이 두려워서가 아니라, 하나님께서 우리에게 그렇게 하라고 명하셨고, 또한 그렇게 하는 것이 우리의 마땅한 도리이기 때문에, 우리는 통치자들에게 복종하여야 한다는 것이다. 그렇다면, 똑같은 이유로 우리가 믿음이 연약한 형제들의 유익을 위해서 그들을 배려하여, 우리 자신을 그들의 눈높이에 맞추는 것이 하나님 앞에서 우리의 마땅한 도리이기 때문에, 우리는 그렇게 해야 하는 것이 아니겠는가? 또한, 바울은 디모데전서 1:5에서 "이 교훈의 목적은 청결한 마음과 선한 양심과 거짓이 없는 믿음에서 나오는 사랑이거늘"이라고 말함으로써, 다른 사람들을 배려하는 "사랑"이 "선한 양심" 속에 자리 잡고 있다고 말하고 있기 때문에, 이 경우의 "양심"도 다른 사람들과의 관계를 포함한 넓은 의미에서의 양심을 가리킨다. 하지만 내가 앞에서 이미 말했듯이, 여기에서 바울이 말한 "양심"은 좀 더 좁은 의미에서의 "양심"이다. 즉, 신자들의 양심은 다른 사람들과는 아무 상관이 없이, 그리스도로 말미암아 값없이 얻은 자신의 자유를 하나님의 심판의 보좌 앞에서 누리고 있기 때문에, 다른 사람들에 의해서나 시공간의 그 어떤 조건에도 얽매이지 않는다는 것이다. 어떤 사본들은 이미 26절에서 한 번 나온 "땅은 주의 것이니라"는 구절을 이 절에서도 반복하고 있지만, 이것은 어떤 독자가 난외에 기록해 놓았던 것이 나중에 본문 속으로 들어가게 된 것으로 보인다. 하지만 이것은 별로 중요한 문제는 아니다.

어찌하여 내 자유가 남의 양심으로 말미암아 판단을 받으리요. 여기에서 바울이 자신의 말을 하고 있는 것인지, 아니면 고린도 교인들이 제기한 반문을 인용하고 있는 것인지는 확실하지 않다. 먼저, 우리가 이 구절을 바울 자신의 말로 본다면, 이 구절은 바로 앞에 나온 구절을 확증하는 역할을 한다. 즉, 그는 이렇게 말한 것과 같다: "너는 그 일을 할 수 있는 자유가 네게 있음에도 불구하고, 다른 사람의 연약한 양심을 다치지 않게 하기 위하여, 네 자신의 자유를 포기하고 그 일을 하지 않은 것일 뿐인데, 그것이 어떻게 너의 자유가 그 사람에게 종속되어서 그 사람의 통제 아래 있게 된 것이라고 말할 수 있겠느냐?" 다음으로, 이 구절이 고린도 교인들의 말을 인용한 것이라면, 고린도 교인들은 바울에게 다음과 같이 말한 것이 된다: "지금 당신은 다른 사람들의 생각이나 판단에 따라서 우리가 우리에게 주어진 자유를 사용해야 하는지 말아야 하는지가 결정된다고 말하고 있는데, 그것은 우리에게 부당한 행동원칙을 강요하고 있는 것이다."

나는 이 구절이 바울 자신의 말이라고 생각한다. 하지만 앞에서 나는 이 구절이 바울 자신의 말이라고 했을 때, 이 구절이 어떤 의미인지를, 다른 사람들의 일반적인 견해를 인용해서 설명하였기 때문에, 이제는 이 구절에 대한 내 자신의 해석을 제시하고자 한다. 나의 해석은 여기에서 "판단을 받다"로 번역된 단어는, 성경의 통상적인 용법을 따라서, "정죄를 받다"는 의미로 해석되어야 한다는 것이다. 나의 이러한 해석을 따르면, 바울은 여기에서 다음과 같이 경고하고 있는 것이 된다: 우리가 우리의 자유를 무제한적으로 사용해서, 우리의 그러한 행위들이 우리의 이웃들이나 형제들에게 걸림돌이 된다면, 그들은 우리의 자유를 정죄하게 될 것이다. 즉, 우리가 다른 사람들을 배려하지 않고 경솔하게 행한다면, 우리는 하나님이 우리에게 주신 이 특별한 은혜가 다른 사람들에 의해서 정죄를 받는 결과를 초래하게 될 것이라는 것이다. 그런데도 우리가 이러한 위험성을 무시하거나 소홀히 여기고서, 우리의 자유를 남용한다면, 그것은 우리에게 주어진 자유 자체를 망치는 것이 될 것이라는 점에서, 바울이 이 구절에서 한 말은, 우리에게 주어진 자유를 사용할 때에는 반드시 다른 사람들을 고려해서 그들에게 걸림돌이 되지 않는 한도 내에서 사용하여야 한다는 권면에 더욱더 큰 힘을 실어 줄 수 있는 매우 강력한 논증이다.

30. 만일 내가 감사함으로 참여하면 어찌하여 내가 감사하는 것에 대하여 비방을 받으리요. 바울의 이 논증은 그가 방금 전에 한 논증과 동일하거나 거의 비슷하다: "하나님께서 내게 은혜를 베푸셔서, '모든 것이 내게 가하게' 해 주셨는데, 그렇게 하나님이 내게 은혜로 허락해 주신 것들을 내가 다른 사람들을 고려함이 없

이 무분별하게 행함으로써, 다른 사람들로 하여금 그러한 것들을 죄악된 것으로 여기고 비난하게 만들어서, 하나님이 내게 은혜로 주신 것들을 욕되게 한다면, 그것이 합당한 일이겠는가?" 물론, 우리가 아무리 조심하고 다른 사람들을 고려하여 분별 있게 행한다고 할지라도, 악한 자들은 우리를 비방할 것이고, 심지어 믿음이 연약한 자들도 우리에게 종종 화를 내게 될 것이다. 그런 일들은 어쩔 수 없는 일이어서, 우리가 그것을 완벽하게 막을 수는 없다. 그러므로 바울은 여기에서 우리가 그렇게 조심해서 행하였는데도 비방을 받고 욕을 먹는 그런 경우들에 대해서 말한 것이 아니고, 우리가 꼭 그렇게 할 필요가 있는 것이 아니었는데도 불구하고, 다른 사람들을 고려하지 않고 경거망동함으로써, 다른 사람들에게 걸림돌이 될 수 있는 빌미를 제공하고, 연약한 양심에 상처를 주어서는 안 된다고 경고한 것이다. 따라서 바울이 우리에게 원하는 것은 우리가 무분별하게 우리의 자유를 이용함으로써 믿음이 연약한 자들에게 우리를 비방할 빌미를 제공하지 않는 것이다.

31. 그런즉 너희가 먹든지 마시든지 무엇을 하든지 다 하나님의 영광을 위하여 하라. 바울은 고린도 교인들이 먹고 마시는 것과 관련된 것은 대수롭지 않은 지극히 사소한 일로 여기고서, 그런 것과 관련해서 사람들이 그들을 비방하더라도, 거기에 신경을 쓸 필요가 없다고 생각하지 않도록 하기 위해서, 우리의 삶의 모든 부분과 우리의 모든 행위는 아무리 사소한 것일지라도 하나님의 영광과 상관이 있기 때문에, 우리는 심지어 먹는 것과 마시는 것 같은 아주 작은 일에서조차도, 하나님께 영광이 되는 방식으로 행하기 위하여 우리의 최선을 다하는 것이 마땅하다고 가르친다. 우리가 하나님께 영광을 돌리기는 간절히 원한다면(우리는 마땅히 그래야 한다), 우리의 능력이 닿는 한에 있어서, 우리는 하나님이 우리에게 주신 은혜와 복이 사람들로부터 비방을 받지 않도록 애써야 한다는 점에서, 이 구절은 바울이 29절과 30절에서 말한 것과 맥을 같이한다. 옛 속담에서 "사람은 먹기 위해서 살아서는 안 되고, 살기 위해서 먹어야 한다"고 말하고 있듯이, 우리가 살기 위해서 먹는 것이고, 우리의 삶의 목적은 하나님께 영광을 돌리는 것이다. 따라서 우리가 음식을 먹는 것은 하나님을 섬기기 위한 것이라는 점에서, 우리의 음식은 어떤 의미에서는 우리가 하나님께 봉헌해 드리는 예물이다.

32. 유대인에게나 헬라인에게나 하나님의 교회에나 거치는 자가 되지 말고. 우리의 삶의 목적이자 우리의 삶에서 가장 중요한 일은 하나님께 영광을 돌리는 것이기 때문에, 바울은 앞 절에서 우리가 먹고 마시는 것 같은 사소한 일을 비롯해서

모든 일을 "하나님의 영광을 위하여 하라"고 말한 후에, 이제 여기에서는 우리가 무슨 일을 하든 다른 사람들을 배려하고 다른 사람들의 유익을 구하여야 한다고 말함으로써, 율법의 두 번째 강령인 이웃 사랑의 법을 언급한다. 여기에서 바울이 "유대인"과 "헬라인"을 모두 언급한 것은, 단지 하나님의 교회가 이 두 부류의 사람들로 이루어졌기 때문만이 아니라, 우리는 교회 밖의 "외인들"을 포함한 모든 사람들에게 "빚진 자"(롬 1:14)인 까닭에, 모든 사람을 "얻기 위하여"(고전 9:20-21) 모든 노력을 다 기울여야 하고, 특히 우리가 누구를 상대하든지 그들에게 걸림돌이 되어서는 안 된다는 것을 우리에게 가르치기 위한 것이다.

33. 나와 같이 모든 일에 모든 사람을 기쁘게 하여 자신의 유익을 구하지 아니하고 많은 사람의 유익을 구하여 그들로 구원을 받게 하라. 어떤 사람들은 여기에서 바울은 "모든 일에 모든 사람을 기쁘게 하여"라고 표현함으로써, 문자 그대로 단 하나의 예외도 없이 "모든 일"에서 "모든 사람"을 화나게 하지 말고 기쁘게 하여야 한다고 말하고 있기 때문에, 이 구절은 하나님의 말씀에 어긋나는 불법적인 일들에도 다 적용되어야 한다고 해석하지만, 그것은 크게 잘못된 것이다. 그것은 우리가 다른 사람들의 유익을 위해서라면, 하나님께서 죄악이라고 말씀하신 일들조차도 다 무시하고 행하여도 합당하다고 말하는 것이다.

그러나 바울이 그 자체로 가치중립적이고 합법적인 일들과 관련해서만 자기 자신을 다른 사람들에게 맞추어 행하였다는 것은 너무나 분명한 사실이다. 또한, 우리는 바울이 "그들로 구원을 받게 하라"는 말을 덧붙인 목적이 무엇이었을지도 유념하여야 한다. 따라서 우리는 어떠한 일이 사람들의 구원을 방해하는 일인지 아닌지를 영적으로 잘 분별해서, 사람들의 구원을 훼방하고 가로막는 일들에 대해서는 그 어떠한 타협이나 양보도 해서는 안 된다.

제11장

1내가 그리스도를 본받는 자가 된 것 같이 너희는 나를 본받는 자가 되라 2너희가
모든 일에 나를 기억하고 또 내가 너희에게 전하여 준 대로 그 전통을 너희가 지키
므로 너희를 칭찬하노라 3그러나 나는 너희가 알기를 원하노니 각 남자의 머리는
그리스도요 여자의 머리는 남자요 그리스도의 머리는 하나님이시라 4무릇 남자로
서 머리에 무엇을 쓰고 기도나 예언을 하는 자는 그 머리를 욕되게 하는 것이요 5무
릇 여자로서 머리에 쓴 것을 벗고 기도나 예언을 하는 자는 그 머리를 욕되게 하는
것이니 이는 머리를 민 것과 다름이 없음이라 6만일 여자가 머리를 가리지 않거든
깎을 것이요 만일 깎거나 미는 것이 여자에게 부끄러움이 되거든 가릴지니라 7남자
는 하나님의 형상과 영광이니 그 머리를 마땅히 가리지 않거니와 여자는 남자의
영광이니라 8남자가 여자에게서 난 것이 아니요 여자가 남자에게서 났으며 9또 남
자가 여자를 위하여 지음을 받지 아니하고 여자가 남자를 위하여 지음을 받은 것
이니 10그러므로 여자는 천사들로 말미암아 권세 아래에 있는 표를 그 머리 위에 둘
지니라 11그러나 주 안에는 남자 없이 여자만 있지 않고 여자 없이 남자만 있지 아
니하니라 12이는 여자가 남자에게서 난 것 같이 남자도 여자로 말미암아 났음이라
그리고 모든 것은 하나님에게서 났느니라 13너희는 스스로 판단하라 여자가 머리를
가리지 않고 하나님께 기도하는 것이 마땅하냐 14만일 남자에게 긴 머리가 있으면
자기에게 부끄러움이 되는 것을 본성이 너희에게 가르치지 아니하느냐 15만일 여자
가 긴 머리가 있으면 자기에게 영광이 되나니 긴 머리는 가리는 것을 대신하여 주
셨기 때문이니라 16논쟁하려는 생각을 가진 자가 있을지라도 우리에게나 하나님의
모든 교회에는 이런 관례가 없느니라(11:1-16).

1. 내가 그리스도를 본받는 자가 된 것 같이 너희는 나를 본받는 자가 되라. 이 절은 내용상으로 앞 장에 속한 것인데도, 내용상으로 아무런 연관이 없는 이 장과 함께 묶여 있기 때문에, 여기에서 장의 구분은 크게 잘못되었음이 분명하다. 따라

서 우리는 이 절을 앞 장의 결론적인 구절로 보아야 한다. 즉, 바울은 앞 장에서 자신의 가르침을 확증하기 위한 목적으로, 자기가 그들에게 가르친 것과 관련해서 그동안 스스로 어떻게 해 왔는지를 본보기로 제시한 바 있는데, 이제 여기에서는 고린도 교인들이 구체적으로 어떻게 해야 하는지를 알게 해 주기 위하여, 자기가 그리스도를 본받은 자가 된 것처럼, 그들은 자기를 본받는 자가 되어야 한다고 권면한다.

여기에서 우리가 주목해야 할 것은 다음 두 가지이다. 첫 번째는 바울은 자기 자신이 먼저 실천하지 않은 일은 그 어떤 것도 다른 사람들에게 행하라고 권면하거나 명하지 않았다는 것이고, 두 번째는 바울은 자기 자신과 다른 사람들이 본받아야 할 올바른 행실의 유일한 본보기로 "그리스도"를 제시하고 있다는 것이다. 선한 교사는 자기 자신도 행할 수 없거나 행하고 있지도 않는 것을 다른 사람들에게 행하라고 권면하거나 명하지 않을 뿐만 아니라, 자신이 행하고 있기 때문에, 다른 사람들도 자기처럼 해야 한다고 말하며, 자기가 행하고 있는 모든 것을 무조건 따라하라고 다른 사람들에게 강제하거나 강요하지도 않는다. 망상에 빠져 있거나 지나치게 독선적인 사람들이 보통 그런 식으로 행하는데, 그들은 자기가 옳다고 생각해서 행하는 모든 일을 다른 사람들도 자기와 똑같이 옳다고 생각하고 행하는 것이 마땅하고, 자기가 행하는 것은 절대적인 법이기 때문에, 모든 사람들은 그 법을 따라야 한다고 생각하는 망상이나 독선에 빠져 있는 자들이다.

한편, 세상 사람들은 잘못된 본보기까지도 답습하려고 하는 본성적인 성향을 갖고 있어서, 영향력이 큰 사람들의 행위를 원숭이처럼 그대로 모방하려고 애쓴다. 우리는 성인들이 행한 모든 일을 예외 없이 그대로 따라하려고 하는 그러한 잘못된 열심으로 말미암아 얼마나 많은 병폐가 교회 안으로 들어왔는지를 생생하게 목격하고 있다. 우리가 바울이 여기에서 우리에게 가르치고자 하는 교훈에 더욱더 세심한 주의를 기울여야 하는 이유도 거기에 있다. 왜냐하면, 바울은 오직 그리스도만을 "본"(πρωτότυπον — '프로토튀폰')으로 삼는 사람들만을 우리가 본받아야 한다고 우리에게 가르치기 때문이다. 따라서 어떤 성인이 보여 준 모범 또는 본보기는 우리를 그리스도로부터 멀리 떼어 놓는 것이 되어서는 안 되고, 우리를 그리스도에게로 더욱더 가까이 다가가게 만드는 것이어야 하고, 오직 그럴 때에만 우리가 그 성인을 본받는 것은 합당한 일이 된다.

2. 너희가 모든 일에 나를 기억하고 또 내가 너희에게 전하여 준 대로 그 전통을

너희가 지키므로 너희를 칭찬하노라. 바울은 이제 여기서부터는 앞에서와는 다른 주제로 넘어가서, 고린도 교인들이 성회로 모일 때에 지켜야 할 올바른 품격에 대하여 가르치기 시작한다. 어떤 사람이 어떤 옷을 입고 어떤 태도를 취하느냐에 따라서, 그 사람의 모습이 고상해 보이기도 하고 천박해 보이기도 하는 것과 마찬가지로, 어떤 사람이 품격을 갖추고 있을 때에는, 그의 행위들은 고상해 보이고, 품격을 갖추지 않았을 때에는, 천박해 보인다. 따라서 어떤 일을 행할 때에 품격은 대단히 중요하다. 품격은 우리의 행동에 고상함과 아름다움을 더해 줄 뿐만 아니라, 우리의 정신으로 하여금 반듯하고 고상한 일에 익숙해지게 만들어 준다. 품격은 일반적으로 모든 일에 필요한 것이기는 하지만, 거룩한 일들에 있어서는 특히 중요하다. 왜냐하면, 우리가 교회 안에서 고상하고 단정하게 행함으로써 품격을 유지하지 않는다면, 교회는 조롱거리가 되고, 더 나아가서 난장판이 되어 버리고 말 것이기 때문이다. 따라서 바울은 고린도 교인들이 하나님께 예배를 드리기 위해 모이는 성회가 합당한 품격을 갖출 수 있도록 하기 위해서, 그들이 교회 안에서 어떤 식으로 질서를 유지하여야 하는지에 대하여 여기에서 몇 가지 것들을 그들에게 가르친다. 하지만 바울은 그러한 것들에 대하여 본격적으로 말하기 전에, 고린도 교인들이 자기가 지금부터 그들에게 가르치고자 하는 것들을 잘 받아들일 수 있도록 그들의 마음을 준비시키기 위하여, 먼저 그들이 과거에 자기가 그들에게 명한 것들을 그대로 잘 준행해 주었다는 사실을 상기시키면서, 그들의 순종을 칭찬하는 것으로 운을 뗀다. 바울이 고린도전서 4:15에서 "그리스도 안에서 일만 스승이 있으되 아버지는 많지 아니하니 그리스도 예수 안에서 내가 복음으로써 너희를 낳았음이라"고 말하였듯이, 고린도 교회는 그가 그리스도를 위하여 낳은 교회였기 때문에, 그는 고린도 교회가 질서 있게 유지되게 하기 위하여 이런저런 지침들을 지켜 행하라고 그들에게 명하였었는데, 그들은 지금까지 바울이 명한 그러한 지침들을 잘 따라 주었기 때문에, 자기가 지금부터 그들에게 명하는 것들에도 그들이 순종할 것이라는 소망을 품을 수 있었다.

그런데 한 가지 이상한 것은, 앞에서 여러 가지 일들에 대해서 고린도 교인들을 책망했던 바울이 지금 여기에서는 그들을 칭찬하고 있다는 것이다. 왜냐하면, 이 서신의 앞부분에서 그가 지적했던 교회의 상태를 생각해 보면, 그들은 바울로부터 이러한 칭찬을 들을 자격이 도무지 없어 보이기 때문이다. 이러한 의문에 대한 나의 대답은 이렇다: 고린도 교인들 중 일부는 바울이 앞에서 책망한 것과 같은 죄악들에 빠져서, 어떤 교인들은 이런 죄악을, 또 어떤 교인들은 저런 죄악을 저지르고 있었지만, 그럼에도 불구하고 전체적으로 볼 때, 고린도 교회는 바울이 그들에게 명하였던 교회의 형태를 그대로 유지하고 있었다는 것이다. 다시 말하자면, 교회 안에 다양한 종류의 죄악들이 횡행하고 있어서, 어떤 신자들은 다른 사람들을 속이고, 어떤 신자들은 다른 사람들의 재물을 강탈하고, 어떤 신자들은 남을 시기하고, 어떤 신자들은 툭 하면 다른 사람들과 싸우며, 어떤 신자들은 음행을 저지르는 일이 벌어지고 있을지라도, 그리스도와 사도들이 세운 교회라는 공적인 형태(forma ecclesiae publica)는 여전히 온전하게 유지될 수 있기 때문에, 바울이 앞에서 고린도 교회에 여러 가지 죄악들이 신자들 사이에서 난무하고 있는 것을 책망한 것과 여기에서 고린도 교인들이 자기가 명한 지침들을 따라 교회를 잘 유지하였다고 칭찬한 것은 서로 모순되는 것이 전혀 아니라는 것이다.

그러한 사실은 바울이 여기에서 '파라도세이스'(παραδόσεις, "전통들")라는 단어를 사용하고 있는 것에서 한층 더 분명해지는데, 우리는 내가 앞에서 한 설명이 옳다는 것을 증명하기 위해서만이 아니라, 이 절을 증거본문으로 내세워서, 자신들의 "전통"을 옹호하고 있는 교황주의자들의 주장이 잘못된 것임을 밝히기 위해서라도 이 헬라어 단어를 살펴보지 않으면 안 된다. 교황주의자들이 전통과 관련해서 수학의 공리처럼 절대적으로 옳은 진리라고 여기는 명제가 있는데, 그것은 사도들의 가르침은 "글들"과 "전통들"이라는 두 부분으로 구성되어 있다는 것이다. 그들은 사도들의 가르침을 그런 식으로 구분한 후에, 온갖 터무니없는 미신적인 신앙들과 유치하기 짝이 없는 무수한 예식들은 물론이고, 한 걸음 더 나아가서 하나님의 명백한 말씀을 정면으로 거스르는 온갖 가증스럽고 혐오스러운 것들, 그리고 사람들의 양심을 쓸데없이 괴롭히고 고문해서 자신들의 명령에 복종하도록 하기 위하여 자신들이 날조해 낸 온갖 폭압적인 교회법들을 "전통들"에 포함시킨다. 따라서 아무리 터무니없고 말도 안 되는 것들일지라도, 그들이 말하는 소위 "전통들"에 포함되지 못할 일은 하나도 없기 때문에, 그들은 너무나 해괴한 것들에 "전통"이라는 딱지를 붙이고, 온갖 가증스럽고 불경스러운 것에 "전통"이라는 도료를 칠해서 번쩍거리도록 광을 내서 사람들 앞에 내어 놓는다. 그러므로 그들은 바울이 여기에서 "전통들"에 대해서 언급하였다는 단 한 가지 사실을 빌미로 삼아, "전통들"이라는 저 한 단어를 붙들고 늘어져서, 성경의 확실한 증언을 통해서 하나님의 말씀을 거스르는 것임을 누구나 분명하게 알 수 있는 온갖 가증스러운 일들에 "전통"이라는 이름을 붙여서 사도들의 가르침으로 둔갑시킴으로써, 바울이 마치 그 모든 가증스러운 일들을 보증해 주는 자인 것처럼 만들어 버린 것이다.

나는 사도들이 전하여 준 "전통들" 가운데 일부가 글로 기록되지 않았고, 따라서 우리에게 글로 전해 내려오지 않았다는 사실을 부인하지는 않지만, 성경에 기록되지 않은 사도들의 그러한 가르침들이 복음의 필수적인 구성요소들이었다거나, 우리의 구원을 위해서 꼭 필요한 것들이었다는 주장에는 동의하지 않는다. 그렇다면, 성경에 기록되지 않은 "전통들"이라는 것은 무엇이었는가? 그것들은 교회의 조직 및 정치와 관련된 것들이었다. 우리 주님께서는 교회의 정치 형태(politiae forma)에 대해서는 아무것도 명하지 않으셨기 때문에, 모든 개별 교회는 각각의 사정과 형편에 따라서 적절하고 편리하게 조직을 구성할 자유가 있었다. 그래서 고린도 교회를 처음 세운 바울은 경건과 품격을 유지하기 위한 지침들을 제정해서 교회를 관리하였고, 고린도전서 14:40에서 "모든 것을 품위있게 하고 질서있게 하라"고 말한 것처럼, 고린도 교인들에게 그러한 지침들을 따르라고 명하였던 것이다. 하지만 바울이 고린도 교회에 명한 그러한 지침들은, 오늘날 우리가 날마다 마주치는 저 어처구니없고 말도 안 되는 교황주의자들의 예전들과도 아무 상관이 없고, 유대인들의 미신을 뺨치는 교황주의자들의 미신과도 아무 상관이 없으며, 무고한 사람들을 잔인하고 악독하게 고문하고 죽였던 팔라리스(Phalaris, 잔인하기로 악명 높았던 시칠리아의 폭군 — 역주)보다 더 지독한 폭정으로 불쌍하고 가련한 사람들의 양심을 괴롭히고 고문한 교황의 폭정과도 아무 상관이 없고, 저 수많은 우상숭배적인 교황주의자들의 해괴하기 짝이 없는 예식들과도 아무 상관이 없다. 다른 사람들에게 어떤 규범을 제시하고 그 규범을 지키라고 명령하고자 하는 사람들은 바울처럼 신중하고 절제된 태도를 지니고서 그렇게 하여야 한다. 즉, 그들은 어떤 일에 대해서 자신들이 결정한 것을 따르라고 사람들을 윽박지르듯이 명령해서는 안 되고, 자신들은 "그리스도를 본받는 자들"로서 이미 그렇게 행하고 있다는 것을 알려 주고서는, 자신들이 행하는 것처럼, 그들도 자신들을 본받는 자가 되어서 그렇게 행하라고 명하는 것이 도리라는 것이다. 그럼에도 불구하고, 교황주의자들은 뻔뻔스럽게도 자신들의 입맛에 맞는 대로 모든 것을 날조해서, 어이없게도 거기에 "전통"이라는 이름을 붙여 사도들의 가르침으로 포장한 후에, 모든 사람들에게 무조건적으로 거기에 순종할 것을 요구한다. 끝으로, 우리가 알아야 할 것은, 바울은 고린도 교인들로 하여금 앞으로도 계속해서 순종하게 하기 위하여, 그들이 이전에 그에게 보여 주었던 순종을 칭찬하고 있다는 것이다.

3. 그러나 나는 너희가 알기를 원하노니 각 남자의 머리는 그리스도요 여자의 머리는 남자요 그리스도의 머리는 하나님이시라. 옛 속담에 "사람들의 나쁜 행실은 선한 법을 낳는다"는 말이 있듯이, 어떤 일과 관련해서 사람들이 악을 저지르기 전에는 그 일에 관한 법이 제정되지 않기 때문에, 사람들이 악을 행할 때, 비로소 그 악을 규제하는 선한 법이 나오게 된다. 마찬가지로, 바울이 여기에서 다루고 있는 관습은 고린도 교회에서 한동안 모두가 다 지키고 있었기 때문에, 아무런 문제가 되지 않아서, 그는 거기에 대해서는 당시에 그 어떤 가르침도 그들에게 줄 필요가 없었다. 그런데 그러한 관습을 어기는 사람들이 하나둘 나타나게 되자, 그는 이 관습이 합당하다는 것과 왜 그들이 이 관습을 지켜야 하는지에 대해서 그들을 가르칠 필요가 있게 되었다. 바울은 여자가 머리에 아무것도 쓰지 않고 공적인 예배에 참석하는 것이나, 남자가 머리에 무엇을 쓰고 기도하거나 예언하는 것이 합당하지 않은 것임을 증명하기 위해서, 먼저 하나님께서 정하신 질서를 거론한다.

여기에서 바울은 하나님께서 정하신 질서에 대해서, "그리스도의 머리가 하나님이시기 때문에, 그리스도께서 하나님의 권위 아래 계시는 것과 마찬가지로, 남자의 머리는 그리스도이고, 여자의 머리는 남자이기 때문에, 남자는 그리스도의 권위 아래 있고, 여자는 남자의 권위 아래 있다"고 말한다. 바울이 하나님께서 정하신 이러한 질서를 근거로 해서, 여자가 머리에 수건을 써야 한다는 결론을 어떤 식으로 도출해 내는지에 대해서는 나중에 살펴보기로 하고, 먼저 우리는 바울이 여기에서 말하고 있는 네 단계의 지위를 살펴보기로 하자. 바울에 따르면, 하나님의 지위가 가장 높고, 그리스도께서는 두 번째의 지위를 갖는다. 어째서 그런가? 그것은 그리스도께서 우리와 같은 육신을 입으시고서 성부 하나님께 복종하셨지만, 그 점을 제외하고는, 성부 하나님과 동일한 본성을 지니고 계시는 까닭에 성부 하나님과 동등하시기 때문이다. 따라서 우리가 명심하여야 할 것은, 바울은 여기에서 중보자로서의 그리스도에 대해서 말하고 있다는 것이다. 즉, 여기에서 바울은 그리스도께서 성부 하나님 다음으로 두 번째 지위를 지니게 되신 것은, 그가 많은 형제들 가운데서 첫 열매가 되시기 위해서, 우리와 같은 본성을 입으셨기 때문이라고 말하고 있다는 것이다.

더 어려운 문제는, 바울이 "각 남자의 머리는 그리스도요 여자의 머리는 남자요"

라고 말하는 대목에서 생겨난다. 왜냐하면, 바울은 여기에서 남자는 그리스도와 여자 사이에 위치해 있다고 말하고 있는 것인 까닭에, 결과적으로 그리스도는 여자의 머리가 아니라는 결론이 그의 말로부터 도출될 수도 있는데, 반면에 이 동일한 사도는 갈라디아서 3:28에서는 "남자나 여자 없이 다 그리스도 예수 안에서 하나"라고 가르치고 있기 때문이다. 그렇다면, 그는 왜 여기서는 갈라디아서 본문에서와는 다르게 말하고 있는 것인가? 이 질문에 대한 나의 대답은 이 두 구절이 놓여 있는 맥락이나 상황 자체가 서로 다르기 때문이라는 것이다. 바울이 갈라디아서에서 남자나 여자나 차이가 없다고 말했을 때, 그는 영적인 그리스도의 나라를 염두에 두고 그렇게 말한 것이다. 그런데 영적인 그리스도의 나라는 사람들의 외적인 조건들과는 전혀 상관이 없고, 사람들 간의 상호관계와도 아무런 상관이 없으며, 오직 영적인 것과 관련된 나라이기 때문에, 그 나라에서는 사람들의 외적인 조건은 전혀 중요하지도 않고 고려될 필요도 없다. 그런 까닭에, 바울은 갈라디아서에서는 심지어 어떤 사람이 "종"이든 "자유인"이든, 그런 것이 전혀 차이를 가져오지 않는다고 말할 수 있었다. 하지만 바울이 갈라디아서에서 그렇게 말하였다고 해서, 그가 사회질서나 위계질서를 완전히 무시해 버린 것이라고 우리가 생각한다면, 그것은 오산이다. 사실, 그런 질서가 없으면, 사람들은 정상적인 생활을 영위할 수 없기 때문에, 바울은 사람들의 외적인 조건들이나 사람들 간의 상호관계를 무시하거나 간과한 것이 결코 아니었다. 따라서 여기에서는 영적인 그리스도의 나라가 아니라, 사회질서의 일부인 교회의 질서가 문제가 되었기 때문에, 바울은 교회의 정치형태와 관련해서 질서와 품격에 대해서 다루고 있는 것이다. 그러므로 그리스도와의 영적인 연합이라는 측면에 있어서는, 하나님 앞에서, 그리고 우리의 양심 속에서, 남자와 여자 간에는 아무런 차이도 없기 때문에, 그리스도는 남자의 머리이심과 동시에 여자의 머리이시고, 거기에는 남녀의 차별이 있을 수 없다.

반면에, 외적인 관계성에 있어서나 사회적인 규범과 관련해서는, 남자는 그리스도께 순종하고 여자는 남자에게 순종하여야 하기 때문에, 남자와 여자의 지위는 동등하지 않게 되고, 거기에는 지위상의 차등이 존재하게 된다. 어떤 사람들이 여기에서 바울은 결혼한 남자와 여자의 상호 간의 관계에 대해서 말하고 있고, 결혼한 부부와 그리스도의 관계에 대해서 말하고 있는 것이냐고 묻는다면, 나의 대답은 바울은 여기에서 결혼에 대해서 말하고 있는 것이 아니라, 남자들과 여자들로 이루어진 믿는 자들 간의 거룩한 연합에 대해서 말하고 있고, 그리스도께서 그러한 연합을 주관하시고, 자신의 이름으로 그러한 연합을 성별하신다고 말하고 있다는 것이다.

4. 무릇 남자로서 머리에 무엇을 쓰고 기도나 예언을 하는 자는 그 머리를 욕되게 하는 것이요. 이제 바울은 두 가지 명제를 제시하는데, 첫 번째는 남자에 관한 것이고, 두 번째는 여자에 관한 것이다. 바울은 남자가 머리에 무엇을 쓰고 기도나 예언을 하는 것은, 남자의 머리인 그리스도를 욕되게 하는 것이라고 말한다. 왜 그런가? 그것은 남자는 그리스도께 절대적으로 복종하여야 하지만, 한 집안의 가장으로서 자신의 집을 다스리는 왕 같은 존재로서 그리스도께 복종하는 것이기 때문이다. 이렇게 하나님께서 남자에게 자신의 집을 다스리는 권세를 수여하셨기 때문에, 남자는 하나님의 영광을 대변하는 존재이다. 그런데 남자가 자신의 머리를 가린다면, 그것은 하나님께서 그에게 주신 영광을 내려놓고, 스스로 종의 위치에 서서, 자신을 종으로 자처하는 것이 되어서, 결과적으로 그리스도의 영광을 손상시키고 욕보이는 것이 되고 만다. 예를 들면, 주인이 어떤 사람에게 자기를 대신하는 권한을 위임해 주었는데, 그가 주인의 대리인으로서의 위엄을 갖추지 못해서, 심지어 미천한 자들에게까지 멸시의 대상이 되어 버렸다면, 그는 자기에게 권한을 위임해 준 주인을 욕보이고 그 주인의 위엄을 손상시킨 것이 아니겠는가? 마찬가지로, 남자가 하나님이 정해 주신 자신의 자리를 지키지 못한다면, 다시 말해서, 남자가 그리스도께 복종하는 가운데 집안 사람들을 그리스도의 권세로 다스리지 못한다면, 그것은 하나님이 제정하신 거룩한 결혼 제도 속에서 밝게 빛나야 할 그리스도의 영광을 그만큼 가리는 것이 된다. 한편, 우리가 곧 살펴보겠지만, 사람이 "머리에 무엇을 쓴다"는 것은 자기가 다른 사람의 권세 아래 있다는 것을 나타내는 것을 의미한다.

나는 바울이 여기에서 말한 "예언하다"라는 단어는, 나중에 14장에서 좀 더 분명하게 드러나겠지만, 공예배에서 신자들로 하여금 하나님의 신비스러운 일들을 깨달을 수 있도록 잘 풀어서 설명해 주는 것을 가리키는 것으로 이해하고, 마찬가지로 "기도하다"라는 단어도, 공예배에서 사역자들이 회중들을 앞에서 이끌어 나가기 위해서 선도적으로 기도하는 것을 가리키는 것으로 이해한다. 내가 여기에서 "기도하다"를 그런 식으로 이해하는 이유는, 성회에서 회중들이 기도를 어떻게 해야 하는지를 자신의 모범을 통해서 가르치는 것도 사역자가 해야 할 일인데다가, 바울은 여기에서 모든 종류의 기도가 아니라, 공예배에 있어서의 기도에 대해서만 말하고 있는 것이기 때문이다. 하지만 우리가 기억하여야 할 것은, 이 문제에 있어서 고린도 교인들이 저지른 잘못은, 그들이 공예배에서 하나님께서 정하신 남자와 여자의 지위 체계를 어지럽혀서, 하나님에 대한 예배의 품격을 손상시키고 있다는 점에 국한되어 있었다는 것이다. 따라서 우리는 이 구절을 아주 깐깐하고 고지식하게 해석해서, 목회자가 머리에 모자를 쓰고서 강단에서 회중을 향해서 설교하는 것은 잘못된 일이라고 생각해서는 안 된다. 여기에서 바울이 우리에게 요구하고 있는 것은, 남자는 다스리는 지위에 있고, 여자는 복종하는 지위에 있다는 것을 우리가 분명히 알아야 한다는 것이고, 그것을 교회 안에서 분명하게 하기 위하여, 남자들은 교회 밖에서는 감기에 걸리지 않도록 모자를 쓰고 다닐지라도, 교회 안에서는 머리에 무엇을 쓰는 일이 없어야 한다는 것이다. 요컨대, 바울은 교회 안에서와 공예배를 드릴 때에는 거기에 합당한 질서와 품격이 지켜져야 한다는 것이고, 그러한 질서와 품격이 교회 안에서와 예배 속에서 유지되고 있다면, 그 이상의 것을 요구하지는 않기 때문에, 우리는 바울이 여기에서 말하고 있는 것들을 지나치게 고지식하게 적용해서는 안 된다.

5. 무릇 여자로서 머리에 쓴 것을 벗고 기도나 예언을 하는 자는 그 머리를 욕되게 하는 것이니. 이것은 바울이 교회 내에서 및 공예배에서의 질서와 관련하여 제시하고 있는 두 번째 명제인데, 여자는 기도나 예언을 할 때, 머리를 가려야 하고, 그렇게 하지 않는 것은 여자의 머리를 욕되게 하는 행위라는 것이다. 왜냐하면, 남자가 머리에 아무것도 쓰지 않음으로써, 자신은 오직 하나님과 그리스도의 권세 아래 있고, 다른 누구의 권세 아래 있지도 않다고 선언함을 통해서, 오직 남자의 머리인 그리스도와 그리스도의 머리이신 하나님께 영광을 돌려야 하는 것과 마찬가지로, 여자는 자신의 머리를 가림으로써, 자기가 남자의 권세 아래 있다는 것을 선언함을 통해서, 여자의 머리이자, 그리스도와 하나님의 영광을 대변하는 남자에게 영광을 돌려야 하기 때문이다. 그렇기 때문에, 여자가 머리에 쓴 것을 벗고 기도나 예언을 하는 것은 자기가 남자의 권세 아래에 있어서 남자에게 복종해야 할 의무가 있다는 사실을 거부하는 것이고, 거기에는 자신의 남편을 무시한다는 의미도 내포되어 있다.

하지만 바울은 디모데전서 2:12에서 여자들이 교회 안에서 말하는 것을 일절 금하고 있기 때문에, 여기에서 여자가 머리에 쓴 것을 벗고 예언해서는 안 된다고 말할 필요가 없었던 것으로 보일 수도 있다. 즉, 여자들은 머리에 수건을 쓰더라도 교회 안에서 예언을 할 수 없었기 때문에, 바울은 여기에서 여자가 머리에 수건을 쓰는 문제에 대해서 굳이 언급할 필요가 없었다는 것이다. 이것에 대한 나의 대답은 사도는 여기에서 다음과 같이 말하고자 한 것이라는 것이다: 여자는 교회에서 예언하는 것이 일절 금지되어 있지만, 만일 어떤 여자가 머리에 무엇을 쓰지 않은 채로 예언한다고 가정해 보자. 그렇다면, 그것은 여자가 자신의 머리인 남자를 욕보이는 행위가 되고 말 것이다. 따라서 바울은 여자가 머리에 무엇을 쓰고서 예언한다면, 아무 문제가 없다고 말한 것이 아니고, 단지 공예배에서 여자가 머리에 무엇을 쓰지 않고 있는 것이 자신의 머리인 남자를 욕보이는 것임을 말하기 위해서, 여자가 머리에 무엇을 쓰지 않고 예언하는 경우를 가정해서 말한 것이다. 그러므로 바울은 여기에서는 여자가 교회에서 말하거나 예언하는 것에 대해서 다루고자 하는 의도가 전혀 없었고, 그 문제는 나중에 14장에 가서야 비로소 다룬다("여자는 교회에서 잠잠하라 그들에게는 말하는 것을 허락함이 없나니 율법에 이른 것 같이 오직 복종할 것이요," 14:34). 이 구절을 이런 식으로 해석하는 것은 아무런 문제가 없지만, 우리가 한 가지 덧붙이고자 하는 것은, 사도는 전체 교인이 모이는 교회 안에서만이 아니라, 때때로 개개인의 집에서 열리는 부녀들이나 남자들의 중요한 집회에서도 여자들에게 이러한 질서를 지킬 것을 요구하고 있는 것이라고 말하는 것도 충분히 일리가 있다는 것이다.

이는 머리를 민 것과 다름이 없음이라. 이제 바울은 여자가 머리에 아무것도 쓰지 않는 것이 합당하지 않다는 것을, 다른 근거들을 들어서 설명해 나간다. 그는 그것이 본성 자체를 거스르는 것이고, 본성적으로 혐오스러운 것이라고 말한다. 여자가 머리를 민 모습은 보기에도 흉하고 망측스럽다. 이것으로부터 우리는 하나님께서 원래 여자에게 머리카락을 주셔서, 여자의 머리를 가리게 하셨다는 것을 알게 된다. 여기에서 어떤 사람들은 "하나님께서 처음부터 여자에게 머리를 가릴 수 있는 머리카락을 주신 것이라면, 여자가 머리카락을 길러서 자신의 머리를 가리고 있다면, 굳이 그 머리를 다른 어떤 것으로 가릴 필요가 없는 것이 아니냐"고 반문할 수 있다. 그러한 반문에 대한 나의 대답은 하나님께서 여자에게 머리카락을 주셔서 자신의 머리를 가리게 하신 것은, 여자에게 머리카락이 없는 모습이 본성적으로 흉한 까닭에, 그 흉한 모습을 처음부터 가려 주시고자 하신 것이기 때문에, 그것은 지위나 권세 문제와는 아무 상관이 없었던 반면에, 바울이 여기에서 여자에게 그 머리를 가리라고 한 것은 여자가 남자의 권세 아래 있다는 것을 인정하고, 그것을 나타내라고 한 것이기 때문에, 하나님이 머리를 가리라고 여자에게 주신 머리카락과 바울이 여자에게 머리를 무엇으로 가리라고 말한 것은 서로 상관이 없다는 것이다. 이것으로부터 우리는 다음과 같이 추측해 볼 수 있을 것이다: 원래 교회에서는 모든 여자들이 자신의 머리를 무엇인가로 가렸는데, 아름다운 머리카락을 갖고 있는 여자들은, 자기의 아름다움을 사람들 앞에서 과시하기 위하여, 교회에서 머리에 아무것도 쓰지 않는 일이 생겨나게 되었다. 그래서 바울은 여자들의 그러한 잘못을 바로잡기 위해서, 하나님께서 정하신 질서는 그런 여자들의 생각과는 정반대라는 것을 여기에서 분명하게 밝힌 것이다. 즉, 그런 여자들은 자신의 긴 머리카락이 남자들을 유혹하고 남자의 욕망을 자극해서, 자신들이 남자들에게 매력적인 여자들로 보일 것이라고 생각해서, 머리에 아무것도 쓰지 않은 채로 예배에 참석하지만, 그것은 큰 착각에 불과하고, 도리어 그런 여자들의 그러한 행위는 자기 자신을 사람들 앞에서 천하고 흉하게 보이도록 만들 뿐이라는 것이다.

7. 남자는 하나님의 형상과 영광이니 그 머리를 마땅히 가리지 않거니와. 앞에서 "머리"에 대해서 제기되었던 문제가 이제 "형상"에 대해서도 동일하게 제기된다. 즉, 성경에서는 남자와 여자는 둘 다 "하나님의 형상대로" 지음을 받았다고 말하고, 따라서 바울은 남자들에게와 마찬가지로 여자들에게도 하나님의 형상을 따라 새롭게 지으심을 받아야 한다고 권면한다. 그런데 왜 이 구절에서 바울은 마치 남자만이 하나님의 형상이고, 여자는 하나님의 형상이 아닌 것처럼 말하고 있는 것인가? 이 문제에 대한 대답은 남자와 여자는 인간이라는 점에서 본질적으로 둘 다 하나님의 형상이지만, 바울은 여기에서 그러한 본질적인 관점에서의 하나님의 형상이 아니라, 단지 결혼의 질서와 관련된 "하나님의 형상"에 대해서 말하고 있는 것이기 때문에, 이 둘은 서로 다른 개념이라는 것이다. 따라서 여기에 언급된 "하나님의 형상"은 현세적인 삶 속에서의 질서와 관련된 것이고, 하나님의 형상으로서의 인간의 본질이나 내면적인 양심과는 아무런 상관이 없다. 이 문제에 대한 가장 간단한 대답은, 바울은 여기에서 남자와 여자 모두에게 적용되는 죄사함받은 후의 순결함과 거룩함에 대해서 다루고 있는 것이 아니고, 하나님께서 남자에게 여자를 다스리는 권세를 주시고, 여자에게는 남자에게 복종할 의무를 주심으로써, 인간 사회의 질서에 있어서 남자를 여자보다 더 높은 지위에 두신 것에 대해서 다루고 있다는 것이다.

여자는 남자의 영광이니라. 여자가 남자의 삶을 빛나게 해 주는 존재라는 사실은 의심의 여지가 없다. 왜냐하면, 하나님께서 머리와 몸의 관계처럼, 몸인 여자를 지으셔서, 머리인 남자의 배필이자 돕는 존재가 되게 하시는 큰 영광을 여자에게 수여하셔서, 여자로 하여금 남자의 권세에 복종하게 하셨기 때문이다. 솔로몬이 "어진 여인은 그 지아비의 면류관"(잠 12:40)이라고 한 말은, 하나님께서 남자와 여자 간에 세우신 질서를 생각해 볼 때, 모든 여자에게 해당되는 말이다. 따라서 바울은 여기에서 바로 그 하나님의 질서를 지적하면서, 여자는 남자의 삶을 풍성하게 해 주고 빛나게 해 줌으로써, 남자의 영광이 되기 위해서 지음받았다는 것을 보여 주고 있는 것이다.

8-9. 남자가 여자에게서 난 것이 아니요 여자가 남자에게서 났으며 또 남자가 여자를 위하여 지음을 받지 아니하고 여자가 남자를 위하여 지음을 받은 것이니. 여기에서 바울은 하나님이 정하신 질서 속에서 남자가 여자보다 지위상으로 위에 있다는 것을 증명하기 위해서 두 가지 근거를 제시하는데, 첫 번째는 여자는 남자에게서 났기 때문에 남자 아래에 있다는 것이고, 두 번째는 남자가 여자를 위해 지음받은 것이 아니라, 여자가 남자를 위해 지음받았기 때문에, 여자는 남자 아래 있다는 것이다. 여자가 남자에게서 났고 남자를 위하여 지음을 받았다는 것은 모세의 글로부터 분명하다. "사람이 혼자 사는 것이 좋지 아니하니 내가 그를 위하여 돕는 배필을 지으리라"(창 2:18). "하나님이 아담에게서 취하신 그 갈빗대로 여자를 만드시고 그를 아담에게로 이끌어 오시니"(창 2:22).

10. 그러므로 여자는 … 권세 아래에 있는 표를 그 머리 위에 둘지니라. 바울은 자기가 앞에서 소개한 권위 있는 근거들인 성경 본문들에 의거해서, 여자가 남자의 권세 아래에 있다는 것을 증명한 후에, 여자는 자기가 권세 아래에 있음을 나타내는 표를 자신의 머리 위에 두어야 한다고 결론을 이끌어 낸다. 여기에서 바울이 사용한 "권세"라는 단어는, 권세 자체를 가리키는 것이 아니라, 여자가 자기 남편의 권세 아래 있다는 것을 나타내는 "증표"를 의미하기 때문에, 여기에는 환유법이 사용된 것이고, 그 "증표"는 겉옷이나 수건 등과 같이 여자가 자신의 머리를 가리기 위해서 쓰는 모든 것을 가리킨다. 어떤 사람들은 여기에서 바울이 결혼한 여자들에 대해서만 이렇게 말하고 있는 것이 아니냐고 물어볼 수 있다. 실제로 남편의 권세에 복종한다는 표현은 처녀들의 경우에는 적용될 수 없다는 것을 근거로 삼아서, 바울이 여기에서 하고 있는 말은 기혼 여성에게만 적용되는 것이라고 생각하는 사람들이 있다. 하지만 바울은 여기에서 여자로 하여금 남자의 권세에 복

종하도록 정하신 하나님의 영원하신 법을 염두에 두고, 이 말을 하고 있는 것이기 때문에, 그러한 생각은 그저 무지의 소치일 뿐이다. 그러므로 모든 여자는 태어날 때부터 남자의 우월한 지위에 복종하게 되어 있다. 만일 그렇지 않다면, 바울이 남자와 여자의 본성에 입각해서 거기로부터 이끌어 낸 결론, 즉 여자가 자기의 머리를 가리지 않는 것은 "머리를 민 것"과 마찬가지로 부끄러운 일이라고 말한 것은 잘못된 논증이 되고 말 것이다. 왜냐하면, 바울의 그러한 논증은 여자의 본성을 근거로 해서 도출해 낸 결론인 까닭에, 결혼한 여자들에게와 마찬가지로 처녀들에게도 똑같이 적용될 수밖에 없는데, 만일 이 결론이 결혼한 여자들에게만 적용되고 처녀들에게는 적용되지 않는다면, 그는 잘못된 근거를 가지고 논증한 것이 되고 말 것이기 때문이다.

천사들로 말미암아. 이 어구는 다양하게 해석된다. 어떤 사람들은 말라기 선지자가 제사장들을 "하나님의 천사들"(한글개역개정, "여호와의 사자")이라고 불렀다는 사실을 근거로 삼아서, 바울이 여기에서 말한 "천사들"은 "제사장들"을 의미하는 것이라고 생각한다. 하지만 신약 성경에는, 말씀의 사역자들을 아무런 수식어도 없이 단순히 "천사들"이라고 표현한 예가 없기 때문에, 그러한 해석은 지나치게 억지스럽다. 따라서 나는 바울이 여기에서 사용한 "천사"라는 단어는, 이 단어가 원래 지니고 있는 의미를 따라 해석되어야 한다고 본다. 하지만 바울은 왜 "천사들로 말미암아" 여자들이 자신들의 머리를 가려야 한다고 말한 것인가 하는 질문은 여전히 제기될 수 있다. 여자가 머리를 가리는 것과 "천사들"이 무슨 상관이 있다는 것인가? 이 질문에 대해서, 어떤 사람들은 신자들이 모여서 함께 기도를 드릴 때, 천사들이 그 모임에 함께 있으면서, 그 모임에 어떤 합당하지 못한 것이 침투해 있는지는 않은지를 살펴보기 때문이라고 대답한다. 하지만 우리는 이 문제를 그렇게 복잡하게 생각해서 대답할 필요가 없다. 우리는 그리스도께서는 천사들의 머리이기도 하시기 때문에, 천사들이 그리스도의 곁에서 섬기고 있다는 것을 안다. 따라서 여자들이 "권세 아래에 있는 표"를 자신의 머리 위에 두지 않고 방자하게 행하게 되면, 그 여자들의 수치스럽고 흉한 모습은 천사들에게도 그대로 노출된다. 따라서 "천사들로 말미암아"라는 어구는 강조를 위해서 덧붙여진 것이기 때문에, 바울은 이렇게 말한 것과 같다: "만일 여자들이 자신의 머리를 가리지 않는다면, 그리스도만이 아니라 천사들까지 그들의 그러한 수치스럽고 흉한 모습을 보게 될 것이다." 이러한 해석은 여기에서 사도가 말하고자 하는 의도에 가장 잘 부합한다.

왜냐하면, 그가 여기에서 다루고 있는 것은 하나님이 정하신 질서에 있어서 남자와 여자 간의 지위상의 차이이고, 그가 여기에서 말하고자 하는 것은, 여자들이 하나님께서 그들에게 정해 주신 것보다 더 높은 지위를 차지하려고 머리에 아무것도 쓰지 않는다면, 그것은 자신들이 얼마나 주제넘게 행동하고 있는지를 하늘의 천사들에게까지 다 알리는 일이라는 것이기 때문이다.

11. 그러나 주 안에는 남자 없이 여자만 있지 않고 여자 없이 남자만 있지 아니하니라. 바울이 이 구절을 덧붙인 것은, 한편으로는 남자들이 여자들을 멸시하지 않도록 남자들을 견제하고, 다른 한편으로는 여자들이 남자들에게 복종하는 것에 대해서 불만을 품거나 힘들어하지 않도록 여자들을 격려하기 위한 것이다. 바울은 이렇게 말한다: "남자가 여자에 비해서 지위에 있어서 위에 있는 것은 사실이지만, 거기에는 남자와 여자가 서로를 아끼고 자비롭게 대하여야 한다는 것이 전제되어 있다. 왜냐하면, 남자와 여자는 어느 한 쪽이 없이는 살아갈 수 없는 존재이기 때문이다. 만일 남자와 여자가 서로 분리된다면, 그들은 한 몸에서 떨어져 나간 팔이나 다리와 같을 것이다. 그러므로 남자와 여자는 각자가 상대방에 대한 의무를 이행함으로써 둘 사이의 유대를 공고히 하여야 한다."

바울은 "주 안에는"이라는 어구를 덧붙임으로써, "남자 없이 여자만 있지 않고 여자 없이 남자만 있지" 않다는 것이 하나님께서 정하신 것임을 믿는 자들에게 상기시킨다. 반면에, 믿지 않는 자들은 남자와 여자가 함께 하는 것은 서로의 필요에 의해서 어쩔 수 없는 일일 뿐이라고 생각한다. 왜냐하면, 불경건한 자들은 남자이든 여자이든 결혼하지 않고 독신으로도 얼마든지 잘 살아갈 수 있다면, 하나님께서 남자와 여자에게 각각 다른 지위와 의무를 주셨다는 사실을 완전히 부정하고 무시한 채로, 자신들이 하고 싶은 대로 자유분방하게 살아갈 것이기 때문이다. 반면에, 경건한 남자들은 남자가 인류의 절반에 불과하다는 사실을 인정한다. 그들은 "하나님이 자기 형상 곧 하나님의 형상대로 사람을 창조하시되 남자와 여자를 창조하셨다"(창 1:27)는 말씀이 무슨 의미인지를 깊이 숙고해서, 자신들이 연약한 반쪽인 여자들에게 빚을 지고 있다는 사실을 기꺼이 인정한다. 마찬가지로, 경건한 여자들도 남자들에 대해서 자신들이 어떻게 하는 것이 마땅한 것인지를 깊이 숙고한다. 그래서 남자들은 여자 없이 살아가는 삶은 머리가 몸에서 잘려나간 것과 같다는 것을 깨닫고서는, 여자 없이는 살 수 없다는 것을 인정하고, 여자들은 남자 없이 살아가는 삶은 몸이 머리에서 잘려나간 것과 같다는 것을 깨닫고서는, 남자 없이는 살 수 없다는 것을 인정한다. 그러므로 남자는 여자를 제대로 다스리기 위해서는, 머리로서의 의무를 이행하여야 하고, 여자는 남자를 돕기 위해서 몸으로서의 역할을 제대로 수행하여야 한다. 이것은 결혼한 사람들에게만이 아니라, 결혼하지 않은 사람들에게도 적용되는 원리이다. 왜냐하면, 바울은 여기에서 단지 결혼 생활에 있어서 남편과 아내의 의무에 대해서만 말하고 있는 것이 아니라, 결혼하지 않은 사람들에게도 적용되는 시민 생활의 공적 의무에 대해서 말하고 있는 것이기 때문이다. 만일 당신이 바울은 여기에서 남자 또는 여자인 개개인들에 대해서 말하고 있는 것이 아니라, 남성 전체와 여성 전체에 적용되는 말을 하고 있는 것으로 이해하고자 한다면, 나는 당신의 그러한 생각에 굳이 반대하지는 않겠다. 하지만 바울이 여기에서 하는 말이 남성 전체와 여성 전체에 적용되는 것이라고 할지라도, 그 말은 각각의 개인에게도 그대로 적용되는 것이기 때문에, 나는 그가 여기에서 각각의 남자와 여자에게 구체적으로 어떻게 행하여야 하는지를 말해 주고 있는 것이라고 생각한다.

12. 이는 여자가 남자에게서 난 것 같이 남자도 여자로 말미암아 났음이라. 남자가 여자에 비해서 질서상으로 위에 있는 이유 중 하나가 여자가 남자에게서 났기 때문이라면, 남자와 여자가 서로 아끼고 사랑해야 하는 이유는, 남자는 여자의 도움 없이는 자기 자신을 돌볼 수도 없고 홀로 살아갈 수도 없기 때문이다. 왜냐하면, "사람이 혼자 사는 것이 좋지 않다"(창 2:18)는 것은 불변의 진리이기 때문이다. 물론, 남자 혼자서는 자녀를 낳을 수 없고, 자녀를 낳기 위해서는 반드시 남자와 여자의 결합이 필요하기 때문에, 바울이 여기에서 말한 것을 종족 번식(propagatio)과 관련해서 이해하는 것도 가능하기는 하지만, 나는 여자가 남자 옆에 있어서 도움을 주어야 하는 이유는, 단지 자녀를 낳기 위해서만이 아니라, 남자가 혼자 사는 것이 좋지 않기 때문이라고 생각한다. 하나님이 정하신 이러한 원리는 남자와 여자가 서로 함께 잘 살아가기 위해서 최선을 다하여야 한다는 것을 우리에게 가르쳐 준다.

그리고 모든 것은 하나님에게서 났느니라. 남자와 여자를 지으신 분은 하나님이시기 때문에, 남자와 여자는 하나님이 그들 각자에게 맡겨 주신 역할과 본분을 겸손하게 인정하고 받아들여야 한다. 남자는 자신의 권위를 행사함에 있어서 절제할 줄 알아야 하고, 자신의 배필로 주어진 여자에게 모욕적인 행동을 하지 말아야 한다. 여자는 남자에게 복종하여야 하는 자신의 위치에 만족하여야 하고, 여자가 남자보다 질서상으로 아래에 있다는 사실에 분노해서는 안 된다. 하나님께서 남자와 여자 간에 이러한 질서를 정하신 데에는 다 그럴 만한 이유가 있는 것인데도, 만약 남자나 여자가 이러한 원리를 따르지 않고자 한다면, 그것은 하나님께서 남자와 여자에게 각각 메워 주신 멍에를 자기들 마음대로 벗어 버리고자 하는 것이다. 만일 바울이 남자와 여자가 서로에 대한 의무를 이행하고자 하지 않는 것은 서로에 대해서 상처를 주는 것이라고 말했다고 하더라도, 그것은 결코 가벼운 말이 아니었을 것이다. 그런데 여기에서 바울은 남자나 여자가 그렇게 하는 것을 하나님의 권위에 도전하여 반기를 드는 것이라고 말하고 있다는 것은, 그것을 훨씬 더 심각한 일로 보고 있다는 것을 보여 주는 것이다.

14. 만일 남자에게 긴 머리가 있으면 자기에게 부끄러움이 되는 것을 본성이 너희에게 가르치지 아니하느냐. 바울은 앞에서 여자의 경우와 관련해서도 그랬듯이, 여기에서도 남자의 경우에 머리를 길게 기르는 것이 품격에 맞지 않는다는 것을 보여 주는 근거로 "본성"을 고린도 교인들에게 제시한다. 바울은 당시에 헬라인들 사이에서 보편적으로 받아들여지고 행해진 것을 여기에서 "본성"이라고 부른다. 왜냐하면, 남자가 머리를 길게 기르는 것이 모든 시대에 있어서 부끄러운 일이었던 것은 아니기 때문이다. 역사 기록을 보면, 아주 먼 옛날에는 남자들도 머리를 길게 길렀다. 그래서 시인들은 고대인들에 대해서 얘기할 때, 그런 남자들을 "머리를 깎지 않은 자들"(intonsus)이라는 상투적인 표현을 사용해서 지칭하곤 하였다. 로마 시대에 접어들어서도 후대, 그러니까 대략 아프리카누스(Africanus the Elder)의 시대가 되어서야 이발사가 등장하였다. 그리고 바울이 이 서신을 쓰고 있던 무렵에도 갈리아와 게르마니아 지역에 사는 사람들에게는 머리를 깎는 습관이 아직 생겨나지 않았다. 이렇게 고대에는 머리를 밀거나 깎는 것은 여자들에게 있어서만이 아니라 남자들에게 있어서도 수치스러운 일로 여겨졌다. 그러나 헬라인들은 남자가 머리를 길게 기르는 것은 남자답지 못한 일이라고 생각하고, 그런 사람들을 계집애 같은 남자라고 놀렸기 때문에, 바울은 자신의 시대에 통용되던 헬라인들의 관습을 "본성"에 부합하는 것으로 생각하였다.

16. 논쟁하려는 생각을 가진 자가 있을지라도 우리에게나 하나님의 모든 교회에는 이런 관례가 없느니라. 바울이 여기에서 말한 "논쟁하려는 생각을 가진 자"는 어디에 진리가 있는지를 진정으로 알고 싶어서 논쟁하는 것이 아니라, 단지 어떻게든 시비를 걸어서 분란을 일으키고자 하는 사람을 가리킨다. 아무런 이유도 없

이 미풍양속을 파괴하려는 자들, 너무나 명백한 사실인데도 불구하고 트집을 잡고 시비를 거는 자들, 이성(ratio)의 목소리에 귀를 기울이려고 하지 않는 자들, 다른 사람이 자기보다 더 뛰어나다는 사실을 참을 수 없어 하고 받아들이지 못하는 자들이 그런 부류의 사람들에 속한다. 또한, 상식과는 전혀 다른 엉뚱한 생각을 품고서, 기이한 복장을 하고 특이하게 살아가는 '아코이노네토이'(ἀκοινώνητοι, "사회성이 결여된 자들")도 그런 부류에 포함된다. 그런 자들과의 논쟁은 백해무익하기 때문에, 교회는 그런 자들과의 논쟁에 말려들어서는 안 된다. 그래서 바울은 그런 자들에게는 대꾸할 필요조차 없다고 말한다. 따라서 바울은 여기에서 고집스럽고 다투기를 좋아하는 자들을 어떻게 상대하여야 하는지를 우리에게 보여 준다. 즉, 그런 자들과는 장시간의 토론을 통해서 그들의 주장이 옳지 않다는 것을 보여 주고 설득하려고 들어서는 안 되고, 도리어 강력한 권위로써 제압하여야 한다는 것이다. 왜냐하면, 우리가 그런 식으로 논쟁하기를 좋아하는 자들을 상대로 해서 논쟁을 하여 논리로 그들을 설득하고자 한다면, 그런 자들은 자신의 논리가 백 번이나 반박당한다고 할지라도, 결코 지치지 않고, 계속해서 다른 논리를 제시하며, 끝없이 논쟁을 이어가고자 하는 까닭에, 그 논쟁은 영원히 끝나지 않게 될 것이기 때문이다. 그러므로 우리는 바울이 여기에서 말한 것에 유념하여, 쓸데없는 논쟁에 휘말리지 않도록 조심하여야 한다. 물론, 우리가 그런 식으로 대처하기 위해서는, 우리가 상대하는 사람이 그런 논쟁적인 자인지를 먼저 구별할 수 있는 분별력이 우리에게 있어야 한다는 것이 전제되어야 하기 때문에, 우리는 우리의 생각이나 주장에 고분고분 따르지 않는 모든 사람을, 바울이 여기에서 말한 논쟁적인 자로 몰아붙여서는 안 된다. 하지만 어떤 사람이 누가 보아도 이치에 맞는 말을 받아들이려고 하지 않고, 오로지 자신의 주장만을 내세우고 고집을 부린다면, 바울이 여기에서 그랬듯이, 우리도 "하나님의 모든 교회에는 이런 관례가 없느니라"고 단호하게 딱 잘라서 말하여야 한다.

17내가 명하는 이 일에 너희를 칭찬하지 아니하나니 이는 너희의 모임이 유익이 못
되고 도리어 해로움이라 18먼저 너희가 교회에 모일 때에 너희 중에 분쟁이 있다 함
을 듣고 어느 정도 믿거니와 19너희 중에 파당이 있어야 너희 중에 옳다 인정함을
받은 자들이 나타나게 되리라 20그런즉 너희가 함께 모여서 주의 만찬을 먹을 수 없
으니 21이는 먹을 때에 각각 자기의 만찬을 먼저 갖다 먹으므로 어떤 사람은 시장하

고 어떤 사람은 취함이라 [22]너희가 먹고 마실 집이 없느냐 너희가 하나님의 교회를 업신여기고 빈궁한 자들을 부끄럽게 하느냐 내가 너희에게 무슨 말을 하랴 너희를 칭찬하랴 이것으로 칭찬하지 않노라(11:17-22).

바울이 이 장의 앞부분에서 고린도 교인들의 잘못에 대해서 비교적 부드럽고 온유하게 책망하였던 것은, 그러한 잘못이 그들의 무지로 말미암은 것이었던 까닭에, 어느 정도 변명의 여지가 있을 수 있는 것이었기 때문이었다. 그래서 그는 11:2에서는 "내가 너희에게 전하여 준 대로 그 전통을 너희가 지키므로 너희를 칭찬하노라"는 말까지 하였다. 하지만 그들이 범한 잘못들 중에는 좀 더 심각한 것들도 있었고, 그런 잘못들은 단순한 무지로 말미암은 것도 아니었기 때문에, 이제 그는 그들의 그러한 잘못들에 대해서 좀 더 따끔하고 호되게 책망하기 시작한다.

17. 내가 명하는 이 일에 너희를 칭찬하지 아니하나니 이는 너희의 모임이 유익이 되지 못하고 도리어 해로움이라. 에라스무스(Erasmus)는 '파랑겔레인'(παραγγέλειν)이라는 분사를 "명하다"로 해석해서, 이 절의 전반부를 "내가 명하는 이 일에 너희를 칭찬하지 아니하나니"로 번역하지만, 나는 문맥상으로 볼 때, '파랑겔레인'이라는 분사는 "명하다"가 아니라 "책망하다"로 해석하는 것이 더 적절하다고 본다. 또한, 바울은 분사와 동사의 위치를 의도적으로 바꾼 것으로 보인다. 따라서 나는 이 절의 전반부와 관련된 난점을 해결하기 위해서는, 이 구절을 "내가 이것을 책망하고 너희를 칭찬하지 아니하나니"로 번역하고자 한다. 하지만 나는 이 구절에 대한 번역 문제를 논쟁의 대상으로 삼고자 하지는 않는다.

바울은 이 장을 시작할 때에는 "너희가 모든 일에 나를 기억하고 또 내가 너희에게 전하여 준 대로 그 전통을 지키므로 너희를 칭찬하노라"(2절)고 말하였던 반면에, 이 구절에서는 "내가 이것을 책망하고 너희를 칭찬하지 아니하나니"라고 말하고 있기 때문에, 여기에서 고린도 교인들에 대한 그의 태도는 이 장의 시작 부분에서 보인 태도와는 백팔십도 다른 것이라고 할 수 있다. 따라서 그는 여기에서 이렇게 말한 것과 같다: "나는 앞에서 너희를 칭찬했지만, 그렇다고 해서, 너희가 모든 면에서 다 잘했다고 한 것은 아니기 때문에, 내가 너희의 모든 것을 다 칭찬했다고 생각해서는 안 된다. 너희는 호되게 책망받을 일도 하였다. 그래서 나는 이제부터는 너희가 심각하게 잘못한 일을 지적하면서, 너희를 책망하고자 한다."

나는 바울이 단지 11장에서 다루고 있는 성찬에만 국한해서 이 말을 한 것이 아니고, 그가 앞으로 언급하게 될 그들의 다른 잘못들도 염두에 두고서 여기에서 이 말을 한 것이라고 생각한다. 따라서 우리는 바울이 이 구절에서 고린도 교인들의 모임이 "유익"이 되지 못하고 도리어 "해로움"이 되고 있기 때문에, 자기가 그들을 책망하고 칭찬하지 않는다고 말한 것은, 단지 바로 뒤에서 다루게 될 "성찬"만이 아니라, 앞으로 그가 지적할 그들의 여러 가지 잘못들과 관련된 포괄적인 선언으로 보아야 한다. 이런 식으로 바울은 먼저 고린도 교인들의 모임이 "유익"이 되지 못하고 도리어 "해로움"이 된다는 것을 여기에서 포괄적이고 개괄적으로 선언한 후에, 그들의 모임이 어떤 점에서 "해로움"이 되고 있는지에 대해서는 각각의 문제들을 다룰 때에 구체적으로 제시하는 방법으로, 자신의 글을 전개해 나간다.

바울이 고린도 교인들을 책망하는 첫 번째 이유로 제시하고 있는 것은 그들의 모임이 "유익"이 되지 못한다는 것이고, 두 번째 이유는 그들의 모임이 "해로움"이 된다는 것이다. 물론, 두 번째 이유가 더 심각한 것이었다는 것은 분명한 사실이지만, 첫 번째 이유도 결코 가볍게 넘길 일이 아니었다. 왜냐하면, 교회가 어떤 곳이고, 어떤 일들이 행해지는 곳인지를 생각해 볼 때, 사람들이 교회에서 모이는데도, 아무런 열매도 없고, 사람들에게 그 어떤 "유익"이 되지도 못한다면, 그것은 너무나 심각한 문제인 까닭에, 단 한 번의 모임도 열매가 없거나 유익이 되지 못하는 모임이 되어서는 안 되기 때문이다. 하나님의 가르침을 듣고, 기도를 드리고, 성례전을 거행하는 것이 모두 그러한 모임을 통해서 이루어지는데, 그런 모임을 통해서, 우리 안에서 하나님에 대한 믿음과 경외심이 자라가고, 거룩한 삶에 있어서 진보를 보이며, 우리의 옛 사람을 점점 벗어 버리고(골 3:9), 더욱더 새 생명 가운데서 행하게 될 때(롬 6:4), 우리는 말씀의 열매가 우리 가운데 맺혀졌다고 말할 수 있고, 그 모임들이 우리에게 "유익"이 되었다고 말할 수 있다. 성례전의 목적은 우리로 하여금 경건과 사랑을 연습하게 하는 데 있고, 기도회도 그러한 목적에 기여하는 것이 되어야 한다. 게다가, 하나님께서는 자신이 정하신 모든 예식들을 통해서 신자들이 유익을 얻도록 하시기 위하여, 자신의 성령을 통해서 그 모든 예식들에 역사하셔서, 각각의 예식과 관련해서 하나님이 의도하신 열매가 거기에 참여하는 신자들 가운데 맺어지게 하신다. 따라서 하나님께서 이렇게 우리에게 유익을 주시기 위하여 모든 것을 준비하시고 역사하시는데도, 우리가 성도의 모임들로부터 아무런 유익을 얻지도 못하고, 그 모임들을 통해서 신앙과 경건에 있어서 진보를 이루지도 못한다면, 하나님에 대한 우리의 배은망덕함은 비난받아 마땅하고, 그 모임들이 유익이 되지 못하는 것과 관련해서 우리가 책망을 듣는 것을 피할 수 없게 된다. 왜냐하면, 우리가 제대로 순종하기만 한다면, 하나님이 정하신 모든 예식들은 원래 우리에게 유익이 되지 않을 수 없게 되어 있는 것인데도, 우리는 우리의 불순종으로 인해서 하나님의 그 모든 은혜를 다 쓸모없는 것으로 만들어 버린 것이기 때문이다.

이제 바울이 고린도 교인들을 책망할 수밖에 없는 두 번째 이유로 제시한 것, 즉 그들의 모임이 거기에 참석한 사람들에게 "해로움"만을 가져다주었다는 지적에 대해서 살펴보자. 이것은 거의 언제나 첫 번째 이유, 즉 그들의 모임이 "유익"이 되지 못한다는 사실로부터 파생되는 것이기는 하지만, 첫 번째 이유보다 훨씬 더 심각한 문제가 된다. 왜냐하면, 하나님께서 우리를 위하여 은혜의 방편들을 준비해 두시고 우리에게 은혜를 베풀어 주고자 하시는데도, 우리가 그 은혜의 방편들을 제대로 사용하지 못해서, 유익을 얻지 못하였을 때에는, 하나님께서는 우리에게 주신 은혜의 방편들을 역으로 우리의 영적인 나태함(ignavia)을 벌하시는 수단으로 사용하셔서, 우리에게 "해로움"이 되게 하심으로써, 우리의 형편은 더욱더 나빠지고 악화될 수밖에 없기 때문이다. 많은 경우에 있어서, 우리가 타락하고 부패하며 잘못되는 이유는 바로 그러한 영적 게으름 때문이다. 왜냐하면, 사람들은 어떠한 일이나 제도를, 하나님이 원래 정하신 목적과 방식대로 사용하지 않는 경우에는, 단지 그것으로 그치는 것이 아니라, 곧장 그들에게 해를 끼치는 방식들을 고안해 내어서, 그 일이나 제도를 남용하고 악용하는 것이 보통이기 때문이다.

18. 먼저 너희가 교회에 모일 때에 너희 중에 분쟁이 있다 함을 듣고 어느 정도 믿거니와. 어떤 사람들은 이 절에 나오는 "분쟁"과 다음 절에 나오는 "파당"이 바울이 곧 언급하게 될 고린도 교인들의 방종을 가리킨다고 생각한다. 하지만 나는 이러한 단어들은 좀 더 폭넓은 의미를 지니고 있는 것으로 이해하기 때문에, 바울이 그들의 그러한 방종을 가리키기 위해서, 이렇게 부적절하고 엉성한 어휘들을 사용하였을 것이라고는 생각하지 않는다. 이러한 단어들을 앞에서와 같이 그런 식으로 이해하는 사람들은, 바울은 고린도 교인들이 자행하고 있는 죄악이 얼마나 심각한 것인지를 좀 더 분명하게 부각시키기 위해서, 이처럼 신랄한 표현들을 사용한 것이라고 주장한다. 만일 그들의 주장대로, 이러한 단어들이 고린도 교인들의 방종을 신랄하게 표현한 것들로서 적절한 것이라면, 나는 그들의 주장을 기꺼이 수용하겠지만, 사실은 그렇지가 않다.

따라서 바울은 여기에서 고린도 교인들이 그리스도인들로서 마땅히 보여 주어야 할 하나된 모습을 보여 주지 못하고, 도리어 각 사람이 자기 자신의 입장만 내세울 뿐이고, 자신을 다른 사람들의 입장에 맞추려는 노력은 하지 않고 있다는 것을, 전체적이고 포괄적으로 책망하고 있는 것이다. 우리가 곧 살펴보게 될 그들의 무분별하고 방종한 행동들, 즉 허영심과 교만에 사로잡혀서 자신들이 무슨 대단한 인물이라도 된다는 듯이 으스대며 다른 사람들을 하찮은 자들로 여기고 무시한 것, 형제들의 덕을 세우기 위한 노력을 게을리한 것, 하나님의 은사들을 속된 것으로 변질시킨 것 등은 모두 그들의 그러한 이기적인 태도로부터 생겨났다.

여기에서 바울은 고린도 교인들이 사실 자신들은 아무런 죄도 없는데, 다른 사람들이 자신들에 대해서 잘못된 말을 사도에게 해서, 자기들이 근거도 없이 비난을 받고 있다는 불평을 하지 못하도록 하기 위해서, 자기는 다른 사람들이 자기에게 해 준 말을 "어느 정도"만 믿는다고 말하는 동시에, 자신이 그들에 대해서 들은 말들은 단순한 소문이 아니라, 믿을 만한 소식이라는 것도 은연중에 내비친다.

19. 너희 중에 파당이 있어야 너희 중에 옳다 인정함을 받은 자들이 나타나게 되리라. 바로 앞에서 바울은 고린도 교인들이 교회에 모일 때에 "분쟁"(schisma)이 있다고 들었다는 말을 한 바 있는데, 이제 여기에서는 자기가 무슨 의미로 그들 가운데 "분쟁"이 있다고 말한 것인지를 좀 더 분명하게 밝히고, 문제의 심각성을 좀 더 부각시키기 위해서, "파당"(haeresis)이라는 표현을 사용한다. 왜냐하면, 우리는 "파당"이라는 표현이 "분쟁"보다 그 의미가 훨씬 더 분명할 뿐만 아니라, 심각한 것을 가리킨다는 것을 알고 있고, 또한 바울은 "분쟁"이라고 먼저 말한 후에, 그것을 보충적으로 설명하고 강조하기 위해서 "파당"이라는 표현을 사용하고 있는 것이기 때문이다. 고대의 교부들이 이 두 단어를 각각 어떤 의미로 사용하였고, "파당"과 "분쟁"의 차이를 어떻게 구별하였는지는 잘 알려져 있는 사실이다. 그들은 "파당"이 교리에 대한 견해 차이로 말미암아 생기는 반면에, "분쟁"은 어떤 사람들이 사역자들에 대한 불만이나 반감, 또는 다른 사람들과 잘 어울리지 못해서 교회를 떠나는 경우처럼, 감정이나 정서적인 거리감으로 인해서 생기는 것이라고 보았다. 잘못된 가르침으로 말미암아 교회가 갈라지는 것은 불가피한 일이기 때문에, "분쟁"이 생기는 근본적인 원인이 "파당"에 있고, 또한 거의 모든 "파당"의 배후에는 질시나 교만이 도사리고 있기 때문에, "분쟁"과 "파당"은 서로 밀접하게 연결되어 있다는 것은 사실이지만, 그럼에도 불구하고 이 두 가지 개념을 구분하는 것은

유익하다.

이제 우리는 바울이 이러한 용어들을 어떠한 의미로 사용하고 있는 것인지를 살펴보아야 한다. 나는 바울이 여기에서 말한 "파당"의 의미를 고린도 교회에서 성찬과 관련해서 일어난 사건과 관련하여 설명하는 견해에 찬성하지 않는다는 점을 이미 앞에서 밝힌 바 있다. 즉, 어떤 사람들은 고린도 교인들 중에서 부유한 자들이 가난한 자들과 성찬을 함께 하지 않은 것을, 바울이 "파당"이라는 단어로 표현한 것이라고 주장하지만, 나는 그러한 주장에 동의하지 않는다. 왜냐하면, 바울이 여기에서 "파당"이라는 표현을 통해서 지적하고자 한 것은, 그런 것보다 훨씬 더 심각한 문제였기 때문이다. 하지만 다른 사람들이 어떻게 생각하든지 간에, 나는 여기에서 바울이 말한 "분쟁"과 "파당"은 근본적으로 서로 다른 것이라기보다는 정도에 있어서 서로 차이가 있는 것에 지나지 않는 것으로 이해한다. "분쟁"은 교인들 사이에서 마땅히 있어야 할 일치와 유대가 결여되어 있음으로 말미암아 은근히 경쟁하고 적대하는 관계가 존재할 때에 발생하기도 하고, 교인들의 관심사나 열심이 서로 달라서 다른 사람들이 어떻게 생각하든지 간에 자기가 좋아하거나 옳다고 생각하는 것만을 고집할 때에 발생하기도 한다. 반면에, "파당"은 교인들 사이에 존재하던 반목과 갈등이 외부적으로 표출되어서 가시적으로 공공연하게 서로 다른 분파들을 형성할 때에 생겨난다.

바울은 고린도 교회의 신실한 자들이 분쟁을 일삼는 교인들의 모습을 보고 낙심하게 되는 것을 원하지 않았기 때문에, 신실한 자들에게 걸림돌이 될 수도 있는 이러한 상황을 역으로 해석해서, 이것은 하나님께서 이런 일을 통해서 자신의 진정한 백성의 믿음을 시험하시는 것이라고 말한다. 이 얼마나 멋진 위로의 말인가! 바울은 이렇게 말한다: "우리가 교회 안에서 온전한 하나됨과 화합을 보기는커녕, 사람들이 서로 분쟁하고 다투는 파열음만을 내고, 심지어 파당들을 이루어 서로를 적대시하는 모습을 보게 되더라도, 우리는 절망하고 낙심해서는 안 되고, 우리의 믿음을 굳건히 지키고 변함없이 우리의 길을 묵묵히 가야 한다. 왜냐하면, 이런 분쟁과 파당을 통해서, 한편으로는 악한 자들의 위선이 드러나고, 다른 한편으로는 경건한 자들의 신실함이 증명될 것이기 때문이다."

우리가 주목하여야 할 것은 바울이 여기에서 "너희 중에 파당이 있어야 한다"고 말하고 있다는 것이다. 이것은 이 모든 일들이 우연히 일어난 것이 아니고, 자기 백성을 풀무불에 넣으셔서 정금같이 연단하고자 하시는 하나님의 분명한 섭리를 따라서 일어난 것임을 암시한다. 하나님께서 자기 백성에게 그런 일을 허락하신 것이라면, 그 일이 우리에게 유익이 될 것임은 너무나 분명하다. 하지만 우리는 여기에서 이른바 "운명적인 필연성"(fatalis necessitas)이라는 문제를 놓고서 가시 돋친 설전을 벌이거나, 그러한 미로 같은 논쟁에 휘말려들어서는 안 된다. 우리는 멸망받을 자들이 어느 시대에나 허다하게 존재한다는 것을 잘 알고 있고, 사탄의 영에 의해서 지배를 받아서 온갖 악을 자행하고 있다는 것도 잘 알고 있으며, 사탄이 교회의 하나됨과 화합을 깨기 위해서 백방으로 날뛰고 있다는 것도 잘 알고 있다. 바울이 여기에서 "너희 중에 파당이 있어야"라고 말함으로써, 파당의 필연성에 대하여 말한 것은 바로 그런 의미로 말한 것일 뿐이고, 스토아 학자들이 주장하는 것 같은 이른바 "운명적인 필연성"에 대하여 말한 것이 결코 아니다. 또한, 우리는 하나님께서 자신의 놀라운 지혜를 통해서 사탄의 이러한 악독한 궤계를 자신의 신실한 자들을 구원하시는 방편으로 사용하신다는 것도 잘 알고 있다. 따라서 우리는 바울이 "너희 중에 파당이 있어야 너희 중에 옳다 인정함을 받은 자들이 나타나게 되리라"고 말한 것은 바로 그런 의미였다는 것을 알게 된다. 왜냐하면, "파당"은 그 자체가 본질적으로 악한 것이어서, 오로지 악한 결과들만을 낳을 수밖에 없는 까닭에, "너희 중에 옳다 인정함을 받은 자들이 나타나게 되는" 결과를 가져올 수 없고, 그러한 결과는 자신의 무한하신 선하심으로 말미암아 어떤 사물이나 사건의 본성이나 본질까지도 바꾸셔서, 사탄이 택함 받은 자들을 멸망시키기 위해서 획책한 궤계까지도 그들의 구원을 이루기 위한 방편으로 사용하시는 하나님의 은혜로 말미암은 것일 수밖에 없기 때문이다.

한편, 크리소스토모스(Chrysostomus)는 여기에서 사용된 헬라어의 불변화사인 '히나'(ἵνα)가 이유가 아니라 결과를 나타내는 것이라고 주장하지만, 어느 쪽으로 이해하느냐 하는 것은 별로 중요한 문제가 아니다. 왜냐하면, 하나님께서 신자들 중에 파당이 있게 하셔서, 그 결과로 그들 중에서 옳다고 인정함을 받는 자들이 나타나게 된다고 할지라도, 엄밀하게 말하자면, 그런 결과가 생겨나는 이유는 결국 하나님께서 신자들 중에서 옳다고 인정함을 받는 자들이 나타날 수 있도록 은밀하게 계획하시고서는, 그러한 계획에 따라서 악한 일들조차도 선한 일을 이루시는 방편으로 사용하시는 까닭이기 때문이다. 끝으로, 우리는 불경건한 자들이 사탄의 사주를 받아 움직이기는 하지만, 자신들의 자유의지로 악을 행하는 것임을 안다. 그러므로 그들은 자신들이 행한 악에 대해서 그 어떠한 핑계도 댈 수 없다.

20. 그런즉 너희가 함께 모여서 주의 만찬을 먹을 수 없으니. 이제 바울은 고린도 교인들이 성찬을 행할 때에 어떤 식으로 잘못을 저질렀는지를 보여 주고, 그들의 그러한 잘못된 행태를 책망하기 시작하는데, 그것은 그들이 교회에서 베풀어지는 "성찬"이라는 거룩하고 신령한 식탁을, 일반 가정에서 사람들이 앉아서 먹는 평범한 식탁과 혼동하였을 뿐만 아니라, 그러한 과정에서 가난한 형제들을 멸시하기까지 하였다는 것이다. 바울은 그들이 그런 식으로 성찬을 참여하여 먹고 마신다면, 그런 것은 성찬을 먹는 것이 아니라고 말한다. 이것은 성찬을 잘못된 방식으로 행하고 참여하는 것이 그리스도께서 제정하신 성찬이라는 거룩한 제도를 완전히 파괴하거나 무효로 만든다는 의미가 아니고, 고린도 교인들이 그릇된 방식으로 성찬에 참여함으로써 성례전을 더럽혔다는 의미이다. 우리는 일상적인 대화에서도 이런 어법을 사용해서, 어떤 일을 제대로 올바르게 행하지 않은 경우에는, 그 일을 아예 행하지 않은 것이라고 말하곤 한다. 나중에 살펴보겠지만, 고린도 교인들이 성찬을 이런 식으로 오용한 것은 결코 가벼운 잘못이 아니었다. 어떤 사람들은 헬라어 본문에 나오는 "~가 아니다"(οὐκ ἔστιν — '우크 에스틴,' 한글개역개정에는 "없으니")를 "~가 허용되지 않는다"는 뜻으로 이해해서, 바울은 여기에서 고린도 교인들이 서로 분열되어 있어서, 성찬을 먹을 준비가 되어 있지 않다고 말하고 있는 것으로 해석하지만, 그렇게 해석해도 문자 그대로 해석하는 것과 의미상으로는 차이는 없다. 하지만 내가 방금 전에 말한 대로, 바울은 여기에서 고린도 교인들이 성찬과 아무런 상관이 없는 속된 것들을 성찬에 끌어들이는 것을 책망하고 있는 것으로 해석하는 것이 좀 더 간단하고 자연스럽다.

21. 이는 먹을 때에 각각 자기의 만찬을 먼저 갖다 먹으므로. 바울이 고린도 교회를 떠나 있던 그 짧은 시간 동안에 사탄이 이처럼 엄청난 일을 해낼 수 있었다는 것은 참으로 거의 기적 같이 놀랍고 믿기지 않는 일이다. 이 사례를 통해서 우리는 어떤 일이 아무런 합당한 근거가 없는 데도 단지 오래되었다는 이유만으로 얼마나 큰 위력을 발휘할 수 있는지, 달리 말하면, 하나님의 말씀에 의해서 전혀 밑받침되지 않는 오래된 관행이 얼마나 큰 영향력을 가질 수 있는지를 새삼스럽게 알게 된다. 고린도 교인들은 바울이 여기에서 지적한 일에 너무 익숙해져 있었기 때문에, 그렇게 하는 것이 너무나 자연스럽게 합법적인 것으로 여기고 있었고, 그런 것이 불법이고 잘못이라는 것을 전혀 알지 못하였다. 그래서 바울은 고린도 교인들의 그러한 상황에 즉시 개입해서, 잘못된 것을 바로잡지 않으면 안 되었다. 바울이 고

린도 교회를 떠나 있은 지 얼마 되지 않았는 데도, 교회에서 이런 일이 벌어졌다면, 사도들이 모두 다 죽고 난 다음에는, 교회 안에서 무슨 일이 벌어졌을지를 상상하는 것은 그리 어렵지 않을 것 같다. 왜냐하면, 우리는 사탄이 교회 안에서 아무런 제지도 받지 않고 종횡무진 활개를 쳤을 것이라고 쉽게 짐작할 수 있기 때문이다. 그럼에도 불구하고, 교황주의자들이 자신들의 가르침이나 주장을 정당화하기 위해서 내세우는 가장 강력한 근거는 이런 것이다: "이것은 오래된 일이고, 교회 안에서 오랫동안 그렇게 행해져 왔다. 그러므로 이것은 하늘로부터 내려온 말씀만큼이나 권위 있는 것으로 받아들여져야 한다."

우리는 고린도 교회에서 어떻게 이런 일이 벌어지게 된 것인지, 또는 이런 일이 어떻게 이처럼 신속하게 생겨나게 된 것인지를 확실히 알 수 없다. 크리소스토모스(Chrysostomus)는 바울이 여기에서 지적하고 있는 폐단이 사랑의 축제에서 비롯된 것이라고 생각한다. 이 축제가 열리는 동안에는, 부유한 자들이나 가난한 자들이 각자 자기 집에서 음식을 가져와서 함께 어울려 먹는 의식이 있었는데, 후대에 이르러서는 부유한 자들이 가난한 자들을 따돌리고, 자신들이 가져온 진수성찬을 자기들끼리만 먹는 폐단이 생겨났다는 것이다. 우리는 테르툴리아누스(Tertullianus)의 글을 통해서도, 이것이 매우 오래된 의식이었음을 분명하게 알 수 있다. 이 의식은 형제애를 상징하는 것임과 동시에, 아울러 구제의 성격을 띤 것이었기 때문에, 사람들은 그러한 공동식사를 애찬이라고 불렀다. 이러한 의식이 유대인들이나 이방인들이 공통적으로 행하던 희생제사에서 비롯된 것임은 의심의 여지가 없다. 나는 그리스도인들이 이러한 의식을 받아들여서 교회에서 행할 때, 원래의 의식에 있었던 잘못된 점들을 대체로 바로잡았지만, 그럼에도 불구하고 교회 속으로 도입된 애찬은 세속적인 애찬과 어느 정도는 닮은 모습을 그대로 유지하고 있었다고 생각한다. 고린도 교인들은 유대인들과 이방인들이 희생제사가 끝난 후에 하나님이나 신들에게 바쳐진 제물로 잔치를 벌일 때, 그 잔치가 허영과 사치와 무절제로 뒤범벅이 된 난장판 같이 되는 것을 직접 보았기 때문에, 자신들의 공동식사는 검소하고 절제된 것이 되도록 노력을 기울였던 것으로 보인다. 또한, 가난한 자들이나 부자들이나 각자가 가져온 음식을 같은 식탁에서 나누어 먹었기 때문에, 그것은 영적인 식사로서의 성격을 띠고 있었다. 고린도 교인들이 처음부터 세속적인 풍습을 따랐던 것이든, 아니면 고린도 교회에서 행해졌던 공동식사는 원래 그렇게 나쁜 것이 아니었지만, 시간이 흐르면서 타락하게 된 것이든, 바울은 이 영적인 잔치가 세속적인 잔치와 뒤섞여서 타락하고 변질되는 것을 결코 원하지 않았다. 가난한 자들과 부유한 자들이 음식을 함께 나누어 먹는 것은, 부자의 재물을 가난한 자들에게 나누어 주는 효과가 있는 것이었기 때문에, 분명히 아름다운 일이었을 것이다. 하지만 교회의 공동식사, 즉 애찬이 주께서 정하신 거룩한 성례전인 성찬을 더럽히는 것이 되고 말았다면, 원래 애찬이 아주 선한 취지로 시작되고 아름다운 일로 행해졌다고 할지라도, 우리는 그런 애찬을 선하다거나 아름답다고 말할 수는 없을 것이다.

이는 먹을 때에 각각 자기의 만찬을 먼저 갖다 먹으므로 어떤 사람은 시장하고 어떤 사람은 취함이라. 고린도 교회에서 행해진 "애찬" 이라는 공동식사에서 잘못된 일들 중의 하나는, 부자들이 자기가 집에서 가져온 진수성찬을 다른 형제들과 나누어 먹지 않고, 자기만 혼자 실컷 배불리 먹음으로써, 자기 집에서 가져올 것이 별로 없었던 가난한 형제들의 빈궁한 처지를 비웃고 조롱하는 것처럼 보였다는 것이다. "어떤 사람은 시장하고 어떤 사람은 취함이라" 는 바울의 말은 다소 과장이 섞인 표현이기는 하지만, 어쨌든 고린도 교회에서 부유한 형제들과 가난한 형제들 간에 존재하였던 불균형이 얼마나 심각한 것이었는지를 잘 묘사한 말이다. 어떤 형제들은 자기 집에서 배가 터지도록 먹을 만큼 많은 음식을 가지고 와서 먹었던 반면에, 어떤 형제들은 집에서 가져올 음식이 별로 없어서, 시장기를 면하기도 어려울 정도로 적은 음식만을 가져와서 먹었다. 그래서 가난한 형제들은 부유한 형제들의 조롱거리가 되거나, 적어도 부끄러움을 느낄 수밖에 없었다. 그러므로 이것은 볼썽사나운 광경이었고, 성찬의 품격에 합당하지도 않고 어울리지도 않는 광경이었다.

22. 너희가 먹고 마실 집이 없느냐 너희가 하나님의 교회를 업신여기고 빈궁한 자들을 부끄럽게 하느냐. 우리는 바울이 여기에서 이렇게 말하고 있는 것을 통해서, 설령 고린도 교인들이 앞에서 말한 것과 같은 잘못을 범하지 않았다고 가정한다고 할지라도, 그들이 성찬을 거행할 때에 애찬이라는 공동식사를 함께 행하여서 먹고 마시는 것 자체를 얼마나 마땅치 않게 생각하고 있었는지를 알게 된다. 왜냐하면, 온 교인이 한 식탁에 둘러앉아 공동식사를 하는 것이 잘못된 일이 아니라고 할지라도, 거룩한 성회로 모이는 자리를 이용해서, 그 성회의 성격과 부합하지도 않고 어울리지도 않는 어떤 일을 한다는 것은 그 자체가 이미 잘못된 일이었기 때문이다. 우리는 사람들이 교회에 모여서 무엇을 하는 것이 마땅한지를 잘 안다. 즉,

우리가 교회에서 행하여야 하는 것들은, 하나님의 말씀에 관한 가르침을 듣고, 기도를 드리고, 하나님을 찬미하고, 성례전을 거행하고, 우리의 신앙을 고백하고, 경건과 신앙의 훈련에 힘쓰는 것이다. 따라서 교회 안에서 그런 일들 외에 다른 일을 행하는 것은 결코 적절한 것이라고 할 수 없다. 모든 사람은 각자가 마음껏 먹고 마실 수 있는 자기 집이 있기 때문에, 거룩한 성회를 위해 모인 자리에서까지 그런 일을 행하는 것은 결코 합당한 일이 아니다.

내가 너희에게 무슨 말을 하랴 너희를 칭찬하랴 이것으로 칭찬하지 않노라. 바울은 지금까지 고린도 교인들이 성찬과 관련해서 어떤 잘못을 범하고 있는지를 지적한 후에, 이제 여기에서는 그들이 과연 칭찬을 받을 만한 일을 한 것인지 아닌지를 스스로 생각해 보라고 말한다. 사실, 그들이 성찬의 자리에서 애찬을 행할 때에 한 행위들은 누가 보아도 명백한 잘못이었기 때문에, 그들은 자신들의 그러한 행동에 대해서 그 어떤 변명도 할 수 없었다. 바울은 거기에서 한 걸음 더 나아가서, 그들에게 계속해서 질문들을 퍼부음으로써, 그들을 더욱더 강하게 압박한다: "나는 너희가 거북살스럽게 느낄 정도로 트집을 잡아서 집요하게 너희를 힐난하며, 방금 너희에게 '너희가 먹고 마실 집이 없느냐' 고까지 말하였다. 하지만 내가 너희에게 그 말 외에 달리 무슨 말을 할 수 있느냐? 너희는 내가 너희를 그런 식으로 힐난하고 책망하는 것이 억울하다고 말하려느냐?" 어떤 헬라어 사본들에서는 "이것으로"라는 어구를 뒤쪽으로 붙여서 "칭찬하지 않노라"에 걸리는 것으로 본다: "너희를 칭찬하랴 이것으로 칭찬하지 않노라." 하지만 "이것으로"를 앞쪽으로 붙여서 "칭찬하랴"에 걸리는 것으로 보는 헬라어 사본들이 더 많고, 또한 그러한 읽기가 좀 더 적절하다: "이것으로 너희를 칭찬하랴 칭찬하지 않노라."

[23]내가 너희에게 전한 것은 주께 받은 것이니 곧 주 예수께서 잡히시던 밤에 떡을
가지사 [24]축사하시고 떼어 이르시되 이것은 너희를 위하는 내 몸이니 이것을 행하
여 나를 기념하라 하시고 [25]식후에 또한 그와 같이 잔을 가지시고 이르시되 이 잔은
내 피로 세운 새 언약이니 이것을 행하여 마실 때마다 나를 기념하라 하셨으니 [26]너
희가 이 떡을 먹으며 이 잔을 마실 때마다 주의 죽으심을 그가 오실 때까지 전하는
것이니라 [27]그러므로 누구든지 주의 떡이나 잔을 합당하지 않게 먹고 마시는 자는
주의 몸과 피에 대하여 죄를 짓는 것이니라 [28]사람이 자기를 살피고 그 후에야 이
떡을 먹고 이 잔을 마실지니 [29]주의 몸을 분별하지 못하고 먹고 마시는 자는 자기의

죄를 먹고 마시는 것이니라(11:23-29).

바울은 지금까지는 고린도 교인들이 성찬을 거행할 때에 어떤 잘못을 범해 왔는지를 보여 주었는데, 이제부터는 그러한 잘못을 바로잡는 가장 좋은 방법에 대해서 가르치기 시작한다. 즉, 그리스도께서 제정하신 성찬, 즉 그리스도께서 성찬을 제정하실 때에 어떻게 하셨고 어떻게 명하셨는가 하는 것은, 교회가 성찬을 거행할 때에 따라야 할 유일하게 확실한 규범(certa regula)이고, 그 규범과 한 치라도 어긋나는 것은 올바른 것에서 벗어나 있는 것이기 때문에, 바울은 여기에서 고린도 교인들에게 올바른 규범이 어떤 것인지를 보여 주는 것이 그들의 잘못을 바로잡을 수 있는 최고의 교정책이라고 생각한 것이었다. 이 단락은 하나님께서 제정하신 그대로의 순수한 형태의 제도로 돌아가는 것 외에는, 우리의 잘못들을 바로잡을 수 있는 다른 길이 없다는 것을 보여 주기 때문에, 우리는 이 단락을 아주 세심하게 주의를 기울여서 살펴볼 필요가 있다.

우리 주님께서도 마태복음 19:3에서 결혼 제도에 대하여 말씀하실 때, 하나님께서 결혼이라는 제도를 처음에 제정하실 때에 어떤 말씀을 하셨는지로 되돌아가셔서, 결혼 제도와 관련해서 무엇이 올바른 것이고 무엇이 잘못된 것인지를 분명하게 보여 주셨다. 거기에서 서기관들은 조상들의 전통과 관습, 그리고 모세의 율법을 들고 나왔지만, 우리 주님은 오로지 하나님 아버지께서 결혼 제도를 처음 제정하실 때 하신 말씀만을 제시하셨는데, 그 이유는 오직 그것만이 결혼과 관련해서 신성불가침의 법칙(lex inviolabilis)이었기 때문이었다. 오늘날 우리가 우리 주님께서 행하신 대로 그렇게 행하고자 할 때마다, 교황주의자들은 우리가 그들이 가르치는 것들 중에서 단 한 가지도 가만히 놔두지를 않고, 모든 것을 부수고 망가뜨리려 한다고 항변하면서 난리를 피운다. 우리는 교황주의자들이 하나님께서 처음에 정하신 제도를 한두 군데만 망가뜨린 것이 아니고 거의 만신창이로 만들어 놓았다는 것을 명명백백하게 보여 줄 수 있다. 한 예로, 그들이 거행하는 미사가 우리 주님의 거룩한 성찬 예식과 닮은 구석이 단 한 군데도 없다는 것은 너무나 분명한 사실이다. 한 걸음 더 나아가서, 우리는 그들의 미사가 온갖 불경스럽고 가증스러운 요소들로 가득 차 있다는 것을 조목조목 지적하며 증명할 수 있다. 이것이 우리가 미사의 개혁을 주장하는 이유이다. 우리 주님이 제정하신 것이 우리 모두에게 보편적인 척도가 되어야 한다는 것, 바로 이것이 우리가 요구하는 것이고, 바울이 고린도 교인들에게 요구하였던 것이다. 그런데도 이러한 요구를 교황주의자들은 온 힘을 다해서 반대한다. 우리는 이것이 오늘날 성찬과 관련하여 벌어지고 있는 논쟁의 성격이고 핵심이라는 것을 안다.

23. 내가 너희에게 전한 것은 주께 받은 것이니. 바울은 이 말을 통해서, 교회 안에서 통할 수 있는 권위는 오직 주의 권위뿐이라는 것을 우리에게 말해 준다. 그는 이렇게 말한 것과 같다: "나는 내가 스스로 생각해 내거나 내 머릿속에서 지어낸 그 어떤 것도 너희에게 전하지 않았다. 나는 너희에게 가서 성찬에 대하여 가르칠 때, 나의 생각을 따라서 어떤 새로운 종류의 성찬을 고안해 내서 너희에게 가르친 것이 아니었다. 내가 너희에게 전해 준 모든 것은 성찬을 친히 제정하신 주로부터 내가 받은 것들뿐이다. 그러므로 성찬과 관련해서 너희는 이 원래의 근원(principium)으로 돌아와야 한다." 이렇게 우리가 인간이 만든 모든 법과 규범에 작별을 고하였을 때, 바로 그 때에야 우리 가운데서 오직 그리스도의 권위만이 굳건히 서게 될 것이다.

주 예수께서 잡히시던 밤에 떡을 가지사. 바울은 여기에서 우리 주님께서 성찬을 언제 제정하셨는지에 대하여 말하고 있는데, 성찬이 제정된 "때"가 언제였는가 하는 것은, 우리 주님이 성찬이라는 성례전을 제정하신 목적이 무엇이었는지를 우리에게 알려준다. 즉, 그리스도께서 유대인들에게 잡혀서 죽으시기 전날 밤에 성찬을 제정하셨다는 것은, 그리스도의 죽으심으로 말미암아 우리가 누리게 될 은택이 무엇인지를 확증해 주시고자 하는 의도가 있으셨다는 것을 잘 보여 준다는 것이다. 우리 주님은 그 이전에도 얼마든지 사도들과 함께 성찬을 행하셔서, 이 성례전과 관련된 언약을 그들에게 확증해 주실 수 있으셨지만, 그렇게 하지 않으시고 죽으시기 전날 밤까지 기다리셨는데, 그것은 우리 주님이 성찬의 떡과 포도주를 통해서 사도들에게 상징적으로 보여 주신 것이 자신의 몸을 통해서 실제로 이루어지는 것을, 사도들이 오래 기다리지 않고 곧바로 볼 수 있게 하시기 위한 것이었다.

어떤 사람들이 이 구절을 근거로 삼아서, 성찬은 밤에 거행하여야 하고, 일상적인 저녁 식사를 한 후에 거행하여야 한다고 주장한다면, 거기에 대해서 나는 우리는 우리 주님께서 친히 행하신 것들을 보고서, 우리 주님께서는 우리가 어떻게 행하기를 원하셨는지를 잘 생각해 보아야 한다고 대답하고자 한다. 이렇게 우리 주님의 의도를 잘 살펴보면, 주님께서는 풍요의 신인 케레스(Ceres)를 숭배하는 의식처럼, 그리스도인들로 하여금 밤에 치르는 의식을 제정하려고 하신 것도 아니고,

그리스도인들로 하여금 반드시 일상적인 저녁 식사를 통해서 육신의 배를 채우도록 하신 후에, 그들을 영적인 식사로 초대하셔서 떡과 포도주를 먹게 하려고 하신 것도 아니라는 것은 확실하다. 이렇게 그리스도께서 성찬을 밤에 거행하신 것과 일반적인 저녁 식사를 한 후에 거행하신 것은 우리에게도 그렇게 똑같이 하라고 명하신 것이 아니기 때문에, 우리가 그런 요소들을 이 성례전에 속하는 것으로 여겨서는 안 된다는 것은 두말할 필요가 없다. 교황주의자들은 내가 앞에서 그리스도께서 원래 제정하신 그대로의 제도를 순수하게 보존하고 준수하여야 한다고 한 말을 빌미로 삼아서, "사람들이 그리스도께서 제정하신 대로 성찬을 거행하려면, 오직 밤에만 하여야 하고, 금식한 후가 아니라 오직 일반적인 저녁 식사를 한 후에만 하여야 하는데, 사람들은 성찬을 반드시 그런 식으로 거행하여야 한다고 말하지도 않고, 실제로 그런 식으로 거행하지도 않기 때문에, 그리스도께서 원래 제정하신 순수한 형태의 성찬을 들먹이며, 우리가 행하는 성찬을 비방하는 것은 잘못된 것이다"라고 교묘한 궤변을 통해서, 자신들의 잘못을 은폐하고 교묘하게 빠져나가려고 하지만, 그들의 그러한 궤변이 터무니없고 어처구니없는 것임을 드러내는 것은 아주 쉬운 일이다. 왜냐하면, 우리가 이미 앞에서 말하였듯이, 우리는 우리 주님이 성찬을 제정하실 때에 행하신 것들 중에서 우리가 무엇을 따라야 하고 무엇을 따르지 않아야 하는지를 쉽게 분별할 수 있기 때문이다.

24. 축사하시고 떼어 이르시되. 바울은 디모데전서 4:5에서 우리가 하나님으로부터 받는 모든 것이 "하나님의 말씀과 기도로 거룩하여진다"고 말한다. 우리가 성경에서 주님께서 하나님께 감사기도를 드리지 않고 제자들과 떡을 드셨다는 본문을 그 어디에서도 찾을 수 없는 이유가 거기에 있다. 주님께서는 자신의 이러한 본보기를 통해서, 우리가 똑같이 행하도록 가르치신 것임은 의문의 여지가 없다. 하지만 주님의 이 감사기도는 우리에게 똑같이 행하라고 본보기를 제시하신 데서 그치는 것이 아니고, 그 이상의 깊은 의미를 지니고 있다. 왜냐하면, 그리스도께서는 이 기도를 통해서, 인류를 향하신 하나님 아버지의 자비하심(misericordia)과 값없이 베풀어 주신 구속(redemptio)의 은혜에 대해서 감사하신 것이기 때문이다. 또한, 그리스도께서는 자신의 이러한 본보기를 통해서, 우리가 성찬의 상(sacra mensa) 앞으로 나아갈 때마다, 우리의 마음을 들어올려서 우리를 향하신 하나님의 무한하신 사랑을 고백하여야 하고, 우리의 마음이 하나님에 대한 참된 감사로 불타올라야 한다는 것을 가르쳐 주신다.

받아서 먹으라. (한글개역개정을 비롯한 현대어 역본들에는 칼빈이 사용한 헬라어 사본에 있던 "받아서 먹으라"는 어구가 없지만, 주님께서 성찬을 행하시는 장면을 보도하고 있는 마태복음 26:26에는 이 어구가 등장한다: "그들이 먹을 때에 예수께서 떡을 가지사 축복하시고 떼어 제자들에게 주시며 이르시되 받아서 먹으라 이것은 내 몸이니라 하시고" — 역주). 여기에서 바울의 의도는 이 성례전을 어떻게 지키는 것이 올바른 것인지에 대해서만 간략하게 우리에게 가르치는 것이었기 때문에, 그는 매우 중요하고 핵심적인 내용만을 말한다. 따라서 우리는 여기에서 그가 한 말을 한 마디도 빠뜨리지 말고 세심하게 검토하고 잘 살피는 것이 마땅하다. 우리가 가장 먼저 주목하여야 할 것은, 그리스도께서 친히 떡을 떼셔서 제자들에게 나누어 주셨기 때문에, 모든 제자들이 그 떡에 다함께 참여해서 똑같이 먹을 수 있었다는 것이다. 따라서 모든 신자를 위한 공동의 식탁이 마련되어 있지 않거나, 모든 신자가 떡을 떼기 위해서 초대받지 않을 때, 즉 모든 신자가 떡에 참여하는 것이 아닌 때에는, 그것이 성찬이라는 모양새를 갖추고 있다고 할지라도, 그러한 것에 성찬이라는 이름을 갖다붙이는 것은 합당하지 않다.

그런데 교황주의자들이 사람들을 불러 모아서 거행하는 미사는 무엇인가? 그들은 사람들을 한데 모아 놓고, 그들에게 알맹이 없는 공허한 쇼를 보여 준 후에, 그들을 빈손으로 돌려 보내고서는, 그것을 미사라고 말한다. 따라서 그들이 행하는 그러한 미사는 성찬과는 아무런 상관이 없다. 또한, 우리는 "받아서 먹으라"는 어구를 통해서, 그리스도께서 성찬과 관련해서 주신 약속이 마르스(Mars) 신을 섬기는 제사장들의 축제에 적용되지 않는 것과 마찬가지로, 교황주의자들의 미사에도 적용되지 않는다는 것을 알게 된다. 왜냐하면, 그리스도께서 우리에게 자기 몸을 주겠다고 약속하시면서, 우리에게 떡을 "받아서 먹으라"고 명하셨기 때문이다. 따라서 만일 우리가 떡을 받아서 먹으라는 주님의 명령을 따르지 않는다면, 자기 몸을 우리에게 주시겠다고 하신 주님의 약속은 우리에게 적용될 수 없다. 내가 이것을 우리에게 좀 더 친숙한 방식으로 다시 말하자면, 이렇게 설명할 수 있을 것이다: 약속(promissio)과 명령(mandatum)은 서로 조건 관계로 얽혀 있기 때문에, 우리가 우리에게 주어진 명령이라는 조건을 성취하지 않으면, 우리에게 주어진 약속도 유효하지 않게 된다. 예컨대, 시편 50:15을 보면, "환난 날에 나를 부르라 내가 너를 건지리니"라는 말씀이 나온다. 이 말씀 속에서, 하나님께서 우리에게 명령하신 것은 "환난 날에 나를 부르라"는 것이고, 그것을 조건으로 해서 우리에게 주신 약속은 "내가 너를 건지리라"는 것이다. 따라서 우리를 건져 주시겠다는 하나님의 약속이 우리에게 이루어지게 하려면, 우리는 하나님의 명령에 순종해서 하나님의 이름을 불러야 한다. 만일 우리가 하나님의 명령에 순종하여 그대로 행하지 않는다면, 우리에게 주어진 하나님의 약속은 효력을 발생할 수 없다. 그런데 교황주의자들은 미사를 통해서 무슨 짓을 하고 있는 것인가? 그들은 성찬에서 모든 신자들은 다함께 떡을 먹음으로써 주님의 몸에 참여하게 된다는 사실을 완전히 도외시한 채로, 전혀 다른 목적을 갖고서 떡을 성별하면서도, 자신들이 주님의 몸을 모시고 있다고 자랑한다. 그들은 그리스도께서 한데 결합시켜 놓으신 것들을 갈라 놓는 불경스러운 짓을 행하는 자들이기 때문에, 그들이 주님의 몸을 모시고 있다고 자랑하는 것이 헛된 것임은 너무나 분명하다. 따라서 그들이 "이것은 내 몸이니라"는 어구를 들먹일 때마다, 우리는 그 바로 앞에 나오는 "받아서 먹으라"는 어구로 그들에게 응수해야 한다. 왜냐하면, 주님께서 "이것은 내 몸이니라"고 말씀하시기 전에, "받아서 먹으라"고 말씀하신 것은, "내가 너희에게 명한 순서와 절차를 따라서 너희가 떡을 떼는 것에 참여할 때, 너희는 나의 몸에 참여하게 될 것"이라고 말씀하신 것이기 때문이다. 그러므로 어떤 사람이 이러한 순서와 절차를 따르지 않고 다른 떡을 먹는다면, 거기에는 주님의 약속이 미치지 않는다.

또한, 우리는 이 어구에서 주님이 우리가 무엇을 행하기를 원하시는지를 배운다. 주님은 "받으라"고 말씀하셨다. 따라서 사람들이 성찬에서 주님으로부터 "받는"(accipere) 것이 아니라, 하나님에게 희생제사를 "드리는"(offero) 자는 그리스도가 아닌 다른 그 무엇을 권위의 원천으로 삼는 자이다. 왜냐하면, 주님은 여기에서 우리에게 성찬을 통해서 하나님께 희생제사를 드리라고 결코 명하지 않으셨기 때문이다. 그러나 교황주의자들은 자신들의 "미사"에 대하여 무엇이라고 말하는가? 무엇보다 먼저, 그들은 주제넘게도 그들의 미사를 "희생제사"로 부르는 것은 합당하고 올바르다고 말하면서, 미사는 실제로 그리스도의 죽음을 기념하는 희생제사이고, 자신들이 날마다 바치는 제사에 의해서 구속의 은혜가 산 자와 죽은 자에게 임한다고 주장한다. 그들이 행하는 미사의 실체가 무엇이든지 간에, 그들은 자신들은 하나님께 희생제사를 드리는 것이라고 공공연하게 말한다. 하지만 무엇보다도 먼저, 그리스도께서는 우리에게 하나님께 희생제사를 드리라고 명하신 적이 결코 없기 때문에, 그들이 그런 식으로 희생제사를 드리는 것은 주제넘고 경솔한 짓이다. 게다가, 그들이 그렇게 행하는 것은 단순히 경솔한 정도를 넘어서서, 좀 더 심각한 죄악을 저지르고 있는 것이다. 왜냐하면, 그것은 우리로 하여금 떡을 받아서 먹게 하시려고 성찬 제도를 제정하신 그리스도의 의도를 교황주의자들이 정반대의 목적을 위해서 악용하고 있는 것이기 때문이다.

이것은 … 내 몸이니. 나는 우리 시대의 교회를 혼란에 빠뜨리고 있는 이 구절의 의미에 관한 불행한 논쟁들을 여기에서 재현하고 싶지 않다. 아니, 나는 그러한 논쟁들에 관한 기억이 영원한 망각 속에 파묻혀서, 우리가 다시는 그러한 것들을 기억하지 않게 되기만을 하나님께 빌 뿐이다. 나는 내가 늘 해 왔던 대로, 다른 사람들이 이 구절을 어떻게 생각하든지 간에, 이 구절에 관한 내 자신의 견해만을 솔직하고 기탄없이 분명하게 제시하고자 한다. 그리스도께서는 여기에서 "떡"이 자신의 "몸"이라고 말씀하신다. 나는 주님께서 사도들에게 실제의 "떡"을 보여 주신 것이 아니라, 자신의 "몸"을 보여 주시면서, 이렇게 말씀하신 것이라고 해석하는 터무니없는 견해는 일고의 가치도 없는 것으로 여기고서 거부한다. 왜냐하면, 주님께서는 이 구절에 이어서 다음 절에서 "이 잔은 내 피로 세운 새 언약이니"라고 계속해서 말씀하시고 있기 때문이다. 따라서 여기에서 주님께서 실제의 "떡"을 보여 주시면서 이렇게 말씀하신 것임은 의심의 여지가 없다. 이제 남은 문제는 주님께서 "무슨 의미로" 이렇게 말씀하신 것인지를 이해하는 것이다. 주님께서 하신 말씀의 참된 의미를 파악하기 위해서는, 먼저 주님의 말씀이 비유적인 말씀이라는 것을 인정하여야 한다. 이것이 비유적인 말씀이라는 사실을 부인하는 자가 있다면, 그 사람은 사실을 있는 그대로 인정하고자 하지 않는 거짓되고 악한 자일 것이다.

그렇다면, 그리스도께서 "몸"을 "떡"에 빗대어 말씀하신 이유는 무엇인가? 나는 요한이 "성령"을 "비둘기"에 빗대어서 말한 것(요 1:32)과 동일한 이유로, 그리스도께서도 여기에서 자신의 "몸"을 "떡"에 빗대어 말씀하신 것이라는 설명에 모든 사람이 동의할 것이라고 생각한다. 여기까지는 우리 모두가 동의하는 사실이다. 성령의 경우에는, 성령이 비둘기의 형태로 나타났기 때문에, 성령을 그 가시적인 표징인 "비둘기"로 표현한 것이라고 할 수 있다. 그렇다면, 여기에서도 거기에서와 비슷한 논리로, "몸"을 그 표징인 "떡"으로 표현하는 환유법이 사용된 것이라고 말하지 못할 이유가 무엇이겠는가? 지금 나와 견해를 달리하는 사람이 있다면, 내가 앞으로 설명해 나가는 것을 조금 더 두고 보아 주기 바란다. 내가 이렇게 부탁하는데도, 여기에서 환유법이 사용되고 있는 것이라는 나의 주장에 대하여 계속해서 시비를 걸고 트집을 잡고자 하는 사람이 있다면, 그 사람은 자기가 논쟁 자체를 좋아하는 자라는 것을 증명하는 셈이 될 것이다. 내가 분명히 말할 수 있는 것은, 여기에서 주님께서 실체인 자신의 "몸"을 그 실체를 상징하는 "떡"으로 표현하신 것 자체가 성례전적인 표현 양식이라는 것이다.

이제 우리는 한 걸음 더 나아가서, 여기에서 환유법이 사용된 이유를 물어보아야 하는데, 나의 대답은 주님께서는 단지 "떡"이 자신의 "몸"을 나타내기에 적합한 상징이어서, "떡"이라는 표징으로 자신의 "몸"이라는 실체를 나타내신 것이 아니라, "떡"이라는 표징이 우리에게 주어질 때에 주님의 "몸"도 우리에게 주어진다는 의미에서, 여기에서 이러한 환유법을 사용하신 것이라는 것이다. 나는 사람들이 세상적인 것들과 관련해서 흔히 사용하는 비유들의 용법이나 효과를 여기에 적용해서는 안 된다고 생각한다. 왜냐하면, 세상적인 것들은 우리 주님의 성례전들과는 다른 범주에 속하는 것들이기 때문이다. 예컨대, 사람들은 헤라클레스의 조각상을 헤라클레스라고 부르지만, 우리가 거기에서 볼 수 있는 것은 헤라클레스를 표상한 공허한 조각상 자체일 뿐이다. 반면에, "성령"이 "비둘기"로 불릴 때, 여기에서 "비둘기"라는 가시적인 형상은 단순히 그 실체인 "성령"을 표상하는 상징인 것이 아니라, 눈에 보이지 않는 실체인 "성령"의 분명한 임재를 나타낸다. 마찬가지로, 주님께서 자신의 "몸"을 "떡"이라고 하신 것은, 주님이 제자들에게 "떡"을 떼어 나누어 주실 때, 자신의 "몸"도 그들에게 주어진다는 것을 분명하게 보여 주신 것이고, 성찬에서 우리에게 "떡"이라는 표징이 주어질 때에 동시에 주님의 몸도 우리에게 주어질 것임을 보여 주신 것이다. 왜냐하면, 주님은 성찬에서 우리가 "떡"을 먹을 때, 아무런 실체도 없는 단순한 상징으로서의 "떡"만을 먹게 하심으로써, 헛된 상징이나 표상들로 우리를 속이거나 희롱하실 분이 결코 아니시기 때문이다. 따라서 나는 여기에서 표징(signum)과 실체(veritas)가 하나로 결합되어 있다는 사실을 추호도 의심하지 않는다. 달리 말하면, 영적인 능력과 관련해서, 우리가 "떡"을 먹는다는 말은 실제로 그리스도의 "몸"에 참여한다는 것과 완전히 동일한 말이라는 것이다.

이제는 우리가 어떻게 그리스도의 몸에 참여하게 되는 것인지를 살펴볼 차례이다. 교황주의자들은 자신들의 화체설(化體說, transsubstantiatio)을 따를 것을 우리에게 강요하면서, 성찬에서 "떡"이 성별된 후에는, "떡"은 완전히 그리스도의 "몸"으로 변하기 때문에, 더 이상 물질로서는 존재하지 않고, 오직 그 부수적인 속성들

(accidentia)인 색깔, 맛, 냄새, 형태만이 잔존하게 된다고 주장한다. 그러한 근거 없이 날조된 터무니없는 주장은 성경의 확실하고 분명한 말씀들은 물론이고, 성례전의 본질을 정면으로 부정하는 것이다. 그들의 주장대로, 가시적인 표징인 "떡"과 영적인 실체인 주님의 "몸" 간에 상응관계(analogia)가 존재하지 않는다면, 성찬이 의미하는 것은 과연 무엇이란 말인가? 그들은 성찬에서 "떡"이라는 표징은 실제의 "떡"이 아니고 "떡"이라는 겉모습을 지닌 주님의 몸이라고 주장한다. 그렇다면, "떡"이라는 겉모습을 지닌 표징이 상징하고 있는 실체라는 것은 단지 환상이나 상상에 불과한 것이 아니겠는가? 따라서 "떡"이라는 표징과 그것이 상징하는 실체 간에 상응관계가 존재하여야 하는 것이라면, "떡"이라는 표징이 주님의 몸이라는 실체를 표상하기 위해서는, "떡"은 가공적인 것이거나 허구적인 것이 아니라, 반드시 실제의 "떡"이어야 한다. 게다가, 지금 우리가 살펴보고 있는 이 절은 주님께서 자신의 몸 자체를 우리에게 주시는 것이 아니라 음식의 형태로 우리에게 주시는 것임을 보여 준다. 따라서 우리가 먹는 것은 결코 "떡"의 부수적인 속성인 색깔 같은 것이 아니라, "떡"이라는 물질 그 자체이다. 요컨대, 어떤 상징이 표상하는 실체가 실재하는 것이 되려면, 상징 자체도 실재하는 것이어야 한다는 것이다.

이렇게 교황주의자들의 화체설이라는 것은 터무니없는 주장이기 때문에, 우리는 그런 말도 안 되는 주장은 일축해 버리고, 그리스도의 몸이 어떤 방식으로 우리에게 주어지는지를 다시 살펴보아야 한다. 어떤 사람들은 그리스도께서 자신의 몸으로 우리를 위해 이루신 모든 은택에 우리가 참여하게 될 때, 즉 우리를 위해서 십자가에 달리시고 죽은 자 가운데서 다시 살아나신 그리스도를 우리가 믿음으로 영접하고 그의 모든 은택에 참여할 때, 그리스도의 몸이 우리에게 주어지는 것이라고 설명한다. 나는 그러한 견해에 반대하지는 않는다. 하지만 나는 우리가 그리스도의 은택에 참여하게 되는 것은 오직 우리가 "그리스도 자신을" 얻고 난 후의 일이라는 것을 강조하고자 하고, 또한 우리가 그리스도께서 우리를 위해서 십자가에 달리셨다는 것을 믿을 뿐만 아니라, 그리스도께서 우리 안에 거하셔서 우리와 하나가 되시고, 우리가 그리스도의 몸의 지체가 될 때, 요컨대 우리가 그리스도와 연합되어서 하나의 생명과 본체를 이룰 때(이렇게 말하는 것이 가능하다면), 그 때에야 우리가 그리스도를 얻는 것이라는 사실을 강조하고자 한다. 내가 이렇게 그리스도와의 연합을 강조하는 이유는, 그리스도께서는 우리에게 자신의 죽음과 부활로 말미암은 은택만을 주신 것이 아니라, 고난을 받으시고 다시 살아나신 자신의

"몸 자체"를 주셨기 때문이다. 결론적으로 말해서, 성찬에서 그리스도의 몸은 우리의 영혼을 위한 온전한 양식이 될 수 있도록 하기 위하여, 실제로(realiter), 즉 진정으로(vere) 우리에게 주어진다는 것이다. 나는 지금 평범한 단어들을 사용해서 평범하게 표현하였지만, 그 의미까지 평범한 것은 결코 아니다. 즉, 내가 여기에서 말하고자 하는 것은, 우리가 진정으로 그리스도와 하나로 연합되기 위해서 우리의 영혼은 성찬 속에서 그리스도의 "몸"을 먹는다는 것이다. 결국 동일한 의미가 되겠지만, 이것을 달리 표현하자면, 그리스도의 "몸"은 비록 우리로부터 멀리 떨어져 있고, 우리와 섞이는 것이 아님에도 불구하고, 성찬 속에서 성령의 역사를 통해서 그리스도의 "몸"으로부터 오는 살리는 능력(vim ex Christi carne vivificam)이 우리에게 부어진다는 것이다.

이제 남은 문제는 단 하나, 즉 하늘에 있는 그리스도의 몸이 어떻게 이 곳 땅에 있는 우리에게 주어질 수 있는가 하는 것이다. 어떤 사람들은 그리스도께서 신적인 본질을 지니고 계시는 것과 마찬가지로, 그리스도의 "몸"도 신적인 본질을 지니고 있기 때문에, 어느 한 곳에 한정해서 존재하는 것이 아니고, 온 천지에 편만하게 존재하는 무한한 것이라고 생각한다. 스콜라 철학자들은 그리스도의 영광스러운 몸과 관련하여 좀 더 치밀한 논의를 전개하지만, 그들의 교설은 그리스도께서 마치 "떡" 속에 갇혀 계시기라도 한다는 듯이, 결국 신자들은 "떡" 속에서 그리스도의 몸을 발견하여야 한다는 것으로 귀결된다. 따라서 그들의 교설에 따르면, 사람들은 경이로운 마음으로 "떡"을 바라보고, 마치 "떡"이 그리스도인 양, "떡"을 경배하여야 한다는 말이 된다. 만약 어떤 사람이 그들에게, 그들이 경배하는 것은 "떡"이냐, 아니면 "떡"이라는 외관이냐고 묻는다면, 그들은 그 어느 것도 아니라고 단호하게 대답하는 동시에, 자신들은 그리스도께 경배를 드리기 위해서 경외심을 가지고서 "떡"을 향하여 경배하는 것이라고 대답할 것이다. 하지만 나는 그들이 그들의 몸과 눈만이 아니라, 그들의 마음과 생각까지도 "떡"을 향하여 경배하는 것이라고 생각한다. 그렇다면, 그들이 행하는 그런 행동이야말로 엄연한 우상 숭배가 아니고 무엇이겠는가? 성찬을 통해서 우리가 그리스도의 "몸"에 참여한다고 내가 말할 때, 거기에는 그리스도의 공간적인 임재나 그리스도의 강림이 요구되는 것도 아니고, 더욱이 그리스도의 몸이 무한대로 확장되는 것 같은 것이 요구되는 것도 아니다. 왜냐하면, 성찬은 하늘에 속한 일인 까닭에, 그리스도께서는 여전히 하늘에 계시고, 우리는 그 그리스도의 "몸"을 성찬을 통해서 받는다고 말하는 것은 전혀 이상한 것이 아니기 때문이다. 그리스도께서 자기 몸을 우리에게 나누어 주시는 것은 성령의 신비한 능력으로 말미암는 것이고, 성령의 능력은 공간적으로 멀리 떨어져 있는 것들을 한데 불러모을 수 있을 뿐만 아니라, 하나로 연합시킬 수도 있다.

그러나 우리가 성찬에 참여할 수 있기 위해서는, 우리는 하늘에 닿아야 하는데, 그렇게 하는 데에는 우리의 육신적인 감각이나 지각은 아무런 소용이 없고, 오직 믿음만이 우리에게 도움이 된다. 내가 여기에서 말한 "믿음"은 사람들이 꾸며낸 것들을 따라 어떤 확고한 생각이나 신념을 갖는 것을 의미하는 것이 결코 아니다. 왜냐하면, 많은 사람들이 자신들의 믿음을 자랑하기에 여념이 없지만, 그들이 자랑하는 믿음은 내가 여기에서 말하고 있는 믿음과는 거리가 멀기 때문이다. 그렇다면, 성찬에서 "믿음"이라는 것은 무엇인가? 그것은 우리의 눈에는 오직 "떡"만이 보일 뿐이지만, 우리는 그 "떡"이 그리스도의 몸의 표징이자 보증이라는 것을 믿고서, 주님께서 자신이 약속하신 말씀을 온전히 이루셔서, 우리가 그 "떡"을 먹을 때, 우리의 눈에는 전혀 보이지 않는 주님의 "몸"을 우리를 위한 영적인 양식으로 우리에게 주신다는 것을 조금도 의심하지 않고 믿는 것이다. 우리로부터 그토록 멀리 떨어져 있는 그리스도의 "몸"이 우리의 양식이 된다는 말이 믿기지 않을 수도 있다. 하지만 우리는 이것이 성령이 행하는 신비롭고 경이적인 역사라는 것을 기억하여야 하고, 성령의 역사를 한 줌도 안 되는 우리의 지식이나 지성으로 판단하고 재단하는 것은 죄악이라는 것을 명심하여야 한다.

우리는 우리의 눈과 마음과 생각을 오직 "떡"에만 붙들어 매놓는 스콜라 철학자들의 터무니없는 교설에 현혹되어서도 안 되고, 그리스도의 "몸"은 신적 본질을 지닌 것이기 때문에 천지에 편만하게 존재한다는 엉터리 같은 교설에 미혹되어서도 안 된다. 또한, 우리는 그리스도의 "몸"이 "떡"이라는 겉모습을 하고 그들 가운데 실재한다고 주장하면서, 그리스도의 "몸"을 자기들 마음대로 찢고 나누어서, 자신들이 마음 내키는 곳에서 여기에서도 그리스도를 경배하고 저기에서도 그리스도를 경배하는 자들을 따라가서도 안 된다. 오직 우리는 그리스도로 하여금 자신의 하늘 영광 가운데 머무시게 하고, 우리 자신이 하늘에 닿기를 열망하여야 한다. 그러면, 그리스도께서 하늘로부터 우리에게 자신의 몸을 나누어 주실 것이다. 건전하고 겸손한 심령을 지닌 사람이라면, 나의 이러한 몇 마디 설명에 만족해할 것이다. 하지만 당신이 쓸데없는 호기심으로 가득 찬 사람들이라면, 나는 당신에게 다른 데로 가서 당신의 호기심을 충족시키라고 말할 것이다.

너희를 위하는. (일부 헬라어 사본들에는 이 어구가 "너희를 위하여 부서진"으로 되어 있는데, 칼빈은 여기에서 그러한 사본을 따르고 있다 — 역주). 어떤 사람들은 출애굽기 12:46에 나오는 "뼈도 꺾지 말지며"라는 예언이 이루어지기 위해서, 그리스도께서 죽으실 때에 그의 몸은 온전히 보존되어야 했고, 실제로도 온전히 보존되었기 때문에, 여기에서 "너희를 위하여 부서진"은 그리스도의 죽으심과 관련된 것이 아니라, 성찬에서 그리스도의 몸의 표징인 "떡"을 떼어 나누어 주는 것과 관련된 것이고, 따라서 "너희를 위하여 떼어진"으로 번역되어야 한다고 생각한다. 나는 바울이 이 어구를 통해서 성찬에서 '떡'을 떼는 것을 암시하였다는 사실을 인정하기는 하지만, 여기에서 "부서진"이라는 단어는 "희생제물로 바쳐진"이라는 의미로 사용된 것이라고 본다. 나의 이러한 해석은 물론 완전히 만족스러운 것은 아니겠지만, 그렇다고 해서 전혀 터무니없는 것도 아니다. 왜냐하면, 그리스도의 "뼈"가 하나도 부서지지 않았을지라도, 그의 "몸"은 모진 고문을 당하였고, 마침내는 가장 잔인한 형태의 죽임을 당하였다는 점에서, 그의 "몸"이 상하지 않았다고 말할 수는 없기 때문이다. 그리고 나는 이것이 바울이 여기에서 "부서진"이라고 말한 것의 의미라고 생각한다. 이것은 성찬과 관련해서 주님이 우리에게 주신 약속의 두 번째 부분이고, 여기에서 주님은 자신의 몸을 그냥 우리에게 주시는 것이 아니고, 우리를 위해서 희생제물로 바쳐졌던 자신의 몸을 우리에게 주시는 것이라고 말하고 있다는 점에서, 우리는 이것을 결코 가볍게 보아넘겨서는 안 된다. 따라서 주님께서 성찬과 관련해서 주신 약속의 첫 번째 부분이 주님의 "몸"을 "우리를 위하여" 주시겠다는 것이라면, 그 약속의 두 번째 부분은 우리가 주님의 "몸"을 받음으로써 얻게 되는 유익이 무엇인지를 보여 준다. 즉, 우리는 성찬에서 주님의 "몸"에 참여함으로써, 주님께서 자신의 몸을 희생제물로 드리심으로 인하여 우리를 위해 열어 놓으신 구속의 은혜에 참여하게 된다는 것이다. 그런 까닭에, 성찬은 십자가에 못 박히신 그리스도를 우리에게 비추어 주는 거울이고, 십자가에 못 박히신 그리스도를 영접하지 않은 사람은 그 누구도 성찬을 받거나, 성찬의 은택들을 향유할 수 없다.

이것을 행하여 나를 기념하라. 주님께서 우리에게 성찬을 통해서 자신의 죽음을 "기념하라"고 하신 것은, 그렇게 하는 것이 우리의 연약함을 도와 주는 길이었기 때문이었다. 만일 우리가 다른 식으로 그리스도의 죽음을 충분히 기억할 수 있었다면, 성찬을 통한 그러한 도움은 불필요한 것이 되었을 것이다. 우리의 연약함을 도와 준다는 것은 모든 성례전에 공통되는 성질이지만, 우리는 그리스도께서 성찬을 통해서 우리가 그리스도와 관련해서 특별히 무엇을 기억하고 "기념하기"를 원하신 것인지에 대해서 곧 알게 될 것이다. 어떤 사람들은 이 구절을 근거로 삼아서, "기념한다"는 것은 그 자리에 있지 않은 것을 대상으로 하는 것이기 때문에, 그리스도께서는 성찬에 임재하시는 것이 아니라고 결론을 내린다. 하지만 그런 주장을 반박하는 것은 쉬운 일이다: 그들이 말한 대로, 성찬을 "기념"이라는 관점에서 이해한다면, 그리스도께서 실제로 성찬에 임재하시지 않는다는 것은 맞는 말이 된다. 왜냐하면, 그리스도께서는 성찬에 가시적으로 임재하시는 것이 아닐 뿐만 아니라, 그리스도 자신을 표상으로 보여줌으로써 우리의 기억을 일깨워 주는 표징들과는 달리, 우리의 눈으로 볼 수 있는 것도 아니기 때문이다. 요컨대, 내가 말하고자 하는 것은, 그리스도께서는 자신이 계신 하늘을 떠나셔서 성찬의 자리에 오시고 임재하셔서 우리와 함께 하신다는 것이 아니고, 여전히 하늘에 계시면서 성찬에서 자신의 "몸"을 표상하는 "떡"을 통해서 우리에게 자신의 "몸"으로부터 오는 살리는 능력을 베풀어 주신다는 것이다.

25. 식후에 또한 그와 같이 잔을 가지시고 이르시되. 사도는 여기에서 "떡"을 나누어 주신 것과 "잔"을 나누어 주신 것 사이에 약간의 시간 간격이 있었던 것처럼 말하고 있는 반면에, 복음서 기자들은 이 두 가지 행위가 연속적으로 행해진 것인지의 여부에 대해서 분명히 밝히지 않는다. 하지만 이 문제는 그렇게 중요하지 않다. 왜냐하면, 주님께서는 제자들에게 "떡"을 나누어 주신 후에, 잠시 무슨 말씀을 하시고 나서, "잔"을 나누어 주신 것일 수도 있기 때문이다. 그렇다고 하더라도, 주님은 이 두 가지 행위의 중간에 성찬과 무관한 일을 행하시거나 말씀하시지는 않으셨을 것이기 때문에, 우리는 성찬 예식이 도중에 중단된 것이라고 생각할 필요는 없다. 나는 에라스무스(Erasmus)가 여기에 언급된 "식후에"를 "저녁 식사가 끝난 후에"라고 번역한 것에 대하여 동조하고 싶은 마음이 전혀 없다. 왜냐하면, 이처럼 중요한 대목을 번역할 때에는, 오해의 소지가 있는 애매한 표현은 삼가는 것이 옳기 때문이다.

이 잔은 내 피로 세운 새 언약이니. 주님께서 여기에서 "잔"에 대하여 말씀하신 것은 "떡"에도 그대로 해당되기 때문에, 앞에서 주님이 "이것은 내 몸이니"라고 좀 더 간단하게 표현한 것은 실제로는 "이것은 내 몸으로 세운 새 언약이니"라는 의미이다. 우리가 "이것은 내 몸이니"라는 구절을 그런 식으로 이해하여야 하는 이유는, 주님이 여기에서 말씀하신 "새 언약"이라는 것은, 실제로 주님이 자신의 몸으로 세우신 언약, 즉 주님이 자신의 몸을 희생제물로 드리심으로써 단번에 효력이 발생된 언약일 뿐만 아니라, 지금도 성찬에 참여하여서 그 희생제물인 주님의 "몸"을 먹는 모든 믿는 자들에게 그 효력이 발생되고 있는 언약을 가리키기 때문이다. 따라서 바울과 누가는 "피로 세운 언약"이라고 말하고, 마태와 마가는 "언약의 피"라고 말하지만, 이 둘은 실질적으로 동일한 표현이다. 왜냐하면, 주님께서는 우리를 하나님과 화목하게 하시기 위하여 피를 흘리셨고, 이제 우리는 주님이 이루어 놓으신 그러한 화목에 참여하기 위하여 영적인 의미에서 주님의 피를 마시는 것이기 때문이다. 따라서 성찬 속에는 우리를 위한 "언약"만이 아니라, 그 "언약"을 인쳐 주는 보증도 존재한다.

하나님께서 나에게 기회를 허락해 주신다면, 나는 히브리서 주석을 집필하면서, "언약"이라는 단어에 대해서 말할 기회를 갖게 될 것이지만, 우선 여기에서 말해두고자 하는 것은, 성례전들은 하나님의 선하신 뜻을 우리의 마음속에 확증해 주는 "증언들"(testimonium)이기 때문에 "언약"(testamentum)으로도 불린다는 것은 잘 알려진 사실이라는 것이다. 사람들이 엄숙한 의식과 절차를 통해서 서로 간에 "언약"을 맺는 것과 마찬가지로, 주님께서는 우리와 "언약"을 맺으실 때에도 그렇게 하신다. 내가 이렇게 말하는 것이 결코 부적절하지 않은 이유는, 말씀과 표징은 서로 연결되어 있어서, 주님의 "언약"은 실제로 성례전들과 결부되어 있고, "언약"이라는 단어 자체가 주님이 우리와 관련해서 우리에게 주신 약속이라는 의미를 내포하고 있기 때문이다. 이것은 성례전의 성격을 이해하는 데 아주 중요한 사실이다. 왜냐하면, 성례전들이 "언약"이라는 것은, 사람들의 양심을 일깨워서 구원의 확신에 이르게 해 주는 주님의 약속들이 성례전들에 담겨 있다는 것을 의미하기 때문이다. 이것으로부터 우리는 성례전들이 단지 사람들 앞에서 우리의 신앙 고백을 나타내는 외적인 상징행위들인 것이 아니라, 내면적으로 우리의 믿음을 더욱 굳건히 하는 데 도움을 주는 것들이라는 것을 알게 된다.

이것을 행하여 마실 때마다 나를 기념하라. 그리스도께서는 성찬이라는 성례전을 제정하시면서, 거기에서 두 가지 표징을 사용할 것을 명하셨다. "하나님이 짝지어 주신 것을 사람이 나누지 못할지니라"(마 19:6). 그러므로 성찬에서 떡은 떼는데 잔을 나누지는 않는다면, 그것은 그리스도께서 정하신 성례전을 훼손하여 반쪽짜리로 만들어 버리는 것이다. 떡을 먹을 뿐만 아니라 잔을 마시라고 우리에게 명하신 그리스도의 말씀이 우리 귀에 생생하게 들리지 않는가? 그리스도께서 우리에게 명하신 것을 절반만 이행하고 나머지를 거부하는 것은, 그의 명령을 완전히 무시하는 것과 마찬가지이다. 이렇게 그리스도께서 모든 사람에게 "잔"을 허락하셨음에도 불구하고, 오늘날 교황의 폭정 아래에서 교황의 수하들은 사람들에게 "잔"을 나누어 주지 않고 있는데, 이것이 주제넘고 오만방자한 마귀적인 짓임을 부인할 사람이 어디 있겠는가? 교황주의자들은 그리스도께서 일반 신자들이 아닌 사도들에게만 성찬을 허락하신 것이라고 떠들어대지만, 그것은 유치하기 짝이 없는 말이고, 우리는 바울이 바로 이 곳에서 한 말로 그들의 그러한 주장을 일거에 분쇄할 수 있다. 왜냐하면, 바울은 여기에서 사도가 아닌 일반 신자들, 즉 교회를 구성하는 모든 교인들에게 성찬에 대해서 말하고 있고, 자기가 그들에게 전한 말은 정확히 주님이 명하신 것이라고 증언하고 있기 때문이다. 주님께서 친히 정하신 이러한 규례를 감히 폐기처분하고도 아무렇지도 않게 여기는 자들은 자신들이 사도들의 가르침과 성령의 계시를 따라서 그렇게 한 것이라고 변명하겠지만, 도대체 그들은 어떠한 사도의 가르침을 받았고 어떠한 영의 계시를 받았다는 것인가? 그런데도 그런 말도 안 되는 어처구니없는 예식이 성찬이라는 이름으로 온 세상에서 활개를 치고 있고, 교황주의자들은 자신들이 그렇게 행하고 있는 것을 정당화하기 위하여 온갖 수단들을 다 동원하고 있는 것이 오늘날 우리의 현실이다. 그들은 한편으로는 자신들의 주장에 동조하지 않는 사람들을 무자비하게 불태워 죽이거나 칼로 도륙하면서, 한편으로는 강론들과 책들을 통해서 자신들의 주장을 정당화하기 위하여 혈안이 되어 있는데, 그들이 이렇게 철면피 같은 모습을 보이는 것은 이제 별로 이상할 것도 없는 일이 되어 버렸다.

26. 너희가 이 떡을 먹으며 이 잔을 마실 때마다 주의 죽으심을 … 전하는 것이니라. 바울은 이제 우리가 성찬에서 주님에 대하여 무엇을 어떻게 기억하고 기념하여야 하는지를 보여 준다. 즉, 우리는 성찬에서 주님의 죽으심을 기억하고 기념하면서, 우리의 입술로 주님에 대한 신앙을 고백하는 것으로는 충분하지 않고, 주님의 죽으심의 능력이 우리의 양심 속에서 역사하여 그 효력이 나타나게 하기 위하여, 감사함으로 성찬에 참여하여야 하는데, 우리는 그런 식으로 성찬에 참여하여, 주님에 대한 우리의 신앙 고백과 감사와 찬송을 통해서, 우리가 하나님 앞에서 알고 느끼는 것을 사람들 앞에서 전하는 것이라고 그는 말한다. 따라서 성찬은 그리

스도께서 마지막 날에 다시 오실 때까지 교회에서 늘 행해져야 하는 일종의 기념식 같은 것이라고 할 수 있고, 그리스도께서 자신의 죽으심의 은택을 우리에게 일깨워 주셔서, 우리로 하여금 사람들 앞에서 그것을 전하게 하기 위한 목적으로 제정되었다. 그런 이유로, 성찬은 "감사 기도"를 뜻하는 용어로 지칭된다. 그러므로 우리는 성찬에 올바르게 참여하기 위해서는, 제대로 된 신앙 고백이 먼저 선행되어야 한다는 것을 명심하여야 한다.

이것은 교황주의자들이 자신들이 행하는 "미사"는 그리스도께서 제정하신 성찬 예식을 그대로 가져 와서 재현하고 있는 것이라고 자랑하는 것이 하나님을 우롱하는 짓이고 얼마나 뻔뻔하고 후안무치한 일인지를 우리에게 아주 분명하게 보여 준다. 미사라는 것이 도대체 무엇인가? 교황주의자들은 절대로 인정하지 않겠지만, 니고데모(Nicodemus)의 추종자들은 비록 겉으로는 미사를 그대로 채용해서 행하고 있기는 하지만, 미사가 가증스러운 미신들로 가득 차 있다는 것을 인정한다. 미사가 도대체 어떤 식으로 그리스도의 죽으심을 전하고 선포한다는 것인가? 실제로 미사는 그리스도의 죽으심을 전하는 것이 아니라, 도리어 정반대로 그리스도의 죽으심을 부인하고 부정하는 것이 아닌가?

그가 오실 때까지. 바울은 여기에서 그리스도께서는 우리가 이 세상에 살아 있는 동안에는, 우리에게는 늘 성찬 같은 이러한 성례전들의 도움이 필요하다는 것을 아셨기 때문에, 자기가 세상을 심판하기 위하여 오실 때까지, 성찬을 행하여 자신의 죽음을 기억하고 기념하라고 명하셨다는 것을 우리에게 상기시켜 준다. 왜냐하면, 그리스도께서 부활하시고 승천하셔서, 더 이상 가시적인 모습으로 이 땅에서 우리와 함께 계시지 않으시는 상황에서는, 그리스도의 영적인 임재를 표상하는 모종의 예식이 존재하여서, 우리가 온 마음으로 그 예식에 참여하여 그리스도와 영적인 교제를 나누는 것이 우리에게 꼭 필요하였기 때문이었다.

27. 그러므로 누구든지 주의 떡이나 잔을 합당하지 않게 먹고 마시는 자는 주의 몸과 피에 대하여 죄를 짓는 것이니라. 주님께서는 우리가 감사함으로 성찬에 참여하기를 원하셨고, 또한 우리가 성찬에 참여해서, 우리의 입술로 진심으로 주님의 은혜를 인정하고 고백하며, 사람들에게 전하기를 원하셨기 때문에, 성찬을 존귀하게 하고 영광스럽게 하지 않고, 도리어 모욕하고 모독한 자들은 반드시 벌을 받게 될 것이라고 바울은 여기에서 우리에게 경고한다. 왜냐하면, 주님께서는 자신의 명령이 멸시를 당하고 짓밟힘을 당하는 것을 용납하지 않으실 것이기 때문이

다.

이 절의 의미를 파악하기 위해서는, 바울이 말한 "합당하지 않게 먹고 마시는" 것이 무엇인지를 알아야 한다. 어떤 사람들은 바울이 여기에서 이러한 표현을 통해서 지적하고 있는 것은, 고린도 교인들이 성찬을 거행할 때에 무질서하고 방종하게 행하여 잘못을 저지른 것에 대한 것이라고, 제한적으로 이 어구를 해석하지만, 나는 바울이 통상적으로 그러하듯이 여기에서도 어떤 구체적이고 특정한 사례를 말하다가, 거기에서 한 걸음 더 나아가서 그 사례를 발판으로 해서 좀 더 보편적이고 일반적인 가르침을 베풀고 있는 것이라고 본다. 즉, 고린도 교인들은 성찬과 관련해서 한 가지 잘못을 저질렀지만, 바울은 여기에서 그 기회를 활용해서, 성찬을 집례하거나 성찬에 참여할 때에 사람들이 저지를 수 있는 온갖 잘못들에 대해서 말하고 있다는 것이다. 그는 이렇게 말한다: "하나님께서는 성찬을 더럽히고 훼손하는 자들을 반드시 혹독하게 벌하실 것이다." 따라서 "합당하지 않게 먹고 마신다"는 것은, 성찬을 집례하거나 참여할 때, 사람들이 주님께서 성찬을 제정하실 때에 의도하시고 명하셨던 그대로의 순전하고 합당한 목적과 용도와 절차 등을 따르지 않고, 제멋대로 행함으로써, 성찬을 더럽히고 욕되게 하는 것을 의미한다. 따라서 "합당하지 않게" 성찬에 참여하는 정도는 천차만별이어서, 좀 더 심각하게 성찬을 더럽히는 자들도 있고, 단지 가볍게만 성찬을 더럽히는 자들도 있다. 예컨대, 바울은 고린도전서 5:11에서 "만일 형제라 일컫는 자가 음행하거나 탐욕을 부리거나 우상 숭배를 하거나 모욕하거나 술 취하거나 속여 빼앗거든 사귀지도 말고 그런 자와는 함께 먹지도 말라"고 말하였는데, 그런 자들이 아무런 회개도 없이 성찬에 참여해서 먹고 마신다면, 그것은 오만방자하게 제멋대로 행하여 그리스도를 대놓고 멸시하고 욕보이는 것이기 때문에, 그런 자들이 성찬에 참여하여 주님의 살을 먹고 피를 마시는 것은 스스로 멸망을 자초하는 일일 것임은 의심의 여지가 없다. 반면에, 겉으로 분명하게 드러나는 어떤 죄나 악에 빠져 있지는 않지만, 성찬에 참여할 때에 가져야 할 심령 상태가 되어 있지 않은 사람들이 성찬에 참여한 경우가 있을 수 있다. 이런 경우에는 우리가 앞에서 예로 든 경우보다는 그 정도가 덜한 것이기는 하지만, 어쨌든 그런 사람들도 자신의 마음을 잘 살펴서, 자기가 주님의 살을 먹고 피를 마실 준비가 되어 있지 않다는 것을 깨닫고서, 성찬에 참여하지 않았어야 하는데도, 자기는 아무 문제가 없다는 자만에 빠져서 별 생각 없이 경솔하게 성찬에 참여한 것이기 때문에, 그들의 그러한 불경스러운 마음과 태도는 하나님으로부터 비록 가벼운 벌이나마 벌을 받는 것은 피할 수 없다. 이렇게 "합당하지 않게 먹고 마시는" 것에도 그 정도는 여러 가지이기 때문에, 하나님께서는 성찬과 관련해서 가벼운 잘못을 범한 자들에게는 가벼운 벌을, 심각하고 중대한 죄악을 저지른 자들에게는 무거운 벌을 내리신다.

한편, 이 구절과 관련해서 다음과 같은 한 가지 질문이 제기되어서, 아주 뜨거운 논쟁이 벌어졌는데, 그것은 후대의 교황주의자들이 아주 예민하고 신경질적인 반응을 계속해서 보여 온 그런 질문이었다: 성찬에 참여해서 "합당하지 않게 먹고 마신" 자들은 그리스도의 살과 피를 정말로 먹고 마신 것인가? 열띤 논쟁의 와중에서, 교황주의자들은 성찬에 참여해서 주님의 살을 먹고 피를 마시는 자는, 그가 의인이든 악인이든, 그런 것과는 상관없이, 진정으로 주님의 살을 먹고 피를 마시는 것이라고 단호하게 주장하였다. 우리 시대에도 수많은 목소리 큰 사람들이 주님께서 이 땅에서 계실 때에 처음으로 집례하신 성찬에서 가룟 유다도 베드로와 마찬가지로 주님의 살과 피를 유효하게 받아서 먹고 마셨다고 끈질기고 집요하게 주장하고 있다. 나는 이 문제는 별로 중요하지 않은 주변적인 문제라고 생각하기 때문에, 이 문제를 놓고서 격렬한 논쟁을 벌이고 싶은 생각이 없다. 하지만 어떤 사람들이 이 문제에 대하여 합당한 근거도 없는 자신들의 견해를 제시하고서는, 한편으로는 모든 사람들이 자신들의 견해를 받아들여야 한다고 고압적인 태도로 강요하고, 다른 한편으로는 자신들의 견해와 조금이라도 다른 말을 하는 자들에 대해서는 가차없이 무자비한 공격을 퍼부어서 무너뜨리는 행태를 보이고 있기 때문에, 나는 여기에서 내가 이 문제와 관련해서 진리라고 생각하는 것을 지지하는 몇 가지 이유를 조용히 제시해도, 내가 그렇게 하는 것을 사람들이 충분히 이해해 줄 것이라고 믿는다.

그리스도를 그의 영과 분리하는 것은 불가능하다는 것은 내게 불변의 진리이기 때문에, 나는 그러한 진리를 절대로 양보할 수 없다. 따라서 나는 그러한 진리에 의거해서, 성찬에서 우리가 주님의 몸을 받을 때, 우리가 받는 주님의 몸은 아무런 생명도 없는 주님의 시신일 수도 없고, 주님의 영의 은혜와 능력이 떠난 주님의 몸일 수도 없다고 확신한다. 내가 방금 말한 것은 너무나 자명한 진리이기 때문에, 나는 그것을 증명하기 위하여 굳이 시간을 할애할 필요는 없을 것이다. 그렇다면, 악인들은 참된 믿음을 지니고 있는 것도 아니고, 참된 회개를 한 자들도 아니기 때문에, 그들에게는 그리스도의 영이 있을 수 없는데, 그런 그들이 성찬에 참여하였다고 해도, 어떻게 그리스도를 받을 수 있겠는가? 게다가, 그들은 완전히 사탄의 지배 아래 있는 자들인데, 어떻게 그리스도를 받는 것이 그들에게 가능하겠는가? 따라서 나는 한편으로는 성찬에 참여해서 그리스도를 진정으로 받으면서도 "합당하지 않게" 받는 사람들이 있다는 것을 인정하는데, 예컨대 믿음이 연약한 자들의 다수가 그런 부류에 속한다. 반면에, 다른 한편으로는 나는 단지 복음과 관련된 역사적인 사건들만을 믿을 뿐이고, 실제로 살아 있는 참된 믿음과 회개가 없는 사람들이 성찬에 참여해서 단지 표징들만을 받는 것이 아니라, 그 이상의 것을 실제로 받는다는 주장에는 결코 동의할 수 없다. 나는 그런 식으로 그리스도의 몸과 영을 분리하고 서로 갈라 놓아서, 그리스도를 불구로 만드는 것을 용납할 수 없고, 그리스도께서 생명도 없는 죽은 자들인 악인들에게 자기 자신을 주셔서 먹게 하신다고 주장하는 자들의 어처구니없는 말에 치가 떨린다. 아우구스티누스(Augustinus)도 내가 말한 것과 동일한 의미로, 악인들은 성찬에서 그리스도를 표상하는 "떡"만을 받을 뿐이라고 말한 후에, 그것이 무슨 의미인지를 좀 더 분명하게 보여 주기 위해서, 주님께서 친히 베푸신 성찬에서 다른 사도들은 모두 "주님"이라는 떡(panis Dominus)을 받아서 먹었던 반면에, 오직 가룟 유다만은 주님께서 주신 떡(panis Domini)만을 받아서 먹었던 것이라고 설명한다.

그런데 여기에서 한 가지 반론이 제기될 수 있는데, 그것은 성례전의 효력은 거기에 참여하는 자들이 합당하냐 합당하지 않느냐에 의해서 좌우되지 않고, 하나님의 약속들은 사람들의 악함으로 인해서 무효가 되지도 않는다는 것이다. 나는 그러한 반론이 옳다는 것을 인정하기 때문에, 성찬에 참여하는 자들에게는, 그가 의인이든 악인이든, 그런 것과는 상관없이 모두에게, 그리스도의 몸이 주어진다는 것을 아주 분명하게 천명한다. 그리고 이렇게 성찬에서 그리스도의 몸이 악인들에게 주어진다는 사실로 인해서, 성례전의 효력과 하나님의 신실하심은 조금도 손상되지 않고 그대로 유지된다. 왜냐하면, 하나님께서는 성찬에서 악인들에게는 단지 자기 아들의 몸을 표상하는 표징들만을 주시는 식으로 그들을 속이시는 것이 아니라, 실제로 악인들에게도 자기 아들의 몸을 주시고, 이 때의 "떡"은 그들에게 빈껍데기뿐인 공허한 표징에 지나지 않는 것이 아니라, 하나님의 약속을 그대로 담고 있는 보증이기 때문이다. 따라서 하나님께서 악인들에게 자기 아들의 몸을 실제로 주시는데도, 그들이 그 몸을 받아 먹지 않고, 단지 떡만을 먹는다고 해도, 그러한 사실로 인해서 성례전의 본질이 훼손되는 것도 아니고, 그 효력이 무효화되는 것도 아니며, 성찬과 관련된 하나님의 약속이 지켜지지 않아서 하나님의 신실하심이 손상되는 것도 결코 아니다.

바울이 이 구절에서 한 말과 관련해서 어떤 사람들이 보인 반응이 문제가 되어 왔는데, 우리는 그것도 여기에서 살펴보지 않으면 안 된다. 그들은 이렇게 말한다: "여기에서 바울은 '주의 떡이나 잔을 합당하지 않게 먹고 마시는 자들'은 주의 몸과 피를 살피지 않은 것이기 때문에, 죄를 지은 것이라고 말하고 있는 것으로 보아서, 그 사람들은 진정으로 주의 몸과 피를 먹고 마신 것임에 틀림없다." 그들의 그러한 주장에 대한 나의 대답은 그들의 결론이 잘못되었다는 것이다. 왜냐하면, 하나님께서 그들에게 자기 아들의 몸과 피를 실제로 주셨는데도, 그들은 거기에 참여하기를 거부한 것이지만, 그렇더라도 그들이 자신들에게 주어진 주의 몸과 피를 더럽히고 모독한 것인 까닭에, 주의 몸과 피에 대하여 죄를 지었다는 것은 분명한 사실이기 때문이다. 말하자면, 그들의 그러한 행위는 주의 몸과 피를 땅바닥에 내팽개치고서 발로 짓밟은 것과 같은 것이었다. 그런데 그런 식으로 주님을 모독한 것이 과연 사소한 일이라는 말인가? 따라서 우리가 성찬에서 하나님께서는 악인들에게도 실제로 자기 아들의 몸을 주시지만, 악인들이 자신들에게 주어진 주의 몸을 실제로 받아 먹기를 거부하는 것이라는 사실을 주목하기만 한다면, 나는 바울이 여기에서 말하고 있는 것 속에서 그 어떤 난점도 발견할 수 없을 것이라고 생각한다.

28. 사람이 자기를 살피고 그 후에야 이 떡을 먹고 이 잔을 마실지니. 바울은 방금 앞에서 자기가 성찬과 관련해서 한 경고를 근거로 해서, 여기에서는 고린도 교인들이 어떻게 해야 하는지에 대해서 권면한다. 즉, 주의 떡이나 잔을 합당하지 않게 먹고 마시는 자들은 주의 몸과 피에 대하여 죄를 짓는 것이기 때문에, 모든 신자들은 각각 자기 자신을 살펴서, 자기가 성찬을 받을 준비가 제대로 되어 있다는 것을 철저하게 확인하고 난 후에 성찬에 참여하여야 하고, 영적으로 나태하거나 무심해서, 자기 자신을 잘 살피지 않고 성찬에 나아가서, 주의 몸과 피에 대하여 불경죄를 범하는 일이 생기지 않도록 스스로 조심하여야 한다는 것이다.

그런데 여기에서 한 가지 질문이 생긴다: 바울은 여기에서 "사람이 자기를 살펴야" 한다고 말하는데, 그것은 우리에게 도대체 무엇을 살피라고 하는 것인가? 교황주의자들은 그것은 반드시 고해성사를 해야 한다고 말한 것이라고 주장하면서, 성찬에 참여하고자 하는 모든 신자들은 그 전에 미리 자신의 삶을 꼼꼼하고 주의깊게 살펴서, 자신의 모든 죄들을 사제에게 털어 놓아야 한다고 말한다. 이것이 바울이 여기에서 말한 성찬을 준비하는 방법이라는 것이다! 하지만 나는 바울이 여기에서 성찬에 참여하고자 하는 모든 사람들에게 "자기를 살피라"고 한 것은 그들을 괴롭히고 고문하기 위한 것과는 한참이나 거리가 먼 것이라고 말하고자 한다. 교황주의자들의 주장을 따르는 사람들은 자신들이 몇 시간 동안 자신의 삶을 돌아보면서, 자기가 지은 죄들을 생각해 내는 괴로운 시간을 보낸 후에, 자신의 부끄러운 치부를 사제에게 가서 털어 놓으면, 자신들은 바울이 여기에서 명한 것을 다 준행한 것이라고 생각한다. 하지만 바울이 여기에서 모든 신자들에게 "자기를 살피라"고 요구한 것은 성찬의 고유하고 합당한 용도에 부합하는 그런 것으로서, 교황주의자들이 주장하는 그런 것과는 판이하게 다른 것이다.

우리가 아주 신속하고도 쉽게 성찬에 참여할 준비를 할 수 있는 방법이 있다. 그리스도께서 우리에게 은혜로 주신 이 성례전으로부터 우리가 얻을 수 있는 그 고유한 은택을 얻고자 한다면, 우리가 이미 앞에서 살펴본 대로, 우리에게는 "믿음"과 "회개"가 있어야 한다. 그러므로 우리가 성찬에 참여할 준비를 하기 위하여, 우리 자신이 주의 몸과 피를 받기에 합당한 자인지 아닌지를 살펴야 한다면, 그것은 믿음과 회개라는 이 두 가지와 관련된 것이어야 한다. 그리고 나는 "회개" 속에는 사랑도 포함되어 있다고 본다. 왜냐하면, 자기 자신을 부인하고 자기를 그리스도께 드려서 그를 섬기는 데 헌신하는 삶을 살고 있는 사람들은, 그리스도께서 우리에게 명하신 교회의 연합과 모든 형제들의 하나됨을 위해서도 온 마음을 다하여 헌신할 것이기 때문이다. 물론, 내가 여기에서 온전하고 완벽한 믿음이나 회개를 요구하는 것이 아니다. 내가 굳이 이 말을 하는 이유는, 이 땅의 그 어디에서도 발견될 수 없는 온전하고 완벽한 믿음이나 회개를 모든 신자들에게 아주 고집스럽고 집요하게 요구함으로써, 아무리 신앙이 좋은 신자라고 할지라도, 성찬에 참여하기를 꺼리게 만들고, 신자들 중에서 아무도 감히 성찬에 참여할 수 없게 만들고자 하는 자들이 있기 때문이다. 그러나 당신은 그런 자들의 주장에 귀를 기울이지 말고, 당신이 마음속에서 진정으로 간절하게 하나님의 의를 열망하면서도, 거기에 비추어 당신의 모습을 보았을 때, 당신의 모습이 너무나 형편없고 비천한 것을 깨닫고서, 하나님 앞에서 두려워 떨며, 오직 그리스도께로 피하지 않으면 자신은 멸망할 수밖에 없다는 것을 알고서, 오로지 그리스도께로 나아가서 그 은혜만을 의지하고 있다면, 당신은 주께서 초대하신 성찬의 식탁에 나아가서 주의 몸과 피를 받아 먹고 마시기에 합당한 손님이라는 것을 확신해도 좋다. 내가 여기에서 당신이 성찬에 합당한 자라고 말하는 것은, 당신이 당신의 삶의 모든 면에서 온전하고 완벽하다는 의미가 아니고, 당신이 다른 점들에서는 많이 부족하고 연약하다고 할지라도, 주께서는 당신을 밖에 세워 두거나 쫓아내지 않으시고, 당신을 받으셔서 성찬의 자리에 앉게 하실 것이라는 의미이다. 왜냐하면, 당신에게 믿음이 있다면, 그 믿음이 아무리 불완전하고 연약한 것이라고 할지라도, 그 믿음은 원래는 성찬에 합당하지 않은 당신을 성찬에 합당한 자로 만들어 주기 때문이다.

29. 주의 몸을 분별하지 못하고 먹고 마시는 자는 자기의 죄를 먹고 마시는 것이니라. 바울은 앞에서 "누구든지 주의 떡이나 잔을 합당하지 않게 먹고 마시는 자는 주의 몸과 피에 대하여 죄를 짓는 것이니라"(27절)고 말함으로써, 성찬에서 주를 모독하는 것이 얼마나 심각하고 중대한 죄인지를 이미 분명하게 지적한 바 있는데, 이제 여기에서는 그렇게 하는 자들은 심판을 받게 될 것임을 경고함으로써, 다시 한 번 고린도 교인들을 비롯한 모든 신자들에게 경종을 울린다. 왜냐하면, 그런 죄를 범하는 자들은 하나님으로부터 심판을 받게 될 것이라고 분명하게 경고해서, 그 경고를 사람들의 마음과 생각에 각인시켜 놓지 않으면, 사람들은 대체로 자신들이 그런 죄를 범하는 것을 대수롭지 않게 생각하기 때문이다. 여기에서 바울이 성찬에서 사람들이 주의 몸과 피를 합당하게 먹고 마시게 되면, 큰 은택과 유익을 얻을 수 있는 반면에, 이렇게 그들에게 선하고 좋은 양식이 되어야 할 주의 몸과 피를 합당하지 않게 먹고 마시게 되면, 그것들은 그들에게 독약이 되어서, 결국 그들은 스스로 독약을 마시고 멸망을 자초하게 되고 말 것이라고 경고하는 이유도 바로 거기에 있다.

바울은 여기에서 사람들이 성찬에서 주의 떡이나 잔을 합당하지 않게 먹고 마시는 것이 중대한 죄를 짓는 것이 되는 이유를 덧붙이는데, 그것은 그들이 세상적이거나 속된 것이 아닌 거룩하신 "주의 몸을 분별하지 못하고 먹고 마신" 것이기 때문이라고 말한다. 여기에서 "주의 몸을 분별하지 못하였다"는 것은, 그들이 그리스도의 거룩하신 몸을 "부정한 손으로" 먹었다는 것, 아니 그들이 그리스도의 거룩하신 몸을 지극히 공경하는 마음으로 대하여야 마땅한데도, 마치 아무런 가치도 없는 하찮은 것으로 여기고 대하였다는 것을 의미한다. 그러므로 바울은 그들이 주의 몸을 불경스럽게 대하고 모독한 것에 대하여 벌을 받을 수밖에 없다는 것을 보여 준다. 그러나 독자들은 내가 조금 전에 한 말, 즉 "합당하지 않은" 자들이 성찬에 참여한 경우에는, 비록 그들의 주의 몸과 피에 실제로 참여할 수는 없지만, 어쨌든 그들에게도 주의 몸과 피가 주어진다는 사실을 명심하여야 한다.

[30]그러므로 너희 중에 약한 자와 병든 자가 많고 잠자는 자도 적지 아니하니 [31]우리
가 우리를 살폈으면 판단을 받지 아니하려니와 [32]우리가 판단을 받는 것은 주께 징
계를 받는 것이니 이는 우리로 세상과 함께 정죄함을 받지 않게 하려 하심이라 [33]그
런즉 내 형제들아 먹으러 모일 때에 서로 기다리라 [34]만일 누구든지 시장하거든 집
에서 먹을지니 이는 너희의 모임이 판단 받는 모임이 되지 않게 하려 함이라 그밖
의 일들은 내가 언제든지 갈 때에 바로잡으리라(11:30-34).

30. 그러므로 너희 중에 약한 자와 병든 자가 많고 잠자는 자도 적지 아니하니. 바울은 앞에서 성찬에서 주의 몸과 피를 합당하지 않게 먹고 마시는 것이 중대한 죄라는 것과 그런 식으로 이 성례전을 모독하고 주의 몸에 불경죄를 저지른 자들에게는 심판이 기다리고 있다는 것에 대해서 개괄적으로 말한 후에, 이제 여기에서는 고린도 교인들 중에서 그런 자들에 해당하는 사람들이 당시에 실제로 하나님으로부터 어떤 벌들을 받고 있는지에 대해서 구체적으로 말한다. 당시에 고린도에서 전염병이 기승을 부리고 있었던 것인지, 아니면 그들이 전염병이 아닌 다른 여러 가지 병들로 고통을 겪고 있었던 것인지는 우리가 알지 못하지만, 우리가 바울이 여기에서 말하고 있는 것으로 분명하게 알 수 있는 것은, 주께서 그들에게 모종의 징벌을 보내셔서 그들을 징계하시고, 그들의 잘못을 바로잡고자 하셨다는 것이다. 또한, 그들이 성찬의 떡과 잔을 합당하지 않게 먹고 마심으로써 여러 가지 벌들로 징계를 받고 있다고 여기에서 바울이 말한 것은, 막연한 추측으로 그렇게 말한 것이 아니라, 자기가 너무나 잘 알고 있는 사실을 단언한 것임을 우리는 알아야 한다. 따라서 바울은 지금 고린도 교인들 중에는 병들어 누워 있거나, 심신이 쇠약해져 있거나, 세상을 떠난 사람들이 많은데, 그런 것들은 그들이 성찬을 더럽힘으로써 하나님께 범죄하였기 때문이라는 것을 아주 단호하게 그들을 향하여 선언하고 있는 것이다. 그가 이렇게 하나님께서 병이나 쇠약함이나 죽음 같은 징벌들을 내리셔서, 고린도 교인들을 징계하고 계신다는 것을 분명하게 말하고 있는 것은, 그들에게 그들이 지금도 여전히 저지르고 있는 죄들에 대해서 잘 생각해 보라고 은연중에 경고하는 것이기도 하다. 왜냐하면, 하나님께서는 이유 없이 자기 백성들

을 괴롭게 하시는 것을 기뻐하지 않으시는 분이신 까닭에, 하나님이 여러 가지 징벌들을 통해서 고린도 교인들을 괴롭게 하고 계신다면, 거기에는 반드시 그럴 만한 이유가 있기 때문이다.

이 주제는 방대하고 많은 측면들을 지니고 있어서, 제대로 살펴보려면, 한이 없을 것이기 때문에, 나는 여기에서 아주 간단하게 몇 마디만 하고서 넘어가고자 한다. 바울 시대에 고린도 교인들이 영적으로 민감하지 못하거나 경솔하게 생각하여서, 성찬 중에 속된 애찬 의식을 방종하게 행하여 성찬을 더럽혔다는 이유로, 비록 그것이 죄이기 했지만 극악무도한 죄는 아니었는데도, 하나님께서는 그들에게 진노하여 혹독한 벌을 내리셔서, 그들 중 다수를 병들거나 쇠약하게 하시거나 죽게 하셨다면, 오늘날 우리 시대에 성찬을 아주 지독하게 모독하거나 주의 몸에 대하여 극악무도한 불경죄를 저지르고 있는 자들은 어떠한 벌을 받아 마땅하겠는가? 왜냐하면, 우리는 교황을 중심으로 한 체제 속에서 성찬에 대한 무시무시하고 소름끼치는 모독이 만연되어 있고, 주께서 제정하신 순수한 형태의 성찬을 대신해서, 온갖 신성모독적이고 가증스러운 것들로 가득한 의식이 도처에서 행해지고 있는 것을 목격하고 있기 때문이다.

무엇보다도 먼저, 성찬 예식은 더럽고 추악한 돈벌이나 상술과 야합하여 만신창이가 되어 있다. 둘째로, 성찬을 거행할 때에 신자들에게 떡만 나누어 주고 잔은 나누어 주지 않음으로써, 성찬은 반쪽짜리인 불구가 되어 버렸다. 셋째로, 모든 신자들이 각자 자기 집에서 먹을 것을 가져와서 먹는 것이 관행이 되어 버리고, 서로 함께 나누어 먹는 것이 실종되어 버림으로써, 성찬의 성격 자체가 변질되었다. 넷째로, 성찬을 거행하는 동안에, 이 성례전의 의미에 대하여 설명해 주는 것이 사라져 버렸고, 신자들이 들을 수 있는 것은 주님께서 성찬을 제정하실 때에 주신 말씀들이 아니라, 오직 주술사들이 외우는 주문이나, 이방인들의 가증스러운 희생제사와 훨씬 더 닮은 집례자의 중얼거림뿐이다. 다섯째로, 헤아릴 수 없이 많은 의식들이 행해지는데, 그 의식들은 단지 의미 없는 것들로 가득하기만 한 것이 아니라, 온갖 미신들과 부패하고 타락한 것들로 가득하다. 여섯째로, 그리스도의 죽으심을 욕보이고 모독하는 사악하기 짝이 없는 마귀적인 희생제사가 고안되어 행해지고 있다. 일곱째로, 성찬에는 죄로 인한 하나님의 진노를 달래는 힘이 있다고 생각해서, 성찬을 하나님 앞에서 대속제사로 드리기 때문에, 이 가련한 자들은 육신적인 망상에 사로잡혀서, 성찬을 행하고 정해진 주문을 외우기만 하면, 회개하지도 않고 믿음이 없어도, 사람들에게 해로운 온갖 것들을 다 몰아낼 수 있다고 생각한다. 더 나아가서, 그들은 이렇게 성찬을 통해서 자신들이 한편으로는 마귀와 사망을 물리쳤고, 다른 한편으로는 하나님의 확실한 보호하심을 확보하였다고 생각하기 때문에, 더욱더 담대하게 마음껏 죄악들을 저지르고서도, 양심의 가책을 거의 느끼지 못하고, 점점 더 완악해져 간다. 여덟째로, 그들의 성찬에는 그리스도께서 계셔야 할 자리에 우상이 자리를 잡고서 경배를 받는다. 한 마디로 말하자면, 그들의 성찬에는 온갖 종류의 가증스러운 것들이 득실대고 있다.

반면에, 우리는 지금 마치 이방인들의 온갖 가증스러운 것들에 둘러싸여서 포로생활을 하다가 다시 본향으로 돌아온 자들처럼, 주님께서 제정하신 순수한 형태의 성찬을 거행하고 있고 참여하고 있다. 그런데도 우리 가운데서조차도 성찬과 관련해서 얼마나 많은 불경스러운 일들이 자행되고 있고, 진심으로 주의 은택에 감사하고 주의 죽으심으로 인한 생명의 능력에 참여하고자 하는 마음이 아니라, 단지 몸만 성찬 자리에 와 있는 외식하는 자들은 또 얼마나 많은가! 또한, 참된 신자들이 평소에 일상생활에서조차도 어울리고자 하지 않는 개차반 같은 자들과 사악한 자들, 그리고 아무런 부끄러움도 없이 대놓고 온갖 추악하고 방탕한 짓들을 일삼는 멸망 받을 자들도 아무런 제지도 받지 않고 성찬에 참여하여서, 경건한 자들과 뒤섞여 주의 몸과 피를 먹고 마시는 광경은 가히 충격적인 일이 아니겠는가! 그러면서도, 우리는 오늘날 왜 이렇게 많은 전쟁들이 일어나고, 이렇게 많은 전염병들이 돌며, 흉작이 드는 해가 많아지고, 이렇게 많은 재앙들과 재난들이 생겨나는지, 그 이유를 모르겠다고 고개를 갸우뚱한다. 하지만 바울은 여기에서 그 이유를, 누가 들어도 알아들을 수 있도록 분명하게 말해 주고 있지 않은가! 단언컨대, 우리가 성찬에서 자행하는 온갖 죄악들과 잘못들을 다 고침으로써, 이 모든 재앙들의 싹을 제거하기 전에는, 우리 가운데서 지금 일어나고 있는 재앙들이 결코 끝나지 않을 것임을 우리는 똑똑히 알아야 한다.

31. 우리가 우리를 살폈으면 판단을 받지 아니하려니와. 여기에는 또 하나의 주목할 만한 말씀이 나오는데, 그것은 하나님께서 우리가 잘못하고 범죄하자마자 우리에게 신속하게 진노하시고 벌을 내리시는 이유는, 대체로 우리의 영적인 나태함과 무감각(socordia) 때문이라는 것이다. 즉, 하나님께서는 우리가 영적으로 태만해지고 무감각해져서, 마치 우리가 우리의 삶 속에서 죄를 짓지 않고, 별 문제 없이 살아가고 있다는 듯이 여기고서는, 우리 자신에 대하여 문제의식을 느끼지 못하는

것을 보실 때, 우리를 징계하시고 바로잡으시기 위하여 우리에게 벌을 내리실 수밖에 없으시다는 것이다. 그러므로 우리가 먼저 우리 자신을 면밀하게 살피고 조사해서, 우리의 죄악들을 찾아내어, 회개하는 마음으로 우리 자신에게 자발적으로 징벌을 가하고, 하나님의 용서하심을 간절하게 구하며, 우리에 대하여 진노하시지 말아 주시라고 청한다면, 우리는 하나님께서 우리에게 내리시고자 하셨던 벌들을 면할 수 있게 된다. 요컨대, 믿는 자들은 하나님께서 그들을 심판하시기 전에 미리 알아서 진심으로 회개함으로써, 하나님의 심판을 막을 수 있다는 것이다. 우리가 지은 죄악들을 하나님 앞에서 면제받을 수 있는 유일한 길은, 우리 자신을 먼저 자발적으로 단죄하는 것뿐이다.

하지만 우리는 교황주의자들처럼, 이것과 관련해서 우리와 하나님 간에 모종의 협약과 거래가 존재하기 때문에, 우리가 자발적으로 우리 자신에게 벌을 가하면, 그것은 우리의 죄를 하나님 앞에서 보속하게 되고, 그것은 어떤 의미에서는 우리가 우리의 힘으로 우리 자신을 하나님의 손에서 속량해 내는 것이라고 이해해서는 안 된다. 따라서 우리가 우리 자신을 살펴서 우리의 죄를 찾아내어 자발적으로 회개하고 우리 자신에게 벌을 가하여서, 우리에게 임할 하나님의 진노를 피하고 하나님의 심판을 막을 수 있다고 하여도, 그것은 우리가 우리의 죄에 대하여 모종의 보속을 행하여 하나님의 공의를 만족시켰기 때문이 결코 아니다. 즉, 우리가 행한 그런 일 속에는, 우리의 죄를 어떤 식으로든 속할 수 있는 능력이 조금도 존재하지 않는다는 것이다. 하나님께 우리의 그러한 행위를 보시고서 우리에 대한 진노나 심판을 거두시는 이유는, 하나님께서 우리를 벌하시고자 하신 목적은 죄악 가운데서 잠자는 우리를 흔들어 깨우셔서 영적인 무기력과 무감각을 떨치고 일어나 회개하게 하기 위한 것인데, 우리가 자발적으로 회개하여서 그 목적이 이루어졌기 때문에, 하나님이 우리를 굳이 벌하실 이유가 없어졌기 때문이다. 그런데 어떤 사람이 자기 자신의 죄를 먼저 발견해 내고서 스스로 통회하며 회개하기 시작하였는데도, 하나님의 징벌이 그 사람에게 임하였다면, 우리는 그 사람의 회개가 온전하고 충분히 강력하지 못해서, 하나님께서는 일정 정도의 징벌을 보내셔서, 그 사람이 더욱더 온전히 회개할 수 있도록 도와 줄 필요가 있다는 것을 아셨기 때문에, 그렇게 하신 것임을 알아야 한다. 회개는 하나님의 심판을 막을 수 있는 적절한 수단이기는 하지만, 하나님의 심판을 대신할 수 있는 것은 아니라는 것을 우리는 명심하여야 한다.

32. 우리가 판단을 받는 것은 주께 징계를 받는 것이니 이는 우리로 세상과 함께 정죄함을 받지 않게 하려 하심이라. 여기에는 우리에게 절실하게 필요한 위로의 말씀이 나온다. 왜냐하면, 하나님의 심판을 받아서 환난 가운데 있는 사람들이 하나님께서 자기에게 진노하고 계신다는 것만을 생각한다면, 그들은 용기를 내서 어서 빨리 회개하여야 하겠다고 생각하기보다는 낙심하여 절망에 빠져 버리기가 훨씬 더 쉽기 때문이다. 그래서 바울은 여기에서 하나님께서 믿는 자들에게 진노하셔서 그들을 심판하실 때에도, 그들을 긍휼히 여기시고 자비를 베푸시는 것을 결코 잊지 않으신다고 말할 뿐만 아니라, 거기에서 한 걸음 더 나아가서, 하나님께서 믿는 자들을 심판하시고 벌하시는 목적은 그들을 사랑하셔서 그들로 하여금 구원을 얻게 하시기 위한 것이라고 말한다. 하나님이 우리의 죄로 인하여 우리를 심판하시고 벌하시는 것이, 하나님께서 진노하셔서 우리를 멸하시기 위한 것이 아니라, 그런 것과는 정반대로 우리의 아버지로서 우리를 사랑하셔서 우리를 징계하시고 바로잡으셔서 구원하시기 위한 것이라는 것은, 우리에게 헤아릴 수 없이 큰 위로가 된다. 하나님께서 우리에게 진노하시는 것은 아버지가 자신의 자녀들에게 화내는 것과 같은 것이기 때문에, 그것은 결코 우리를 멸하시고자 하는 것이 될 수가 없다.

바울이 "이는 우리로 세상과 함께 정죄함을 받지 않게 하려 하심이라"고 말한 것은 두 가지를 의미한다. 첫 번째는 이 세상의 자녀들이 환난이나 괴로움을 겪지 않고 아무런 걱정 없이 편안하게 먹고 마시며, 쾌락들에 취해서 기분 좋게 잠들어서 살아가는 것은, 도살할 날을 위하여 돼지들을 잘 먹여서 피둥피둥 살을 찌우는 것과 같다는 것이다. 왜냐하면, 하나님께서는 때때로 불경건한 자들에게도 벌을 내리셔서 회개하라고 촉구하기도 하시지만, 일반적으로는 마치 자기와는 아무 상관없는 외인들을 보시듯이, 그들이 최종적인 멸망에 이를 때까지 맹렬하게 멸망으로 치달어서 자신들의 분량을 다 채울 때까지, 아무런 제지도 하지 않으시고 그들을 그저 지켜 보시기만 하시는 것이 보통이기 때문이다. 그러므로 우리가 죄악들을 범하며 멸망을 향하여 나아갈 때, 하나님께서 우리를 여러 가지로 벌하시고 징계하셔서, 우리로 하여금 돌이키게 하시는 것은, 오직 믿는 자들에게만 주어지는 특권이다.

바울이 이 절의 후반부에서 우리에게 말해 주고자 한 두 가지 진리들 중에서 두 번째 진리는, 믿는 자들에게 하나님이 내리시는 벌들은, 그들의 죄악들과 잘못들을 바로잡아서 돌이키게 하는 데 꼭 필요한 조치라는 것이다. 왜냐하면, 믿는 자들이 영원한 멸망을 향하여 달려가고 있는데도, 만일 하나님께서 그들에게 벌을 내리시고 징계하셔서, 그들의 육신과 마음을 괴롭게 하심으로써, 그들이 달려가고 있는 길을 가로막지 않으신다면, 그들은 결국 그 길로 계속해서 달려가서 영원히 멸망할 수밖에 없게 될 것이기 때문이다.

우리가 이 진리들을 깨닫고서 믿음으로 받아들이게 되면, 우리는 하나님께서 우리에게 정해 주시고 내려 주신 환난들과 고난들을 평안한 마음으로 인내로써 감당할 수 있게 되는 것은 말할 필요도 없고, 거기에서 더 나아가, 우리를 어떻게든 구원에 이르게 하고자 하시는 우리 아버지 하나님께 깊이 감사하는 마음이 생겨나서, 기꺼이 자발적으로 하나님의 뜻에 순종하여 하나님의 징계와 훈육에 우리 자신을 내어 맡길 수 있게 된다. 하나님의 징계는 그 밖에도 여러 가지 면에서 우리에게 유익을 가져다준다. 우리에 대한 하나님의 징계로 우리에게 주어진 환난들과 고난들은, 우리의 육을 죽여서, 우리로 하여금 하나님 앞에서 낮아지게 하고, 하나님께 순종하는 것이 우리의 습관이 되게 하며, 우리 자신이 정말 연약하다는 것을 절실히 깨닫게 해 주고, 우리의 마음속에서 간절하게 기도하고자 하는 열망과 하늘의 소망이 불타오르게 만든다는 점에서, 우리에게 유익하다. 따라서 이러한 진리들을 깨닫고서 믿음으로 받게 되면, 우리에게 주어진 환난들과 고난들이 아무리 오랫동안 혹독하게 지속된다고 할지라도, 우리는 영적인 기쁨 속에서 그 괴로움들을 잊게 된다.

33. 그런즉 내 형제들아 먹으러 모일 때에 서로 기다리라. 바울은 원래 고린도 교인들이 성찬에서 범하고 있던 하나의 구체적인 잘못을 언급하다가, 그 기회를 활용해서 성찬과 관련된 일반적이고 보편적인 가르침으로 넘어가서 지금까지 자세하게 다루었던 것인데, 이제 여기에서는 다시 그가 처음에 다루었던 그 구체적인 사례로 되돌아와서, 성찬에서는 신자들 서로 간에 차별이 있어서는 안 되고, 모든 신자들이 평등하게 참여하는 것이 보장되어서, 서로 간에 진정한 나눔이 이루어져야 한다는 것, 그리고 각 사람이 자기 집에서 가져온 자기 것만을 먹는 식으로 성찬이 진행되어서는 안 된다는 것, 세속적인 의식들이 성찬에 도입되어서 성찬과 뒤섞여서 행해져서는 안 된다는 것을 말하는 것으로, 이 주제에 대한 논의를 마무리한다.

34. 만일 누구든지 시장하거든 집에서 먹을지니 이는 너희의 모임이 판단 받는

모임이 되지 않게 하려 함이라 그밖의 일들은 내가 언제든지 갈 때에 바로잡으리라. 성찬과 관련된 문제 외에도 고린도 교회에는 좀 더 좋은 쪽으로 바로잡을 필요가 있는 다른 여러 가지 문제들이 있었지만, 사도는 그런 문제들은 성찬 문제에 비하면 상대적으로 중요성이 덜하고 사소한 것들이었기 때문에, 자기가 고린도 교회에 갔을 때, 그런 문제들을 바로잡겠다고 말한다. 또한, 바울은 자기가 직접 고린도 교회에 가서 현장에서 있어야만, 그런 문제들이 실제로 교회 내에 존재하는지도 확인해 볼 수 있고, 또한 그런 문제들이 존재하는 경우에는, 현장에서 실제로 필요로 하고 요구되는 구체적인 조치들이 무엇인지도 좀 더 분명하게 알 수 있게 될 것이었기 때문에, 그런 문제들은 자기가 그들에게 직접 갔을 때에 여러 가지 것들을 고려해서 처리하겠다고 말한 것이다.

교황주의자들은 이 구절도 자신들이 행하는 미사를 옹호하고, 성찬에 관한 우리의 견해를 반박하는 데 악용한다. 왜냐하면, 바울은 이 단락에서 그리스도께서 처음에 제정하신 성찬 예식이 조금의 변개나 수정도 없이 영원토록 지켜져야 한다는 것을 아주 분명하게 선언하고 있음에도 불구하고, 그들은 그가 여기에서 "바로잡으리라"고 말한 것은, 사도인 자기에게는 그리스도께서 제정하신 것일지라도 거기에 개입해서 수정할 권한이 있다고 말한 것이라고 주장하기 때문이다. 하지만 그들이 거행하는 미사와 그리스도께서 제정하신 성찬은 어느 한 가지 점에서도 서로 닮은 점이 없는데, 그들이 왜 그런 말을 하는지를 나는 정말 모르겠다. 바울은 여기에서 자기가 고린도 교회에 갔을 때, 그들 중에서 잘못된 것들을 "바로잡으리라" 고 말한 것은, 그리스도께서 말씀하신 본질적인 것들에 대한 것이 아니라, 단지 외적이고 부수적인 것들에 대한 것이기 때문에, 우리는 그들의 그러한 말도 안 되는 터무니없는 얘기에 귀 기울 필요가 없다. 외적이고 부수적인 것들이 본질적인 것들을 훼손하거나 방해가 되는 경우에, 그러한 것들을 바로잡을 권세는 교회에 주어져 있기 때문에, 교회는 자신이 처한 때와 장소, 그리고 교회를 구성하는 사람들이 어떤 사람들이냐에 따라서 외적이고 부수적인 것들을 잘 조정해서, 그리스도께서 말씀하신 본질적인 것들이 훼손되지 않도록 해야 할 책무가 있다.

제12장

1형제들아 신령한 것에 대하여 나는 너희가 알지 못하기를 원하지 아니하노니 2너희도 알거니와 너희가 이방인으로 있을 때에 말 못하는 우상에게로 끄는 그대로 끌려 갔느니라 3그러므로 내가 너희에게 알리노니 하나님의 영으로 말하는 자는 누구든지 예수를 저주할 자라 하지 아니하고 또 성령으로 아니하고는 누구든지 예수를 주시라 할 수 없느니라 4은사는 여러 가지나 성령은 같고 5직분은 여러 가지나 주는 같으며 6또 사역은 여러 가지나 모든 것을 모든 사람 가운데서 이루시는 하나님은 같으니 7각 사람에게 성령을 나타내심은 유익하게 하려 하심이라(12:1-7).

1-2. 형제들아 신령한 것에 대하여 나는 너희가 알지 못하기를 원하지 아니하노니 너희도 알거니와 너희가 이방인으로 있을 때에 말 못하는 우상에게로 끄는 그대로 끌려 갔느니라. 바울은 고린도 교회의 또 다른 잘못을 바로잡기 위해서, 이제 여기에서 다른 주제로 넘어간다. 고린도 교인들은 하나님이 주신 은사들을 과시용으로, 즉 사랑은 거의 없이, 자기가 대단한 자라는 것을 보여 주기 위한 목적으로 악용하였기 때문에, 바울은 하나님께서 어떠한 목적으로 신령한 은사들을 주셔서 믿는 자들을 존귀하게 하셨는지에 대해서 말하는데, 그것은 형제들의 덕을 세우라고 주신 것임을 그들에게 보여 준다. 이것을 말하기 위한 바울의 논증은 두 부분으로 나뉜다. 그는 먼저 하나님이 이 모든 신령한 은사들의 원천이심을 가르치고, 그러한 사실을 확실히 한 후에야 다음으로 하나님이 그러한 은사들을 주신 목적에 대해 말한다. 바울은 고린도 교인들의 체험을 근거로 해서, 그들이 자랑하는 신령한 은사들은 하나님의 은혜로 말미암아 사람들에게 주어진 것임을 증명한다. 왜냐하면, 그는 하나님께서 그들을 부르시기 전에는, 그들이 영적으로 얼마나 무지하고 우둔하며 눈이 멀어 있었는지를 상기시키는데, 이것은 그들이 그 신령한 은사들을 태생적으로 지니고 있었던 것이 아니라, 하나님이 값없이 후히 베풀어 주신 은혜와 긍휼로 말미암아 얻게 된 것임을 보여 주는 것이기 때문이다. 1절의 본문을

살펴보면, 바울은 "신령한 것에 대하여 나는 너희가 알지 못하기를 원하지 아니하노니"라고 말하고 있는데, 우리는 이 구절의 의미가 제대로 통하게 하기 위해서는, "무엇이 옳은 것인지를"이나 "너희의 본분이 무엇인지를" 같은 어구를 보충해 넣어서, "신령한 것에 대하여 나는 너희가 무엇이 옳은 것인지를," 또는 "너희의 본분이 무엇인지를 알지 못하기를 원하지 아니하노니"로 읽어야 한다. 또한, 여기에서 그가 말한 "신령한 것"은 "신령한 은사들"을 가리키는데, 이것에 대해서는 나중에 다시 살펴볼 것이다.

2절의 본문은 어떤 사본들에는 '호티'(ὅτι)로만 되어 있는 반면에, 어떤 사본들에는 '호티 호테'(ὅτι ὅτε)로 되어 있어서, 두 가지로 읽는 것이 가능하지만, '호티'는 보충설명을 나타내고, '호테'는 시간을 나타내기 때문에, 여기에는 이 두 단어가 함께 나오는 후자의 읽기가 훨씬 더 잘 어울린다. 이러한 서로 다른 읽기가 존재하는 것 외에도, 2절의 본문은 여러 가지 면에서 훼손되어 있지만, 그 의미는 충분히 분명하다. 이 본문을 직역하면, 다음과 같다: "너희가 알거니와 너희가 이방인으로 있을 때에 말 못하는 우상을 좇아서 그대로 끌려 갔느니라." 그러나 나는 바울이 이 본문을 통해서 말하고자 하는 의도를 충실하게 드러내기 위해서 이렇게 번역하였다: "너희가 알거니와 너희가 이방인으로 있을 때에 말 못하는 우상에게로 끄는 그대로 끌려갔느니라." 여기에서 "말 못하는 우상"은 생각하거나 느끼지도 못하고 움직일 수도 없는 우상이라는 뜻이다. 이 본문으로부터 우리가 알 수 있는 것은 사람의 마음이 얼마나 지독하게 눈멀어 있는가 하는 것이다. 왜냐하면, 성령의 조명 없이는, 사람의 마음은 말 못하는 우상들에 홀려서, 거기에서 벗어나 더 높이 날아 올라서 하나님을 찾는 것이 아니라, 도리어 짐승처럼 사탄에게 끌려다닐 수밖에 없기 때문이다. 이 본문에서 "이방인들"이라는 단어는 에베소서 2:12에서와 동일한 의미로 사용되고 있다: "그 때에 너희는 그리스도 밖에 있었고 이스라엘 나라 밖의 사람이라 약속의 언약들에 대하여는 외인이요 세상에서 소망이 없고 하나님도 없는 자이더니." 바울은 여기에서 정반대의 것들을 서로 비교하는 방식으로 자신의 논증을 전개해 나가고 있는 것으로 보인다. 즉, 그들은 전에 사탄의 명령들을 따라 행할 때에는 자발적으로 기꺼이 복종하는 모습을 보였었는데, 이제 하나님께서 그들을 자신의 보호 아래 두시고 자신의 말씀과 성령으로 다스리시고 인도하고자 하시는 지금에 있어서는, 그들이 하나님께 순종하지 않는 모습을 보인다면, 그것이 말이 되겠는가!

3. 그러므로 내가 너희에게 알리노니 하나님의 영으로 말하는 자는 누구든지 예수를 저주할 자라 하지 아니하고 또 성령으로 아니하고는 누구든지 예수를 주시라 할 수 없느니라. 바울은 고린도 교인들 자신의 체험을 상기시킨 후에, 이제 여기에서는 그 체험으로부터 도출되는 일반적이고 보편적인 교훈을 그들 앞에 제시한다. 왜냐하면, 고린도 교인들이 체험하였던 것, 즉 그들이 온갖 거짓들과 오류들 속에서 헤매다가, 하나님의 은혜로 말미암아 진리로 되돌아오게 된 것은, 단지 그들에게만 해당되는 것이 아니라, 모든 인류에게 공통적으로 해당되는 일이었기 때문이다. 그러므로 바울이 여기에서 한 말을 통해서 알 수 있는 것은, 우리가 거짓과 오류 가운데서 영원히 헤매는 일이 없게 하기 위해서는, 하나님의 영의 지배를 받아야 한다는 것이다. 또한, 이것으로부터 도출되는 결론은 하나님을 아는 참된 지식에 속한 모든 것들은 하나님께서 성령의 역사를 통해서 우리에게 은혜로 주시는 선물들이라는 것이다. 아울러, 바울은 정반대의 원인들을 근거로 해서 정반대의 결과들을 이끌어 내는 논증 방법을 사용한다: "하나님의 영으로 말하는 자는 누구든지 예수를 저주할 자라"고 말할 수 없다. 그러므로 "성령으로 아니하고는 누구든지 예수를 주시라 할 수 없다." "예수를 저주할 자라"고 말하는 것은 예수에 대한 철저한 신성모독이고, "예수를 주시라" 말하는 것은 예수를 높이고 공경하며 예수의 위엄을 칭송하는 것이다.

이 대목에서 이런 질문이 제기될 수 있다: 악인들이 종종 그리스도를 높이고 칭송할 때, 그것은 그들에게 하나님의 영이 있다는 것을 보여 주는 것인가? 나의 대답은 이렇다: 그 결과만 놓고 본다면, 그들에게 하나님의 영이 임하였다는 것은 의심의 여지가 없다. 그러나 중생이라는 은사와 단순한 지식의 은사는 별개의 것이다. 가룟 유다조차도 사람들에게 복음을 전할 때에 그런 지식을 수여받았었다. 이것을 통해서도 우리는 우리의 연약함(imbecillitas), 즉 우리가 도덕적으로나 영적으로 그 어떤 선한 것도 행할 수 없다는 것을 다시 한 번 절실하게 깨닫는다. 왜냐하면, 우리는 하나님의 영의 지배를 받지 않는 경우에는, 우리의 혀를 움직여서 하나님을 찬송하는 일조차 할 수 없기 때문이다. 성경은 우리에게 이러한 사실을 자주 상기시켜 주고, 성경의 여기저기에서 성도들은 하나님께서 자신들의 입을 열어 주지 않으시면, 그 입으로 하나님을 찬송할 수도 없고, 사람들에게 전할 수도 없다고 고백하는데, 이사야 선지자가 "화로다 나여 망하게 되었도다 나는 입술이 부정한 사람이요 나는 입술이 부정한 백성 중에 거주하면서 만군의 여호와이신 왕을 되었음이로다"(사 6:5)라고 탄식한 것이 그 중 한 예이다.

4. 은사는 여러 가지나. 교회의 하나됨 또는 일치는, 말하자면 다양한 가운데서 하나가 되는 것, 또는 다양성 중에서의 일치라고 할 수 있는데, 그것은 음악에서 서로 다른 음들이 서로서로 조화를 이루어서 화음을 만들어 내는 것과 같이, 하나님이 교회에 주신 다양한 은사들이 하나의 동일한 목적을 지향할 때에 생겨나는 하나됨 또는 일치이다. 그러므로 교회는 그 가운데 서로 다른 직분들과 은사들이 다양하게 존재하면서도, 그 모든 것들이 다 하나로 연합되어서 조화를 이루고 있을 때가 가장 건강하다.

그래서 바울은 로마서 12장에서 교회 안에는 다양한 은사를 가진 많은 지체들이 한 몸을 이루고서 각자의 자리에서 자기에게 맡겨진 역할을 하고 있는 것이라고 말한 후에, 그렇기 때문에, 어느 누구도 자신의 자리와 역할을 떠나서, 다른 지체가 맡은 자리나 역할에 함부로 주제넘게 개입함으로써, 하나님께서 정해 놓으신 질서를 어지럽혀서는 안 되고, 오직 각 사람은 자기에게 주어진 은사와 역할에 만족하고서, 하나님이 정해 주신 자신의 일만을 최선을 다해서 충성되게 감당하여야 한다고 권면한다. 따라서 그는 신자들이 이기적이고 어리석은 야심을 품고서 자신의 분수를 넘어서서 다른 지체들의 일에 개입하는 것을 금하고, 각 사람은 자기가 하나님으로부터 어떤 은사들을 얼마만큼 받았고, 자기가 어떤 일에서 부르심을 받았는지를 잘 살펴야 한다고 말한다. 또한, 그는 각 사람은 하나님으로부터 받은 은사를 묻어 두지 말고, 다른 형제들과 교회 전체에 유익을 끼치는 데 사용하라고 가르친다. 즉, 모든 신자들은 각자가 받은 은사들로 인한 유익을 자기 자신만 누리는 것이 아니라 다른 형제들과 함께 나누고, 각자의 은사를 사용하여 서로 함께 힘을 합쳐서 한 마음과 한 뜻으로 행함으로써, 교회 전체와 모든 형제들의 덕을 세우는 것이 마땅하다는 것이다.

바울은 여기에서와 로마서 본문에서 교회를 사람의 "몸"에 빗대어 말하고 있기는 하지만, 그러한 비유를 사용한 이유와 목적은 서로 다른데, 여기에서 그는 이렇게 말한 것과 같다: 하나님께서 성령을 통해서 신자들에게 다양한 은사들을 나누어 주신 것은, 그들로 하여금 서로에게서 독립하여 독자적으로 자신들의 은사를 사용해서 살아가게 하신 것이 아니라, 도리어 다양한 은사들을 받은 자들이 한 분 "하나님"과 한 "주"와 한 "성령" 안에서 서로 연합하여 하나가 되어서, 오직 하나의 목적을 위하여 일하도록 하기 위한 것이다. 왜냐하면, 그들에게 주어진 은사들은 다 다르지만, 그 모든 은사들의 원천은 "성령"이시고, 그들에게 주어진 직분들은 다 다르지만, 그 모든 직분들을 골고루 나누어 주시는 분은 "주"이시며, 그들에게 주어진 사역들은 다 다르지만, 그 모든 사역들을 사용하셔서 모든 일을 이루시는 분은 "하나님"이시기 때문이다. 하나님은 이 모든 것의 시작이심과 동시에 이 모든 것의 끝이시다.

성령은 같고. 일부 광신자들은 여기에 언급된 "성령"은 하나님의 본성을 지닌 실체로서의 성령이 아니라, 단지 신적 능력에 의해 주어지는 은사들이나 역사들을 가리키는 것이라고 주장하기 때문에, 우리는 그들의 그러한 주장을 반박하기 위하여 이 어구를 주의 깊고 세심하게 살펴볼 필요가 있다. 바울이 여기에서 분명하게 증언하고 있는 것은 하나님의 모든 역사들을 이루는 하나님의 본성을 지닌 하나의 동일한 능력이 존재한다는 것이다. 물론, "성령"이라는 단어가 성령의 은사들을 가리키는 환유법적인 표현으로 자주 사용되고 있다는 것은 사실이다. 그래서 성경에서는 명철의 영이라든가, 분별의 영이라든가, 능력의 영이라든가, 겸비의 영이라는 표현들이 사용되고 있다. 그러나 여기에서 바울은 명철이나 분별이나 온유함 등과 같은 온갖 은사들이 하나의 동일한 원천에서 나온다는 것을 분명하게 말하기 위하여 "성령"이라는 단어를 사용하고 있기 때문에, 여기에서 "성령"은 바로 그 모든 은사들의 원천을 가리키고 있다는 것은 두말할 필요 없이 확실하다. 왜냐하면, 성령의 직임은 하나님의 능력으로 역사하여, 사람들에게 그러한 은사들을 수여하고 나누어 주는 것이기 때문이다.

5. 직분은 여러 가지나 주는 같으며. 옛 교부들은 이 구절들에서 바울은 "성령"과 "주"와 "하나님"을 모두 언급하는 가운데, 하나의 동일한 활동을 삼위일체 하나님에게 귀속시키고 있다고 보고서, 삼위일체를 옹호하고 아리우스파의 이단적인 주장을 반박하기 위하여 이 구절들을 사용하였다. 이것은 옛 교부들이 여기에 언급된 "주"가 그리스도를 가리키는 것으로 이해하였다는 것을 보여 준다. 나는 이 절에 언급된 "주"를 그리스도를 가리키는 것으로 이해하는 옛 교부들의 견해를 반대하지는 않지만, 그들의 그러한 논증은 삼위일체를 부정하는 이단적인 주장을 편 아리우스파의 입을 막는 데에는 근거가 약하다고 생각한다. 왜냐하면, 여기에서 "직분들"과 "주"라는 두 단어 간에는 상응관계가 존재하는 까닭에, 바울은 여기에서 우리에게 주어진 "직분들"은 각각 다르지만, 우리가 어떤 직분을 맡아 섬기든지, 우리가 섬겨야 할 분은 오직 한 분 동일하신 하나님이시라고 말하고 있는 것이

기 때문이다. 이런 식으로 바울은 이 구절에서 우리의 서로 다른 여러 직분들과 우리가 섬기는 한 분 동일하신 하나님을 대비시키고 있는 것이 너무나 분명하기 때문에, 여기에 언급된 "주"의 의미를 좁게 한정해서 오직 그리스도를 가리킨다고 보는 것은 지나치게 억지스럽다.

6. 사역은 여러 가지나 모든 것을 모든 사람 가운데서 이루시는 하나님은 같으니. 내가 "역사들" 또는 "능력들"(한글개역개정에는 "사역")이라고 번역한 헬라어 '에네르게마타' (ἐνεργήματα)는 "일하다, 역사하다"를 의미하는 동사와 서로 연결되어 있는 단어이다. 이것은 라틴어에서 "수행된 것, 효과"를 의미하는 '에펙투스' (effectus)라는 명사가 "수행하다, 효과를 내다"를 의미하는 '에피케레' (efficere)라는 동사와 서로 연결되어 있는 것과 같다. 따라서 바울이 여기에서 신자들이 서로 다른 능력들을 수여받아 여러 가지 역사들을 행한다고 할지라도, 이 모든 능력들과 역사들은 한 분 하나님의 동일하신 능력과 역사로부터 나오는 것이라고 말하고 있는 것이다. 그러므로 이 절에 나오는 "모든 것을 모든 사람 가운데서 이루시는" 이라는 어구는 하나님의 일반적인 섭리를 가리키는 것이 아니라, 하나님께서 우리에게 은혜와 긍휼을 베푸셔서 우리 각 사람에게 어떤 특정한 은사를 주시는 것을 가리킨다. 바울이 이 절에서 말하고자 하는 것은, 사람들이 가지고 있는 선하거나 칭찬할 만한 모든 것들은, 하나의 예외도 없이 다 오직 하나님으로부터 온 것들이라는 것이다. 그런 까닭에, 하나님께서는 사탄과 버림받은 자들 속에서는 어떻게 역사하시는가 하고 묻는 것은 이 절에서 말하고자 하는 것과 상관이 없다.

7. 각 사람에게 성령을 나타내심은 유익하게 하려 하심이라. 바울은 이제 하나님께서 우리에게 은사들을 주신 목적이 무엇인지를 밝힌다. 왜냐하면, 하나님께서는 그러한 은사들을 우리에게 쓸데없이 주시는 것도 아니고, 우리로 하여금 과시하게 하기 위하여 주시는 것도 아닌 까닭에, 우리는 하나님께서 우리에게 은사들을 주시는 목적이 무엇인지를 묻는 것이 마땅하기 때문이다. 이러한 질문에 대해서, 바울은 "유익하게 하려 하심이라"(πρὸς τὸ συμφέρον — '프로스 톤 쉼페론')고 대답한다. 즉, 하나님께서 그러한 은사들을 통해서 교회로 하여금 유익을 얻도록 하기 위하여 우리 각 사람에게 은사들을 주신다는 것이다. "성령의 나타나심"(한글개역개정에는 "성령을 나타내심"으로 번역되어 있지만, 헬라어 본문이나 칼빈의 번역은 이렇게 되어 있다 — 역주)은 수동의 의미로도 해석될 수 있고 능동의 의미로도 해석될 수 있다. 수동의 의미로 해석하는 경우에, 이 어구는 "성령의 나타나심"으로 번역되고,

예언이나 지식이나 그 밖의 다른 은사가 존재하는 곳에는 하나님의 성령이 거기에 자신을 나타내고 있는 것이라는 의미를 지니는 반면에, 능동의 의미로 해석하는 경우에, 이 어구는 "성령의 나타내심"으로 번역되고, 하나님의 성령이 온갖 은사로 우리를 풍성하게 하시는 것은, 자신의 곳간을 여셔서, 우리에게 원래 감추어져 있고 차단되어 있었던 것들을 우리에게 나타내시는 것이라는 의미를 지니는데, 이 둘 중에서 두 번째 해석이 더 적합하다. 크리소스토모스(Chrysostomus)는 바울은 불신자들은 오직 눈에 보이는 이적들을 통해서만 하나님을 알 수 있기 때문에, 바울은 여기에서 "나타나심"이라는 단어를 사용하고 있는 것이라고 말하는, 그러한 견해는 부자연스럽고 억지스럽다.

[8]어떤 사람에게는 성령으로 말미암아 지혜의 말씀을, 어떤 사람에게는 같은 성령을 따라 지식의 말씀을, [9]다른 사람에게는 같은 성령으로 믿음을, 어떤 사람에게는 한 성령으로 병 고치는 은사를, [10]어떤 사람에게는 능력 행함을, 어떤 사람에게는 예언함을, 어떤 사람에게는 영들 분별함을, 다른 사람에게는 각종 방언 말함을, 어떤 사람에게는 방언들 통역함을 주시나니 [11]이 모든 일은 같은 한 성령이 행하사 그의 뜻대로 각 사람에게 나누어 주시는 것이니라 [12]몸은 하나인데 많은 지체가 있고 몸의 지체가 많으나 한 몸임과 같이 그리스도도 그러하니라 [13]우리가 유대인이나 헬라인이나 종이나 자유인이나 다 한 성령으로 세례를 받아 한 몸이 되었고 또 다 한 성령을 마시게 하셨느니라(12:8-13).

8. 어떤 사람에게는 성령으로 말미암아 지혜의 말씀을, 어떤 사람에게는 같은 성령을 따라 지식의 말씀을. 바울은 이제 신령한 은사들의 목록을 덧붙여서, 구체적으로 성령께서 어떤 은사들을 각 사람에게 나누어 주시는지를 보여 준다. 하지만 그는 여기에서 모든 은사들을 빠짐없이 열거하지는 않고, 단지 자기가 현재 말하고자 하는 취지를 드러내는 데 충분한 정도만 보여 주고 있을 뿐이다. 그는 이렇게 말한다: "믿는 자들은 각기 서로 다른 은사들을 수여받지만, 자기가 어떤 은사를 받았든, 그 모든 은사는 하나님의 성령으로부터 왔다는 것을 인정하지 않을 수 없다. 왜냐하면, 해가 자신의 빛줄기를 사방으로 흩뿌려서 만물에게 골고루 나누어 주듯이, 성령께서도 자신의 은사들을 그런 식으로 믿는 자들에게 골고루 나누어 주시기 때문이다."

"지혜의 말씀"의 은사와 "지식의 말씀"의 은사가 어떻게 다른가와 관련해서는, 성경에서는 "지식"과 "지혜"를 다른 의미로 사용하지만, 나는 바울이 골로새서 2:3에서 "그리스도 안에는 지혜와 지식의 모든 보화가 감추어져 있느니라"고 말하면서, 지혜와 지식을 서로 다른 의미가 아니라 동일한 의미를 지니지만 서로 정도 차이가 있는 것으로 사용하고 있듯이, 여기에서도 그런 용법으로 이 두 단어를 사용하고 있는 것이라고 본다. 따라서 내 생각에는, "지식"(scientia)은 거룩한 것들을 아는 것을 의미하고, "지혜"(sapientia)는 그 지식이 온전하게 된 것을 의미한다. 어떤 이들은 종종 이 둘 중간에 "분별력"(prudentia)을 두기도 하는데, 그런 경우에 "분별력"은 지식을 어떤 구체적인 일에 적용하는 능력을 가리킨다. 지식과 지혜는 서로 아주 밀접하게 연관되어 있는 것은 사실이지만, 그럼에도 불구하고 우리는 이 둘을 나란히 놓고 살펴보면, 둘 간의 차이를 알 수 있다. 따라서 우리는 "지식"은 좀 더 통상적인 사물들이나 대상들에 관한 여러 가지 통상적인 사실들을 인식하고 아는 것을 가리키는 반면에, "지혜"는 좀 더 은밀하고 고상한 일들을 꿰뚫어 보고 드러내는 것을 포함하는 것이라고 이해하여야 한다.

9. 다른 사람에게는 같은 성령으로 믿음을, 어떤 사람에게는 한 성령으로 병 고치는 은사를. 우리가 곧 문맥을 통해서 알게 되겠지만, "믿음"이라는 단어는 여기에서 특별한 믿음을 가리키는 데 사용되고 있다. 우리는 일반적인 믿음을 통해서 그리스도를 온전히 영접하여 속량함과 의롭다 하심을 받고 거룩하게 되는 반면에, 여기에서 말하는 특별한 믿음은 그리스도의 이름으로 이적들을 행할 때에 사용되는 믿음을 가리킨다. 가룟 유다도 이런 특별한 믿음을 지니고 있었고, 이 믿음의 은사를 사용해서 이적들을 행하기까지 하였다. 크리소스토모스(Chrysostomus)는 이 두 종류의 믿음을 약간 다른 방식으로 구별해서, 우리가 말한 일반적인 믿음을 "그리스도의 가르침을 믿는 믿음"(fides dogmatum)이라고 부르고, 여기에서 말하고 있는 특별한 믿음을 "이적들과 결부된 믿음"(fides signorum)이라고 부르고 있기는 하지만, 그의 그러한 해석은 내가 방금 제시한 해석과 별 차이가 없다. "병 고치는 은사"가 무엇을 의미하는지를 모르는 사람은 없다.

10. 어떤 사람에게는 능력 행함을, 어떤 사람에게는 예언함을, 어떤 사람에게는 영들 분별함을, 다른 사람에게는 각종 방언 말함을, 어떤 사람에게는 방언들 통역함을 주시나니. "능력 행함"의 은사가 무엇을 의미하는지는 그렇게 분명하지가 않지만, 나는 바울이 여기에서 "능력들"이라고 표현한 것은 귀신들과 외식하는 자

들을 대적하기 위하여 사용되는 능력들을 가리킨다고 생각한다. 그러므로 그리스도와 그의 사도들이 권세를 가지고서 귀신들을 제압하거나 멀리 도망가게 만든 것이 바로 "능력 행함"이었다. 마찬가지로, 바울이 "바보"라는 곳에서 마술사 엘루마를 보고서, "성령이 충만하여 그를 주목하고서," "모든 거짓과 악행이 가득한 자요 마귀의 자식이요 모든 의의 원수여 주의 바른 길을 굽게 하기를 그치지 아니하겠느냐 보라 이제 주의 손이 네 위에 있으니 네가 맹인이 되어 얼마 동안 해를 보지 못하리라"고 선포하여, 그의 눈을 멀게 한 것이나(행 13장), 베드로가 아나니아에게 "어찌하여 사탄이 네 마음에 가득하여 네가 성령을 속이고 땅 값 얼마를 감추었느냐"고 말하고, 그의 아내 삽비라에게 "너희가 어찌 함께 꾀하여 주의 영을 시험하려 하느냐 보라 네 남편을 장사하고 오는 사람들의 발이 문 앞에 이르렀으니 또 너를 메어 내가리라"고 말하였을 때, 이 두 사람이 그 자리에서 죽게 된 것(행 5장)도 "능력 행함"이었다. 따라서 "병 고치는 은사"와 이적들을 행하는 "믿음"의 은사는 하나님의 선하심을 드러내는 데 사용되는 반면에, "능력 행함"의 은사는 사탄을 멸하시는 하나님의 엄하심을 드러내는 데 사용된다.

나는 여기에서 말하는 "예언함"은 하나님의 비밀한 뜻을 나타내는 데 사용되는 아주 특별한 은사를 가리키는 것으로 이해한다. 따라서 예언자 또는 선지자는, 말하자면, 하나님께서 사람들에게 보내신 자신의 사자들이라고 할 수 있다. 내가 "예언함"을 이런 식으로 해석하는 이유들에 대해서는 나중에 좀 더 자세하게 설명하게 될 것이다.

"영들 분별함"은, 어떤 사람들이 재림한 그리스도를 자처하거나 그리스도의 사도나 종을 자처할 때, 그 사람들이 과연 그런 인물들인지를 정확하고 분명하게 판단하고 아는 데 사용되는 은사였다. 이것은 사람들이 태어날 때부터 지닌 어떤 분별력이나 통찰력을 통해서 그러한 일들을 판단하고 분별해 내는 능력이나 재능을 의미하는 것이 아니고, 하나님께서 소수의 사람들에게 은사로 주시는 특별한 "빛"(lumen)이다. 이 하나님이 주신 영적인 분별력과 판단력은 단지 어떤 사람들의 거짓된 얼굴이나 태도에 의해서 속아 넘어가는 것, 즉 사람들이 실제로는 하나님과 관련된 중요한 인물이 아니면서도, 마치 자기가 그런 인물인 것처럼 거짓으로 꾸미고 그런 식으로 행세할 때에 거기에 속는 것을 막는 데만 사용된 것이 아니라, 어떤 구체적인 표지를 통해서 그리스도의 참된 사역자들과 거짓 사역자들을 분별하는 데에도 사용되었다.

"방언 말함"의 은사와 "방언들 통역함"의 은사는 서로 다른 것이었다. 왜냐하면, 방언의 은사를 받은 사람들은 대체로 자기가 말하는 어떤 특정한 나라의 방언의 의미를 알지 못하였던 까닭에, 방언들을 통역하는 은사를 받은 사람들이 그들이 말하는 방언들을 그들이 알아들을 수 있는 모국어로 통역해 줄 때에만, 그 의미를 알 수 있었기 때문이다. 당시에 이 두 가지 은사는 직접 습득하거나 배워서 얻을 수 있는 것들이 아니었고, 성령의 놀라운 계시에 의해서 사람들에게 주어졌다.

11. 이 모든 일은 같은 한 성령이 행하사 그의 뜻대로 각 사람에게 나누어 주시는 것이니라. 이 모든 것이 보여 주는 결론은, 모든 신자들이 동일한 "한 성령"의 인도하심 아래에서, 각각 자신의 자리와 위치에서 자기에게 주어진 은사와 직분과 사역을 따라, 하나의 동일한 목표를 이루기 위하여 한 마음과 한 뜻으로 서로 협력할 때에만, 저 거룩한 연합이 온전히 이루어지는 것임에도 불구하고, 자신이 성도들의 교제 가운데서 어느 자리에서 어떤 일을 하여야 하는지에 대해서 전혀 관심을 갖지 않고, 분수를 모르고 제멋대로 행함으로써, 저 거룩한 연합을 깨뜨리는 사람들은 잘못을 저지르고 있는 자들이라는 것이다. 여기에서 바울은 고린도 교인들이 가지고 있는 것이 무엇이든, 그 모든 것들은 하나의 동일한 원천으로부터 나온 것이라는 사실을 일깨워 줌과 동시에, 그 어떤 사람도 하나님의 사람으로 성장해 나가는 데 필요한 모든 것들을 혼자 다 가지고 있지 않기 때문에, 다른 사람들의 도움을 필요로 하지 않는 사람은 아무도 없다는 것을 가르쳐 줌으로써, 다시 한 번 그들에게 하나가 되고 연합할 것을 요구한다. 이것이 그가 "그의 뜻대로 각 사람에게 나누어 주시는 것"이라고 말한 것의 의미이다. 왜냐하면, 이 말을 통해서 바울은 하나님의 성령은 우리 모두로 하여금 성도들 전체에 유익을 끼치게 하기 위하여 우리 각자에게 서로 다른 은사들을 나누어 주신다고 말하고 있는 것이기 때문이다. 성령께서 어느 한 사람에게 하나님의 모든 은사들을 다 주시지 않고, 모든 사람에게 각각 서로 다른 은사를 "나누어 주시는" 이유는, 어느 한 사람이 모든 은사들을 다 받았을 때에는, 자기 혼자서 살아가고 성장하는 데 아무런 부족함이 없다고 생각해서, 다른 신자들과는 완전히 동떨어져서 혼자 자족하며 살아가고자 할 것이기 때문에, 그런 일이 벌어지지 않게 하기 위한 것이다. 바울은 이 구절에서 자신이 말하고자 하는 그러한 의도를 "각각"이라는 부사를 사용하는 것을 통해서도 드러내고자 하였는데(이 어구는 헬라어 본문에는 "모든 사람에게 각각"으로 되어 있는데, 한글개역개정은 "각 사람에게"로 번역하고 있다 — 역주), 이 부사는 하나님께서 우리 모두에게

다양한 은사들을 골고루 나누어 주심으로써, 우리 모두로 하여금 서로서로 하나가 되고 연합하게 하셨다는 사실을 우리가 정확하게 이해하는 데 아주 중요하다. 또한, 여기에서 바울은 "그의 뜻대로"라고 말함으로써, 성령이 자신의 뜻과 권세를 따라 이 일을 행하고 계신다는 것을 보여 주고 있다는 점에서, 이것으로부터 우리는 성령은 진정으로 본래 하나님이시라는 결론을 얻을 수 있다.

12. 몸은 하나인데 많은 지체가 있고 몸의 지체가 많으나 한 몸임과 같이. 바울은 이제 사람의 몸과 거기에 속한 지체들에 빗대어서 그리스도와 우리의 관계를 설명한다. 그는 로마서 12:4에서도 "우리가 한 몸에 많은 지체를 가졌으나 모든 지체가 같은 기능을 가진 것이 아니니"라고 말하면서, 여기에서와 마찬가지로 사람의 몸과 그 지체들에 빗대어서 자신의 가르침을 전개해 나가기는 하지만, 내가 이미 앞에서 지적하였듯이, 이 두 경우는 서로 목적이 다르다. 즉, 바울은 로마서 본문에서는, 많은 사람들이 야심이나 호기심 또는 그 밖의 다른 어떤 동기에 의해서 자신의 분수를 넘어서서 행하는 것에 대하여 경고하면서, 우리 각 사람이 각자의 부르심에 만족하고 각자에게 주어진 분수를 지켜서, 다른 사람의 영역을 침범하지 말라고 권면하는 데 이 비유를 사용하고 있는 반면에, 여기에서는 하나님께서 각 사람에게 서로 다른 은사들을 나누어 주시는 것은 우리가 각자 따로따로 각자의 은사를 사용해서 살아가도록 하시기 위한 것이 아니라, 각자가 받은 은사들을 가지고서 서로서로 도우며 서로의 덕을 세우게 하시기 위한 것이기 때문에, 모든 신자들은 서로 연합해서 각자의 은사를 통해 서로를 돕고 서로의 덕을 세워야 한다고 권면하는 데 이 비유를 사용하고 있다는 것이다.

또한, 서로 밀접하게 연관된 어떤 결사체나 한 무리의 사람들을 가리키는 데 "몸"이라는 단어를 사용하는 것은 아주 흔한 일이어서, 사람들은 특정한 도시에 속한 시민들이나 지배 집단인 원로원이나 로마의 평민 집단 같이 하나의 동일한 정치적인 집단을 한 "몸"이라고 불렀고, 옛적에 메네니우스 아그리파(Menenius Agrippa, 주전 5세기경의 로마 귀족)는 로마의 평민 집단이 귀족들의 집단인 원로원에 반기를 들었을 때, 그 평민 대표들을 찾아가서, 바울이 여기에서 말한 것과 비슷한 우화를 들려줌으로써, 두 집단 간의 원만한 타협을 이끌어 낸 일도 있었다.

그러나 그리스도인들과 관련해서 사람의 "몸"이라는 비유를 사용한 것은 그런 것과는 상황이나 의미가 완전히 다른 것이었다. 왜냐하면, 그리스도인들은 단순히 하나의 정치적인 집단을 이루고 있는 것이 아니라, 바울이 나중에 덧붙이고 있는 것처럼(27절, "너희는 그리스도의 몸이요 지체의 각 부분이라"), 영적이고 신비한 성격을 띤 그리스도의 몸이기 때문이다. 따라서 바울이 여기에서 말하고자 하는 것은 이런 것이다: 몸에는 서로 다른 기능을 하는 여러 지체들이 있지만, 그 지체들은 서로서로 연결되어서 하나의 동일한 몸을 이루고 있다. 그러므로 그리스도의 지체들인 우리도 서로 다른 은사들을 지니고 있을지라도, 그리스도 안에서 하나의 동일한 몸을 이루고 있다는 것을 명심하고서, 서로 하나가 되고 연합하는 쪽으로 행하여야 한다.

그리스도도 그러하니라. 바울은 여기에서 이 비유를 하나님의 독생자이신 그리스도가 아니라 우리에게 적용하고자 하는 것이기 때문에, 여기에서 그가 사용한 "그리스도"라는 표현은 "교회"라는 표현 대신에 사용된 것이다. 바울이 여기에서 교회를 "그리스도"라고 부르고 있다는 점에서, 이 구절은 보기 드문 대단한 위로를 우리에게 차고 넘치게 주는 구절이다. 왜냐하면, 이것은 사람들로 하여금 이 땅에 오셔서 죽으셨다가 부활하신 예수 그리스도를 통해서만이 아니라 그의 지체들을 통해서도 하나님의 아들이신 그리스도를 알아볼 수 있게 하시는 그러한 영광을 그리스도께서 우리에게 수여하셨다는 것을 보여 주는 것이기 때문이다. 그래서 바울 사도는 다른 곳, 즉 에베소서 1:23에서 "교회는 그의 몸이니 만물 안에서 만물을 충만하게 하시는 이의 충만함이니라"고 말함으로써, 마치 그리스도께서는 그의 지체들이 있으셔서 온전하시고 충만하신 것이기 때문에, 만일 그리스도에게서 그의 지체들이 떨어져 나간다면, 그 때에는 그리스도께서 불완전하게 되실 것이라는 듯이 말하고 있고, 아우구스티누스(Augustinus)는 자신의 글 속에서 이것을 고상하고 우아하게 표현하여, "우리는 그리스도 안에서만 열매를 맺을 수 있는 포도나무이기 때문에, 그리스도를 떠나서는 시들어 말라 죽은 작은 가지들이 될 수밖에 없지 않겠는가"라고 말한다. 그러므로 우리의 힘과 위로는, 그리스도께서는 아버지 하나님과 하나이시기 때문에, 그리스도의 지체들인 우리도 하나님과 하나라는 사실에 있다. 그리스도께서 자신의 이름을 우리에게 나누어 주셔서 함께 공유하게 하시는 이유도 거기에 있다.

13. 우리가 … 다 한 성령으로 세례를 받아 한 몸이 되었고. 바울은 여기에서 우리가 한 몸이라는 사실을 증명해 주는 증거로, 우리 모두가 받은 세례의 효과를 제시한다. 여기에서 그는 이렇게 말한다: "우리는 세례를 받음으로써 그리스도의 몸에 접붙여졌기 때문에, 지체들로서 서로 한데 묶이고 연결되어서, 하나의 동일한

삶을 살아가고 있다. 그러므로 그리스도의 교회에서 살아가고자 하는 사람은 누구든지 반드시 다른 모든 지체들과 함께 합심하고 합력하여 살아가지 않으면 안 된다." 하지만 바울이 여기에서 말하는 "세례"는 성령의 은혜로 말미암아 이루어져서 효력을 발생하는 신자들의 세례를 의미한다. 왜냐하면, 많은 사람들의 경우에 있어서, 세례는 단지 실제적인 효력이 발생하지 않는 형식적인 것이자 단순한 표징에 불과한 반면에, 신자들의 경우에는, 세례라는 성례전을 통해서 실제적인 효력이 그들에게 주어지기 때문이다. 따라서 하나님과 관련해서는, 우리가 세례를 통해서 그리스도의 몸에 접붙임을 받는다는 것은 언제나 사실이다. 왜냐하면, 우리 편에서 준비가 되어 있기만 하면, 하나님께서는 원래 세례라는 성례전을 제정하실 때에 이 세례라는 표징을 통해서 이루고자 하셨던 모든 것들을 실제로 다 이루시기 때문이다. 사도는 세례의 본질은 우리를 그리스도의 몸에 접붙이는 것이라고 가르침으로써, 세례가 원래 지니고 있던 고유하고 올바른 의미를 여기에서 우리에게 제시하고 있다. 하지만 사람들이 세례를 형식으로 받기만 하면 그러한 효력이 저절로 생기는 것이라고 생각하지 않도록 하기 위해서, 바울은 "성령으로"라는 어구를 덧붙임으로써, 그러한 효력이 성령의 역사로 이루어지는 것임을 분명히 한다.

유대인이나 헬라인이나 종이나 자유인이나. 바울이 이러한 구체적인 예를 드는 이유는, 사람들이 인종이나 출신이나 사회적 신분에서 아주 다양하고 천차만별이라고 하더라도, 그런 것들이 자기가 방금 말한 저 거룩한 연합을 가로막거나 방해할 수 없다는 것을 보여 주기 위한 것이다. 또한, 바울이 여기에서 유대인과 헬라인, 종과 자유인이라는 두 쌍의 서로 상반된 부류의 사람들을 예로 든 것은 시의적절하고 앞에서의 논지와 아주 잘 부합하는 것이었다. 왜냐하면, 당시에 고린도 교인들 간의 갈등과 반목은 두 가지 원천으로부터 생겨났는데, 첫 번째 원천은 유대인들은 이방인들이 자신들과 동등한 위치에서 어깨를 나란히 하는 것에 대하여 거부감을 지니고 있었던 것이고, 두 번째 원천은 다른 사람들보다 더 우월한 사회적 신분이나 더 뛰어난 하나님의 은사를 받은 사람들이 그렇지 않은 사람들보다 자신들이 우월하다는 것을 과시하며, 사회적 신분이 낮거나 별 다른 은사를 받지 못한 형제들을 무시하고 멀리한 것이었기 때문이다.

또 다 한 성령을 마시게 하셨느니라. 이 구절의 헬라어 본문을 직역하면, "다 한 성령으로 마시게 하셨느니라"가 되지만, 이것은 바울이 자주 그러하듯이, 원래는

"한 성령 안에서"라고 표현하여야 하지만, 그랬을 경우에는 "안에서"를 뜻하는 '엔'(ἐν)과 "한"을 뜻하는 '헨'(ἕν)이 연달아 나오게 되기 때문에, 그것을 피하기 위해서 전치사 '엔'("안에서")을 '에이스'(εἰς, "~으로")로 의도적으로 바꾸어 표현한 것으로 보인다(오늘날의 표준 헬라어 본문에는 "한 성령을"으로 되어 있지만, 당시에 칼빈은 "한 성령 안에서"로 되어 있는 헬라어 본문을 사용하였다 — 역주). 그러므로 여기에서 바울은 "우리가 동일한 성령을 마셨다"는 것을 말하고자 하는 것이 아니라, "우리가 그리스도의 영의 능력으로 마시게 되었다"는 것을 다시 한 번 확인해 주고 있는 것이다. 바울이 여기에서 말하고 있는 것이 세례에 대한 것인지, 아니면 성찬에 대한 것인지는 확실하지 않지만, 나는 그가 여기에서 "마시는 것"에 대해서 언급하고 있는 것으로 보아서, 성찬에 대하여 말하고 있는 것으로 이해하는 것이 좋을 것으로 본다. 왜냐하면, 바울은 "마시는 것"이라는 성찬의 표징을 언급함으로써, 자기가 성찬에 대해서 말하고 있다는 것을 보여 주고자 한 것이 틀림없는 반면에, "마시는 것"은 세례와는 전혀 상관이 없기 때문이다. 바울이 여기에서 "마시는 것"이라고 표현한 성찬의 "잔"은 단지 성찬의 반쪽만을 구성하고 있고, 또 다른 반쪽인 "떡"이 언급되지 않고 있다는 것은 아무런 문제가 되지 않는다. 왜냐하면, 일부로써 전체를 나타내는 제유법을 사용해서 성례전들을 지칭하는 경우는 성경에서 비일비재하기 때문이다. 그래서 바울은 이 서신의 10장에서도 "떡이 하나요 많은 우리가 한 몸이니 이는 우리가 다 한 떡에 참여함이라"(고전 10:17)고 말함으로써, "잔"에 대해서는 언급하지 않고, 오직 "떡"에 대해서만 언급하는 것으로 성찬을 표현한 바 있다.

따라서 이 구절의 의미는 이런 것이다: 우리가 성찬의 "잔"에 참여하는 목적은 우리가 다 동일한 신령한 음료를 마시기 위한 것이다. 왜냐하면, 성찬에서 우리는 다 우리에게 생명을 주시는 그리스도의 피를 마심으로써, 그리스도와 동일한 생명을 공유하게 되기 때문이다. 우리가 이렇게 그리스도와 동일한 생명을 갖게 되는 것은, 그리스도께서 자신의 영으로 우리 안에 내주하실 때에 실제로 일어난다. 그러므로 바울은 신자들은 그리스도의 세례를 통해서 그리스도의 몸인 교회의 지체가 되자마자 이미 신자들 간의 연합을 이루고자 하는 열심으로 가득하게 되고, 그런 후에 성찬을 받게 될 때에는, 그들 모두가 한 자리에서 동일한 잔을 마심으로써 동일한 생명의 능력을 받게 됨으로써, 저 거룩한 연합을 향하여 한 걸음 한 걸음 또 다시 나아가게 된다고 가르치고 있는 것이다.

14몸은 한 지체뿐만 아니요 여럿이니 15만일 발이 이르되 나는 손이 아니니 몸에 붙
지 아니하였다 할지라도 이로써 몸에 붙지 아니한 것이 아니요 16또 귀가 이르되 나
는 눈이 아니니 몸에 붙지 아니하였다 할지라도 이로써 몸에 붙지 아니한 것이 아
니니 17만일 온 몸이 눈이면 듣는 곳은 어디며 온 몸이 듣는 곳이면 냄새 맡는 곳은
어디냐 18그러나 이제 하나님이 그 원하시는 대로 지체를 각각 몸에 두셨으니 19만
일 다 한 지체뿐이면 몸은 어디냐 20이제 지체는 많으나 몸은 하나라 21눈이 손더러
내가 너를 쓸 데가 없다 하거나 또한 머리가 발더러 내가 너를 쓸 데가 없다 하지
못하리라 22그뿐 아니라 더 약하게 보이는 몸의 지체가 도리어 요긴하고 23우리가
몸의 덜 귀히 여기는 그것들을 더욱 귀한 것들로 입혀 주며 우리의 아름답지 못한
지체는 더욱 아름다운 것을 얻느니라 그런즉 24우리의 아름다운 지체는 그럴 필요
가 없느니라 오직 하나님이 몸을 고르게 하여 부족한 지체에게 귀중함을 더하사 25
몸 가운데서 분쟁이 없고 오직 여러 지체가 서로 같이 돌보게 하셨느니라 26만일 한
지체가 고통을 받으면 모든 지체가 함께 고통을 받고 한 지체가 영광을 얻으면 모
든 지체가 함께 즐거워하느니라 27너희는 그리스도의 몸이요 지체의 각 부분이라
(12:14-27).

14-16. 몸은 한 지체뿐만 아니요 여럿이니 만일 발이 이르되 나는 손이 아니니 몸에 붙지 아니하였다 할지라도 이로써 몸에 붙지 아니한 것이 아니요 또 귀가 이르되 나는 눈이 아니니 몸에 붙지 아니하였다 할지라도 이로써 몸에 붙지 아니한 것이 아니니. 바울은 14절에서 "몸은 한 지체뿐만 아니요 여럿이니"라고 말한 후에, 15절과 16절에서는 자기가 앞에서 몇 마디로 압축해서 한 말을 좀 더 발전시키고 자세하게 보충설명을 하고 있다. 앞에서도 이미 말했지만, 이 단락에 나오는 모든 내용들은 메네니우스 아그리파(Menenius Agrippa)가 말한 우화와 일치한다: "몸에서 반란이 일어나서, 발이 자기는 더 이상 몸의 나머지 기관들을 위해서 그 어떤 것도 하지 않겠다고 선언하고, 위와 눈과 손 같은 몸의 다른 모든 기관들도 각각 발과 같이 몸에 반기를 든다면, 어떤 결과가 벌어지겠는가? 그 결과는 온 몸이 결국 다같이 죽는 것이 아니겠는가?" 아울러, 바울이 좀 더 존귀한 지체들과 그렇지 않은 지체들을 비교하고 있다는 점에서, 우리는 바울이 여기에서 특히 한 가지 핵심을 좀 더 강조하고 있는 것을 알 수 있는데, 그것은 각각의 지체는 자신의 자리와 위치에 만족하여야 하고, 다른 지체들을 시기해서는 안 된다는 것이다. "눈"은

몸에서 "손"보다 더 존귀한 자리에 있고, "손"은 "발"보다 더 존귀한 자리에 있다. 그렇다고 해서, "손"이 "눈"을 시기해서, 자신에게 맡겨진 소임을 다하기를 거부한다면 어떻게 되겠으며, 몸의 다른 지체들로부터 떨어져 나가겠다고 요구한다면 어떻게 되겠는가? 여기에서 발이나 귀가 "몸에 붙지 아니하였다"고 말하였다는 것은, 다른 지체들과의 교제를 다 끊어 버리고, 오직 자신만의 유익을 추구하고 자신만을 돌보며 홀로 살아가겠다고 말한 것을 의미한다. 바울은 "손이 눈을 시기해서 다른 지체들을 섬기는 자신의 소임을 행하기를 거부한다면, 그것이 용납될 수 있는 일이겠는가?"라고 말한다. 바울이 여기에서 말하고 있는 것들은 사람의 몸에 대한 것이지만, 그것은 교회의 지체들에게도 그대로 적용되어야 한다. 따라서 신자들 가운데서 어떤 야심이나 왜곡된 질투나 시기심 같은 나쁜 감정들이 생겨나서, 별로 존귀하지 않은 자리에 있는 신자들이 존귀한 자리에 있는 신자들을 섬기는 것을 거부하는 일이 일어나서는 안 된다는 것이다.

17. 만일 온 몸이 눈이면 듣는 곳은 어디며 온 몸이 듣는 곳이면 냄새 맡는 곳은 어디냐. 여기에서 바울은 모든 지체들이 똑같이 동등한 위치나 지위에 있는 것은 불가능한 일이라는 것을 보여 줌으로써, 각 지체들이 그렇게 되고자 하는 것은 어리석은 일이기 때문에, 그런 마음을 품어서는 안 된다고 말한다. 그는 이렇게 말한다: "모든 지체들이 '눈'이 누리고 있는 그러한 존귀를 다 똑같이 누리고자 한다면, 그 결과는 온 몸이 죽게 되는 것이다. 왜냐하면, 지체들이 서로 다른 기능과 역할을 행하는 가운데 서로 협력하지 않는다면, 몸이 안전하고 건강하게 유지되는 것은 불가능할 것이기 때문이다. 따라서 지체들이 평등을 주장하는 것은 몸을 건강하게 해 주는 것이 아니라 도리어 몸을 해치게 된다. 왜냐하면, 모든 지체들이 평등을 주장하며 다 존귀한 지체가 되고자 한다면, 몸은 정상적으로 작동하지 못하게 되고, 모든 것이 다 엉망이 되고 뒤엉켜서 결국 죽게 되기 때문이다. 그러므로 한 지체가 자신에게 주어진 소임과 분수를 지켜 행하지 않고 주제넘게 분수를 모르고 행하다가 자신만이 아니라 몸 전체를 죽음에 이르게 한다면, 그것은 정신 나간 짓일 수밖에 없지 않겠는가!"

18. 그러나 이제 하나님이 그 원하시는 대로 지체를 각각 몸에 두셨으니. 바울은 여기에서 하나님께서 정하신 것을 근거로 한 또 다른 논거를 제시한다. 즉, 그는 하나님께서는 각각의 지체들에서 서로 다른 기능과 은사를 부여하셔서, 그 모든 지체들로 몸을 구성하게 하는 것이 좋다고 여기셨기 때문에, 자신의 자리나 위치에

만족하지 못하는 지체가 있다면, 그 지체는 옛적의 거인족처럼 하나님을 상대로 전쟁을 벌이는 것이라고 말한다. 그러므로 우리는 하나님이 정하신 질서에 순복하여야 하고, 쓸데없이 하나님의 뜻에 거부하거나 반기를 들어서는 안 된다는 것이다.

19. 만일 다 한 지체뿐이면 몸은 어디냐. 여기에서 바울은 하나님께서 몸의 여러 지체들에게 각각 다른 은사를 주신 것은 아무런 목적이나 이유가 없이 그렇게 하신 것이 아니고, 몸을 유지하고 보존하는 데 반드시 그렇게 할 필요가 있으셨기 때문이라고 말한다. 즉, 몸에 필요한 모든 기능들과 역할들을 맡은 각각의 지체들이 하나님께서 정해 주신 위치와 자리에서 서로 조화를 이루는 가운데 자신의 소임을 다하지 않는 경우에는, 몸은 제대로 작동하지 못하고, 몸의 질서는 완전히 무너져서 혼란 상태에 빠져서, 결국에는 몸이 와해되고 붕괴되고 말 것이라는 것이기 때문에, 우리는 하나님께서 모든 것을 적절한 자리에 안배하시고 질서를 세우신 것은 우리 모두의 유익을 위한 것임을 깨닫고서, 하나님의 섭리에 기꺼이 순복하는 것이 마땅하다는 것이다. 바울이 여기에서 "다 한 지체뿐"이라고 말한 것은, 몸이 서로 다른 기능들과 역할들을 하는 여러 지체들로 구성되는 것이 아니라, 그런 기능들과 역할들이 없는 하나의 덩어리로 되어 있는 경우에 대하여 말한 것이다. 만일 하나님께서 우리의 몸을 그런 덩어리로 지으셨다면, 우리의 몸은 아무런 쓸데없는 덩어리가 되고 말았을 것이다.

20. 이제 지체는 많으나 몸은 하나라. 이렇게 바울이 이 절에 나오는 말씀을 자주 반복해서 역설하고 강조하는 이유는, 이 문제 전체의 핵심이 이 말씀 속에 들어 있기 때문이다. 즉, 한편으로 몸은 하나이지만, 그 몸은 반드시 서로 다른 여러 다양한 기능과 역할을 지닌 지체들로 구성되어야만 하고, 다른 한편으로, 그 몸이 하나의 몸으로 보존되기 위해서는, 서로 다른 여러 다양한 기능과 역할을 지닌 지체들이 서로서로 연결되어 조화롭게 작동되어야만 한다는 것이다. 그러므로 바울은 여기에서 몸은 반드시 서로 다른 여러 지체들로 구성되어야 하고, 그 지체들이 조화롭게 작동할 때에만 계속해서 생존할 수 있다는 것을 보여 줌으로써, 우리 모두가 각자에게 주어진 특정한 소임을 충실하게 수행할 때에만, 우리 자신과 우리 모두에게 유익을 끼칠 수 있다는 것을 우리에게 가르치고 있다.

21-22. 눈이 손더러 내가 너를 쓸 데가 없다 하거나 또한 머리가 발더러 내가 너를 쓸 데가 없다 하지 못하리라 그뿐 아니라 더 약하게 보이는 몸의 지체가 도리어

요긴하고. 바울은 지금까지는 덜 존귀한 지체들이 어떻게 하는 것이 합당한지, 즉 자신보다 더 존귀하거나 뛰어난 지체들을 시기하지 말고, 오직 자신에게 주어진 소임을 온 몸을 위하여 충실하게 행하는 것이 마땅하다는 것을 보여 주었다면, 이제 여기에서는 좀 더 존귀한 지체들을 향하여, 어떤 지체들이 자기보다 못하게 보인다고 해도, 그 지체들은 온 몸을 유지하고 보존하는 데 그들과 마찬가지로 중요한 기능과 역할을 한다는 사실을 명심하고서, 그 지체들을 멸시하는 일이 있어서는 안 된다고 가르친다. 즉, "눈"은 "손"보다 더 존귀한 지체이기는 하지만, "손"을 "쓸 데가 없다"고 말하며, "손"을 무시하거나 비웃어서는 안 된다는 것이다. 바울은 좀 더 존귀한 지체들이 그렇지 못한 지체들을 그런 식으로 대해서는 안 된다는 것을, "쓸 데가 없다"거나 쓸 데가 있다거나 하는 유용성이라는 측면에서 논증을 전개해 나간다: "몸에서 덜 존중을 받는 지체들이 몸을 유지하고 보존하는 데 도리어 더 반드시 필요한 지체들이기 때문에, 몸이 안전하기 위해서는 그 지체들을 멸시하는 일이 있어서는 안 된다." 바울은 고린도후서 12:9에서 사람들로부터 자기로 하여금 멸시와 굴욕을 받게 하는 자신에게 있는 여러 요인들을 "약한 것들"이라고 표현하는 가운데, "나에게 이르시기를 내 은혜가 네게 족하도다 이는 내 능력이 약한 데서 온전하여짐이라 하신지라 그러므로 도리어 크게 기뻐함으로 나의 여러 약한 것들에 대하여 자랑하리니 이는 그리스도의 능력이 내게 머물게 하려 함이라"고 말한 것처럼, 여기에서도 "멸시받을 만한 지체"라는 의미로 "더 약하게 보이는 지체"라는 표현을 사용한다.

23-24. 우리가 몸의 덜 귀히 여기는 그것들을 더욱 귀한 것들로 입혀 주며 우리의 아름답지 못한 지체는 더욱 아름다운 것을 얻느니라 그런즉 우리의 아름다운 지체는 그럴 필요가 없느니라. 바울은 여기에서 좀 더 존귀한 지체들이 그렇지 못한 지체들을 멸시하지 않아야 하는 두 번째 근거를 제시하는데, 그것은 우리가 우리 몸의 "덜 귀히 여기는" 지체들을 "더욱 귀한 것들"로 입혀 주며 우리의 "아름답지 못한 지체들"로 하여금 "더욱 아름다운 것들"을 얻게 해 주는 것에서 알 수 있듯이, 한 지체의 욕됨이나 수치는 온 결국 몸 전체의 욕됨이나 수치가 된다는 것이다. 그는 이렇게 말한다: "우리는 우리의 몸에서 귀히 여김을 받는 지체들에게는 추가적으로 어떤 존귀하거나 아름다운 장식을 더할 필요가 없다. 그러나 우리의 몸에서 덜 귀히 여김을 받거나 우리에게 수치를 안겨 주는 그러한 지체들에 대해서는 우리가 더 큰 관심을 갖고서, 그 지체들을 존귀하거나 아름답게 해 주려고 애

쓴다. 그렇다면, 우리는 왜 그렇게 하는 것인가? 그것은 우리 몸에서 덜 귀히 여김을 받는 지체들이 지닌 수치스러운 요소는 온 몸 전체에 수치를 안겨 줄 것이기 때문에, 우리는 그 수치스러운 요소를 제거함으로써 온 몸이 수치를 당하는 일이 없게 하기 위한 것이다." 여기에서 "귀한 것들로 입혀" 준다는 것은, 우리 몸의 어떤 지체를 그 상태 그대로 내버려 두는 경우에는 우리 몸 전체에 수치를 가져다줄 수밖에 없을 때, 그 지체에 존귀한 것이나 아름다운 것을 더하여서 존귀하게 하는 것을 뜻한다.

오직 하나님이 몸을 고르게 하여 부족한 지체에게 귀중함을 더하사. 바울은 앞에서 이미 한 번 말하였던 것을 여기에서 다시 한 번 반복하면서, 그 의미를 좀 더 분명하게 제시한다. 즉, 하나님께서는 우리의 몸에 서로 다른 여러 다양한 기능과 역할을 하는 지체들을 두고서, 그 지체들이 서로 조화를 이루며 각자의 소임을 다하도록 정하셨는데, 하나님이 그렇게 하신 이유는, 그런 식으로 하지 않으면, 우리의 몸이 계속해서 유지되고 보존될 수 없기 때문이라는 것이다. 우리 몸의 모든 지체들은 자신들 중에서 덜 존귀하거나 덜 아름다운 지체들에게 어떻게 해서든 존귀함과 아름다움을 덧입혀서 그 수치를 제거하는 일에 다 자발적으로 나서서 한마음으로 합력하는 이유가 바로 거기에 있는데, 하나님께서는 우리 몸의 모든 지체들이 그런 식으로 움직이지 않으면, 우리 몸에 불화와 분열이 일어나서, 우리 몸 전체가 망가지고 결국에는 죽게 될 것임을 아셨기 때문에, 우리 몸의 지체들 속에 그러한 본능을 심어 두셨다. 이것으로부터 우리가 알게 되는 것은, 우리 몸의 어떤 지체가 자기에게 주어진 분량이나 분수를 지키지 않고, 그 이상의 것을 요구하는 잘못을 저지르게 되면, 하나님께서 우리의 몸에 부여하신 원래의 질서가 다 무너지고 와해되어서, 결국 우리의 몸이 죽게 될 뿐만 아니라, 그렇게 하는 것은 하나님의 권위를 공개적으로 대놓고 거부하고 배척하는 일이라는 것이다.

25-26. 몸 가운데서 분쟁이 없고 오직 여러 지체가 서로 같이 돌보게 하셨느니라 만일 한 지체가 고통을 받으면 모든 지체가 함께 고통을 받고 한 지체가 영광을 얻으면 모든 지체가 함께 즐거워하느니라. 사람의 몸을 구성하고 있는 모든 지체들 간에는 서로서로 함께 아파하고 함께 즐거워하는 공감 관계가 형성되어 있어서, 한 지체가 어떤 해악으로 인해서 고통을 당하게 된 경우에는, 나머지 다른 모든 지체들도 고통을 함께 나누고, 한 지체에게 좋은 일이 있는 경우에는, 나머지 다른 모든 지체들도 그 즐거움에 함께 동참하게 된다. 그러므로 사람의 몸에서 지체들 서

로 간에 시기하거나 멸시하는 것은 있을 수 없는 일이다. 여기에서 "한 지체가 영광을 얻는다"는 어구는, 그 지체가 형통하고 복된 상태에 있게 되었다는 것을 뜻하는 넓은 의미로 사용되고 있다. 한 몸에서 어느 지체가 유익을 얻어 부요해지면, 다른 모든 지체들이 각각 자기가 부요해진 것이라고 느끼고, 어느 지체가 결핍을 겪어 빈곤해지면, 다른 모든 지체들이 각각 자기가 빈곤해진 것이라고 느낀다면, 그 몸의 모든 지체들은 서로서로 잘 조화를 이루며 그 몸 전체를 건강하게 잘 유지시키고 있는 최고의 상태에 있다고 할 수 있다.

27. 너희는 그리스도의 몸이요. 바울은 자기가 지금까지 사람의 몸의 본질과 특성에 대하여 말해 온 모든 것들이 그리스도인들인 우리 모두에게 적용되어야 한다는 것을 여기에서 결론적으로 말한다. 왜냐하면, 우리는 단순히 여러 사람들이 모인 평범한 결사체가 아니라, 그리스도의 몸에 접붙임을 받아서 서로에 대하여 진정으로 지체가 된 자들이기 때문이다. 그러므로 우리 각 사람은 각자의 은사가 무엇이든, 그 은사가 모든 형제들을 세우기 위한 목적으로 우리 각 사람에게 주어진 것이라는 사실을 깨닫고서, 그 은사를 사용하지 않고 그냥 우리 속에 묻어 두거나, 마치 그 은사가 우리 자신의 사유물인 것처럼 사용해서는 안 되고, 그 은사를 적극적으로 사용해서 모든 형제들에게 유익을 끼치는 것이 마땅하다는 것을 명심하여야 한다. 더 귀한 은사를 받았다고 해서 마음이 높아지고 교만해져서, 그렇지 않은 형제들을 무시하고 멸시해서는 안 되고, 아무리 덜 귀해 보이고 보잘것없어 보이는 형제들도 하나같이 다 쓸 데가 있다는 사실을 알아야 한다. 왜냐하면, 신자들 중에서 가장 미천해 보이는 사람들도 열매를 맺지 않는 것이 아니라, 자신에게 주어진 작은 능력을 따라 거기에 걸맞은 열매를 맺는 까닭에, 그리스도의 몸인 교회 속에서 쓸 데 없는 지체는 단 한 사람도 없기 때문이다. 반면에, 크고 귀한 은사를 받지 않은 형제들은 자기보다 더 크고 귀한 은사를 받은 형제들을 시기해서도 안 되고 그들에게 순종하기를 거부해서도 안 되며, 오로지 자신에게 주어진 자리와 위치에서 자신에게 주어진 소임을 잘 수행하여야 한다. 이렇게 귀한 은사를 받은 형제들이든 덜 귀한 은사를 받은 형제들이든, 모든 신자들은 서로를 사랑하고, 서로를 깊이 배려하고 아끼는 가운데, 아픔과 기쁨을 함께 나누는 것이 마땅하다. 우리는 늘 개인의 유익이 아니라 우리 모두의 유익을 생각하여 행하여야 하고, 앙심이나 시기나 교만이나 그 어떤 불화로 말미암아 교회를 무너뜨리고 와해시키는 일이 있어서는 안 되며, 도리어 우리 각자는 교회를 보존하는 데 우리의 모든 힘을 쏟아

야 한다. 이것은 아주 크고 방대한 주제이지만, 나는 여기에서는 바울이 교회를 사람의 몸에 빗대어서 말한 취지가 무엇인지에 대해서만 간단하게 살펴보았다.

지체의 각 부분이라. 크리소스토모스(Chrysostomus)는 고린도 교회는 보편 교회의 전체가 아니라 "부분"이라는 의미로, 바울이 이 구절을 덧붙인 것이라고 생각하지만, 그의 그러한 해석은 내게는 좀 억지스러워 보인다. 나는 전에는 라틴어의 관용어를 사용해서 말하자면 '쿠오담모도'(quodammodo), 즉 "어떤 점에서는" 바울이 여기에서 엄밀하게 말해서 약간 부적절한 표현을 사용한 것이 아닌가 생각한 적이 있었지만, 좀 더 면밀하게 관찰하고 생각한 끝에, "지체의 각 부분"이라는 표현은, 바울이 앞에서 이미 말했던 것, 즉 여러 지체들 간의 차이들을 가리키는 것이라고 생각하게 되었다. 즉, 각각의 신자에게는 각자의 분깃과 각자에게 고유한 소임이 할당되어 있다는 점에서, 모든 신자들은 "부분적인 지체들," 곧 "각 부분을 이루는 지체들"이라는 것이다(한글개역개정은 "지체의 각 부분"으로 번역함으로써 오해의 소지가 있다 – 역주). 전후 문맥도 이 어구가 그런 의미라는 것을 우리에게 말해 준다. 따라서 여기에서 "부분적인" 또는 "개별적인"은 "전체로서의"와 반대되는 개념이라고 할 수 있다.

[28]하나님이 교회 중에 몇을 세우셨으니 첫째는 사도요 둘째는 선지자요 셋째는 교
사요 그 다음은 능력을 행하는 자요 그 다음은 병 고치는 은사와 서로 돕는 것과
다스리는 것과 각종 방언을 말하는 것이라 [29]다 사도이겠느냐 다 선지자이겠느냐
다 교사이겠느냐 다 능력을 행하는 자이겠느냐 [30]다 병 고치는 은사를 가진 자이겠
느냐 다 방언을 말하는 자이겠느냐 다 통역하는 자이겠느냐 [31]너희는 더욱 큰 은사
를 사모하라 내가 또한 가장 좋은 길을 너희에게 보이리라(12:28-31).

바울은 이 장의 처음 부분에서 "은사들"에 대하여 말하였는데, 이제는 "직분들"에 대하여 다루기 시작한다. 우리는 바울이 은사들과 직분들에 대하여 다룬 순서, 즉 먼저 은사들에 대하여 말한 후에 직분들에 대하여 말한 것을 특별히 주목하여야 한다. 왜냐하면, 이것은 하나님께서 사역자들을 세우실 때에는, 먼저 특정한 직분에 필요한 은사들을 그들에게 주셔서, 그 직분을 충분히 수행할 수 있는 능력을 갖추게 하시고 나서, 그런 후에 사역자들을 여러 직분들로 세우신다는 것을 우리에게 가르쳐 주는 것이기 때문이다. 따라서 이것으로부터 우리가 알 수 있는 것은,

악한 영으로부터 능력을 받아 교회 속으로 침투해 들어와서, 사역자로서 특정한 직분을 수행할 능력과 자격을 전혀 갖추지 않았으면서도, 자신들은 하나님의 비밀한 부르심을 받아서, 성령의 인도하심과 역사하심을 통해 일하고 있는 것이라고 자랑하는 많은 광신자들은 은사와 직분에 대하여 아무것도 모르는 무지한 자들이라는 것이다. 그들이 주장하는 것과는 반대로, 하나님께서 사역자들을 부르실 때에 올바른 순서는, 어떤 사역자들을 특정한 직분에 세우시기 전에, 먼저 그 직임을 감당할 수 있게 해 줄 은사들을 그들에게 주신다는 것이다. 따라서 바울은 앞에서 각각의 신자들은 하나님으로부터 어떤 은사를 받았든지 간에, 교회 전체의 유익을 위하여 그 은사를 사용하여야 한다는 것을 가르쳤듯이, 이제 여기에서는 하나님께서 각 사람에게 서로 다른 여러 직분들을 나누어 주시는 것도, 모든 직분자들이 다 한마음과 한 뜻이 되어서 각자에게 주어진 분량에 따라 교회를 세우게 하시기 위한 것임을 일깨워 준다.

28. 하나님이 교회 중에 몇을 세우셨으니 첫째는 사도요 둘째는 선지자요 셋째는 교사요 그 다음은 능력을 행하는 자요 그 다음은 병 고치는 은사와 서로 돕는 것과 다스리는 것과 각종 방언을 말하는 것이라. 바울은 여기에서 모든 종류의 직분들을 하나도 빠짐없이 다 열거하고 있는 것이 아니고, 굳이 그럴 필요도 없었다. 왜냐하면, 여기에서 그의 의도는 단지 하나님이 세우신 직분들의 몇 가지 예를 드는 것이기 때문이다. 에베소서 4:11을 보면, 거기에는 교회를 지속적으로 다스려 나가기 위해서 필요한 여러 직분들이 좀 더 자세하게 열거되어 있다: "그가 어떤 사람은 사도로, 어떤 사람은 선지자로, 어떤 사람은 복음 전하는 자로, 어떤 사람은 목사와 교사로 삼으셨으니." 바울은 거기에서조차도 모든 직분을 다 언급하고 있는 것은 아니지만, 하나님께서 내게 에베소서의 해당 본문을 다룰 수 있는 기회를 주신다면, 나는 왜 바울이 거기에서는 여기에서보다 좀 더 자세하게 직분들을 열거한 것인지, 그 이유를 그 때 가서 설명하고자 하고, 우리 앞에 당면한 이 절과 관련해서 우리가 주목하여야 할 것은, 바울이 여기에서 열거하고 있는 직분들 중에는 항존직도 있고 임시직도 포함되어 있다는 것이다. 항존직들은 교회를 다스리는 데 반드시 필요한 직분들을 말하고, 임시직들은 초대 교회에서 처음으로 교회를 세우고 그리스도의 나라를 일으킬 때에 필요하였던 것들로서, 얼마 후에는 사라진 직분들을 말한다. "교사" 직분은 항존직에 속하고, "사도" 직분은 임시직에 속한다. 왜냐하면, 하나님께서 사도들을 세우신 것은, 그들에게 특정한 지역을 맡기지

않으시고, 그들로 하여금 온 천하를 두루 다니면서 복음을 전하고, 그들이 간 곳에서 모든 나라들과 온갖 언어를 사용하는 민족들에 대하여 하나님의 "대사"로서의 직분을 수행하게 하시기 위한 것이었기 때문이다. 그런 점에서 "사도" 직분은 특정한 개교회에 매여 있는 "목사" 직분과 차이가 있다. 즉, "목사"는 하나님으로부터 온 천하를 두루 다니며 복음을 전하라는 사명을 받고 세우심을 받은 사람들이 아니라, 자신에게 맡겨진 특정한 교회를 돌보는 사명을 받은 사람들이다. 바울은 에베소서 4:11에 나오는 직분 목록에서는 "사도"에 대하여 언급한 후에 "복음 전하는 자"에 대하여 언급하지만, 여기에서는 서열상으로 가장 높은 직분인 "사도"를 언급한 후에, "복음 전하는 자"에 대한 언급은 생략하고, 곧바로 "선지자" 직분으로 넘어간다.

나는 바울이 여기에서 말한 "선지자들"은 예언의 은사를 받은 사람들을 가리키는 것이 아니라, 성경을 해석하고, 그렇게 해석한 것을 실생활에 지혜롭게 적용하는 데 특별한 은사를 지닌 사람들을 가리키는 것이라고 생각한다. 내가 그렇게 생각하는 이유는, 바울은 "예언"의 은사가 사람들에게 더 많은 덕을 세울 수 있다는 것을 근거로 해서, 예언의 은사를 다른 모든 은사들보다 더 귀하게 여기고 높이 치는데, 만일 그가 장래에 일어날 일들을 미리 알고 말해 주는 것을 "예언"이라고 생각하였다면, "예언"의 은사를 그런 식으로 평가하고 귀하게 여겼을 것이라고 생각되지 않기 때문이다. 또한, 내가 그렇게 생각하는 또 하나의 이유는, 바울은 "선지자" 직분에 대하여 설명할 때, 또는 적어도 선지자가 주로 해야 하는 일들에 대해서 설명할 때, 선지자는 사람들을 위로하고 권면하며 가르치는 데 헌신하여야 한다고 말하고 있는데, 이러한 일들은 장래에 일어날 일들을 미리 알려 주는 일과 판이하게 다른 일들이기 때문이다. 그러므로 우리는 이 절에서 바울이 말한 "선지자들"은 무엇보다도 먼저 성경을 해석하는 데 탁월한 은사를 수여받은 사람들을 가리키고, 다음으로는 교회가 현재 필요로 하는 것이 무엇인지를 제대로 꿰뚫어 보고서 그 때 그 때 적절한 조언을 해 줌으로써, 그런 식으로 하나님의 뜻을 사람들에게 전하는 대사로서의 역할을 특별히 지혜롭고 능숙하게 해낼 수 있는 은사를 수여받은 사람들을 가리키는 것으로 이해하여야 한다.

"교사들"은 건전한 가르침들을 보존하고 베풀어서, 교회에서 순수한 신앙이 지켜질 수 있도록 하는 소임을 맡은 사람들이라는 점에서, "선지자들"과 차이가 있다고 할 수 있다. 하지만 "교사들"이라는 용어는 서로 다른 의미들로 사용될 수 있었기 때문에, 아마도 여기에서는 "목사"를 지칭하는 데 이 용어가 사용되고 있는 것 같다. 하지만 이러한 해석이 여러분의 마음에 들지 않는다면, 여러분은 이 용어를 좀 더 일반적으로 해석해서, 여기에서 "교사들"은 가르침의 은사를 받은 모든 사람들을 가리키는 것으로 해석해도 무방하다. 실제로 누가는 사도행전 13:1에서 "교사들"을 그러한 의미로 사용해서, "선지자들"과 "교사들"을 한 묶음으로 해서, "안디옥 교회에 선지자들과 교사들이 있으니 곧 바나바와 니게르라 하는 시므온과 구레네 사람 루기오와 분봉 왕 헤롯의 젖동생 마나엔과 및 사울이라"고 말한다. 어떤 사람들은 성경을 해석하는 은사를 받은 모든 사람들을 다 "선지자" 직분을 받은 것으로 보아야 한다고 주장하지만, 내가 그런 사람들의 주장에 동의할 수 없는 이유는, 바울은 고린도전서 14:29에서 "예언하는 자는 둘이나 셋이나 말하고 다른 이들은 분별할 것이요"라고 말함으로써, "예언하는 자"를 "둘이나 셋"으로 제한하고, 그것도 순서를 지켜서 말하라고 명하고 있는데, 이것은 선지자들을 단순히 성경을 해석하는 사람들로 보는 것과는 부합하지 않기 때문이다. 한 마디로 말해서, 나의 견해는 바울이 여기에서 말한 "선지자들"은, 교회가 당면한 여러 가지 문제들과 관련해서, 성경에 나오는 모든 예언들과 경고들과 약속들과 교훈들을 적절하고 합당하게 적용함으로써, 하나님께서 교회로 하여금 그러한 문제들을 어떻게 처리하기를 원하시는지를 제대로 알게 해 주는 사람들을 가리킨다는 것이다. 어떤 사람들이 나와 다른 견해를 갖고 있다고 할지라도, 나는 "선지자들"이 누구를 가리키는 것인지와 관련해서는 얼마든지 다르게 해석할 여지가 있다는 것을 인정하기 때문에, 나와 견해가 다르다고 해서, 그들의 견해에 대해서 시비를 걸고 논쟁하고자 하지 않을 것이다. 왜냐하면, 교회에서 이미 오래 전에 사라진 은사들이나 직분들과 관련한 증거들이나 흔적들은 지금은 별로 남아 있지 않아서, 우리가 그러한 단편적인 증거들만을 보고서, 그러한 은사들이나 직분들에 대하여 정확한 판단을 내리는 것은 어려운 일이기 때문이다.

"능력을 행하는 자들"과 "병 고치는 은사들"에 대해서는, 내가 이미 앞에서 설명한 바 있기 때문에, 바울은 여기에서 은사들 자체나 은사들의 사용에 대해서 말하고자 하는 것이 아니라는 점만을 지적해 두고자 한다.

크리소스토모스(Chrysostomus)는 여기에서 바울이 말하는 "서로 돕는 것"(ἀντιλήψεις — '안티렙세이스')은 연약한 자들을 붙들어 주는 것을 가리키는 것이라고 보지만, 사도는 여기에서 여러 가지 서로 다른 다양한 직분들이 있다는 것을 보여 주기 위하여, 대표적인 직분들을 열거하고 예시하고자 하는 것이 목적이라는 점에서, 나는 그의 견해를 받아들일 수 없다. 그렇다면, 여기에서 바울이 말한 "서로 돕는 것"은 무엇을 가리키는 것인가? 그것은 초대 교회에는 존재하였지만 오늘날 우리 시대에는 더 이상 알 수 없게 된 어떤 은사, 그리고 그 은사를 사용하는 직분을 가리키는 것이거나, 아니면 집사들의 직분, 달리 말하면 가난한 자들을 돌보는 일과 연관된 것임에 틀림없는데, 나는 후자일 가능성이 높다고 본다. 바울은 로마서 12:7-8에서 "혹 섬기는 일이면 섬기는 일로, 혹 가르치는 자면 가르치는 일로, 혹 위로하는 자면 위로하는 일로, 구제하는 자는 성실함으로, 다스리는 자는 부지런함으로, 긍휼을 베푸는 자는 즐거움으로 할 것이니라"고 말함으로써, 두 종류의 집사 직분에 대해서 언급하는데, 거기에 대해서는 내가 로마서를 주석할 때에 이미 살펴본 바 있다.

나는 "다스리는 것"은 교회에서 치리의 책임을 맡은 "장로들"을 가리키는 것이라고 이해한다. 초대 교회에는 신자들로 하여금 계속해서 올바르고 합당한 삶을 살 수 있도록 그들을 감독하고 다스리기 위한 "장로회"가 설치되어 있었는데, 바울은 디모데전서 5:17에서 "잘 다스리는 장로들은 배나 존경할 자로 알되 말씀과 가르침에 수고하는 이들에게는 더욱 그리할 것이니라"고 말함으로써, 두 종류의 장로들에 대하여 언급하면서, 이것을 잘 보여 준다. "다스리는 것"은 다른 사람들보다도 중량감이 있고 경험도 많으며 권위가 있는 장로들에 의해서 행해졌다.

바울이 여기에서 말하는 "각종 방언을 말하는 것"은 방언들을 알고 말하는 것과 방언들을 통역하는 것, 이 두 가지를 모두 포함하지만, 이 둘은 실제로는 서로 다른 은사들이었다. 왜냐하면, 종종 어떤 사람이 많은 방언을 말하기는 하지만, 자기가 사역하거나 다니는 특정한 교회에서 사용하는 방언을 알지 못하는 경우가 있었고, 그런 경우에는 그러한 불편을 해소해 주기 위해서 통역하는 사람들이 필요하였기 때문이다.

29-30. 다 사도이겠느냐 다 선지자이겠느냐 다 교사이겠느냐 다 능력을 행하는 자이겠느냐 다 병 고치는 은사를 가진 자이겠느냐 다 방언을 말하는 자이겠느냐 다 통역하는 자이겠느냐. 한 사람이 여러 은사들을 받아서, 바울이 여기에서 열거한 직분들 중에서 두 가지를 동시에 맡아서 행한 경우도 실제로 있었을 것이지만, 그렇다고 해서, 그것이 방울이 이 절에서 말하고 있는 것과 모순되는 것은 결코 아니다. 왜냐하면, 바울이 여기에서 이렇게 반문하고 있는 이유는, 첫 번째는 한 사람

이 온전한 그리스도인으로 성장하는 데 필요한 모든 은사들을 혼자 다 받아서, 다른 사람들로부터 아무런 도움도 받지 않고 홀로 잘 성장해 나갈 수 있는 사람은 아무도 없다는 것을 보여 주는 것이고, 두 번째는 하나님께서는 교회에 필요한 온갖 은사들과 직분들을 각각의 신자들에게 골고루 나누어 주심으로써, 그 누구도 혼자서는 그리스도의 몸을 이룰 수 없고, 각각의 신자들이 함께 그리스도의 몸을 이루는 가운데, 각자에게 주어진 은사와 직분을 사용하여 몸 전체에 유익을 끼침으로써, 그 몸과 그 몸을 구성하는 각각의 지체들이 함께 온전한 몸으로 자라갈 수 있게 하셨다는 것을 보여 주는 것이기 때문이다. 이 절에서 바울의 의도는 사람들이 교만하여 자신이나 자신의 은사를 자랑하거나, 자기보다 더 귀한 은사나 직분을 받은 형제들을 보고서 마음이 비뚤어져서 시기하고 질투하거나, 자기가 받은 귀한 은사나 직분으로 인해서 오만해져서 자기보다 못하다고 생각되는 형제들을 무시하고 멸시하거나, 악의나 야심을 품는 등, 은사나 직분과 관련해서 온갖 잘못된 일들이 일어날 빌미를 제거하고자 하는 것이다.

31. 너희는 더욱 큰 은사를 사모하라. "너희는 더욱 큰 은사를 사모하라"는 구절은 "너희는 더 크고 유익하고 중요한 은사를 더 소중히 여겨라"로 번역될 수도 있는데, 이러한 후자의 번역이 이 문맥에 훨씬 더 잘 부합한다. 하지만 어느 쪽으로 번역하든, 의미에 있어서는 별 차이가 없다. 왜냐하면, 고린도 교인들 사이에서는, 교회와 모든 신자들을 세우는 데 유익한 은사보다는 다른 사람들이 부러워하고 다른 사람들에게 과시할 수 있는 은사를 사모하고 구하는 잘못된 풍조가 만연되어 있어서, 교회 전체를 세우는 데 아주 유익한 "예언"의 은사는 그들 가운데서 무시를 받았던 반면에, 교회 전체를 세우는 데는 별 유익이 없지만 남들에게 과시하는 데에는 아주 좋은 은사였던 "방언"의 은사는 그들 가운데서 사모의 대상이 되었던 까닭에, 바울은 여기에서 그들에게 교회 전체와 그들 모두를 세우는 데 가장 유익하고 효과가 있는 은사들을 특히 소중히 여기고 사모하여 힘써 구하라고 강력하게 권면하고 있는 것이기 때문이다. 하지만 바울은 고린도 교회의 신자들에게, 자기는 그들 모두가 "예언"의 은사를 사모하거나 "교사"의 직분을 맡아 행하기를 바란다고 말하고 있는 것이 아니라, 단지 그들 모두가 다른 사람들에게 과시하고자 하는 잘못된 동기에서 은사를 구하지 말고, 교회 전체에 유익을 끼치기 위한 올바른 동기에서 은사를 구하고, 그렇게 구해서 받은 은사를 더욱 부지런히 사용해서, 교회 전체를 세우는 데 힘써야 한다고 말하고 있는 것이다.

내가 또한 가장 좋은 길을 너희에게 보이리라. 내가 사용하고 있는 헬라어 사본에는 이 구절이 13장의 처음 부분에 나오는데, 그러한 장 구분은 말도 안 되는 어처구니없는 것이고, 이 구절을 13장에 속하는 것으로 보아서는, 제대로 주해하는 것이 불가능하기 때문에, 나는 그러한 장 구분을 변경해서, 이 구절을 12장에 속하는 것으로 보고서 주해를 해 나가고자 한다. 실제로 이 구절을 13장에서 잘라내서 12장에 갖다 붙이면, 이 구절은 바울이 12장에서 말해 온 것들에 대한 완벽한 결론을 맺고, 이후에 13장에서 바울이 말하게 될 것이 무엇인지를 안내해 주는 역할을 아주 잘 수행할 수 있게 되기 때문에, 전후 문맥이 물 흐르듯이 잘 연결되게 된다. 따라서 이 구절이 12장의 끝에 오지 않고 13장의 처음에 오게 된 것은 필사자들의 실수에 의한 것일 가능성이 크다. 장 구분의 문제는 이 정도로 해 두자.

바울은 앞에서 고린도 교인들에게 은사나 직분을 생각할 때에는 교회 전체와 신자들 전체를 세우는 데 그 목적이 있다는 것을 명심하여야 한다는 것을 강력하게 권면한 후에, 이제 여기에서는 그들에게 은사나 직분 그 자체보다 훨씬 더 중요한 것을 보여 주겠다고 분명하게 선언하는데, 그것은 모든 것은 "사랑"(caritas)이라는 잣대에 따라 규율되어야 하고, 모든 일은 "사랑"을 따라 행해져야 한다는 것이다. 즉, "가장 좋은 길"은 "사랑"이 우리의 모든 일을 지배하는 원리가 되어서, 우리가 모든 일을 "사랑"이라는 원리 위에서 행하는 것이라고 바울은 여기에서 말한다. 따라서 바울은 다음 단계의 주제를 본격적으로 다루기 전에, 아무리 뛰어나고 훌륭한 은사나 직분이라고 할지라도, 그런 것들을 지배하고 있는 원리가 "사랑"이 아닌 경우에는, 그 뛰어나고 훌륭한 은사나 직분은 아무것도 아니라는 것을 아예 처음부터 못을 박는 것으로 시작하고 있는 것이다. 왜냐하면, 어떤 것이 아무리 놀랍고 기이하며 특별하고 뛰어난 것이라고 할지라도, 거기에서 "사랑"이 들어 있지 않으면, 하나님이 보시기에 그것은 악한 것일 수밖에 없기 때문이다.

바울이 여기에서 가르치고 있는 것은 그가 다른 곳들에서 가르친 것들, 즉 디모데전서 1:5에서 "이 교훈의 목적은 청결한 마음과 선한 양심과 거짓이 없는 믿음에서 나오는 사랑이거늘"(딤전 1:5)이라고 말함으로써, 사랑이 하나님의 율법의 목적이라고 가르치고, 골로새서 3:14에서는 "이 모든 것 위에 사랑을 더하라 이는 온전하게 매는 띠니라"(골 3:14)고 말함으로써, 사랑이 모든 것을 온전하게 해 주는 "띠"라는 것을 가르친 것, 그리고 오직 사랑을 토대로 해서만 신자들의 거룩한 삶이 이루어질 수 있다고 가르친 것을 그대로 반영하고 있다. 하나님께서 율법을 기록한 두 번째 돌판에서 우리에게 요구하신 것은 다름 아닌 "사랑"이 아니고 무엇이겠는가? 그러므로 하나님께서 우리의 행위가 "사랑"으로부터 나온 것인지의 여부를 기준으로 삼으셔서, 우리의 모든 행위를 판단하시고 평가하신다는 것은 전혀 이상한 일이 아니고, 아무리 뛰어나고 좋은 은사들이라고 할지라도, 그 은사들은 "사랑"을 따라 사용될 때에만 원래의 진정한 가치를 지니게 된다는 것도 전혀 이상한 일이 아니다.

제13장

[1]내가 사람의 방언과 천사의 말을 할지라도 사랑이 없으면 소리 나는 구리와 울리는 꽹과리가 되고 [2]내가 예언하는 능력이 있어 모든 비밀과 모든 지식을 알고 또 산을 옮길 만한 모든 믿음이 있을지라도 사랑이 없으면 내가 아무 것도 아니요 [3]내가 내게 있는 모든 것으로 구제하고 또 내 몸을 불사르게 내줄지라도 사랑이 없으면 내게 아무 유익이 없느니라(13:1-3).

1. 내가 사람의 방언과 천사의 말을 할지라도 사랑이 없으면 소리 나는 구리와 울리는 꽹과리가 되고. 바울은 수많은 은사들 중에서 "말 잘하는 것"을 가장 먼저 다룬다. 말 잘하는 것은 그 자체로는 뛰어난 은사임에 틀림없지만, "사랑"을 따라 사용되지 않는 경우에는, 사람이 그 은사를 가지고서 하나님의 은총을 입는 것은 불가능하다. 바울이 여기에서 "천사의 말"을 언급한 것은, 무엇인가 특별하거나 드문 예를 들어서, "사랑이 없으면" 그런 특별한 경우도 아무것도 아닌데, 평범한 방언을 하는 것이 아무것도 아니라는 것은 두말할 필요조차 없다는 것을 보여 주는 일종의 과장법을 사용한 것이다. 아울러, 나는 "천사의 말"은 고린도 교인들이 아주 귀하게 여기고 높이 평가하였던 여러 가지 다양한 방언들 중의 하나를 지칭한 것이라고 본다. 그들은 은사들을 평가할 때, 어떤 특정한 은사가 교회 전체에 어떤 유익을 어느 정도 끼칠 수 있느냐를 기준으로 삼지 않고, 다른 사람들이 가지지 못한 무엇인가 특별하고 희귀한 은사여서, 그 은사를 가졌을 때에는, 다른 사람들에게 과시할 수 있을 때, 그 은사를 높이 평가하였기 때문에, "천사의 말"은 그들이 대단히 사모하는 방언들 중의 하나였을 것이다. 바울은 이렇게 말한다: "너희가 단지 사람들의 모든 방언들만이 아니라 심지어 천사들이 사용하는 방언까지도 다 능통하였다고 하자. 그런 경우에도, 너희에게 사랑이 없다면, 하나님께서는 너희의 방언들을 '꽹과리' 같이 시끄러운 소리로 들으실 것이기 때문에, 너희는 너희 자신을 대단하다고 생각할 이유가 전혀 없다."

2. 내가 예언하는 능력이 있어 모든 비밀과 모든 지식을 알고 또 산을 옮길 만한 모든 믿음이 있을지라도 사랑이 없으면 내가 아무것도 아니요. 바울은 다른 모든 은사들보다도 "예언"의 은사를 특히 귀히 여기고 높이 평가하였지만, 그러한 "예언"의 은사라고 할지라도, "사랑"을 따라 사용되지 않는 경우에는, "아무것"도 아니라고, 즉 아무런 가치도 없다고 분명하게 선언한다. 우리는 "모든 비밀을 알고" 라는 어구가 "예언하는 능력"을 보충설명하기 위해서 덧붙여진 것으로 볼 수도 있겠지만, 그 뒤에 바로 "지식"이 언급되고 있고, 바울이 앞에서는 "지식"을 별도로 언급하였다는 점을 감안할 때, 여기에서 바울이 말하는 "모든 비밀을 아는" 것은 "지혜"를 뜻하는 것으로 해석하는 것을 신중하게 고려해 볼 수도 있을 것이다. 나로서는 이 어구가 "지혜"를 가리킨다고 단정적으로 말하지는 않겠지만, 그럴 가능성이 아주 높다고 본다.

바울이 "믿음"이라는 단어에 "산을 옮길 만한"이라는 수식어를 덧붙이고 있는 것에서 알 수 있듯이, 그가 여기에서 말하는 "믿음"은 특별한 종류의 믿음을 가리킨다. 그런 까닭에, 궤변론자들이 이 구절을 왜곡하고 악용해서, 바울이 여기에서 말하는 "믿음"을 구원을 가져다주는 일반적이고 보편적인 믿음으로 해석해서, 그런 믿음이 아무 크고 엄청나다고 해도, "사랑"이 없이는 아무것도 아니라는 식으로, 믿음의 효력을 폄하하고자 하는 것은 완전히 잘못된 것이다. 따라서 성경에서 "믿음"(πίστις — '피스티스')이라는 용어는 단일한 의미가 아니라 여러 가지 다양한 의미로 사용되고 있다는 것을 명심하고서, "믿음"이라는 용어가 어느 구절에 나왔을 때, 그것이 어떤 의미로 사용되고 있는지를 잘 살피는 것은 현명한 독자들에게 맡겨진 몫이다. 그런데 내가 방금 앞에서 말한 대로, 여기에서 바울은 "믿음"이라는 단어에 "산을 옮길 만한"이라는 수식어를 덧붙임으로써, 자기가 사용한 "믿음"이라는 용어가 무슨 의미인지를 스스로 해석해 주고 있다. 즉, 이 믿음은 이적들을 행하는 것과 관련된 믿음이라는 것이다. 크리소스토모스(Chrysostomus)는 이 믿음을 "이적들을 행하는 믿음"이라고 부르고, 우리는 "특별한 믿음"이라고 부른다. 왜냐하면, 이 믿음은 그리스도를 전체적으로 받아들이는 믿음이 아니라, 단지 그리스도께서 이적들을 베푸실 수 있으시다는 것을 믿는 믿음이기 때문이다. 가룟 유다의 경우처럼, 사람들이 종종 거룩함의 영을 받지 않았으면서도, 이적들을 행할 수 있는 이유가 거기에 있다.

3. 내가 내게 있는 모든 것으로 구제하고 또 내 몸을 불사르게 내줄지라도 사랑

이 없으면 내게 아무 유익이 없느니라. "내가 내게 있는 모든 것으로 구제하는" 것은 그 자체로 놓고 볼 때에는 최고의 찬사를 받기에 조금도 부족함이 없는 일이라는 것은 너무나 분명하다. 그러나 사람들은 진정으로 베풀고자 하는 마음에서가 아니라, 자기의를 드러내거나, 사람들로부터 칭송을 받고자 하는 것과 같이 이기적인 목적으로 자신의 것들을 다른 사람들에게 나누어 주고 구제하는 일이 비일비재하기 때문에, 또는 다른 사람들에게 많은 것을 나누어 주고 베풀어 주는 것은 단지 사랑의 한 요소일 뿐인데, 그렇게 구제를 잘하는 사람들에게서도 사랑의 다른 측면들이 결여되어 있는 경우가 비일비재하기 때문에, 사람이 자기에게 있는 모든 것으로 구제하는 것이 사람들이 보기에는 아주 훌륭하고 칭찬받을 만한 일이고, 실제로 사람들로부터 칭송을 받지만, 거기에 사랑이 결여되어 있는 경우에는, 하나님께서 그것을 아무것도 아닌 것으로 여기신다.

바울이 여기에서 "내 몸을 불사르게 내줄지라도"라고 말한 것이, 신앙의 모든 행위들 중에서 최고의 가장 훌륭한 행위로 여겨지는 순교를 가리키고 있다는 것은 의심의 여지가 없다. 신앙을 고백한 사람들 가운데서, 죽음에 대한 그 어떤 위험이나 위협에도 불구하고, 흔들림 없이 확고부동한 믿음으로 복음을 증거하다가, 기꺼이 자신의 목숨을 주저 없이 내어놓는 것보다 더 칭송을 받을 만한 일이 어디 있겠는가? 바울이 여기에서 언급한 종류의 형벌, 즉 화형은 당시에는 그리스도인들에게 통상적으로 가해진 형벌은 아니었다. 왜냐하면, 당시의 폭군들은 교회를 멸하기 위해서 불이 아니라 칼을 주로 사용하였고, 단지 예외적으로 미친 네로(Nero)는 광기에 사로잡혀서 기독교를 박해하는 데 "불사르는" 방법도 사용하였다는 것을, 우리는 당시의 글들 속에서 읽을 수 있기 때문이다. 성령께서는 바울의 입을 통해서 장차 그리스도인들을 박해하는 데 화형이라는 형벌이 사용될 것임을 미리 예언하였던 것으로 보이지만, 그런 것은 별로 중요하지 않은 지엽적인 문제이다.

이 절의 요지는, "사랑"은 우리의 모든 행위를 지배하는 유일한 규범이고, 하나님의 은사들에 대한 올바른 사용을 규율하는 유일한 수단이기 때문에, 우리가 행하는 것들이 사람들에 의해서는 아무리 대단하다는 평가를 받고 지극히 큰 칭송을 받는다고 할지라도, "사랑"이 빠진 것은 무엇이든지 다 하나님의 인정을 받을 수 없고, 하나님께서는 그런 것들을 아무것도 아닌 것들로 여기신다는 것이다. 왜냐하면, 사랑이 결여되어 있는 경우에는, 모든 미덕들이 지닌 아름다움이라는 것은 단지 겉만 번지르르한 금박이나 겉으로만 요란한 공허한 소리 같아서, 아무 짝에도 쓸데없는 것일 뿐만 아니라, 도리어 역겹고 구역질나는 것일 뿐이기 때문이다. 교황주의자들은 바울이 여기에서 한 말들을 근거로 삼아서, 우리가 의롭게 되는 데에는 믿음보다 "사랑"이 더 효력이 있고 중요하다는 결론을 이끌어 내지만, 우리는 그들의 그런 어처구니없는 주장에 대해서는 나중에 반박하기로 하고, 여기에서는 바울이 계속해서 말해 나가고 있는 것들을 살펴보기로 하자.

4사랑은 오래 참고 사랑은 온유하며 시기하지 아니하며 사랑은 자랑하지 아니하며
교만하지 아니하며 5무례히 행하지 아니하며 자기의 유익을 구하지 아니하며 성내
지 아니하며 악한 것을 생각하지 아니하며 6불의를 기뻐하지 아니하며 진리와 함께
기뻐하고 7모든 것을 참으며 모든 것을 믿으며 모든 것을 바라며 모든 것을 견디느
니라 8사랑은 언제까지나 떨어지지 아니하되 예언도 폐하고 방언도 그치고 지식도
폐하리라(13:4-8).

4. 사랑은 오래 참고 사랑은 온유하며 시기하지 아니하며 사랑은 자랑하지 아니하며 교만하지 아니하며. 바울은 이제 "사랑"의 효과들 또는 열매들을 보여 줌으로써, 사랑에 대한 찬사를 통해서, 사랑이 얼마나 좋고 뛰어나며 대단한 것인지를 우리에게 가르쳐 주지만, 그것은 단지 사랑에 대한 찬사를 통해서 사랑 자체를 상찬하기 위한 것이 아니라, 고린도 교인들로 하여금 사랑이 하는 일들이 어떤 것들이고 사랑의 본질이 무엇인지를 깨닫게 해 주기 위한 것이다. 그리고 바울이 고린도 교인들에게 사랑과 관련된 이러한 가르침을 주는 주된 목적은, 교회의 연합 또는 하나됨을 보존하기 위해서는 사랑이 얼마나 필수적인지를 알게 하기 위한 것이다. 나는 여기에서 바울이 고린도 교인들의 현재의 모습과 정반대되는 것, 즉 참된 사랑이 사람들을 지배하고 있는 모습을 그들 앞에 제시함으로써, 그들로 하여금 자신들의 모습과는 정반대되는 교회의 본래의 모습을 보고서, 자신들의 잘못을 깨닫게 하고자 하고 있다는 점에서, 그들을 간접적인 방식으로 책망하고자 하는 의도가 사랑에 대한 바울의 찬가 속에 들어 있다는 것을 의심하지 않는다.

사랑에 대한 바울의 첫 번째 찬사는 사랑은 교회의 평화와 화목을 위하여 많은 것들을 "오래 참는다"는 것이고, 사랑의 두 번째 특질도 첫 번째와 아주 비슷한 것으로서, 온유함과 너그러움이다. 여기에서 "온유하며"로 번역된 헬라어 동사 '크레스튜에스타이'(χρηστεύεσθαι)는 그런 의미이다. 사랑의 세 번째 특질은 모든 분

쟁과 다툼의 가장 근원적인 원인인 "경쟁"(aemulatio)을 하지 않는 것이다. 바울은 "시기"를 "경쟁"에 포함시킨다. 왜냐하면, 시기는 그 성격이 경쟁과 아주 비슷하기 때문이다. 아니, 바울은 여기에서 "경쟁"은 "시기"가 원인이 되어서 거기에서 촉발되는 경우가 비일비재하기 때문에, "시기"와 연결된 "경쟁"을 말하고자 하는 것이라고 보는 것이 더 정확한 표현일 것이다. 따라서 사람들 간에 "시기"가 팽배해서, 각 사람이 첫째나 최고가 되고자 하거나, 다른 사람들의 눈에 그렇게 보이고자 하는 곳에서는, 사랑이 자랄 수 없다는 결론이 나온다.

여기에서 "자랑하지 아니하며"로 번역된 헬라어는 '페르페류에타이'(περπερεύεται)인데, 에라스무스(Erasmus)는 이 동사를 "뻔뻔스럽거나 제멋대로이지 않으며"로 번역하였다. 이 단어가 여러 가지 서로 다른 의미들을 지니고 있다는 것은 확실하지만, 이 단어는 종종 "주제넘게 사납거나 무례하다"는 의미로도 사용되는데, 나는 이 단어의 그런 의미가 이 대목에 더 적절한 것으로 보인다. 이 단어를 이런 식으로 해석한다면, 바울은 "절제"를 사랑의 특질로 보고서, 사랑은 사람들을 절제시키고 억제하는 재갈이기 때문에, 사랑이 있는 사람은 사납거나 난폭하게 행하지 않고, 질서를 지키는 가운데 평화롭고 화목하게 사람들과 한데 어울려 살아갈 수 있다는 것을 보여 주고 있는 것이라고 할 수 있다.

끝으로, 바울은 사랑에는 "교만"(superbia)이 없기 때문에, "교만"은 사랑에는 아주 생소하고 전혀 맞지 않는 것이라는 말을 덧붙인다. 따라서 사랑의 지배 아래 있는 사람은 누구든지 교만해져서, 자기를 자랑하고, 자만심에 빠져서 다른 사람들을 무시하고 멸시하는 짓을 하지 않는다.

5. 무례히 행하지 아니하며 자기의 유익을 구하지 아니하며 성내지 아니하며 악한 것을 생각하지 아니하며. 에라스무스(Erasmus)는 여기에서 "무례히 행하지 아니하며"로 번역된 동사를 "경멸하지 아니하며"로 번역하지만, 이 단어가 그런 의미로 사용된 전거를 제시하고 있지 않기 때문에, 나는 이 단어의 고유하고 통상적인 의미를 그대로 유지하는 쪽을 택하여, 이 단어를 "볼썽사납게 행하지 아니하며"로 번역하였다. 따라서 바울이 여기에서 말하고자 하는 것은 이런 것이다: 사랑은 쓸데없이 자기 자신을 과시하거나 뽐내는 것을 기뻐하지 않고, 항상 고상하고 절제된 방식으로 행한다. 이런 식으로 바울은 다시 한 번 고린도 교인들을 간접적으로 책망하고 있다. 왜냐하면, 그들은 그들 자신을 대단한 인물들이라도 된다는 듯이 여기고서 아주 교만해져서, 볼썽사납게 그들 자신을 뽐내며, 온갖 부끄럽고

창피한 모습을 보였고, 거리낌이나 염치 같은 것은 그들에게서 전혀 찾아볼 수 없었기 때문이었다.

"자기의 유익을 구하지 아니하며"라는 구절로부터 우리가 추론할 수 있는 것은, 사랑은 우리 속에 본성적으로 내재해 있는 것이 아니라는 것이다. 왜냐하면, 우리는 모두 본성적으로 우리 자신을 사랑하고 돌보며 우리 자신의 이익을 추구하고자 하는 성향을 지니고 있기 때문이다. 아니, 좀 더 정확히 말하자면, 우리 자신의 이익을 추구한다는 표현보다는, 우리 자신의 이익을 위한 것이라면 물불을 안 가리고 맹렬하게 달려든다는 표현이 더 옳다. 사랑은 그러한 왜곡되고 뒤틀린 성향을 고칠 수 있는 유일한 치료제이다. 왜냐하면, 사랑은 우리로 하여금 우리 자신의 처지나 입장을 잊고서, 우리 이웃들에 대하여 진정으로 관심을 가지고서 사랑하고 돌보게 만들기 때문이다. 따라서 "자기의 유익을 구한다"는 것은, 자기 자신에게 몰두하여서, 자기 자신의 이익에 관심을 가지고, 거기에 완전히 사로잡혀 있다는 것을 의미한다. 이 구절의 의미에 대한 이러한 정의는 그리스도인이 자신의 이익에 관심을 갖는 것이 허용될 수 있는 일인가 하는 문제를 해결해 준다. 왜냐하면, 여기에서 바울은 우리 자신의 일들을 돌보거나 거기에 그 어떤 관심도 가져서는 안 된다고 말하고 있는 것이 아니고, 우리 자신에 대한 지나치게 맹목적인 사랑으로 인해서, 우리가 우리 자신의 일들을 지나치게 돌보고, 우리 자신의 이익을 추구하는 데 몰두하는 것을 단죄하고 있는 것이기 때문이다. 우리가 우리 자신의 이익을 추구하는 데 지나치게 몰두하고 있다는 것을 보여 주는 증표는, 우리 자신의 일들을 생각하느라고, 우리가 다른 사람들을 위하여 해야 할 일들을 소홀히 하거나, 우리 자신의 이익을 챙기느라고, 하나님이 우리의 이웃들에게 행하라고 우리에게 명하신 일들을 잘 생각하지 않게 되는 것이다.

또한, 바울은 사랑은 논쟁을 억제하는 재갈이라는 말을 덧붙이는데, 이것은 바울이 4절의 처음 부분에서 말한 사랑의 두 가지 특질, 즉 사랑은 "오래 참는다"는 것과 "온유하다"는 것으로부터 자연스럽게 도출되는 특질이다. 왜냐하면, 온유하고 오래 참는 사람들은, 갑자기 분노에 휩싸여 불같이 화를 내거나, 쉽게 논쟁이나 싸움에 말려들지 않기 때문이다.

7. 모든 것을 참으며 모든 것을 믿으며 모든 것을 바라며 모든 것을 견디느니라. 바울이 이 절에 나오는 여러 구절들을 통해서 보여 주고자 하는 것은, 사랑은 참지 못해 하거나 악의와 앙심을 품지 않는다는 것이다. 왜냐하면, "모든 것을 참는" 것

은 모든 것을 너그럽게 품어 주는 관용(tolerantia)을 의미하고, "모든 것을 믿고 바라는" 것은 선의를 가지고서 모든 것을 순수하고 호의적으로 바라보는 것을 의미하기 때문이다. 우리는 본성적으로 지나치게 우리 자신에게 몰두해 있고, 우리의 그러한 악은 우리로 하여금 참지를 못하고 쉽게 화내고 불평하게 만든다. 그 결과, 모든 사람은 다른 사람들이 자기를 떠받들어 주기만을 바라는 반면에, 다른 사람들을 조금이라도 돕는 것에 대해서는 손사래를 치며 싫다고 거절한다. 우리의 그러한 병을 고쳐 주는 치료제가 바로 "사랑"이다. 사랑은 우리로 하여금 우리 형제들의 종이 되어 그들을 섬기게 만들고, 자원해서 다른 사람들의 짐을 져 주게 만든다(갈 6:2, "너희가 짐을 서로 지라 그리하여 그리스도의 법을 성취하라"). 또한, 우리는 본성적으로 악의를 품고 있기 때문에, 그 결과 거의 모든 것을 순수하게 받아들이지를 않고 의심하며 왜곡해서 악의적으로 받아들인다. 반면에, 사랑은 우리를 인간답게 만들어 주어서, 진실하고 인자한 방식으로 우리 이웃들을 바라보게 만든다. 바울이 여기에서 사랑은 "모든 것"을 참는다고 말할 때, 우리는 참는 것이 마땅하고 합당한 그런 것들만을 가리켜서 "모든 것"이라고 표현한 것으로 이해하여야 한다. 왜냐하면, 우리는 악한 것들을 인정하면서 거기에 비위를 맞춰 주는 말을 하거나, 악한 일들을 못 본 체하고 묵인함으로써 암묵적으로 그런 것들을 옹호하는 방식으로, 악한 것들을 참아서는 안 되기 때문이다. 또한, "모든 것을 참는다"는 것은 사람들을 훈육하거나 징계할 때에 꼭 필요한 조치들이나 징벌을 행하지 않는다는 것을 의미하는 것도 아니다. 이것은 인자함을 가지고서 어떤 것들을 바라보거나 판단하여야 한다는 것과 관련해서도 그대로 적용된다.

"모든 것을 믿는다"는 것은, 그리스도인들은 어떤 것이 속임수라는 것을 잘 알면서도, 그것이 선한 것임을 믿고서, 의도적으로 속아 넘어가 주어야 한다는 것을 의미하는 것도 아니고, 지혜와 분별력을 사용하는 것을 다 버리고서 무엇이든지 다 무조건 믿음으로써, 사람들로 하여금 그들을 쉽게 속일 수 있는 상태로 살아가야 한다는 것을 의미하는 것도 아니며, 흰 것과 검은 것을 어떻게 구별하는지를 다 잊어버리고서, 무엇이든지 다 좋은 쪽으로 믿어야 한다는 것을 의미하는 것도 아니다. 그렇다면, "모든 것을 믿는다"는 것은 도대체 무엇을 의미하는 것인가? 내가 앞에서 이미 말하였듯이, 바울이 여기에서 그리스도인들에게 요구하고 있는 것은, 사람들이나 사물들을 악의적이고 뒤틀린 시각으로 바라보고 판단하는 것이 아니라, 순수하고 진실한 마음과 너그럽고 인자하며 자비로운 마음으로 판단하여야 한다는 것이다. 바울은 "사랑"에는 바로 그러한 두 가지 특질이 늘 붙어 다닌다고 분명하게 선언한다. 따라서 "사랑"이 있는 그리스도인들은 자신의 형제를 아무런 근거도 없이 악의적으로 의심해서 해치는 것이 아니라, 인자한 마음과 선한 호의를 가지고서 자신의 형제를 바라보는 것이 더 합당하다는 것이다.

8. 사랑은 언제까지나 떨어지지 아니하되 예언도 폐하고 방언도 그치고 지식도 폐하리라. 사랑의 또 하나의 탁월한 특질들 중의 하나는 사랑은 영원토록 지속된다는 것이다. 언제까지나 영원토록 지속되는 것은 우리가 온 힘을 다해서 얻고자 하고 추구할 만한 가치가 있는 것임은 확실하다. 그러므로 우리가 언젠가는 사라져 버릴 일시적인 모든 은사들보다도 사랑을 더 소중히 여기고 사모하며 추구하여야 한다는 것은 두말할 필요가 없다. 예언도 지나가고, 방언도 그치고, 지식도 끝이 있다. 그러나 사랑은 이 모든 것들이 다 끝난 후에도 여전히 지속된다는 점에서 이 모든 것들보다 더 귀하고 탁월한 것이다.

교황주의자들은 이 절을 잘못되고 왜곡되게 해석해서, 그러한 해석을 근거로 삼아서, 죽은 사람들의 영혼이 우리를 위해서 하나님께 기도하고 있다는, 성경에 아무런 근거도 없는 교리를 만들어 내었다. 즉, 그들은 다음과 같은 논리를 편다: "기도하는 것은 사랑이 행하는 영원한 섬김이다. 그런데 사랑은 죽은 성도들의 영혼 속에서도 영원히 지속적으로 거한다. 그러므로 죽은 성도들은 우리를 위해 지금도 기도하고 있다." 나는 이 문제를 지나치게 첨예한 쟁점으로 다루고자 하는 마음이 없기는 하지만, 만일 내가 이 문제에 대해서 아무런 언급도 하지 않고 지나가면, 그들은 내가 그들의 교리에 동의한 것으로 여기고서, 그것을 악용할 우려가 있기 때문에, 나는 그들의 논리가 왜 잘못된 것인지를 간단하게 설명하고자 한다.

첫째로, 사랑이 언제까지나 그치지 않는다는 것은 사실이지만, 그러한 사실로부터, 사랑은 영원토록 지속적으로 행사된다는 결론이 필연적으로 도출되는 것은 아니라는 것이다. 즉, 사랑이 존재한다는 것과 사랑을 실제로 행하는 것은 별개의 문제라는 것이다. 죽은 성도들의 영혼은 살아 있는 우리가 당면해 있는 여러 가지 일들에 관여해서 그 일들과 관련하여 실제적으로 사랑을 행사하는 것이 아니라, 지금 자신들의 본향에서 평안과 안식을 누리고 있다. 나는 교황주의자들에게, 죽은 성도들의 영혼이 현세의 일에 관여하지 않고, 하나님이 약속하신 평안과 안식을 천국에서 누리고 있는 것이 그 죽은 성도들에게 있는 사랑과 과연 모순되는 것인지를 묻고 싶다.

둘째로, 형제들을 위해서 중보기도를 하는 것은 사랑이 행해야 하는 영속적인 소임이 아니라고 내가 말한다면, 과연 교황주의자들은 나의 이 말을 어떤 식으로 반박하고, 그 반대가 참이라는 것을 증명할 수 있을지가 궁금하다. 어떤 사람이 다른 특정한 사람을 위하여 중보기도를 하기 위해서는, 그 사람의 처지가 어떠하고, 그 사람에게 무엇이 필요하다는 것을 구체적으로 아는 것이 필수적이다. 우리가 죽은 사람들의 상태에 대하여 추측하는 것은 위험한 일이기는 하지만, 어쨌든 죽은 사람들은 현세에서 일어나고 있는 일들과 우리에게 필요한 것들이 무엇인지를 알고 있는 것이 아니라, 도리어 그런 것들을 전혀 알지 못할 가능성이 높다고 할 수 있다.

교황주의자들은 자신들은 환상 속에서 하나님을 뵈옵고 하나님으로부터 받은 빛 속에서 온 세상을 보고 있다고 생각하고, 그렇게 주장하지만, 그러한 생각은 불경스럽고 철저하게 이교적인 사상에 속하는 것으로서, 기독교적인 사상과 부합하는 것이 아니라, 우상 숭배를 기조로 한 애굽의 신학의 냄새를 더 많이 풍긴다. 그러므로 내가 죽은 성도들은 우리의 구체적인 처지와 필요를 모른다는 사실을 근거로 해서, 그렇기 때문에 그들은 우리의 일에 관여하지 않는다고 말한다면, 교황주의자들은 나로 하여금 그러한 견해를 포기하도록 강제하기 위해서 어떤 논리를 내게 들이댈 것인지가 궁금하다. 나는 그들은 환상 속에서 하나님을 뵈옵는 것에 완전히 사로잡히고 매몰되어 있는 사람들이라서, 그 밖의 다른 것들은 아무것도 생각할 수가 없을 것인데, 어떻게 이 문제를 건전한 이성을 따라 이치에 맞게 바라보고 증명할 수 있을지가 의문이다. 또한, 사도가 여기에서 말한 "사랑"의 영속성, 즉 그가 "사랑은 언제까지나 떨어지지 아니한다"고 말한 것은, 사랑은 저 마지막 날 이후에도 영원히 지속될 것임을 의미한 것이고, 죽은 성도들이 아직 부활하지 않은 중간 시기와는 아무런 관계가 없다. 게다가, 서로를 위해서 중보기도를 해야 할 소임은 아직 살아 있는 사람들, 즉 아직 이 땅에 머물러 살아가고 있는 사람들에게만 주어진 소임일 뿐이기 때문에, 죽은 사람들에게는 해당되지 않는다.

나는 이 문제에 대해서는 이 정도로 해 두는 것이 좋을 것이라고 생각한다. 왜냐하면, 나는 교황주의자들이 아주 예민하게 반응하고 죽기살기로 싸우고자 하는 그런 핵심적인 내용을 건드리게 되면, 아주 중요하지도 않은 문제를 놓고서 쓸데없는 치열한 논쟁이 벌어질 것인 까닭에, 그런 내용은 건드리지 않는 것이 좋다고 보기 때문이다. 하지만 우리가 한 가지 반드시 지적하고 넘어가야 할 것은, 그들은 이 구절을 죽은 성도들의 영혼이 살아 있는 사람들을 위하여 중보기도를 드려 주고 있다는 자신들의 교리를 아주 든든하게 떠받쳐 주는 튼튼한 기둥으로 여기고 있지만, 이 구절은 그들의 교리를 밑받침해 주는 증거 본문이 결코 될 수 없다는 것이다. 따라서 우리는 교황주의자들의 그러한 교리는 전혀 성경적인 근거가 없는 것이기 때문에, 그들의 주장은 아주 경솔하고 무분별한 것임을 아는 것으로 충분할 것이다.

"지식도 폐하리라"는 구절의 의미가 무엇인지에 대해서는, 우리가 이미 살펴보아서 분명하게 알고 있지만, 이것과 관련해서 한 가지 중요한 질문이 생겨나는데, 그것은 이 세상에서 학식이나 그 밖의 다른 은사들에서 뛰어난 사람들일지라도, 하나님의 나라에 가서는 아무것도 모르는 무지한 사람들과 아무런 차이가 없게 되는 것인가 하는 것이다. 이 문제와 관련해서 내가 나의 독자들인 신자들에게 먼저 조언하고자 하는 것은, 이러한 문제들에 지나치게 골몰해서 깊이 천착해 들어가느라고 시간과 힘을 소모하는 것은 바람직한 일이 아니라는 것이다. 신자들은 천국이 어떤 곳이고, 거기에서는 어떤 일들이 벌어질 것인가에 관한 문제들에 지나치게 관심을 갖고 고민하기보다는, 자신들이 어떻게 하면 천국에 이를 수 있을지를 고민하는 것이 마땅하다. 왜냐하면, 우리 주님께서 이러한 문제들에 대해서 침묵하셨다는 것은, 호기심에 이끌려서 그러한 문제들에 몰두해서는 안 된다는 것을 우리에게 가르치신 것이기 때문이다. 이제 본론으로 돌아가서, 이 구절로부터 얻을 수 있는 얼마 안 되는 단서들을 토대로 해서, 우리가 앞에서 제기한 질문에 대하여 어떤 대답을 얻을 수 있을지를 살펴보기로 하자. 학식이나 열방의 여러 방언들을 아는 것, 또는 그러한 것들과 비슷한 은사들은 현세에서의 삶의 필요들을 충족시켜 주는 것들이기 때문에, 나는 그러한 것들이 내세에서도 계속해서 존재할 것이라고 보지는 않는다. 하지만 현세에서 그러한 은사들에 있어서 뛰어난 사람들은 그 은사들로 인하여 그 은사들보다 훨씬 더 바람직한 것들인 "열매들"을 얻어 가지게 될 것이기 때문에, 내세에서 그러한 은사들이 다 폐하여진다고 해도, 현세에서보다 더 못해지기는커녕, 그 열매들로 인하여 더욱 풍성해질 것이다.

9우리는 부분적으로 알고 부분적으로 예언하니 10온전한 것이 올 때에는 부분적으
로 하던 것이 폐하리라 11내가 어렸을 때에는 말하는 것이 어린 아이와 같고 깨닫는
것이 어린 아이와 같고 생각하는 것이 어린 아이와 같다가 장성한 사람이 되어서

는 어린 아이의 일을 버렸노라 [12]우리가 지금은 거울로 보는 것 같이 희미하나 그 때에는 얼굴과 얼굴을 대하여 볼 것이요 지금은 내가 부분적으로 아나 그 때에는 주께서 나를 아신 것 같이 내가 온전히 알리라 [13]그런즉 믿음, 소망, 사랑, 이 세 가지는 항상 있을 것인데 그 중의 제일은 사랑이라(13:9-13).

바울은 이제 예언을 비롯한 그 밖의 다른 모든 은사들은 우리의 연약함(infirmitas)을 돕기 위한 목적으로 우리에게 주어진 것이기 때문에 결국에는 다 폐하여지게 될 것임을 보여 준다. 왜냐하면, 우리의 불완전함은 언젠가는 끝이 나게 될 것이고, 그 때에는 이러한 은사들을 사용하는 것도 끝나게 될 것이기 때문이다. 그러한 은사들이 우리에게 필요하지 않게 되었는데도, 여전히 존속한다면, 그것은 불합리한 일이 될 것이다. 바울은 이러한 논증을 이 장의 끝까지 계속해서 이어간다.

9. 우리는 부분적으로 알고 부분적으로 예언하니. 대부분의 사람들은 이 절을 잘못 이해해서, 바울이 이 절에서 우리의 지식은 완전하지 않지만, 날마다 조금씩 진보해 나가고 있고, 예언도 마찬가지라고 말하고 있는 것이라고 설명한다. 그러나 바울이 여기에서 말하고자 하는 것은, 하나님께서는 우리가 불완전하기 때문에, 우리의 그러한 불완전함을 도우시기 위하여, 우리에게 지식이나 예언 같은 은사들을 주셨다는 것이다. 따라서 바울이 여기에서 말하고 있는 "부분적으로"라는 어구는 "우리가 아직 완전하지 않기 때문에"라는 의미이다. 이렇게 "지식"이나 "예언"은 우리의 불완전함을 보완하고 돕는 수단으로 주어진 것이기 때문에, 우리가 불완전한 동안에만, 우리에게 존재하게 되어 있다. 우리가 이 땅에서 살아가는 동안에 계속해서 성장하고 진보를 이루어 나가는 것이 필요하고, 우리가 이 땅에서 가지고 있는 모든 것들은 완성된 것이 아니라 단지 시작된 것에 불과한 미완의 상태에 있다는 것은 사실이다. 하지만 우리는 바울이 여기에서 무엇을 증명하고자 하는 것인지, 그 의도를 눈여겨볼 필요가 있는데, 그가 증명하고자 하는 것은 "지식"이나 "예언" 같은 은사들은 단지 일시적인 것들일 뿐이라는 것이다. 그리고 여기에서 바울은 그러한 은사들은 우리에게 한시적으로만 유익을 준다는 사실, 즉 우리가 종착지를 향하여 날마다 한 걸음씩 앞으로 걸어 나가는 동안에만 그러한 은사들이 우리에게 필요하다는 사실을 근거로 삼아서, 그것을 증명한다.

10. 온전한 것이 올 때에는 부분적으로 하던 것이 폐하리라. 바울은 여기에서 이

렇게 말한 것과 같다: "우리가 결승점 또는 종착지에 도달했을 때에는, 그 종착지로 달려오는 동안에 우리에게 도움을 주었던 모든 것들은 이제 자신들이 해야 할 일을 다 마친 것이기 때문에, 더 이상 필요하지 않게 되어 폐하여지게 될 것이다." 그는 여기에서도 "온전한 것"과 "부분적으로 하던 것"을 대비시킴으로써, 자기가 앞 절에서 사용하였던 것과 동일한 표현법을 계속해서 사용하고 있다. 그는 이렇게 말하고 있는 것이다: "완전한 것이 올 때, 그 완전한 것은 우리의 불완전한 것들을 도왔던 모든 것들을 폐하게 될 것이다." 그렇다면, 그 완전한 것은 언제 오는가? 우리는 죽을 때에 우리의 육신과 더불어서 우리의 많은 연약함들도 벗어 버리기 때문에, 완전함은 우리가 죽을 때에 실제로 시작된다. 하지만 바울이 곧 말하고 있듯이, 완전함은 심판의 날이 될 때까지는 온전히 이루어지지 않을 것이다. 이것으로부터 우리가 알 수 있는 것은, 바울이 여기에서 말하고 있는 것들을, 우리가 죽은 후부터 육체로 부활하게 되는 날까지의 중간 시기에 적용하는 것은 무지의 소치라는 것이다.

11. 내가 어렸을 때에는 말하는 것이 어린 아이와 같고 깨닫는 것이 어린 아이와 같고 생각하는 것이 어린 아이와 같다가 장성한 사람이 되어서는 어린 아이의 일을 버렸노라. 바울은 자기가 앞에서 말한 것을 여기에서는 하나의 비유를 통해 우리에게 예시해서 보여 주는데, 그것은 우리가 어렸을 때에는 꼭 필요하였던 많은 것들이라고 할지라도, 그런 것들은 우리가 나이가 들고 어른이 되었을 때에는 아무 짝에도 필요없게 되고 만다는 비유가 바로 그것이다. 예를 들면, 우리는 어린 아이였을 때에는 학교에 다닐 필요가 있었지만, 만일 우리가 다 큰 어른이 되어서도 학교에 다녀야 하겠다고 고집한다면, 그것은 우스꽝스러운 꼴불견이 되고 말 것이다. 마찬가지로, 영적으로 볼 때, 우리는 이 세상에 사는 동안에는 어린 아이라고 할 수 있다. 즉, 우리는 현세에서는 아무리 배워도 온전한 지혜에 여전히 도달할 수 없기 때문에, 끊임없이 배울 필요가 있다. 하지만 완전함이 와서, 우리가 영적으로 어른이 되었을 때에는, 더 이상 배울 필요가 없기 때문에, 우리로 하여금 그동안 끊임없이 배울 수 있도록 도와 주었던 온갖 은사들은 더 이상 소용이 없게 된다. 바울은 에베소서 4:13-14에서 "우리가 다 하나님의 아들을 믿는 것과 아는 일에 하나가 되어 온전한 사람을 이루어 그리스도의 장성한 분량이 충만한 데까지 이르리니 이는 우리가 이제부터 어린 아이가 되지 아니하여 사람의 속임수와 간사한 유혹에 빠져 온갖 교훈의 풍조에 밀려 요동하지 않게 하려 함이라"고 말함으로써, 우리가

더 이상 어린 아이가 되어서는 안 된다고 역설하지만, 거기에서는 여기에서와는 다른 목적과 의도를 가지고서 그렇게 말한 것이기 때문에, 그것은 그가 여기에서 말한 것과 모순되는 것은 결코 아니다. 이것에 대해서는, 우리가 에베소서의 해당 본문을 다룰 때에 구체적으로 살펴보기로 하자.

12. 우리가 지금은 거울로 보는 것 같이 희미하나 그 때에는 얼굴과 얼굴을 대하여 볼 것이요 지금은 내가 부분적으로 아나 그 때에는 주께서 나를 아신 것 같이 내가 온전히 알리라. 바울은 앞에서 말한 비유를 여기에서는 구체적으로 적용한다: 우리가 지금 가지고 있는 지식은 불완전한 것이기 때문에, 앞의 비유에서 말한 "어린 아이"가 가지고 있는 지식이라고 할 수 있다. 왜냐하면, 우리는 천국의 신비들을 선명하게 보지 못하고 단지 희미하게만 보고 있기 때문이다. 바울은 우리가 가지고 있는 지식이 불완전하여 모든 것을 희미하게 볼 수밖에 없다는 사실을 표현하기 위해서, 여기에서 "우리가 지금은 거울로 보는 것 같이 희미하나"라는 또 하나의 비유를 사용한다. 지금 우리는 모든 것을 거울을 통해서 보는 것 같기 때문에, 모든 것이 선명하지가 않고 희미할 수밖에 없다는 것이다. 바울은 우리가 이렇게 "희미하게" 보는 것을 "수수께끼"를 의미하는 단어로 표현한다.

먼저, 여기에서 바울은 말씀의 사역과 그 사역에 필요한 여러 가지 보조수단들을 "거울"에 비유하고 있다는 것은 의심의 여지가 없다. 왜냐하면, 우리의 눈으로 볼 수 없는 존재이신 하나님께서는 말씀과 그 보조수단들을 자기 자신을 우리에게 계시하시는 수단으로 정하셨기 때문이다. 또한, 로마서 1:20에서 "창세로부터 그의 보이지 아니하는 것들 곧 그의 영원하신 능력과 신성이 그가 만드신 만물에 분명히 보여 알려졌나니 그러므로 그들이 핑계하지 못할지니라"고 말씀하고, 히브리서 11:3에서 "믿음으로 모든 세계가 하나님의 말씀으로 지어진 줄을 우리가 아나니 보이는 것은 나타난 것으로 말미암아 된 것이 아니니라"고 말씀하고 있는 것처럼, 하나님께서 창조하신 온 세계 속에는 하나님의 영광이 분명하게 드러나서, 우리가 그 영광을 볼 수 있다는 점에서, 우리는 바울이 피조세계 전체를 "거울"에 비유하고 있는 것이라고 볼 수 있다. 바울은 피조세계와 거기에 있는 피조물들은 우리의 눈에 보이지 않는 하나님의 위엄을 우리로 하여금 볼 수 있게 해 주는 "거울"이라고 말하고 있는 것임은 분명하지만, 여기에서는 구체적으로 교회에 의해서 이루어지는 사역을 돕는 역할을 하는 영적인 은사들에 대하여 말하고 있는 것이기 때문에, 우리는 현재의 주제를 벗어나서, 바울이 여기에서 말하고 있는 "거울"의 의미를 지나치게 확대해서 해석하지 않는 것이 좋을 것이다.

나는 앞에서 말씀의 사역은 "거울"과 같다고 말하였다. 왜냐하면, 우리는 단지 거울을 통해서 보는 것 같이 하나님의 얼굴을 보는 반면에, 천사들은 하나님의 면전에서 하나님을 직접 대하고 그 얼굴을 보는 까닭에, 설교나 성례전들을 비롯해서 그 밖의 열등한 보조수단들이 우리에게는 필요하지만 천사들에게는 필요하지 않기 때문이고, 우리는 아직 천사들이 누리고 있는 그런 상태에 도달하지 않은 까닭에, 말씀과 성례전들, 즉 교회의 모든 사역 속에 투영되고 비쳐진 하나님을 볼 수밖에 없기 때문이다. 또한, 바울이 여기에서 우리는 하나님을 단지 "희미하게" 볼 수 있을 뿐이라고 말하고 있는 것은, 그렇기 때문에 우리는 하나님을 잘못 볼 수도 있고 하나님에 대해서 오해할 수도 있다는 의미가 아니라, 단지 우리가 지금 하나님을 보는 것이 저 마지막 날에 보는 것만큼 생생하고 선명하게 볼 수는 없다는 의미이다. 바울은 고린도후서 5:6-7에서는 이 동일한 것을 다른 식으로 표현하고 있다: "우리가 … 몸으로 있을 때에는 주와 따로 있는 줄을 아노니 이는 우리가 믿음으로 행하고 보는 것으로 행하지 아니함이로라." 즉, 지금은 우리가 하나님 옆에서 하나님을 직접 보지는 못하지만, 우리의 믿음으로 하나님을 바라보고 있다는 것이다. 그렇다면, 바울은 왜 우리가 믿음으로 행하는 것을 하나님을 희미하게 보는 것이라고 말하고 있는 것인가? 왜냐하면, 우리는 하나님의 얼굴을 직접 보는 것이 아니라, 우리의 믿음을 통해서 "거울" 속에 비친 하나님의 모습을 보는 것으로 만족해야 하지만, 우리가 이 세상을 떠나서 하나님께로 갔을 때에는, 하나님을 가까이에서 직접 우리의 눈으로 보게 될 것이기 때문이다.

그러므로 우리는 이것을 다음과 같이 이해하여야 한다: 우리가 지금 하나님의 말씀으로부터 얻는 하나님을 아는 지식은 의심할 여지 없이 믿을 만하고 참된 것이고, 혼잡하거나 이해할 수 없거나 애매모호한 것이 결코 아니지만, 우리가 장차 "얼굴과 얼굴을 대하여 볼" 때에 지극히 분명하게 알게 될 지식에 비하면, 상대적으로 "희미한" 것이라고 말할 수밖에 없다. 따라서 바울이 이 절에서 말하고 있는 것은, 그가 다른 곳들에서 율법이나 성경 전체, 특히 복음이 분명하고 명확한 것이라고 말한 것과 전혀 모순되는 것이 아니다. 왜냐하면, 하나님의 말씀 속에는 우리에게 필요한 만큼의 하나님에 대한 계시가 아주 분명하게 주어져 있고, 불신자들이 생각하는 것과는 달리, 우리가 이해할 수 없는 비밀스러운 언어들로 기록되어 있어서 확실하게 알 수가 없고 애매모호한 것들은 거기에 전혀 없기 때문이다. 그러나 우리가 하나님의 말씀을 통해서 하나님을 분명하게 안다고 하여도, "거울"을 통해서 얻은 것 같은 우리의 그러한 지식은 우리가 장차 도달하게 될 하나님을 아는 지식에 비하면 지극히 보잘것없는 지식에 불과하다! 그렇기 때문에, 바울은 우리가 이 땅에서 하나님의 말씀을 통해 얻게 되는 지식을 상대적인 의미에서 "희미하다"고 말한 것이다.

"그 때에는"이라는 부사는 우리가 죽은 직후를 가리키는 것이 아니라, 저 마지막 날을 가리킨다. 그러나 우리가 하나님을 온전히 보고 알게 되는 것은 그리스도의 날이 되어서야 이루어지겠지만, 우리는 죽자마자 그 즉시 하나님을 좀 더 온전히 보기 시작할 것이다. 왜냐하면, 우리가 죽자마자, 우리의 영혼은 우리의 육신에서 해방되어서, 현세에서 사람들에게 하나님을 알게 하기 위하여 사용되고 있는 외적인 사역이나 그 밖의 다른 열등한 보조수단들이 더 이상 필요하지 않게 될 것이기 때문이다. 그러나 내가 앞에서 이미 지적하였듯이, 그러한 것들에 관한 지식은 경건에 별 도움이 되지 않기 때문에, 바울은 여기에서 죽은 자들의 상태에 대하여 말하는 데 초점을 두지 않는다.

"지금은 내가 부분적으로 아나"라는 구절은 우리가 지금 가지고 있는 지식이 불완전하다는 것을 의미한다. 요한도 자신의 서신에서 이것과 동일한 것을 말한다: "우리가 지금은 하나님의 자녀라 장래에 어떻게 될지는 아직 나타나지 아니하였으나 그가 나타나시면 우리가 그와 같을 줄을 아는 것은 그의 참모습 그대로 볼 것이기 때문이니"(요일 3:2). 즉, 그 때에는 우리는 거울에 비친 하나님의 모습을 보는 것이 아니라, 말하자면, 우리와 하나님의 대면이 이루어져서, 우리가 하나님을 직접 보게 될 것이라는 것이다.

13. 그런즉 믿음, 소망, 사랑, 이 세 가지는 항상 있을 것인데. 바울은 지금까지 자기가 한 말들에 대한 결론을 여기에서 제시하고 있는데, 그것은 사랑은 다른 모든 은사들보다 더 뛰어나다는 것이다. 하지만 그는 자기가 앞에서 말하였던 여러 은사들을 여기에서 또다시 열거하는 것이 아니라, 모든 은사들을 "믿음, 소망, 사랑"이라는 말로 표현한다. 왜냐하면, 하나님께서 교회에 주신 모든 은사들을 사용해서 교회가 행하는 모든 사역들은 결국 모든 성도들에게 이 세 가지를 가리키기 위한 것인 까닭에, 모든 은사들은 이 세 가지로 요약되고 포괄되기 때문이다.

따라서 바울이 여기에서 말하고 있는 "믿음"은 앞에서 사용된 것들보다 더 폭넓은 의미를 지닌다. 왜냐하면, 바울은 이렇게 말한 것과 같기 때문이다: "실제로 서로 다른 많은 은사들이 있지만, 그 모든 은사들은 '믿음, 소망, 사랑' 이라는 이 한 가지 목적을 위하여 주어지고 행해진다." 그러므로 "항상 있을" 것이라는 말은, 신자들이 이 땅에서 자신들의 서로 다른 여러 은사들을 사용해서 모든 일을 다 끝마치고 나서, 장차 하나님 앞에서 결산을 행하는 날, 그 때까지 그들에게 남아 있게 될 것은 "믿음, 소망, 사랑"이 될 것이고, 그들은 바로 이 세 가지를 가지고서 하나님과 결산을 하게 되리라는 것이다. 그런데 우리가 앞에서 이미 보았듯이, 사도는 눈으로 보는 것으로 행하는 것과 믿음으로 행하는 것을 대비시켜서 말함으로써, 믿음은 우리가 하나님으로부터 떨어져 있는 동안에만 우리에게 필요하고, 우리가 죽은 후에는 우리에게 필요하지 않게 된다는 것을 보여 주고 있기 때문에, 우리는 이 절에서 바울이 말하고 있는 믿음은 그런 믿음이 아니라는 것을 알 수 있다. 따라서 우리는 이 절에 언급된 "믿음"은, 우리가 우리의 믿음으로 말미암아 교회의 모든 사역을 통해서 얻게 되는 하나님과 하나님의 뜻을 아는 지식을 가리키는 것으로 이해하는 것이 좋을 것이지만, 그런 해석이 마음에 들지 않는다면, 이 단어가 원래 가지고 있는 보편적인 의미로서의 "믿음"을 가리키는 것으로 이해하여도 무방할 것이다.

"소망"은 "믿음"을 끝까지 인내로써 지키는 것을 가리킨다. 왜냐하면, 우리가 하나님의 말씀을 믿게 되었다고 하더라도, 그런 후에는 하나님께서 약속하신 모든 것들이 이루어질 때까지, 우리는 계속해서 믿음을 지켜 나가야 하기 때문이다. 그러므로 믿음은 소망의 어머니로서 소망을 낳는 것이기는 하지만, 역으로 소망은 믿음이 없어지지 않고 끝까지 유지될 수 있게 붙들어 주는 역할을 한다.

그 중의 제일은 사랑이라. 우리는 바울이 지금까지 자세하게 설명하였듯이, 한편으로는 사랑이 지닌 여러 특질들 또는 사랑이 낳는 여러 가지 열매들을 보고, 다른 한편으로는 다른 모든 은사들은 언젠가는 다 사라지게 되어 있지만, 사랑은 언제까지나 사라지지 않고 영원하다는 사실을 보더라도, 사랑이 지극히 탁월한 것임을 알 수 있고, 다른 모든 은사들보다 훨씬 더 귀한 것임을 알 수 있다. 우리 각 사람은 우리 자신의 "믿음"과 "소망"으로부터 우리 자신을 위한 유익을 얻는 반면에, 사랑은 우리가 아닌 다른 사람들에게 유익을 끼친다. "믿음"과 "소망"은 우리의 불완전한 상태와 공존해서 우리의 연약함들을 돕는 것들인 반면에, "사랑"은 우리가 완전해졌을 때에도 우리에게서 여전히 그대로 지속된다.

하지만 우리가 믿음의 열매들을 하나씩 살펴보고 서로 비교해 보면, 우리는 믿음이 많은 점들에서 우월하다는 것을 발견하게 된다. 사도가 데살로니가전서 1:2-3에서 "우리가 너희 모두로 말미암아 항상 하나님께 감사하며 기도할 때에 너희를 기억함은 너희의 믿음의 역사와 사랑의 수고와 우리 주 예수 그리스도에 대한 소망의 인내를 우리 하나님 아버지 앞에서 끊임없이 기억함이니"라고 증언하고 있는 것에서 알 수 있듯이, 심지어 "사랑"조차도 "믿음"의 열매인데, 열매가 그 열매를 낳은 것보다 열등하다는 것은 의심의 여지가 없다. 게다가, 요한은 "무릇 하나님께로부터 난 자마다 세상을 이기느니라 세상을 이기는 승리는 이것이니 우리의 믿음이니라"고 말함으로써, "믿음"에 대단한 찬사를 보내는데, 이러한 찬사는 "사랑"에 대해서는 주어지지 않는다. 한 마디로 말해서, 우리로 하여금 거듭나게 해 주고, 하나님의 자녀가 되게 해 주며, 영생을 얻게 해 주고, 그리스도께서 우리 안에 내주하시게 해 주는 것은 모두 "믿음"이다. 믿음이 우리에게 가져다주는 유익과 복은 그런 것들 외에도 부지기수로 많지만, 이렇게 몇 가지 예만 들어도, 내가 여기에서 말하고자 하는 것, 즉 믿음은 그것이 맺는 무수한 열매들로 볼 때에는 사랑보다 우월하다는 것은 충분히 입증된다. 이것으로부터 분명한 것은, 우리는 바울이 여기에서 사랑이 "제일"이라고 말한 것은, 모든 점에서 그렇다고 말한 것이 아니고, 사랑은 언제까지나 영원무궁토록 존속한다는 점과 이 땅에서 교회를 보존하는 데 가장 중요하다는 점에서 그렇게 말한 것으로 이해하여야 한다는 것이다.

그런데도 교황주의자들은 이 구절을 근거로 삼아서 의기양양하고 기고만장해서, "바울이 여기에서 '믿음, 소망, 사랑,' 이 세 가지 중에서 '제일은 사랑이라' 고 말하였기 때문에, 믿음이 우리로 하여금 하나님 앞에서 의롭다 하심을 얻게 해 주는 것이라면, 사랑은 우리로 하여금 하나님 앞에서 얼마나 더 의롭다 하심을 얻게 해 주겠는가"라고 우렛소리 같은 음성으로 선언하고 있는 것은 참으로 이상한 일이 아닐 수 없다. 그들의 이러한 주장이 얼마나 잘못된 것인지는 내가 앞에서 말한 것들 속에 이미 분명하게 드러나 있기 때문에, 나는 거기에 대해서는 더 말할 필요를 느끼지 못하지만, 설령 그들의 주장대로 사랑이 모든 점에서 믿음보다 더 우월하다고 가정해 본다고 할지라도, 사랑이 믿음보다 더 우월하다는 사실로부터, 그렇기 때문에 사람들로 하여금 하나님 앞에서 의롭다 하심을 얻게 해 주는 데에도 사랑이 믿음보다 더 강력한 효과가 있다는 결론을 이끌어 내는 것은 정말 어처구니없는 논리가 아니고 무엇이겠는가? 만일 그들의 그런 식의 논리가 옳다면, 우리는 왕이 농부나 구두제조공보다 더 고귀하고 존귀하기 때문에, 왕은 당연히 농부보다 더 밭을 잘 갈고, 구두제조공보다 더 구두를 잘 만들 것이라고 말해야 할 것이고, 마찬가지로 사람이 말이나 코끼리보다 더 우월한 존재이기 때문에, 사람이 당연히 말보다 더 빨리 달리고, 코끼리가 들어 나르는 것보다 더 큰 짐을 들어 나를 것이라고 말해야 할 것이며, 또한 동일한 논리에서, 천사들은 해나 달보다 훨씬 더 존귀한 존재이기 때문에, 해나 달보다 더 밝은 빛을 세상에 비출 것이라고 말해야 할 것이다. 만일 사람으로 하여금 하나님 앞에서 의롭다 하심을 얻게 해 주는 힘이 믿음의 가치 또는 공로로부터 나오는 것이라면, 아마도 우리는 교황주의자들이 말하는 것을 경청하는 것이 마땅할 것이다. 왜냐하면, 바울은 여기에서 분명히 사랑이 믿음보다 더 귀하고 소중한 것이라고 말하고 있기 때문이다. 그러나 우리는 믿음이 사람들로 하여금 하나님 앞에서 의롭다 하심을 얻게 해 주는 것은, 믿음이 다른 어떤 덕목들보다 더 큰 가치나 덕이나 공로를 지니고 있기 때문이 아니라, 단지 믿음이라는 것은 복음 안에서 하나님께서 우리에게 주시는 의(iustitia)를 그대로 받아들이는 행위이기 때문이고, 사람이 의롭다 하심을 얻는 것은 하나의 덕목으로서 믿음 자체가 지닌 가치나 공로와는 아무 상관이 없다고 가르친다. 따라서 사도가 여기에서 사랑을 "제일" 이라고 하였든, 믿음을 "제일" 이라고 하였든, 그런 것은 우리가 하나님 앞에서 의롭다 하심을 받는 것과는 아무런 상관이 없는 것이기 때문에, 교황주의자들이 자신들의 터무니없는 주장을 밑받침하는 데에는 이 구절은 전혀 도움이 될 수 없다.

제14장

1사랑을 추구하며 신령한 것들을 사모하되 특별히 예언을 하려고 하라 2방언을 말
하는 자는 사람에게 하지 아니하고 하나님께 하나니 이는 알아 듣는 자가 없고 영
으로 비밀을 말함이라 3그러나 예언하는 자는 사람에게 말하여 덕을 세우며 권면하
며 위로하는 것이요 4방언을 말하는 자는 자기의 덕을 세우고 예언하는 자는 교회
의 덕을 세우나니 5나는 너희가 다 방언 말하기를 원하나 특별히 예언하기를 원하
노라 만일 방언을 말하는 자가 통역하여 교회의 덕을 세우지 아니하면 예언하는
자만 못하니라 6그런즉 형제들아 내가 너희에게 나아가서 방언으로 말하고 계시나
지식이나 예언이나 가르치는 것으로 말하지 아니하면 너희에게 무엇이 유익하리
요(14:1-6).

바울은 앞에서 고린도 교인들에게 "더욱 큰 은사들"을 추구하라고 권면하였던 것처럼(고전 12:31), 이제 여기에서는 좀 더 구체적으로 "사랑을 추구하라"고 권면한다. 왜냐하면, "사랑"은 그가 12:31에서 그들에게 보여 주겠다고 약속하였던 "가장 좋은 길"이었기 때문이다. 그러므로 여기에서 바울은 그들이 자신들에게 무슨 은사가 주어졌든지 간에, "사랑"을 따라 그 은사를 사용하고 있다면, 그들은 은사들을 제대로 잘 사용하고 있는 것이라고 말하고 있는 것이지만, 실제로는 은연중에 고린도 교인들 가운데 "사랑"이 없는 것을 책망하고 있는 것이다. 왜냐하면, 그들이 자신들에게 주어진 온갖 좋은 은사들을 지금까지 남용하고 악용하였다는 사실은 그들 가운데 사랑이 없었다는 것을 보여 주는 것이었기 때문이다. 또한, 바울은 그들이 지금까지 보여 준 모습을 근거로 해서, 한편으로는 그들이 "사랑"을 "제일"로 여기지 않음으로써, "가장 좋은 길"을 택하여 가지 않았다는 것을 보여 주고, 다른 한편으로는 그들이 다른 사람들에게 자기 자신을 과시하고 다른 사람들로부터 칭송을 받기 위한 이기적인 목적으로 은사들을 추구함으로써, 그들이 진정으로 추구해야 할 소중하고 귀한 것을 도외시한 것이 얼마나 어리석은 것이었는지

를 보여 준다.

1. 사랑을 추구하며 신령한 것들을 사모하되 특별히 예언을 하려고 하라. 바울이 지금까지 은사들에 대하여 한 말들을 듣고서, 고린도 교인들은 만일 자신들이 하나님의 은사들을 무시하고 멸시하였다면, 그것은 하나님을 욕되게 하는 일이 되었을 것이기 때문에, 자신들이 하나님의 은사들에 대하여 이전에도 열심을 보였고 지금도 열심을 보이고 있는 것은 잘한 것이 아닌가 하고 얼마든지 반론을 제기할 수 있었기 때문에, 바울은 그러한 반론을 미리 예상하고서, 여기에서 그들이 비록 하나님이 주신 은사들을 잘못된 방식으로 사용해 오기는 하였지만, 그렇다고 해서 자기가 그들에게 그러한 은사들을 구하거나 사용하지 말라고 말하고자 하는 것이 아니라는 것을 분명하게 밝힌다. 도리어 그들의 예상과는 정반대로, 바울은 그들에게 은사들을 적극적으로 구하라고 권장하고, 신령한 은사들이 교회 안에서 일정한 역할을 하기를 바란다. 은사들은 교회의 유익을 위해서 주어졌기 때문에, 사람들이 은사들을 잘못 사용하였다고 해서, 은사들을 무익하거나 해로운 것으로 규정하여 내팽개쳐 버리는 것은 잘못된 것일 수밖에 없다. 그러면서, 바울은 그들에게 다른 은사들보다도 특히 "예언"의 은사를 구하라고 권한다. 왜냐하면, 예언은 다른 모든 은사들보다도 교회에 가장 큰 유익을 끼치는 은사였기 때문이다. 따라서 우리는 바울이 이 문제를 어느 쪽으로 치우치지 않도록 기가 막히게 균형 잡힌 방식으로 다루고 있는 것을 볼 수 있다. 왜냐하면, 여기에서 그는 한편으로는 교회에 유익을 끼칠 수 있는 것은 무엇이든지 하나라도 배척하지 않기 위해서 신령한 은사들을 추구하라고 말하면서도, 다른 한편으로는 신자들이 왜곡되고 잘못된 이기적인 목적과 동기에서 나온 열심으로 말미암아, 교회에 큰 유익을 끼칠 수 있는 중요한 은사들보다는, 자신들을 과시하는 데 더 중요한 역할을 할 뿐이고 교회에는 별로 유익을 끼칠 수 없는 은사들을 구하는 잘못만을 바로잡아 주고 있기 때문이다. 그래서 "예언"은 교회에 가장 큰 유익을 끼치는 은사였기 때문에, 그는 그들에게 다른 어떤 은사들보다도 특별히 "예언"의 은사를 구하라고 단도직입적으로 권면한다. 따라서 바울은 여기에서 이렇게 말하고 있는 것이다: "너희는 신령한 은사들을 무시하거나 소홀히 하지 말고 사모하라. 너희가 모든 은사들 중에서도 특히 예언을 가장 사모하여 구하기만 한다면, 나는 너희가 그 밖의 다른 모든 은사들도 아울러 구하기를 권한다."

2. 방언을 말하는 자는 사람에게 하지 아니하고 하나님께 하나니 이는 알아 듣는

자가 없고. 바울은 이제 실제적인 경험을 토대로 해서, 자기가 다른 모든 은사들보다 예언의 은사를 그들에게 추천한 이유를 제시하면서, 예언의 은사와 방언의 은사를 서로 비교해서 말한다. 고린도 교인들은 방언의 은사에 대하여 대단한 관심을 갖고 있었던 것으로 보인다. 왜냐하면, 사람들은 어떤 사람이 방언, 즉 이방의 언어로 말하는 것을 듣게 되면, 그 사람을 대단한 것으로 여기는 것이 보통이어서, 방언의 은사를 받은 경우에는, 자기가 남들보다 더 특출나고 대단하다는 것을 과시할 수 있었기 때문이었다. 그래서 바울은 자기가 앞에서 이미 분명하게 보여 준 원칙과 기준을 따라서, 방언의 은사는 교회를 세우는 데 전혀 기여를 할 수 없다는 사실을 보여 줌으로써, 그들이 방언의 은사를 사모하고 구하는 것이 얼마나 잘못되고 왜곡된 것인지를 일깨워 준다.

바울이 가장 먼저 말하는 것은 "방언을 말하는 자는 사람에게 하지 아니하고 하나님께 하는" 것이라는 것이다. 속담에도 "혼잣말 하는 사람은 신에게 말하는 것이다"라는 말이 있는데, 이것은 남들이 알아 듣지도 못하는 말을 혼자 하고 있는 것이라는 의미이다. 우리가 흔히 "그녀가 자신의 입으로 다음과 같이 말하였다"라고 표현하거나, "나는 이 두 귀로 그의 음성을 들었다"라고 표현하듯이, 여기에서 "방언을 말하다"라는 표현은 의미가 동일한 두 단어를 중복해서 사용한 경우가 결코 아니다. "방언"은 외국어를 의미한다. 바울이 방언을 말하는 자는 사람에게 말하는 것이 아니라고 한 이유는, "방언"은 사람들이 그 소리는 들을 수 있어도, 무슨 의미인지는 이해할 수 없는 말이어서, 그 사람은 다른 사람들이 그 의미를 이해할 수 없는 말을 하고 있는 것이기 때문이다.

영으로 비밀을 말함이라. 나는 "영으로"라는 어구를 크리소스토모스(Chrysostomus)와 마찬가지로 "신령한 은사를 통해서"라는 의미로 해석해서, 바울은 여기에서 이렇게 말하고 있는 것으로 본다: "방언을 말하는 자는 신령한 은사를 통해서 비밀들, 즉 사람들이 이해할 수 없기 때문에 사람들에게 숨겨져서 아무런 유익도 끼칠 수 없는 것들을 말하는 것이다." 크리소스토모스는 여기에 언급된 "비밀들"을 좋은 의미로 이해해서, 하나님으로부터 오는 특별한 계시들을 가리키는 것으로 해석하지만, 나는 나쁜 의미로 이해해서, 소리가 들리기는 해도, 그 의미를 아무도 이해할 수도 없고 알아들을 수도 없는 수수께끼 같은 황당한 말들을 가리키는 것으로 해석한다. 따라서 여기에서 바울의 요지는 방언을 말하는 자는 아무도 이해하지 못하는 말을 하고 있는 것이라는 것이다.

3. 그러나 예언하는 자는 사람에게 말하여 덕을 세우며 권면하며 위로하는 것이요. 바울이 여기에서 말하고 있는 것은, 방언은 땅 속에 묻어 둔 보화인 반면에, 예언은 모든 사람의 덕을 세우며 풍성하게 하는 것인데도, 가장 유익하고 가치 있는 것이 분명한 예언의 은사를 구하는 일은 소홀히 하면서, 사람들에게 유익을 끼치는 일에서 아무 짝에도 쓸모없는 방언의 은사를 구하는 데 모든 시간과 힘을 쏟아 붓는 것은 누가 보아도 너무나 어리석고 우매한 짓일 수밖에 없다는 것이다. "사람에게 말하여 덕을 세운다"는 것은 덕을 세우는 데 적절한 "가르침"을 베푼다는 것이다. 왜냐하면, 나는 "사람에게 말하여 덕을 세운다"는 것은, 사람들이 이해할 수 있는 가르침들을 베풀어서, 사람들로 하여금 경건과 믿음이 무엇인지를 알고서, 하나님을 예배하고 경외하며, 거룩하고 의로운 삶을 살아가는 데 반드시 행하여야 할 일들을 행하게 하는 것을 의미하는 것으로 이해하기 때문이다. 하지만 우리 중 대다수는 경건의 훈련을 위해서 채찍이 필요하지만, 우리 중에는 환난에 의해서 눌려 있거나 연약함 가운데서 힘들어 하는 사람들도 있기 때문에, 여기에서 바울은 "가르침"에 "권면"과 "위로"를 덧붙인다. 바울이 앞에서 한 말과 이 구절을 통해서 분명하게 드러나는 것은, "예언"은 장래에 일어날 일들을 미리 알아서 말해 주는 은사가 아니라는 것이다. 이 점에 대해서는 내가 앞에서 이미 충분히 설명하였기 때문에, 여기에서는 또다시 반복해서 말하지 않을 것이다.

4. 방언을 말하는 자는 자기의 덕을 세우고 예언하는 자는 교회의 덕을 세우나니. 바울은 앞에서는 방언을 말하는 자는 "사람에게 하지 아니하고 하나님께 하나니"(2절)라고 말하였었는데, 이제 여기에서는 "자기 자신에게 말하는" 것이라고 밝히고 있다. 교회에서 행해지는 것은 무엇이든지 교회 전체 또는 신자들 전체의 유익을 위한 것이어야 한다. 그렇기 때문에, 교회에서 신자들은 다른 사람들에게 과시하거나 다른 사람들로부터 인정을 받기 위한 것 같은 이기적인 목적으로 어떤 일들을 해서는 안 된다. 왜냐하면, 그러한 이기적인 야심은 신자들 전체가 유익을 얻는 것을 방해하기 때문이다. 바울은 여기에서 자신의 어조를 상당히 누그러뜨려서 양보하고 용인하는 방식으로 말을 하고 있다. 왜냐하면, 어떤 사람에게서 그러한 이기적인 야심이 강물처럼 쏟아져 나온다면, 그것은 그 사람 속에는 선을 행하고자 하는 마음이 전혀 없다는 것을 보여 주는 것인 까닭에, 사실 방언을 말하는 자는 자기의 덕조차 세울 수 없는데도, 여기에서 바울은 한 걸음 양보해서 방언을 말하는 자는 자기의 덕을 세운다고 말하고 있기 때문이다. 그러나 사실, 바울은 교회

에서 자기 자신을 과시하고자 하는 이기적인 야심을 채우려고 방언을 말하는 자들은 신자들의 회중에서 쫓아내라고 명하고 있는 것이나 다름없다.

5. 나는 너희가 다 방언 말하기를 원하나 특별히 예언하기를 원하노라 만일 방언을 말하는 자가 통역하여 교회의 덕을 세우지 아니하면 예언하는 자만 못하니라. 바울은 신자들이 "예언"의 은사를 받아 사용하기를 바라지만, 그렇다고 해서 "방언"의 은사를 배척하는 것은 결코 아니라는 것을 다시 한 번 밝힌다. 우리는 이 점을 유의하고 유념할 필요가 있다. 왜냐하면, 하나님께서 교회에 주신 모든 것은 교회의 유익을 위해서 주신 것인 까닭에, 하나라도 무익하고 쓸데없는 것은 없고, 따라서 당시에 "방언"의 은사도 교회에 모종의 유익을 끼치는 것이었기 때문이다. 그래서 고린도 교인들이 다른 사람들에게 과시하고자 하는 잘못된 열심과 동기로 방언의 은사를 사용함으로써, 이 은사를 쓸데없고 무가치할 뿐만 아니라 해로운 것으로 만들어 버렸을지라도, 바울은 그들에게 방언의 사용을 금하는 것이 아니라, 도리어 "나는 너희가 다 방언 말하기를 원한다"고 말함으로써, 방언의 사용을 권장한다. 즉, 바울은 그들이 방언의 은사를 쓸데없는 것으로 여겨서 폐하여 버리거나 내팽개쳐 버리기를 원하지 않았다.

이 시대에 하나님께서는 자신의 놀라운 자비하심 가운데서 지금까지 어둠에 묻혀 있던 방언들을 빛으로 불러내셔서, 오늘날에는 방언들을 아는 지식이 과거의 그 어느 때보다도 더 절실하게 필요하게 되었는데도, 이 시대의 위대한 신학자들로 자처하는 교황주의자들은 방언들을 사용하는 것을 맹렬하게 비난하고 있다. 성령이 여기에서 방언의 은사에 대하여 영속적인 존귀함을 부여하여 방언들을 사용하는 것을 귀히 여기고 있다는 것이 너무나 분명한데도, 교황주의자들은 인간이 생각해 낼 수 있는 온갖 모욕적이고 상스러운 말들을 사용해서, 방언들을 연구하는 사람들을 맹렬하게 비난하고 공격하고 있는 것이기 때문에, 우리는 그들이 어떤 영에 사로잡혀서 그런 식으로 말하고 행동하는 것인지를 쉽게 알 수 있다. 방언들의 사용에 대하여 그들이 보이는 태도와 이 절에서 바울이 보이고 있는 태도는 판이하게 다르다. 왜냐하면, 바울은 온 천하의 모든 방언들은 복음을 모든 나라에 전파하기 위해서 아주 큰 도움이 되는 까닭에, 방언들의 사용이 유익하다고 말하고 있는 반면에, 오늘날 방언들의 사용을 맹비난하는 교황주의자들은 성경의 순전한 진리를 그대로 담고 있는 원천들인 성경의 원어들을 연구하는 것을 단죄하고 있는 것이기 때문이다.

바울은 방언들의 사용을 권장하면서도, 한 가지 조건을 덧붙이는데, 그것은 우리는 교회에 가장 큰 유익을 끼치는 은사인 "예언"을 가장 우선적으로 구하고 사용하여야 하기 때문에, "예언"의 은사를 소홀히 하는 가운데, 방언들을 사용하는 데 몰두해서는 안 된다는 것이다. 또한, 바울은 방언을 말할 때에는 "통역"도 함께 함으로써, "예언"과 같은 효과를 내게 하여서, 교회의 덕을 세우게 하는 것이 좋다는 말을 덧붙인다. 하지만 우리는 바울이 누구나 교회에서 방언들을 말하여 신자들이 함께 모인 귀중한 시간을 허비하는 것을 허용하고 있는 것이라고 생각해서는 안 된다. 왜냐하면, 신앙과 관련된 동일한 내용을 서로 다른 여러 언어들로 선포하는 것은 너무나 우스꽝스러운 일일 뿐만 아니라, 그럴 필요가 전혀 없는 일이기 때문이다. 하지만 교회에서 방언들을 꼭 사용하여야 할 때가 종종 있고, 그럴 때에 방언의 은사는 요긴한 은사가 된다. 요컨대, 우리는 우리가 교회에서 은사를 사용하든 직분을 행하든, 아니면 무슨 일을 행하든, 우리가 행하는 모든 일의 목적은 교회의 덕을 세우기 위한 것임을 명심하여야 한다는 것이다.

6. 그런즉 형제들아 내가 너희에게 나아가서 방언으로 말하고 계시나 지식이나 예언이나 가르치는 것으로 말하지 아니하면 너희에게 무엇이 유익하리요. 바울은 자기가 고린도 교인들 가운데서 그동안 행해 온 모습이, 지금까지 여기에서 말해 온 가르침들을 구체적으로 잘 예시해 주는 것이었기 때문에, 이제 여기에서는 자기가 그들 가운데서 행한 것을 그들을 위한 모범으로 제시한다. 고린도 교인들은 바울의 가르침이 그들 가운데서 풍성한 열매를 맺었다는 것을 잘 알고 있었다. 그러므로 바울은 만일 자기가 그들에게 말할 때에 방언들을 사용해서 말하였다면, 그들이 이해할 수도 없었을 자신의 말이 그들에게 무슨 유익이 되었겠느냐고 그들에게 반문한다. 바울은 이렇게 자신과 그들의 공통의 경험을 근거로 삼아서, 그들이 이해하지 못하는 방언을 말하는 것보다 그들이 이해할 수 있는 "예언"을 말하는 것이 훨씬 더 유익하다는 것을 그들에게 가르쳐 준다. 아울러, 여기에서 바울이 다른 사람이 아니라 자기 자신을 예로 들어서 말하고 있는 것은, 그들이 알아 들을 수 있는 "계시나 지식이나 예언이나 가르치는 것"이 아니라 그들이 알아 들을 수 없는 방언들로 가르치는 것은 참으로 어리석고 우매한 짓이라고 단죄할 때, 이 말이 그들에게 반감을 일으키는 것을 막기 위한 것이다.

바울은 신자들의 덕을 세우는 네 가지 수단을 제시한다: "계시," "지식," "예언," "가르치는 것." 해석자들은 이것들이 각각 무엇을 가리키는 것인지에 대하여 서로 다른 견해들을 취하고 있기 때문에, 나는 이것들이 무엇을 의미하는지에 대한 나의 생각을 여기에서 말하고자 한다. 그러나 나의 견해는 어디까지나 단지 추측과 추정에 의한 것이기 때문에, 나는 이것들의 의미에 대한 최종적인 판단은 독자들에게 맡기고자 한다. 먼저, 나는 "계시"와 "예언"을 한데 묶어서, "예언"은 "계시"를 전하는 것이라고 생각한다. 또한, 나는 "지식"과 "가르침"에 대해서도 동일한 견해를 갖고 있다. 즉, "예언"은 "계시"를 통해서 알게 된 것들을 다른 사람들에게 전하는 것이고, "가르침"은 "지식"을 다른 사람들에게 전하는 것이라는 것이다. 따라서 "선지자"는 계시를 해석하고 전하는 사람이 될 것이다. 이러한 설명은 내가 앞에서 제시한 "예언"에 대한 정의와 모순되는 것이 아니라, 도리어 그러한 정의를 밑받침해 준다. 왜냐하면, 나는 앞에서 "예언"은 단지 성경을 해석하는 것이 아니라, 교회가 그 때 그 때 당면한 문제들에 성경을 적용할 수 있는 능력도 포함한다고 말하였는데, 그러한 능력은 오직 "계시"와 하나님에 의한 특별한 감화를 통해서만 얻어질 수 있기 때문이다.

7혹 피리나 거문고와 같이 생명 없는 것이 소리를 낼 때에 그 음의 분별을 나타내지
아니하면 피리 부는 것인지 거문고 타는 것인지 어찌 알게 되리요 8만일 나팔이 분
명하지 못한 소리를 내면 누가 전투를 준비하리요 9이와 같이 너희도 혀로써 알아
듣기 쉬운 말을 하지 아니하면 그 말하는 것을 어찌 알리요 이는 허공에다 말하는
것이라 10이같이 세상에 소리의 종류가 많으나 뜻 없는 소리는 없나니 11그러므로
내가 그 소리의 뜻을 알지 못하면 내가 말하는 자에게 외국인이 되고 말하는 자도
내게 외국인이 되리니 12그러므로 너희도 영적인 것을 사모하는 자인즉 교회의 덕
을 세우기 위하여 그것이 풍성하기를 구하라 13그러므로 방언을 말하는 자는 통역
하기를 기도할지니 14내가 만일 방언으로 기도하면 나의 영이 기도하거니와 나의
마음은 열매를 맺지 못하리라 15그러면 어떻게 할까 내가 영으로 기도하고 또 마음
으로 기도하며 내가 영으로 찬송하고 또 마음으로 찬송하리라 16그렇지 아니하면
네가 영으로 축복할 때에 알지 못하는 처지에 있는 자가 네가 무슨 말을 하는지 알
지 못하고 네 감사에 어찌 아멘 하리요 17너는 감사를 잘하였으나 그러나 다른 사람
은 덕 세움을 받지 못하리라(14:7-17).

7-9. 혹 피리나 거문고와 같이 생명 없는 것이 소리를 낼 때에 그 음의 분별을 나

타내지 아니하면 피리 부는 것인지 거문고 타는 것인지 어찌 알게 되리요 만일 나팔이 분명하지 못한 소리를 내면 누가 전투를 준비하리요 이와 같이 너희도 혀로써 알아 듣기 쉬운 말을 하지 아니하면 그 말하는 것을 어찌 알리요 이는 허공에다 말하는 것이라. 바울은 여기에서 두 가지 비유를 제시하는데, 첫 번째 비유는 악기와 관련된 것이고, 두 번째 비유는 사물들의 일반적인 성질, 즉 모든 소리들은 자신의 음이 어떤 음인지를 분명하게 나타내기 위하여 각각 자신만의 독특한 음을 낸다는 사실과 관련된 것이다. 바울은 예언이 방언보다 낫다는 진리는 "생명 없는 것들조차도 우리에게 가르쳐 준다"고 말한다. 물론, 세상에는 어떤 의미를 전달하기 위한 목적이 없이 우연히 무작위적으로 생겨나는 수많은 소리들이 있는 것은 사실이지만, 바울이 여기에서 말하고 있는 것은 특정한 의미를 전달하기 위하여 인위적으로 내는 소리들이다. 그는 이렇게 말한 것과 같다: "어떤 사람이 피리를 불거나 거문고를 탈 때, 서로 구별되는 여러 가지 다른 음들을 분명하게 내지 않는다면, 그것은 피리를 불거나 거문고를 부는 것이 될 수 없다. 그런데 하물며 지성을 부여받은 사람들이 남들이 알아들을 수 없고 이해할 수 없는 불분명하고 무의미한 소리들을 낸다면, 그것은 얼마나 어처구니없는 일이겠는가!"

바울은 7절에서는 피리와 거문고의 소리, 8절에서는 나팔 소리와 관련해서, 단지 누구나 다 알고 있는 아주 일반적인 사실만을 말하고 있는 것이기 때문에, 여기에서 우리는 음악이나 소리의 본질에 대해서 깊이 천착해 들어갈 필요는 없지만, 전쟁에서 나팔을 사용한 것은 사람들에 대해서만이 아니라 말들에 대해서까지도 싸우고자 하는 의지를 한껏 고양시키기 위한 것이었다. 그래서 역사 기록을 보면, 스파르타인들은 전투를 할 때, 군대가 첫 번째 공격에서 싸우고자 하는 의지가 충천하여 적진을 향하여 지나치게 흥분해서 격렬하게 돌진해 들어가지 않도록 하기 위해서, 나팔 대신에 피리를 공격 신호로 사용하는 것을 선호하였다고 한다. 끝으로, 우리는 모두 경험에 의해서, 음악이 사람들의 감정을 움직이는 데 얼마나 강력한 힘을 지니고 있는지를 알고 있다. 그래서 플라톤(Plato)은 한 나라의 도덕적인 기풍을 조성하는 데에는 음악이 여러 가지 면에서 가장 지대한 가치를 지니고 있다고 가르쳤는데, 그의 그러한 가르침은 지극히 옳다. 한편, "허공에다 말한다"는 것은 공허하게 "허공을 친다"(고전 9:26)는 의미이기 때문에, 이것은 "너희의 말은 하나님이나 사람들에게 도달하지 못하고, 허공 속으로 사라지게 될 것이다"라고 말한 것과 같다.

10. 이같이 세상에 소리의 종류가 많으나 뜻 없는 소리는 없나니. 바울은 앞에서 말한 것을 이제 여기에서는 좀 더 일반적으로 말한다. 왜냐하면, 그는 이제 범위를 확대해서, 자연계에서 생물들이 내는 모든 소리들에 대하여 말하고 있기 때문이다. 바울이 여기에서 말한 "뜻 없는 소리"는 다른 소리들과 분명하게 구별되는 명료한 소리와 반대되는 "알아들을 수 없고 이해할 수 없는 소리"를 의미한다. 개가 짖는 소리는 말이 우는 소리와 다르고, 사자가 포효하는 소리는 나귀의 울음소리와 다르다. 새들도 다같이 똑같은 소리를 내는 것이 아니라, 종류마다 각각 다른 소리를 낸다. 이렇게 하나님께서 정하신 자연 질서 전체는 모든 소리가 다 각각 분명하게 구별될 것을 요구한다.

11. 그러므로 내가 그 소리의 뜻을 알지 못하면 내가 말하는 자에게 외국인이 되고 말하는 자도 내게 외국인이 되리니. "말은 생각을 나타내는 것이어야 한다"는 것은, 단지 속담에만 나오는 것이 아니라, 아리스토텔레스(Aristoteles)도 자신의 저서인 「해석론」(*De interpretatione*)의 첫머리에서 그렇게 말하고 있다. 그러므로 어떤 사람이 사람들이 모여 있는 곳에서 청중들이 알아들을 수 없는 말을 사용해서 말하거나, 말하는 사람이 도대체 무슨 말을 하고 있는 것인지를 도무지 짐작조차 할 수 없는 방식으로 말을 한다면, 그것은 완전히 상식을 벗어난 어처구니없고 어리석은 일일 수밖에 없다. 따라서 어떤 사람이 청중이 알지 못하는 방언으로 말을 하는 것은 그 사람이 청중에 대하여 "외국인"이 되는 것이라고 말함으로써, 바울이 그렇게 하는 것은 너무나 어처구니없는 일이라고 지적한 것은 지극히 합당하다. 아울러, 바울은 이렇게 말함으로써, 고린도 교인들이 자기가 대단하다는 것을 다른 사람들에게 과시하고 다른 사람들로부터 칭송을 받기 위한 이기적인 야심으로 사람들 앞에서 방언을 말하는 것이 얼마나 우스꽝스러운 일인지도 지적하고 있다. 왜냐하면, 바울은 실제로 여기에서 그들은 사람들로부터 대단하다는 칭송과 인정을 받기 위하여 열심히 애를 써서 사람들 앞에서 방언을 말하지만, 그들이 자신들의 그러한 수고로부터 얻을 수 있는 모든 것은 사람들에 대하여 외국인이 되는 것일 뿐이라고 말하고 있는 것이기 때문이다.

바울이 여기에서 사용한 "외국인"이라는 단어는, 스트라보(Strabo, 주전 63년경-주후 24경, 헬라의 지리학자)가 주장하듯이 인위적으로 만들어진 용어이든, 또는 다른 어떤 어원에서 생겨난 것이든, 여기에서는 나쁜 의미로 사용되고 있다. 헬라인들은 오직 그들만이 세상에서 세련되고 교양 있는 언어를 사용해서 제대로 말을 하는 민족이라고 여기고서는, 자신들을 제외한 다른 모든 민족들은 거칠고 투박하며 세련되지 못하게 말을 한다고 해서, "야만인들"(여기에서는 "외국인들"로 번역됨)이라고 불렀다. 그러나 사실은 어떤 사람이 아무리 세련되고 교양 있는 언어를 사용한다고 할지라도, 그 사람이 하는 말을 다른 사람들이 알아 듣거나 이해할 수 없다면, 그 사람은 다른 사람들에게 "야만인"이라고 할 수 있다. 그래서 바울은 "듣는 자가 내게 외국인이 되고, 나도 듣는 자에게 외국인이 될 것이다"라고 말한다. 바울이 이 말을 통해서 전하고자 하는 것은, 사람들이 알아 듣지 못하는 방언으로 말하는 것은 교회 가운데서 성도들과 교제를 하고자 하는 것이 아니라 교제하지 않고자 하는 것이고, 그렇게 한 사람은 성도들 전체를 먼저 멸시하고 우롱한 것이기 때문에, 성도들로부터 멸시를 당해도 할 말이 없다는 것이다.

12. 그러므로 너희도 영적인 것을 사모하는 자인즉 교회의 덕을 세우기 위하여 그것이 풍성하기를 구하라. 바울은 여기에서 하나님께서 사람들에게 방언의 은사를 주신 것은, 그들로 하여금 교회에는 아무런 유익도 끼치지 않은 채로, 사람들 앞에서 자기 자신을 과시하게 하기 위한 것이 아니라고 결론을 내린다. 그는 이렇게 말하고 있는 것이다: "영적인 은사들이 너희에게 진정으로 기쁜 것이 되려면, 은사들을 구하거나 사용하는 목적이 교회의 덕을 세우는 것이 되지 않으면 안 된다. 오직 교회가 너희가 사용하는 은사들로 말미암아 유익을 얻게 될 때에만, 너희는 진정으로 교회 안에서 귀한 사람들이 될 수 있고 칭송을 받을 수 있게 된다." 하지만 바울은 어떤 사람이 자신의 은사를 통해서 교회에 유익을 끼치기만 하면, 다른 사람들보다 더 뛰어나고자 하고 다른 사람들로부터 대단한 사람으로 인정받고자 하는 이기적인 야심을 품어도 괜찮다고 말하고 있는 것은 결코 아니다. 도리어, 이 말을 통해서 바울은 은사와 관련해서 그들이 지금 보여 주고 있는 행태가 얼마나 잘못된 것인지를 지적함으로써, 그들의 그러한 잘못된 야심을 바로잡아 주고자 함과 동시에, 교회에서 어떤 사람들이 진정으로 높임을 받아야 마땅한지를 그들에게 가르쳐 준다. 즉, 자기 자신을 과시하고 사람들로부터 칭송받고자 하는 것이 아니라, 교회의 덕을 세우기 위하여 온 힘을 다하여 더 많이 헌신하는 사람이 교회에서 높임을 받고 존중을 받는 것이 마땅하다는 것이다. 이렇게 모든 성도들은 교회에 더 많이 헌신하는 사람을 높이고 존중하는 것이 마땅하지만, 그렇게 교회에 헌신하여 높임을 받는 사람 자신은, 오로지 하나님만이 교회에서 높임을 받으시고 지극한 공경을 받으시게 하고, 하나님의 통치가 날마다 더 확장되도록 하는 것을, 자신의

목표로 삼아야 하고, 자기 자신이 높임을 받는 것에는 전혀 관심을 두지 않아야 한다.

바울은 여기에서 환유법을 사용해서, "영적인 은사들"을 가리키는 데 "영들"(한글개역개정에는 "영적인 것")이라는 표현을 사용하고 있다. 이것은 영적인 가르침이나 영적인 명철, 또는 영적인 분별력을, 가르침의 영이나 명철의 영, 또는 분별의 영이라고 표현하는 것과 같다. 하지만 우리는 바울이 앞에서 "이 모든 일은 같은 한 성령이 행하사 그의 뜻대로 각 사람에게 나누어 주시는 것이니라"(고전 12:11)고 말한 것을 기억하여야 한다.

13. 그러므로 방언을 말하는 자는 통역하기를 기도할지니. 사람들은 이 대목에서 "방언을 말하는 것은 하나님께서 자신의 영광을 드러내도록 하시기 위하여 교회에 주셔서 적극적으로 사용하게 하신 은사인데, 그런 은사를 교회에서 사용할 수 없다는 것이 말이 됩니까?"라고 얼마든지 이의를 제기할 수 있을 것이었기 때문에, 바울은 그러한 반론을 미리 예상하고서, 여기에서 거기에 대하여 이런 처방을 제시한다: "방언을 말하는 자는 하나님께 통역의 은사도 구하라. 하지만 통역의 은사가 없다면, 교회에서 방언을 말하는 것은, 자기 자신을 과시하고자 하는 것이 될 뿐이고, 교회에 아무런 유익도 끼칠 수 없는 까닭에, 교회 안에서는 방언의 은사는 사용하지 말라."

14. 내가 만일 방언으로 기도하면 나의 영이 기도하거니와 나의 마음은 열매를 맺지 못하리라. 바울이 여기에서 들고 있는 예는 그가 앞에서 지금까지 말한 것들을 확증하는 데 적절한 예이기는 하지만, 나는 바울이 여기에서 방언의 사용과 관련해서 또 하나의 추가적인 문제를 다루고 있는 것이라고 생각한다. 왜냐하면, 고린도 교인들은 교회의 모임에서 통역 없이 방언들을 말하는 잘못을 범하였을 뿐만 아니라, 교회 안에서 방언으로 기도하는 잘못도 범하였을 가능성이 높기 때문이다. 아울러, 이 두 가지 잘못은 동일한 원인으로부터 생겨난 것이었기 때문에, 바울은 여기에서 이 둘을 하나로 묶어서 다루고 있다.

"방언으로 기도하는" 것이 무엇을 의미하는지는 이 장의 앞 절들을 보면 분명하게 드러나는데, 그것은 외국어로 기도를 하는 것을 가리킨다. 하지만 바울이 여기에서 "나의 영이 기도하거니와"라고 말할 때에 사용한 "영"이 무엇을 의미하는지를 설명하는 것은 그리 쉽지 않다. 암브로시우스(Ambrosius)는 우리가 세례 때에 받는 성령을 가리킨다고 말하지만, 그것은 전혀 근거가 없을 뿐만 아니라 일말의 여지조차 없는 설명이다. 아우구스티누스(Augustinus)는 여기에서 "영"은 인간의 혼의 기능들 중에서 "지성"(한글개역개정에는 "마음"으로 번역됨)보다 열등한 기능, 즉 사물들의 징조들이나 개념들을 직관적으로 감지하는 능력을 가리키는 것이라고 좀 더 세련되게 설명한다. 어떤 사람들은 인간의 목의 숨, 즉 즉 호흡을 의미하는 것이라고 해석하는데, 이 견해는 앞의 두 견해보다는 좀 더 나은 것으로 보이기는 하지만, 바울이 이 서신에서 이 단어를 사용하고 있는 일관된 의미와 부합하지 않고, 게다가 중요한 것은, 이 단어는 바울 자신이 자발적으로 사용한 단어였다기보다는, 그들에게 한 발 양보해서, 고린도 교인들이 자랑스럽게 사용해 온 것을 일단 그대로 인정하고 용인하는 모양새를 갖추기 위하여 자주 사용한 단어였던 것으로 보인다는 것이다. 즉, 그들은 자신들이 하나님으로부터 신령한 은사들을 풍성하게 받아서 신령한 사람들이 된 것으로 생각하였기 때문에, "영"이라는 표현을 아주 자랑스럽게 사용하였는데, 바울은 한편으로는 일단 그들을 존중하는 차원에서 그 표현을 그대로 가져와서 사용하면서도, 다른 한편으로는 그들이 그렇게 소중하고 귀하게 여기는 선하고 놀라운 것인 "영"을 잘못 사용하는 것이 얼마나 위험한 일인지를 지적하고 있는 것이다. 따라서 그는 이렇게 말한 것과 같다: "너희는 너희의 이 '영'에 대해서 내게 자랑하고 있다. 그러나 너희가 그토록 자랑하는 '영'이 아무런 쓸데없는 것이라면, 너희는 어떻게 하겠는가?" 이것이 내가 이 단어의 의미에 대한 크리소스토모스(Chrysostomus)의 견해에 동의하게 된 이유이다. 그는 바울이 여기에서 말하는 "영"은 그가 앞의 12절에서 "영들"이라고 했을 때에 그것이 가리켰던 것과 동일한 것, 즉 영적인 은사를 가리키는 것이라고 본다. 따라서 "나의 영이 기도한다"는 것은 "내게 주어진 은사로 기도한다"는 것과 정확히 동일한 의미이다.

그러나 여기에서 또 다른 질문이 생긴다. 왜냐하면, 사람이 자기가 알지 못하는 언어를 성령의 감화 아래에서 말하였다는 것은 믿을 수 없는 일이고, 적어도 우리는 그 어디에서도 그런 얘기를 읽어 본 적이 없는데, 방언의 은사는 단지 시끄러운 소리를 만들어 낼 목적으로 주어진 것이 아니라, 사람들과의 소통을 위해서 주어진 것이기 때문이다. 하지만 헬라어를 전혀 모르던 어떤 로마 사람이 하나님의 성령의 감화와 인도하심을 따라 헬라어를 말한 것이라면, 그것은 얼마나 우스꽝스러운 일이었겠는가. 만일 그런 일이 일어났다면, 그 사람은 사람들이 인간의 말을 하도록 훈련시킨 앵무새나 까치나 까마귀 같이 보였을 것이다! 반면에, 방언의 은사를 받은 어떤 사람이 그 의미를 다 이해하는 가운데 방언을 말한 것이라면, 바울이 "나의 영이 기도하거니와 나의 마음은 열매를 맺지 못하리라"고 한 말은 틀린 말이 되었을 것이다. 왜냐하면, 그 사람은 "영"과 함께 "지성"(한글개역개정에는 "마음") 도 작동하였을 것이기 때문이다. 이 문제에 대한 나의 대답은, 바울은 우리에게 자기가 앞에서 한 말, 즉 "방언을 말하는 자는 통역하기를 기도할지니"라고 말한 이유를 하나의 예시를 통해서 제시하기 위하여, 여기에서 하나의 순전히 가상적인 상황을 가정하고서, 다음과 같이 말하고 있다는 것이다: "방언으로 말하는 은사를 받은 사람이 그 방언의 의미를 이해하지 못한다면, 그 사람은 다른 사람들에게만이 아니라 자기 자신에게도 외국인이 될 수밖에 없는데, 그런 경우에 아무도 알아듣지 못하는 방언을 통역 없이 중얼거리는 것이 그 사람에게 무슨 유익이 되겠는가?" 왜냐하면, 바울은 여기에서 개개인들의 사적인 기도에 대하여 말하고 있는 것이라는 사실에 비추어 보았을 때, 그가 "지성"이 "열매를 맺지 못한다"(ἄκαρπον — '아카르폰')고 말한 것은 교회에 아무런 유익도 되지 않는다는 의미가 아니기 때문이다. 따라서 여기에서 바울은 원래 서로 결합되어 있는 것들인 "영"과 "마음"을 예시를 위해서 분리시켜서 말하고 있는 것일 뿐이고, 이 두 가지가 분리될 수 있다거나 통상적으로 분리되어 있다고 말하고 있는 것이 아니라는 것을 유념하여야 한다. 이제 이 구절의 의미는 분명하다: "만일 '영'이 내 입에 내가 평소에 알지 못하는 말들을 넣어 주어서, 내가 다른 언어로 기도를 한다면, 그런 경우에는 나의 혀를 주관하는 '영' 자체는 기도를 하는 것이 되겠지만, 나의 마음이나 지성은 다른 어떤 곳을 배회하고 있거나, 적어도 그 기도에서 아무런 역할도 하지 않게 될 것이다."

우리가 주목하여야 할 것은 바울은 "마음" 또는 "지성"이 기도에서 아무런 역할도 하지 않는 것은 크게 잘못된 것이라고 생각하고 있다는 것인데, 이것은 전혀 이상한 것이 아니다. 왜냐하면, 우리가 기도에서 행하는 것은 우리의 생각과 소원들을 하나님 앞에 쏟아 놓는 것이고, 그것 외에 다른 그 무엇을 하는 것이 아니기 때문이다. 또한, 기도는 영적으로 하나님께 드리는 예배라는 사실에 비추어 볼 때, 우리 영혼의 가장 깊은 곳으로부터 기도하는 것이 아니라 단지 입술로만 기도하는 것은 기도의 그러한 본질과 전혀 맞지 않는 것이 아니겠는가? 만일 마귀가 온 세상 사람들을 홀려서 바른 지각을 빼앗아 버림으로써, 사람들이 단지 입술만 움직여서 하는 기도가 올바르게 드리는 기도라고 믿게 되는 일이 벌어지지만 않았더라면,

이 모든 것들은 누구나 다 너무나 분명하게 알고 있었을 것이다.

교황주의자들은 지독할 정도로 어리석고 우매해서, 사람들이 자기가 무슨 기도를 하고 있는지를 알지 못하고 기도하는 것도 아무런 문제가 없다고 말할 뿐만 아니라, 도리어 기도하는 자들이 자신들이 알지 못하는 말들로 주문을 외듯이 중얼거리는 그런 기도를 더 선호하기까지 한다. 그러면서도, 그들은 "최종적인 의도"가 하나님을 향한 것이기만 하다면, 그것으로 충분하다는 말도 안 되는 궤변으로 하나님을 우롱한다. 즉, 스페인 사람이 독일어로 기도하면서, 그의 마음속에서는 온갖 속되고 더러운 생각들이 요동치고, 그의 입으로는 하나님을 저주한다고 할지라도, 마지막에 가서 하나님을 잠깐 생각하는 것으로 기도하는 것을 끝낸다면, 그 기도는 하나님께서 기뻐 받으시는 예배가 된다는 것이다.

15. 그러면 어떻게 할까 내가 영으로 기도하고 또 마음으로 기도하며 내가 영으로 찬송하고 또 마음으로 찬송하리라. 바울이 앞 절에서 한 말에 대하여, 어떤 사람들은 "그렇다면, 기도할 때에 '영'은 아무런 쓸모가 없다는 것인가"라고 얼마든지 반론을 제기할 수 있을 것이었기 때문에, 그는 우리가 "마음으로," 즉 지성을 사용해서 기도를 하기만 한다면, 아울러 "영으로 기도하는" 것도 아무런 문제가 없다고 가르친다. 따라서 바울은 영적인 은사를 사용해서 기도하는 것을 금지하는 것이 아니라 허용하지만, 단지 기도를 할 때에는 "마음으로" 기도하는 것, 즉 기도하는 사람이 자기가 무엇을 기도하는지를 아는 가운데 자신의 마음을 드리는 기도를 하는 것이 주된 것이 되어야 한다고 가르치고 있는 것이다.

바울은 이 절의 전반부에서는 먼저 "내가 영으로 기도하고 또 마음으로 기도하며"라고 말함으로써, 기도는 영으로만 해서는 안 되고 반드시 마음으로도 하여야 한다는 것을 일반적으로 보여 준 후에, 후반부에서는 기도의 구체적인 내용들 중의 하나를 예로 들어서, "내가 영으로 찬송하고 또 마음으로 찬송하리라"고 말한다. 여기에서 "찬송하다"로 번역된 헬라어는 직역하면 "시편들을 노래하다"인데, 성경의 시편은 하나님에 대한 찬송을 그 주제로 삼고 있는 책이었기 때문에, 바울은 하나님을 찬송하거나 감사한다는 의미로 "시편들을 노래하다"라는 표현을 사용한 것이다. 우리는 기도할 때에 하나님으로부터 어떤 것을 구하기도 하고, 하나님께서 우리에게 베풀어 주신 은혜나 복을 찬송하고 감사하기도 하기 때문에, 찬송과 감사는 기도의 한 구성요소이다. 또한, 우리가 이 절로부터 알 수 있는 것은 당시에 하나님을 찬송하는 관습은 신자들 사이에서 이미 널리 통용되고 있었다는 것이다. 바울이 죽고 나서 40년 후쯤에 플리니우스(Plinius)가 쓴 글을 보면, 날이 밝기 전 새벽에 그리스도께 찬송을 드리는 것이 그리스도인들의 관습이었다는 말이 나오는데, 이것은 그러한 사실을 잘 보여 준다. 그리고 그리스도인들 사이에서 이렇게 찬송하는 것이 하나의 관습으로 자리를 잡게 된 것은 그들이 하나님께 찬송을 드리는 유대 교회의 관습을 아주 초기부터 따랐기 때문이라는 것도 의심의 여지가 없다.

16-17. 그렇지 아니하면 네가 영으로 축복할 때에 알지 못하는 처지에 있는 자가 네가 무슨 말을 하는지 알지 못하고 네 감사에 어찌 아멘 하리요 너는 감사를 잘하였으나 그러나 다른 사람은 덕 세움을 받지 못하리라. 바울은 지금까지는 우리가 기도할 때에 단지 입술로만이 아니라 마음으로도 드리지 않는다면, 그런 기도는 아무 소용도 없고 열매도 맺지 못하는 기도가 될 것임을 보여 주었는데, 이제 여기에서는 공중기도를 다루기 시작한다. 그는 이렇게 말한다: "어떤 사람이 모임에서 회중을 대표해서 기도를 하는데, 회중이 알아 듣지 못하는 언어로 기도를 한다면, 기도가 끝났을 때, 거기에 모인 사람들은 그 사람이 기도한 내용이 자신들이 기도하고자 한 내용과 일치한다는 것을 확인할 수가 없기 때문에, "아멘"으로 화답함으로써, 그 대표기도를 자신들의 기도로 받아들일 수 없게 되는 일이 벌어질 수밖에 없다. 이것은 하나님께 감사하는 기도에도 그대로 해당된다. 즉, 회중을 대표하는 사람이 방언을 사용해서 하나님께 감사하는 기도를 하였다고 할지라도, 회중은 그 기도를 알아 들을 수 없기 때문에, 그 대표기도에 동참해서 함께 마음을 합하여 하나님께 감사드릴 수 없게 된다는 것이다.

바울이 여기에서 말하고 있는 내용은, 당시에 공적인 예배나 모임에서 사역자들 중의 한 명이 먼저 모든 회중이 알아들을 수 있는 음성으로 대표기도를 하였고, 그러면 온 회중이 그 사람이 기도하는 내용을 자신들의 마음으로 계속해서 따라가다가, 기도가 끝나면, 그 사람이 기도한 것이 자신들이 한 기도라는 것을 공개적으로 확인하는 의미로 "아멘"이라고 말하였다는 것을 보여 준다. 히브리어 "아멘"은 "신실함" 또는 "참됨"을 뜻하는 단어들과 동일한 어원에서 나온 단어라는 것은 잘 알려져 있다. 따라서 어떤 사람이 대표로 기도하는 것을 마쳤을 때에 회중이 "아멘"이라고 말한다는 것은, 그 사람이 기도 가운데서 고백하거나 구한 모든 것들이 회중 전체가 고백하거나 구한 것임을 확증하는 것이다. 유대인들은 "아멘"이라는 말을 아주 오랫동안 친숙하게 사용해 왔기 때문에, 이 단어는 이방인들에게로 전해져서, 헬라인들도 이 단어가 마치 그들 자신의 언어의 일부인 것처럼 사용하게 되었고, 그 결과 온 천하 만민이 다함께 사용하는 말이 되었다.

바울은 여기에서 이렇게 말한다: "네가 신자들의 공적인 모임에서 방언을 사용해서 대표기도를 하면, 그 자리에 참석한 사람들 중에서 배우지 못한 평범한 사람들은 그 방언을 이해할 수 없기 때문에, 네가 드린 대표기도에 동참하지 못하게 될 것이고, 그렇게 되면, 네가 드린 공적인 대표기도는 더 이상 공적인 기도나 대표하는 기도가 되지 못하게 될 것이다." 여기에서 바울이 "알지 못하는 처지에 있는 자가 네가 무슨 말을 하는지 알지 못하고 네 감사에 어찌 아멘 하리요"라고 말한 것이 바로 그런 의미이다.

바울은 여기에서 이렇게 회중이 이해하지 못하는 말로 대표기도 하는 것을 단호하게 배척하고 있는데도, 교황주의자들은 바로 그런 것을 자신들의 거룩하고 합법적인 전통으로 여기고 아주 소중히 생각하여 지금도 그렇게 행하고 있는데, 그것은 그들의 놀라울 정도의 후안무치함과 뻔뻔스러움을 보여 주는 것이다. 뿐만 아니라, 더욱더 심각한 것은, 그것은 사탄이 교황주의자들이 고안해 낸 교리들 속에서 얼마나 제멋대로 활개를 치고 다니며 광분하고 있는지를 너무나 분명하고 선명하게 보여 주는 사례라는 것이다. 여기에서 바울이 대표기도를 맡은 사람이 방언으로 기도하면, "알지 못하는 처지에 있는 자," 즉 배우지를 못해서, 대표기도 속에서 사용된 언어를 알아듣지 못하는 자는 그 공적인 대표기도에 동참할 수 없을 것이 아니냐고 반문할 때, 그 의미는 너무나 분명하지 않은가? 그리고 교황주의자들이 "공적인 기도를 드릴 때에는 세속의 방언(자기 나라 언어 — 역주)들을 사용해서는 안 된다"고 금지한 것이 무엇을 의미하는지도 너무나 분명하지 않은가? 교황주의자들은 바울이 공적인 모임에서 해서는 안 된다고 말한 것을 완전히 무시한 채로 아랑곳하지 않고 매일같이 하고 있는 것이기 때문에, 그것은 바울을 무식하기 짝이 없는 사람쯤으로 대하고 있는 것이 틀림없는 것이 아니겠는가? 그들은 하나님께서 금하신 것을 심혈을 기울여서 아주 철두철미하게 매일같이 행하고 있는 것이기 때문에, 그것은 하나님의 명령을 공개적으로 거부하고 반기를 들고 있는 것이 아니면 무엇이겠는가? 그러므로 우리는 사탄이 그들 가운데서 휘파람을 불며 얼마나 자유롭게 활보하고 다니는지를 분명하게 보게 된다. 게다가, 그들은 그들의 그러한 관행이 얼마나 잘못된 것인지에 대하여 무수히 경고를 들으면서도, 자신들의 잘못을 회개하고 고치기는커녕, 도리어 자신들의 부패하고 타락한 교리를 옹호하고 지키기 위해서, 불과 칼을 사용하여 진리를 말하는 사람들을 처단해 왔다는 사실은, 그들의 마귀적인 완악함과 강퍅함이 어느 정도인지를 더욱 극명하게 보여준다.

[18]내가 너희 모든 사람보다 방언을 더 말하므로 하나님께 감사하노라 [19]그러나 교회
에서 내가 남을 가르치기 위하여 깨달은 마음으로 다섯 마디 말을 하는 것이 일만
마디 방언으로 말하는 것보다 나으니라 [20]형제들아 지혜에는 아이가 되지 말고 악
에는 어린 아이가 되라 지혜에는 장성한 사람이 되라 [21]율법에 기록된 바 주께서 이
르시되 내가 다른 방언을 말하는 자와 다른 입술로 이 백성에게 말할지라도 그들
이 여전히 듣지 아니하리라 하였으니 [22]그러므로 방언은 믿는 자들을 위하지 아니
하고 믿지 아니하는 자들을 위하는 표적이나 예언은 믿지 아니하는 자들을 위하지
않고 믿는 자들을 위함이니라 [23]그러므로 온 교회가 함께 모여 다 방언으로 말하면
알지 못하는 자들이나 믿지 아니하는 자들이 들어와서 너희를 미쳤다 하지 아니하
겠느냐 [24]그러나 다 예언을 하면 믿지 아니하는 자들이나 알지 못하는 자들이 들어
와서 모든 사람에게 책망을 들으며 모든 사람에게 판단을 받고 [25]그 마음의 숨은 일
들이 드러나게 되므로 엎드리어 하나님께 경배하며 하나님이 참으로 너희 가운데
계신다 전파하리라(14:18-25).

18. 내가 너희 모든 사람보다 방언을 더 말하므로 하나님께 감사하노라. 사람들은 어떤 사람에게서 뛰어난 것을 보았을 때, 단지 자신들에게는 그런 뛰어난 것이 없기 때문에, 시기심에서 의도적으로 그 사람의 뛰어난 점을 폄하하는 경우가 많기 때문에, 여기에서 바울이 한 말들을 듣고서도, 그에게 방언의 은사가 없어서 괜히 시기하는 마음이나 불순한 마음에서 이렇게 방언을 폄하하는 것은 아닌가 하고 의심할 수도 있었던 까닭에, 바울은 그런 경우를 예상하고서, 그런 의심을 제거해 주기 위해서, 자기는 그들 모두보다 더 많이 방언을 말할 줄 안다는 말을 여기에 덧붙인다. 그는 이렇게 말한다: "너희는 내가 지금까지 한 말들을 듣고서, 방언에 있어서 내가 다른 사람들보다 못하니까 시기하는 마음에서 방언의 은사를 폄하하는 것이 아니겠느냐고 생각해서는 절대로 안 된다는 것을 깨달아야 한다. 왜냐하면, 만일 우리가 방언을 말하는 시합을 하게 된다면, 너희 중에서는 나와 필적할 수 있는 사람이 아무도 없을 것이기 때문이다. 따라서 하나님이 내게 주신 누구보다도

뛰어난 방언의 은사를 얼마든지 내 자신을 과시하기 위하여 사용할 수도 있지만, 나는 그런 것에는 관심이 없고, 오직 내게 주어진 은사로써 교회의 덕을 세우는 데에만 관심이 있다." 이렇게 바울이 자신의 명성 같은 것에는 전혀 관심이 없다는 사실로 인해서, 그의 가르침은 상당한 무게감을 지니게 된다. 그러나 동기야 어쨌든, 바울은 방언의 은사에 있어서 자기가 고린도 교인들 전체보다 더 뛰어나다고 말한 것이고, 이것은 그가 너무 오만방자하다는 인상을 그들에게 줄 수 있었기 때문에, 자기가 더 뛰어난 방언의 은사를 받았다고 해서, 자기가 잘난 것은 전혀 없고, 모든 것은 전적으로 하나님의 은혜로 된 것이라는 말을 여기에 덧붙인다. 이렇게 바울은 어쩔 수 없이 자신을 자랑하기는 하였지만, 그런 경우에도 그 즉시 자신을 낮춤으로써, 그 자랑을 중화시키는 모습을 보여 준다.

19. 그러나 교회에서 네가 남을 가르치기 위하여 깨달은 마음으로 다섯 마디 말을 하는 것이 일만 마디 방언으로 말하는 것보다 나으니라. 우리가 "다섯 마디 말"을 "다섯 문장"으로 이해하지 않고, "다섯 단어"로 이해한다면, 이것은 과장법을 사용한 것이라고 할 수 있다. 따라서 여기에서 바울은 자기도 원하기만 한다면 얼마든지 여러 방언들을 현란하게 말하여 많은 사람들 앞에서 자기 자신을 과시할 수 있음에도 불구하고, 그렇게 하지 않고, 오로지 교회의 덕을 세우는 것만을 자신의 유일한 목표로 삼고서, "다섯 마디"에 지나지 않는 가르침을 통해서 조용히 사역해 나가고 있는 자신의 모습을, 고린도 교인들이 많은 사람들의 주목을 받으려는 이기적이고 헛된 야심에 부풀어서, 단지 시끄러운 소음에 불과한 "일만 마디 방언"을 쏟아내고 있는 모습과 극명하게 대비시킴으로써, 그들을 책망하고 있는 것이라고 할 수 있다. 아울러, 여기에서 바울은 고린도 교인들로 하여금 자신들에게 주어진 방언의 은사를 그런 식으로 헛되게 사용하고 있는 것을 그만두게 하기 위하여, 자신이 지닌 사도로서의 권위도 상당 부분 사용하고 있음에 틀림없다.

20-21. 형제들아 지혜에는 아이가 되지 말고 악에는 어린 아이가 되라 지혜에는 장성한 사람이 되라 율법에 기록된 바 주께서 이르시되 내가 다른 방언을 말하는 자와 다른 입술로 이 백성에게 말할지라도 그들이 여전히 듣지 아니하리라 하였으니. 바울은 고린도 교인들이 은사를 오용하거나 악용하고 있는 것을 책망하는 것에서 한 걸음 더 나아가서, 그들은 지금 완전히 정신이 나가서, 하나님께서 자기 백성을 가장 혹독한 벌로 징계하고자 하실 때에 보내시겠다고 경고하신 바로 그것을 스스로 자초하고 있을 뿐만 아니라, 마치 그것이 하나님께서 그들에게 주시는 무

엇인가 특별하고 대단한 복이라도 된다는 듯이 착각하고서, 스스로 자원해서 그것을 간절하게 구하기까지 하고 있는 것임을 보여 준다. 하나님께서 어떤 것을 복이 아니라 화이고 축복이 아니라 저주라고 말씀하시는데도, 사람들이 그것을 간절히 구하고 추구한다면, 그들은 완전히 정신이 나간 사람들이 아니고 무엇이겠는가!

바울이 20절에서 무슨 말을 하고자 하는 것인지를 좀 더 잘 이해하기 위해서는, 우리는 그가 다음 절에서 즉시 덧붙이고 있는 이사야 선지자의 증언(사 28:11)을 근거로 해서, 20절에서 이런 말을 하고 있는 것임을 주목하여야 한다. 지금까지 많은 해석자들이 그러한 연관관계를 보지 못하고 잘못된 해석들을 해 왔기 때문에, 우리가 모든 잘못된 해석들을 벗어나서 이 본문을 제대로 해석하기 위해서는, 먼저 21절에 인용된 이사야서 본문을 살펴보고, 그런 후에 바울이 20절에서 한 말을 살펴보아야 한다.

이사야 선지자는 이사야서 28장에서 온갖 종류의 악행들을 일삼아 왔던 이스라엘의 열 지파를 맹렬하게 규탄한다. 그런 와중에서도 이 선지자에게 유일하게 위로가 된 것은, 유다 지파 중에 타락하지도 않고 더럽혀지지도 않은 하나님의 사람들이 여전히 남아 있다는 것이었다. 그러나 선지자는 곧바로 유다 지파의 부패와 타락에 대해서도 통탄하고 규탄하는 말들을 쏟아낸다. 그가 특히 더욱더 비통해한 이유는 유다 지파가 앞으로 나아질 가망이 없었기 때문이었다. 그래서 선지자는 유다 백성들이 자기에게 "그가 누구에게 지식을 가르치며 누구에게 도를 전하여 깨닫게 하려는가 젖 떨어져 품을 떠난 자들에게 하려는가"(사 28:9)라고 비웃고 조롱하고 있다고 말한다. 이것은 선지자가 그들에게 하나님의 도를 가르치려고 해도, 그들은 이제 막 "젖 떨어져" 어미의 "품울 떠난 자들," 즉 어린 아이들보다도 못하게 되었다는 것을 의미한다. 그런 후에, "대저 경계에 경계를 더하며 경계에 경계를 더하며 교훈에 교훈을 더하며 교훈에 교훈을 더하되 여기서도 조금, 저기서도 조금 하는구나"(사 28:10)라는 말씀이 나온다. 선지자는 의태어에 속한 이러한 말들을 통해서, 그들이 우둔하고 우매하여 잘 깨닫지 못하는 것이 그들의 발목을 잡고 있다는 것을 보여 준다. 즉, 그는 이렇게 말한 것과 같다: "그들은 기가 막힐 정도로 전혀 깨닫지를 못하고, 내가 오랫동안 수고하여 가르친 것들을 단 한순간에 잊어버리기 때문에, 내가 그들을 가르쳐 보아야, 그들은 아무런 진보를 보이지 않고, 나는 늘 헛수고만 하고 있다." 그런 다음에, 선지자는 이 백성에게 말하는 자는, 이를테면, "더듬는 입술과 외국어로 말하는 자이다"(한글개역개정에는 "그러므로 더듬는 입술과 다른 방언으로 그가 이 백성에게 말씀하시리라")라고 말하는데, 바울이 여기에서 인용하고 있는 것이 바로 이 구절이다. 선지자가 한 이 말의 의미는, 유다 백성들은 지독하게 눈멀고 어리석어져서, 하나님께서 그들에게 말씀하셔도, 하나님의 말씀은 그들이 전혀 이해할 수 없고 알아들을 수 없는 언어와 소리가 되어서, 그들은 마치 야만인이나 외국인처럼 하나님의 말씀을 전혀 이해하지를 못한다는 것이다. 이것은 무시무시하고 끔찍한 저주이다. 그러나 바울은 여기에서 이사야 선지자가 한 말을 정확히 그대로 인용하지 않고, 요지만을 가져와서 고린도 교인들에게 일깨워 줌으로써, 그들로 하여금 선지자가 한 말이 무슨 의미인지를 스스로 연구해 볼 수 있게 하였다.

여기에서 바울이 "율법에 기록된 바"라고 말한 것은 "율법"이라는 단어의 통상적인 용법과 부합하지 않는 것이 아니다. 왜냐하면, 선지자들은 율법과 아무 상관도 없는 사역을 한 사람들이 아니라, 실제로 사람들에게 율법의 참된 의미를 해석해 주는 사람들이었고, 그들의 모든 가르침은 율법을 보완하는 것이었다고 할 수 있기 때문이다. 그렇기 때문에, 그리스도께서 오실 때까지 존재하였던 성경 전체를 가리킬 때에는 "율법"이라는 말을 사용할 수 있었다.

바울이 자기가 인용한 이사야서 본문로부터 이끌어 낸 결론은 이런 것이었다: "형제들아, 이사야 선지자는 유다 백성들이 하나님의 말씀을 듣고서도 전혀 알아듣거나 깨닫지를 못하는 상태를 '어린 아이'라고 표현하며 아주 혹독하게 단죄하고 규탄한 것을 너희가 보았으니, 너희는 옛적의 유다 백성들처럼 '어린 아이'가 되지 않도록 조심하여야 한다. 왜냐하면, 너희가 너희로 하여금 하나님의 말씀을 듣고 배울 수 있게 해 주는 '예언'을 들을 때에는 다 무시해 버리고, 반면에 알아들을 수 없는 공허한 소리에 불과한 '방언'을 들을 때에는 대단하다고 생각하여, '예언'보다 '방언'을 더 구하는 것은, 이사야 선지자가 유다 백성에게 임한 하나님의 저주라고 말한 것을 너희가 스스로 자원해서 구하고 자초하는 것이기 때문이다."

한편, 고린도 교인들은 우리 주님께서는 다른 곳에서 영적으로 "어린 아이"가 되는 것이 좋다고 말씀하시며 "어린 아이"를 지극히 높이신 것으로 보아서, "어린 아이"가 되는 것은 칭찬 받을 만한 것이 아니냐고 반론을 제기할 수도 있었기 때문에, 바울은 그러한 반론을 예상하고서, 그들에게 그냥 "어린 아이가 되지 말라"고 말하는 것이 아니라, 좀 더 세분해서 "지혜에는 아이가 되지 말고 악에는 어린 아이가 되라"고 말한다. 이것으로부터 우리는 하나님의 말씀과 그 뜻을 알지 못하는 "무지"(ignorantia)를 그리스도인들의 단순함(simplicitas)이라고 우기는 자들이 얼마나 뻔뻔스러운 자들인지를 알게 된다. 바울은 모든 믿는 자들이 가능하기만 하다면 "지혜"에 있어서 "장성한 사람"이 되기를 바랐다. 반면에, 교황은 지혜를 지닌 사람들을 상대하는 것보다는 우매하기 짝이 없는 나귀들을 부리는 것이 더 쉬운 일이라는 것을 알고 있기 때문에, 하나님의 백성들은 단순해야 한다는 미명 아래, 그들을 어떻게든 무지한 자들로 묶어 두려고 한다. 그렇기 때문에, 우리는 교황이 명령하고 지시하는 것들과 그리스도께서 명하시는 것들을 서로 비교해서, 과연 그것들이 서로 얼마만큼이나 일치하는지를 살펴보아야 한다.

22. 그러므로 방언은 믿는 자들을 위하지 아니하고 믿지 아니하는 자들을 위하는 표적이나 예언은 믿지 아니하는 자들을 위하지 않고 믿는 자들을 위함이니라. 우리는 여기에서 "그러므로"가 단지 앞의 문장에만 걸리는 것으로 보느냐, 아니면 앞에서 논의된 것 전체에 걸리는 것으로 보느냐에 따라서, 이 절을 두 가지로 설명할 수 있다. 전자처럼 앞의 문장에만 걸리는 것으로 본다면, 이 절의 의미는 다음과 같은 것이 될 것이다: "형제들아, 너희는 너희가 그토록 간절하게 구하고 있는 것이 하나님께서 믿는 자들에게 주시는 복이 아니라, 자기를 믿지 않는 자들에게 보응하시기 위하여 보내시는 벌이라는 것을 깨달아야 한다." 우리가 이 절을 이런 식으로 이해하면, 바울은 여기에서 방언의 일반적이고 영속적인 용도에 대해서 설명하고 있는 것이 아니라, 단지 고린도 교회에서 실제로 벌어진 하나의 특별한 사례와 관련해서만 말하고 있는 것이 된다. 나는 이러한 해석을 전적으로 지지하지만, 어떤 사람들이 후자처럼 앞에서 논의된 것 전체에 걸리는 것으로 본다고 할지라도, 거기에 반대할 생각은 없다.

바울이 이 절에서 말하고 있는 것을 그렇게 일반적인 것으로 이해하는 경우에는, 이 절의 의미는 다음과 같은 것이 될 것이다: "하나님께서 표적, 즉 이적으로 주시는 방언은, 엄밀하게 말해서, 믿는 자들을 위한 것이 아니라, 믿지 않는 자들을 위한 것이다." 방언은 많은 점에서 유익한 은사였다. 사도들은 방언의 은사로 말미암아 민족들 간의 언어 차이를 극복하고서 온 세상에 복음을 전할 수 있었다는 점에서, 방언의 은사는 실제적인 필요들을 충족시켜 주는 역할을 하였다. 즉, 방언의 은사는 사도들이 어느 민족에게나 복음을 전할 수 있게 해 줌으로써, 모든 민족에게 복음을 전하라는 주님의 명령이 실제로 이루어질 수 있었다. 또한, 방언은 믿지 않는 자들을 두렵게 하거나 그들의 마음을 흔들어 놓아서, 그들에게 하나님 앞으로 나아와 복음을 믿게 하는 계기를 제공해 줄 수 있었다는 점에서도 유익한 은사였다. 왜냐하면, 방언도 하나의 이적으로서, 다른 이적들과 마찬가지로, 그리스도에 대하여 아직 외인인 자들로 하여금 그리스도 앞으로 나아와 복종하게 만드는 목적을 지니고 있었기 때문이다. 반면에, 믿는 자들은 이미 그리스도를 믿고 그의 가르침을 따르고 있는 자들이었기 때문에, 표적이나 이적으로서의 방언이 믿는 자들에게 미치는 영향은 믿지 않는 자들에 대한 영향에 비하면 제한적인 것이 될 수밖에 없었다. 따라서 이 점에서도 고린도 교인들이 예언의 은사를 경시하거나 무시하고서, 방언의 은사에 지나치게 몰두한 것은 잘못된 것이었다. 왜냐하면, 예언의 은사는 특별히 믿는 자들을 위하여 주어진 것이었고, 따라서 그들이 예언의 은사를 더욱 사모하고 잘 사용하는 것이 마땅하였음에도 불구하고, 그들은 방언이 지닌 표적 또는 이적으로서의 요소에 미혹되고 사로잡혀서, 예언의 은사를 경시하고 방언을 높이 평가하는 잘못을 범한 것이었기 때문이다.

23. 그러므로 온 교회가 함께 모여 다 방언으로 말하면 알지 못하는 자들이나 믿지 아니하는 자들이 들어와서 너희를 미쳤다 하지 아니하겠느냐. 고린도 교인들의 마음은 어리석고 잘못된 욕망에 완전히 사로잡혀 있어서, 자신들의 잘못을 알지 못하고 있었기 때문에, 바울은 그들이 지금 그들 자신을 믿지 않는 자들이나 배우지 못한 자들의 웃음거리로 만들고 있다고 그들에게 경고한다. 즉, 그들이 교회의 공적인 모임에서 모두 다 방언으로 말하면, 믿지 않는 자들이나 방언을 알지 못하는 자들은 그 모임에 왔다가, 자신들이 알아들을 수 없는 이상한 말들을 그들이 말하는 것을 듣고서는, 이 사람들이 다 미쳤다고 생각하고서, 그들을 조롱하고 비웃을 것이라는 것이다. 왜냐하면, 믿지 않는 자들이나 방언을 모르는 자들은 교회에 모임이 있다고 해서, 하나님의 가르침을 듣기 위하여 그 모임에 왔는데, 믿는 자들이라는 사람들이 자신들이 평소에 사용하고 있고 누구나 알아 들을 수 있는 언어로 하나님에 대하여 가르치는 것이 아니라, 알아 들을 수도 없고 이해할 수도 없는 시끄러운 말들을 쏟아내면서 귀중한 시간을 허비하고 있는 것을 보았을 때, 이 사람들이 미친 사람들임에 틀림없다고 생각하게 될 것이 뻔하였기 때문이다.

바울의 이 말 속에는 상당한 독설이 들어 있다: "너희는 모두 다 뜻도 모르는 시끄러운 방언들을 요란하게 말함으로써, 너희 자신이 하나님으로부터 깊고 큰 은혜를 받은 대단한 사람들이라는 자부심에 한껏 부풀어서 아주 흐뭇해하고 기뻐하겠지만, 그 자리에 참석한 믿지 않는 자들과 방언을 알아듣지 못하는 자들은 너희의 그러한 우스꽝스럽기 짝이 없는 모습을 속으로 비웃으며 조롱하고 있을 것이다. 이것은 믿지 않는 자들은 방언이나 은사들에 대해서 아무것도 모르지만, 너희의 그러한 행태가 얼마나 우스꽝스러운 것인지를 너무나 분명하게 알고 있는데도, 도리어 신령한 은사들을 받았다고 자부하는 너희 믿는 자들은 너희가 도대체 무슨 짓을 하고 있는 것인지를 전혀 모르고 있다는 것을 보여 주는 것이다."

크리소스토모스(Chrysostomus)는 여기에서 한 가지 질문을 제기한다: 바울은 앞에서 방언은 믿지 않는 자들을 위한 표적으로 주어진 것이라고 말하였는데, 왜 지금은 믿지 않는 자들이 방언을 말하는 자들을 비웃고 조롱할 것이라고 말하고 있는 것인가? 또한, 그는 자신이 제기한 질문에 대하여, 방언은 믿지 않는 자들을 가르치거나 그들의 삶을 변화시키기 위한 것이 아니라, 그들을 깜짝 놀라게 하고 기이하게 여기게 하기 위한 표적이기 때문이라고 대답한 후에, 아울러 그들이 표적을 보고서 미친 것으로 여겨서 비웃고 조롱하는 것은 그들이 악하기 때문이라는 말도 덧붙인다.

나는 그의 이러한 설명에 동의할 수 없다. 왜냐하면, 믿지 않는 자들이나 방언을 알지 못하는 자들이 신자들이 방언을 말하는 것을 들을 때, 그것을 하나님이 베푸시는 이적으로 여겨서 기이하게 여기게 되는 것이 사실이라고 할지라도, 신자들이 방언의 은사를 잘못된 때에 잘못되게 사용한 경우에는, 그들은 얼마든지 신자들의 그러한 모습을 조롱하고 단죄할 수 있기 때문이다. 그들은 그런 경우에 속으로 이렇게 말할 것이다: '신자라고 하는 사람들이 하나님이 주신 귀한 은사인 방언을 그들 자신이나 다른 사람들에게 아무런 유익도 주지 못하는 방식으로 사용해서 괜히 그들은 물론이고 다른 사람들까지 힘들게 하는 목적이 도대체 무엇인가? 많은 사람이 모인 자리에서 아무도 그 의미를 알 수 없는 방언들을 이렇게 무턱대고 막무가내로 쏟아내며 시간을 허비하는 것은 도대체 무엇을 하자는 것인가?' 그러므로 바울이 여기에서 말하고자 하는 것은, 고린도 교인들은 아무도 알아들을 수 없는 방언들을 시끄럽게 쏟아냄으로써 그들 자신의 과시욕은 큰 만족을 얻을 수 있겠지만, 믿지 않는 자들과 방언을 모르는 자들은 고린도 교인들의 그러한 어처구니없는 모습을 보고서 그들을 미쳤다고 말한다고 해도, 그것은 전혀 틀린 말이 아니라는 것이다.

24-25. 그러나 다 예언을 하면 믿지 아니하는 자들이나 알지 못하는 자들이 들어

와서 모든 사람에게 책망을 들으며 모든 사람에게 판단을 받고 그 마음의 숨은 일들이 드러나게 되므로 엎드리어. 바울은 앞에서 믿음의 권속들에게 예언이 방언보다 더 유익이 된다는 것을 보여 준 바 있는데, 이제 여기에서는 예언이 믿지 않는 외인들에게도 유익이 된다는 것을 가르친다. 이것은 은사들과 관련해서 고린도 교인들이 한참이나 잘못하고 있다는 것을 여실히 보여 주는 아주 강력한 논증이다. 왜냐하면, "예언"은 교회 안의 믿는 자들만이 아니라 교회 밖의 믿지 않는 자들에게도 지극히 유익한 은사인데도, 고린도 교인들이 그런 예언의 은사를 도외시하고, 교회 안의 믿음의 권속들에게 무익할 뿐만 아니라, 교회 밖의 외인들에게도 걸림돌이 되는 방언의 은사에만 매달린 것은, 그들이 얼마나 잘못된 것인지를 너무나 잘 보여 주는 것이었기 때문이다.

바울은 예언이 믿지 않는 자들에게도 왜 유익이 되는지를 여기에서 보여 준다. 즉, 예언은 믿지 않는 자들의 양심을 하나님의 법정으로 호출해서, 그들의 죄악되고 잘못된 행실들을 듣게 해 줌으로써, 이전에는 하나님의 가르침을 철저히 무시하고 아무런 관심도 갖지 않았던 그들로 하여금 자신들에 대한 하나님의 책망과 판단을 생생하게 깨닫고서 하나님께 영광을 돌리지 않을 수 없게 해 준다는 것이다. 우리는 히브리서 4:12-13에 나오는 말씀과 여기에서 바울이 하고 있는 말을 비교해 보면, 이 절의 의미를 훨씬 더 쉽게 이해할 수 있다. 왜냐하면, 이 두 본문에서는 둘 다 사람들에게 선포되거나 가르쳐진 하나님의 말씀이 어떤 역사를 일으키는지에 대하여 동일하게 설명하고 있지만, 히브리서 본문에는 좀 더 자세하고 분명하게 설명되어 있기 때문이다: "하나님의 말씀은 살아 있고 활력이 있어 좌우에 날선 어떤 검보다도 예리하여 혼과 영과 및 관절과 골수를 찔러 쪼개기까지 하며 또 마음의 생각과 뜻을 판단하나니 지으신 것이 하나도 그 앞에 나타나지 않음이 없고 우리의 결산을 받으실 이의 눈 앞에 만물이 벌거벗은 것 같이 드러나느니라."

이제 우리는 바울이 이 절에서 말하고 있는 "책망을 받는다"는 것과 "판단을 받는다"는 것이 무엇을 의미하는지를 이해하는 데 아무런 어려움이 없다. 사람들의 양심은 무지(ignorantia)의 어둠에 둘러싸여 있는 동안에는, 아무런 활동도 하지 않고 휴면 상태에 있기 때문에, 자신의 죄악들을 깨닫지도 못하고, 따라서 죄책으로 인하여 괴로워하지도 않는다. 한 마디로 말해서, 불신앙은 수면상태 또는 혼수상태에 빠져 있는 것과 같기 때문에, 사람들은 자신의 죄악들을 느끼지 못한다는 것이다. 그러나 하나님의 말씀이 그런 사람들의 심령 깊숙한 곳으로 꿰뚫고 들어가면, 하나님의 말씀이 지닌 빛은 어둠을 몰아내고, 그 결과 사람들은 죽은 것이나 다름없는 혼수상태로부터 깨어나게 된다. 따라서 그들은 자신들이 하나님을 대면하고 있다는 것을 깨닫고서, 몹시 당혹스러워하며 진정으로 깜짝 놀라 두려워하게 된다는 의미에서 "책망을 받는" 것이고, 전에는 어둠에 둘러싸여서 자신들의 비참하고 부끄러운 삶을 전혀 깨닫지 못하다가, 이제 빛을 받아서, 그들 자신의 죄악들을 인정할 수밖에 없게 된다는 의미에서 "판단을 받는" 것이다.

바울이 믿지 않는 자들이 "모든 사람에게 책망을 들으며 모든 사람에게 판단을 받고"라고 말하였을 때, 우리는 거기에서 "모든 사람"은 "예언하는 모든 사람"을 가리키는 것으로 이해하여야 한다. 왜냐하면, 바울은 이 절의 첫머리에서 "다 예언을 하면"이라고 말하였기 때문이다. 바울은 여기에서 고린도 교인들이 예언을 무시하는 잘못을 바로잡아 주기 위해서, 일부러 의도적으로 "모든 사람"이라는 표현을 사용하여, 방언의 은사와는 달리, 예언의 은사와 관련해서는 그들 모두가 그 은사를 받아 사용한다고 해도, 그것은 교회에 큰 유익이 될 것이라는 자신의 심정을 은연중에 드러낸다. 믿지 않는 자들이 모든 예언하는 사람들에 의해서 "책망을 받는다"는 것은, 선지자들이 자신들의 마음속에서 남모르게 그들을 책망하거나 입 밖으로 표출하여 공개적으로 그들을 책망한다는 의미가 아니라, 예언을 듣는 그들의 양심이 예언으로 인한 가르침으로 말미암아 자신들에 대한 하나님의 책망을 깨닫게 된다는 의미이다. 마찬가지로, 믿지 않는 자들이 모든 예언하는 사람들에 의해서 "판단을 받는다"는 것은, 그들이 예언으로 말미암은 가르침을 듣고서, 자신들의 존재의 깊은 곳으로 천착해 들어가서, 자기 자신을 면밀하게 살펴보는 가운데, 자신들의 모습이 어떤 것인지를 깨닫고서는, 전에는 그들이 부인하였던 자신들의 죄악을 순순히 인정하게 된다는 의미이다. 그리스도께서는 이것과 동일한 말씀을 하신 적이 있으시다: "그가 와서 죄에 대하여, 의에 대하여, 심판에 대하여 세상을 책망하시리라"(요 16:8).

바울은 이렇게 말하고 나서 곧바로 "그 마음의 숨은 일들이 드러나게 되므로"라는 말을 덧붙이는데, 나는 이것은 믿지 않는 자들이 예언을 들을 때에 그들이 어떤 자들인지가 거기에 모인 모든 사람들에게 다 드러나게 된다는 것을 의미하는 것이 아니라, 그들의 양심이 예언을 듣고 깨어나서, 전에는 숨겨져 있었고 알지도 못했던 자신들의 죄들을 알게 되고 깨닫게 된다는 것을 의미하는 것이라고 본다.

이 대목에서 크리소스토모스(Chrysostomus)는 또다시 이런 질문을 제기한다:

바울은 앞에서 예언은 믿지 않는 자들을 위한 것이 아니라고 말해 놓고서, 이제 와서 여기에서는 믿지 않는 자들을 변화시키는 데 아주 큰 효과가 있다고 말하는 것은 앞뒤가 맞지 않는 것이 아닌가? 그는 그런 질문을 제기한 후에, 거기에 대하여 스스로 대답을 제시하고 있는데, 그것은 예언은 믿지 않는 자들을 위한 표적이나 이적으로 주어진 것이 아니라, 그들을 가르치기 위한 수단으로 주어진 것이기 때문이라는 것이다. 하지만 나는 바울은 앞에서 예언은 멸망하게 되어 있는 믿지 않는 자들, 즉 사탄이 그 마음을 눈멀게 하였기 때문에 예언 속에서 빛을 발하는 하나님의 빛을 볼 수 없는 자들을 위해 주어진 것이 아니라고 말한 것으로 이해하는 것이 더 간단하고 적절한 대답이 될 수 있을 것이라고 생각한다. 또한, 나는 바울이 한 그러한 말을, 그가 앞에서 인용한 이사야서 본문(사 28:11)에 나오는 예언과 연결시켜서 보면, 그 의미가 더욱 분명하게 드러나게 될 것이라고 본다. 왜냐하면, 거기에서 선지자는 믿지 않는 자들에 대하여 말하면서, 그런 자들에게는 예언이 아무 소용이 없어서 열매를 맺을 수 없다고 말하고 있기 때문이다.

하나님께 경배하며 하나님이 참으로 너희 가운데 계신다 전파하리라. 육신의 교만을 무너뜨릴 수 있는 것은 오직 하나님을 아는 지식밖에 없는데, 예언은 하나님의 지식으로 우리에게 역사해서 우리의 교만을 무너뜨린다. 이렇게 한없이 높아져서 기고만장한 사람들로 하여금 하나님 앞에 무릎을 꿇고 경배하게 만드는 것이 예언의 본질적이고 고유한 역사이다. 그런데도 많은 사람들에게는 예언조차도 별 소용이 없고, 도리어 예언을 들었을 때, 그 상태가 더욱 악화되는 경우가 비일비재하다. 따라서 바울이 우리에게 예언이 그러한 역사를 일으킨다고 여기에서 말할 때, 그것은 예언이 행해지면 거기에는 반드시 그러한 역사가 뒤따른다고 말하고자 하는 것이 아니고, 단지 예언이 하는 일이 무엇이고, 우리가 예언으로부터 얼마나 큰 유익을 얻을 수 있는지를 보여 주고자 하는 것일 뿐이다. 그러므로 믿지 않는 자들이 어떤 모임에서 예언을 들을 때, 하나님이 자기 백성과 함께 계시고, 하나님의 위엄이 그 모임 가운데서 빛을 발하고 있다고 고백하지 않을 수 없게 된다고 바울이 여기에서 말한 것은 예언에 대한 엄청난 찬사이다.

[26]그런즉 형제들아 어찌할까 너희가 모일 때에 각각 찬송시도 있으며 가르치는 말씀도 있으며 계시도 있으며 방언도 있으며 통역함도 있나니 모든 것을 덕을 세우기 위하여 하라 [27]만일 누가 방언으로 말하거든 두 사람이나 많아야 세 사람이 차례

를 따라 하고 한 사람이 통역할 것이요 [28]만일 통역하는 자가 없으면 교회에서는 잠잠하고 자기와 하나님께 말할 것이요 [29]예언하는 자는 둘이나 셋이나 말하고 다른 이들은 분별할 것이요 [30]만일 곁에 앉아 있는 다른 이에게 계시가 있으면 먼저 하던 자는 잠잠할지니라 [31]너희는 다 모든 사람으로 배우게 하고 모든 사람으로 권면을 받게 하기 위하여 하나씩 하나씩 예언할 수 있느니라 [32]예언하는 자들의 영은 예언하는 자들에게 제재를 받나니 [33]하나님은 무질서의 하나님이 아니시요 오직 화평의 하나님이시니라 모든 성도가 교회에서 함과 같이(14:26-33).

26. 그런즉 형제들아 어찌할까 너희가 모일 때에 각각 찬송시도 있으며 가르치는 말씀도 있으며 계시도 있으며 방언도 있으며 통역함도 있나니 모든 것을 덕을 세우기 위하여 하라. 바울은 이제 그들에게 그들 중에 있는 그러한 잘못들을 바로잡을 수 있는 길을 보여 주는데, 무엇보다도 먼저 교회에 주어진 모든 은사들이 그들의 모임 속에서 사용되어야 하지만, 질서 있게 순서를 따라 사용되어야 하고, 많지도 적지도 않게 적정하게 사용되어야 한다고 말하고, 다음으로는, 교회는 무익하고 쓸데없는 것들을 행하는 데 시간과 힘을 허비해서는 안 되고, 모든 일은 "덕을 세우기 위하여" 행해져야 한다고 말한다. 바울은 본격적으로 그렇게 권면하기 전에, 여기에서 먼저 덕을 세운다는 것이 무엇인지를 다음과 같이 정의하는 것으로 시작한다: "무슨 은사이든 은사를 받은 사람들은 누구나 모든 사람의 유익을 위하여 그 은사를 사용하는 데 힘써야 한다." 즉, 하나님께서는 그 어느 한 사람에게 그 사람 자신이나 성도들 전체가 하나님의 사람으로 성장해 나가는 데 필요한 모든 은사를 다 주시지 않고, 모든 사람에게 은사들을 골고루 나누어 주셔서, 서로서로 합력할 때에만 그러한 성장을 이룰 수 있게 하셨기 때문에, 은사를 받은 모든 사람은 누구든지 자신의 은사로 교회와 성도들을 섬겨야 한다는 것이다.

27. 만일 누가 방언으로 말하거든 두 사람이나 많아야 세 사람이 차례를 따라 하고 한 사람이 통역할 것이요. 바울은 이제 교회에서 은사들을 사용할 때에 어떠한 질서를 따라야 하는지, 그리고 은사들을 어떤 정도로 사용해야 적정한 것인지를 개략적으로 설명해 나간다: "너희가 방언으로 말하고자 한다면, 너희 중에서 방언으로 말할 사람의 수를 두 사람, 또는 아무리 많아도 세 사람으로 제한하고, 그 두 사람이나 세 사람이 정해진 순서를 따라서 방언하게 하며, 그리고 반드시 통역하는 사람을 두어서 방언을 통역하게 하여야 한다. 통역하는 사람이 없으면, 방언은

교회의 모임에서 무익하고 성도들에게 아무런 유익을 끼칠 수 없기 때문에, 통역이 없는 경우에는 방언을 말하게 해서는 안 된다." 우리가 여기에서 주목하여야 할 것은, 바울은 방언의 은사를 교회의 모임에서 사용하라고 명하고 있는 것이 아니라, 단지 사용해도 좋다고 허용하고 있을 뿐이라는 것이다. 왜냐하면, 예컨대 오늘날 히브리어와 헬라어 같이, 방언들이 "예언"에 도움이 되는 경우를 제외한다면, 교회에서 방언들이 사용되지 않는다고 해도, 그것은 별 문제가 되지 않기 때문이다. 하지만 바울은 방언도 성령이 주신 은사인데, 자기가 믿는 자들의 모임에서 성령이 주신 은사를 배제하고자 하는 것 같이 보이지 않도록 하기 위해서, 방언의 은사를 사용하는 것을 허락한 것이다.

그런데 바울이 여기에서 방언에 대하여 말하고 있는 것은 그가 앞에서 방언은 믿는 자들을 위한 것이 아니라 믿지 않는 자들을 위한 "표적" 또는 "이적"이라고 말한 것과 모순되는 것처럼 보일 수 있다. 거기에 대한 나의 대답은, 어떤 표적이나 이적이 특히 믿지 않는 자들을 위한 것이라고 할지라도, 그런 사실로부터, 그런 표적이나 이적이 믿는 자들에게 아무런 유익도 주지 않는다는 결론을 이끌어 내는 것은 잘못된 것이라는 것이다. 즉, 방언이 일차적으로 믿지 않는 자들을 위한 표적이라고 해도, 방언은 믿는 자들에게도 얼마든지 유익을 끼칠 수 있다는 것이다. 우리가 앞에서 살펴본 것처럼 "방언"을 이사야 선지자가 말한 의미에서 믿지 않는 자들을 위한 "표적"이라고 이해한다고 할지라도, 우리는 바울이 여기에서 방언에 대하여 말하고 있는 것은 그것과는 상황이 다르다는 것을 알아야 한다. 왜냐하면, 바울은 교회의 모임에서 성도들이 알아들을 수 없는 방언을 말하여도 문제가 없다고 말하고 있는 것이 아니라, 통역을 통해서 모든 성도들이 방언을 알아들을 수 있는 경우에 한해서, 방언을 사용해도 괜찮다고 말하고 있는 것이기 때문이다. 따라서 바울은 고린도 교인들이 방언의 은사와 관련해서 저질러 왔던 잘못을 바로잡기 위해서 지극히 균형 잡힌 중도적인 해법을 제시한다. 즉, 그는 한편으로는 하나님께서 교회에 주신 모든 은사들을, 그것이 무엇이 되었든 하나도 빠짐없이 다 교회에서 사용되게 함으로써, 하나님이 교회에 베풀어 주시고자 하시는 모든 복이 믿는 자들의 무리 속에서 다 나타나게 함과 동시에, 다른 한편으로는 사람들이 하나님의 은사들을 하나님의 영광을 위하여 사용하는 것이 아니라 자신들의 이기적인 야심을 충족시키기 위하여 사용하는 악이 교회 속에 은밀하게 침투하지 못하도록 막고, 교회에서 중요한 은사들이 무시되어서, 그러한 은사들이 차지해야 할 자리를 별로 중요하지 않은 은사가 차지하는 폐단이 발생하지 않도록 제한을 가하는 해법을 여기에서 제시하고 있다는 것이다. 요컨대, 바울은 방언의 은사가 그동안 고린도 교회에서 교회에 유익은 되지 못하고 단지 사람들 앞에 과시하고 대단한 사람으로 인정받고자 하는 이기적인 야심을 이루기 위한 도구가 되어 왔던 것을 바로잡아서, 이제는 방언의 은사를 통해서 교회가 유익을 얻는 그러한 해법을 적절하게 제시한 것이다.

28. 만일 통역하는 자가 없으면 교회에서는 잠잠하고 자기와 하나님께 말할 것이요. 이것은 바울이 이렇게 말하고 있는 것이다: "통역이 없는 경우에는, 방언을 말하는 사람은 교회에서는 그 은사를 사용하지 말고, 자기 스스로만 누리는 가운데, 그 은사로 인하여 하나님께 감사하라." 이렇게 나는 "자기와 하나님께 말할 것이요"라는 구절은, 방언의 은사를 받은 사람은 하나님께서 자기에게 은혜를 베푸셔서 그러한 은사를 주셨다는 것을 마음으로 생각하고서 거기에 대하여 감사하는 가운데, 공적으로 사용할 수 있는 기회가 주어지지 않는 경우에는, 마치 하나님께서 그만이 혼자 누리도록 주신 것으로 여기고서, 방언의 은사를 혼자 누리라는 것을 의미하는 것으로 이해한다. 왜냐하면, 바울은 혼자 있을 때에 "자기와 하나님께" 방언을 "말하는" 것을 교회에서 공적으로 방언을 말하는 것과 대비시키면서, 통역이 없는 경우에는 후자를 금지하고 있기 때문이다.

29. 예언하는 자는 둘이나 셋이나 말하고. 바울은 방언의 경우와 마찬가지로 예언의 경우에도 일정한 제한을 가한다. 왜냐하면, "요리사가 너무 많으면 수프를 망친다"는 속담처럼, 예언이 아무리 교회의 덕을 세우는 좋은 은사라고 할지라도, 질서를 따라 적정하게 행해지지 않고 도가 지나친 경우에는 도리어 해로울 수도 있기 때문이다. 우리는 일상의 경험을 통해서 그러한 사실을 잘 알고 있다. 하지만 바울은 방언의 경우에는 두 사람 또는 아무리 많아야 세 사람으로 아주 분명하게 그 수를 제한하였지만, 예언의 경우에는 그렇게 분명하게 수를 제한하지는 않는다. 왜냐하면, 예언은 방언과는 달리 하나님의 말씀을 구체적으로 적용하여 성도들에게 전하는 것인 까닭에, 꽤 많은 시간을 거기에 할애하여도 해로움이 없고, 도리어 사실 예언을 통한 가르침이 많으면 많을수록 성도들은 더 많은 유익을 얻을 수 있을 것이었기 때문이다. 그러나 바울은 사람들의 연약함을 고려해서, 예언이 어느 정도 선에서 행해져야 유익할지를 생각하여, 이러한 지침을 제시한 것이었다.

하지만 여기에서 한 가지 질문이 여전히 남는다: 바울은 교회의 모임에서 방언을 말하는 자의 수를 제한할 때에는 "아무리 많아야"라는 표현을 첨가하기는 했지만, 어쨌든 예언하는 자와 방언을 말하는 자의 수를 두 사람 내지는 세 사람으로 제한하고 있는데, 그가 말한 대로, 방언이 예언보다 교회에 덜 유익을 끼치는 은사라면, 방언을 말하는 자의 수를 더 축소하고 예언을 말하는 자의 수를 더 늘리는 것이 합당하지 않겠는가? 거기에 대한 나의 대답은, 방언을 말할 때에 통역이 있는 경우에는, 방언은 예언과 동일한 역할을 할 수 있었고, 그러한 방언은 강론과 공중기도에서 모두 사용될 수 있었는데, 강론에 사용된 경우에는, 통역하는 사람이 예언하는 사람의 역할을 대신하였기 때문에, 교회의 모임에서 방언은 통역을 세워서 강론을 하는 데 주로 자주 사용되었다는 것이다. 따라서 바울은 방언을 말하는 사람과 예언하는 사람의 수에 차이를 둘 필요가 없었고, 다만 방언을 말하는 사람의 수를 "아무리 많아야 세 사람"이라고 못 박아서 제한한 이유는, 한편으로는 성도들 중에는 방언에 대하여 거리낌이나 거부감이 있는 사람들이 있을 수 있었고, 그런 경우에는 방언의 은사가 그들로부터 멸시를 받을 우려가 있었고, 다른 한편으로는 방언을 별로 잘하지 못하는 사람들이 기회를 독차지함으로써, 방언을 더 잘하는 사람이 기회를 얻지 못하는 일이 없도록 하기 위한 것이었다. 왜냐하면, 바울은 방언을 말하는 사람의 수를 이렇게 제한한 것 속에는, 성도들 전체가 방언을 남들보다 더 잘 말함으로써 교회에 더 많은 유익을 끼칠 수 있는 사람들을 선별해서 세우게 하고자 하는 의도도 분명히 들어 있는 것임에 틀림없기 때문이다. "무식하면 용감하다"는 속담이 잘 말해 주듯이, 방언에 대하여 수박 겉핥기 식으로 알고 있는 사람들이 방언을 잘 말하는 사람들보다 더 적극적으로 성도들 앞에 나서고자 할 것이었기 때문에, 바울은 그러한 폐단이 있을 것을 미리 예상하고서, 성도들 전체가 자신들의 모임에서 미리 두세 사람을 방언을 말할 사람으로 지목해 두었다가, 그 사람들로 하여금 방언을 말하게 하고자 한 것이었다.

다른 이들은 분별할 것이요. 바울은 교회의 모임에서 예언하는 자들로 지목된 두세 사람 외에 예언의 은사를 지닌 다른 사람들이 자기가 앞에서 한 말을 듣고서, 그런 식으로 제한하는 것은 하나님이 주신 은사를 억누르는 것이라고 항변할 수도 있었기 때문에, 여기에서 그들은 각자의 자리에 앉아서, 다른 사람들이 예언하는 것이 맞는지 틀리는지를 분별하는 일을 함으로써, 그들이 꼭 앞에 나가서 예언을 하지 않아도 얼마든지 교회의 유익을 위하여 자신들의 예언의 은사를 사용할 수 있다는 것을 보여 준다. 왜냐하면, 교회에 하나님의 올바른 가르침인지 아닌지를 분별하는 데 능한 예언의 은사를 가진 사람들이 있어서, 사탄의 교묘한 속임수들에 의해서나, 그 밖의 다른 말도 안 되는 것들이 교회에 침투함으로써 하나님의 건전한 교훈이 변질되고 왜곡되는 것을 막아 준다면, 그것은 교회에 엄청난 유익을 끼치는 일이 될 것이기 때문이다. 바울은 이렇게 예언의 은사를 지닌 선지자들이 교회의 모임에서 굳이 예언을 하지 않고 잠잠히 있더라도 얼마든지 교회에 유익을 끼칠 수 있다는 것을 보여 준다.

그러나 바울이 여기에서 그 어떤 이의 제기도 용납되어서는 안 되는 하나님의 가르침을 사람들이 분별할 수 있게 허용한 것은 이상해 보일 수도 있다. 나의 대답은, 바울은 여기에서 하나님의 가르침이 사람들의 판단에 의해서 좌지우지되거나 사람들의 분별에 종속된다고 말하고 있는 것이 아니고, 사람들이 해야 할 일은 단지 어떤 사람이 예언을 통해서 하나님의 참된 말씀을 선포하고 있는 것인지, 아니면 예언을 빙자해서, 자기 자신이 머릿속에서 생각해 낸 잘못된 것들을 하나님의 말씀이라고 선포하고 있는 것인지를, 하나님의 성령을 의지해서 분별하는 것이라고 말하고 있는 것일 뿐이다. 이것에 대해서는 우리가 곧 다시 살펴보게 될 것이다.

30. 만일 곁에 앉아 있는 다른 이에게 계시가 있으면 먼저 하던 자는 잠잠할지니라. 교회의 모임에서 예언을 할 사람들과 그 순서가 미리 정해져 있다고 할지라도, 어떤 사람이 회중에게 꼭 예언해야 할 것이 있는 경우에는, 그 사람이 말할 수 있는 기회가 주어진다면, 그것은 정말 좋은 일이다. 그렇게 된다면, 자신들에게 차례가 주어지지 않은 사람들도 교회가 성령을 제한한다거나 하나님의 말씀을 억누른다고 불평할 이유가 더 이상 없게 될 것이다. 왜냐하면, 어떤 사람이 꼭 예언을 해야 할 상황이 발생한 경우에는, 그 사람에게 예언할 수 있는 기회가 주어진다면, 사실상 모든 사람에게 자유롭게 예언할 기회가 주어져 있는 것이 될 것이기 때문이다. 단 한 가지 조심해야 할 것이 있다면, 그것은 자기 자신을 과시하고자 하는 이기적인 야심을 충족시키기 위해서 그런 식으로 차례를 무시하고 함부로 나서서는 안 되고, 오로지 회중에게 유익을 끼치기 위해서 꼭 필요한 경우에만 그렇게 하여야 한다는 것이다. 바울은 여기에서 회중 앞에서 지금 예언을 하고 있는 사람이라도, 누구든지 자기보다 더 좋은 예언을 받은 사람이 있는 경우에는, 언제라도 그 사람에게 예언을 할 기회를 양보하여야 한다고 말함으로써, 회중 전체의 유익을 위하여 자기 자신을 절제하고 이기적인 야심을 버릴 것을 모든 사람들에게 요구한다.

왜냐하면, 각 사람이 자기가 하고 싶은 대로 경솔하고 무분별하게 행하도록 내버려 두는 것이 아니라, 교회에서 가장 큰 사람들로부터 가장 미천한 사람들에 이르기까지 모든 사람들이 서로 앞다투어 자기가 하고 싶은 대로 자신의 은사를 사용하려고 하는 것을 철저하게 절제하는 가운데 기꺼이 자기 자신을 낮추고서, 성령이 누구의 입을 통해서 말씀하시든, 그런 것에는 상관하지 않고, 오로지 한 분 동일하신 성령께서 교회에 무슨 말씀을 하시는지만을 귀 기울여 듣고자 할 때, 우리는 그러한 모임을 성령께서 주시는 참된 자유가 있는 모임이라고 말할 수 있기 때문이다. 어떤 사람에게 임한 이러한 계시가 믿을 만한 것이냐 하는 문제에 대해서는 우리가 곧 따로 살펴보게 될 것이다.

31. 너희는 다 모든 사람으로 배우게 하고 모든 사람으로 권면을 받게 하기 위하여 하나씩 하나씩 예언할 수 있느니라. 우리가 여기에서 먼저 알아야 할 것은, 바울은 여기에서 "너희는 다"라고 말하고 있지만, 그것은 믿는 사람들 전체를 가리키는 것이 아니고, 오직 예언의 은사를 받은 사람들만을 가리킨다는 것이고, 다음으로는 바울은 예언의 은사를 받은 모든 사람에게 기회가 공평하게 똑같이 주어져야 한다고 말하고 있는 것이 아니라, 회중 전체의 유익을 고려해서, 큰 유익을 끼치는 사람들에게는 더 많은 기회를 주고, 그렇지 않은 사람들에게는 기회를 적게 주어야 한다고 말하고 있다는 것이다. 따라서 바울은 이렇게 말한 것과 같다: "예언의 은사를 받은 사람들은 자신들에게 기회가 주어지지 않는다고 불평할 필요가 없다. 왜냐하면, 그 때가 언제일지는 몰라도, 모든 성도들에게 유익을 끼칠 수 있는 계시가 어떤 사람에게 주어진 경우에는, 성도 앞에서 예언할 기회가 반드시 그 사람에게도 주어질 것이기 때문이다."

먼저, 바울은 "모든 사람으로 배우게 하고"라는 말을 덧붙이는데, 이것은 성도들 전체에게 적용되는 말이기는 하지만, 특히 예언하는 자들에게 적용되어야 하는 말이다. 실제로 바울은 예언하는 자들을 특히 염두에 두고서, 여기에서 이 말을 하고 있는 것이다. 왜냐하면, 언제든지 스스로 기꺼이 배우고자 하는 사람이 아니라면, 좋은 선생이 되지 못할 것이고, 자기는 이미 모든 것을 충분히 완벽하게 다 알고 있다고 자부하는 사람은 다른 사람들이 하는 말들로부터 얻을 것이나 배울 것이 아무것도 없다고 생각해서 다른 사람들의 말을 전혀 경청하고자 하지 않을 것이기 때문이다. 그러므로 예언의 은사를 받아서 선생으로서의 자신의 소임을 충성되게 수행하고자 하는 사람들은, 예언의 은사를 받은 다른 사람들이 자신들의 차례가 되어서 교회에 가르침을 베풀 때마다, 배우는 자의 자세로 기꺼이 그들의 가르침을 경청하는 것을 못마땅해하거나 거부해서는 안 된다.

다음으로, 바울은 "모든 사람으로 권면을 받게" 하라고 말한다. 이것으로부터 우리가 알아야 할 것은, 그리스도의 사역자들은 오직 자신들만이 뛰어난 예언의 은사를 받은 것이 아니라, 자신들과 같이 그 동일한 뛰어난 은사를 받은 사람들이 많이 있다는 것을 시기하지 말고 도리어 진심으로 기뻐하여야 한다는 것이다. 성경은 모세가 바로 그러한 태도를 지니고서 그렇게 행한 사람이었다는 것을 우리에게 보여 준다. 왜냐하면, 예언의 은사가 다른 사람들에게도 주어진 것을 보고서, 모세를 섬기고 있던 여호수아가 어리석은 시기심으로 불타올라서 몹시 못마땅해하며 화를 내자, 모세는 "네가 나를 두고 시기하느냐 여호와께서 그의 영을 그의 모든 백성에게 주사 다 선지자가 되게 하시기를 원하노라"(민 11:29)라고 말하며 여호수아를 꾸짖었다고 성경은 우리에게 말해 주기 때문이다. 하나님의 성령의 도구들로 쓰임 받고 있는 경건한 사역자들은 성령이 다른 사람들에게서도 역사하는 것을 볼 때, 크게 위로를 얻고 기뻐하는 법이다. 또한, 하나님의 말씀의 증인들과 사역자들이 많이 있어서, 하나님의 말씀이 전파되는 데 큰 도움이 되고 있는 것을 볼 때에도, 그것은 경건한 사역자들에게 큰 위로가 되고 기쁨이 된다.

바울이 여기에서 사용하고 있는 '파라칼레이스타이'(παρακαλεῖσθαι)라는 동사는 그 의미가 모호해서, "모든 사람으로 권면을 받게 하기 위하여"로 번역될 수도 있고, "모든 사람으로 위로를 받게 하기 위하여"로 번역될 수도 있다. 우리는 후자의 번역을 택해서 앞에서 설명하였지만, 전자의 번역도 지극히 합당하다. 왜냐하면, 우리가 다른 사람들의 가르침을 귀 기울여 들으면, 그것은 우리에게 맡겨진 소임을 더욱더 분발해서 큰 열심으로 행하여야 하겠다고 하는 각오를 새롭게 다질 수 있게 해 주는 권면이 될 수 있다는 점에서도 좋은 일이기 때문이다.

32. 예언하는 자들의 영은 예언하는 자들에게 제재를 받나니. 예언의 은사를 받은 사람들이 차례를 정해서 한 사람씩 예언할 필요가 있는 이유들 중의 하나는, 그들 중의 한 사람이 회중에게 베푸는 가르침 속에서 다른 예언하는 자들이 무엇인가 잘못된 것을 발견하는 경우가 종종 있을 수 있기 때문이다. 바울은 이렇게 말한다: "회중 앞에서 예언을 하는 자의 가르침은 회중 가운데 앉아 있는 다른 예언하는 자들에 의해서 판단을 받는 것이 합당하기 때문에, 종종 그 가르침 속에 어떤 잘못된 것이 있는 경우에는, 회중 가운데 앉아 있는 다른 예언하는 자가 회중에게 말

할 수 있는 기회를 얻게 될 것이다." 어떤 이들은 이 절을 잘못 이해해서, 마치 바울이 여기에서 하나님의 선지자들은 탈혼상태에 빠진 사람들, 즉 어떤 영에 갑자기 붙잡혀서 자기 자신에 대한 통제력을 상실해 버린 사람들과 같지 않다고 말하고 있는 것으로 이 절을 해석하였다. 물론, 하나님의 선지자들이 탈혼상태가 되어서 예언을 하는 것이 아니라는 것은 분명한 사실이지만, 그런 것은 바울이 여기에서 말하고자 하는 것과는 아무 상관이 없다. 왜냐하면, 내가 이미 말하였듯이, 바울이 여기에서 말하고자 하는 것은, 예언하는 자들이라고 해서, 다른 사람들에 의한 분별이나 판단에 의한 제재를 받지 않아도 되는 것이 결코 아닌 까닭에, 모든 예언하는 자들은 다른 예언하는 자가 예언할 때에 잘 경청해서, 그것이 과연 올바른 가르침인지 아닌지를 분별하여야 한다는 것이다.

물론, 이렇게 해석하는 데 난점이 아주 없는 것은 아니다. 왜냐하면, 사도는 "예언하는 자들의 영들"이 제재를 받는다고 말하고 있고, 이것은 비록 은사들에 대하여 말하고 있는 것이기는 하지만, 어쨌든 성령에 의해서 주어진 은사인 "예언"이 사람들의 판단을 받아야 한다고 말하는 것은, 성령 자신이 사람들에 의해서 판단을 받는다고 말하는 것이기 때문이다. 그런 식의 논리라면, 성령에 의해서 계시된 하나님의 말씀도 철저하게 분별하고 검증되어야 한다고 말할 수 있을 것이지만, 하나님의 말씀을 분별하고 검증하는 것은 절대로 용납될 수 없는 일이라는 것은 너무나 자명하기 때문에 굳이 말할 필요조차 없는 일이다. 따라서 나는 하나님의 성령이나 말씀이 그런 식의 판단이나 검증을 통해서 제재를 받아서는 안 된다는 것을 부인하지 않는다. 성령의 위엄은 그대로 존중되어야 하고, 훼손시키는 일이 있어서는 안 되기 때문에, 사도는 성령은 "모든 것을 판단하나 자기는 아무에게도 판단을 받지 아니한다"고 말한다(고전 2:15). 마찬가지로, 하나님의 말씀도 거기에 걸맞은 존중을 받는 것이 마땅하기 때문에, 우리는 하나님의 말씀이 우리에게 임하자마자 거기에 대하여 그 어떤 이의도 제기함이 없이 즉시 받아들여야 한다.

그렇다면, 바울은 여기에서 무엇이 제재를 받는다고 말하고 있는 것인가? 나의 대답은, 만일 어떤 사람에게 온전한 계시가 주어진다면, 그 사람이나 그의 은사에 대해서 그 어떤 판단이나 제재를 하는 것이 합당하지 않다는 것은 의심의 여지가 없다는 것이다. 계시가 온전하다면, 판단이나 제재 같은 문제는 아예 처음부터 문제가 되지 않는다. 그러나 하나님께서는 자신의 성령을 각 사람에게 단지 제한된 분량만 나누어 주셨기 때문에, 어떤 사람이 성령으로 충만하다고 할지라도, 거기에는 언제나 부족함이 있을 수밖에 없다. 그러므로 하나님으로부터 모든 점에서 온전한 계시를 받고 모든 것을 다 알아서, 저 높은 곳에서 다른 모든 사람들을 내려다보고 있어서, 그 누구로부터도 판단을 받을 필요가 없는 그런 사람은 실제로 존재할 수 없다는 것은 전혀 이상한 일이 아니다. 따라서 우리는 사람들이 성령의 은사들을 판단하고 검증한다고 해도, 그것이 성령을 모독하는 것이 전혀 아닌 이유를 이제 알게 된다. 즉, 바울은 성령께서 말씀하신 것이 분명한 것들을 놓고서, 그 말씀들이 참인지 거짓인지를 사람들이 분별하고 판단하여야 한다고 말하고 있는 것이 아니라, 은사들은 성령에 의해서 주어진 것들이라고 할지라도 여전히 불완전한 까닭에, 예언의 은사를 가진 사람들이 예언한 것들도 과연 성령으로부터 온 것들인지를 분별하고 판단하여야 한다고 말하고 있는 것이다. 아니, 거기에서 한 걸음 더 나아가서, 예언하는 자들이 한 예언들을 우리가 아주 철저하게 분별하고 검증해서 더 이상 바로잡을 것이 없는 경우에도, 그 예언들 속에는 무엇인가 좀 더 개선할 것들이 여전히 있다고 말하는 것이 옳을 것이다. 따라서 바울이 여기에서 말하고자 하는 요지는, 예언하는 자들이 예언의 은사를 사용해서 무슨 말을 하든, 다른 예언하는 자들은 그 말이 하나님의 성령으로부터 온 것인지를 반드시 분별하고 검증하여야 한다는 것이다. 왜냐하면, 특정한 예언의 말이 성령으로부터 온 것이 확실해지기만 한다면, 교회가 그 예언을 하나님의 말씀으로 받는 데 전혀 주저할 필요가 없게 될 것이기 때문이다.

하지만 여기에서 또 다른 질문이 생겨난다: 이러한 검증은 어떠한 기준을 따라서 이루어져야 하는가? 우리는 이 질문에 대한 대답 중 일부를 바울 자신의 입으로 한 말 속에서 찾을 수 있다. 즉, 그는 로마서 12:6에서 "우리에게 주신 은혜대로 받은 은사가 각각 다르니 혹 예언이면 믿음의 분수대로 … 할 것이니라"고 말하는데, 이것이 그러한 기준의 일부가 될 수 있다는 것이다. 그러나 실제로 분별하고 판단할 때에는, 하나님의 말씀과 성령의 인도하심을 받아야 한다는 것은 의심의 여지가 없다. 따라서 예언하는 자들이 한 예언들은 오직 하나님의 말씀에 비추어서만 하나님으로부터 온 것으로 인정을 받거나 하나님으로부터 오지 않은 것으로 단죄되어야 한다. 요컨대, 예언들을 판단하고 검증하는 일을 주관하시는 분은 오직 하나님뿐이시고, 사람들은 단지 하나님의 판단을 그대로 받아서 회중 앞에서 선포하는 전령으로서의 역할만을 할 뿐이라는 것이다.

바울이 이 절에서 한 말을 통해서 우리가 알게 되는 것은, 고린도 교회에 성령의 은사들이 아주 다양하고 풍성하게 주어져 있었다는 것이다. 왜냐하면, 고린도 교회에는 많은 선지자들이 있어서, 그들이 예언할 순서를 정하는 것이 아주 큰 일이었을 정도였고, 너무나 다양한 은사들이 주어져서, 여분이나 과잉이라고 할 정도였기 때문이다. 반면에, 오늘날 우리는 교회에 은사들이 너무나 빈약하고 빈곤한 것을 본다. 그러나 우리의 그러한 현실은 우리의 배은망덕함에 대한 합당한 징벌이다. 왜냐하면, 하나님의 부요하심과 우리에게 차고 넘치게 후히 주시는 너그러우심은 예나 지금이나 똑같지만, 우리가 하나님의 부요하심으로부터 아주 다양한 은사들을 풍성하게 받을 자격이 없는 자들이 되어 버렸고, 하나님께서 우리에게 차고 넘치게 후히 주시고자 하셔도, 우리가 그런 것들을 받을 수 없는 자들이 되어 버렸기 때문이다. 그렇다고 할지라도, 우리에게는 여전히 "빛"과 "가르침"이 풍성하게 주어져 있어서, 얼마든지 경건을 실천하여 열매를 맺을 수 있기 때문에, 지금이라도 우리는 그렇게 하는 것을 소홀히하지 않으면 된다.

33. 하나님은 무질서의 하나님이 아니시요 오직 화평의 하나님이시니라. 이 본문은 "하나님은 무질서의 (하나님이) 아니시요 오직 화평의 (하나님)이시니라"라는 번역문에서, 실제로는 괄호 안에 있는 단어들이 빠져 있는 형태로 되어 있기 때문에, 우리는 이 본문의 의미를 제대로 이해하기 위해서는, 괄호 안에 "원천"이나 "하나님" 같은 단어를 보충해 넣어서, 이 본문을 읽어야 한다. 이 본문은 우리가 "화평"을 사랑하고 화평을 이루는 일에 열심을 내는 사람들이 아니라면, 우리는 하나님을 섬기는 자들이 아니라는 것을 우리에게 가르쳐 주고 있다는 점에서, 대단히 유익하고 귀중한 본문이다. 따라서 어떤 사람의 마음속에 다투고 싸우기를 좋아하는 성향이 존재한다면, 우리는 그 사람이 하나님을 섬기고 있는 것이 아님을 아주 분명하게 알 수 있다. 이렇게 말하는 것은 아주 쉬운 일이기 때문에, 거의 모든 사람들이 입으로는 그렇게 말한다. 하지만 실제로는 대부분의 사람들은 화평이나 질서 같은 것은 안중에도 두지 않은 채로, 아무것도 아닌 일에 금방 격분하기도 하고, 교회에서 이런저런 수단을 통해서 다른 사람들보다 뛰어난 중요한 인물로 인정받기 위해서 난리를 피운다. 그러므로 우리는 어떤 사람들이 그리스도의 종들인지 아닌지를 분별하고자 할 때에는, 이 기준을 염두에 두고서, 그들이 과연 "화평"과 화합을 이루기 위하여 애를 쓰고, 매사에 가능한 한 다툼이나 싸움을 피하며, 모든 일에서 화평을 추구하는 사람들인지 아닌지를 살펴보아야 한다. 물론, 우리가 무엇보다도 먼저 알아야 할 것은, 바울이 여기에서 "화평"은 하나님의 진

리 안에서의 화평을 말하는 것임을 명심하여야 한다는 것이다. 왜냐하면, 우리가 불경건한 가르침들에 대항해서 싸워야 한다면, 하늘과 땅이 두 쪽이 난다고 해도, 그러한 싸움은 계속해서 해 나가는 것이 마땅하기 때문이다. 다툼이나 싸움 없이 화평한 가운데 하나님의 진리를 순전하게 보전하는 것이 우리의 일차적인 관심이 되어야 한다는 것은 두말할 필요가 없다. 하지만 믿지 않는 자들이 하나님의 진리를 공격하여 훼손하고자 하는 경우에는, 우리는 그들에 맞서서 싸워야 하고, 세상 사람들이 우리를 화평을 깨뜨리고 소요를 일으키는 자들이라고 욕해도, 그런 비방을 듣는 것을 두려워해서는 안 된다. 왜냐하면, 하나님의 진리를 대적하는 자들과 화평을 이루며 살아가는 것은 하나님께 반기를 들었음을 보여 주는 증표로서 저주받은 일인 반면에, 그리스도의 나라를 보존하고 지키는 데 꼭 필요한 싸움은 복된 일이기 때문이다.

모든 성도가 교회에서 함과 같이. 이 구절은 바울이 이 절에서 말하고 있는 것에만 걸리는 것이 아니라, 앞에서 말한 모든 것에 걸린다. 따라서 그는 이렇게 말한 것과 같다: "내가 지금까지 너희에게 명하거나 권면한 것들은 모든 교회에서 다 지키고 있는 것이다. 즉, 모든 교회가 내가 지금까지 말한 대로 행하여 '화평'을 유지해 나가고 있다. 그러므로 다른 교회들이 화평을 유지하는 것은 물론이고 다른 일들도 잘 되게 하는 데 아주 유익한 것으로 경험을 통해서 알게 된 것들을 너희도 그대로 행하는 것이 마땅하다." 바울은 마치 제대로 질서가 잡혀 있는 교회에서는 수치스러운 오명으로부터 자유로울 수밖에 없다는 듯이, 여기에서 "성도"라는 용어를 명시적으로 강조해서 사용한다.

34여자는 교회에서 잠잠하라 그들에게는 말하는 것을 허락함이 없나니 율법에 이른
것 같이 오직 복종할 것이요 35만일 무엇을 배우려거든 집에서 자기 남편에게 물을
지니 여자가 교회에서 말하는 것은 부끄러운 것이라 36하나님의 말씀이 너희로부터
난 것이냐 또는 너희에게만 임한 것이냐 37만일 누구든지 자기를 선지자나 혹은 신
령한 자로 생각하거든 내가 너희에게 편지하는 이 글이 주의 명령인 줄 알라 38만일
누구든지 알지 못하면 그는 알지 못한 자니라 39그런즉 내 형제들아 예언하기를 사
모하며 방언 말하기를 금하지 말라 40모든 것을 품위 있게 하고 질서 있게 하라
(14:34-40).

고린도 교회에 악영향을 미치고 있던 또 하나의 잘못된 폐단은, 교회에서 성도들이 모였을 때, 여자들이 아주 자유분방하게 말을 많이 해서 교회의 질서가 어지럽혀진 것이었다. 그래서 바울은 여자들에게 교회의 모임에서 공적으로 가르치거나 예언하는 것을 금지시킨다. 그러나 우리는 바울은 여기에서 교회가 모든 것이 잘 갖추어지고 질서가 잡혀서 모든 일들이 정상적으로 잘 행해지는 상황을 전제하고서, 이렇게 명하고 있는 것이라고 이해하여야 한다. 왜냐하면, 여자들이 교회의 모임에서 공적으로 가르치거나 예언해야 할 필요가 있는 상황이 얼마든지 생길 수 있는데도, 바울이 여기에서 이렇게 말하고 있는 것으로 보아서, 우리는 그가 모든 것이 잘 갖추어지고 질서가 잡힌 교회에서 여자들이 어떻게 행하는 것이 합당한지를 여기에서 말하고 있는 것이라고 볼 수밖에 없기 때문이다.

34. 여자는 교회에서 잠잠하라 그들에게는 말하는 것을 허락함이 없나니 율법에 이른 것 같이 오직 복종할 것이요. 율법에서 여자들에게 "복종하라"고 한 것과 바울이 지금 여자들에게 교회에서 공적으로 가르치거나 예언하지 말라고 한 것은 도대체 무슨 상관이 있는 것인가? 어떤 이들은 "복종하는 것과 가르치는 것은 서로 양립될 수 없는 것이 아니기 때문에, 복종하는 위치에 있다고 할지라도, 얼마든지 다른 사람들을 가르칠 수 있는 것이 아니냐?"고 반론을 제기한다. 그러한 반론에 대한 나의 대답은, 가르치는 일은 교회에서 다른 사람들을 다스리고 인도하는 사람들에게 맡겨진 소임이기 때문에, "복종하는" 것과 서로 양립될 수 없다는 것이다. 교회의 지체들 중의 한 사람에게 복종해야 하는 위치에 있는 여자가 교회의 지체들 전체, 즉 그리스도의 몸 전체에 대하여 다스리고 인도하는 권위를 행사한다면, 그것은 얼마나 볼썽사나운 일이겠는가! 따라서 바울은 여기에서 서로 모순되고 양립할 수 없는 두 가지 명제를 대비시키는 가운데 어느 한 쪽이 참이기 때문에 다른 한 쪽은 거짓일 수밖에 없다는 식의 논증 방법을 사용해서 자기가 말하고자 하는 것이 옳다는 것을 증명하고 있다: 율법에서는 여자에게 오직 복종하라고 명하였다. 그러므로 여자는 교회에서 공적으로 가르쳐서는 안 된다. 사실, 하나님의 율법을 모르는 곳이라고 할지라도, 인류 역사에서 인간의 원래의 본성이 그대로 유지되고 보존된 곳에서는 어디에서나, 여자들은 나이와는 상관없이 공적인 일들을 담당하거나 행하는 것에서 배제되어 왔다는 것은 의심의 여지가 없다. 우리의 상식은 여자들이 다스리는 것이 부적절하고 볼썽사나운 일이라는 것을 우리에게 말해 준다. 로마에서는 한때 여자들이 법정에서 자신을 스스로 변호하는 것이 허

용되기도 했지만, 카이아 아프라니아(Caia Afrania: 주전 1세기, 원로원 의원의 부인)가 툭 하면 소송을 제기하고서는, 스스로 뻔뻔스럽고 후안무치한 변론을 일삼은 것을 계기로 해서, 여자들이 법정에서 변호하는 것이 금지되었다. 바울의 논증은 단순하고 명쾌하다: 율법에서는 여자들에게 복종하라고 명하였는데도, 만일 여자들이 교회에서 공적으로 가르친다면, 그것은 모든 남자들을 주관하는 것이 되기 때문에, 교회가 가르치는 권위를 여자들에게 맡기는 것은 합당하지 않다.

35. 만일 무엇을 배우려거든 집에서 자기 남편에게 물을지니 여자가 교회에서 말하는 것은 부끄러운 것이라. 사람들은 바울이 앞 절에서 말한 것을 듣고서는, 마치 그가 여자들에게서 교회에서 배울 수 있는 기회를 박탈하려는 것이 아니냐는 의구심을 얼마든지 품을 수도 있었기 때문에, 그는 그러한 의구심을 제거해 주기 위해서, 여자들이 교회에서 들은 말씀들 중에서 잘 모르겠거나 궁금한 것이 있다면, 교회의 공적인 모임이 아니라 사사롭게 물으면 될 것이기 때문에, 굳이 교회의 공적인 모임에서 이의를 제기하거나 논쟁을 불러일으킴으로써 교회를 분란에 휩싸이게 만들어서는 안 된다고 말한다. 바울은 여기에서 "남편"에게 물으라고 말하고 있지만, 여자들이 필요한 경우에는 사적으로 선지자들에게 묻는 것을 금지하고 있는 것은 아니다. 왜냐하면, 모든 남편이 다 아내의 질문에 적절한 대답을 해 줄 수 있는 것은 아니기 때문이다. 여기에서 바울은 교회의 질서라는 문제에 초점을 맞추어서, 고린도 교회에서 여자들이 교회에서 공적으로 가르치거나 예언하는 것이 교회의 질서를 무너뜨리는 볼썽사나운 일이었기 때문에, 단지 그 점만을 지적하여, 고린도 교인들로 하여금 그 점을 유의하고 조심하도록 하면 충분하다고 생각한 것이었다. 한편, 지혜로운 독자들은 바울이 여기에서 다루고 있는 문제는 가치중립적인 문제로서, 불법한 일이 아니었고, 선하다거나 악하다고 말할 수 있는 것도 아니었으며, 단지 교회의 덕을 세우고 품위를 유지하는 것과 관련해서 적절한 것이 무엇이냐에 대하여 말하고 있는 것임을 이미 알아차렸을 것이다.

36. 하나님의 말씀이 너희로부터 난 것이냐 또는 너희에게만 임한 것이냐. 바울이 여기에서 하고 있는 책망은 꽤 호되고 신랄한 것이기는 하지만, 고린도 교인들의 교만(superbia)에 재갈을 물리는 데 필요한 것이었다. 왜냐하면, 그들은 정도가 지나치게 자만에 빠져 있어서, 다른 사람들이 그들 자신이나 그들과 관련된 것들에 대하여 조금이라도 듣기 싫은 말을 하는 것을 용납하거나 참을 수 없어 하였기 때문이다. 그래서 바울은 이 세상에서 하나님의 말씀을 받아 그리스도인들이 된

것이 오직 그들뿐이고, 그들 외에는 이 세상에 하나님의 말씀을 받은 그리스도인은 아무도 없는 것이냐고 반문한다: "너희는 지금 하나님의 말씀이 너희 외에는 그 누구에게도 임하지 않았고 오직 너희에게만 임하였으며, 하나님의 말씀이 다른 사람들로부터 시작된 것이 아니라 너희로부터 시작되어 밖으로 퍼져나간 것이기 때문에, 다른 모든 교회는 기준이 될 수 없고, 오직 너희만이 기준이 되어야 한다고 말하고 싶은 것이냐?" 바울이 여기에서 고린도 교인들에게 이렇게 경고하고 있는 의도 또는 목적은, 고린도 교인들이 다른 교회들이나 성도들이 어떻게 행하고 있는지에 대해서는 전혀 아랑곳하지도 않고, 오직 자신들이 생각해 내어서 자신들의 교회에서 행하고 있는 것들이나 행해 온 것들은 그 자체로 옳고 합당할 수밖에 없다는 자만에 빠져 있어서는 안 된다는 것을 일깨워 주기 위한 것이다. 그러나 바울의 이러한 가르침은 보편성을 띠고 있다. 왜냐하면, 그 어떤 교회도 완전히 자기 자신에만 매몰되어서, 자신이 행하는 것들은 무조건 다 옳고 합당하며, 다른 교회들이 행하는 것들은 다 무가치한 것들이라고 여겨서 무시한다면, 그것은 잘못되어도 아주 한참이나 잘못된 것이고, 도리어 정반대로 모든 교회들은 서로에게 손을 내밀어서, 서로 연합하여 하나가 되어야 한다는 하나님의 명령을 받들어, 모든 일을 함께 나누는 가운데, 다른 교회들로부터 좋은 것들을 받아들이는 한편, 자기 교회의 나쁜 것들을 고쳐 나가는 모습을 보이는 것이 합당하기 때문이다.

이 대목에서 다음과 같은 질문이 생겨난다: 어느 교회가 다른 교회들보다 먼저 세워졌다면, 그 교회는 먼저 세워졌다는 것을 근거로 해서, 다른 교회들에게 자신의 제도들을 받아들이라고 요구할 수 있는가? 왜냐하면, 바울이 말하고 있는 것들을 살펴보면, 그는 그렇다고 말하고 있는 것처럼 보이기 때문이다. 예를 들면, 예루살렘 교회가 모든 교회의 모교회가 된 것은 하나님의 말씀이 거기로부터 시작되었기 때문이었다. 그렇다면, 예루살렘 교회는 자신의 그러한 특권적인 지위를 근거로 해서, 다른 모든 교회들에게 교회의 모든 일들을 행할 때에 자기가 행한 대로 하라고 명령할 수 있는 것인가? 나의 대답은 바울은 여기에서 어떤 보편적인 것을 가르치고 있는 것이 아니라, 그가 흔히 그렇게 해 왔듯이, 특별히 고린도 교회에 적용될 수 있는 가르침을 베풀고 있다는 것이다. 따라서 여기에서 바울은 이 주제에 대한 보편적인 가르침을 베풀고자 하고 있는 것이 아니라, 고린도 교인들 중에서, 마치 하나님의 말씀이 자신들에게 났고 오직 그들에게만 임한 것처럼 행하고 있던 일부 신자들을 향하여 이 말을 하고 있는 것이다. 그런 까닭에, 나중에 세워진 교회라고 해서, 반드시 먼저 세워진 교회들에서 행해지고 있는 제도들을 모두 다 그대로 다 가져와서 행하고 지켜야 하는 것은 아니다. 실제로, 바울은 예루살렘 교회에서 행해지고 있던 것들을 자신이 세운 모든 교회에서도 그대로 행하라고 강요하지 않았기 때문에, 우리는 바울 자신도 그러한 것을 원칙으로 삼아 행하지 않았다는 것을 알게 된다. 그 어떤 교회이든, 자기 교회만이 모든 점에서 옳고 우월하다고 여기는 완악함과 교만에 빠져서, 다른 교회들을 무시하여서는 안 되고, 도리어 그런 것과는 정반대로 어느 교회가 건전한 상식을 따라 스스로 겸손하고 절제하는 가운데 덕을 세우는 일에 열심을 보인다면, 그런 교회 속에서 다른 교회들과 아주 다른 것들이 행해지고 있다고 할지라도, 그런 교회는 책망을 받을 이유가 전혀 없을 것이다. 그러므로 우리는 바울이 여기에서 문제삼은 것은, 고린도 교인들이 스스로 교만하여져서 자신들의 교회가 다른 그 어떤 교회보다 더 우월하다고 여겨서 다른 모든 교회들을 무시하고서는, 그들보다 앞서 세워지고 그들에게 복음을 전해 주었던 교회들이 어떻게 하고 있는지를 잘 살펴서 좋은 것들을 받아들여 행할 생각을 전혀 하지도 않고, 그들로부터 복음을 전해 받은 교회들과 교제하고 함께 하는 것도 전혀 하지 않은 것이었음을 유념하여야 한다. 나는 고린도 교회가 저질렀던 이와 같은 잘못들을 우리 시대의 교회들은 정말 저지르지 않게 되기를 간절히 바라지만, 우리 시대의 교회들 속에서도 복음을 전혀 맛보지 않은 잔인하기 짝이 없는 자들이 폭군들처럼 교회들 위에 군림하여, 그들 자신이 고안해 낸 법들을 지키도록 강요함으로써, 경건한 교회들을 마구잡이로 휘저어 놓고 분란을 일으키고 있는 것을 본다.

37. 만일 누구든지 자기를 선지자나 혹은 신령한 자로 생각하거든 내가 너희에게 편지하는 이 글이 주의 명령인 줄 알라. 바울은 앞에서 어떤 가르침이나 예언 같은 것들이 교회에 주어졌을 때에는, 그것이 하나님으로부터 온 말씀인지를 분별해서, 성도들로 하여금 하나님의 참된 말씀만을 받아들일 수 있게 해 주어야 하는 것이 선지자들에게 주어진 소임 중의 하나라고 말한 바 있지만, 이제 여기에서는 자기가 이 서신을 통해서 가르치고 있는 것에 대해서는 의구심을 가지고서 살필 생각을 하지 말고, 의심할 여지 없는 하나님의 말씀으로 받으라고 말한다. 그가 이렇게 말한 이유는, 그들이 올바르게 제대로 분별하고 판단하기만 한다면, 그들은 자기가 한 말들이 하나님으로부터 온 말씀이라는 것을 깨닫게 될 것이었기 때문이었다. 아울러, 그가 이렇게 말한 또 한 가지 이유는, 그는 자신이 지닌 사도로서의

권위에 의거해서, 고린도 교인들이 당면한 여러 가지 문제들을 어떻게 결정하고 어떤 식으로 행해 나가야 하는지에 대하여 그들에게 가르침들을 베풀고 있는 것이었기 때문이었다.

바울은 다음 절에서는 "만일 누구든지 알지 못하는 자가 있다면, 알지 못한 채로 그대로 있도록 내버려 두라"고 말함으로써, 여기에서 보이고 있는 것보다 한층 더 강력한 확신을 보여 준다. 이렇게 한 것은 바울의 경우에는 분명히 정당하고 합당한 것이었다. 왜냐하면, 한편으로는 바울의 마음속에는, 자기가 하나님으로부터 계시를 받았다는 것에 대해서 추호의 의심도 없었고, 다른 한편으로는 고린도 교인들도 바울이 하나님의 사도라는 것을 잘 알고 있었을 것임에 틀림없었던 까닭에, 하나님의 사도라는 것을 인정하면서도, 그가 베푼 가르침들을 하나님의 말씀으로 받지 않는 것은 앞뒤가 맞지 않는 일이었기 때문이다. 하지만 누구나가 다 그런 식의 권위를 주장할 수 있는 것은 아니다. 그런 주장을 할 수 있는 합당한 권위를 지니지 않은 사람이 그런 주장을 한다면, 사람들은 그 사람이 자신을 과시하기 위하여 허풍을 치고 있다고 여기고서는 비웃을 것인데, 사람들의 그러한 반응은 너무나 당연한 것이다. 왜냐하면, 어떤 사람이 여기에서 바울이 지니고 있는 것과 같은 확신을 지니려면, 자기가 하나님으로부터 받아 전한 말씀들이 현실에서 실제로 이루어지는 것을 보여 주어야 하기 때문이다. 따라서 바울이 전한 말씀들은 현실에서 하나님의 말씀들로 확인되었기 때문에, 자기가 이 편지에서 명한 것들은 다 "주의 명령"이라고 말한 것은 단지 진실을 말한 것일 뿐이었다. 반면에, 다른 많은 사람들은 자신들이 말한 것들이 하나님으로부터 온 말씀들이라는 것이 전혀 확인되거나 확증되지 않았는데도, 막무가내로 자신들의 말이 하나님의 말씀이라고 큰소리를 친다. 모든 것은 어떤 사람이 절제하지도 못하고 자기 마음대로 행하고자 한다면, 그 사람은 성령을 따라서 말하는 것이 아니라, 자신의 머리에서 고안해낸 것들을 말하는 것임이 분명한 반면에, 자신의 말을 하는 것이 아니라 진정으로 성령의 도구로 쓰임받고 있는 사람은, 바울처럼, 자신의 가르침을 거부하는 자들은 "선지자" 또는 "신령한 자"일 수 없다고 확신 있게 단언한다는 사실에 달려 있다. 왜냐하면, 바울이 이 서신의 처음 부분에서 "신령한 자는 모든 것을 판단하나 자기는 아무에게도 판단을 받지 아니하느니라"(고전 2:15)라고 말한 것처럼, 성령을 따라 말하는 사람은 자기에게 주어진 권세에 의거해서 그렇게 판단하고 단언하는 것이기 때문이다.

여기에서 이런 질문이 제기될 수 있다: 바울이 이 서신에서 말한 것들은 성경에 나오는 내용들도 아닌데, 그는 어떻게 자기가 말한 것들이 "주의 명령들"이라고 단호하게 말하고 있는 것인가? 또한, 여기에서 또 하나의 난점이 제기되는데, 그것은 바울이 말한 것들이 "주의 명령들"이라면, 그것들은 모든 성도들의 양심을 구속하는 것임과 동시에, 모든 성도들이 다 지켜야 하는 것들인데, 실제로는 그가 말한 것들은 교회의 질서와 관련된 것들이기 때문에, 모든 성도들이 양심을 따라 반드시 지켜야 하는 강제성을 띤 것들은 아니라는 것이다. 이러한 질문들과 관련한 나의 대답은, 바울은 먼저 자기가 그들에게 명한 것들 중에는 하나님의 뜻에 어긋나는 것들은 단 하나도 없다고 말하고, 그런 후에, 하나님께서는 교회의 질서와 관련된 자신의 그러한 뜻을 바울에게 보여 주셨고, 그래서 그는 고린도 교회를 비롯한 모든 교회에 하나님의 그러한 뜻을 전하여 지키게 하고 있는데, 그가 교회의 질서 문제에 대하여 그들에게 가르친 것들은 하나님에 대한 신령한 예배를 다루는 가르침들처럼 절대로 어겨서는 안 되는 법인 것은 아니지만, 하나님의 모든 자녀들에게 유익을 주는 것들이기 때문에, 어느 것 하나라도 무시하거나 소홀히 해서는 안 된다고 말하고 있다는 것이다.

38. 만일 누구든지 알지 못하면 그는 알지 못한 자니라. 불가타(라틴어) 역본에는 이 구절이 "만일 누구든지 알지 못한다면, 그는 알지 못한 채로 있으면 될 것이다"로 되어 있지만, 그렇다고 해서 그것이 잘못된 번역인 것은 아니다. 왜냐하면, 바울이 이렇게 말한 의도는, 무엇에든지 끊임없이 시비를 걸고 트집을 잡는 사람들이 그의 말들 중에서 자신들에게 분명하게 이해되지 않는 것들이 있어서 질문한다는 핑계로 실제로는 그의 말들에 대하여 시비를 걸고 트집을 잡는 것을 미연에 차단하고자 하는 것이었고, 적어도 자기가 지금까지 그들에게 한 말들에 대해서 이의를 제기하는 자들이 있더라도, 그런 자들을 일일이 다 상대하여, 자기가 말하고자 하는 의미가 무엇인지를 또다시 반복해서 설명해 줄 의향이 자기에게는 없다는 것을 좀 더 일반적인 표현을 사용해서 나타내고자 한 것이었기 때문이다. 따라서 그는 이렇게 말한 것과 같다: "내가 지금까지 말한 것들을 이해하거나 깨닫지 못한 사람이 있더라도, 나는 그 사람으로 하여금 내가 한 말들을 이해하거나 깨닫게 해 줄 의향이 없다. 왜냐하면, 내가 말한 것들을 이해하거나 깨닫지 못한 사람들이 있다고 할지라도, 그렇다고 해서 나의 가르침이 참되고 확실하다는 것은 조금이라도 훼손되는 것은 결코 아니기 때문이다. 그러므로 그런 사람들이 누구이고 어떤 생

각을 하는 사람들이든, 나는 그런 것들을 상관하지도 않고 개의치도 않을 것이다. 따라서 그들이 어떤 말들을 하든, 너희는 내가 이 서신을 통해서 너희에게 해 준 말들이 다 그리스도께서 나를 통해서 말씀하신 것들임을 확신하고 절대로 흔들려서는 안 된다."

요컨대, 회의하고 의심하는 자들이나 시비를 걸고 트집을 잡는 것을 좋아하는 자들이나 가르침을 순순히 받아들이지 않고 모든 것을 의심하며 꼬치꼬치 따지며 캐묻는 것이 몸에 밴 자들이 바울이 지금까지 가르친 것들에 대하여 그 어떤 이의를 제기한다고 할지라도, 하나님으로부터 온 진리의 말씀들과 올바른 가르침들은 전혀 손상을 입지 않을 것이기 때문에, 믿는 자들은 그가 가르친 것들을 의심하지 말고 그대로 믿는 것이 마땅하다는 것이다. 이렇게 바울은 자신의 가르침들에 대한 그런 자들의 회의적인 태도와 의심하는 마음에 영향을 받아서, 우리도 덩달아 그의 가르침들이 하나님으로부터 온 말씀들이라는 사실을 의심하거나 믿기를 주저해서는 안 된다고 우리에게 경고한다. 하지만 우리는 여기에서 바울이 이렇게 모든 사람들의 판단을 아무것도 아닌 것으로 여기고 멸시할 수 있었던 것은 그가 진리를 확실히 알고 그 진리 위에 서 있었기 때문이라는 것을 명심하여야 한다. 그러므로 만약 우리가 인간적으로 어떤 특정한 생각을 붙잡았을 경우에는, 모든 사람이 우리의 그러한 생각이 잘못되었다고 말하는데도, 우리가 그 생각을 완고하게 고집하며 포기하려고 하지 않거나, 모든 사람이 우리의 그러한 생각에 대하여 의문을 제기하는데도, 우리가 그 모든 문제제기를 다 무시하고서 그 생각에 사로잡혀 있다면, 그것은 어리석고 잘못된 일이겠지만, 우리가 하나님으로부터 온 말씀이라는 것을 굳게 확신하고 있는 경우에는, 우리는 모든 사람들로부터 온갖 장애물과 난관들을 다 뛰어넘어서 그 말씀을 흔들림 없이 끝까지 붙잡는 것이 마땅하다.

39. 그런즉 내 형제들아 예언하기를 사모하며 방언 말하기를 금하지 말라. 이것은 바울이 지금까지 다루어 온 주된 주제였던 은사 문제에 대한 결론적인 말이다. 즉, 그는 예언은 모든 은사 중에서 교회에 가장 큰 유익을 끼치는 은사이기 때문에 다른 은사들보다도 더 사모하고 구하여야 한다는 것과 그럼에도 불구하고 다른 모든 은사들도 경시해서는 안 된다는 것을 여기에서 결론으로 제시한다. 하지만 우리가 주목하여야 할 것은 그가 말하는 방식, 또는 그의 표현방식이다. 왜냐하면, 그는 "예언"은 모든 신자들이 간절하게 사모하고 열심으로 구하여야 할 은사라고 말

하는 반면에, 다른 은사들보다 좀 더 희귀한 "방언"의 은사를 받은 사람들을 시기하지 말라고 권면하고 있기 때문이다. 즉, 방언의 은사는 좀 더 희귀하지만, 예언만큼 교회에 큰 유익을 끼치는 은사가 아닌 까닭에, 그렇게 간절하게 구하여야 하는 은사는 아니고, 따라서 방언의 은사를 받은 사람들을 합당하게 존중해 주는 것은 필요하지만 시기할 필요는 없다는 것이다.

40. 모든 것을 품위 있게 하고 질서 있게 하라. 앞 절에 나온 결론적인 말은 은사 문제와 관련된 좀 더 직접적이고 구체적인 결론이라고 한다면, 여기에 나오는 결론적인 말은 좀 더 일반적이고 폭넓은 의미를 담고 있는 결론이다. 왜냐하면, 바울은 여기에서는 단지 은사 문제와 관련된 결론만을 요약해서 제시하고 있는 것이 아니라, 다른 문제들에도 적용될 수 있는 일반적인 교훈, 즉 교회의 치리와 관련된 모든 일들을 정할 때에 고려하여야 할 일반적인 원칙까지도 함께 제시하고 있기 때문이다. 바울은 이 서신의 여러 곳에서 이미 교회에서 행해지는 예식들과 관련된 문제들을 다루어 왔기 때문에, 이 대목에서 그런 문제들을 해결할 때에 가장 기본이 되는 원칙을 여기에서 요약해서 제시하고자 한 것인데, 그 원칙은 "품위"를 보존하여야 한다는 것과 "질서"를 유지하고 무질서를 피하여야 한다는 것이다. 바울의 이러한 결론적인 말은, 그는 고린도 교인들이 자기가 앞에서 제시해 온 여러 가지 가르침들을 모두 다 하나님이 그들에게 주신 일종의 계명들로 여기고서 양심에 거리낌 없이 꼼꼼하게 다 지켜야 하는 것으로 생각한 것이 아니라, 단지 그런 것들을 하나의 표준적인 지침으로 삼아서, 교회에서 품위와 질서와 화평을 유지하기 위하여 필요한 한도 내에서 그런 것들을 지켜 나가면 된다고 생각한 것임을 잘 보여 준다. 내가 앞에서 이미 말하였듯이, 이것으로부터 우리는 교회의 조직이나 치리가 어떠한 목적을 위하여 행해져야 하는가 하는 일반적인 원칙을 알게 된다.

하나님께서는 우리가 하나님에 대한 예배는 외적인 예식들을 행하는 데 있고, 우리는 하나님이 정해 주신 그러한 외적인 예식들만을 잘 지키면, 하나님을 제대로 잘 예배하는 것이라고 생각하지 않도록 하시기 위하여, 교회에서 행해지는 외적인 예식들과 관련해서는 우리에게 상당한 자유를 허용하셨다. 하지만 그와 동시에, 하나님께서는 그런 것들과 관련된 자유를 우리에게 무제한적으로 허용하신 것이 아니라, 그 자유에 일종의 울타리를 치셔서, 일정한 범위와 한계를 넘어서지 못하도록 하셨다.

또는, 이것을 우리는 하나님께서는 우리가 그런 것들에 대하여 어떻게 하는 것이 옳은지를 판단하고 정할 때에는 하나님의 말씀을 넘어서지 않고 반드시 하나님의 말씀에 비추어서 그렇게 행하게 하심으로써, 우리에게 주신 자유를 일정 정도 제한하셨다고 말할 수도 있다. 그러므로 이 구절을 제대로 올바르게 고찰하기만 한다면, 우리는 사람들의 양심을 억압하고 구속해서 끔찍한 노예로 만들어 버리는 교회의 폭압적인 칙령들과, 교회를 잘 다스리고 치리하여서 바른 질서와 품위와 화평을 보존하고자 하기 위해 제정된 교회의 경건한 법들은 판이하게 다른 것임을 쉽게 알 수 있다. 또한, 우리는 후자인 교회의 경건한 법들은 이 구절에서 바울이 말한 일반적이고 보편적인 가르침을 토대로 하고 있고, 그리스도께서도 분명하게 인정하신 것들이라는 점에서, 그 법들을 단순히 인간의 전통들로 여겨서는 안 된다는 것을 쉽게 알게 된다.

제15장

1형제들아 내가 너희에게 전한 복음을 너희에게 알게 하노니 이는 너희가 받은 것
이요 또 그 가운데 선 것이라 2너희가 만일 내가 전한 그 말을 굳게 지키고 헛되이
믿지 아니하였으면 그로 말미암아 구원을 받으리라 3내가 받은 것을 먼저 너희에게
전하였노니 이는 성경대로 그리스도께서 우리 죄를 위하여 죽으시고 4장사 지낸 바
되셨다가 성경대로 사흘 만에 다시 살아나사 5게바에게 보이시고 후에 열두 제자에
게와 6그 후에 오백여 형제에게 일시에 보이셨나니 그 중에 지금까지 대다수는 살
아 있고 어떤 사람은 잠들었으며 7그 후에 야고보에게 보이셨으며 그 후에 모든 사
도에게와 8맨 나중에 만삭되지 못하여 난 자 같은 내게도 보이셨느니라 9나는 사도
중에 가장 작은 자라 나는 하나님의 교회를 박해하였으므로 사도라 칭함 받기를
감당하지 못할 자니라 10그러나 내가 나 된 것은 하나님의 은혜로 된 것이니 내게
주신 그의 은혜가 헛되지 아니하여 내가 모든 사도보다 더 많이 수고하였으나 내
가 한 것이 아니요 오직 나와 함께 하신 하나님의 은혜로라(15:1-10).

바울은 이제 다른 주제, 즉 부활에 관한 주제를 다루기 시작하는데, 그가 이 주제를 다루게 된 것은, 부활에 대한 고린도 교인들의 믿음이 그들 중에서 부활을 믿지 않는 일부 신자들로 말미암아 흔들리고 있었기 때문이었다. 그러나 그들이 마지막 날에 있을 몸의 부활에 대한 것만을 의심하고 있었던 것인지, 아니면 영혼이 죽지 않고 영원히 살게 될 것이라는 가르침에 대해서까지 의심을 하고 있었던 것인지는 분명하지 않다. 이것과 관련해서 여러 가지 다양한 잘못된 견해들이 존재하였다는 것은 너무나 잘 알려져 있는 사실이다. 철학자들 중에서도, 영혼은 죽지 않고 영원히 산다고 주장하는 사람들은 일부 있었지만, 몸의 부활에 대해서 말하는 사람은 단 한 사람도 없었다. 사두개인들은 한층 더 어리석은 자들이어서 거기에서 한 걸음 더 나아가, 사람이라는 존재는 오직 현세에서만 살아갈 뿐이고, 사람의 영혼은 영원한 실체가 아니라 단순한 호흡이나 숨에 불과한 것이어서, 사람이 죽으면 사

라져 버리는 것이기 때문에, 내세도 존재하지 않고 영혼도 불멸한 것이 아니라고 생각하였다. 따라서 내가 앞에서 이미 말하였듯이, 고린도 교인들이 당시에 사두개인들과 같은 정도로 정신이 나가고 어리석어져서 내세의 존재에 대한 믿음까지 다 내팽개쳐 버렸던 것인지, 아니면 단지 몸의 부활만을 부정한 것인지는 그리 확실하지 않다. 왜냐하면, 바울이 여기에서 전개하고 있는 논증들을 보면, 고린도 교인들은 사두개인들처럼 완전히 정신이 나가서 내세까지 부정하는 정도까지 이르렀던 것으로 보이기 때문이다. 예를 들면, 바울이 "만일 죽은 자들이 도무지 다시 살아나지 못하면 죽은 자들을 위하여 세례를 받는 자들이 무엇을 하겠느냐 어찌하여 그들을 위하여 세례를 받느냐"(고전 15:29)라고 말하거나, "또 어찌하여 우리가 언제나 위험을 무릅쓰리요 … 내가 사람의 방법으로 에베소에서 맹수와 더불어 싸웠다면 내게 무슨 유익이 있으리요 죽은 자가 다시 살아나지 못한다면 내일 죽을 터이니 먹고 마시자 하리라"(고전 15:30, 32)고 말한 것은, 고린도 교인들이 어떤 철학자들처럼 "우리의 영혼은 우리가 죽은 후에도 계속해서 살아 있는 것이 아니라, 우리가 죽는 순간 함께 없어져 버리는 것이 아닌가"라고 반문한 것에 대하여 대답해 주고 있는 것이라고 보는 것이 가장 자연스러워 보일 수 있다. 따라서 상당수의 해석자들은 이 장에 나오는 바울의 모든 논증은 영혼불멸이라는 주제와 관련되어 있는 것이라고 주장한다.

나는 고린도 교인들이 잘못 생각하고 있었던 것이 구체적으로 무엇이었는가 하는 문제에 대해서 어떤 결론을 내리고 있지는 않지만, 이 장에 나오는 바울의 모든 말들은 적어도 "몸의 부활"을 다루고 있다는 것에 대해서는 분명하게 말할 수 있다. 그러므로 우리는 바울이 이 장에서 다른 주제가 아니라 "몸의 부활"이라는 주제를 다루고 있는 것임을 하나의 기정사실로 받아들여야 한다. 후메내오와 빌레도는 "부활이 이미 지나갔다"고 말하며 내세의 존재를 부인하였는데(딤후 2:17-18), 그들의 그러한 불경스러운 주장이 고린도 교회에까지 침투하였을 가능성도 우리는 생각해 볼 수 있다: "진리에 관하여는 그들이 그릇되었도다 부활이 이미 지나갔다 함으로 어떤 사람들의 믿음을 무너뜨리느니라." 왜냐하면, 우리 시대에도 그런 자들과 똑같은 자들, 즉 악한 영들에 사로잡혀서 그들 자신을 자유주의자들이라고 부르는 정신 나간 자들이 있기 때문이다. 나는 추측이라는 위험성을 감수하고서라도, 오늘날의 자유주의자들이 하나님께서 우리에게 약속하신 실제의 몸의 부활을 모종의 상징적인 부활로 대체해 버리고 있는 것과 마찬가지로, 고린도 교인들 중에서 몸의 부활을 부정하였던 자들도 장래의 부활에 대한 소망을 대체해 버린 어떤 가상적인 부활 개념을 받아들임으로써 잘못된 것일 가능성이 높고, 분명히 그런 식으로 이해하는 것이 고린도 교회에서 벌어진 일의 진실에 더 가깝다고 본다.

고린도 교회에서 부활의 소망과 관련해서 실제로 어떤 일이 벌어진 것이든, 그토록 뛰어난 선생의 가르침을 받았던 사람들이 그러한 말도 안 되는 터무니없는 교설에 빠져서 그토록 빨리 그 선생의 가르침을 버릴 수 있었다는 사실은 너무나 소름끼치고 끔찍한 사례일 뿐만 아니라, 이 시대에 살아가는 우리에게 무엇인가를 분명하게 경고해 주고 있는 사례임에 틀림없다. 하지만 이스라엘 교회에서도 이미 사두개인들이, 사람이 죽으면 영혼도 즉시 사라진다는 점에서, 사람과 짐승은 전혀 다르지 않고, 사람이 누리는 것과 짐승들이 누리는 것도 차이가 없다고 대놓고 공개적으로 뻔뻔스럽게 주장하고 다녔다는 사실을 생각하면, 고린도 교인들이 사도로부터 가르침을 받은 지 얼마 되지도 않아서, 그런 황당한 교설에 넘어가서 사도의 가르침을 헌신짝처럼 버린 것은 그리 놀랄 만한 일도 아니고 이상한 일도 아니다. 하지만 우리는 고린도 교인들이 보여 준 그런 눈먼 모습은 하나님의 진리에 만족하지 않고 사탄의 속임수들과 술책들에 미혹되어서 이리저리 이끌려 다니는 자들에 대한 하나님의 의로우신 심판이라는 것을 유념하여야 한다.

여기에서 우리는 다른 어떤 문제들보다도 먼저 앞서서 다루어졌어야 할 이 주제를 바울이 이 장의 끝부분으로 미루어 놓고서 다른 주제들을 다 다룬 후에야 다루고 있는 이유가 무엇이냐고 물을 수 있다. 어떤 이들은 이 문제가 아주 중요한 문제였기 때문에, 바울은 고린도 교인들이 이 문제를 다른 문제들보다도 더 깊이 마음에 새겨두게 하기 위하여 그렇게 한 것이라고 대답한다. 하지만 나는 바울은 고린도 교회에서 상당히 약화되어 있던 사도로서의 자신의 권위를 다시 회복시키고, 그들의 교만을 제어함으로써, 그들로 하여금 자기가 하는 말을 유순하게 귀 담아 들을 수 있게 하는 준비작업을 다 마치고 난 후에야, 이 중요한 주제를 다루고자 한 것이라고 생각한다.

1. 형제들아 내가 너희에게 전한 복음을 너희에게 알게 하노니 이는 너희가 받은 것이요 또 그 가운데 선 것이라. 바울이 여기에서 "너희에게 알게" 하고자 한다고 말한 것은, 지금 그는 고린도 교인들이 전에는 전혀 모르고 있던 어떤 것을 새롭게 가르치고자 하는 것이 아니라, 단지 그들이 전에 자기에게서 들었던 것을 다시 한 번 일깨워 주고자 하는 것이기 때문이다. 그는 이렇게 말한 것과 같다: "너희가 올

바른 길에서 벗어나 어그러진 길로 가기 전에, 너희가 나에게서 배웠던 바로 그 복음을 지금 여기에서 나와 함께 떠올려 보라." 바울이 여기에서 부활에 관한 가르침을 "복음"이라고 부른 것은, 그들이 그들의 구원에 아무런 영향도 미치지 않는 다른 문제들을 대할 때와 마찬가지로, 부활이라는 문제에 대해서도 그들 각자의 생각을 따라 나름대로 다양한 견해를 형성하여도 괜찮을 것이라고 착각하지 않도록 하기 위한 것이다.

바울이 "복음"이라는 말에 "내가 너희에게 전한"이라는 말을 덧붙인 것은, 앞에서 부활에 관한 가르침을 "복음"이라고 말하여, 부활에 관한 가르침이 그들의 구원과 관련된 엄중한 가르침이라는 것을 강조한 데 이어서, 또다시 "사도"인 자기가 가르친 것이라고 말하여, 그 가르침의 확실성을 다시 한 번 강조한 것이다. 따라서 그는 이렇게 말한 것과 같다: "너희가 나를 사도로 인정한다면, 사도인 내가 너희에게 그렇게 가르친 것임을 너희는 분명히 알아야 한다."

바울은 이렇게 두 번의 강조에서 그치지 않고, 또다시 "너희가 받은 것이요 또 그 가운데 선 것이라"고 말함으로써, 자기가 사도로서 부활에 관한 가르침을 복음이라는 이름으로 그들에게 가르친 것이 확실한 진리라는 것을 다시 한 번 강조한다. 즉, 이것은 사도인 바울은 고린도 교인들에게 부활에 대하여 분명히 가르쳤고, 그들은 그 가르침을 믿고 받아들였기 때문에, 그들이 이제 와서 사도인 자신의 가르침과는 정반대되는 교설을 믿고 받아들인다면, 그 모든 잘못은 사도의 올바른 가르침을 버리고 잘못된 교설을 따라간 그들에게 있다는 것을 강조한 것이다. 바울이 세 번째로 강조하기 위하여 덧붙인 이 말의 취지는, 그들은 사도로부터 들은 부활에 관한 가르침을 받아들여서 지금까지 요동하지 않는 확고한 믿음으로 그 가르침을 간직해 왔기 때문에, 부활에 관한 가르침은 그들이 한때 잠시 믿고 폐기처분해 버린 그런 가르침이 결코 아니라는 것이다.

바울이 이러한 세 가지 어구를 사용해서 고린도 교인들에게 강조하고자 한 것들 중에서 가장 중요한 것은, 부활에 관한 가르침은 그들의 구원이 달려 있는 지극히 중요하고 엄중한 가르침이라는 것을 분명하게 선언하고 있다는 것이다. 이것으로부터 우리가 얻는 결론은, 부활에 관한 가르침이 부정되는 순간, 하나님을 믿는 신앙도 무너지고, 믿음의 확실성도 무너지며, "믿음" 자체가 무너져 내리게 된다는 것이다. 어떤 이들은 여기에서 "서다"는 단어를 다르게 해석해서, "밑받침되다" 또는 "보호를 받다"는 의미로 이해하지만, 내가 앞에서 제시한 해석이 더 정확하다.

2. 너희가 만일 내가 전한 그 말을 굳게 지키고 헛되이 믿지 아니하였으면 그로 말미암아 구원을 받으리라. 이 두 개의 조건절 속에는 고린도 교인들에 대한 바울의 호되고 신랄한 책망이 내포되어 있다. 바울은 첫 번째 조건절에서는 그들의 부주의함(oscitantia) 또는 경망스러움(levitas)을 책망한다. 왜냐하면, 그들이 바울로부터 올바른 가르침을 받았음에도 불구하고 신속하게 그 가르침에서 떠났다는 것은, 그들이 바울의 가르침을 제대로 주의해서 듣고서 온전히 이해한 것이 아니라, 대충 건성으로 듣고서는 금방 잊어버렸다는 것을 보여 주는 증거였기 때문이다. 두 번째 조건절에서 바울이 경고하는 것은, 그들이 부활에 관한 이 중요한 가르침을 굳게 붙들지 않는다면, 지금까지 그들이 그리스도를 믿어 왔던 모든 것들이 다 쓸데없는 헛수고가 되고 말 것이라는 것이다.

3-4. 내가 받은 것을 먼저 너희에게 전하였노니. 바울은 자기가 앞에서 한 말이 사실이라는 것을 좀 더 구체적으로 보여 주기 위해서, 부활에 관한 가르침은 복음의 아주 중요한 근본적인 요소이기 때문에, 자기는 그들에게 다른 그 어떤 가르침들보다도 이 가르침을 그들에게 가장 먼저 가르쳤다고 여기에서 분명하게 밝힌다. 왜냐하면, 여기에서 "먼저"라는 표현은 "다른 그 어떤 가르침들보다도 가장 먼저"라는 것을 의미하기 때문이다. 즉, 그는 부활에 관한 가르침은 사람이 집을 지을 때에 가장 먼저 닦아야 하는 토대 같은 것이라고 말하고 있는 것이다. 아울러, 바울이 "내가 받은 것을 너희에게 전하였다"고 말하고 있는 것은, 자기가 그들에게 가르친 것들은 모두 다 자기가 전해 받은 것들이기 때문에, 부활에 관한 자신의 가르침은 확실한 것이라고 말하고 있는 것이라는 점에서, 바울은 이 말을 통해서 자기가 그들에게 가르친 부활에 관한 가르침에 "권위"를 부여하고 있다. 전후문맥을 살펴볼 때, "내가 받은 것"이라는 표현은, 단순히 다른 사람들이 바울에게 전해 준 것이라는 의미만이 아니라, 주께서 바울에게 맡기시고 명하신 것이라는 의미도 내포하고 있다. 왜냐하면, 사도의 직무는, 오직 "주께 받은" 것들만을 있는 그대로 전함으로써, 하나님의 순전한 말씀으로 교회를 섬기는 것이었기 때문이다.

이는 성경대로 그리스도께서 … 죽으시고 장사 지낸 바 되셨다가 성경대로 사흘 만에 다시 살아나사. 바울은 앞에서 자기가 고린도 교인들에게 전한 부활에 관한 가르침은 "내가 받은 것"이라고 말한 바 있는데, 이제 우리는 여기에서 그가 어디에서 이 가르침을 받은 것인지를 좀 더 분명하게 알게 된다. 왜냐하면, 그는 "성경"을 그 증거로 인용하기 때문이다. 그는 먼저 그리스도의 죽음에 대하여 말하고, 그런 후에 그리스도께서 장사 지낸 바 되신 것에 대하여 말하고 있기 때문에, 이것으로부터 우리는 그리스도께서 이 두 가지 일에 있어서 우리와 똑같으셨던 것으로 보아서, 부활에 있어서도 그리스도와 우리는 똑같을 것임을 알게 된다. 따라서 그리스도께서 우리와 똑같이 죽으신 것은 우리와 똑같이 부활하시기 위한 것이었다. 또한, 그리스도께서 장사 지낸 바 되셨다는 사실은 그가 우리와 똑같이 실제로 죽음을 겪으셨다는 사실을 더욱더 생생하게 증명해 준다. 그리스도의 죽으심과 부활은 성경의 수많은 본문들에 예언되어 있지만, 그 중에서도 그것들에 대하여 가장 분명하게 예언한 본문은 이사야서 53장과 다니엘서 9:26, 그리고 시편 22편이다.

우리 죄를 위하여. 그리스도께서 "우리 죄를 위하여" 죽으셨다는 것은 우리를 죄로 인한 저주인 사망으로부터 구원하시기 위하여 원래 우리가 담당해야 할 저주인 사망을 그가 몸소 짊어지셨다는 것이다. 왜냐하면, 그리스도의 죽으심은, 그리스도께서 우리의 죄를 속하시기 위하여, 원래는 우리가 담당해야 할 우리의 죄에 대한 형벌을 대신 받으셔서 자신을 희생제물로 드리심으로써, 우리로 하여금 하나님과 화목하게 될 수 있게 하신 것이었고, 한 사람이 정죄를 당하심으로 말미암아 온 인류가 죄 사함을 받게 하시기 위한 것이었기 때문이다. 만일 그런 것이 아니라면, 그리스도께서 죽으실 이유가 무엇이었겠는가? 바울은 여기에서 말하고 있는 것을 로마서 4:25("예수는 우리가 범죄한 것 때문에 내줌이 되고 또한 우리를 의롭다 하시기 위하여 살아나셨느니라")에서도 말하고 있기는 하지만, 거기에서는 그리스도께서 우리의 죄를 위하여 죽으셨다고 말함과 동시에, 우리가 의롭다 하심을 얻게 된 것을 그리스도께서 부활하신 것의 결과로 제시하고 있다. 즉, 그리스도께서는 자신의 죽으심으로써 우리의 죄를 멸하셨고, 자신의 부활을 통해서 우리의 의를 확보하셨다는 것이다. 우리가 그리스도의 죽으심으로부터는 무엇을 기대하여야 하고, 그리스도의 부활로부터는 무엇을 기대하여야 하는지를 알기 위해서는, 우리는 이러한 구별을 세심하고 주의 깊게 보존하여야 한다. 따라서 성경의 다른 곳들에서 오직 그리스도의 죽음에 대해서만 언급하고 있을 때에는, 우리는 그러한 본문들에서는 단지 그리스도의 죽음만을 말하고 있는 것이 아니라, 그리스도의 부활에 대해서도 암묵적으로 말하고 있는 것으로 이해하여야 하지만, 그리스도의 죽음과 부활이 따로따로 언급되고 있는 경우에는, 우리의 구원은 그리스도의 죽음에서 시작되고, 그리스도의 부활에서 완성되는 것으로 이해하여야 한다.

5-7. 게바에게 보이시고 후에 열두 제자에게와 그 후에 오백여 형제에게 일시에

보이셨나니 그 중에 지금까지 대다수는 살아 있고 어떤 사람은 잠들었으며 그 후에 야고보에게 보이셨으며 그 후에 모든 사도에게와. 바울은 이제 누가복음 1:2("처음부터 목격자와 말씀의 일꾼 된 자들이 전하여 준 그대로 내력을 저술하려고 붓을 든 사람이 많은지라")에서 "목격자들"(αὐτόπτας — '아우톱타스')이라고 부른 사람들을 여기에 열거하는데, 그들은 성경이 미리 예언한 것들이 실제로 성취되는 것을 두 눈으로 똑똑히 목격한 사람들이었다. 하지만 바울은 이 명단에서 여자들을 생략하고 있기 때문에, 여기에서 모든 목격자들을 다 망라해서 열거하고 있는 것은 아니다. 그러므로 우리는 바울이 부활하신 그리스도께서는 누구보다도 먼저 "게바에게 보이셨다"고 말한 것은 남자들 중에서 부활하신 그리스도를 최초로 본 사람은 베드로였다고 말한 것으로 이해하여야 한다. 그렇기 때문에, 이것은 마가가 부활하신 그리스도께서 마리아에게 가장 먼저 나타나셨다고 말한 것(막 16:9)과 전혀 모순되지 않는다.

부활하신 그리스도께서는 가룟 유다가 죽고 난 후에 남은 열한 사도에게 나타나신 것인데도, 바울은 왜 여기에서 "열두 제자"에게 나타나셨다고 말하고 있는 것인가? 크리소스토모스(Chrysostomus)는 맛디아가 선출되어서 원래 가룟 유다가 차지하고 있던 자리를 대신한 후에 이 일이 일어났기 때문에, 바울이 이렇게 말한 것이라고 생각하고, 다른 이들은 바울이 "열한 제자"라고 해야 할 것을 실수로 "열두 제자"라고 잘못 쓴 것으로 본다. 하지만 열두 제자를 따로 부르셔서 사도로 세우신 것은 그리스도께서 친히 하신 일이라는 점을 생각하면, 비록 그 중 한 자리가 공석이 되었다고 할지라도, "열두 제자" 또는 "열두 사도"라는 명칭을 그대로 유지하는 것은 전혀 이상한 일이 아니라고 나는 생각한다. 우리는 이러한 사례를 로마의 백인대라는 명칭에서 보게 되는데, 로마의 백인대는 실제로 백 명이 아니라 백두 명으로 이루어져 있었음에도 불구하고, 그 명칭이 이전부터 계속해서 사용되어 왔기 때문에, 비록 그 수가 백 명이 아니게 되었을지라도, 관례적으로 그 명칭을 계속 사용하게 된 것이었다. 따라서 우리는 여기에서 바울이 말한 "열두 제자"는 문자 그대로 열두 명의 제자라는 의미로 사용된 것이라기보다는, 그리스도께서 친히 택하셔서 사도로 세우신 제자들을 가리키는 의미로 사용된 것으로 보아야 한다.

부활하신 그리스도께서 "오백여 형제에게 일시에" 나타나신 것이 언제였느냐 하는 것은 그리 분명하지 않지만, 그러한 큰 무리는 예루살렘에 모여 있었을 가능성이 크기 때문에, 우리는 그리스도께서는 그들이 예루살렘에 모여 있었을 때에 그들에게 나타나셨을 것이라고 보아야 한다. 누가는 엠마오로 가던 두 제자가 길에서 부활하신 주님을 만난 후에 다시 예루살렘으로 돌아 왔을 때, 그 곳에 모두 합해서 얼마나 많은 사람들이 모여 있었는지에 대해서는 말하지 않지만, "열한 제자 및 그들과 함께 한 자들이 모여" 있었다고 말한다(눅 24:33). 크리소스토모스(Chrysostomus)는 이 일이 그리스도께서 승천하신 후에 일어난 것으로 보고서, '에파노' (ἐπάνω, "위에"라는 뜻의 부사인데, 한글개역개정에는 번역되어 있지 않다 ― 역주)를 "위로부터"로 해석한다. 바울이 부활하신 그리스도께서 야고보에게 나타나신 것을 언급하고 있는 것으로 보아서, 오백여 형제에게 일시에 나타난 일도 그리스도께서 승천하신 후의 일이었을 것임에 틀림없다.

바울이 7절에서 말하고 있는 "모든 사도"는 열두 사도만이 아니라, 그리스도로부터 친히 복음을 전하는 일을 위임받았던 모든 제자들까지 다 가리키는 것으로 나는 이해한다. 이렇게 우리 주님께서는 자신의 부활을 증언할 많은 증인들을 두시고서, 그들로 하여금 자신의 부활을 계속해서 빈번하게 증언하게 하고자 하셨다는 사실에 비추어 볼 때, 우리는 그리스도의 부활에 대한 우리의 믿음을 더욱더 흔들림 없이 확고하게 가지는 것이 마땅하다는 것을 명심하여야 한다. 사도는 부활하신 그리스도께서 친히 많은 사람들에게 나타나셨다는 사실에 근거해서 그리스도께서 부활하셨다는 사실을 증명함으로써, 그리스도의 부활은 그 어떤 "비유적인" 부활이 아니라, 현실에서 실제로 일어난 부활이라는 것을 똑똑히 보여 준다. 왜냐하면, 만일 그 부활이 어떤 비유적이거나 상징적인 의미에서의 부활이었다면, 바울이 여기에서 열거하고 있는 사람들 같이, 그 부활을 육신의 눈으로 직접 본 목격자들이 존재할 수 없었을 것이기 때문이다.

8. 맨 나중에 만삭되지 못하여 난 자 같은 내게도 보이셨느니라. 바울은 그리스도의 부활을 눈으로 본 일련의 목격자들을 열거한 후에, 이제 여기에서는 자기 자신을 한 사람의 목격자로 덧붙인다. 왜냐하면, 부활하신 그리스도께서는 영광을 입으시고 살아 계신 모습으로 바울에게도 나타나셨고, 그렇게 부활하셔서 승천하신 그리스도께서 바울에게 나타나신 것은 결코 아무런 실체도 없는 환영이나 환각에 불과한 일이 아니어서, 이 일도 부활에 대한 믿음을 강화시키는 데 유용한 사건이었기 때문이다. 그리고 실제로 바울은 사도행전 26:8에서 아그립바 왕에게 그리스도의 부활이 사실이라는 것을 증명하고자 하였을 때, "당신들은 하나님이 죽은 사람을 살리심을 어찌하여 못 믿을 것으로 여기나이까"라고 말하고 나서, 자기가

다메섹 도상에서 겪은 사건을 그 증거로 제시한다.

바울은 자기가 고린도 교인들에게 가르치는 것들이 권위를 지니기 위해서는, 먼저 사도로서의 자신의 권위가 고린도 교인들 가운데서 지극히 큰 무게감과 영향력을 갖는 것이 아주 중요한 일이었기 때문에, 자기가 부활하신 그리스도를 직접 목격한 증인이라는 것을 여기 마지막 부분에 덧붙이기는 하였지만, 의도가 어찌되었든, 그것은 그들에게 얼마든지 자기 자신을 대단한 인물이라고 스스로 자랑하는 것으로 비칠 수 있었기 때문에, 자기는 지극히 하찮은 자에 불과하다는 것을 인정하는 말도 아울러 덧붙인다. 즉, 바울은 열두 사도처럼 유명한 인물이 아니었기 때문에, 사람들은 얼마든지 그에게 "당신이 누구인데, 우리가 당신을 신뢰하여야 하는가?" 라고 반문할 수 있었는데, 그는 그러한 반문에 대해서, 자기는 하찮은 자에 불과하다는 것을 기꺼이 인정한다. 나는 그가 자기를 "만삭되지 못하여 난 자" 에 비유한 것은 자기가 갑작스럽게 회심한 것을 빗대어 표현한 것으로 본다. 왜냐하면, 아기들이 모태에서 일정 기간 동안 충분히 성장하여 사람의 모양을 갖춘 후에야 모태로부터 나오는 것과 마찬가지로, 우리 주님께서도 오랜 시간에 걸쳐서 자신의 열두 사도들을 지으시고 기르셔서 그 모양을 형성해 나가셨던 반면에, 바울은 우리 주님으로부터 생명을 받자마자 모태로부터 나와 버린 자와 같았기 때문이었다.

어떤 이들은 "제때를 맞추지 못하고 난 자"(한글개역개정에는 "만삭되지 못하여 난 자")는 "아버지가 죽은 후에 태어난 유복자"를 가리키는 것으로 해석하기도 하지만, 바울은 갑자기 순식간에 영적으로 잉태되고 태어나서 다 자란 성인이 되어 버렸다는 점에서, 내가 앞에서 제시한 해석이 훨씬 더 적절하다. 게다가, 바울은 그리스도 안에서 조금씩 단계를 밟아서 성장하고 자라난 것이 아니라, 이렇게 만삭되지 못한 자처럼 갑자기 거듭나서 사도가 된 것이었기 때문에, 거기에서 하나님의 은혜는 더욱더 분명하게 드러날 수 있었다.

9. 나는 사도 중에 가장 작은 자라 나는 하나님의 교회를 박해하였으므로 사도라 칭함 받기를 감당하지 못할 자니라. 바울의 대적들이 그에 대한 사람들의 신뢰를 약화시키기 위하여 사람들에게 이렇게 말하고 돌아다닌 것인지, 아니면 바울 자신이 전적으로 자신의 뜻에 의해서 자발적으로 이런 고백을 한 것인지는 확실하지 않다. 나는 바울이 하나님의 은혜를 더욱 분명하게 드러내고 높이기 위해서, 자기 자신을 지극히 하찮은 자로 인정하고 고백하여야 한다면, 조금도 주저함이 없이

기꺼이 기쁜 마음으로 그렇게 하였을 것임을 의심하지 않지만, 이 절에서는 자신의 대적들이 자기에 대하여 행한 거짓된 비방을 가져와서 말하고 있는 것이라는 생각이 든다. 고린도 교회에는 바울에 대하여 악의적으로 비방하고 중상모략함으로써 사도로서의 바울의 권위를 훼손하는 데 몰두해 온 사람들이 있었다. 우리는 이 서신에서 앞에 나온 많은 구절들 속에서도 그러한 사실을 확인할 수 있고, 그가 조금 후에 어떤 악한 자들의 비방이 아니었다면 결코 언급하지 않았을 비교를 행하고 있는 것 속에서도 그러한 사실을 확인할 수 있다.

따라서 바울은 여기에서 이렇게 말하고 있는 것과 같다: "너희는 너희가 하고 싶은 대로 나를 모욕해라. 하지만 나는 내가 티끌만도 못한 자로 평가받는다고 하여도 아무렇지도 않고, 내가 아무것도 아닌 자로 여김을 받는다고 하여도 아무렇지도 않다. 왜냐하면, 내가 그런 하찮은 자로 여김을 받을수록, 나를 향하신 하나님의 선하심은 더욱더 분명하게 드러나게 될 것이기 때문이다. 그러므로 나는 내가 사도들 중에서 가장 작은 자라는 것을 인정하고, 내가 사도라는 직임을 맡을 자격조차 없다는 것도 인정한다. 사실 내가 무슨 자격으로 사도라는 말을 들을 수 있겠는가? 나는 하나님의 교회를 박해한 자인데, 어떻게 사도가 될 자격이 있겠는가? 그러나 사실 너희는 내가 사도로서의 자격을 갖추고 있는지 없는지를 놓고 갑론을박할 필요조차 없다. 왜냐하면, 내가 사도가 된 것은, 나는 사도가 될 자격이 조금도 없었지만, 하나님께서는 내가 사도로서의 자격이 있는지의 여부는 전혀 보지 않으셨고, 오로지 전적인 은혜로 나를 사도로 삼으시고 이전과는 완전히 다른 사람으로 만들어 놓으신 것이기 때문이다."

요컨대, 바울은 자신의 사역에 조금도 방해가 되지 않고, 자기가 사람들에게 가르치는 것들이 전혀 손상을 입지 않기만 한다면, 사람들이 자기를 모든 사람 중에서 가장 별 볼일 없고 비천한 자라고 말한다고 할지라도, 거기에 대하여 이의나 반론을 제기할 마음이 전혀 없고, 도리어 전적으로 기꺼이 그러한 평가를 인정하고 수긍할 준비가 되어 있다는 것을 여기에서 보여 주고 있다는 것이다. 즉, 바울은 사람들이 하나님께서 그에게 주신 은혜를 인정하고서 그 은혜에 의거해서 그를 사도로 인정해 주고 그의 가르침에 기꺼이 순종하기만 한다면, 사람들이 그를 하나님의 그런 은혜를 받을 자격을 전혀 갖추지 못한 지독하게 형편 없는 자라고 말한다고 할지라도, 자기는 사람들의 그러한 평가에 온전히 만족하고서 그러한 평가를 기꺼이 그대로 다 받아들일 것이라는 것이다. 하나님께서 바울에게 그토록 엄청난 은혜를 베푸신 것은, 바울에게 주신 하나님의 은혜가 사람들 가운데서 제대로 드러나지 않고 묻혀 버리게 하고자 하신 것이 결코 아니었기 때문에, 바울이 하나님의 탁월한 사도라는 것이 사람들 가운데서 아주 뚜렷하게 드러나게 하시는 것이 하나님의 의도였다.

10. **그러나 내가 나 된 것은 하나님의 은혜로 된 것이니 내게 주신 그의 은혜가 헛되지 아니하여 내가 모든 사도보다 더 많이 수고하였으나.** 자유의지와 하나님의 은혜가 서로 대립되는 것으로 여기는 사람들은, 우리가 무슨 선을 행하든, 거기에서 우리의 자유의지는 아무런 역할도 하지 않았고, 오로지 그 모든 것들이 전적으로 하나님의 은혜로 말미암아 이루어진 것이라고 말하지 못하도록 하기 위하여, 자신들의 입맛에 맞게 이 절에 나오는 말씀을 왜곡해서, 마치 바울이 여기에서 자기가 온 힘을 기울여 애쓰고 노력한 덕분에, 하나님께서 자기에게 수여하신 은혜가 헛되지 않게 된 것이라고 자랑하고 있다는 듯이, 이 절을 해석한다. 따라서 그들은 은혜는 분명히 하나님에 의해서 주어지는 것이기는 하지만, 그 은혜를 올바르게 제대로 사용하는 것은 전적으로 사람들의 책임이고, 하나님이 주신 은혜가 헛되지 않게 하는 것도 사람들의 책임이라고 결론을 내린다.

그러나 나는 바울이 여기에서 한 말은 그들의 그러한 잘못된 견해를 조금도 지지해 주고 있지 않다고 분명하게 말하고자 한다. 왜냐하면, 이 절에서 바울은 자기가 순전히 자신의 힘으로 무엇인가를 하였다고 주장하고 있지도 않고, 마치 자기가 하나님과는 무관하게 무엇인가 칭찬받을 만한 일을 하였다는 듯이 말하고 있지도 않기 때문이다. 그렇다면, 바울은 여기에서 무엇을 말하고자 하는 것인가? 그는 이 절의 전반부에서 "내가 나 된 것은 하나님의 은혜로 된 것이니 내게 주신 그의 은혜가 헛되지 아니하였다"고 말한 후에, 사람들이 그가 단지 말로만 번지르르하게 하나님의 엄청난 은혜를 받았다고 말하고 있을 뿐이고, 실제로는 그런 그의 말을 밑받침해 줄 만한 실체는 아무것도 없다고 말할 수도 있었기 때문에, 자기는 지금 모든 사람들이 지금까지 두 눈으로 똑똑히 보아 온 사실만을 여기에서 말하고 있는 것임을 분명하게 밝히기 위하여, 이 절의 후반부에서 "내가 모든 사도보다 더 많이 수고하였다"는 말을 덧붙이고 있는 것이다. 또한, 설령 바울이 여기에서 한 말이 자기가 하나님의 은혜를 잘못 사용하지 않았고, 자신의 태만함으로 인해서 하나님의 은혜를 헛되게 하지 않았다는 것을 보여 주는 말이라고 할지라도, 하나님께서는 우리에게 선한 일을 할 수 있는 힘을 주시는 분이실 뿐만 아니라, 선한 일을 하고자 하는 의도도 우리에게 주시는 분이시고, 그렇게 해서 우리가 행한 일이 열매를 맺을 수 있게 하시는 분이시기도 하신다는 사실에 비추어 볼 때, 우리가 바울이 행한 모든 선한 일로 인한 영광을 전적으로 하나님께 돌리지 않고, 바울에게도 어느 정도의 영광이 주어져야 한다고 주장한다면, 나는 그러한 주장은 잘못된 것이라고 본다.

어떤 이들은 바울이 자기 자신을 다른 사도들과 비교해서 자기가 그들보다 더 많은 일을 했다고 자랑하였을 것이라고 생각할 수 없다는 이유로, 고린도 교회에서 헛된 영광을 구하여 바울을 폄하함으로써 그들 자신이 대신 높임을 받게 되고 반사이익을 챙기고자 한 저 악한 자들이 "내가 모든 사도보다 더 많이 수고하였다"는 말을 한 것이라고 해석한다. 그러나 바울이 여기에서 자기 자신을 다른 사도들과 비교하여 말하게 된 것은, 우리가 갈라디아서에서 볼 수 있듯이(갈 1:11), 오로지 저 악한 자들이 바울의 명성을 실추시키기 위해서 틈만 나면 바울을 다른 사도들과 비교해서 비방하고 중상모략하였기 때문이었다. 따라서 나는 바울이 실제로 자기가 다른 모든 사도들보다 더 많은 수고를 하였다고 말한 것일 가능성이 높다고 본다. 바울은 복음을 위하여 많은 곤경과 역경을 견뎌낸 것이나, 수많은 시험들을 이겨낸 것이나, 사도로서 누릴 수 있는 많은 것들을 포기한 것이나, 온갖 위험들을 마다하지 않고 다 감당한 것만이 아니라(고후 11:26, "여러 번 여행하면서 강의 위험과 강도의 위험과 동족의 위험과 이방인의 위험과 시내의 위험과 광야의 위험과 바다의 위험과 거짓 형제 중의 위험을 당하고"), 하나님께서 그의 수고가 지극히 큰 성공을 거두게 하셨다는 점에서도, 그가 다른 사도들보다 "더 많이 수고하였다"는 것은 지극히 옳다. 왜냐하면, 나는 여기에서 바울이 사용한 "수고"라는 표현은 그가 한 수고로 인하여 나타난 열매를 가리키는 것이라고 보기 때문이다.

내가 한 것이 아니요 오직 나와 함께 하신 하나님의 은혜로라. 불가타 역본에서는 "나와 함께 하신 하나님의 은혜"라는 어구에서 헬라어 본문에 나오는 관사를 제대로 살려서 번역하지 않고 "나와 함께 하나님의 은혜"라고 번역함으로써(헬라어 구문에서는 "나와 함께" 앞에 관사가 붙어 있어서 이 어구가 "하나님의 은혜"를 수식하고 있는 어구임을 분명하게 나타내 주고 있다 — 역주), 헬라어를 알지 못하고 오직 라틴어 본문만 읽은 사람들이, 여기에서 바울은 자신의 수고로 인한 열매에 대한 공로를 절반은 하나님의 은혜에, 또 다른 절반은 자기 자신에게 돌리고 있는 것으로 잘못 해석할 수 있는 소지를 남겨 놓았다. 그래서 교황주의자들은 이 본문에 대한 그러한 이해를 토대로 해서, 바울은 자기가 행한 일들은 오직 자신의 힘만으로 행한 것이라고 말하지 않고, 하나님의 협력적 은혜(cooperans gratia) 없이는 자기가 아무것도 할 수 없었다는 것을 인정하지만, 자신의 자유의지와 자신의 노력도 그 일들을 이루는 데 일정 정도의 역할을 하였다고 말하고 있는 것이라고 주장한다. 그러나 바울이 여기에서 말하고자 하는 것은 전혀 그런 것이 아니다. 왜냐하면, 그는 "내가 모든 사도보다 더 많이 수고하였다"고 말한 후에, 자신의 수고로 인해서 이루어진 모든 일들은 겉보기에는 자기가 한 것처럼 보이지만, 사실은 자신의 힘으로 한 것은 조금도 없고, 모든 것이 전적으로 "하나님의 은혜"로 이루어진 것이라는 설명을 곧바로 덧붙이고 있기 때문이다. 이 절은 인간의 교만을 완전히 밑으로 끌어내림과 동시에, 오직 우리 안에서 이루어지는 하나님의 은혜의 역사만을 지극히 높이고 있다는 점에서 주목할 만한 말씀을 담고 있음에 틀림없다. 왜냐하면, 바울은 "내가 모든 사도보다 더 많이 수고하였다"고 말해 놓고서는, 혹시라도 이것이 자기 자신을 조금이라도 선한 일의 원천이라고 말한 것처럼 사람들에게 들린다면, 그것은 큰일이라고 생각한 것처럼, 즉시 그것을 바로잡아서, 이 모든 일은 "하나님의 은혜"가 이루신 일들이라는 것을 분명하게 밝히고 있기 때문이다. 바울은 여기에서 진실을 말하고 있는 것이기 때문에, 우리는 바울이 단지 자신을 낮추고 겸손하게 말하고 있는 것이라고 생각해서는 안 된다. 그러므로 우리가 알아야 할 것은, 우리에게 선한 것이 있다면, 그것은 모두 하나님께서 우리에게 은혜로 주신 것들이고, 우리가 선한 것을 행하였다면, 그것은 하나님께서 우리 안에서 행하신 것이라는 것, 즉 우리는 우리 자신의 힘으로는 그 어떤 선한 것도 행할 수 없고, 오직 성령의 인도하심과 감화 아래에서 행할 때에만 선한 일을 행할 수 있다는 것이다.

11그러므로 나나 그들이나 이같이 전파하매 너희도 이같이 믿었느니라 12그리스도
께서 죽은 자 가운데서 다시 살아나셨다 전파되었거늘 너희 중에서 어떤 사람들은
어찌하여 죽은 자 가운데서 부활이 없다 하느냐 13만일 죽은 자의 부활이 없으면 그
리스도도 다시 살아나지 못하셨으리라 14그리스도께서 만일 다시 살아나지 못하셨
으면 우리가 전파하는 것도 헛것이요 또 너희 믿음도 헛것이며 15또 우리가 하나님
의 거짓 증인으로 발견되리니 우리가 하나님이 그리스도를 다시 살리셨다고 증언
하였음이라 만일 죽은 자가 다시 살아나는 일이 없으면 하나님이 그리스도를 다시
살리지 아니하셨으리라 16만일 죽은 자가 다시 살아나는 일이 없으면 그리스도도

다시 살아나신 일이 없었을 터이요 [17]그리스도께서 다시 살아나신 일이 없으면 너희의 믿음도 헛되고 너희가 여전히 죄 가운데 있을 것이요 [18]또한 그리스도 안에서 잠자는 자도 망하였으리니 [19]만일 그리스도 안에서 우리가 바라는 것이 다만 이 세상의 삶뿐이면 모든 사람 가운데 우리가 더욱 불쌍한 자이리라(15:11-19).

11. 그러므로 나나 그들이나 이같이 전파하매 너희도 이같이 믿었느니라. 바울은 앞에서는 복음을 위하여 수고한 것과 관련해서는 자기 자신을 다른 모든 사도들과 비교한 바 있는데, 이제 여기에서는 어떤 복음을 전하였느냐 하는 것, 즉 그들과 자기가 전한 내용과 관련해서는 그들과 자신이 서로 일치한다는 것을 보여 주기 위하여, 자기 자신을 그들과 나란히 놓고, 그들을 자기 자신과 나란히 놓는다. 그는 이렇게 말한 것과 같다: "나는 사도 중에 가장 작은 자라고 칭함을 받기도 감당하지 못할 자인데도, 하나님께서 내게 지극히 큰 은혜를 베풀어 주셔서, 내가 모든 사도보다 더 많이 수고하였지만, 우리가 전한 것과 관련해서는 서로 동일하기 때문에, 그 점에 있어서는 내 자신을 다른 모든 사도들과 비교할 이유가 더 이상 없다. 이렇게 다른 사도들이나 나는 동일한 것을 전하였고, 지금도 계속해서 동일한 것을 전하고 있다." 여기에서 "전파하다"로 번역된 '케뤼소멘'(κηρύσσομεν)은 현재 시제로 되어 있어서, 현재적으로 계속되고 있는 행위를 가리킨다. "그러므로 만일 다른 모든 사도들과 내가 전한 것이 사실과 다른 것이라면, 그들과 나의 사도직은 공헌한 것이 될 수밖에 없고, 우리가 전한 것을 너희도 믿었기 때문에, 너희의 신앙도 공허한 것이 되어 버릴 수밖에 없다."

12-13. 그리스도께서 죽은 자 가운데서 다시 살아나셨다 전파되었거늘 너희 중에서 어떤 사람들은 어찌하여 죽은 자 가운데서 부활이 없다 하느냐 만일 죽은 자의 부활이 없으면 그리스도도 다시 살아나지 못하셨으리라. 바울은 이제 그리스도께서 부활하셨다는 사실을 근거로 삼아서, 우리 모두가 장차 부활하게 될 것임을 증명해 나가기 시작한다. 왜냐하면, 서로 상호적으로 결합되어 있는 두 가지 사실은, 그것이 긍정적인 사실이든 부정적인 사실이든, 어느 한 쪽을 증명하면 다른 쪽도 자동적으로 증명되기 때문이다. 즉, 한편으로 우리는 그리스도의 부활을 증명함으로써 우리 모두의 부활을 증명할 수 있다: "그리스도께서 부활하셨다면, 우리도 장차 반드시 부활하게 될 것이다. 그리스도께서 부활하지 않으셨다면, 우리도 장차 부활하지 않게 될 것이다." 다른 한편으로, 우리는 우리의 부활을 증명함

으로써 그리스도의 부활을 증명할 수도 있다: "우리가 부활한다면, 그리스도께서는 부활하신 것이다. 우리가 부활하지 못한다면, 그리스도께서는 부활하지 못하신 것이다."

전자처럼 그리스도의 부활을 증명함으로써 우리 모두의 부활을 증명하는 방식의 추론은 다음과 같은 것을 토대로 하고 있다: "그리스도께서는 자기 자신을 위해서가 아니라 우리를 위해서 죽지 않으시고 부활하셨다. 그런 까닭에, 그리스도의 부활은 우리의 부활의 토대이다. 따라서 그리스도 안에서 시작된 부활은 우리 안에서 완성될 것임에 틀림없다." 이것을 부정의 형태로 표현해 본다면, 다음과 같이 된다: "그리스도의 부활의 열매가 그리스도 자신에게서 머물고 그의 지체들 안에서 맺어지지 않는다면, 그리스도께서는 쓸데없이 죽으신 것이고 부활하신 것이 되고 말 것이다."

반면에, 후자처럼 우리 모두의 부활을 증명함으로써 그리스도의 부활을 증명하는 방식의 추론은 다음과 같은 것을 토대로 하고 있다: "부활은 자연적으로 이루어지는 일이 아니고, 오직 그리스도로 말미암아 이루어지는 일이다. 왜냐하면, 우리는 아담 안에서 죽었고, 오직 그리스도에서만 다시 생명을 얻기 때문이다. 그런 까닭에, 그리스도의 부활은 우리 모두의 부활의 토대라는 결론이 성립된다. 따라서 그리스도께서 부활하지 못하셨다면, 우리가 부활하는 것도 불가능하다." 이것을 부정의 형태로 표현하면 어떻게 되는지에 대해서는 우리가 앞에서 이미 말한 바 있다: "그리스도께서는 자기 자신을 위해서가 아니라 우리를 위해서 죽으셨다가 부활하신 것이기 때문에, 만일 우리 모두가 장차 부활하지 못한다면, 그리스도의 부활은 쓸데없고 공허한 것이 되고 말 것이다."

14. 그리스도께서 만일 다시 살아나지 못하셨으면 우리가 전파하는 것도 헛것이요 또 너희 믿음도 헛것이며. 바울은 여기에서 만일 그리스도께서 부활하지 못하신 것이 사실이라면, 다른 사도들이나 자기가 동일하게 전파한 것들 속에는 일부 오류가 있게 될 것이라고 말하고 있는 것이 아니라, "우리가 전파하는 것"은 처음부터 끝까지 완전히 철두철미하게 잘못되고 공허하고 헛된 것이 되고 말 것이라고 말하고 있다. 만일 그리스도께서 사망에 의해서 삼켜지셔서 죽으시고 멸망을 받으시고, 죄의 저주에 의해서 산화되어 버리심으로써, 사탄에게 지신 것이라면, 그리스도를 믿는 믿음 중에서 남아 있는 것이 전혀 없게 될 것이다. 요컨대, 그리스도의 부활에 대한 저 근본적인 신조가 무너지게 되면, 우리가 믿는 모든 것들이 다 무너

질 수밖에 없다는 것이다.

마찬가지 이유로, 바울은 그들의 "믿음도 헛것"이 되고 말 것이라는 말을 덧붙인다. 영생에 대한 소망이 무너진 곳에서, 어떻게 확실한 믿음이 설 수 있겠는가? 그리스도께서 부활하지 못하시고 단지 죽으시기만 하신 것이라면, 우리는 거기에서 그 어떤 소망도 발견할 수 없고, 오직 절망만을 발견할 수 있을 뿐이다. 왜냐하면, 죽음에 의해서 완전히 패배당한 자가 다른 사람들을 구원한다는 것은 있을 수 없는 일이기 때문이다. 우리는 복음 전체의 토대를 이루는 것은 그리스도의 죽으심과 부활이라는 것을 명심하여야 한다. 따라서 우리는 복음 안에서 제대로 올바르게 진보를 이루기 위해서는, 아니 "열매 없는 자"가 되지 않기 위해서는, 반드시 그리스도의 죽으심과 부활을 최우선적으로 주목하지 않으면 안 된다.

15-16. 또 우리가 하나님의 거짓 증인으로 발견되리니 우리가 하나님이 그리스도를 다시 살리셨다고 증언하였음이라 만일 죽은 자가 다시 살아나는 일이 없으면 하나님이 그리스도를 다시 살리지 아니하셨으리라 만일 죽은 자가 다시 살아나는 일이 없으면 그리스도도 다시 살아나신 일이 없었을 터이요. 바울은 방금 앞에서 그리스도의 부활이 사실이 아니라고 가정했을 때에 거기로부터 생겨나는 부정적인 결과들로, 믿음이 헛것이 되어 버린다는 것, 복음의 가르침 전체가 무익하고 공허한 것이 되어 버린다는 것, 우리는 구원에 대한 모든 소망을 박탈당하게 된다는 것을 열거하였고, 그러한 결과들은 충분히 심각하고 중대한 것임은 두말할 필요가 없는 것이겠지만, 이제 여기에서는 그런 경우에 발생하게 될 또 하나의 결코 사소하지 않고 웃어 넘길 수도 없는 심각한 결과를 얘기하는데, 그것은 하나님에 의해서 그의 영원한 진리를 사람들에게 알릴 전령관들로 임명된 사도들이 거짓말들로 온 세상을 속여 온 자들이 되고 말 것이라는 것이다. 즉, 만일 그리스도께서 부활하신 것이 사실이 아니라는 것이 밝혀진다면, 그것은 하나님께 이루 말할 수 없는 치욕과 불명예를 안겨 드리게 될 것이라는 것이다.

우리는 "하나님의 거짓 증인"이라는 어구를 두 가지로 해석할 수 있다. 첫 번째는 사도들이 하나님으로부터 보내심을 받은 자들이 아닌데도 하나님의 이름을 빙자하고 악용해서 거짓말을 하였다는 것이 드러나게 될 것이라는 의미로 해석하는 것이고, 두 번째는 사도들이 하나님으로부터 받아서 복음을 전한 것은 사실인데, 그들이 그렇게 해서 사람들에게 전한 것들이 거짓 것으로 밝혀짐으로써, 사도들 자신이 거짓 증인들임이 사람들 앞에 드러나게 될 것이라는 의미로 해석하는 것이다. 후자의 경우가 전자의 경우보다 훨씬 더 심각한 문제이기 때문에, 나는 두 번째 해석이 더 유력한 것으로 본다. 바울은 그런 일이 일어났을 때, 그것이 "사람들"에게 어떤 영향을 미치고 어떤 결과를 가져다줄 것인지에 대해서는 이미 앞에서 설명한 바 있는데, 이제 여기에서는 만일 그리스도의 부활이 사실이 아닌 경우에는, 하나님께서는 사도들을 직접 세우셔서, 그들로 하여금 자신이 하신 말씀을 사람들 앞에서 증언하게 하셨는데, 그 말씀이 전부 거짓이라는 것이 밝혀지게 되는 것이기 때문에, 그것은 우리가 하나님으로 하여금 거짓을 말씀하시는 죄를 지으시게 만드는 것이 되고 말 것이라고 경고한다. 또한, 바울은 사도들이 하나님의 거짓 증인으로 발견될 수밖에 없는 이유를 여기에 덧붙이고 있는데, 바로 그 이유도 두 번째 해석과 아주 잘 맞아떨어진다. 왜냐하면, 바울은 여기에서 사도들은 그들 자신이 주도적으로 거짓 증언을 한 것이 아니라, 하나님께서 그들에게 그렇게 증언하라고 시키신 것임을 보여 주기 때문이다.

물론, 나는 다른 이들은 전치사 '카타' (κατά, 한글개역개정에서는 번역되지 않음 – 역주)를 다른 식으로 설명하고 있다는 것을 잘 알고 있다. 즉, 불가타 역본에서는 이 전치사를 "하나님을 거슬러"라고 번역하고 있고, 에라스무스(Erasmus)는 "하나님에 대하여"라고 번역하고 있다. 그러나 이 전치사는 헬라어에서 "~로부터, ~에게서"를 뜻하는 전치사 '아포' (ἀπό)와 동일한 의미로 사용되기도 하는데, 나는 바로 이 의미가 사도의 의도를 좀 더 정확하게 표현해 주고 있는 것으로 본다. 왜냐하면, 내가 이미 앞에서 말하였듯이, 그는 여기에서 하나님에 대한 사람들의 평판에 대해서 말하고자 하는 것이 아니라, 하나님께서 직접 사도들을 세우셔서 거짓 것을 전하게 하신 것으로 드러나게 될 것이라는 사실에 대해서 말하면서, 그 거짓 것의 원천, 즉 사도들이 사람들에게 전한 거짓 것이 하나님으로부터 나온 것임을 보여 주고자 하는 것이기 때문이다.

17. 그리스도께서 다시 살아나신 일이 없으면 너희의 믿음도 헛되고 너희가 여전히 죄 가운데 있을 것이요. "그리스도께서 다시 살아나신 일이 없으면," "너희가 여전히 죄 가운데 있을" 수밖에 없게 되는 것은, 그리스도께서는 우리의 죄를 대속하심으로써, 우리가 우리 자신이 저지른 죄들로 인하여 하나님의 심판을 받지 않게 하셨고, 우리의 옛 사람을 십자가에 못 박으심으로써, 육신의 정과 욕심이 더 이상 우리를 지배할 수 없게 하셨으며, 마지막으로 자신의 죽으심으로 말미암아 사망의 권세를 멸하신 것인데, 만일 그리스도께서 죽은 자 가운데서 부활하심으로

써 사망의 권세를 이기신 것이 아니라면, 그런 일들은 전부 다 무효가 되어 버리고 말 것이기 때문이다. 따라서 만일 그리스도의 부활이 사실이 아닌 경우에는, 우리에 대한 죄의 폭정은 다시 살아나게 될 것이다.

18. 또한 그리스도 안에서 잠자는 자도 망하였으리니. 바울은 그리스도의 부활이 사실이 아니라면, 믿음은 헛되고, 기독교 신앙은 한낱 사기에 지나지 않는 것이 되어 버릴 것임을 증명하고자 하였기 때문에, 앞에서 "살아 있는 자들"은 "여전히 죄 가운데 있을" 것이라고 말하였지만, 그리스도의 부활이 사실이 아닌 경우에는, 그것이 죽은 자들에게 미칠 결과는 한층 더 생생한 것이 될 것이었기 때문에, 이제 여기에서는 "죽은 자들"에게 미칠 결과에 대하여 이렇게 말한다: "만일 그리스도께서 부활하신 것이 아니라면, 이 땅에 살 때에 그리스도를 믿은 것은 이미 죽은 자들에게 그 어떤 유익도 가져다줄 수 없게 될 것이 아니겠는가? 그러므로 그리스도를 믿는 믿음 안에서 살다가 죽은 우리 형제들은 망한 것이다." 그러나 사람의 영혼이 영원히 죽지 않는 본성을 지니고 있다고 했을 때, 바울의 이러한 추론은 얼핏 보면 취약한 것처럼 보일 수 있다. 왜냐하면, 죽은 자들의 영혼은 그들의 육신을 떠나서도 영원히 살 것인 까닭에, 사람들은 바울이 여기에서 그들이 "망하였을" 것이라고 말하는 것은 합당하지 않다고 얼마든지 반박할 수 있는 것처럼 보이기 때문이다. 일부 광신자들은 이 절을 근거로 삼아서, 사람이 죽은 후부터 부활할 때까지의 중간 시기에는 영혼이 육신을 떠나 살아 있는 것이 아니라 둘 다 죽는 것이라고 주장한다. 그러나 그들의 주장이 잘못된 것임을 증명하는 것은 전혀 어렵지 않다. 왜냐하면, 죽은 자들의 영혼은 지금 살아 있어서 저 복된 안식을 누리고 있기는 하지만, 그들에게 주어질 지극히 복된 삶은 전적으로 부활의 때에 달려 있는 까닭에, 장차 하나님의 나라를 받게 될 바로 그 날을 소망 가운데서 기다리고 있는 것인데, 만일 그리스도께서 부활하신 것이 사실이 아니어서, 그들이 모두 부활할 그 날도 결코 오지 않는 것이라면, 죽은 자들의 소망은 다 끝장이 나고 "망한" 것이 되고 말 것이기 때문이다.

19. 만일 그리스도 안에서 우리가 바라는 것이 다만 이 세상의 삶뿐이면 모든 사람 가운데 우리가 더욱 불쌍한 자이리라. 바울은 여기에서 그리스도의 부활이 사실이 아닌 경우에 벌어지게 될 또 하나의 어이없고 황당한 결과를 제시한다. 즉, 만일 우리가 우리의 믿음으로 말미암아 얻게 될 유익이 죽음과 함께 다 사라져 버리고 만다면, 우리가 이 세상에서 믿음을 유지하기 위하여 들인 시간과 수고는 다 헛

것이 되고 말 뿐만 아니라, 믿지 않는 자들이 도리어 더 유리하고 바람직한 위치에 있게 될 것이기 때문에, 차라리 아예 처음부터 믿음을 갖지 않는 것이 더 낫게 되는 일이 벌어지게 되리라는 것이다. "우리가 바라는 것이 다만 이 세상의 삶뿐이면"이라는 말은, "우리가 오직 이 세상에서만 우리의 믿음으로부터 유익을 얻을 뿐이고, 우리가 죽어서 현세를 벗어나게 되면, 우리의 믿음은 우리에게 아무런 유익을 가져다주지 않는다면"이라는 의미이다.

이 절은 고린도 교인들이 후메내오와 빌레도가 주장하였던 것과 같은 비유적인 의미에서의 부활 개념(딤후 2:17-18, "진리에 관하여는 그들이 그릇되었도다 부활이 이미 지나갔다 함으로 어떤 사람들의 믿음을 무너뜨리느니라"), 즉 우리는 믿음으로 말미암아 현세에서 이미 부활한 것이기 때문에, 우리의 믿음이 우리에게 주는 유익이나 열매는 오직 현세로만 국한되어 있는 것이고, 내세의 부활을 말하는 것은 잘못된 것이라는 잘못된 부활 개념에 의해서 사로잡혀 있었다는 것을 좀 더 분명하게 보여 준다. 부활은 우리의 구원의 완성이고, 하나님께서 우리에게 주시는 온갖 복과 관련해서 최종적인 종착지를 의미한다는 점에서, 우리의 부활이 이미 일어났다고 말하는 사람은 우리 믿는 자들에게서 죽음 이후의 소망을 다 빼앗아 버리는 것이다.

또한, 이 절은 우리가 죽으면 우리의 영혼도 우리의 육신과 함께 부활의 날까지 잠자게 된다고 말하는 자들의 터무니없는 주장을 전혀 지지해 주지 않는다. 그들은, 우리의 영혼이 우리의 육신과 분리된 후에도 계속해서 살아 있는 것이라면, 그리스도의 부활이 사실이 아닌 경우에도, 여전히 우리의 영혼은 모종의 복된 삶을 누리게 될 것이기 때문에, 바울은 여기에서 "우리가 바라는 것이 다만 이 세상의 삶뿐"이게 될 것이라고 말하였을 리가 없다고 반론을 제기한다. 그들의 그러한 반론에 대한 나의 대답은, 바울은 사람들의 영혼이 죽은 후에 헬라 신화에 나오는 내세의 이상향인 엘리시움(Elysium) 같은 곳으로 가서 지극한 행복을 누리는 것이 아니라, 저 마지막 심판의 날에 온전히 부활하여 누리게 될 행복을 우리 그리스도인들이 지향해야 할 복이라고 생각한 것이기 때문에, 내세에서 바로 그 부활에 대한 소망이 사라지게 되는 경우에는, 우리 그리스도인들에게는 오직 절망만이 남게 될 것이라고 여기에서 말하고 있다는 것이다. 마찬가지로, 오늘날 믿는 사람들도 바로 정확히 그런 것과 동일한 소망을 바라보며 이 땅에서 즐거워하고 있는 것인데, 만일 그러한 소망이 헛된 소망이라는 것이 밝혀지게 된다면, 우리 믿는 자들은 모든 것을 잃게 될 수밖에 없다.

바울은 그리스도의 부활이 사실이 아니라면, "모든 사람 가운데 우리가 더욱 불쌍한 자"가 되고 말 것이라고 말함으로써, 마치 그런 경우에는 그리스도인들의 처지가 믿지 않는 자들의 처지보다 더 나쁜 것처럼 말하는 이유는 무엇인가? 나의 대답은 이렇다: 솔로몬이 전도서 9:2에서 "모든 사람에게 임하는 그 모든 것이 일반이라 의인과 악인, 선한 자와 깨끗한 자와 깨끗하지 아니한 자, 제사를 드리는 자와 제사를 드리지 아니하는 자에게 일어나는 일들이 모두 일반이니 선인과 죄인, 맹세하는 자와 맹세하기를 무서워하는 자가 일반이로다"라고 말한 것처럼, 의인이든 악인이든, 모든 사람은 다 똑같이 비슷한 재난들을 겪고, 동일한 불행한 일들과 좋지 않은 일들을 경험한다는 것은 의심할 여지 없는 사실이다. 그러나 그리스도인들이 모든 시대에서 더 나쁜 처지에 있을 수밖에 없는 이유가 두 가지가 있고, 특히 바울 시대에 그리스도인들이 더 나쁜 처지에 있을 수밖에 없게 된 이유가 한 가지가 있다.

첫 번째 이유는, 하나님께서는 종종 믿지 않는 자들을 자신의 채찍으로 벌하시기도 하시고, 그들에 대한 자신의 심판을 집행하기도 하시지만, 이 땅에서는 특히 자기 백성에게 여러 가지 방법으로 집중적으로 환난을 보내시기 때문이라는 것이다. 하나님께서 특히 자기 백성을 괴롭게 하시는 이유는, 먼저는 그들을 사랑하시는 까닭에 징계하셔서 바로잡으시고자 하시는 것이고, 다음으로는 그들로 하여금 인내하는 법을 배우게 하시고, 그들의 순종을 시험하시며, 십자가의 길을 걷게 하심으로써 단계를 차근차근 밟아서 장차 진정으로 새로워지기 위한 준비를 시키시고자 하시는 것이다. 어쨌든, 다음과 같은 말씀들은 믿는 자들에게 언제나 참되다: "하나님의 집에서 심판을 시작할 때가 되었나니 만일 우리에게 먼저 하면 하나님의 복음을 순종하지 아니하는 자들의 그 마지막은 어떠하며"(벧전 4:17). "우리가 종일 주를 위하여 죽임을 당하게 되며 도살할 양 같이 여김을 받았나이다"(시 44:22). "이는 너희가 죽었고 너희 생명이 그리스도와 함께 하나님 안에 감추어졌음이라"(골 3:3). 반면에, 이 땅에서 믿지 않는 자들의 처지는 대체로 믿는 자들보다 더 낫다. 왜냐하면, 사람들이 도살할 날을 위해서 돼지들을 피둥피둥 살찌우는 것과 마찬가지로, 하나님께서도 도살하실 날까지 믿지 않는 악인들을 그런 식으로 살찌우시기 때문이다.

두 번째 이유는, 믿는 자들은 온갖 복을 차고 넘치게 받아서 부요할지라도, 그런 것들을 마음껏 흥청망청 사용하여, 편안하고 안락한 삶을 추구하지 않기 때문이다. 한 마디로 말해서, 그들은 믿지 않는 자들과는 달리 세상을 누리거나 즐기지 않고, 부분적으로는 그들 자신의 연약함을 알기 때문에, 부분적으로는 내세에서의 삶을 사모하고 갈망하기 때문에, 늘 절제하고 조심하는 가운데 "탄식하며" 살아간다는 것이다(고후 5:2). 반면에, 믿지 않는 자들은 이 세상이 주는 중독성 강한 쾌락들에 완전히 흠뻑 빠져서 세상의 온갖 것들을 다 마음껏 누리고 즐기며 살아간다.

세 번째 이유는, 내가 앞에서 이미 말하였듯이, 바울 시대에 특유한 것으로서, 당시에 "그리스도인"이라는 이름은 사람들에게서 가증스러운 것으로서 증오의 대상이었기 때문에, 죽을 각오를 하지 않고서는 아무도 그리스도를 믿는다고 고백할 수 없었다는 것이다. 그러므로 만일 그리스도인들의 소망이 이 세상에만 국한된 것이라면, 그들은 "모든 사람 가운데 더욱 불쌍한 자들," 즉 세상에서 가장 불쌍한 자들이라고 바울이 말한 것은 지극히 옳은 말이었다.

[20]그러나 이제 그리스도께서 죽은 자 가운데서 다시 살아나사 잠자는 자들의 첫 열
매가 되셨도다 [21]사망이 한 사람으로 말미암았으니 죽은 자의 부활도 한 사람으로
말미암는도다 [22]아담 안에서 모든 사람이 죽은 것 같이 그리스도 안에서 모든 사람
이 삶을 얻으리라 [23]그러나 각각 자기 차례대로 되리니 먼저는 첫 열매인 그리스도
요 다음에는 그가 강림하실 때에 그리스도에게 속한 자요 [24]그 후에는 마지막이니
그가 모든 통치와 모든 권세와 능력을 멸하시고 나라를 아버지 하나님께 바칠 때
라 [25]그가 모든 원수를 그 발 아래에 둘 때까지 반드시 왕 노릇 하시리니 [26]맨 나중
에 멸망 받을 원수는 사망이니라 [27]만물을 그의 발 아래에 두셨다 하셨으니 만물을
아래에 둔다 말씀하실 때에 만물을 그의 아래에 두신 이가 그 중에 들지 아니한 것
이 분명하도다 [28]만물을 그에게 복종하게 하실 때에는 아들 자신도 그 때에 만물을
자기에게 복종하게 하신 이에게 복종하게 되리니 이는 하나님이 만유의 주로서 만
유 안에 계시려 하심이라(15:20-28).

20. 그러나 이제 그리스도께서 죽은 자 가운데서 다시 살아나사 잠자는 자들의 첫 열매가 되셨도다. 바울은 우리가 죽은 자들의 부활을 부인하게 되면, 신앙과 관련된 모든 것이 전부 다 엉망진창이 되어 버릴 것임을 보여 준 후에, 이제 여기에서는 자기가 앞에서 충분히 증명한 것, 즉 "그리스도께서 죽은 자 가운데서 다시 살

아나셨다"는 것을 기정사실로 전제하고 말하고서는, 그리스도께서 "잠자는 자들의 첫 열매가 되셨다"는 비유적인 말을 덧붙이는데, 이것은 율법 아래에서 오랫동안 행해져 온 관습으로부터 가져온 비유이다. 그가 이 비유를 사용한 목적은, 옛 이스라엘 백성들이 첫 열매를 하나님께 봉헌함으로써, 그 해에 거두게 될 모든 소산을 하나님께 봉헌한 것과 마찬가지로, 그리스도의 부활의 능력도 우리 모두에게 미친다는 것을 우리에게 보여 주기 위한 것이라고 할 수 있다. 또는, 우리는 이것을 좀 더 간단하게 말해서, 그리스도께서는 자신의 부활을 하나님께 봉헌하심으로써, 장차 우리 모두의 부활을 하나님께 봉헌하신 것이라고 설명할 수도 있을 것이다. 하지만 나는 "그리스도께서 잠자는 자들의 첫 열매가 되셨도다"라는 말씀은, 사람들이 첫 열매를 거둔 후에 나머지 소산들을 거두게 되는 것과 마찬가지로, 그리스도의 부활 후에는 모든 죽은 자들의 부활이 뒤따르게 될 것임을 의미하는 것으로 이해하고자 한다. 그리고 나의 이러한 이해는 바울이 이후에 하는 말들에 의해서 확증된다.

21-22. 사망이 한 사람으로 말미암았으니 죽은 자의 부활도 한 사람으로 말미암는도다 아담 안에서 모든 사람이 죽은 것 같이 그리스도 안에서 모든 사람이 삶을 얻으리라. 바울이 여기에서 증명하고자 하는 것은 그리스도께서는 단지 하나의 고립적인 특수한 사례로서 죽은 자들 가운데서 부활하신 것이 아니라, "잠자는 자들의 첫 열매," 즉 죽은 자들 가운데서 첫 번째로 부활하심으로써, 장차 우리 모두가 부활하게 될 것을 보여 주신 "첫 열매"이시라는 것이다. 바울은 두 가지 서로 상반되는 사실을 토대로 해서, 이것을 증명한다. 왜냐하면, "사망"이 인간의 본성에 고유하거나 자연스러운 일이 아니고, 한 사람의 죄로 말미암아 일어난 일인 것과 마찬가지로, "부활"도 인간의 본성에 고유하거나 자연스러운 일이 아니고, 한 사람의 순종하심으로 말미암아 일어난 일이기 때문이다. 그러므로 죄를 지은 아담이 자기 혼자서만 죽게 된 것이 아니고, 그 죽음이 우리 모두에게 미친 것과 마찬가지로, 인류를 대표해서 죽으신 그리스도께서 부활하신 것도 그 자신만을 위한 것이 아니고, 그 부활의 능력이 우리 모두에게 미치게 된 것은 합당하다. 왜냐하면, 그리스도께서는 아담 안에서 와해되어 버렸던 모든 것들을 회복하시기 위하여 이 땅에 오신 것이기 때문이다. 그러나 우리는 바울의 이러한 논증의 취지나 성격을 유의하여야 한다. 즉, 바울은 아담 한 사람의 죄로 인해서 사망이 들어온 것을 단지 하나의 비유 또는 사례로 거론하면서, 그리스도의 부활과 우리 모두의 부활 간의 관

계를 설명하고 있는 것이 아니라, 서로 정반대되는 원인들을 근거로 삼아서, 서로 정반대되는 결과들이 생겨나게 된 것을 증명하고 있는 것이다. 모든 사람이 죽음에 이르게 된 원인은 아담이었고, 우리는 모두 아담 안에서 죽었다. 반면에, 우리가 아담 안에서 잃어버린 것들을 회복시키시는 사명을 띠고 이 땅에 오신 그리스도는 우리 모두로 하여금 생명을 얻게 하신 원인이 되셨다. 이렇게 그리스도의 부활은 우리 모두의 부활의 토대(hypostasis)이자 담보(pignus)이다. 아담의 죽음은 사망의 시작이었던 것과 마찬가지로, 그리스도의 부활은 생명의 시작이다. 로마서 5장에서 바울은 여기에서와 동일한 대비를 사용하지만, 거기에서는 영적인 생명과 죽음을 다루고 있는 반면에, 여기에서는 영적인 생명의 열매인 몸의 부활을 다루고 있다는 점이 서로 다르다.

23. 그러나 각각 자기 차례대로 되리니 먼저는 첫 열매인 그리스도요 다음에는 그가 강림하실 때에 그리스도에게 속한 자요. 이 대목에서 어떤 사람들은 "아담의 죄로 인한 죽음이 우리에게 미친 것과 마찬가지로, 그리스도의 부활의 생명도 우리에게 미친다면, 왜 우리는 그 부활 생명이 우리 속에서 역사하고 있음을 보여주는 가시적인 증거를 갖지 못하고, 그리스도께서 무덤에서 부활하셨는데도, 우리는 여전히 무덤 안에서 썩어가야 하는 것인가?"라고 반문할 수 있었기 때문에, 바울은 그러한 반문에 대한 대답을 여기에서 제시한다. 그의 대답은, 하나님께서는 부활과 관련해서 일련의 순서를 이미 정해 놓으셨는데, 지금 우리에게는 첫 열매이신 그리스도만으로 충분하고, 우리는 장차 그리스도께서 재림하실 때에 부활하게 되어 있어서, 그리스도께서 다시 나타나실 때까지 우리의 "생명"은 "그리스도와 함께 하나님 안에 감추어져" 있기 때문이라는 것이다(골 3:3-4). 그러므로 그는 그리스도께서 아직 다시 나타나지도 않으셨는데, 지금 당장 우리의 생명이 우리에게 나타나기를 기대하는 것은 순서가 뒤바뀐 잘못된 것이라고 말한다.

24. 그 후에는 마지막이니. 바울은 앞에서 그리스도께서 재림하실 때까지는 우리가 새 생명을 온전히 입게 되지 못할 것이라고 분명하게 단언함으로써, 사람들이 참지 못하고 요동하는 것에 재갈을 물려 놓았지만, 이 세상은 폭풍이 불고 풍랑이 거세게 이는 바다와 같아서, 우리는 끊임없이 이리저리 흔들리고, 우리의 상태는 아주 불확실하며, 우리의 삶은 온갖 괴롭고 힘든 일들이 가득하고, 모든 일이 순식간에 바뀌기 때문에, 연약한 믿음을 지닌 사람들은 바울의 그러한 말을 들었을 때에 얼마든지 초조하고 불안해할 수 있었다. 그래서 바울은 이제 모든 것이 바로

잡히게 될 바로 그 날을 우리에게 환기시켜 준다. 즉, 그 날이 오면, 우리가 그동안 달려온 경주는 끝이 나고, 우리는 평화의 항구에 정박하여, 더 이상 변함도 없고 우여곡절도 없는 곳에 이르게 될 것이라는 것이다. 아울러, 바울은 우리가 경주를 하는 중간에 면류관을 받으려고 하는 것은 적절하지 않기 때문에, 우리의 종착지에 다다를 때까지 기다리는 것이 마땅하다고 우리에게 경고한다.

나라를 아버지 하나님께 바칠 때라. "그리스도께서 나라를 아버지 하나님께 바치는" 것이 어떤 식으로 이루어질 것인지에 대해서는, 바울은 조금 후에 설명할 것이다. 우리는 바울이 여기에서 "하나님과 아버지"(한글개역개정에는 "아버지 하나님") 라고 말한 것을 두 가지로 해석할 수 있는데, 하나는 하나님이시자 그리스도의 아버지라고 말한 것으로 해석하는 것이고, 다른 하나는 "아버지"는 "하나님"에 대한 보충설명으로 덧붙여진 것이라고 해석하는 것이다. 후자의 해석을 따르면, "하나님과 아버지"라는 어구에서 "~과"에 해당하는 접속사는 "즉"을 의미한다. 하지만 전자의 해석에도 불합리하거나 부자연스러운 것은 없다. 왜냐하면, 인성이라는 관점에서 그리스도는 하나님에 대하여 종속적인 관계에 있으시기 때문이다.

그가 모든 통치와 모든 권세와 능력을 멸하시고. 어떤 이들은 다음 절에 나오는 "그가 모든 원수를 그 발 아래에 둘 때까지"라는 구절과 연결시켜서, 이 구절이 그리스도 자신을 반대하는 세력들을 언급하고 있는 것이라고 본다. 그러나 이 구절은 바울이 이 절의 앞부분에서 말한 것, 즉 그리스도께서 "마지막"이 되기 전에는 자신의 나라를 아버지 하나님께 바치지 않으실 것이라고 말하고 있는 부분에 걸리는 것으로 보아야 하기 때문에, 우리는 이 구절에 나오는 세력들을 반드시 그리스도의 원수들로 국한시킬 이유는 없다. 따라서 나는 좀 더 일반적으로 해석해서, 이 구절에 언급된 세력들은 하나님께서 세우신 모든 합법적인 "권세들"과 "능력들"까지도 다 포함하는 것으로 이해한다(롬 13:1).

먼저, 선지자들은 오직 하나님께서만이 빛을 발하실 수 있도록 하기 위하여, 해와 달이 어두워질 것이라고 말한다(사 13:10, "하늘의 별들과 별 무리가 그 빛을 내지 아니하며 해가 돋아도 어두우며 달이 그 빛을 비추지 아니할 것이로다"; 겔 32:7). 이러한 예언은 그리스도께서 부활하시고 승천하셔서 이 땅을 다스리게 되신 이래로 성취되기 시작하였지만, 마지막 날에 가서야 완전히 성취될 것이다. 그 때가 되면, 오직 하나님의 영광만이 빛나게 하기 위하여, 모든 높고 영광스러운 것들은 낮아지고 빛을 잃게 될 것이다. 또한, 우리는 이 땅의 통치자들과 권세들은 오로지 현세의 삶의 질서를 유지하는 소임만을 맡고 있는 존재들로서, 세상의 일부이기 때문에, 결국에는 없어질 존재들이라는 것을 알고 있다. 그러므로 세상이 끝이나게 될 때, 온갖 권세들과 통치와 지위와 신분 같은 것들도 다 끝나게 될 것이다. 종과 주인의 구별이 더 이상 없게 될 것이고, 왕과 평민의 구별이 사라지게 될 것이며, 관원과 시민의 구별이 더 이상 존재하지 않게 될 것이다. 게다가, 천사들이 하늘에서 행하는 통치도 끝나고, 교회에서 사역자들과 감독들이 맡았던 직임들도 없어져서, 하나님께서 전에는 사람들이나 천사들을 통해서 다스리셨지만, 그 때에는 하나님께서 친히 자신의 권세와 통치권을 행사하시게 될 것이다. 물론, 천사들은 여전히 존재할 것이고, 천사들의 우월성도 보존될 것이다. 또한, 의인들은 자신이 받은 은혜의 분량을 따라 빛을 발하게 될 것이다. 그러나 천사들은 지금은 하나님의 명령에 의해서 하나님의 이름으로 통치권을 행사하고 있지만, 그 때에는 그 모든 통치권을 내려 놓게 될 것이고, 감독들과 교사들과 선지자들도 자신들의 역할을 다 끝내고, 자신들이 지금 수행하고 있는 모든 직임을 다 내려 놓게 될 것이다. 이 절에서 바울이 사용한 "통치"와 "권세"와 "능력"이라는 세 단어는 거의 동일한 의미를 지니지만, 여기에서 그는 의미를 좀 더 분명히 드러내기 위해서 거의 동일한 의미를 지닌 이 세 단어를 서로 결합해서 사용한 것이다.

25. 그가 모든 원수를 그 발 아래에 둘 때까지 반드시 왕 노릇 하시리니. 바울은 그리스도께서 아직 자신의 원수들을 다 굴복시키지 않으셨기 때문에, 모든 것을 올바르고 평화로운 상태로 회복시킬 "마지막" 때가 오지 않았고, 그리스도께서 그 나라를 아버지 하나님께 바칠 때도 아직 되지 않았다는 것을 보여 준다. 그러나 아버지 하나님께서는 그리스도께서 모든 원수들을 다 굴복시키고 나신 후에는, 아버지 하나님으로부터 받은 권세를 다시 돌려 드리실 것이라는 조건 아래, 그리스도를 자신의 오른편에 앉히신 것이기 때문에, 그리스도께서 모든 원수를 굴복시키시고서 그 나라를 아버지 하나님께 바칠 날은 반드시 오게 되어 있다. 바울이 이 말을 하고 있는 목적도 믿는 자들을 위로하고 그들에게 힘을 더해 주기 위한 것이었다. 왜냐하면, 믿는 자들은 이런 말을 들었을 때, 부활의 때가 오랫동안 미루어지고 있는 가운데서도 인내로써 소망 가운데 오래 참을 수 있게 될 것이었기 때문이다.

바울이 이 절에서 인용한 말씀은 시편 110:1에 나온다: "여호와께서 내 주에게 말씀하시기를 내가 네 원수들로 네 발판이 되게 하기까지 너는 내 오른쪽에 앉아 있으라 하셨도다." 그런데 바울은 여기에 나오는 "~까지"라는 단어에, 그 단어가 시편 본문에서 원래 지니고 있던 자연스럽고 분명한 의미를 넘어선 그 이상의 의미를 부여함으로써, 이 본문의 원래의 의미를 교묘하게 바꾸어 놓은 것처럼 보일 수 있다. 왜냐하면, 시편 본문에서 성령은 "마지막" 이후에 무슨 일들이 벌어지게 될 것인지에 대해서가 아니라, 단지 그 이전에 무슨 일들이 일어나야 하는지에 대해서만 말해 주고 있기 때문이다. 이 문제에 대한 나의 대답은, 여기에서 바울은 그리스도께서 그 나라를 아버지 하나님께 다시 바치는 일이 시편에 예언되어 있기 때문에, 그런 일이 반드시 일어나게 될 것임을 논증하고 있는 것이 아니라, 단지 그리스도께서 아직 자신의 원수들을 굴복시키지 않으셨기 때문에, 그 나라를 아버지 하나님께 바쳐 드릴 날이 아직 도래하지 않았다는 사실을 증명하기 위한 목적으로만 시편의 이 증거를 사용하고 있다는 것이다. 끝으로, 바울은 시편의 본문에서 하나님께서 그리스도에게 "너는 내 오른쪽에 앉아 있으라"고 하신 말씀이 무엇을 의미하는지를 우리에게 설명해 주기 위하여, 그러한 비유적인 표현 대신에, "왕 노릇 하시리니"라는 직설적인 표현을 사용함으로써, 그리스도께서 그 때까지 만유의 왕으로서 만유를 다스리실 것임을 보여 준다.

26. 맨 나중에 멸망 받을 원수는 사망이니라. 우리는 지금도 여전히 그리스도를 대적하고 그의 통치에 대하여 완강하게 반대하는 수많은 원수들이 있다는 것을 알고 있다. 그 중에서 "맨 나중에 멸망 받을 원수는 사망"이다. 그래서 그리스도께서는 그 때까지 계속해서 아버지의 나라를 다스리셔야 한다. 그러므로 믿는 자들은 저 마지막 날의 부활 이전에 이루어져야 할 모든 일들이 실제로 다 이루어질 때까지 소망을 잃지 말고 담대하게 믿음을 지켜 나가야 한다.

여기에서 어떤 이들은 이렇게 물을 수 있다: "사망"은 그리스도의 죽으심 또는 부활하심으로 인하여 이미 멸망을 받아서, 우리는 그리스도께서 사망 권세를 이기시고 부활하셨다고 찬송하는데, 바울이 "맨 나중에 멸망 받을 원수는 사망"이라고 말하고 있는 것은 도대체 정확히 무엇을 의미하는가? 그러한 질문에 대한 나의 대답은, 그리스도께서 자신의 죽으심과 부활을 통해서 사망을 멸하셨다고 할 때, 그것은 사망이 믿는 자들에게 더 이상 치명적인 권세가 되지 못하게 하셨다는 의미일 뿐이고, 사망이 더 이상 그 어떤 문제도 일으키지 못하게 완전히 멸하셨다는 의미는 아니라는 것이다. 또한, 우리 안에 내주하시는 하나님의 성령이 생명이시라는 것은 사실이지만, 그럼에도 불구하고 우리는 여전히 죽을 몸을 지니고 있다. 우리 안에 있는 사망의 세력은 언젠가는 제거될 것이지만, 아직 그런 일은 일어나지 않았다. 우리는 "썩지 아니할 씨"로 거듭났지만(벧전 1:23), 아직 완전함에 이르지는 않았다. 또는, 이것을 하나의 비유로써 요약해서 말하자면, 사망의 칼은 그리스도께서 죽으시고 부활하시기 전에는 사람들의 심장을 꿰뚫을 수 있었지만, 지금은 그 날이 무뎌졌다고 말할 수 있다. 물론, 사망의 칼은 여전히 우리에게 상처를 입히지만, 우리에게 그 어떤 위험도 되지 못한다. 왜냐하면, 우리는 사망의 칼에 의해 죽어도 생명으로 옮겨가기 때문이다. 요컨대, 바울이 다른 곳에서 죄에 대하여 가르치고 있는 것은 "사망"에 대해서도 그대로 적용될 수 있다. 즉, 바울이 "너희는 죄가 너희 죽을 몸을 지배하지 못하게 하여 몸의 사욕에 순종하지 말고"(롬 6:12)라고 말하고 있듯이, 죄와 사망은 우리 안에 여전히 거주하지만, 우리를 "지배하지는" 못한다는 것이다.

27. 만물을 그의 발 아래에 두셨다 하셨으니. 어떤 이들은 바울이 이 증언의 말씀을 시편 8:6에서 가져온 것이라고 생각한다. 나는 이 절에 나오는 말씀은 바울이 스스로 그리스도의 다스리심의 본질을 묵상하면서 거기로부터 이끌어 낸 결론이라고 말하는 것도 전혀 문제가 없다는 견해에 전적으로 동의하지만, 여기에서는 좀 더 일반적으로 받아들여지고 있는 견해를 따르고자 한다.

바울은 시편에 나오는 본문이 "만물을 그의 발 아래 두셨으니"(시 8:6)라고 말하고 있는 것을 인용해서, 하나님 아버지께서 만물을 다스리는 권세를 그리스도께 수여하셨다는 것을 보여 준다. 이 시편의 말씀은 대체로 그 의미가 분명하지만, 두 가지 난점이 있는데, 첫 번째는 선지자는 거기에서 단지 그리스도에 대해서가 아니라 인류 전체에 대해서 그렇게 말하고 있다는 것이고, 두 번째는 거기에서 선지자가 말한 "만물"은, 우리가 창세기 2:19("여호와 하나님이 흙으로 각종 들짐승과 공중의 각종 새를 지으시고 아담이 무엇이라고 부르나 보시려고 그것들을 그에게로 이끌어 가시니 아담이 각 생물을 부르는 것이 곧 그 이름이 되었더라")에서 볼 수 있듯이, 우리 인간의 육신적인 필요를 채워 주는 역할을 하는 것들만을 의미한다는 것이다.

첫 번째 난점은 쉽게 해결된다. 왜냐하면, 그리스도께서는 "모든 피조물보다 먼저 나신 이"(골 1:15)이시고 "만유의 상속자"(히 1:2)이신 까닭에, 하나님께서 인류에게 모든 피조물들을 다스리게 하셨다고 할지라도, 만물의 주로서 만물을 다스리시는 일차적인 권세는 여전히 그리스도께 있기 때문이다. 게다가, 우리는 아담은 하나님께서 그에게 수여하신 그러한 권세를 이미 상실해 버렸기 때문에, 우리는 더 이상 만물을 "우리의 것"이라고 부를 수 없게 되었다는 것을 안다. 아담의 범죄로 말미암아 땅과 거기에 있는 모든 것이 저주를 받았기 때문에, 이제 우리는 우리가 상실하고 박탈당한 것들을 오직 그리스도를 통해서만 회복할 수 있다. 그러므로 지금의 우리는 그리스도 안에서가 아니면 그 어떤 것도 합법적으로 소유하거나 다스릴 수 없다는 점에서, 바울이 아버지 하나님께서 만물을 그의 발 아래 두셨다는 시편의 이 말씀을 특히 그리스도께 돌린 것은 지극히 옳고 합당하다. 왜냐하면, 우리가 만물의 상속자들이 되기 위해서는 하나님의 자녀들이 되어야 하는데, 우리는 오직 그리스도로 말미암아서만 하나님의 자녀들이 될 수 있기 때문이다.

두 번째 난점에 대한 해법은 이런 것이다. 선지자가 공중의 새들과 바다의 물고기와 들의 짐승들을 구체적으로 언급하며 열거하고 있는 이유는, 이런 피조물들을 다스리는 주가 누구인지를 너무나 분명하게 눈에 보이기 때문이었을 뿐이고, 인류나 그리스도의 다스림이 이런 것들에만 국한된다고 말하고 있는 것은 아니라는 것이다. 따라서 우리는 시편에서 선지자가 "주의 손으로 만드신 것을 다스리게 하시고 만물을 그의 발 아래 두셨으니"라고 말한 것 속에는 그런 것들보다 훨씬 더 많은 것들, 즉 하늘과 땅과 거기에 있는 모든 것들이 다 포괄되어 있다고 보아야 한다. 그런데 다스림을 받는 것들은 다스리는 자 사이에는 서로 상응하는 것이 존재하여야 하는데, 짐승들을 비롯해서 그 밖의 다른 모든 피조물들은, 인류의 경우와는 달리, 그리스도의 양식이 되는 것들도 아니고, 그리스도의 어떤 필요를 충족시켜 줄 수 있는 것들도 아니다. 그러므로 그리스도께서 만물을 다스리시는 것이나, 우리를 그의 지체들로 삼으셔서 그와 함께 다스리게 하시는 것이나, 그것은 단지 우리와 만물을 통해서 영광을 받으시기 위한 것일 뿐이다. 이렇게 그리스도께서 만물을 다스리심으로써 영광을 받고 계시는 것은 눈에 보이는 피조물들 속에서 분명하게 드러나지만, 믿는 자들은 그들의 마음과 양심 속에서, 내가 이미 앞에서 말한 것 같이, 단순히 피조물들 속에서 드러나는 영광 정도가 아니라, 그것과는 비교할 수 없을 정도로 더 큰 영광을 그리스도께서 받고 계신다는 것을 느낀다.

28. 만물을 그에게 복종하게 하실 때에는 아들 자신도 그 때에 만물을 자기에게 복종하게 하신 이에게 복종하게 되리니. 바울이 여기에서 강조하고자 하는 것은 두 가지인데, 첫 번째는 그리스도께서 세상에 대한 통치권을 아버지 하나님께 다시 바치시기 전에, 먼저 만물이 그리스도께 굴복하고 복종하는 일이 이루어져야 한다는 것이고, 두 번째는 아버지 하나님께서는 모든 것을 성자 그리스도께 넘기

셨지만, 일차적인 권세는 계속해서 자신의 손에 두셨다는 것이다.

바울이 강조한 첫 번째 사실로부터 자연스럽게 도출되는 결론은 최후의 심판의 때가 아직 도래하지 않았다는 것이고, 두 번째 사실로부터 도출되는 결론은 그리스도께서는 지금 우리와 아버지 하나님 사이의 중보자이시고, 결국에는 우리를 아버지 하나님께로 넘겨 주실 것이라는 것이다. 그래서 바울은 계속해서 다음 절에서 즉시 다음과 같은 결론을 제시한다: "만물이 그에게 복종하게 된 후에는 아들 자신도 아버지께 복종하게 될 것이다." 그는 이렇게 말한 것과 같다: "그리스도께서 자신의 모든 원수들을 이기시고, 하나님 앞으로 우리를 데리고 가셔서 그 자신과 함께 우리도 하나님께 복종하게 하심으로써, 하나님의 나라가 우리에게서 온전히 이루어질 때까지, 우리는 묵묵히 기다려야 한다."

그러나 바울의 이 말은, 얼핏 보면, 그리스도의 나라가 영원할 것이라고 말하는 성경의 여러 본문들과 모순되는 것으로 보일 수 있다. 예를 들면, 우리는 그리스도에 대하여 "그에게 권세와 영광과 나라를 주고 모든 백성과 나라들과 다른 언어를 말하는 모든 자들이 그를 섬기게 하였으니 그의 권세는 소멸되지 아니하는 영원한 권세요 그의 나라는 멸망하지 아니할 것이니라"(단 7:14)고 말하고 있는 본문이나 "우리 주 곧 구주 예수 그리스도의 영원한 나라에 들어감을 넉넉히 너희에게 주시리라"(벧후 1:11)는 본문이 그리스도께서 하나님 아버지께 "복종하게 될" 것이라고 한 바울의 이 말과 서로 조화된다고 말할 수 있는가? 우리는 이 질문을 해결함으로써, 바울이 여기에서 무엇을 말하고자 한 것인지를 좀 더 분명하게 알게 될 것이다. 먼저 우리가 알아야 할 것은, 그리스도께서 육신으로 이 땅에 오셨기 때문에, 하나님 아버지께서는 그리스도에게 모든 권세를 수여하셨다는 것이다. 만물을 다스리는 권세 같은 그러한 지극히 큰 위엄은 인간에게는 합당하지 않은 것일 수도 있었지만, 그럼에도 불구하고 그리스도께서 자기 자신을 지극히 낮추어서 종의 형체를 입으셔서 사람들과 같이 되시고 이 땅에 오셔서 죽으시고 부활하시자, 아버지 하나님께서는 그런 그리스도를 "지극히 높여 모든 이름 위에 뛰어난 이름을 주사 하늘에 있는 자들과 땅에 있는 자들과 땅 아래에 있는 자들로 모든 무릎을 예수의 이름에 꿇게 하셨다"(빌 2:7-10). 또한, 우리가 알아야 할 것은, 하나님께서는 그런 그리스도를 "만유의 주"와 "만왕의 왕"으로 세우셔서, 하나님의 섭정으로서 만유를 다스리게 하셨다는 것이다. 하지만 그렇다고 해서, 아버지 하나님께서는 아무 일도 안 하시고, 그리스도께서 모든 일을 하고 계신다는 것은 결코 아니다. 그리스도께서는 아버지 하나님의 지혜이시고 모략이시며, 아버지 하나님과 한 본성을 지니신 하나님이신데, 어떻게 그런 일이 있을 수 있겠는가? 그런데도 성경이 그리스도께서 지금 아버지 하나님을 대신하여 하늘과 땅을 다스리고 계신다고 증언하는 이유는, 우리로 하여금 그리스도 외에 산 자들과 죽은 자들을 다스리시고 보호하시며 심판하시는 다른 어떤 통치자나 주가 없다는 것을 알게 하고, 오로지 그리스도만을 바라보게 하기 위한 것이다. 물론, 우리는 하나님이 통치자이시라는 것을 인정하지만, 하나님의 통치는 사람이 되신 그리스도 안에서 실현된다. 그러나 결국에는 그리스도께서는 자기가 받은 나라를 하나님께 바치실 것이고, 그 때에 우리는 온전히 하나님의 소유가 되어 하나님께 복종하게 될 것이다. 이것은 그리스도께서 그런 식으로 하나님 나라의 왕의 자리에서 물러나실 것임을 의미하는 것이 아니라, 그 통치권이 그리스도의 인성으로부터 그리스도의 영광스러운 신성으로 이양되어서, 지금은 우리의 연약함으로 인해서 우리가 하나님께 직접 나아가지 못하지만, 그 때에는 그렇게 직접 나아가는 길이 열릴 것임을 의미한다. 왜냐하면, 그리스도께서 아버지 하나님께 복종하게 되실 때, 지금은 그리스도의 인성이 우리와 하나님 사이에서 존재하여서 우리로 하여금 하나님께 직접 나아갈 수 없게 하였던 그 휘장이 제거됨으로써, 우리는 지극히 크신 위엄 가운데서 다스리시는 하나님을 직접 분명하게 보게 될 것이기 때문이다.

이는 하나님이 만유의 주로서 만유 안에 계시려 하심이라. 바울이 여기에서 언급한 "만유"에는 마귀와 불경건한 믿지 않는 자들도 포함되는 것인가? 우리가 여기에서 사용된 "계시다"라는 동사를 "알려지고 분명하게 보여지다"를 의미하는 것으로 해석한다면, 그렇다고 말할 수 있겠지만, 그렇게 해석하지 않는다면, 여기에 언급된 "만유"에 마귀와 불경건한 자들은 포함될 수 없다. 전자처럼 해석한다면, 바울은 여기에서 이렇게 말하고 있는 것이 될 것이다: "지금에 있어서는 마귀는 하나님을 대적하고, 불경건한 자들은 하나님이 세워 놓으신 질서를 어지럽히고 혼돈 속으로 몰아가고 있어서, 우리에게 걸림돌이 되고 시험거리가 되는 것들이 부지기수이기 때문에, '하나님이 만유의 주로서 만유 안에 계시는' 것이 분명하게 드러나지 않는다. 그러나 그리스도께서 아버지 하나님이 그에게 맡기신 심판을 수행하셔서, 사탄과 모든 불경건한 자들을 멸하신 후에는, 그들의 멸망 속에서 하나님의 영광이 분명하게 드러나게 될 것이다. 또한, 그 자체로는 거룩하고 합법적인 권세들과 관련해서도 우리는 동일한 것을 말할 수 있다. 왜냐하면, 그들은 어떤 의미에서 우리와 하나님 사이에서 하나님의 통치를 부분적으로 대신하고 있는 까닭에, 우리가 하나님의 모습을 원래 그대로 제대로 보는 것을 방해하고 있다고 할 수 있기 때문이다. 하지만 그리스도께서 만물을 복종시킨 후에 아버지 하나님께 나라를 바쳐 드리게 되면, 하나님께서는 '만유의 주로서' 그 어떤 대리자 없이 하늘과 땅을 친히 다스리실 것이고, 그렇게 되었을 때, 마침내 하나님은 단지 모든 사람들 안에만이 아니라, 모든 피조물들 안에도 계셔서, '만유 안에 계시게' 될 것이다."

이것은 충실하고 경건한 해석이고, 사도가 여기에서 의도한 것과 아주 잘 부합하기 때문에, 나는 이러한 해석을 기꺼이 받아들인다. 그러나 나는 이 구절을 오직 믿는 자들에 대해서만 말하고 있는 것으로 보고서 해석한다고 해도, 그런 해석도 틀린 해석은 아니라고 생각한다. 즉, 바울은 이 구절을 통해서, 믿는 자들 가운데서 자신의 나라를 시작하셨던 하나님께서 그 때에 그 나라를 완성하시게 되실 것이고, 믿는 자들은 하나님을 직접 뵈옵고 그 앞에서 하나님을 온전히 모시게 될 것이라고 말하고 있다는 것이다.

이 두 가지 해석은, 어느 쪽이든 그 자체로, 어떤 자들이 이 절을 악용해서 자신들의 불경건하고 말도 안 되는 주장을 증명하고자 하는 것을 충분히 막아낼 수 있는데, 그들은 여기에서 "하나님이 만유 안에서 만유가 되실" 것이라는 말씀은 모든 것이 다 풀어지고 사라져서 무로 돌아가게 될 것을 의미한다고 주장한다. 그러나 바울이 여기에서 말하고자 하는 것은, 결국에는 만유가 그들의 유일한 시작이자 끝이신 하나님께로 회복되어서 온전히 하나님만을 섬기게 되리라는 것이 전부이다. 어떤 자들은 마치 하나님께서 마귀를 친구로 삼아서 자기 곁에 두실 때에만, 하나님이 만유에 알려져서 영을 받으시게 될 것이라는 듯이, 이 절을 근거로 삼아서, 마귀와 모든 불경건한 자들도 결국에는 다 구원을 받게 될 것이라고 주장한다. 하지만 그들은 하나님께서 마귀와 모든 불경건한 자들을 친구로 삼으시는 것이 아니라 도리어 멸하실 때에 더 큰 영광을 받으시게 될 것임을 모르고 그런 주장을 하고 있는 것이다. 따라서 우리는 그런 정신 나간 자들이 바울의 이 말을 왜곡해서 자신들의 신성모독적인 주장을 밑받침해 주는 증거로 삼고자 하는 것을 보면서, 그들이 얼마나 후안무치하고 뻔뻔스러운 자들인지를 다시 한 번 확인하게 된다.

[29]만일 죽은 자들이 도무지 다시 살아나지 못하면 죽은 자들을 위하여 세례를 받는 자들이 무엇을 하겠느냐 어찌하여 그들을 위하여 세례를 받느냐 [30]또 어찌하여 우

리가 언제나 위험을 무릅쓰리요 [31]형제들아 내가 그리스도 예수 우리 주 안에서 가
진 바 너희에 대한 나의 자랑을 두고 단언하노니 나는 날마다 죽노라 [32]내가 사람의
방법으로 에베소에서 맹수와 더불어 싸웠다면 내게 무슨 유익이 있으리요 죽은 자
가 다시 살아나지 못한다면 내일 죽을 터이니 먹고 마시자 하리라 [33]속지 말라 악한
동무들은 선한 행실을 더럽히나니 [34]깨어 의를 행하고 죄를 짓지 말라 하나님을 알
지 못하는 자가 있기로 내가 너희를 부끄럽게 하기 위하여 말하노라(15:29-34).

29. 만일 죽은 자들이 도무지 다시 살아나지 못하면 죽은 자들을 위하여 세례를 받는 자들이 무엇을 하겠느냐 어찌하여 그들을 위하여 세례를 받느냐. 바울은 고린도 교인들이 빠져 있던 잘못된 부활 개념이 사실이라고 가정했을 때, 거기로부터 필연적으로 도출될 수밖에 없는 터무니없고 황당한 결론들을 다시 열거하기 시작한다. 그는 원래 처음에 이 주제를 제기하고서 다루어 오다가, 그 중간에 가르침과 위로의 말씀들을 삽입함으로써, 논증 과정이 일정 정도 중간에서 단절되었었는데, 이제 여기에서 그 주제로 다시 돌아온 것이다. 먼저, 그는 그들의 주장대로, 우리 모두가 장차 부활할 것이라는 것이 사실이 아니라고 한다면, "죽은 자들을 위하여 세례를 받는" 것이 무슨 소용이 있겠느냐고 반박한다.

이 절을 본격적으로 설명하기 전에, 나는 먼저 교부들의 권위에 의거해서 제시되었고, 거의 모든 사람들이 동의하는 이 절에 대한 통상적인 해석을 반박할 필요가 있다고 본다. 크리소스토모스(Chrysostomus)와 암브로시우스(Ambrosius)가 주장하였고, 다른 많은 사람들이 뒤따르는 이 절에 대한 해석은, 고린도 교회에서는 어떤 사람이 갑자기 죽어서 세례를 받지 못하게 된 경우에는, 어떤 살아 있는 사람으로 하여금 그 죽은 사람을 대신해서 무덤 앞에서 세례를 받게 하는 것이 하나의 관행이었다는 것이다. 아울러, 이런 주장을 하는 사람들은 그러한 관행이 부패하고 타락한 것으로서 미신적인 요소가 가득하다는 것도 부인하지 않지만, 바울은 오직 고린도 교인들의 잘못된 부활 개념을 반박하기 위해서, 그들의 그러한 관행이 옳은 것이냐 잘못된 것이냐를 따지는 것은 제쳐두고서, 단지 그들은 말로는 부활을 부정하면서도, 실제로는 그러한 관행을 계속해서 지킴으로써, 죽은 자들이 장차 부활하게 될 것임을 그들이 믿는다는 것을 분명하게 보여 주고 있다는 사실을 지적하고자 한 것이라고 주장한다. 그러나 나는 그들의 그러한 주장을 결코 믿을 수 없다. 왜냐하면, 부활을 부정하는 사람들이, 부활을 인정하는 사람들과 마찬가지

로, 그러한 관행을 계속해서 지켰을 것이라는 말은 정말 믿기 힘든 말이기 때문이다. 만일 고린도 교인들에게 그런 관행이 있었고, 바울이 그런 관행을 지적하며 이렇게 말한 것이 사실이라면, 그들은 바울에게 "당신은 도대체 왜 당신 자신도 인정하지 않는 늙은 아낙네들이나 지키고 있는 저 미신적인 관행을 들먹이며 우리를 괴롭히고 있는 것인가?"라고 즉시 핀잔을 주었을 것이 틀림없다. 또한, 만일 그들이 실제로 그런 관행을 지키고 있는 것이 사실이었다면, 그들은 즉시 이런 대답을 하였을 것이다: "우리가 지금까지 이런 잘못된 관행을 지켜 왔다고 하더라도, 당신은 우리의 잘못된 관행을 꼬투리 삼아서, 그렇기 때문에 우리는 실제로 부활을 믿는 것이라고 강변하는 것이 아니라, 도리어 우리에게 그것은 잘못된 관행이기 때문에 고쳐야 한다고 말해 주는 것이 합당한 태도가 아니겠는가?"

만일 그들의 주장이 옳다고 한다면, 우리는 그러한 크게 잘못되고 부패한 관행이 고린도 교회에 만연되어 있었는데도, 사도가 거기에 대해서 일언반구도 하지 않았다고 말해야 하는데, 사실 사도는 고린도 교인들이 잘못하고 있는 것들을 거의 다 일일이 지적해 왔다는 사실을 감안할 때, 과연 그렇게 말하는 것이 가능하겠는가? 사도는 이전의 장들에서는 이것만큼 심각하지 않은 그들의 몇몇 관행들을 지적하며 단죄하였고, 여자들이 머리에 수건을 쓰는 것을 비롯해서, 그것과 비슷한 여러 문제들에 대해서도 그들의 잘못을 지적하며 올바른 해법을 제시하고 명하는 일을 전혀 주저하지 않았으며, 그들이 성찬을 행할 때에 범한 잘못들을 아주 신랄하고 통렬하게 비판하고 책망하였다. 그런데 고린도 교인들이 세례를 끔찍할 정도로 타락시키고 부패시켜서 죽은 자들을 위하여 세례를 받는 관행을 스스럼없이 행하여 왔고, 그런 관행은 사도가 지금까지 다룬 그들의 잘못들보다 훨씬 더 심각하고 중대한 일이었는데도, 그런 것에 대해서 사도가 일언반구도 하지 않았다는 것이 과연 가능한 일이겠는가? 사도는 앞에서 고린도 교인들이 이교도들의 미신적인 개념들과 관행들을 암묵적으로 인정하고서, 성찬을 빙자해서 그러한 관행들을 행하고 있는 것에 대하여, 아주 맹렬하게 공격하고 질책하였다. 그런 그가 이 가증스러운 이교적이고 미신적인 관행이 교회 안에서 거룩한 세례라는 미명 아래 버젓이 공개적으로 행해지고 있는 것을 과연 그대로 묵인하고 인정하였을 것이라고 우리는 생각할 수 있는가? 사도가 그러한 관행을 아예 모르고 있었다면 그 관행에 대하여 침묵하는 것도 가능하였겠지만, 그는 실제로 그 관행을 아주 구체적으로 언급하고 있는데도, 거기에 대하여 책망하거나 질책하는 말이 일언반구도 나오지 않는다는 것이 말이 되는 것인가? 고린도 교인들이 세례를 부패시켜서 완전히 주술적인 의식으로 변질시키는 불경죄를 저지르고 있었는데도, 사도는 그들의 그러한 불경스러운 관행을, 그들이 실제로는 부활을 믿고 있음을 보여 주는 증거로만 사용하고, 그들의 그러한 관행을 단죄하는 말은 일언반구도 하지 않는다는 것이 과연 가능할 것이라고 믿는지를 나는 여러분에게 묻고 싶다. 사도는 그렇게 크게 중요하지 않은 문제들을 다룰 때에도, "내가 사람의 예대로 말하노니"(롬 3:5; 6:19; 갈 3:15)라는 삽입구를 괄호 안에 넣어서 말을 하는데, 지금 이 대목은 그가 그러한 삽입구를 사용해서 적어도 한 마디쯤은 그들의 그러한 관행을 책망하는 말을 끼워 넣는 것이 더 적절하고 합당한 곳이 아니었겠는가? 그런데도 사도가 책망하는 말 한 마디도 없이 이 관행을 언급하고 있다는 사실은, 이 관행이 합법적인 것이었다는 것을 보여 주는 것이라고 보는 것이 더 합당한 것이 아니겠는가? 따라서 나는 바울이 여기에서 세례와 관련된 타락하고 변질된 관행이 아니라, 통상적이고 정상적인 세례의 한 종류에 대하여 말하고 있는 것이라고 확신한다.

이제 우리는 바울이 여기에서 말하고자 하는 것이 무엇인지를 본격적으로 살펴보기로 하자. 나는 바울이 여기에서 세례가 지닌 지극히 포괄적인 목적을 지적하고 있는 것이라고 생각해 왔다. 왜냐하면, 세례가 우리에게 주는 유익은 현세에서의 우리의 삶에만 국한되어 있지 않기 때문이다. 하지만 나중에 바울이 여기에서 한 말을 좀 더 주의 깊게 묵상하였을 때, 나는 바울이 여기에서 세례가 지닌 한 특정한 측면을 다루고 있다는 것을 알았다. 왜냐하면, 그는 "죽은 자들을 위하여 세례를 받는 자들이 무엇을 하겠느냐"고 말함으로써, 모든 사람과 관련해서가 아니라 오직 죽은 자들과 관련해서만 세례에 대하여 말하고 있는 것이기 때문이다. 게다가, 나는 영리한 해석이 아니라 건전한 해석을 좋아하고 선호한다. 그렇다면, 바울이 여기에서 말하고 있는 것은 무엇인가?

거기에 대한 나의 대답은, 여기에서 "죽은 자들을 위하여 세례를 받는 자들"은 이미 죽은 자들과 방불해서 살 소망을 완전히 포기한 사람들을 가리킨다는 것이다. 따라서 "~위하여"로 번역된 전치사 '휘페르'(ὑπέρ)는 "~과 방불한"이라는 의미를 지닌다. 이 전치사를 이런 의미로 해석하는 것은 결코 억지스럽거나 부자연스럽지 않다. 또는, 우리는 이 어구를 다른 식으로 해석해서, "죽은 자들을 위하여 세례를 받는다"는 것은 살아 있을 때가 아니라 죽었을 때에 유익이 되게 하기 위하여 세례를 받는다는 의미라고 설명할 수도 있다. 왜냐하면, 교회의 초창기에는 믿음을 갖고서 교리를 배우고 있지만 아직 세례를 받지 않은 사람들이 병에 걸려서 생명이 위독하다는 것이 분명한 경우에는, 그들이 그리스도를 고백하고서 구원의 표를 지니지 않은 채로 이 세상을 떠나는 것을 방지하기 위해서, 세례를 받겠다고 요청하는 관행이 있었다는 것은 잘 알려져 있는 사실이기 때문이다. 교부들이 쓴 글들은 이러한 관행에도 나중에 미신적인 요소가 침투하였다는 것을 잘 보여 준다. 왜냐하면, 그들은 사람들이 임종 때까지 세례 받는 것을 미루다가, 자신들의 모든 죄로부터 깨끗하게 된 후에 하나님의 심판대 앞으로 나아가기 위해서, 임종 때에 이르러서야 비로소 세례를 받는 것에 대하여 맹공을 퍼붓고 있기 때문이다. 사람들이 그런 식으로 이 관행을 악용한 것은 어리석기 짝이 없는 잘못된 생각에서 기인한 것으로서, 한편으로는 큰 무지로 말미암은 것이었고, 다른 한편으로는 외식으로 말미암은 것이었다.

그러나 여기에서 바울은 단지 우리 주님이 제정하신 거룩한 성례전인 세례의 본연의 목적과 의도에 따른 관행을 다루고 있는 것이다. 즉, 자신의 마음속에서 이미 기독교 신앙을 받아들이고서 교리를 배우고 있는 초신자가 자신의 임종이 가까웠을 경우에 부분적으로는 자신의 위로를 위하여, 부분적으로는 자신의 형제들의 덕을 세우기 위하여, 세례 받는 것을 요청하는 경우를, 바울은 여기에서 다루고 있다는 것이다. 이런 식으로 자신의 구원의 증표인 세례를 자신의 몸에 인침을 받고서 이 세상을 떠나게 되는 것은 임종을 앞둔 초신자에게는 큰 위로가 되었을 것이 분명하고, 이렇게 초신자가 죽기 직전에 자신의 신앙을 고백하고 세례를 받는 것을 보는 것은 모든 신자들의 덕을 세우는 일이 되었을 것이 분명하다. 따라서 이러한 세례는 이 세상에서 세례가 주는 유익을 얻기 위한 것이 아니라, 사람들이 더 이상 살 가망이 없게 되었을 때에 죽음을 앞두고서 받는 세례였기 때문에, 바울은 이러한 세례를 받는 사람들을 "죽은 자들을 위하여 세례를 받는 자들"이라고 부를 수 있었다.

우리는 이제 바울이 고린도 교인들에게, 그들이 정말 죽은 후에 아무런 소망도 없다고 여겼다면, 죽기 직전에 세례를 받는 것이 무슨 소용이 있겠느냐고 반문한 것이 정곡을 찌르는 말이었다는 것을 알게 된다. 또한, 이 절은 거짓 교사들이 하나님께서 약속하신 우리 모두의 부활을 비유적이거나 상징적인 부활로 해석해서, 믿는 자들은 이 세상에서 부활의 생명을 누리고 살아가는 것일 뿐이고, 내세는 존재하지 않는다고 주장함으로써, 고린도 교인들의 부활 신앙을 어지럽히고 무너뜨리고자 하였다는 것을 증명해 주는 증거이기도 하다. 바울은 이 절의 전반부에서 던진 반문을, 후반부에서 "어찌하여 그들이 죽은 자들을 위하여 세례를 받느냐"(한글개역개정에는 "어찌하여 그들을 위하여 세례를 받느냐")는 형태로 다시 한 번 반복함으로써, 죽은 자들의 부활을 부정하는 것이 터무니없고 황당한 주장이라는 것을 더욱 더 힘주어 강조한다. 그는 이렇게 말한 것과 같다: "너희 중에서는 이 세상에서 살 날들이 아직 많이 남은 사람들만이 아니라, 죽음을 앞둔 사람들도 세례를 받는데, 백 번 양보해서 너희의 주장대로, 전자에 속한 사람들은 세례가 주는 유익을 현세에서 누리기 위한 것이라고 하더라도, 후자에 속한 사람들이 현세에서 세례의 유익을 누리지 못할 것인데도 세례를 받는 이유는 세례가 주는 유익을 죽은 후에 누리고자 하는 것이 아니면 무엇이겠는가?"

30. 또 어찌하여 우리가 언제나 위험을 무릅쓰리요. 바울은 이렇게 말한다: 만일 부활이 현세에서 이미 일어났고, 믿는 자들의 최종적인 행복이 이 세상에 있는 것이라면, 우리가 굳이 자원해서 이 세상에서 사는 것을 일부러 포기하고, 기쁜 마음으로 언제든지 죽을 위험을 마다하지 않고 기꺼이 감수하고자 할 이유가 어디 있겠는가? 우리는 여기에서 바울이 전개하고 있는 논리를 이런 식으로 설명할 수도 있다: 만일 우리가 죽은 후에 더 나은 삶이 우리를 기다리고 있는 것이 아니라면, 우리가 매 시간마다 죽을 위험을 무릅쓰는 것은 다 헛된 일이 되고 말 것이다. 바울이 여기에서 말하는 "위험"은, 믿는 자들이 그리스도를 고백함으로써 죽을 위험을 스스로 자초하는 것을 가리킨다. 만일 사람이 죽으면 그것으로 끝이고 내세가 존재하지 않는다면, 성도들이 죽음을 무릅쓰고서라도 담대하게 그리스도를 믿고 그리스도에 대한 신앙 고백을 지키고자 하는 것은 심지가 끝까지 신앙을 지키고자 하는 대단한 용기라기보다는 어리석고 경솔한 짓이 되고 말 것이다. 왜냐하면, 단순히 자신의 이름을 영원히 남기기 위해서 죽음도 불사하는 것은 마귀적인 것이고 정신 나간 짓이기 때문이다.

31. 형제들아 … 나는 날마다 죽노라. 바울은 자기가 앞에서 "어찌하여 우리가 언제나 위험을 무릅쓰리요"라고 말한 것을 듣고서, 사람들이 그가 언제 위험을 무릅썼다고, 마치 자기가 담대한 자인 것처럼, 그런 말을 하는 것이냐고 힐난하는 것을 미리 차단하기 위해서, 여기에서는 자기도 바로 그렇게 죽음을 멸시하는 가운데 매일같이 죽을 위험을 무릅쓰고 있는 자들 중의 한 명이라는 것을 밝힌다. 그는 이렇게 말하고 있는 것이다: "나는 하루가 멀다 하고 매일같이 여러 가지 다양한

형태로 끊임없이 죽음의 위협을 받으며 살아가고 있다. 따라서 만일 나를 위한 상이 하늘에 쌓여 있는 것이 아니라면, 내가 그렇게 매일같이 내 자신을 죽을 위험 속으로 몰아넣는 것은 얼마나 정신 나간 짓이 되겠는가! 만일 나의 영광과 복된 삶이 오직 이 세상에만 있고 내세에는 없는 것이 사실이라면, 나는 이 세상에서의 삶을 자원해서 포기하려고 하는 것이 아니라, 당연히 마음껏 누리려고 할 것이 아니겠는가?" 바울은 자기는 아주 크고 급박한 위험들에 의해서 매일같이 끊임없이 공격을 받고 있고, 어떤 의미에서 죽음은 그를 정면으로 노려보고 있기 때문에, "나는 날마다 죽노라"고 말하고 있는 것이다. 우리는 이것과 비슷한 표현을 시편 44:22("우리가 종일 주를 위하여 죽임을 당하게 되며 도살할 양 같이 여김을 받았나이다")과 고린도후서 11:23("내가 수고를 넘치도록 하고 옥에 갇히기도 더 많이 하고 매도 수없이 맞고 여러 번 죽을 뻔하였으니")에서도 찾아볼 수 있다.

내가 그리스도 예수 우리 주 안에서 가진 바 너희에 대한 나의 자랑을 두고 단언하노니. 여기에서 "~을 두고"로 번역된 불변화사가 불가타 역본에는 "~으로 인하여"로 되어 있는데, 이것은 필사자들의 무지 때문임이 분명하다. 왜냐하면, 헬라어 본문에서 사용된 이 불변화사의 의미는 모호한 것이 없고 아주 명확하기 때문이다. 바울은 지금부터 말하고자 하는 자기 자신에 대한 간증을 고린도 교인들이 좀 더 집중해서 듣도록 하기 위하여 그들의 주의를 환기시킬 필요가 있다고 느꼈기 때문에, 여기에서 "~을 두고 단언하노니"라는 맹세의 형식을 사용해서 이렇게 말한다: "형제들이여, 나는 철학자처럼 뒤에서 유창한 언변으로 그럴 듯한 말만 늘어놓는 사람이 아니다. 나는 매일같이 늘 죽음을 직면하는 가운데 살아가고 있기 때문에, 그 누구보다도 천국의 삶에 대하여 아주 진지하게 생각할 수밖에 없는 사람이다. 그러므로 책상머리에서가 아니라 철저히 매일매일의 경험에서 우러나와서 말하고 있는 사람의 말을 믿어라."

바울은 통상적이지 않은 맹세의 형식을 사용하고 있기는 하지만, 이러한 형태의 맹세는 그가 다루고 있는 주제와 잘 어울린다. 파비우스(Fabius)가 인용한 데모스테네스(Demosthenes)의 맹세는 다음과 같이 되어 있는데, 이것은 우리에게 잘 알려져 있다. 그의 맹세는 마라톤 전투에서 전사한 군사들의 혼령을 두고서 맹세하는 형식을 취하고 있지만, 그 맹세의 목적은 자신의 말을 듣고 있는 청중들에게 다 함께 힘을 모아서 공화국을 지키자고 권면하는 것이었다. 마찬가지로, 바울은 여기에서 "그리스도인들이 그리스도 안에서 가지고 있는 영광을 두고" 맹세하는데,

이 "영광"은 그리스도인들을 위해 하늘에 준비되어 있는 영광이다(한글개역개정에는 "자랑"으로 번역되어 있다 — 역주). 따라서 그는 고린도 교인들이 의심하고 있는 바로 그것, 즉 그들을 위해 하늘에 준비되어 있는 영광을 자신의 거룩한 맹세의 대상으로 삼고서는, 자기는 바로 그 영광을 위하여 날마다 죽을 위험을 무릅쓰고 있다고 단언하고 있는 것이다. 우리는 여기에서 바울이 이런 식으로 기가 막힌 방식으로 부활에 대한 자신의 확신을 드러내고 있는 것을 주의깊게 눈여겨 볼 필요가 있다.

32. 내가 사람의 방법으로 에베소에서 맹수와 더불어 싸웠다면 내게 무슨 유익이 있으리요. 바울은 앞에서 자기가 매일같이 죽을 위험을 겪는다고 말한 후에, 이제 여기에서는 그러한 죽을 위험 중에서도 특히 너무나 끔찍하고 소름끼치는 경험 한 가지를 언급하는데, 그가 직접 겪은 일이라고 여기에서 간증하고 있는 죽을 위험은 죽음 중에서도 너무나 비참하고 처참한 종류의 죽음이었기 때문에, 만일 죽음 이후에 더 나은 삶이 그를 기다리고 있다는 믿음이 그에게 없었다면, 그러한 죽을 위험을 무릅쓰는 것은 미련한 자가 아니라 아무 생각도 없는 바보천치라도 하지 않을 그런 일이었을 것이었다. 따라서 그의 이러한 경험은 더욱더 그의 확고한 부활 신앙을 증명해 주는 것이 될 수 있었기 때문에, 그는 자기가 겪은 수많은 죽을 위험들 중에서도 특히 이 일에 여기에서 예로 들고 있는 것이다. 그는 이렇게 말한다: "만일 나의 모든 소망이 이 세상으로만 한정되어 있다면, 내가 이렇게 끔찍하고 처참한 죽음으로 죽어서 큰 오명을 뒤집어쓸 위험을 무릅쓸 이유가 어디 있었겠는가?" 이 구절에서 "사람의 방법으로"라는 어구는 "현세에서의 사람의 삶만을 생각하고서 이 세상에서 상을 얻기 위하여"라는 의미이다.

여기에서 "맹수와 더불어 싸웠다"는 것은, 에라스무스(Erasmus)가 잘못 이해한 것처럼, 맹수들에게 던져졌다는 의미가 아니고, 법정에서의 판결에 의해서, 사람들이 보는 앞에서 그들의 구경거리가 되어 맹수들과 싸우게 된 것을 의미한다. 당시에 맹수들에게 던져지는 것과 맹수들과 싸우는 것은 서로 완전히 다른 두 종류의 형벌이었다. 맹수들에게 던져지는 형을 선고받은 죄수들은 형이 집행되자마자 그 즉시 갈기갈기 찢겨져 죽었던 반면에, 맹수들과 싸우는 형을 선고받은 죄수들은 무장을 한 채로 검투장에 나섰기 때문에, 힘과 용기와 민첩함을 갖춘 자들은 맹수들을 죽이고 살아남을 수 있었다. 게다가, 로마의 검투사들처럼, 맹수들과 싸우는 자들을 훈련시키는 양성소도 존재하였다. 하지만 맹수들과 싸워서 살아남은 사람은 극소수였다. 왜냐하면, 잔인한 관중들은 검투사가 맹수 한 마리와 싸워서 죽이고 나면, 또 다른 맹수를 내보내서 싸우게 하였고, 그렇게 해서도 살아남은 검투사에게는 결국 맹수에 의해서 죽임을 당하게 될 때까지 싸우게 하는 일이 비일비재하였기 때문이다. 그럼에도 불구하고, 세상에서 아무런 소망이 없고 절망적인 처지에 놓이게 된 사람들 중에는 그런 식의 검투사의 길을 걷는 사람들이 있었다. 이렇게 사람들로 하여금 맹수와 싸우게 하는 것은 고대의 교회법에 의해서 중형으로 다스려진 "인간 사냥 놀이"로서, 시민법에서도 혐오스럽고 추악한 범죄로 낙인찍은 행위였다.

다시 바울이 말하고 있는 것으로 돌아가 보자. 우리는 여기에서 하나님께서 자신의 종이 궁지에 몰리는 것을 허용하신 것을 보게 되고, 하나님께서 그렇게 궁지에 몰려 죽기 직전에 있던 자신의 종을 기적적으로 구해 내시는 것도 보게 된다. 하지만 사도행전을 쓴 누가는 바울이 에베소에서 맹수와 싸운 일을 전혀 언급하지 않는다. 이것으로부터 우리는 바울이 사도행전을 비롯해서 성경에 기록되어 있지 않은 수많은 일들을 겪었을 것임을 짐작할 수 있다.

죽은 자가 다시 살아나지 못한다면 내일 죽을 터이니 먹고 마시자 하리라. "내일 죽을 터이니 먹고 마시자"는 에피쿠로스학파의 모토였다. 그들은 인간의 최고선은 현재를 즐기는 것이라고 생각하였다. 또한, 이사야 선지자도 유다 백성 중에서 방탕한 자들이 그렇게 말하였다고 증언한다: "너희가 기뻐하며 즐거워하여 소를 죽이고 양을 잡아 고기를 먹고 포도주를 마시면서 내일 죽으리니 먹고 마시자 하는도다"(사 22:13). 즉, 하나님의 선지자들이 그들이 그런 식으로 살아간다면 멸망하게 될 것이라고 경고하면서, 그들에게 회개하라고 외치면, 그들은 선지자들의 그러한 경고를 조롱하고 비웃으면서, 더욱더 의기양양해서 술에 취해 먹고 마시며, 고삐 풀린 망아지처럼 제멋대로 행하였고, "우리는 어차피 죽을 것이니, 쓸데없는 염려와 걱정으로 괴롭게 지낼 필요가 없고, 살아 있는 동안만이라도 마음껏 즐기자"고 말함으로써, 자신들의 강퍅함을 한층 더 분명하게 드러내 보였다. 반면에, 어떤 군대의 지휘관은 자신의 병사들에게 이렇게 말하였다고 한다: "제군들이여, 굶주리고 힘들더라도, 기쁜 마음으로 우리의 허기를 달래자. 왜냐하면, 오늘 우리는 음부에서 만찬을 먹게 될 것이기 때문이다." 하지만 이것은 두려움 없이 용감하게 죽음을 맞이하자는 권면이기 때문에, 이 절에서 다루고 있는 주제와는 상관이 없다. 나는 바울이 이 세상에서 후안무치하고 방탕하게 살아가는 양아치 같은 자들 사이에서 모토로 흔히 사용하는 말, 또는 말하자면 에피쿠로스 학파의 일종의 좌우명 같은 말을 가져와서 여기에서 사용하고 있는 것이라고 생각한다. 따라서 "내일 죽을 터이니 먹고 마시자"는 다음과 같은 것을 의미한다: "사람이 죽으면, 그것으로 모든 것이 끝난다면, 사람이 이 세상에 살아 있는 동안에 할 수 있는 최선의 것은, 숨을 쉬는 동안에 그 어떤 것에 대해서도 염려하거나 걱정하지 말고, 오로지 쾌락에 빠져 인생을 마음껏 즐기는 것이다." 우리는 이러한 정서를 호라티우스(Horatius, 주전 65-27년, 로마의 시인)에게서도 자주 만날 수 있다.

33. 속지 말라 악한 동무들은 선한 행실을 더럽히나니. 사람들은 어떤 문제를 이리저리 골똘히 생각하고 살피며 다른 사람들에게 묻다가 잘못된 사변 속으로 빠져들기가 너무나 쉽기 때문에, 바울은 사람들로부터 악하고 잘못된 말들을 듣는 것이, 우리의 마음과 생각을 오염시키고, 우리의 행실을 타락시키는 데, 우리가 생각하는 것보다 더 강력한 영향을 미친다고 경고함으로써, 그러한 위험성을 고린도 교인들에게 일깨워 준다. 여기에 인용된 말은 메난드로스(Menandrus, 주전 3-4세기에 활동하였던 헬라의 희극 작가)의 글에 나오는 말인데, 우리는 하나님으로부터 온 모든 것을 자유롭게 사용할 자유가 있기 때문에, 바울은 여기에서 이렇게 헬라의 시인의 글을 인용해서 말하고 있다. 모든 진리는 하나님으로부터 나오기 때문에, 믿지 않는 자들의 글이나 말 속에 어떤 참되고 건전한 가르침이 들어 있다면, 그런 것들은 모두 하나님께서 그들의 입에 넣어 주신 것임은 의심의 여지가 없다. 나는 이 주제를 다루는 데에는 바실리우스(Basilius, 주후 4세기의 교부)가 쓴 「청년들을 위한 강론」을 보는 것이 더 나을 것이라고 생각한다. 바울은 이러한 가르침을 자기 자신의 말로 표현하는 것보다는, 메난드로스의 이 말이 헬라인들에게 친숙하다는 것을 알고 있었기 때문에, 고린도 교인들로 하여금 자신의 말을 좀 더 주의해서 경청하도록 하기 위해서, 그의 말을 인용해서 말한 것이었다. 왜냐하면, 사람들은 자기에게 친숙한 것을 더 쉽게 받아들이는 경향이 있기 때문이다. 우리는 사람들에게 친숙한 속담을 사용할 때에 사람들이 더 잘 받아들이는 것을 경험적으로 안다.

바울은 여기에서 사탄은 우리를 직접적으로 공격할 수 없을 때에는, 우리가 진리 또는 진실이 무엇인지를 밝혀내기 위해서 온갖 종류의 사변을 시작하는 것은 전혀 잘못된 것이 아니라고 우리에게 속삭임으로써, 우리를 속이고 미혹시킨다고 말하고 있다는 점에서, 우리는 이 절을 특히 주목할 필요가 있다. 거기에 대하여, 바울은 사람들로부터 듣는 나쁜 말들이 우리를 단번에 죽이는 독이 될 수도 있기 때문에, 그러한 나쁜 말들을 각별히 조심하지 않으면 안 된다고 말함으로써, 사탄의 그러한 말은 겉으로는 그럴 듯하지만 사실은 우리를 죽이기 위한 속임수라고 강력하게 반박한다. 왜냐하면, 우리는 진실을 알기 위해서 여러 사람들의 의견을 듣는 것은 전혀 잘못된 것이 아니라고 생각하지만, 사람들이 들려 주는 나쁜 말들은 은밀하게 우리의 마음과 생각 속으로 침투해서, 얼마 후에 우리의 존재 전체를 부패시키고 타락시키기 때문이다. 그러므로 우리는 우리를 바르고 순전한 믿음으로부터 조금이라도 이탈하게 만드는 부패한 가르침과 속되고 불경건한 사변들보다 우리에게 더 해로운 것은 없다는 것을 명심하여야 한다. 왜냐하면, 바울이 우리에게 "속지 말라"고 경고하고 있는 것은 그럴 만한 이유가 있기 때문이다.

34. 깨어 의를 행하고 죄를 짓지 말라. 바울은 고린도 교인들이 잘못된 자기만족과 자만으로 인하여 지나치게 안일해져서 영적으로 깊이 잠들어 있는 것을 알았기 때문에, 이제 여기에서는 그들을 그러한 깊은 잠에서 깨어나게 하기 위하여 흔들어 깨운다. 그러면서, 그는 "의롭게"(한글개역개정에는 "의를 행하고")라는 부사를 덧붙임으로써, 그들이 어떤 식으로 깨어 있기를 원하는 것인지를 보여 준다. 왜냐하면, 그들은 그들 자신의 이익을 챙기는 일에 있어서는 너무나 초롱초롱하게 깨어 있었고, 그들 자신이 아주 영리하고 민첩하게 움직이고 있다고 스스로 자부하고 있었음에 틀림없지만, 그들이 다른 어떤 것들보다도 가장 깨어 있어야 할 것에서는 깊이 잠들어 있어서 무기력하게 행하고 있었기 때문이었다. 그가 "의롭게 깨어 있으라"(한글개역개정에는 "깨어 의를 행하고")고 말한 이유가 거기에 있다. 즉, 그는 "너희의 모든 생각을 선하고 거룩한 일들로 돌리고, 거기에 헌신하라"고 말한 것이다.

하나님을 알지 못하는 자가 있기로. 바울은 "너희 중에 하나님을 아는 지식을 갖지 못한 자들이 있다"고 말함으로써, 자기가 앞에서 그들에게 "깨어 의를 행하고 죄를 짓지 말라"고 한 이유를 설명한다. 바울이 자기가 앞에서 그렇게 말한 이유를 여기에서 제시하고 있는 것은, 만일 자기가 그렇게 말한 이유를 밝히지 않는다면, 고린도 교인들은 자신들을 대단히 지혜로운 자들로 여기고 있었던 까닭에, 바울의 그런 경고는 자신들에게 해당되지 않는 불필요한 것이라고 생각해서 무시해 버릴 우려가 있었기 때문이었다. 그래서 바울은 그들에게는 신앙에 있어서 가장 중요한 것이 결여되어 있다는 것을 그들로 하여금 알게 하기 위해서, 그들 중에 "하나님을 알지 못하는 자들"이 있다고 직격탄을 날린다. 고린도 교인들은 하늘을 획획 민첩하게 날아다니는 데에는 능숙하였던 반면에, 현실에서 그들이 아주 명민하고 지혜롭게 해결해야 할 일들에 있어서는 한 치 앞도 보지 못하는 눈먼 자들이었기 때문에, 이것은 그들에게 유익이 되는 경고였다.

내가 너희를 부끄럽게 하기 위하여 말하노라. 자녀들이 잘못을 저질렀을 때에는, 아버지들은 자신의 자녀들이 다시는 그러한 잘못을 저지르지 못하게 하기 위하여, 그들의 잘못을 꾸중하여, 자녀들로 하여금 부끄러움을 느끼게 하는 것과 마찬가지로, 바울은 자기도 그러한 심정으로 그들에게 "하나님을 알지 못하는 자들"이라고 말함으로써, 그들로 하여금 부끄러움을 느끼게 하고 있는 것이라고 말한다. 그가 앞에서 "내가 너희를 부끄럽게 하려고 이것을 쓰는 것이 아니라 오직 너희를 내 사랑하는 자녀 같이 권하려 하는 것이라"(고전 4:14)고 말한 것은, 자기는 그들에 대하여 적대감이나 악감을 가지고서, 그들이 잘못한 것들을 많은 사람들 앞에 공개함으로써, 그들로 하여금 창피와 망신과 굴욕을 당하게 하려고 이렇게 쓰고 있는 것이 아니라는 의미였다. 반면에, 바울은 여기에서는 그들이 그러한 큰 악들을 여전히 즐기고 있기 때문에, 그들이 듣기에 심히 민망한 말들로 그들을 책망해서, 그들로 하여금 부끄러움과 창피를 느끼게 해서라도, 그들이 그러한 악들에서 돌이키게 하는 것이 그들에게 유익이 될 것이라고 말한다. 사실, 바울이 그들을 "하나님을 알지 못하는 자들"이라고 책망한 것은, 그들에게서 모든 명예와 자부심과 자랑을 완전히 다 박탈해 버리고 있는 것이다.

35누가 묻기를 죽은 자들이 어떻게 다시 살아나며 어떠한 몸으로 오느냐 하리니 36
어리석은 자여 네가 뿌리는 씨가 죽지 않으면 살아나지 못하겠고 37또 네가 뿌리는
것은 장래의 형체를 뿌리는 것이 아니요 다만 밀이나 다른 것의 알맹이 뿐이로되 38
하나님이 그 뜻대로 그에게 형체를 주시되 각 종자에게 그 형체를 주시느니라 39육
체는 다 같은 육체가 아니니 하나는 사람의 육체요 하나는 짐승의 육체요 하나는
새의 육체요 하나는 물고기의 육체라 40하늘에 속한 형체도 있고 땅에 속한 형체도
있으나 하늘에 속한 것의 영광이 따로 있고 땅에 속한 것의 영광이 따로 있으니 41
해의 영광이 다르고 달의 영광이 다르며 별의 영광도 다른데 별과 별의 영광이 다
르도다 42죽은 자의 부활도 그와 같으니 썩을 것으로 심고 썩지 아니할 것으로 다시
살아나며 43욕된 것으로 심고 영광스러운 것으로 다시 살아나며 약한 것으로 심고
강한 것으로 다시 살아나며 44육의 몸으로 심고 신령한 몸으로 다시 살아나나니 육

의 몸이 있은즉 또 영의 몸도 있느니라 [45]기록된 바 첫 사람 아담은 생령이 되었다
함과 같이 마지막 아담은 살려 주는 영이 되었나니 [46]그러나 먼저는 신령한 사람이
아니요 육의 사람이요 그 다음에 신령한 사람이니라 [47]첫 사람은 땅에서 났으니 흙
에 속한 자이거니와 둘째 사람은 하늘에서 나셨느니라 [48]무릇 흙에 속한 자들은 저
흙에 속한 자와 같고 무릇 하늘에 속한 자들은 저 하늘에 속한 이와 같으니 [49]우리
가 흙에 속한 자의 형상을 입은 것 같이 또한 하늘에 속한 이의 형상을 입으리라 [50]
형제들아 내가 이것을 말하노니 혈과 육은 하나님 나라를 이어 받을 수 없고 또한
썩는 것은 썩지 아니하는 것을 유업으로 받지 못하느니라(15:35-50).

35. 누가 묻기를 죽은 자들이 어떻게 다시 살아나며 어떠한 몸으로 오느냐 하리니. 그리스도인들이 믿는 신조들 중에서 이 신조만큼 인간의 이성으로 생각했을 때에 납득하기 어려운 것은 없다. 왜냐하면, 사람들이 죽어서, 그 몸들이 완전히 썩어 버리거나, 불에 의해서 다 타버리거나, 맹수들에 의해서 갈기갈기 찢겨 버렸다고 할지라도, 그들은 마지막 날에 다 온전하게 회복될 뿐만 아니라, 그들이 이전에 지녔던 몸보다 훨씬 더 영광스러운 몸으로 부활하게 될 것이라는 가르침은, 하나님이 아니고서는 그 누구도 사람들을 설득하여 믿게 할 수 없기 때문이다. 우리의 마음과 생각의 모든 지각은 그러한 가르침을 너무나 터무니없고 황당하기 짝이 없는 꾸며낸 이야기로 단정하고서 즉시 배척하고 거부하지 않는가? 바울은 부활에 대한 가르침이 황당무계한 것으로 보이는 것을 철저하게 제거하기 위해서, 여기에서 어떤 가상의 사람들을 통해서, 부활에 대한 가르침이 도저히 납득할 수 없고 수긍할 수 없는 가르침이라는 것을 보여 주는 것 같은 반문을 먼저 제기하고서, 그러한 반문에 대하여 대답하는 형식으로 자신의 논증을 전개해 나간다. 왜냐하면, 이 반문은 어떤 사람들이 죽은 자들의 부활이 어떤 식으로 일어날 것인지에 대하여 의문을 지니고서, 그 방식에 대하여 묻는 질문이 아니라, 죽은 자들의 부활 같은 것은 도저히 일어날 수 없는 일인 까닭에, 자기는 부활에 관한 가르침을 결코 믿을 수 없다고 분명하게 선언한 사람들이 제기하고 있는 반문이기 때문이다. 바울이 여기에서 그러한 반문에 대하여 대답하면서, 다소 거칠게 반응하는 이유도 거기에 있다. 그러므로 우리는 여기에서 죽은 자들의 부활을 반박하는 반문을 제기하고 있는 사람들은, 그런 일은 불가능하다고 단정하고서, 모욕적인 몸짓들을 사용해서, 부활 신앙을 조롱하고 비웃는 사람들이라는 것을 유념하여야 한다.

36. 어리석은 자여 네가 뿌리는 씨가 죽지 않으면 살아나지 못하겠고. 이 문제와 관련해서, 얼마든지 바울은 죽은 자들의 부활이 어떤 식으로 일어나는가 하는 것은 우리의 이해범위를 넘어서는 일이어서 우리가 알 수 없다고 할지라도, 그런 일은 하나님께는 너무나 쉬운 일이라고 대답할 수도 있었을 것이다. 즉, 그는 이 문제는 우리 자신이 이해하고 있는 사실들을 근거로 해서 우리가 결정할 수 있는 문제가 아니기 때문에, 우리는 우리에게는 불가능해 보이고 도저히 이해할 수 없는 일로 보이는 일조차도, 하나님께서는 그의 놀라우시고 비밀하신 권능으로 그런 일도 얼마든지 행하실 수 있다는 것을 믿고 인정함으로써, 하나님께 영광을 돌려야 한다고 말함으로써, 이 문제를 간단하게 해결할 수도 있었다는 것이다. 그러나 바울은 그러한 방법이 아닌 다른 방법을 택한다. 다시 말하면, 그는 죽은 자들의 부활은 자연의 순리에 어긋나는 일인 것이 아니라, 도리어 우리가 살아가면서 자연계의 운행과정 속에서, 곧 땅에 씨를 뿌리면 거기에서 열매들이 맺히는 과정 속에서 매일같이 보고 있는 일이라는 것을 우리에게 보여 준다. 그는 이렇게 말한다: 우리가 땅으로부터 거두는 열매들은 어디에서 난 것이냐? 그것들은 사람들이 땅에 뿌린 씨들이 썩어서 거기로부터 생겨난 것들이 아니냐? 사람들이 땅에 씨를 뿌렸는데, 만일 그 씨가 죽지 않는다면, 거기에서는 아무런 열매도 나올 수 없다. 이렇게 우리는 죽고 썩은 씨가 열매의 원천이자 원인이라는 사실 속에서, 일종의 부활의 원리를 본다. 그러므로 이것으로부터 얻게 되는 결론은, 우리는 죽어서 썩은 씨로부터 열매가 나게 하시는 하나님의 권능을 우리의 눈 앞에서 매일같이 생생하게 목도하면서도, 장차 죽은 자들을 다시 살리실 하나님의 권능을 우리가 믿지 않는다면, 그것은 도가 지나치게 하나님을 대적하고 배은망덕하게 행하는 것이 될 수밖에 없다는 것이다.

37-38. 또 네가 뿌리는 것은 장래의 형체를 뿌리는 것이 아니요 다만 밀이나 다른 것의 알맹이 뿐이로되 하나님이 그 뜻대로 그에게 형체를 주시되 각 종자에게 그 형체를 주시느니라. 바울이 여기에서 들고 있는 비유는 두 부분으로 이루어져 있는데, 첫 번째는 씨를 뿌리면 그 씨가 썩어서 열매를 내는 것과 동일한 이치로, 죽은 자들의 몸도 썩은 후에 다시 부활하게 되는 것이기 때문에, 죽은 자들의 부활은 전혀 이상한 일이 아니라는 것이고, 두 번째는 우리는 씨를 뿌릴 뿐이지만, 하나님께서는 그 경이로우신 솜씨로 각각의 씨에 수많은 형체들을 부여하여 놀랍고 뛰어난 품질을 지닌 다양한 열매들로 나오게 하시는 것과 마찬가지로, 죽은 자들의

몸이 이전과는 전혀 다른 상태로 부활하게 되는 것도 이성이나 이치에 어긋나는 것이 결코 아니라는 것이다. 그러나 바울은 사람들이 자신의 이 말을 듣고서, 자기가 마치 하나의 씨에서 많은 열매가 맺히듯이, 하나의 몸에서 많은 몸들이 생겨나게 될 것이라고 말한 것으로 오해할 수도 있었기 때문에, "하나님이 그 뜻대로 그에게 형체를 주신다"는 말을 덧붙여서, 자기가 앞에서 한 말에 제한을 가한다. 즉, 죽은 자들의 몸이 썩은 후에는, 거기에서 많은 몸들이 생겨나는 것이 아니라, 그 몸은 이전과는 질적으로 다른 몸, 곧 하나님이 자신의 뜻대로 부여하시는 형체로 부활하게 될 것이라는 것이다. 또한, 바울은 "각 종자에게 그 형체를 주시느니라"는 말을 덧붙임으로써, 자기가 앞에서 하나님께서 자신의 뜻대로 형체를 주셔서, 죽은 자들의 몸이 이전과는 질적으로 다른 몸으로 부활하게 될 것이기는 하지만, 각각의 몸이 이전에 지니고 있던 그 고유한 특성(species)은 그대로 보존이 될 것임을 보여 준다.

39-40. 육체는 다 같은 육체가 아니니 하나는 사람의 육체요 하나는 짐승의 육체요 하나는 새의 육체요 하나는 물고기의 육체라 하늘에 속한 형체도 있고 땅에 속한 형체도 있으나 하늘에 속한 것의 영광이 따로 있고 땅에 속한 것의 영광이 따로 있으니. 바울은 여기에서 또 다른 비유를 사용해서 설명하고 있기는 하지만, 앞에서 말한 것을 다른 방식으로 설명하고 있는 것일 뿐이고, 그 결론은 동일하다. 왜냐하면, 그는 우리가 "육체"라고 말할 때에는 거기에는 "사람의 육체"만이 아니라 "짐승의 육체"나 "새의 육체"나 "물고기의 육체"도 다 포함되는 까닭에, 여러 종류의 다양한 육체가 있다고 말함으로써, "육체"라는 본질은 동일하지만, 육체라고 해도 그 특질이 각각 다르다는 것을 보여 주고 있기 때문이다. 바울이 여기에서 말하고자 하는 요지는 이런 것이다: 우리가 피조세계에서 다양한 특질을 지닌 여러 육체들을 볼 수 있는 것은, 하나님께서 우리의 몸이 현재 지닌 상태를 변화시키심으로써 우리의 몸을 새롭게 하시는 것은 어려운 일이 아니라는 것을 피조세계에서 일어나는 일들을 통해서 우리에게 아주 분명하게 보여 주고 계시는 것이다.

41-42. 해의 영광이 다르고 달의 영광이 다르며 별의 영광도 다른데 별과 별의 영광이 다르도다 죽은 자의 부활도 그와 같으니 썩을 것으로 심고 썩지 아니할 것으로 다시 살아나며. 단지 하늘에 속한 몸들과 땅에 속한 몸들 간에만 영광에 있어서 서로 차이가 있는 것이 아니라, 하늘에 속한 몸들 간에도 영광에 있어서 차이가 있다. 왜냐하면, 해는 달보다 더 밝게 빛나고, 별들의 밝기도 서로 다르기 때문이

다. 따라서 이러한 차이는 죽은 자들의 부활에서도 나타난다. 그러나 사람들은 대체로 바울이 여기에서 말하고자 하는 것을 오해해서, 여기에서 그는 부활 후에는 성도들 간에 존귀와 영광에 있어서 서로 차이가 있을 것이라고 말하고 있는 것이라고 생각한다. 물론, 그런 생각 자체는 틀린 것이 아니고 지극히 옳다. 왜냐하면, 성경의 다른 본문들이 그러한 사실을 증언해 주고 있기 때문이다. 그러나 그러한 사실은 바울이 여기에서 말하고자 하는 것과는 아무 상관이 없다. 즉, 그는 여기에서 부활 후에 성도들의 상태가 서로 어떻게 다를 것인지에 대해서 말하고자 하는 것이 아니라, 우리가 지금 지니고 있는 몸들이 우리가 장차 받게 될 몸들과 어떻게 다르게 될 것인지에 대해서 말하고자 하는 것이기 때문이다.

따라서 바울은 다음과 같은 비유를 통해서, 죽은 자들의 몸이 장차 영광스러운 몸으로 부활하게 될 것이라는 가르침이 터무니없고 황당무계한 가르침이 아니라는 것을 분명하게 보여 주고 있는 것이다: 해와 달은 몸이라는 점에서는 동일하지만, 존귀와 영광에 있어서는 서로 크게 다르다. 그러므로 우리의 몸이 더 영광스러운 특질을 지닌 몸으로 부활한다고 해도, 그것은 전혀 이상한 일이 아니다. 그는 이렇게 말한 것과 같다: "나는 죽은 자들의 부활에 관한 가르침 속에서, 오직 모든 사람들이 누구나 이미 그들의 삶 속에서 그들 자신의 눈으로 매일같이 목격하고 있는 사실들만을 가르치고 있다." 이것이 그가 여기에서 말하고자 하는 요지라는 것은, 문맥상으로 볼 때에 너무나 분명하다. 왜냐하면, 만일 여기에서 그가 부활 후에 영광에 있어서의 성도들 간의 차이를 서로 비교해서 말하고자 한 것이라면, 우리는 그가 이 지점까지 모든 사람의 현재의 상태와 그들의 장래의 상태를 비교해서 말해 오다가, 여기에서 느닷없이 주제를 바꾸어서 그런 것을 잠깐 다루다가, 또다시 이후의 절들에서 다시 이전의 주제로 돌아가서 계속해서 논증을 전개하고 있는 것으로 보아야 하는데, 그가 무슨 이유 또는 목적으로 갑자기 여기에서 그렇게 하고 있는지가 전혀 납득이 되지 않기 때문이다.

43. 욕된 것으로 심고 영광스러운 것으로 다시 살아나며 약한 것으로 심고 강한 것으로 다시 살아나며. 바울은 죽은 자들의 부활에 관하여 일말의 의구심도 남기지 않기 위해서, 우리가 현재 입고 있는 몸과 우리가 장차 부활 후에 입게 될 몸이 어떤 차이가 있는지를 여기에서 자세하게 설명해 나간다. 만일 그가 앞에서 부활 후에 성도들이 받게 될 영광이 서로 다를 것임을 말하고자 한 것이라면, 그것은 여기에서 그가 말하고 있는 것과 서로 잘 연결이 되지 않게 될 것이다. 그러므로 그가

계속해서 한 가지 주제, 즉 죽은 자들이 장차 지금의 몸과는 질적으로 다른 몸으로 부활하게 될 것이라는 주제를 다루고 있다는 것은 의심의 여지가 없다.

바울은 이제 자기가 앞에서 사용했던 첫 번째 비유로 돌아가서, 자기가 원래 말하고자 한 것에 맞추어서 좀 더 구체적으로 그 비유를 적용해서 설명해 나간다. 또는, 우리는 그가 기존의 비유를 그대로 계속해서 이어가는 가운데, 우리가 이 땅에서 살아가는 현재의 때를 씨 뿌리는 때에 비유하고, 장차 부활하게 될 때를 추수할 때에 비유해서 말하고 있다고 해도 좋을 것이다. 그는 이렇게 말한다: 지금 우리의 몸은 죽음과 욕됨에 종속되어 있지만, 그 때에는 영광스럽고 영원히 썩지 않는 몸이 될 것이다. 바울은 빌립보서 3:21에서 이것과 동일한 것을 다른 식으로 표현한다: "그는 만물을 자기에게 복종하게 하실 수 있는 자의 역사로 우리의 낮은 몸을 자기 영광의 몸의 형체와 같이 변하게 하시리라."

44. 육의 몸으로 심고 신령한 몸으로 다시 살아나나니 육의 몸이 있은즉 또 영의 몸도 있느니라. 바울은 우리의 현재의 몸과 우리의 부활의 몸이 지닌 모든 특질들을 일일이 다 열거할 수 없었기 때문에, 그 모든 것들을 한 마디로 집약해서, 우리의 현재의 몸은 "혼적인 몸"(한글개역개정에는 "육의 몸")이지만, 그 때에는 "영적인 몸"(한글개역개정에는 "신령한 몸")을 입게 될 것이라고 말한다. 그는 우리가 현재 입고 있는 몸은 "혼"을 의지해서 의해서 살아가기 때문에 "혼적인 몸"이라고 부르고, 우리가 장차 입게 될 몸은 "성령"을 의지해서 살아가게 될 것이기 때문에 "영적인 몸"이라고 부른다. 왜냐하면, 우리의 현재의 몸이 시체가 되지 않고 생존할 수 있는 것은 "혼"이 우리의 몸에 생기를 불어넣어 주고 있는 까닭이라는 점에서, "혼적인 몸"이라고 부르는 것은 합당하기 때문이다. 그러나 우리가 장차 받게 될 부활의 몸은 성령으로부터 오는 생명을 받아서 살아가게 될 것이다. 하지만 우리가 앞에서 이미 말했듯이, 바울이 여기에서 이것들은 둘 다 "몸"이라는 점에서는 동일하고, 단지 그 특질만이 다를 뿐이라는 것을 말하고자 하는 것임을 우리는 언제나 유념하여야 하는데, 그는 바로 그 점을 아주 분명하게 보여 주기 위해서, 우리의 현재의 몸이 지닌 특질을 "혼적인 몸"으로 표현하고, 우리가 장차 입게 될 몸의 특질을 "영적인 몸"으로 표현한 것이다. "혼"이 우리의 현재의 몸에 생기를 불어넣어 주고 유지시키고 있는 한, 우리의 현재의 몸을 유지하는 데에는 많은 보조수단들이 필요하다. 그래서 이 땅에서 우리가 생존하기 위해서는, 음식을 먹고 마시며, 옷을 입고, 잠을 자는 것 등등의 것이 필수적이고, 그것은 우리의 "혼적인 몸"이 얼마나 연

약한지를 의심할 여지 없이 아주 분명하게 증명해 준다. 그러나 장차 성령이 우리의 몸에 생기를 불어넣어 주게 되면, 우리의 몸은 훨씬 더 온전한 몸이 되어서, 혼적인 몸이 필요로 하였던 것들이 더 이상 필요하지 않게 된다. 이것이 사도가 여기에서 말하고 있는 것의 단순하면서도 자연스러운 의미이다. 그러므로 우리는 사도가 여기에서 한 말을 지나치게 사변적으로 생각해서 엉뚱한 결론에 도달해서는 안 된다. 왜냐하면, 사도는 여기에서 몸의 본질에 대해서 말하는 것이 아니라, 단지 그 특질만을 말하고 있는 것일 뿐이고, 본질은 전혀 바뀌지 않을 것이라고 말하고 있는 것인데도, 어떤 이들은 몸의 특질이 아니라 본질 자체가 영적인 것으로 변화될 것이라고 주장하는 오류를 범하고 있기 때문이다.

45. 기록된 바 첫 사람 아담은 생령이 되었다 함과 같이. 바울은 자기가 "혼적인 몸"에 대하여 말한 것이 새로운 것이 아니라는 것을 보여 주기 위해서, 아담이 "살아 있는 혼"(창 2:7, 한글개역개정에는 "생령")이 되었다고 말하는 성경 본문을 인용하는데, 여기에서 "살아 있는 혼"이라는 표현은 아담의 몸이 혼에 의해서 생기를 부여받아서 살아 있는 사람이 되었다는 것을 의미한다. 어떤 이들은 여기에서 "혼"(한글개역개정에는 "영")이 무엇을 의미하는 것이냐고 묻는다. 여기에서 "혼"으로 번역된 히브리어 '네페쉬'는 아주 다양한 의미로 사용되고 있다는 것은 잘 알려져 있지만, 창세기의 이 본문에서는 "생명의 동력"(motus vitale) 또는 "생명의 핵"(vita essentialis) 자체를 의미하는데, 나는 후자의 의미를 더 선호한다. 성경에서는 단지 사람만이 아니라, 모든 생물들에 대해서도 "살아 있는 혼"이라는 표현을 사용한다(창 1:20, 24). 모든 생물의 "혼"은 그 종류를 따라 판단되어야 하기 때문에, "생명의 동력"인 "혼"은 하나이고, 모든 생물에 공통적인 것이라고 말하는 것은 아무런 문제가 없다. 이렇게 사람은 모든 생물에 공통적인 "혼"을 지니고 있지만, 사람의 "혼"은 예컨대 지성과 이성의 빛 같은 본질적으로 영원하고 독특한 특질 또는 속성을 지니고 있다.

마지막 아담은 살려 주는 영이 되었나니. 이러한 표현은 성경의 그 어디에서도 발견되지 않는다. 그러므로 우리는 바울이 "기록된 바"라고 말한 것은 오직 이 절의 전반부에만 해당되는 것으로 이해하여야 한다. 즉, 그는 전반부에서 성경의 본문을 인용한 후에, 이제 곧바로 그리스도와 아담을 대비시키는 가운데 독자적인 논증을 전개해 나가기 시작한다는 것이다. 그는 이렇게 말한 것과 같다: "모세는 하나님께서 아담을 '살아 있는 혼'이 되게 하셨다고 말하는 반면에, 그리스도는 생명을 주시는 성령을 수여받으셨다. 생명이 되신 것, 또는 생명의 근원이 되신 것은, 단지 살아 있는 혼이 된 것보다 훨씬 더 큰 일이다." 그러나 우리는 그리스도께서도 우리와 마찬가지로 "살아 있는 혼"이 되셨지만, "혼" 외에도, 위로부터 주의 성령이 그에게 부어졌기 때문에, 그 성령의 권능을 힘입어서 죽은 자 가운데서 다시 살아 나실 수 있으셨고, 다른 사람들을 다시 살리실 수도 있으셨다는 것을 유의하여야 한다. 우리는 반드시 이 점을 유의해서, 옛적에 아폴리나리오스(Apollinaris, 주후 4세기에 활동하였던 라오디게아의 주교)가 주장하였던 것 같이, 그리스도 안에서는 성령이 "혼"을 대신하였기 때문에, 그리스도에게는 혼이 존재하지 않았다고 생각하는 사람이 아무도 없어야 한다. 또한, 우리는 이러한 설명과는 별개로, 사도가 로마서 8장에서 말하고 있는 것으로부터 이 구절에 대한 해석을 얻을 수 있는데, 그는 거기에서 "그리스도께서 너희 안에 계시면 몸은 죄로 말미암아 죽은 것이나 영은 의로 말미암아 살아 있는 것이니라 예수를 죽은 자 가운데서 살리신 이의 영이 너희 안에 거하시면 그리스도 예수를 죽은 자 가운데서 살리신 이가 너희 안에 거하시는 그의 영으로 말미암아 너희 죽을 몸도 살리시리라"(롬 8:10-11)고 말함으로써, 우리의 몸은 죄로 인하여 실제로 죽은 것이고, 우리는 우리 안에 죽음의 요소들을 지니고 다니지만, 그리스도를 죽은 자 가운데서 다시 살리신 성령이 우리 안에 내주하고 계시기 때문에, 언젠가는 우리의 몸도 다시 살리실 것이라고 분명하게 선언한다. 이것으로부터 우리가 알 수 있는 것은, 우리는 사람이기 때문에 "살아 있는 혼"을 가지고 있지만, 우리가 생명을 주시는 그리스도의 영을 갖게 되는 것은 중생의 은혜로 말미암아 그 영이 우리에게 부어지기 때문이라는 것이다. 요컨대, 바울이 여기에서 말하고자 하는 것은, 아담과 그의 후손들에게는 "살아 있는 혼"이 주어진 반면에, 그리스도께서는 우리가 생명이신 성령을 받을 수 있는 길을 열어 주셨기 때문에, 우리가 그리스도로 말미암아 획득하게 된 상태는 첫 사람의 상태보다 훨씬 더 낫다는 것이다.

바울이 그리스도를 "마지막 아담"이라고 부르는 이유는, 첫 사람인 아담 안에서 인류가 존재하게 된 것과 마찬가지로, 그리스도 안에서 인류가 회복되고 새로워졌기 때문이다. 나는 이것을 간단하게 다시 한 번 설명하고자 한다. 모든 사람이 첫 사람 아담 안에서 존재하게 되었다는 것은, 하나님께서는 모든 사람에게 주시고자 하신 것들을 첫 사람 아담에게 주심으로써, 온 인류의 상태가 저 한 사람에 의해서 결정되었다는 의미이다. 따라서 아담이 타락하였을 때, 그는 자기와 더불어서 온 인류를 그러한 파멸 속으로 함께 이끌고 들어간 것이었기 때문에, 첫 사람 아담의 범죄로 인한 결과는 단지 아담만이 아니라 그에게 속해 있던 온 인류에게도 미치게 되었다. 반면에, 그리스도께서는 아담의 범죄로 인하여 멸망의 구렁텅이로 떨어진 우리의 본성을 회복시키셔서, 이전보다 더 나은 상태로 끌어 올리시기 위하여 이 땅에 오셨다. 그러므로 아담과 그리스도는 인류의 두 원천 또는 뿌리이다. 이것이 아담을 "첫 사람"이라고 부르고 그리스도를 "마지막 아담"이라고 부르는 것이 지극히 합당한 이유이다. 하지만 이것은 어떤 광신자들이 그리스도를 하나님이 아니라 우리와 같은 단순한 사람으로 여기고서, 마치 언제나 오직 아담과 그리스도라는 두 사람만이 존재하였고, 우리의 눈으로 보는 나머지 다른 모든 사람들은 단지 실체가 없는 무의미한 허상인 것처럼 말하는 것을 지지해 주는 것은 결코 아니다. 여기에서와 비슷한 대비는 로마서 5:12-21에도 나온다: "한 사람으로 말미암아 죄가 세상에 들어오고 죄로 말미암아 사망이 들어왔나니 이와 같이 모든 사람이 죄를 지었으므로 사망이 모든 사람에게 이르렀느니라 … 아담은 오실 자의 모형이라 … 한 사람의 범죄로 말미암아 사망이 그 한 사람을 통하여 왕 노릇 하였은즉 더욱 은혜와 의의 선물을 넘치게 받는 자들은 한 분 예수 그리스도를 통하여 생명 안에서 왕 노릇 하리로다 그런즉 한 범죄로 많은 사람이 정죄에 이른 것 같이 한 의로운 행위로 말미암아 많은 사람이 의롭다 하심을 받아 생명에 이르렀느니라."

46. 그러나 먼저는 신령한 사람이 아니요 육의 사람이요 그 다음에 신령한 사람이니라. 바울은 여기에서 이렇게 말하고 있다: "우리는 그리스도 안에서 회복되고 새로워지기 전에, 아담으로부터 나서 아담과 같이 되는 것은 반드시 거쳐야 하는 과정이다. 그러므로 우리의 존재가 '살아 있는 혼' 으로부터 시작되는 것을 우리는 이상하게 여기지 않아야 한다. 왜냐하면, 모태로부터 태어나는 것이 거듭나는 것에 선행하여야 하는 것과 마찬가지로, 살아 있는 존재가 되는 것은 다시 살아난 존재가 되는 것에 선행하는 것이 합당하기 때문이다."

47. 첫 사람은 땅에서 났으니 흙에 속한 자이거니와 둘째 사람은 하늘에서 나셨느니라. "혼적인 삶"이 먼저 있어야 하는 것은 "흙에 속한 자"가 먼저 있어야 하기 때문이다. 아담이 먼저 있고, 그런 후에야 하늘에서 나신 사람인 그리스도께서 오신 것과 마찬가지로, 영적인 삶은 혼적인 삶 다음에 오게 되어 있다. 그런데도 마니교도들은 이 절을 왜곡해서 잘못 해석한 것을 근거로 삼아서, 그리스도께서는 하늘에 속한 몸을 입으시고 동정녀의 모태 속으로 들어가신 것이라고 주장한다. 그

러나 바울은 여기에서 몸의 특질 또는 속성을 다루고 있는 것임에도 불구하고, 그들은 그가 여기에서 몸의 본질에 대하여 말하고 있는 것으로 생각한 것 자체가 잘못된 것이다. 따라서 바울이 여기에서 말하고자 하는 것은 이런 것이다: "첫 사람"은 영원히 죽지 않는 혼을 가지고 있었고, 그 혼은 흙에서 온 것이 아니었다고 할지라도, 그의 몸은 흙에서 온 것이었고, 그는 흙을 딛고 살도록 정해졌기 때문에, "흙에 속한 자"로서의 냄새를 물씬 풍기는 존재였다. 반면에, 그리스도께서는 하늘로부터 "생명을 주시는 성령"을 가져오셔서, 우리를 성령으로 거듭나게 하여, 흙에 속한 자보다 더 낫고 고귀한 삶을 살게 하셨다. 요컨대, 아담은 우리의 뿌리이고 우리는 아담의 가지들이기 때문에, 이 세상에서 우리가 가진 생명은 아담으로부터 온 것인 반면에, 우리에게 하늘에 속한 생명을 가져다주시는 이는 그리스도이시라는 것이다.

하지만 어떤 이들은 이렇게 반문할지도 모른다: 바울은 여기에서 아담은 땅에서 났고 그리스도는 하늘에서 나셨다고 말하고 있기 때문에, 우리가 바울의 그러한 대비로부터 도출해 낼 수 있는 결론은, 아담의 몸이 흙으로부터 만들어진 것과 같이, 그리스도께서는 하늘에 속한 몸을 입으셨다는 것이거나, 적어도 사람의 혼은 흙으로부터 난 것인 반면에, 그리스도의 혼은 하늘로부터 왔다는 것이다. 그러한 반문에 대한 나의 대답은, 바울은 여기에서 아담과 그리스도를 그런 식으로 아주 세부적인 면들에 있어서까지 서로 대비시키고 있는 것도 아니고, 실제로 그럴 필요도 없었다는 것이다. 실제로, 바울은 그리스도와 아담의 본성이라는 주제에 대하여 설명하다가, 단지 지나가는 말로, 아담이 어떻게 지음 받았는지에 대해서 언급하면서, 아담은 땅에서 난 흙에 속한 자라고 말한 후에, 아울러 그리스도께서 어떠한 분이신지를 우리에게 보여 주기 위해서, 그리스도는 하늘로부터 이 땅에 오신 하나님의 아들이시고, 그런 까닭에 하늘에 속한 본성과 권능을 여전히 지니고 계신다는 것을 말한 것일 뿐이다. 이것이 이 절의 참된 의미이고, 마니교의 저 교묘한 말들은 단지 이 절을 왜곡한 것에 지나지 않는다.

하지만 우리가 대답하여야 할 또 다른 반론이 아직 남아 있다: 그리스도께서는 이 세상에 계시는 동안에는 우리와 똑같은 삶을 사셨다는 점에서 "흙에 속한 자"라고 할 수 있기 때문에, 바울이 여기에서 제시한 이러한 대비는 부적절한 것이 아닌가? 이러한 반론에 대한 대답은 마니교도들의 저 황당한 주장을 반박하는 데에도 큰 도움이 될 것이다. 왜냐하면, 우리는 그리스도의 몸은 죽음에 종속되어서 죽을 수밖에 없었고, 그 몸이 썩어짐으로부터 건짐을 받게 된 것은, 마니교도들의 주장처럼, 그 몸이 원래부터 불멸성이라는 고유한 속성을 지니고 있었기 때문이 아니라, 오로지 하나님의 섭리로 말미암은 것이었음을 알기 때문이다. 따라서 그리스도께서는 그의 몸과 관련해서 본성적으로 "흙에 속한 자"인 것은 아니었지만, 이 땅에 계시는 동안에는 흙에 속한 자로서의 특질을 지니시고 살아가셨다. 왜냐하면, 그리스도께서는 우리에게 하늘에 속한 생명을 수여하시는 권능을 행사하시기 전에, 먼저 육체의 연약함(carnis infirmitas) 가운데서 죽으시는 것이 꼭 필요하였기 때문이다. 그러나 그리스도께서 그렇게 죽으신 후에, 이 하늘에 속한 생명이 그리스도의 부활 속에서 처음으로 드러났고, 이제 부활하신 그리스도께서는 그 생명을 우리에게도 주고 계신다(고후 13:4, "그리스도께서 약하심으로 십자가에 못 박히셨으나 하나님의 능력으로 살아 계시니 우리도 그 안에서 약하나 너희에게 대하여 하나님의 능력으로 그와 함께 살리라").

49. 우리가 흙에 속한 자의 형상을 입은 것 같이 또한 하늘에 속한 이의 형상을 입으리라. 어떤 해석자들은 바울이 여기에서 본론에서 잠시 벗어나서, 고린도 교인들에게 경건하고 거룩한 삶을 살 것을 권면하고 있는 것이라고 생각해 왔고, 그런 이유로 미래 시제로 되어 있는 동사를 권유를 나타내는 가정법으로 바꾸어서 해석해 왔다. 게다가, 일부 헬라어 사본들에는 여기에서 "형상을 입으리라"로 번역된 동사가 "형상을 입자"(φορέσωμεν '포레소멘')로 되어 있다. 그러나 그러한 읽기는 전후문맥과 그리 잘 부합하지 않기 때문에, 우리는 전후문맥이나 바울의 의도와 부합하는 현재의 읽기를 채택하는 것이 합당하다. 여기에서 먼저 우리가 알아야 할 것은, 이 구절은 권면이 아니라 전적으로 가르침이라는 것, 그리고 바울은 여기에서 새로운 삶을 다루고 있는 것이 아니라, 자기가 지금까지 설명해 온 몸의 부활이라는 주제를 계속해서 단절 없이 이어가고 있다는 것이다. 따라서 바울이 여기에서 말하고자 하는 것은 이런 것이다: "우리가 모태로부터 태어나면서 지니게 된 혼적인 본성이 아담의 형상인 것과 마찬가지로, 우리는 장차 하늘에 속한 본성인 그리스도의 형상을 입음으로써, 우리의 회복과 새로워짐은 완성될 것이다. 우리 안에서 이루어지는 그리스도의 형상은 영적인 중생으로 말미암아 시작되는 것이기 때문에, 우리는 지금 그리스도의 형상을 입기 시작하였고, 아울러 날마다 그리스도의 형상으로 점점 더 변화되어 가고 있기는 하지만, 우리가 부활의 몸을 입게 될 때에야 우리의 몸과 영혼은 둘 다 온전히 회복되고 새로워져서, 지금 시작

된 변화가 완성될 것이다. 그렇게 해서, 우리가 지금은 오직 믿음 가운데서 소망으로 바라고 기다리고 있는 것이 그 때에는 온전히 실현되게 될 것이다."

하지만 그럼에도 불구하고 여전히 "형상을 입자"라는 또 다른 읽기를 선호하는 사람들이 있다면, 우리는 이 절에서 바울은 만일 고린도 교인들이 참된 경건과 새로운 삶에 대하여 진지하게 묵상하였더라면, 당연히 그들에게서도 하늘에 속한 영광을 사모하는 소망이 간절히 불타올랐을 것인데, 그렇게 하지 않은 그들을 책망하면서, 이제라도 그렇게 하라고 질책하고 있는 것으로 이해할 수 있을 것이다.

50. 형제들아 내가 이것을 말하노니 혈과 육은 하나님 나라를 이어 받을 수 없고 또한 썩는 것은 썩지 아니하는 것을 유업으로 받지 못하느니라. 이 절에서 바울은 자기가 이후에 하는 말은 자기가 앞에서 한 말에 대한 보충설명이 될 것임을 보여준다. 그는 이렇게 말한 것과 같다: "우리가 하늘에 속한 아담의 형상을 입게 될 것이라고 말한 것의 의미는, 우리의 현재의 몸은 썩어짐에 종속되어 있어서, 썩어지지 않을 하나님의 나라를 유업으로 받을 수 없는 까닭에 반드시 새로워져야 한다는 것이다. 그러므로 그리스도께서 우리를 새롭게 하셔서 그의 형상을 입게 하시는 것만이, 우리가 하나님의 나라에 들어갈 수 있는 유일한 길이다." 우리는 여기에서 바울이 말한 "혈과 육"은 우리가 지금 입고 있는 몸을 가리키는 것으로 이해하여야 한다. 왜냐하면, 우리의 몸은 그리스도의 영에 의해서 새롭게 되고 새 생명을 얻은 후에야 하나님의 영광에 참여하게 될 것이기 때문이다.

51보라 내가 너희에게 비밀을 말하노니 우리가 다 잠 잘 것이 아니요 마지막 나팔에
순식간에 홀연히 다 변화되리니 52나팔 소리가 나매 죽은 자들이 썩지 아니할 것으
로 다시 살아나고 우리도 변화되리라 53이 썩을 것이 반드시 썩지 아니할 것을 입겠
고 이 죽을 것이 죽지 아니함을 입으리로다 54이 썩을 것이 썩지 아니함을 입고 이
죽을 것이 죽지 아니함을 입을 때에는 사망을 삼키고 이기리라고 기록된 말씀이
이루어지리라 55사망아 너의 승리가 어디 있느냐 사망아 네가 쏘는 것이 어디 있느
냐 56사망이 쏘는 것은 죄요 죄의 권능은 율법이라 57우리 주 예수 그리스도로 말미
암아 우리에게 승리를 주시는 하나님께 감사하노니 58그러므로 내 사랑하는 형제들
아 견실하며 흔들리지 말고 항상 주의 일에 더욱 힘쓰는 자들이 되라 이는 너희 수
고가 주 안에서 헛되지 않은 줄 앎이라(15:51-58).

51. 보라 내가 너희에게 비밀을 말하노니. 이 지점에 이르기까지 바울은 부활이라는 주제와 관련된 두 가지 측면에 대한 논증을 진행해 왔는데, 첫 번째는 죽은 자들의 부활이 있을 것임을 증명하는 것이었고, 두 번째는 그 부활의 성격이 어떤 것일지를 보여 주는 것이었다. 이제 그는 계속해서 그 부활이 어떤 식으로 일어나게 될 것인지를 좀 더 자세하게 설명해 나간다. 먼저, 그는 부활의 진행과정에 대한 자신의 이러한 설명을 "비밀"(mysterium)이라고 부르는데, 그 이유는 한편으로는 부활의 이 측면은 그가 앞에서 설명한 다른 두 가지 측면과는 달리, 하나님께서 계시로써 좀 더 분명하게 보여 주지 않으신 부분이었기 때문이기도 하고, 다른 한편으로는 고린도 교인들로 하여금 지금부터 자기가 하는 말을 좀 더 주의해서 듣도록 하기 위한 것이기도 하였다. 또한, 그가 이것을 "비밀"이라고 말한 것 속에는, 고린도 교회에서 악한 자들이, 마치 자신들이 이 문제에 대하여 하나님의 계시를 받은 것처럼, 조금도 망설임 없는 아주 단호한 태도로 부활은 이미 일어났다고 단정함으로써 고린도 교인들로부터 강력한 지지를 얻어낼 수 있었는데, 그들이 계시를 들먹이며 이 일을 아는 것처럼 그렇게 말한 것은 다 거짓이라는 의미가 내포되어 있다. 따라서 바울은 여기에서 "비밀"이라는 표현을 통해서, 이 일은 그들에게 아직 알려져 있지 않은 것일 뿐만 아니라, 하나님만이 아시는 하늘에 속한 비밀들에 속한 것이기 때문에, 그들은 이 일에 대해서 이미 알고 있다고 말하며 듣지 않으려고 하지 말고, 꼭 귀 기울여서 주의깊게 들어야 한다고 그들에게 경고하고 있는 것이다.

우리가 다 잠 잘 것이 아니요 … 다 변화되리니. 헬라어 사본들에는 이 구절에 대한 다른 읽기가 없지만, 라틴어 역본들에서는 이 구절을 세 가지로 서로 다르게 읽는다. 첫 번째 읽기는 "우리는 다 죽게 될 것이지만, 다 변화되지는 않을 것이다"이고, 두 번째 읽기는 "우리는 다 다시 살아 나게 될 것이지만, 다 변화되지는 않을 것이다"이며, 세 번째 읽기는 "우리는 다 잠 잘 것이 아니지만, 다 변화될 것이다"이다. 이러한 서로 다른 읽기들이 생겨난 것은, 다소 둔감했던 어떤 독자들이 원래의 읽기에 대하여 거부감을 느끼고서, 자기들이 생각할 때에 더 낫다고 보았던 읽기로 대체하였기 때문이라는 것이 나의 추정이다. 왜냐하면, 히브리서 9:27에서는 "한번 죽는 것은 사람에게 정해진 것이요 그 후에는 심판이 있으리니"라고 말하고 있는데, 바울은 여기에서 "우리가 다 죽지는 않을 것"이라고 말하고 있는 것이, 그들에게는 모순된 것으로 보였을 것이기 때문이다. 그래서 그들은 바울이 "우리가 다 죽을 것이 아니요"라고 말한 것을, "우리는 다 다시 살아 나게 될 것이지만, 다 변화되지는 않을 것이다," 또는 "우리는 다 죽게 될 것이지만, 다 변화되지는 않을 것이다"로 수정해서, 오직 하나님의 자녀들만이 영광을 얻게 될 것이라는 의미로 바울이 이 말을 한 것으로 바꾸어 버렸다. 그러나 우리는 전후 문맥을 통해서, 원래의 읽기가 무엇이었는지를 알아낼 수 있다.

이 절에서 바울의 의도는, 자기가 앞에서 이미 말하였던 것, 즉 "혈과 육은 하나님 나라를 이어 받을 수 없기" 때문에, 우리는 그리스도의 형상으로 변화받게 될 것이라고 말하였던 것을 보충설명하는 것이었다. 왜냐하면, 죽은 자들의 부활에 대한 바울의 논증을 들은 사람들은 "그렇다면, 주의 날이 이르렀을 때, 아직도 여전히 생존해 있는 사람들은 어떻게 되는 것인가?"라고 질문을 제기할 수 있었기 때문이다. 그러한 질문에 대하여 바울은 "우리가 다 잠 잘 것이 아니요"라고 말함으로써, 주께서 재림하실 때에 여전히 살아 있는 사람들이 있을 것임을 인정한 후에, "마지막 나팔에 순식간에 홀연히 다 변화되리니"라고 말함으로써, 그들도 어김없이 새로워져서, 결국 죽을 것과 썩을 것이 다 제거될 것이라고 대답한다. 그러나 우리는 바울이 여기에서 오직 믿는 자들에게 일어날 일에 대해서만 말하고 있다는 것을 유의하여야 한다. 왜냐하면, 믿지 않는 자들의 부활과 변화가 있을 것이기는 하지만, 바울이 여기에서 그런 것들에 대해서는 전혀 언급하고 있지 않다는 사실에 비추어 볼 때, 우리는 그가 여기에서 말하고 있는 모든 것들은 오로지 택함 받은 자들에게만 해당되는 것으로 이해하는 것이 합당하기 때문이다. 이제 우리는 바울이 이 절에서 말하고 있는 것이 그가 앞에서 말한 것과 아주 잘 맞아떨어지는 것을 본다. 왜냐하면, 그는 앞에서 우리가 그리스도의 형상을 입게 될 것이라고 말한 후에, 여기에서는 장차 우리가 모두 순식간에 홀연히 변화되어서, "죽을 것이 생명에 삼킨 바" 될 때(고후 5:4), 그런 일이 일어나게 될 것임을 분명하게 보여 주고, 아울러 그리스도께서 재림하실 때에 여전히 이 땅에 살아 있는 사람들에게도 그러한 변화가 동일하게 일어날 것임을 보여 주기 때문이다.

하지만 우리는 히브리서 9:27에서 "한번 죽는 것은 사람에게 정해진 것이요"라고 한 말씀과 관련된 문제를 해결하여야 하는데, 사실 이 문제를 해결하는 것은 그리 어려운 일이 아니다. 바울이 말한 믿는 자들의 그러한 변화는 그들에게 이전에 있던 본성을 멸함이 없이는 일어날 수 없기 때문에, 일종의 "죽는 것"으로 보는 것은 지극히 옳다. 그러나 그러한 변화를 통해서는 영혼과 몸이 분리되지는 않기 때문에, 우리는 그러한 변화를 통상적인 죽음이라고 볼 수는 없다. 그러므로 그것은 우리의 타락하고 부패한 본성이 멸해질 것이라는 점에서는 "죽는 것"이지만, 영혼이 몸으로부터 분리되지는 않을 것이라는 점에서 "잠 자는 것"은 아니기 때문에, 우리는 우리의 부패한 본성에서 저 복된 영원한 삶으로 "순식간에" 이동하게 될 것이다.

순식간에 홀연히. 바울은 계속해서 우리 모두에게 일어날 일에 대하여 말하고 있다. 달리 말하면, 바울이 여기에서 말하고 있는 것들은 우리 모두에게 해당된다는 것이다. 왜냐하면, 그리스도의 재림이 순식간에 이루어질 것이고, 따라서 변화되는 것도 우리 모두에게서 순식간에 홀연히 일어날 것이기 때문이다. 이러한 변화가 아주 신속하게 이루어질 것임을 강조하기 위해서, 바울은 눈을 한 번 깜빡거리거나 눈이 한 번 떨리는 것을 뜻하는 단어를 사용한다. 내가 이렇게 바울이 눈을 깜빡거리거나 눈이 떨리는 것을 뜻하는 단어를 사용하였다고 말하는 것은 헬라어 사본들에는 이 대목에서 한 가지 읽기가 아니라, '로페'(ῥοπῆ, "눈을 깜빡이다")와 '리페'(ῥιπῆ, "눈이 떨리다")라는 두 가지 읽기가 나오기 때문이다. 하지만 이 두 가지 읽기는 의미상으로는 별 차이가 없다. 바울은 속도에 있어서 다른 모든 것들을 능가하는 우리 몸의 특정한 움직임을 표현하는 단어를 사용해서, 우리 모두에게 그러한 변화가 얼마나 신속하게 이루어질 것인지를 여기에서 우리에게 보여 준다. 왜냐하면, 눈을 깜빡이는 것보다 더 빠른 움직임은 존재하지 않기 때문이다. 아울러, 바울이 이 단어를 사용한 것 속에는, 잠 자는 것과 눈을 깜빡이는 것을 서로 대비시키고자 하는 의도도 들어 있다.

마지막 나팔에. 바울은 "나팔"이라는 단어를 반복해서 사용하고 있기 때문에, 우리가 이 단어가 문자 그대로의 의미를 지닌 것으로 해석하는 것이 너무나 당연한 것처럼 보일 수 있지만, 나는 이 단어를 하나의 비유로 본다. 그는 데살로니가전서 4:16에서 "천사장의 소리"와 "하나님의 나팔 소리"를 연결시킨다. 군대 지휘관이 나팔 소리를 통해서 자신의 군대를 전투로 호출하는 것과 마찬가지로, 그리스도께서는 온 천하에 우렁차게 울려퍼질 "호령"을 통해서 모든 죽은 자들을 호출하실 것이다. 모세는 하나님께서 이스라엘 백성에게 율법을 수여하실 때에 들렸던 소리가 얼마나 컸는지에 대하여 우리에게 말해 준다. 하물며 그리스도께서 한 민족이 아니라 온 천하를 하나님의 법정으로 호출하실 때에 온 세상에 울려퍼질 소리는 얼마나 크겠는가! 그 때에 그리스도께서는 산 자들만을 호출하셔서 불러 모으시는 것이 아니라, 죽은 자들도 무덤으로부터 호출하셔서 나오게 하실 것이다. 즉, 그리스도의 명령이 떨어지면, 그 명령은 무덤 속에 있던 마른 뼈들과 티끌에까지 전달되어서, 그것들은 이전의 형태를 회복하고, 거기에 각각의 영혼이 돌아와서, 죽은 자들이 부활하여, 그리스도 앞에 산 자들로서 즉시 출두하게 될 것이다.

52. 나팔 소리가 나매 죽은 자들이 썩지 아니할 것으로 다시 살아나고 우리도 변화되리라. 바울은 자기가 말하고 있는 것들은 우리 모두에게 해당된다는 것을 보여 주는 일반적인 표현들을 사용해서 앞에서 말하였는데, 이제 여기에서는 자신의 말들이 죽은 자들과 산 자들 둘 다에게 해당된다는 것을 명시적으로 보여 준다. 그러므로 바울이 여기에서 "죽은 자들"과 "우리" 산 자들을 구분한 것은, 단지 그가 앞에서 "우리가 다 잠 잘 것이 아니요 … 다 변화되리니"라고 말한 것에 대한 보충 설명일 뿐이다. 즉, 그는 먼저 "이미 죽은 자들은 '썩지 아니할 것으로 다시 살아날' 것이다"라고 말함으로써, 죽은 자들의 변화가 일어나게 될 것임을 보여 주고, 그런 후에 "그 때까지 여전히 살아 있는 자들도 변화되리라"고 말함으로써, 죽은 자들과 산 자들을 둘 다 포괄해서 설명하고 있다는 것이다. 이제 우리는 우리가 다 동일하게 변화될 것이기는 하지만, 우리가 다 "잠 잘" 것은 아니라는 것을 깨닫게 된다. 바울은 "우리도 변화되리라"고 말할 때, 그리스도께서 재림하실 때에 여전히 살아 있을 자들 속에 자기 자신을 포함시켜서 말하고 있다. 당시는 이미 마지막 때였고, 그리스도께서 당장에라도 재림할 수 있었기 때문에, 성도들은 매일매일이 바로 그 날일지도 모른다는 생각 속에서 살아가고 있었다. 바울은 데살로니가 서신에서 그리스도께서 재림하시기 전에 먼저 교회가 배교하는 일이 일어날 것이라는 주목할 만한 예언을 하고 있기는 하지만(살후 2:3, "누가 어떻게 하여도 너희가 미혹되지 말라 먼저 배교하는 일이 있고 저 불법의 사람 곧 멸망의 아들이 나타나기 전에는 그 날이 이르지 아니하리니"), 그럼에도 불구하고 고린도 교인들에게 그리스도의 재림이 지금 당장에라도 일어날 수 있는 일로 제시하고서, 그 날이 왔을 때, 그들과 자기가 여전히 살아 있는 자들일 수 있을 가능성을 강력하게 시사한다.

53. 이 썩을 것이 반드시 썩지 아니할 것을 입겠고 이 죽을 것이 죽지 아니함을 입으리로다. 우리는 바울이 여기에서 우리의 영혼만이 아니라 우리의 몸도 하나님 나라의 삶에 동참하게 될 것이라고 말하고 있는 것을 유념하여야 한다. 하지만 혈과 육이 하나님 나라를 유업으로 받을 수 없다는 것은 여전히 사실이기 때문에, 우리의 썩을 몸은 먼저 썩어짐으로부터 해방될 것이다. 그러므로 우리가 지금 지

니고 있는 썩을 수밖에 없고 죽을 수밖에 없는 본성은 하나님 나라에 합당하지 않지만, 장차 썩어짐을 벗어 버리고 썩지 아니할 것을 입을 때에는, 하나님 나라에 들어가기에 합당하게 될 것이다. 이 절은 우리가 지금 입고 있는 것과 동일한 몸으로 장차 부활하게 될 것임을 분명하게 확증해 주고 있다. 왜냐하면, 사도는 우리의 현재의 몸이 그 때에 마치 의복처럼 새로운 속성을 입게 될 것이라고 말하고 있기 때문이다. 만일 바울이 여기에서 "이 썩을 것이 새로워져야 한다"고 말했더라면, 우리는 바울의 그러한 말을 근거로 삼아서, 부활의 때에는 사람들에게 변화된 몸이 아니라 전혀 새로운 몸이 주어지게 될 것이라는 저 광신자들의 주장이 잘못되었다는 것을 아주 분명하고 효과적으로 반박하지는 못하였을 것이다. 그러나 바울은 여기에서 "이 썩을 것이 영광을 덧입게 될 것이다"라고 분명하게 선언하고 있기 때문에, 그들의 그러한 잘못된 주장이 비집고 들어올 여지는 전혀 없게 되었다.

54-55. 이 썩을 것이 썩지 아니함을 입고 이 죽을 것이 죽지 아니함을 입을 때에는 사망을 삼키고 이기리라고 기록된 말씀이 이루어지리라 사망아 너의 승리가 어디 있느냐 사망아 네가 쏘는 것이 어디 있느냐. 바울이 여기에서 단지 그가 앞서 말한 것을 다시 한 번 강조하고 있는 것이 아니라 확증(confirmatio)하고 있는 것이다. 왜냐하면, 여기에서 그는 옛적에 선지자들이 예언한 것이 그 때에 성취될 것이라고 말하고 있는 것이기 때문이다. 그러한 예언이 성취되기 위해서는, 먼저 우리의 몸이 썩어짐에서 해방되어 썩지 아니함을 입어야 하기 때문에, 이 일은 반드시 일어날 수밖에 없다. 여기에서 "기록된 말씀이 일어나리라"(한글개역개정에는 "기록된 말씀이 이루어지리라")는 것은 그 말씀이 온전히 이루어질 것이라는 의미이다. 즉, 바울이 여기에서 말하고 있는 것은 우리 안에서 이미 시작되어서, 날마다 완성을 향해서 진보해 가고 있는 것이기는 하지만, 저 마지막 날에 이르러서야 비로소 온전히 그대로 일어날 것이라는 것이다.

바울이 "사망을 삼키고 이기리라"는 말씀을 선지자들의 글 중 어디에서 가져와서 인용한 것인지는 사실 그리 분명하지 않다. 왜냐하면, 선지자들의 글 속에는 이런 취지로 말하고 있는 본문들이 많기 때문이다. 따라서 우리는 단지 바울이 다음 두 본문 중의 어느 하나를 가져와서 인용한 것일 가능성이 크다는 말밖에는 할 수 없다. 첫 번째 본문은 이사야서 25:8인데, 거기에는 "사망을 영원히 멸하실 것이라"로 기록되어 있다. 거의 모든 사람들이 선호하는 두 번째 본문은 호세아서 13:14인데, 거기에서 선지자는 이스라엘의 완악함과 사악함을 통탄하면서, 이스라엘은 산고를 겪고 있는 어머니의 모태로부터 나오지 않기 위해서 애를 쓰고 있는 조산아 같다고 탄식하며, 이스라엘이 죽음으로부터 건짐을 받지 못한 것은 전적으로 그들 자신의 책임이라고 결론을 내리고, 이렇게 말한다: "내가 그들을 스올의 권세에서 속량하며 사망에서 구속하리니." 우리가 호세아서 본문에 나오는 동사들을 직설법 미래로 보든지, 아니면 가정법으로 보든지, 그런 것은 그리 중요하지 않다. 왜냐하면, 어느 쪽으로 보든지, 이 구절의 의미는, 그들이 원하기만 한다면, 하나님께서는 그들에게 구원의 은혜를 베푸실 준비를 다 갖추고 계셨던 까닭에, 그들이 멸망한다면, 그것은 전적으로 그들의 잘못이라는 것이기 때문이다. 그런 후에, 선지자는 다음과 같은 말씀을 덧붙인다: "사망아 네 재앙이 어디 있느냐 스올아 네 멸망이 어디 있느냐." 이것은 하나님께서 장차 사망과 스올을 완전히 멸하시고서, 자신의 신실한 백성을 구원하실 것임을 보여 주는 말씀이다. 왜냐하면, 모든 해석자들은 이 절이 완전한 구원의 상태를 묘사하고 있다는 것에 동의하기 때문이다. 그러므로 우리는 사망이 그렇게 완전히 멸해진 것을 보고 있지 않다면, 하나님께서 자기 백성에게 약속하신 온전한 구원에 우리가 아직 들어갈 수 없고, 또한 그런 일이 일어나게 될 저 마지막 날도 아직 오지 않았다는 결론을 얻게 된다. 따라서 그 날에는 사망이 삼켜지게 될 것이다. 다시 말해서, 그 때에 사망은 완전히 멸해지게 될 것이고, 우리는 사망에 대하여 완전하고 완벽한 승리를 거두게 될 것이다.

다음으로, 바울은 "사망아 너의 승리가 어디 있느냐 사망아 네가 쏘는 것이 어디 있느냐"고 말함으로써, 사망과 스올을 조롱하고 있는데, 이것이 바울 자신의 말인지, 아니면 여기에서도 선지자의 글을 인용하고 있는 것인지가 확실하지 않다. 왜냐하면, 우리는 호세아서 13:14의 히브리어 본문을 "사망아 나는 너의 멸망일 것이고, 스올아 나는 너의 파멸일 것이다"(한글개역개정에는 "사망아 네 재앙이 어디 있느냐 스올아 네 멸망이 어디 있느냐")라고 번역하지만, 헬라어 역본인 칠십인역에는 "사망아 너의 고소가 어디 있느냐 스올아 네가 쏘는 것이 어디 있느냐"로 되어 있기 때문이다. 칠십인역의 이러한 잘못된 번역은 그 본문에서 사용된 단어들의 유사성을 생각할 때에 이해가 되는 것이기는 하지만, 전후맥락을 주의깊게 살펴본 사람들은 누구나 칠십인역의 번역이 선지자의 의도에서 완전히 벗어난 것임을 금방 알 수 있다. 왜냐하면, 호세아 선지자는 그 본문을 통해서, 하나님께서는 사망을 끝장내실 것이고, 스올을 멸하실 것이라고 말하고자 한 것이기 때문이다. 하지만 당시에는 칠십인역이 널리 사용되고 있었다는 사실을 감안하면, 바울은 바로 그 호세아서 본문을 간접적으로 인용할 것일 가능성이 있다. 왜냐하면, 그는 그 본문을 문자 그대로 인용하지 않고, 칠십인역에 "너의 고소"로 되어 있는 것을 "너의 승리"로 바꾸어 표현하기는 하였지만, 칠십인역 본문과 바울의 본문 간에는 실제로 서로 모순되는 것은 전혀 없기 때문이다. 즉, 나는 바울이 선지자의 증언을 그대로 인용해서 선지자의 권위를 빌려서, 자기가 앞에서 한 말을 확증하고자 하는 의도는 없었고, 단지 당시에 신앙인들 사이에서 널리 통용되고 있던 이 말씀을 자신의 목적에 맞추어서 약간 수정하여 사용하고자 한 것이었다고 확신한다. 여기에서 중요한 것은, 바울은 이러한 확신에 가득 찬 선언을 통해서, 고린도 교인들의 마음을 뒤흔들어서, 그들로 하여금 부활의 실체를 대면할 수 있게 하고자 한 것임을 우리가 깨닫는 것이다. 즉, 우리는 아직 사망에 대한 승리를 우리의 눈으로 직접 목도하고 있지도 않고, 승리의 날이 아직 동터온 것도 아니며, 도리어 여전히 매일같이 사망의 위험에 직면하고 사망과의 싸움을 수행해 나가야 하는 처지이지만, 머지않아 그런 날을 보게 될 것이기 때문에, 우리의 그러한 믿음의 확신에는 조금의 흔들림도 없다는 것이다.

56. 사망이 쏘는 것은 죄요. 우리는 이것을 다음과 같이 표현할 수 있다: "사망은 '죄' 외에는 다른 무기를 갖고 있지 않다. 사망은 하나님의 진노로부터 오는 것이기 때문에, 사망은 '죄'를 가지고 우리에게 해악을 입힌다. 그런데 하나님께서는 오직 우리의 죄에 대하여 진노하신다. 그러므로 죄를 제거해 버리라. 그러면, 사망은 더 이상 우리에게 해악을 입힐 수 없게 될 것이다." 이것은 그가 로마서 6:23에서 말한 것과 맥을 같이한다: "죄의 삯은 사망이요." 그러나 그는 여기에서 그것과는 다른 비유를 사용해서, "죄"를 "쏘는 것," 즉 독침에 비유한다. 왜냐하면, 사망이 우리에게 치명적인 해악을 입히는 데 사용하는 유일한 무기는 "죄"이기 때문이다. 따라서 "죄"라는 독침을 사망에게서 제거해 버리면, 사망은 무장해제를 당한 것이 되어서, 우리에게 더 이상 해악을 가할 수 없다. 바울은 자기가 왜 이런 말을 하는지를 곧 우리에게 설명해 줄 것이다.

죄의 권능은 율법이라. 사망의 독침인 "죄"에게 우리를 죽일 수 있는 "권능"을 수여하는 것은 하나님의 "율법"이다. 왜냐하면, 율법은 단지 우리의 죄를 드러내는 데서 그치지 않고, 우리로 하여금 더욱더 많이 죄를 짓게 만들기 때문이다. 이 말씀을 좀 더 분명하게 해석해 주는 본문은 로마서 7:9("전에 율법을 깨닫지 못했을 때에는 내가 살았더니 계명이 이르매 죄는 살아나고 나는 죽었도다")이다. 거기에서 바울은 우리에게 "율법이 없는" 동안에는 우리가 살아 있다는 것을 보여 준다. 왜냐하면, 우리 자신의 눈으로 볼 때에는 우리에게는 잘못된 것이 없고, 율법이 우리를 하나님의 법정으로 소환해서, 우리의 양심으로 하여금 우리가 이대로 계속해서 죄 가운데 살아간다면 반드시 영원한 죽음을 죽게 될 것임을 깨닫고서 괴로워하고 두려워하게 만들기 전에는, 우리는 우리 자신의 비참한 상태를 알지 못하기 때문이다. 또한, 바울은 죄는 어떤 의미에서 잠들어 있는데, 율법에 의해서 깨어나서는 광분하며 사납게 날뛰게 된다는 것을 우리에게 가르쳐 준다. 그러면서도, 아울러 바울은 율법은 "거룩하고 의로우며 선하다"(롬 7:12)고 말함으로써, 율법 그 자체는 결코 죄나 사망을 낳는 원인이 아니라는 것을 보여 주면서, 율법에 대한 비방이나 중상모략은 가당치 않다고 분명하게 밝힌다. 따라서 그는 우리에게 있는 모든 악들은 율법에서 온 것이 아니라, 우리의 부패하고 타락한 본성에서 온 것이기 때문에, 그 모든 악에 대한 책임은 전적으로 우리에게 있다는 결론을 제시한다. 율법은 사망이 죄를 통해서 우리에게 해악을 가할 때에 사용하는 수단일 뿐이고, 우리가 겪는 모든 해악의 진정한 원인은 우리 자신 속에 있다는 것이다. 바울이 이 절에서 "율법"을 "죄의 권능"이라고 부르는 이유는, 죄는 율법으로 말미암아 권능을 얻어서 우리에 대한 하나님의 심판을 집행하기 때문이다. 한편, 그는 죄가 율법을 알지 못하는 자들에 대해서도 하나님의 심판을 집행해서 사망에 이르게 한다는 것을 부인하지 않지만, 그런 자들에게는 죄가 자신의 폭정을 덜 폭력적으로 행사하기 때문에, 여기에서 율법을 "죄의 권능"이라고 말하고 있는 것이다. 왜냐하면, "율법이 들어온 것"은 죄가 더욱더 차고 넘치게 하기 위한 것이고(롬 5:20), "죄로 심히 죄 되게" 하기 위한 것이기(롬 7:13) 때문이다.

57. 우리 주 예수 그리스도로 말미암아 우리에게 승리를 주시는 하나님께 감사하노니. 이것은 바울이 사망에 대하여 말하면서 죄와 율법을 언급한 이유가 무엇이었는지를 분명하게 보여 준다. 사망이 우리에게 해악을 가하기 위하여 사용하는 독침은 "죄"이고, 율법은 "죄"라는 독침에 우리를 죽일 수 있는 권능을 더해 준다. 그러나 그리스도께서는 죄를 이기셨고, 이 승리는 "율법의 저주에서 우리를 속량하시기" 위한 것이었다(갈 3:13). 그러므로 우리는 이제 더 이상 사망의 권세 아래 있지 않다는 결론이 도출된다. 따라서 죄에 대한 그리스도의 승리로부터 생겨난 그러한 은택들이 지금 우리에게 온전히 다 드러나지 않았을지라도, 우리는 확신 가운데서 그 승리를 기뻐하며 하나님께 감사할 수 있다. 왜냐하면, 머리이신 그리

스도 안에서 이미 성취된 것들은 그 지체들 안에서도 성취될 것임은 너무나 분명하기 때문이다. 그리스도의 승리는 이미 우리의 승리이기 때문에, 우리는 사망에 대한 우리의 승리를 기뻐하고 즐거워하는 것이 합당하다.

그러므로 우리는 바울이 "승리가 우리에게 주어졌다"고 말한 것을 두 가지 의미로 이해하여야 하는데, 첫 번째는 그리스도께서 친히 죄를 멸하셨고, 율법의 요구들을 충족시키셨으며, 우리가 감당해야 할 저주를 대신 담당하셨고, 하나님의 진노하심을 누그러뜨리셨으며, 우리를 위하여 영원한 생명을 확보하셨다는 것이고, 두 번째는 그리스도께서는 이미 우리를 부르셔서 이 모든 은택들에 참여하게 하고 계신다는 것이다. 즉, 우리는 여전히 죄의 잔재들을 지니고 살아가고 있기는 하지만, 죄는 더 이상 우리를 지배하지 못한다. 죄는 여전히 우리에게 해악을 입히고 있기는 하지만, 죄의 독침은 이미 무뎌져 있어서, 우리 영혼의 치명적인 부분을 찌를 수 없기 때문에, 이제는 치명적이지 않다. 율법은 여전히 우리를 두렵게 하고 있기는 하지만, 우리는 그리스도께서 우리에게 주신 자유함을 누리고 있어서, 그 자유함으로 말미암아 율법이 주는 두려움들을 이겨내고 있다. 육신의 정욕의 잔재도 우리 안에 여전히 거하고 있기는 하지만, 그리스도를 죽은 자 가운데서 다시 살리신 성령은 "의로 말미암아" 우리 안에 "살아 있다"(롬 8:10, "그리스도께서 너희 안에 계시면 몸은 죄로 말미암아 죽은 것이나 영은 의로 말미암아 살아 있는 것이니라"). 다음 절에는 바울이 이 주제를 마무리하면서 고린도 교인들에게 주는 권면이 나온다.

58. 그러므로 내 사랑하는 형제들아 견실하며 흔들리지 말고 항상 주의 일에 더욱 힘쓰는 자들이 되라 이는 너희 수고가 주 안에서 헛되지 않은 줄 앎이라. 바울은 앞에서 부활에 관한 가르침을 충분히 설명하였다고 생각하였기 때문에, 이제 여기에서는 하나의 권면으로 그 가르침을 마무리하는데, 이것은 자기가 지금까지 말한 것들을 하나의 단언으로 마무리하는 것보다 훨씬 더 효과적인 것이다. 그는 이렇게 말한다: "너희의 수고는 주 안에서 결코 헛된 것이 아니기 때문에, 지금처럼 앞으로도 변함없이 꾸준히 선한 일들을 많이 하라." 그가 그들의 수고가 헛된 것이 아니라고 말하는 이유는, 하나님께서 그들을 위해 상을 준비해 놓고 계시기 때문이다. 이것은 출발선에 서 있는 신자들이나 그 길을 달려 가고 있는 신자들에게 위로와 힘을 더해 주어서, 경주에서 이탈하지 않게 하는 유일한 소망이다. 바울은 그들을 위해 더 나은 삶이 천국에 준비되어 있다는 것을 그들이 알 때, 그들은

결코 요동할 수 없는 터 위에 서서 "견실하며 흔들리지" 않을 수 있었기 때문에, 그들에게 계속해서 견고하게 서서 지금처럼 행해 나가라고 당부하면서, "주의 일에 더욱 힘쓰는 자들이 되라"는 말을 덧붙인다. 왜냐하면, 바울이 골로새서 1:10에서 "모든 선한 일에 열매를 맺게 하시며"라고 가르치고 있는 것처럼, 부활에 대한 소망은 우리로 하여금 선한 일을 행하는 데 지치는 일이 없게 해 주기 때문이다. 반면에, 우리가 선한 일들을 행하면, 끊임없이 온갖 장애물들을 만나게 되는데, 그럴 때마다 하나님을 경외하는 가운데, 하나님께서 우리를 위해 하늘에 준비해 두신 더 나은 삶을 생각하지 않는다면, 우리는 누구나 다 낙심할 수밖에 없고, 그 달려가는 길에서 이탈할 수밖에 없게 될 것이다. 또한, 바울은 여기에서 만일 우리에게 부활에 대한 소망이 사라지게 된다면, 우리가 가진 신앙의 토대가 통째로 사라져 버리는 것이 될 것이기 때문에, 우리의 신앙 전체가 와해되고 말 것임을 암시한다. 왜냐하면, 만일 우리가 장차 부활하는 것이 아니라면, 이 땅에서 우리가 하는 모든 수고에 대하여 하나님께서 하늘에 준비해 두신 상도 없는 것이 될 것인 까닭에, 우리에게서는 선한 일에 힘쓰고자 하는 마음도 식어 버리고 결국에는 완전히 사라져 버리게 될 것이기 때문이다.

제16장

1성도를 위하는 연보에 관하여는 내가 갈라디아 교회들에게 명한 것 같이 너희도
그렇게 하라 2매주 첫날에 너희 각 사람이 수입에 따라 모아 두어서 내가 갈 때에
연보를 하지 않게 하라 3내가 이를 때에 너희가 인정한 사람에게 편지를 주어 너희
의 은혜를 예루살렘으로 가지고 가게 하리니 4만일 나도 가는 것이 합당하면 그들
이 나와 함께 가리라 5내가 마게도냐를 지날 터이니 마게도냐를 지난 후에 너희에
게 가서 6혹 너희와 함께 머물며 겨울을 지낼 듯도 하니 이는 너희가 나를 내가 갈
곳으로 보내어 주게 하려 함이라 7이제는 지나는 길에 너희 보기를 원하지 아니하
노니 이는 만일 주께서 허락하시면 얼마 동안 너희와 함께 머물기를 바람이라
(16:1-7).

1. 성도를 위하는 연보에 관하여는 내가 갈라디아 교회들에게 명한 것 같이 너희도 그렇게 하라. 누가는 사도행전 11:28-30에서 "아가보라 하는 한 사람이 일어나 성령으로 말하되 천하에 큰 흉년이 들리라 하더니 글라우디오 때에 그렇게 되니라 제자들이 각각 그 힘대로 유대에 사는 형제들에게 부조를 보내기로 작정하고 이를 실행하여 바나바와 사울의 손으로 장로들에게 보내니라"고 말함으로써, 아가보의 예언대로 글라우디오 황제 때에 발생한 큰 기근이 계기가 되어서, 성도들이 예루살렘에 있는 형제들을 돕기 위해서 "연보"를 하기 시작한 것임을 보여 준다. 왜냐하면, 아가보라는 선지자는 거의 전 세계에 걸쳐서 큰 기근이 있게 될 것이라고 예언하였지만, 실제로 이 기근은 예루살렘 지역에서 더욱 극심하였고, 이방 교회들은 자신들에게 복음을 전해 준 예루살렘의 형제들을 돕지 않는다면, 자신의 근본을 잊어버린 지독하게 배은망덕한 자들이라는 비난을 들을 수밖에 없었던 까닭에, 연보를 모아서 예루살렘의 형제들에게로 보내게 된 것이기 때문이다. 당시에 예루살렘 교회가 극심한 궁핍에 시달리고 있었다는 사실은 갈라디아서 2:9-10("기둥 같이 여기는 야고보와 게바와 요한도 내게 주신 은혜를 알므로 나와 바나바에게 친

교의 악수를 하였으니 우리는 이방인에게로, 그들은 할례자에게로 가게 하려 함이라 다만 우리에게 가난한 자들을 기억하도록 부탁하였으니 이것은 나도 본래부터 힘써 행하여 왔노라")이 잘 보여 준다. 거기에서 바울은 예루살렘의 사도들이 이방 교회의 신자들을 독려해서 예루살렘의 형제들을 도울 수 있도록 각별히 신경을 써 달라고 자기에게 부탁한 것에 대하여 말하는데, 만일 예루살렘의 형제들의 형편이 절박한 것이 아니었다면, 사도들은 바울에게 그런 부탁을 결코 하지 않았을 것이다. 또한, 이 절은 바울이 거기에서 "이것은 나도 본래부터 힘써 행하여 왔노라"고 말한 것이 사실이라는 것, 즉 그는 기회 있을 때마다 이방 교회의 신자들에게 극심한 궁핍에 처해 있는 예루살렘 형제들을 도우라고 적극적으로 권면해 왔다는 것을 증명해 주는 증거이기도 하다.

여기에서 바울은 고린도 교인들이 어떤 식으로 연보를 하면 좋을지에 대하여 말하면서, 그들이 자신의 제안을 좀 더 수월하게 받아들이도록 하기 위해서, 자기가 그들에게 제안하고자 하는 것은 이미 "갈라디아 교회들"에게 명하여 시행하게 한 것임을 밝힌다. 왜냐하면, 통상적으로 행해지지 않는 어떤 것에 대한 제안을 들었을 때에는 일단 거부감을 갖는 것이 사람의 본성인 까닭에, 다른 교회들에서 이미 시행되고 있다는 것을 알았을 때에는 그러한 거부감이 줄어드고, 도리어 그러한 모범을 따르고자 하는 마음이 생기기가 더 쉽기 때문이다. 그래서 바울은 이 방법을 사용해서, 연보와 관련한 자신의 제안으로 인하여 고린도 교인들 사이에서 생길 수 있는 온갖 장애물들과 방해물들을 차단하고자 한 것이었다.

2. 매주 첫날에 너희 각 사람이 수입에 따라 모아 두어서 내가 갈 때에 연보를 하지 않게 하라. 바울이 연보와 관련해서 이러한 방법을 제안한 것은, 자기가 고린도 교회에 갔을 때, 이미 예루살렘의 형제들에게 보낼 연보가 다 준비되어 있어서, 그때 가서 부랴부랴 연보를 모으는 소동이 벌어지지 않게 하기 위한 것이었다. 왜냐하면, 어떤 일을 차근차근 신중하게 진행하지 않고, 갑자기 단기간 내에 소란을 떨며 행하는 것은 좋아 보이지 않고, 자기가 거기에 도착하였을 때에 연보를 모은다면, 그런 소동이 벌어질 수밖에 없게 될 것이었기 때문이다. 그래서 그는 자기가 도착하는 것을 기다려서 그 때 가서 연보를 모으지 말고, "매주 첫 날에," 즉 그들이 예배를 드리기 위하여 함께 모이는 날에 "각 사람이 수입에 따라" 스스로 합당하다고 생각하는 정도의 연보를 해서, 자기가 갔을 때에는 이미 연보가 다 준비되어 있게 하라고 말한다.

크리소스토모스(Chrysostomus)는 여기에서 "안식일들 중의 하나에"(한글개역개정에는 "매주 첫날에")로 번역된 '카타 미안 삽바톤'(κατὰ μίαν σαββάτων)은 "첫 번째 안식일에"를 의미하는 것이라고 설명하지만, 나는 그의 견해에 동의하지 않는다. 왜냐하면, 바울이 그렇게 말한 것은, 어느 안식일에는 어떤 사람이 연보를 하고, 다음 안식일에는 또 다른 사람이 연보하라는 의미이거나, 그들이 원하는 경우에는 안식일마다 모든 사람이 연보하라는 의미이기 때문이다. 여기에서 바울이 그렇게 제안한 것은, 무엇보다도 먼저 편의성을 염두에 둔 것이고, 다음으로는 신자들이 예배를 위하여 함께 모여서 성도의 교제를 나누는 날에 연보를 하게 되면, 그것이 그들 속에서 연보를 하고자 하는 마음을 한층 더 불러일으키는 추가적인 동기가 될 것이라고 생각하였기 때문이다.

또한, 크리소스토모스는 여기에서 사용된 "안식일"(한글개역개정에는 "첫날")은 "주의 날"(계 1:10)을 가리키는 것이라고 보지만, 나는 그의 그러한 견해를 받아들일 수 없다. 왜냐하면, 사도는 처음에는 자신들에게 이미 친숙하였던 안식일을 그대로 고수하다가, 나중에 안식일에 대한 유대인들의 미신적인 신앙 때문에, 어쩔 수 없이 안식일이 아니라 다른 날을 정하게 된 것일 가능성이 크기 때문이다. 그리고 그 다른 날로 "주의 날"을 선택하게 된 것은, 주로 우리 주님이 부활하신 날은 율법의 그림자들이 종식된 날이라는 의미를 지니고 있어서, 그 날 자체가 우리 그리스도인들의 자유를 상기시켜 주는 이점을 지니고 있었기 때문이었다.

이 절로부터 우리는 믿는 자들은 언제나 특정한 날을 정하여 세상의 일들을 쉬고 함께 만났다는 것을 쉽게 알 수 있는데, 그들이 그렇게 한 것은 아무 일도 안하고 쉬는 것이 하나님을 섬기는 것이었기 때문이 아니라, 그들이 매일 만나서 예배를 드릴 수는 없었던 까닭에, 한 주간의 특정한 날을 정하여 함께 모여서 하나님께 예배를 드림으로써, 성도들 간에 교제를 나누고, 그리스도 안에서 그들이 하나 되었음을 확인하는 것이 중요하였기 때문이었다. 바울은 갈라디아서 4:10-11에서 "너희가 날과 달과 절기와 해를 삼가 지키니 내가 너희를 위하여 수고한 것이 헛될까 두려워하노라"고 말함으로써, 어떤 날들을 성일로 구별하는 것을 금하고 있지만, 그것은 특정한 날들을 구별해서, 그 날들을 미신적으로 지키는 것은 금한 것이고, 교회의 치리나 외적인 질서를 위해서 어느 날을 정해서 예배 드리는 것 자체를 금한 것은 아니다.

모아 두어서. 나는 이 동사를 라틴어로 번역할 때, 여기에서 사용된 헬라어 분사인 '테사우리존'(θησαυρίζων)을 그대로 살려서 '테사우리잔스'(thesaurizans)라는 라틴어 분사로 번역하였는데, 이것은 이 헬라어 분사가 바울이 여기에서 말하고자 하는 것을 훨씬 더 생생하게 표현해 주고 있는 것으로 내게 보였기 때문이다. 왜냐하면, 헬라어로 '테사우리제인'(θησαυρίζειν)이라는 동사는 "쌓아 두다"를 의미하지만, 내 생각에는, 바울은 이 단어를 통해서 고린도 교인들에게, 그들이 성도들을 위하여 연보하는 것이야말로 그들이 가진 것들을 그들에게 가장 복되고 가장 안전하게 쌓아 두는 것이라는 의미를 전달하고자 한 것으로 보이기 때문이다. 이방의 한 시인조차 "당신이 다른 사람들에게 거저 나누어 주고 베푼 재물만이 영원히 당신의 것으로 남게 될 것이다"라고 말하는 것이 가능하였다면, 하물며 우리는 더욱더 우리의 재물을 그런 식으로 사용하는 것이 마땅하지 않겠는가? 왜냐하면, 우리는 사람들로부터 감사하다는 말이나 칭송을 받기 위해서 베푸는 것이 아니고, 하늘에 우리의 재물을 쌓아 두는 것이고, 가난한 자들에게 행한 것이 곧 자기에게 행한 것이라고 말씀하신 주님께서는 장차 우리가 가난한 자들에게 베푼 것들에 이자를 듬뿍 얹어서 우리에게 갚아 주실 것이기 때문이다. 따라서 바울이 여기에서 하고 있는 말은 그리스도께서 "오직 너희를 위하여 보물을 하늘에 쌓아 두라 거기는 좀이나 동록이 해하지 못하며 도둑이 구멍을 뚫지도 못하고 도둑질도 못하느니라"(마 6:20)고 말씀하신 것과 일맥상통한다.

각 사람이 수입에 따라. 불가타 역본에는 "각 사람이 좋게 여기는 대로"로 되어 있는데, 그러한 번역은 "수입"과 "좋게 여기는 것"이라는 두 단어의 철자가 서로 비슷해서, 번역자가 이 두 단어를 혼동해서 생긴 것임에 틀림없다. 한편, 에라스무스(Erasmus)는 이 어구를 "각 사람이 형편에 따라"로 번역한다. 이 두 번역은 어느 것이나 내게는 만족스럽지 못하다. 왜냐하면, 여기에서 "수입"으로 번역된 헬라어가 지닌 원래의 의미는 이 상황과 관련해서 훨씬 더 적절한 의미를 보여 주기 때문이다. 즉, 이 단어는 "계속해서 잘되고 형통하다"를 의미한다. 따라서 바울은 각 사람이 자신의 재정적인 능력을 생각해서 연보를 하라는 의미로 이렇게 말하고 있는 것이다: "각 사람은 하나님이 자기에게 복주신 것을 따라서 늘어난 수입을 가난한 자들을 위하여 내놓아라."

3-4. 내가 이를 때에 너희가 인정한 사람에게 편지를 주어 너희의 은혜를 예루살렘으로 가지고 가게 하리니 만일 나도 가는 것이 합당하면 그들이 나와 함께 가리라. 바울은 사람들이 자기가 연보한 것이 제대로 잘 사용될 것이 틀림없다는 것을

알았을 때에 더욱 기꺼이 기쁜 마음으로 연보할 수 있다는 것을 알고 있었기 때문에, 고린도 교인들에게, 그들이 낸 연보가 제대로 잘 사용될 것임을 확신하게 해 줄 수 있는 방법을 지시하는데, 그것은 그들이 "인정한 사람들"을 세워서, 그 사람들에게 이 일을 맡겨서 책임 있게 해 나가게 하라는 것이다. 또한, 바울은 그들이 원한다면, 자기도 기꺼이 이 일을 함께 담당하겠다고 말함으로써, 자기가 이 일을 얼마나 중요하게 여기고 있는지를 보여 준다.

5-7. 내가 마게도냐를 지날 터이니 마게도냐를 지난 후에 너희에게 가서. 바울은 이 서신을 빌립보에서 써서 고린도 교회에 보냈다는 것이 해석자들 사이에서 일반적으로 받아들여지고 있는 견해인데, 빌립보에서 출발해서 육로로 고린도에 가기 위해서는, 반드시 마게도냐를 지나야 하였다. 왜냐하면, 로마의 식민도시였던 빌립보는 에마토스(Emathus) 산맥, 즉 마게도냐 산맥과 마주한 아주 후미진 곳에 자리 잡고 있었기 때문이었다. 물론, 바울은 육로가 아니라 해로를 통해서 고린도로 갈 수도 있었지만, 도중에 마게도냐에 있는 교회들을 들러서 거기에 있는 신자들을 권하고 위로와 힘을 주고자 하였기 때문에 육로로 가고자 한 것이다. 이상이 이 구절을 해석하는 통상적인 방식이다.

그러나 나는 바울이 이 서신을 에베소에서 썼을 가능성이 더 높다고 본다. 왜냐하면, 그는 조금 후에 8절에서 "내가 오순절까지 에베소에 머물려" 한다고 말하고 있기 때문이다. 또한, 그는 빌립보 교인들로부터의 안부인사가 아니라, 아시아에 있는 교회들로부터의 안부인사를 고린도 교인들에게 전하고 있다(고전 16:19, "아시아의 교회들이 너희에게 문안하고"). 게다가, 그는 고린도후서에서 자기가 고린도전서를 보낸 후에 마게도냐로 건너갔다고 아주 분명하게 말하고 있다(고후 2:13, "내가 내 형제 디도를 만나지 못하므로 내 심령이 편하지 못하여 그들을 작별하고 마게도냐로 갔노라"). 따라서 바울은 마게도냐로 건너가서, 에베소로부터 멀어져서, 아가야 근방에 있었을 것이다. 그런 까닭에, 나는 그가 이 서신을 쓸 때에 에베소에 있었을 것임을 의심하지 않는다. 그는 에베소에서 해로를 통해서는 아가야로 직행할 수 있었지만, 마게도냐의 교회들을 들러 보기 위해서, 좀 더 험하고 불편한 길을 멀리 우회해서 돌아가야 하였다. 따라서 여기에서 바울은 자기가 마게도냐의 교회를 들러야 하기 때문에, 직항로인 해로로 그들에게 바로 갈 수는 없을 것이라고 고린도 교인들에게 말하고 있는 것이다.

이제는 지나는 길에 너희 보기를 원하지 아니하노니 이는 … 얼마 동안 너희와

함께 머물기를 바람이라. 하지만 그는 고린도 교인들에게, 단지 자기가 "지나는 길에" 잠깐 그들을 둘러 보는 것을 원하지 않고, 그들과 좀 더 오랜 시간을 함께 보내게 될 것이라고 약속함으로써, 그들에 대하여 자기가 가지고 있는 사랑을 보여 준다. 왜냐하면, 그가 그들과 좀 더 긴 시간을 함께 보내고자 하는 것은 오로지 그들이 잘되기를 바라서 그들을 여러모로 돌보기 위한 것 외에 다른 목적이 없었다는 것은 너무나 분명하기 때문이다. 또한, 바울이 이렇게 말하고 있는 것은, 고린도 교인들이 그들에 대한 자신의 사랑에 대한 보답으로, 그들도 자기를 따뜻하게 영접함으로써, 자기에 대한 사랑을 보여 줄 것임을 자기가 온전히 확신하고 있다는 것을 그들에게 알게 하기 위한 것이기도 하다. 왜냐하면, 만일 그가 자신에 대한 그들의 사랑을 확신할 수 없었다면, 이런 말을 하지 않았을 것이기 때문이다.

만일 주께서 허락하시면. 그러나 바울은 고린도 교인들에게 그렇게 약속하면서, "만일 주께서 허락하시면"이라는 단서를 단다. 믿는 자들은 자신의 모든 계획과 하고자 하는 일들을 말할 때에는 반드시 이러한 단서를 다는 것이 마땅하다. 왜냐하면, 우리는 단 한순간도 우리의 뜻대로 할 수 없는 자들인데도, 마치 우리가 세운 계획을 우리의 뜻대로 진행해 나갈 수 있다고 생각해서, 장래에 속한 많은 일들을 확정적이고 단정적으로 말하는 것은 너무나 경솔하고 분별 없는 짓이 될 수밖에 없기 때문이다. 물론, 무엇보다도 가장 중요한 것은 우리의 모든 계획이나 의도를 전적으로 하나님의 뜻에 맡기고 순복하고자 하는 마음을 지니는 것이기는 하지만, 우리는 바울과 같이 이러한 표현을 사용하는 것을 습관화해서, 우리가 장래의 일들을 다룰 때마다, 모든 것을 하나님의 뜻에 맡긴다는 우리 자신의 의지를 분명히 하는 것도 마찬가지로 중요하다.

[8]내가 오순절까지 에베소에 머물려 함은 [9]내게 광대하고 유효한 문이 열렸으나 대적하는 자가 많음이라 [10]디모데가 이르거든 너희는 조심하여 그로 두려움이 없이 너희 가운데 있게 하라 이는 그도 나와 같이 주의 일을 힘쓰는 자임이라 [11]그러므로 누구든지 그를 멸시하지 말고 평안히 보내어 내게로 오게 하라 나는 그가 형제들과 함께 오기를 기다리노라 [12]형제 아볼로에 대하여는 그에게 형제들과 함께 너희에게 가라고 내가 많이 권하였으되 지금은 갈 뜻이 전혀 없으나 기회가 있으면 가리라(16:8-12).

8. 내가 오순절까지 에베소에 머물려 함은. 나는 앞에서 이 절을 근거로 삼아서, 바울이 이 서신을 빌립보가 아니라 에베소에서 써서 보냈다는 것을 논증한 바 있다. 왜냐하면, 사도가 빌립보에서 이 서신을 쓰면서, 빌립보에서 한참 먼 길을 돌아가야 당도할 수 있는 에베소를 언급하면서, 자기가 곧 에베소에 가서 거기에서 오순절까지 머물 것이라고 말한 것이라기보다는, 사도는 이 서신을 쓸 때에 머물고 있는 곳을 여기에서 언급하고 있는 것으로 보는 것이 더 자연스럽기 때문이다. 또한, 만일 사도가 빌립보에서 이 서신을 썼다고 가정하면, 사도는 그가 여기에서 말하고 있는 대로, 이 서신을 보낸 후에 마게도냐로 건너갔는데(고전 16:5), 그런 후에 그 근방에 있는 고린도로 가지 않고, 다시 해로를 통해서 에베소로 우회하였다가, 거기에 한참 머문 후에야 고린도로 갔다고 해야 하는데, 그가 그렇게 했을 가능성은 희박하다. 따라서 우리는 바울이 여기에서 자기가 "오순절까지 에베소에 머물려" 하기 때문에, 고린도 교인들이 자기를 좀 더 기다려 주었으면 좋겠다고 미리 말하고 있는 것으로 보아야 한다.

에라스무스(Erasmus)는 "오십일이 되는 날까지"라는 읽기를 선호하였는데, 그가 그러한 읽기를 택한 것은 어떤 확실한 근거가 있어서라기보다는 쓸데없고 무익한 추측들의 영향을 받은 것이었다. 즉, 그는 지금 우리가 지키고 있는 오순절은 당시에는 아직 그리스도인들이 지켜야 할 절기로 정립되어 있지 않았다고 말하는데, 그 점에 있어서는 나도 그와 생각이 같다. 그런 후에, 그는 바울은 그리스도인들이 날들과 절기들을 엄격하게 지키는 것을 여러 차례 단죄하고 비판하고 있기 때문에(갈 4:10; 롬 14:5; 골 2:16-17), 우리는 여기에 언급된 "오순절"을 유대인들의 절기를 가리키는 것으로 이해해서는 안 되고, 단지 "오십일"을 뜻하는 것으로 이해해야 한다고 주장한다. 하지만 나는 바울이 유대인들의 절기인 오순절을 지키기 위해서 에베소에 오순절까지 머물려고 했던 것이 아니라, 단지 오순절이 되면, 많은 사람들이 모여드는 기회를 이용해서, 그들에게 복음을 전할 수 있을 것이라고 생각해서, 오순절까지 에베소에 머물려고 한 것일 뿐이라고 이해한다. 또한, 그가 오순절까지 예루살렘에 당도하려고 서두른 이유도 바로 거기에 있었다. 다른 사람들은 유대인들의 율법을 따라 오순절 절기를 지키고 율법에 정한 제사를 하나님께 드리기 이해서 오순절에 맞춰서 예루살렘에 갔지만, 바울은 그들과는 전혀 다른 목적을 가지고, 즉 온 세계에서 수많은 사람들이 모여드는 기회를 이용해서, 복음을 전하는 자신의 사역을 좀 더 효과적으로 행할 수 있겠다고 판단해서 오순절에 맞춰 예루살렘에 당도하고자 한 것이었다. 게다가, 바울이 정확히 "오십일"이라는 기간을 구체적으로 명시해서, 자기가 에베소에 오십일 동안 머물겠다고 말한 것으로 이해하는 것은 조금 황당하기까지 하다. 그는 분명히 "오순절"(τὴν πεντηκοστήν — '텐 펜테코스텐')이라고 표현하고 있기 때문에, 우리는 그가 유대인들의 절기로 "오순절"인 그 특정한 날을 가리킨 것으로 이해할 수밖에 없다. 오순절에 대해서 자세한 것은 레위기 23:16을 보라.

9. 내게 광대하고 유효한 문이 열렸으나 대적하는 자가 많음이라. 바울은 자기가 에베소에 좀 더 머물고자 하는 두 가지 이유를 제시하는데, 첫 번째는 에베소에서 복음을 전할 기회가 자기에게 주어졌기 때문이라는 것이고, 두 번째는 에베소에 "대적하는 자들"이 많아서 자기가 거기에 머물러 있어야 하기 때문이라는 것이다. 따라서 그는 이렇게 말한 것과 같다: "만일 내가 이 곳을 떠난다면, 사탄은 이 곳에 있는 교회에 아주 심대한 타격을 입힐 것이기 때문에, 내가 이 곳에 좀 더 머물러 있는 것은 큰 유익이 되는 일이 될 것이다."

이 절의 전반부에서 바울은 아주 흔한 비유를 사용해서, 기회가 생겼나는 것을 "문이 열렸다"고 표현한다. 즉, 자기가 복음을 전할 수 있도록, 하나님께서 자기가 들어갈 "문"을 열어 주셨다는 것이다. 그는 많은 사람들을 얻을 수 있는 기회가 생겼다는 의미로, 이것을 "광대한 문"이라고 부르고, 하나님께서 자신의 수고에 복을 주시고, 성령의 역사로 말미암아 자신의 가르침에 능력이 있게 하신 것을 가리켜서, "유효한 문"이라고 부른다. 그러므로 우리는 이 거룩한 사람이 어디에서나 그리스도의 영광을 구하였고, 자신의 형편을 생각해서, 또는 자신의 마음에 드는 곳을 선택해서 복음을 전한 것이 아니고, 오직 주님을 섬겨 일하는 가운데 자신의 수고로 말미암아 더 풍성한 열매를 맺을 수 있는 곳이 어디인지만을 생각하고 고려한 것을 본다. 아울러, 우리는 바울이 복음으로 말미암아 큰 고난들이나 환난들이 닥친 곳을 피하여 도망치고자 하는 것이 아니라, 복음으로 인한 싸움이 더 치열하고 힘들게 진행되는 곳에 자원해서 머물고자 하는 모습을 본다. 이렇게 바울은 많은 "대적하는 자들"에 의해서 교회가 위협을 받고 있었고, 자기는 다른 신자들보다도 그들의 공격을 감당하는 데 더 잘 준비가 되어 있는 사람이었던 까닭에, 기꺼이 그들과 맞서 싸울 각오가 되어 있었기 때문에, 에베소에 더 머물고자 하였다.

10. 디모데가 이르거든 너희는 조심하여 그로 두려움이 없이 너희 가운데 있게 하라 이는 그도 나와 같이 주의 일을 힘쓰는 자임이라. 바울은 여기에서 디모데가

그들에게 가게 될 것인지에 대하여 아직 확실히 알지 못한다는 투로 말하면서, 만일 디모데가 그들에게 간다면, 그들이 그를 잘 영접해 줄 것을 당부한다. 바울이 "너희는 조심하여 그로 두려움이 없이 너희 가운데 있게 하라"고 한 것은, 디모데가 그들 가운데 머물러 있을 때에 그들이 그의 목숨을 위태롭게 할 수도 있었기 때문이 아니라, 그리스도의 많은 원수들이 디모데를 배척하고 공격할 수 있었기 때문이었다. 그래서 바울은 디모데에게 어떤 위험이나 해악이 닥치지 않도록 각별히 신경을 써서 돌보아 달라고 고린도 교인들에게 당부한다. 그러면서, 그는 당부와 함께, 왜 그들이 디모데를 각별히 돌보는 것이 마땅한지, 그 이유를 제시한다: "이는 그도 나와 같이 주의 일을 힘쓰는 자임이라." 이것으로부터 우리가 알 수 있는 것은, 그리스도의 교회는 사역자들을 지키고 보호하는 것이 마땅하다는 것이다. 왜냐하면, 믿는 자들의 덕을 세우는 데 더 탁월한 은사들을 수여받아서 그 일에 더 많이 수고하고 힘을 쓰는 사람일수록, 그런 사람의 목숨은 교회와 믿는 자들에게 더욱더 소중하기 때문이다. 바울이 "나와 같이"라는 어구를 덧붙인 것은, 디모데가 하나님의 교회에서 자기만큼 귀한 인물이라는 것을 나타내기 위한 것일 수도 있고, 두 사람이 다 동일하게 하나님의 말씀을 전파하는 사역에 힘쓰고 있다는 것을 강조하기 위한 것일 수도 있다.

11. 그러므로 누구든지 그를 멸시하지 말고 평안히 보내어 내게로 오게 하라 나는 그가 형제들과 함께 오기를 기다리노라. 바울은 여기에서 디모데와 관련해서 고린도 교인들에게 추가적인 당부를 하는데, 그것은 "그를 멸시하지 말라"는 것이다. 바울이 이런 당부를 한 이유는, 아마도 디모데가 아직 젊었고, 사람들은 통상적으로 젊은 사람들을 그리 공경하지 않기 때문이었던 것 같다. 그래서 바울은 디모데는 그리스도의 신실한 사역자이기 때문에, 나이 등과 같은 외적인 요인들로 인해서 그가 마땅히 받아야 할 존귀한 대접을 받지 못하는 일이 생기지 않도록 각별히 신경을 써 달라고 그들에게 부탁한 것이었다. 물론, 바울은 자기가 앞에서 당부한 대로, 고린도 교인들이 디모데를 잘 지키고 보호해서 생명의 위협을 받지 않게 하는 데 각별한 주의를 기울이지 않는다면, 자기는 그것을 디모데를 멸시하는 행위로 여길 것이라고 말한 것일 가능성도 없지 않다. 하지만 바울이 그들에게 디모데를 "멸시하지 말라"고 명령한 것 속에는 그런 것 이상의 의미, 즉 그들이 디모데가 얼마나 귀한 하나님의 사역자인지를 알지 못한다고 해서, 그를 멸시해서는 안 된다는 의미가 내포되어 있는 것으로 보인다. 세 번째로, 바울은 디모데가 거기에

서 할 일을 다 마치고 나서, 그 어떤 해악도 입지 않고 무사히 다시 자기에게 돌아오게 해 주라고 고린도 교인들에게 당부한다. 왜냐하면, 여기에서 "평안히"는 "안전하게" 또는 "무사히"를 의미하기 때문이다.

12. 형제 아볼로에 대하여는 그에게 형제들과 함께 너희에게 가라고 내가 많이 권하였으되 지금은 갈 뜻이 전혀 없으나 기회가 있으면 가리라. 아볼로는 바울의 뒤를 이어서 고린도 교인들을 양육하는 사역을 담당한 인물이었기 때문에, 앞에서 그를 물 주는 일을 한 사역자라고 말한 바 있다(고전 3:6, "나는 심었고 아볼로는 물을 주었으되 오직 하나님께서 자라나게 하셨나니"). 바울은 여기에서 아볼로가 다른 형제들과 함께 고린도 교회로 가지 못하게 된 것에 대하여 양해를 구한다. 바울이 특별히 아볼로와 관련해서 양해를 구하는 말을 하는 이유는 고린도 교인들이 자기가 아볼로를 못 가게 붙잡아 둔 것이 아닌가 하고 의심할 수도 있었기 때문이었다. 왜냐하면, 아볼로는 고린도 교인들에게 아주 잘 알려져 있었고, 그들로부터 아주 많이 사랑을 받고 있었던 까닭에, 바울이 아볼로가 고린도 교회로 가면, 자기에게 불리한 상황이 전개될 수도 있을 것으로 우려해서, 의도적으로 그를 가지 못하게 방해한 것이라고, 고린도 교인들은 충분히 추측할 수 있었기 때문이었다. 아볼로가 오지 않은 것을 알았을 때, 고린도 교인들은 적어도 자기들끼리 이렇게 수군대었을 것이다: "왜 바울은 이 일에 가장 적임자인 아볼로를 보내지 않고, 그를 쏙 빼고 이 사람들만 우리에게 보냈을까?" 그래서 바울은 아볼로가 그들에게 가지 못하게 된 것은 자기 때문이 아니라, 자기는 그에게 고린도 교회로 가라고 '많이 권하였지만,' 아볼로 자신이 가기를 원하지 않았기 때문이라고 그 이유를 분명하게 밝힌 후에, 기회가 되는 대로 즉시 가게 될 것이라고 약속한다.

[13]깨어 믿음에 굳게 서서 남자답게 강건하라 [14]너희 모든 일을 사랑으로 행하라 [15]형
제들아 스데바나의 집은 곧 아가야의 첫 열매요 또 성도 섬기기로 작정한 줄을 너
희가 아는지라 내가 너희를 권하노니 [16]이같은 사람들과 또 함께 일하며 수고하는
모든 사람에게 순종하라 [17]내가 스데바나와 브드나도와 아가이고가 온 것을 기뻐하
노니 그들이 너희의 부족한 것을 채웠음이라 [18]그들이 나와 너희 마음을 시원하게
하였으니 그러므로 너희는 이런 사람들을 알아 주라 [19]아시아의 교회들이 너희에게
문안하고 아굴라와 브리스가와 그 집에 있는 교회가 주 안에서 너희에게 간절히
문안하고 [20]모든 형제도 너희에게 문안하니 너희는 거룩하게 입맞춤으로 서로 문안

하라 [21]나 바울은 친필로 너희에게 문안하노니 [22]만일 누구든지 주를 사랑하지 아니하면 저주를 받을지어다 우리 주여 오시옵소서 [23]주 예수 그리스도의 은혜가 너희와 함께 하고 [24]나의 사랑이 그리스도 예수 안에서 너희 무리와 함께 할지어다(16:13-24).

13. 깨어 믿음에 굳게 서서 남자답게 강건하라. 이것은 짤막하지만, 큰 무게를 지닌 권면이다. 첫 번째로, 바울은 고린도 교인들이 잠들어서 무방비 사태에 있을 때, 사탄으로부터 기습공격을 당하지 않도록 하기 위해서, 그들에게 "깨어" 정신을 바짝 차리고 있으라고 명한다. 왜냐하면, 사탄과의 싸움이 중단 없이 계속되고 있는 상황에서는, 한시도 잠들지 않고 늘 깨어 있는 것이 마땅하기 때문이다. 영적으로 깨어 있다는 것은 세상 염려들에 휘말리지 않고 그런 것들에서 벗어나서 하나님의 일들을 묵상하는 것이다. 왜냐하면, 우리가 늘 술에 취해서 방탕하게 살 때, 우리의 몸은 그 어떤 일에도 합당하지 않게 되어서 아무 일도 할 수 없는 것과 마찬가지로, 세상의 염려들과 욕심들, 나태하거나 부주의한 것은 영적으로 방탕한 것으로서, 그럴 때에는 우리의 심령은 하나님의 일들을 생각할 수 없게 되기 때문이다(눅 21:34, "너희는 스스로 조심하라 그렇지 않으면 방탕함과 술취함과 생활의 염려로 마음이 둔하여지고 뜻밖에 그 날이 덫과 같이 너희에게 임하리라"). 바울이 고린도 교인들에게 주는 두 번째 권면은 "믿음에 굳게 서라"는 것이다. 즉, "믿음"은 우리의 전 존재의 토대가 되는 것이기 때문에, 그들은 믿음을 굳게 붙잡고서 견고하게 서 있어야 한다는 것이다. 그러나 바울은 여기에서 고린도 교인들이 믿음을 끝까지 지킬 수 있는 방법을 제시하고 있는 것임이 분명하다. 즉, 그들이 견고한 믿음으로 하나님을 의지할 때, 그들의 믿음을 끝까지 지킬 수 있다는 것이다. 고린도 교인들에게 주는 바울의 세 번째 권면은 "남자답게" 행하라는 것인데, 이것은 두 번째 권면과 밀접하게 연관되어 있는 것으로서, 불굴의 강인한 믿음을 보이라는 것이다. 고린도 교인들에 대한 바울의 네 번째 권면은, 우리는 본성적으로 연약하기 때문에, "강건하라"는 것인데, 이것은 힘있어지거나 힘을 얻으라는 것이다. 왜냐하면, 여기에서 바울이 사용한 "강건하라"로 번역된 단어는, 스스로 힘을 키워서 강건하게 된다는 의미를 지닌 단어이기 때문이다.

14. 너희 모든 일을 사랑으로 행하라. 바울은 우리가 서로를 대할 때에 우리의 모든 태도와 행위를 지배하여야 할 규범을 여기에서 다시 한 번 되풀이해서 말한

다. 왜냐하면, 고린도 교인들의 최대의 잘못은 각 사람이 자신의 이익에만 관심을 가지고, 다른 형제들의 형편이나 처지 같은 것들은 전혀 돌아보지 않은 데 있었던 까닭에, 바울은 그들이 다른 무엇보다도 "사랑"에 의해서 행하고 움직이게 되기를 간절히 바랐기 때문이었다.

15-18. 형제들아 스데바나의 집은 곧 아가야의 첫 열매요 또 성도 섬기기로 작정한 줄을 너희가 아는지라 내가 너희를 권하노니 이같은 사람들과 또 함께 일하며 수고하는 모든 사람에게 순종하라 내가 스데바나와 브드나도와 아가이고가 온 것을 기뻐하노니 그들이 너희의 부족한 것을 채웠음이라 그들이 나와 너희 마음을 시원하게 하였으니 그러므로 너희는 이런 사람들을 알아 주라. 우리는 하나님으로부터 다른 사람들보다 더 뛰어난 은사들을 받은 사람들이 가장 큰 권위를 갖는 것이 얼마나 유익한 일인지를, 일상적인 매일매일의 경험을 통해서 알고 있다. 그러므로 우리는 교회가 잘되기를 진정으로 바란다면, 훌륭한 신앙을 지닌 사람들이 교회에서 공경을 받고 귀하게 대접을 받으며, 교회가 그들의 생각이나 말들을 가장 무겁게 받아들이고, 다른 사람들은 그런 사람들에게 순복하며, 교회가 그런 사람들의 지혜로 인해서 다스려질 수 있도록 늘 유념하여야 하는데, 바울은 이 절에서 고린도 교인들에게 그렇게 하라고 구체적으로 권면하고 있다. 즉, 스데바나의 집 사람들을 공경하라는 것이다(어떤 사본들에는 "스데바나"에 "브드나도"가 첨가되어 있다). 왜냐하면, 하나님께서 성령의 은사들을 우리에게 나타내실 때, 그것은 하나님이 자기 자신을 우리에게 나타내시는 것인 까닭에, 우리가 하나님을 멸시하는 자들이 되고자 하는 것이 아니라면, 우리는 하나님으로부터 더 뛰어난 은사들을 받은 사람들에게 자원해서 "순종하는" 것이 마땅하기 때문이다.

바울은 고린도 교인들로 하여금 스데바나의 집 사람들을 공경하여야 한다는 자신의 말을 좀 더 쉽게 수긍하도록 하기 위해서, 그 집 사람들이 "아가야의 첫 열매"였다는 사실, 즉 아가야 지방에서 복음을 가장 먼저 받아들인 사람들이 바로 스데바나 집 사람들이었다는 사실을 그들에게 상기시킨다(나는 이것은 이 절에 "브드나도"가 덧붙여진 것이 후대의 첨가가 확실하다는 것을 보여 주는 것이라고 본다). 물론, 어떤 일을 최초로 한 사람이 그 일을 나중에 한 사람들보다 더 훌륭하고 뛰어나다는 것이 언제나 사실인 것은 아니다. 그러나 믿음을 갖기도 어렵고 지키기도 어려운 환경 속에서 처음으로 믿음을 받아들여서 온갖 어려움 속에서도 계속해서 믿음을 지켜 나간 사람들이 있다면, 그들은 자신들의 그러한 꿋꿋하고 변함 없는 믿음을 통해서, 다른 사람들이 복음을 받아들일 수 있는 길을 닦아 놓은 것이라고 할 수 있기 때문에, 공경을 받을 자격이 충분하다고 할 수 있다. 아울러, 우리는 바울이 고린도 교인들에게 스데바나 집 사람들을 공경하고 그 집 사람들에게 순종하라고 명한 것은, 그들이 단지 아가야의 첫 열매였기 때문만이 아니라, 자신들의 재산과 시간과 수고를 다 바쳐서 믿는 자들을 섬기는 일에 헌신하였기 때문이기도 하였다는 것을 유념하여야 한다.

바울은 동일한 이유로 조금 후에 "브드나도"와 "아가이고"를 칭찬한다. 이렇게 하나님으로부터 뛰어난 은사들을 받아서 교회와 신자들을 섬기는 자들을 공경하고 그들에게 순종하여야 하는 이유는, 그들로 하여금 자신이 받은 은사들을 더욱더 자유롭게 사용해서 더 많은 선한 일들을 할 수 있게 하기 위한 것이다. 더 나아가, 바울은 고린도 교인들로 하여금 "스데바나와 브드나도와 아가이고"를 공경하고 순종할 마음이 더욱더 생기도록 하기 위해서, 고린도 교회 전체가 자신을 섬기는 데 부족했던 것들을 이 사람들이 여러모로 자기를 섬김으로써 메워 주었다고 말한다.

19. 아시아의 교회들이 너희에게 문안하고 아굴라와 브리스가와 그 집에 있는 교회가 주 안에서 너희에게 간절히 문안하고. 바울이 여기에서 한 가정을 "교회"라는 이름으로 부르고 있는 것은 그 가족에게 정말 놀라운 찬사를 수여한 것이다. 하지만 사실은 믿는 자들의 모든 가정은 무수한 작은 교회들이 되는 것이 마땅한 일이다. 에라스무스(Erasmus)는 여기에 나오는 "교회"를 "회중"으로 번역하였는데, 그러한 번역은 바울이 여기에서 말하고자 하는 것과 부합하지 않는다. 왜냐하면, 바울은 단지 한 무리의 사람들이라는 의미를 전달하기 위하여, 그러한 의미를 지닌 통상적인 단어를 사용하고 있는 것이 아니라, 한 가정이 "교회"를 이루게 된 것에 대하여 큰 경의를 표하며 말하고 있는 것이기 때문이다.

바울이 "아굴라와 브리스가"를 대신해서 고린도 교인들에게 문안인사를 전하고 있다는 사실은, 내가 앞에서 이미 지적하였던 것, 즉 바울이 이 서신을 빌립보가 아니라 에베소에서 썼다는 것을 확증해 준다. 왜냐하면, 누가는 "바울은 더 여러 날 머물다가 형제들과 작별하고 배 타고 수리아로 떠나갈새 브리스길라와 아굴라도 함께 하더라 바울이 일찍이 서원이 있었으므로 겐그레아에서 머리를 깎았더라 에베소에 와서 그들을 거기 머물게 하고 자기는 회당에 들어가서 유대인들과 변론하니"(행 18:19-20)라고 말함으로써, 바울이 에베소를 떠나 다른 곳으로 갈 때, 그들을 그 곳에 남겨 두었다는 것을 우리에게 알려 주고 있기 때문이다.

20. 모든 형제도 너희에게 문안하니 너희는 거룩하게 입맞춤으로 서로 문안하라. 성경이 우리에게 분명하게 보여 주듯이, "입맞춤"은 유대인들 사이에서 서로 인사할 때에 아주 흔하게 행해졌던 관습이었다. 헬라 지역에서는 이 관습이 그렇게까지 일반적으로 관습화되어 있지는 않았지만, 생소한 것은 전혀 아니었다. 그러나 바울은 여기에서 믿는 자들이 예배를 위해 모였을 때에 서로에게 인사하면서 행하였던 하나의 의식으로서의 "입맞춤"에 대하여 말하고 있는 것일 가능성이 크다. 왜냐하면, 나는 사도 시대에 이미 입맞춤은 성찬을 행할 때에 하나의 의식으로 행해졌다고 믿기 때문이다. 그러나 어떤 나라들에서는 사람들이 입맞춤의 관습에 대하여 거부감을 갖고 있었기 때문에, 그런 곳들에서는 성찬 때에 입맞춤 대신에 성찬용 쟁반에 입을 맞추는 관습이 자리를 잡게 되었다. 그런 것은 어찌 되었든, 입맞춤은 서로 간의 사랑을 확인해 주는 증표였기 때문에, 나는 바울이 정욕적이거나 거짓된 입맞춤이 아니라 "거룩한 입맞춤"을 통해서, 고린도 교인들이 자신들의 마음속에서만이 아니라, 그들이 마땅히 행해야 하는 일들에 있어서도 그들 사이에 선의가 더욱더 차고 넘치게 하기를 바란 것임을 의심하지 않는다. 물론, 여기에서 "거룩한"은 단지 하나의 예배 행위라는 의미에서 "신성한"이라는 의미일 수도 있다.

22-24. 만일 누구든지 주를 사랑하지 아니하면 저주를 받을지어다 우리 주여 오시옵소서 주 예수 그리스도의 은혜가 너희와 함께 하고 나의 사랑이 그리스도 예수 안에서 너희 무리와 함께 할지어다. 이 서신의 결말은 세 부분으로 구성되어 있다. 첫 번째는 고린도 교인들에게 그리스도의 은혜가 있기를 기도하는 것이고, 두 번째는 그들에 대한 자신의 사랑을 분명하게 선언하는 것이며, 세 번째는 마음으로부터 진심으로 그리스도를 사랑하지 않으면서도, 그리스도의 이름을 거짓되게 고백하고 있는 자들에 대한 극도로 엄중한 질책과 경고이다. 왜냐하면, 세 번째와 관련해서, 바울은 여기에서 "그리스도"의 이름을 공개적으로 대놓고 미워하는 외인들에 대해서 말하고 있는 것이 아니고, 실제로는 그리스도를 믿지 않으면서도, 그들 자신의 이득을 챙기기 위해서, 또는 사람들 앞에서 자기 자신을 과시하여 헛된 영광을 구하기 위하여, 마치 그리스도를 믿는 것처럼 위선적이고 기만적으로 행하여 교회들을 어지럽히고 있는 외식하는 자들에 대하여 말하고 있는 것이기 때문이다.

바울은 그러한 자들에 대하여 출교를 선언하는 데서 그치지 않고, 더 나아가 그들에 대하여 "저주"를 선언한다. 그러나 그가 그런 자들이 하나님 앞에서 멸망을 당하게 되기를 바란 것인지, 아니면 믿는 자들이 그런 자들을 역겹고 저주받은 자들로 보기를 원한 것인지는 확실하지 않다. 왜냐하면, 그가 갈라디아서 1:8에서 "우리나 혹은 하늘로부터 온 천사라도 우리가 너희에게 전한 복음 외에 다른 복음을 전하면 저주를 받을지어다"라고 말할 때, 그는 복음을 변질시켜서 다른 복음을 전하는 자들이 하나님에 의해서 버림을 받거나 정죄를 받게 되기를 바란다고 말하고 있는 것이 아니라, 믿는 자들이 그런 자들을 혐오해야 할 것이라고 말하고 있는 것이기 때문이다.

나는 이것을 간단하게 이렇게 표현하고자 한다: "그런 자들은 뿌리가 뽑히고 멸망받아 마땅하다. 왜냐하면, 그런 자들은 교회에서 돌림병과 같은 존재들이기 때문이다." 실제로는 하나님을 믿지도 않으면서 겉으로는 하나님을 믿는 체하며 종교와 신앙을 이용해서 자신의 부패한 욕심들을 채우는 사람들보다 교회에 더 해롭고 위험한 것은 없다. 그리스도를 진심으로 열렬히 사랑하는 사람들은 형제들에게 해악이 되거나 걸림돌이 되는 일을 하지 않으려고 애쓰는 법이기 때문에, 여기에서 바울은 그런 자들은 그리스도를 사랑하지 않는 자들이라고 말함으로써, 이런 악이 생겨나는 근원이 무엇인지를 자신의 손가락으로 가리켜서 보여 주고 있는 것임에 틀림없다.

바울은 "만일 누구든지 주를 사랑하지 아니하면 저주를 받을지어다"라고 말한 후에, 즉시 '마란 아타' (μαρὰν ἀθά, 한글개역개정에는 "우리 주여 오시옵소서")라는 말을 덧붙이는데, 이 어구는 해석하기가 좀 더 어렵다. 거의 모든 교부들은 이 어구가 아람어라는 데 의견을 같이 하지만, 번역은 서로 다르기 때문이다. 히에로니무스(Hieronymus)는 "주께서 오시느니라" 또는 "주께서 오셨느니라"로 번역하는 반면에, 다른 교부들은 "주께서 오실 때," 또는 "주께서 오실 때까지"로 번역한다. 하지만 나는 사도가 여기에서 "주께서 오시느니라" 또는 "주께서 오셨느니라"고 말하고자 하였을 때, 헬라인들인 고린도 교인들에게 아람어를 사용해서 말하였을 것이라고 생각하는 것이 얼마나 어리석고 어이없는 것인지를 누구나 다 알 것이라고 생각한다. 또한, 이 어구를 "주께서 오실 때"로 번역하는 것은 단순히 추측에 의한 번역일 뿐이기 때문에, 그런 번역이 옳을 가능성은 별로 없다. 따라서 여기에서 바울이 사용한 '마라나 타'라는 말은 유대인들이 어떤 사람을 출교시키고자 하였을 때에 사용하곤 하였던 정형어구였을 가능성이 훨씬 더 높지 않겠는가? 왜냐하면, 사도들은 마태복음 27:46에서 "제구시쯤에 예수께서 크게 소리 질러 이르시되 엘리 엘리 라마 사박다니 하시니 이는 곧 나의 하나님, 나의 하나님, 어찌하여 나를 버리셨나이까 하는 뜻이라"고 말하거나, 마가복음 5:40-41에서 "예수께서 그들을 다 내보내신 후에 아이의 부모와 또 자기와 함께 한 자들을 데리시고 아이 있는 곳에 들어가사 그 아이의 손을 잡고 이르시되 달리다굼 하시니 번역하면 곧 내가 네게 말하노니 소녀야 일어나라 하심이라"고 말하거나, 마가복음 7:34에서 "하늘을 우러러 탄식하시며 그에게 이르시되 에바다 하시니 이는 열리라는 뜻이라"고 말하고 있는 것처럼, 다른 사람이 한 말을 그대로 옮겨서 전하는 경우, 또는 헬라 세계에서도 널리 통용되게 된 "아멘"이나 "호산나" 같은 단어들을 제외하고는, 결코 외국어로 자신의 생각을 표현하는 법이 없기 때문이다. 그러므로 우리는 '마라나타'라는 말이 과연 출교와 어떤 관련이 있는지를 살펴보지 않으면 안 된다.

불링거(Bullinger, 주후 1504-75년, 스위스의 종교개혁자)는 테오도레 비블리안더(Theodore Bibliander, 주후 1505-64년, 스위스의 종교개혁자)의 권위에 의거해서, 아람어에서 '마하라마타'라는 말이 히브리어로 '헤렘'("저주")과 동일한 말이라는 것을 지적하였고, 나는 축복받은 기억력의 소유자인 볼프강 카피토(Wolfgang Capito, 주후 1478-1541년, 독일의 종교개혁자)에게서도 동일한 사실을 직접 확인한 바 있다. 하지만 사도들이 그러한 단어들을, 원래 그 단어들이 유래한 언어에서의 발음과 다르게 철자하는 것은 그리 드문 일도 아니고 이례적인 일도 아닌데, 그러한 사실은 우리가 방금 위에서 살펴본 사례들 속에서도 금방 확인된다. 따라서 바울은 예수 그리스도를 사랑하는 자들에게 저주를 선언한 후에, 이 일이 너무나 심각하고 중대한 일이었기 때문에, 그렇게 저주를 선언한 것으로는 충분하지 않다고 여기고서, 유대인들이 어떤 사람에 대하여 저주와 출교를 선고할 때에 통상적으로 사용하던 '마라나 타'라는 단어를 여기에 덧붙여 놓은 것이다. 이것은 바울이 그런 자들을 향하여, "내가 너희를 출교한다"고 밝힌 후에, 마치 유대 법정에서 어떤 사람을 출교할 때에 '마라나 타'라고 최종적으로 선고하듯이, 실제로 그런 자들에게 출교를 선고한 것과 다름없는 것이었다. 따라서 '마라나 타'는 "주를 사랑하지 아니하는" 자들에 대한 바울의 아주 강력한 혐오를 표현하고 있다고 볼 수 있다.

고린도후서

헌사 獻辭

저 지극히 고명하신 법률가
멜키오르 볼마르 루푸스(Melchior Volmar Rufus)께

내가 당신에게 이렇게 오랫동안 소식을 전하지 않은 것에 대하여, 당신이 나를 무심할 뿐만 아니라 냉정하기까지 하다고 나무란다면, 사실 나는 내 자신을 변명할 말이 별로 없다는 것을 고백할 수밖에 없습니다. 그러나 변변치 않은 변명이 되겠지만, 우리는 서로 아주 멀리 떨어져 있었고, 지난 5년 동안 나는 당신이 있는 곳으로 가는 사람을 아무도 찾을 수 없었다는 것을 말해 두고자 합니다. 그래서 지금으로서 내가 당신에게 할 수 있는 최선의 것은, 당신에 대하여 소홀히 한 지난날의 나의 잘못을 무엇으로든 보상하고 용서를 구하는 것이라는 생각이 들었고, 그것은 내가 지난 세월 동안에 나의 온 힘을 쏟고 심혈을 기울여서 준비한 바울의 고린도후서에 대한 주석서를 당신께 헌정하는 것이었습니다. 왜냐하면, 나는 당신의 인자한 성품을 잘 알고 있어서, 내가 당신에게 사과하며 이 주석서를 헌정한다면, 당신은 기꺼이 나의 지난 잘못을 용서해 주고 나의 호의를 받아줄 것임을 의심하지 않기 때문입니다.

아울러, 내가 이 주석서를 당신께 헌정하는 그 밖의 다른 더 중요한 이유들이 있습니다. 먼저, 나는 오래 전에 우리 사이에 소소하게 시작된 우정을 당신이 그동안 얼마나 진실한 마음으로 소중히 여기고 돈독하게 해 왔는지를 기억합니다. 당신은 나에 대한 애정을 증명할 기회가 주어졌다고 생각했을 때에는, 아낌없이 헌신적으로 나를 지지해 주고 돌보아 주었습니다. 비록 당시에는 내가 나의 부르심으로 인해서 당신의 그러한 호의를 받을 수 없었기는 하지만, 당신은 어떻게든 내가 잘되게 하기 위하여 나를 정말 헌신적으로 돕고자 하였습니다. 그러나 당신에 대한 나의 가장 소중한 기억은, 내 아버지가 나를 보내어 민법을 공부하게 하셨을 때, 당신

의 제안으로 나는 당시에 아주 뛰어난 교수였던 당신 아래에서 헬라어를 공부하게 된 것에 대한 기억입니다. 내가 더 큰 진보를 이루지 못한 것은 당신의 잘못이 아니었습니다. 당신은 내가 헬라어를 끝까지 마칠 수 있도록 물심양면으로 나를 기꺼이 돕고자 하였지만, 내가 당신에게서 헬라어를 공부한 지 얼마 되지 않아서, 내 아버지께서 돌아가셨다는 소식을 듣고, 나는 집으로 돌아가지 않을 수 없었습니다. 그럼에도 불구하고, 그 때에 내가 당신에게 진 빚은 여전히 큽니다. 왜냐하면, 당신은 나로 하여금 헬라어의 기초를 탄탄하게 배우게 해 주었고, 그것은 그 후로 내게 큰 도움이 되었기 때문입니다. 그래서 나는 당신에 대하여 감사하는 나의 마음의 표시를 후손들에게 남김과 동시에, 나에 대한 당신의 수고가 열매를 맺어 왔다는 것을 당신에게 보이지 않고는 결코 만족할 수 없었습니다. 안녕히 계십시오.

1546년 8월 1일 제네바에서

서론

고린도전서와 고린도후서를 서로 비교해 보면, 우리는 고린도전서는 고린도 교인들 가운데서 소기의 목적을 완전히 달성하였다고 할 수는 없지만, 그래도 상당히 좋은 성과를 거두었다는 것을 알 수 있고, 또한 일부 악한 자들이 여전히 사도로서의 바울의 권위를 인정하기를 거부하고서 계속해서 자신의 고집을 꺾지 않고 있었다는 것을 알 수 있다. 고린도후서에서 여전히 바울이 한편으로는 자기가 그들에 대하여 선의를 가지고 신실하게 행하였다는 사실을 역설하고, 다른 한편으로는 사도로서의 자신의 권위를 강조하고 있다는 것은, 그에 대한 그들의 신뢰가 아직 제대로 정립되지 않았다는 것을 보여 주는 증표이다. 바울은 고린도 교인들 중에서 어떤 이들은 자신의 첫 번째 서신을 통해서 유익과 도움을 얻으려고 하지는 않고, 도리어 비웃고 경멸하는 태도를 보였다고 직접 명시적으로 책망한다. 바울은 자기가 원래 의도하였던 대로 고린도 교회를 속히 방문할 수 없게 된데다가, 고린도 교회의 상황이 그런 식으로 별로 좋지 않게 돌아가고 있다는 것을 알고서, 마게도냐에 머물면서 고린도후서를 썼다. 우리는 그가 고린도후서를 쓴 목적은, 고린도 교인들로 하여금 자기가 이미 시작하였던 일들을 잘 마무리하게 하여서, 자기가 고린도에 갔을 때에는, 모든 것이 자기가 명한 대로 잘 정돈되고 질서가 잡혀 있도록 하기 위한 것이었음을 안다.

바울은 자신이 서신들을 쓸 때에 늘 하던 대로, 기이한 역사로써 그를 지극히 절박한 위험들로부터 건지신 하나님께 감사를 드리는 것으로 시작하고, 아울러 고린도 교인들에게, 자신이 겪은 모든 환난들과 고난들은 그들이 잘되고 유익하게 하기 위한 것이고, 그들과 자기가 서로 연합되어 있음을 보여 주는 보증이기 때문에, 그들 중에서 악한 자들은 자신의 환난과 고난들의 의미를 왜곡하여 해석해서, 그것을 빌미로 삼아, 사도로서의 자신의 권위를 훼손하고자 할지라도, 그들은 자신의 사도직을 의심해서는 안 된다는 것을 그들에게 상기시킨다.

다음으로, 그는 자기가 그들을 속히 방문하겠다고 약속해 놓고서는, 그 일이 지체되고 있는 것에 대하여 사과하면서도, 그들이 자신의 가르침 속에서 이미 자기가 변덕스럽게 말하지 않고 언제나 일관되고 신실하게 말해 온 것을 경험한 것과 마찬가지로, 자기가 그들에게 속히 가겠다고 한 것도 결코 그들을 기만하고자 한 것도 아니고, 자기가 그들에게 속히 가지 못하게 된 것도 자신의 변덕스러움 때문이 아니라고 말함으로써, 자기가 사소하거나 중요하지 않은 이유로 자신의 계획을 변경한 것도 아니고, 원래는 갈 마음도 없었으면서 속히 가겠다고 말함으로써 그들을 속이려고 한 것도 아니라는 것을 역설한다.

또한, 여기에서 그는 자기가 그들에게 전한 진리는 그리스도에 토대를 두고 있고, 하나님의 모든 약속은 그리스도로 말미암아 확증되고 재가되기 때문에, 지극히 확실하고 변치 않는 것임을 짤막하게 언급하는데, 이것은 복음에 대한 최고의 찬사이다. 그런 후에, 바울은 자기가 그들에게 속히 가지 못한 이유를 설명하면서, 고린도 교회가 지금 보여 주고 있는 것 같은 상황 속에서 자기가 그들에게 간다면, 자기는 평안하고 좋은 마음으로 그들을 대할 수 없을 것 같아서, 그들에게 속히 가지 않고, 그들이 스스로 여러 가지 문제들을 자기가 그들에게 지시한 대로 처리할 때까지 기다리고 있는 것이라고 말함으로써, 그가 속히 고린도 교회를 방문하지 않은 것을 문제삼아서, 사도로서의 그의 명성을 훼손하고자 한 자들을 부끄럽게 만든다. 왜냐하면, 바울은 고린도 교인들이 아직 자기를 맞을 준비가 되어 있지 않는 것이 그들에 대한 자신의 방문이 지체되고 있는 이유라고 말함으로써, 그 모든 책임이나 잘못이 바울 자신이 아니라 그들에게 있다는 것을 보여 주고 있기 때문이다. 아울러, 그는 만일 자기가 원래 약속했던 대로 그들에게 속히 갔다면, 자기는 얼굴을 붉히며 그들을 호되고 엄하게 질책하지 않을 수 없게 되었을 것이기 때문에, 자기가 고린도에 속히 가지 않은 것은, 그들에 대하여 아버지로서의 마음을 가지고서 그들을 아끼고 그들에 대하여 오래참고 인내하고 있는 것임을 보여 준다.

또한, 어떤 사람들은 바울이 첫 번째 서신에서 고린도 교인들을 결코 온유하게 대하지 않고 맹렬하게 질책하지 않았느냐는 반론을 제기할 수도 있었기 때문에, 그는 그것을 미리 예상하고서, 자기가 그 때에 그들을 호되고 심하게 질책할 수밖에 없었던 것은, 자기가 그렇게 하고 싶어서 그랬던 것이 아니라, 그들 중의 일부 악한 자들 때문이었다고 해명한다. 그러면서, 그는 자기가 첫 번째 서신에서 그토록 호되게 질책하였던 근친상간을 범한 자가 그 이후에 회개의 증거를 보였다는 것을 전해 들었다고 말하면서, 그 자를 다시 받아들여 주라고 그들에게 말함으로써, 자신의 엄하고 호된 질책이 그들을 사랑하고 아끼는 마음에서 나온 것임을 보여 준다. 아울러, 그는 자기가 디도로부터 고린도 교회의 사정에 관한 얘기를 전해 들을 때까지는, 자신의 "심령이 편하지 못하였다"(고후 2:13)고 말함으로써, 그들에게 대한 자신의 사랑을 보여 주는 또 하나의 추가적인 증거를 제시한다. 왜냐하면, 그가 그렇게 그들을 걱정하고 염려하는 것은 오직 그가 그들을 사랑하고 있을 때에만 생겨날 수 있는 것이기 때문이다.

바울은 자기가 마게도냐로 가서 전도한 것에 대하여 언급하면서, 자신의 직분이 얼마나 영광스러운 것인지에 대하여 설명하기 시작한다. 그는 일부 거짓 사도들이 자신의 그러한 영광스러운 직분을 훼손하기 위하여 지독할 정도로 끈질기고 집요하게 애를 써 왔다는 것, 그리고 그들은 자신들이 대단한 자들이라는 것을 입에 침이 마르도록 선전함으로써 아주 쉽게 고린도 교인들의 마음을 사로잡고서 그에 대하여 승리를 거두었다는 사실을 상기시키면서, 자기는 그들과 같이 그런 식으로 자랑하지 않았다는 것을 보여 줌과 동시에, 그들이 자랑하는 것을 반박하고, 그들의 자랑은 어리석기 짝이 없는 것임을 보여 주기 위하여, 자신의 명성은 사실들에 의거한 것인 반면에, 그들의 명성은 사람들의 칭찬에 의거한 것이라고 분명하게 선언한다. 이 대목에서, 그는 자신의 전도 속에서 드러난 하나님의 능력과 역사가 어떤 것이었는지를 장엄하고 웅장한 언어로 칭송하고, 복음을 율법과 비교함으로써, 자신의 사도직의 위엄과 존귀함이 어떠한 것인지를 드러낸다. 그러나 무엇보다도 그는 자신의 전도를 통해서 이루어진 모든 일들 중에서 자신의 힘으로 한 것은 아무것도 없고, 그 모든 일들은 오로지 하나님으로 말미암아 된 것임을 분명히 한다.

바울은 자기에게 맡겨진 사도직을 자기가 지금까지 얼마나 신실하고 순전한 마음으로 흠 없이 수행해 왔는지를 다시 한 번 고린도 교인들에게 상기시킴으로써, 자기에 대하여 악의적인 비방과 중상모략을 일삼아 온 자들을 책망하고, 성령의 감화에 의한 거룩한 확신 가운데서, 계속해서 자기가 전하는 복음 속에서 그 영광을 보지 못하는 자들은 마귀에 의해서 눈이 멀어서 보지 못하는 것이라고 선언한다. 그는 자기가 사도로서 사역을 하면서 수많은 환난들과 고난들을 겪어 온 것이 사람들로 하여금 그를 경멸하고 멸시하게 만들고, 그를 사도로 인정하고서 거기에 걸맞게 공경하는 것을 크게 방해한 또 하나의 요인이라는 것을 알고 있었기 때문에, 하나님의 놀랍고 기이한 은혜라는 이 귀한 보배는 질그릇 속에서 드러날 때에 가장 밝게 빛을 발한다는 사실을 보여 줌으로써, 그러한 걸림돌을 제거할 뿐만 아니라, 거기에서 한 걸음 더 나아서 걸림돌로 보였던 것이 사실은 그가 참된 사도임을 보여 주는 유리한 증거라는 것을 증명한다. 이렇게 그는 자신의 원수들이 그를 비방하고 공격하는 빌미가 된 것들을 역으로 이용해서, 그러한 것들이 사실은 자신에 대한 찬사라는 것을 보여 준다. 왜냐하면, 그들은 바울이 수많은 환난들과 고난들을 겪으며 비천하게 살아가는 것이 그가 사도가 아니라는 것을 보여 주는 증거라고 말하며 비방하고 공격하였지만, 그는 결국에는 그 수많은 환난들과 고난들을 다 이기고서 승리자로서 종려나무처럼 늘 우뚝 서 있음으로써, 하나님의 놀라운 은혜가 그에게서 역사하고 계신다는 것을 생생하게 보여 주었기 때문이다. 그는 이 주제를 4장의 중반에 이르기까지 다루어 나간다.

하지만 그리스도인의 참된 영광은 이 세상에 있는 것이 아니었기 때문에, 바울은 이 현재의 세상을 멸시하고 우리의 겉사람을 죽이고서, 우리의 온 마음을 저 복된 영원한 삶에 두어야 한다고 우리에게 상기시킨다. 그래서 그는 5장의 첫 부분에서, 하나님의 은혜로 말미암아 자기가 자신의 순종을 통해서 하나님의 인정을 받고자 하는 것 외에는 다른 소원이 없게 된 사실을 자랑하면서, 자기는 장차 고린도 교인들이 자기가 하나님께 진심으로 순종해서 신실하게 행해 온 것을 증언해 줄 증인들이 되어 주기를 소망한다고 말한다. 그러나 그는 자기가 그렇게 말한 것이 그들로부터 교만하다거나 허영에 부풀어 있다는 의심을 받을 위험성이 있었기 때문에, 자기는 자신의 대적들이 자기에 대하여 말도 안 되는 비방과 중상모략을 일삼고 있어서, 그들의 그러한 비방에 대하여 해명하기 위하여, 어쩔 수 없이 이런 말들을 한 것일 뿐이고, 이 일과 관련해서 진실을 아는 것이 고린도 교인들에게 유익한 까닭에, 그들이 잘되게 하기 위한 일념으로 그렇게 말한 것이고, 자기가 누구인지를 자랑하고 자신의 명성을 지켜서 사람들로부터 대접을 받기 위한 목적으로 그렇게 말한 것이 결코 아니라는 것을 다시 한 번 강조한다. 이것을 확증하기 위해서, 바울은 그리스도의 종들은 자기 자신을 위해서가 아니라 자신들의 주를 위해서 사는 것을 삶의 목표로 삼아야 한다는 일반적인 말을 덧붙인다. 그의 결론은, 오직 새 생명 가운데서 살아가는 것만이 진정으로 가치 있는 삶이기 때문에, 자기 자신을 부인한 사람만이 공경을 받을 자격이 있다는 것이다. 그런 후에, 그는 복음의 위대성과 탁월성을 보여 줌으로써, 사역자들과 일반 신자들로 하여금 분발하여서 하나님을 경외하게 하기 위해서, 복음 메시지의 핵심을 설명해 나가는데, 이러한 설명은 6장의 처음 부분에 나온다.

바울은 여기에서 또다시 고린도 교인들에게 자기가 자신에게 주어진 일을 얼마나 신실하게 행해 왔고 행하고 있는지를 상기시키면서, 그런데도 그들이 자신의 그러한 수고를 통해서 온전히 유익을 얻는 데 실패한 것에 대하여 그들을 온건하게 꾸짖은 후에, 우상 숭배를 멀리하라는 권면을 그러한 책망에 곧바로 덧붙이는데, 우상 숭배는 그들이 아직 신앙에서 그가 원하는 만큼의 진보를 이루지 못하였음을 보여 주는 것이었기 때문이다. 바울이 이것을 그들 자신의 잘못이라고 책망한 것은 합당하다. 왜냐하면, 이 일은, 그가 그들에게 아주 분명하고 확실하게 가르쳤지만, 그들이 그의 가르침에 충분히 주의를 기울이지 않아서 벌어진 일이었기 때문이다. 그러나 그의 지나치게 호된 책망으로 말미암아 그들의 연약한 마음이 다치거나 낙심하지 않도록 하기 위해서, 그는 다시 한 번 자기가 그들에 대하여 선의를 갖고 있음을 강조하고, 이전에 그들을 지나치게 호되게 책망한 것에 대하여 양해를 구한다. 그는 이렇게 자기가 첫 번째 서신에서 그들을 지나치게 질책한 것에 대하여 양해를 구하는 말을 앞에서 잠깐 하였다가 갑자기 중단하였는데, 이제 여기에서는 앞에서와는 다른 방식으로 그 일에 대하여 다시 말해 나간다. 즉, 그는 자기가 이전에 그들을 근심한 것은 순전히 그들의 유익을 위한 것이었기 때문에, 그것에 대해서 자기는 전혀 후회하지 않는다고 아주 확신 있게 말한다. 아울러, 그는 그들에 대한 자신의 책망이 그들에게 선한 열매로 나타나게 된 것을 축하함으로써, 자기가 그들이 잘되기를 진심으로 바라고 있다는 것을 보여 준다. 그는 이러한 것들을 7장의 끝까지 다룬다.

8장의 처음부터 9장의 끝에 이르기까지는 계속해서 자원하여 기쁜 마음으로 연보할 것에 대하여 말한다. 바울은 이 주제를 고린도전서의 마지막 장에서 이미 제기한 바 있다. 여기에서 그는 그들이 연보와 관련해서 처음에 잘한 것에 대해서 칭찬하고 나서, 흔히 그렇듯이 시간이 흐르면서, 연보에 대한 그들의 열심이 냉랭해지기 시작한 것을 지적한 후에, 왜 그들이 처음 시작한 그대로 신실하게 행하여 이 연보를 잘 마무리하여야 하는지, 그 이유들을 여러 가지로 그들에게 제시한다.

고린도 교회 내에서 일부 악한 자들이 온갖 비방과 중상모략으로 바울을 음해하고 괴롭히고 있었기 때문에, 10장에서 그는 자기 자신과 자신의 사도직을 옹호하는 해명을 하기 시작한다. 먼저, 그는 자기는 그리스도의 싸움을 해 나가는 데 필요한 무기들을 제대로 잘 갖추고 있다는 것을 보여 준다. 다음으로, 그는 자기가 첫 번째 서신에서 그런 악한 자들에 대하여 엄한 모습을 보인 것은 어떤 불순한 목적에서 그렇게 한 것이 아니라, 오로지 자신의 선한 양심의 확신에 토대를 둔 것이었음을 분명하게 밝히고, 자기가 그들로부터 떨어져 있을 때에 엄한 모습을 보인다면, 자기가 그들 가운데 있을 때에도 그것이 자신의 참된 모습이라는 것을 알아야 할 것이라고 분명하게 경고한다. 끝으로, 그는 자기 자신과 그런 악한 자들을 비교하면서, 그런 자들의 모든 자랑이 얼마나 공허한 것인지를 그들에게 보여 준다.

11장에서 그는 순수한 복음 또는 복음의 순수성(evangelii simplicitas)으로부터 벗어나서 다른 길로 가는 것보다 더 위험한 일은 없다는 것을 고린도 교인들에게 보여 주면서, 그들을 타락시키고 있던 잘못된 열심들을 버릴 것을 촉구한다. 왜냐하면, 그들이 참된 사도인 자기를 공경하지 않고 도리어 무시하며, 거짓 사도들에게 호감을 보이고 그들을 높이고 있는 것은, 자기가 어떤 잘못을 저질렀기 때문이 아니라, 그들이 잘못된 열심에 이끌려 교만해진 까닭이기 때문이다. 그렇기 때문에, 그들이 추종하는 거짓 사도들은 그들에게 더 좋거나 훌륭한 것들을 단 하나라도 그들에게 더해 준 것이 없는데도, 그들은 그 거짓 사도들을 칭송하고 공경한 반면에, 바울은 뛰어난 언변으로 그들을 사로잡는 것도 없고, 사도로서의 권위와 권리를 그들 앞에서 당당하게 요구한 것이 아니라, 반대로 자기 자신을 낮추고서 낮은 자세로 그들의 눈높이에 맞추어 그들을 섬겼기 때문에, 그들은 그런 바울을 우습게 여기고 멸시하였다. 그가 이렇게 반어법적으로 말하고 있는 것은 그들의 배은망덕함을 꾸짖는 의미가 있다. 왜냐하면, 그가 그들을 아끼고 배려하는 마음에서 그들에게 사도로서의 자신의 권위와 권리를 사용하지 않았다는 이유로, 그들이 그를 우습게 여기는 것은 어처구니없는 일일 수밖에 없기 때문이다. 바울은 자기가 그들 가운데서 사역하면서 그들로부터 마땅히 비용을 받았어야 하는데도 그렇게 하지 않은 것은, 만일 자기가 그러한 비용을 받고 사역을 하게 되면, 거짓 사도들이 자신들은 비용을 받지 않는데, 바울은 비용을 받는다는 것은 그가 자신의 이득을 위해서 일하고 있는 것임을 증명해 주는 것이라고 음해하게 될 것이었기 때문에, 사전에 그러한 음해를 차단해서, 거짓 사도들이 고린도 교회에서 힘을 얻게 되는 것을 막기 위한 것이었다고 분명하게 밝힌다. 바울은 이렇게 자기에 대하여 고린도 교인들이 지니고 있던 잘못된 악의적인 편견을 책망하고 나서, 자기가 그들의 편견을 제거하고 진실을 알아서 유익을 얻도록 하기 위하여, 자기 자신을 칭찬하는 어리석은 짓을 하겠다고 먼저 전제한 후에, 그가 자랑할 수 있는 것들을 열거함으로써, 자기가 원하기만 한다면, 자기가 자랑할 수 있는 것들이 얼마나 많은지를 그들에게 일깨워 준다. 끝으로, 그는 중간에서 자기 자랑을 중단하고서, 교만한 자들은 낮아짐과 비천함을 멸시하지만, 하나님께서는 자기에게 자신의 연약한 것들 외에는 아무것도 자랑하지 말라고 명하셨기 때문에, 자기가 진정으로 자랑하고자 하는 것은 자신이 낮고 비천하다는 것이라고 말한다.

12장의 끝부분에서 바울은 자기로 하여금 이렇게 어쩔 수 없이 자기 자랑을 늘어놓는 등 어리석은 자처럼 행할 수밖에 없게 된 것은, 고린도 교인들이 야심을 지닌 거짓 사도들을 맹목적으로 추종하여 그리스도로부터 멀어져서 다른 길로 가고 있기 때문이라고 말하며, 그들을 또다시 책망한다. 또한, 그는 이어서 자신에 대한 비방과 공격을 멈추지 않고 끈질기고 집요하게 계속해 나가고 있는 자들을 강하게 꾸짖으면서, 그들이 자신들이 이전에 저지른 여러 가지 죄악들도 모자라서, 뻔뻔스럽게도 자신들의 야심을 위하여 사도인 자기를 반대하는 죄악까지 추가하고 있다고 지적한다.

13장에서 바울은 그런 악한 자들에게 더 혹독한 벌을 내릴 것이라고 경고하고, 모든 사람들에게 자신의 사도직을 인정할 것을 명하면서, 그들이 경험을 통해서 하나님의 신실한 대사임이 의심할 여지 없이 분명한 사람을 멸시하는 것은 정말 위험한 일이기 때문에, 사도로서의 자신의 권위를 부정하지 말고 인정하는 것이 그들에게 유익이 될 것이라고 말한다.

제1장

1하나님의 뜻으로 말미암아 그리스도 예수의 사도 된 바울과 형제 디모데는 고린도
에 있는 하나님의 교회와 또 온 아가야에 있는 모든 성도에게 2하나님 우리 아버지
와 주 예수 그리스도로부터 은혜와 평강이 있기를 원하노라 3찬송하리로다 그는 우
리 주 예수 그리스도의 하나님이시요 자비의 아버지시요 모든 위로의 하나님이시
며 4우리의 모든 환난 중에서 우리를 위로하사 우리로 하여금 하나님께 받는 위로
로써 모든 환난 중에 있는 자들을 능히 위로하게 하시는 이시로다 5그리스도의 고
난이 우리에게 넘친 것 같이 우리가 받는 위로도 그리스도로 말미암아 넘치는도다
(1:1-5).

1. 하나님의 뜻으로 말미암아 그리스도 예수의 사도 된 바울과 형제 디모데는. 바울이 여기에서 자기가 그리스도의 사도라고 소개하고, "하나님의 뜻으로 말미암아" 그러한 영광을 얻게 된 것이라고 말하고 있는 이유에 대해서는, 내가 고린도전서를 다룰 때에 이미 설명하였다. 거기에서 나는 신자들은 모든 선생들의 말을 다 청종해서는 안 되고, 오직 하나님으로부터 보내심을 받아서 하나님의 입에서 나오는 말씀들만을 전하는 선생들의 말만을 청종하여야 한다는 것을 지적하고서, 어떤 사람이 교회에서 하나님의 종으로서의 권위를 인정받기 위해서는 두 가지가 요구되는데, 하나는 하나님의 부르심을 받았다는 사실이고, 다른 하나는 그 사람이 자기가 부름 받은 직분을 신실하게 수행하고 있다는 사실이다. 따라서 여기에서 바울은 자기가 바로 이 두 가지 요건을 다 충족시키고 있다고 말함으로써, 거짓 사도들은 자신들이 하나님의 부르심을 받아서 사도로서의 직분을 신실하게 행하고 있다고 동일한 주장을 하지만, 실제로는 부르심을 받은 것도 아니고 자신들의 직분을 신실하게 수행하고 있는 것도 아니면서, 그들에게 주어지지 않은 사도라는 칭호를 참칭하는 자들이기 때문에, 신자들은 그런 자들을 성도들의 회중에 용납해서는 안 되고, 그런 자들을 주제넘고 뻔뻔스럽게 하나님의 종을 사칭한 자들로 여겨

서, 하나님의 자녀들 중에서 그 어떤 분깃도 얻지 못하게 하여야 한다는 것을 보여 준다. 단순히 이름만으로는 충분하지 않고, 그 이름에 걸맞는 실체가 있어야, 명실상부한 참된 것으로 인정받을 수 있기 때문에, 자기 자신을 사도로 자처하는 자는 반드시 자신이 행하는 일들을 통해서 자기가 사도라는 것을 증명하여야 한다.

고린도에 있는 하나님의 교회와 또 온 아가야에 있는 모든 성도에게. 우리가 늘 유념하여야 할 것은, 바울은 고린도 교회에 아무리 잘못된 것들이 많이 있었다고 할지라도, 고린도 교회가 여전히 "하나님의 교회"라는 것을 부정하지 않고 인정하고 있다는 것이다. 왜냐하면, 교회의 구성원인 개별적인 지체들이 잘못하고 죄악을 저지른다고 할지라도, 고린도 교회에는 여전히 교회임을 보여 주는 참된 증표들이 존재하고 있었기 때문이다. 그런데 바울이 여기에서 언급하고 있는 "모든 성도"는 누구를 가리키는 것인가? 그들은 교회 밖에 있는 성도들을 의미하는 것인가? 나의 대답은 바울은 "아가야" 지역의 벽촌이나 산간 등과 같은 여러 후미진 곳들에 흩어져 있던 믿는 자들을 여기에서 "아가야에 있는 모든 성도"라고 표현하였다는 것이다. 그리스도의 원수들이 도처에서 광분하며 그리스도인들을 박해하고 있던 이 혼란스러운 시기에, 믿는 자들 중에서 다수는 여러 곳에 흩어져 있어서, 예배를 위하여 함께 모이는 것이 거의 불가능하였을 가능성이 높다.

3. 찬송하리로다 그는 우리 주 예수 그리스도의 하나님이시요 자비의 아버지시요 모든 위로의 하나님이시며. 우리가 앞에서 이미 말하였듯이, 바울은 이렇게 감사하는 것으로 시작하는데, 이것은 부분적으로는 하나님의 선하심을 찬양하기 위한 것이기도 하고, 부분적으로는 자신의 모범을 통해서 고린도 교인들을 분발하게 만들어서 그들에게 닥친 박해들을 결연하게 감내해 나가게 하기 위한 것이기도 하며, 부분적으로는 자신에 대한 거짓 사도들의 악의적인 비방과 중상모략에 대항하여, 일련의 거룩한 자기 자랑을 통해서 자신을 높이기 위한 것이기도 하다. 왜냐하면, 세상은 너무나 부패하고 뒤틀려 있어서, 마땅히 칭송하여야 할 순교를 도리어 조롱하고 비웃으며, 경건한 자들의 빛나는 트로피들 속에서 어떻게든 비방거리가 될 만한 것들을 찾아내려고 애쓰기 때문이다. 이 절에서 바울이 하나님께서 찬송을 받으시기를 원한다고 말하는 이유는 무엇인가? 그것은 하나님은 우리를 위로하시는 분이시기 때문이다. 여기에 나오는 관계사는 원인이나 이유를 나타내는 불변화사를 대신해서 사용되고 있다. 바울은 자신에게 닥친 온갖 환난들과 고난들을 기쁜 마음으로 담대하게 감당하였지만, 자기가 그렇게 꿋꿋하게 믿음을 지킬 수

있었던 것을 모두 하나님의 공으로 돌린다. 왜냐하면, 바울이 그런 극심한 환난들과 고난들 가운데서 쓰러지거나 무너져 내리지 않고, 끝까지 인내할 수 있었던 것은, 하나님께서 그에게 위로와 힘을 주시고 그를 붙들어 주신 덕분이었기 때문이다.

바울은 하나님을 "우리 주 예수 그리스도의 아버지"라고 부르는데, 이 대목이 그가 하나님께서 우리에게 주신 복들을 고린도 교인들에게 상기시키고 있는 대목이라는 점에서, 그가 하나님을 이렇게 부른 것은 대단히 적절한 것이었다고 할 수 있다. 왜냐하면, 그리스도께서 계시지 않는 곳에는, 하나님의 복이라는 것도 주어질 수 없는 반면에, 하늘과 땅의 모든 족속을 다스리는 권세를 받으신 그리스도께서 계시는 곳에는, 하나님의 온갖 은혜들과 위로들이 그 곳에 있게 될 뿐만 아니라, 다른 모든 은혜와 복이 흘러나오는 원천인 아버지로서의 하나님의 사랑이 그 곳에 있게 되기 때문이다.

4. 우리의 모든 환난 중에서 우리를 위로하사 우리로 하여금 하나님께 받는 위로로써 모든 환난 중에 있는 자들을 능히 위로하게 하시는 이시로다. 바울은 방금 전에 거짓 사도들에게 그를 비방하고 중상모략할 수 있는 빌미를 제공해 준 자신의 환난들이, 사실은 수치스럽고 부끄러운 일이 아니라, 하나님의 참된 종임을 보여주는 증표임을 나타내 보였던 것과 마찬가지로, 이제 여기에서는 고린도 교인들로 하여금 자신이 영적인 싸움을 싸우며 겪게 된 온갖 환난들을 교만한 마음으로 비웃고 조롱하는 대신에, 도리어 자신의 인내에 동참하여 그들에게 닥친 환난들을 넉넉히 감당해 낼 수 있는 힘을 얻게 하기 위해서, 자기가 하나님이 주신 위로로 말미암아 그 모든 환난 가운데서 승리를 거두어 온 것은 그들을 위한 것이었고 그들의 유익을 위한 것이었다는 것을 일깨워 준다. 사도는 자기 자신을 위해서가 아니라 하나님의 교회를 위하여 살아 온 사람이었기 때문에, 그가 하나님으로부터 받은 모든 은혜들과 복들도 단지 자기 자신을 위한 것이 아니라 다른 사람들을 더 많이 돕기 위한 것이었다. 왜냐하면, 하나님께서 우리에게 은혜와 복을 주실 때, 그것은 우리로 하여금 하나님을 본받아서 우리의 이웃들을 더 많이 돕고 더 많이 베풀게 하기 위한 것이기 때문이다. 따라서 우리는 성령께서 우리에게 풍성하고 차고 넘치게 주신 것들을 우리 자신을 위해서만 사용해서는 안 되고, 우리가 무엇을 받았든, 그 모든 것들을 다른 사람들을 위해서 사용하는 것이 마땅하다. 이것은 말씀의 사역자들에게 특별히 해당되는 가르침임에 틀림없기는 하지만, 온갖 다양한 은

사를 받은 모든 사람에게도 그대로 적용되는 가르침이다. 따라서 여기에서 바울은 하나님께서 자기에게 넘치도록 위로를 주신 것은, 자기로 하여금 다른 사람들을 위로할 수 있게 하기 위한 것이라고 고백하고 있는 것이다.

5. 그리스도의 고난이 우리에게 넘친 것 같이 우리가 받는 위로도 그리스도로 말미암아 넘치는도다. 이 문장은 능동의 의미로 해석할 수도 있고 수동의 의미로 해석할 수도 있다. 전자로 해석한다면, 이 문장의 의미는 이런 것이 된다: "내가 여러 가지 환난들을 더 많이 겪을수록, 나는 다른 사람들을 위로할 수 있는 힘을 더 많이 갖게 될 것이다." 그러나 나는 후자로 해석하는 것을 더 선호하는데, 이 문장을 수동의 의미로 해석하면, 다음과 같이 된다: "내가 환난들을 많이 겪으면 겪을수록, 하나님의 위로가 내게 더욱더 많이 주어지게 될 것이다." 다윗도 그런 일이 자기에게 일어났다고 분명하게 밝힌다: "내 속에 근심이 많을 때에 주의 위안이 내 영혼을 즐겁게 하시나이다"(시 94:19). 그러나 그러한 교훈은 여기에서 바울이 한 말 속에 더 분명하게 드러나 있다. 왜냐하면, 그는 다른 곳에서 "나는 이제 너희를 위하여 받는 괴로움을 기뻐하고 그리스도의 남은 고난을 그의 몸된 교회를 위하여 내 육체에 채우노라"(골 1:24)고 말한 것과 마찬가지로, 여기에서도 경건한 자들이 겪는 환난들을 "그리스도의 고난들"이라고 부르고 있기 때문이다. 선인들이나 악인들이나 이 현세에서의 삶 속에서 괴롭고 힘든 일들을 겪는 것은 마찬가지라는 말은 사실이다. 하지만 그러한 환난들은 악인들에게는 죄의 결과이기 때문에, 아담에게 임하였던 것과 똑같은 하나님의 저주의 징표들로서, 거기에는 오직 하나님의 진노만이 있을 뿐이다. 반면에, 믿는 자들은 그러한 고난들을 통해서 그리스도의 고난에 동참하여, 그리스도의 "죽음"을 자신들의 "몸에 짊어짐"으로써, 그리스도의 "생명"이 언젠가 자신들의 "몸에 나타나게" 하기 위한 것이다(고후 4:10). 내가 지금 말하고 있는 환난들은 믿는 자들이 그리스도를 증거하다가 겪는 고난들을 의미한다. 왜냐하면, 믿는 자들이 죄를 지어서 하나님의 징계를 받아 환난을 겪게 된 경우에는, 그러한 환난은 그들에게는 유익이 되지만, 엄밀하게 말해서, 그리스도의 고난에 참여하는 것이라고 할 수 없기 때문이다. 따라서 믿는 자들이 그리스도를 인하여 겪는 환난들만이 "그리스도의 고난"이라고 말할 수 있다(벧전 4:13, "너희가 그리스도의 고난에 참여하는 것으로 즐거워하라 이는 그의 영광을 나타내실 때에 너희로 즐거워하고 기뻐하게 하려 함이라"). 따라서 바울이 여기에서 말하고자 하는 것은, 자기가 환난들을 당할 때마다 하나님께서는 늘 자기와 함께 하셔서

위로해 주심으로써, 자신의 연약함들을 붙들어 주셨기 때문에, 자기는 온갖 환난들에 눌려서 무너지지 않고 끝까지 견고하게 설 수 있었다는 것이다.

[6]우리가 환난 당하는 것도 너희가 위로와 구원을 받게 하려는 것이요 우리가 위로
를 받는 것도 너희가 위로를 받게 하려는 것이니 이 위로가 너희 속에 역사하여 우
리가 받는 것 같은 고난을 너희도 견디게 하느니라 [7]너희를 위한 우리의 소망이 견
고함은 너희가 고난에 참여하는 자가 된 것 같이 위로에도 그러할 줄을 앎이라 [8]형
제들아 우리가 아시아에서 당한 환난을 너희가 모르기를 원하지 아니하노니 힘에
겹도록 심한 고난을 당하여 살 소망까지 끊어지고 [9]우리는 우리 자신이 사형 선고
를 받은 줄 알았으니 이는 우리로 자기를 의지하지 말고 오직 죽은 자를 다시 살리
시는 하나님만 의지하게 하심이라 [10]그가 이같이 큰 사망에서 우리를 건지셨고 또
건지실 것이며 이 후에도 건지시기를 그에게 바라노라 [11]너희도 우리를 위하여 간
구함으로 도우라 이는 우리가 많은 사람의 기도로 얻은 은사로 말미암아 많은 사
람이 우리를 위하여 감사하게 하려 함이라(1:6-11).

6. **우리가 환난 당하는 것도 너희가 위로와 구원을 받게 하려는 것이요 우리가 위로를 받는 것도 너희가 위로를 받게 하려는 것이니 이 위로가 너희 속에 역사하여 우리가 받는 것 같은 고난을 너희도 견디게 하느니라.** 에라스무스(Erasmus)는 7절의 "너희를 위한 우리의 소망이 견고하다"라는 구절 앞에 "그리고"라는 접속사가 있는 것을 근거로 삼아서, 6절에 나오는 두 구절에는 모두 "~이다"라는 정동사가 생략되어 있기 때문에, 그 동사를 보충해서 읽어야 한다고 주장하였다. 그러나 나는 "그리고"라는 접속사는 여기에서 "따라서" 또는 "이 두 경우에"를 의미하는 것일 가능성이 크다고 본다. 왜냐하면, 바울은 자기가 하나님으로부터 위로를 받은 것은 다른 사람들을 위로하기 위한 것임을 앞에서 이미 말하였고, 그런 후에 이제 여기에서는 자기는 그들이 그러한 위로에 참여하게 될 것이라는 확고한 소망을 지니고 있다고 말하고 있는 것이기 때문이다. 게다가, 아주 오래된 헬라어 사본들 중 일부에는 "너희를 위한 우리의 소망이 견고하느니라"는 구절이 6절의 전반부가 끝난 직후에 덧붙여져 있는데, 그러한 읽기는 이 문장이 지닌 모든 모호성을 깨끗이 제거해 준다. 왜냐하면, 이렇게 이 구절이 6절의 전반부와 후반부의 중간에 오는 경우에는, 우리는 이 구절이 양쪽에 다 걸리는 것으로 해석하여야 하기 때문이

다. 하지만 에라스무스가 주장한 것처럼 이 두 구절에 "~이다"라는 동사를 보충해서 이 문장을 완전한 문장으로 만들어 읽는 쪽을 선호하는 사람이 있더라도, 그렇게 해석해도 아무런 해도 없고, 의미의 차이도 별로 없기 때문에, 나는 그러한 견해에 굳이 반대하지는 않을 것이다. 왜냐하면, 이 문장을 하나의 계속된 문장으로 본다면, 우리는 바울이 이 문장을 구성하는 두 부분을 통해서, 자기가 환난을 당하는 가운데서도 위로를 받아 새 힘을 얻게 된 것은 모두 고린도 교인들의 유익을 위한 것이기 때문에, 자기는 그들이 결국에는 그에게 주어진 것과 같은 동일한 위로에 참여하게 되기를 소망한다고 말하고 있는 것으로 해석하여야 하기 때문이다. 하지만 나로서는, 여기에서는 내가 가장 적절하다고 생각하는 읽기를 따랐다.

우리는 바울이 여기에서 사용한 "환난"이라는 단어는 단지 외적으로 힘들고 어려운 일만을 가리키는 것이 아니라, 내적인 마음의 고통과 괴로움도 포함하는 것임을 유의하여야 한다. 왜냐하면, 여기에서 "환난"이라는 단어는 의미상으로 "위로"와 반대되는 의미로 사용되고 있는 것이 분명하기 때문이다. 따라서 "환난"은 사람이 자신이 처한 참상으로 인하여 그 마음이 염려와 걱정으로 눌리는 상태를 의미한다. 우리가 "위로"로 번역한 단어는 헬라어로 '파라클레시스'(παράκλησις)이다. 이 단어는 "권면"을 의미하기도 하지만, 바울은 여기에서 사람의 마음이 근심과 걱정으로부터 벗어나서 가벼워진다는 의미에서의 위로를 가리키기 위하여, 이 단어를 사용하고 있다. 예컨대, 만일 하나님께서 바울을 위로하셔서 그에게 힘을 주시고 그를 붙들어 일으켜 세워 주지 않으셨다면, 그는 여러 환난들의 무게에 짓눌려 무너져 내려서 죽었을지도 모르는 일이었다. 그러므로 고린도 교인들은 바울이 겪고 있는 고난을 보면서 힘과 담대함을 얻을 수 있었고, 바울의 모범을 보면서 위로를 얻을 수 있었다. 이것을 간단하게 요약해 보면, 이러하다: 바울은 고린도 교인들 중 일부가 자신이 겪고 있는 환난들을 빌미로 삼아서, 자기를 비웃고 멸시하는 것을 알고서는, 먼저 자신의 환난들은 그들의 유익을 위한 것이기 때문에, 그들은 그 환난들을 인하여 도리어 자기를 더욱 공경하는 것이 마땅하다는 것을 보여 주고, 다음으로는 이렇게 그들과 자기는 서로 한 몸이기 때문에, 그들은 자신의 환난들을 그들 자신의 환난으로 여기고 그 환난들에 동참하는 것이 마땅하다는 것을 보여 줌으로써, 자신의 환난과 관련된 그들의 잘못된 생각을 바로잡아 주고자 하였다. 그는 이렇게 말한 것과 같다: "내가 환난을 당하든, 위로를 받든, 그 모든 것은 너희의 유익을 위한 것이다. 그러므로 나에게는, 나의 환난과 위로가 이후로도 계속해서 너희에게 유익이 될 것이라는 확실한 소망이 있다."

바울이 겪는 환난들과 그가 하나님으로부터 받는 위로들은, 고린도 교인들이 의도적으로 그것들로 인한 유익을 거부하지만 않는다면, 그들의 믿음을 세워 주고 성장시켜 주는 것이 될 것이었다. 따라서 그는 고린도 교인들에 대한 커다란 신뢰감이 있고, 그들을 믿고 있기 때문에, 자기가 그들을 위하여 겪은 환난과 하나님으로부터 받은 위로가 결코 헛되지 않을 것이라는 아주 확고한 소망이 있다는 것을 분명하게 밝힌다. 거짓 사도들은 바울에게 일어난 모든 일들을 어떻게 해서든지 트집을 잡아서 그를 비방하고 공격할 빌미로 삼고자 하였다. 만일 그들의 시도가 성공을 거두게 된다면, 바울이 고린도 교인들을 위하여 겪은 온갖 환난들은 헛된 것들이 되고 말 것이었고, 고린도 교인들은 하나님께서 바울을 위로하시고 새 힘을 주신 일들로부터 아무런 유익도 얻을 수 없게 될 것이었다. 거짓 사도들의 이러한 술책들에 직면해서, 바울은 자기는 고린도 교인들을 신뢰하고 굳게 믿고 있다고 고백한다.

믿는 자들은 바울이 복음을 위하여 기꺼이 고난을 당하며, 그토록 많은 어렵고 힘든 일들을 용감하게 감내하는 모습을 보면서 힘을 얻을 수 있었기 때문에, 바울이 겪는 환난들은 믿는 자들에게 위로의 원천이 될 수 있었다. 왜냐하면, 우리는 복음을 위하여 우리가 환난을 감내하여야 한다는 것을 잘 알지만, 실제로는 우리 자신의 연약함을 알고 있는 까닭에, 환난을 두려워하고, 우리가 환난을 감당해 낼 수 없을 것이라고 생각하기 쉬운데, 그럴 때에 온갖 환난들에 담대하게 맞섰던 경건한 자들의 모범을 생각하면, 용기를 얻고 담대해져서, 우리에게 닥친 환난들을 감당할 수 있게 되기 때문이다. 또한, 우리는 바울이 환난을 당하여 어렵고 힘들 때에 그를 위로하시고 새 힘을 주셔서 붙들어 주신 하나님께서 우리에게도 동일하게 역사하셔서 넉넉히 환난을 감당할 수 있게 하실 것이라고 확신하게 된다는 점에서, 바울에게 주어진 하나님의 위로는 바울 자신에게서 머물지 않고, 그대로 온 교회 속으로 흘러들어 왔다. 이렇게 바울이 겪은 환난들과 하나님으로부터 받은 위로들은 믿는 자들의 구원을 이루는 데 큰 유익이 되었다. 이것이 바울이 마치 하나의 삽입구인 것처럼, "이 위로가 너희 속에 역사하여 우리가 받는 것 같은 고난을 너희도 견디게 하느니라"는 구절을 여기에 덧붙인 이유이다. 그가 이 구절을 덧붙인 것은, 고린도 교인들이 그가 홀로 겪고 있는 고난은 그들과는 아무 상관이 없는 일이라고 생각하지 않도록 하기 위한 것이었다. 에라스무스(Erasmus)는 여기에서 사용된 분사 '에네르구메네스'(ἐνεργουμένης)를 능동의 의미로 해석하지만, 수동의 의미로 해석하는 것이 더 좋다. 왜냐하면, 여기에서 바울의 유일한 의도는 자기에게 일어난 모든 일이 어떻게 그들의 구원을 위한 것이 되는지를 설명하는 것이기 때문이다. 즉, 그는 자기가 혼자 고난을 받고 있기는 하지만, 자신의 고난은 그들의 구원을 위하여 역사하고 있다고 말한다. 이것은 바울이 받는 고난이 그들의 죄를 사하거나 속하기 위한 희생제사라는 의미가 아니라, 그들에게 힘을 주고 그들을 세워 주는 역사를 그들 가운데서 일으킨다는 의미이다. 그래서 그는 자신이 겪는 환난이 그들의 구원을 이루는 데 유익이 된다는 것을 보여 주기 위해서, "위로"와 "구원"을 한데 묶어서, "너희가 위로와 구원을 받게 하려는 것이요"라고 말한다.

7. **너희를 위한 우리의 소망이 견고함은 너희가 고난에 참여하는 자가 된 것 같이 위로에도 그러할 줄을 앎이라.** 고린도 교인들 중에는, 바울에 대한 거짓 사도들의 비방과 중상모략에 넘어가서, 그가 온갖 어렵고 힘든 환난들을 당하며 세상적으로 볼 때에 비천한 모습으로 살아가고 있는 것을 보고, 그를 공경하는 마음을 접고서, 그로부터 일시적으로 멀어져서, 도리어 그를 우습게 여기고 멸시하게 된 사람들이 있었다. 그러나 그럼에도 불구하고, 바울은 고린도 교인들과 자신을 동일시하면서, 자기가 그러고 있는 것처럼, 그들도 고난에 참여한 자가 된 것 같이 위로에도 참여하게 될 것임을 믿어 의심치 않는다고 말하며, 여전히 그들에 대한 신뢰감을 나타내 보인다. 이런 식으로 바울은 고린도 교인들을 공개적으로 대놓고 질책하지 않는 가운데, 자기에 대한 그들의 왜곡되고 악의적인 생각을 바로잡는다.

8. **형제들아 우리가 아시아에서 당한 환난을 너희가 모르기를 원하지 아니하노니 힘에 겹도록 심한 고난을 당하여.** 바울은 자기가 지금까지 거두어 온 영광스러운 승리를 고린도 교인들에게 좀 더 분명하게 보여 주기 위해서, 여기에서 자기가 지금까지 겪어 온 수많은 어렵고 힘든 싸움들을 상기시킨다. 그는 첫 번째 서신을 보낸 후에도, 큰 위험들에 노출되어 왔었고, 맹렬한 공격들을 받아 왔었다. 누가는 사도행전 19장에서 에베소에서 "데메드리오라 하는 어떤 은장색"이 주동이 되어 소동을 일으켜서 바울과 그의 일행을 공격한 사건을 보도하고 있는데, 바울은 여기에서 아마도 그 사건을 염두에 두고서, "아시아에서 당한 환난"이라고 언급하고 있는 것일 가능성이 크다. 누가는 거기에서 당시에 바울이 어느 정도의 위험에 처해 있었는지를 분명하게 보여 주고 있지 않지만, 온 성이 소동하였다고 보도하고 있기 때문에, 우리는 그러한 보도로부터 다른 정황들을 쉽게 추론해 낼 수 있다. 왜

냐하면, 우리는 대규모의 무리들이 들고 일어나서 폭동을 일으켰을 때, 통상적으로 어떤 일들이 벌어지게 되는지를 알기 때문이다. 바울은 이 소동으로 인해서 박해를 받아서, "힘에 겹도록 심한 고난을 당하였다"고 말한다. 즉, 도저히 그러한 박해로 인한 무게를 견딜 수 없을 정도가 되었다는 것이다. 바울은 여기에서 어떤 사람이 무거운 짐에 눌려서 죽거나, 짐을 너무 많이 실어서 배가 가라앉게 되어서 죽는 경우를 가리키는 비유를 사용해서, 당시에 자신이 처하였던 위험을 표현한다. 즉, 그는 기진맥진해서 주저앉은 정도가 아니라, 자신의 온 힘이 다 소진되어서 자기가 꼼짝없이 죽게 되었다는 것을 직감하였고, 만일 하나님께서 자기에게 새 힘을 주지 않으셨다면, 실제로 죽었을 것이라고 말하고 있는 것이다.

살 소망까지 끊어지고. 바울은 이렇게 말한다: "그래서 나는 이제 꼼짝없이 죽게 되었거나, 적어도 내가 살 가망이 별로 없다고 생각하는 지경에까지 이르게 되어서, 마치 꼼짝없이 감옥에 갇혀서 도망칠 길이 없게 된 것 같은 그런 느낌이었다." 바울은 그리스도의 용맹스러운 군사였고, 그토록 용감한 싸움꾼이었는데, 그런 그가 힘이 다 소진되어서 죽음 외에는 아무것도 바랄 수 없는 상황에 처하게 되었다고 말하고 있다면, 도대체 그는 당시에 어떤 상황에 처해 있었던 것인가? 왜냐하면, 그는 자기에게서 "살 소망까지 끊어지게" 된 원인은 자기가 "힘에 겹도록 심한 고난을 당하였기" 때문이라고 이미 우리에게 말하였기 때문이다. 나는 바울이 여기에서 "힘에 겹도록"이라고 말한 것은, 하나님으로부터 오는 힘을 포함한 것이 아니라, 단지 자신의 개인적인 힘에 대해서만 말하고 있는 것임을 이미 지적한 바 있다. 그리고 죽음의 공포 앞에서 인간의 모든 힘은 전적으로 무력할 수밖에 없다는 것은 의심의 여지가 없다. 또한, 아무리 경건한 자들이라고 할지라도, 자신이 약하다는 것을 깨닫고서, 전적으로 오직 하나님만을 의지하게 되기 위해서는, 죽음의 위험 앞에서 인간의 모든 힘이 철저하게 다 무너지고 무력화되는 것을 경험할 필요가 있다. 바울이 여기에서 계속해서 말하고 있는 것이 바로 그런 것이다. 바울이 여기에서 사용하는 '엑사포레이스타이'(ἐξαπορεῖσθαι)라는 단어는, 에라스무스(Erasmus)가 "절망하다"라고 번역한 것과는 달리, 나는 단지 "두려워 떨며 어쩔 줄 몰라 하다"라는 의미로 해석하는 것이 더 낫다고 본다. 왜냐하면, 이 단어를 통해서 바울은 자기가 너무나 큰 어려움과 곤경에 처하여 옴짝달싹할 수가 없게 되어서, 살아날 길이 조금도 남아 있지 않는 것처럼 보였다는 것을 말하고자 하는 것이기 때문이다.

9. 우리는 우리 자신이 사형 선고를 받은 줄 알았으니 이는 우리로 자기를 의지하지 말고 오직 죽은 자를 다시 살리시는 하나님만 의지하게 하심이라. 우리는 이것을 이렇게 표현해 볼 수 있을 것이다: "나는 나의 죽음이 이미 정해졌고 결정된 것이라고 생각하였다." 즉, 바울은 당시에 자기는 사형선고를 받고서 오직 사형이 집행될 때만을 기다리는 것 외에는 아무런 소망도 없는 자였다고 말하고 있는 것이다. 하지만 그는 자기가 사형선고를 받았다고 느낀 것은 자기 자신의 생각이었음을 밝힌다. 왜냐하면, 자기가 꼼짝없이 죽게 되었다고 느낀 것은 하나님의 계시를 받아서 그렇게 느낀 것이 아니라, 단지 자신의 생각과 판단이었을 뿐이기 때문이다. 바울은 앞 절에서는 살 소망이 다 끊어져서 이제 죽었구나 하는 생각이 들어서 두려워 떨고 어쩔 줄 몰라 하였다고 말한 것인 반면에, 이제 여기에서는 자기가 확실하게 죽게 되었다고 느꼈다고 말하고 있다는 점에서, 이 절에서 말하고 있는 것은 앞 절에서 말한 것보다 한 걸음 더 나아간 것이라고 할 수 있다. 그러나 우리가 여기에서 주목하여야 할 주된 것은, 바울이 자기가 그러한 궁지로 몰리게 된 이유를 설명하는 대목이다: "우리로 자기를 의지하지 말고."

크리소스토모스(Chrysostomus)는 바울은 이전부터 자기를 의지하지 않고 오직 하나님만을 의지하고 있었기 때문에, 이 사건을 통해서 그러한 교훈을 배운 것이 아니었지만, 다른 사람들에게 하나의 모범을 제시하기 위해서, 마치 자기가 이 사건을 통해서 비로소 그러한 교훈을 배운 것처럼 말하고 있는 것일 뿐이라고 보지만, 나는 그의 그러한 견해에 동의하지 않는다. 왜냐하면, 바울도 "우리와 성정이 같은 사람"(약 5:17)이었던 까닭에, 신앙에 있어서 차갑거나 뜨거울 수 있었을 뿐만 아니라, 잘못된 자신감과 경솔함 등도 얼마든지 일시적으로 보일 수 있었을 것이기 때문이다. 나는 그러한 결함들이 바울의 속에 자리를 잡거나 뿌리를 내리고 있었다고 말하고 있는 것이 아니라, 단지 그도 그런 것들에 의해서 일시적으로 사로잡혔을 수 있고, 이 사건을 통해서 그는 하나님께서 그가 그런 것들에 지속적으로 사로잡혀 있지 않도록 하기 위하여 제때에 개입하셔서 그를 바로잡아 주신 것을 경험하게 되었다고 말하고 있는 것이다.

따라서 우리가 여기에서 주목해야 할 것이 두 가지가 있다. 첫 번째는 우리가 육체를 신뢰하여 교만해졌을 때, 우리의 그러한 상태는 너무나 견고해서, 오직 우리가 극단적인 절망 속으로 들어갈 때에만 무너져 내릴 수 있고, 다른 방식으로 그것을 무너뜨리는 것은 불가능하다는 것이다. 왜냐하면, 우리의 육신은 너무나 교만해서, 결코 스스로 낮아지고자 하지 않고, 끈질기게 자신을 주장하고자 하는 까닭에, 강제로 주저앉히거나 무너지게 만들 때까지는, 그 오만방자함을 결코 멈추려 하지 않기 때문이다. 또한, 하나님께서 자신의 권능의 손으로 우리를 낮추실 때까지는, 우리는 결코 하나님께 진정으로 순복하지 않는다. 두 번째로 우리가 유념해야 할 것은, 아무리 경건한 자들에게도 이러한 교만의 병의 잔재는 여전히 남아 있고, 그렇기 때문에 하나님께서는 그들로 하여금 자기 자신을 의지하는 것을 버리고 낮아짐(humilitas)을 배우게 하시기 위하여, 종종 그들을 극단적인 고난 속으로 밀어넣으신다는 것이다. 이 악은 인간의 심령 속에 아주 뿌리 깊게 박혀 있어서, 우리 중에서 가장 온전한 자들조차도 그 악으로부터 완전히 벗어나 있지 않기 때문에, 하나님께서는 그들을 죽음의 궁지로 몰아넣으셔서, 그들을 더욱더 철저하게 낮추신다. 이것으로부터 우리가 알 수 있는 것은, 우리가 우리 자신을 의지하는 것은 하나님을 몹시 노하시게 만드는 일이기 때문에, 하나님께서는 우리를 죽음의 궁지로 몰아넣어서, 마치 사형선고를 받은 것 같은 상태가 되게 하셔서라도, 우리의 그러한 악을 고치고자 하신다는 것이다.

죽은 자를 다시 살리시는 하나님. 우리 자신의 연약함(infirmitas)과 우리 자신이 아무것도 아니라는 것을 깨닫고서, 자기 자신을 의지하는 것을 버리고, 우리 자신에 대하여 잘못된 생각을 갖지 않기 위해서는, 우리는 먼저 죽어야 하지만, 그것만으로는 충분하지 않고, 거기에서 한 걸음 더 나아가야 한다. 즉, 우리는 우리 자신에 대하여 절망하는 것으로부터 시작하여야 하지만, 그것은 단지 우리가 하나님께 소망을 두기 위한 준비작업일 뿐이다. 우리가 낮아져야 하는 것은, 오직 하나님께서 자신의 권능의 손으로 우리를 일으켜 세우시도록 하시기 위한 것일 뿐이다. 따라서 바울은 우리로 하여금 육체의 교만을 따라 우리 자신을 의지하지 말고 스스로 철저하게 낮아지라고 말한 후, 그 즉시 우리 자신을 의지하는 것 대신에 하나님을 의지하라고 명한다. 즉, 그는 "우리 자신을 의지하지 말고 하나님을 의지하라"고 말한다. 바울은 로마서 4:17("그가 믿은 바 하나님은 죽은 자를 살리시며 없는 것을 있는 것으로 부르시는 이시니라")에서 아브라함의 믿음을 다룰 때에 "죽은 자를 살리시는" 하나님에 대하여 언급한 것과 동일한 방식으로, 여기에서도 우리에게 하나님을 의지하라고 명하면서, "죽은 자를 다시 살리시는 하나님," 곧 죽은 자들을 다시 살리실 수 있으신 하나님의 능력을 언급한다. 왜냐하면, "없는 것을 있는 것으로 부르시는" 하나님을 믿는 것과 "죽은 자를 다시 살리시는 하나님께 소망을 두는" 것은, 자신의 택하신 자들을 무로부터 지으시고, 죽은 자들을 다시 살리시는 하나님의 능력을 상기시키는 것이기 때문이다. 이렇게 바울은 하나님께서 자기를 죽음의 궁지로 몰고 가신 목적은, 자기로 하여금 죽은 자 가운데서 그를 다시 살리신 하나님의 능력을 더욱더 생생하게 깨닫게 하시기 위한 것이었다고 말하고 있는 것이다. 우리는 하나님께서 우리에게 힘을 주셔서 살아가게 하시는 것을 보고서, 하나님이 생명의 원천이시라는 것을 깨닫고 고백하는 것이 마땅한 일이지만, 우리의 영적인 지각이 너무나 둔해서, 생명의 빛이 우리에게 눈부시게 비쳐도, 그것을 깨닫지 못하기 때문에, 하나님께서 우리를 죽음으로 몰아가셔서 캄캄한 어둠 속에 두실 때에야, 비로소 그 생명의 빛을 깨닫게 되고 볼 수 있게 된다.

10-11. 그가 이같이 큰 사망에서 우리를 건지셨고 또 건지실 것이며 이 후에도 건지시기를 그에게 바라노라. 바울은 자기가 앞에서 일반적인 방식으로 말하였던 것을 이제 여기에서는 개인적으로 자기 자신에게 적용해서 하나님의 은혜를 선포함으로써, 하나님께서는 아주 놀라운 방법으로 자기를 죽음에서 건지셨고, 이것은 하나님에 대한 자신의 기대를 조금도 저버리지 않으신 것이라고 분명하게 밝힌다. 여기에서 사용된 과장법은 성경에서 이례적인 것이 결코 아니다. 그러한 과장법은 예언서들과 시편에 자주 나오고, 일상적인 대화에서도 자주 사용된다. 우리 각자는 바울이 여기에서 자기 자신에게 적용하고 있는 것을 우리 자신에게 적용하는 것이 마땅하다.

바울은 자기가 지난날에 자주 경험해 왔던 하나님의 저 자비하심이 장래에도 계속될 것이라고 확신하는데, 이것은 지극히 합당하다. 왜냐하면, 하나님께서 자기가 우리에게 약속하셨던 일들을 부분적으로 이루신 것은, 하나님의 다른 약속들도 장차 우리에게 이루어질 것임을 보증해 주신 것인 까닭에, 우리가 거기에 대하여 확실한 소망을 갖는 것이 마땅하기 때문이다. 즉, 우리가 하나님으로 이미 받은 온갖 은택들은 하나님의 모든 약속들이 결국에는 다 성취될 것임을 확증해 주는 보증 또는 담보라는 것이다.

너희도 우리를 위하여 간구함으로 도우라. 바울은 하나님께서 기꺼이 자기와 함께 하고 계신다는 것에 대해서 조금의 의심도 없었지만, 고린도 교인들에게 자신의 안전을 위해서 기도해 달라고 부탁한다. 왜냐하면, 그가 그들이 기도를 통해서 자기를 도울 것임을 전제하는 말을 하고 있는 것은, 실제로는 기도해 달라고 그들에게 부탁하는 것과 마찬가지이기 때문이다(이 구절은 한글개역개정에는 명령문으로

되어 있지만, 칼빈은 이 구절을 서술문으로 번역한다 – 역주). 즉, 여기에서 바울은 그들이 단순히 의무감에서가 아니라 진정으로 자기에게 유익이 되게 하기 위한 목적으로 진심으로 자기를 위하여 기도해 줄 것을 부탁하고 있는 것이다. 그는 이렇게 말한다: "너희의 기도도 나를 돕게 될 것이다." 왜냐하면, 하나님께서는 우리에게 서로를 위해서 기도하라고 명하신 까닭에, 다른 사람들을 위한 우리의 중보기도가 헛되도록 그냥 두지는 않으실 것이기 때문이다. 이렇게 하나님께서 우리의 기도를 기뻐하실 뿐만 아니라, 그 기도를 받으시고 응답하셔서 우리에게 유익이 되게 하신다는 것을 우리가 알게 된다면, 우리가 곤경에 처했을 때에는 우리 형제들에게 우리를 위해 기도해 줄 것을 부탁하고, 그들이 곤경에 처했을 때에는 우리 자신이 그들을 위하여 기도하고자 하는 마음이 더욱더 생기게 된다. 사도가 여기에서 자기 형제들에게 기도로써 자기를 도와 줄 것을 부탁한 것은, 그에게 믿음이 부족했기 때문이 아니라, 그는 인간의 도움이 전혀 없을지라도, 하나님께서 자기를 안전하게 지켜 주실 것을 확신하고 있었지만, 어려울 때에 교회에 기도 요청을 해서 도움을 받는 것이 하나님의 뜻이라는 것을 알고 있었기 때문이었다. 또한, 바울은 그들이 기도를 통해서 자기를 도와주고자 할 때, 그것이 결코 헛되지 않을 것이라는 하나님의 약속을 믿었고, 하나님이 그에게 사용하라고 주시는 그 어떤 도움의 원천도 소홀히 하고자 하지 않았기 때문에, 자기 형제들이 자신의 안전을 위해 기도해 주기를 바랐다.

바울이 여기에서 말하고자 하는 요지는, 우리는 하나님의 말씀을 따라야 하기 때문에, 하나님이 명하신 것들에 순종하고, 하나님이 약속하신 것들을 이루실 것을 굳게 믿어야 한다는 것이다. 하지만 죽은 자들의 기도를 의지하고자 하는 자들은 그렇게 하고 있는 것이 아니다. 왜냐하면, 그런 자들은 하나님이 정해 주신 은혜의 방편들로는 만족하지 못해서, 성경에 아무런 근거도 없는 새로운 것을 도입하는 자들이기 때문이다. 사도는 여기에서 서로를 위해 기도해야 할 것에 대하여 말할 때, 거기에 죽은 자들의 기도를 포함시키지 않고, 오직 산 자들이 서로를 위해 기도할 것에 대하여 말하고 있다. 따라서 교황주의자들이 이 구절을 자신의 입맛에 맞게 왜곡하여 해석해서는, 죽은 자들의 기도라는 자신들의 저 미신적인 행위를 밑받침해 주는 성경적인 근거로서 이 구절을 들고 있는 것은 유치하기 짝이 없는 짓이 아닐 수 없다.

이는 우리가 많은 사람의 기도로 얻은 은사로 말미암아 많은 사람이 우리를 위

하여 감사하게 하려 함이라. 바울이 여기에서 한 말 속에는 해석하기 어려운 것이 있어서, 이 절에 대한 해석은 다양하다. 우리의 목적은 이 절의 원래의 참된 의미를 찾아내는 것이기 때문에, 우리는 이 절에 대한 여러 다양한 해석들을 일일이 설명하고 반박하느라고 시간을 허비할 필요는 없을 것이다. 바울은 앞에서 이미 고린도 교인들이 자기를 위해 기도해 준다면, 그들의 기도는 자기에게 큰 도움이 될 것이라고 말한 바 있다. 그는 이제 여기에서는 자기를 위한 그들의 중보기도가 주는 두 번째 유익에 대하여 덧붙이는데, 그것은 하나님의 영광이 더 크게 드러나게 되리라는 것이다. 그는 이렇게 말한다: "나를 위한 많은 사람들의 중보기도에 대한 응답으로 말미암아 내가 하나님으로부터 큰 은혜를 받게 된다면, 그 많은 사람들이 그 일로 인하여 하나님께 영광을 돌리게 될 것이다." 또한, 우리는 이것을 이런 식으로 표현할 수도 있다: "하나님께서는 단지 한 사람의 기도가 아니라 많은 사람의 기도를 받으시고서 나를 도우신 것이기 때문에, 많은 사람들이 나를 인하여서 하나님께 감사를 드리게 될 것이다." 하나님께서 우리에게 베풀어 주신 모든 은혜에 대해서는 우리가 거기에 감사하고 찬송을 드리는 것이 마땅한 일이기 때문에, 시편 50:15에서 "환난 날에 나를 부르라 내가 너를 건지리니 네가 나를 영화롭게 하리로다"라고 말씀하신 것처럼, 우리는 하나님이 우리의 기도에 응답하셔서 은혜를 베풀어 주신 경우에는, 더욱더 거기에 대하여 하나님께 감사하여야 한다. 그리고 이것은 우리가 우리의 개인적인 문제와 관련하여 기도한 경우만이 아니라, 우리 형제들 중 한 사람이나 교회 전체와 관련하여 기도한 경우에도 해당된다. 이렇게 모든 성도들이 어떤 형제나 교회 전체를 위하여 기도해서, 그 기도에 대한 응답을 받았을 때에는, 모든 성도들이 온 교회의 기도에 응답하셔서 은혜를 베풀어 주신 하나님의 선하심을 감사하며 하나님께 영광을 돌리게 됨으로써, 단지 어느 한 사람의 기도에 대하여 응답하신 것보다, 하나님의 영광이 더 분명하게 드러나게 된다. 이러한 해석에는 억지스럽거나 부자연스러운 것이 없다.

헬라어 본문에는 "우리가 얻은 은사에 대하여"와 "많은 사람의 기도로 말미암아" 중간에 관사가 삽입되어 있어서, 이 두 어구가 서로 분리된 것으로 생각될 수도 있다는 것은 사실이지만, 헬라어에서는 서로 밀접하게 연결된 두 어구 중간에 관사를 삽입해서 표현하는 경우가 자주 발견되기 때문에, 실제로 이 두 어구는 서로 분리되어 있는 것이 아니다. 여기에서 역접의 불변화사 대신에 이렇게 관사가 사용된 것은 지극히 옳다. 왜냐하면, 바울에게 주어진 은사는 많은 사람들의 기도에 대한 응답이기는 하지만, 오직 바울에게만 주어진 것이었기 때문이다. 어떤 이들은 “많은 사람의 기도로”로 번역된 ‘디아 폴론’(διὰ πολλῶν)이라는 어구를 중성으로 해석하지만, 그러한 해석은 문맥과 부합하지 않는다. 이 절과 관련해서 어떤 이들은 이런 질문을 제기할 수 있다: “바울은 왜 ‘많은 사람들로 말미암아’ 라고 말하지 않고, ‘많은 얼굴들로 말미암아’ (헬라어 본문을 직역하면 이렇게 번역된다 —역주) 라고 말하고 있는 것이며, 여기에서 ‘얼굴’은 무엇을 의미하는가? 이러한 질문에 대한 나의 대답은, 바울은 자기에게 주어진 하나님의 은사는 많은 사람들에게 주어진 것이나 다름없다는 것을 나타내기 위해서, “많은 사람과 관련해서”라는 의미로 그런 표현을 사용하였다는 것이다. 일부 헬라어 사본들에는 ‘휘페르 휘몬‘(ὑπὲρ ὑμῶν), 즉 “너희를 인하여”로 되어 있지만, 그러한 읽기는 바울의 의도와는 거리가 있는 것으로 보이고, 문맥상으로 볼 때, 바울은 다음과 같이 말하기 위해서 그런 표현을 사용한 것일 가능성이 높고, 이러한 해석은 문맥과 아주 잘 부합된다: “하나님께서 나의 유익, 그리고 또한 너희의 유익을 위해, 너희의 기도에 응답해 주실 때, 많은 사람들이 너희를 인하여 하나님께 감사하게 될 것이다.”

12우리가 세상에서 특별히 **너희**에 대하여 **하나님**의 거룩함과 진실함으로 행하되 육
체의 지혜로 하지 아니하고 하나님의 은혜로 행함은 우리 양심이 증언하는 바니
이것이 우리의 자랑이라 13오직 **너희**가 읽고 아는 것 외에 우리가 다른 것을 쓰지
아니하노니 **너희**가 완전히 알기를 내가 바라는 것은 14**너희**가 우리를 부분적으로
알았으나 우리 주 예수의 날에는 **너희**가 우리의 자랑이 되고 우리가 **너희**의 자랑
이 되는 그것이라(1:12-14).

12. 우리가 세상에서 특별히 너희에 대하여 하나님의 거룩함과 진실함으로 행하되 육체의 지혜로 하지 아니하고 하나님의 은혜로 행함은 우리 양심이 증언하는 바니 이것이 우리의 자랑이라. 여기에서 바울은 자기가 하나님의 은혜를 받아서 잘되는 것이 왜 그들 모두에게도 중요한 일인지를 설명하는데, 그것은 자기가 그들 모두 가운데서 순전하고 진실하게 행해 왔기 때문이라는 것이다. 이렇게 바울은 그들에게 충분히 사랑받고 귀히 여김을 받을 만하였기 때문에, 고린도 교인들은 바울이 하나님의 교회의 유익을 위하여 오랫동안 일하게 되기를 바라는 것이 마땅하였는데도, 그러한 신실하고 진실된 하나님의 종을 박대한 것은 너무나 비정

하고 몰염치한 짓이었다. 그는 이렇게 말한 것과 같다: "내가 너희 가운데서 보인 모든 행실은 모든 선한 자들로 하여금 나를 공경하고 사랑하게 만들기에 충분한 것이었다." 바울은 이 대목에서 고린도 교인들 중에서 자기를 반대하는 자들을 염두에 두고서, 잠시 본론에서 벗어나서, 자기가 그들 가운데서 아무런 흠도 없이 순전하고 진실하게 사역하였다는 사실을 분명하게 밝힌다. 하지만 바울은 고린도 교회에서 자기에 대하여 편견을 지닌 악의적인 자들과 부패하고 맹목적이고 잘못된 열심에 사로잡힌 자들의 비방과 중상모략의 희생자였기 때문에, 자신에 대한 사람들의 평판을 증거로 삼을 수 없어서, 자신의 "양심"을 증인으로 내세우는데, 이것은 마치 하나님의 법정에서 자신의 말이 참되다는 것을 호소하고, 하나님은 자신의 결백을 아신다고 말하며, 하나님을 증인으로 내세우는 것과 같다.

우리는 여기에서 한 가지 질문이 생긴다: 바울이 여기에서 자기가 고린도 교인들 가운데서 아무런 흠도 없이 순전하고 진실하게 사역하였다고 자랑하고 있는 것은, 그가 고린도후서 10:17에서 "자랑하는 자는 주 안에서 자랑할지니라"고 말한 것과 모순되는 것이 아닌가? 게다가, 하나님 앞에서 자기가 흠 없이 바르게 행하였다고 감히 자랑할 수 있는 자는 아무도 없는데, 바울은 어떻게 감히 그런 자랑을 하고 있는 것이란 말인가? 이 질문에 대한 나의 대답은 이렇다. 첫째로, 바울은 하나님과 자기 자신을 구분해서 서로 대비시키고서, 마치 자기에게는 하나님으로부터 받지 않고 자기 자신에게서 나온 그 무엇이 있는 것처럼 말하고 있는 것이 아니라는 것이다. 둘째로, 그는 자기가 아무런 흠도 없이 순전하고 진실하게 행하였다는 것을 자신의 구원의 근거나 토대로 삼고 있는 것도 아니고, 자신의 그러한 행위를 의지하고 있는 것도 아니라는 것이다. 셋째로, 그가 여기에서 자랑하고 있는 것은 하나님이 그에게 주신 은혜들이라는 점에서, 그는 자기가 그렇게 행한 것이 모두 하나님의 은혜로 말미암은 것이었다고 선언함으로써, 모든 영광을 하나님께 돌리고, 결과적으로 하나님 안에서 자랑하고 있다는 것이다. 불경건한 자들의 경우에는 하나님 안에서 자랑하는 것이 불가능하기 때문에, 그들의 자랑은 언제나 거짓되고 부적절한 것인 반면에, 모든 경건한 자들은 세 가지 조건 아래에서 하나님이 자기에게 베풀어 주신 모든 은혜를 자랑할 수 있고, 그러한 자랑은 합당하다. 첫 번째는 우리 안에 있는 모든 선한 것들은 전적으로 하나님으로부터 온 것이고, 우리 자신의 것이나 우리 자신에게서 나온 것은 단 하나도 없다는 것을 인정하여야 한다는 것이고, 두 번째는 우리의 구원은 오로지 하나님의 은혜로 말미암는다는 가장 근본적인 가르침을 굳게 붙잡고 있어야 한다는 것이며, 세 번째는 모든 선한 것들의 유일한 원천은 오직 하나님뿐이시라는 것을 진정으로 고백하여야 한다는 것이다. 그럴 때, 우리는 하나님께서 우리에게 주신 온갖 종류의 선한 것들을 감사함으로 자랑할 수 있다.

하나님의 거룩함과 진실함으로. 이 어구에서 "진실함"(simplicitas)은 여기에서 로마서 3:23("모든 사람이 죄를 범하였으매 하나님의 영광에 이르지 못하더니")에 나오는 "하나님의 영광"과 요한복음 12:43("그들은 사람의 영광을 하나님의 영광보다 더 사랑하였더라")에 나오는 "사람의 영광"이나 "하나님의 영광"과 동일한 의미로 사용되고 있다. "사람의 영광"을 사랑하는 자들은 사람들로부터 칭송과 높임을 받고자 하고 좋은 평판을 듣고자 한다. 마찬가지로, "하나님의 영광"은 사람이 하나님으로부터 인정을 받고 칭찬을 받는 것을 가리킨다. 따라서 바울은 자신의 "진실함"이 사람들로부터 인정을 받는 것만으로는 충분하지 않다고 여기고서, 자기는 하나님 앞에서도 진실하였다는 말을 덧붙인다. 내가 여기에서 "순전함" 또는 "거룩함"으로 번역한 '에일리크리네이아' (εἰλίκρινεια)는 "진실함"과 밀접하게 연결되어 있다. 왜냐하면, "순전함"이라는 것은 어떤 사람이 자신의 마음을 투명하게 있는 그대로 다 드러내고서 정직하게 행하는 것을 의미하기 때문이다. 따라서 여기에서 "순전함"(또는, "거룩함")과 "진실함"이라는 두 단어는, 온갖 속이는 것과 교묘함, 음흉하고 교활하게 행하는 것과 반대되는 개념으로 사용되고 있다.

육체의 지혜로 하지 아니하고. 바울은 사람들이 자기를 어떤 식으로 공격하고 비방하고 있는지를 알고 있었기 때문에, 여기에서 그런 자들의 그러한 비방에 대하여 대답한다. 왜냐하면, 그의 대적들이 그가 지혜가 없다고 공격하고 있는 것에 대하여, 그는 한편으로는 자기에게는 인간적으로 볼 때에 좋아 보이는 그런 재능들이 부족하다는 것은 사실이라고 공개적으로 기꺼이 인정하고 밝히면서도, 다른 한편으로는 자기는 인간적인 그러한 재능들보다 훨씬 더 좋은 하나님의 은혜를 수여받았다고 말하고 있기 때문이다. 그는 이렇게 말한다: "나는 내게 육체의 지혜가 없다는 것을 인정하지만, 내게는 하나님이 주신 능력이 있다. 그렇기 때문에, 하나님이 주신 능력으로 만족하지 못하는 자들은 나의 사도직을 부정하고 나를 무시하고 있다. 하지만 나는 육체의 지혜가 아무런 쓸모가 없다는 것을 아는 자들로부터는 진정으로 찬사를 듣기에 조금도 부족함이 없다." 바울이 여기에서 말하는 "육체의 지혜"는 그리스도와는 상관없이 우리로 하여금 사람들로부터 "지혜"가 있다는 평판을 듣게 만들어 주는 모든 것을 가리킨다. 이것에 대해서는 고린도전서 1장과 2장을 보라. 따라서 우리는 바울이 "육체의 지혜"와 반대되는 개념으로 사용하고 있는 "하나님의 은혜"는 인간의 본성과 능력을 뛰어넘는 모든 것과 육체의 연약함 속에서 하나님의 능력을 공개적으로 드러내는 성령의 은사들을 가리키는 것으로 이해하여야 한다.

특별히 너희에 대하여. 바울이 이렇게 말하는 것은, 자기가 다른 곳들에서는 고린도 교인들 가운데 있을 때보다도 덜 진실하거나 순전하였다는 것이 아니고, 자기는 다른 곳들보다도 특히 고린도 교회에 더 오래 머물러서 사역을 하였기 때문에, 자신의 순전함과 진실함이 그들 가운데서 더 분명하게 드러날 수 있었다는 것이다. 그는 자기가 순전하고 진실하게 행하였다는 것에 대한 최고의 증인들은 고린도 교인들 자신들이기 때문에, 자기가 말한 것들이 참되다는 증거를 굳이 먼 곳에 있는 다른 교회들로부터 찾을 필요가 없다는 것을 암시하기 위하여, 의도적으로 "특별히 너희에 대하여"라고 표현한다.

13. 오직 너희가 읽고 아는 것 외에 우리가 다른 것을 쓰지 아니하노니. 바울은 여기에서 거의 또는 아무런 실체나 알맹이도 없는 자랑들을 침이 마르도록 쏟아놓으며 그들 자신을 높이는 자화자찬을 하는 데 여념이 없었던 거짓 사도들을 간접적으로 꾸짖고, 아울러 자기에 대한 그들의 비방과 중상모략을 반박함으로써, 자기는 마땅히 해야 할 말들만을 하고 있을 뿐이기 때문에, 그들이 자기를 주제넘다고 생각해서는 안 된다는 것을 분명히 밝힌다. 즉, 그는 자신의 행실을 통해서 증명된 것들과 고린도 교인들이 자기에 대한 증인들로서 수긍하고 인정할 수 있는 것들만을 지금 그들에게 말하고 있다는 것이다. 어떤 이들은 여기에서 사용된 단어들의 의미가 모호하다는 것을 빌미로 삼아서, 이 구절을 엉뚱하게 해석해 왔지만, 헬라어로 '아나기노스케인' (ἀναγινώσκειν)은 "읽다" 또는 "알고 있다"를 의미하고, '에피기노스케인' (ἐπιγινώσκειν)은 "발견하다" 또는 라틴어로 '아그노스케레' (agnoscere)에 해당하는 "인정하다"를 의미하는데, 부다이우스(Budaeus)가 지적하였듯이, 이 라틴어는 "자신의 자녀임을 인정하다" 등과 같은 법적인 어구에서 사용되는 단어이다(칼빈은 "오직 너희가 읽고 아는 것 외에"라는 구절을 "오직 너희가 알고 인정하는 것 외에"로 번역한다 —역주). 따라서 '에피기노스케인' 은 '아나기노스케인' 보다 그 의미가 더 강력하다. 어떤 사람은 자신의 마음속에서 개인적으로 어떤 것이 옳다는 것을 "알고" 있으면서도, 자기가 그것이 옳다고 여기고 있다는 것을 공

개적으로 표현해서 "인정하지는" 않을 수 있다. 이제 여기에서 바울이 하고 있는 말을 살펴보기로 하자. 어떤 이들은 이 구절을 "우리는 너희가 읽고 인정하는 것 외에 아무것도 쓰지 않는다"로 번역하지만, 그러한 번역은 무미건조할 뿐만 아니라 부적절하다. 암브로시우스(Ambrosius)는 이 구절을 "우리는 너희가 읽을 뿐만 아니라 인정하는 것 외에 다른 것을 쓰지 않는다"로 바꾸어 번역하지만, 이 구절을 그런 식으로 번역하는 것은 확실히 불가능하다. 내가 제시한 번역은 단순하고 자연스럽다. 이 구절을 이해하는 데 있어서 유일한 어려움은 내가 앞에서 설명한 두 단어가 서로 다른 의미들로 해석될 수 있다는 것이고, 그 점 때문에 해석상의 혼란이 야기되었다. 요컨대, 바울이 여기에서 말하고자 하는 것은, 고린도 교인들은 자기가 말하고 있는 모든 것들을 이미 알고 있고, 그것들이 옳다는 것에 대해서 증인들이 될 수 있다는 것이다. 왜냐하면, 그가 여기에서 사용하고 있는 첫 번째 단어는 그들이 경험을 통해서 어떤 것을 "알고" 있다는 것을 의미하는 단어이고, 두 번째 단어는 그들이 그것이 참되다는 것을 공개적으로 "인정하고" 증언할 수 있다는 것을 의미하는 단어이기 때문이다.

너희가 완전히 알기를 내가 바라는 것은. 고린도 교인들은 제대로 분별하고 판단할 수 있는 능력을 아직 완전히 회복하지 못하였기 때문에, 바울이 순전하고 진실하게 행한 것에 대하여 올바르고 공평한 판단을 할 수 없었지만, 자신들이 이전에 지니고 있던 그에 대한 왜곡되고 잘못된 편견을 바로잡아 가기 시작하고 있었다. 따라서 바울은 여기에서 머지않아 그들이 자신에 대하여 모든 잘못된 편견을 버리고서 올바르게 판단할 수 있게 되기를 바란다는 자신의 소망을 피력한다. 그는 이렇게 말한다: "너희는 나를 부분적으로 인정해 왔지만, 나는 내가 어떤 사람인지, 그리고 너희 가운데서 어떻게 행해 왔는지에 대하여, 너희가 점점 더 제대로 올바르게 인정하게 되기를 소망한다." 이것으로부터 우리는 그가 앞에서 '에피기노스케인' 이라고 말한 것이 무슨 의미인지를 더 쉽게 알 수 있게 된다. 따라서 바울은 여기에서 그들이 온전히 제정신으로 되돌아오기를 바란다고 말하고 있는 것이다. 왜냐하면, 그들은 처음에는 바울을 조금도 의심 없이 전적으로 인정하였었지만, 나중에는 거짓 사도들의 비방과 중상모략으로 인해서 분별력과 판단력이 흐려져서 그를 의심하였다가, 이제는 부분적으로 제정신을 차리고 회복되기 시작하고 있었기 때문이다.

14. 너희가 우리를 부분적으로 알았으나 우리 주 예수의 날에는 너희가 우리의

자랑이 되고 우리가 너희의 자랑이 되는 그것이라. 우리는 성도들은 다른 어떤 불순한 목적이 없고 오직 하나님께만 영광을 돌리고자 하는 경우에는, 하나님이 그들에게 주신 은혜들을 얼마든지 자랑할 수 있다는 것을 앞에서 이미 간략하게 살펴본 바 있다. 따라서 바울이 자신의 사역을 통해서 고린도 교인들이 그리스도께 순복하게 되었다는 것을 자랑하고, 고린도 교인들이 그러한 사도로부터 지극히 신실하고 능력 있는 가르침을 받게 된 것 —이것은 모든 사람에게 허락된 특권이 아니었다 —을 자랑하는 것은 합당한 일이었다. 이런 식으로 사람들을 자랑하는 것은, 우리가 오직 하나님만을 자랑하여야 한다는 것과 모순되지 않는다. 따라서 바울은 고린도 교인들에게, 그들이 자기를 그리스도의 참되고 거짓 없는 신실한 종으로 인정하는 것은 그들에게 큰 유익이 되기 때문에 아주 중요한 일이라고 말한다. 왜냐하면, 그들이 그를 떠나게 된다면, 그들은 자신들의 가장 큰 영광을 잃게 될 것이기 때문이다. 바울은 여기에서 이 말을 통해서, 그들이 잘못된 야심을 품은 악한 자들의 비방과 중상모략에 너무나 쉽게 넘어가서, 스스로 그들 자신의 가장 큰 영광을 내팽개쳐 버린 것에 대하여, 그들의 변덕스러움을 책망한다.

주 예수의 날에는. 나는 여기에서 바울이 말하는 "주 예수의 날"은 세상의 온갖 덧없는 영광들이 끝장이 나게 될 저 마지막 날을 가리키는 것이라고 본다. 따라서 여기에서 그는 자기가 지금 하고 있는 자랑은 거짓 사도들이 고린도 교인들을 홀리기 위해서 한 저 헛된 자랑들과는 달리 덧없고 허망한 것이 아니라 영원히 지속될 것이기 때문에, 모든 것이 결정되는 저 그리스도의 날에도 굳게 설 것이라고 말하고 있는 것이다. 왜냐하면, 그 때에 바울은 자기가 그리스도의 깃발 아래에서 지금까지 거둔 수많은 승리들로 인해서, 자신의 사역으로 말미암아 그리스도의 영광스러운 멍에 아래 있게 된 모든 사람들을 이끌고서 장엄한 개선행진을 하게 될 것이기 때문이다. 그리고 고린도에 있는 교회는 자신들이 그러한 위대한 사도에 의해서 세워지고 가르침 받은 교회라는 것을 자랑스러워하게 될 것이다.

15내가 이 확신을 가지고 너희로 두 번 은혜를 얻게 하기 위하여 먼저 너희에게 이
르렀다가 16너희를 지나 마게도냐로 갔다가 다시 마게도냐에서 너희에게 가서 너희
의 도움으로 유대로 가기를 계획하였으니 17이렇게 계획할 때에 어찌 경솔히 하였
으리요 혹 계획하기를 육체를 따라 계획하여 예 예 하면서 아니라 아니라 하는 일
이 내게 있겠느냐 18하나님은 미쁘시니라 우리가 너희에게 한 말은 예 하고 아니라

함이 없노라 [19]우리 곧 나와 실루아노와 디모데로 말미암아 너희 가운데 전파된 하
나님의 아들 예수 그리스도는 예 하고 아니라 함이 되지 아니하셨으니 그에게는
예만 되었느니라 [20]하나님의 약속은 얼마든지 그리스도 안에서 예가 되니 그런즉
그로 말미암아 우리가 아멘 하여 하나님께 영광을 돌리게 되느니라(1:15-20).

15-16. 내가 이 확신을 가지고 … 먼저 너희에게 이르렀다가 너희를 지나 마게도냐로 갔다가 다시 마게도냐에서 너희에게 가서 너희의 도움으로 유대로 가기를 계획하였으니. 바울은 전에 자기가 고린도 교회에 가고자 한다고 말하였다가, 나중에 자신의 그러한 계획을 변경하였었다. 바울이 자기가 그렇게 한 것에 대하여 지금 여기에서 자기 자신을 변호하고 해명하여야 했다는 사실은, 이 일이 그의 대적들이 그를 거짓으로 고소하고 비방하게 된 빌미가 되었다는 것을 보여 준다. 바울이 "내가 이 확신을 가지고"라고 말하고 있는 것은, 자기는 고린도 교인들이 자기가 첫 번째 서신에서 명한 대로 할 것이라고 믿고, 그들을 신뢰하였기 때문에, 그들을 방문하고자 한 것이었지만, 그들이 결국에는 자신의 그러한 신뢰를 배신하고 배은망덕하게 행하여서, 자기가 그들에게 말한 계획대로 고린도 교회를 방문할 수 없게 된 것임을 보여 주고 있는 것인 까닭에, 자기가 약속을 지키지 못한 책임이 그들에게 있다고, 간접적으로 그들을 책망하는 것이다.

너희로 두 번 은혜를 얻게 하기 위하여. 바울이 고린도 교인들에게 첫 번째로 은혜를 끼친 것은 그들 가운데 18개월 동안을 머물면서 그들에게 복음을 전하고 가르쳐서 하나님의 백성이 되어 교회를 이루게 한 것이었고(행 18:11, "일 년 육 개월을 머물며 그들 가운데서 하나님의 말씀을 가르치니라"), 그가 두 번째로 은혜를 끼치고자 한 것은, 다시 한 번 그들을 방문해서, 그들이 자기로부터 이미 받은 믿음을 더욱 굳게 하고, 그의 거룩한 가르침과 경책들을 통해서 그들로 하여금 신앙의 진보를 이룰 수 있게 하고자 한 것이었다. 그런데 고린도 교인들은 바울이 그들에게 다시 올 수 있는 환경을 만들지 않음으로써, 그렇게 두 번째로 은혜를 얻을 수 있는 기회를 스스로 차 버렸다. 그들이 두 번째로 은혜를 얻을 수 있는 기회를 놓치게 된 것은 전적으로 그들 자신의 잘못이었기 때문에, 그 일에 대한 책임을 바울에게 묻는 것은 합당한 것이 아니었다. 어떤 사람들이 크리소스토모스(Chrysostomus)의 견해를 따라 여기에서 "은혜"로 번역된 '카린'(χαρίν)을 "기쁨"을 의미하는 '카란'(χαράν)으로 읽는다고 하여도, 나는 크게 반대할 생각은 없지

만, 나의 설명이 좀 더 간단하다.

17. 이렇게 계획할 때에 어찌 경솔히 하였으리요 혹 계획하기를 육체를 따라 계획하여 예 예 하면서 아니라 아니라 하는 일이 내게 있겠느냐. 사람들이 자신의 계획을 실행에 옮기지 못하거나 자신의 약속을 신실하게 지키지 못하는 데에는 두 가지 주된 이유가 있는데, 하나는 사람들의 마음이 시시각각으로 바뀌기 때문이고, 다른 하나는 경솔하게 계획하거나 약속을 하기 때문이다. 어떤 사람이 금방 후회하게 될 그런 계획이나 약속을 한다면, 그것은 그 사람이 변덕스럽거나 경솔하다는 것을 보여 주는 것이다. 바울은 여기에서 자기가 고린도 교회로 가려고 계획하였다가 거기에 가지 않은 것은 자기가 변덕스럽거나 경솔해서가 아니라고 말한다: "내가 전에 약속한 계획을 실행에 옮기지 않은 것은 내가 변덕스러워서가 아니다." 또한, 그는 자기가 잘못된 자만심으로 경솔하게 그런 계획을 약속하였다가, 나중에 그렇게 약속한 것을 후회하고서 그 계획을 실행에 옮기지 않은 것도 아니라고 말하는데, 이것이 그가 "육체를 따라 계획하여"라고 말하고 있는 것의 의미이다. 왜냐하면, 내가 이미 말하였듯이, 사람들은 흔히 하나님의 섭리나 뜻을 믿지도 않고, 그런 것들을 고려하지도 않은 채로, 자기가 장래에 할 일들을 경솔하고 주제넘게 결정하는데, 바울은 사람들이 그런 식으로 장래의 일을 계획하는 것을 "육체를 따라 계획하는" 것이라고 말하는 것이기 때문이다. 그런 경우에, 하나님께서는 사람들의 그러한 주제넘은 짓을 벌하시기 위하여, 그들의 계획을 수포로 돌아가게 만드셔서, 흔히 그들로 하여금 사람들의 조롱거리가 되게 만드신다. 우리는 "육체를 따라 계획한다"는 어구를 좀 더 일반적인 의미로 이해해서, 올바른 목적을 따라서가 아니라, 야심이나 탐욕, 또는 그 밖의 다른 악한 동기를 따라 세워진 온갖 악한 계획들을 포함하는 것으로 해석할 수도 있겠지만, 나는 바울이 여기에서 이 어구를 그런 일반적이고 넓은 의미로 사용하고 있는 것이 아니라, 단지 사람들이 경솔하게 계획을 세운 것임이 너무나 명백한 경우만을 염두에 두고서 이 어구를 사용하고 있는 것이라고 본다. 따라서 "육체를 따라 계획한다"는 것은, 우리가 하나님께서 우리를 다스리신다는 것을 인정하지 않고, 주제넘고 경솔하게 우리 마음대로 계획을 세우는 것을 의미하고, 우리가 그렇게 세운 계획을 하나님께서 수포로 돌아가게 하셔서, 우리로 하여금 사람들의 조롱거리가 되게 하시는 벌을 내리시는 것은 지극히 합당하다. 바울은 자기가 그런 잘못을 범하지 않았다는 것을 해명하기 위해서, 자신의 대적들이 자기를 비방하며 했던 말을 여기에 그대로

옮겨 놓는데, 내가 이미 말하였듯이, 이것은 악한 자들이 퍼트린 그에 대한 악의적인 소문이 사람들 사이에서 떠돌고 있었다는 것을 보여 주는 것일 가능성이 크다.

예 예 하면서 아니라 아니라 하는 일이 내게 있겠느냐. 어떤 이들은 이 구절이 앞에 나온 구절과 한데 묶여 있는 것으로 보고서, 이렇게 해석한다: "내가 계획한 것을 실행할 수 있는 힘이 마치 내게 있다는 듯이, 내가 육체를 따라 계획하였겠느냐." 즉, 솔로몬이 "마음의 경영은 사람에게 있어도 말의 응답은 여호와께로부터 나오느니라"(잠 16:1)고 말한 것처럼, 사람들은 자기가 입으로 한 말들을 지킬 수 없는데도, 자신의 마음에 떠오르는 대로 자신의 길을 결정하고서 행하고자 하지만, 바울은 자기가 그렇게 하지 않았다고 말하고 있는 것이다. 여기에서 "예 예 하면서 아니라 아니라 한다"는 것은, 사람이 자기가 한 번 하겠다고 말한 것은 반드시 행하고, 자기가 한 번 하지 않겠다고 말한 것은 반드시 행하지 않는다는 의미일 수 있다. 왜냐하면, 실제로 야고보도 그런 취지로, "내 형제들아 무엇보다도 맹세하지 말지니 하늘로나 땅으로나 아무 다른 것으로도 맹세하지 말고 오직 너희가 그렇다고 생각하는 것은 그렇다 하고 아니라고 생각하는 것은 아니라 하여 정죄받음을 면하라"(약 5:12)고 말하고 있기 때문이다. 이러한 해석은 그가 앞에서 한 말과 아주 잘 부합한다. 왜냐하면, 우리가 계획하거나 약속한 말들이 단 하나의 예외도 없이 마치 하나님의 말씀처럼 틀림없이 이루어질 것처럼 여기고서 계획하고 약속하는 것이 "육체를 따라 계획하는" 것이기 때문이다. 하지만 이러한 해석은 바울이 바로 이어서 다음 절에서 하고 있는 말과 부합하지 않는다. 왜냐하면, 바울은 이 절에서 사용한 것과 동일한 형태의 표현을 사용해서 다음 절에서 자기가 그들에게 전한 말들 속에는 변덕스럽거나 경솔한 것이 전혀 없었다고 단언하고 있는데, 그가 여기에서는 맞는 것은 맞다고 하고 틀린 것은 틀리다고 말한다는 의미에서, "예 예 하면서 아니라 아니라 하여야" 하는데, 그렇게 하지 않는 것은 잘못이라고 말해 놓고서는, 곧바로 다음 절에서는 자기가 그렇게 하지 않은 것을 자신의 지극히 큰 덕목이라고 말하는 것은 앞뒤가 맞지 않지 않기 때문이다. 나는 이것에 대하여 교묘한 말을 좋아하는 자들이 어떤 대답을 내놓을지를 알고 있지만, 나는 확실하지 않은 것에는 전혀 흥미가 없다. 바울이 여기에서와 다음 절에서 사용한 동일한 표현들은 서로 다른 의미로 사용된 것일 수 있지만, 나는 그가 사람들이 변덕스럽고 경솔하게 약속하고 계획하는 것을 책망함과 동시에, 자기는 자기가 할 수 없는 일들을 상습적으로 약속해 놓고서는 금방 번복해 버리는 그런 사람이 아니라는 것을 보여 주고 있는 것임을 조금도 의심하지도 않는다. 따라서 여기에서 "예"와 "아니요"를 반복하고 있는 것은 마태복음 5:37("오직 너희 말은 옳다 옳다, 아니라 아니라 하라 이에서 지나는 것은 악으로부터 나느니라")이나 야고보서 5:12("오직 너희가 그렇다고 생각하는 것은 그렇다 하고 아니라고 생각하는 것은 아니라 하여 정죄 받음을 면하라")에서와 동일한 의미를 지니지 않고, "처음에는 '예'라고 하였다가, 나중에 상황이 불리해지면 '아니요'라고 말한다"는 의미이다. 아울러, 여기에서 "예"와 "아니요"가 두 번씩 반복되고 있는 것은 필사자의 실수일 수 있다. 실제로 불가타 역본에는 "예"와 "아니요"가 두 번씩 반복되어 나오지 않는다. 하지만 내가 앞에서 말하였듯이, 바울이 여기에서 말하고자 하는 것이 무엇인지는 다음 절에 의해서 아주 분명해지기 때문에, 우리는 이 어구를 어떻게 해석해야 좋을지를 놓고서 지나치게 고심할 필요는 없다.

18. 하나님은 미쁘시니라 우리가 너희에게 한 말은 예 하고 아니라 함이 없노라. 여기에서 "말"로 번역된 단어는 가르침을 의미한다. 이것은 바울이 자기가 이 절에서 말한 것의 이유를 다음 절에서 제시하면서, 자기가 고린도 교인들에게 전한 하나님의 아들은 변하실 수 없으신 분이라고 말하고 있는 것에서 잘 드러난다. 그는 자신의 가르침이 늘 변함이 없었다는 사실을 토대로 해서, 고린도 교인들에게 자기가 얼마나 변함없고 신실하게 행하여 왔는지를 판단하라고 말함으로써, 악한 자들이 자기를 변덕스럽고 경솔한 자라고 비방하고 중상모략하고 있는 것이 얼마나 터무니없는 것인지를 보여 준다. 신실하고 믿을 만하게 가르침을 베풀었다고 해서, 반드시 그 사람의 모든 말이 다 진실하다고 할 수는 없다. 그러나 바울은 자신의 가르침의 권위가 지켜지기만 한다면, 사람들이 자기를 개인적으로 어떻게 생각하는지에 대해서는 별 관심이 없었고, 그의 주된 관심사는 고린도 교인들에게 자신의 가르침이 참되다는 것을 일깨워 주는 것이었다. 이렇게 그는 자기 자신에 대한 사람들의 평판에는 별 관심이 없었고, 오로지 자신의 가르침이 사람들로부터 존중을 받도록 하기 위하여, 자신의 사도직이 간접적으로 훼손되지 않게 하는 데 관심이 있었기 때문에, 그의 대적들은 그의 개인적인 자질을 문제삼았음에도 불구하고, 의도적으로 문제의 초점을 자기 자신의 사람됨이 아니라 자신의 가르침이 참되다는 사실로 옮겨서, 악한 자들의 비방과 중상모략을 반박하고 일축하고 있는 것으로 보인다.

바울이 자신의 가르침을 얼마나 세심하게 옹호하고 있는지를 주목하라. 그는 자신의 가르침이 얼마나 올바르고 순전한 것이었는지를 증언해 줄 증인으로 하나님을 내세우고서는, 자신의 가르침은 모호하지도 않았고, 변덕스러운 것도 아니었으며, 임기응변식의 가르침도 아니었다고 말한다. 심지어, 그는 자신의 가르침은 하나님 자신만큼이나 참된 것이었다고 맹세한다. 즉, 그는 이렇게 말한 것과 같다: "하나님께서 신실하시고 참되신 것만큼이나, 나의 가르침이 참되다는 것도 확실하고 분명하다." 이것은 전혀 놀랍거나 이상한 것이 아니다. 왜냐하면, 하나님의 말씀에 대하여 이사야 선지자는 "풀은 마르고 꽃은 시드나 우리 하나님의 말씀은 영원히 서리라"(사 40:8)고 선언하였는데, 베드로가 "오직 주의 말씀은 세세토록 있도다 하였으니 너희에게 전한 복음이 곧 이 말씀이니라"(벧전 1:25)고 말한 것처럼, 선지자들과 사도들이 전한 것은 둘 다 동일한 하나님의 말씀이었기 때문이다. 이것은 바울이 갈라디아서 1:8에서 "우리나 혹은 하늘로부터 온 천사라도 우리가 너희에게 전한 복음 외에 다른 복음을 전하면 저주를 받을지어다"라고 담대하게 선언할 수 있었던 원천이었다. 만일 바울이 자신의 가르침이 하나님으로부터 나왔고 하나님께서 인정하시는 것이 아니었다면, 어떻게 감히 하늘에 있는 천사들조차도 자신의 가르침을 변개할 수 없다고 담대하게 선언할 수 있었겠는가? 말씀의 사역자들은 자신들이 전하는 가르침은 하나님만큼이나 결코 변할 수 없다는 것을 알고 있기 때문에, 강단에 서서 그리스도의 이름으로 말씀을 전할 때, 갈라디아서에서 바울이 보여 준 것과 동일한 확신을 자신의 양심 속에 가지고 있어야 한다.

19. 우리 곧 나와 실루아노와 디모데로 말미암아 너희 가운데 전파된 하나님의 아들 예수 그리스도는 예 하고 아니라 함이 되지 아니하셨으니 그에게는 예만 되었느니라. 바울은 앞에서 자신의 가르침이 참되다고 담대하게 선언한 이유를 여기에서 설명하는데, 그것은 자기는 오직 하나님의 영원하시고 변할 수 없는 진리이신 그리스도 외에는 아무것도 전하지 않았기 때문이라는 것이다. 그는 이 절에서 "우리로 말미암아 전파된"이라는 어구를 강조한다. 그리스도는 사람들의 잘못된 생각들로 인해서 왜곡되고, 그리스도의 진리는 사람들의 속임수들에 의해서 변질되는 일은 심심치 않게 일어나지만, 바울은 자기나 자신의 동역자들은 그런 짓을 하지 않았고, 순수하고 진실한 마음으로 그리스도를 순전하고 분명하게 전하였다고 말한다. 바울이 디모데와 실루아노를 언급하면서도, 아볼로를 언급하지 않은 이유는 그리 분명하지 않지만, 아마도 디모데와 실루아노가 자기와 더불어서 악한 자들의 비방과 중상모략의 주된 공격대상이 되고 있었기 때문에, 그는 그들을 옹

호하기 위하여 특별히 그들을 언급한 것일 가능성이 높다.

먼저, 바울은 여기에서 자신의 모든 가르침이 오직 그리스도를 아는 순전한 지식으로만 이루어져 있었다는 것을 보여 준다. 왜냐하면, 실제로 복음 전체는 그리스도를 아는 지식에 다 포함되어 있기 때문이다. 따라서 그리스도가 아닌 다른 것들을 가르치는 자들은, 아무리 사람들 앞에서 자신들의 놀랍고 현란한 지혜를 과시해 보인다고 할지라도, 이미 들어가서는 안 되는 금지된 영역 속으로 들어가 버린 것이다. 왜냐하면, 그리스도는 "율법의 마침"(롬 10:4)이시고, 모든 영적인 가르침의 총화(summa)이자 완성(complementum)이시기 때문이다. 다음으로, 바울은 그리스도에 관한 자신의 가르침은 헬라 신화에 나오는 프로테우스(Proteus, 자유자재로 자신의 모습을 변화시켜 나타나는 해신)처럼 그 때 그 때 적절한 모습으로 그리스도를 사람들 앞에 제시하기는 하지만, 결코 변덕스럽거나 모호한 것이 아니라고 말한다. 어떤 자들은 단지 그리스도에 관한 지식을 자기가 얼마나 자유자재로 잘 다룰 수 있는지를 보여 주기 위한 목적으로, 마치 사람들이 공을 가지고 놀듯이, 그리스도에 관한 지식을 자기 마음대로 갖고 놀며 희롱하고, 어떤 자들은 사람들을 즐겁게 해 주고 그들의 비위를 맞추기 위해서 그리스도를 전혀 다른 모습으로 둔갑시켜서 거짓되고 왜곡된 그리스도를 사람들에게 가르치며, 어떤 자들은 오늘은 그리스도에 대하여 이렇게 가르쳤다가, 자신의 그러한 가르침이 문제가 될 것 같으면, 다음 날에는 얼른 자신의 가르침을 거두어들여 버린다. 반면에, 바울을 비롯한 참된 사도들은 사람들에게 그리스도를 그런 식으로 가르치지 않았다. 그리스도를 자신의 이해관계에 따라 여러 가지로 변질시키고 왜곡시켜서 사람들에게 가르치는 자들이 자신들을 그리스도의 사역자들이라고 주장하는 것은 거짓이다. 왜냐하면, 바울이 여기에서 그리스도의 본질적인 속성이라고 선언하고 있는 것처럼, 언제나 한결같고 변함없이 "예"가 되는 그리스도, 즉 영원토록 변함없으신 그리스도만이 유일하게 참된 그리스도이시기 때문이다.

20. 하나님의 약속은 얼마든지 그리스도 안에서 예가 되니. 바울은 여기에서 그리스도는 하나님의 모든 약속의 토대이시기 때문에, 그리스도의 가르침은 지극히 견고하고 변함이 없다는 것을 다시 한 번 강조한다. 만일 하나님의 모든 약속의 토대가 되시는 그리스도 자신이 변덕스러워서 믿을 수 없는 분이라면, 그것은 정말 어이없고 황당한 일이 될 것이다. 우리는 바울이 여기에서 하고 있는 이 말은 일반적이고 보편적인 말이라는 것을 곧 알게 되겠지만, 그럼에도 불구하고 이 말은, 지

금 그가 다루고 있는 현안, 즉 그의 가르침이 참되고 변함이 없다는 것을 확증해 주는 역할을 한다. 왜냐하면, 바울은 여기에서 단지 복음에 대해서 일반적이고 보편적으로 말하고 있는 것이 아니라, 좀 더 구체적으로 자기가 고린도 교인들에게 전한 복음이 바로 그런 것이라고 말하고 있는 것이기 때문이다. 그는 이렇게 말하고 있는 것과 같다: "영원토록 변함없고 확실한 하나님의 약속들은 그리스도를 토대로 하고 있기 때문에, 오직 그리스도 안에서만 이루어질 수 있고, 그리스도 안에서 반드시 이루어지게 되어 있는데, 나는 오직 그리스도만을 전하고 가르치는 까닭에, 내가 전하는 말씀이나 나의 가르침도 변함없고 확실할 수밖에 없다." 여기에서 바울의 유일한 의도는 자기가 그리스도의 복음에 다른 어떤 이질적인 것들을 단 하나도 첨가함이 없이 오직 조금도 변질되지 않은 순전한 복음을 사람들에게 전하였다는 것을 보여 주는 것이기 때문에, 우리는 하나님의 모든 약속들이 오직 그리스도에 토대를 두고 있고, 그리스도 안에서 반드시 이루어질 것이라는 이 일반적이고 보편적인 가르침을 명심하여야 한다. 이것은 우리 신앙의 주된 신조들 중의 하나이기 때문에, 우리는 이것을 반드시 기억해 두어야 한다.

또한, 하나님의 모든 약속들은 또 하나의 원리에 토대를 두고 있는데, 그것은 하나님 아버지께서는 오직 그리스도 안에서만 우리에 대한 자신의 모든 약속들을 이루신다는 것이다. 첫째로, 하나님의 모든 약속들은, 하나님께서 그리스도 안에서 우리를 자녀로 삼으시고서, 그렇게 자녀가 된 우리에게 아버지로서 온갖 은혜와 복을 베풀어 주실 것임을 증언해 주는 것들이기 때문이다. 그러므로 이것으로부터 자연스럽게 도출되는 결론은 하나님의 모든 약속들은 오직 그리스도 안에서만 이루어지고 성취된다는 것이다. 내가 방금 하나님의 모든 약속들은 하나님이 우리에게 은혜를 베풀어 주실 것임을 증언해 주는 것들이라고 말한 것은, 하나님께서는 악인들에게조차 자비를 베풀어 주시지만(눅 6:35, "오직 너희는 원수를 사랑하고 선대하며 아무 것도 바라지 말고 꾸어 주라 그리하면 너희 상이 클 것이요 또 지극히 높으신 이의 아들이 되리니 그는 은혜를 모르는 자와 악한 자에게도 인자하시니라"), 악인들에 대한 그러한 자비 외에 따로 약속들을 주신 이유는, 그리스도와 연합한 자들을 그리스도 안에서 자신의 자녀들로 삼고, 그들에 대하여 아버지가 되시기 위한 것이기 때문이다. 둘째로, 우리는 그리스도로 말미암아 우리에게 주어지는 죄 사함을 하나님으로부터 얻게 될 때까지는, 하나님의 약속들을 받을 수 없기 때문이다. 셋째로, 하나님의 모든 약속들 중에서 가장 중요한 것은 우리를 자신의 양자들로 삼으시는 것인데, 그리스도는 우리의 양자됨의 토대이자 근본이기 때문이다. 왜냐하면, 하나님께서는 자신의 독생자의 지체들이자 형제들인 자들에게만 아버지가 되어 주시기 때문이다. 모든 것은 이 하나의 원천으로부터 우리에게 온다. 하나님의 모든 약속들은 우리를 향하신 하나님의 사랑으로부터 나온 것이기는 하지만, 그리스도 밖에서는 우리는 하나님께 받아들여질 수 있는 존재들이기는커녕 극도의 분노하심을 일으킬 수밖에 없는 가증스러운 존재들이다. 따라서 바울이 여기에서 하나님의 모든 약속들은 그리스도 안에서 재가되고 이루어진다고 말하는 것은 전혀 이상한 것이 아니다.

그러나 한 가지 질문이 생겨나는데, 그것은 바울은 여기에서 육체로 나타나신 그리스도에 대하여 말하고 있는 것으로 보이기 때문에, 그리스도께서 오시기 전에는 하나님의 약속들은 불확실하거나 쓸모가 없는 것들이었는가 하는 것이다. 그러한 질문에 대한 나의 대답은 창세로부터 믿는 자들에게 주어진 모든 약속들은 그리스도를 토대로 하고 있었고, 따라서 그리스도 안에서 이루어질 것들이었다는 것이다. 따라서 모세와 선지자들이 하나님과의 화해나 구원에 대한 소망이나 하나님께서 베풀어 주실 온갖 은혜에 대하여 전할 때, 그것은 그리스도를 전한 것이고, 그리스도의 오심과 그의 나라를 선포한 것이다. 구약 아래에서의 모든 약속들은 믿는 자들에게 유익이 되는 한도 내에서 그들에게도 이루어졌지만, 아울러 어떤 의미에서는 그리스도께서 오실 때까지 미루어졌다고 말할 수 있다. 왜냐하면, 그리스도께서 이 땅에 육체로 오셨을 때, 그 약속들은 진정으로 이루어진 것이기 때문이다. 따라서 구약 시대에 믿는 자들은 하나님의 약속들을 믿었지만, 아울러 그 약속들이 장차 중보자의 나타나심으로 말미암아 온전히 성취될 것을 알았고, 그래서 소망 가운데서 그 때를 바라보았다. 요컨대, 우리는 그리스도의 죽으심과 부활이 가져 온 열매가 무엇이었는지를 잘 묵상해 본다면, 애초에 하나님께서 우리에게 하신 모든 약속들이 그리스도 안에서 인쳐지고 재가가 되었다는 것을 분명하게 알 수 있고, 그리스도가 없었더라면, 그 모든 약속들은 결코 이루어질 수 없었을 것이라는 것도 쉽게 알 수 있다는 것이다.

그런즉 그로 말미암아 우리가 아멘 하여 하나님께 영광을 돌리게 되느니라. 이 구절에 대한 헬라어 사본들의 읽기는 서로 차이가 있다. 어떤 사본들은 전반절과 후반절을 하나로 합쳐서 이렇게 읽는다: "하나님의 모든 약속은 그리스도로 말미암아 예가 되고, 그리스도로 말미암아 우리를 인한 하나님의 영광에 아멘이 된다."

내가 따른 또 다른 읽기는 좀 더 쉽고 분명한 의미를 보여 준다: "하나님의 모든 약속은 그리스도로 말미암아 예가 된다. 그런즉 그리스도로 말미암아 우리가 아멘 하여 하나님께 영광을 돌리게 된다"(한글개역개정의 번역과 같음 —역주). 바울은 하나님께서 자신의 모든 약속들을 그리스도 안에서 재가하셨다는 것을 앞에서 이미 말한 후에, 이제 여기에서는 계속해서 하나님의 그러한 재가를 기꺼이 받아들여 순복하는 것이 우리가 마땅히 해야 할 일이라고 우리에게 가르친다. 그리고 요한복음 3:33에서 "그의 증언을 받는 자는 하나님이 참되시다는 것을 인쳤느니라"고 말씀하고 있듯이, 우리가 확실한 믿음을 가지고서 그리스도를 믿고 의지함으로써, 하나님이 참되시다는 것을 시인하고 인칠 때, 우리는 하나님의 모든 약속에 대하여 그리스도로 말미암아 "아멘"을 하는 것이 되고, "하나님께 영광을 돌리게" 된다. 왜냐하면, 에베소서 1:11-14("모든 일을 그의 뜻의 결정대로 일하시는 이의 계획을 따라 우리가 예정을 입어 그 안에서 기업이 되었으니 이는 우리가 그리스도 안에서 전부터 바라던 그의 영광의 찬송이 되게 하려 하심이라 그 안에서 너희도 진리의 말씀 곧 너희의 구원의 복음을 듣고 그 안에서 또한 믿어 약속의 성령으로 인치심을 받았으니 이는 우리 기업의 보증이 되사 그 얻으신 것을 속량하시고 그의 영광을 찬송하게 하려 하심이라")과 로마서 3:4("그럴 수 없느니라 사람은 다 거짓되되 오직 하나님은 참되시다 할지어다 기록된 바 주께서 주의 말씀에 의롭다 함을 얻으시고 판단 받으실 때에 이기려 하심이라 함과 같으니라")에서 말씀하고 있는 것처럼, 하나님께서 하시는 모든 일의 최종적인 목적은 하나님이 영광을 받으시는 것이고, 우리가 하나님이 참되시다는 것을 시인할 때, 하나님은 영광을 받으시기 때문이다. 나는 내가 택하지 않은 읽기가 좀 더 통상적으로 받아들여지고 있는 읽기라는 것을 알고 있기는 하지만, 그러한 읽기는 다소 엉성하기 때문에, 내가 택한 읽기가 좀 더 쉽고 분명한 의미를 전달해 주고, 문맥에도 훨씬 더 잘 부합한다고 판단해서, 그러한 읽기를 택하였다. 왜냐하면, 바울은 이 구절을 통해서 고린도 교인들에게, 그들은 하나님의 순전한 진리에 대하여 가르침을 받은 자들인 까닭에, 거기에 대하여 "아멘"으로 화답하는 것이 마땅하다는 것을 일깨워 주고 있는 것이기 때문이다. 통상적인 읽기에서 벗어나기가 꺼려지는 사람들이라고 할지라도, 그들이 이 구절로부터 적어도 반드시 얻어야 할 교훈은 가르침을 받은 것과 믿는 것은 서로 일치하여야 한다는 것이다.

[21]우리를 **너희와 함께 그리스도 안에서 굳건하게 하시고 우리에게 기름을 부으신**

이는 하나님이시니 [22]그가 또한 우리에게 인치시고 보증으로 우리 마음에 성령을 주셨느니라(1:21-22).

하나님의 모든 약속들은 언제나 참되고 변함이 없어서, 하나님이 흔히 말씀하시듯이, 언제나 "예"가 된다. 그러나 우리는 어리석고 변덕스럽고 헛된 자들이기 때문에, 하나님께서 그의 말씀으로 말미암아 우리의 마음속에 확실한 증거를 주실 때에만, 하나님의 모든 약속들에 대하여 "아멘"으로 화답한다. 그래서 하나님께서는 자신의 성령을 통해서 우리에게 그런 식으로 역사하시는데, 바울이 여기에서 말하고 있는 것은 바로 그런 하나님의 역사이다. 바울은 앞에서 이미 우리를 부르시는 하나님은 참되시고 신실하시기 때문에, 하나님이 우리에게 은혜를 베푸셔서 우리를 양자로 삼겠다고 하실 때, 우리는 조금도 의심하지 말고 믿음으로 하나님의 그러한 제안을 기꺼이 받아들여 순복하는 것이 마땅하다는 것을 우리에게 말한 바 있다. 하나님께서 우리에게 약속하시고 제안하시는 모든 것들은 언제까지나 변함이 없다는 것은 놀랍거나 이상한 일이 아니지만, 우리도 마찬가지로 언제까지나 변함없는 신실한 믿음을 지닌다는 것은 우리 인간의 능력을 뛰어넘는 일이다. 그러나 바울은 하나님께서 우리의 연약함 또는 "결함"을 고쳐 주신다고 우리에게 말한다. 즉, 하나님께서는 성령을 우리에게 보내셔서, 우리의 신실하지 못함을 바로잡으시고, 끝까지 신실한 믿음을 지닐 수 있는 힘을 주심으로써, 우리로 하여금 견고하고 변함없는 믿음을 끝까지 견지하여 하나님께 영광을 돌릴 수 있게 하신다는 것이다. 바울은 여기에서 고린도 교인들의 호의를 얻고 더 큰 일체감을 만들어내기 위해서, 자기 자신과 그들을 한데 묶어서, 하나님의 그러한 역사를 설명해 나간다.

21-22. 우리를 너희와 함께 그리스도 안에서 굳건하게 하시고 우리에게 기름을 부으신 이는 하나님이시니 그가 또한 우리에게 인치시고 보증으로 우리 마음에 성령을 주셨느니라. 바울은 동일한 내용을 서로 다른 표현들을 사용해서 말한다. 즉, 그는 "굳건하게 하는" 것과 "기름을 붓는" 것과 "인치는" 것이라는 세 가지 비유들을 사용해서, 자기가 앞에서 이미 그 어떠한 언어적인 수사 없이 말했던 내용을 여기에서 다시 한 번 좀 더 분명하고 생생하게 말하고 있다는 것이다. 왜냐하면, 하나님께서 자신의 성령을 통해서 하늘에 속한 은사들을 우리에게 부어 주실 때, 그것은 하나님께서 자신의 말씀의 확실성을 우리의 마음속에 인치시키는 방식이기 때

문이다. 그런 후에, 바울은 하나님께서 "보증으로" 우리에게 성령을 주셨다고 말함으로써, 네 번째 비유를 사용해서 동일한 내용을 다시 한 번 강조한다. "보증"이라는 비유는 그가 흔히 사용해 온 것이고, 여기에 아주 적절한 것이다. 왜냐하면, 성령은 우리가 하나님의 양자가 되었다는 것을 증언해 주는 우리의 "담보"이고, 하나님의 약속들이 참되고 신실하다는 것을 확증해 주는 "인침"(σφραγίς – '스프라기스')인 것과 마찬가지로, 만일 성령이 우리에게 주어지지 않았다면, 하나님의 언약은 여전히 보류된 채로 여전히 확증되지 못한 상태로 있을 것이었지만, 성령이 우리에게 주어짐으로써, 하나님과 우리 간의 쌍방의 계약이 확정된 것이라는 점에서, 바울이 성령을 우리의 "보증"이라고 말한 것은 지극히 합당하기 때문이다.

먼저, 우리는 여기에서 바울이 하나님의 복음과 우리의 믿음 간의 관계와 관련해서 우리에게 요구하고 있는 것을 주목하여야 한다. 즉, 하나님께서 말씀하시는 모든 것은 전적으로 확실하기 때문에, 바울은 우리가 하나님의 모든 말씀에 대하여 "아멘"으로 화답하고서, 견고하고 요동하지 않는 믿음으로 그 모든 말씀을 우리의 마음속으로 받아들여야 한다고 말하고 있다는 것이다. 두 번째로 우리가 주목하여야 할 것은, 그러한 정도의 확실한 믿음은 우리 인간의 능력을 넘어서는 것이기 때문에, 하나님이 자신의 말씀을 통해 우리에게 약속하신 것들을 우리 안에서 확증하는 것은 성령의 소임이라는 것이다. 이것이 바울이 성령을 "기름을 붓는 것"과 "보증"과 "굳건하게 하는 것"과 "인치는 것"이라고 부르는 이유이다. 세 번째로 우리가 주목해야 할 것은, 오직 자신의 마음속에 성령의 증언을 갖고 있어서, 하나님께서 확실한 구원의 소망으로 부르실 때, 하나님께 "아멘"으로 화답하는 자들만이, 그리스도인들이라 불릴 자격이 있다는 것이다.

[23]**내가 내 목숨을 걸고 하나님을 불러 증언하시게 하노니 내가 다시 고린도에 가지 아니한 것은 너희를 아끼려 함이라** [24]**우리가 너희 믿음을 주관하려는 것이 아니요 오직 너희 기쁨을 돕는 자가 되려 함이니 이는 너희가 믿음에 섰음이라**(1:23-24).

23. 내가 내 목숨을 걸고 하나님을 불러 증언하시게 하노니 내가 다시 고린도에 가지 아니한 것은 너희를 아끼려 함이라. 바울은 이제 마침내 자기가 왜 자신의 계획을 변경하였는지, 그 이유를 설명하기 시작한다. 그는 지금까지는 단지 자신의

원수들의 거짓된 고소와 비방들을 반박하고 일축하기만 하였다. 하지만 이제 여기에서 그는 자기가 계획대로 그들에게 가는 것을 보류한 것은, 그들을 "아끼려" 한 것이라고 말함으로써, 자기가 그렇게 한 것에 대한 책임이 그들에게 있다는 것을 간접적으로 밝힌다. 또한, 그는 그렇게 말함으로써, 이 일이 그들의 잘못으로 인해서 벌어진 일인데도, 자기가 그 잘못을 뒤집어쓰고 고소와 비방을 당하는 곤혹스러운 일을 겪는다면, 그것은 부당한 일이 될 것이고, 그들이 모든 잘못이 그들에게 있고, 자기 자신에게 있지 않다는 것을 알면서도, 자신에 대한 부당한 고소와 비방들을 그대로 용납한다면, 그것은 더욱더 부당한 일이 될 것이며, 더 나아가 마치 자기가 이 모든 일에 대한 책임이 있다는 듯이 그들 대신에 고소와 비방을 당하고 있는데도, 그들이 자신에 대한 그러한 고소와 비방에 적극적으로 동조한다면, 그것은 최악으로 부당한 일이 될 것임을 보여 준다.

바울은 만일 자기가 원래의 계획대로 그들에게 간다면, 그는 그들을 더욱 호되게 질책하지 않을 수 없게 될 것이었던 까닭에, 그들이 제정신으로 돌아와서 스스로 자신들의 잘못들을 어느 정도 바로잡아 놓은 후에, 자기가 그들에게 간다면, 그들을 호되게 질책하거나 고린도 교회를 근본적으로 뜯어 고침으로써 그들에게 상처를 줄 필요가 없을 것이어서, 그들에게 시간을 주고 기다려 준 것이었기 때문에, 여기에서 자기가 그들을 "아껴서" 자신의 계획을 변경한 것이라고 말한 것이었다. 바울의 이러한 태도는 우리로 하여금 고린도 교인들을 아끼는 아버지로서의 인자함을 그대로 느끼게 해 준다. 왜냐하면, 고린도 교인들에게는 호되게 책망을 받을 만한 일들이 분명하게 있었음에도 불구하고, 바울이 즉시 그들을 책망한 것이 아니라, 그들의 잘못들을 지적해 주고 알게 해 준 후에, 스스로 자신들의 잘못을 고칠 수 있는 시간을 주고 오래 기다려 준 것은 그가 그들에 대하여 얼마나 큰 너그러움으로 인자하게 대하고 있는지를 잘 보여 주는 것이기 때문이다.

바울은 자기가 그들에게 가기로 한 원래의 계획을 변경한 것에 대하여 어떤 변명을 만들어 내어 지금 그들에게 말하고 있는 것이 아니라는 것을 분명히 하기 위해서, 여기에서 맹세의 형식을 사용해서 말한다. 왜냐하면, 이 문제는 그 자체로 아주 중요한 문제이기도 하였고, 바울은 자기가 거짓으로 둘러대고 있다거나, 핑계나 구실을 만들어서 강변하고 있는 것이라는 의구심을 완전히 제거하는 것이 아주 중요한 일이었기 때문이다. 우리의 맹세가 합법적이고 경건한 것이 되기 위해서는, 어떤 경우에 맹세를 하는가 및 어떤 의도로 맹세를 하는가와 관련해서 두 가지 요건이 충족되어야 한다. 첫째로, 어떤 경우에 맹세를 하는가와 관련해서는, 사소하고 별로 중요하지 않은 문제들이 아니라 진정으로 중요한 문제가 결부된 경우에만 신중하게 생각해서 맹세로써 말하는 것을 고려하여야 한다는 것이다. 둘째로, 어떤 의도로 맹세를 하는가와 관련해서는, 개인적이고 사적인 이득을 위해서가 아니라, 하나님의 영광과 형제들의 유익을 위해서 맹세하여야 한다는 것이다. 맹세의 목적은 하나님의 영광을 드러내고 의로운 일에서 우리의 이웃을 돕는 것임을 언제나 명심하여야 한다. 또한, 우리는 바울이 어떤 방식으로 맹세를 하고 있는지도 주목할 필요가 있다. 왜냐하면, 그는 먼저 하나님을 불러서 자신의 증인으로 삼고 나서, 그런 후에 "내 목숨을 걸고" 맹세한다고 말하고 있기 때문이다. 사람의 지식으로는 확실히 알 수 없어서 의심스럽거나 모호한 일들에 있어서는, 오직 하나님만이 그 진실을 증언해 주실 수 있으시기 때문에, 바울은 하나님을 불러 증인으로 내세운다. 또한, 그가 "내 목숨을 걸고"라는 어구를 덧붙인 것은 "만일 내가 거짓말을 하고 있는 것이라면, 하나님께서 내게 벌을 주시기를 바란다"고 말한 것이다. 바울은 명시적으로 그렇게 말하고 있는 것은 아니지만, 맹세라는 형식을 사용해서 말하는 경우에는, 언제나 그런 의미가 내포되어 있다. 왜냐하면, 우리가 하나님을 증인으로 내세워서 말하면서도, 진실을 말하지 않고 거짓을 말하였다면, "우리는 미쁨이 없을지라도 주는 항상 미쁘시니 자기를 부인하실 수 없으시리라"(딤후 2:13)는 말씀처럼, 하나님께서는 언제나 신실하신 분이신 까닭에, 자신의 신실하심을 보여 주시기 위하여, 하나님의 이름을 망령되게 부른 우리에 대하여 죄를 묻지 않고 그냥 넘어 가시는 일은 결코 없을 것이기 때문이다(출 20:7, "너는 네 하나님 여호와의 이름을 망령되게 부르지 말라 여호와는 그의 이름을 망령되게 부르는 자를 죄 없다 하지 아니하리라").

24. 우리가 너희 믿음을 주관하려는 것이 아니요 오직 너희 기쁨을 돕는 자가 되려 함이니. 바울은 자기가 이렇게 말한 것에 대하여, 다음과 같이 반론을 제기하는 자들이 있을 것을 예상한다: "당신은 왜 그렇게 불 같이 화를 내고 노려보며, 사람들로 하여금 두려워 떨게 만들고자 하는 것인가? 그런 것은 그리스도인 목회자의 태도로서는 합당하지 않고, 야만적인 폭군이나 하는 짓이 아닌가?" 그래서 그는 그러한 반론에 답변하기 위해서, 먼저 자기는 그런 것이 결코 아니라는 것을 간접적으로 말하고 나서, 다음으로는 자기가 그들을 그렇게 호되게 질책하는 이유는 자기가 그들에 대하여 아버지 같은 심정을 갖고 있기 때문이라고 직접적으로 말한

다. 바울은 자기는 그들의 믿음을 주관하려고 하는 것이 아니라고 말함으로써, 그런 식으로 교회를 주관하려 드는 것은 교회에 대하여 폭정을 행하고자 하는 것이기 때문에, 불의한 일이고 용납될 수 없는 일이라는 것을 보여 준다. 왜냐하면, 믿음이라는 것은 사람들이 지워 주는 멍에를 메고서 사람들의 종이 되는 것과는 거리가 멀고, 그런 것으로부터 완전히 벗어나 있는 것이기 때문이다. 우리는 지금 이런 말을 하고 있는 사람이 누구인지를 주목하여야 한다. 왜냐하면, 만일 사람들 중에서 교회나 성도를 주관할 수 있는 권세를 지니고 있는 사람이 있다면, 그 중에서 바울은 가장 유력한 인물이었을 것이기 때문이다. 따라서 이것으로부터 우리는 믿음은 오로지 하나님의 말씀에만 순종하여야 하고, 그 밖의 다른 어떤 것의 종이 되어서는 안 되기 때문에, 인간의 지배 아래 들어가서 인간의 종이 되는 것도 있을 수 없는 일이라는 결론을 얻게 된다.

에라스무스(Erasmus)는 이 구절을 주석하면서, 영적으로 주관하는 것은 오로지 하나님만이 가지고 계시는 권세라는 사실을 지적하면서, 헬라어 본문에 불변화사 '헤네카'(ἕνεκα)를 보충해 넣어서, 이 구절을 "우리가 너희의 믿음과 관련해서 너희를 주관하려는 것이 아니요"로 해석하는 것이 좋을 것이라고 말하지만, 그러한 불변화사를 보충하든 안 하든, 의미는 거의 동일하다. 목회자들은 누구를 부리는 주인들이 아니라, 하나님의 일꾼들이고 돕는 자들일 뿐이기 때문에, 목회자들에게는 사람들의 양심을 주관할 권세가 없다는 것은 언제까지나 변할 수 없는 진리이다(벧전 5:3, "맡은 자들에게 주장하는 자세를 하지 말고 양 무리의 본이 되라").

그렇다면, 바울은 자기를 비롯한 사역자들은 무엇을 하는 사람들이라고 말하고 있는 것인가? 그는 자기를 비롯한 사역자들은 "너희 기쁨을 돕는 자들"이라고 말하는데, 나는 여기에서 "기쁨"은 "행복"(felicitas)를 의미하는 것이라고 본다. 아울러, 그는 폭군들이 자신들의 잔인하고 잔혹한 폭정에 의해 사람들에게 불러일으키는 공포, 또는 에스겔 선지자가 "너희가 그 연약한 자를 강하게 아니하며 병든 자를 고치지 아니하며 상한 자를 싸매 주지 아니하며 쫓기는 자를 돌아오게 하지 아니하며 잃어버린 자를 찾지 아니하고 다만 포악으로 그것들을 다스렸도다"(겔 34:4)라고 말했듯이, 거짓 선지자들이 사람들에게 폭군처럼 행함으로써 불러일으키는 공포와 반대되는 개념으로, "기쁨"을 여기에서 사용한 것이다. 바울은 이렇게 서로 반대되는 개념들을 사용해서, 자기는 그런 폭군들이나 거짓 선지자들처럼 고린도 교인들을 제멋대로 주관하지 않았고, 어떻게 해서든지 그들 가운데서 자유로움과 평안함과 기쁨이 넘치게 하고자 애를 써 왔던 것임을 보여 준다.

이는 너희가 믿음에 섰음이라. 바울이 이 말씀을 덧붙인 이유에 대해서, 해석자들은 대체로 침묵하고 넘어 가거나 불충분하게 설명한다. 하지만 나는 여기에서도 그가 여전히 서로 반대되는 개념들을 사용해서 논증을 계속해 나가고 있는 것이라고 본다. 왜냐하면, 우리로 하여금 그 누구의 종이 되지 않고 스스로 설 수 있는 힘을 공급해 주는 것이 믿음의 본질과 열매라면, 믿음을 가졌다고 하는 우리가 사람의 종이 된다는 것은 황당하기 짝이 없는 일이기 때문이다. 즉, 여기에서 바울은 고린도 교인들은 이미 믿음에 굳게 서서 그 누구의 종이 될 수 없는 자들인데, 어떤 자들이 자기가 그들을 주관하고자 한다고 비방한다면, 그것은 말도 안 되는 것을 주장하며 자기를 비방하는 것이기 때문에, 그들의 비방은 부당한 것이 될 수밖에 없다고 말하고 있는 것이다.

제2장

[1]내가 다시는 너희에게 근심 중에 나아가지 아니하기로 스스로 결심하였노니 [2]내가 너희를 근심하게 한다면 내가 근심하게 한 자밖에 나를 기쁘게 할 자가 누구냐 (2:1-2).

1. 내가 다시는 너희에게 근심 중에 나아가지 아니하기로 스스로 결심하였노니. 이 서신의 장절을 구분한 사람이 누구였든, 그는 여기에서 장 구분을 부적절하게 하였다. 왜냐하면, 사도는 앞에서 자기가 고린도 교인들을 "아껴서", 그들에게 가기로 했던 원래의 계획을 변경한 것이라고 말한 후에, 이제 여기에서는 마침내 자기가 어떤 식으로 그들을 아꼈는지에 대하여 설명하고 있는 까닭에, 이 단락은 앞 장과 이어져 있기 때문이다. 그는 "내가 다시는 너희에게 근심 중에 나아가지 아니하기로 스스로 결심하였다"고 말하는데, 이것은 자기가 그들에게 가서 그들을 근심에 빠지게 만들지 않기로 결심하였다는 의미이다. 즉, 바울은 이미 첫 번째 서신을 통해서 그들을 호되게 책망한 바 있고, 그러한 책망으로 인해서 그들이 이미 의기소침해 있는 상태에서, 자기가 계획대로 그들에게 가게 되면, 그들의 잘못들을 일일이 지적하며 강제로 바로잡을 수밖에 없을 것이었고, 그렇게 되면 그들은 또다시 근심에 빠지게 될 것이었기 때문에, 자기는 그렇게 하지 않고, 그들이 제정신으로 돌아와서, 자신이 첫 번째 서신에서 지적했던 잘못된 것들을 스스로 바로잡을 때까지 기다리기로 마음을 먹었다는 것이다. 그는 그들이 회개하고 자신들의 잘못을 스스로 고칠 수 있도록 좀 더 시간을 주는 쪽을 택하였다. 바울은 여기에서 자기가 원래의 계획을 연기하기로 결심한 과거에 완료된 일에 대하여 설명하고 있는 것이기 때문에, '에크리나'(ἔκρινα, "결심하였다")는 과거완료로 번역되어야 한다.

2. 내가 너희를 근심하게 한다면 내가 근심하게 한 자밖에 나를 기쁘게 할 자가 누구냐. 바울은 자기가 방금 말한 것이 사실이라는 증거를 여기에서 제시하는데,

스스로 자원해서 근심하고자 하는 사람은 아무도 없다는 것이 바로 그것이다. 즉, 그는 자기는 고린도 교인들과 함께 울고 웃는 그런 관계이기 때문에, 그들이 근심한다면, 자기도 근심할 수밖에 없다는 것이다. 아니, 거기에서 한 걸음 더 나아가서, 그는 지금까지 그들이 자신의 기쁨의 원천이자 근원이었는데, 만약 그들이 근심하게 된다면, 그들은 자기에게 기쁨의 원천이 될 수 없다고 분명하게 말한다. 목회자들이 자신들이 돌보는 신자들에 대하여 이러한 심정을 지니고 있다면, 그들은 신자들을 두렵게 하거나 겁을 집어먹게 하지 않고, 도리어 인자하고 온유한 심령으로 그들을 위로하고 힘을 주고자 할 수밖에 없을 것이다. 왜냐하면, 목회자들에게 그런 심정이 없는 까닭에, 거기에서 목회자들이 신자들을 가혹하게 대하여 근심하게 만드는 일이 벌어져서, 교회가 기뻐하는 것이 마땅한데도, 그러한 기쁨을 누리지 못하게 되기 때문이다.

3내가 이같이 쓴 것은 내가 갈 때에 마땅히 나를 기쁘게 할 자로부터 도리어 근심을
얻을까 염려함이요 또 너희 모두에 대한 나의 기쁨이 너희 모두의 기쁨인 줄 확신
함이로라 4내가 마음에 큰 눌림과 걱정이 있어 많은 눈물로 너희에게 썼노니 이는
너희로 근심하게 하려 한 것이 아니요 오직 내가 너희를 향하여 넘치는 사랑이 있
음을 너희로 알게 하려 함이라 5근심하게 한 자가 있었을지라도 나를 근심하게 한
것이 아니요 어느 정도 너희 모두를 근심하게 한 것이니 어느 정도라 함은 내가 너
무 지나치게 말하지 아니하려 함이라(2:3-5).

3. 내가 이같이 쓴 것은 내가 갈 때에 마땅히 나를 기쁘게 할 자로부터 도리어 근심을 얻을까 염려함이요 또 너희 모두에 대한 나의 기쁨이 너희 모두의 기쁨인 줄 확신함이로라. 바울은 방금 앞에서 자기가 원래의 계획대로 그들에게 가지 않고 연기한 것은, 그들을 또다시 "근심하게 하지" 않기 위해서라고 설명한 바 있는데, 이제 여기에서는 자기는 이미 첫 번째 서신을 통해서 그들을 질책하여 근심하게 하였는데, 여전히 고린도 교회가 자신들의 잘못을 고치고 있지 않은 상황에서, 자신이 또다시 그들에게 가게 되면, 이번에는 그들을 정말 본격적으로 호되게 질책할 수밖에 없게 될 것이고, 그러면 그들이 또다시 근심하게 될 수밖에 없을 것이었기 때문이라고 말한다. 바울은 고린도 교인들이 잘되게 하기 위해서, 그들의 잘못들을 지적하며 책망한 것이었기 때문에, 그들은 그가 첫 번째 서신을 통해서 그들

을 근심하게 한 것에 대하여 불평할 이유가 전혀 없었다. 아니, 거기에서 한 걸음 더 나아가서, 그는 자기가 그들에게 첫 번째 서신을 써서 그들을 책망한 것은 그들을 괴롭게 하거나 그들에 대한 자신의 분노를 보여 주기 위한 것이 아니라, 그들에 대한 자신의 사랑과 관심이 어떠한지를 보여 주는 증거였다고 말한다. 이런 식으로 그는 고린도 교인들이 자신의 첫 번째 서신을 읽고서, 너무 심한 것이 아니냐고 불만을 가질 이유가 없다는 것을 보여 주고, 자기가 그렇게 한 것은 전적으로 그들을 사랑하고 아껴서 그런 것임을 분명하게 밝힌다. 그러나 바울은 여기에서는 자기가 첫 번째 서신을 통해서 그들에게 너무 심하고 가혹하게 하였다는 것을 부인하면서도, 나중에는 자기가 그들을 사랑하고 아껴서 그들에게 가혹하게 한 것이라고 말하고 있는 것은 앞뒤가 맞지 않는 것처럼 보일 수 있다. 거기에 대한 나의 대답은, 바울은 고린도 교인들을 근심하게 하는 것이 자신의 궁극적인 목적이 아니었다는 것을 말하고 있다는 점에서, 이 둘 간에는 모순되는 것이 전혀 없다는 것이다. 즉, 바울은 단지 고린도 교인들로 하여금 참된 기쁨을 회복하도록 하기 위한 수단으로서, 그들을 가혹하게 대한 것이기 때문에, 실제로 그들을 가혹하게 대한 것이 아니라는 것이다. 따라서 바울은 여기에서는 자신의 궁극적인 목적은 그들을 사랑하고 아끼고자 한 것이기 때문에, 자기가 그들을 가혹하게 대하는 것을 자신의 궁극적인 목적으로 삼지 않았었다는 것만을 밝히고 있는 것일 뿐이고, 그들을 사랑하고 아껴서 정신차리게 하기 위하여 사용한 수단이 그들을 가혹하게 대하는 것이었다는 것은 나중에 가서야 밝힌 것이다.

바울은 여기에서 고린도 교인들과 관련한 자신의 기쁨이 또한 그들 모두의 기쁨이 될 줄을 "확신한다"고 말함으로써, 자기가 그들을 신뢰하고 믿고 있다는 것을 분명하게 밝히고, 자기가 그들에게 한 모든 일들이 그들을 사랑하고 아껴서 한 일이라는 것을 그들에게 확신시켜 주고자 한다. 왜냐하면, 미움이나 증오는 악의를 낳지만, 함께 기쁨을 나누고자 하는 것은 온전한 사랑이 있음을 보여 주는 것이기 때문이다. 하지만 바울은 이렇게 고린도 교인들에 대하여 온전한 사랑을 지니고 있었기 때문에, 그들이 부끄럽게도 그들에 대한 바울의 신뢰와 기대에 부응하지 않는 경우에는, 그 온전한 사랑은 큰 실망감으로 표현될 수밖에 없었다.

4. 내가 마음에 큰 눌림과 걱정이 있어 많은 눈물로 너희에게 썼노니 이는 너희로 근심하게 하려 한 것이 아니요 오직 내가 너희를 향하여 넘치는 사랑이 있음을 너희로 알게 하려 함이라. 바울은 여기에서 첫 번째 서신을 통해서 자기가 그들을

가혹하게 대한 것처럼 보이지만, 사실은 그렇지 않았다는 것을 보여 주는 두 번째 증거를 제시한다. 정말 잔인한 자들은 다른 사람들의 잘못을 추궁하여, 그들이 근심하고 괴로워하는 것을 보면, 미소를 짓고 기뻐하지만, 바울은 자기는 절대로 그런 것이 아니라고 분명하게 밝힌다. 그는 이렇게 말한다: "나는 첫 번째 서신에서 너희의 잘못 하나하나를 지적하며 책망할 때마다, 내 마음속에서 극심한 고통과 괴로움을 겪었다." 바울이 고린도 교인들을 호되게 책망함으로써 자신이 겪은 고통과 괴로움은 자기 자신 때문이 아니라 그들로 인해서 생겨난 것이었고, 이렇게 그들만이 아니라 자신도 근심하고 괴로워할 줄을 뻔히 알면서도, 그들을 그렇게 책망한 것은 자신이 잘되게 하기 위한 것이 아니라, 그들로 하여금 잘되게 하기 위한 것이었는데, 만일 그에게 그들에 대한 사랑이 없었다면, 그가 굳이 이렇게 스스로 극심한 고통과 괴로움을 느끼면서까지 그들을 책망하여 바로잡고자 할 필요가 어디 있었겠는가? 고린도 교인들이 그들에 대한 바울의 책망에 대하여 심기가 불편해하거나 불만을 품지 않아야 하는 이유가 거기에 있다.

바울은 자기가 고린도 교인들에게 보낸 자신의 첫 번째 서신을 "많은 눈물로 썼다"고 말하는데, 이 용감하고 담대한 사람이 그렇게 하고 있는 것은 그가 그 서신을 쓸 때에 얼마나 큰 고통과 괴로움을 느꼈는지를 잘 보여 준다. 이것으로부터 우리는 경건하고 거룩한 책망과 경책은 어떤 심정으로 행해져야 하는 것인지를 알게 된다. 왜냐하면, 많은 사람들은 목청을 높여서 다른 사람들의 잘못을 호되게 꾸짖을 때, 그들의 마음속에서는 아무런 괴로움도 느끼지 못하는 까닭에, 그런 자들은 목청을 높여서 남들을 꾸짖는 것을 즐기는 것 같이 보이기 때문이다. 하지만 경건한 목회자는 다른 사람들을 호되게 꾸짖기 전에 이미 자신의 마음속에서 울고, 다른 사람들에게 화를 내기 전에 이미 자신의 마음속에서 은밀하게 괴로움을 느끼며, 다른 사람들을 근심하게 하는 것보다 더 큰 근심을 이미 자기 자신 속에서 하게 된다. 우리는 바울이 고린도 교인들에게 첫 번째 서신을 쓰면서 흘린 "많은 눈물"을 통해서, 그의 마음의 온유함(mollities)이 어느 정도였는지를 알 수 있는데, 그의 그러한 온유함은 스토 학파의 철학자들의 강철 같은 단단함보다 더 위대한 것이었다. 왜냐하면, 사랑에서 나온 온유함이 깊으면 깊을수록, 그것은 더욱더 칭찬받아 마땅하기 때문이다.

여기에서 "더 풍성하게"(한글개역개정에는 "넘치는")로 번역된 부사는 비교의 의미를 지닌 것으로 해석될 수 있다. 따라서 이 부사 속에는 고린도 교인들이 그들에 대한 바울의 사랑을 몰라주고 배은망덕하게 행하고 있는 것에 대한 하소연이 내포되어 있다고 할 수 있다. 하지만 나는 이 부사를 좀 더 단순하게 이해해서, 바울이 고린도 교인들이 자신의 첫 번째 서신에서 느꼈을 가혹함을 완화시키기 위하여, 자기가 그들을 얼마나 사랑하고 있는지를 강조하기 위해서 이 부사를 덧붙인 것이라고 본다.

5. 근심하게 한 자가 있었을지라도 나를 근심하게 한 것이 아니요 어느 정도 너희 모두를 근심하게 한 것이니 어느 정도라 함은 내가 너무 지나치게 말하지 아니하려 함이라. 바울은 고린도 교인들이 자신의 첫 번째 서신으로 말미암아 느꼈을 좋지 않은 감정을 완화시키기 위하여, 여기에서는 자기가 그렇게 한 것에 대한 세 번째 해명을 제시하는데, 그것은 그들만이 아니라 자기도 그들과 함께 근심하였다는 것과 자기와 그들을 근심하게 한 장본인은 따로 있다는 것이다. 그는 이렇게 말한다: "우리는 너희나 나나 다같이 근심하였지만, 거기에 대하여 책임이 있는 사람은 따로 있다." 아울러, 그는 바로 그 장본인에 대해서 말할 때에도, 이 모든 일에 대하여 책임이 있는 장본인이 있다고 단정적으로 말하지 않고, "근심하게 한 자가 있었을지라도"라고 어느 정도 여지를 남겨 두는 방식으로 말한다. 하지만 어떤 이들은 이 구절을 다른 식으로 이해해서, 바울이 다음과 같이 말한 것이라고 주장한다: "나로 하여금 근심하게 한 자는 너희 모두를 근심하게 한 것이다. 왜냐하면, 내가 근심하게 되었을 때, 너희는 나와 더불어서 근심했어야 마땅하기 때문이다. 하지만 나는 나 혼자만이 근심해 왔다. 왜냐하면, 나는 너희 모두에게 책임이 있다고 아주 단호하게 말하기를 원하지 않기 때문이다." 이러한 해석을 따르면, 바울은 자기가 이 절의 전반부에서 한 말을 후반부에서 수정하고 있는 것이 된다.

그러나 크리소스토모스(Chrysostomos)의 해석이 훨씬 더 적절하다. 그는 이 절을 다음과 같이 하나의 연속된 문장으로 읽는다: "그는 단지 나만을 근심하게 해 온 것이 아니라 너희 중 거의 모두를 근심하게 해 왔는데, 내가 '부분적으로'라고 말하는 것은 그에게 너무 가혹하게 하지 않기 위한 것이다." 나는 그의 해석에 동의하지만, 그가 "부분적으로"라고 해석하는 것을 나는 "어느 정도"라고 해석하는 것만이 서로 다를 뿐이다. 암브로시우스(Ambrosius)는 여기에서 "부분적으로"는 고린도 교인들 중 일부를 가리키는 것으로 이해하지만, 그러한 해석은 단지 독창적인 것일 뿐이고, 근거 있는 확실한 것은 아니다.

[6]이러한 사람은 많은 사람에게서 벌 받는 것이 마땅하도다 [7]그런즉 너희는 차라리
그를 용서하고 위로할 것이니 그가 너무 많은 근심에 잠길까 두려워하노라 [8]그러므
로 너희를 권하노니 사랑을 그들에게 나타내라 [9]너희가 범사에 순종하는지 그 증거
를 알고자 하여 내가 이것을 너희에게 썼노라 [10]너희가 무슨 일에든지 누구를 용서
하면 나도 그리하고 내가 만일 용서한 일이 있으면 용서한 그것은 너희를 위하여
그리스도 앞에서 한 것이니 [11]이는 우리로 사탄에게 속지 않게 하려 함이라 우리는
그 계책을 알지 못하는 바가 아니로라(2:6-11).

6. 이러한 사람은 많은 사람에게서 벌 받는 것이 마땅하도다. 바울은 이제 고린도 교인들 중에서 좀 더 큰 죄악을 저질렀던 사람에게까지 자신의 관용과 자비를 확대한다. 앞서 그는 자신의 첫 번째 서신에서 그들이 그 사람이 저지른 죄악을 눈감아 주고 용납한 것으로 인해서, 그들을 호되게 책망하였었다. 이제 그가 큰 벌을 받는 것이 마땅하였던 사람을 기꺼이 용서하고자 하고 있다는 사실은, 그가 지나치게 엄하고 가혹하게 그들을 대하는 것을 얼마나 꺼리고 싫어하는지를 그들에게 분명하게 보여 준 것이다. 그가 이렇게 하는 것은 단지 고린도 교인들을 위해서만이 아니라, 그가 본성적으로 남들을 너그럽게 용서하는 관용하는 마음을 지니고 있었기 때문이었다. 이렇게 그가 자신의 관용과 자비와 온유함을 구체적으로 보여 주고 있기 때문에, 고린도 교인들은 그의 관용과 인자함을 인정할 수밖에 없었다. 아울러, 그는 단지 자신의 관용과 자비를 보여 주는 데서 그치지 않고, 더 나아가 그들로 하여금 자기와 동일한 관용과 자비를 베풀어서 그 사람을 용서하고 다시 받아들이라고 권면한다.

하지만 우리는 이 문제를 좀 더 자세하게 살펴볼 필요가 있다. 왜냐하면, 바울이 여기에서 말하고 있는 그 사람은 자신의 계모와 결혼하여 근친상간의 죄를 범함으로써 자기 자신을 더럽힌 자였기 때문이다. 그것은 용납될 수 없는 범죄였기 때문에, 바울은 자신의 첫 번째 서신에서 그 사람을 출교시키라고 고린도 교인들에게 명하였었다. 또한, 그는 그들이 그런 죄악을 오랫동안 은폐하고 그들 가운데서 용납함으로써 비호하고 조장한 것으로 인해서 그들을 호되게 질책하였었다. 하지만 바울이 이 절에서 하고 있는 말은, 그 사람이 교회의 책망과 경고를 받고서 이미 회개하였기 때문에, 그가 지금 그들에게 그 사람을 용서하고 위로하여 낙심하지 않게 하라고 명하고 있는 것임을 보여 준다. 이 절은 교회의 권징은 공평(aequitas)과

관용(clemens)에 의거해서 행하여지면서도, 부당하고 지나치게 가혹한 것이 되지 않아야 한다는 것을 우리에게 보여 준다는 점에서, 우리는 이 절에서 바울이 말하고 있는 것을 특별히 유념하여야 한다. 교회 안에서 악한 죄악을 저지른 자들을 벌하지 않으면, 그것은 계속해서 죄를 짓도록 부추기는 것이 되어서, 그들은 더욱 담대하게 죄를 짓게 되기 때문에, 그렇게 되도록 하지 않기 위해서는 엄하게 벌하는 것이 요구된다. 그러나 다른 한편으로, 교회의 징계를 받은 사람은 절망에 빠지게 될 위험이 있기 때문에, 그 사람이 진심으로 회개하였다는 것이 확인되자마자, 그 즉시 교회는 그 사람을 용서하고 너그럽게 다시 받아들여 주어야 한다. 내가 보기에는, 초기 교회의 감독들은 이 문제에 있어서 지혜가 부족하여서, 죄악을 저지른 자들에 대해서는 가차 없이 징벌을 가하고, 관용과 자비를 베풀지 않았다. 우리는 그들의 잘못을 타산지석으로 삼아서, 그렇게 하지 않아야 한다는 교훈을 배울 수 있어야 한다. 여기에서 바울은 어떤 죄인이 회개한다면, 그것으로 충분하기 때문에, 교회는 그 사람을 다시 받아 주어야 한다고 말하고 있는데도, 초기 교회의 감독들은 죄인이 회개하였는지의 여부에 대해서는 아랑곳하지 않고, 삼년이나 칠년, 또는 평생에 걸친 보속 기간을 죄인에게 명하여야 한다는 교회법을 제정함으로써, 저 가련한 자들을 교회의 교제로부터 배제시켜 버렸다. 교회가 죄를 범한 자들을 그런 식으로 처리하면, 죄인들은 교회로부터 더욱더 멀어지게 되거나, 자신의 죄가 발각되지 않도록 더욱더 위선적으로 행하게 되기 쉽다. 따라서 사람들이 죄를 범한 자들에 대한 권징을 그런 식으로 하는 것이 더 합당한 것으로 여긴다고 할지라도, 그런 식의 권징은 사도가 여기에서 제시하고 있는 것, 즉 성령이 명하고 있는 것에 어긋나는 방법이기 때문에, 나는 거기에 동의할 수 없다.

7. 그런즉 너희는 차라리 그를 용서하고 위로할 것이니 그가 너무 많은 근심에 잠길까 두려워하노라. 죄를 범한 자를 출교시키는 목적은, 그 사람으로 하여금 자신의 죄를 깨닫고서 하나님과 교회 앞에서 낮아져서, 진정으로 회개하고 자기 죄를 자복하고서 용서를 구하게 하기 위한 것이다. 그러므로 그렇게 진정으로 회개한 사람은 책망이 아니라 위로를 필요로 하기 때문에, 교회가 그 사람을 계속해서 책망하며 가혹하게 대하는 것은 참된 권징이 아니라 잔인한 학대이다. 따라서 우리는 권징이 그러한 한계를 넘어서지 않도록 극히 조심하여야 한다. 사탄이 죄를 범한 자에게 역사하여서 절망하게 만들 기회를 우리가 마련해 주는 것보다 더 위험한 일은 없는데, 진심으로 자신의 죄를 회개한 자를 위로하지 않는 것은 그 사람

을 사탄의 손에 넘겨 주는 것이다.

9. 너희가 범사에 순종하는지 그 증거를 알고자 하여 내가 이것을 너희에게 썼노라. 어떤 사람들은 바울의 그러한 말을 듣고서, 다음과 같은 반론을 제기할 수 있었을 것이다: "당신이 그런 식으로 그 사람을 금방 용서하고 받아주며 위로해 줄 것이었다면, 도대체 당신이 우리가 그 사람에 대하여 그 어떤 조치도 취하지 않았다는 이유로 우리에 대해서 그토록 화를 낼 필요가 없지 않았겠는가? 당신이 그 사람에 대하여 그토록 준엄한 심판관의 모습을 보이다가, 갑자기 이제 와서 이렇게 그 사람을 옹호하고 감싸는 것은, 당신이 이랬다저랬다 하는 변덕스러운 사람이라는 것을 보여 주는 것이 아니겠는가?" 그래서 바울은 사람들이 그러한 반론을 제기하며, 자기를 비난하고 공격할 수 있다는 것을 미리 예상하고서, 그러한 반론으로 인해서 사도로서의 자신의 권위가 훼손되지 않도록 하기 위하여, 여기에서 거기에 대하여 답변하는데, 그의 대답은 자기는 이미 자기가 그 사람이 저지른 죄와 관련해서 고린도 교인들을 책망한 목적을 이미 달성하였기 때문에, 그들에 대한 분노를 관용과 자비로 바꾼 것이라는 것이다. 즉, 그들이 영적으로 나태하여서, 그 사람의 죄를 묵인하고 용납한 것을 스스로 바로잡아서, 그 사람에 대하여 조치를 취한 데다가, 그 사람은 자신의 죄를 자복하고 회개하였기 때문에, 그들이 낙심하고 의기소침해 있는 그 사람에게 관용과 자비를 베풀어서, 다시 그 사람을 받아 주지 않을 이유가 없다는 것이다.

10. 너희가 무슨 일에든지 누구를 용서하면 나도 그리하고 내가 만일 용서한 일이 있으면 용서한 그것은 너희를 위하여 그리스도 앞에서 한 것이니. 바울은 고린도 교인들의 불편한 심기를 좀 더 완화시키기 위해서, 그들이 그 사람을 용서한다면, 자기도 기꺼이 그들의 결정을 따르겠다고 말한다. 그는 이렇게 말한 것과 같다: "그 사람을 용서하는 것을 주저하지 말라. 나는 너희가 무엇을 하든지, 너희의 결정을 그대로 따르기로 약속한다. 그리고 나는 너희가 그 사람을 용서한다면, 너희의 그러한 결정을 따르겠다는 것을 지금 분명히 밝혀 둔다." 그런 후에, 바울은 자기가 그렇게 하는 것은 진심으로 그들을 위한 것이라고 말한다. 그는 그 사람이 잘되기만을 진심으로 바라고 있다는 것을 이미 증명한 바 있는데, 이제 여기에서는 자기가 고린도 교인들이 잘되기만을 진심으로 바라고 있다는 것을 분명하게 밝힌다. 어떤 이들은 바울의 화해 사역은 그리스도를 대표하고 대신하여 행하는 사역이기 때문에, 여기에서 "그리스도 앞에서"를 "그리스도를 대신하여"로 읽어야 한

다고 주장한다. 그러나 나는 바울이 이 어구를 통해서, 단지 자기가 그 사람을 용서한 것은 한 치의 거짓도 없이 진실한 것이라는 것을 선언하고 있는 것일 가능성이 더 높다고 생각한다. 왜냐하면, 그는 거짓이 없고 순수하며 정직하다는 것을 나타내는 데 이 어구를 사용하곤 하기 때문이다. 어떤 사람들이 전자의 해석을 더 선호하더라도, 그들은 우리 속에서 인자와 자비를 베풀고자 하는 마음을 생겨나게 하는 것으로는 "그리스도"만한 것이 없기 때문에, 바울은 여기에서 "그리스도"를 언급하고 있는 것임을 유념하여야 한다.

11. 이는 우리로 사탄에게 속지 않게 하려 함이라. 이것은 바울이 방금 전에 말한 것, 즉 그 사람이 "너무 많은 근심에 잠기게" 하는 것을 가리키는 것으로 해석될 수 있다. 왜냐하면, 사탄의 가장 악독한 술수들 중의 하나는, 우리에게서 모든 위로를 다 빼앗아 버려서, 완전한 절망의 심연 속에 우리를 던져 넣어 익사시키는 것이기 때문이다. 이것이 크리소스토모스(Chrysostomus)가 이 구절을 해석하는 방식이다. 하지만 나는 이 구절은 바울 및 고린도 교인들과 관련된 것이라고 본다. 사탄은 바울과 고린도 교인들을 두 가지 위험 속으로 몰아가고 있었는데, 지나치게 엄격하고 가혹하게 그 사람을 대하게 되는 것이 첫 번째 위험이었고, 그들 가운데서 서로 의견이 갈려서 교회에 분란이 일어나게 되는 것이 두 번째 위험이었다. 왜냐하면, 죄를 지은 사람을 바로잡고자 하는 열심에서 바리새인들처럼 혹독하게 아주 엄하게 다루어서, 그 죄인을 고치기는커녕 도리어 절망에 빠지게 만드는 일이 흔히 일어나기 때문이다. 그러나 나는 바울은 여기에서 두 번째 위험에 더 관심을 쏟고 있다고 본다. 왜냐하면, 만일 자기가 조금 양보해서, 고린도 교인들이 원하는 것을 어느 정도 들어주지 않는다면, 사탄은 그들을 들쑤셔서 그들 가운데서 분쟁이 일어나게 함으로써, 자신의 입지를 더욱 강화할 것이 분명하였기 때문이다.

우리는 그 계책을 알지 못하는 바가 아니로라. 바울은 이렇게 말한다: "하나님께서 우리에게 경고해 주신 대로, 우리는 사탄이 사용하는 교묘한 술수를 이미 알고 있는데, 그것은 공개적인 수단을 통해서 우리를 멸망시킬 수 없을 때에는, 일단 우리를 방심시켜 놓은 후에 은밀한 공격을 통해서 우리를 기습적으로 공격하는 것이다. 따라서 우리는 사탄이 간접적인 술수들과 음흉하고 은밀하고 계략들을 사용해서 우리를 공격해 온다는 것을 알고 있기 때문에, 사탄이 어느 쪽에서 우리에게 해악을 가해오지 못하도록, 미리 철저하게 대비하고 조심하여야 한다." 바울은 여기에서 사용한 "계책"이라는 단어는 히브리어에서 '짐마'에 해당하는 것으로서,

나쁜 의미로 사용되는 경우에는, 믿는 자들이 하나님의 성령의 인도하심을 받을 때에만 알 수 있고, 그렇지 않을 때에는 알 수 없는 교묘한 궤계들과 술책들을 가리킨다. 요컨대, 하나님께서는 사탄은 우리를 속이기 위해서 온갖 수단과 방법을 다 사용한다는 것을 우리에게 경고하셨고, 게다가 사탄이 어떤 방법들을 사용해서 실제로 우리를 속이고자 하는지를 보여 주셨기 때문에, 사탄이 침투할 조금의 틈새도 주지 않기 위해서, 우리는 정신을 바짝 차리고 깨어 있어야 한다는 것이다.

12내가 그리스도의 복음을 위하여 드로아에 이르매 주 안에서 문이 내게 열렸으되
13내가 내 형제 디도를 만나지 못하므로 내 심령이 편하지 못하여 그들을 작별하고
마게도냐로 갔노라 14항상 우리를 그리스도 안에서 이기게 하시고 우리로 말미암아
각처에서 그리스도를 아는 냄새를 나타내시는 하나님께 감사하노라 15우리는 구원
받는 자들에게나 망하는 자들에게나 하나님 앞에서 그리스도의 향기니 16이 사람에
게는 사망으로부터 사망에 이르는 냄새요 저 사람에게는 생명으로부터 생명에 이
르는 냄새라 누가 이 일을 감당하리요 17우리는 수많은 사람들처럼 하나님의 말씀
을 혼잡하게 하지 아니하고 곧 순전함으로 하나님께 받은 것 같이 하나님 앞에서
와 그리스도 안에서 말하노라(2:12-17).

12-13. 내가 그리스도의 복음을 위하여 드로아에 이르매 주 안에서 내게 문이 열렸으되 내가 내 형제 디도를 만나지 못하므로 내 심령이 편하지 못하여 그들을 작별하고 마게도냐로 갔노라. 바울은 이제 자기가 그동안에 어떤 곳들에 있었고, 거기에서 무슨 일들을 행해 왔으며, 어느 경로를 통해서 여행을 해 왔는지를 구체적으로 언급함으로써, 자기가 이미 앞에서 말한 대로, 자신이 고린도 교인들에게 가고자 한 계획을 연기한 것이 자신의 사정 때문이 아니라 그들을 아끼는 마음 때문이었다는 것을 한층 더 강력하게 확증한다. 그는 자기가 "그리스도의 복음을 위하여" 에베소를 떠나서 드로아로 왔었다고 말한다. 왜냐하면, 만일 그가 아가야 지방에 있는 고린도 교회로 가려고, 마게도냐를 지나가고자 한 것이 아니었다면, 그는 굳이 드로아로 가는 길을 택하지 않았을 것이기 때문이다. 하지만 그는 자기가 앞서 고린도 교회로 보냈던 디도를 거기에서 만나서, 고린도 교회의 근황과 상태에 대하여 듣기로 되어 있었는데, 그 일이 틀어져서 드로아에서 디도를 만나지 못하는 바람에, 거기에서 복음을 전하고 가르칠 좋은 기회가 자기에게 주어졌음에도

불구하고, 만사를 다 제쳐두고서, 디도를 만나려고 마게도냐로 갔다고 말한다. 그가 이렇게 고린도 교인들에 관한 소식을 듣기 전에는, 어디에 있든지, 그의 "심령이 편하지 못하여," 드로아에서 복음을 전하고 가르칠 수 있는 좋은 기회가 주어졌는데, 그것을 마다하고, 어떻게 해서든지 먼저 디도를 만나 고린도 교회에 관한 소식을 듣고자 하였다는 것은, 그가 고린도 교인들에 대하여 아주 각별한 애정을 지니고 있었음을 보여 주는 분명한 증거였다. 이것은 그가 왜 고린도 교회로 가기로 했던 자신의 원래의 계획을 연기했던 것인지, 그 이유를 분명하게 보여 주는데, 그것은 그가 디도를 만나서 고린도 교회의 사정을 듣기 전에는, 고린도 교회로 가고자 하지 않았기 때문이었다. 그런 후에, 바울은 디도를 만났고, 디도의 말을 듣고 나서, 자기가 고린도 교회로 갈 때가 아직 되지 않았다는 것을 깨달았다. 따라서 이것은 바울이 고린도 교회로 가겠다고 한 자신의 약속을 잊어버린 것도 아니었고, 경솔하고 무분별하게 먼저 일단 약속을 했다가 나중에 마음이 변해서 그 계획을 취소한 것도 아니었으며, 단지 디도에게서 고린도 교회의 상태를 들어 본 결과, 자기가 지금까지 고린도 교회로 가기 위하여 자신의 여정을 계획하고 이미 먼 길을 왔을지라도, 그들을 위하여 그 계획을 연기하는 것이 그들에게 더 좋고 유익이 되는 일이라고 판단해서, 자신의 계획을 수정한 것이었음을 분명하게 보여 준다.

주 안에서 문이 내게 열렸으되. 나는 고린도전서의 마지막 장을 주석할 때에 이미 이 비유를 다룬 바 있는데, 이 비유는 복음을 전해서 사람들을 회심시킬 기회가 생겼다는 것을 의미한다. 문이 열리면, 들어갈 수 있는 것과 마찬가지로, 기회가 주어지면, 주의 종들은 그 기회를 이용해서 복음을 전하여 사람들을 얻을 수 있다. 반면에, 문이 닫혔다는 것은 복음을 전하여 사람들을 얻을 수 있는 가망성이 없다는 뜻이다. 문이 닫혀 있을 때에는, 그 문으로 들어가려고 무진 애를 쓰다가 결국 쓸데없이 힘만 다 소진되고 목적을 이루지 못하는 것보다는, 새로운 문을 찾아서 들어가는 것이 합당하듯이, 하나님께서 사람들에게 복음을 전하고 그리스도를 전파해서 사람들을 얻을 수 있도록 어느 지역의 문을 열어 놓으셨다는 것을 알았을 때에는, 우리는 조금도 주저없이 하나님의 그러한 자비로우신 부르심을 거절하지 말고, 그 열린 문으로 들어가 복음을 전하는 것이 마땅하다. 그런데 여기에서 바울은 드로아에서 자기에게 복음을 전할 수 있는 기회가 주어졌는데도 불구하고, 그 기회를 무시해 버리거나 적어도 활용하지 않고, 마게도냐로 갔다고 말하고 있기 때문에, 우리는 그가 이 일에 있어서 잘못을 저지른 것이 아니냐고 반문할 수 있다:

"그가 드로아에서 복음 전도의 일을 시작하였다가 중도에 갑자기 그만두고서, 자기가 착수한 일을 다 완수하지도 않은 채로, 마게도냐로 가 버린 것은 분명한 잘못이 아닌가?" 그러한 반문에 대한 나의 대답은, 바울은 오직 하나의 교회만 돌보고 있었던 것이 아니라, 많은 교회들을 돌보아야 하였기 때문에, 드로아에서 복음을 전하여 교회를 세울 기회가 생겼다고 하더라도, 거기에 매달려서, 다른 교회들을 돌보는 일을 소홀히 하는 것은 합당한 일이 될 수 없었다는 것이다. 또한, 그와 고린도 교회의 관계는 아주 친밀하고 가까운 것이었기 때문에, 그는 고린도 교회를 돕는 일에는 특히 만전을 기하여 한 치의 소홀함도 없었다는 점도 우리는 고려하여야 한다. 왜냐하면, 바울이 사도로서의 자신의 사역을 통해서 세운 교회를 특별히 사랑하고 아꼈던 것은 분명히 합당한 일이었기 때문이다. 마찬가지로, 우리 시대에도 온 교회를 섬기고 모든 성도들을 돌보는 것이 신자들의 도리이고 의무라는 것은 사실이지만, 그럼에도 불구하고 각각의 신자는 구체적으로 자기가 섬기는 개 교회와 좀 더 강력하고 거룩한 유대로 묶여져 있기 때문에, 그 교회에 특별히 더 헌신하는 것이 마땅하다. 당시에 고린도 교회의 상황은 아주 나쁘게 돌아가고 있었기 때문에, 바울은 평소보다 더 예민하게 고린도 교회의 상황과 그 귀추에 신경을 쓰고 염려를 하지 않을 수 없었다. 이렇게 바울은 고린도 교회의 상황이 심상치 않은 것을 느끼고서, 속히 디도를 만나서 얘기를 들어 보아야 하겠다는 생각이 절실해서, 여느 때 같으면 절대로 소홀히 하지 않고 놓치지 않았을 기회가 드로아에서 주어졌는데도, 그가 그 기회를 활용하지 않고, 디도를 만나기 위하여 마게도냐로 간 것이기 때문에, 그가 그런 식으로 행동한 것은 전혀 이상한 일이 아니다. 왜냐하면, 그는 자기가 해야 할 여러 가지 일들을 동시에 다 할 수는 없었기 때문이다. 하지만 그는 무책임하게 막무가내로 갑자기 그 기회를 차 버리고 마게도냐로 간 것이 아니라, 드로아에서 복음을 전할 기회가 생긴 것을 활용하기 위해서, 먼저 자기 대신에 그 일을 할 다른 사람을 세워 놓은 후에, 마게도냐로 갔을 것이다.

14. 항상 우리를 그리스도 안에서 이기게 하시고 우리로 말미암아 각처에서 그리스도를 아는 냄새를 나타내시는 하나님께 감사하노라. 바울은 여기에서 다시 한 번 자신의 복음 전도 사역이 도처에서 형통하였음을 자랑하고, 자기는 어느 곳에 가서든 게으르지 않고 열심히 일하였었다는 것을 보여 준다. 그러나 바울의 이러한 자랑에는 해로운 것이나 악한 것이 없다. 왜냐하면, 그는 여기에서 하나님께 감사하는 것으로 자신의 자랑을 시작할 뿐만 아니라, 나중에 보게 되겠지만, 하나

님께 감사하는 것으로 마무리하고 있기 때문이다. 즉, 그는 자기 자신을 자랑하고자 하는 목적으로 자신의 사역을 통해서 이룬 업적들을 늘어놓고 있는 것이 아니라는 것이다. 바리새인들은 겉으로는 하나님께 감사하고 하나님께 영광을 돌리는 것처럼 말하지만, 그 속에는 자신을 의롭다고 여기는 교만함과 오만함이 가득 차 있었던 반면에, 그는 그렇지 않아서, 자기가 한 일들 속에서 칭찬 받을 만한 모든 것들은 오로지 하나님으로부터 나온 것임을 진심으로 인정하고서, 그러한 모든 선한 일들을 이루신 하나님의 권능만을 진정으로 높이고 찬송하고자 하는 것이다. 또한, 그가 이렇게 자기가 한 일들을 자랑하는 이유는, 고린도 교인들의 유익을 위한 것이었다. 즉, 자기가 다른 곳들에서 주를 섬겨 행한 일들이 차고 넘치는 열매를 맺었다는 말을 들었을 때, 고린도 교인들은 하나님께서 도처에서 그토록 영광스럽고 풍성한 열매를 맺게 하신 그의 사역과 수고가 그들 가운데서도 그러한 열매를 맺을 수 있도록, 그의 사역을 존중하고자 하는 마음을 먹을 수 있었기 때문이다. 왜냐하면, 하나님께서 전폭적으로 인정하셔서 그토록 풍성한 영광스러운 열매를 맺게 하신 바울의 사역을 고린도 교인들이 멸시하거나 가볍게 여긴다면, 그들은 큰 죄를 범하는 것이 되고 말 것이었기 때문이다. 바울의 사도직과 그의 가르침에 대하여 잘못된 생각을 가지고 멸시하고 무시하는 것보다도 고린도 교인들에게 더 해로운 일은 있을 수 없었고, 바울의 사도직과 그의 가르침을 인정하고 높이며 존귀하게 대하는 것보다 그들에게 더 유익한 일은 있을 수 없었다. 많은 사람들이 온갖 비방과 중상모략으로 바울을 폄훼하고 있었기 때문에, 그가 계속해서 입을 다물고 있는 것이 아니라, 침묵을 깨고 자신을 변호하는 것이 마땅한 일이었다. 그래서 그는 사람들에게 자기 자신을 자랑하는 것같이 들릴 것이라는 위험성을 감수하고서라도, 자신의 거룩한 자랑을 통해서 진실을 밝히고, 자기에 대한 악한 자들의 비방이 얼마나 잘못되고 악의적인 것인지를 뚜렷하게 드러낸다.

항상 우리를 그리스도 안에서 이기게 하시고. 바울은 이러한 형태의 표현이 통상적으로 의미하는 것과는 다른 것을 여기에서 말하고자 한다. 왜냐하면, 여기에서 "이기다"로 번역된 단어는 전쟁에서 이긴 자가 포로들을 쇠사슬에 묶어서 수치스러운 모습으로 자신의 병거 앞에서 끌고 가는 것을 의미하는 까닭에, 이 구절을 직역하면, 하나님께서 우리를 포로로 잡으셔서 쇠사슬에 묶어 끌고 가신다는 의미가 되지만, 바울이 여기에서 말하고자 하는 것은, 마치 대장군이 전쟁에서 승리하고 개선할 때, 다른 장군들이 대장의 병거 옆에서 말을 타고 가면서 그 승리와 개선에 동참하는 것과 마찬가지로, 하나님께서 자신의 사역을 통해서 승리를 거두셨기 때문에, 하나님이 이루신 승리에 자기도 동참하고 있다는 것이기 때문이다. 이렇게 복음의 모든 사역자들은 하나님의 깃발 아래에서 싸워서, 하나님을 위하여 승리를 쟁취하여, 하나님께 승리의 영광을 바쳐 드리는 것이기 때문에, 하나님께서는 그 사역자들이 자신의 군대에서 맡고 있는 직책과 그 전쟁에서 이룬 공로에 따라서, 자신의 승리와 개선에 동참하게 하시는 영광을 그들 각자에게 수여하신다. 따라서 복음 사역자들은 승리의 개선 행렬에 동참하지만, 그 승리는 그들 자신의 것이 아니라 하나님의 것이다. 바울이 여기에서 "그리스도 안에서"라는 어구를 덧붙이고 있는 이유는, 하나님께서는 자신의 나라의 모든 영광과 권세를 그리스도께 수여하시고서는, 그리스도를 통해서 승리를 거두시는 것이기 때문이다. 어떤 이들은 이 구절을 "항상 우리를 통해서 그리스도 안에서 이기시고"로 번역하기도 하는데, 그러한 번역도 바울이 여기에서 말하고자 하는 것과 잘 부합한다.

우리로 말미암아 각처에서 그리스도를 아는 냄새를 나타내시는. 바울은 하나님께서 자신을 비롯한 복음 사역자들로 말미암아 거두시는 승리를 여기에서 설명한다. 즉, 바울이 복음을 전하거나 가르쳐서, 사람들에게 그리스도를 알게 할 때마다, 하나님께서는 그의 사역을 통해서 능력으로 영광스럽게 역사하셔서, 사람들을 치유하시고 회복시키는 자신의 은혜의 "냄새"로 세상을 가득 채워 가시는 것이 하나님께서 자신의 복음 사역자들을 통해서 이루시는 승리라는 것이다. 그는 "냄새"에 관한 비유를 계속해서 사용해서, 복음 사역자들이 복음을 전하거나 가르칠 때, 복음의 향기로운 냄새가 세상에 퍼져 나가서, 복음의 능력이 사람들 가운데서 역사하여, 사람들에게 생명을 전해 준다고 말한다. 아울러 이 말을 통해서, 바울은 자신이 전한 복음은 아무런 냄새도 없는 그런 것이 결코 아니고, 자신의 복음 전도로 말미암아 도처에 복음의 냄새가 퍼져서 사람들의 영혼을 살리는 역사를 일으키고 있다는 것을 고린도 교인들에게 상기시킨다. 이것으로부터 우리는 복음이 사람들 가운데서 역사하여 제대로 열매를 맺을 수 있는 길은, 복음 사역자들이 복음을 전하거나 가르칠 때에 사람들 가운데로 퍼져 나가는 그리스도를 아는 "냄새"에 사람들이 이끌려서 그리스도를 간절하게 사모하고 원하게 되어서, 세상의 온갖 유혹들에 작별을 고하고, 그리스도를 영접하는 것임을 알게 된다. 한편, 바울은 자기가 가는 곳마다 하나님께서 그의 사역을 형통하게 하시고 열매를 거둘 수 있게 하셨다는 것을 강조하기 위하여, "각처에서"라는 어구를 여기에 덧붙인다. 고린도 교인들은 바울이 복음의 씨앗들을 수많은 곳에 이미 뿌렸다는 것을 알고 있었는데, 그는 이제 하나님께서 자신의 사역과 수고에 복을 주셔서, 자기가 복음의 씨앗을 뿌린 곳들마다, 그 곳이 어디든지 처음부터 끝까지 형통하게 하셨다고 그들에게 말한다.

15. 우리는 구원 받는 자들에게나 망하는 자들에게나 하나님 앞에서 그리스도의 향기니. 바울은 앞에서는 그리스도를 아는 지식을 "냄새"에 비유하였었는데, 이제 여기에서는 동일한 이유에서 사도들이 바로 그러한 "냄새"라고 말한다. 사도들은 자신들이 지닌 빛을 비추는 것이 아니라, 복음의 횃불을 높이 들어서 사람들에게 빛을 비추는 일을 한다고 해서 "세상의 빛"(마 5:14)이라 불리는 것과 마찬가지로, 여기에서는 그들 자신의 냄새를 풍기고 다니는 것이 아니라, 오직 온 세상을 향기로운 냄새로 가득 채우기에 충분할 정도로 향기로운 복음을 전한다는 점에서 "향기"라 불린다. 이러한 찬사가 모든 복음 사역자들에게 적용된다는 것은 분명하다. 왜냐하면, 거짓 없는 순전한 복음이 전파되는 곳마다, 바울이 여기에서 말한 이 강력한 향기가 반드시 거기에 퍼질 것이기 때문이다. 아울러, 바울은 여기에서 자기 자신을 비롯한 자신의 동역자들이 바로 그런 사람들이라는 것을 구체적으로 말함으로써, 그를 비방하고 폄훼하는 자들이 그의 잘못된 점이라고 주장하였던 것이 사실은 실제로는 그의 자랑이자 칭찬할 만한 점이라는 것을 보여 준다. 왜냐하면, 고린도 교인들은 바울이 많은 사람들로부터 반대와 미움을 받고 배척을 받는 모습을 보고서, 그를 멸시하게 된 것이었는데, 거기에 대해서 그는 충성되고 진실한 복음 사역자들은 하나님 앞에서 "향기"인 까닭에, 믿는 자들에게는 구원의 향기가 되어서 사람들의 영혼을 살리는 역할만을 하는 것이 아니라, 믿지 않는 자들에게는 사망을 가져다주는 역할도 한다고 대답하고 있기 때문이다. 따라서 사람들이 복음을 반대하고 배척한다고 해서, 복음의 가치가 감소되는 것은 결코 아니다. 바울은 이 "향기"가 역사하는 두 가지 방식, 즉 이 향기를 통해서 택함 받은 자들은 구원을 받아 새 사람이 되고, 멸망 받을 자들은 이 향기를 맡고서 괴로워하고 고통스러워하는 것은, 둘 다 하나님께서 기뻐 받으시는 것이라고 말한다. 이 주목할 만한 구절을 통해서, 우리는 오직 우리가 제대로 된 복음을 전하고, 우리의 순종이 하나님께 열납되는 것이기만 한다면, 우리의 복음 전도의 결과가 무엇이든지, 하나님께서 그 결과를 다 기뻐 받으신다는 것을 배울 수 있다. 복음이 모든 사람에게 유익을 가져다주는 것이 아니라는 사실은 복음의 권위와 가치를 조금도 훼손시킬 수 없다. 왜냐하면, 하나님께서는 믿는 자들이 복음을 받아들여서 구원을 얻게 될 때

만이 아니라, 멸망 받을 자들이 복음을 듣고서 사망에 이르게 될 때에도, 영광을 받으시게 되기 때문이다. 그것은 하나님이 정하신 것이다. 어떤 것이 하나님 앞에서 "향기"라면, 그것은 우리에게도 "향기"가 되는 것이 마땅하다. 따라서 복음을 들은 모든 사람이 다 구원에 이르게 되는 것이 아니라는 사실이 우리에게 걸림돌이 되어서는 안 되고, 도리어 우리는 하나님께서 복음을 통해서 멸망 받을 자들을 단죄하고 심판하심으로써 영광을 받으신다는 사실만으로 충분하다고 생각하여야 한다. 세상 사람들이 완악해서, 복음을 전하는 자들이 이 세상에서 생명의 향기가 아니라 도리어 사망의 냄새로 작용하여서, 자신들이 바라는 정도만큼 열매를 거두지 못한다고 할지라도, 그들은 자신들이 하나님 앞에서 "향기"가 되어서 도처에 퍼뜨린 그 향기가 세상 사람들에게는 역겨운 냄새로 느껴져서 거부당하고 배척당하여도, 하나님과 천사들 앞에서는 감미로운 "향기"라는 사실이 그들에게는 최고의 위로가 된다.

이 구절에서는 "향기"라는 단어가 극히 강조되고 있다. 그는 이렇게 말한 것과 같다: "복음의 역사는 아주 강력해서, 그 맛에 의해서만이 아니라 냄새로도 사람들을 죽이거나 살린다. 복음을 전하는 것은 결코 헛되지 않아서, 복음은 생명의 역사로 나타나든 사망의 역사로 나타나든, 둘 중의 하나의 역사를 반드시 수반한다." 그러나 여기에서 한 가지 질문이 제기된다: 바울은 조금 후에 자신의 사역을 "살리는" 역사라고 말하고 있듯이(고후 3:6), 이러한 사망의 역사는 복음의 본질과 부합하지 않는 것이 아닌가? 그러한 질문에 대한 대답은 쉽다: 복음을 전하는 것은 사람들을 구원하기 위한 것이고, 이것이 복음의 고유한 본질이고 속성이다. 하지만 오직 믿는 자들만이 그러한 구원에 참여하게 되고, 믿지 않는 자들이 복음을 듣는 경우에는, 그들은 복음에 의해서 정죄를 당하게 되는데, 이것은 전적으로 그들의 잘못으로 인해서 생겨난 것이고, 그들이 자초하는 것이다. 그리스도께서는 세상을 정죄하기 위하여 세상에 오신 것이 아니다(요 3:17, "하나님이 그 아들을 세상에 보내신 것은 세상을 심판하려 하심이 아니요 그로 말미암아 세상이 구원을 받게 하려 하심이라"). 우리는 모두 그리스도 없이도 이미 정죄 아래 있는 까닭에, 그리스도께서는 굳이 그럴 필요가 없으셨다. 하지만 그리스도께서는 자신의 사도들을 보내셔서, 단지 "푸는" 일만 하게 하시는 것이 아니라 "묶는" 일도 하게 하시고(마 18:18, "진실로 너희에게 이르노니 무엇이든지 너희가 땅에서 매면 하늘에서도 매일 것이요 무엇이든지 땅에서 풀면 하늘에서도 풀리리라"), 단지 사람들의 죄를

"사하는" 일만 하게 하시는 것이 아니라 사람들의 죄를 "그대로 두는" 일도 하게 하신다(요 20:23, "너희가 누구의 죄든지 사하면 사하여질 것이요 누구의 죄든지 그대로 두면 그대로 있으리라"). 그리스도는 "세상의 빛"(요 8:12)이시지만, 믿지 않는 자들을 눈멀게 하기도 하신다(요 9:39, "예수께서 이르시되 내가 심판하러 이 세상에 왔으니 보지 못하는 자들은 보게 하고 보는 자들은 맹인이 되게 하려 함이라 하시니"). 그리스도는 믿는 자들에게는 그들의 토대가 되어 주시는 "반석"이시지만, 또한 믿지 않는 많은 사람들에게는 "걸림돌과 걸려 넘어지는 반석"(사 8:14)이 되신다. 그러므로 우리는 복음의 고유한 역사와 부수적인 역사를 구별하여야 하는데, 복음의 부수적인 역사는 인류의 부패함으로 인한 것이다. 즉, 원래 사람들에게 생명을 가져다주어야 할 복음이 그들에게 사망으로 역사하는 이유는 전적으로 사람들이 악하여 회개하고자 하지 않기 때문이라는 것이다.

16. 이 사람에게는 사망으로부터 사망에 이르는 냄새요 저 사람에게는 생명으로부터 생명에 이르는 냄새라 누가 이 일을 감당하리요. 어떤 이들은 복음 사역자들이 교만해지는 것을 막기 위해서 바울이 여기에서 "누가 이 일을 감당하리요"라는 말을 삽입한 것이라고 생각한다. 왜냐하면, 바울은 이 말을 통해서, 그리스도 앞에서 선한 사도로서의 직분을 감당하는 것은 인간의 능력을 뛰어넘는 일이라고 고백하면서, 자기를 비롯한 모든 사도들이 사도로서의 직무를 감당할 수 있는 것은 전적으로 하나님의 능력으로 말미암은 것이라고 말하며, 모든 영광을 하나님께 돌리고 있기 때문이다. 또한, 어떤 이들은 바울은 이 말을 통해서, 선한 사역자들이 드물다는 것을 말하고 있는 것이라고 생각한다. 나는 바울은 자기가 잠시 후에 명시적으로 말하게 될 것을 여기에서 암묵적으로 미리 내비치고 있는 것이라고 본다. 따라서 그는 이렇게 말하고 있는 것과 같다: "많은 사람들이 자기가 사도라고 고백하고 자신만만하게 자랑하지만, 이 일은 극히 귀하고 놀라우며 특별한 일이기 때문에, 실제로 참된 사도가 되어서 이 일을 감당하는 자는 극히 드물다. 나는 하나님께서 사도인 나를 통해서 역사하신 것들만을 말하는 것일 뿐이고, 그렇지 않은 것들은 단 하나도 말하고 있지 않다." 즉, 교회에서 가르치는 직분을 맡은 모든 사람들은 누구나 다 사람들로부터 거기에 걸맞은 대우를 요구하고 있기 때문에, 바울은 자기는 성령의 능력을 힘입어서 그러한 놀랍고 특별한 일을 감당하고 있다고 주장함으로써, 사역자로 자처하면서도 성령의 능력을 힘입어 일하지 않는 많은 사람들로부터 자기를 구별하기 위하여, 이 말을 하고 있다는 것이다.

17. 우리는 수많은 사람들처럼 하나님의 말씀을 혼잡하게 하지 아니하고. 이제 바울은 참된 사도가 어떤 존재인지를 좀 더 자세하게 설명함으로써, 참된 사도인 자기에 대하여 앞에서 한 말을 거짓 사도들이 자신들에게 적용하지 못하도록 하기 위하여, 자기와 거짓 사도들이 어떻게 다른지를 좀 더 명시적으로 대비시킨다. 그는 이렇게 말한다: "내가 나의 사도직이 지닌 영광과 존귀에 대하여 말하는 것은 지극히 합당하다. 왜냐하면, 나의 말이 사실인지 아닌지를 조사해 본다면, 내 말이 다 사실이라는 것이 드러나게 될 것이기 때문이다. 그러나 나와는 아무런 공통점도 없는 많은 사람들이 내가 나의 사도직에 대하여 한 말들을 그들 자신에게도 똑같이 적용하고 주장하지만, 그들의 주장은 거짓된 것이다. 왜냐하면, 나는 교회의 덕을 세우기 위한 순수한 목적으로 하나님의 말씀을 있는 그대로 순수하게 전하고 가르쳐 온 반면에, 그런 자들은 '하나님의 말씀을 혼잡하게' 하여서 전하며 가르치고 있기 때문이다."

나는 바울이 여기에서 공개적으로 대놓고 악하거나 거짓된 복음이나 교훈들을 전하거나 가르친 자들을 책망하고 있는 것이라고 생각하지 않는다. 그는 그들은 복음의 올바른 교훈을 전하고 가르치기는 했지만, 자신의 개인적인 이득이나 야심을 충족시키기 위하여 그렇게 하였기 때문에, 그들이 전하거나 가르친 복음 속에는 그 어떤 능력도 남아 있지 않게 된 것에 대하여 지적하고 있는 것일 가능성이 큰데, 그가 여기에서 "혼잡하게 하였다"고 말한 것은 그런 의미이다. 에라스무스(Erasmus)는 여기에서 "혼잡하게 하다"로 번역된 헬라어 동사 '카펠류에인'(καπηλεύειν)이 장사꾼들이나 술집 주인들이 자신의 물건들을 더 높은 가격에 팔기 위해서 변조하는 악한 관행으로부터 유래한 것임을 근거로 해서, 이 어구를 "하나님의 말씀을 변조해서 장사하다"로 번역한다. 나는 라틴어에서 이 헬라어에 해당하는 '카우포나리'(cauponari)라는 단어에 그런 의미가 있는지는 알지 못하지만, 바울이 "순전함으로" 전한 것을 "혼잡하게 하는" 것의 반대어로 사용하였다는 점에서, 그가 말하고자 하는 것은, 많은 사람들이 하나님의 말씀을 변질시켜서 진리로부터 떠난 부패하고 잘못된 가르침을 베풀었다는 것이 아니라, 순수하고 진실한 마음에서가 아니라 불순하고 거짓된 동기로 하나님의 말씀을 전하였다는 것임이 분명하다. 왜냐하면, 하나님의 가르침은 두 가지 방식으로 부패되고 변질될 수 있기 때문이다. 첫 번째는 직접적인 것으로서, 하나님의 참된 말씀에 거짓을 뒤섞어서, 하나님의 순전하고 참된 가르침이 아니게 되었는데도, 마치 그것이 참된 하나님의 말씀인 양 사람들에게 전하고 가르치는 경우이다. 두 번째는 간접적인 것으로서, 하나님의 말씀을 순수하게 전하고 가르치기는 하지만, 사람들로부터 환심을 사기 위하여 그들을 기쁘게 해 주기 위한 목적과 동기로 전하고 가르침으로써, 그 가르침이 왜곡되는 경우이다. 이렇게 어떤 사람들의 가르침 속에는 불경건한 내용이 전혀 들어 있지 않지만, 그들이 세상으로부터 인정을 받고자 하거나, 자신이 영리하고 똑똑하거나 기가 막히게 잘 가르친다는 것을 과시하고자 하거나, 어떤 지위에 대한 야심이 있어서거나, 더러운 이득을 취하기 위한 목적이나 동기로 가르칠 때에는, 하나님의 말씀은 그들이 자신들의 악한 목적을 달성하기 위한 수단으로 잘못 악용됨으로써, 변질이 되고 만다.

그러므로 나는 여기에서 "혼잡하게 하다"로 번역된 단어를 악하고 잘못된 목적이나 동기로 순수한 하나님의 말씀을 악용하는 것을 가리키는 것으로 보고자 한다. 왜냐하면, 우리는 하나님의 말씀을 전하고 가르치는 사람들이 순수한 목적이 아니라 자신의 악한 목적을 위해서 하나님의 거룩한 말씀을 가지고 장난하는 것을 비일비재하게 보는데, 이 단어를 그런 식으로 해석하게 되면, 그러한 일들을 좀 더 잘 설명할 수 있기 때문이다. 또한, 사람들이 그러한 불순한 동기와 목적으로 하나님의 말씀을 전하고 가르칠 때에는, 그들의 가르침은 필연적으로 진리로부터 떠날 수밖에 없게 되기 때문에, 그들은 자신들의 머리로 고안해 낸 가짜 복음을 전하고 가르치게 되어 있다.

곧 순전함으로 하나님께 받은 것 같이 하나님 앞에서와 그리스도 안에서 말하노라. 헬라어 본문에는 "순전함으로" 앞에도 "~같이"를 나타내는 불변화사가 붙어 있지만, 우리는 다른 많은 구절들에서 볼 수 있는 것과 같이, 여기에서 이 불변화사는 특별한 뜻이 없는 사족에 불과하다. 첫 번째로, 바울은 자기가 전반부에서 이미 말하였던 것, 즉 수많은 사람들이 하나님의 말씀을 "불순한" 동기로 전하고 가르치는 것과, 자기가 "순전함으로," 즉 순수한 동기로 하나님의 말씀을 전하고 가르치는 것을 여기에서 대비시키고 있다. "순전함"은 바울이 전한 복음이 순전한 복음이었다는 것을 의미하는 것일 수도 있고, 자기가 순수한 동기로 복음을 전하였다는 것을 의미하는 것일 수도 있는데, 나는 그가 일차적으로 염두에 둔 것은 후자였을 것이라고 본다. 두 번째로, 그는 수많은 사람들의 부패하고 타락한 사역과 자기 자신의 신실하고 양심적인 사역을 대비시킨다. 왜냐하면, 그는 "하나님께 받은 그대로"(한글개역개정에는 "하나님께 받은 것 같이")라고 말함으로써, 자기는 하나님께서 사람들에게 전하라고 자기에게 맡기신 그대로의 복음에 그 어떤 수정도 가하지 않고 그대로 고스란히 교회에 신실하게 전하였다고 말하기 때문이다. 세 번째로, 그는 "하나님 앞에서"라고 말함으로써, 자기는 하나님의 임재 앞에서 말씀을 전하는 것처럼, 그렇게 사람들에게 말씀을 전하고 가르쳤다는 것을 고린도 교인들에게 상기시켜 준다. 사람이 이 세 가지를 명심하고 있기만 한다면, 하나님의 말씀을 변질시키거나 왜곡시키고자 하는 마음을 먹지 못하게 될 것이다. 따라서 우리는 무엇보다도 먼저 하나님의 말씀을 전하거나 가르칠 때에는, 하나님을 향한 참된 열심이 그 동기가 되어야 하고, 다음으로는 우리가 행하고 있는 것은 하나님의 일이기 때문에, 오직 하나님께 받은 것들만을 사람들에게 전하여야 한다는 것을 명심하여야 하며, 마지막으로는 하나님께서는 우리가 행하는 모든 것을 다 보고 계시기 때문에, 모든 것을 하나님의 뜻에 맡기는 법을 배워야 한다는 것을 기억하여야 한다. "그리스도 안에서"는 "그리스도를 따라서"와 거의 동일한 의미이다. 에라스무스(Erasmus)는 "그리스도로 말미암아"로 번역하지만, 그러한 번역은 바울이 여기에서 의도하고 있는 것이 아니다.

제3장

1우리가 다시 자천하기를 시작하겠느냐 우리가 어찌 어떤 사람처럼 추천서를 너희
에게 부치거나 혹은 너희에게 받거나 할 필요가 있느냐 2너희는 우리의 편지라 우
리 마음에 썼고 뭇 사람이 알고 읽는 바라 3너희는 우리로 말미암아 나타난 그리스
도의 편지니 이는 먹으로 쓴 것이 아니요 오직 살아 계신 하나님의 영으로 쓴 것이
며 또 돌판에 쓴 것이 아니요 오직 육의 마음판에 쓴 것이라(3:1-3).

1. 우리가 다시 자천하기를 시작하겠느냐. 바울에 대한 또 하나의 비방은 그가 자신이 이룬 업적들을 자랑하는 것을 너무 좋아한다는 것이었던 것으로 보이는데, 사람들로부터 인정받고 명성을 얻고자 하는 마음이 간절하였던 자들이, 바울의 너무나 뛰어난 업적에 가려서, 좀처럼 빛을 보지 못하게 되자, 바울을 시기하고 미워해서 이런 식으로 비방하였던 것으로 보인다. 나는 그들이 첫 번째 서신을 받아서 읽어 본 후에도, 바울이 절제하지 못하고 지나치게 자화자찬하는 데 빠져 있다고 트집을 잡고 비방을 하였을 것이라고 본다. 여기에서 "자천하다"로 번역된 단어는 도가 지나치게 어리석은 자랑을 늘어놓는 것, 또는 적어도 어떤 야심이 있어서 자화자찬을 늘어놓는 것을 의미한다. 악한 자들이 바울을 비방하는 데에는, 사람들이 수긍할 만한 구실이 있었는데, 그것은 어떤 사람이 자기 자신을 선전하는 나팔수가 되어서 자화자찬을 늘어놓는 것은 그 자체로 역겹고 볼썽사나운 일이라는 것이 사람들의 통념이었기 때문이다. 그러나 바울은 자기는 자기 자신을 과시하고 내세우기 위해서가 아니라, 자신에 대한 비방과 중상모략에 맞서서 자신을 변호하기 위하여 어쩔 수 없이 자기 자신을 자랑한 것이기 때문에, 그것은 불가피한 일이었다고, 얼마든지 스스로를 자랑한 자신의 행위가 정당한 것이었다고 말할 수 있었다. 왜냐하면, 그가 그렇게 한 목적은 자신에 대한 온갖 비방과 중상모략에서 벗어나기 위한 것이었고, 그가 자기를 자랑함에 있어서 그의 유일한 관심은, 교회에 덕을 세우기 위하여 자신의 사도직의 존귀함을 손상되지 않은 채로 온전히 지키는

것이었기 때문이다. 만일 그리스도의 존귀하심을 지키는 것이 이 일의 핵심이 아니었다면, 그는 자신의 대적들이 자신의 명성을 깎아내리고 폄훼하는 것에 대하여 아무런 대답도 하지 않고 묵묵히 그냥 넘겼을 것이었다. 게다가, 그는 자신의 권위가 고린도 교인들 가운데서 훼손되면, 그들이 큰 해악을 입게 될 것임을 알았다. 그래서 먼저, 바울은 그들 사이에서 자기에 대한 어떤 비방들이 돌고 있는지를 자기가 모르고 있지 않다고 말함으로써, 자기가 어떤 목적에서든 스스로를 자랑하게 되면, 또다시 그들에게서 비방을 받게 되리라는 것을 뻔히 알면서도, 지금 어쩔 수 없이 그렇게 할 수밖에 없다는 것을 그들에게 보여 준다.

우리가 어찌 어떤 사람처럼 추천서를 너희에게 부치거나 혹은 너희에게 받거나 할 필요가 있느냐. 바울은 나중에 자기에 대한 그들의 비방 자체에 대해서 충분히 대답할 것이지만, 우선 여기에서는 먼저 자기에 대한 비방 자체보다도 자기를 비방하는 사람들에 초점을 맞추어서 대답을 시작한다. 즉, 거짓 사도들은 사방팔방으로 다른 교회들에 부탁해서, 그들에 대하여 온갖 듣기 좋은 찬사들만을 가득 늘어놓은 추천서들을 구걸하다시피 받아 와서는 고린도 교회에 제출해서 신임을 받았던 반면에, 고린도 교회가 바울에게 그런 추천서들을 제출할 것을 요구하였을 때, 그는 그런 추천서들 대신에, 하나님께서 자기에게 어떤 은혜들을 주시고 다른 곳들에서의 자신의 사역에 어떤 식으로 역사하셨는지를 어쩔 수 없이 마지못해 고린도 교인들에게 말해 준 것인데도, 고린도 교인들은 바울의 그런 말을 자기 자신을 자랑하는 말로 듣고서는 불쾌해하고, 그것을 빌미로 삼아서 악의적으로 자신을 비방하고 중상모략을 하고 있는 것은 악하기 짝이 없는 짓이라고 책망한다. 바울은 자기가 행한 사역과 일들을 통해서 자기는 이미 충분히 추천을 받았기 때문에, 글로 쓴 추천서를 고린도 교인들에게 제출할 필요가 없다고 말하면서, 반면에 거짓 사도들은 다른 교회들로부터 그럴듯하고 번지르르한 추천서들을 받아 와서, 고린도 교인들의 비위를 맞추어서 그들의 환심을 사고자 애씀으로써, 그들 가운데서 노임을 받고 영광을 받고자 하는 자신들의 탐욕과 야심을 드러낸 것이라고 말한다. 그는 이런 식으로 자신에 대한 비방을 아주 은혜롭고 적절하게 반박하고 일축한다. 하지만 우리는 바울이 여기에서 말한 것을 근거로 삼아서, 선한 용도로 사용하기 위하여 추천서를 받는 것조차 절대적으로 잘못된 것이라고 단정해서는 안 된다. 왜냐하면, 바울 자신이 많은 사람들을 천거하였는데, 만일 그렇게 사람을 천거하는 것이 잘못된 일이었다면, 그는 그렇게 하지 않았을 것이기 때문이다. 추천서를 받는 것이 합당한 것이 되기 위해서는 두 가지 조건이 충족되어야 하는데, 첫 번째는 추천서는 아부하거나 아첨해서 얻어낸 것이어서는 안 되고, 그 사람에 대하여 거짓 없이 공정하게 평가한 내용이 담겨 있어야 한다는 것이며, 두 번째는 추천서는 한 개인의 영달을 위한 것이 아니라, 오로지 그리스도의 나라를 더욱 확장시키기 위한 수단이 되어야 한다는 것이다. 이것이 바울이 거짓된 비방과 중상모략으로 자기를 공격한 거짓 사도들을 책망한 이유이다.

2. 너희는 우리의 편지라 우리 마음에 썼고. 바울이 고린도 교인들이 구원받아서 그리스도인으로 잘 살아가고 있는 것을 근거로 사도로서의 자기 자신을 자랑하는 것은 전혀 부자연스러운 일도 아니고 너무나 합당한 일이었다. 그는 이렇게 말한 것과 같다: "너희가 그리스도인들이라는 사실 그 자체가 나에 대한 충분한 추천서이다. 왜냐하면, 너희가 지금 지니고 있는 믿음은 나의 사도직을 인치고 있는 것이라는 점에서 나에 대한 추천서이기 때문이다." 바울은 자기와 함께 고린도 교회에서 사역하였던 실루아노와 디모데를 염두에 두고서, 고린도 교인들은 "우리" 마음에 쓴 추천서라고 말하고 있는 것으로 볼 수 있는데, 그렇게 보는 경우에는 그는 여기에서 이렇게 말하고 있는 것이다: "우리는 우리의 수고의 실제적인 결과들이 우리를 추천하게 하는 것으로 만족한다. 거짓 사도들은 사람들에게 잘 보이기 위하여, 다른 교회들에서 추천서들을 받아서 너희 눈 앞에 제시하였지만, 우리의 추천서는 우리의 양심에 있다." 또는, "우리 마음에 썼고"라는 어구에서 "우리"는 부분적으로 고린도 교인들을 가리키는 것으로도 볼 수 있는데, 그런 경우에 바울은 이렇게 말하고 있는 것이다: "다른 사람에게 추천서를 써 주는 사람들은 그 사람을 제대로 공정하게 평가한 것을 추천서에 쓰는 것이 아니라, 그 사람이 추천서를 제출하는 곳으로부터 호감을 얻도록 하기 위하여, 그 사람에 대해서 실제보다 과장하거나 더 좋게 써 주는 것이 보통이기 때문에, 다른 교회들에 부탁하고 사정을 해서 추천서들을 받은 자들은 그 종이에 씌어져 있는 것들을 그들의 양심에는 가지고 있지 않다. 반면에, 우리의 사도직을 증언해 주는 추천서들은 사람들의 마음에 새겨져 있다."

뭇 사람이 알고 읽는 바라. 이 구절은 "뭇 사람이 알고 인정하는 바라"로 번역될 수도 있다. 왜냐하면, 여기에서 "읽다"로 번역된 동사 '아나기노스케스타이'(ἀναγινώσκεσθαι)는 "읽다"라는 의미와 더불어서 "인정하다"라는 의미도 지니고 있고, 내가 생각하기에는, 후자가 문맥에 더 어울리는 것으로 보이기 때문이다. 그러나 나는 반드시 그래야 하는 경우가 아니라면, 일반적인 번역에서 벗어나고 싶지 않았기 때문에, "읽다"라는 번역을 그대로 유지하였다. 따라서 나는 독자들이 이 두 가지 번역 중에서 어느 쪽이 더 좋을 것 같은지를 한 번 스스로 생각해 보기를 권한다. 만약 우리가 "인정하다"라는 번역을 받아들인다면, 바울은 여기에서 의심할 여지 없이 확실한 권위를 지닌 추천서와 그렇지 않은 날조된 추천서를 대비시키고 있는 것이라고 할 수 있다. 문맥도 이러한 해석을 지지해 주고 있음이 분명하다. 왜냐하면, 바울은 다음 절에서 "그리스도의 편지"라는 표현을, 거짓되고 날조된 추천서들과 반대되는 개념으로 사용하고 있기 때문이다.

3. 너희는 우리로 말미암아 나타난 그리스도의 편지니 이는 먹으로 쓴 것이 아니요 오직 살아 계신 하나님의 영으로 쓴 것이며 또 돌판에 쓴 것이 아니요 오직 육의 마음판에 쓴 것이라. 바울은 앞 절에서 사용한 것과 동일한 비유를 계속해서 이어가는 가운데, 고린도 교인들의 믿음은 그리스도의 역사를 통해서 생겨난 것이기 때문에, 이 "편지"는 그리스도께서 쓰신 것이고, 자기를 비롯한 여러 복음 사역자들을 사용하셔서 쓰신 편지라고 말하면서, 자기를 "먹"과 펜에 비유한다. 요컨대, 바울은 이 편지는 그리스도께서 쓰신 것이고, 자기는 그 도구라고 말함으로써, 자기를 비방하고 대적하는 자들은 그리스도의 사도를 악의적으로 비방하는 것일 뿐만 아니라, 더 나아가 그리스도 자신을 비방하고 대적하는 것이라고 경고하고 있는 것이다. 그가 계속해서 "이는 먹으로 쓴 것이 아니요 오직 살아 계신 하나님의 영으로 쓴 것이며"라고 말한 것은 이 "그리스도의 편지"의 권위를 좀 더 분명히 해 두기 위한 것이다. 하지만 그 다음에 나오는 "돌판에 쓴 것이 아니요 오직 육의 마음판에 쓴 것이라"는 구절은, 그가 조금 후에 율법과 복음을 대비시키기 위하여 미리 복선을 깔아 둔 것이다. 왜냐하면, 우리가 곧 보게 되겠지만, 그는 조금 후에 이 구절을 발판으로 삼아서, 본격적으로 율법과 복음을 대비시켜 설명하기 때문이다. 여기에서 사용되고 있는 "먹"과 "하나님의 영," "돌"과 "마음" 간의 대비는, 그의 주된 논지에 상당한 정도의 무게감을 부여해 줌으로써, 그가 여기에서 말하고자 하는 것을 한층 더 강화시켜 주는 역할을 한다. 왜냐하면, 만일 그가 "먹"과 "하나님의 영," "돌"과 "마음"을 대비시키지 않고, 단지 "하나님의 영"과 "마음"만을 언급하였다면, 그가 여기에서 말하고자 하는 요지를 강조하고 강화시키는 효과는 훨씬 줄어들었을 것이기 때문이다.

또 돌판에 쓴 것이 아니요 오직 육의 마음판에 쓴 것이라. 바울은 여기에서 예레미야서 31:31과 에스겔서 36:26에 나오는 새 언약의 은혜에 관한 약속을 염두에 두고서 말하고 있다: "여호와의 말씀이니라 보라 날이 이르리니 내가 이스라엘 집과 유다 집에 새 언약을 맺으리라 이 언약은 내가 그들의 조상들의 손을 잡고 애굽 땅에서 인도하여 내던 날에 맺은 것과 같지 아니할 것은 내가 그들의 남편이 되었어도 그들이 내 언약을 깨뜨렸음이라 여호와의 말씀이니라 그러나 그 날 후에 내가 이스라엘 집과 맺을 언약은 이러하니 곧 내가 나의 법을 그들의 속에 두며 그들의 마음에 기록하여 나는 그들의 하나님이 되고 그들은 내 백성이 될 것이라 여호와의 말씀이니라"(렘 31:31-33); "또 새 영을 너희 속에 두고 새 마음을 너희에게 주되 너희 육신에서 굳은 마음을 제거하고 부드러운 마음을 줄 것이며 또 내 영을 너희 속에 두어 너희로 내 율례를 행하게 하리니"(겔 36:26-27). 바울은 자기가 복음을 전하고 가르칠 때, 이 약속이 성취되는 역사가 일어났고, 그러한 사실은 그가 "새 언약"의 신실한 "일꾼"이라는 것을 분명하게 증언해 주는 것이기 때문에, 그의 사도직에 대한 합법적인 추천서라고 선언한다. "육의 마음판에"라는 어구에서 "육의"는 여기에서 나쁜 의미로 사용된 것이 아니고, 부드럽고 온순하다는 의미로서, 하나님의 영에 의해서 굴복되기 전까지의 인간의 마음의 본성적인 상태인 딱딱하고 완고한 마음을 의미하는 "돌"과 반대되는 개념으로 사용된 것이다.

[4]우리가 그리스도로 말미암아 하나님을 향하여 이같은 확신이 있으니 [5]우리가 무
슨 일이든지 우리에게서 난 것 같이 스스로 만족할 것이 아니니 우리의 만족은 오
직 하나님으로부터 나느니라 [6]그가 또한 우리를 새 언약의 일꾼 되기에 만족하게
하셨으니 율법 조문으로 하지 아니하고 오직 영으로 함이니 율법 조문은 죽이는
것이요 영은 살리는 것이니라 [7]돌에 써서 새긴 죽게 하는 율법 조문의 직분도 영광
이 있어 이스라엘 자손들은 모세의 얼굴의 없어질 영광 때문에도 그 얼굴을 주목
하지 못하였거든 [8]하물며 영의 직분은 더욱 영광이 있지 아니하겠느냐 [9]정죄의 직
분도 영광이 있은즉 의의 직분은 영광이 더욱 넘치리라 [10]영광되었던 것이 더 큰 영
광으로 말미암아 이에 영광될 것이 없으나 [11]없어질 것도 영광으로 말미암았은즉
길이 있을 것은 더욱 영광 가운데 있느니라(3:4-11).

4. 우리가 그리스도로 말미암아 하나님을 향하여 이같은 확신이 있으니. 바울은 방금 거창한 표현들을 사용해서, 자기 자신과 자신의 사도직을 변호하였기 때

문에, 자신의 그런 식의 변호가 고린도 교인들에게 오만하게 비쳐지지 않도록 하기 위해서, 여기에서는 자기에게 있는 모든 것은 하나님께서 주신 것일 뿐이라고 말함으로써, 모든 영광을 하나님께 돌린다. 그는 이렇게 말한다: "내가 이렇게 내 자신과 나의 사도직에 대하여 거창하게 말한 것은 내 자신을 자랑하고자 한 것이 아니라, '내가 나 된 것은 하나님의 은혜로 된 것' (고전 15;10)이기 때문에, 오직 하나님만을 자랑하고 높이고자 한 것이다." 그가 여느 때와 마찬가지로 여기에서도 "그리스도로 말미암아"라는 어구를 덧붙인 이유는 그리스도야말로 하나님의 모든 은혜와 복들이 우리에게 흘러들어오는 "통로"이시기 때문이다.

5. 우리가 무슨 일이든지 우리에게서 난 것 같이 스스로 만족할 것이 아니니 우리의 만족은 오직 하나님으로부터 나느니라. 바울이 이렇게 모든 공로를 하나님께 돌리고 자기에게는 아무 공로도 없다고 고백하는 것은, 자기가 겸손하다는 것을 보이기 위하여 짐짓 자기를 낮추는 체하고 있는 것이 아니라, 자신의 마음속에서 진심으로 느끼는 것을 그대로 말하고 있는 것이다. 우리는 바울이 그 어떤 공로도 사람에게 돌리지 않는 것을 본다. 왜냐하면, 그는 인간이라는 것은 선한 일에 대해서 생각하는 것조차 할 수 없는 존재라고 말하고 있기 때문이다. 달리 말하면, 그는 우리는 선한 일을 행하려고 하는 "의지"는 말할 것도 없고, 선한 일에 대해서 생각하는 것조차 할 수 없는 존재라고 분명하게 말함으로써, 우리가 행한 선한 일과 관련해서, 우리에게 조금이라도 공로를 돌리는 것 자체가 불가능함을 보여 준다. 선한 일에 대하여 생각하는 것은 선한 일을 행하고자 하는 "의지"보다도 더 낮은 차원의 일인데, 바울은 여기에서 우리에게는 선하고 옳은 일에 대하여 생각할 힘조차도 없다고 말하고 있다는 점에서, 인간에게는 자신의 의지를 선하고 바르게 사용할 수 있는 능력이 있다고 주장하는 자들은 얼마나 어리석은 자들인가! 교황주의자들은 헬라어 본문에 나오는 '히카노테타' (ἱκανότητα)는 "자격"을 의미하는 것인데도, 불가타 역본에서 사용한 "충분함" 또는 "충족"(한글개역개정에는 "만족") 이라는 역어에 미혹되어서, 바울이 여기에서 말하고자 하는 것은, 사람은 선한 의도나 목적을 지닐 수는 없지만, 올바르게 이해하고 생각할 수는 있기 때문에, 하나님으로부터 조금만 도움을 받으면, 선한 일을 이룰 수 있다고 생각하게 되었다. 그러나 바울은 사람에게는 '아우타르케이안' (αὐτάρκειαν, "스스로 충족함")만이 결여되어 있는 것이 아니라, 충족한 자가 될 수 있는 '히카노테타' (ἱκανότητα, "자격")도 결여되어 있다고 분명하게 밝힌다. 즉, 사람은 독자적으로 아무런 부족함이

없는 존재가 아니라는 것은 두말할 필요도 없고, 자기에게 부족한 것들을 하나님으로부터 가져오고자 하는 의지나 생각도 없는 존재라는 것이다. 바울은 이렇게 사람은 선한 일을 행할 수 없는 것은 물론이고, 선한 일을 의욕할 수도 없고, 심지어 선한 일을 생각할 수도 없는 존재라고 말함으로써, 선한 것과 관련해서 사람이 조금이라도 어떤 공로를 내세울 여지를 완전히 제거해 버린다.

6. **그가 또한 우리를 새 언약의 일꾼 되기에 만족하게 하셨으니.** 바울은 앞에서 자기는 절대적으로 부족하고 자격이 없는 자였다는 것을 이미 인정하였는데, 이제 여기에서는 아무런 자격도 없는 자기가 사도직을 맡게 된 것은 전적으로 하나님의 은혜로 말미암은 것이었다고 밝힌다. 이것으로부터 우리가 알 수 있는 것은, 하나님에 의해서 사도직을 수행할 사람으로 택함 받고 준비된 자들만이 사도로서의 직무를 수행할 수 있다는 점에서, 사도직은 대단히 위대하고 어려운 직분이라는 것이다. 여기에서 바울의 의도는 복음이 얼마나 귀한 것인지를 찬양하는 데 있지만, 암묵적으로 그는 사실은 하늘의 은혜를 단 한 방울도 받지 않았으면서도, 마치 하늘로부터 엄청난 은사들을 받은 것처럼 과장해서 떠들며 자랑하고 다니는 자들을 책망하고 있는 것임은 의심의 여지가 없다.

율법 조문으로 하지 아니하고 오직 영으로 함이니. 여기에서 바울은 앞의 3절에서 잠깐 운을 뗀 바 있는 율법과 복음 간의 대비에 대하여 본격적으로 말하기 시작한다. 그가 여기에서 이 주제를 다루게 된 것이 고린도 교회에 율법을 추종하는 잘못된 신앙을 가진 자들이 있는 것을 보았기 때문인지, 아니면 다른 이유 때문인지는 분명하지 않다. 나는 고린도 교회에서 활동하던 거짓 사도들이 율법과 복음을 혼합한 가르침을 베풀었음을 보여 주는 그 어떤 증거도 찾을 수 없기 때문에, 고린도 교회에는 아무런 능력도 없으면서 오직 유창하고 화려한 언변으로 자신들이 대단한 자들이라도 되는 것처럼 과시하여 사람들의 환심을 사고자 한 자들이 있었고, 고린도 교인들은 그들의 그럴듯한 언변에 넘어가서, 그들의 말에 귀 기울이고 있는 상황에서, 바울은 복음이 얼마나 대단한 것인지, 그리고 성령의 권능으로 일하는 복음 사역자들이 얼마나 귀한 자들인지를 그들에게 보여 주고자 한 것이라고 본다. 그리고 율법과 복음을 대비시켜서 살펴보고 설명하는 것은 그의 그러한 목적에 아주 적합한 것이었다. 나는 이것이 바울이 여기에서 율법과 복음을 대비시켜 말하게 된 이유라고 생각한다.

바울이 어떤 이유에서 율법과 복음을 대비시켜 말하게 된 것이든, 한 가지 의심할 여지없이 분명한 것은 여기에서 "문자"(한글개역개정에는 "율법 조문")는 구약을 의미하고, "영"은 복음을 의미한다는 것이다. 왜냐하면, 그는 자기가 "새 언약의 일꾼"이라고 말한 후에, 즉시 거기에 대한 보충설명으로, 자기는 "영"의 일꾼이라고 말하면서, "문자"와 "영"을 대비시키고 있기 때문이다. 우리는 이제 그가 이런 식으로 자신을 "영"의 일꾼이라고 부른 이유를 살펴보지 않으면 안 된다. 이것과 관련해서 오리게네스(Origenes)가 제시한 해석이 일반적으로 통용되어 왔고 권위를 얻어 왔는데, 그는 여기에서 "문자"는 성경의 문법적이고 자연스러운 본래의 의미, 즉 문자적 의미를 가리키고, "영"은 성경 본문이 지닌 알레고리적인 의미, 즉 영적인 의미를 가리키는 것이라고 설명하였다. 그 후에 여러 세기 동안 그의 해석에 의거해서, 바울은 여기에서 우리에게 성경을 해석할 수 있는 열쇠를 주고 있는데, 그 열쇠는 바로 성경을 알레고리적으로 해석하는 것이라는 견해가 성경 본문을 해석하고자 하는 사람들에게 일반적이고 보편적으로 받아들여져 왔다. 하지만 사실은 이 구절에 대한 오리게네스의 해석만큼 바울의 의도와 거리가 먼 해석은 없었다. 왜냐하면, 바울은 사람의 마음에는 도달하지 못하는 외적인 가르침을 가리키기 위하여 "문자"라는 표현을 사용한 것이고, 성령의 은혜로 말미암아 사람들의 심령에 능력으로 역사하는 살아 있는 가르침을 가리키기 위하여 "영"이라는 표현을 사용한 것이기 때문이다. 따라서 "문자"는 오직 귀에만 들릴 뿐이고 아무런 능력도 없고 역사도 없는 죽은 문자적인 가르침을 의미하고, "영"은 입에서 나오는 소리와 함께 성령의 능력이 역사하여서 사람들의 심령을 살리는 영적인 가르침을 의미한다. 바울은 내가 앞에서 이미 인용한 예레미야서 31:31에 나오는 말씀을 염두에 두고, 여기에서 이렇게 표현한 것인데, 거기에서 하나님께서는 자신의 율법이 단지 입으로만 공포되었기 때문에, 이스라엘 백성이 율법을 마음속으로 받아들이지를 않아서, 오래가지를 못하였다고 지적하시면서, 장차 그리스도께서 다스리실 때가 오면, 그 때에는 사람들을 성령으로 거듭나게 하여서, 사람들의 마음에 자신의 복음, 곧 "새 언약"을 쓰겠다고 약속하신다. 바울은 이제 예레미야서에 나오는 그 예언이 자신의 복음 전도 사역을 통해서 성취되었다고 자랑하면서, 성령의 능력은 전혀 없으면서 오직 입으로만 그럴듯한 말들을 늘어놓는 자들은 결코 "새 언약의 일꾼들"이 될 수 없다는 것을 고린도 교인들에게 똑똑히 보여 준다.

그러나 여기에서 한 가지 질문이 제기된다: 그렇다면, 구약 시대에는 하나님께서는 오직 외적인 음성으로만 자신의 말씀을 사람들에게 들려 주셨고, 자신의 성령을 통해서 경건한 자들의 마음에 내적으로 말씀하지는 않으신 것인가? 이러한 질문에 대한 대답으로 내가 가장 먼저 말해 두고자 하는 것은, 바울은 여기에서 오로지 율법과 관련된 것에 대해서만 말하고 있다는 것이다. 왜냐하면, 하나님께서는 구약 시대에도 자신의 성령을 통해서 사람들의 심령에 역사하셨지만, 그러한 역사는 모세의 사역으로 말미암은 것이 아니라, 그리스도의 은혜로 말미암은 것이기 때문이다. 그래서 요한복음 1:17에서는 "율법은 모세로 말미암아 주어진 것이요 은혜와 진리는 예수 그리스도로 말미암아 온 것이라"고 말한다. 구약 시대에 하나님의 은혜가 역사하지 않은 것이 아님은 분명하지만, 율법과 복음을 대비하여 설명함에 있어서는, 그러한 은혜의 역사는 원래 율법이 사람들에게 주게 되어 있던 고유한 유익은 아니었다는 것만을 지적하는 것으로 충분한 것이었다. 왜냐하면, 모세는 율법 및 거기에 담긴 경고들과 약속들을 사람들에게 전함으로써, 사람들로 하여금 그들에게 생명을 줄 가르침을 바라보게 하는 것으로서, 자신의 소임을 다한 것이었기 때문이다. 이런 이유로, 바울은 율법은 그 자체가 죽은 가르침이라는 의미에서, 율법을 "문자"라고 부르고, 복음의 사역은 사람들을 살리는 것이라는 점에서, 복음을 "영"이라고 부른다.

이 질문에 대한 대답으로 내가 두 번째로 말하고자 하는 것은, 바울은 여기에서 단지 복음과 율법이 서로 대비되는 측면들만을 지적하고 있는 것일 뿐이고, 율법이 무엇이고 복음이 무엇인지에 대하여 종합적이고 포괄적으로 말하고 있는 것이 아니라는 것이다. 왜냐하면, 복음조차도 언제나 "영"인 것은 아니지만, 이 둘을 서로 비교해서 말할 때에는, 율법의 본질은 사람들에게 문자적인 가르침을 베풀어서, 그 가르침이 사람들의 귀를 거쳐 심령에까지 이르지 못하는 것인 반면에, 복음의 본질은 사람들에게 영적인 가르침을 베풀어서, 그리스도의 은혜가 사람들의 심령에 주어지게 하는 수단이 되는 것이라고 말하는 것은 지극히 옳고 합당하기 때문이다. 율법에서보다 복음에서 성령의 역사가 더욱 뚜렷하고 분명하게 나타나는 이유는, 하나님께서 그렇게 하는 것이 합당하다고 생각하셔서 그렇게 정하셨기 때문이다. 사람의 심령 속에서 능력으로 역사하여 하나님의 말씀을 가르치는 것은 성령의 소임이다.

그러나 바울이 자기 자신을 "영"의 일꾼이라고 부른다고 해서, 자기가 복음을 전하고 가르칠 때마다, 성령의 은혜와 능력이 반드시 임하게 되어 있기 때문에, 자기는 자기가 원하고 마음만 먹는다면 복음을 전함과 동시에 성령의 역사를 일으킬 수 있다고 말하고 있는 것은 결코 아니다. 그는 단지 그리스도께서 자신의 사역을 성령으로 복 주셔서, 복음에 대하여 예언된 것들이 자신의 사역 속에서 성취되어 왔다고 말하고 있는 것일 뿐이다. 어떤 사람이 복음을 전하거나 가르칠 때, 그리스도께서 거기에 성령의 능력이 역사하게 하시는 것이라고 말하는 것은, 어떤 사람이 복음을 전하거나 가르칠 때, 그 사람의 가르침 속에 성령의 능력이 내재되어 있어서 독자적으로 늘 역사한다고 말하는 것과 완전히 판이하게 다르다. 따라서 우리가 "영"의 일꾼이라는 것은, 우리가 성령을 우리의 수중에 쥐고서 마음대로 부릴 수 있기 때문도 아니고, 우리 자신의 변덕에 따라서 우리가 원할 때마다 사람들에게 성령의 은혜를 수여할 수 있기 때문도 아니며, 오직 그리스도께서 우리를 도구로 사용하셔서, 사람들의 심령에 빛을 비추시고, 그들의 마음을 새롭게 하셔서, 그들을 온전히 거듭나게 하시기 때문이다. 그리스도의 은혜와 사람의 사역 간의 이러한 결합과 연관관계로 인해서, 흔히 오로지 하나님께만 돌려져야 하는 것들이 흔히 복음 사역자들에게 돌려진다. 따라서 그런 경우에도, 우리는 복음 사역자들만을 보아서는 안 되고, 그리스도의 비밀한 능력의 역사와 사람의 외적인 사역이 서로 결합되어 있는 복음의 경륜 전체를 보아야 한다.

율법 조문은 죽이는 것이요 영은 살리는 것이니라. 이 구절은 오리게네스(Origenes)를 필두로 해서 그 이후로 여러 사람들에 의해서 잘못 해석되고 왜곡되어 왔는데, 그들로 인해서, 성경은 알레고리적으로 해석되지 않으면 무익할 뿐만 아니라 실제로 해롭기까지 하다는, 실로 재앙에 가까운 엄청난 오류가 생겨났고, 이러한 오류는 수많은 해악들의 원천이 되어 왔다. 이러한 오류 때문에, 성경 본문이 지닌 원래의 자연스러운 의미가 변질되는 길이 열렸을 뿐만 아니라, 성경 본문을 한층 더 대담하게 알레고리적으로 해석하면 할수록, 가장 뛰어난 주석자로 인정받는 풍토가 조성되었다. 이렇게 해서, 고대의 많은 해석자들은 고삐 풀린 망아지처럼 하나님의 거룩한 말씀을 가지고, 마치 공놀이를 하듯이 아무런 거리낌도 없이 자기 마음대로 온갖 장난을 다하였고, 이단들도 교회를 큰 혼란에 빠뜨릴 절호의 기회를 얻게 되었다. 왜냐하면, 어느 누구라도 성경의 어느 구절을 자기가 원하는 대로 해석하고 싶으면, 아무리 말도 안 되고 터무니없으며 정신 나간 기괴한 해석이라고 하더라도, 알레고리적인 해석이라는 미명 아래 얼마든지, 자신의 해석을 정당화하고 합리화할 수 있었기 때문이다. 심지어 신앙이 좋은 사람들조차도 이러한 잘못된 풍조에 휩쓸려서, 성경 본문에 대한 알레고리적인 해석을 통해서,

수많은 왜곡되고 변질된 해석들을 내놓았다. 그러나 바울이 이 구절에서 말하고자 한 것은, 하나님의 말씀을 단지 입으로만 전하는 것은 사람들을 죽이는 것이고, 사람들이 하나님의 말씀을 마음으로 받을 때에만 생명을 얻게 된다는 것이다. 따라서 "문자"와 "영"은 성경을 해석하는 방법과는 아무런 상관이 없고, 성경이 지닌 역사하는 힘과 성경으로 인하여 맺어지는 열매에 대한 것이다. 바울이 여기에서 마음에 도달하지 못하고 단지 귀에서만 울리는 가르침이 "죽이는 것"이라고 부르는 이유에 대해서는, 우리가 잠시 후에 보게 될 것이다.

7-9. 돌에 써서 새긴 죽게 하는 율법 조문의 직분도 영광이 있어 이스라엘 자손들은 모세의 얼굴의 없어질 영광 때문에도 그 얼굴을 주목하지 못하였거든 하물며 영의 직분은 더욱 영광이 있지 아니하겠느냐 정죄의 직분도 영광이 있은즉 의의 직분은 영광이 더욱 넘치리라. 바울은 이제 하나님께서는 율법에 큰 영광을 부여하셨지만, 그런 율법의 영광도 복음의 영광에 비하면 아무것도 아니라는 것을 논증함으로써, 복음이 얼마나 귀한 것인지를 보여 준다. 하나님은 많은 이적들을 통해서 율법에 영광을 더하셨지만, 여기에서 바울은 그러한 이적들 중에서 오직 한 가지, 즉 모세가 시내 산에서 하나님으로부터 율법을 수여받을 때에 그 얼굴에 남아 있게 된 영광스러운 빛만을 언급한다. 모세의 얼굴에 남아 있던 그 빛은 율법의 영광을 보여 주는 징표였고, 이스라엘 백성은 그 빛으로 말미암아 모세의 얼굴을 제대로 쳐다볼 수 없었다. 이제 바울은 작은 것을 근거로 삼아서 큰 것을 논증해 나가는 방식을 사용해서, 복음은 율법과는 비교할 수 없을 정도로 탁월하고 뛰어난 것이기 때문에, 복음의 영광은 율법의 영광보다 훨씬 더 찬란하고 밝은 빛으로 빛나는 것이 합당하다고 선언한다. 첫째, 바울은 율법을 "죽게 하는 직분"이라고 부른다. 둘째, 바울은 율법의 가르침은 먹을 사용해서 문자로 기록된 것이었다고 말한다. 셋째, 바울은 율법은 돌판에 기록된 것이었다고 말한다. 넷째, 율법은 영원히 지속될 것이 아니라 일시적이고 지나가는 것이었다고 말한다. 다섯째, 바울은 율법을 이번에는 "정죄의 직분"이라고 말한다. 바울은 율법과 복음의 대비를 완성하기 위해서는, 율법의 그러한 속성들에 상응하는 복음의 많은 속성들을 제시하였어야 하지만, 여기에서는 단지 복음을 "영의 직분"이자 "의의 직분"으로 영원까지 지속되는 것이라고만 말한다. 이렇게 바울은 율법과 대비되는 복음의 속성들을 다 설명하지 않았다는 점에서, 우리는 외관상의 표현이라는 측면에서는 이 대비를 불완전한 것이라고 말할 수 있지만, 그 실질적인 내용을 살펴보면, 바울은 율법과 복

음의 대비를 여기에서 충분히 우리에게 보여 주고 있다고 말할 수 있다. 왜냐하면, 그는 이미 앞에서 "영은 살리는 것"(6절)이라고 말하였고, "먹으로 돌판에 쓴 것이 아니요" 사람의 "마음판에 쓴 것"(3절)이라고 말하였기 때문이다.

바울은 여기에서 율법과 예언서들에 담겨 있는 모든 가르침 전체에 대해서나, 구약 시대에 조상들에게 일어났던 모든 일들에 대해서가 아니라, 단지 모세의 직분에 속한 특유한 것들에 대해서만 말하고 있다는 것을 염두에 두는 가운데, 이제 율법과 복음의 이러한 속성들을 간략하게 살펴보기로 하자. 율법은 돌에 새겨진 것이었기 때문에, 문자적인 가르침이었다. 율법은 단지 돌판에 새겨진 것이어서 일시적이고 잠정적인 것이 될 수밖에 없었기 때문에, 그러한 결함은 복음에 의해서 바로잡아져야 하였다. 이렇게 해서, 복음은 하나님의 성령의 보증 아래에서 결코 깨뜨려질 수 없는 거룩한 계약으로 선포되었다. 이러한 사실로부터 도출되는 결론은, 율법은 사람들을 죽이는 "정죄의 직분"이었다는 것이다. 왜냐하면, 사람들이 율법으로부터 자신들의 의무에 대하여 가르침을 받고서, 하나님의 의를 충족시키지 못하는 모든 사람들은 저주를 받을 것이라는 말씀을 들을 때(신 27:26, "이 율법의 말씀을 실행하지 아니하는 자는 저주를 받을 것이라 할 것이요 모든 백성은 아멘 할지니라"), 사람들은 자신들의 죄를 깨달음과 동시에, 자신들에게 이미 사망 선고가 임하여 있다는 것을 발견하게 되기 때문이다. 따라서 사람들은 율법으로부터는 그들에 대한 정죄 외에는 아무것도 받지 못한다. 즉, 그들은 율법 속에서 오직 자신들에 대한 정죄만을 발견할 수 있을 뿐이라는 것이다. 왜냐하면, 율법을 통해서는 하나님께서는 사람들에게, 그들이 하나님께 마땅히 행할 일들을 명하시기만 하실 뿐이고, 그 일들을 행할 수 있는 힘은 사람들에게 주시지 않으시기 때문이다. 반면에, 복음으로 말미암아서는 사람들은 자신들의 죄를 전적인 은혜로 값없이 사함을 받고 거듭나서 하나님과 화목한 관계를 회복할 수 있게 되기 때문에, 복음은 "의의 직분"이고 "살리는 것"이다.

그러나 여기에서 한 가지 질문이 생겨난다: 복음이 어떤 사람들에게는 "사망으로부터 사망에 이르는 냄새"(고후 2:16)이고, 그리스도는 많은 사람을 멸망하게 하기 위한 "부딪치는 돌과 걸려 넘어지게 하는 바위"라면(눅 2:34; 벧전 2:8), 복음도 사람들에게 사망을 가져다주는 "죽이는 것"임이 분명한데, 왜 바울은 여기에서 오직 율법만을 "죽이는 것"이라고 말하는 것인가? 이 질문에 대하여 우리가 복음은 필연적으로 사람들에게 사망을 가져다주는 원인인 것이 아니고, 원래 복음은 사람들을 살리는 것인데, 사람들의 불신앙이 원인이 되어서, 복음이 그런 자들에게는 부수적으로 사망으로 역사하는 것인 까닭에, 복음을 사람들을 죽이는 원인인 것은 아니라고 대답한다면, 이 동일한 논리는 율법에도 그대로 적용될 수 있다는 사실 때문에, 그러한 대답은 이 질문에 대한 만족스러운 대답이 될 수 없다. 왜냐하면, 성경에서는 모세가 이스라엘 백성들에게 하나님의 율법을 제시하면서, "보라 내가 오늘 생명과 복과 사망과 화를 네 앞에 두었나니"(신 30:15)라고 말함으로써, 단지 율법을 통해서 "사망"만이 아니라 "생명"도 얻을 수 있다는 것을 분명하게 증언하였다는 것을 보여 주고 있고, 바울 자신도 로마서 7:10에서 "생명에 이르게 할 그 계명이 내게 대하여 도리어 사망에 이르게 하는 것이 되었도다"라고 말함으로써, 사람들은 율법을 통해서 생명을 얻을 수 있었고, 율법에는 잘못된 것이 없었음에도 불구하고, 사람들이 자신들의 죄로 인해서 사망과 멸망에 이르게 된 것이라고 말하고 있기 때문이다. 이렇게 율법과 복음은 원래 사람들에게 생명을 줄 수 있는 것이었지만, 사람들의 죄와 불신앙으로 인해서 사람들 가운데서 "사망"으로 역사하게 된 것이기 때문에, 우리가 앞에서 제시한 대답으로는 이 문제는 여전히 풀리지 않는다.

이 문제에 대한 나의 대답은, 율법과 복음이 근본적인 원인이 되어서 사람들에게 사망이 임하는 것은 아니라는 점에서, 이 둘은 서로 동일하다고 할 수 있지만, 그럼에도 불구하고 율법과 복음 간에는 큰 차이가 존재한다는 것이다. 왜냐하면, 복음은 비록 많은 사람들에게 사망으로 역사하기는 하지만, 사람을 거듭나게 하여 전적인 은혜로 값없이 하나님과 화목을 이루게 해 주는 수단이기 때문에, 여전히 생명의 가르침으로 불리는 것이 합당한 반면에, 율법은 오직 하나님께 받아들여질 수 있는 선한 삶이 어떤 삶인지에 대해서만 사람들에게 알려줄 뿐이고, 사람들의 마음을 변화시켜서 순종하여 의를 이룰 수 있게 해 주지는 않고서, 단지 죄를 범한 자들에게 영원한 사망을 경고하기만 할 뿐이기 때문에, 오직 사람들을 정죄하여 사망에 이르게 하는 것 외에는 다른 것은 그 어떤 것도 할 수 없다는 점에서, 사망의 가르침으로 불리는 것이 합당하기 때문이다.

또는, 이것을 다른 식으로 표현하자면, 우리는 율법의 기능은 우리에게 우리의 병을 가르쳐 주기만 할 뿐이고, 그 어떤 치료의 소망도 제시해 주지 않는 것인 반면에, 복음의 기능은 자신의 병을 알고서 절망에 빠져 있는 우리에게 치료의 길을 제공해 주는 것이라고 말할 수도 있다. 왜냐하면, 율법은 우리에게 병을 가르쳐 주지만, 우리의 병을 고쳐 주지는 않고, 그 치료를 전적으로 우리에게 맡겨 두는 반면에, 복음은 우리를 그리스도께로 인도해 줌으로써 우리에게 살 길을 열어 주기 때문이다. 따라서 사도가 다른 곳에서 "무릇 율법 행위에 속한 자들은 저주 아래에 있나니 기록된 바 누구든지 율법 책에 기록된 대로 모든 일을 항상 행하지 아니하는 자는 저주 아래에 있는 자라 하였음이라"(갈 3:10)고 말하고 있는 것처럼, 사람은 율법을 만났을 때에는 반드시 죽을 수밖에 없기 때문에, "죽이는 것"은 율법과 분리될 수 없는 율법의 영속적인 부수적 속성이다. 반면에, 사도가 "내가 복음을 부끄러워하지 아니하노니 이 복음은 모든 믿는 자에게 구원을 주시는 하나님의 능력이 됨이라 … 복음에는 하나님의 의가 나타나서 믿음으로 믿음에 이르게 하나니 기록된 바 오직 의인은 믿음으로 말미암아 살리라 함과 같으니라"(롬 1:16-17)고 말하고 있는 것처럼, 사람은 복음을 만났을 때에 반드시 죽을 수밖에 없는 것이 아니라, 도리어 살 수 있는 길이 열린다.

이제 우리는 바울이 율법과 복음을 대비시키면서 마지막으로 언급하고 있는 것을 다루어야 한다. 그는 율법은 "없어질 것"이라고 말하면서, 일시적이고 잠정적으로 주어진 것이기 때문에 반드시 폐하여질 수밖에 없는 것이지만, 복음은 영원토록 있을 것이라고 말한다. 바울이 여기에서 모세의 직분을 일시적이고 잠정적인 것이라고 말한 데에는 여러 가지 이유들이 있다. 그리스도께서 오심으로써, 그 그림자들에 불과한 율법은 폐하여지고 없어지는 것은 당연한 일이지만, "모든 선지자와 율법이 예언한 것은 요한까지니"(마 11:13)라는 말씀은 단순히 율법을 그림자들이라고 말하는 것에서 그치지 않고, 그 이상의 의미를 담고 있다. 왜냐하면, 그 말씀은 그리스도께서 오심으로써, 복음과 구별되는 모세에게 특유한 "직분"의 효력이 끝났다는 것을 의미하기 때문이다.

또한, 하나님께서는 선지자 예레미야를 통해서 "여호와의 말씀이니라 보라 날이 이르리니 내가 이스라엘 집과 유다 집에 새 언약을 맺으리라 이 언약은 내가 그들의 조상들의 손을 잡고 애굽 땅에서 인도하여 내던 날에 맺은 것과 같지 아니할 것은 내가 그들의 남편이 되었어도 그들이 내 언약을 깨뜨렸음이라 여호와의 말씀이니라 그러나 그 날 후에 내가 이스라엘 집과 맺을 언약은 이러하니 곧 내가 나의 법을 그들의 속에 두며 그들의 마음에 기록하여 나는 그들의 하나님이 되고 그들은 내 백성이 될 것이라 여호와의 말씀이니라"(렘 31:31-33)고 말씀하심으로써, 구약의 연약함(infirmitas)은 그 언약이 사람들의 마음에 기록되지 않은 것으로부터 생겨난 것임을 분명하게 보여 주신다. 나는 바울이 여기에서 율법이 폐하여질 것이라고 말하고 있는 것은 복음과 반대되는 한에 있어서의 구약 전체, 그리고 "모든 선지자와 율법이 예언한 것은 요한까지니"(마 11:13)라는 말씀과 부합하는 한에서의 구약 전체에 적용되는 것이라고 본다. 왜냐하면, 그렇게 보는 것이 문맥이 요구하는 것과 일치하기 때문이다. 즉, 바울은 여기에서 단지 구약의 예법들이 폐하여질 것이라고 말하고 있는 것이 아니라, 복음 아래에서 하나님의 성령의 역사는, 하나님이 이전에 율법 아래에서 행하셨을 때와는 비교할 수 없을 정도로 강력하다는 것을 가르치고 있는 것이다.

이스라엘 자손들은 … 주목하지 못하였거든. 바울은 이 말을 통해서, 고린도 교회에서 복음을 아주 하찮은 것으로 취급하여 멸시하고서는 거의 쳐다볼 가치조차 없는 것으로 여겼던 자들을 간접적으로 책망하고 있는 것으로 보인다. 그는 율법의 영광은 너무나 대단해서, 유대인들은 그 영광을 감히 쳐다볼 엄두조차 낼 수 없었다는 사실을 지적한다. 그렇다면, 그리스도께서는 모세와는 비교할 수 없을 정도로 뛰어나신 분이신 것과 마찬가지로, 복음의 영광은 율법의 영광과는 비교할 수 없을 정도로 큰데, 우리는 그런 복음을 어떻게 생각하고 대하는 것이 마땅하겠는가?

10-11. 영광되었던 것이 더 큰 영광으로 말미암아 이에 영광될 것이 없으나 없어질 것도 영광으로 말미암았은즉 길이 있을 것은 더욱 영광 가운데 있느니라. 바울은 여기에서 자기가 앞에서 말하였던 것을 수정하고 있는 것이 아니라, 도리어 확증하고 있다. 왜냐하면, 이 구절은 복음이 왔을 때, 율법의 영광은 소멸된다고 말하고 있는 것이기 때문이다. 달과 별들이 그 자체로는 밝아서, 온 땅에 빛을 비추지만, 해가 뜨면, 해의 더 큰 빛 앞에서 그 빛이 소멸되는 것과 마찬가지로, 율법도 그 자체로는 영광스러운 것이지만, 복음의 더 큰 영광 앞에서는 그 영광이 소멸될 수밖에 없다는 것이다. 이것으로부터 도출되는 결론은, 우리는 복음 안에서 해처럼 찬란한 빛을 발하시는 그리스도의 영광을 아무리 찬양하고 높인다고 하여도 충분할 수 없지만, 복음을 통해서 성령의 엄청난 능력이 나타나서 사람들의 마음과 생각을 하늘로 이끌지 않는 곳에서는, 사람들은 복음을 하찮은 것으로 여겨서 멸시하고 욕을 보이게 된다는 것이다.

[12]우리가 이같은 소망이 있으므로 담대히 말하노니 [13]우리는 모세가 이스라엘 자손

들에게 장차 없어질 것의 결국을 주목하지 못하게 하려고 수건을 그 얼굴에 쓴 것
같이 아니하노라 14그러나 그들의 마음이 완고하여 오늘까지도 구약을 읽을 때에
그 수건이 벗겨지지 아니하고 있으니 그 수건은 그리스도 안에서 없어질 것이라 15
오늘까지 모세의 글을 읽을 때에 수건이 그 마음을 덮었도다 16그러나 언제든지 주
께로 돌아가면 그 수건이 벗겨지리라 17주는 영이시니 주의 영이 계신 곳에는 자유
가 있느니라 18우리가 다 수건을 벗은 얼굴로 거울을 보는 것 같이 주의 영광을 보
매 그와 같은 형상으로 변화하여 영광에서 영광에 이르니 곧 주의 영으로 말미암
음이니라(3:12-18).

12. 우리가 이같은 소망이 있으므로 담대히 말하노니. 바울은, 우리가 이미 앞에서 살펴본 대로, 율법의 본질이나 그 영속적인 특질들에 대해서 다룬 후에, 이제 여기에서는 자신의 논의를 한 걸음 더 진전시켜서, 율법의 남용에 대해서도 다룬다. 사실, 이것도 실제로는 율법의 본질에 속하는 것이었다. 왜냐하면, 율법은 "수건"으로 가려져 있었던 까닭에, 사람들의 눈에 그리 분명하게 보이지 않은 채로, 율법의 영광은 사람들에게 공포와 두려움을 불러일으켰기 때문이다. 동일한 취지에서, 바울은 로마서 8:15에서 "너희는 다시 무서워하는 종의 영을 받지 아니하고 양자의 영을 받았으므로 우리가 아빠 아버지라고 부르짖느니라"고 말함으로써, 이스라엘 백성이 율법을 통해서 "무서워하는 종의 영"을 받았다고 설명한다. 그러나 바울은 여기에서 그런 것보다는, 사람들이 율법을 본래의 고유한 용도대로 사용하지 않고, 율법과는 아무 상관이 없는 이질적인 용도로 남용한 것에 대해서 말한다. 바울이 활동하던 당시에, 유대인들이 그리스도를 완고하게 배척한 것은 연약한 양심을 지닌 많은 사람들에게 걸림돌로 작용해서, 그들은 하나님의 선민에 의해서 인정받지 못한 그런 그리스도를 받아들이는 것이 과연 옳고 합당한 일인지에 대하여 의구심을 품고 있었다. 그래서 사도는 모세가 자신의 얼굴을 "수건"으로 가리기 전에는 하나님의 백성이 모세의 얼굴을 보기를 거절하였을 때, 그들이 눈이 멀어서 그리스도를 알아보지 못하게 될 것은 그때부터 이미 예정된 것이었음을 보여줌으로써, 그러한 걸림돌을 제거한다. 즉, 바울은 모세의 얼굴에 있던 영광의 빛이 율법의 영광을 보여 주는 징표였다는 것을 앞에서 이미 보여 주었던 것과 마찬가지로, 이제 여기에서는 모세의 얼굴에 있던 영광을 가린 "수건"은 이스라엘 백성이 장차 눈이 멀 것임을 보여 주는 징표였다고 가르치고 있는 것이다. 모세는 율법

을 대표하는 인물이었기 때문에, 유대인들이 모세의 얼굴을 있는 그대로 보는 것을 거절한 것은, 율법을 있는 그대로 볼 수 있는 눈이 그들에게 없어서, 오직 수건으로 가려진 율법만을 보고자 하였다는 것을 말해 주는 것이었다. 바울은 "그 수건은 그리스도 안에서 없어질 것"이라는 말을 덧붙이고 나서, 그러한 사실로부터, 그리스도와 그의 가르침을 받아들이는 자들만이 모든 것을 참되고 올바르게 분별하고 깨닫게 될 수 있다는 결론을 이끌어낸다. 바울이 율법과 복음의 가장 큰 차이로 드는 것은, 율법의 영광은 사람들에게 빛을 비추어서 보게 해 주기보다는 사람들의 눈을 멀게 하지만, 복음 안에서는 사람들이 그리스도의 영광스러운 얼굴을 분명하게 보게 된다는 것이다. 이제 그는 복음의 영광은 사람들을 두려움에 떨게 만드는 것이 아니라 사람들에게 기쁨을 주는 사랑스러운 것이고, 감추어진 것이 아니라 모든 사람들이 친밀하게 다가갈 수 있는 것이라고 담대하게 선언한다. 바울이 여기에서 사용하고 있는 '파르레시아'(παρρησία, 한글개역개정에는 "담대히")는 모든 복음 사역자들의 특질이 되어야 마땅한 "담대한 심령"을 의미하는 것일 수도 있고, 그리스도를 공개적으로 분명하게 드러내는 것을 의미하는 것일 수도 있는데, 그는 여기에서 수건으로 가려진 율법의 모호함과 대비되는 개념으로 '파르레시아'를 사용하고 있는 것이기 때문에, 두 번째 의미가 문맥에 더 부합하는 것으로 보인다.

13. 우리는 모세가 이스라엘 자손들에게 장차 없어질 것의 결국을 주목하지 못하게 하려고 수건을 그 얼굴에 쓴 것 같이 아니하노라. 바울은 여기에서 모세가 자신의 얼굴에 수건을 쓴 목적 또는 의도를 말하고 있는 것이 아니다. 왜냐하면, 모세에게 맡겨진 소임은 율법을 이스라엘 백성에게 선포하는 것이었고, 그의 목적 또는 의도는 모든 백성으로 하여금 율법의 참된 의미를 이해하게 하는 것이었던 까닭에, 자신의 가르침을 의도적으로 감추어서 사람들에게 모호하게 보이게 하는 것이 아니었다는 것은 의심의 여지가 없기 때문이다. 율법이 이스라엘 백성에게 모호하였던 것은 그들의 눈이 멀었기 때문이었는데, 모세는 이스라엘 백성의 마음을 새롭게 할 수 없었던 까닭에, 자신에게 맡겨진 소임을 신실하게 수행하는 것으로 만족하여야 하였다. 사실, 모세가 자신의 얼굴에 수건을 쓴 것은, 하나님께서 그에게 그의 얼굴과 이스라엘 백성의 눈 사이에 수건을 써서 가리라고 명하셨고, 그는 거기에 순종한 것일 뿐이었다. 따라서 바울이 여기에서 말하고 있는 것들은 모세의 권위를 전혀 훼손하지 않는다. 왜냐하면, 모세는 하나님께서는 자기에게 명하

시고 맡기신 일들만을 행한 것일 뿐이었고, 그 이상의 것을 행하는 것은 모세의 소임이 아니었던 까닭에, 그는 단지 하나님이 명하신 것들을 신실하게 순종한 것이기 때문이다. 아울러, 시편 19:7이 "여호와의 율법은 완전하여 영혼을 소성시키며 여호와의 증거는 확실하여 우둔한 자를 지혜롭게 하며"라고 증언하고 있듯이, 율법은 비록 그림자들과 예표들과 모형들로 감싸여 있기는 하지만, 우둔한 자들이나 어린아이들도 율법을 통해서 지혜를 얻을 수 있기 때문에, 바울이 여기에서 율법의 영광을 제대로 똑똑히 볼 수 없었고 모호하게 느낄 수밖에 없었다고 말한 것은 오로지 불신앙으로 인해서 눈이 멀어 버린 믿지 않는 자들에게만 국한된 것이었다.

14-15. 그러나 그들의 마음이 완고하여 오늘까지도 구약을 읽을 때에 그 수건이 벗겨지지 아니하고 있으니 … 오늘까지 모세의 글을 읽을 때에 수건이 그 마음을 덮었도다. 바울은 구약 시대에 이스라엘 백성이 율법의 가르침으로부터 아무런 유익도 얻지 못한 것은 순전히 그들의 눈이 멀었기 때문이라고 말함으로써, 모든 책임이 전적으로 그들에게 있다는 것을 보여 준다. 그는 계속해서 수건이 오늘날까지도 여전히 남아 있다고 말하는데, 이것은 이스라엘 백성의 눈이 먼 것이 단지 당시에만 해당되는 일이었던 것이 아니라, 장차 율법을 듣게 될 사람들도 옛적의 이스라엘 백성과 마찬가지로 눈이 멀어 있게 될 것임을 미리 보여 주는 예표였다는 것을 의미한다. 바울은 이렇게 말한 것과 같다: "모세가 이스라엘 백성에게 율법을 줄 때에 자기 얼굴을 수건으로 가린 것은, 장래에도 사람들의 눈이 멀어서 율법의 참된 의미를 제대로 깨닫지 못하게 될 것임을 보여 주는 상징이었다. 그래서 오늘날에도 사람들은 율법을 귀로 듣긴 들어도 듣지 못하고 눈으로 보긴 보아도 보지 못하는 일이 벌어지는 것이기 때문에, 우리는 그러한 일이 벌어지는 것을 보더라도, 마치 어떤 새로운 일이 벌어지고 있는 것처럼 여겨서 이상하게 여기거나 당혹스러워할 이유가 전혀 없다. 하나님께서는 이미 아주 오래 전에 '수건' 이라는 모형을 통해서, 그런 일이 장차 벌어지게 될 것임을 미리 보여 주셨다." 그런데도 어떤 이들은 사람들이 율법을 깨닫지 못하는 데에는 율법에도 일말의 책임이 있는 것이 아니냐고 이의를 제기할 수도 있었기 때문에, 바울은 그러한 이의를 아예 제기하지 못하도록, "오늘까지 모세의 글을 읽을 때에 수건이 그 마음을 덮었다"고 다시 한 번 말함으로써, 모든 책임이 사람들에게 있다는 것은 분명히 한다.

그 수건은 그리스도 안에서 없어질 것이라. 바울은 그들이 빛 가운데 있으면서도 왜 그토록 오랫동안 눈멀어 있는 것인지, 그 이유를 여기에서 설명한다. 즉, 그는 율법은 그 자체가 빛이기는 하지만, 그리스도께서 율법 안에서 우리에게 나타나실 때에만, 우리는 율법의 빛을 누리게 되기 때문이라고 말한다. 유대인들은 온 힘을 다해서 자신들의 눈을 그리스도로부터 돌려서, 그리스도를 단 한순간도 바라보려고 하지 않기 때문에, 마치 햇빛을 보지 않으려고 눈을 꼭 감아 버리는 사람이 아무것도 볼 수 없는 것과 마찬가지로, 그들이 율법의 참된 의미를 볼 수 없는 것은 전혀 이상한 일이 아니다. 하나님의 선민이 눈먼 것, 그것도 일시적이 아니라 오랫동안 그런 상태가 지속되어 왔다는 사실은, 우리도 하나님께서 우리에게 수여하신 온갖 은혜와 복들을 믿고서 교만해서는 안 된다는 경고인데, 사도는 로마서 11:20에서 이 점을 지적한다: "옳도다 그들은 믿지 아니하므로 꺾이고 너는 믿으므로 섰느니라 높은 마음을 품지 말고 도리어 두려워하라." 이스라엘 백성의 눈이 먼 것은, 그들이 불신앙에 빠져서 그리스도를 믿지 않고 멸시하였기 때문에 하나님께서 그들을 크게 벌하신 결과라는 점에서, 우리는 그리스도를 믿지 않고 멸시하는 죄에 빠져서는 안 된다. 우리는 "공의로운 해"(말 4:2)이신 그리스도 없이는 율법이나 하나님의 모든 말씀 속에는 빛(lux)은 존재하지 않는다는 것을 알아야 한다.

16. 그러나 언제든지 주께로 돌아가면 그 수건이 벗겨지리라. 이 절은 지금까지 잘못 번역되어 왔다. 왜냐하면, 바울은 여기에서 모세에 대하여 말하고 있는 것인데도, 라틴 저술가들과 헬라 저술가들은 바울이 여기에서 이스라엘에 대하여 말하고 있는 것으로 생각하였기 때문이다. 즉, 바울은 앞에서 이미 유대인들이 "오늘까지 모세의 글을 읽을 때에 수건이 그 마음을 덮고" 있다고 말한 바 있는데, 이제 여기에서는"그가 주께로 돌아가면 그 수건이 벗겨질" 것이라는 말을 덧붙이고 있는 것이다. 그리고 분명히 여기에서 "그"는 이스라엘이 아니라 모세, 즉 율법을 가리킨다. 그리스도께서는 율법의 종착지이시기 때문에, 유대인들이 율법으로부터 그리스도를 배제시켰을 때, 율법은 전혀 다른 방향으로 가 버린 것이었다. 따라서 율법은 원래의 종착지로 돌아가야 하는데, 율법이 자신의 종착지(finis)로 돌아갈 때까지는, 그들은 율법을 읽을 때에 엉뚱한 길들로 빠져서 헤맬 수밖에 없고, 율법 자체도 그들에게 왜곡되어서 미궁처럼 느껴질 수밖에 없게 된다. 그러므로 유대인들이 율법 안에서 그리스도를 찾으면, 하나님의 진리는 그들에게 분명하게 드러나게 될 것이지만, 그들이 그리스도를 배제한 채로 그리스도 없이 지혜로워지고자 하는 한, 그들은 어둠 속에서 끝없이 헤매게 될 뿐이고, 율법의 참된 의미에 결코 도달할

수 없다. 바울이 율법에 대하여 말하고 있는 모든 것들은 성경 전체에도 그대로 적용된다. 왜냐하면, 성경 전체의 유일한 목적지(scopus)는 그리스도인 까닭에, 그리스도를 중심에 두고 성경을 읽지 않는다면, 성경은 왜곡되어서 잘못 이해되고 해석될 수밖에 없기 때문이다.

17. 주는 영이시니. 이 구절도 지금까지 잘못 해석되어 왔다. 즉, 해석자들은 요한복음 4:24에서 "하나님은 영이시니"라고 말한 것과 동일한 의미로 이 구절을 이해해서, 마치 바울이 여기에서 그리스도는 본질적으로 영적인 존재라고 말하고자 한 것이라고 생각하였다. 그러나 우리 앞에 놓여 있는 이 구절은 그리스도의 본질(essentia)과는 아무 상관이 없고, 오직 그리스도의 직임(officium)에 대해서 말하고 있는 것일 뿐이다. 바울이 여기에서 말하고 있는 것은 그가 앞에서 이미 말하였던 것, 즉 율법의 가르침은 "문자"일 뿐이어서 죽은 것일 뿐만 아니라 우리를 죽이는 것이라고 한 것과 연결되어 있다. 즉, 그는 이제 그리스도를 율법의 "영"이라고 부르고 있는 것인데, 이것은 그리스도께서 율법에 생명을 불어넣어 주실 때에만, 율법은 살아나서 사람들에게 생명을 주는 것이 될 수 있다는 것을 의미한다. 그것은 우리의 육신에 영혼을 더하면, 우리가 명철과 지각을 갖춘 살아 있는 사람이 되어서, 온갖 생명 활동들을 하기에 적합한 존재가 되는 반면에, 우리의 육신으로부터 영혼을 제거하는 경우에는, 온갖 지각이 박탈된 쓸모없는 시체만이 남게 되는 것과 같다. 우리는 이 구절을 특별히 주목할 필요가 있다. 왜냐하면, 이 구절을 통해서 우리는 다윗의 율법을 찬양하여, "여호와의 율법은 완전하여 영혼을 소성시키며 여호와의 증거는 확실하여 우둔한 자를 지혜롭게 하며 여호와의 교훈은 정직하여 마음을 기쁘게 하고 여호와의 계명은 순결하여 눈을 밝게 하시도다"(시 19:17-18)라고 말한 것과 바울이 율법을 혹평하여, 율법은 사람들을 "죽게 하는 정죄의 직분"이고 사람들에게 오직 사망만을 가져다주는 "문자"라고 말한 것(고후 3:7)을 어떻게 조화시킬 수 있는지를 배울 수 있기 때문이다. 요컨대, 그리스도께서 율법에 생명을 불어넣어 주신 경우에는, 다윗이 율법을 찬양한 모든 것은 그대로 율법에 적용될 수 있는 반면에, 율법으로부터 그리스도께서 배제된 경우에는, 바울이 율법을 혹평한 모든 것은 그대로 율법에 적용된다는 것이다. 이렇게 "그리스도는 율법의 생명이다"(Christus est legis vita).

주의 영이 계신 곳에는 자유가 있느니라. 이제 바울은 그리스도께서 어떤 방식으로 율법에 생명을 부여하시는지를 설명하는데, 그것은 우리에게 성령을 주심으로써 그렇게 하신다는 것이다. 여기에 언급된 "영"이라는 단어는 앞 절에 나온 "영"과는 다른 의미를 지닌다. 앞 절에서 "영"은 생명을 의미하는 것이었고, 비유적으로 그리스도를 가리키는 것이었던 반면에, 여기에서 "영"은 그리스도께서 친히 우리에게 주시는 성령을 의미한다. 마치 생명이 모든 사람의 생명 활동이 생겨나는 근원인 것과 마찬가지로, 그리스도께서는 우리를 거듭나게 하심으로써 율법에 생명을 부여하시고, 자기 자신이 생명의 근원이시라는 것을 보여 주신다. 그러므로 그리스도는 자신의 본질(essentia)과 관련해서가 아니라 그의 은혜(gratia)와 관련해서 모든 사람의 보편적인 생명이시다. 또는, 이것을 다른 식으로 표현하자면, 그리스도는 자신의 성령의 살리시는 역사를 통해서 우리를 소생시키시고 살리신다는 점에서 "영"이시다.

또한, 바울은 "주의 영"의 그러한 역사를 통해서 얻는 은택을 "자유가 있느니라"는 말로 표현한다. 나는 여기에서 "자유"는 단지 죄와 육신의 종 노릇 하던 것에서 자유롭게 된 것만을 의미하는 것이 아니라, 우리의 양자됨에 관한 성령의 증언으로부터 우리가 얻는 확신도 의미하는 것이라고 본다. 이것은 사도가 로마서 8:15에서 "너희는 다시 무서워하는 종의 영을 받지 아니하고 양자의 영을 받았으므로 우리가 아빠 아버지라고 부르짖느니라"고 말한 것과 같다. 그 본문에서 바울은 종 노릇 하는 것(servitus)과 무서워하는 것(timor)에 대하여 언급한 후에, 그러한 것들의 반대 개념들로 자유(libertas)와 확신(fiducia)을 말한다. 따라서 나는 아우구스티누스가 이 구절의 요지는 우리가 본성적으로 죄의 종들이지만 중생의 은혜로 말미암아 자유를 얻게 되었다는 것이라고 말한 것은 옳다고 본다. 왜냐하면, 순전히 율법이라는 "문자"만이 존재하는 곳에서는, 죄가 왕 노릇을 하지만, "주의 영이 계신 곳에는 자유가 있는데," 내가 앞에서 이미 말하였듯이, 나는 이 자유를 좀 더 넓은 의미로 이해해서, 단지 죄에서 벗어났다는 것만이 아니라, 중생의 은혜와 양자됨까지도 의미하는 것으로 보기 때문이다. 이 구절을 이 장의 처음 부분과 상응하도록 하기 위해서는, 성령의 은혜를 특히 복음 사역자들에게로만 국한시키는 것도 가능하고, 실제로 복음 사역자들에게는 일반적인 신자들과는 다른 영적인 은혜와 자유가 주어진다는 것도 사실이다. 따라서 이 구절은 모든 사람은 각자가 받은 은혜의 분량에 따라 각각 다른 정도의 자유를 얻게 된다고 말하고 있는 것이라고 주장하는 것에 대하여, 나는 반론을 제기할 생각이 없기는 하지만, 나로서는 내가 앞서 말한 첫 번째 해석을 더 선호한다. 어쨌든, 이 절을 통해서 우리가 바울은 성령이 우리에게 역사하여서 그 은혜로 우리를 거듭나게 하고 구원에 이르게 하는 것을 지적하고 있는 것임을 안다면, 그것으로 충분하다.

18. 우리가 다 수건을 벗은 얼굴로 거울을 보는 것 같이 주의 영광을 보매 그와 같은 형상으로 변화하여 영광에서 영광에 이르니 곧 주의 영으로 말미암음이니라. 이 구절이 모든 믿는 자들에게 공통적으로 적용되는 것임은 너무나 분명한데도, 에라스무스(Erasmus)는 어떻게 해서 이 구절을 오직 복음 사역자들에게만 한정해서 적용할 생각을 하게 된 것인지를 나는 정말 모르겠다. 물론, 여기에서 "거울을 보는 것 같이 … 보매"로 번역된 '카톱트리제스타이' (κατοπτρίζεσθαι)라는 동사는 때로는 "자기를 비추어 보기 위해서 거울을 꺼내다"를 의미하기도 하고, 때로는 "거울 속에 비쳐진 모습을 보다"를 의미하기도 하기 때문에, 헬라어에서 그 의미가 모호하다는 것은 사실이다. 하지만 불가타 역본에서는 두 번째 의미가 여기에서 더 적합한 것으로 올바르게 보았고, 나도 그 역본의 번역을 따랐다. 또한, 바울이 여기에서 "다"라는 보편성을 가리키는 표현을 추가한 데에는 결코 이유가 없지 않다. 즉, 그는 교회에 속한 모든 믿는 자들을 가리키기 위하여 "우리가 다"라고 말한 것이다. 따라서 바울은 이 절에서 우리가 복음 속에서 하나님으로부터 온 분명한 계시를 갖게 되었다고 말하고 있는 것이고, 이것은 그가 앞에서 해 온 말들에 대한 결론으로서 적절하다. 우리는 4장을 다룰 때에 이것에 대해서 좀 더 자세하게 살펴보게 될 것이다.

아울러, 바울은 복음 안에서 드러난 하나님의 계시가 지닌 힘과 우리가 그 계시 안에서 날마다 성장해 나간다는 사실을 지적한다. 그는 "거울을 보는 것 같이 주의 영광을 본다"는 비유를 사용해서, 우리에게 세 가지를 말해 주고자 한다. 첫 번째는 우리는 복음에 다가갈 때에 뭐가 뭔지 모르면 어쩌나 하는 모호성(obscuritas)에 대한 염려와 두려움을 가질 필요가 없다는 것이다. 왜냐하면, 하나님께서는 복음 안에서 우리에게 수건을 벗으신 자신의 얼굴을 그대로 보여 주시기 때문이다. 두 번째는 우리가 그렇게 복음에 다가가서 하나님의 얼굴을 보았을 때, 우리에게는 아무런 변화도 일어나지 않는 것이 아니라, 우리는 하나님의 형상으로 변화를 받게 된다는 것이다. 세 번째는 앞에서 말한 두 가지는 어느 것도 단번에 이루어지지 않지만, 우리는 점진적으로 하나님을 아는 지식이 더 깊어지고 점점 더 많이 하나님의 형상을 닮아가게 된다는 것이다. 이것이 "영광에서 영광에 이르니"라는 어구의 의미이다.

바울은 "곧 주의 영으로 말미암음이니라"는 말을 추가함으로써, 복음의 능력 전체는 성령의 은혜를 통해서 우리에게 생명을 주는 데 있다는 것을 다시 한 번 우리에게 상기시킨다. 여기에서 사용된 비교의 불변화사 "~같이"(한글개역개정에는 번역되지 않았는데, 이 어구를 직역하면, "곧 주의 영으로 말미암음 같으니라"가 된다 —역주)는 "주의 영으로" 말미암기는 하지만 반드시 그런 것은 아니라는 의미를 나타내는 것이 아니라, 우리가 변화되는 방법(modus exprimendum)을 나타낸다. 우리는 복음의 목적은 죄로 말미암아 상실해 버린 하나님의 형상을 우리 안에 다시 회복시키는 것임을 유념하여야 한다. 하나님께서는 자신의 영광을 우리 안에서 조금씩 비추시기 때문에, 이러한 회복은 우리의 일생에 걸쳐서 점진적으로 계속해서 이루어진다.

여기에서 한 가지 질문이 제기될 수 있다: 바울은 우리가 수건을 벗은 얼굴로 하나님의 영광을 본다고 말하고 있지만, 고린도전서 13:12에서는 "우리가 지금은 거울로 보는 것 같이 희미하나"라고 말함으로써, 우리는 지금으로서는 오직 거울로 보는 것 같이 하나님을 희미하게 알 수밖에 없다고 말한 바 있기 때문에, 이 둘은 서로 모순되는 것이 아닌가? 이 둘은 얼핏 보면 서로 모순되어 보이지만, 사실은 그렇지 않다. 우리가 지금 하나님을 아는 것은, 그리스도께서 재림하실 때에 우리가 영광 가운데서 대면하여 하나님을 분명하게 보게 될 것과 비교하면, 사실 희미하게 알고 보는 것에 불과하다. 또한, 하나님께서는 지금은 우리의 구원에 필요하고 우리의 역량으로 가능한 정도로만 자기 자신을 우리에게 계시하셔서 우리로 하여금 보게 하시는 것이다. 따라서 사도가 여기에서 우리가 점점 더 하나님을 많이 알아 가게 될 것이라고 말하고 있기는 하지만, 하나님을 아는 우리의 지식이 온전하게 되는 것은 오직 그리스도께서 다시 나타나실 때이다.

제4장

[1]그러므로 우리가 이 직분을 받아 긍휼하심을 입은 대로 낙심하지 아니하고 [2]이에
숨은 부끄러움의 일을 버리고 속임으로 행하지 아니하며 하나님의 말씀을 혼잡하
게 하지 아니하고 오직 진리를 나타냄으로 하나님 앞에서 각 사람의 양심에 대하
여 스스로 추천하노라 [3]만일 우리의 복음이 가리었으면 망하는 자들에게 가리어진
것이라 [4]그 중에 이 세상의 신이 믿지 아니하는 자들의 마음을 혼미하게 하여 그리
스도의 영광의 복음의 광채가 비치지 못하게 함이니 그리스도는 하나님의 형상이
니라 [5]우리는 우리를 전파하는 것이 아니라 오직 그리스도 예수의 주 되신 것과 또
예수를 위하여 우리가 너희의 종 된 것을 전파함이라 [6]어두운 데에 빛이 비치라 말
씀하셨던 그 하나님께서 예수 그리스도의 얼굴에 있는 하나님의 영광을 아는 빛을
우리 마음에 비추셨느니라(4:1-6).

1. 그러므로 우리가 이 직분을 받아 긍휼하심을 입은 대로 낙심하지 아니하고. 바울은 이제 자기 자신을 추천하는 것으로 다시 되돌아온다. 왜냐하면, 그는 원래 자기 자신을 추천하다, 도중에 잠시 본론을 접어 두고 곁길로 새서, 복음이 얼마나 뛰어나고 대단한지를 지금까지 일반적으로 논증해 온 것이기 때문이다. 그는 앞에서 복음의 본질에 대해서 이미 자세하게 말하였기 때문에, 이제는 그러한 토대 위에서 계속해서, 자기가 그러한 복음의 신실하고 진실한 사역자로 행해 왔다는 것을 보여 준다. 그는 방금 그리스도의 참된 복음이라는 것이 어떤 것인지를 설명하였기 때문에, 이제 여기에서는 자기가 전하고 있는 것으로 바로 그러한 참된 복음이라고 선언한다. 그는 자기가 "이 직분을 받아"라고 말하는데, 이것은 자기가 지금까지 그토록 엄청난 표현들을 사용해서 상찬해 왔고, 그 능력과 유익이 얼마나 대단한 것인지를 입이 닳도록 설명해 온 바로 그 복음을 맡아 전하고 가르치는 "직분"을 받았다는 것을 강조하고 있는 것이다. 바울은 이렇게 말하는 것이 자기 자신을 지나치게 높이고 자랑하는 것으로 비칠 수도 있었기 때문에, 그러한 인상을 주

지 않기 위해서, 먼저 자기가 그러한 지극히 영광스러운 직분을 받게 된 것은 자신의 노력이나 어떤 공로 때문이 아니라 전적으로 하나님의 "긍휼하심"을 입어서 그렇게 된 것이라고 분명하게 밝힌다. 그는 자기가 사도가 된 것이 하나님의 은혜로 말미암은 것이라고 말해도 되었을 것인데, 그렇게 말하지 않고, 거기에서 더 자신을 낮추어서, 하나님의 "긍휼하심"으로 말미암은 것이라고 말함으로써, 자기가 이렇게 말하는 것이 결코 자기를 높이거나 자랑하려는 것이 아니라는 것을 한층 더 분명히 한다. 또한, 바울은 "낙심하지 아니하고"라고 말함으로써, 자기는 하나님께서 자기에게 맡기신 "이 직분"을 방치하거나 소홀히 하지 않고, 신실하고 충성되게 수행하고 있다는 것을 보여 준다.

2. 이에 숨은 부끄러움의 일을 버리고. 바울은 여기에서 자신의 진실함을 추천하는 가운데, 거짓 사도들이 자신들의 야심으로 말미암아 복음이 원래 가지고 있던 능력이 나타나도록 복음을 전하거나 가르치지 않고, 오로지 자신들의 영달을 위한 이기적인 목적으로 복음을 이용해 온 것을 암묵적으로 질책하고 있다. 따라서 그는 "숨은 부끄러움의 일들"과 "속임"과 "하나님의 말씀을 혼잡하게 하는" 것으로부터 자기는 자유롭다고 말함으로써, 거짓 사도들은 그러한 잘못들을 저질러 왔다는 것을 간접적으로 말하고 있는 것이다. 바울이 여기에서 "숨은 부끄러움의 일들"이라고 한 것에 대해서, 어떤 이들은 그림자들에 불과한 모세 율법을 가리키는 것으로 이해하고, 크리소스토모스(Chrysostomus)는 바울의 대적들이 사람들로부터 인정과 칭송을 받기 위해서 그들 자신에 대하여 한껏 부풀려서 늘어 놓은 헛된 자랑들을 가리키는 것으로 이해하지만, 나는 이 어구는 거짓 사도들이 복음이 원래 지니고 있던 순전한 아름다움과 탁월함(pulchritudo)을 혼잡하게 하기 위하여 사용한 온갖 추악하고 부끄러운 짓들을 가리키는 것으로 이해한다. 왜냐하면, 고결하고 현숙하며 존귀한 여자들이 선천적으로 타고난 자연미가 주는 우아함으로 만족하고, 자기 자신을 인위적인 것들로 꾸미거나 장식하려고 하지 않는 반면에, 창기들은 자신의 타고난 모습을 찾아볼 수 없을 정도가 될 때까지 화장을 하고 꾸며야만 직성이 풀리는 것과 마찬가지로, 바울의 자랑은 다른 사람들은 추하고 부끄러운 장식물들로 복음을 치장해서 가짜 복음을 전하고 가르치더라도, 자신만은 순전한 복음을 전하고 가르쳐 왔다는 것이었기 때문이다. 거짓 사도들은 그리스도의 단순성(simplicitas)을 부끄러워하거나, 적어도 사도들이 지닌 참된 탁월한 것들을 지니고 있지 않았기 때문에, 온갖 현학적이고 현란한 헛된 미사여구들로 가득

한 속된 철학을 닮은 새로운 복음을 만들어 내었고, 그들의 그러한 가짜 복음에는 성령의 능력과 역사가 전혀 없었다. 바울은 그들이 복음을 기형적으로 왜곡시키고 변질시키는 데 사용한 그러한 가짜 장식물들을 "부끄러움을 감추고 은폐하기 위한 것들"(한글개역개정에는 "숨은 부끄러움의 일")이라고 부른다. 왜냐하면, 그들은 자신들의 벌거벗은 모습을 감추고 위장하기 위해서 그러한 장식물들을 동원한 것이고, 그들의 그러한 벌거벗은 모습은 그들에게 욕된 것이고 창피한 것, 즉 그들의 "부끄러움"이기 때문이다. 바울은 자기가 복음을 전하거나 가르칠 때, 그리스도의 얼굴을 감추지 않고 수건을 벗은 상태로 더욱더 분명하고 사람들 앞에 드러내면 낼수록, 그리스도의 얼굴은 더욱더 밝게 영광의 찬란한 빛을 발하기 때문에, 자기는 그리스도의 영광의 얼굴을 감추고 위장하기 위하여 사용하는 장식물들을 배척하고 경멸한다고 말한다. 나는 바울이 이미 앞에서 언급한 모세의 "수건"(출 34:33, "모세가 그들에게 말하기를 마치고 수건으로 자기 얼굴을 가렸더라")을 여기에서 염두에 두고 말하고 있다는 것을 부인하지는 않지만, 거짓 사도들을 덮고 있던 수건은 모세의 수건과는 완전히 다른 종류의 것이었다. 만일 그들이 복음을 전하거나 가르칠 때, 단순한 복음을 있는 그대로 드러내어 빛을 발하게 한다면, 그들은 자신들의 초라하고 창피한 모습이 그대로 다 드러나게 될 것이었기 때문에, 그토록 무수한 위장복들과 가면들로 그들 자신의 부끄러운 모습을 감추고 은폐한 것이었다.

속임으로 행하지 아니하며. 거짓 사도들은 지극히 영악하고 교묘하게 행하는 것을 아주 좋아하였다는 것은 의심의 여지가 없는데, 바울은 여기에서 그들의 그러한 행태를 꾸짖고 있다. 오늘날 심지어 복음을 믿는다고 고백한 자들 중에서도, 진실하고 순수하게 행하는 것이 아니라 세련되고 우아하게 행하는 것을 더 높이 치는 자들이 있는 것 같이, 당시에 거짓 사도들은 그런 식으로 행하는 것이 마치 뛰어난 덕목인 것처럼 생각하였다. 하지만 그들이 세련되고 우아하다고 여긴 것들은 유치하기 짝이 없는 것에 지나지 않는 것들이었다. 그렇다면, 그들은 그런 것들을 가지고서 무엇을 하고자 하였고 무엇을 이룰 수 있었던 것인가? 그들은 사람들로부터 똑똑하고 영리하며 능력 있는 사람들이라는 명성을 얻고자 하였고, 그들이 그런 식으로 행한 것은 무지한 자들로부터 칭송을 얻을 수 있는 길이었다. 하지만 우리는 여기에서 거짓 사도들이 뛰어난 덕목이라고 여겼던 것에 대하여 바울이 무엇이라고 말하는지를 듣게 된다. 즉, 그는 "영악함"(astutia, 한글개역개정에는 "속임")은 그리스도의 종들에게 합당하지 않은 것이라고 분명하게 말한다.

하나님의 말씀을 혼잡하게 하지 아니하고. 나는 이 구절을 "하나님의 말씀을 기만적으로 다루지 아니하고"로 번역하는 것이 과연 바울의 의도를 충분히 분명하게 드러내는 것인지에 대하여 확신이 없다. 왜냐하면, 헬라어에서 '돌룬'(δολοῦν)이라는 동사는 "기만적으로 행하다"라는 의미라기보다는, 속임수를 쓰는 장사꾼들이 자신들이 팔고자 하는 물건이 형편없을 때에 그것을 은폐하기 위하여 겉만 번지르르하게 잘 닦아서 광을 내는 것과 같이, "거짓 것으로 만드는" 것을 의미하기 때문이다. 어쨌든, 이 구절에서 이 단어는 하나님의 말씀을 진실하게 전하고 가르치는 것과 반대되는 개념으로 사용되고 있고, 그렇게 해석하는 것이 뒤에 나오는 말과 부합한다.

오직 진리를 나타냄으로 하나님 앞에서 각 사람의 양심에 대하여 스스로 추천하노라. 바울은 자기는 복음의 순전한 가르침을 그 어떤 장식이나 위장도 없이 단순하게 있는 그대로 전하였고, 이것이 자기 자신을 추천하는 이유라고 주장하면서, 자기로부터 복음을 들은 "각 사람의 양심"이 "하나님 앞에서" 자기가 그렇게 하였음을 증언해 줄 수 있는 증인들이라고 말한다. 그는 궤변론자들이 변질되고 왜곡된 복음을 전하였던 반면에, 자기는 진리를 있는 그대로 드러내었다고 말한 후에, 자신의 대적들은 사람들의 잘못된 판단들과 부패하고 왜곡된 감정들에 의존하고 있고, 자신들이 진정으로 칭찬을 받을 만한 자들인지에는 관심이 없고 단지 칭찬을 받을 만한 자들인 것처럼 사람들 앞에 보이는 데 관심을 갖고 있는 반면에, 자기는 자신에 대한 판단과 평가를 사람들의 "양심"과 하나님의 심판대에 맡긴다고 말한다. 이것으로부터 우리가 알 수 있는 것은, 바울은 사람들의 양심에 호소하는 것과 사람들의 귀에 호소하는 것을 서로 대비시키고 있다는 것이다. 그리스도의 종들은 자신들의 양심이 하나님 앞에서 인정을 받는 것으로 충분하기 때문에, 사람들의 악한 욕심들이나 헛된 칭송에 연연해하지 않아야 한다.

3. 만일 우리의 복음이 가리었으면 망하는 자들에게 가리어진 것이라. 바울에게는 많은 대적들이 있었기 때문에, 그들은 바울이 자신이 전한 복음은 단순하고 분명하다고 주장한 것을 비웃고 조롱할 것은 뻔한 일이었다. 따라서 그는 충분히 예상되는 그들의 그러한 조롱에 대하여 사도의 엄한 권위로 단호하게 맞서서, 자기가 전하는 복음의 능력을 깨닫지 못하는 것은 그들이 멸망받게 되어 있는 자들이고 사망에 처해지게 되어 있는 자들임을 보여 주는 증표라고 경고한다. 그는 정확히 이렇게 말한 것과 같다: "어떤 사람이 자기는 내가 복음을 전할 때에 그리스도

를 있는 그대로 드러내었다고 한 말을 인정할 수 없다고 말한다면, 그것은 그 사람이 멸망 받게 되어 있는 자라는 것을 스스로 분명하게 증명하고 있는 것이다. 왜냐하면, 보는 눈을 가진 모든 사람들은 나의 가르침이 참되다는 것을 아주 분명하게 알 수 있기 때문이다. 따라서 바울이 전한 복음을 알아듣지 못하는 자들, 즉 내가 전한 복음이 어떤 자들에게 가리었다면, 그 사람들은 눈먼 자들이고, 하나님의 말씀을 알아들을 수 있는 지각이 전혀 없는 자들이다." 바울이 여기에서 말하고자 하는 요지는, 믿지 않는 자들이 눈이 멀어서 자기가 전하는 복음을 깨닫지 못한다고 해서, 자기가 복음을 단순하고 분명하게 전하고 있다는 사실이 부정되는 것은 아니라는 것이다. 이것은 눈먼 맹인들이 햇빛을 보지 못하고 깨닫지 못한다고 해서, 해가 빛나고 있다는 사실이 부정되는 것이 아닌 것과 같다.

어떤 사람들은 이것은 율법에도 마찬가지로 적용되는 것이라고 주장할 것이다. 왜냐하면, 율법도 그 자체로는 우리의 "발에 등"이자 우리의 "길에 빛"(시 119:105)이고, 우리의 "눈을 밝게" 해 주는 것(시 19:8)이지만, 오직 멸망하는 자들에게만 가려져 있는 것이기 때문이다. 나의 대답은, 우리가 율법 속에 그리스도를 포함시키는 경우에는, 그리스도께서는 많은 구름들에 덮여 있는 가운데 빛을 발하고 계시는 것이기 때문에, 사람들은 구름들인 율법 사이로 충분히 빛이신 그리스도를 볼 수 있다고 말할 수 있지만, 그리스도와 율법을 구분해서 오직 율법에 대해서 말하는 경우에는, 율법에는 오직 어둠밖에 남아 있지 않기 때문에, 율법은 사람들의 눈을 열어서 그리스도를 보게 해 주기는커녕 도리어, 겉으로만 빛으로 보이는 거짓된 빛으로 사람들의 눈을 현혹시킬 뿐이라고 말할 수 있다는 것이다.

바울이 자기가 전하는 복음을 거부하고 배척하는 모든 사람들을 멸망 받게 되어 있는 자들이라고 담대하게 선언하고 있다는 사실은 그에게 그토록 큰 확신이 있음을 보여 주는 증거이다. 하나님의 사역자들로 여김을 받고자 하는 모든 사람들은 바울이 여기에서 보여 주고 있는 그러한 큰 확신을 가지고서, 자신들이 전하는 복음을 대적하는 모든 자들을 주저 없이 하나님의 심판대 앞으로 담대하게 호출해서, 그들로 하여금 거기에서 확실한 정죄를 받게 하는 것이 마땅하다.

4. 그 중에 이 세상의 신이 믿지 아니하는 자들의 마음을 혼미하게 하여. 바울은 믿지 않는 자들의 사악함과 완악함은 변명의 여지가 없다는 것을 여기에서 보여 준다. 그는 이렇게 말한다: "마귀가 그들의 지각을 눈멀게 하였기 때문에, 정오의 해가 대낮같이 밝은 빛을 비추고 있는데도, 그들은 그 빛을 보지 못한다." 올바른

판단력을 지닌 사람이라면 누구든지, 사도가 여기에서 말하고 있는 "이 세상의 신"이 사탄을 가리킨다는 것에 대하여 그 어떤 의심도 가질 수 없을 것이다. 아리우스파가 그리스도께서 하나님이시라는 것을 고백하면서도, 그리스도의 참된 신성을 부정하기 위한 증거 본문으로 이 구절을 악용하였을 때, 힐라리우스(Hilarius, 주후 315-367년, 교부)는 그들과 논쟁하면서 이 구절을 다음과 같이 왜곡해서 해석하였다: "하나님께서는 이 세상의 지각을 눈멀게 하셨다." 나중에, 크리소스토모스(Chrysostomus)도 마니교가 주장하던 "최초의 두 원리," 즉 빛과 어둠, 그리고 선과 악의 이원론을 배척하기 위해서, 이 구절에 대한 힐라리우스의 해석을 따랐다. 암브로시우스(Ambrosius)가 이 해석을 받아들였는지는 분명하지 않지만, 아우구스티누스(Augustinus)는 마니교에 대항하기 위하여 크리소스토모스와 동일한 입장을 취하였다. 이것은 논쟁이 격렬할 때에 어떤 일이 벌어질 수 있는지를 잘 보여주는 예이다. 왜냐하면, 만일 이 사람들이 모두 바울의 이 구절을 그 자체로 조용히 묵상하며 읽었다면, 그들 중의 어느 누구도 이 구절을 그런 식으로 왜곡해서 부자연스럽고 억지스럽게 해석하는 일은 결코 일어나지 않았을 것이지만, 그들은 자신들의 대적들의 격렬한 공세로 말미암아 곤혹스러운 상황에 처해 있었던 까닭에, 바울이 이 구절을 통해서 무엇을 말하고자 하는지를 있는 그대로 살펴보기보다는, 그 대적들의 주장을 어떻게 하면 반박할 수 있을까를 찾아내는 데 더 골몰하여서, 그런 왜곡된 해석을 하게 된 것이었기 때문이다.

그렇다면, 그들로 하여금 이 구절을 그렇게 해석하게 만든 원인은 무엇이었을까? 아리우스파의 주장은 다음과 같은 것으로서, 참으로 유치하기 짝이 없는 것이었다: 성경이 마귀를 "이 세상의 신"이라고 부르고 있는 것으로 보아서, 성경이 그리스도를 하나님으로 부른다고 할지라도, 그것은 반드시 그리스도의 참되고 영원하며 유일무이한 신성을 표현하고 있는 것은 아니다. 실제로, 바울은 다른 곳에서 "비록 하늘에나 땅에나 신이라 불리는 자가 있어 많은 신과 많은 주가 있으나"(고전 8:5)라고 말하고 있고, 다윗은 "만국의 모든 신들은 귀신들이지만"(시 96:5, 한글개역개정에는 "귀신들"이 "우상들"로 되어 있다 —역주)이라고 말하고 있다. 따라서 마귀가 악한 자들을 지배하고 있고, 그들이 하나님 대신에 마귀를 숭배하고 있다는 것을 근거로 해서, 성경이 마귀를 악한 자들의 "신"이라고 부르고 있는 것이라면, 그리스도께서도 그런 의미에서 "신" 또는 "하나님"으로 불리는 것이라고 본다고 해서, 문제가 될 것이 무엇이 있겠는가?

이렇게 마니교에서는 요한복음 14:30에서 마귀를 "이 세상의 임금"이라고 부르고 있는 것과 바울이 여기에서 마귀를 "이 세상의 신"이라고 부르고 있는 것을 동일한 의미로 이해하는 것이기 때문에, 우리는 이 구절이 마귀를 가리키고 있는 것으로 해석하는 것을 두려워하거나 꺼려할 이유도 없고, 그러한 해석에는 아무런 위험성도 없다. 왜냐하면, 아리우스파가 사탄이 "신"으로 불린다고 해서 신이라는 것이 증명되는 것이 아닌 것과 마찬가지로, 그리스도께서 "하나님"으로 불린다고 해서 그리스도의 참된 신성이 증명되는 것이 아니라고 주장한다면, 우리는 그러한 궤변을 쉽게 반박할 수 있기 때문이다. 아리우스파의 그러한 궤변적인 주장에 대한 우리의 반박은 이런 것이다: 그리스도께서는 아무런 덧붙이는 말도 없이 단독으로 하나님이라 불린다. 예컨대, 로마서 9:5에서는 "조상들도 그들의 것이요 육신으로 하면 그리스도가 그들에게서 나셨으니 그는 만물 위에 계셔서 세세에 찬양을 받으실 하나님이시니라"고 말하고 있고, 요한복음 1:1에서는 "태초에 말씀이 계시니라 이 말씀이 하나님과 함께 계셨으니 이 말씀은 곧 하나님이시니라"고 말한다. 반면에, 바울이 마귀를 "이 세상의 신"이라고 부르는 것은, 사람들이 바알을 그 우상을 숭배하는 자들의 신이라고 부르고, 개를 애굽의 신이라고 부르는 것과 결코 다르지 않다.

내가 이미 말하였듯이, 마니교도들은 자신들의 잘못된 주장을 밑받침하기 위해서, 이 구절을 비롯해서 성경의 다른 구절들을 증거 본문들로 인용하지만, 그들의 주장을 반박하는 것은 전혀 어렵지 않다. 그들은 이 구절에 나오는 "용어"가 아니라 이 구절이 보여 주는 사탄의 "능력"에 주목한다. 그들은 바울이 여기에서 사람들의 눈을 멀게 하는 "능력"이 사탄에게 있고, 사탄은 믿지 않는 자들을 지배한다고 말하고 있다는 것을 근거로 삼아서, 사탄은 자신의 독자적인 능력으로 모든 악의 원천이기 때문에, 하나님의 주관 아래 있지 않다는 결론을 거기로부터 이끌어 낸다. 성경은 여러 곳에서 하늘의 선한 천사들만이 아니라 악한 귀신들도 각자 여러 모양으로 하나님을 섬기는 종들이라는 것을 분명하게 밝히고 있는데도, 그들은 그런 사실에는 눈을 감아 버린 채로, 이 구절로부터 말도 안 되는 결론을 도출해 낸 것이다. 선한 천사들은 우리의 구원을 위해서 하나님의 은택들을 우리에게 나누어 주는 일을 하고, 악한 귀신들은 하나님의 진노를 집행하는 일을 한다. 그런 까닭에, 선한 천사들은 "통치자들과 권세들"(엡 3:10)이라 불리지만, 그것은 순전히 그 천사들이 하나님으로부터 받은 권세를 행사하기 때문이다. 사탄이 "이 세상의 신"으로 불리는 이유도 마찬가지이다. 사탄은 이 세상을 다스리고 있지만, 그 권세는 자기 자신에게서 나온 것도 아니고, 자신이 독자적으로 얻은 것도 아니며, 자기 마음대로 사용할 수 있는 것도 아니다. 그런 것과는 정반대로, 사탄은 그 권세를 하나님으로부터 받은 것이고, 오직 하나님께서 그에게 허락하신 한도 내에서만 권세를 사용할 수 있다. 그래서 성경은 단지 하나님의 선한 영과 선한 천사들에 대해서만이 아니라, 하나님의 악한 영들에 대해서도 언급한다. 예컨대, 사무엘상 16:14에서는 "여호와의 영이 사울에게서 떠나고 여호와께서 부리시는 악령이 그를 번뇌하게 한지라"고 말하고 있고, 시편 78:49에서는 "그의 맹렬한 노여움과 진노와 분노와 고난 곧 재앙의 천사들을 그들에게 내려보내셨으며"라고 말함으로써, 하나님께서 "재앙의 천사들"로 표현된 악한 천사들을 사용하셔서 징계와 벌을 내리시는 것을 보여 준다.

다시 우리 앞에 놓인 본문으로 돌아와 보면, 믿지 않는 자들을 눈멀게 하고 "혼미하게" 하는 것은 하나님과 사탄에 공통적인 역사이기는 하지만, 각각이 소유하고 있는 권능도 동일하지 않고, 그 권능을 행사하는 방식도 동일하지 않다. 나는 지금 여기에서는 하나님과 사탄이 자신의 권능을 행사하는 방식에 대해서는 아무 말도 하지 않겠지만, 성경에서는 사탄이 오직 하나님의 허락하심 아래에서만 사람들을 눈멀게 할 수 있을 뿐만 아니라, 사탄이 사람들에게 그렇게 하는 것은 하나님의 명령으로 하나님의 원수를 갚는 것이라고 가르친다. 따라서 아합은 사탄에 의해서 속았지만, 그것은 사탄이 혼자서 그렇게 한 것이 아니라, 하나님의 허락과 명령 아래에서 이루어진 일이었다: "한 영이 나아와 여호와 앞에 서서 말하되 내가 그를 꾀겠나이다 여호와께서 그에게 이르시되 어떻게 하겠느냐 이르되 내가 나가서 거짓말하는 영이 되어 그의 모든 선지자들의 입에 있겠나이다 여호와께서 이르시되 너는 꾀겠고 또 이루리라 나가서 그리하라 하셨은즉 이제 여호와께서 거짓말하는 영을 왕의 이 모든 선지자의 입에 넣으셨고 또 여호와께서 왕에 대하여 화를 말씀하셨나이다"(왕상 22:21-23). 이렇게 사탄은 하나님께서 아합에게 선언하신 "화"를 이루기 위하여, 하나님의 보내심을 받아서 "거짓말하는 영"이 되어 모든 선지자들의 입에 들어갔다. 성경에서 하나님께서 사람들을 눈멀게 하셨다고 말하는 이유는, 하나님이 우리로 하여금 우리의 지각과 성령의 빛을 올바르게 사용하지 못하게 하심과 아울러, 사탄에게 우리를 속이는 권능을 주신 후에, 우리를 사탄에게 넘기셔서, 사탄으로 하여금 우리를 급속하게 "상실한 마음"(롬 1:28)으로 이끌어서 온갖 죄악들을 저지르게 하시는 방식으로, 사탄을 자신의 진노를 집행하는 사역자로 삼으셔서 우리에 대한 의로우신 복수를 하시기 때문이다.

따라서 바울이 여기에서 말하고자 하는 것은, 자기가 전하고 가르치는 것이 하나님의 확실한 진리라는 것을 인정하지 않는 모든 자들은 마귀에게 사로잡혀 있는 자들이라는 것이다. 즉, 그는 하나님께서 믿지 않는 자들을 심판하셔서 그들의 눈을 멀게 하신 것이라고 하지 않고, 그것보다 더 심하게, 그들은 마귀에게 사로잡혀서 마귀의 종 노릇을 하고 있는 자들이라고 부르고 있는 것이다. 조금 전에 바울은 그들을 "망하는 자들"(3절), 즉 멸망받게 되어 있는 자들이라고 말하였었는데, 이제 여기에서는 그들이 "망하는 자들"이 되어서 멸망받게 된 유일한 이유가 무엇인지를 덧붙인다. 그들은 자신들의 불신앙으로 말미암아 스스로 멸망을 자초해 왔다는 것이다.

그리스도의 영광의 복음의 광채가 비치지 못하게 함이니 그리스도는 하나님의 형상이니라. 바울은 자기가 방금 앞에서 말한 것, 즉 어떤 사람이 자기가 전하는 복음을 배척한다면, 그것은 그 사람이 눈이 멀어서 그 복음을 받아들이지 않는 것임을 여기에서 다시 한 번 확증한다. 그는 이렇게 말한다: "복음 속에는 오직 그리스도만이 홀로 드러나시는데, 거기에서 그리스도는 희미하게 드러나시는 것이 아니라, 환하고 분명하게 빛을 발하고 계신다." 바울이 그렇게 말한 후에, 그리스도는 "하나님의 형상"이시라는 말을 덧붙인 이유는, 자기가 지금 거론하고 있는 믿지 않는 자들은 하나님을 전혀 알지 못하는 자들이라는 것을 분명히 하기 위한 것이다. 왜냐하면, 요한복음 14:7에서 그리스도께서는 "너희가 나를 알았더라면 내 아버지도 알았으리로다"라고 말씀하셨기 때문이다. 바울이 자신의 사도직을 의심한 자들에 대하여 그토록 엄하게 질책하고 책망한 이유도 거기에 있다. 즉, 그들은 바울이 전한 복음 속에서 그리스도를 분명하게 볼 수 있었는데도, 자신들의 불신앙으로 인하여 그리스도를 보지 않았기 때문이다. 바울이 여기에서 사용한 "그리스도의 영광의 복음"이라는 표현이 히브리적인 어법을 따라서 "그리스도의 영광스러운 복음"을 의미하는 것인지, 아니면 "그리스도의 영광이 빛나는 복음"을 의미하는 것인지는 확실하지 않다. 나는 두 번째 해석이 좀 더 충실한 의미를 우리에게 전달해 준다는 점에서 더 낫다고 본다. 바울이 그리스도를 "보이지 아니하는 하나님의 형상"(골 1:15)이시라고 부르는 것은, 단지 그리스도의 본질(essentia)과 관련해서 그리스도께서 성부 하나님과 동일 본질이시라는 것을 말하는 것이 아니라,

그리스도와 우리의 관계에 있어서 그리스도는 우리에게 성부 하나님을 대표하고 보여 주시는 분이라고 말하는 것이다. 성부 하나님이 "보이지 아니하는 하나님"으로 불리는 이유는, 하나님은 인간의 지각으로는 알 수 없는 분인 까닭에, 자기 아들을 통해서 인간의 눈에 보이는 형태로 자기 자신을 나타내셔서 우리에게 자신을 보여 주시기 때문이다. 내가 이렇게 말하는 것은, 옛 교부들은 아리우스파와의 열띤 논쟁에 매몰되어서, 성자이신 그리스도께서 성부 하나님의 형상으로 불리는 이유는 성자와 성자 간의 비밀한 내적 연합으로 인한 것이라는 측면을 지나치게 강조한 반면에, 실제적으로 더 중요한 측면, 즉 그리스도는 성부 하나님 안에 감추어져 있는 것들을 우리에게 계시하시고 드러내 주신다는 점에서 하나님의 형상이시라는 것을 간과하는 경향을 보여 주고 있기 때문이다. 우리가 곧 또다시 보게 되겠지만, 이렇게 "형상"이라는 단어는 삼위일체 하나님 서로 간의 내적인 관계라는 측면보다는 우리와의 관계라는 측면을 더 부각시키고 있다. 헬라어 사본들 가운데는 "보이지 아니하는 하나님"으로 되어 있는 사본들도 있고, 이 어구에서 "보이지 아니하는"이라는 형용사를 생략한 사본들도 있지만, 이 형용사는 불필요한 사족이 아니기 때문에, 나는 이 형용사가 있는 사본을 따랐다.

5. 우리는 우리를 전파하는 것이 아니라 오직 그리스도 예수의 주 되신 것과 … 전파함이라 어떤 이들은 바울이 이 구절에서 하나의 동사나 형용사를 한 문장 내에서 둘 이상의 명사에 대하여 억지로 걸리게 하는 수사법인 액어법(zeugma)을 사용하고 있다고 보고서, "주 되신 것"이 "우리"와 "그리스도" 양쪽에 다 걸리는 것으로 이해해서, 이 구절을 이렇게 해석한다: "우리는 우리 자신이 주들이라고 전파하는 것이 아니라, 하나님 아버지께서 만물 위에 세우신 자신의 독생자가 유일한 주시라고 전파한다." 나는 그러한 해석이 잘못되었다고 생각하지는 않지만, "우리는 우리 자신을 전파하는 것이 아니라 그리스도 예수께서 주시라는 것과 예수를 위하여 우리가 너희의 종 된 것을 전파한다"는 해석이 더 낫다고 생각한다. 왜냐하면, 후자의 해석은 좀 더 포괄적이고 충실한 내용을 전달해 줄 뿐만 아니라, 바울이 여기에서 말하고자 하는 것을 좀 더 강조해서 보여 주고 있고, 아울러 거의 모든 해석자들의 지지를 받고 있기 때문이다. 사람들이 자신들을 전파한다는 것은, 단지 자신들이 다른 사람들의 주라는 것을 전파하는 것만이 아니라, 그 밖의 다른 것들을 의미할 수 있다. 예컨대, 사람들은 교회의 덕을 세우기 위해서가 아니라 자기 자신을 과시하기 위해서, 또는 자신이 이런저런 방식으로 유명해지기 위해서, 또는

복음 사역을 통해서 돈을 벌고 이득을 챙기기 위해서, 자기 자신을 전파할 수 있다. 복음 사역자들에게 있는 야심과 탐욕과 그 밖의 다른 결함들은 그들의 가르침의 순수성을 오염시켜서, 그들이 전한 복음 속에서는 오직 그리스도만이 홀로 높임과 영광을 받을 수 없게 된다. 오직 그리스도만을 전파하고자 하는 사람은 반드시 자기 자신을 잊어야 한다.

또 예수를 위하여 우리가 너희의 종 된 것을. 어떤 사람들은 바울이 앞에서 한 말을 듣고서, "하지만 그동안 당신은 당신 자신에 관하여도 많은 말들을 해 오지 않았느냐"고 반론을 제기할 수도 있었기 때문에, 바울은 자기는 단지 자기가 그들의 "종"이라는 것만을 말해 온 것이라고 대답한다. 그는 이렇게 말한 것과 같다: "내가 내 자신이 얼마나 대단한 인물인지를 너희에게 말할 때, 너희는 내가 내 자신을 자랑하고 있다고 생각하겠지만, 사실 내가 나를 그렇게 자랑하는 목적은 순전히 그리스도 안에서 너희에 대한 나의 사역이 너희에게 유익이 되게 하기 위한 것이다." 바울이 이렇게 말하는 것은 그의 진심이기 때문에, 고린도 교인들이 그의 이러한 해명을 받아들이지 않고, 변명일 뿐이라고 배척한다면, 그것은 오직 그들이 너무 교만하고 배은망덕하다는 것을 보여 주는 증거일 뿐이다. 사실, 바울이 그들에 대하여 품어 온 거룩한 사랑을 그들이 몰라 주었다는 것은 그들의 판단력과 분별력이 얼마나 잘못되어 있었는지를 잘 보여 준다. 바울은 여기에서 교회의 모든 목회자들에게 그들의 신분과 처지가 어떤 것인지를 분명하게 보여 주며 경고하고 있다. 즉, 그들이 아무리 존귀한 직분과 직함을 지니고 있다고 할지라도, 그들은 어디까지나 믿는 자들의 "종"에 지나지 않기 때문에, 오직 "종"으로서 그리스도의 교회를 섬기는 방식으로만 그리스도를 섬길 수 있다는 것이다. 복음 사역자들이 "종"이 되어서 교회를 섬기는 것은 세상에서 권세자나 통치자가 되어 사람들을 다스리고 주관하는 것보다도 더 존귀한 일이고 더 사모하여야 하는 일이지만, 복음 사역자들은 자신들이 "종"이라는 것을 명심해서, 그들 자신을 지극히 낮추고, 오직 그리스도만이 그 어떤 경쟁자도 없는 가운데 홀로 높임을 받으시도록 하는 것이 그들의 본분임을 알아야 한다. 따라서 선한 사역자들은 단지 사람들을 주관하고자 하는 모든 욕망을 다 버릴 뿐만 아니라, 종이 되어서 하나님의 백성을 섬기는 일을 자신들이 바랄 수 있는 가장 큰 영광으로 여겨야 한다. 한편, 하나님의 백성들은 먼저는 자신들의 주님의 위엄을 위하여, 그리고 다음으로는 복음 사역자들의 직분이 존귀함과 탁월함으로 인하여, 그리스도의 종들을 공경하고, 주로부터 그토록 존귀한 직분을 수여받은 그들을 멸시해서는 안 된다.

6. 어두운 데에 빛이 비치라 말씀하셨던 그 하나님께서 예수 그리스도의 얼굴에 있는 하나님의 영광을 아는 빛을 우리 마음에 비추셨느니라. 나는 이 구절을 네 가지 서로 다른 방식으로 설명하는 것이 가능하다고 본다. 첫 번째는 하나님께서 어둠으로부터 빛이 비치라고 명하셨다는 것이다. 즉, 하나님께서는 본성상 어둠의 자녀들인 자들의 사역을 통해서 복음의 빛을 세상에 들여오셨다는 것이다. 두 번째는 하나님께서는 복음의 빛으로 하여금 어두운 그림자들로 감싸여 있던 율법을 대신하게 하심으로써, 어둠으로부터 빛을 불러내셨다는 것이다. 교묘한 논리를 좋아하는 자들은 그러한 설명들을 쉽게 받아들일 수 있겠지만, 그러한 해석들을 좀 더 면밀하게 들여다보고 살펴본 사람이라면 누구나 그것들이 사도의 의도를 제대로 표현해 내지 못하고 있다는 것을 알 것이다. 세 번째 설명은 암브로시우스(Ambrosius)가 제시한 것이다: "모든 것이 어둠에 싸여 있을 때, 하나님께서는 자신의 복음의 빛을 비추셨다. 왜냐하면, 온 인류가 무지의 어둠 속에 매몰되어 있었을 때, 하나님께서는 갑자기 자신의 복음을 통해서 그들 위에 빛을 비추신 것이기 때문이다." 네 번째 설명은 크리소스토모스(Chrysostomus)가 제시한 것으로서, 그는 여기에서 바울이 하나님께서 세상을 창조하신 때를 염두에 두고 이 말을 한 것이라고 본다: "하나님께서 옛적에 마치 어둠으로부터 빛을 불러내시듯이, 자신의 말씀으로 빛을 창조하셨던 것처럼, 이제는 영적인 방식으로 그 때와 똑같이, 바로 그 하나님께서 어둠 속에 매몰되어 있던 우리에게 빛을 비춰 주셨다." 암브로시우스의 설명도 나쁘지 않지만, 바울이 하나님께서 옛적에 눈에 보이는 유형의 빛을 창조하신 방식을 그대로 가져와서, 하나님이 이제 복음을 통하여 영적인 빛을 창조하신 것에 적용한 것으로 보는 크리소스토모스의 설명은 아주 은혜롭고 억지스러운 것이 없다. 하지만 최종적인 결정은 독자들이 각각 자신의 판단을 따라 해야 할 일이다.

우리 마음에 비추셨느니라. 바울이 여기에서 하나님께서 두 종류의 빛을 비추신 것에 대하여 말하고 있다는 것을 우리는 유의하여야 하는데, 첫 번째는 복음의 빛을 비추신 것이고, 두 번째는 우리의 마음속에 은밀하게 빛을 비추신 것이다. 왜냐하면, 하나님께서 세상을 창조하실 때, 해의 빛을 우리에게 주셨을 뿐만 아니라, 그 빛을 받을 수 있도록 우리의 눈도 주신 것과 마찬가지로, 우리를 속량하실 때에도, 그의 복음으로 말미암아 자기 아들 안에서 우리에게 빛을 비추실 뿐만 아니라,

우리가 눈이 멀어 있는 경우에는 그 빛이 우리에게 아무 소용이 없을 것인 까닭에, 그의 성령을 통해서 그 빛을 우리의 마음속에도 비추시기 때문이다. 따라서 바울이 여기에서 말하고자 하는 것은 하나님께서는 그의 성령으로 말미암아 우리의 마음 눈을 열어 주심으로써, 우리로 하여금 그의 복음의 빛을 받을 수 있게 하셨다는 것이다.

예수 그리스도의 얼굴에 있는 하나님의 영광을 아는 빛을. 바울은 앞에서 이미 그리스도는 아버지 하나님의 "형상"이라고 말한 바 있는데, 그가 여기에서 "예수 그리스도의 얼굴"에는 "하나님의 영광"이 나타나 있어서, 우리는 그리스도의 얼굴을 볼 때, 하나님의 영광을 볼 수 있게 된다고 말하는 것도 동일한 의미이다. 이 구절은, 디모데전서 6:16에서 "오직 그에게만 죽지 아니함이 있고 가까이 가지 못할 빛에 거하시고 어떤 사람도 보지 못하였고 또 볼 수 없는 이시니 그에게 존귀와 영원한 권능을 돌릴지어다"라고 말한 것처럼, 하나님의 높고 크심은 우리가 측량하거나 헤아릴 수 없는 것이기 때문에, 우리는 그런 하나님을 우리의 힘으로 알려고 해서는 안 되고, 오직 그리스도 안에서 자신을 계시하신 한도 내에서만, 우리가 그리스도를 보고 하나님을 알 수 있다는 것을 우리에게 가르쳐 준다는 점에서, 아주 중요하고 주목할 만한 구절이다. 따라서 사람들이 그리스도를 떠나서 하나님에 대하여 알고자 하는 것은 부질없는 짓일 뿐이다. 왜냐하면, 오직 그리스도만이 우리를 하나님께로 인도해 주실 수 있는 유일한 "길"이신데, 우리가 그 길을 떠나서 하나님을 찾고자 하거나 알고자 한다면, 우리는 길을 잃고 헤맬 수밖에 없기 때문이다. 그리스도 안에서 계시된 하나님은 처음에는 초라하고 미천해 보이는 것은 사실이지만, 십자가(crux)를 인내로써 오래 참은 끝에 부활(resurrectio)로 넘어가게 된 자들에게는 하나님의 영광이 보이게 된다. 또한, 바울이 그리스도의 "얼굴"이라고 하였을 때, "얼굴"로 번역된 단어는 라틴어로 '페르소나' (persona), 즉 구체적인 형태로 드러난 인격을 의미하기 때문에, 바울은 여기에서 그리스도의 본질이 아니라 우리와의 관계성 속에서의 그리스도에 대하여 말하고 있는 것이다. 왜냐하면, 우리는 하나님의 비밀한 본질을 살피고 천착해 들어가서는 하나님을 알 수 없지만, 하나님의 독생자 안에서 자신을 계시하신 하나님을 바라볼 때에는 하나님을 알 수 있게 되는 까닭에, 여기에서 바울은 우리에게 이 땅에 성육신하신 바로 그 예수 그리스도를 바라보아야만 유익을 얻을 수 있다고 말하고 있는 것이기 때문이다.

7우리가 이 보배를 질그릇에 가졌으니 이는 심히 큰 능력은 하나님께 있고 우리에
게 있지 아니함을 알게 하려 함이라 8우리가 사방으로 욱여쌈을 당하여도 싸이지
아니하며 답답한 일을 당하여도 낙심하지 아니하며 9박해를 받아도 버린 바 되지
아니하며 거꾸러뜨림을 당하여도 망하지 아니하고 10우리가 항상 예수의 죽음을 몸
에 짊어짐은 예수의 생명이 또한 우리 몸에 나타나게 하려 함이라 11우리 살아 있는
자가 항상 예수를 위하여 죽음에 넘겨짐은 예수의 생명이 또한 우리 죽을 육체에
나타나게 하려 함이라 12그런즉 사망은 우리 안에서 역사하고 생명은 너희 안에서
역사하느니라(4:7-12).

7. 우리가 이 보배를 질그릇에 가졌으니 이는 심히 큰 능력은 하나님께 있고 우리에게 있지 아니함을 알게 하려 함이라. 사람들은 바울이 자신의 직분이 지극히 존귀하고 대단한 것이라고 입에 침이 마르도록 자랑하지만, 실제로 세상에서의 그의 처지를 보면, 그의 말과는 너무나 대조적으로 지극히 비천한 것을 보았을 때, 세상적으로 초라한 그의 모습을 기준으로 판단해서, 그의 자랑은 근거 없고 유치한 것인데도, 그가 그런 자랑을 하는 것은, 그가 어리석기 짝이 없는 자이기 때문이라고 생각하여, 얼마든지 그를 비웃고 조롱할 수 있었다. 특히, 악한 자들은 그 점을 빌미로 삼아서 바울과 그의 사역을 비방하고 중상모략하였고, 그들의 선동과 부추김에 넘어간 고린도 교인들은 바울과 관련된 모든 것을 경멸하게 되었다. 그러나 바울은 무지한 자들의 눈에는 그의 사도직의 영광을 훼손하는 것들인 것처럼 보였던 바로 그런 것들이, 사실은 도리어 그의 사도직의 영광을 더욱 선명하게 부각시켜 주는 것들이라는 것을 정말 놀라운 솜씨로 증명해 나간다.

먼저, 그는 통상적으로 "보배"가 멋지고 화려하게 장식된 상자가 아니라, 아무런 가치도 없는 천한 싸구려 "질그릇"에 담겨진다는 사실을 비유로 사용해서, 자신의 처지가 세상적으로는 그토록 비천해 보이더라도, 자기 안에는 "보배"가 담겨져 있다는 사실을 보여 주고, 그런 후에 하나님께서 그렇게 하신 이유는 하나님의 능력이 더 큰 영광을 받으시고 사람들에게 더 분명하게 나타나게 하시기 위한 것이라는 말을 덧붙인다. 그는 이렇게 말한 것과 같다: "내 처지가 비천한 것을 빌미로 삼아서 나의 직분이 지닌 영광을 훼손하고자 하는 자들은 제대로 사리분별을 할 줄 모르는 불의하고 무지한 자들일 뿐이다. 왜냐하면, 보배를 담고 있는 그릇이 천하고 가치 없는 것이라고 해서, 그 안에 담겨 있는 보배까지 천하고 가치 없는 것

은 결코 아니기 때문이다. 실제로 사람들이 값진 보배를 질그릇에 담아 보관하는 것은 통상적으로 행해진 관례였다. 나아가, 하나님께서 사역자들이 탁월하고 위대해 보이게 하지 않으신 것은, 그런 식으로 사람들이 위대하면, 그것에 의해서 하나님의 권능이 가려지기 때문에, 그런 일이 일어나지 않게 하시기 위한 것으로서, 그것 자체가 하나님의 특별한 섭리에 의한 것임을 사람들은 깨닫지 못하였다. 이렇게 사역자들이 겉보기에 미천해 보이고 비천한 처지에 놓이게 된 것은 하나님의 영광이 더욱 드러나게 하기 위한 것이기 때문에, 사역자들의 처지와 모습을 보고서, 거기에 비추어서 복음의 가치를 판단하고 평가하는 것은 어리석고 잘못된 일이다."

바울은 여기에서 인류 전체의 상태와 처지에 관하여 이렇게 말하고 있는 것이 아니라, 특히 자신의 상태와 처지를 염두에 두고서 이런 말을 하고 있는 것이기는 하지만, 실제로 죽을 수밖에 없는 존재인 모든 사람들이 단지 "질그릇들"에 불과한 존재라는 것은 사실이다. 따라서 모든 사람들 중에서 가장 뛰어나고 탁월하며, 최고의 신분이나 가문, 지성과 명예, 재산 등 세상의 온갖 좋은 것들을 다 갖추고 있는 사람이 복음의 사역자라고 할지라도, 그는 측량할 수 없이 귀한 "보배"를 담고 있는 비천하기 짝이 없는 질그릇에 지나지 않는다. 하지만 바울이 이 말을 할 때에 주로 염두에 두었던 것은, 겉보기에 세상적으로 내세울 만한 것이 없는 비천한 처지에 놓여 있었던 까닭에, 사람들로부터 자주 멸시의 대상이 되었던 그와 그의 동역자들이었다.

8-9. 우리가 사방으로 욱여쌈을 당하여도 싸이지 아니하며 답답한 일을 당하여도 낙심하지 아니하며 박해를 받아도 버린 바 되지 아니하며 거꾸러뜨림을 당하여도 망하지 아니하고. 바울은 자신의 비천한 처지가 하나님의 영광을 훼손시키기는커녕 도리어 더욱 크게 드러내는 역할을 한다는 것을 보여 주기 위해서, 여기에서 이 말을 보충설명으로 덧붙인다. 그는 이렇게 말한다: "우리는 궁지에 몰리지만, 하나님께서는 결국 우리에게 피할 길을 열어 주신다. 우리는 궁핍함으로 압박을 받지만, 하나님께서는 결국 우리의 도움이 되어 주신다. 많은 적들이 우리를 맹렬하게 공격하지만, 하나님이 우리를 지켜 주시기 때문에, 우리는 결국 안전하다. 요컨대, 우리는 너무나 비천해지고 낮아져서, 사방에서 우리를 압박하고 공격하는 모든 것들에 의해서 짓눌려서 망할 것 같이 보이지만, 우리는 여전히 망하지 않는다는 것이다." 바울이 여기에서 열거한 것들 중에서 마지막에 언급한 것이 가장 혹

독하다. 우리는 여기에서 바울이 자신에 대한 악한 자들의 온갖 비방과 중상모략을, 기가 막힌 솜씨로 자기에게 유리한 쪽으로 바꾸어 놓고 있는 것을 본다.

10-11. 우리가 항상 예수의 죽음을 몸에 짊어짐은. 이제 바울은 자기가 앞에서 말한 것에서 한 걸음 더 나아가서, 거짓 사도들이 복음을 멸시하기 위한 구실이자 빌미로 사용해 왔던 바로 그 일, 즉 자신과 자신의 동역자들의 비천한 삶이 사실은 복음의 영광을 조금도 훼손시키지 않는 것일 뿐만 아니라, 도리어 복음을 더욱 영광스럽게 만들어 주는 것임을 보여 준다. 왜냐하면, 세상 사람들은 바울과 그의 동역자들이 비천한 삶을 살아가는 모습을 보고서, 복음 사역자들은 물론이고 복음까지도 멸시하였지만, 바울은 여기에서 자신들의 그러한 삶을 "예수의 죽음을 몸에 짊어짐," 즉 예수 그리스도께서 죽으신 그 죽음을 자신들이 짊어지는 것이라고 표현함으로써, 자신들의 그러한 삶이 장차 저 복된 부활을 준비하는 삶이라고 밝히고 있기 때문이다.

먼저, 우리가 그리스도의 고난을 당하고 그리스도의 죽으심에 동참하는 것은, 세상 사람들의 눈에는 아무리 비천하고 수치스러우며 부끄러운 일로 보인다고 할지라도, 하나님의 눈에는 전쟁에서 이기고 돌아오는 장군들의 개선행렬들과 왕들이 누리는 온갖 부귀영화들보다 훨씬 더 존귀하고 영광스러운 일이라는 것이다. 다음으로, 우리는 그리스도의 고난과 죽으심에 동참하는 우리의 삶이 우리에게 가져다줄 최종적인 결과물이 무엇인지를 살펴보아야 하는데, 사도가 로마서 8:17에서 "자녀이면 또한 상속자 곧 하나님의 상속자요 그리스도와 함께 한 상속자니 우리가 그와 함께 영광을 받기 위하여 고난도 함께 받아야 할 것이니라"고 말한 것처럼, 우리의 고난의 삶의 종착지는 그리스도와 함께 영광을 받는 것이기 때문에, 우리의 그러한 삶은 사실은 결코 보잘것없거나 비천한 삶일 수 없다. 따라서 바울은 여기에서 이렇게 말함으로써, 그와 그리스도의 특별한 교제를 비방거리로 삼은 자들이 제정신이 아니라는 것을 우아하고 온건하게 꾸짖고 있는 것이다. 아울러, 그는 고린도 교인들에게, 그들이 겉보기에 궁핍하고 비천해 보이는 자신의 처지를 비웃는다면, 그것은 우리가 지극한 영광을 돌리는 것이 마땅한 그리스도의 고난을 욕되게 하여 그리스도를 모욕하는 것이 될 것이기 때문에, 그런 일이 일어나지 않도록 주의하라고 경고하고 있는 것이다.

바울이 "예수의 죽음"이라고 할 때, 여기에서 "죽음"은 성경의 다른 많은 구절들에서와는 다른 의미로 사용되고 있다. 왜냐하면, 여기에서 "죽음"으로 번역된 단어는 다른 곳들에서는 흔히 자기 부인, 즉 우리가 육신의 욕심들을 따르는 것을 거절하고, 새롭게 되어서 하나님께 순종하는 것을 의미하는 반면에, 여기에서는 우리로 하여금 이 현세에서의 우리의 삶이 이제 끝났구나 하는 생각이 들게 만들 정도로 혹독한 고난들과 환난들을 의미하기 때문이다. 좀 더 분명한 설명을 위해서, 우리는 "죽음"이라는 단어가 지닌 첫 번째 의미가 "내적인 죽음"을 가리키는 것이라면, 두 번째 의미는 외적인 죽음을 가리키는 것이라고 말할 수도 있을 것이다. 이 두 종류의 죽음을 통해서 우리는 점점 더 그리스도를 닮아가게 되는데, 말하자면, 전자는 우리에게 직접적인 영향을 끼치고, 후자는 우리에게 간접적인 영향을 끼친다. 바울은 골로새서 3:5에서 "땅에 있는 지체를 죽이라 곧 음란과 부정과 사욕과 악한 정욕과 탐심이니 탐심은 우상 숭배니라"고 말하고, 로마서 6:6에서 "우리가 알거니와 우리의 옛 사람이 예수와 함께 십자가에 못 박힌 것은 죄의 몸이 죽어 다시는 우리가 죄에게 종 노릇 하지 아니하려 함이니"라고 말함으로써, 전자인 "내적인 죽음"에 대하여 말하고, 로마서 8:29에서는 "하나님이 미리 아신 자들을 또한 그 아들의 형상을 본받게 하기 위하여 미리 정하셨으니 이는 그로 많은 형제 중에서 맏아들이 되게 하려 하심이니라"고 말함으로써, 후자인 "외적인 죽음"에 대하여 말한다. 고난은 오직 믿는 자들의 경우에만 "예수의 죽음"이라 불린다. 왜냐하면, 악인들은 아담과의 연합 아래에서 이 현세에서 환난들을 당하는 것인 반면에, 택함 받은 자들은 하나님의 아들과 연합되어 있는 자들인 까닭에, 그들이 겪는 온갖 환난들과 고난들은 그 자체로는 저주 받은 것들임에도 불구하고, 그들의 구원에 유익이 되기 때문이다. 하나님의 모든 자녀들이 다 공통적으로 "예수의 죽음을 몸에 짊어진다"는 것은 사실이지만, 그리스도를 닮아가는 정도는 각자가 받은 은혜의 분량에 따라서 달라지기 때문에, 남들보다 더 많은 은혜를 받은 사람일수록, 그리스도를 더욱더 닮게 된다는 것도 사실이다.

예수의 생명이 또한 우리 몸에 나타나게 하려 함이라. 우리가 역경에 처했을 때에 최고의 치유책은, 그리스도의 죽음이 새 생명의 문이었던 것과 마찬가지로, 우리의 모든 환난과 고난의 끝에도 저 복된 부활이 있으리라는 것을 아는 것이다. 왜냐하면, 그리스도께서 우리와 연합하여 하나가 되신 것은, 이 세상에서 우리가 그리스도의 죽으심에 참여하여 함께 죽으면, 장차 그리스도의 부활에도 참여하게 하시기 위한 것이기 때문이다.

우리 살아 있는 자가 항상 예수를 위하여 죽음에 넘겨짐은 예수의 생명이 또한

우리 죽을 육체에 나타나게 하려 함이라. 이 구절은 두 가지로 설명될 수 있다. 우리가 "죽음에 넘겨진다"는 표현을, 끊임없이 박해를 받고 죽을 위험에 처해진다는 의미로 이해하는 경우에는, 이 구절은 악인들의 광분함과 공격에 늘 노출되어 있었던 바울 및 그와 같은 처지에 있는 자들에게 특히 적용될 수 있을 것이다. 따라서 여기에서 "예수를 위하여"는 "예수를 증언하였음으로 말미암아"(계 1:9)와 동일한 의미가 된다. 그러나 다른 곳에서는 "죽음에 넘겨진다"는 것이, 이 세상에서의 우리의 삶은 실제로는 죽음의 그림자라는 인식을 가지고서, 우리 앞에 늘 죽음을 염두에 두고서 삶을 살아가는 것을 의미하기 때문에, 나는 이 구절을 그런 식으로 이해해서, 이 구절이 모든 믿는 자들에게 해당되는 것으로 보는 것에도 반대하지 않는다. 실제로 바울은 "우리가 종일 주를 위하여 죽임을 당하게 되며 도살할 양 같이 여김을 받았나이다"라는 시편 44:22의 말씀을 로마서 8:35-37에서 그런 식으로 해석한다: "누가 우리를 그리스도의 사랑에서 끊으리요 환난이나 곤고나 박해나 기근이나 적신이나 위험이나 칼이랴 기록된 바 우리가 종일 주를 위하여 죽임을 당하게 되며 도살 당할 양 같이 여김을 받았나이다 함과 같으니라 그러나 이 모든 일에 우리를 사랑하시는 이로 말미암아 우리가 넉넉히 이기느니라." 에라스무스(Erasmus)가 "우리 살아 있는 자가"로 번역한 어구를, 나는 "우리가 살아 있는 동안에"로 번역하였는데, 나의 번역을 따르면, 이 구절의 의미가 더 분명해지고 자연스러우며 문맥에도 더 적합하다. 왜냐하면, 바울은 우리가 이 세상에서 살아가는 동안에, 우리는 살아 있는 자들보다 죽은 자들에 더 가깝다고 말하고 있는 것이기 때문이다.

12. 그런즉 사망은 우리 안에서 역사하고 생명은 너희 안에서 역사하느니라. 바울은 여기에서 반어법을 사용해서 말하고 있다. 왜냐하면, 바울이 끊임없이 자신이 처한 곤경 속에서 고군분투하고 있는 동안에, 정말 고린도 교인들이 바울의 그러한 처지에는 아랑곳하지 않고서 아무런 염려나 걱정도 없이 편안하게 자기가 원하는 대로 행복하게 살아간다면, 그것은 옳지 않은 일일 것이기 때문이다. 만일 바울이 여기에서 말한 대로, 그를 비롯한 복음 사역자들은 죽도록 고생하게 되어 있는 반면에, 고린도 교인들은 아무런 걱정 없이 지극히 편안하게 살아가게 되어 있는 것이 하나님이 정하신 것이라면, 그것은 지독하게 불공평한 일일 수밖에 없다. 뿐만 아니라, 고린도 교인들이 그 어떤 십자가도 지지 않고 기독교 신앙을 영위하고자 하는 것으로도 모자라서, 죽음을 무릅쓰고 복음을 전하는 그리스도의 종들의

사정과 처지를 헤아리지 못하고, 도리어 멸시하기까지 하였다면, 그들은 지극히 어리석은 자들이라는 책망을 들어 마땅할 것이다. 이 절에서 "사망"은 온갖 환난들 또는 괴로운 일들로 가득한 삶을 의미하는 것과 마찬가지로, "생명"은 모든 일이 형통해서 순조롭게 풀려 나가는 행복한 삶을 가리킨다. "삶이라는 것은 단지 생존하는 것이 아니라 잘 살아가는 것이다"라는 속담도 있다.

13 기록된 바 내가 믿었으므로 말하였다 한 것 같이 우리가 같은 믿음의 마음을 가졌
으니 우리도 믿었으므로 또한 말하노라 14 주 예수를 다시 살리신 이가 예수와 함께
우리도 다시 살리사 너희와 함께 그 앞에 서게 하실 줄을 아노라 15 이는 모든 것이
너희를 위함이니 많은 사람의 감사로 말미암아 은혜가 더하여 넘쳐서 하나님께 영
광을 돌리게 하려 함이라 16 그러므로 우리가 낙심하지 아니하노니 우리의 겉사람은
낡아지나 우리의 속사람은 날로 새로워지도다 17 우리가 잠시 받는 환난의 경한 것
이 지극히 크고 영원한 영광의 중한 것을 우리에게 이루게 함이니 18 우리가 주목하
는 것은 보이는 것이 아니요 보이지 않는 것이니 보이는 것은 잠깐이요 보이지 않
는 것은 영원함이라(4:13-18).

13. 우리가 같은 믿음의 마음을 가졌으니 우리도 믿었으므로 또한 말하노라. 여기에서 바울은 자기가 방금 앞에서 반어법을 사용해서 말한 것을 바로잡는다. 앞에서 그가 마치 고린도 교인들의 운명이 자신의 운명과는 판이하게 다른 것처럼 말하였었지만, 그것은 그가 정말 그렇게 생각하였기 때문이 아니라, 고린도 교인들이 그렇게 잘못 생각하였기 때문이었다. 즉, 그들은 복음을 믿는 자들의 삶은 언제나 기쁨과 평안으로 가득하고, 십자가와 고난의 온갖 위협으로부터 안전하고 자유로워야 한다고 생각하였기 때문에, 사도 바울의 삶 속에는 그러한 기쁨과 평안은커녕 늘 환난과 고난이 따라다니는 것을 보고서, 복음을 전하기 위하여 곤경에 처하고 비천한 삶을 살아가는 사도를 염려하고 걱정한 것이 아니라 도리어 멸시하고 하찮게 여기고 있었다. 그러나 이제 여기에서 바울은 그들과 자기가 동일한 믿음 안에서 저 동일한 복된 삶에 대한 소망을 가지고 있다고 말한다. 그는 이렇게 말한 것과 같다: "하나님께서 나에 대해서는 좀 더 혹독하게 다루시는 반면에, 너희에 대해서는 너희를 아끼셔서 좀 더 너그럽게 다루시고 계시기 때문에, 형편과 처지에 있어서 너희와 나는 차이가 있기는 하지만, 너희와 나는 똑같이 결국에는 우

리를 기다리고 있는 저 장래의 동일한 부활의 영광에 이르게 될 것이라는 점에 있어서는 전혀 차이가 없다. 왜냐하면, 동일한 믿음을 가진 사람들은 장차 동일한 유업을 받게 될 것이기 때문이다."

어떤 이들은 사도가 여기에서 구약 시대에 살았던 거룩한 조상들에 대하여 언급하면서, 그들이 우리와 동일한 믿음을 가지고 있다고 말하고 있는 것으로 해석한다. 물론, 옛적의 거룩한 조상들이 우리와 동일한 믿음을 가지고 있었다는 것은 지극히 옳은 말이기는 하지만, 그것은 바울이 지금 여기에서 다루고 있는 주제와는 아무 상관이 없다. 왜냐하면, 바울은 여기에서 자기 자신이 동일한 믿음으로 아브라함이나 그 밖의 다른 거룩한 조상들과 연합되어 있다고 말하고 있는 것이 아니라, 악하고 그릇된 야심으로 말미암아 그들 자신을 그와 분리시켜서, 자신들은 바울과는 다르다고 착각하고 있던 고린도 교인들과 자기 자신이 동일한 믿음 안에서 동일한 소망을 지니고 있다고 말함으로써, 그들과 자기 자신을 연합시키고 있는 것이기 때문이다. 그는 이렇게 말한다: "현재의 나의 형편이나 처지가 최악인 것처럼 보일지라도, 그럼에도 불구하고 너희와 나는 언젠가는 똑같이 동일한 영광에 참여하게 될 것이다. 왜냐하면, 너희와 나는 동일한 믿음으로 서로 연합되어 있기 때문이다." 전후문맥을 세심하게 살펴본 사람들은 이것이 올바른 해석이라는 것을 알게 될 것이다. 한편, 바울은 여기에서 관련된 사물을 사용해서 대상을 표현하는 수사법인 환유법을 활용해서, 믿음을 "믿음의 마음"으로 표현하고 있다.

기록된 바 내가 믿었으므로 말하였다 한 것 같이. 내가 앞에서 말한 잘못된 해석을 불러일으킨 것은 바로 시편에서 인용된 이 구절인데, 우리는 이 인용문이 앞에 나오는 "우리가 같은 믿음의 마음을 가졌으니"에 걸리는 것이 아니라, 뒤에 나오는 "우리도 믿었으므로 또한 말하노라"에 걸리는 것으로 보아야 한다는 것이다. 즉, 이 인용문은 동일한 믿음으로 인한 연합이 아니라 동일한 믿음의 고백과 결부되어 있다는 것이다. 따라서 이 절은 다음과 같이 해석된다: "우리는 복된 부활에 대한 확실한 믿음을 가지고 있기 때문에, '내가 믿었으므로 말하였다'고 기록된 바와 같이, 우리는 우리가 믿는 것을 말하고 전한다." 여기에 인용된 이 구절은 시편 116:10("내가 크게 고통을 당하였다고 말할 때에도 나는 믿었도다")에 나오는데, 거기에서 다윗은 자기가 극한 상황에 몰려서 마지막 죽음의 문턱까지 가서 거의 무너질 지경이 되었지만, 그런 상황에서 재빨리 믿음을 되찾아서 유혹과 시험을 이겨냈다고 고백한다. 그는 그 절을 "내가 믿었으므로 말하리라"는 말로 시작한다. 왜냐하면, 믿음은 고백의 어머니이기 때문이다. 바울은 자기가 다윗이 말한 것과 같이 하였다고 말하고, 고린도 교인들에게도 다윗이나 자기처럼 하라고 권면한다. 바울은 이 시편 구절을 인용할 때에 칠십인역을 사용하였기 때문에, 이 인용문은 히브리어 본문과는 달리 미래 시제가 아니라 과거 시제로 되어 있지만, 그런 것은 전혀 중요하지 않다. 왜냐하면, 그는 여기에서 단지 믿는 자들은 자신들이 마음으로 믿은 것을 용감하고 담대하게 두려워하지 않고 고백하는 것이 마땅하다는 것을 말하고자 하는 것이기 때문이다. 어떤 자들은 복음서에 나오는 니고데모가 그랬던 것처럼, 믿음이라는 것은 입으로 떠벌리고 다니는 것이 아니라 마음속에 간직해 두고서 조용히 실천하는 것이 진짜 믿음이라고 주장하면서, 평생 동안 진지하고 진실한 신앙 고백을 단 한 마디도 하지 않고 살아가다가 죽는 것을 지혜랍시고 자랑하지만, 바울은 여기에서 그들이 믿음을 얼마나 잘못 알고 있는 것인지를 잘 보여 준다.

15. 이는 모든 것이 너희를 위함이니. 바울은 앞에서 고린도 교인들과 자기가 똑같이 저 장래의 복된 삶에 대한 동일한 소망을 지니고 있다고 말한 바 있는데, 이제 여기에서는 자신이 겪어 온 환난과 고난들도, 결코 그들이 생각하고 있는 것처럼 그들과 아무 상관이 없는 것이 아니라, 그 일정 부분은 그들의 몫이라고 말한다. 즉, 그는 자기는 그들의 유익을 위해서 고난을 겪고 있는 것인 까닭에, 그들도 자신의 고난들을 함께 짊어지는 것이 마땅하다는 결론이 도출될 수밖에 없기 때문이라는 것이다. 바울이 여기에서 이렇게 말하고 있는 것은, 무엇보다도 먼저 그리스도의 지체들 간에는 비밀한 교제와 교통이 이루어지고 있다는 사실, 특히 그들 간에 반드시 있어야 하는 서로 간의 밀접한 연합과 유대에 근거한 것이다. 바울의 이러한 권면은 고린도 교인들에게 특히 유익한 것이었고, 지극히 큰 위로를 가져다주는 것이었다. 왜냐하면, 하나님께서 연약함 가운데 있는 자들에 대해서는 온유하게 다루시고, 더 큰 힘과 능력을 받은 자들에게는 우리 모두의 공동의 유익을 위하여 환난들을 감당하게 하신다는 사실은 우리에게 큰 위로가 되기 때문이다. 또한, 바울은 고린도 교인들이 자기를 다른 식으로는 도울 수 없었기 때문에, 적어도 자기와 함께 아파하고 고통하며 자기를 위하여 기도함으로써 자기를 돕는 것이 마땅하다고 말한다.

많은 사람의 감사로 말미암아 은혜가 더하여 넘쳐서 하나님께 영광을 돌리게 하려 함이라. 이제 여기에서 바울은 그리스도의 지체들이 서로 연합하여 함께 아파하고 고통할 때, 하나님께서 더욱 큰 영광을 받으시는 결과를 낳게 된다는 것을 보여 줌으로써, 고린도 교인들이 그렇게 하는 것이 마땅하다는 것을 한층 더 분명하게 드러낸다. 그는 여느 때와 마찬가지로 여기에서도 환유법을 사용해서 말하고 있는 것이기 때문에, 이 구절에 언급된 "은혜"는 그가 8-9절에서 언급한 바 있던 "건지심"의 은혜, 즉 그가 사방으로 욱여쌈과 짓눌림을 당하고도 결코 짓뭉개지지 않은 것과 극심한 궁핍에 처하고도 굶어 죽지 않는 등 온갖 환난으로부터 늘 건지심을 받은 것을 가리킨다. 그가 "은혜가 더하여 넘쳤다"고 말한 것은, 이 은혜가 오직 자기에게만 국한되어서, 오직 자기만이 이 은혜를 누린 것이 아니라, 고린도 교인들에게까지 이 은혜가 미쳐서, 그들도 큰 유익을 얻게 되었다는 의미이다. 바울은 많은 사람들이 이 은혜를 인하여 하나님께 감사하여 그 은혜를 주신 하나님께 영광을 돌림으로써, 이 은혜가 차고 넘쳤다고 말하는데, 이것은 하나님께서 우리에게 은혜를 베풀어 주셨을 때, 우리가 그 즉시 적극적으로 하나님께 감사하여 모든 영광을 하나님께 돌리면, 하나님으로부터 더욱더 차고 넘치는 은혜를 받게 되는 반면에, 우리가 무성의하게 하나님께 감사하지도 않고 영광을 돌리지도 않는 경우에는, 하나님이 장차 우리에게 베풀어 주고자 하셨던 은혜조차도 잃게 될 수 있다는 것을 보여 준다.

16. 그러므로 우리가 낙심하지 아니하노니 우리의 겉사람은 낡아지나 우리의 속사람은 날로 새로워지도다. 바울은 자기가 복음을 위하여 온갖 환난들을 당하고 비천한 형편에 놓이게 된 이유가 무엇인지를 앞에서 충분히 다 해명하였고, 고린도 교인들도 충분히 이해하였을 것이라고 생각하였기 때문에, 이제 여기에서는 앞에서보다 더 큰 담대함을 가지고서, 자신의 확신을 그들 앞에 선포한다. 그는 이렇게 말한다: "우리가 십자가의 무거운 짐 아래에서 낙심하거나 힘을 잃을 이유가 없다. 왜냐하면, 우리가 겪는 그러한 십자가는 단지 내 자신에게만 유익한 것이 아니라, 다른 사람들에게도 유익이 되기 때문이다." 이렇게 그는 자신의 모범을 토대로 해서, 고린도 교인들도 언제든지 자기와 같은 그러한 환난들을 만나더라도 담대하게 맞서서 감당해 나가라고 격려한다. 아울러, 이 말을 통해서 그는 고린도 교인들이 악하고 그릇된 야심에 사로잡혀서, 그리스도의 십자가를 기꺼이 지고서 환난이나 비천함을 마다하지 않은 사역자들보다도, 그러한 십자가를 멀리하고 편안한 삶을 누려 온 사람들을 더욱 높이고 공경하는 죄악되고 오만방자한 행태를 보여 온 것을 간접적으로 책망한다.

우리의 겉사람은 낡아지나 우리의 속사람은 날로 새로워지도다. 일부 해석자들은 여기에 나오는 "겉사람"과 다른 곳에 나오는 "옛 사람"을 혼동하는데, 그것은 대단히 잘못되고 어리석은 것이다. 우리가 로마서 6:6("우리가 알거니와 우리의 옛 사람이 예수와 함께 십자가에 못 박힌 것은 죄의 몸이 죽어 다시는 우리가 죄에게 종 노릇 하지 아니하려 함이니")을 다룰 때에 이미 설명하였듯이, "옛 사람"은 "겉사람"과 판이하게 다른 개념이다. 또한, 사도는 현세의 삶과 관련된 모든 것을 이 용어로 포괄적으로 표현하고자 한 것이기 때문에, 크리소스토모스(Chrysostomus) 등이 "겉사람"을 전적으로 우리의 "몸"에만 국한시킨 것도 잘못된 것이다. 바울은 여기에서 우리 앞에 "겉사람"과 "속사람"을 제시하고 있기 때문에, 우리는 두 종류의 삶, 즉 땅에 속한 삶과 하늘에 속한 삶을 생각하지 않을 수 없다. "겉사람"은 땅에 속한 삶을 영위하는 것과 관련된 것으로서, 젊음과 건강만이 아니라 재물과 명예, 친분관계 등도 거기에 속한다. 따라서 우리가 복음을 전하기 위하여, 현세에서의 삶을 유지하는 데 필요한 그러한 것들이 우리의 삶 속에서 감소되거나 상실된다면, 그 정도만큼 우리의 "겉사람"은 "낡아졌다"고 말할 수 있다. 세상에서 모든 일들이 우리가 바라는 대로 되는 경우에는, 우리는 "겉사람"에 속한 그러한 것들에 지나치게 집착하고 몰두하게 되기 때문에, 하나님께서는 우리의 마음을 빼앗는 그러한 것들을 조금씩 우리에게서 가져가시고 제거하심으로써, 우리로 하여금 더 나은 삶을 생각하도록 부르신다. 따라서 우리의 "속사람"이 형통하기 위해서는, 우리의 현세의 삶이 망해 가는 것은 필수적이다. 왜냐하면, 적어도 믿는 자들의 경우에는, 땅에 속한 우리의 삶이 기울어가고 망해갈수록, 하늘에 속한 우리의 삶은 더욱더 진전되고 형통하게 되기 때문이다. 물론, 멸망 받을 자들의 경우에도, "겉사람"은 낡아지고 기울지만, 그들에게는 진전되고 형통해야 할 "속사람"이 없기 때문에, 땅에 속한 삶이 망한다고 해도, 하늘에 속한 삶이 형통하게 되지는 않는다. 반면에, 하나님의 자녀들의 경우에는, "겉사람"이 낡아지고 기우는 것은 그들의 중생의 시작이자 원인이 된다. 하나님께서는 끊임없이 우리에게 역사하셔서 우리로 하여금 내세를 생각하도록 분발시키시기 때문에, 바울은 이 일이 "날마다" 일어난다고 말한다. 우리의 "겉사람"이 낡아지는 가운데 우리가 끊임없는 진보를 이루기 위해서, 우리는 바울이 여기에서 한 말이 우리의 마음속에 깊이 뿌리를 내리게 하여야 한다.

17. 우리가 잠시 받는 환난의 경한 것이 지극히 크고 영원한 영광의 중한 것을 우

리에게 이루게 함이니. 하나님께서 우리 앞에 아무리 좋은 상을 제시하신다고 할지라도, 우리의 육신(caro)은 늘 자신이 멸망하는 것을 두려워하고 꺼려하며, 또한 우리는 장차 우리에게 주어질 하늘의 복들에 대한 소망에 의해서보다는 우리의 현재의 느낌이나 감정들에 의해서 훨씬 더 크고 강력한 영향을 받기 때문에, 바울은 경건한 자들이 이 세상에서 겪는 환난들과 참상들은, 그들이 장차 받게 될 영원한 영광의 무한한 복에 비하면, 사실 고난이라고 할 만한 것도 아니라는 것을 우리에게 상기시켜 준다. 그는 앞에서 이미 우리의 겉사람이 낡아져야만 우리의 속사람이 새로워질 수 있기 때문에, 우리는 겉사람이 낡아지는 것을 보고서 근심하거나 걱정하지 않아야 한다고 말한 바 있다. 그러나 겉사람이 낡아지는 것은 눈에 보이는 것인 반면에, 속사람이 새로워지는 것은 눈에 보이지 않는 것이기 때문에, 바울은 우리로 하여금 현세에서 육신을 따라 겉사람을 만족시키는 삶을 살아가지 않도록 하기 위해서, 우리가 속사람이 날로 새로워지는 삶을 살아갈 때에 겪게 될 "환난의 경한 것"과 우리가 그렇게 살아간 결과로 장차 얻게 될 "영원한 영광의 중한 것"을 대비시켜서 우리 앞에 제시한다.

경건한 자들은 바울이 여기에서 제시한 이러한 대비를 듣는 것만으로도, 겉사람을 따라 살아가는 것을 피하고, 자신들에게 닥친 환난들을 인내하기에 충분한 힘을 얻어서, 십자가의 무거운 짐 아래에서도 결코 믿음을 잃지 않고 끝까지 믿음을 지켜나갈 수 있다. 우리가 환난 가운데서 인내하기 어려운 이유는, 짧은 기간 동안 우리에게 임한 환난으로 인해서 깜짝 놀라고 당혹하여 정신이 나가서, 그 환난에 매몰되어서, 그 환난 뒤에 있는 "영원한 영광"을 바라보지 못하기 때문이 아니겠는가? 그래서 바울은 우리가 환난의 무거운 짐 아래에서 믿음을 잃고 무너져 내리지 않도록 하기 위한 최선의 처방으로, 우리가 겪는 환난들 뒤에서 우리를 기다리고 있는 "너희를 위하여 하늘에 쌓아 둔 소망"(골 1:5), 즉 장차 우리에게 주어질 저 영광스럽고 복된 영원한 삶을 제시하고 있는 것이다. 왜냐하면, 우리가 이러한 대비를 상기할 때, 방금 전까지만 해도 우리에게 너무나 무거운 짐으로 느껴졌던 환난이 "가볍게" 느껴지게 되고, 방금 전까지만 해도 우리의 눈에 언제까지 끝없이 지속될 것으로 보였던 환난이 "짧고 일시적인" 것으로 보이게 되기 때문이다.

바울이 여기에서 한 말에는 조금 모호한 것이 있다. 불가타 역본과 에라스무스(Erasmus)는 "지극히 크고"가 믿는 자들을 기다리고 있는 하늘의 "영광"을 수식해서, 그 영광이 지극히 크다는 것을 말하고 있는 것으로 해석한다. 하지만 나는 적어도 이 어구가 동사 "이루다"에 걸리는 것으로 본다. 따라서 나는 전자의 해석에 반대할 생각은 없지만, 나의 해석도 적절하다고 생각하기 때문에, 둘 중의 어느 해석을 선택하느냐 하는 것은 전적으로 독자들의 몫이다. 우리가 한 가지 유의할 것은 여기에서 바울은 환난들은 반드시 "영원한 영광의 중한 것"을 이루게 되어 있다고 말하고 있는 것은 아니라는 것이다. 왜냐하면, 많은 경우에 있어서 사람들을 짓누르는 온갖 해악들은 그들의 구원에 도움이 되기보다는, 도리어 그들을 더 크게 멸망하게 만드는 원인으로 작용하기 때문이다. 그러나 바울은 여기에서 믿는 자들을 염두에 두고 이 말을 하고 있는 것이기 때문에, 그가 여기에서 한 말은 오직 믿는 자들에게만 적용된다. 모든 사람들이 공통적으로 겪는 환난들이 믿는 자들에게는 저 복된 부활을 준비하는 과정이 되게 하신 것은 하나님이 믿는 자들에게만 허락하신 특별한 복이다.

한편, 교황주의자들은 이 구절을 증거 본문으로 삼아서, 환난이 우리의 구원의 원인이라고 주장하지만, 그들이 주장하는 것이 하나님께서는 환난을 "수단"이나 "통로"로 사용하셔서 사람들을 구원하신다는 의미가 아니라, 환난이 사람들의 구원의 직접적인 원인이라는 의미라면, 그것은 근거 없는 주장일 뿐이다. 천국에 들어가려면, 많은 환난을 겪어야 한다는 것은, 우리가 아주 기꺼이 인정하고, 거기에 대해서는 전혀 이의가 없다. 그러나 바울이 여기에서 "우리가 잠시 받는 환난의 경한 것이 지극히 크고 영원한 영광의 중한 것을 우리에게 이룬다"고 말한 것은, 하나님의 모든 자녀들은 그리스도를 닮아가기 위해서는 이 땅에서 십자가를 질 수밖에 없고, 그런 식으로 해서 하나님의 전적인 은혜로 값없이 하나님의 자녀들이 된 자들에게 장차 주어지게 될 하늘의 유업을 누릴 준비를 갖추게 된다는 의미일 뿐이다.

그런데도 교황주의자들은 이 구절을 왜곡해서, 우리는 환난을 통하여 공로를 쌓게 되고, 그 공로로 말미암아 천국을 얻게 되는 것이라는 황당한 공로설을 주장한다. 동일한 요지를 다시 한 번 간략하게 되풀이하자면, 우리는 하나님께서 환난이라는 수단 또는 통로를 통해서 우리를 연단하셔서 천국에 이르게 하신다는 것을 부정하지 않지만, 우리가 천국을 유업으로 받게 되는 것은 하나님께서 값없이 우리를 자신의 자녀로 삼아 주신 전적인 은혜로 말미암는 것이기 때문에, 환난이 우리의 공로가 되어서 우리로 하여금 하늘의 유업을 받게 해 주는 것이라는 황당한 주장은 배척한다. 교황주의자들은 성경 본문에 나오는 하나의 작은 단어를 빌미로 삼아서, 깊이 숙고해 보지도 않은 채로, 하나님의 나라는 우리가 그리스도로 말미암아 얻게 되는 유업이 아니라, 우리의 공로에 합당한 상으로 주어지는 것이라는 "바벨탑"을 그 단어 위에 건설해 버린다. 이 문제에 대한 좀 더 자세한 설명은 나의 「기독교 강요」를 참조하라.

18. 우리가 주목하는 것은 보이는 것이 아니요 보이지 않는 것이니 보이는 것은 잠깐이요 보이지 않는 것은 영원함이라. 바울은 이 세상에서 우리가 겪는 모든 참상들을 감당하고 견디기 쉽게 만들어 주는 것이 무엇인지를 우리로 하여금 주목하게 하는데, 그것은 우리가 우리의 생각을 들어올려서 영원한 천국을 바라보는 것이다. 왜냐하면, 우리의 주변만을 둘러본다면, "잠깐"에 불과한 것이 우리에게는 아주 긴 시간으로 느껴지게 되는 반면에, 우리의 마음을 들어올려서 하늘을 바라본다면, 천년이 하루처럼 느껴지기 시작하게 될 것이기 때문이다. 또한, 사도가 여기에서 하고 있는 말은, 우리가 현재의 일들만을 바라볼 때에는, 우리에게 보이는 모든 것들은 다 일시적인 것들이기 때문에, 우리는 미혹되고 속을 수 있다. 그러므로 우리는 장래에 우리에게 주어질 내세의 삶만을 바라보고, 현세의 것들은 그 어떤 것도 의지해서는 안 된다는 의미이기도 하다. "우리가 주목하는 것은 보이지 않는 것"이라는 표현을 주목하라. 왜냐하면, 믿음의 눈은 우리의 육신의 눈 너머에 있는 것을 보는 까닭에, 성경에서는 믿음을 "보이지 않는 것들을 바라보는" 것이라고 말하기 때문이다. 동일한 맥락에서 히브리서 11:1에서는 "믿음은 바라는 것들의 실상이요 보이지 않는 것들의 증거"라고 말한다.

제5장

[1]만일 땅에 있는 우리의 장막 집이 무너지면 하나님께서 지으신 집 곧 손으로 지은
것이 아니요 하늘에 있는 영원한 집이 우리에게 있는 줄 아느니라 [2]참으로 우리가
여기 있어 탄식하며 하늘로부터 오는 우리 처소로 덧입기를 간절히 사모하노라 [3]이
렇게 입음은 우리가 벗은 자들로 발견되지 않으려 함이라 [4]참으로 이 장막에 있는
우리가 짐진 것 같이 탄식하는 것은 벗고자 함이 아니요 오히려 덧입고자 함이니
죽을 것이 생명에 삼킨 바 되게 하려 함이라 [5]곧 이것을 우리에게 이루게 하시고 보
증으로 성령을 우리에게 주신 이는 하나님이시니라 [6]그러므로 우리가 항상 담대하
여 몸으로 있을 때에는 주와 따로 있는 줄을 아노니 [7]이는 우리가 믿음으로 행하고
보는 것으로 행하지 아니함이로라 [8]우리가 담대하여 원하는 바는 차라리 몸을 떠나
주와 함께 있는 그것이라(5:1-8).

1. 만일 땅에 있는 우리의 장막 집이 무너지면 하나님께서 지으신 집 곧 손으로 지은 것이 아니요 하늘에 있는 영원한 집이 우리에게 있는 줄 아느니라. 바울은 자기가 앞 장의 마지막에서 말한 것을 이제 여기에서 좀 더 보강하여 자세하게 설명한다. 즉, 그는 우리가 인내하지 못하고, 십자가를 꺼리고 피하며, 비천한 것을 멸시하고, 교만하기만 할 뿐 강건하지 못한 것을 바로잡기 위해서, 우리가 세상을 멸시하고, 우리의 마음을 들어 하늘을 바라볼 때에만, 우리는 "지극히 크고 영원한 영광의 중한 것"을 이루고, "보이지 않는 영원한 것"을 얻을 수 있다고 말한다. 그의 논증은 두 단계로 이루어져 있다. 그는 먼저 이 세상에서 사람들이 처한 운명의 참상을 지적하고, 그런 후에 계속해서 믿는 자들이 죽은 후에 천국에서 누리게 될 저 지고하고 완전한 복을 우리에게 보여 준다. 사람들이 현세의 삶에 집착하는 잘못을 버리지 못하고 계속해서 고집하는 이유는, 스스로 미혹되고 속아서, 이 땅에서의 그들의 삶이 행복하다고 착각하고 있는 까닭이기 때문에, 이렇게 그는 현세에서의 사람들의 삶이 비참하다는 것을 먼저 보여 주는 것이다. 하지만 현세에서

의 삶이 비참하다는 것을 아는 것만으로는 충분하지 않기 때문에, 그는 내세에서의 삶이 얼마나 복되고 영광스러운 삶인지를 계속해서 우리에게 보여 준다. 악인들이든 선인들이든 둘 다 살고자 하는 것은 마찬가지이다. 또한, 현세에서 살아갈 때에, 사람들이 크고 작은 괴롭고 비참한 일들을 얼마나 많이 겪고 살아가야 하는지를 생각하고서, 자주 자신의 신세와 처지를 한탄하고 탄식하며, 그런 것들에서 벗어나기를 원하는 마음을 갖는 것도, 악인들이든 선인들이든 마찬가지이다 —물론, 믿지 않는 자들은 오직 육신과 관련된 괴로움들만을 생각하는 반면에, 경건한 자들은 영적인 괴로움과 고통으로 인해 더욱더 힘들어 한다는 점이 서로 다르기는 하지만. 그러나 모든 사람들은 본성적으로 죽음을 꺼리고 피하기 때문에, 믿지 않는 자들은 현세에서의 삶이 진저리가 나거나 절망스러울 때를 제외하고는 의도적으로 자신의 목숨을 버리고자 하지 않는 반면에, 믿는 자들은 자신들이 이 세상을 떠난 후에는 더 나은 세상으로 간다는 확신과 소망이 있기 때문에, 죽음을 두려워하지 않고 기꺼이 죽고자 한다. 이것이 바울이 여기에서 전개하고 있는 논증의 요지인데, 우리는 이제 그가 사용한 단어들을 하나씩 차례로 살펴보고자 한다.

"아느니라." 바울은 "우리가 안다"고 말한다. 이 지식은 인간의 지성으로부터 오는 것이 아니라, 성령의 계시를 통해서 오는 것이기 때문에, 오직 믿는 자들만이 가질 수 있다. 물론, 이교도들조차도 영혼불멸에 관한 모종의 사상이나 생각을 지니고 있었기는 하지만, 그들 중에서 그것이 진정으로 사실이라는 것을 확실히 아는 사람은 아무도 없었고, 자기가 아는 것을 말하고 있는 것이라고 자랑할 수 있는 사람도 아무도 없었다. 오직 믿는 자들만이 그 진리에 대해서 확신을 가지고 말할 수 있다. 왜냐하면, 그들은 하나님의 말씀과 성령의 증언에 의해서 그 진리를 알게 된 것이기 때문이다. 우리가 유의해야 할 것은, 이 지식은 단지 일반적인 지식이 아니라는 것이다. 즉, 그들은 단지 믿는 자들은 죽은 후에 더 나은 세상으로 가게 될 것이라는 일반적인 신념만을 지니고 있을 뿐이고, 구체적으로 자기 자신이 그 더 나은 세상으로 들어가게 될 것이라는 확고한 믿음은 결여되어 있는 것이 결코 아니라는 것이다. 단지 일반적인 신념만으로는, 현세에서의 힘든 고난을 자원해서 감당하고자 하거나 기꺼이 죽고자 하는 마음이 생겨나기 힘들다. 그러한 마음을 갖기 위해서는, 각 사람이 구체적으로 자신이 영원히 살게 될 것이라는 확실한 지식을 갖고 있지 않으면 안 된다. 왜냐하면, 우리로 하여금 기쁜 마음으로 죽음과 직면하게 해 줄 수 있는 유일한 것은, 다른 사람이 아닌 바로 "내"가 죽은 후에는 더 나은 세상으로 가서 지극히 복된 삶을 살게 된다는 것을 알고 확신하는 것이기 때문이다.

바울은 우리가 이 땅에서 지니고 있는 육신을 "우리의 장막 집"이라고 부른다. "장막"은 일시적인 거처로 사용하기 위한 것이기 때문에, 나중에 쉽게 다시 허물어뜨려서 거두어 갈 수 있게 하기 위해서, 사람들은 일반적인 집을 지을 때와는 달리 견고한 토대를 닦지 않은 채로 장막을 지을 뿐만 아니라, 최소한의 임시적인 재료를 가지고 장막을 짓는 것과 마찬가지로, 하나님께서는 사람들에게 그들이 이 세상에서 잠시 동안 살아갈 수 있는 일시적인 임시 거처로 약한 초막 같은 "육신"을 주신다. 베드로도 이 동일한 비유를 사용해서, 베드로후서 1:13-14에서 "내가 이 장막에 있을 동안에 너희를 일깨워 생각나게 함이 옳은 줄로 여기노니 이는 우리 주 예수 그리스도께서 내게 지시하신 것 같이 나도 나의 장막을 벗어날 것이 임박한 줄을 앎이라"고 말하고 있고, 욥도 우리의 육신을 "흙 집"에 비유하여, "하물며 흙 집에 살며 티끌로 터를 삼고 하루살이 앞에서라도 무너질 자이겠느냐"(욥 4:19)고 말한다. 여기에서 바울이 말하는 "영원한 집"이 믿는 자들이 죽어서 처하게 되는 저 복된 불멸의 상태를 의미하는 것인지, 아니면 믿는 자들이 부활 후에 입게 될 저 썩지 않고 영광스러운 몸을 의미하는 것인지는 확실하지 않지만, 어쨌든 그는 "장막 집"과 "영원한 집"을 대비시킨다. "영원한 집"을 이 둘 중의 어느 쪽으로 해석해도 아무런 문제가 없고 지극히 합당하기는 하지만, 나는 믿는 자들의 영혼이 죽은 후에 처하게 되는 저 복된 상태가 이 "영원한 집"의 시작이고, 최후의 부활의 영광을 덧입게 될 때, 그 "영원한 집"이 완성되는 것이라고 본다. 이러한 설명은 문맥에 의해서 더 잘 지지를 받는다. 바울이 이 "집"에 수식어들로 덧붙인 "손으로 짓지 않은"과 "영원한"이라는 형용사들은 이 집의 영속성을 강조한다.

3. 이렇게 입음은 우리가 벗은 자들로 발견되지 않으려 함이라. 바울은 자기가 방금 앞에서 내세에서의 삶의 확실성에 대하여 말한 것을 이제 여기에서는 믿는 자들로 국한시켜서, 왜 믿는 자들이 "영원한 집"을 덧입게 되는 것인지, 그 이유를 설명한다. 즉, 이것은 오직 믿는 자들에게만 해당되는 일이라는 것이다. 믿지 않는 불경건한 자들도 죽은 후에는 이 땅에서 입었던 육신을 벗어 버리는 것은 마찬가지이지만, 그들이 입을 영광스러운 몸은 없기 때문에, 그들은 하나님 앞에서 벌거벗은 채로 발견되는 수치를 감내할 수밖에 없다. 하지만 이 땅에서 그리스도로 옷 입고 그리스도의 의로 장식한 믿는 자들은 죽은 후에 내세에서 불멸의 영광스러운

옷을 입게 된다. 크리소스토모스(Chrysostomus) 등은 바울은 자기가 앞서 "영원한 집"에 관하여 말하였던 것을 여기에서 단지 되풀이하고 있을 뿐이고, 이 구절 속에는 새로운 것에 대하여 말하고 있는 것은 아무것도 없다고 생각하지만, 나는 그들의 그러한 생각에 동의하지 않고, 내가 방금 제시한 해석이 더 합당하다고 본다. 즉, 사도는 여기에서 하나님께서 우리에게 두 번에 걸쳐서 옷을 입혀 주시는 것에 대하여 설명하고 있다는 것이다. 하나님께서는 믿는 자들에게 첫 번째로는 현세에서 그리스도의 의와 성령의 거룩함의 옷을 입혀 주시고, 두 번째로는 죽은 후에 내세에서 불멸성과 영광의 옷을 입혀 주신다. 하나님은 자기가 영화롭게 하기로 작정하신 자들을 먼저 의롭다고 하시기 때문에, 여기에서 첫 번째는 두 번째의 원인이 된다(롬 8:30, "미리 정하신 그들을 또한 부르시고 부르신 그들을 또한 의롭다 하시고 의롭다 하신 그들을 또한 영화롭게 하셨느니라"). 또한, 바울이 이 구절에서 "또한"이라는 불변화사(한글개역개정에는 번역되지 않음 —역주)를 사용한 것도, 자기가 앞서 말한 것을 보충하고 강조하기 위한 것임이 분명하기 때문에, 이것도 나의 해석을 뒷받침해 준다. 따라서 그는 이렇게 말한 것과 같다: "믿는 자들은 현세에서 이미 옷을 입고 있었기 때문에, 죽은 후에도 또한 그들을 위한 새 옷이 준비되어 있다."

4. 참으로 이 장막에 있는 우리가 짐진 것 같이 탄식하는 것은 벗고자 함이 아니요 오히려 덧입고자 함이니 죽을 것이 생명에 삼킨 바 되게 하려 함이라. 불경건한 자들도 자신들의 현재의 상태에 만족하지 못하기 때문에, 믿는 자들과 마찬가지로 탄식하는 것은 마찬가지이지만, 그들은 근본적으로 이 땅에서 죽지 않고 살고자 하는 욕망에 사로잡혀 있기 때문에, 죽음을 꺼리고 두려워하며, 이 땅에서 덧없는 삶을 오랫동안 사는 것이 얼마나 무거운 짐인지를 알지 못한다. 반면에, 믿는 자들이 탄식하는 것은, 자신들이 이 땅에서 살아가는 것은, 자신들의 본향을 떠나 이방 땅에 와서, 육신이라는 감옥에 갇힌 채로 유배생활을 하는 것임을 알고 있기 때문이다. 그래서 믿는 자들은 이 땅에서는 온전하고 참된 행복을 얻을 수 없고, 죽음이 아니고서는 죄의 종이 되어 살아가는 것을 피할 수 없다는 것을 알기 때문에, 이 세상에서의 삶을 무거운 짐으로 여기고, 그들을 기다리고 있는 더 나은 세상으로 가기를 원한다. 그러나 생명을 지닌 모든 존재는 그 생명을 계속해서 이어가기를 바라는 것이 자연스러운 본능인데, 도대체 무엇 때문에 믿는 자들은 사는 것을 포기하고 기꺼이 죽고자 하는 것인가? 이 질문에 대하여, 사도는 믿는 자들이 죽고자

하는 것은 단지 현세에서의 삶을 버리고자 하는 것이 아니라, 더 나은 삶을 얻고자 하는 것이고, 더 나은 삶을 얻기 위해서는 지금의 삶을 버려야 하기 때문이라고 대답한다. 그러나 바울이 이렇게 말한 데에는 그 이상의 의미가 있다. 왜냐하면, 그는 자신의 옷을 벗어 버리고자 하는 사람이 아무도 없는 것과 마찬가지로, 우리에게도 지금의 삶을 유지하고자 하는 자연스러운 본능이 있다는 것을 인정하면서도, 어떤 사람이 아름답고 우아하며 오래가는 새 옷을 입게 될 것임을 확실하게 알고 있는 경우에는, 자기가 지금까지 입어 왔던 낡고 더럽고 해진 값싼 옷을 기꺼이 벗어 던질 수 있는 것과 마찬가지로, 믿는 자들은 더 나은 삶이 기다리고 있다는 것을 확실히 믿고 아는 까닭에, 죽음을 꺼리는 자연스러운 본능을 이길 수 있는 것이라고 말하고 있기 때문이다. 바울은 "죽을 것이 생명에 삼킨 바 되게 하려 함이라"고 말함으로써, 이 비유를 좀 더 설명해 나간다. 사도가 고린도전서 15:50에서 "형제들아 내가 이것을 말하노니 혈과 육은 하나님 나라를 이어 받을 수 없고 또한 썩는 것은 썩지 아니하는 것을 유업으로 받지 못하느니라"고 말한 것처럼, "혈과 육"(caro et sanguis)은 하나님의 나라를 유업으로 받을 수 없기 때문에, 우리의 본성 속에 있는 썩을 것이 죽어야만, 우리는 온전히 새로워져서 완전한 상태로 회복될 수 있게 된다. 이것이 성경에서 우리의 육신을 우리를 가두어 놓고 있는 감옥이라고 부르는 이유이다.

5. 곧 이것을 우리에게 이루게 하시고 보증으로 성령을 우리에게 주신 이는 하나님이시니라. 바울은 믿는 자들이 이 땅에서 살면서 탄식하며 "영원한 집"을 덧입기를 간절히 사모하는 것은, 우리의 본능적인 감정이 아니라, 하나님의 역사로 말미암는 것임을 강조하기 위하여, 여기에 이 말을 덧붙인다. 우리의 본능적인 감정은 우리로 하여금 죽고자 하게 만드는 것이 아니라, 정반대로 죽지 않고자 하게 만든다. 왜냐하면, 우리의 본능은 한 알의 씨가 땅에 떨어져 죽으면 백 배의 열매를 맺는다는 이치를 알지 못하기 때문이다. 따라서 믿는 자들이 기꺼이 죽고자 하는 것은, 하나님께서 우리 안에서 역사하신 결과이다. 또한, 바울은 하나님께서 믿는 자들 안에서 그러한 역사를 어떤 방식으로 행하시는지를 설명하는 말도 여기에 덧붙이는데, 그것은 장차 될 일에 대한 "보증"이자 맛보기로서 성령을 우리에게 주셔서, 성령으로 하여금 우리의 확신을 더욱 확고하게 하신다는 것이다. 아울러, 그는 이러한 사실을 더욱 강조하기 위하여, "곧"이라는 불변화사를 여기에 덧붙이고 있는 것으로 보인다. 따라서 그는 이렇게 말한 것과 같다: "우리 안에서 역사하셔

서 우리로 하여금 그러한 소원을 갖게 하시는 이는 하나님이신데, 하나님께서는 우리의 담대함이 꺾이거나 흔들리지 않도록 하시기 위하여, 우리에게 '보증'으로 성령을 주시고, 성령의 증언을 통해서 그 약속이 참되다는 것을 확증하시고 재가 하신다." 성령은 두 가지 소임을 담당하는데, 첫 번째는 믿는 자들에게 그들이 무엇을 소원하고 사모하여야 하는지를 보여 주는 것이고, 두 번째는 믿는 자들로 하여금 마땅히 소원하고 사모하여야 하는 선한 것을 선택하게 한 후에, 그 소망을 흔들림 없이 끝까지 지켜나가도록 하기 위하여, 그들의 심령에 강하게 역사하여서, 그들에게서 온갖 주저함을 제거하는 것이다. 하지만 "이루다"라는 단어의 의미를 좀 더 넓게 해석해서, 하나님께서 이 세상에서 자기 백성 가운데서 역사하셔서, 그들로 하여금 새롭게 된 삶을 살게 하시는 것을 포함하는 것으로 이해하는 것도 아무런 문제가 없을 것이다. 왜냐하면, 하나님께서는 그런 식으로 지금 이 세상에서조차도 나머지 다른 사람들로부터 자기 백성을 구별하셔서, 자신의 은혜로 말미암아 그들에게는 다른 사람들과는 다른 특별한 미래가 준비되어 있다는 것을 보여 주시기 때문이다.

6. **그러므로 우리가 항상 담대하여 몸으로 있을 때에는 주와 따로 있는 줄을 아노니.** 여기에서 바울은 믿는 자들인 우리에게는 하나님께서 보증으로 주신 성령이 있기 때문에, "우리가 항상 담대할" 수 있다고 말한다. 왜냐하면, 만일 우리 안에 성령이 내주하지 않으신다면, 우리는 늘 확신이 결여되어 있어서, 경우에 따라 어떤 때에는 담대하였다가도 어떤 때에는 담대함을 잃고 두려워하기도 함으로써, 한결같이 담대한 마음을 유지할 수 없게 될 것이기 때문이다. 이렇게 하나님의 성령이 우리 안에 내주하셔서 우리의 심령을 붙들어 주시지 않는다면, 바울이 말하는 "담대함"은 우리 속에 있을 수 없다. "그러므로 우리가 항상 담대하여"와 "몸으로 있을 때에는 주와 따로 있는 줄을 아노니" 사이에는 "그리고"라는 불변화사가 있는데, 우리는 이 불변화사가 원인을 나타내는 절을 이끄는 것으로 보아야 한다. 따라서 이 절은 이렇게 해석된다: "그러므로 우리가 몸으로 있을 때에는 주와 따로 있는 줄을 알기 때문에, 우리는 항상 담대하다." 즉, 우리가 몸으로 있을 때에는 주와 따로 있는 줄을 아는 것이 우리의 확신과 담대함의 원천이라는 것이다. 믿지 않는 자들은 자신들의 최고의 행복과 최종적인 소망을 이 세상에 두고 살아가지만, 이 세상에서의 그들의 삶은 곧 끝나게 될 것임을 알기 때문에, 끊임없이 불안과 염려의 소용돌이 속에서 살아가게 되거나, 완고하게 하나님에 대하여 불평을 늘어

놓게 된다. 반면에, 우리 믿는 자들은 우리가 죽은 후에는 더 나은 삶이 우리를 기다리고 있다는 것을 알기 때문에, 평안한 마음으로 이 세상을 살아가다가, 망설임 없이 기꺼이 죽음을 맞이할 수 있다.

주와 따로 있는 줄을. 성경 전체는 하나님이 우리에게 임재해 계신다는 것을 분명하게 선언하고 있는데, 여기에서 바울은 우리에게 하나님이 부재하신다고 가르치기 때문에, 이것은 서로 모순되는 말인 것처럼 보일 수 있지만, 성경에서 말하는 "임재"와 바울이 여기에서 말하는 "부재"가 각각 어떤 의미인지를 좀 더 자세하게 살펴보면, 그러한 난점은 쉽게 해결된다. 성경에서 하나님이 모든 사람에게 임재해 계신다고 말할 때, 그것은 하나님께서 자신의 권능으로 사람들을 붙들어 주심으로써, "우리가 그를 힘입어 살며 기동하며 존재하는"(행 17:28) 것을 의미한다. 또한, 하나님께서는 그를 믿는 자들에게는 자신의 성령의 더 큰 능력을 통해 임재해 계신다. 하나님은 믿는 자들 안에서 사시고, 그들 가운데 거하시며, 심지어 그들과 함께 하신다. 하지만 우리는 하나님을 대면해서 보지 못하고, 하나님의 나라로부터 멀리 떠나서 여전히 이 땅에서 유배생활을 하고 있으며, 하나님과 함께 있는 천사들이 현재적으로 누리고 있는 저 복된 불멸의 삶을 영위하지 못한다는 점에서는, 우리에게 하나님은 부재하신다. 그러나 바울이 앞으로 좀 더 자세하게 설명해 나가면서, 곧 분명하게 밝혀지게 되겠지만, 그가 이 절에서 우리가 "주와 따로 있다"고 말할 때, 그것은 단지 우리의 지식의 한계만을 가리킨다.

7. 이는 우리가 믿음으로 행하고 보는 것으로 행하지 아니함이로라. 나는 여기에서 "보는 것"으로 번역된 헬라어 '에이도스'(εἶδος)를 라틴어로 '스페키에스'(species, "외관, 현상")가 아니라 '아스펙툼'(aspectum, "보는 것")으로 번역하였는데, 이것은 '스페키에스'라는 라틴어를 제대로 이해하는 사람이 별로 없기 때문이다. 여기에서 바울은 자기가 앞에서 우리가 "주와 따로 있다"고 말한 것은, 우리가 아직은 하나님을 대면해서 보지 못한다는 의미라고 설명한다. 이렇게 우리가 이 땅에서 몸을 입고 살아가는 동안에는, 하나님과 함께 있어서 직접 대면해서 눈으로 보는 것이 불가능하기 때문에, 우리는 우리의 눈으로 직접 보는 것에 의지해서 행할 수는 없고, 오직 믿음을 의지해서 행하고 있다는 것이다. 바울이 여기에서 "믿음"과 "보는 것"을 대비시키고 있는 것은 합당하다. 왜냐하면, "믿음"은 사람들의 오감에는 숨겨져 있는 것들을 분별하고, 아직은 볼 수 있게 나타나지 않은 장래 일들이 마치 우리의 눈 앞에 존재하는 것처럼 여기고서, 사람들로 하여금 거기에

의지하여 행하게 하기 때문이다. 믿는 자들은 하나님에 의해서 버림 받은 자들처럼 보이기 십상이고, 언제나 죽음의 요소들을 자신들 안에 안고 살아가기 때문에, 산 자들이라기보다는 죽은 자들과 방불한 자들이다. 따라서 사도가 "아브라함이 바랄 수 없는 중에 바라고 믿었으니 이는 네 후손이 이같으리라 하신 말씀대로 많은 민족의 조상이 되게 하려 하심이라"(롬 4:18)고 말한 것처럼, 믿는 자들은 "바랄 수 없는 중에 바라고 믿고" 살아갈 수밖에 없다. 왜냐하면, 로마서 8:24에서 "우리가 소망으로 구원을 얻었으매 보이는 소망이 소망이 아니니 보는 것을 누가 바라리요"라고 말하고 있듯이, 우리가 이 땅에 살면서 소망하는 것들은 지금은 감추어져 있는 것들이고, "믿음은 바라는 것들의 실상이요 보이지 않는 것들의 증거"(히 11:1)이기 때문이다. 그러므로 우리는 아직 "보는 것으로 행하지 아니하고 믿음으로 행한다"고 말한 것은 전혀 이상한 것이 아니다. 사도가 고린도전서 13:12에서 우리가 지금 이 땅에서 보기는 보지만, "지금은 거울로 보는 것 같이 희미하게" 보는 것일 뿐이라고 말한 것은, 우리가 모든 것의 실체를 직접 눈으로 보는 것이 아니라, 단지 말씀에 의지해서 보기 때문이다.

8. 우리가 담대하여 원하는 바는 차라리 몸을 떠나 주와 함께 있는 그것이라. 바울은 앞에서 경건한 자들의 확신에 관하여 이미 말하였던 것을 여기에서 다시 한 번 되풀이해서 말하는데, 그들은 힘들고 혹독한 십자가를 질 때나 온갖 환난들과 고난들을 당할 때, 낙심하여 무너져 버리기는커녕, 도리어 더욱더 담대해진다고 말한다. 사람들이 겪을 수 있는 가장 큰 해악은 죽음이지만, 믿는 자들은 죽음을 꺼리고 피하는 것이 아니라 기꺼이 죽고자 한다. 왜냐하면, 믿는 자들에게 죽음은 온전히 복된 삶의 시작이기 때문이다. 여기에서도 "우리가 담대하여"와 "원하는 바는 차라리 몸을 떠나 주와 함께 있는 그것이라" 사이에 있는 "그리고"라는 불변화사는 원인절을 이끈다. 따라서 이 절은 이렇게 해석된다: "우리가 차라리 몸을 떠나 주와 함께 있게 되기를 원하기 때문에, 우리는 담대하다." 그는 이렇게 말한 것과 같다: "다른 사람들이 무척 두려워하는 죽음이 우리에게는 큰 유익이 되기 때문에, 우리에게 어떤 일이 일어나더라도, 우리의 확신과 담대함은 흔들릴 수 없다. 왜냐하면, 우리가 '몸을 떠나' 하나님께로 가서 하나님과 함께 거하며 하나님의 임재를 실제로 누리는 것보다 더 좋은 일은 없기 때문이다. 따라서 우리의 겉사람이 낡아지고 썩어지는 것은 우리에게 그 어떤 손해도 가져다주지 않는다."

우리가 여기에서 유념해야 할 것은, 내가 앞에서 이미 한 번 지적하였듯이, 참된 믿음을 갖게 되면, 단지 죽음을 아무것도 아닌 것으로 여겨서 멸시하게 될 뿐만 아니라 죽음을 원하게 되기 때문에, 죽음을 두려워하는 것이 소망으로 인하여 기뻐하고 힘과 위로를 얻는 것보다 더 강하다면, 그것은 우리 안에 불신앙이 있음을 보여 주는 증거라는 것이다. 그렇지만 믿는 자들은 죽음을 원하기는 하지만, 하나님께서 각 사람에게 정해 놓으신 그 날을 기다리지 못하고, 그 날을 인위적으로 앞당기고자 하는 무절제한 욕심에 사로잡혀서 죽음을 원하지는 않는다. 도리어, 그들은 하나님께서 죽는 것보다는 살아서 그리스도께 영광을 돌리는 것이 그들에게 유익이라고 생각해서, 그들을 일정 기간 이 땅에서 살아가게 하시는 동안에는, 기꺼이 이 세상에서 자신들에게 맡겨진 소임을 따라 영적인 싸움을 계속해 나가고자 한다. 왜냐하면, 바울이 여기에서 말하고 있는 믿는 자들의 소원, 곧 이 세상을 떠나서 하나님과 함께 하고자 하는 열망은 "믿음"으로부터 생겨나는 것인 까닭에, 절대로 하나님의 뜻과 어긋나거나 배치되는 것이 아니기 때문이다. 또한, 바울이 여기에서 하고 있는 말로부터 우리가 도출해낼 수 있는 사실은, 우리의 영혼이 육신으로부터 놓여나게 될 때에는 하나님의 임재 앞에서 살아가게 된다는 것이다. 왜냐하면, 우리가 "몸을 떠나" 있게 되었을 때에는 하나님과 함께 있게 되는 것이라면, 우리의 영혼이 하나님과 함께 있게 되는 것이 분명하기 때문이다.

여기에서 어떤 이들은 다음과 같은 질문을 제기한다: "그렇다면, 시편 6:4-5에서 다윗이 '여호와여 돌아와 나의 영혼을 건지시며 주의 사랑으로 나를 구원하소서 사망 중에서는 주를 기억하는 일이 없사오니 스올에서 주께 감사할 자 누구리이까' 라고 말하며 죽음을 두려워하였고, 이사야서 38:1-3에서 '그 때에 히스기야가 병들어 죽게 되니 아모스의 아들 선지자 이사야가 나아가 그에게 이르되 여호와께서 이같이 말씀하시기를 너는 네 집에 유언하라 네가 죽고 살지 못하리라 하셨나이다 하니 히스기야가 얼굴을 벽으로 향하고 여호와께 기도하여 이르되 여호와여 구하오니 내가 주 앞에서 진실과 전심으로 행하며 주의 목전에서 선하게 행한 것을 기억하옵소서 하고 히스기야가 심히 통곡하니' 라고 말한 것처럼 히스기야도 죽음을 두려워하였으며, 이스라엘 교회 전체도 시편 115:17에서 '죽은 자들은 여호와를 찬양하지 못하나니 적막한 데로 내려가는 자들은 아무도 찬양하지 못하리로다' 고 말함으로써 죽음을 두려워한 것은 도대체 어떻게 된 것인가?"

통상적으로 이러한 질문에 대하여 해석자들은, 그들은 내세에서의 삶에 대한 계시가 아직 희미하였던 까닭에, 그러한 소망으로부터 오는 위로도 작았기 때문에,

죽음을 많이 두려워할 수밖에 없었다고 대답한다는 것을 나는 알고 있고, 그러한 대답이 이 질문에 대한 대답의 일부가 될 수 있다는 것도 인정하지만, 그러한 설명이 대답의 전부가 될 수는 없다. 왜냐하면, 옛 교회의 거룩한 조상들이 죽음의 사자 앞에서 언제나 두려워 떨었던 것이 아니고, 도리어 기쁜 마음으로 기꺼이 죽음을 맞아들였기 때문이다. 예컨대, 우리는 아브라함이 천수를 다하였을 때에 아무런 회한 없이 세상을 떠났다는 것을 알고 있고, 이삭이 죽기를 꺼려하거나 주저하였음을 보여 주는 증거는 성경의 그 어디에서도 찾아볼 수 없으며, 야곱도 임종을 앞두고, "여호와여 나는 주의 구원을 기다리나이다"(창 49:18)라고 분명하게 선언하였다. 마찬가지로, 다윗도 그 어떤 후회나 회한도 없이 평안하게 죽었고(왕상 2:10), 히스기야도 마찬가지였다. 그런데 우리가 위에서 인용한 본문들에서 볼 수 있듯이, 다윗과 히스기야가 그 구체적인 경우에 죽음을 피하기 위하여 하나님께 눈물로 기도하였던 이유는, 하나님께서는 그들의 특정한 죄악들에 대한 벌로 그들에게 죽음을 선고하셨고, 그들은 자신들에게 다가오는 죽음 속에서 하나님의 진노를 느꼈기 때문이었다. 그것이 그들이 하나님으로부터 죽음을 선고받고서 대경실색해서 그 죽음을 피하고자 한 이유였고, 오늘날 그리스도의 다스림 아래에서도 믿는 자들은 얼마든지 그들과 동일한 경험을 할 수 있다. 반면에, 바울이 여기에서 믿는 자들이 죽음을 원한다는 것은 통상적인 상황 아래에서 "몸을 떠나 주와 함께 있기" 위하여 기꺼이 죽고자 한다는 것을 의미한다.

9그런즉 우리는 몸으로 있든지 떠나든지 주를 기쁘시게 하는 자가 되기를 힘쓰노라
10이는 우리가 다 반드시 그리스도의 심판대 앞에 나타나게 되어 각각 선악간에 그 몸으로 행한 것을 따라 받으려 함이라 11우리는 주의 두려우심을 알므로 사람들을 권면하거니와 우리가 하나님 앞에 알리어졌으니 또 너희의 양심에도 알리어지기를 바라노라 12우리가 다시 너희에게 자천하는 것이 아니요 오직 우리로 말미암아 자랑할 기회를 너희에게 주어 마음으로 하지 않고 외모로 자랑하는 자들에게 대답하게 하려 하는 것이라(5:9-12).

9. 그런즉 우리는 몸으로 있든지 떠나든지 주를 기쁘시게 하는 자가 되기를 힘쓰노라. 바울은 앞에서 그리스도인들은 환난들과 죽음을 통해서 그들을 위하여 내세에 준비된 저 복된 삶으로 들어가게 되기 때문에, 얼마든지 담대한 마음으로 환

난들을 감당할 수 있고, 심지어 죽음에 직면해서도 죽음을 이기는 자들이 될 수 있다는 것을 보여 주었는데, 이제 여기에서는 그 동일한 사실을 근거로 해서 또 다른 결론을 도출해 내는데, 그것은 그리스도인들은 하나님을 기쁘시게 해 드리는 것을 최고의 목표로 삼고서 거기에 온전히 헌신하는 것이 마땅하다는 것이다. 왜냐하면, 우리는 우리가 이 땅에서 머물러서 살아가는 시간은 잠시일 뿐이고, 우리의 달려갈 길을 다 달려간 후에는 다시 그리스도께로 돌아가야 한다는 것을 늘 생각하고 염두에 두고 있어야 함에도 불구하고, 그런 것을 전혀 생각하지 않거나 오직 드물게 생각하는 것이, 우리가 하나님을 향하여 마땅히 행해야 할 일들을 게을리하거나 아예 하지 않는 유일한 이유인 까닭에, 부활에 대한 소망과 최후의 심판에 대한 생각이 우리의 심령 속에 굳건히 자리잡고 있을 때에는, 우리는 하나님을 기쁘시게 해 드리고자 하는 목적으로 모든 일을 행하게 될 수밖에 없기 때문이다. 우리가 유의할 것은, 바울은 여기에서 "몸으로 있든지 떠나든지," 즉 "우리가 몸을 입고 있든지 몸에서 떠나 있든지"라고 말한 후에, 우리는 "주를 기쁘시게 하는 자가 되기를 힘쓰노라"고 말함으로써, 영혼의 불멸성, 곧 우리가 죽고 난 후에도 우리의 영혼은 죽지 않고 영원히 산다는 것을 다시 한 번 확증해 주고 있다는 것이다.

10. 이는 우리가 다 반드시 그리스도의 심판대 앞에 나타나게 되어. 이것은 모든 사람들에게 적용되는 것이지만, 모든 사람들이 자기가 장차 그리스도의 심판대 앞에 출두하여야 한다는 사실을 매순간마다 기억할 정도로 충분히 고양되어 있는 것은 아니다. 바울 자신은 매순간마다 올바르게 행하고자 하는 자신의 거룩한 관심 속에서, 끊임없이 자기 자신을 그리스도의 심판대 앞으로 호출하였는데, 여기에서 이 말을 한 의도는, 사람들의 칭찬과 박수갈채만 받으면, 그것으로 충분하다고 생각하였던 야심에 가득한 거짓 사도들을 간접적으로 꾸짖기 위한 것이었다. 왜냐하면, 여기에서 그가 "우리가 다 반드시"라고 말함으로써, 단 한 사람도 이 일에 있어서 예외가 될 수 없다는 것을 강조한 것은, 그 거짓 사도들을 하늘의 법정으로 호출한 것과 같기 때문이다. 또한, 여기에서 "나타나다"로 번역된 단어는 우리가 그리스도의 심판대 앞에 호출되어 출두하게 될 것을 의미하는 것이기는 하지만, 나는 그 단어 속에는 그러한 의미 외에도, 현재에 있어서는 많은 것이 어둠 속에 은폐되어 있지만, 그 때에는 모든 것이 다 대낮처럼 드러나게 될 것이라는 의미도 내포되어 있다고 본다. 왜냐하면, 다니엘서 7:9-10에서 최후의 심판에 대하여 묘사하면서, "내가 보니 왕좌가 놓이고 옛적부터 항상 계신 이가 좌정하셨는데 그의 옷은

희기가 눈 같고 그의 머리털은 깨끗한 양의 털 같고 그의 보좌는 불꽃이요 그의 바퀴는 타오르는 불이며 불이 강처럼 흘러 그의 앞에서 나오며 그를 섬기는 자는 천천이요 그 앞에서 모셔 선 자는 만만이며 심판을 베푸는데 책들이 펴 놓였더라"고 말하고 있는 것처럼, 지금은 인봉되어 있고 덮여 있는 "책들"이 그 때에는 펼쳐져서 심판대 앞에 놓여 있게 될 것이기 때문이다.

각각 선악간에 그 몸으로 행한 것을 따라 받으려 함이라. 이 구절은 모든 사람들이 각각의 행위에 따라 보응을 받게 될 것이라고 말하고 있기 때문에, 이것으로부터 우리가 금방 알 수 있는 것은, 악한 행위들은 하나님으로부터 벌을 받는 반면에 선한 행위들은 상을 받게 된다는 것이다. 그러나 우리는 이 둘의 원인 또는 이유가 서로 다르다는 것을 유념하여야 한다. 왜냐하면, 악한 행위들은 벌을 받는 것이 마땅하기 때문에 벌을 받는 것인 반면에, 하나님께서는 선한 행위들에 대하여 상을 주시는 것은, 그 선한 행위들이 상을 받을 만한 공로나 가치가 있어서가 아니기 때문이다. 우리가 행하는 것들 중에서, 하나님의 인정을 받을 수 있을 정도로 모든 면에서 온전하고 완벽한 것은 단 하나도 없다. 우리의 행위가 하나님을 온전히 기쁘시게 해 드리는 행위가 되고, 하나님에 의해서 온전히 받아들여지는 행위가 되기 위해서는, 율법 전체를 온전히 충족시키는 것이 되어야 하는데, 우리의 행위들 중에서 그렇게 온전하고 완벽한 행위는 존재할 수 없다. 따라서 우리의 행위가 하나님께 받아들여질 수 있는 유일한 길은, 하나님께서 전적인 은혜로 말미암아 우리를 긍휼히 여기시고 자비를 베푸셔서, 우리가 지은 모든 죄들을 우리에게 돌리시거나 책임을 묻지 않으시고, 우리를 의롭다고 하시며 값없이 받아 주시는 것뿐이다. 실제로 하나님께서는 그리스도의 공로에 의거해서, 우리의 죄를 사하시고 우리를 받아 주셨는데, 우리의 선한 행위들에 대하여 상을 주시는 것도, 우리는 그 선한 행위들로 인하여 상을 받을 자격이 전혀 없음에도 불구하고, 전적인 은혜로 우리에게 상을 주시는 것이다. 우리가 영생을 얻는 것은 하나님의 전적인 은혜로 말미암는 것이라는 사실을 전제하기만 한다면, 하나님께서 우리의 선한 행위들에 대하여 우리에게 상을 주신다고 말하는 것은 우리가 전적인 은혜로 구원과 영생을 얻는다고 말하는 것과 전혀 모순되지 않는다. 나는 이 점에 대해서는 고린도전서를 주해할 때에 좀 더 자세하게 설명한 바 있고, 이 주제에 관한 자세한 논의는 내가 쓴 「기독교 강요」에 나와 있다. 한편, 바울은 "그 몸으로 행한 것"이라고 말하고 있지만, 나는 그것은 단지 우리의 몸으로 행한 외적인 행위들만을 가리키는 것이 아니라, 우리가 이 땅에서 몸을 입고 살아가면서 행한 모든 일들, 즉 이 땅에서 우리의 삶 전체를 가리키는 것이라고 본다.

11. 우리는 주의 두려우심을 알므로 사람들을 권면하거니와 우리가 하나님 앞에 알리어졌으니. 바울은 이제 자기 자신에 관한 이야기로 되돌아가서, 앞에서 자기가 말한 일반적인 가르침을 자신과 관련하여 또다시 적용한다. 그는 이렇게 말한다: "나는 내 자신의 경험을 통해서 하나님의 두려우심을 잘 알고 있는데, 하나님의 두려우심을 아는 것은 모든 경건한 자들의 마음속에 자리잡고 있는 것이 마땅하다." 왜냐하면, "하나님의 두려우심"을 아는 것은, 우리 각자가 언젠가는 그리스도의 심판대 앞에서 각자의 모든 행위들을 설명하고 결산하여야 한다는 것을 아는 것이고, 사람이 이것을 진지하게 생각한다면, 그 사람은 그 일에 대한 두려움으로 인해서 온갖 무사안일함을 떨쳐낼 수밖에 없게 될 것이기 때문이다. 바울은 바로 그런 이유로 인해서, 자기가 행한 모든 일들을 장차 하나님 앞에서 결산하여야 한다는 것을 기억하고서, 자기는 자신의 사도직을 신실하고 충성되게 수행하고 있고, 하나님을 두려워하는 가운데 모든 일을 행하고 있다고 증언한다. 그러나 바울의 원수들은 얼마든지 다음과 같이 반문할 수 있었다: "당신은 당신 자신을 지극히 높이고 자랑하고 있지만, 솔직히 말해서, 당신이 전하고 가르치는 것이 참되다는 것을 누가 알겠는가?" 그러한 반문에 대한 그의 대답은, 자기는 사람들 앞에서 가르치는 일을 하고 있지만, 자기가 얼마나 참되고 진실한 마음으로 가르치고 있는지는 하나님이 잘 아신다는 것이다. 그는 이렇게 말한 것과 같다: "나의 입은 사람들에게 말하고 있지만, 나의 마음은 하나님을 향해 있다."

또 너희의 양심에도 알리어지기를 바라노라. 바울은 바로 앞에서 자기가 전하고 가르치는 것이 참되다는 것과 자기가 신실하고 충성되게 사도직을 수행해 왔다는 것을 하나님은 아신다고 말하였었는데, 그렇게 말한 후에 즉시 그것을 수정하는 말을 여기에서 하고 있다. 왜냐하면, 그는 자기가 하나님으로부터 받은 사도의 직무를 흠 없이 행해 왔다는 것을 증언해 줄 증인은 오직 하나님이시라고 방금 말해 놓고서는, 하나님만이 아니라 고린도 교인들도 그것을 충분히 증언해 줄 증인이 될 수 있다고 말하고 있기 때문이다. 우리가 여기에서 주목해야 할 것은 두 가지인데, 하나는 우리의 마음이 하나님 앞에서 올바르지 않다면, 우리가 사람들 앞에서 근면하고 성실하게 행하는 것만으로는 충분하지 않다는 것이고, 다른 하나는 실제적인 사실들을 통해서 밑받침되지 않는 자랑은 허황된 것일 수밖에 없다는 것이다. 실제로는 아무것도 가지고 있지 않으면서도, 마치 모든 것을 가진 것처럼 큰 소리치고 허풍을 떠는 것만큼 황당한 일은 없다. 그러므로 우리가 사람들이 우리의 말을 믿어 주기를 바란다면, 우리는 우리의 행위들을 통해서, 우리의 말이 사실이라는 것을 증명해서 보여 주어야 한다. 그러나 "양심에 알리어진다"는 말은 증거를 통해서 증명이 된다는 것 이상의 의미를 지닌다. 왜냐하면, "양심"은 육신의 판단 그 이상을 꿰뚫어 보기 때문이다.

12. 우리가 다시 너희에게 자천하는 것이 아니요 오직 우리로 말미암아 자랑할 기회를 너희에게 주어. 여기에서 바울은 자기가 방금 말한 것을 확증함과 동시에, 자기에 대하여 있을 수 있는 비방을 미리 예상하고, 거기에 대하여 대답한다. 그는 자기 자신에 대하여 많은 말들을 했기 때문에, 고린도 교인들은 그가 자신의 명성을 지키는 일에 지나치게 관심을 쏟고 있다는 인상을 받을 수 있었다. 그리고 실제로 저 악한 자들은 바울에 대하여 그런 식으로 말하고 비방하였을 가능성이 높다. 왜냐하면, 그가 여기에서 "우리가 다시 너희에게 자천하는 것이 아니요"라고 말하고 있는 것은, 그들의 그러한 비방에 대하여 대답하고 있는 것으로 보이기 때문이다. 여기에서 "자천하다"는 "자랑하다" 또는 "우쭐대고 뻐기다"라는 나쁜 의미로 사용되고 있다.

바울이 "오직 우리로 말미암아 자랑할 기회를 너희에게 주어"라고 말한 것은 다음과 같은 의미를 지닌다. 첫째로는, 자기가 이렇게 많은 말로 자기 자신을 변명하게 된 원인은 자기에게 있는 것이 아니라 그들에게 있고, 자기가 그런 비방을 들을 줄을 뻔히 알면서도 그렇게 자신을 변명하는 이유는, 자기가 그들에게 수치가 아니라 자랑이 됨으로써 그들에게 유익이 되게 하기 위한 것임을 밝힌 것이다. 둘째로는, 그들이 스스로 그의 사도직을 부정하는 것이 아니라 도리어 인정하고 높여서, 자기가 굳이 나서서 자신을 변명하지 않게 해 주었어야 하는데도 그렇게 하지 않은 것, 그리고 그들이 그의 사도직을 인정하고 높이는 것이 그에게 유익이 되기보다는 그들 자신에게 유익이 된다는 것을 깨닫고서 적극적으로 그렇게 하여야 했는데도 그렇게 하지 않은 것을 지적하면서, 그들의 배은망덕함을 간접적으로 꾸짖은 것이다. 이것을 통해서 바울은 그리스도의 종들은 자신들의 명성을 지키는 것이 교회의 유익을 위해서 꼭 필요한 경우에만 적극적으로 나서서 자신을 변호하여야 한다는 것을 우리에게 가르쳐 준다. 그가 여기에서 오로지 자신의 관심은 철저하게 어떻게 하는 것이 교회에 유익한지를 생각하는 것에 맞추어져 있다고 말한 것은 그의 진심이었다. 따라서 우리는 우리 자신이 사람들로부터 비방을 받게 된 경우에, 사실은 우리의 명성을 지키고자 하는 동기에서 우리 자신을 변명하는 것인데도, 바울이 본을 보인 것처럼, 마치 교회의 유익을 위하여 변명하는 체하는 것은 아닌지를 철저히 살필 필요가 있다. 또한, 여기에서 바울은 어떤 복음 사역자가 오로지 자기 자신에게만 유익이 되는 것이 아니라, 교회 전체에 유익이 되는 것, 달리 말하면 모든 사람에게 유익을 가져다주는 것을 행할 때, 그것이 그가 참된 복음 사역자라는 것을 추천해 주는 것임을 우리에게 가르쳐 준다.

마음으로 하지 않고 외모로 자랑하는 자들에게 대답하게 하려 하는 것이라. 바울은 헛된 자랑을 일삼는 자들의 허영을 억제하는 것은 교회가 마땅히 해야 할 일이라는 것을 여기에서 지나가는 말로 언급한다. 그러한 야심은 교회를 위험에 빠뜨리는 치명적인 전염병이기 때문에, 그런 것을 짐짓 모른 체하며 묵인하고 비호하는 것은 정말 위험한 일이다. 고린도 교인들은 과거에 이 점을 충분히 유념하지 않았기 때문에, 바울은 그들이 앞으로는 이 점에 유념해서 행하여야 한다고 교훈한다. "마음으로 하지 않고 외모로 자랑하는" 것은, 겉으로 가장해서 보이는 것이 중요하고, 마음의 진실성 같은 것은 중요하지 않다고 여기는 것을 의미한다. 진정으로 지혜로운 사람들은, 하나님 외에는 그 어떤 것도 결코 자랑하지 않는다(고전 1:31, "기록된 바 자랑하는 자는 주 안에서 자랑하라 함과 같게 하려 함이라"). 그러나 헛된 자랑이 있는 곳에는, 마음의 진실함과 정직함은 있을 수 없다.

[13]우리가 만일 미쳤어도 하나님을 위한 것이요 정신이 온전하여도 너희를 위한 것
이니 [14]그리스도의 사랑이 우리를 강권하시는도다 우리가 생각하건대 한 사람이 모
든 사람을 대신하여 죽었은즉 모든 사람이 죽은 것이라 [15]그가 모든 사람을 대신하
여 죽으심은 살아 있는 자들로 하여금 다시는 그들 자신을 위하여 살지 않고 오직
그들을 대신하여 죽었다가 다시 살아나신 이를 위하여 살게 하려 함이라 [16]그러므
로 우리가 이제부터는 어떤 사람도 육신을 따라 알지 아니하노라 비록 우리가 그
리스도도 육신을 따라 알았으나 이제부터는 그같이 알지 아니하노라 [17]그런즉 누구
든지 그리스도 안에 있으면 새로운 피조물이라 이전 것은 지나갔으니 보라 새 것
이 되었도다(5:13-17).

13. 우리가 만일 미쳤어도 하나님을 위한 것이요 정신이 온전하여도 너희를 위

한 것이니. 바울은 자신의 대적들이 하는 말이 절대로 옳지 않지만, 여기에서는 일단 옳다고 가정한다는 전제 아래에서 말을 하고 있다. 즉, 그가 앞에서 자기 자신을 자랑한 것은 온전히 제정신으로 한 것이었고 지극히 분별 있고 합당한 것이었지만, 많은 사람들에게는 "미친" 것으로 보였고 어리석은 짓으로 보였기 때문에, 그는 한 발 양보해서 그들의 말이 옳다고 가정하더라도, 진실이 변하지는 않는다는 것을 보여 준다. 그는 두 가지 사실을 단언한다. 첫 번째는 자기는 자기 자신이 어떻게 되느냐 하는 것에는 관심이 없고, 오로지 하나님과 교회를 섬기는 데에만 관심이 있다는 것이고, 두 번째는 자기는 사람들이 자기를 어떻게 생각하든, 그런 것을 두려워하지 않기 때문에, 오직 자기가 하나님과 교회에 대하여 해야 할 일들을 신실하고 충성되게 수행할 수 있기만 하다면, 사람들이 자기를 미쳤다고 하든 온전하다고 하든, 그런 것은 아무렇지도 않다는 것이다. 바울이 여기에서 말하고자 하는 것은 이것이다: "내가 사도로서 아무 흠이 없이 오직 신실하고 충성되게 사도직을 수행해 왔다고 자주 말한 것에 대하여, 사람들은 나의 그런 말을 자신들의 마음대로 해석하고 평가한다. 그러나 나는 내 자신을 위해서 그런 말을 한 것이 아니다. 나의 유일한 관심은 내가 어떻게 해야 하나님과 하나님의 교회에 유익이 될 수 있는가 하는 것이다. 나는 하나님의 영광과 교회의 유익을 위하여서는 침묵할 수도 있고 적극적으로 나서서 말을 할 수도 있다. 설령 너희의 말대로 내가 미친 것이라고 하여도, 나는 내 자신을 위해서가 아니라 하나님을 위해서 미친 것이기 때문에, 세상 사람들이 나를 미쳤다고 생각하는 것을 개의치 않는다." 바울이 여기에서 보여 주고 있는 것과 같은 단호함과 결연함이 우리에게 있지 않으면, 우리는 세상 사람들의 아주 작은 반대에도, 거기에 걸려 넘어져서, 우리가 해야 할 소임을 하지 못하게 될 것이기 때문에, 특히 이 구절을 한 번 읽고 지나가는 것이 아니라 마음속에 담아 두고서 늘 묵상할 필요가 있다.

14. 그리스도의 사랑이 우리를 강권하시는도다 우리가 생각하건대 한 사람이 모든 사람을 대신하여 죽었은즉 모든 사람이 죽은 것이라. "그리스도의 사랑"이라는 어구에서, 우리는 "사랑"이라는 단어를 능동의 의미로 해석해서 "그리스도께서 우리를 사랑하시는 사랑"으로 이해할 수도 있고, 수동의 의미로 해석해서 "우리가 그리스도를 사랑하는 사랑"으로 이해할 수도 있지만, 나는 전자가 더 합당하다고 본다. 왜냐하면, 우리의 마음이 쇠보다 더 단단하지만 않다면, 그리스도께서 우리를 위하여 대신 죽으심으로써 우리에게 보여 주신 저 크신 사랑을 우리가 기억할

때, 우리는 그리스도께 우리의 모든 것을 다 내어 드려서 온전히 헌신하고자 하는 마음이 생길 수밖에 없기 때문이다. 바울은 15절에서 "살아 있는 자들로 하여금 다시는 그들 자신을 위하여 살지 않고 오직 그들을 대신하여 죽었다가 다시 살아나신 이를 위하여 살게 하려 함이라"고 말함으로써, 그 점을 분명히 한다. 그는 앞에서 자기가 언젠가는 이 세상에서 육신으로 살아갈 때에 자기가 행한 모든 일들을 하나님의 법정에서 결산하여야 한다는 것을 알기 때문에, 하나님의 두려우심으로 인하여 자신에게 맡겨진 소임을 온 힘을 다해 신실하고 충성되게 감당해 왔다는 것을 이미 말한 바 있는데, 이제 여기에서는 사도로서의 자신의 소임을 신실하고 충성되게 수행하는 또 하나의 동기를 말한다. 즉, 자기는 우리를 향하신 그리스도의 한량 없으신 사랑이 우리를 강권하시기 때문에, 그렇게 하지 않을 수 없다는 것이다. 그리고 바울은 그리스도께서 모든 사람을 대신하여 죽으셨다는 사실을, 우리를 향한 그리스도의 사랑을 보여 주는 증거로 든다. 우리는 그리스도의 이 사랑을 알게 되면, 그 사랑에 감격하여, 우리를 위하여 죽으신 그리스도를 사랑하지 않을 수 없게 된다. 바울이 여기에서 사용한 "강권하다"라는 단어 속에 들어 있는 비유는, 그리스도께서 자신의 죽음을 통해서 우리에게 보여 주신 저 놀랍고 경이로운 사랑을 진정으로 깊이 묵상하고 숙고하는 사람들은 누구든지, 가장 튼튼한 쇠사슬에 묶인 채로 그리스도께 끌려가서, 오로지 온 마음을 다하여 그리스도만을 섬길 수밖에 없게 된다는 사실을 드러내 준다.

15. 그가 모든 사람을 대신하여 죽으심은 살아 있는 자들로 하여금 다시는 그들 자신을 위하여 살지 않고 오직 그들을 대신하여 죽었다가 다시 살아나신 이를 위하여 살게 하려 함이라. 바울은 여기에서 그리스도께서 왜 죽으셨는지, 그 목적과 의도를 분명하게 제시한다. 즉, 그리스도께서 우리를 위하여 대신 죽으신 것은 우리로 하여금 우리 자신에 대하여 죽게 하기 위한 것이라는 것이다. 또한, 우리는 바울이 우리 자신에 대하여 죽는 것은 그리스도를 위하여 사는 것이라고 계속해서 설명해 나가고 있는 것을 주목하여야 한다. 이것을 좀 더 자세하게 설명하자면, 우리가 우리 자신에 대하여 죽고 우리 자신을 부인하는 것은, 우리가 우리를 구속하신 그리스도께로 가서 그의 소유가 되어, 그의 권세 아래에서 그리스도를 위하여 살기 위한 것이다. 따라서 이것으로부터 도출되는 결론은 우리는 더 이상 우리 자신의 소유가 아니라는 것이다. 로마서 14:7-9에도 이것과 비슷한 말씀이 나온다: "우리 중에 누구든지 자기를 위하여 사는 자가 없고 자기를 위하여 죽는 자도 없도

다 우리가 살아도 주를 위하여 살고 죽어도 주를 위하여 죽나니 그러므로 사나 죽으나 우리가 주의 것이로다 이를 위하여 그리스도께서 죽었다가 다시 살아나셨으니 곧 죽은 자와 산 자의 주가 되려 하심이라." 바울은 여기에서 두 가지 것을 따로 분리해서 제시한다. 하나는 우리는 그리스도 안에서 죽었기 때문에, 다른 사람들보다 더 뛰어나고자 하는 모든 야심과 욕망을 버리고, 우리 자신이 아무것도 아닌 자가 되는 것을 힘들어하거나 손해라고 느껴서는 안 된다는 것이고, 다른 하나는 우리는 사나 죽으나 그리스도의 것이기 때문에, 살든지 죽든지 온전히 그리스도만을 섬겨야 한다는 것이다.

16. 그러므로 우리가 이제부터는 어떤 사람도 육신을 따라 알지 아니하노라. 여기에서 "알다"는 "판단하다"를 의미한다. 바울은 이렇게 말한 것과 같다: "우리는 사람들을 외모로 겉만 보고 판단하지 않기 때문에, 겉보기에 지극히 뛰어난 것처럼 보이는 사람을 진정으로 뛰어난 사람이라고 생각하지 않는다." 바울이 여기에서 사용한 "육신"이라는 단어는 사람들이 통상적으로 높이 평가하고 귀한 것으로 여기는 온갖 외적인 능력들과 재능들, 그리고 중생과는 아무런 상관 없이 사람들로부터 존경받은 모든 것들을 가리키는 것이기는 하지만, 특히 기만적인 외적인 모습들을 가리킨다. 또한, 그는 자기가 이미 앞에서 언급한 것, 즉 믿는 자들은 자기 자신에 대하여 죽은 자들이라는 것을 염두에 두고, 이 말을 한 것이다. 따라서 그는 이렇게 말한 것과 같다: "우리는 이 현세의 삶에 대해서는 죽은 자들인 까닭에, 우리 자신의 것은 없고, 우리 자신을 위하여 살지도 않기 때문에, 어떤 사람이 육신적으로 뛰어나다고 해서, 그가 그리스도의 뛰어난 종인 것은 결코 아니다."

비록 우리가 그리스도도 육신을 따라 알았으나 이제부터는 그같이 알지 아니하노라. 바울이 이 구절에서 말하고자 하는 요지는 이런 것이다: "그리스도께서는 이 세상에서 잠시 살아가시는 동안에는 이 현세의 삶을 사는 데 필요한 육신적인 것들을 지니고 살아가셨기 때문에, 사람들은 바로 그러한 육신적인 것들을 따라서 그리스도를 판단하고 평가하였지만, 우리는 이제 그리스도를 그런 육신적인 것들을 기준으로 삼아서 판단하거나 평가하지 않는다. 즉, 이제 우리는 그리스도를 세상적인 방식이 아니라 영적인 방식으로 평가하게 되었다." 세르베투스(Servetus, 주후 1511-1553년, 스페인의 인문학자로서 삼위일체설을 부정함) 같은 일부 이단들은 이 구절을 왜곡해서, 그리스도의 인성이 신성에 의해 흡수되었다는 그들의 주장을 밑받침해 주는 증거 본문으로 삼고자 하였다. 그러나 그러한 정신 나간 생각이 사도의 의도와 거리가 멀다는 것을 아는 것은 그리 어렵지 않다. 왜냐하면, 바울이 여기에서 "육신"이라고 했을 때, 그것은 그리스도의 육신의 실체(substantia)가 아니라, 그리스도의 외적인 모습(externa species)을 가리키기 때문이다. 그는 우리가 더 이상 그리스도의 육신을 알 수 없다고 말하고 있는 것이 아니라, 우리는 이제 더 이상 육신을 따라 그리스도를 판단해서는 안 된다고 말하고 있다. 성경 전체는 그리스도께서는 이 땅에 계실 때에는 우리와 똑같은 육신을 입으시고 고난을 당하시고 죽으셨을 뿐만 아니라, 부활하여 승천하신 후에도 우리와 똑같지만 영화롭게 된 몸을 입으시고 하늘에서 영광스러운 삶을 살고 계신다고 증언한다. 그리고 만일 실제로 이러한 토대가 무너지면, 우리의 신앙 전체도 다 무너져 내리고 만다. 왜냐하면, 우리가 지금 그리스도를 통해서 가지고 있는 증거 외에는, 우리가 장차 죽지 않고 영원히 살게 될 것이라는 소망에 대한 근거는 없기 때문이다. 우리에게 의(iustitia)가 회복된 것은, 그리스도께서 우리의 본성을 입으신 채로 율법을 온전히 이루심으로써, 아담의 불순종을 폐하셨기 때문이고, 우리에게 생명(vita)이 회복된 것도, 그리스도께서 우리와 같은 인성을 입으시고서, 우리가 원래 쫓겨났었던 하나님 나라로 들어가셔서, 하늘에 우리가 살 거처를 마련해 놓으셨기 때문이다. 따라서 우리가 그리스도의 인성을 인정하지 않으면, 우리가 그리스도 안에서 지금 갖고 있는 온갖 확신과 위로는 다 무너져 내리게 된다. 우리는 그리스도께서 우리와 똑같은 육신을 입으시고서 이 땅에 오셔서 참 사람이자 우리의 형제로서 살아가신 사실을 잘 알고 있지만, "육신을 따라," 즉 육신적인 것들을 기준으로 삼아서 그리스도를 알고 있는 것은 아니다. 왜냐하면, 이제 우리는 오로지 영적인 실체를 따라 그리스도를 알고 있기 때문이다. 우리가 그리스도를 영적으로 안다는 것은, 그리스도께서 우리와 같은 육신을 완전히 버리시고서 영으로 변화되셨기 때문이 아니라, 이제 그리스도께서는 이 땅에 살아가실 때에 필요하였던 육신적이고 외적인 것들을 다 벗어 버리시고 승천하셔서, 하늘에서 자신의 원래의 모습을 그대로 드러내신 채로 거기로부터 성령을 보내셔서 우리를 거듭나게 하시고 자기 백성을 다스리고 계시기 때문이다.

17. 그런즉 누구든지 그리스도 안에 있으면 새로운 피조물이라. 이 구절이 전후 문맥과 어떤 식으로 연결되는지는 분명하지 않기 때문에, 우리는 다음과 같이 내용을 조금 보충해서 이 구절을 읽을 필요가 있다: "어떤 사람이 그리스도 안에서, 즉 그리스도의 나라 또는 그의 교회 안에서 자신의 분깃을 얻고자 한다면, 그는 새

로운 피조물이 되어야 한다." 바울은 이렇게 말함으로써, 어떤 사람이 그리스도 안에 있거나 하나님의 나라에 들어가려면, 그 마음이 새로워져야 하고, 그 사람이 지닌 인간적으로 뛰어난 그 어떤 것도 아무 소용이 없다는 것을 보여 줌으로써, 인간적으로 탁월한 것들을 내세워 자랑하는 자들을 단죄한다. 학식과 달변을 비롯한 많은 재능들은 소중히 여김을 받아야 할 귀한 것들이기는 하지만, 하나님을 경외하고 두려워하는 것이 없거나 양심이 바르지 않은 경우에는, 그러한 재능들의 존귀함은 모두 사라지고 만다. 따라서 그리스도인들의 최고의 덕목은 자기부인(sui abnegatio)이기 때문에, 그 누구도 자신의 탁월함을 자랑해서는 안 된다. 바울이 여기에서 이 말을 하고 있는 것은, 거짓 사도들의 헛된 자랑을 억제하기 위한 것이기도 하지만, 고린도 교인들이 스스로 자고해져서 겉모습만을 보고 판단함으로써, 외적으로 그럴 듯해 보이는 것들을 내적으로 진실하고 참된 것보다 더 중시하고 있는 것을 바로잡기 위한 것이기도 하다. 겉으로 거룩해 보이는 것보다 참된 거룩함을 더 소중히 여기는 사람을 우리는 어디에서 발견할 수 있을까? 그러므로 우리는 바울이 여기에서 경고하고 있는 것, 즉 어떤 사람들이 인간적으로 볼 때에는 아무리 뛰어나고 탁월하다고 할지라도, 그들이 하나님의 성령으로 새롭게 되지 않았다면, 그런 사람들은 교회에서 아무것도 아니라는 것을 명심하여야 한다.

이전 것은 지나갔으니 보라 새 것이 되었도다. 옛적의 선지자들은 그리스도의 나라에 대하여 말하면서, "새 하늘과 새 땅"(사 65:17, "보라 내가 새 하늘과 새 땅을 창조하나니 이전 것은 기억되거나 마음에 생각나지 아니할 것이라")에 대하여 예언하였는데, 이것은 경건한 자들의 행복이 온전해질 때까지, 만물이 더 나은 상태로 변화될 것임을 예언한 것이다. 그리스도의 나라는 영적인 나라이기 때문에, 이러한 변화는 주로 성령에 의해서 영적으로 이루어진다는 점에서, 바울이 무엇보다도 먼저 이것에 대하여 말하고 있는 것은 합당하다. 따라서 그는 옛적의 선지자들이 예언하였던 바로 그러한 변화를 여기에서 지극히 우아하게 언급하면서, 성령으로 말미암은 중생의 역사를 그 예언에 비추어서 해석하며 칭송하고 있는 것이다. 그는 하나님의 성령에 의해서 새롭게 되지 않은 것들을 "옛 것들"(한글개역개정에는 "이전 것")이라고 부르고 있는데, 이것은 성령의 새롭게 하시는 은혜와 대비시키고 있는 것이다. 또한, 그는 짧은 존속 기간이 정해져 있는 것들이 그 기간이 다 지나갔을 때에는 없어지고 사라지듯이, "옛 것들"도 그런 식으로 사라지고 없어졌다는 의미로, "지나갔다"는 표현을 사용한다. 따라서 하나님의 나라에서는 오직 새로운 피조물이 된 새 사람만이 거할 수 있고 형통할 수 있다.

[18]모든 것이 하나님께로서 났으며 그가 그리스도로 말미암아 우리를 자기와 화목하
게 하시고 또 우리에게 화목하게 하는 직분을 주셨으니 [19]곧 하나님께서 그리스도
안에 계시사 세상을 자기와 화목하게 하시며 그들의 죄를 그들에게 돌리지 아니하
시고 화목하게 하는 말씀을 우리에게 부탁하셨느니라 [20]그러므로 우리가 그리스도
를 대신하여 사신이 되어 하나님이 우리를 통하여 너희를 권면하시는 것 같이 그
리스도를 대신하여 간청하노니 너희는 하나님과 화목하라 [21]하나님이 죄를 알지도
못하신 이를 우리를 대신하여 죄로 삼으신 것은 우리로 하여금 그 안에서 하나님
의 의가 되게 하려 하심이라(5:18-21).

18. 모든 것이 하나님께로서 났으며. 여기에서 "모든 것"은 그리스도의 나라에 속한 모든 것을 가리킨다. 바울은 이렇게 말한 것과 같다: "우리가 그리스도의 소유가 되고자 한다면, 우리는 하나님에 의해서 거듭나야 하지만, 그것은 평범한 은사가 아니고, 하나님의 특별한 역사에 의해서 전적인 은혜로 우리에게 주어지는 선물이다." 따라서 그는 여기에서 창조 일반에 대해서 말하고 있는 것이 아니고, 하나님이 자신의 택함 받은 자들에게 특별히 수여하시는 중생의 은혜에 대하여 말하고 있는 것이다. 그가 이 중생의 은혜가 하나님께로서 났다고 말하는 것은, 하나님은 하늘과 땅을 창조하신 조물주이시기 때문이 아니라, 자기 백성을 자신의 형상을 따라 재창조하심으로써, 교회를 새롭게 창조하신 분이시기 때문이다. 그러므로 바울은 여기에서 믿는 자들은 이제 자신의 육신적인 자랑을 모두 다 내려 놓고 낮아져서, 오로지 자신을 새로운 피조물로 창조하신 하나님을 향하여 살아가야 한다고 권면하며 경고하고 있는 것이다. 믿는 자들은 자신들은 이제 하나님의 소유가 된 자들이기 때문에, 더 이상 세상에 속한 자들이 아니라는 것을 깨닫고서, 세상적인 것들을 다 내려놓을 때에만 그런 삶을 살 수 있게 된다.

그가 그리스도로 말미암아 우리를 자기와 화목하게 하시고. 바울이 여기에서 말하고자 하는 주된 요지는 두 가지인데, 하나는 우리가 하나님과 화목하게 되었다는 것이고, 다른 하나는 우리는 "그리스도로 말미암아" 그런 은택을 입게 되었다는 것이다. 그가 여기에서 말하고 있는 그러한 요지들은 그가 앞에서 말한 것과 매우 밀접하게 연결되어 있다. 왜냐하면, 그는 앞에서 인간적으로 뛰어나고 탁월

한 모든 것들보다 선한 양심이 우선이라고 말하였었는데(11절), 이제 여기에서는 복음 전체가 바로 그렇게 말하고 있다는 것을 보여 주고 있기 때문이다. 아울러, 그는 사도직의 참된 가치가 어디에 있는지를 보여 줌으로써, 거짓 사도들은 단지 그들을 기쁘게 해 준 것 외에는 사도로서 해야 할 일들을 한 것이 전혀 없는데도, 고린도 교인들은 그동안에 거짓 사도들의 외적으로 그럴 듯한 모습에 현혹되어서, 참된 사도와 거짓 사도들을 분별하지 못하고, 그들에게 휘둘려 왔지만, 이제는 그래서는 안 된다고 경고하고, 사도에게서 진정으로 구해야 할 것이 무엇인지를 그들에게 일깨워 준다. 따라서 바울은 이것을 일깨워 줌으로써, 그들에게 복음의 교훈에서 더욱더 진보를 이루기 위하여 분발할 것을 촉구하고 있는 것이다. 왜냐하면, 그리스도를 섬기기보다는 자신의 야심을 섬기는 세상적인 거짓된 사역자들을 믿는 자들이 높이 받들고 공경하는 어리석음을 범하는 것은, 복음을 전하는 자들의 소임이 무엇이고, 그들이 진정으로 해야 할 일들이 어떤 일들인지를 잘 알지 못하는 데서 기인하기 때문이다.

나는 이제 바울이 여기에서 제시하고 있는 두 가지 주된 요지로 다시 돌아가서 살펴보고자 한다. 그 중 첫 번째 요지는 하나님께서 그리스도로 말미암아 우리를 자기와 화목하게 하셨다는 것이다. 바울은 그렇게 말한 후에 즉시 다음 절에서 먼저 "하나님께서 그리스도 안에 계셔서" 그리스도를 통해서 그러한 화목을 이루신 것이라고 설명하고, 다음으로 "그들의 죄를 그들에게 돌리지 아니하시는" 방법을 사용하셔서 그렇게 하신 것이라는 말도 덧붙인다. 또한, 그는 나중에 21절에서는 "하나님이 죄를 알지도 못하신 이를 우리를 대신하여 죄로 삼으신 것은 우리로 하여금 그 안에서 하나님의 의가 되게 하려 하심이라"고 두 번째 보충설명을 제시한다. 두 번째 요지는 우리는 이 화목의 은혜를 복음을 통해서 받아서 하나님과 화목하게 되었다는 것이다. 이 구절은 바울의 서신들 중에 나오는 것들 중에서 아주 중요한 구절이기 때문에, 우리는 이 구절에 나오는 단어들을 하나하나 주의깊게 묵상할 필요가 있다.

또 우리에게 화목하게 하는 직분을 주셨으니. 바울이 여기에서 복음이라는 것은 하나님으로부터 보내심을 받은 대사가 사람들을 하나님과 화목하게 하기 위하여 전하는 메시지라고 설명한 것은 매우 주목할 만하다. 하나님께서 복음 사역자들을 자신의 사자들로 임명하시고 우리에게 보내셔서, 우리를 향하신 하나님의 선하신 뜻을 보증하게 하셨다는 것은, 복음 사역자들에게 대단히 영광스러운 일이 아닐 수 없다. 그러나 바울이 이런 말을 하는 것은 복음 사역자들을 영화롭게 하고 높이기 위한 것이 아니라, 경건한 자들에게 위로와 힘을 주기 위한 것이다. 왜냐하면, 복음 사역자들이 어떤 사람들이라는 것을 알게 되면, 사람들은 사역자들로부터 복음을 들을 때마다, 자신들이 하나님을 상대하고 있고, 하나님이 사역자들을 통해서 그들에게 자신의 은혜를 받아들이라고 권하고 계신다는 것을 알고서, 좀 더 쉽게 복음을 받아들일 수 있게 될 것이기 때문이다. 이렇게 사람들이 복음을 좀 더 쉽게 받아들일 수 있게 된다면, 그것보다 더 바람직하고 복된 일이 어디 있겠는가! 따라서 복음의 주된 목적은, 우리가 본성적으로는 진노의 자녀들이지만, 하나님과 우리 간의 싸움을 끝내고, 하나님께서 우리를 그의 은혜 속으로 받아들이시게 하고자 하는 것임을 우리는 기억하여야 한다. 그러한 목적을 위하여, 하나님께서는 사역자들에게 이 좋은 소식을 우리에게 선포하게 하시고, 우리에 대한 아버지로서의 하나님의 사랑을 더욱 확신하게 만드는 권세를 주셨다. 누구나 다 하나님의 은혜를 우리에게 증언할 수 있다는 것은 사실이지만, 바울은 하나님께서는 이 일을 특히 사역자들에게 맡기셨다고 가르친다. 따라서 하나님으로부터 합당하게 세우심을 받은 사역자들이 복음을 전하면서, 하나님께서 우리를 자기와 화목하게 하셨다고 선포할 때, 우리는 그 사역자들이 우리에게 복음을 선포할 수 있는 합법적인 권세를 하나님으로부터 수여받고 하나님의 대표자들로서 공적인 직무를 수행하고 있는 하나님의 대사로서 우리에게 말하고 있다는 것을 알아야 한다.

19. 곧 하나님께서 그리스도 안에 계시사 세상을 자기와 화목하게 하시며. 어떤 이들은 바울은 여기에서 단지 "하나님께서 그리스도 안에서 세상을 자기와 화목하게 하셨다"고 말하고 있는 것일 뿐이라고 보지만, 그가 여기에서 말하고자 하는 것은 그런 것보다 더 풍부하고 좀 더 포괄적이다. 왜냐하면, 그는 먼저 "하나님께서 그리스도 안에 계셨다"고 말하고 나서, 다음으로 "하나님께서는 그리스도의 중보 사역을 통해서 세상을 자기와 화목하게 하셨다"고 말하고 있기 때문이다. 바울이 "하나님께서 그리스도 안에 계셨다"고 한 말을, 그리스도의 신성이 그리스도 안에 있었다는 의미로 해석하는 것은 부자연스럽기 때문에, 그것은 성부 하나님이 그리스도 안에 계셨다는 의미일 수밖에 없다. 따라서 요한복음 10:38에서 "내가 행하거든 나를 믿지 아니할지라도 그 일은 믿으라 그러면 너희가 아버지께서 내 안에 계시고 내가 아버지 안에 있음을 깨달아 알리라"고 말하고 있는 것처럼, 바울은 아버지께서 아들 안에 계셨다고 말하고 있는 것이다. 그러므로 아들이 있는 자들에게

는 아버지도 있다. 즉, 바울은 하나님께서 자기 아들을 통해서 우리에게 자기 자신을 주시는 까닭에, 우리는 성자 그리스도 안에서 성부 하나님을 발견하게 되기 때문에, 우리는 오직 그리스도만으로 만족하는 법을 배워야 한다는 것을 우리로 하여금 알게 하기 위하여, 이런 식의 표현을 사용해서 여기에서 말하고 있다는 것이다. 따라서 그는 이 구절에서 실제로 다음과 같이 말하고 있는 것이나 다름없다: "하나님께서는 전에는 우리에게서 아주 멀리 계셨지만, 이제는 그리스도 안에서 우리에게 가까이 다가오셨다. 이렇게 그리스도는 우리에게 참된 임마누엘이 되셨기 때문에, 그리스도께서 오신 것은 하나님께서 사람들에게 가까이 오신 것이다."

바울이 그 다음으로 "세상을 자기와 화목하게 하시며"라고 말함으로써, "하나님께서는 그리스도의 중보사역을 통해서 세상을 자기와 화목하게 하셨다"는 것을 보여 준 것은, 그리스도의 사역을 다루고 있는 것이다. 즉, 우리는 모두 하나님께 반역하고서 의로부터 떠나 살고 있어서, 그리스도 없이는 하나님께서는 우리 모두에게 진노하실 수밖에 없으셨기 때문에, 그리스도는 우리의 "화목제물"(요일 2:2, "그는 우리 죄를 위한 화목 제물이니 우리만 위할 뿐 아니요 온 세상의 죄를 위하심이라")이 되셔야 했다. 하나님께서는 왜 그리스도 안에서 사람들에게 나타나셨는가? 그것은 "화목"을 위한 것, 즉 하나님과 사람들 간의 적대관계를 청산하시고, 외인이었던 우리를 받아들이셔서 자신의 자녀들로 삼으시기 위한 것이었다. 그리스도께서 이 땅에 오신 것은 우리를 향하신 하나님의 차고 넘치는 사랑으로 말미암은 것이었지만, 중보자이신 그리스도께서 하나님께 우리의 죄를 위한 화목제물을 드리셨다는 것을 사람들이 알게 될 때까지는, 사람들은 자신들의 죄로 말미암아 하나님께 가까이 나아갈 수 없기 때문에, 외인처럼 멀리 떨어져 있을 수밖에 없다. 이 점에 대해서는 우리가 곧 좀 더 자세하게 살펴보게 될 것이다.

그들의 죄를 그들에게 돌리지 아니하시고. 사람이 어떻게 하나님의 은총을 회복할 수 있는지를 주목하라. 바울은 사람이 하나님으로부터 죄 사함을 얻고 의롭다 하심을 받을 때, 하나님의 은총을 회복할 수 있다고 말한다. 하나님께서 우리의 죄를 우리에게 돌리시는 한, 우리는 하나님 앞에서 가증스러운 자들일 수밖에 없다. 왜냐하면, 하나님은 죄인들을 호의적으로 바라보실 수 없는 분이시기 때문이다. 그러나 바울이 여기에서 하고 있는 말은 에베소서 1:4-5에서 하나님께서 "창세 전에 그리스도 안에서 우리를 택하사 우리로 사랑 안에서 그 앞에 거룩하고 흠이 없게 하시려고 그 기쁘신 뜻대로 우리를 예정하사 예수 그리스도로 말미암아 자기의 아들들이 되게 하셨으니"라고 말하고 있는 것과 모순되는 것처럼 보이고, 요한복음 3:16("하나님이 세상을 이처럼 사랑하사 독생자를 주셨으니 이는 그를 믿는 자마다 멸망하지 않고 영생을 얻게 하려 하심이라")에서 하나님께서 그리스도를 보내셔서 우리의 죄를 사하여 주신 이유는 하나님이 우리를 사랑하셨기 때문이라고 말하고 있는 것과는 더욱더 모순되는 것처럼 보인다. 왜냐하면, 바울은 여기에서 하나님께서 먼저 우리의 죄를 우리에게 돌리지 않으실 때, 우리가 하나님의 은총을 회복하게 된다고 말하고 있는 반면에, 내가 방금 인용한 두 본문에서는 하나님께서 먼저 우리를 사랑하셨기 때문에, 우리의 죄를 우리에게 돌리지 않으신 것이라고 말함으로써, 이 두 경우에 원인과 결과가 서로 뒤바뀌어 있는 것처럼 보이기 때문이다.

나의 대답은 하나님께서는 창세 전에 우리를 사랑하신 것은 맞지만, 그것은 어디까지나 그리스도를 전제로 해서, 그 때에도 이미 그리스도 안에서 우리를 사랑하신 것이라는 것이다. 그러나 나는 하나님 편에서 볼 때에는, 하나님의 사랑이 시간적으로나 순서상으로 먼저 존재하였다는 것을 인정하지만, 우리 편에서 볼 때에는, 우리의 죄를 위한 그리스도의 희생제사가 시간적으로나 순서상으로 먼저 드려졌고, 그 후에 하나님께서는 그 희생제사를 근거로 해서 우리를 사랑하신 것이다. 왜냐하면, 우리가 중보자이신 예수 그리스도를 배제한 가운데 하나님을 생각하면, 우리는 오직 우리에 대하여 진노하시는 하나님만을 생각할 수밖에 없지만, 중보자이신 예수 그리스도를 우리와 하나님 사이에 개입시킨 경우에는, 하나님께서 우리를 받아들이셔서 우리와 화목하게 되셨다는 것을 알기 때문이다.

그러나 우리는 하나님께서 우리를 사랑하셔서 우리에게 값없이 긍휼을 베풀어 주셨기 때문에, 그리스도께서 우리에게 오시게 된 것임을 알 필요가 있었기 때문에, 성경은 이 두 가지를 명시적으로 우리에게 가르치고 있다. 즉, 우리에 대한 하나님 아버지의 진노하심은 아들이신 그리스도의 희생제사로 말미암아 풀리셔서, 우리와 하나님 간에 화목이 이루어지게 된 것이기는 하지만, 하나님께서 그 아들을 보내셔서 우리의 죄를 대속하게 하신 것은, 전적으로 우리에 대한 하나님의 자비하심으로 말미암은 것이었고, 하나님이 우리를 자신의 은총 속으로 다시 받아들이시기 위한 근거이자 토대로 삼으시기 위한 것이었다. 따라서 우리는 이 모든 것을 다음과 같이 요약해 볼 수 있을 것이다: 죄가 있는 곳마다 하나님의 진노도 있다. 왜냐하면, 하나님께서 우리의 죄를 지우셔서, 우리에게 돌리지 않으실 때까지는, 하나님과 우리 간에는 화목이 있을 수 없기 때문이다. 우리의 양심은 그리스도의 대속의 희생제사를 떠나서는 그러한 화목의 은총을 얻을 수 없기 때문에, 바울이 우리와 관련해서 그리스도의 희생제사를 이 화목의 근거이자 토대로 삼은 것은 지극히 옳다.

화목하게 하는 말씀을 우리에게 부탁하셨느니라. 바울은 하나님께서 복음의 사역자들에게 하나님과의 이러한 화목으로 사람들을 초대하는 임무를 맡기셨다는 것을 여기에서 다시 한 번 말한다. 왜냐하면, 얼마든지 다음과 같은 반론이 제기될 수 있었기 때문이었다: "그렇다면, 하나님과 사람들을 서로 화목하게 하여 화평을 이루시는 분이신 그리스도는 지금 어디에 계시는가? 그리스도께서 그런 일을 하시기에는, 우리로부터 너무나 멀리 떨어져 계시는 것이 아닌가?" 이러한 반론에 대하여 바울은 이렇게 대답한다: 그리스도께서는 이 땅에 계실 때에 고난과 죽임을 당하심으로써, 우리가 하나님과 화목하게 될 수 있는 근거와 토대를 만드셨던 것과 마찬가지로(벧전 3:18, "그리스도께서도 단번에 죄를 위하여 죽으사 의인으로서 불의한 자를 대신하셨으니 이는 우리를 하나님 앞으로 인도하려 하심이라"), 그렇게 자신의 고난과 죽으심과 부활을 통해서 얻어진 열매를 지금은 복음을 통해서 날마다 사람들에게 나누어 주고 계신다. 왜냐하면, 그리스도께서 화목의 사역을 온전히 이루셨다는 것을 하나님이 세상에 대하여 확실하게 보증하시고 선포하시는 증서로 주신 것이 바로 "복음"이기 때문이다. 따라서 복음 사역자들의 직무는 그리스도의 죽으심으로 인하여 맺어진 열매를 우리에게 구체적으로 나누어 주는 것이다.

그러나 우리가 여기에서 유념해야 할 것은, 바울은 그리스도의 화목제사로 인하여 얻어진 열매가 교황주의자들이 고안해 낸 것과 같은 주술적인 방식으로 사람들에게 분배되는 것이라고 아무도 착각하지 못하도록 하기 위해서, 하나님과 우리를 화목하게 하시기 위한 그리스도의 사역에 대하여 말한 직후에, 이렇게 복음 사역자들의 직무에 대하여 말하고 있다는 사실이다. 즉, 그리스도의 화목제사의 열매는 전적으로 복음 전도에 의해서 사람들에게 나누어진다는 것이다. 왜냐하면, 교황과 그의 사제들은 영혼들의 구원을 위하는 것이라는 미명 아래 자신들이 고안해 낸 철저하게 불경스럽고 사악하기 짝이 없는 온갖 거래들을 보증해 주는 증거 본문으로 이 구절을 내세우기 때문이다. 그들은 "하나님께서는 우리에게 사람들의 죄를 사할 권세를 위임하셨다"고 말한다. 그들이 바울이 여기에서 설명하고 있는 하나님의 대사들로서의 직무를 실제로 충성되게 수행하는 가운데 그런 말을 한다면, 나는 그들의 그런 말을 얼마든지 받아들일 용의가 있다. 그러나 교황주의자들이 행하는 사면(absolutio)은 철저하게 주술적이고, 게다가 죄 사함은 사람들의 심령이 아니라 양피지에 담기고, 말도 안 되는 허구적인 미신들과 결부되어 있다. 과연 그들이 행하는 그런 온갖 행위들 중에서 그리스도께서 정하신 것과 닮은 것이 단 하나라도 있는가?

반면에, 복음 사역자들은 복음에 근거해서, 어떤 식으로 하나님께서 전적인 은혜로 우리와 화목하게 되셨는지를 사람들에게 증언함으로써, 올바른 방식으로 하나님의 은총을 우리에게 회복시킨다. 복음으로부터 그러한 증언을 빼버리면, 거짓된 가짜 복음만이 남게 된다. 우리는 오로지 복음만을 믿고, 복음 이외의 것은 그 어떤 것이라도 믿지 않도록 조심하여야 한다. 물론, 나는 성례전들을 통해서도 그리스도의 은혜가 우리에게 주어지고, 하나님과 우리가 화목하게 된 것이 우리의 양심에 확증된다는 것을 부정하지 않지만, 성례전들에는 복음의 증언이 새겨져 있기 때문에, 우리는 복음과 성례전들을 서로 따로 분리해서 생각해서는 안 된다. 이렇게 이 둘은 서로 밀접하게 연결되어 있고, 성례전들은 복음의 부속물들로 존재한다. 요컨대, 복음 사역자들은 오직 복음을 근거로 해서 하나님과 우리의 화목과 관련된 은혜를 증언하고 선포하는 하나님의 대사들이고, 복음 사역자들이 전하는 모든 것이 참되다는 것을 확증해 주는 유일하게 합법적인 보증은 오직 복음뿐이라는 것이다.

20. 그러므로 우리가 그리스도를 대신하여 사신이 되어. 이것은 복음 사역자들에게 합법적인 권위와 권세를 부여해 주고 있다는 점에서, 지극히 중요하고도 절대적으로 꼭 필요한 구절이다. 그 누가 자신의 영원한 구원에 관한 문제가 단지 사람에 불과한 자들의 증언에 따라 좌지우지되는 것을 용납할 수 있겠는가? 구원의 문제는 너무나 중요하기 때문에, 우리는 단지 사람들이 인간적인 확신에 차서 말하는 것들에 의거해서 우리의 구원의 문제를 결정할 수는 없다. 따라서 우리에게는 하나님께서 사람들을 자신의 대사들로 세우셔서, 그들을 통해서 직접 우리에게 말씀하신다는 확신이 필요한데, 바울은 여기에서 바로 그렇게 말하고 있다. 그리스도께서 자신의 사도들과 관련해서, 누가복음 10:16에서 "너희 말을 듣는 자는 곧 내 말을 듣는 것이요 너희를 저버리는 자는 곧 나를 저버리는 것이요 나를 저버리는 자는 나 보내신 이를 저버리는 것이라"고 말씀하신 것이나, 마태복음 18:18에서

"진실로 너희에게 이르노니 무엇이든지 너희가 땅에서 매면 하늘에서도 매일 것이요 무엇이든지 땅에서 풀면 하늘에서도 풀리리라"고 말씀하신 것도, 바울이 여기에서 말하고 있는 것과 동일한 의미이다.

하나님이 우리를 통하여 너희를 권면하시는 것 같이 그리스도를 대신하여 간청하노니. 여기에서 우리는 옛적에 이사야 선지자가 "좋은 소식을 전하며 평화를 공포하며 복된 좋은 소식을 가져오며 구원을 공포하며 시온을 향하여 이르기를 네 하나님이 통치하신다 하는 자의 산을 넘는 발이 어찌 그리 아름다운가"라고 찬탄을 금하지 못하였던 것이 얼마나 지당한 것이었는지를 알게 된다. 왜냐하면, 우리가 온전히 복되기 위하여 꼭 필요한 단 한 가지의 것이자, 그것 없이는 우리는 지극히 비참하기 짝이 없는 자들이 될 수밖에 없게 되는 바로 그것은 오직 복음을 통해서만 우리에게 주어지기 때문이다. 이러한 소임은 모든 복음 사역자들에게 주어진 것이기 때문에, 이 일을 수행하지 않는 자는 사도나 성직자라고 할 수 없는 것이라면, 이러한 사실로부터 우리는 교황과 그에게 속한 모든 사제들에 관한 진실을 그리 어렵지 않게 추론해 낼 수 있다. 그들은 자신들이 사람들로부터 사도들과 성직자들로 여김을 받기를 진정으로 원하지만, 사실 말 못하는 우상들에 지나지 않는데, 어떻게 그들이 바울이 여기에서 한 말을 근거로 삼아서 교만한 주장들을 할 수 있겠는가? 한편, 바울이 자기가 그리스도를 대신하여 "간청한다"는 표현을 사용하고 있는 것은, 마치 그리스도께서 친히 자기를 지극히 낮추셔서 우리에게 간청하시고 사정하시는 것도 마다하지 않으시는 것처럼 말하고 있는 것이기 때문에, 그리스도의 은혜에 대한 최고의 찬사를 표현하고 있는 것이다. 그런데도 우리가 그러한 놀라운 은혜에 감격하여 복음의 초대를 순순히 받아들이지 않는다면, 우리의 사악함은 더욱더 변명할 여지가 없게 된다.

너희는 하나님과 화목하라. 우리가 유념하여야 할 것은, 바울은 여기에서 믿는 자들에게 말하고 있고, 자기는 하나님의 대사로서 믿는 자들을 위하여 자신이 행하여야 할 사명을 날마다 수행하지 않을 수 없다고 선언하고 있다는 것이다. 그리스도께서는 단지 우리의 죄들을 한 번 속하시기 위하여 죽으신 것도 아니었고, 오직 우리가 세례 이전에 범한 죄들을 사해 주기 위하여 복음이 제정된 것도 아니다. 도리어, 우리는 매일 죄를 범하기 때문에, 하나님께서는 매일 우리의 죄를 사하시고 우리를 자신의 은총 속으로 받아들이신다. 하나님의 대사들인 복음 사역자들은 세상 끝날까지 교회에서 끊임없이 복음의 메시지를 선포하여야 하는데, 그러한 복음의 메시지는 죄 사함에 대한 약속이 없이는 선포될 수 없다. 교황주의자들은 신자들이 세례를 받은 이후에 저지른 죄들에 대해서는, 그리스도의 죽으심으로 말미암아 이루어진 대속이 아닌 다른 곳에서 죄 사함을 구하여야 한다고 가르치는데, 바울은 이 구절 속에서 그러한 불경스러운 가르침을 명시적으로 분명하게 반박하고 있다. 교황주의자들의 모든 신학교에서 공통적으로 가르치는 것은, 신자들이 세례를 받은 후에 지은 죄들에 대해서 죄 사함을 얻고자 한다면, 죄 사함의 열쇠를 쥐고 있는 사제들의 권세의 도움을 받아서(마 16:19, "내가 천국 열쇠를 네게 주리니 네가 땅에서 무엇이든지 매면 하늘에서도 매일 것이요 네가 땅에서 무엇이든지 풀면 하늘에서도 풀리리라"), 자신들이 지은 죄에 걸맞은 보속을 통하여 공로를 쌓아야 한다는 것이다. 그들이 말하는 "보속"은 신자들이 자신이 지은 죄에 대하여 대가를 치름으로써 스스로 공로를 통해 자신의 죄를 속하는 것을 의미한다. 그러나 바울은 여기에서 무엇이라고 말하는가? 바울은 세례 이전에 지은 죄이든 세례 이후에 지은 죄이든, 우리의 모든 죄는 오직 그리스도께서 이루신 저 단번의 대속에 의지해서만 죄 사함 받을 수 있다는 것을 우리에게 일깨워 준다. 즉, 우리의 모든 죄는 언제나 우리의 공로로 인해서가 아니라 그리스도의 대속의 공로에 의거해서, 오로지 값없이 주어지는 은혜로 말미암아 사하심을 받는다는 것이다. 바울은 교황주의자들이 고안해 낸 세례 이전의 죄와 세례 이후의 죄라는 구별 같은 것은 상상할 수도 없는 일이라는 듯이, 여기에서 그런 구별에 대한 그 어떤 기미도 보이지 않는다. 또한, 교황주의자들이 자신들에게는 죄 사함과 관련해서 그리스도께서 수여하신 "열쇠"가 있다고 입에 침이 마르도록 자랑하는 것도 다 허풍에 지나지 않는다. 왜냐하면, 복음 사역자들은 하나님께서 복음 안에서 우리에게 죄 사함과 화목을 값없이 베풀어 주신다는 것을 우리에게 증언하고 선포하는 자들일 뿐인 까닭에, 교황주의자들은 복음과는 아무런 상관도 없는 열쇠를 스스로 만들어 내어서, 그 허구적인 열쇠를 자신들이 가지고 있다고 자랑하는 것이기 때문이다.

21. 하나님이 죄를 알지도 못하신 이를 우리를 대신하여 죄로 삼으신 것은 우리로 하여금 그 안에서 하나님의 의가 되게 하려 하심이라. 바울은 자신의 모든 서신들에서 한결같이 오로지 그리스도의 희생제사를 토대로 해서만 하나님의 은총을 회복할 수 있고, 그 밖의 다른 길은 없다고 말하고 있다는 것을 우리는 명심하여야 한다. 그러므로 우리는 죄 사함을 받고 죄책에서 벗어나고자 한다면, 언제나 그 길로 우리의 눈을 돌려야 한다는 것을 알아야 한다. 바울은 자기가 앞에서 말한 것,

즉 하나님께서 우리의 죄를 우리에게 돌리지 않으시고 우리와 화목하셨다는 것을 이제 여기에서 좀 더 분명하게 가르친다. 왜냐하면, 우리가 하나님께 받아들여지게 되었다는 것과 하나님이 우리를 의롭다고 여기신다는 것은 동일한 의미이기 때문이다. "죄를 알지 못한다"는 것은 죄로부터 자유롭다는 것이다. 따라서 바울은 그리스도께서는 전혀 죄가 없으신데도 불구하고, "우리를 대신하여 죄가 되셨다"고 말하고 있는 것인데, 일반적으로 이 어구에 나오는 "죄"는 죄를 속하기 위한 속죄 제사를 가리키는 것으로 생각되어 왔기 때문에, 라틴어로도 '피아쿨룸'(piaculum)으로 번역된다. 이 구절을 비롯한 여러 구절들에서 바울은 히브리어에서 "속죄 제사"와 "범죄"를 둘 다 가리키는 '아샴'을 가져와서 사용하고 있다. 그러나 바울이 이 구절에서 대비시키고 있는 두 가지를 서로 비교해 본다면, 우리는 이 단어와 이 구절 전체의 의미를 더 잘 이해할 수 있을 것이다. 바울은 여기에서 "죄"와 "의"를 대비시키고 있다. 왜냐하면, 바울은 그리스도께서 우리 대신에 "죄"가 되신 결과로, 우리가 "하나님의 의"가 되었다고 가르치기 때문이다. 그는 우리가 그리스도의 의를 받았다고 말하기 때문에, 여기에서 "의"는 어떤 속성이나 성향이 아니라, 우리에게 전가된 그 무엇을 가리킨다. 그렇다면, 그가 여기에서 말하고 있는 "죄"는 무엇을 가리키는가? 그것은 우리가 하나님의 법정에 죄인으로 고발되어 있는 상태를 가리킨다. 하지만 율법에서 죄 지은 사람의 저주가 희생제물에게 전가되었던 것과 마찬가지로, 우리에게 임할 저주는 우리의 죄를 위한 희생제물이신 그리스도께 전가되었기 때문에, 그리스도께서 정죄를 받아 죽으심으로 말미암아 우리는 죄 사함을 얻게 되었다. 이것을 이사야 선지자는 "그가 찔림은 우리의 허물 때문이요 그가 상함은 우리의 죄악 때문이라 그가 징계를 받으므로 우리는 평화를 누리고 그가 채찍에 맞으므로 우리는 나음을 받았도다"(사 53:5)라고 말한다.

우리로 하여금 그 안에서 하나님의 의가 되게 하려 하심이라. 먼저 우리가 유의할 것은, 요한복음 12:43에서 "그들은 사람의 영광을 하나님의 영광보다 더 사랑하였더라"고 말할 때, "하나님의 영광"이 하나님으로부터 인정받는 것을 의미하고, "사람의 영광"이 세상의 헛된 인정을 받는 것을 의미하는 것과 마찬가지로, 여기에서 "하나님의 의"는 하나님이 우리에게 주시는 의를 의미하는 것이 아니라, 우리로 하여금 하나님께 받아들여질 수 있게 만들어 주는 의를 의미한다는 것이다. 따라서 로마서 3:23에서 바울이 "모든 사람이 죄를 범하였으매 하나님의 영광에 이르지 못하더니"라고 말할 때, 그것은 우리 자신 속에는 하나님 앞에서 우리의 영광이 될 만하고 우리가 자랑할 만한 것이 아무것도 없다는 것을 의미한다. 사람들 앞에서 의로워 보이는 것은 어렵지 않지만, 그것은 단지 의로워 보일 뿐이고 진정으로 의로운 것은 아닌 거짓 의이기 때문에, 결국에는 우리에게 멸망을 가져다줄 뿐이다. 왜냐하면, 우리로 하여금 하나님께 받아들여지게 해 주는 "의"만이 우리에게 있어서 참된 의이기 때문이다.

이제 우리는 바울이 이 절에서 의와 죄를 대비시키고 있는 것으로 다시 돌아가 보자. 우리는 하나님 앞에서 어떻게 의롭게 될 수 있는 것인가? 이 질문에 대한 대답은, 그리스도께서 죄인이 되신 것과 동일한 방식으로 우리는 의인이 된다는 것이다. 그리스도께서는 온갖 죄악이나 잘못으로부터 자유로우시고 흠이 없으신 분이셨는데도 불구하고, 우리와 똑같은 육신을 입으시고 이 땅에 오셔서, 우리의 이름으로 범죄자가 되셔서, 자신의 범죄로 인해서가 아니라 다른 사람들의 범죄로 인해서 죄인으로 여김을 받으시고, 자신이 받아야 할 형벌이 아니라 우리가 마땅히 받아야 할 형벌을 대신 짊어지셨다. 이제 동일한 방식으로, 우리는 우리 자신의 행위로 말미암아 하나님의 공의를 충족시킨 것이 아니라, 그리스도께서 자신의 죽으심을 통해서 이루신 의가 우리의 믿음으로 말미암아 우리 자신의 의가 되어서, "그리스도 안에서" 의인이 된다. 우리는 이렇게 "그리스도 안에서" 의롭게 된다고 말하는 것이 바울의 의도에 더 부합하기 때문에, 나는 여기에 나오는 헬라어 전치사 '엔'(ἐν)을 "그리스도로 말미암아"로 번역하지 않고, 있는 그대로 "그리스도 안에서"로 직역하였다.

제6장

[1]우리가 하나님과 함께 일하는 자로서 너희를 권하노니 하나님의 은혜를 헛되이 받
지 말라 [2]이르시되 내가 은혜 베풀 때에 너에게 듣고 구원의 날에 너를 도왔다 하셨
으니 보라 지금은 은혜 받을 만한 때요 보라 지금은 구원의 날이로다 [3]우리가 이 직
분이 비방을 받지 않게 하려고 무엇에든지 아무에게도 거리끼지 않게 하고 [4]오직
모든 일에 하나님의 일꾼으로 자천하여 많이 견디는 것과 환난과 궁핍과 고난과 [5]
매 맞음과 갇힘과 난동과 수고로움과 자지 못함과 먹지 못함 가운데서도 [6]깨끗함과
지식과 오래 참음과 자비함과 성령의 감화와 거짓이 없는 사랑과 [7]진리의 말씀과
하나님의 능력으로 의의 무기를 좌우에 가지고 [8]영광과 욕됨으로 그러했으며 악한
이름과 아름다운 이름으로 그러했느니라 우리는 속이는 자 같으나 참되고 [9]무명한
자 같으나 유명한 자요 죽은 자 같으나 보라 우리가 살아 있고 징계를 받는 자 같
으나 죽임을 당하지 아니하고 [10]근심하는 자 같으나 항상 기뻐하고 가난한 자 같으
나 많은 사람을 부요하게 하고 아무 것도 없는 자 같으나 모든 것을 가진 자로다
(6:1-10).

1. 우리가 하나님과 함께 일하는 자로서 너희를 권하노니 하나님의 은혜를 헛되이 받지 말라. 바울은 앞에서 복음 사역자들은 하나님으로부터 그리스도의 대사들이 되라는 명령을 받은 자들이라고 말한 바 있다. 복음 사역자들은 하나님이 그들에게 전하라고 명하신 메시지를 사람들에게 전한 후에는, 그들의 사역이 헛되지 않고 열매를 맺을 수 있도록 하기 위하여, 단지 메시지만 전하고 손을 놓고 있어서는 안 되고, 사람들이 그 메시지를 잘 받아들일 수 있도록 끊임없이 권면하며 애를 써야 한다. 이것이 바울이 여기에서 말하고 있는 "하나님과 함께 일하는 자들"(συνεργοῦντες — '쉰에르군테스')의 의미이다. 왜냐하면, 하나님과 함께 일하는 자들은 하나님이 명하신 것들을 "전하고 가르치는" 것에서 그치지 않고, 사람들에게 끊임없이 "권하여서," 하나님의 일이 이루어질 수 있도록 애쓰는 것이 마땅하기

때문이다. 이 단어의 의미를 이런 식으로 해석한다면, 접두어인 '쉰'(σύν)은 하나님을 가리키는 것일 수도 있고, 하나님이 자신의 종들에게 맡기신 사명이나 임무를 가리키는 것일 수도 있다. 왜냐하면, 복음의 교훈이 열매를 맺기 위해서는 사역자들의 권면의 도움을 받아야 하는 까닭에, 사역자들은 하나님이 그들에게 전하라고 명하신 것에 그들 자신의 참된 열심을 더하는 것이 마땅하기 때문이다. 그러나 접두어 '쉰'은 복음 사역자들은 모두 하나님의 명령으로 함께 일하는 동역자들이라는 사실을 나타내는 것일 수도 있다. 왜냐하면, 그들이 진정으로 하나님의 명령을 수행하고자 하는 것이라면, 그들은 서로 돕는 것이 마땅하기 때문이다. 그러나 나는 첫 번째 해석을 더 선호한다. 크리소스토모스(Chrysostomus)는 이 접두어는 복음 사역자들이 복음을 듣는 자들과 합력하여 그들을 나태함과 무기력함으로부터 일으켜 세우는 것을 나타내는 것이라고 해석한다. 어쨌든, 바울은 여기에서 사역자들은 단지 복음의 교훈을 사람들에게 설명해 주는 것만으로는 충분하지 않고, 복음을 듣는 사람들이 복음을 받아들이도록 한 번이 아니라 끊임없이 계속해서 애써야 한다고 우리에게 가르친다. 하나님의 사자들이 되어서 사람들에게 보내심을 받은 자들의 첫 번째 의무는 하나님의 은혜를 전하는 것이지만, 그들의 두 번째 의무는 사람들이 하나님의 은혜를 헛되이 받지 않도록 온 힘을 다해 애쓰는 것이다.

2. 이르시되 내가 은혜 베풀 때에 너에게 듣고 구원의 날에 너를 도왔다 하셨으니. 바울은 자기가 지금 다루고 있는 이 권면의 사역과 밀접한 관련이 있는 이사야의 예언(사 49:8, "여호와께서 이같이 이르시되 은혜의 때에 내가 네게 응답하였고 구원의 날에 내가 너를 도왔도다")을 인용한다. 이사야 선지자가 이 본문에서 그리스도의 나라에 대하여 말하고 있다는 것은 전후문맥이 잘 보여 주기 때문에 의심의 여지가 없다. 성부 하나님께서는 성자 그리스도를 교회를 모을 인도자로 세우시고서는, "은혜의 때에 내가 네게 응답하였고"라고 말씀하신다. 그런데 우리는 머리와 지체들 간에는 유비(analogia)가 존재한다는 것을 안다. 왜냐하면, 그리스도께서는 우리의 이름으로 간구하셨고, 하나님께서는 그 간구에 응답하신 것인데, 그리스도께서 이 땅에 오셔서 고난을 받으시고 죽으시고 부활하셔서 승천하신 것은 우리 모두의 구원을 위한 것이었고, 그리스도께서 하나님께 간구하신 것도 우리 모두의 구원에 관한 것이었기 때문이다. 그래서 바울은 하나님께서 그리스도께 약속하신 말씀을 근거로 제시하는 가운데, 우리 모두에게 우리가 구원을 얻을 기회를 가볍게 여기고 무시해서는 안 된다고 경고한다. 여기에서 칠십인역 번역자가

'유프로스데크톤' (εὐπρόσδεκτον, "받아들여질 수 있는," 한글개역개정에는 "은혜의") 으로 번역한 단어는 이사야 선지자가 사용한 '라촌' ("은혜, 은총")이라는 단어를 번역한 것이다. 바울은 이 인용문을 자기가 지금 다루고 있는 주제에 다음과 같이 적용하고 있다. 즉, 하나님께서는 자신의 은혜를 나타내실 때를 미리 정해 두셨기 때문에, 사람들이 하나님의 은혜를 언제나 똑같이 받을 수 있는 것도 아니고, 하나님께서는 구원의 특정한 날을 미리 정해 두셨기 때문에, 값없이 거저 구원을 받을 수 있는 기회가 사람들에게 날마다 열려 있는 것도 아니라는 것이다. 사람들이 하나님의 은혜를 받고 구원을 얻는 것은 전적으로 하나님의 섭리에 달려 있다. 왜냐하면, 갈라디아서 4:4에서 "때가 차매 하나님이 그 아들을 보내사 여자에게서 나게 하시고 율법 아래에 나게 하신 것은"이라고 말하고 있는 것처럼, 하나님께서는 자신이 정하신 때가 이르렀을 때에만 사람들을 자신의 은혜 속으로 받으시기 때문이다.

또한, 우리는 바울이 여기에서 먼저 "은혜 베풀 때"에 대하여 말하고, 그런 후에 "구원의 날"에 대하여 말하는 순서를 취함으로써, 우리의 구원의 유일한 원천이 하나님의 은혜라는 것을 보여 주고 있다는 것을 유념하여야 한다. 그러므로 우리는 마치 우리가 우리 자신의 힘으로 하나님을 움직여서 우리에게 은총을 베푸시도록 만들 수 있다는 듯이, 우리의 구원의 원천을 우리 자신에게서 찾아서는 안 된다. 우리에게 "구원의 날"이 주어지게 된 이유가 무엇인가? 그것은 오로지 하나님께서 어느 때를 정하셔서, 전적인 은혜로 우리를 받아들이시기로 작정하셨기 때문이다. 또한, 바울은 지금 구원 받을 기회가 우리에게 주어져 있고, 그러한 기회는 언제나 주어지는 것이 아니기 때문에, 이 기회를 반드시 잡아야 하고 결코 미루거나 놓쳐서는 안 된다고 아주 절실한 심정으로 말하고 있다는 것을, 우리는 명심하여야 한다. 왜냐하면, 하나님께서 때를 정하셔서 우리에게 은혜를 베풀고자 하시는데도, 우리가 그 때에 냉담하고 무관심한 반응을 보인다면, 그것은 하나님을 진노하시게 하는 일이 될 것이기 때문이다.

보라 지금은 은혜 받을 만한 때요 보라 지금은 구원의 날이로다. 이사야 선지자는 해당 본문에서 그리스도께서 사람들을 속량하시기 위하여 육신을 입으시고 이 땅에 나타나실 "때"에 대하여 예언한 것이었지만, 여기에서 바울이 이사야 선지자의 그러한 예언을 가져와서, 그리스도께서 복음 선포를 통해서 계속해서 계시되고 있는 "때"에 적용한 것은 합당하다. 왜냐하면, 전에 그리스도께서 이 땅에 오셔서 온 세상에 구원이 임하게 하셨던 것과 마찬가지로, 지금은 그리스도의 복음이 전파될 때, 우리가 복음에 참여하는 자들이 되면, 구원이 우리에게 임하게 되는 일이 날마다 일어나기 때문이다. 이 구절은 복음이 우리에게 전파되고 있는 동안에는, 하나님의 나라로 들어가는 문이 우리에게 열려져 있고, 우리에게 구원을 받아들이라고 초대하시는 하나님의 인자하심을 보여 주는 증표가 아직 우리에게 존재한다는 것을 알게 해 준다는 점에서, 우리에게 큰 위로가 되는 아름다운 구절이다. 왜냐하면, 하나님께서 복음을 통해서 우리를 부르셔서 구원을 받아들이라고 권하신다는 것은 우리에게 구원의 기회가 열려 있다는 것을 확실하게 보여 주는 것이기 때문이다. 그러나 다른 한편으로, 바울은 우리가 그 기회를 붙잡지 않는다면, 그 문은 머지않아 닫히게 되고, 제때에 하나님의 나라로 들어가지 않은 모든 자들에게는 다시는 기회가 주어지지 않을 것이라고 말하고 있는 것임을, 우리는 명심하고 두려워하여야 한다. 왜냐하면, 사람들이 하나님의 말씀을 멸시하면, 언제나 그러한 보응이 뒤따르는 법이기 때문이다.

3. 우리가 이 직분이 비방을 받지 않게 하려고 무엇에든지 아무에게도 거리끼지 않게 하고. 우리는 바울이 종종 복음 사역이 얼마나 대단한 것인지를 일반적으로 상찬하고, 어떤 때에는 자신이 사도로서 아무 흠도 없이 신실하고 충성되게 복음 사역을 감당해 왔다는 사실을 통해 자신을 천거하고 있는 것을 이미 앞에서 여러 차례 보아 왔다. 이제 여기에서 그는 고린도 교인들로 하여금 그들이, 헛된 자랑들을 늘어놓으며 허세를 부리고 허풍을 치는 자들을 자기보다 더 공경해 온 것이 얼마나 부당한 것인지를 알게 하기 위해서, 자기 자신을 선하고 신실하고 충성된 사도의 살아 있는 표상으로 우리 앞에 제시한다. 즉, 고린도 교인들은 참된 사도인 바울은 무시하고, 거짓 사도에 지나지 않는 자들을 높임으로써, 그들을 진정으로 사랑하지도 않고 그들에 대하여 참된 열심을 지니고 있지도 않고 오직 야심에 가득 찬 허풍쟁이들은 공경하고, 그들을 진정으로 사랑하고 그들에 대하여 참된 열심을 지닌 사역자들을 무시하는 어리석음을 범해 왔다는 것이다. 바울이 여기에서 자기 자신에 대하여 자랑하고 있는 것들은 고린도 교인들이 지금까지 멸시해 왔던 것들이기 때문에, 그가 행한 일들을 마땅히 칭송하였어야 함에도 불구하고, 도리어 그것들을 멸시받을 만한 것들로 여겨서, 그와 그의 사역을 비방한 그들의 잘못은 더욱더 큰 것일 수밖에 없었다.

바울은 여기에서 세 가지를 말하는데, 첫 번째는 복음을 전하는 자들에게서 사람들이 진정으로 공경하여야 할 뛰어나고 탁월한 것들이 어떤 것들인지를 보여 주고, 두 번째는 자기가 그러한 특질들을 지니고 있다는 것을 보여 주며, 세 번째는 고린도 교인들에게 자신의 모범을 통해서 보여 준 대로 행하지 않는 자들을 그리스도의 종들로 인정해서는 안 된다고 경고한다. 그가 여기에서 이런 말을 하는 목적은, 고린도 교인들로 하여금 자기 자신 및 자기와 같이 하나님의 영광과 교회의 유익을 위하여 일하는 복음 사역자들의 권위를 인정하게 하는 것, 아니 고린도 교인들 가운데서 무너져 있는 자기와 자신의 동역자들의 복음 사역자들로서의 권위를 회복하고, 어리석게도 거짓 사도들에게 휘둘려서 복음에 있어서 제대로 된 진보와 성장을 이루지 못하고 있는 고린도 교인들을 제자리로 돌려놓기 위한 것이다. 복음 사역자들이 자신들의 잘못으로 복음을 듣는 자들 가운데서 복음의 진보가 방해를 받는다면, 그것은 그들로 하여금 걸려 넘어지게 하는 빌미를 제공하는 것이 된다. 바울은 자기는 그런 부류에 속한 사람이 아니라고 주장하면서, 자신의 사도직이 그러한 오명으로 더럽혀지지 않도록 하기 위하여 온 힘을 다해 왔다고 증언한다. 복음 사역자들에게서 어떤 잘못이나 꼬투리를 잡아내서, 복음을 흠집내려고 하는 것은 사탄의 전형적인 술수이다. 왜냐하면, 사탄이 복음 사역자들로 하여금 사람들 가운데서 멸시를 받고 욕을 먹게 하는 데 성공한다면, 복음의 진보에 관한 모든 소망은 사라지기 때문이다. 따라서 자기가 그리스도를 섬겨 일하는 것이 좋은 열매를 맺게 하고자 하는 사람들은 자신의 직분과 사역이 오명으로 더럽혀지지 않도록 하는 데 온 힘을 기울이는 것이 마땅한데, 그렇게 하기 위해서는, 사람들로부터 비방을 받거나 욕을 먹을 일을 하지 않도록 조심하여야 한다. 왜냐하면, 스스로 악하고 비열한 삶을 살아감으로써 자기 자신을 욕되게 하고 있으면서도, 사람들로부터 계속해서 좋은 평판을 들으려고 애쓰는 것보다 더 어처구니없고 황당한 것은 없고, 오직 그리스도의 종으로서의 직분에 합당하지 않는 일은 그 어떤 것도 자기 자신에게 용납하지 않는 것이야말로 사람들 가운데서 좋은 평판을 유지할 수 있는 합당한 비결이기 때문이다.

4. 오직 모든 일에 하나님의 일꾼으로 자천하여 많이 견디는 것과 환난과 궁핍과 고난과. 바울이 여기에서 자기가 지금까지 행해 온 이러한 일들을 열거하는 목적은, 하나님께서 통상적으로 자신의 사역자들을 시험하실 때에 행하시는 모든 시험들을 자기가 다 통과해 왔다는 것을 보여 주기 위한 것이다. 즉, 그는 자기가 "하나님의 일꾼"으로서 신실하고 충성되게 일해 왔다는 사실을 온전히 증명해 줄 수 있

는 온갖 시험들을 하나도 빠짐 없이 다 통과하였다는 것이다. 그가 여기에서 열거하고 있는 것들 중에는, "수고들, 순수함, 지식, 자지 못함, 오래 참음, 사랑, 진리의 말씀, 하나님의 능력, 의의 무기" 같은 그리스도의 모든 종들에게 언제나 요구되는 것들도 포함되어 있지만, 모든 시대의 사역자들에게 꼭 필요한 것이 아닌 것들도 포함되어 있다. 예컨대, 그리스도의 종이 되기 위해서는 반드시 "매 맞음과 갇힘"을 겪어야 하는 것이 아니고, 가장 훌륭한 사역자들 중에서도 그런 일들을 겪지 않은 사람들이 있다. 그러나 하나님께서 기뻐하시는 경우에는, 모든 사역자들은 바울 같이 "매 맞음과 갇힘" 같은 시험을 담대하게 기꺼이 감당하고자 하는 것이 마땅하다.

"많이 견디는 것"은 역경에 처했을 때에 흔들리지 않는 평안한 마음을 지니는 것을 가리키는데, 이것은 좋은 사역자가 되기 위해서는 필수적인 자질이다. "환난"은 바로 뒤에 언급되고 있는 "궁핍"보다 좀 더 포괄적인 개념이다. 가난하지 않은 사역자들은 소수이기는 하지만, 모든 사역자들이 다 가난한 것은 아니기 때문에, "궁핍"은 다수의 사역자들에 의해서 공유되고 있는 특질이라고 할 수 있다. 어떤 사역자가 다른 점들에 있어서 경건하고, 바른 마음을 지니고서 존경할 만한 삶을 살아가고 있는 등 많은 훌륭한 점들을 보여 주고 있다면, 그가 부자라고 해서 그리스도의 종으로 불리지 못할 이유는 전혀 없지 않겠는가? 우리는 어떤 사역자가 단지 가난하다고 해서, 그를 좋은 사역자로 여겨서도 안 되고, 어떤 사역자가 단지 부자라고 해서, 그를 좋은 사역자가 아니라고 배척해서도 안 된다. 실제로 바울은 다른 곳에서 "나는 비천에 처할 줄도 알고 풍부에 처할 줄도 알아 모든 일 곧 배부름과 배고픔과 풍부와 궁핍에도 처할 줄 아는 일체의 비결을 배웠노라"(빌 4:12)고 말함으로써, 자기가 "궁핍에 처할 줄"을 알게 된 것만이 아니라 "풍부에 처할 줄"을 알게 된 것도 자랑한다. 따라서 내가 앞에서 이미 말한 것처럼, 우리는 바울이 여기에서 열거하고 있는 사역자들의 특질들 중에서 어떤 것들이 부수적인 것들이고 어떤 것들이 지속적이고 필수적인 것들인지를 구별할 필요가 있다.

5-6. 매 맞음과 갇힘과 난동과 수고로움과 자지 못함과 먹지 못함 가운데서도 깨끗함과 지식과 오래 참음과 자비함과 성령의 감화와 거짓이 없는 사랑과. 바울은 침착하고 온유한 인품을 지니고 있었지만, 사람들의 "난동"에 직면해서는 전혀 요동함이 없는 담대함을 보여 주었다. 그는 자신은 "난동"을 혐오스러운 일로 여기지만, 사람들이 자신을 해치려고 난동을 일으켰을 때에 담대하게 대처함으로써,

사도로서의 시험들 중 하나를 통과하였다고 말한다. 그는 단지 사람들이 "난동"을 일으켰을 때에 자기는 거기에 부화뇌동하지 않았다(난동을 일으킨 모든 자들에 대해서도 우리는 이렇게 말할 수 있을 것이다)고 자랑하고 있는 것이 아니라, 다른 사람들이 자기를 해치려고 난동을 일으켰을 때, 자기가 거기에 대경실색하여 잔뜩 겁을 집어먹지 않고, 도리어 침착하고 담대하게 대처하였다는 것을 자랑하고 있는 것이다. 복음 사역자들에게는 두 가지가 다 필요하다. 즉, 사역자들은 한편으로는 자신이 할 수 있는 한 최대한으로 사람들과 평화롭게 지내는 것을 추구해야 하지만, 다른 한편으로는 사람들이 난동이나 폭동을 일으켜서 그들을 죽이거나 해치려고 할 때에는, 하늘이 무너지는 한이 있어도, 옳은 길에서 결코 돌아서지 않고 조금도 요동함이 없이 꿋꿋이 그 길을 계속해서 가야 한다. 크리소스토모스(Chrysostomus)는 여기에서 "난동들"로 번역된 '아카타스타시아이스' (ἀκαταστασίαις)는, 바울이 복음을 전한다는 이유로, 사람들이 그가 가는 곳마다 그를 강제로 몰아내고 추방해서, 그가 어느 한 곳에 정착하지 못하고 여러 곳을 전전해야만 했던 일을 가리키는 것이라고 본다.

"먹지 못함"은 음식이 없어서 굶주린 것을 의미하는 것이 아니라, 자원해서 금식한 것을 가리킨다. "지식"은 자기가 가르친 교훈 자체를 의미하는 것일 수도 있고, 자기가 참된 지식을 가지고 올바르게 행한 것을 의미하는 것일 수도 있는데, 그가 바로 뒤에서 "진리의 말씀"을 언급하고 있는 것으로 보아서, 나는 후자일 가능성이 높다고 생각한다. "성령"(한글개역개정에는 "성령의 감화"로 번역되어 있지만, 헬라어 본문에도 "성령"으로 되어 있고, "감화"라는 말은 없다 —역주)은 환유법적인 표현으로서 성령의 은사들을 의미한다. 크리소스토모스(Chrysostomus)는 여기에서 바울이 "성령"을 단독으로 언급하고 있다는 사실을 근거로 삼아서, 그가 여기에서 열거한 다른 모든 특질들, 즉 "오래 참음, 지식, 깨끗함, 의의 무기" 같은 특질들이 마치 성령이 아닌 다른 원천들로부터 생겨날 수 있는 것들인 것처럼, 성령이 아니라, 바울이 태어날 때부터 선천적으로 지니고 있던 것들이라고 주장하는 어리석음을 범한다. 하지만 바울은 다른 여러 구체적인 특질들을 열거하는 가운데, 그러한 모든 것들의 원천으로서의 "성령"을 따로 언급하고 있는 것이다.

7. 진리의 말씀과 하나님의 능력으로 의의 무기를 좌우에 가지고. "하나님의 능력"은 수많은 일들에서 다양한 방식으로, 즉 진리의 말씀을 효과적으로 지키신 것, 복음이 전파되게 하신 것, 원수들에 대하여 승리를 거두게 하신 것 등으로 나타났

다. 바울이 여기에서 언급한 "의"는 올바른 양심(conscientiae rectitudo)과 거룩한 삶(vitae sanctimonia)을 가리키는 것으로 보아야 한다. 그가 "무기"라는 비유를 사용하고 있는 것은, 마귀는 언제나 믿는 자들을 무너뜨리려고 혈안이 되어 있는 까닭에, 하나님을 섬기는 모든 사람들은 늘 싸울 수밖에 없기 때문이다. 그들은 모든 면에서 무장이 되어 있어야 한다. 왜냐하면, 마귀는 믿는 자들을 무너뜨리기 위해서 어느 한 쪽에서 공격해 들어와서 성공하지 못한 경우에는, 또다시 다른 쪽으로 공격해 들어오고, 그것도 실패하는 경우에는 또 다른 쪽으로 공격해 들어오는 등, 전후좌우와 사방팔방에서 무차별적으로 믿는 자들을 공격하기 때문이다.

8-10. 영광과 욕됨으로 그러했으며 악한 이름과 아름다운 이름으로 그러했느니라. 인격을 중시하는 사람에게는 다른 사람들로부터 모욕과 수치를 당하는 것보다 더 힘들고 괴로운 일은 없다는 점에서, 바울이 여기에서 언급한 "욕됨"은 사람으로서 견디기 힘든 큰 시험이다. 우리는 역사 속의 영웅적인 인물들 중에서 사람들로부터 모욕을 받았을 때에 무너지지 않은 사람을 거의 보지 못한다. 따라서 어떤 사람이 남들로부터 그 어떤 모욕과 수치를 당한다고 할지라도, 자신이 가야 할 길을 꿋꿋하게 갈 수 있다는 것은, 그 사람의 신앙 인격이 제대로 잘 갖추어져 있다는 것을 보여 주는 증거이다. 이것은 극히 보기 힘든 뛰어난 신앙 인격이지만, 그러한 신앙 인격이 갖추어지지 않은 사람은 하나님의 종이라고 할 수 없다. 복음 사역자들은 자신의 평판이나 명성을 지키는 것이 형제들의 덕을 세우는 데 필요한 경우에는 자신에게 뒤집어씌워진 오명을 벗으려고 애써야 하지만, 그렇지 않은 경우에는 우리를 비방하고 중상모략하는 소문들이 사람들의 입에 널리 오르내린다고 하여도, 거기에 휘둘려서는 안 된다. 왜냐하면, 복음 사역자들은 "영광" 중에나 "욕됨" 가운데서나 늘 전혀 요동함이 없이, 하나님께서 가라고 명하신 길을 꿋꿋이 가는 것이 마땅하기 때문이다.

하나님께서는 우리가 사람들의 눈치를 보고 사람들을 섬기는 자들이 아니라, 오직 하나님만을 바라보고 바르게 행하는지를 보시기 위하여, 악한 자들로 하여금 우리를 욕하게 하는 방식으로 우리를 시험하신다. 왜냐하면, 사람들로부터 모욕을 당하고 욕을 먹는다고 해서, 자신이 해야 할 일들을 그만두는 사역자들은 오직 하나님만을 바라보는 자들이 아니라는 것을 스스로 증명하는 것이기 때문이다. 따라서 우리는 바울이 사람들로부터의 온갖 비방과 모욕을 당하면서도, 그런 것들에 전혀 흔들림 없이 불굴의 담대함으로 자기가 가야 할 길을 뚜벅뚜벅 곧바로 걸어

가서, 모든 장애물들을 뚫고 목적지를 향하여 달려가는 모습을 보았기 때문에, 그런 동일한 일이 우리에게 일어난다고 해도, 낙심하거나 요동함이 있어서는 안 된다.

우리는 속이는 자 같으나 참되고 무명한 자 같으나 유명한 자요 죽은 자 같으나 보라 우리가 살아 있고 징계를 받는 자 같으나 죽임을 당하지 아니하고 근심하는 자 같으나 항상 기뻐하고 가난한 자 같으나 많은 사람을 부요하게 하고 아무 것도 없는 자 같으나 모든 것을 가진 자로다. 바울은 여기에서 단지 믿지 않는 외인들이 자기에 대해서 어떻게 생각하였는지를 우리에게 말해 주고 있는 것이 아니라, 교회 내에서 믿는 자들이라고 하는 사람들이 자기를 어떤 식으로 비방하였는지를 열거하고 있다. 따라서 우리는 여기에서 고린도 교인들이 사도 바울에 대하여 얼마나 이루 말할 수 없이 배은망덕한 짓들을 한 자들이었는지를 분명하게 볼 수 있고, 바울이 그러한 가공할 만한 엄청난 장애물에 맞서서 얼마나 용감하고 담대하게 싸우고 있는 것인지도 분명하게 볼 수 있다. 그가 그들이 자기를 "죽은 자"이고 "근심하는 자"라고 멸시하지만, 자기는 "살아 있고 항상 기뻐하는" 자라고 말하고 있는 것은, 자기에 대한 그들의 잘못된 판단을 간접적이기는 하지만 날카롭게 책망하고 있는 것이다.

또한, 그가 그들이 자기를 "가난한 자"라고 멸시하지만, 자기는 "많은 사람을 부요하게 하는" 자라고 말하고 있는 것은, 그들의 배은망덕함을 책망하고 있는 것이다. 왜냐하면, 고린도 교인들은 바울의 부요함에 의해서 부요하게 된 자들이었고, 사실은 그들 모두는 바울에게 여러 모로 신세를 진 사람들이었기 때문이다. 마찬가지로, 바울의 수고의 열매가 사실은 도처에서 아주 잘 알려져 있었고 널리 퍼져 있었기 때문에, 고린도 교인들이 그를 "무명한 자"라고 한 것은 황당하기짝이 없는 일이었다. 그러나 가장 어이없고 황당한 일은, 바울은 자신의 부요함을 고린도 교인들에 나누어 주어서 그들을 부요하게 한 사람인데도, 그들은 그런 바울을 "가난한 자"라고 비웃으며 멸시한 것이었다. 물론, 그가 여기에서 자기가 부요한 자라고 했을 때, 그것은 영적인 부요함을 의미하는 것이었고, 고린도 교인들은 물질적인 부요함보다 영적인 부요함을 훨씬 더 귀한 것으로 여기는 것이 마땅하였다.

11 고린도인들이여 너희를 향하여 우리의 입이 열리고 우리의 마음이 넓어졌으니 12
너희가 우리 안에서 좁아진 것이 아니라 오직 너희 심정에서 좁아진 것이니라 13 내

가 자녀에게 말하듯 하노니 보답하는 것으로 너희도 마음을 넓히라 [14]너희는 믿지
않는 자와 멍에를 함께 메지 말라 의와 불법이 어찌 함께 하며 빛과 어둠이 어찌
사귀며 [15]그리스도와 벨리알이 어찌 조화되며 믿는 자와 믿지 않는 자가 어찌 상관
하며 [16]하나님의 성전과 우상이 어찌 일치가 되리요 우리는 살아 계신 하나님의 성
전이라 이와 같이 하나님께서 이르시되 내가 그들 가운데 거하며 두루 행하여 나
는 그들의 하나님이 되고 그들은 나의 백성이 되리라 [17]그러므로 너희는 그들 중에
서 나와서 따로 있고 부정한 것을 만지지 말라 내가 너희를 영접하여 [18]너희에게 아
버지가 되고 너희는 내게 자녀가 되리라 전능하신 주의 말씀이니라 하셨느니라
(6:11-18).

11. 고린도인들이여 너희를 향하여 우리의 입이 열리고 우리의 마음이 넓어졌으니. "입이 열렸다"는 것은 담대함을 보여 주는 증표이다. 어떤 사람들은 이 구절을 바울이 앞에서 말한 것과 연결시키는데, 그런 경우에 이 구절의 의미는 이런 것이 된다: "나는 하나님과 사람 앞에서나 나의 양심 앞에서 떳떳하고, 부끄러워할 것은 전혀 없고 도리어 자랑할 것들만 많이 있기 때문에, 이제 담대하게 나의 입을 연다. 너희가 그동안에 나에 대해서 좋지 않은 생각과 감정을 지녀 왔다면, 그것은 나의 잘못이 아니라, 전적으로 너희의 판단이 잘못되었기 때문이다. 하나님께서는 나와 사도로서의 나의 직분이 너희에게 영광스럽고 흠 없는 것이었음을 그동안에 너희에게 여러 가지 방식으로 무수히 보여 주셨기 때문에, 너희는 마땅히 나와 나의 직분을 평가할 때에 더 너그러웠어야 하였다."

그러나 나는 그런 것과는 다른 해석을 선호한다. 왜냐하면, 바울은 자신의 마음이 넓어진 까닭에, 자신의 입을 열었다고 말하고 있기 때문이다. 그렇다면, "마음이 넓어졌다"는 것은 무엇을 의미하는가? 그것은 의심할 여지 없이 바울이 그들에 대한 너그러움과 아량이 생겨나서, 그들의 모든 잘못들을 다 용서하고 기꺼이 기쁜 마음으로 그들을 받아들이고 용납하게 되었다는 것을 의미한다. 사람들은 흔히 어떤 대상에 대해서 못마땅해하거나 불쾌해하는 것을 "마음이 좁아졌다"고 말하고, 반면에 어떤 대상에 대한 좋지 않은 감정을 풀고 너그러워지게 된 것을 "마음이 넓어졌다"고 말한다. 따라서 바울은 여기에서 단지 우리가 일상적으로 경험하는 것을 말하고 있는 것이다. 왜냐하면, 우리가 어떤 친구에 대하여 우리의 마음이 넓어졌다고 말한다면, 그것은 그 친구에 대하여 옹졸하거나 꽁 했던 마음을 풀고,

그동안 말하지 못했던 것들을 이제는 숨김 없이 다 허심탄회하게 털어 놓고자 하는 마음이 되었다는 것이기 때문이다. 우리가 그런 마음이 되었을 때에는, 그동안 그 친구에 대하여 거리끼고 걸리는 마음이 있어서, 입에 족쇄가 채워진 것처럼, 마음속에 있는 말들을 제대로 하지 못하고 더듬거리며, 진심을 제대로 드러내지 못하다가, 마침내 그 족쇄가 풀려서 입이 열리고, 허심탄회하게 모든 말들을 숨김 없이 하게 되는데, 여기에서 바울은 이것을 "입이 열렸다"고 표현한다.

12. 너희가 우리 안에서 좁아진 것이 아니라 오직 너희 심정에서 좁아진 것이니라. 바울은 여기에서 이렇게 말하고 있다: "내가 너희에 대하여 선한 뜻과 좋은 열심을 지니고 있는데도 불구하고, 너희가 나의 그러한 심정을 알아주지 않는 것은 전적으로 너희 자신의 잘못이다. 나는 너희를 나의 아주 친한 친구들로 생각하기 때문에, 너희에 대한 나의 입은 이미 열려 있다. 나는 기꺼이 너희에게 나의 마음을 다 쏟아 놓고자 하는데도, 너희는 계속해서 나에 대한 너희의 마음을 풀지 않고 굳게 하고 있다." 그가 여기에서 말하고자 하는 것은, 그들은 자기에 대한 잘못된 판단으로 이미 자기에 대하여 좋지 않은 생각과 감정을 품고 있기 때문에, 자기가 그들에게 무슨 말을 해도, 자신의 말을 전혀 받아들이려고 하지 않는다는 것이다.

13. 내가 자녀에게 말하듯 하노니 보답하는 것으로 너희도 마음을 넓히라. 바울은 고린도 교인들에 대한 책망을 누그러뜨리고, 그들을 자신의 "자녀들"이라고 온유하게 부르면서, 자기는 그들에 대하여 여전히 선한 소망을 지니고 있다는 것을 보여 주는 가운데, 그들에게 자신을 향하여 마음을 열라고 호소한다. 그는 아버지와 자녀 간에는 서로에 대한 도리가 있는 것과 마찬가지로, 자기와 고린도 교인들 간에도 서로에 대한 도리가 있고, 자기는 그들에게 자신의 도리를 다하였기 때문에, 그들도 자기에 대한 도리를 다하여야 할 차례라고 말하기 위하여, 여기에서 "보답하는 것으로"라는 표현을 사용한다. 자녀들을 잘 먹이고 입히며 선한 교훈으로 제대로 가르치고 해악을 입지 않게 잘 보호하는 것이 부모의 도리인 것과 마찬가지로, 자녀들은 부모를 순종하고 공경하는 것이 마땅한 도리이다. 즉, 바울은 여기에서 헬라어로 '안티펠라르기안'(ἀντιπελαργίαν, "보은")이라고 하는 것을 고린도 교인들에게 요구하고 있는 것이다. 그는 이렇게 말한다: "나는 너희를 나의 자녀들로 여겨서 아버지로서 할 도리를 다하고 있다. 그러므로 너희는 너희의 사랑과 공경을 내게 보임으로써, 너희가 나의 자녀들로서 아버지인 나에 대한 도리를 제대로 하고 있다는 것을 증명하라."

우리가 여기에서 특별히 주목하여야 할 것이 있는데, 그것은 바울은 고린도 교인들에게 그들이 자기에 대한 그들의 마음을 넓히기만 한다면, 그들은 자기가 그들에게 얼마나 너그럽고 자애로운 아버지였는지를 발견하게 될 것이고, 그 결과 그들도 그를 사랑하고 공경하게 되어서 그에게 순종함으로써, 그들에 대한 자신의 사랑에 보답하게 될 것이라고 말하고 있다는 것이다. 불가타 역본에서는 고린도 교인들이 바울에 대하여 마음을 넓히는 것이 그의 사랑에 보답하는 것이라는 의미로 이 구절을 번역함으로써, 바울이 여기에서 말하고자 하는 의도를 제대로 전하지 못하고 왜곡하였다. 반면에, 크리소스토모스(Chrysostomus)를 따르고 있는 나의 해석에는 억지스러운 것이 전혀 없다.

14. 너희는 믿지 않는 자와 멍에를 함께 메지 말라. 바울은 이렇게 해서 고린도 교인들에 대한 사도로서의 자신의 권위를 다시 되찾은 후에, 이제 계속해서 그들이 속으로는 우상을 믿지 않지만, 겉으로는 우상의 신전을 들락거리며 믿지 않는 자들과 어울리는 것에 대해서, 좀 더 자유롭고 허심탄회하게 그들을 책망한다. 그는 앞에서 그들에게 자신의 자녀들로서 아버지인 자기에 대한 도리를 다하라고 권면하였기 때문에, 여기에서는 아버지로서의 권위를 가지고서, 그들이 빠져 있는 잘못을 책망하고 있는 것이다. 우리는 고린도전서에서 그들이 우상 숭배와 관련하여 저지른 잘못이 어떤 것이었는지를 이미 설명한 바 있는데, 그들은 자신들이 율법에서 자유함을 얻었기 때문에, 외적인 일들은 무엇이든지 다 해도 된다고 착각하고서, 아무런 거리낌 없이 불경건한 미신들로 그들을 더럽히는 일들을 자행하였다. 즉, 그들은 자신들은 우상에 대한 지식을 갖고 있어서, 우상은 이 세상에 존재하지 않는다는 것을 알기 때문에, 아무것도 아닌 우상의 신전에 가서 그 제사에 참여하고 우상 제물을 먹는다고 해도, 그런 일들은 전혀 죄가 되지 않는다고 생각해서, 믿지 않는 자들, 곧 우상 숭배자들과 함께 어울려서 속되고 부정한 우상 제사에 참여한 후에, 이어진 식사에도 참여하여 먹고 마시는 것을 거리낌 없이 행하였다. 하지만 여기에서 바울은 고린도 교인들이 마음속으로 우상 숭배를 하지 않는다고 하여도, 외적으로 우상을 숭배하는 것 같은 일을 하는 것은 합당하지 않다고 그들을 책망하면서, 그리스도인들은 믿지 않는 자들과의 모든 사귐을 단절하여야 한다고 명한다. 그는 좀 더 구체적인 사례들을 언급하기 전에, 먼저 여기에서 믿는 자들은 믿지 않는 자들과 어울려서는 안 된다는 이러한 일반적인 말을 하고 있는 것이다. 왜냐하면, 믿지 않는 자들과 "멍에를 함께 멘다"는 것은 "열매 없는 어둠의 일

들에 참여하는"(엡 5:11) 것을 의미하고, 믿지 않는 자들에게 손을 내미는 것은 그들과 "사귀는" 것을 의미하기 때문이다.

많은 사람들은 바울은 여기에서 믿는 자들이 믿지 않는 자들과 결혼해서는 안 된다고 말하고 있는 것이라고 생각하지만, 전후문맥은 그러한 해석이 잘못되었다는 것을 분명하게 보여 준다. 바울이 여기에서 사용한 "멍에를 함께 멘다"는 비유는, 둘 이상의 소들이나 말들이 하나의 멍에로 서로 묶여져서 동일한 보조로 함께 행하고 동일한 일에 함께 참여하는 것에서 가져온 것이다. 따라서 그가 우리에게 믿지 않는 자들과 동일한 멍에를 함께 메지 말라고 한 것은, 믿는 자들은 믿지 않는 자들과 함께 어울려서 그들의 타락하고 부패한 일들을 함께 행해서는 안 된다는 것을 의미한다. 우리는 하나의 태양 아래에서 살아가면서, 동일한 떡을 먹고 동일한 공기를 숨 쉬고 있기 때문에, 믿지 않는 자들과의 모든 관계를 다 완전히 끊는 것은 불가능하다. 따라서 여기에서 바울은 그리스도인들이 행해서는 안 되는 불경건한 일들을 믿지 않는 자들과 어울려서 함께 행하는 것만을 금하고 있는 것이다. 믿지 않는 자들과 결혼하는 것이 믿는 자들을 옭아매는 올무가 되어서, 그들로 하여금 불경건한 일들을 행하게 만드는 경우에는, 그러한 결혼도 바울이 여기에서 금한 것들 중의 하나가 될 것이다. 내가 말하고자 하는 것은 이 구절에 나오는 바울의 가르침은 아주 일반적이고 포괄적인 것이어서, 단지 믿지 않는 자들과의 결혼으로 국한시키는 것은 합당하지 않다는 것이다. 즉, 우리는 바울이 여기에서 다루고 있는 주제는 믿는 자들에게 우상 숭배를 피하라는 것이기 때문에, 믿는 자들이 믿지 않는 자들과의 결혼하는 것을 금하는 것도 우상 숭배를 피하기 위한 한 가지 방법이라는 측면에서 타당하다고 할 수 있다는 것이다.

의와 불법이 어찌 함께 하며 빛과 어둠이 어찌 사귀며. 여기에서 바울은 본래부터 서로 반대되고 상극인 것들을 서로 결합시키려고 하는 것은 불합리하고 부자연스러운 일이라는 것을 보여 줌으로써, 전반부에서 자신이 한 권면을 확증하고 한층 더 강화시킨다. 왜냐하면, 그리스도 신앙과 우상 숭배는 불과 물처럼 서로 상극이어서 함께 공존할 수 없기 때문이다. 그리스도인들은 모든 것을 엉망진창으로 만들고자 하는 것이 아니라면, 믿지 않는 자들의 타락하고 부패한 일들을 멀리하여야 한다. 이것으로부터 우리가 알 수 있는 것은, 자신의 마음속에서는 불경건하고 미신적인 행위들을 인정하지 않는 신자들일지라도, 믿지 않는 자들의 그러한 행위들을 공개적으로 반대하지 않고, 그들과 어울리기 위해서, 마치 자신들은 그들의 그러한 행위들을 용납하고 인정하는 것처럼 행한다면, 그러한 행위들에 의해서 더럽혀지게 된다는 것이다.

15. 그리스도와 벨리알이 어찌 조화되며 믿는 자와 믿지 않는 자가 어찌 상관하며. 히브리인들 사이에서도 "벨리알"이라는 단어의 어원에 대해서는 일치된 견해가 없기는 하지만, 바울이 여기에서 이 단어를 어떤 의미로 사용하였는지는 아주 분명하다. 왜냐하면, 모세는 사악하고 추한 생각이라는 의미로 "벨리알"이라는 단어를 사용하고 있고, 구약의 여러 구절들에서는 죄악을 일삼는 악한 자들을 "벨리알의 아들들" 또는 "사람들"(신 13:13; 삿 19:22, "불량배")이라 부르고 있기 때문이다. 이것은 바울이 여기에서 이 단어를 모든 악한 자들의 우두머리인 마귀를 가리키는 데 사용하고 있다는 것을 분명하게 보여 준다. 그는 이렇게 두 우두머리를 대비시켜서 언급한 후에, 곧바로 각각의 우두머리에 속한 자들인 "믿는 자들과 믿지 않는 자들"을 서로 대비시킨다. 그는 이렇게 말하고 있는 것과 같다: "그리스도와 사탄은 서로 화해할 수 없는 철천지원수이기 때문에, 우리는 믿지 않는 불경건한 자들과의 모든 관계를 끊고 멀리하는 것이 마땅하다." 물론, 바울이 그리스도인들은 믿지 않는 자들과 아무런 관계도 맺지 않아야 한다고 말할 때, 그것은 내가 앞에서 이미 설명하였듯이, 음식이나 의복, 재산, 태양이나 공기 같은 것들에 대해서가 아니라, 하나님께서 세상으로부터 우리를 구별하시면서, 우리에게 행해서는 안 된다고 명하신 악인들에 특유한 일들과 관련해서, 우리가 그런 일들을 믿지 않는 자들과 함께 해서는 안 된다는 것을 의미할 뿐이다.

16. 하나님의 성전과 우상이 어찌 일치가 되리요 우리는 살아 계신 하나님의 성전이라. 바울은 지금까지는 믿는 자들은 믿지 않는 자들과 어울려서는 안 된다는 것을 일반적으로 말하였는데, 이제 여기에서는 자기가 그들에게 그렇게 명한 주된 이유가 구체적으로 무엇인지를 말해 준다. 즉, 고린도 교인들은 우상은 아무것도 아니라는 지식과 그리스도인으로서의 자유에 대한 지식으로 인해서, 더 이상 우상 숭배를 죄라고 생각하지 않게 되었는데, 바울은 그것이 자기가 여기에서 믿지 않는 자들과 어울리지 말라고 명한 이유라는 것을 구체적으로 밝히고 있다는 것이다. 그는 이미 고린도전서에서 우상 숭배와 관련된 고린도 교인들의 방종한 태도를 호되게 책망한 바 있지만, 그럼에도 불구하고 그들 모두가 바울의 권면을 받아들여서 거기에 기꺼이 승복하였던 것은 아니었던 것으로 보인다. 이것이 그가 앞에서 "너희가 우리 안에서 좁아진 것이 아니라 오직 너희 심정에서 좁아진 것이니

라"(12절)고 말함으로써, 모든 문제가 그들의 완악한 마음에 있다고 탄식한 이유이다. 하지만 그는 그 주제를 또다시 새롭게 가져와서 본격적으로 다루고 있는 것은 아니고, 우리가 잘 알고 있는 일을 다룰 때에 흔히 그러하듯이, 고린도 교인들에게 그 점을 잠깐 상기시켜 주는 것으로 만족한다.

그러나 바울이 여기에서 그 점을 단지 짧게 언급하였다고 해서, 그가 그 점이 별로 중요하지 않은 것으로 다루고 있는 것은 결코 아니다. 도리어, 그는 하나님의 성전과 우상은 일치되는 것이 전혀 없다고 단지 한 문장으로 말하고 있기는 하지만, 이 문장은 여기에서 엄청난 무게를 지니고 있다. 왜냐하면, 하나님의 성전에 우상을 들여오거나 모종의 우상 숭배를 도입하는 것은 하나님의 성전을 더럽히는 불경죄에 해당하는 것이기 때문이다. 그런데 지금은 우리가 하나님의 참 성전들이기 때문에, 우리 자신을 우상 숭배로 더럽히는 것은 불경죄가 된다. "너희가 그리스도인이라면, 너희는 하나님의 성전이기 때문에, 너희에게는 우상에게 볼 일이 아무것도 없다"는 이 한 마디는 천 마디의 말 같은 무게를 지닌다. 그러나 바울은 그리스도인들이 우상 숭배에 대하여 어떠한 태도를 취하여야 하는가 하는 문제는 결코 모호하거나 의심스러운 문제가 아니라 너무나 분명한 것이어서, 가르침의 형식을 취해서 이 문제를 자세하게 다루는 것은 불필요한 일이었기 때문에, 여기에서 가르침의 형식이 아니라 권면의 형식으로 고린도 교인들에게 우상 숭배를 경고하고 있다.

이와 같이 하나님께서 이르시되 내가 그들 가운데 거하며 두루 행하여 나는 그들의 하나님이 되고 그들은 나의 백성이 되리라. 바울은 하나님께서 옛적에 이스라엘 백성에게 자기가 그들 가운데 거할 것이라고 하신 약속을 근거로 해서, 여기에서 우리가 하나님의 성전들이라는 것을 증명한다. 여기에서 우리가 주목하여야 할 것은, 첫 번째는 하나님께서는 우리 각자 안에 내주하시는 방식으로만 우리 가운데 거하실 수 있으시다는 것이고, 두 번째는 하나님께서는 "내가 너희 가운데 거하리라"는 것을 우리에게 주시는 하나의 특별한 복으로 약속하고 계신다는 것이다. 또한, 하나님의 이러한 내주 또는 임재는 단지 우리에게 땅에 속한 유익들과 관련된 것이 아니라, 주로 영적인 은혜와 관련된 것이다. 따라서 그것은 단지 마치 하나님께서 우리의 밖의 공중에서 우리 주위를 지키고 계시는 것과 같은 방식으로 우리에게 가까이 계신다는 것을 의미하는 것이 아니라, 우리의 심령 속에 내주하신다는 것을 의미한다. 어떤 사람들이 이 구절에서 사용된 전치사는 단지 우리 "가운데"라고 말하고 있을 뿐이고 우리 "안에"라고 말하고 있는 것은 아니라고 반론을 제기한다면, 나는 그 전치사가 그런 의미라는 것에는 동의하지만, 아울러 우리는 하나님이 우리 가운데 거하시겠다고 하신 약속을 근거로 해서, 그것이 하나님이 우리 안에 내주하실 것이라는 약속이라는 결론을 도출해 낼 수 있다고 말할 것이다.

바울이 여기에서 인용한 본문은 레위기 26:12("나는 너희 중에 행하여 너희의 하나님이 되고 너희는 내 백성이 될 것이니라")인 것으로 보이는데, 그 본문에서 모세가 언급하고 있는 이 말을 상징적으로 보여 준 것이 바로 "법궤"였다. 그러나 어떤 사람들이 바울이 여기에서 인용하고 있는 본문은 에스겔서 37:27("내 처소가 그들 가운데에 있을 것이며 나는 그들의 하나님이 되고 그들은 내 백성이 되리라")로 알고 생각한다고 해도, 결론은 마찬가지가 될 것이다. 왜냐하면, 에스겔 선지자는 장차 있게 될 교회의 회복에 대하여 말하면서, 하나님께서 옛적에 모세를 통해서 약속하셨던 그 임재가 장차 회복된 교회에 있어서 최고의 복이 될 것이라고 말하고 있기 때문이다. 구약에서 법궤에 의해서 예표된 것은 그리스도 안에서 우리에게 더욱 분명하게 나타났다. 왜냐하면, 그리스도는 우리에게 "임마누엘"(마 1:23, "보라 처녀가 잉태하여 아들을 낳을 것이요 그의 이름은 임마누엘이라 하리라 하셨으니 이를 번역한즉 하나님이 우리와 함께 계시다 함이라")이 되신 분이기 때문이다. 에스겔 선지자는 하나님께서 우리 가운데 거하실 것이라는 약속에 대해서만 말하고 있는 것이 아니라, 법궤라는 예표에 대해서 간접적으로 말하고 있고, 그 예표가 그리스도 안에서 성취될 것임을 분명하게 선언하고 있다는 점에서, 나는 바울이 여기에서 인용하고 있는 본문은 모세의 글이 아니라 에스겔서라고 본다. 한편, 사도는 하나님께서는 오직 거룩한 곳에만 거하신다는 것을 당연한 것으로 전제한다. 우리가 어떤 사람에 대해서, "그 사람이 여기에 거한다"고 말했다고 해서, 그 곳이 성전이 되는 것은 아니고, 그 곳은 단지 평범한 집일 뿐이다. 왜냐하면, 자신의 임재를 통해서 그 곳을 존귀하게 하시고 거룩하게 하시는 것은 오직 하나님만의 특별한 대권이기 때문이다.

17. 그러므로 너희는 그들 중에서 나와서 따로 있고 부정한 것을 만지지 말라 내가 너희를 영접하여. 바울의 이 권면은 이사야서 52:11("너희는 떠날지어다 떠날지어다 거기서 나오고 부정한 것을 만지지 말지어다 그 가운데에서 나올지어다")에서 가져온 것이다. 거기에서 이사야 선지자는 이스라엘 백성의 구원에 대하여

예언하면서, 계속해서 제사장들에 대하여 이런 식으로 말한다. 왜냐하면, 선지자는 "여호와의 기구를 메는 자들"에게 이 말을 하고 있는데, 희생제사들을 비롯한 하나님 예배와 관련하여 사용되는 그릇들과 기구들을 관리하는 것은 제사장들에게 맡겨진 소임이었던 까닭에, 여기에서 "여호와의 기구를 메는 자들"은 제사장들을 가리키기 때문이다. 선지자가 이 말을 한 목적은, 제사장들이 하나님으로부터 오는 구원을 기다리는 동안에, 그들이 거하는 땅에 만연한 수많은 타락하고 부패한 것들로 인해서 더럽혀지고 부정하게 되지 않도록 조심하라고 경고하는 것이었다는 것은 의심의 여지가 없다.

이것은 옛적의 레위인들에게만이 아니라 오늘날의 우리에게도 그대로 적용된다. 왜냐하면, 하나님의 성전에서 사용되는 그릇들과 기구들을 맡은 자들에게 그 정도로 엄격한 정결함이 요구된다고 한다면, 하나님의 성전 자체인 우리는 우리 자신을 더 엄격한 정결함으로 지키는 것이 마땅하기 때문이다. 우리의 모든 지체들은 하나님을 영적으로 예배하기 위하여 성별된 그릇들과 기구들이고, 우리 자신은 왕의 제사장들이다. 우리는 하나님의 은혜로 말미암아 속량함을 받은 자들이기 때문에, 하나님의 성전을 더럽히지 않도록 하기 위하여, 우리 자신이 부정한 것들로 인하여 더럽혀지지 않게 하여야 한다. 하지만 우리는 세상의 더러운 것들로부터 속량함을 받고 건지심을 받긴 하였지만, 여전히 이 세상에 몸 담고 있어서, 우리가 죽기 전에는 모든 더러운 것들로부터 완전히 떠날 수는 없기 때문에, 우리가 할 수 있는 것은 모든 더러운 것들에 참여하는 것을 피하는 것이다. 요컨대, 우리가 진심으로 구속의 복을 얻고자 한다면, 세상의 더러운 것들에 연루되어서 우리 자신을 더럽히는 일이 일어나지 않도록 조심하여야 한다는 것이다.

18. 너희에게 아버지가 되고 너희는 내게 자녀가 되리라 전능하신 주의 말씀이니라 하셨느니라. 이 약속은 구약의 어느 한 본문에만 나오는 것이 아니라, 여기저기에서 자주 반복된다. 바울이 여기에 이 약속을 덧붙인 것은, 하나님께서 우리를 지극히 높이셔서 하나님의 자녀가 되는 권세를 우리에게 주셨다는 것을 우리에게 알게 함으로써, 우리로 하여금 거룩한 삶을 사는 데 더욱더 큰 열심을 품게 하기 위한 것이다. 하나님께서 자기 아들 예수 그리스도를 통해서 우리를 속량하시고, 세상 나라들 가운데서 자신의 교회를 불러내어 모으신 것은 우리 믿는 자들을 자신의 자녀들로 삼으시기 위한 것이었다. 하나님의 자녀들이 된 것은 우리에게 지극히 큰 영광이기 때문에, 하나님의 자녀들인 우리는 하나님에 대하여 방탕하고 타

락한 자녀들이 되지 않도록 조심하는 것이 마땅하다. 우리가 하나님을 아버지라고 부르면서, 우리 자신을 우상 숭배의 가증스러운 것들로 더럽힌다면, 그것은 하나님을 크게 모욕하고 모독하는 것이다. 따라서 우리는 하나님께서 아무런 자격도 없는 우리를 높이셔서 우리에게 지극히 큰 존귀와 영광을 수여하셨다는 것을 생각할 때, 거룩하고 순전한 삶을 살고자 하는 우리의 열망은 더욱더 커지고 간절해지는 것이 마땅하다.

제7장

1. 그런즉 사랑하는 자들아 이 약속을 가진 우리는 하나님을 두려워하는 가운데서 거룩함을 온전히 이루어 육과 영의 온갖 더러운 것에서 자신을 깨끗하게 하자. 이 장의 첫 절은 앞의 장의 마지막 단락에 속하는데, 여기에서 바울은 하나님께서는 자신의 전적인 은혜에 의거해서 일방적으로 "이 약속"을 우리에게 주시고, 반드시 그 약속을 이루시겠다고 말씀하시지만, 일단 우리에게 하나님의 은혜가 주어져서 그 약속이 우리 가운데서 이루어지게 된 후에는, 즉시 우리에게 거기에 대한 보답(gratitudo)을 요구하신다는 것을 보여 준다. 하나님께서 아브라함에게 "내가 내 언약을 나와 너 및 네 대대 후손 사이에 세워서 영원한 언약을 삼고 너와 네 후손의 하나님이 되리라"(창 17:7)고 약속하신 것은 하나님의 전적인 은혜와 긍휼하심으로 말미암은 것이지만, 하나님께서는 그런 후에 "너는 내 앞에서 행하여 온전하라"고 하시는 명령을 덧붙이셨다. 하나님이 이렇게 조건으로 덧붙이시는 명령은 반드시 언제나 명시적으로 표현되는 것은 아니기 때문에, 바울은 하나님의 모든 약속에는 그러한 조건이 내포되어 있기 때문에, 그 약속들을 받은 우리는 하나님께서 더욱더 영광을 받으시도록 하는 데 온 힘을 다하는 것이 마땅하다고 우리에게 말해 준다. 그렇다면, 바울은 무엇을 근거로 해서 우리에게 거룩한 삶을 살기 위하여 더욱 애써야 한다고 촉구하고 있는 것인가? 그가 근거로 삼고 있는 사실은, 하나님께서 우리 가운데 거하시겠다는 약속을 이미 우리에게 이루셔서 저 놀라운 영광과 존귀를 우리에게 수여하셨다는 것이다. 하나님의 모든 약속들 속에는 원래부터 우리를 거룩한 삶으로 부르는 조건이 내포되어 있다. 즉, 하나님께서 우리에게 주신 모든 약속들에는, 우리가 거룩한 삶을 살아야 한다는 조건이 내재되어 있다는 것이다. 또한, 우리는 성경이 서로 다른 많은 본문들에서 하나님께서 우리를 속량하신 목적이 우리로 하여금 거룩한 백성이 되게 하시기 위한 것이라고 말하고 있다는 것을 알고 있고, 하나님께서 우리에게 온갖 은혜와 은총을 베풀어 주시는 목적도 바로 그런 것임을 알아야 한다.

육과 영의 온갖 더러운 것에서 자신을 깨끗하게 하자. 바울은 앞에서 우리가 정결한 삶으로 부르심을 받았다는 것을 보여 준 후에, 이제 여기에서는 이 정결함은 우리의 몸과 심령 양면에서 분명하게 나타나야 한다는 말을 덧붙인다. 왜냐하면, 여기에서 "육"은 몸을 의미하고, "영"은 심령을 의미하기 때문이다. 만일 여기에서 "영"이 중생의 은혜를 의미한다면, 바울이 "영의 더러운 것"에 대하여 한 말은 불합리하게 될 것이라는 점에서, 그것은 더욱 분명해진다. 따라서 바울은 우리가 오직 하나님만이 아실 수 있는 우리의 내면 속에서만 정결하게 되는 것이 아니라, 사람들이 눈으로 볼 수 있는 외적인 행위에 있어서도 정결하게 되어야 한다고 말하고 있는 것이다. 그는 이렇게 말한 것과 같다: "우리는 하나님 앞에서 정결한 양심을 지니고 있어야 할 뿐만 아니라, 우리의 몸 전체와 모든 지체들을 하나님께 거룩하게 성별해 드림으로써, 우리의 전 존재의 어느 부분에서도 부정함이 없게 하여야 한다." 바울이 여기에서 어떤 의도로 이런 논증을 전개하고 있는지를 제대로 이해하기만 한다면, 우리는 온갖 종류의 변명과 핑계들을 동원해서, 마음으로만 우상을 숭배하지 않는다면, 외적인 우상 숭배는 아무 문제가 없다고 강변하고자 하는 것이, 얼마나 뻔뻔스러운 짓인지를 쉽게 알 수 있다. 왜냐하면, 그가 여기에서 말한 "영의 더러운 것"이 내면의 불경건함과 온갖 잘못된 미신들을 의미하는 것이라면, "육의 더러운 것"은, 그것이 겉으로만 그런 체하는 것이든, 아니면 진심으로 말하는 것이든, 외적으로 불경건한 것을 고백하고 행하는 것을 의미하는 것일 수 밖에 없기 때문이다. 고린도 교인들은 자신들은 마음속으로는 우상을 숭배하지 않기 때문에 정결한 양심을 지니고 있다고 자랑하지만, 외적으로는 우상을 숭배하는 행위들을 여전히 행하고 있는 것이기 때문에, 그들의 그러한 자랑은 거짓되고 잘못된 자랑이거나, 적어도 바울이 믿는 자들에게 요구하고 있는 것 중에서 오직 절반만을 준행하고 있다는 점에서 온전한 자랑이 될 수 없다. 또한, 그들이 하나님께서 그들의 절반의 순종에 만족하실 것이라고 생각한다면, 그것은 큰 오산이다. 왜냐하면, 어떤 사람이 겉으로 우상 숭배에 참여하는 행위를 조금이라도 보이거나, 사악하고 미신적인 예식들에 참여한다면, 그 사람의 심령이 온전히 올바르다고 하는 것은 불가능하지만, 일단 그 심령은 온전히 올바르다고 가정하더라도, 그 사람은 여전히 자신의 몸을 더럽히는 죄를 범하는 것이기 때문이다.

거룩함을 온전히 이루어. 여기에서 "온전히 이루다"로 번역된 헬라어 '에피텔레인'(ἐπιτελεῖν)은 "완전하게 하다"를 의미할 때도 있고 "거룩한 예식을 행하다"

를 의미할 때도 있지만, 전자의 의미가 더 통상적으로 사용되기 때문에, 바울이 이 구절에서 다루고 있는 주제인 "성별"과 관련해서 이 단어를 사용한 것은 지극히 적절하다. 왜냐하면, 바울은 "완전하게 하다"라는 의미를 지닌 이 단어를 외적으로 우상 숭배하는 것과 관련하여 의도적으로 사용함으로써, 하나님을 섬길 때에는 모든 것에서 온전하고 결함이 있어서는 안 되는 까닭에, 우리가 내적으로만이 아니라 외적으로도 우상 숭배를 피하여, 우리 자신의 몸과 심령을 모두 다 온전히 하나님께 거룩하게 구별해 드려서 헌신하는 것이 마땅하다는 메시지를 전하고 있는 것으로 보이기 때문이다.

하나님을 두려워하는 가운데서. 하나님을 두려워하는 것이 우리 속에 강하게 자리잡고 있다면, 우리는 고린도 교인들과는 달리, 스스로 자고해져서 오만방자하게 행하는 일이 없게 될 것이다. 왜냐하면, 많은 사람들이 아무런 거리낌 없이 외적으로 우상 숭배를 하면서도, 그것이 그렇게 큰 죄가 아니라고 오만하고 뻔뻔스럽게 변명할 수 있는 것은, 그들이 죄를 지어도 하나님이 그들을 벌하실 수 없을 것이라고 생각하는 까닭이기 때문이다. 그러나 만일 그들 속에 하나님을 두려워하는 것이 있다면, 우리가 굳이 그들을 많은 말로 설득하지 않아도, 그들은 스스로 즉시 온갖 쓸데없는 핑계와 구실들을 다 집어치우고 외적으로 우상 숭배하는 것을 그만두게 될 것이다.

2마음으로 우리를 영접하라 우리는 아무에게도 불의를 행하지 않고 아무에게도 해
롭게 하지 않고 아무에게서도 속여 빼앗은 일이 없노라 3내가 이 말을 하는 것은 너
희를 정죄하려고 하는 것이 아니라 내가 이전에 말하였거니와 너희가 우리 마음에
있어 함께 죽고 함께 살게 하고자 함이라 4나는 너희를 향하여 담대한 것도 많고 너
희를 위하여 자랑하는 것도 많으니 내가 우리의 모든 환난 가운데서도 위로가 가
득하고 기쁨이 넘치는도다 5우리가 마게도냐에 이르렀을 때에도 우리 육체가 편하
지 못하였고 사방으로 환난을 당하여 밖으로는 다툼이요 안으로는 두려움이었노
라 6그러나 낙심한 자들을 위로하시는 하나님이 디도가 옴으로 우리를 위로하셨으
니 7그가 온 것뿐 아니요 오직 그가 너희에게서 받은 그 위로로 위로하고 너희의 사
모함과 애통함과 나를 위하여 열심 있는 것을 우리에게 보고함으로 나를 더욱 기
쁘게 하였느니라(7:2-7).

2. 마음으로 우리를 영접하라. 바울은 외적인 우상 숭배와 관련한 가르침을 마치고서, 이제 여기에서는 자신의 문제로 다시 돌아오기는 하지만, 자기는 이 문제로 고린도 교인들에게 또다시 많은 말로 경고하고 권하느라고 시간을 허비하고 싶지 않다는 자신의 심정만을 분명하게 밝힌다. 왜냐하면, 그는 자기가 이 문제를 거론하기 시작하는 대목에서 이미 하였던 말을 여기에서 다시 한 번 반복할 뿐이고, 더 이상 다른 말을 덧붙이고 있지 않기 때문이다. 그가 여기에서 "마음으로 우리를 영접하라"고 말한 것은 "우리를 받으라" 또는 "우리에게 너희의 마음을 열어라"는 의미인데, 이것은 그가 6:13에서 "너희도 마음을 넓히라"고 한 것과 정확한 동일한 의미이다. 즉, 그는 이렇게 말하고 있는 것이다: "나에 대한 너희의 안 좋은 인식이나 감정으로 인해서, 나의 이 교훈이 너희의 마음속으로 들어가는 것이 방해를 받지 않게 하고, 너희의 심령 가운데 자리를 잡게 하라. 왜냐하면, 나는 아버지 같은 심정과 열심으로 너희의 구원을 이루기 위하여 온 힘을 다해 권하고 있는 것인데, 그런데도 너희가 나의 말에 귀를 막아 버리는 것은 옳지 않기 때문이다."

우리는 아무에게도 불의를 행하지 않고 아무에게도 해롭게 하지 않고 아무에게서도 속여 빼앗은 일이 없노라. 바울은 자기는 그들로부터 미움을 받을 만한 해악들을 저지른 적이 없기 때문에, 그들이 자기를 멀리할 이유는 전혀 없다고 말한다. 그는 세 종류의 해악을 열거하면서, 자기는 그 모든 것들에 대하여 무죄하고 결백하다고 주장한다. 그가 첫 번째로 언급한 해악은 누군가를 명백하게 상처를 입히는 것이고, 두 번째 해악은 거짓된 가르침을 베풀어서 타락하고 부패하게 만드는 것이며, 세 번째 해악은 세상 재물을 사기나 속임수를 통해서 탈취하는 것이다. 통상적으로 신자들은 자신들의 사역자가 이 세 가지 중 하나의 해악을 저지른 경우에 그 사역자를 멀리한다. 이렇게 사역자들은 이치에 맞지 않게 처신하고, 자신의 권위를 이용해서 잔인한 폭정이나 압제를 일삼을 수 있고, 바르게 인도하여야 마땅한 신자들을 잘못된 곳으로 이끌거나 거짓되고 부패한 가르침으로 신자들을 오염시킬 수 있으며, 다른 사람들의 것을 탐냄으로써 도가 지나친 탐심을 드러낼 수 있는데, 그랬을 때, 신자들은 그 사역자를 멀리하게 된다. 이것을 간단히 말하자면, 첫 번째 해악은 지나치게 오만방자하여 사역자로서의 권위를 남용하여 폭압을 저지르는 것이고, 두 번째 해악은 신실하지 못하게 가르치는 것이며, 세 번째 해악은 탐욕이다.

3. 내가 이 말을 하는 것은 너희를 정죄하려고 하는 것이 아니라. 바울이 방금

앞에서 한 말은 일종의 하소연이었는데, 하소연을 하게 되면, 거기에는 은연중에 책망하는 마음이 들어가 있을 수밖에 없기 때문에, 여기에서 그는 자기가 방금 한 말을 누그러뜨리는 말을 덧붙인다. 그는 이렇게 말한다: "내가 앞에서 그렇게 말한 것은 너희가 잘못했다고 너희를 정죄하고 책망하고자 하는 의도가 아니라, 단지 내 자신을 해명하고자 한 것뿐이고, 너희를 모욕하거나 욕할 의도는 전혀 없었다." 사실, 고린도 교인들은 사도 바울에게 누명을 씌우고 그를 비방하고 중상 모략하면서 가혹하게 대하는 큰 잘못을 범하였기 때문에, 정죄를 받고 호된 책망을 받는 것이 마땅하였다. 왜냐하면, 그들은 첫째로는 배은망덕함의 죄를 범하였고, 둘째로는 무죄하고 결백한 사람에게 누명을 씌우는 죄를 범하였기 때문이다. 그러나 바울은 온유하고 절제할 줄을 아는 사람이었기 때문에, 오직 자기 자신에게 잘못이 없다는 것만이 밝혀지기만을 바랄 뿐이었고, 자신에게 누명을 씌우고 비방을 일삼은 그들을 맞고소하며 비난할 마음은 없었다.

내가 이전에 말하였거니와 너희가 우리 마음에 있어 함께 죽고 함께 살게 하고자 함이라. 우리는 우리가 사랑하는 사람들을 맹렬하게 공격하지 않고, 그들이 어떤 잘못을 범한 경우에도, 그 잘못을 못 본 체하며 덮어 주거나, 너그러운 마음으로 가볍게 넘긴다. 어떤 사람이 잘못을 저질렀다고 해서, 우리가 그 사람에게 모욕과 수치를 안겨 주고자 한다면, 그것은 우리가 그 사람을 미워한다는 것을 보여 주는 증거이다. 따라서 바울은 자기에게는 고린도 교인들을 괴롭게 하고자 하는 마음이 전혀 없다는 것을 보여 주기 위해서, 자기가 그들을 사랑한다는 것을 분명하게 밝힌다. 그럼에도 불구하고, 그가 고린도 교인들을 "정죄하려고 하는" 것이 아니라고 말하기는 하지만, 그들에게 자기 자신을 해명하는 과정에서 그들의 잘못들을 지적한 것은 어떤 의미에서는 결과적으로 그들을 정죄한 것이다. 그러나 쓸개즙과 식초가 서로 크게 다르듯이, 우리가 어떤 사람을 미워해서 그에게 오명을 씌우고 모욕과 수치를 당하게 할 목적으로 정죄하는 것과, 어떤 죄인을 올바른 길로 다시 돌아오게 해서, 그의 명예가 손상됨이 없이 구원을 얻을 수 있게 하기 위하여 결과적으로 정죄하게 되는 것은 큰 차이가 있다. "너희가 우리 마음에 있다"는 것은 "나는 너희는 내 마음속에 담아 두고서 어디를 가든지, 자나 깨나 너희를 생각한다"는 것이다. "함께 죽고 함께 산다"는 것은 "나는 너희와 함께 살고자 하는 마음만이 아니라, 필요한 경우에는 얼마든지 너희와 함께 죽을 마음도 있으며, 우리가 함께 하기 위해서는 그 어떤 것도 감수할 마음이 되어 있고, 죽음까지도 불사할 것이기 때문에, 그 어떤 변화도 우리 사이의 사랑의 유대를 끊을 수 없다"는 것이다. 복음 사역자들이라면 누구나 다 신자들에 대하여 이런 마음을 가지는 것이 마땅하다.

4. 나는 너희를 향하여 담대한 것도 많고 너희를 위하여 자랑하는 것도 많으니 내가 우리의 모든 환난 가운데서도 위로가 가득하고 기쁨이 넘치는도다. 바울은 자기가 고린도 교인들에게 권면한 대로, 이제 그들이 자기에 대하여 마음을 열었을 것이라고 확신하고서, 하소연하는 것을 그치고, 기쁜 마음으로 자신의 심정을 쏟아 놓는다. 그는 이렇게 말하는 것과 같다: "나는 내가 너희에게 권면한 대로, 너희가 이미 그대로 행하고 있다는 것을 믿는다. 그러므로 내가 이미 이루어진 일에 대하여 더 이상 힘을 허비할 이유가 어디 있겠는가? 디도가 내게 가져다준 너희에 대한 소식은 나의 염려를 제거해 주기에 충분하였을 뿐만 아니라, 너희를 믿고 자랑해도 되겠다는 담대한 확신을 내게 주었다. 사실, 디도가 너희에 대하여 내게 전해 준 소식은 내가 그동안 겪어 왔던 수많은 환난들로 말미암아 내 마음에 생긴 근심과 괴로움을 다 말끔히 씻어 주었다."

바울은 여기에서 정점을 향하여 한 걸음 한 걸음 나아가는 점층법을 사용하고 있다. 왜냐하면, 그가 고린도 교인들을 "자랑하게 된 것"은 그들을 생각할 때에 마음이 평안해지고 담대하게 된 것보다 한 걸음 더 나아간 것이고, 그가 그들에 대한 소식을 듣고서 "많은 환난 가운데서 생겨난 근심으로부터 벗어나게 된 것"은 그들을 "자랑하게 된 것"보다 한 걸음 더 나아간 것이기 때문이다. 크리소스토모스(Chrysostomus)는 바울이 여기에서 말한 "담대한 것"을 다소 다르게 다음과 같이 설명한다: "내가 너희를 좀 더 허심탄회하게 대한다면, 그것은 내가 나에 대한 너희의 선의를 확신하기 때문이다. 따라서 나는 나에 대한 너희의 선의를 확신하고서, 담대하게 너희를 허심탄회하게 대하려고 생각한다." 반면에, 앞에서 나는 디도가 고린도 교인들에 대하여 가져온 소식이 그동안 바울의 마음을 괴롭게 하고 편치 않게 해 왔던 그들에 대한 안 좋은 인식을 제거해 주었기 때문에, 그가 그들에 대하여 담대함을 갖게 되었다고 말한 것으로 해석하였는데, 내게는 나의 설명이 더 나은 것으로 보인다.

5. 우리가 마게도냐에 이르렀을 때에도 우리 육체가 편하지 못하였고 사방으로 환난을 당하여. 바울은 여기에서 자신의 근심과 괴로움이 얼마나 컸었는지를 들려 줌으로써, 디도가 고린도 교인들에 대하여 자기에게 가지고 온 소식은 자신의

그러한 큰 근심과 괴로움을 말끔히 씻어 줄 정도로 자기에게 아주 강력한 위로가 되었다는 것을 보여 준다. 그는 이렇게 말한다: "나는 안에서의 괴로움들과 밖에서의 괴로운 일들로 인해서 사방으로 압박을 받고 있었다. 그러나 디도가 너희에 대하여 내게 전해 준 소식이 이 모든 괴로움들을 다 제거해 주었을 뿐만 아니라, 내 속에서 기쁨이 차고 넘치게 해 주었다." 그가 "우리 육체가 편하지 못하였다"고 말한 것은, "인간적으로 말해서, 내게는 편안함이 없었다"고 말한 것과 같다. 왜냐하면, 그에게는 당시에도 영적인 위로들이 있어서, 그는 인간적인 위로들이 전혀 없는 상황을, 그 영적인 위로들을 의지해서 버텨 나가고 있었기 때문이다. 그러므로 바울이 "우리 육체가 편하지 못하였다"고 말하였다고 해서, 우리는 그가 육체적으로만 괴로움을 겪고 있었다고 생각해서는 안 된다. 즉, 당시에 그는 육신적으로나 마음으로나 괴로움을 겪고 있었고, 인간적으로 볼 때에는 사방으로 온통 지독한 환난들로 둘러싸여서 극심한 괴로움들에 처해 있었다는 것이다.

밖으로는 다툼이요 안으로는 두려움이었노라. 바울이 여기에서 말하고 있는 "다툼들"은 그의 원수들이 외부에서 그를 공격해 온 것들을 가리키고, "두려움"은 그가 교회의 내적인 우환들로 인해서 겪어야 했던 염려와 근심들을 가리킨다. 왜냐하면, 여기에서 "두려움"은 그를 개인적으로 괴롭히고 있던 어떤 사적인 일들로 인한 것이라기보다는 교회와 관련된 공적인 일들로 인한 것이었기 때문이다. 그가 여기에서 말하고자 하는 것은, 당시에 자기는 자신의 불구대천의 원수들의 공격을 받고 고통을 당하고 있었을 뿐만 아니라, 믿는 자들 사이에서의 여러 가지 우환들로 인해서도 많은 괴로움을 겪고 있었다는 것이다. 그는 믿는 자들의 다수, 아니 거의 전부가 너무나 약한 신앙을 지니고 있는 것을 보았고, 아울러 그런 상황에서 사탄은 온갖 수단과 방법을 총동원해서 교회를 혼돈 속으로 빠뜨리기 위해 맹렬한 공격을 퍼붓고 있는 것을 보았다. 또한, 그는 믿는 자들 중에서 지혜로운 자나 진실한 자나 견고한 믿음을 지닌 자는 거의 없는 반면에, 외식하는 자들이나 쓸모없는 자들이나 야심으로 가득한 자들이나 문제만을 일으키는 자들은 차고 넘치게 많은 것을 보았다. 그러한 난감한 상황 가운데서 하나님의 종들은 두려워 떨며 큰 염려와 근심 가운데 있을 수밖에 없는데, 게다가 교회들의 평안을 위해서 많은 잘못된 일들을 그냥 덮어 두어야 한다는 현실은 그들에게 더욱더 큰 괴로움을 안겨줄 수밖에 없다. 따라서 그가 자신의 그러한 처지를 "밖으로는 다툼들이요 안으로는 두려움들이었다"고 표현한 것은 적절한 것이었다. 신실하고 충성된 사역자들은 그리스도의 나라를 공격하는 원수들을 공개적으로 대적하여 싸우지만, 교회가 내부적으로 곪아서 온갖 문제들로 몸살을 앓고 있는데도, 그 종기들을 과감하게 도려낼 수 없는 상황에서는, 속으로 마음을 끓이고 은밀하게 괴로워할 수밖에 없게 된다. 바울은 거의 끊임없이 그러한 싸움들을 해 왔지만, 이 서신을 쓸 당시에는 그 싸움들이 평소보다 한층 더 심하고 격렬하였던 것 같다. 왜냐하면, 그리스도의 종들은 "두려움들"로부터 벗어나 평안함을 누릴 수 있는 때가 별로 없고, 바울은 외부의 싸움들로부터 벗어날 수 있었던 때가 거의 없었을 것임은 분명하지만, 그는 당시에 어느 때보다 한층 더 심한 압박을 받고 있었던 까닭에, "다툼들"과 "두려움들"이라고 복수형으로 표현하고 있기 때문이다. 이러한 복수형의 사용은, 그가 서로 다른 많은 원수들로부터 서로 다른 많은 방식으로 공격을 당함으로써 거기에 맞서 싸워야 하였고, 아울러 안으로는 서로 다른 많은 두려움들을 겪어야 하였다는 것을 보여 주는 것이기 때문이다.

6. 그러나 낙심한 자들을 위로하시는 하나님이 디도가 옴으로 우리를 위로하셨으니. 바울은 여기에서 자기가 위로를 받게 된 이유를 설명한다. 왜냐하면, 그는 하나님은 "낙심한 자들," 즉 자신의 힘으로 어떻게 할 수 없어서 지쳐 쓰러져서 지극히 낮아져 있는 자들을 위로하시는 그런 하나님이신 까닭에, 자기가 온갖 환난들로 인해서 기진맥진해서 거의 쓰러지게 되었을 때, 하나님의 위로가 자기에게 주어졌다고 말하고 있는 것이기 때문이다. 이것으로부터 우리는 아주 유익한 교훈을 얻게 되는데, 그것은 우리가 더 많은 환난을 겪으면 겪을수록, 하나님이 우리를 위해 준비하신 위로를 더 많이 받게 된다는 것이다. 따라서 하나님에 대한 바울의 이러한 설명은 하나님께서는 비참한 처지가 되어서 땅바닥에 주저앉아 있게 된 자들을 위로하시는 데 특히 관심을 갖고 계신다는 놀라운 약속을 담고 있다.

7. 그가 온 것뿐 아니요 오직 그가 너희에게서 받은 그 위로로 위로하고 너희의 사모함과 애통함과 나를 위하여 열심 있는 것을 우리에게 보고함으로 나를 더욱 기쁘게 하였느니라. 바울은 앞에서 디도가 온 것이 자기에게 큰 위로가 되었다고 말하였기 때문에, 고린도 교인들은 이렇게 반문할 수 있었다: "당신은 디도를 무척 좋아하였기 때문에, 그를 다시 만나게 된 것으로 말미암아, 온갖 근심과 걱정을 잊어버리고 크게 기뻐하였을 것임은 의심의 여지가 없는데, 도대체 그것이 우리와 무슨 상관이 있다는 말인가?" 그래서 바울은 그들의 그러한 반문을 미리 예상하고서, 자기가 위로를 받고 기뻐하게 된 것이 단지 디도가 고린도 교회로부터 돌아왔

기 때문만이 아니라, 고린도 교인들에 대한 너무나 기쁜 소식을 자기에게 가져다 주었기 때문이었다는 것을 분명하게 밝힌다. 이렇게 그는 자기는 자기가 좋아하는 디도를 다시 만나게 된 것이 자기에게 위로가 되고 기쁨이 되었다기보다는, 디도로부터 고린도 교회가 잘되어 가고 있다는 소식을 들은 것이 자기에게 위로와 기쁨이 되었다고 말하고 있는 것이다.

오직 그가 너희에게서 받은 그 위로로 위로하고 너희의 사모함과 애통함과 나를 위하여 열심 있는 것을 우리에게 보고함으로. 바울은 디도가 고린도 교인들에 관하여 자기에게 가져온 기쁜 소식이 무엇이었는지를 여기에서 구체적으로 밝힌다. 그들의 "사모함"은 바울이 고린도전서를 통해서 그들에게 주었던 가르침을 그들이 높이 평가한 데서 생겨난 것이었고, 그들의 "애통함"은 바울이 지적하고 책망한 것을 그들이 그대로 받아들여서, 자신들이 저질러 왔던 죄악들에 대하여 가슴 아파하고 슬퍼하였음을 보여 주는 것이었으며, 그들의 "열심"은 바울에 대한 그들의 선의를 보여 주는 증거였다. 바울은 고린도 교인들이 보여 준 이 세 가지 태도를 통해서, 그들이 제대로 회개하였다는 것을 확인할 수 있었고, 그의 유일한 관심은 그들이 잘되는 것이었기 때문에, 그들이 회개하고 잘못된 것들을 고친 것을 확인하였을 때, 그것은 그에게 온전한 만족을 가져다주었다.

나를 더욱 기쁘게 하였느니라. 여기에서 바울은 디도로부터 고린도 교인들의 그러한 모습을 전해 듣고서는, "나의 모든 근심과 괴로움이 사라지고, 내 마음은 기쁨으로 충만하게 되었다"고 말한다. 이것으로부터 우리는 바울이 고린도 교회가 잘되기를 얼마나 간절하게 소원하였는지를 알 수 있을 뿐만 아니라, 그들이 그동안 자기에게 그렇게 못되게 굴고 큰 잘못들을 저질러 왔던 것을 금세 다 잊을 수 있을 정도로, 그의 성품이 얼마나 온유하고 자비로웠는지도 알 수 있다. 우리는 앞에서와는 다르게 이 구절을 다음 절에 걸리는 것으로 보고 해석할 수도 있고, 그런 식의 해석이 바울의 의도에 더 적합할 수도 있기는 하지만, 그런 것은 별로 중요하지 않은 문제이기 때문에, 나는 거기에 대해서는 더 이상 말하지 않을 것이다.

8그러므로 내가 편지로 너희를 근심하게 한 것을 후회하였으나 지금은 후회하지 아니함은 그 편지가 너희로 잠시만 근심하게 한 줄을 앎이라 9내가 지금 기뻐함은 너희로 근심하게 한 까닭이 아니요 도리어 너희가 근심함으로 회개함에 이른 까닭이라 너희가 하나님의 뜻대로 근심하게 된 것은 우리에게서 아무 해도 받지 않게 하려 함이라 [10]하나님의 뜻대로 하는 근심은 후회할 것이 없는 구원에 이르게 하는 회개를 이루는 것이요 세상 근심은 사망을 이루는 것이니라 [11a]보라 하나님의 뜻대로 하게 된 이 근심이 너희로 얼마나 간절하게 하며 얼마나 변증하게 하며 얼마나 분하게 하며 얼마나 두렵게 하며 얼마나 사모하게 하며 얼마나 열심 있게 하며 얼마나 벌하게 하였는가(7:8-11a).

8. 그러므로 내가 편지로 너희를 근심하게 한 것을 후회하였으나 지금은 후회하지 아니함은. 바울은 이제 자기가 고린도전서에서 그들을 다소 가혹하고 엄하게 대한 것에 대하여 그들에게 사과하기 시작한다. 우리가 주목해야 할 것은, 그는 여러 가지 서로 다른 방식으로 고린도 교인들을 대하고 있어서, 우리는 한 사람이 아니라 마치 서로 다른 여러 사람이 이 서신을 쓰고 있는 것 같은 착각이 들 정도라는 것이다. 그런데 그가 그렇게 하는 이유는, 그는 이 서신을 고린도 교인들 전체를 염두에 두고 쓰고 있는 것인데, 이 서신을 받아서 읽게 될 고린도 교인들은 각기 서로 다른 다양한 성향과 태도를 지닌 사람들로 이루어져 있었기 때문이다. 그들 중에는 바울을 안 좋은 시선으로 바라보는 사람들도 있었고, 그를 참되고 훌륭한 사도로 여겨서 그에게 지극한 공경을 드리는 사람들도 있었으며, 어떤 사람들은 그를 의심하였고, 어떤 사람들은 그를 신뢰하였으며, 그가 하는 말들을 고분고분 잘 받아들인 사람들이 있는가 하면, 그가 하는 말이라면 무조건적으로 반대하고 배척하는 사람들도 있었다. 이렇게 고린도 교회를 구성하는 신자들의 성향이 서로 다르고 다양하였기 때문에, 바울은 그들 모두에게 적절한 말을 하기 위해서, 어떤 경우에는 이런 성향의 사람들을 염두에 두고 글을 썼고, 어떤 경우에는 저런 성향의 사람들을 염두에 두고 글을 쓸 수밖에 없었다. 그래서 이제 바울은 자기가 이전 편지에서 그들에게 가혹하고 심한 말들을 한 것으로 인해서, 그들 중에서 심기가 불편해 있거나 반감을 지니고 있는 사람들을 달래기 위해서, 자기는 순전히 그들의 유익을 위해서 그렇게 한 것일 뿐이고 다른 불순한 의도는 전혀 없었다고 해명하고 있는 것이다. 그는 이렇게 말한다: "내게는 오로지 너희가 잘되는 것이 너무나 중요하였기 때문에, 나는 이전의 편지에서 너희에게 심하게 하였지만, 그렇게 해 놓고서도 내 마음이 편치 않았는데, 내가 그렇게 한 것이 너희에게 약이 되어서 좋은 결과로 나타난 것을 보고서, 내 마음이 안심이 되고 기쁘기 짝이 없다."

하지만 사역자가 이렇게 신자들에 대한 이전의 자신의 책망을 누그러뜨리는 말을 하는 것은, 오직 자신의 책망에 대하여 신자들이 만족할 만한 반응을 보인 경우에만 허락될 수 있다. 왜냐하면, 만일 고린도 교인들이 사도의 호된 책망을 듣고도, 여전히 고집을 피우며, 그들을 바로잡고자 하는 그의 시도를 거부함으로써, 좋은 결과가 나오지 않았다면, 그는 그들에 대한 자신의 이전의 호된 책망을 결코 누그러뜨리려 하지 않았을 것이기 때문이다. 우리가 주목해야 할 것은, 바울이 자기가 사랑하는 사람들을 근심하게 한 것을 기뻐한 이유는, 자기가 그들을 기쁘게 해 주지 않고 도리어 근심하게 한다고 할지라도, 어떻게 해서든지 그들로 하여금 유익을 얻게 하고자 하는 마음이 더 컸기 때문이다.

바울은 "내가 편지로 너희를 근심하게 한 것을 후회하였다"고 말하는데, 여기에서 "내가 … 후회하였다"는 것은 무엇을 의미하는가? 왜냐하면, 바울의 이 말이 자기가 이전의 편지를 그런 식으로 쓴 것을 후회하였다는 뜻이라면, 우리는 그가 고린도전서를 성령의 인도하심 아래에서 쓴 것이 아니라 경솔한 충동으로 쓴 것이라는 어처구니없는 결론에 이르게 될 것이기 때문이다. 이 문제에 대한 나의 대답은, 여기에서 바울이 "후회하였다"고 한 것은 자신의 "마음이 좋지 않았다"는 정도의 느슨한 의미로 사용되고 있다는 것이다. 즉, 바울은 자신의 이전 편지에서 심한 말들로 고린도 교인들을 책망함으로써 그들의 마음에 근심을 안겨 주었지만, 그런 식으로 그들을 근심하게 한 자신의 마음도 결코 편치 않았다는 것을 여기에서 밝히고 있는 것이다. 그는 이렇게 말한 것과 같다: "나는 너희에게 심한 말들을 해서 너희의 마음에 상처를 주고자 하는 마음이 추호도 없었음에도 불구하고, 너희에게 심한 말들을 할 수밖에 없는 상황이어서, 그렇게 하긴 했지만, 그런 나의 마음은 몹시 편치 않았다. 그러나 이제는 내가 너희에게 한 심한 말들이 너희에게 얼마나 큰 유익을 가져다주었는지를 확인하였기 때문에, 너희에게 그렇게 한 것에 대하여 편치 않았던 나의 마음이 다 풀렸다." 아버지가 자기 아들을 징계할 때에는, 언제나 자기가 아들에게 심하고 모질게 한 것에 대하여 마음이 편치 않지만, 자신의 징계가 아들에게 유익이 되었다는 것을 확인하고 난 후에는, 그래도 자기가 그렇게 하기를 잘했다고 생각하는 법이다. 마찬가지로, 바울은 자기가 고린도 교인들을 호되게 야단치는 것이 내키지 않는 일이었지만, 자기가 그렇게 해야만, 그들이 유익을 얻을 수 있다는 확신이 있었기 때문에, 그들을 야단치고 싶지 않은 자신의 감정을 따르지 않고, 비록 하고 싶지 않기는 하지만 자기가 마땅히 해야 할 일을 따라 행하였고, 결국 그의 그러한 결단은 좋은 결과를 가져다주었다.

그 편지가 너희로 잠시만 근심하게 한 줄을 앎이라. 바울은 여기에서 자기가 하고자 하는 말을 간단하게 몇 마디로 축약해서 하고 있기는 하지만, 그가 말하고자 하는 것이 무엇인지를 파악하는 데에는 아무런 문제가 없다. 여기에서 그는 먼저 자기가 고린도 교인들에게 이전에 보낸 편지가 당시에는 환영을 받지 못했지만 결국에는 그들에게 유익이 되었다는 것을 열매를 통해서 온전히 확인하였다고 말하고 있고, 다음으로 자기는 자신의 이전의 편지가 그들에게 유익이 되었다는 사실로 인해서 기뻐하였다고 말하고 있다.

9. 내가 지금 기뻐함은 너희로 근심하게 한 까닭이 아니요 도리어 너희가 근심함으로 회개함에 이른 까닭이라 너희가 하나님의 뜻대로 근심하게 된 것은 우리에게서 아무 해도 받지 않게 하려 함이라. 바울이 여기에서 자기는 그들이 근심하게 되는 것을 기뻐한 것이 결코 아니었고, 할 수만 있다면, 오로지 그들이 더욱 잘되고 기뻐할 수 있도록 하고자 하는 마음뿐이었지만, 달리 대안이 없었고, 그들로 하여금 잘못된 것들을 고치고 잘되게 하는 것이 자기에게는 너무나 중요하였기 때문에, 어쩔 수 없이 그들을 근심하게 하여 회개함에 이르게 하고자 한 것이라고 해명한다. 의사들은 평소에는 사람들을 인자하고 따뜻하게 대하지만, 병을 고치기 위해서 환자들을 모질고 가혹하게 대할 수밖에 없는 경우가 있다. 바울은 만일 자기가 그들을 심하게 대하지 않고 온유하고 인자하게 대하여 그들의 잘못된 것들을 바로잡아 그들을 잘되게 할 수 있었다면, 절대로 그들을 그렇게 심하게 대하지 않았을 것이라고 말한다. 그러나 그는 자기가 그들을 의도적으로 엄하게 대함으로써, 그들이 회개함에 이르는 좋은 결과를 얻었기 때문에, 그는 비록 자기가 그들을 심하게 대하여 근심하게 한 것에 대하여 마음이 편치 않았지만, 결과적으로 그들이 회개하게 된 것을 기뻐한다. 바울은 여기에서 "너희로 근심하게 한 까닭이 아니요 도리어 너희가 근심함으로 회개함에 이른 까닭이라"는 표현을 사용하는데, 이미 고린도후서 5:4에서도 이것과 아주 비슷한 표현을 사용한 바 있다: "참으로 이 장막에 있는 우리가 짐진 것 같이 탄식하는 것은 벗고자 함이 아니요 오히려 덧입고자 함이니 죽을 것이 생명에 삼킨 바 되게 하려 함이라."

10. 하나님의 뜻대로 하는 근심은 후회할 것이 없는 구원에 이르게 하는 회개를 이루는 것이요 세상 근심은 사망을 이루는 것이니라. 바울이 여기에서 "하나님의 뜻대로 하는 근심"이라는 어구를 어떤 의미로 사용하고 있는지를 이해하기 위해서는, 그가 이 어구를 "세상 근심"과 대비시켜서, 서로 반대되는 개념으로 사용하고

있다는 것을 주목하여야 한다. 또한, 우리는 두 가지 서로 다른 기쁨 간의 대비도 살펴보아야 한다. 세상이 주는 기쁨 또는 세상의 기쁨(gaudium mundi)은 사람들이 하나님을 경외함이 조금도 없는 가운데 어리석고 우매한 상태에서 이 세상의 헛된 것들을 즐거워하고 덧없는 쾌락들에 취해서, 땅에 속한 것들만을 좋아하고, 그런 것들보다 더 높은 것들에는 전혀 관심을 갖지 않는 것이다. 반면에, 하나님이 주시는 기쁨(gaudium secundum Deum)은 사람들이 자신의 모든 행복을 하나님 안에서 구하고, 하나님의 은혜를 즐거워하며, 세상을 멸시하기 때문에, 이 땅에 속한 것들을 누릴지라도 거기에 집착하거나 사로잡히지 않고, 이 세상에서 역경에 처하더라도 그런 것을 아랑곳하지 않고 도리어 기뻐하고 즐거워하는 것이다. 마찬가지로, "세상 근심"은 사람의 마음이 이 세상에서의 환난과 괴로운 일들로 인해서 짓눌려서 근심에 사로잡히게 되는 것인 반면에, "하나님의 뜻대로 하는 근심"은, 사람이 하나님의 은혜로부터 떨어져 나가게 되는 것을 자신의 유일한 참상으로 여기기 때문에, 하나님의 심판을 두려워하여, 하나님 앞으로 나아가서 자신의 죄에 대하여 애통해하는 것이다. 바울은 이런 종류의 근심(tristitia)이 회개를 불러일으키는 원인이자 원천이 된다고 말한다. 따라서 우리가 유념해야 할 것은, 죄인이 자기 자신에 대하여 불만을 품고서, 자신의 삶을 미워하고, 자기가 저지른 죄악들을 고백하며 깊이 근심하고 슬퍼하지 않는다면, 그가 회개하여 하나님께로 돌이키는 것은 불가능하다는 것이다. 그러나 사람은 마음의 변화 없이는 이런 종류의 근심이나 슬픔을 느낄 수 없다. 따라서 그런 종류의 근심이나 슬픔이 있다면, 회개는 이미 시작된 것이다. 내가 이미 앞에서 말하였듯이, 사람이 먼저 자신의 죄를 미워함이 없이는 올바른 길로 돌아갈 수 없는데, 죄를 미워하는 곳에는 자책과 근심과 슬픔이 있을 수밖에 없다. 바울은 이렇게 이루어지는 회개를 "후회할 것이 없는 회개"라고 아름답게 묘사하고 있다. 왜냐하면, 그러한 회개는 처음에는 아무리 쓰다고 할지라도, 결국에는 우리에게 결코 후회하지 않을 지극히 유익한 결과를 가져다주기 때문이다. 우리는 "후회할 것이 없는"이라는 어구가 "회개"가 아니라 "구원"을 수식하는 것으로 볼 수도 있지만, 나는 "회개"를 수식하는 것으로 보는 것이 더 낫다고 생각한다. 따라서 바울은 이렇게 말한 것과 같다: "우리는 그러한 근심이 우리에게 가져다주는 최종적인 결과를 생각할 때, 그러한 근심을 고통스럽거나 괴롭게 여겨서는 안 된다. 왜냐하면, 그러한 근심을 통하여 회개에 이르는 과정이 우리에게 아무리 고통스러운 것이라고 할지라도, 결국에는 거기로부터 우리가 너무나 기뻐하여야 마땅한 지극히 귀하고 선한 열매가 맺어지는 까닭에, 그것은 결코 '후회할 것이 없는 회개'가 될 것이기 때문이다.

바울은 "구원에 이르게 하는 회개"라고 말함으로써, 회개가 구원의 근거라고 말하고 있는 것처럼 보인다. 만일 그것이 사실이라면, 우리는 사람이 행위로 의롭다 하심을 얻는다고 말하여야 한다. 나의 대답은, 바울이 무슨 의도로 그렇게 말하고 있는지를 우리가 제대로 파악하고자 한다면, 우리는 바울이 여기에서 정확히 어떤 맥락에서 그런 말을 하고 있는지를 유심히 살펴보아야 한다는 것인데, 그는 여기에서 구원의 근거(causa salutis)에 대하여 말하고 있는 것이 아니라, 단지 고린도 교인들이 회개함에 이르게 된 것을 기뻐하면서, 회개가 결국 어떤 열매를 맺게 되는 것인지를 "구원에 이르게 하는" 길에 비유해서 말함으로써, 왜 자기가 그들의 회개를 그토록 기뻐하는지를 설명하고 있다는 것이다. 그리고 그가 그렇게 말한 것은 지극히 옳다. 그리스도께서는 전적인 은혜로 우리를 부르시지만, 우리에게 회개하라고 부르시고, 오직 우리가 우리의 죄를 고백하고 버릴 때에만, 하나님께서는 우리의 죄를 값없이 거저 사해 주신다. 하나님은 우리 안에서 역사하셔서 이 두 가지의 것을 동시에 이루시기 때문에, 우리는 한편으로는 회개로 말미암아 새로워지고 죄에게 종 노릇 하던 것에서 해방되고, 다른 한편으로는 믿음으로 말미암아 의롭다 하심을 얻고 죄의 저주로부터 해방된다. 회개의 믿음은 하나님의 은혜에 의해서 우리에게 주어지는 서로 분리될 수 없는 은사들이고, 이 둘은 서로 분리될 수 없도록 견고하게 묶여져 있기 때문에, 회개를 구원에 이르는 길의 시작이라고 부르는 것은 지극히 합당하다. 따라서 회개는 구원의 근거(causa)가 아니라 구원에 이르는 과정(consequentia)이라고 말하는 것이 옳다. 나의 이러한 설명은 핵심을 교묘하게 비켜나가는 궤변이 아니라 자연스럽고 참된 해법이다. 왜냐하면, 성경은 회개 없이는 죄 사함을 결코 얻을 수 없다고 가르치지만, 아울러 다른 많은 곳들에서는 우리의 죄 사함의 유일한 근거는 하나님이 우리를 불쌍히 여기시는 것, 즉 긍휼(misericordia)이라고 가르치기 때문이다.

11a. 보라 하나님의 뜻대로 하게 된 이 근심이 너희로 얼마나 간절하게 하며 얼마나 변증하게 하며 얼마나 분하게 하며 얼마나 두렵게 하며 얼마나 사모하게 하며 얼마나 열심 있게 하며 얼마나 벌하게 하였는가. 바울이 여기에서 열거하고 있는 것들이 회개의 여러 가지 효과들이나 부분들인지, 아니면 회개를 하기 위한 여러 가지 준비들인지에 관한 논쟁은, 그가 여기에서 무엇을 말하고자 하는지를 이

해하는 데 불필요하기 때문에, 나는 여기에서 그런 논쟁을 본격적으로 다루지 않을 것이고, 단지 그는 회개에 수반되는 여러 가지 외적인 징후들을 열거함으로써, 고린도 교인들이 회개하였음이 분명하다는 사실을 확증하고 있다는 것만을 말해 두고자 한다. 바울은 "하나님의 뜻대로 하게 된 근심"을 먼저 말함으로써, 자기가 여기에서 열거하고 있는 나머지 징후들이 바로 그 근심으로부터 생겨난 것임을 보여 주는데, 이것은 지극히 옳다. 왜냐하면, 우리가 우리 자신에 대하여 만족하지 못하고 "근심하게" 되자마자, 우리는 바울이 열거하고 있는 그런 여러 가지 징후들을 보이게 되기 때문이다.

"간절하게 되는 것"이 무엇을 의미하는지는, 그것을 그것과 반대되는 상태와 비교해 보면 알 수 있다. 우리가 우리 자신의 죄를 인정하지 않는 동안에는, 우리는 잠들어 있거나 조는 가운데 무기력한 상태로 있게 된다. 이러한 잠들거나 조는 상태, 또는 무관심하거나 무심한 상태는 바울이 여기에서 말하고 있는 "간절하게 된" 상태와 반대되는 것이기 때문에, 그것은 우리의 삶 속에서 죄악된 것들을 바로잡고 우리의 삶을 고치려고 열심을 내어서 적극적으로 나서는 것이다.

얼마나 변증하게 하며. 바울이 여기에서 사용하고 있는 '아폴로기안' (ἀπολογίαν)이라는 단어는 사실 "변호"를 의미하는데도 불구하고, 에라스무스(Erasmus)가 이 단어를 "보속"이라고 번역하였기 때문에, 미숙한 주석자들은 이 단어의 모호함에 속아서, 마치 이 단어가 교황주의자들의 "보속" 개념을 반영하고 있는 것처럼 해석해 왔다. 이것이 내가 불가타 역본을 따라서, 이 단어를 "변호"를 의미하는 라틴어 '데펜시오' (defensio)로 번역한 이유이다. 그러나 우리는 바울이 여기에서 말하고자 하는 "변호"는 자신에 대한 고소나 비난을 반박하기 위한 변호가 아니라 용서를 구하기 위한 일종의 변호라는 것을 유의하여야 한다. 그것은 어떤 아들이 아버지 앞에서 자신을 해명하고자 하여, 자기가 자신의 변호사가 되어서, 자신에게 죄가 없고 자기가 정당하다는 것을 당당하게 변호하고 항의하는 것이 아니라, 자신의 잘못을 인정하고서, 자기가 왜 그렇게 하였는지를 겸손히 해명하는 가운데 용서를 비는 것과 같다. 외식하는 자들도 자기 자신을 변호하고 교만하게 자기 자신을 변론하지만, 그들의 목적은 하나님의 은혜를 회복하기 위한 것이 아니라, 법적인 변론을 통해서 하나님을 이기고자 하는 것이다. 만약 어떤 이들이 이 단어를 "변명"으로 번역하는 것이 더 적절하다고 여긴다고 하더라도, 그것이 고린도 교인들이 전에는 바울의 생각에 신경도 쓰지 않고 무시하였었지만, 이제는 그들 자신을 바울 앞에서 해명하고자 하였다는 의미이기만 하다면, 그것은 앞에서 내가 설명한 것과 차이가 없을 것이기 때문에, 나는 그러한 설명에 반대하지 않는다.

얼마나 분하게 하며. 이것도 하나님의 뜻대로 거룩한 근심을 하였을 때에 나타나는 징후이다. 왜냐하면, 선하고 경건한 열심을 지닌 사람들은 하나님께서 모독을 당하시는 것을 볼 때에 분해하는 것과 마찬가지로, 죄인이 거룩한 근심을 하게 되었을 때에는 자신이 저지른 죄악들과 그런 잘못을 저지른 자기 자신에 대한 분한 마음을 지니게 되기 때문이다. 이러한 감정은 근심보다 더 강렬한 것이다. 자신의 잘못에 대하여 "근심한다"는 것은 우리 자신이 악을 저질렀다는 것에 대하여 마음이 편치 않게 되는 것이고, "분해한다"는 것은 우리 자신에 대하여 화가 나서 우리 자신을 가혹하게 다루면서 우리의 양심이 깨어나게 되는 것이기 때문에, 전자가 첫 번째 단계이고, 후자는 그 다음의 두 번째 단계이다. 하지만 이 어구를 통해서 바울은 고린도 교인들이 자신들 가운데서 죄를 지은 사람들을 전에는 비호하였지만, 이제는 그 사람들의 죄악에 대하여 분노함과 동시에, 그 사람들의 죄악을 묵인하고 비호하였던 자신들의 행태를 회개하였다는 것을 말하고자 한 것일 수도 있다.

얼마나 두렵게 하며 얼마나 사모하게 하며 얼마나 열심 있게 하며. 죄인들이 장차 있을 하나님의 최후의 심판을 자신의 양심 속에서 인식하고서, "나는 재판장이신 하나님 앞에서 내가 한 일들을 고하고 판단을 받게 될 것인데, 그 때에 내가 나를 위해 어떤 변호를 할 수 있을까?"라고 생각할 때에 생겨나는 감정이 바로 "두려움"이다. 이렇게 죄인들은 그런 식으로 최후의 심판을 인식하고 거기에 대하여 생각할 때에 두려움으로 떨게 되지만, 동시에 하나님의 은혜를 "사모하게" 되고 "열심"을 내게 된다. 믿지 않는 불경건한 자들도 종종 비슷한 두려움을 느끼기는 하지만, 그들에게는 그러한 "사모함"과 "열심"이 없다. 왜냐하면, 사람들은 흔히 자신의 의지에 반해서 두려움을 느끼지만, 하나님의 은혜를 사모하고 열심을 내는 것은 반드시 그렇게 하고자 하는 "의지"가 있어야 하기 때문이다. 따라서 바울은 고린도 교인들이 자신의 경고를 듣고서 하나님의 심판을 생각하고서 두려워 떨었지만, 지금은 자신들의 잘못을 고치고 하나님의 은혜를 회복하게 되기를 사모하여 열심을 내게 되었다고 말한다. 그렇다면, 여기에서 "사모함"은 무엇을 의미하는가? 고린도 교인들이 "하나님의 뜻대로 하게 된 근심"으로 인해서 나타나게 된 여러 징후들을 바울이 열거하는 가운데 그 정점에서 "사모함"을 언급하고 있기 때문에, "사모함"은 단지 진지한 관심 이상의 것을 의미한다는 것은 의심의 여지가 없다. 따라서 "사모함"은 고린도 교인들이 서로 경쟁적으로 다투어서 회개하게 되었다는 것을 의미하는 것일 수도 있지만, 그들 각자가 자신이 회개하였음을 보여 주는 증거를 나타내기 위해서 아주 큰 열심을 내고 무척 애를 썼다는 것을 의미하는 것으로 보는 것이 더 단순명료하다. 그러므로 바울이 "얼마나 사모하게 하며"라고 말한 것은, 그들이 회개하는 일에 자신들의 온 힘을 쏟았다는 것을 의미한다.

얼마나 벌하게 하였는가. 우리가 앞에서 고린도 교인들이 "분해하게" 된 것에 대하여 말한 것은 그들이 "벌하게 된" 것에도 그대로 적용된다. 왜냐하면, 이것은 그들이 이전에 묵인하고 비호함으로써 동조하였던 그 악을 나중에는 아주 엄하게 벌하게 된 것을 의미하기 때문이다. 그들은 한동안 근친상간을 범한 자를 묵인하고 용납해 왔지만, 바울의 경고를 들은 후에는, 그 사람을 비호하는 것을 그쳤을 뿐만 아니라, 엄하게 벌하였는데, 바울은 그들의 그러한 변화된 모습을 여기에서 "얼마나 벌하게 하였는가"라는 말로 표현한 것이다. 그러나 우리는 교회 안에 있는 죄들에 대해서는 반드시 벌하여야 하고, 그 누구보다도 우리 자신부터 그렇게 하는 것이 마땅하기 때문에, 사도가 여기에서 말하고 있는 것은 좀 더 폭넓게 적용되어야 한다. 바울은 지금 고린도 교인들이 회개하였다는 것을 보여 주는 여러 가지 징후들에 대하여 말하고 있는데, 그 중에서 교회가 죄를 범한 자들을 벌하는 것은 장차 하나님께서 사람들의 죄를 심판하시고 벌하시게 될 것을 미리 보여 주고 부분적으로 그 심판을 행하는 것이라는 점에서, 특별한 징후라고 할 수 있다. 실제로 사도는 고린도전서 11:31-32에서 "우리가 우리를 살폈으면 판단을 받지 아니하려니와 우리가 판단을 받는 것은 주께 징계를 받는 것이니 이는 우리로 세상과 함께 정죄함을 받지 않게 하려 하심이라"고 가르친다. 즉, 우리가 우리의 죄들을 발견해내서 우리 자신을 심판하고 벌하여 우리 자신을 바로잡는다면, 우리는 나중에 하나님으로부터 벌을 받게 될 일이 없을 것이라는 것이다. 하지만 우리는 이 말씀을 근거로 해서, 사람들이 자기 자신을 벌하는 것은 하나님께 받을 벌을 미리 스스로 받는 것이기 때문에, 자신에 대한 그러한 벌로 인해서 장차 하나님으로부터는 벌을 받지 않게 될 것이라고 결론을 도출해 내서는 안 된다. 왜냐하면, 사도가 고린도전서 11장에서 한 말은, 교회에서 죄를 지은 신자들을 미리 벌하는 것은, 최후의 심판에서 그들에게 임할 하나님의 진노를 그들에게 일깨워 줌으로써, 그들을 영적인 부주의함과 나태함에서 깨어나게 하여, 앞으로는 더 이상 하나님의 진노를 불러일으키는 죄악을 행하지 않게 함으로써, 장차 하나님의 심판에서 그들을 건지기 위한 것이고, 그것이 바로 하나님께서 교회로 하여금 권징을 행하게 하는 의미라는 것이기 때문이다.

여기에서 우리는 고린도 교인들이 이렇게 죄 지은 자들을 엄하게 벌하고 하나님의 은혜를 사모하며 열심을 내게 된 것이 바울 앞에서 그렇게 한 것인가, 아니면 하나님 앞에서 그렇게 한 것인가 하고 물을 수 있을 것이다. 그러한 질문에 대한 나의 대답은, 고린도 교인들이 보여 준 이 모든 것들은 회개에 필수적으로 수반되는 것들이기는 하지만, 그들의 회개가 오직 하나님만이 보실 수 있는 은밀한 죄에 대한 것이었느냐, 아니면 모든 사람이 볼 수 있는 공개적인 죄에 대한 것이었느냐에 따라서, 대답이 달라질 수 있다는 것이다. 왜냐하면, 은밀한 죄의 경우에는 하나님 앞에서 회개하는 것만으로 충분하지만, 공개적인 죄인 경우에는 하나님 앞에서 회개하여야 하는 것은 두말할 필요가 없고, 자신이 회개하였다는 것을 사람들 앞에 공개적으로 나타내 보이는 것도 요구되기 때문이다. 따라서 고린도 교인들은 공개적으로 범죄하였었고, 믿음이 좋은 선한 사람들에게 크게 상처를 준 것이었기 때문에, 그들은 반드시 자신들이 회개하였음을 보여 주는 일련의 공개적인 증표들을 반드시 바울을 비롯한 많은 사람들 앞에 나타내 보여 줄 필요가 있었다.

11b**너희**가 그 일에 대하여 일체 **너희** 자신의 깨끗함을 나타내었느니라 12그런즉 내가
너희에게 쓴 것은 그 불의를 행한 자를 위한 것도 아니요 그 불의를 당한 자를 위
한 것도 아니요 오직 우리를 위한 **너희**의 간절함이 하나님 앞에서 **너희**에게 나타
나게 하려 함이로라 13이로 말미암아 우리가 위로를 받았고 우리가 받은 위로 위에
디도의 기쁨으로 우리가 더욱 많이 기뻐함은 그의 마음이 **너희** 무리로 말미암아
안심함을 얻었음이라 14내가 그에게 **너희**를 위하여 자랑한 것이 있더라도 부끄럽지
아니하니 우리가 **너희**에게 이른 말이 다 참된 것 같이 디도 앞에서 우리가 자랑한
것도 참되게 되었도다 15그가 **너희** 모든 사람들이 두려움과 떪으로 자기를 영접하
여 순종한 것을 생각하고 **너희**를 향하여 그의 심정이 더욱 깊었으니 16내가 범사에
너희를 신뢰하게 된 것을 기뻐하노라(7:11b-16).

11b. 너희가 그 일에 대하여 일체 너희 자신의 깨끗함을 나타내었느니라. 이 구절은 불가타 역본에는 "너희가 그 일들에 대하여 일체 너희 자신이 깨끗하다는 것

을 스스로 보여 주었다"로 되어 있고, 에라스무스(Erasmus)는 "너희가 그 일들에 대하여 일체 너희 자신이 깨끗하다는 것을 자천하였다"로 번역하고 있지만, 나는 "너희가 그 일에 대하여 일체 너희 자신의 깨끗함을 스스로 증명해 보였다"는 번역을 택하였다. 왜냐하면, 고린도 교인들은 근친상간을 범한 자를 묵인함으로써, 그러한 죄를 비호하고 옹호한다는 의심을 샀지만, 실제로는 자신들은 결코 그러한 범죄를 비호하거나 옹호할 마음이 추호도 없다는 것을 분명하고 참된 증거를 통해서 증명해 보였다는 점에서, 나는 불가타 역본의 번역이나 에라스무스의 번역보다는 이 세 번째 번역이 더 적절한 것으로 판단하였기 때문이다. 우리는 고린도 교인들이 공개적으로 분명하게 제시한 증거들이 어떤 것들이었는지에 대해서는 이미 앞에서 살펴보았다. 바울은 그러한 증거들을 앞에서 열거함으로써, 그들이 완전히 무죄하고 결백하다고 말하고 있는 것은 아니지만, 그들의 죄가 많이 가벼워졌다고 말하고 있다. 전에 그들이 근친상간을 범한 자를 묵인한 것은 책망을 받아 마땅한 일이었지만, 그들은 스스로 자신들을 바로잡는 조치들을 취함으로써, 자신들이 그 범죄에 공범들로 연루되어 있다는 의혹으로부터는 벗어날 수 있었고, 바울도 바로 그 점을 인정한다. 또한, 우리는 바울이 그들 한 사람 한 사람이 다 개별적으로 그러한 의혹에서 결백하다는 것을 인정하고 있는 것이 아니라, 단지 교회 전체가 그러한 의혹에서 벗어났다는 것만을 인정하고 있는 것임을 유의하여야 한다. 왜냐하면, 처음부터 고린도 교회 전체가 아니라 단지 일부 교인들만이 근친상간을 범한 자를 비호한 것이었지만, 어쨌든 교회가 그 사람을 벌하지 않은 까닭에, 마치 교회 전체가 그 범죄를 비호하는 것처럼 보였지만, 나중에 교회가 그 사람을 엄하게 벌하는 모습을 보여 준 것으로 말미암아, 처음부터 오직 소수만이 그 범죄를 비호하는 잘못을 저질렀음이 드러났기 때문이다.

12. 그런즉 내가 너희에게 쓴 것은 그 불의를 행한 자를 위한 것도 아니요 그 불의를 당한 자를 위한 것도 아니요. 여기에서 바울은 화해하고자 하는 사람들이 흔히 행하는 바로 그것을 행한다. 즉, 그는 이미 지나간 일은 그대로 다 덮고서, 그 어떤 일로도 고린도 교인들을 책망하거나 훈계하고자 하지 않는다고 말한다. 요컨대, 그들이 회개하였고, 그 회개의 증거들을 분명히 보여 준 것으로 자기는 충분히 만족하기 때문에, 자기는 지나간 일에 대해서 왈가왈부하고 싶지 않고, 모든 것을 다 덮고 싶다는 것이다. 죄인들이 일단 회개하였다면, 그들이 전에 저지른 죄악들을 또다시 거론하며 계속해서 압박하는 것이 아니라, 그들의 이전의 죄악들에 대

해서는 모든 것을 불문에 부치는 것이 옳은 길이라는 것은 분명하다. 왜냐하면, 그들이 회개하였는데도, 우리가 여전히 계속해서 그들의 잘못을 거론하며 추궁한다면, 그것은 우리에게 그들에 대한 거룩한 사랑이나 그들로 하여금 구원 받게 하고자 하는 열망이 없고, 오직 악의와 앙심만이 있다는 것을 보여 주는 것이기 때문이다. 바울은 이전의 편지에서 고린도 교인들이 자기를 분노하게 하였던 근친상간의 죄를 가지고서 그들을 심하게 책망하였고, 그 죄를 범한 자를 반드시 벌하라고 심하게 압박하였지만, 이제는 그들이 자신들의 잘못된 것을 바로잡은 상태였기 때문에, 여기에서 이제 그들에게 심하게 한 것에 대하여 "사과하는" 형식으로 지난날의 모든 것을 다 덮자고 말하고 있다. 따라서 그는 이렇게 말하고 있는 것과 같다: "나는 내가 전에 너희에게 편지를 보내서 심한 말들을 한 목적은, 나에 대한 너희의 참된 사랑을 너희가 나에게 보여 줄 기회를 주기 위한 것이었다는 것을, 이제는 너희가 알아 주었으면 좋겠다. 나의 목적은 오직 그것뿐이었고, 너희는 내가 원한 바로 그것을 그대로 행하였기 때문에, 나는 이제 모든 것을 다 덮고 다시는 거론하지 않았으면 한다." 어떤 사람들은 바울은 여기에서 자기는 근친상간을 범한 그 한 사람 때문이 아니라, 고린도 교인들 전체의 공통의 유익을 위해서 이전의 편지를 쓴 것이라고 말하고 있는 것으로 해석하지만, 앞서 내가 설명한 것이 더 자연스럽다.

오직 우리를 위한 너희의 간절함이 하나님 앞에서 너희에게 나타나게 하려 함이로라. 이것은 헬라어 사본들에서 가장 잘 검증된 읽기이기 때문에, 나는 감히 이 읽기를 완전히 배제하지는 않았지만, 한 고대 사본에서는 '헤몬' (ἡμῶν, "우리의") 이라고 읽고 있고, 크리소스토모스(Chrysostomus)의 주석은 당시에 "오직 너희를 위한 우리의 간절함이 하나님 앞에서 너희에게 나타나게 하려 함이로라"는 라틴어 판본들의 읽기가 헬라인들 사이에서조차도 더 일반적으로 받아들여진 읽기였다는 것을 보여 준다. 즉, 여기에서 바울은 자기가 고린도 교인들을 얼마나 많이 걱정하고 염려하였는지를 그들로 하여금 알게 하기 위해서 이전의 편지를 쓴 것이라고 말하고 있다는 것이다. 하지만 대다수의 헬라어 사본들에서 지금 확인되고 있는 또 다른 읽기도 문맥에 아주 잘 부합한다. 왜냐하면, 그 읽기에 의하면, 바울은 자기가 이전에 쓴 편지를 통해서 고린도 교인들이 그에게 대해서 어떻게 느끼고 있는지, 즉 그에 대해서 사모함과 열심이 있다는 것이 드러나게 된 것은 참으로 잘된 일이라고 말하고 있는 것이 되기 때문이다. 그는 이렇게 말하고 있는 것과 같다:

"너희는 내가 이전의 편지를 통해서 너희를 그런 식으로 시험할 때까지는, 너희가 나에 대하여 얼마나 많은 사모함을 지니고 있었는지를 알지 못하였었지만, 나에 대한 너희의 그러한 사모함이 그 시험을 통해서 분명하게 드러나게 되었다." 어떤 이들은 바울은 여기에서 자기에 대한 고린도 교인들 각각의 감정에 관하여 말하고 있는 것으로 본다. 즉, 여기에서 그는 "내가 너희에게 이전의 편지를 쓴 것은, 너희 각자가 나를 얼마나 많이 공경하고 있는지가 너희 중에서 분명하게 드러나게 하고, 너희 각자가 지금까지 너희 마음속에 숨겨져 있던 나에 대한 감정이 이 기회를 통해 드러나게 하기 위한 것이었다"고 말하고 있다는 것이다. 이것은 별로 중요하지 않은 문제이기 때문에, 내가 위에서 제시한 여러 가지 설명들 중에서 독자들이 어떤 것을 선택해도 상관없기는 하겠지만, 바울이 "하나님 앞에서"라는 어구를 덧붙이고 있다는 점을 고려하면, 그는 자기가 고린도 교인들에게 보낸 편지는, 그들 각자가 하나님 앞에서 자기 자신을 진지하게 살핌으로써, 그들 자신의 마음을 좀 더 정확하게 알게 되는 계기가 되었다고 말하고 있는 것이라고 나는 생각한다.

13. 이로 말미암아 우리가 위로를 받았고 우리가 받은 위로 위에 디도의 기쁨으로 우리가 더욱 많이 기뻐함은 그의 마음이 너희 무리로 말미암아 안심함을 얻었음이라. 바울은 자기가 이전의 편지에서 고린도 교인들을 심하게 책망한 유일한 것은 오로지 그들로 하여금 잘되게 하는 것이었고, 그 외에는 아무것도 없었다는 것을 그들에게 확신시키기 위해서, 이제는 그들이 잘되었기 때문에, 자기는 그것으로 충분히 "위로"를 받았고 만족한다고 말한다. 바울이 이렇게 위로를 받게 된 원인은, 고린도 교인들이 자기가 지적한 그들의 잘못들을 인정하고서, 자신의 책망을 받아들였을 뿐만 아니라, 거기에서 한 걸음 더 나아가서 기쁜 마음으로 그 책망을 흔쾌히 환영하였기 때문이었다. 왜냐하면, 책망받은 사람들이 자신들을 책망한 사람이 지적해 준 것을 받아들여서 유익을 얻기 시작하자마자, 책망한 사람의 편치 않았던 마음은 쉽게 누그러지고 풀리게 되기 때문이다. 바울은 "디도의 기쁨으로 우리가 더욱 많이 기뻐하였다"는 말을 축하의 형식을 빌려 덧붙인다. 디도는 자기가 예상했던 것보다도 더 고린도 교인들이 순종적이고 고분고분한 것을 보고서, 아니 그들이 더 좋은 쪽으로 아주 신속하게 변화된 것을 보고서 몹시 기뻐하였다. 이것으로부터 우리가 알 수 있는 것은, 바울의 기쁨의 주된 원천은 고린도 교인들의 회개였고, 그는 그들이 회개한 것으로 인해서 그들과 더불어 함께 기뻐한 것이었기 때문에, 그가 그들에 대한 자신의 태도를 누그러뜨려서 여기에서 그들을

온유하게 대하고 있는 것은 결코 인간적으로 그들의 환심을 사기 위한 행동이 아니라는 것이다.

14. 내가 그에게 너희를 위하여 자랑한 것이 있더라도 부끄럽지 아니하니 우리가 너희에게 이른 말이 다 참된 것 같이 디도 앞에서 우리가 자랑한 것도 참되게 되었도다. 바울은 여기에서 자기가 고린도 교인들에게 늘 얼마나 친근하고 좋은 감정을 지녀 왔는지, 그리고 자기가 얼마나 진심으로 사랑하고 인자한 마음으로 그들을 생각해 왔는지를 간접적으로 보여 준다. 왜냐하면, 그들이 사도에게 그 어떤 인정이나 칭찬을 받을 만한 자들로 보이지 않았던 그 때에도, 그는 여전히 그들 가운데서 많은 칭찬할 것들을 찾아내었고, 그러한 것들로 사람들 앞에서 그들을 자랑하였다고 말하고 있기 때문이다. 이것은 바르고 진실한 마음을 지닌 사람은 자기가 사랑하는 사람들을 면전에서는 책망하지만, 속으로는 그들에 대한 참된 소망과 기대를 품고 있고, 다른 사람들 앞에서 그들에 대한 자신의 그러한 소망들을 자랑하고 함께 한다는 것을 보여 주는 주목할 만한 사례이다. 따라서 고린도 교인들은 그들에 대한 사도의 이러한 사랑과 진실함을 헤아려서, 사도와 그의 직분과 가르침에 관한 그 어떤 것에 대해서도 나쁘게 악의적으로 받아들이지 않았어야 하였다. 바울은 이 기회를 이용해서, 자기가 다른 모든 일에서도 신실하고 충성되게 행하였다는 것을 다시 한 번 지나가는 말로 그들에게 강조한다. 그는 이렇게 말하고 있는 것과 같다: "너희는 지금까지 나의 진실함을 확인하여 알 수 있는 기회를 가져 왔고, 나는 모든 일에서 내 자신이 신실하고 결코 변덕스럽지 않다는 것을 증명해 왔는데, 이제 거기에다가 내가 그동안 너희에 대하여 다른 사람들에게 자랑한 것들이 다 사실이라는 것까지 밝혀진 것은 내게는 정말 기쁜 일이다."

15-16. 그가 너희 모든 사람들이 두려움과 떪으로 자기를 영접하여 순종한 것을 생각하고 너희를 향하여 그의 심정이 더욱 깊었으니 내가 범사에 너희를 신뢰하게 된 것을 기뻐하노라. 여기에서 "심정"으로 번역된 단어는 원래 "내장"을 의미하는데, 이것은 고대인들은 내장이 긍휼과 사랑 같은 모든 경건한 감정이 자리잡고 있는 곳이라고 생각해서, 긍휼과 사랑이 더욱 깊었다는 것을 "내장"이 깊었다고 표현하곤 하였기 때문이다. 바울이 "그의 내장이 더욱 깊었다"고 표현한 의도는, 디도가 이전에도 고린도 교인들을 사랑하였지만, 그들을 만나고 돌아온 지금에 있어서는 이전보다 더 저 마음 깊은 곳에서부터 그들을 사랑하게 되었다는 것을 강조함과 아울러서, 그런 이유로 디도가 고린도 교인들로부터 더 많은 사랑을 얻게 하

는 것이었다. 왜냐하면, 그리스도의 종들이 사람들로부터 사랑을 받게 되면, 사람들에게 더 많은 유익을 끼칠 수 있게 될 뿐만 아니라, 사역자들 자신도 신앙에 있어서 더 큰 진보를 이루고자 하는 동기 부여가 되어서, 모든 선한 사람들로부터 더욱 더 사랑을 받을 만한 자들이 될 수 있는 유익을 가져다주기 때문이다.

바울은 단지 공경하는 모습을 나타내기 위해서 종종 "두려움과 떪"이라는 이 두 단어를 사용하곤 하였고, 그러한 의미로 이 두 단어를 사용하고 있다고 보는 것은 이 문맥에서도 아주 적절하다. 그러나 여기에서 "떪"을 문자적으로 이해해서, 고린도 교인들이 자신들의 양심에 찔리는 것이 있어서 디도를 맞이할 때에 두려워 떨었던 것을 의미하는 것으로 보는 것에도 나는 반대하지 않는다. 왜냐하면, 아무리 고집스럽고 완악하게 죄악들을 저지르며 살아가는 사람들도 재판관 앞에서는 두려워 떨기 시작하는 것이 보통이고, 만약 이것이 고린도 교인들이 자신의 죄악들을 진심으로 부끄럽게 여기고서 두려워 떤 것이었다면, 그것은 그들의 회개가 시작되었음을 보여 주는 증표였을 것이기 때문이다. 우리가 이 어구를 어떤 식으로 해석하든, 이 어구는 그리스도의 사역자들을 어떻게 영접하는 것이 옳고 합당한 것인지를 우리에게 가르쳐 준다. 사람들이 성대한 연회를 베풀거나, 화려한 옷들을 입고 고상하고 장엄하게 예를 갖추어 맞이하거나, 많은 사람들이 환호하며 박수갈채로 영접한다면, 신실하고 올바른 사역자들은 그들의 그러한 영접을 기뻐하지 않을 것이다. 신실한 사역자들은 자기가 전하는 구원의 가르침을 사람들이 진심으로 공경하여 받아들이는 것을 보거나, 사람들이 교회의 덕 세움을 위하여 자기에게 속한 권위를 사용할 수 있는 여건을 조성해 주거나, 사람들이 자기가 명하는 것들에 순종함으로써, 자신의 사역을 통하여 그리스도의 다스림을 기꺼이 받고자 하는 것을 볼 때, 그것으로 충분히 기뻐한다. 우리는 여기에서 그러한 신실한 사역자의 모범을 디도에게서 본다. 바울은 마지막으로 "내가 범사에 너희를 신뢰하게 된 것을 기뻐하노라"고 말함으로써, 자기가 앞에서 이미 말하였던 것, 즉 자기는 고린도 교인들이 잘못한 것들에 대하여 화가 나기는 했지만, 그들에 대한 신뢰를 잃지 않고 여전히 그대로 갖고 있다는 것을 다시 한 번 확증한다.

제8장

1형제들아 하나님께서 마게도냐 교회들에게 주신 은혜를 우리가 너희에게 알리노
니 2환난의 많은 시련 가운데서 그들의 넘치는 기쁨과 극심한 가난이 그들의 풍성
한 연보를 넘치도록 하게 하였느니라 3내가 증언하노니 그들이 힘대로 할 뿐 아니
라 힘에 지나도록 자원하여 4이 은혜와 성도 섬기는 일에 참여함에 대하여 우리에
게 간절히 구하니 5우리가 바라던 것뿐 아니라 그들이 먼저 자신을 주께 드리고 또
하나님의 뜻을 따라 우리에게 주었도다 6그러므로 우리가 디도를 권하여 그가 이미
너희 가운데서 시작하였은즉 이 은혜를 그대로 성취하게 하라 하였노라 7오직 너희
는 믿음과 말과 지식과 모든 간절함과 우리를 사랑하는 이 모든 일에 풍성한 것 같
이 이 은혜에도 풍성하게 할지니라(8:1-7).

바울이 자신의 이전의 서신에서 고린도 교인들을 엄하게 책망한 것에 대하여 그들이 여전히 언짢아하고 심기가 불편해하고 있다면, 그것은 그가 그들에 대하여 사도로서의 권위를 행사하는 데 방해가 될 수 있었기 때문에, 그는 지금까지 그들의 마음을 어루만지고 달래 주기 위하여 애를 써 왔다. 그러나 일단 모든 거리끼는 것이나 걸림돌이 다 제거되고, 사도로서의 그의 권위가 그들 가운데서 온전히 회복되고 다시 인정을 받게 되자, 이제 그는 그들에게 예루살렘에 있는 형제들을 도와서 그들의 궁핍함을 덜어 줄 것을 권한다. 만일 그가 이 서신에서 처음부터 이 문제를 꺼내었다면, 고린도 교인들로부터 반발을 사서, 그들의 동의를 제대로 얻어낼 수 없을 것이었기 때문에, 그는 지혜롭게도 예루살렘의 형제들을 돕기 위한 연보와 관련해서 그들의 마음이 준비될 때까지, 이 문제를 보류해 두었다가 이제 와서 꺼내게 된 것이었다. 이렇게 이 장과 다음 장에 걸쳐서 그의 모든 관심은, 고린도 교인들에게 예루살렘에서 궁핍한 형제들을 돕기 위한 연보를 모으는 일에 적극적으로 나서 달라고 권하는 것이다. 왜냐하면, 예루살렘 지역에는 큰 기근이 들어서, 거기에 있는 형제들은 다른 교회들로부터의 도움이 없이는 목숨을 부지하는

것조차 거의 불가능할 정도로 심한 고통을 당하고 있었기 때문이었다. 그래서 전에 바울이 예루살렘에 갔을 때, 사도들은 이 일을 그에게 맡겼었고, 그는 예루살렘의 궁핍한 형제들을 돌보는 일에 마음을 쓰겠다고 약속하였으며, 우리가 고린도전서에서 보았듯이, 그 일을 부분적으로 이미 수행한 바 있었다. 그러나 이제 그는 이 일과 관련해서 또다시 고린도 교인들을 한층 더 강력하게 권면한다.

1. 형제들아 하나님께서 마게도냐 교회들에게 주신 은혜를 우리가 너희에게 알리노니. 바울이 여기에서 예루살렘의 궁핍한 형제들을 위한 연보와 관련해서 마게도냐에 있는 교인들이 한 일을 칭찬하는 것은 그들의 모범을 통해서 이 일에 대한 고린도 교인들의 열심을 이끌어 내기 위한 것인데, 그는 자신의 그러한 의도를 명시적으로 드러내고 있는 것은 아니지만, 그의 의도가 그런 것임은 문맥상으로 아주 분명하다. 왜냐하면, 바울은 여기에서 마게도냐 교인들을 굳이 칭찬할 필요가 없었던 반면에, 고린도 교인들에게는 모종의 동기 부여를 통해서 그들을 고무시킬 필요가 있었다는 점에서, 그가 마게도냐 교인들을 여기에서 칭찬하고 있는 것은 고린도 교인들을 위한 것임이 분명하기 때문이다. 그는 고린도 교인들에게 동기를 부여하는 것에서 그치는 것이 아니라 거기에서 한 걸음 더 나아가서 시기와 질투를 불러일으켜서 열심을 내도록 하기 위하여, 마게도냐 교인들이 예루살렘의 궁핍한 형제들을 기꺼이 돕고자 한 것은 하나님이 그들에게 "은혜"를 주셨기 때문이라고 말한다. 궁핍한 자들을 물질적으로 돕는 것은 칭찬 받을 만한 미덕이라는 데에는 누구나 다 동의하기는 하지만, 모든 사람이 남들에게 베풀고 나누어 주는 것을 이득이라고 생각하는 것도 아니고, 그렇게 하는 것을 하나님의 은혜로 돌리지도 않으며, 정반대로 사람들은 자신의 것을 남들에게 주는 것을 손해라고 생각한다.

그러나 바울은 우리가 우리의 형제들을 돕게 된 것을 하나님의 은혜로 여겨야 하고, 열심으로 구하여야 할 놀라운 특권으로 여겨야 한다고 분명하게 밝힌다. 그는 하나님께서 마게도냐 교인들에게 주신 "은혜"가 두 가지라고 말한다. 첫 번째는 그들이 많은 환난들을 평안하고 기쁜 마음으로 잘 감당하고 극복하게 된 것이었고, 두 번째는 그들이 극심한 가난 가운데서도 마치 차고 넘치는 풍부함 가운데서 연보한 것처럼 예루살렘의 궁핍한 형제들을 위하여 "풍성한 연보"를 하게 된 것이었다. 바울이 올바르게 단언하고 있듯이, 이 두 가지는 사람의 힘으로 된 일들이 아니라 하나님의 역사였다. 왜냐하면, 모든 "위로"의 원천이신 하나님의 성령이 붙들어 주지 않으시면, 믿음이 사람들의 심령에 깊이 뿌리 견고하게 되지 못하는 까닭에, 그들은 금방 낙심하게 되어서, "사랑"으로 인한 온갖 의무들에서 손을 떼게 되는 반면에, 성령의 은혜 아래 있는 사람들은 모든 장애물들과 난관들을 다 극복하고서 끝까지 사랑의 의무들을 완수하게 되기 때문이다.

2. 환난의 많은 시련 가운데서 그들의 넘치는 기쁨과 극심한 가난이 그들의 풍성한 연보를 넘치도록 하게 하였느니라. 바울은 마게도냐 교인들이 역경의 시험을 받았을 때, 하나님을 기뻐하기를 그치지 않았고, 도리어 그들의 기쁨이 너무나 커서, 역경으로 인한 그들의 괴로움과 슬픔을 삼켜 버렸기 때문에, "환난의 많은 시련 가운데서" 그들의 기쁨이 차고 넘쳤다고 말한다. 만일 그들이 그러한 역경과 환난의 시련에 짓눌려서, 그들의 마음이 좁아지고 인색해졌다면, 그들은 예루살렘의 궁핍한 형제들을 도울 생각을 할 수 없었을 것이고, 풍성하고 후한 연보로 그 형제들을 돕고자 하는 마음은 더더욱 가질 수 없었을 것이다. 그러나 "그들의 넘치는 기쁨"이 그들에게 닥친 많은 환난으로 인한 시련과 극심한 가난을 이겼기 때문에, 그들의 마음은 좁아진 것이 아니라 더욱 넓어질 수 있었고, 이것이 풍성한 연보를 가능하게 하였다. 바울이 여기에서 마게도냐 교인들에게 있었다고 말하고 있는 "기쁨"은 믿는 자들로 하여금 극심한 환난들을 감당할 수 있게 해 주는 저 영적인 위로(spiritualis consolatio)를 의미한다. 믿지 않는 자들은 불길하거나 나쁜 생각을 일부러 하지 않으려 하고 도리어 헛된 위로들로 자신들을 속이거나, 다른 엉뚱한 것들로 생각을 돌리고 진실을 보지 않음으로써, 고통과 괴로움을 회피하는 방법을 사용하거나, 또는 고통과 괴로움에 매몰되어서 완전히 절망하고 자포자기 상태로 빠져들지만, 믿는 자들은 자신에게 닥친 환난과 괴로움들을 하나님을 기뻐하고 즐거워하는 계기로 사용하는데, 바울은 로마서 8장에서 이것에 대하여 말하고 있다.

바울은 "극심한 가난"이라고 말할 때, 그릇이 다 비워지게 된 것에 관한 비유를 가져와서 사용한다. 즉, 그는 마게도냐 교인들의 가난이 그릇들이 다 바닥을 보이게 될 정도로 극심하였다고 말하고 있는 것이다. 바울은 마게도냐 교인들은 그러한 극심한 궁핍함 가운데서도 예루살렘의 형제들을 위하여 "풍성한 연보"를 함으로써, 그들 자신만이 풍족할 뿐만 아니라, 다른 사람들을 후하게 도울 수 있을 정도로 부요하다는 것을 보여 주었다고 분명하게 말한다. 이것은 우리의 지갑이 비워져 있고 우리에게 가진 것이 거의 없다고 할지라도, 우리보다 더 궁핍하고 어려운 사람들을 돕고자 하는 너그러운 마음만 우리에게 있다면, 우리는 아무리 극심한 가난과 궁핍함 가운데 있다고 할지라도, 얼마든지 남들에게 후히 베풀 수 있다는 것을 보여 준다는 점에서, 이 구절은 주목할 만하다.

여기에서 "연보"로 번역된 단어는 인색함과 반대되는 "후함"을 의미하는데, 바울은 로마서 12:8에서 교회의 집사들에게 "구제하는 자는 후함으로"(한글개역개정에는 "성실함으로") 하라고 명한다. 우리가 가진 재물을 우리가 지나치게 움켜쥐고 베풀려고 하지 않는 이유는, 우리에게 장차 닥쳐올지도 모르는 위험들을 과도하게 염려해서 거기에 대비하려는 마음에서 인색하게 굴기 때문이다. 그런 마음을 지니게 되면, 우리는 우리가 이 세상에서 살면서 우리에게 필요한 것들을 가능한 한 많이 확보해 두어야 한다는 생각에 사로잡혀서, 그렇게 하기 위하여 많이 염려하고 걱정하며 거기에 매달리고 심혈을 기울이게 되기 때문에, 우리가 이미 가지고 있는 것들을 조금이라도 남에게 주면, 그것을 엄청난 손실이라고 여겨서, 아주 적은 것을 베푸는 것도 불안해하고 인색해질 수밖에 없게 된다. 그러나 하나님의 은혜에 의지해서 살아가는 사람들은 이 세상에서 살아가는 것에 대한 그러한 불안과 염려에서 해방되기 때문에, 비록 자기에게 있는 것이 별로 없다고 할지라도, 그 궁핍함 중에서도 후하고 너그럽게 베풀 수 있게 된다. 따라서 바울은 여기에서 작은 것에 관한 교훈을 들어서 큰 것에 대하여 교훈하는 방식을 취하여 이렇게 말하고 있는 것이다: "마게도냐 교인들이 많은 환난의 시련과 극심한 가난 속에서도 예루살렘의 궁핍한 형제들을 돕기 위하여 '풍성한 연보'를 하였다는 것을 감안할 때, 그들과 비교해서 평안하고 풍족한 삶을 누리고 있는 고린도 교인들이 곤경에 빠져 있는 예루살렘의 형제들을 위하여 연보를 게을리하거나 인색하게 한다면, 그것은 변명의 여지가 없는 일이 아니겠는가?"

3. 내가 증언하노니 그들이 힘대로 할 뿐 아니라 힘에 지나도록 자원하여. 바울이 마게도냐 교인들이 "자원하여" 연보를 하였다고 말한 것은, 그들이 스스로 먼저 나서서 예루살렘의 형제들을 적극적으로 돕고자 하였기 때문에, 자기는 그들에게 연보를 하라고 권면할 필요조차 없었다는 의미이다. 마게도냐 교인들이 각자의 형편을 따라 "힘대로" 연보를 하였다고 할지라도, 그것만으로도 대단한 일을 한 것이었을 것인데도, 그들은 "힘에 지나도록" 풍성한 연보를 함으로써, 놀랍고 희귀한 모범을 보여 주었다. 솔로몬이 "너는 네 우물에서 물을 마시며 네 샘에서 흐르는 물을 마시라 어찌하여 네 샘물을 집 밖으로 넘치게 하며 네 도랑물을 거리로 흘러가게 하겠느냐"(잠 5:15-16)고 말한 것처럼 , 사람들은 통상적으로 자기 자신

이 충분히 먹고 나서, 그 나머지를 다른 사람들에게 베풀기 때문에, 여기에서 바울은 사람들의 그러한 통상적인 행태에 비추어서, 마게도냐 교인들의 연보에 대하여 평가한다. 즉, 마게도냐 교인들은 그들 자신을 먼저 생각하거나 챙긴 것이 아니라, 자기 자신은 생각하지도 않고 먼저 예루살렘의 궁핍한 형제들을 생각하였기 때문에 연보를 할 수 있었고, 그 연보는 그들의 형편이나 힘에 넘치는 연보를 한 것이었다는 것이다. 왜냐하면, 가진 것이 얼마 없는 사람들은 자신들이 쓸 것도 부족한 상태에 있는 것인 까닭에, 만일 먼저 그들 자신을 생각했더라면, 결코 연보를 할 수 없었을 것이라는 점에서, 그들이 그런 상태에서 연보를 했다는 것 자체가 "힘에 지나도록" 연보를 했다는 증거가 되기 때문이다.

4. 이 은혜와 성도 섬기는 일에 참여함에 대하여 우리에게 간절히 구하니. 바울은 마게도냐 교인들이 자원해서 연보를 한 것에 대하여 계속해서 좀 더 말해 나가는 가운데, 그들은 자기가 연보를 하라고 권면하기도 전에 스스로 먼저 나서서 연보를 하였을 뿐만 아니라, 만일 그들이 연보하는 일에 열심을 보이고 자원해서 연보를 하지 않았더라면 그들에게 나아가서 연보할 것을 권하였을 자기에게 도리어 먼저 다가와서, 예루살렘의 궁핍한 형제들을 위하여 연보하는 일에 자신들이 참여하게 해 달라고 "간절히 구하였다"는 점을 지적한다. 우리는 여기에서도 바울이 작은 것을 들어서 큰 것에 대하여 말하는 논증방식을 사용하고 있는 것을 본다. 즉, 마게도냐 교인들은 자기가 권면하거나 요청하지도 않았는데 먼저 나서서 연보를 시작하였을 뿐만 아니라, 자기가 그들에게 다가가기 전에 먼저 그들이 자기에게 다가와서는, 그 일에 자신들도 동참하게 해 달라고 간절하게 요청하였다는 사실을 생각할 때, 고린도 교인들이 자신의 명시적인 요청과 권면을 받고서도 연보에 동참하고자 하지 않는다면, 그것보다 더 수치스러운 일이 어디 있겠느냐는 것이다. 그리고 마게도냐 교인들은 다른 누구보다도 앞장 서서 이 연보를 솔선수범하여 해 나가고 있는 상황에서, 고린도 교인들이 그렇게는 못할 망정 적어도 그들의 모범을 뒤따르는 것조차 하지 않는다면, 그것은 얼마나 수치스러운 일이겠느냐는 것이다. 바울이 여기에서 마게도냐 교인들이 "구하였다"고 말하지 않고, 거기에 "간절히"를 덧붙여서 "간절히 구하였다"고 말한 것을 우리는 어떻게 생각하여야 하는가? 이것으로부터 분명한 것은, 그들이 단지 형식적이거나 인사치레가 아니라, 아주 진지하게 진심으로 동참하기를 바랐다는 것이다. 여기에서 바울은 구제를 권장하기 위해서 "은혜"라는 단어를 사용한다. 물론, "은혜"라는 단어는 여러 가지로

설명될 수 있기는 하지만, 이러한 해석은 내게는 가장 간단하고 자연스러워 보인다. 왜냐하면, 하늘에 계신 우리 아버지께서는 모든 것을 우리에게 은혜로 거저 베풀어 주시는 까닭에, 하나님의 자녀들인 우리는 그런 하나님을 본받아서, 다른 사람들에게 거저 후히 베푸는 것이 마땅하고, 우리에게 있는 것들을 다른 사람들에게 나누어 주는 것은 우리가 하나님으로부터 값없이 거저 받은 것들을 나누어 주는 것에 불과한 것이기 때문이다. "성도 섬기는 일에 참여함"이라는 표현은 바울이 이 연보와 관련해서 마게도냐 교인들을 어떤 식으로 도왔는지를 보여 준다. 즉, 마게도냐 교인들은 바울이 예루살렘의 궁핍한 형제들을 섬기는 데 소용되는 돈을 모을 수 있도록 하기 위하여, 각자 얼마간을 연보로 내놓기로 하였고, 연보를 모아서 예루살렘에 전달하는 일은 바울이 맡아 주기를 바랐다는 것이다.

5. 우리가 바라던 것뿐 아니라 그들이 먼저 자신을 주께 드리고 또 하나님의 뜻을 따라 우리에게 주었도다. 바울은 마게도냐 교인들이 그리스도인으로서 마땅히 행하여야 하는 정도의 통상적인 수준의 자원함과 열심으로 이 연보의 일에 참여하기를 기대하였지만, 그들은 "우리가 바랐던 것," 즉 자신의 기대를 뛰어넘어 행하였다고 말하면서, 그들이 자신의 기대를 뛰어넘어 행한 것을, "그들이 먼저 자신을 주께 드리고 또 하나님의 뜻을 따라 우리에게 주었도다"라고 표현한다. 여기에서 그들이 그들 자신을 하나님께 드린 것과 바울에게 준 것은 두 가지 서로 다른 것을 가리키는 것인가, 아니면 동일한 것을 가리키는 것인가 하는 질문이 제기될 수 있다. 하나님께서 어느 사역자를 통해서 사람들에게 명령을 내리셨을 때에는, 하나님과 그 사역자는 권위에 있어서 동일시되기 때문에, 그 사람들이 그 사역자가 전한 명령에 순종하여 행한 것은 하나님께 순종한 것이 됨과 동시에 그 사역자에게 순종한 것도 되는 것이 보통이다. 사도행전 15:28에서 사도들은 단지 성령께서 그들에게 계시하시고 명하신 것을 전하는 도구들이었을 뿐인데도, "성령과 우리는 이 요긴한 것들 외에는 아무 짐도 너희에게 지우지 아니하는 것이 옳은 줄 알았노니"라고 말함으로써, "성령"만이 아니라 "우리"라는 말도 덧붙인다. 또한, 출애굽기 14:31에서 모세는 하나님을 떠나서는 아무런 권위를 지닐 수 없었는데도 불구하고, "이스라엘이 여호와께서 애굽 사람들에게 행하신 그 큰 능력을 보았으므로 백성이 여호와를 경외하며 여호와와 그의 종 모세를 믿었더라"고 말함으로써, "여호와를 믿었다"고만 말하지 않고, "여호와와 그의 종 모세를 믿었다"고 말한다. 바울이 여기에서 "하나님의 뜻을 따라"라는 어구를 덧붙인 것도 그런 의미를 지닌

다. 왜냐하면, 마게도냐 교인들이 예루살렘의 궁핍한 성도들을 섬기고자 하는 바울의 계획에 동참하여 그들 자신을 준 것은, 바울이 그 연보에 대하여 말한 것을 그들이 하나님께서 그들에게 말씀하신 것으로 듣고서 "하나님의 뜻에 따라" 바울에게 한 것인 까닭에, 그것은 곧 하나님께 그들 자신을 드린 것이기 때문이다.

6. 그러므로 우리가 디도를 권하여 그가 이미 너희 가운데서 시작하였은즉 이 은혜를 그대로 성취하게 하라 하였노라. 바울은 여기에서 명시적으로 고린도 교인들에게 이 연보에 동참해서 그들이 해야 할 몫을 다하라고 명하고 있는 것이기 때문에, 이것은 대단히 강력한 권면이다. 이렇게 그가 고린도 교인들에게 이 연보에 동참하기를 바라고 권면하고 있는 것은, 마게도냐 교인들을 무시하는 것도 아니고 그들에게 결코 무례한 일도 아니다. 한편, 디도는 고린도 교회에 갔을 때에 그들에게 이 연보에 동참하도록 상당히 강하게 밀어 부쳤기 때문에, 고린도 교인들은 디도가 이 연보에 대한 그들의 선의와 열심을 불신하고 있는 것이 아닌가 하는 의구심을 가질 수 있었다. 그래서 여기에서 바울은 디도가 그들에게 그렇게 한 것은 자신의 의지를 따라 한 것이 아니라 마게도냐 교인들의 부탁을 받고 그렇게 한 것일 뿐이라고 디도를 변호함으로써, 디도에 대한 고린도 교인들의 의구심을 떨쳐내고자 하였다.

7. 오직 너희는 믿음과 말과 지식과 모든 간절함과 우리를 사랑하는 이 모든 일에 풍성한 것 같이 이 은혜에도 풍성하게 할지니라. 바울은 앞에서 디도가 이 연보와 관련해서 그들에게 동참할 것을 권한 것은 디도 자신의 뜻을 따른 것이 아니라 마게도냐 교인들의 요청에 따른 것이라고 말함으로써, 연보와 관련한 고린도 교인들의 의구심을 떨쳐내 버리기 위하여 심혈을 기울인 바 있는데, 이제 여기에서는 거기에서 한 걸음 더 나아가서, 그들의 다른 탁월하고 훌륭한 점들을 열거하며 그들을 칭찬함과 동시에, 마게도냐 교회들로부터 이 연보에 동참할 것을 요청하는 서신을 기다릴 필요 없이, 그들이 자원해서 스스로 이 일에 적극적으로 동참해 주기를 부탁한다. 그는 이렇게 말하고 있는 것과 같다: "너희는 단지 마게도냐 교회들로부터 협조 요청이 오면, 거기에 응하여 이 연보의 일에 함께 협력하는 수준에 머물러서는 안 되고, 다른 일들에서 너희의 탁월함과 훌륭함을 보여 왔듯이, 이 일에 있어서도 너희가 그들을 능가한다는 것을 보여 주는 것이 마땅하다."

한편, 그는 여기에서 "믿음"과 "말"을 구별해서 따로 열거하는데, 이것은 사람이 아주 좋은 풍성한 믿음을 지니고 있음에도 불구하고, 하나님의 말씀에는 풍성하지 않을 수도 있기 때문이다. 나는 바울이 여기에서 말하는 "지식"은 경험이나 사려 분별을 의미하는 것이라고 본다. 또한, 바울이 고린도 교인들이 자기를 "사랑하는" 것도 여기에 포함시킨 이유는, 그들이 자기를 사랑한다는 것을 상기시킴으로써, 그들로 하여금 자기를 사랑하고 공경하는 바로 그 마음으로 자기가 권하는 것을 받아들여서, 자기를 보아서라도 예루살렘의 궁핍한 형제들을 돕는 이 일에 더 큰 열심을 내주기를 바랐기 때문이다. 그는 이런 식으로 이 모든 것에서 말을 아끼고 절제함으로써, 자기가 이 연보와 관련해서 한 말들 중에서 그들에게 조금이라도 자기를 비난하거나 책잡을 수 있는 여지를 주지 않고자 한다.

[8]내가 명령으로 하는 말이 아니요 오직 다른 이들의 간절함을 가지고 너희의 사랑
의 진실함을 증명하고자 함이로라 [9]우리 주 예수 그리스도의 은혜를 너희가 알거니
와 부요하신 이로서 너희를 위하여 가난하게 되심은 그의 가난함으로 말미암아 너
희를 부요하게 하려 하심이라 [10]이 일에 관하여 나의 뜻을 알리노니 이 일은 너희에
게 유익함이라 너희가 일 년 전에 행하기를 먼저 시작할 뿐 아니라 원하기도 하였
은즉 [11]이제는 하던 일을 성취할지니 마음에 원하던 것과 같이 완성하되 있는 대로
하라 [12]할 마음만 있으면 있는 대로 받으실 터이요 없는 것은 받지 아니하시리라
(8:8-12).

8. **내가 명령으로 하는 말이 아니요 오직 다른 이들의 간절함을 가지고 너희의 사랑의 진실함을 증명하고자 함이로라.** 바울은 이 연보와 관련해서 자기가 한 말들을 고린도 교인들이 곡해하거나 좋지 않은 방향으로 받아들일 수도 있었기 때문에, 자기에게는 이 일을 가지고 그들을 강요하거나 압박하고자 하는 의도가 추호도 없다고 말함으로써, 자기가 앞에서 한 권면에는 결코 강제성이 없기 때문에, 절대로 그렇게 받아들여서는 안 된다는 것을 여기에서 또다시 분명하게 밝힌다. 왜냐하면, "명령으로 하는 말"은 어떤 사람에게 특정한 행위를 반드시 행하도록 엄하게 명하는 것을 의미하기 때문이다. 여기에서 어떤 사람이 "바울은 하나님이 명하신 것을 고린도 교인들에게 요구하는 것이기 때문에, 그가 그들에게 이 일을 명령한다고 해도, 그것은 옳고 합당한 일이 아니겠는가"라고 묻는다면, 거기에 대한 나의 대답은 쉽다. 즉, 하나님께서 우리에게 가난하고 궁핍한 형제들을 도우라고 언제나 명하고 계신다는 것은 분명하지만, 우리가 얼마를 내어서 도와야 하는지에

대해서 구체적으로 말씀하고 계시지는 않기 때문에, 우리는 구체적인 경우에 얼마를 우리 자신이 쓰고 가난한 형제들에게는 얼마를 나누어 주어야 하는지를 스스로 결정할 수 있다는 것이다. 하나님께서는 구체적으로 어떤 때에 어디에 사는 어떤 사람들에게 얼마를 도와 주어야 한다고 우리에게 명하신 것이 아니라, 단지 사랑의 원리에 의거해서 우리로 하여금 결정을 하게 하실 뿐이다. 어쨌든, 바울은 여기에서 자기에게 무엇이 허용되어 있고, 무엇이 허용되어 있지 않은지를 염두에 두고서 이런 말을 하고 있는 것이 아니고, 자기는 그들에게 명령을 내려서 강제하고 압박하여, 그들로 하여금 행하지 않을 수 없도록 만들지 않으면, 그들이 이 일을 하지 않을 것이라고 생각해서, 그들에게 반드시 이 일을 하라고 명령하고 있는 것이 아니라고 말하고 있는 것일 뿐이다.

아울러, 바울은 자기가 그들에게 한 말들은 "명령으로 한 말들"이 아니지만, 왜 자기가 그들에게 이 일에 열심을 내라고 권한 두 가지 이유를 제시한다. 그 중 첫 번째는 자기는 예루살렘에 있는 궁핍한 형제들을 돕고자 하는 마음이 간절해서 이렇게 할 수밖에 없다는 것이고, 두 번째는 자기는 이 일을 계기로 해서 고린도 교인들이 지닌 사랑이 모든 사람들에게 분명하게 드러나게 되기를 바란다는 것이다. 나는 이것이 바울이 자기가 직접 그들의 사랑을 확인해 보고자 한다는 의미는 아니라고 본다. 왜냐하면, 그는 자기가 그들의 사랑을 온전히 확신한다고 앞에서 이미 말한 바 있기 때문이다. 따라서 이것은 모든 믿는 자들이 다 이 연보를 통해서 고린도 교인들의 사랑을 알게 되기를 그가 바란 것이었다. 하지만 바울이 여기에서 말한 "다른 이들의 간절함"이라는 어구는 두 가지로 해석될 수 있는데, 하나는 그가 예루살렘의 가난한 형제들의 처지를 생각할 때에 가만히 있을 수 없고 어떻게 해서라도 그들을 돕고자 하는 간절함이 자기에게 있다는 것으로 해석할 수도 있고, 다른 하나는 자기는 자신의 뜻에 따라 이 연보에 대하여 그들에게 권하고 있는 것이 아니라, 이 일을 마음에 둔 다른 사람들의 간절한 부탁을 받고서 고린도 교인들에게 이 일에 동참할 것을 권하고 있는 것이라는 의미로 해석할 수도 있다.

9. 우리 주 예수 그리스도의 은혜를 너희가 알거니와 부요하신 이로서 너희를 위하여 가난하게 되심은 그의 가난함으로 말미암아 너희를 부요하게 하려 하심이라. 바울은 앞 절에서 "사랑"에 대하여 언급한 후에, 이제 여기에서는 그리스도를 "사랑"의 완전하고 유일무이한 모범으로 고린도 교인들 앞에 제시한다. 그는 이렇게 말한다: "그리스도께서는 '부요하신 이'셨지만, 자신이 가난하게 되심으로써 우리

를 부요하게 하시려고, 자신이 가지신 모든 것들을 다 버리셨다." 바울은 자기가 왜 여기에서 그리스도를 언급한 것인지, 그 이유를 설명하지는 않고, 거기에 대해서는 고린도 교인들로 하여금 스스로 깊이 생각해 보게 놓아 둔다. 왜냐하면, 그리스도의 그러한 모범은 우리에게 우리 자신을 아낌 없이 내어 주고 후히 베풀어서 우리의 궁핍하고 어려운 형제들의 곤경을 덜어 주고 도와 주어야 한다는 것을 가르쳐 주고 있다는 것은 삼척동자도 다 알 정도로 분명하기 때문이다. 그리스도께서는 하나님이셨기 때문에 만물이 자신의 능력과 권위 아래 있어서 "부요하신 이"셨지만, 단지 그뿐만이 아니라, 우리와 똑같은 인성을 입으셨을 때에도, 아버지 하나님께서 온 피조세계와 만물이 그의 발 아래 복종하게 하셨기 때문에, 사도가 말한 것처럼 "만유의 상속자"(히 1:2)로서 "부요하신 이"셨다. 하지만 그리스도께서는 한동안 자신이 가지신 모든 것들을 다 버리시고 자신의 권세를 사용하지 않으셨다는 점에서, "가난하게" 되셨다. 우리는 그리스도께서 어머니의 모태로부터 나셨을 때부터 모든 것들이 결여되고 결핍된 상황에서 살아야 하셨다는 것을 알고, 그리스도께서 친히 "여우도 굴이 있고 공중의 새도 집이 있으되 인자는 머리 둘 곳이 없도다"(눅 9:58)라고 말씀하시는 것을 듣는다. 이렇게 그리스도께서는 친히 자신의 전 존재로 가난을 거룩하게 하셨기 때문에, 믿는 자들은 더 이상 가난을 끔찍한 것으로 여겨서 꺼려서는 안 된다. 바울은 그리스도께서 이렇게 "그의 가난함으로 말미암아" 우리 모두를 "부요하게" 하신 목적은, 우리로 하여금 우리의 부요함 중에서 어렵고 궁핍한 처지에 있는 형제들에게 후히 베풀고 돕는 것을 더 이상 어려운 일로 여기지 않게 하시기 위한 것이었다고 말한다.

10. 이 일에 관하여 나의 뜻을 알리노니 이 일은 너희에게 유익함이라. 바울은 8절에서 "내가 명령으로 하는 말이 아니요"라고 말함으로써, 자기가 이 연보와 관련해서 어떤 강제적인 명령을 내리고 있는 것이 아님을 분명히 한 바 있는데, 이제 여기에서는 "이 일에 관하여 나의 뜻을 알리노니"라고 말함으로써, 그것이 명령이 아니라 자신의 생각을 그들에게 밝히고 제안하는 것임을 분명히 한다. 즉, 그는 이렇게 말한 것과 같다: "나는 이제 이 일에 관하여 내가 생각하는 것이나 기대하는 것이 무엇인지를 하나의 권면이나 제안의 형태로 너희에게 밝히고자 한다." 그런 후에, 바울은 "이 일은 너희에게 유익함이라"고 말함으로써, 이 연보를 행하는 것이 고린도 교인들에게 유익한 일이라는 것을 분명히 밝힌다. 왜냐하면, 이 일이 그들에게 유익이 된다는 사실은 육신적인 판단이나 생각으로는 알기 어려운 것이기

때문이다. 육신적으로 생각할 때, 자기 자신의 것을 축내서 다른 사람들을 돕는 것이 자기에게 유익이라고 생각하는 사람이 과연 있겠는가? 물론, 믿지 않는 사람들의 속담에도 "당신이 남들에게 베풀어 준 재물만이 당신이 항상 갖고 있게 될 유일한 재물이다"라는 말이 있기는 하지만, 그들이 그렇게 말한 이유는, 친구들에게 거저 준 재물은 위험으로부터 안전할 뿐만 아니라, 결국에는 보답의 형식으로 되돌려받게 될 것이지만, 자기 자신이 가진 재물은 언제 없어질지 모른다고 생각하였기 때문이다. 그러나 하나님께서는 우리가 어떤 상이나 대가나 보답을 바라고서 다른 사람들에게 베풀어서는 안 된다고 말씀하신다. 다른 사람들이 감사할 줄 모르고 배은망덕하면, 우리는 그 사람들에게 우리가 베푼 것들이 아무 소용이 없고, 우리가 쓸데없는 짓을 했다고 느낄 수도 있지만, 하나님께서는 그들의 그런 반응에도 아랑곳하지 말고, 사람들에게 베풀고 선을 행하는 데 지치지 말고 꾸준히 계속해서 해 나가라고 명하신다. 우리가 궁핍한 사람들을 돕는 것이 우리에게 유익이 되는 이유는, 옛적에 솔로몬이 말하였듯이, "가난한 자를 불쌍히 여기는 것은 여호와께 꾸어 드리는 것이니 그의 선행을 그에게 갚아 주시리라"(잠 19:17)는 사실에 있다. 하나님으로부터 복을 받는 것은 그 자체만으로도 세상의 모든 보화보다 백 배는 더 가치있고 귀한 것이다.

어떤 이들은 여기에서 "유익하다"로 번역된 단어를 "명예롭다"는 의미로 해석하기도 한다. 또는, 우리는 바울이 고린도 교인들이 명예롭게 행하는 것이 그들에게 유익한 것이라고 말하고 있는 것으로 볼 수도 있다. 즉, 바울은 고린도 교인들이 이 연보의 일을 이미 오래 전에 시작하였다가, 이제 와서 중도에 그만두어 버린다면, 그것은 수치스럽고 불명예스러운 일이 되어서, 그들에게 손해가 될 것이기 때문에, 이 연보의 일을 끝까지 완성하는 것이 그들에게 유익이 될 것이라고 말하고 있다는 것이다. 아울러, 이것은 만일 고린도 교인들이 이제 와서 이 연보의 일에서 손을 뗀다면, 그들이 이 연보와 관련해서 지금까지 해 온 일들이 하나님께 온전히 드려지지 못하게 될 것이고 무익한 것이 될 것이기 때문에, 이 연보의 일을 끝까지 마치는 것이 그들에게 유익이라는 의미일 수도 있다.

너희가 일 년 전에 행하기를 먼저 시작할 뿐 아니라 원하기도 하였은즉. 바울은 여기에서 고린도 교인들이 일 년 전에 이 연보를 "행하기"를 시작하였다고 말한 후에, "원하기도" 하였다고 말한 것은, 순서상으로 부적절한 것처럼 보일 수 있다. 왜냐하면, "행하는" 것보다 "원하는 것"이 순서상으로 먼저가 되는 것이 적절하기 때문이다. 그러나 바울이 여기에서 고린도 교인들이 "원하였다"고 하였을 때, 그 "원함"은 단지 이 연보를 행하고자 하였다는 그런 단순한 의미가 아니라, 외부로부터의 어떤 요청이나 부탁이 없었는데도, 그들이 스스로 자원하고 열심을 내서 자발적으로 연보를 하게 되었다는 좀 더 복합적인 의미를 지니고 있는 것이기 때문에, 그가 이렇게 말한 것에는 부적절한 것이 전혀 없다. 말하자면, 우리가 어떤 일을 행하게 되는 계기에는 세 종류가 있다고 말할 수 있는데, 첫 번째는 어떤 수치나 두려움을 당하지 않기 위해서 우리 자신의 의지에 반하여 어쩔 수 없이 강제적으로 어떤 일을 행하게 되는 경우이고, 두 번째는 우리 밖의 외부로부터 생겨난 어떤 영향력을 받아서 우리가 어떤 일을 행하고자 하는 의지를 갖게 되어 그 일을 행하는 경우이며, 세 번째는 우리 자신이 스스로 자유로운 가운데서 어떤 일을 하여야 하겠다는 생각이 들어서 자발적으로 자원해서 그 일을 하는 경우이다. 특정한 일을 행하는 측면보다도 그 일을 기쁨으로 자원한 측면이 더 중요하기 때문에, 이렇게 외부적인 영향력이나 자극이 없는데도 우리 속에서 자발적으로 어떤 일을 하고자 하여 그 일을 행하는 세 번째 경우는 강제적으로나 외부의 영향력을 받아서 어떤 일을 행하는 첫 번째나 두 번째의 경우보다 더 낫다고 할 수 있다.

11-12. 이제는 하던 일을 성취할지니 마음에 원하던 것과 같이 완성하되 있는 대로 하라 할 마음만 있으면 있는 대로 받으실 터이요 없는 것은 받지 아니하시리라. 이 연보의 일과 관련하여 고린도 교인들이 처음에 가지고 있었던 열심은 이내 식어 버렸던 것으로 보인다. 만일 그렇지 않았다면, 그들은 그 일을 지지부진 시간을 끌거나 중단함이 없이 꾸준히 행하였을 것이고, 사도가 그들이 이 일을 "일 년 전에" 시작하였다고 말하고 있는 것으로 보아서, 그 일은 이미 끝나 있었을 것이다. 그러나 사도는 그들이 지금까지 그렇게 한 것은 잘못한 것이라고 지적하며 책망하는 말을 일체 하지 않고, 단지 그들이 그렇게 잘 시작하였던 일을 마지막까지 최선을 다해서 완성하는 것이 좋지 않겠느냐고 온유하게 권하기만 한다. 한편, 바울이 여기에 "있는 대로 하라"는 말을 덧붙인 것은, 고린도 교인들 가운데서 생겨날 수 있는 반발을 미리 예상하고서, 그러한 반발을 미연에 무마하기 위한 것이다. 육신(caro)은 핑계나 구실을 생각해 내는 데에는 언제나 천재적이기 때문에, 분명히 고린도 교인들 중에서 어떤 사람들은 자기에게는 부양할 가족이 있는데, 가족을 부양할 돈을 연보로 내면, 어떻게 가족을 부양하겠느냐고 반문하며, 연보를 내지 않으려고 할 것이었고, 또 어떤 사람들은 자기는 가난해서 연보를 낼 돈이 없다는 핑

계를 대면서, "내가 연보로 낸다고 해야 겨우 푼돈만을 낼 수 있을 뿐인데, 어떻게 하나님 앞에 연보를 하면서 푼돈을 낼 수 있겠느냐"고 말하며, 단 한 푼도 연보로 내려고 하지 않을 것이었다. 그래서 바울은 그런 것들을 미리 다 예상하고서, 각 사람은 "있는 대로" 자신의 능력껏 연보하면 될 것이라고 분명하게 못 박아 말한 후에, 하나님께서는 금액의 많고 적음을 보시는 것이 아니라 연보를 하는 사람의 마음을 보시는 분이시라고, 그 이유를 덧붙임으로써, 온갖 종류의 핑계와 구실을 다 물리쳐 버린다. 왜냐하면, 그가 각 사람이 연보를 "할 마음"이 있어서, 자신이 할 수 있는 만큼만 "있는 대로" 한다면, 하나님께서는 그 사람의 마음을 받으시는 분이시라고 말할 때, 그가 말하고자 한 것은 이런 것이기 때문이다: "너희가 예루살렘의 궁핍한 형제들을 돕고자 하여 이 연보를 하고 싶은 마음이 간절한 데도, 가진 것이 별로 없어서 몇 푼의 연보를 한다면, 하나님께서는 부자가 자신의 부유함 중에서 많은 연보를 한 것과 조금도 뒤지지 않을 정도로 너희의 그 얼마 안 되는 연보를 소중하게 여기신다." 왜냐하면, 다른 사람들을 돕고자 하는 마음은 연보한 것의 많고 적음과 비례하는 것이 아니기 때문이다. 요컨대, 하나님께서는 우리가 가진 것이 별로 없는 데도 많은 연보를 하도록 요구하시는 분이 결코 아니라는 것이다. 이렇게 바울은 부자는 연보를 많이 하면 되고, 가난한 사람들은 연보를 적게 했다고 해서 부끄러워할 이유가 없다는 것을 분명히 말함으로써, 부자든 가난한 자든 그 누구도 그 어떤 핑계나 구실을 대고서 이 연보에 참여하지 않는 일이 없게 하고 있다.

[13]이는 다른 사람들은 평안하게 하고 너희는 곤고하게 하려는 것이 아니요 균등하
게 하려 함이니 [14]이제 너희의 넉넉한 것으로 그들의 부족한 것을 보충함은 후에 그
들의 넉넉한 것으로 너희의 부족한 것을 보충하여 균등하게 하려 함이라 [15]기록된
것 같이 많이 거둔 자도 남지 아니하였고 적게 거둔 자도 모자라지 아니하였느니
라 [16]너희를 위하여 같은 간절함을 디도의 마음에도 주시는 하나님께 감사하노니 [17]
그가 권함을 받고 더욱 간절함으로 자원하여 너희에게 나아갔고(8:13-17).

13-14. 이는 다른 사람들은 평안하게 하고 너희는 곤고하게 하려는 것이 아니요. 바울은 여기에서 하나님께서는 우리가 우리의 힘에 부치게 연보함으로써, 다른 사람들은 우리의 후한 연보로 인하여 평안하게 되는 반면에, 우리 자신은 궁핍하게

되고 궁지에 몰리게 되는 일이 일어나기를 원하지 않으신다고 말함으로써, 자기가 방금 앞에서 말한 것, 즉 하나님께서는 연보의 많고 적음을 보시는 것이 아니라 연보하는 사람의 마음을 보신다는 것을 다시 한 번 확증한다. 우리가 가진 모든 것은 모두 다 하나님으로부터 받은 것이기 때문에, 우리는 우리가 가진 것의 일부가 아니라 전부를 하나님께 빚지고 있다는 것은 두말할 필요도 없는 사실이지만, 하나님께서는 우리에게 우리의 가진 것 모두를 연보로 내놓으라고 하시는 것이 아니라, 우리에게 인자하시고 우리를 긍휼히 여기시기 때문에, 바울이 여기에서 우리에게 말해 주고 있는 것처럼, 우리가 우리의 힘에 맞게 "있는 대로" 연보하는 것만으로 기뻐하신다. 따라서 우리는 바울이 여기에서 연보와 관련하여 제시한 기준을 문자 그대로 지켜야 하는 엄격한 법이라고 생각해서, 거기에 맞추어 연보하는 것으로 만족해서는 안 되고, 도리어 종종 우리의 힘에 지나도록 더 많이 연보하기 위하여 애를 쓰는 것이 마땅하다. 왜냐하면, 우리에게 "있는 대로" 우리의 힘에 맞게 연보한다고 하면서 적게 연보하다 보면, 그것이 우리의 인색함을 포장하는 것이 될 위험성이 있는 반면에, 우리가 우리의 힘에 지나도록 더 많이 연보하고자 하는 경우에는 그럴 위험성이 없기 때문이다.

그러나 믿는 자들 중에는, 우리가 가진 모든 것을 다 하나님께 드리는 것이 마땅하기 때문에, 우리에게 있는 모든 것을 다 교회에 내놓아야 한다는 미명 아래, 우리가 그렇게 하지 않는 경우에는 하나님이 우리가 드린 것을 하나도 받지 않으신다고 생각하는 광신자들이 있는 까닭에, 바울이 연보와 관련하여 기준을 제시한 이러한 가르침이 우리에게는 꼭 필요하다. 왜냐하면, 그런 광신자들의 생각대로 연보를 하게 되면, 아무도 선한 양심과 자원하는 심령으로 구제할 수가 없게 되고, 오직 두려움 속에서 강제적으로 연보를 하게 된다는 것이 큰 문제이지만, 바울의 가르침을 따라 연보를 하게 되는 경우에는, 그러한 위험성을 미연에 방지할 수 있게 되기 때문이다. 따라서 우리는 바울의 가르침이 좌로나 우로나 치우침이 없는 적정한 중도의 길을 제시하고 있다는 사실을 주목하여야 한다. 왜냐하면, 그는 우리가 우리의 힘에 지나도록 지나치게 연보하는 경우에는, 우리가 돕고자 한 형제들은 평안해지는 반면에, 우리는 도리어 궁핍해지고 곤경에 처하게 되는 불합리한 결과가 발생하기 때문에, 우리가 궁핍한 형제들을 돕고자 하는 간절한 마음이 있다면, 우리의 "넉넉한 것"으로 그 형제들의 "부족한 것"을 보충함으로써, 형제들의 궁핍함과 어려움을 덜어 주어서, 우리나 그 형제들이나 양쪽 다 모자람이나 부족함이 없게 되는 방식의 연보가 하나님께서 기뻐하시는 구제라고 말하고 있기 때문이다.

균등하게 하려 함이니 이제 너희의 넉넉한 것으로 그들의 부족한 것을 보충함은. 우리는 바울이 여기에서 말한 "균등하게 한다"는 것을 두 가지로 이해할 수 있는데, 하나는 양쪽이 모두 동일한 양을 균등하게 갖게 되도록 하는 것을 의미하는 것으로 보는 것이고, 다른 하나는 양쪽으로 하여금 "넉넉한 것"은 주고 "부족한 것"은 채우게 함으로써, 각자에게 필요한 만큼을 갖게 하는 것을 의미하는 것으로 보는 것이다. 나는 바울이 말한 '이소테타'(ἰσότητα, "균등")는 후자, 즉 아리스토텔레스(Aristoteles)가 말한 "분배 정의"를 가리키는 것이라고 본다. 바울은 이 단어를 그런 의미로 사용해서, 골로새서 4:1에서 "상전들아 의와 공평을 종들에게 베풀지니 너희에게도 하늘에 상전이 계심을 알지어다"라고 권면하는데, 거기에서 그가 노예 주인들을 향하여 그들의 종들에게 "공평"을 베풀라고 한 것은, 종들에게 노예 주인들과 똑같은 신분과 상태로 살아가게 하라는 의미가 아니고, 하나님께서 노예 주인들을 인자하시고 자비로우시며 너그러우신 마음으로 대하시듯이, 그들도 자신들의 종들에게 그렇게 대하라는 의미라는 것은 너무나 분명하다. 따라서 바울은 여기에서 하나님께서는 우리가 우리의 힘이 닿는 대로 궁핍함과 어려움에 처해 있는 형제들을 도와서, 어떤 사람들은 풍부하게 살아가고 어떤 사람들은 궁핍하게 살아가는 일이 없이, 모두가 다 부족함이 없이 살아가게 됨으로써, 하나님이 우리에게 주신 것들이 모든 사람이 각자의 처지와 형편에 맞게 넉넉하지도 않고 부족하지도 않게 살아가는 데 사용되기를 원하신다고 말하고 있는 것이다. 한편, 바울이 여기에서 "이제"라는 말을 덧붙인 것은, 당시에는 예루살렘의 성도들이 궁핍함으로 인하여 곤경에 처해 있었기 때문이다. 따라서 바울은 "이제"라는 말을 통해서, 우리가 "균등" 또는 "공평"의 원리에 따라 구제하고 연보를 행하고자 한다면, 그 구제나 연보는 지금 현재 궁핍함에 처해 있는 형제들을 대상으로 이루어져야 한다는 것을 보여 준다.

후에 그들의 넉넉한 것으로 너희의 부족한 것을 보충하여 균등하게 하려 함이라. 바울이 여기에서 "그들의 넉넉한 것"이라고 말할 때, 어떤 종류의 "넉넉한 것"을 염두에 두고서 이런 말을 한 것인지는 분명하지 않다. 어떤 이들은 복음이 예루살렘 교회로부터 나와서 고린도 교인들에게 이른 것이기 때문에, 그들이 자신들의 영적인 부요함을 통해서 고린도 교인들의 영적인 가난함을 보충하게 된 것을 의미하는 것으로 이것을 해석하지만, 나는 바울이 여기에서 이 말을 한 의도는 그런 것이 아니라고 본다. 바울은 여기에서 성도들의 교제(sanctorum communio)에 대하여 말하고 있는 것으로 보인다. 즉, 어떤 지체가 다른 지체에게 자신이 마땅히 해야 할 일을 행한 경우에는, 그것은 그리스도의 몸 전체에 유익을 가져다준다는 것이다. 따라서 그는 이렇게 말한 것과 같다: "너희가 영원한 가치가 없고 단지 얼마 있다가 없어져 버릴 이 세상의 재물을 넉넉하게 가지고 있어서, 그 재물로 너희의 궁핍한 형제들을 도울 수 있는 입장에 있어서, 조금 수고해서 그 형제들을 돕는다면, 세상의 재물이 부족해서 궁핍하게 살아가는 그 형제들은 하나님으로부터 받은 풍성한 영적인 은혜를 지니고 있어서, 너희에게 부족한 영적인 은혜를 보충해 줄 것인데, 이렇게 그들이 너희에게 보충해 주게 될 영적인 은혜는 너희가 그들에게 보충해 준 이 세상의 재물보다 이루 말할 수 없이 귀한 것이다. 그러므로 너희는 그리스도께서 자신의 몸의 지체들인 성도들로 하여금 거룩한 교제를 통해서 서로의 넉넉한 것과 부족한 것을 나누어 보충하게 하신 것을 기억하고서, 그런 식으로 선을 행하는 것에 더욱더 큰 열심을 내고 분발하는 것이 마땅하다."

또는, 바울이 여기에서 말하고자 한 것은 이런 것일 수도 있다: "지금은 그들이 곤경에 처해 있기 때문에, 너희가 그들을 도와야 하지만, 언젠가는 그들이 너희에게 도움을 줄 때가 올 것이다." 나는 좀 더 일반적인 전자의 해석이 더 낫다고 보고, 그러한 해석은 바울이 이제 다시 한 번 "균등" 또는 "공평"에 대하여 말하고 있는 것에 의해서도 뒷받침된다. 왜냐하면, 그리스도의 몸에 속한 지체들이 각자 자신이 받은 것과 필요에 따라서 서로 주고 받으며 나누게 되면, 처음에는 어떤 지체들은 넉넉하게 받고 어떤 지체들은 부족하게 받아서, 모든 지체들 가운데서 불공평이 존재하고 있었더라도, 성도들의 그런 교제와 나눔을 통해서 결국에는 누구나 공평하게 채움을 받게 되는데, 이것이 바로 교회에서의 분배 정의의 원리, 즉 각자가 각자에게 필요한 것들을 남음도 없고 부족함도 없이 하나님으로부터 살아가는 원리이기 때문이다.

15. 기록된 것 같이 많이 거둔 자도 남지 아니하였고 적게 거둔 자도 모자라지 아니하였느니라. 바울이 여기에서 인용하고 있는 성경 본문은 "만나"에 관한 것이지만, 우리는 하나님께서 모세를 통해서 무엇을 말씀하고 계시는지를 경청하여야 한다. 왜냐하면, 하나님께서는 사람들이 단지 떡으로만 사는 것이 아니라, 하나님이 붙들어 주심으로 말미암아, 즉 만물을 창조하신 하나님의 뜻의 비밀한 권능의

역사로 말미암아 안전하게 살 수 있다는 것을 우리에게 영원한 경고로 주고자 하셨기 때문이다. 신명기 8:3("너를 낮추시며 너를 주리게 하시며 또 너도 알지 못하며 네 조상들도 알지 못하던 만나를 네게 먹이신 것은 사람이 떡으로만 사는 것이 아니요 여호와의 입에서 나오는 모든 말씀으로 사는 줄을 네가 알게 하려 하심이니라")에서 모세는 이스라엘 백성에게, 하나님께서 그들이 광야 생활을 하는 동안에 그들을 "만나"로 먹여 오신 것은, 그들로 하여금 사람이 자신의 근면성실함이나 수고로 먹고 사는 것이 아니라, 하나님이 주시는 은혜와 복으로 먹고 사는 것임을 알게 하시기 위한 것이라고 경고한다. 따라서 우리는 이스라엘 백성이 광야에서 먹었던 "만나"가 우리가 매일 같이 먹는 일용할 양식을 표상하고 있는 것을 분명히 알 수 있다. 이제 바울이 여기에서 인용한 본문을 살펴보기로 하자. 하나님께서는 하늘로부터 만나를 내려 주시면서, 이스라엘 백성들로 하여금 한 사람이 한 오멜씩을 거두게 하셨다. 그래서 백성들 중에서 부지런한 사람들은 한 오멜보다 더 많은 양을 거두었고, 어떤 사람들은 한 오멜보다 적은 양을 거두었지만, 결국에는 모든 사람이 남음도 없고 부족함도 없이 정확히 한 오멜의 만나를 먹게 되었다. "이스라엘 자손이 그같이 하였더니 그 거둔 것이 많기도 하고 적기도 하나 오멜로 되어 본즉 많이 거둔 자도 남음이 없고 적게 거둔 자도 부족함이 없이 각 사람은 먹을 만큼만 거두었더라"(출 16:17-18).

이제 만나에 관한 이 이야기를 바울이 여기에서 연보와 관련해서 어떤 식으로 적용하고 있는지를 살펴보자. 하나님께서는 우리가 매일 일용할 양식의 양을 만나의 경우처럼 "한 오멜"로 정해 주신 것은 아니지만, 우리에게 절제하는 가운데 검소하고 소박하게 살 것을 명하시고, 우리에게 주신 것이 많다고 해서, 흥청망청 먹고 마시며 낭비하는 것을 금하셨다. 따라서 부모로부터 유산으로 물려받은 것이든, 아니면 자기 자신의 힘으로 힘써 일하여 번 것이든, 많은 재물을 가지게 된 자들은, 자신들이 쓰고 남은 여분의 "넉넉한 것들"은, 하나님께서 그들로 하여금 사치스럽고 무절제하게 살아가도록 하기 위하여 주신 것이 아니라, 궁핍하고 어려운 형제들을 돕게 하도록 하기 위하여 주신 것임을 명심하여야 한다. 왜냐하면, 우리가 어떤 식으로 얻게 된 것이든, 정당하게 합법적으로 얻게 된 것이라면, 지금 우리가 갖고 있는 모든 것은 "만나"이기 때문이다. 하지만 우리가 사기를 쳐서 얻은 것이거나 어떤 식으로든 불법적으로 얻은 재물들은 "만나"가 아니라, 옛적에 하나님께서 원망하는 이스라엘 백성에게 진노하심으로 보내신 "메추라기"이다: "너희의 몸을 거룩히 하여 내일 고기 먹기를 기다리라 너희가 울며 이르기를 누가 우리에게 고기를 주어 먹게 하랴 애굽에 있을 때가 우리에게 좋았다 하는 말이 여호와께 들렸으므로 여호와께서 너희에게 고기를 주어 먹게 하실 것이라 하루나 이틀이나 닷새나 열흘이나 스무 날만 먹을 뿐 아니라 냄새도 싫어하기까지 한 달 동안 먹게 하시리니 이는 너희가 너희 중에 계시는 여호와를 멸시하고 그 앞에서 울며 이르기를 우리가 어찌하여 애굽에서 나왔던가 함이라"(민 11:18-20). 이스라엘 백성이 탐욕이나 불신앙으로 말미암아 하나님이 명하신 양인 "한 오멜"보다 더 많은 만나를 거두었을 때에는, 여분의 만나는 즉시 부패하였던 것과 마찬가지로, 우리가 우리의 몫뿐만이 아니라 우리의 형제들에게 돌아가야 할 재물까지 다 거두어서 간직한다면, 그 재물은 저주를 받은 것으로서 곧 부패하게 될 것이고, 그 재물의 주인도 그 재물과 함께 망하게 될 것임은 의심의 여지가 없다. 그러므로 우리는 우리가 재물을 많이 모아서 부자가 되는 것이 우리의 먼 장래를 대비하는 것이라고 착각해서, 우리에게 있는 "넉넉한 것"은 궁핍한 형제들의 몫임에도 불구하고, 그것을 횡령해서 우리 자신을 위해 사용하려고 생각해서는 안 된다. 우리는 부자들이 가난한 자들보다 더 우아하고 품위 있게 살아가는 것을 잘못되었다고 말하는 그러한 "균등"이나 "공평"이 우리 가운데서 이루어져야 한다고 말해서는 안 되지만, 어떤 사람들은 다른 사람들을 희생시킨 대가로 재물을 많이 모아서 풍요롭고 사치스럽게 살아가는 반면에, 어떤 사람들은 먹을 것이 없어서 굶어 죽어 가는 일이 일어나지 않게 하는 그러한 "균등"이나 "공평"은 우리 가운데서 이루어져야 한다. 가난한 사람들의 "한 오멜"은 거친 음식들로 이루어진 검소한 식단일 수 있고, 부자들의 "한 오멜"은 각자의 형편에 따라 좀 더 나은 음식들로 이루어진 것일 수 있지만, 가난한 사람들은 굶주려 죽어 가고 있는데도, 부자들이 그러한 사정을 아랑곳하지 않고 무절제하게 맛있는 음식을 탐하여서는 안 되고, 반드시 가난한 사람들의 굶주림이 없도록 나누어 준 후에 절제함 가운데서 자신들의 음식을 먹는 것이 마땅하다.

16. 너희를 위하여 같은 간절함을 디도의 마음에도 주시는 하나님께 감사하노니. 바울은 고린도 교인들이 이런저런 핑계나 구실을 대며 이 연보의 일에 참여하지 않고자 하는 것을 막기 위하여, 이제 마침내 자기가 이 일에 아주 열심이 있는 사람들을 그들에게 보내어, 이 일을 그들과 함께 추진해 나가도록 하였다는 것을 밝힌다. 그는 그 사람들 중에서 가장 먼저 "디도"를 언급하면서, 하나님께서 이 연

보의 일과 관련하여 간절한 마음을 그에게 주셨다고 말한다. 이것은 바울이 지금까지 고린도 교인들에게 권해 온 일에 있어서 아주 중요한 것이었다. 왜냐하면, 디도가 하나님의 감동으로 이 일을 맡게 되었다는 것을 고린도 교인들이 알고 인정하게 되었을 때, 디도는 이제부터 그가 해야 할 일을 좀 더 효과적으로 할 수 있을 것이었기 때문이다. 이 구절을 비롯해서 수많은 다른 구절들로부터 우리가 알 수 있는 것은, 모든 경건한 감정들은 하나님의 성령으로부터 오고, 하나님께서 사역자들과 일꾼들을 일으키셔서 궁핍함과 어려움에 처해 있는 자기 백성을 돕게 하시는 것은 하나님이 자기 백성을 돌아보고 계신다는 것을 보여 주는 증거라는 것이다. 우리는 하나님께서 자기 백성의 육신적인 필요를 공급해 주시기 위해서 이렇게 자신의 섭리를 따라 이 일을 진행해 나가시는 것을 볼 때, 자기 백성의 영적인 양식을 부족함 없이 공급해 주시기 위한 일에는 얼마나 더 큰 관심을 가지고 계실지를 충분히 가늠해 볼 수 있다. 그런 까닭에, 우리는 교회를 돌볼 목회자들을 일으키시고 세우시는 것은 하나님의 특별한 역사라는 것을 알게 된다.

17. 그가 권함을 받고 더욱 간절함으로 자원하여 너희에게 나아갔고. 바울은 여기에서 디도가 이 일을 맡아서 행하기로 결심하고 고린도 교회로 간 것은 자신의 요청과 부탁에 의한 것이었다고 먼저 말한 후에, 즉시 그 말을 수정해서, 디도가 그렇게 한 것은 다른 사람들의 권면에 의한 것이기도 했지만, 사실은 스스로 이 일에 대하여 스스로 큰 관심과 간절한 마음이 있어서 적극적으로 자원한 것이라고 말한다.

[18]또 그와 함께 그 형제를 보내었으니 이 사람은 복음으로써 모든 교회에서 칭찬을 받는 자요 [19]이뿐 아니라 그는 동일한 주의 영광과 우리의 원을 나타내기 위하여 여러 교회의 택함을 받아 우리가 맡은 은혜의 일로 우리와 동행하는 자라 [20]이것을 조심함은 우리가 맡은 이 거액의 연보에 대하여 아무도 우리를 비방하지 못하게 하려 함이니 [21]이는 우리가 주 앞에서뿐 아니라 사람 앞에서도 선한 일에 조심하려 함이라 [22]또 그들과 함께 우리의 한 형제를 보내었노니 우리는 그가 여러 가지 일에 간절한 것을 여러 번 확인하였거니와 이제 그가 너희를 크게 믿으므로 더욱 간절하니라 [23]디도로 말하면 나의 동료요 너희를 위한 나의 동역자요 우리 형제들로 말하면 여러 교회의 사자들이요 그리스도의 영광이니라 [24]그러므로 너희는 여러 교회 앞에서 너희의 사랑과 너희에 대한 우리 자랑의 증거를 그들에게 보이라(8:18-

24).

18. 또 그와 함께 그 형제를 보내었으니 이 사람은 복음으로써 모든 교회에서 칭찬을 받는 자요. 바울이 이 연보의 일을 맡아서 처리하도록 하기 위하여 세 명의 사자를 보냈다는 사실은, 고린도 교인들이 이 연보와 관련해서 해 줄 일에 대한 그의 기대가 얼마나 큰 것이었는지를 잘 보여 준다. 따라서 고린도 교인들은 여러 교회들의 기대를 실망시키지 않기 위해서 이 일을 한층 더 주의깊고 세심하게 행하지 않으면 안 되었다. 바울이 여기에서 말한 "그 형제"가 누구였는지는 확실하지 않지만, 어떤 이들은 누가였을 것이라고 추정하고, 어떤 이들은 바나바였을 것이라고 추정한다. 크리소스토모스(Chrysostomus)는 "바나바"였을 것이라고 생각하는데, 나는 그의 견해에 동의한다. 왜냐하면, 교회들이 바울과 함께 할 동역자로 선택한 인물이 바로 바나바였기 때문이다. 하지만 고린도후서를 고린도 교회에 전달한 사람들 중의 한 사람이 누가였다는 것에 대해서는 거의 모든 해석자들의 견해가 일치한다는 점에서, 나는 나중에 바울이 언급하는 또 한 명의 세 번째 사자가 "누가"였다고 말하는 데에는 반대할 생각이 없다.

이 두 번째 사자가 누구였든지 간에, 바울이 그 형제를 복음과 관련해서 모든 교회에서 칭찬을 받고 있는 자라고 말한 것은, 그 형제에게 대단한 찬사이자 영광이다. 여기에서 그 형제가 "복음으로써 칭찬을 받고" 있다는 것은, 그가 복음을 널리 전파한 일로 인해서 교회들로부터 칭찬을 들어 왔다는 의미이다. 왜냐하면, 바나바는 전도하는 것과 관련해서는 바울 다음이었지만, 어쨌든 그들은 복음을 전하는 일에 있어서 함께 동역하였기 때문이다. 바울은 바나바가 단지 한 사람이나 한 교회로부터가 아니라 "모든 교회"로부터 칭찬을 받았다고 말한다. 또한, 그는 바나바에 대하여 이렇게 일반적인 천거의 말을 하는 데서 그치지 않고, 그가 지금 구체적으로 다루고 있는 연보의 일과 관련한 특별한 천거의 말을 덧붙이는데, 그것은 여러 교회가 바나바를 이 연보의 일을 맡아 처리할 인물로 택하였다는 것이다. 만일 바나바가 이 일에 아주 적합한 인물이라는 것이 오래 전부터 알려져 있지 않았다면, 교회들은 바나바에게 이런 영광스러운 일을 맡기지 않았을 것이다. 바울은 여기에서 헬라인들 가운데서 어떤 일을 결정할 때에 통상적으로 사용되던 '케이로토니아' (χειροτονία)의 방식, 즉 어떤 안건에 대하여 손을 들어 찬반의 의사표시를 하는 방식으로, 교회들이 바나바를 이 일을 맡을 자로 택하였다고 말한다. 헬라인들 사이에서는 이러한 의사결정 과정에서 지도자들이 먼저 함께 모여서 어떤 안건에 대하여 권위 있는 결정을 한 후에, 그들의 감독 아래 일반 시민들로 하여금 그 결정에 대하여 찬성하는지 아니면 반대하는지를 투표하게 하였다.

19. 이뿐 아니라 그는 동일한 주의 영광과 우리의 원을 나타내기 위하여 여러 교회의 택함을 받아 우리가 맡은 은혜의 일로 우리와 동행하는 자라. 바울은 바나바가 복음을 전파하는 데 큰 일을 해서 모든 교회로부터 칭찬을 받은 자라고 말한 후에, 이제는 좀 더 구체적으로 특히 이 연보의 일을 맡아 처리할 인물로 여러 교회로부터 택함을 받은 자라는 것을 밝힘으로써, 고린도 교인들로 하여금 이 연보의 일에 더욱 힘을 내고 열심을 낼 수 있는 동기를 부여해 준다. 바울은 바나바가 "하나님의 영광"을 드러내고 "그들의 연보의 일"이 잘될 수 있도록 힘쓰고 있다고 말한다. 바울은 이렇게 "하나님과 영광"과 "그들의 연보"가 서로 연결되어 있다는 것을 보여 줌으로써, 그들의 연보가 잘못되면, 하나님의 영광도 많이 손상을 입을 수밖에 없다는 것을 시사한다. 왜냐하면, 이렇게 많은 교회들과 교회들에서 유명한 이들이 발벗고 나서서 이 연보의 일을 이루기 위하여 애써 왔고 지금도 애쓰고 있는데도, 고린도 교회가 이 연보의 일을 외면해 버리거나, 그들의 연보가 별 성과 없이 흐지부지 끝나 버린다면, 그것은 너무나 우스꽝스럽고 비웃음을 살 일이 되고 말 것이고, 그 결과 하나님의 이름과 영광도 땅에 떨어지게 될 것이기 때문이다.

20. 이것을 조심함은 우리가 맡은 이 거액의 연보에 대하여 아무도 우리를 비방하지 못하게 하려 함이니. 사람들은 바울이 앞에서 한 말을 듣고서, 교회들이 바울의 정직성을 신뢰할 수 없어서, 마치 의심스러운 사람들에게 감시자들을 붙이는 것과 같이, 여러 형제들을 그에게 붙여서 이 연보의 일을 함께 하게 한 것이라고 생각하지 않도록 하기 위해서, 그는 이 연보의 일과 관련해서 분란이 일어나거나 문제가 생기는 것을 미연에 방지하기 위하여, 자기가 그런 식으로 조치를 해 달라고 먼저 교회들에게 요청을 한 것이라고 말한다. 하지만 어떤 이들은 반문한다: "사도 바울이 모든 면에서 추호의 의구심도 없이 정직하고 충성되며 올바른 사람이어서, 교회들이 그를 신뢰하고 있었다면, 교회들은 이 연보의 일과 관련된 모든 문제를 전적으로 바울에게 일임하였을 것이기 때문에, 교회들이 그렇게 하지 않고 사람들을 붙인 것은 조금이라도 바울에 대하여 의심을 갖고 있었기 때문이 아니겠는가?" 그러한 반문에 대한 나의 대답은, 그리스도께서는 절대적으로 신뢰할 만하신 분이셨음에도 불구하고, 사탄과 그들의 졸개인 악인들로부터 온갖 비방과 중상모략을

받았다는 사실을 감안하면, 그리스도의 종들도 악한 자들의 비방과 중상모략으로부터 결코 자유로울 수 없을 것은 너무나 분명한 일이라는 점에서(마 10:25, "제자가 그 선생 같고 종이 그 상전 같으면 족하도다 집 주인을 바알세불이라 하였거든 하물며 그 집 사람들이랴"), 바울은 악한 자들로부터의 그러한 "비방"을 방지하기 위하여, 자기와 더불어서 여러 사람들이 이 연보의 일을 함께 하게 할 것을 교회들에 요청하였고, 그것은 지극히 합당한 일이었다는 것이다.

어떤 이들은 어느 사람이 온전히 정직하고 올바르다면, 비방과 중상모략을 받을 이유가 없을 것이라고 생각할지 모르지만, 그들의 그러한 생각과는 정반대로, 어느 사람이 신앙 안에서 진정으로 온전히 정직하고 올바를수록, 사탄은 그 사람의 이름을 더럽히고 그의 명성을 훼손하기 위하여 온갖 속임수와 비방과 중상모략을 다 동원하는 법이다. 왜냐하면, 그런 식으로 해서 그 한 사람을 무너뜨리면, 그것이 큰 걸림돌이 되어서, 많은 사람들이 거기에 걸려 넘어지고 실족하게 되기 때문이다. 따라서 우리가 더 높은 직위에 있을수록, 우리는 바울이 여기에서 보여 준 조심성과 겸손함을 더 주의해서 본받을 필요가 있다. 바울은 교만하지 않고 겸손하였기 때문에, 보통 사람들과 마찬가지로 자기도 여러 사람의 감시 하에 이 일을 해야 할 필요성을 결코 거부하지 않을 수 있었고, 자기가 무엇이라도 된 것처럼 자만하지 않았기 때문에, 사람들로부터 거짓 고소나 비방을 피하기 위한 조치가 자기에게도 필요하다는 것을 자신의 위신이나 체면이 깎이는 일로 여기지 않을 수 있었다. 그는 이런 식으로 크게 조심하고 신중하게 행하여 모든 조치를 강구함으로써, 혹시라도 있을 수 있는 위험들을 미연에 방지하였고, 악의에 찬 사람들에게 그를 고소하고 비방할 빌미를 조금도 주지 않았다. 여러 교회들에서 모은 연보 같은 공적인 자금을 맡아 처리하는 경우에는, 사람들로부터 온갖 의심과 의혹의 눈초리를 받을 수밖에 없기 때문에, 다른 그 어떤 일들보다도 더 많은 비방과 중상모략을 받을 가능성이 컸다는 것은 의심의 여지가 없다.

21. 이는 우리가 주 앞에서뿐 아니라 사람 앞에서도 선한 일에 조심하려 함이라. 나는 심지어 고린도 교인들 중에서도, 기회가 주어지기만 한다면, 얼마든지 주저하지 않고 바울을 비방하고자 한 사람들이 있었다고 생각한다. 그래서 바울은 이 연보의 일과 관련해서 그 어떤 비방이나 고소도 일어나지 않도록 만전을 기할 필요가 있다는 것을 그들에게 알게 하고자 하였다. 그러므로 그는 자기는 단지 하나님 앞에서 선한 양심을 지니고서 이 일을 하는 것만으로는 충분하지 않고, 사람들

앞에서 한 점의 의혹도 없이 투명하고 정직하게 이 일을 해 나가서, 사람들로부터 좋지 않은 말이 전혀 나올 수 없게 하는 것도 중요하다는 것을 분명하게 밝힌다. 바울은 여기에서 이 연보의 일과 관련한 자신의 모범을 통해서, 믿는 자들이 어떤 일을 할 때에는 자신의 양심이나 하나님 앞에서만 옳으면 다 되는 것이 아니라, 사람들의 생각이나 평가도 무시해서는 안 되기 때문에, 반드시 사람들에게 비방이나 고소의 빌미가 될 수 있는 방식으로 일을 해서는 안 된다는 것을 고린도 교인들을 비롯한 모든 믿는 자들에게 가르치고자 하고 있는 것임은 의심의 여지가 없다. 물론, 믿는 자들의 가장 우선적이고 주된 관심은 신앙적으로 선한 사람이 되고자 하는 것이고, 그것은 단지 외적인 행실들을 올바르게 행하였다고 해서 되는 것이 아니라, 내적으로도 올바르고 정직한 양심을 가져야만 될 수 있다. 하지만 믿는 자들의 관심은 거기에서 그쳐서는 안 되고, 반드시 두 번째로, 믿는 자들은 자신들과 함께 살아가고 있는 사람들로부터 선한 사람으로 인정을 받는 데 관심을 가져야 한다. 여기에서 우리가 유념하여야 할 것은, 믿는 자들이 사람들로부터 인정을 받는 데 관심을 갖는 목적이 무엇인가 하는 것이다. 즉, 우리가 하나님뿐만 아니라 사람들로부터도 인정을 받고자 하는 것은 복음이 방해를 받지 않도록 하기 위한 것인데, 만일 우리가 야심(ambitio)으로 사람들의 인정을 받고자 하는 것이라면, 그것보다 최악인 것은 있을 수 없다. 왜냐하면, 야심은 모든 지극히 선한 것들을 변질시키고, 지극히 존귀한 것들을 기형적으로 왜곡시키며, 하나님께 지극히 향기로운 제사들을 가장 역겹고 가증스러운 것들로 바꾸어 놓기 때문이다.

여기에서 바울은 이 연보의 일에서 자기가 지극히 조심하고 신중한 모습을 보임으로써, 자기로 인하여 아무도 실족하거나 걸려 넘어지는 일이 없게 함은 물론이고, 도리어 모든 사람들이 이 일을 통해서 덕 세움을 받도록 하기 위해서, 자기가 하는 일이 아무런 흠이 없고 순전하고 올바르다는 인정을 사람들로부터 받고자 한 것인데도, 어떤 사람들은 바울의 그러한 의도와는 전혀 다른 불순한 의도로 사람들의 인정을 받고자 하면서도, 마치 자신들은 여기에서 바울이 행한 것을 본받아 그렇게 행하는 것처럼 위장하기 위한 구실로 이 구절을 오용하거나 악용할 위험이 있기 때문에, 어떤 의미에서 이 구절은 다소 위험한 구절이라고 할 수 있다. 따라서 우리가 여기에서 바울이 행한 것을 본받고자 한다면, 우리에게는 우리 자신의 야심이나 명예를 위하여 사람들로부터 인정받고자 하는 불순한 의도나 사심이 없어야 한다. 아우구스티누스(Augustinus)는 이렇게 말한다: "자신의 평판이나 명성을 소홀히 하는 사람은 야만적이다. 왜냐하면, 하나님 앞에서 선한 양심이 꼭 필요한 것과 마찬가지로, 우리 이웃 앞에서는 선한 평판이 꼭 필요하기 때문이다." 우리가 우리 형제들이 잘 되게 함으로써 하나님께 영광을 돌리고자 하여, 꼭 필요한 경우에는 얼마든지 사람들로부터의 인정이나 칭찬 대신에 모욕이나 수치를 감당할 준비가 되어 있다고 할지라도, 이것은 사실이다. 즉, 그리스도인들은 언제나 이웃들의 덕을 세우는 삶을 영위해 나가도록 늘 신경을 써야 하고, 사탄의 일꾼들이 그를 비방하거나 하나님을 모욕하거나 선한 자들을 욕할 빌미를 주지 않도록 늘 미리미리 주의하여야 한다는 것이다.

22. 또 그들과 함께 우리의 한 형제를 보내었노니 우리는 그가 여러 가지 일에 간절한 것을 여러 번 확인하였거니와 이제 그가 너희를 크게 믿으므로 더욱 간절하니라. "너희를 크게 믿으므로"는 이런 의미이다: "나는 이 연보의 일로 여러 형제들을 너희에게 보내는 것이 아무런 열매도 없이 헛되이 끝나 버리면 어쩌나 하는 염려를 하지 않는다. 왜냐하면, 나는 이 일을 맡은 형제들의 신실함과 열심을 너무나 분명하게 보고 있기 때문에, 그들이 자신들에게 맡겨진 일을 끝까지 성공적으로 잘 마무리하게 될 것이라는 큰 확신을 처음부터 가져 왔기 때문이다." 바울은 여기에서 그 이름을 밝히지는 않고 단지 "우리의 한 형제"라고만 언급한 형제가 이 연보의 일에 대하여 "더욱 간절한" 마음을 가지게 되었다고 고린도 교인들에게 소개하면서, 그 형제가 그렇게 간절한 마음을 갖게 된 것은, 부분적으로는 바울 자신이 고린도 교인들에 대하여 아주 좋게 말하였기 때문이기도 하고, 부분적으로는 디도가 그 형제의 열심을 불러일으켰기 때문이기도 하며, 부분적으로는 그 형제가 교회 중에서 많은 저명한 사람들이 다같이 합심하여 이 일을 추진하고 있는 것을 보았기 때문이라고 말한다. 바울의 이러한 말 속에는, 이 연보의 일과 관련된 다른 모든 일이 다 제대로 진행되고 있기 때문에, 이제 오직 한 가지 남아 있는 것은, 고린도 교인들이 자신들에게 맡겨진 일을 충실히 잘 해 내는 것이라는 의미가 내포되어 있다.

23-24. 디도로 말하면 나의 동료요 너희를 위한 나의 동역자요 우리 형제들로 말하면 여러 교회의 사자들이요 그리스도의 영광이니라 그러므로 너희는 여러 교회 앞에서 너희의 사랑과 너희에 대한 우리 자랑의 증거를 그들에게 보이라. 바울은 여기에서 이 연보의 일을 맡게 된 여러 형제들을 "여러 교회의 사자들"이라고 말하는데, 이것이 무슨 의미인지에 대해서는 두 가지의 설명이 가능하다. 하나는 하

나님께서 그들을 교회들에 보내는 사자들로 구별하여 세우셨다는 것이고, 다른 하나는 그들은 이 일을 맡도록 여러 교회들에 의해서 세움 받은 자들이라는 것이다. 이 중에서 두 번째 설명이 더 낫다. 또한, 바울은 그들을 "그리스도의 영광"이라고 부른다. 그 이유는 오직 그리스도만이 믿는 자들의 영광이신 까닭에, 그리스도께서는 믿는 자들에 의해서 영광을 받으시는 것이 마땅한데, 믿는 자들 중에서 경건함과 거룩함에 있어서 뛰어나고 탁월한 사람들은, 그들이 가지고 있는 모든 것은 하나도 빠짐 없이 그리스도로부터 받은 것이라는 점에서 "그리스도의 영광"이기 때문이다.

끝으로, 바울은 고린도 교인들에게 두 가지를 당부하는데, 하나는 "너희의 사랑을 우리의 형제들에게 보이라"는 것이고, 다른 하나는 "너희에 대한 나의 자랑이 헛되지 않게 하라"는 것이다. 바울이 여기에서 사용한 '에이스 아우투스' (εἰς αὐτούς, "그들에게")라는 어구는 "그들 앞에서"와 동일한 의미라고 나는 생각한다. 왜냐하면, 여기에서 "그들"은 예루살렘의 가난한 형제들을 가리키는 것이 아니라, 바울이 방금 언급한 바 있는 "여러 교회의 사자들"을 가리키는 것이기 때문이다. 바울은 이 "여러 교회의 사자들"이 고린도 교회의 사랑과 그들에 대한 바울의 자랑의 증거를 보고서, 그 사자들을 파송한 여러 교회들에 돌아가 보고를 하게 될 것이라는 의미에서, "그들에게"라고 말한 후에, 즉시 "여러 교회 앞에서"라는 어구를 덧붙인다(헬라어 본문에는 이렇게 되어 있다 —역주).

제9장

[1]성도를 섬기는 일에 대하여는 내가 너희에게 쓸 필요가 없나니 [2]이는 내가 너희의
원함을 앎이라 내가 너희를 위하여 마게도냐인들에게 아가야에서는 일 년 전부터
준비하였다는 것을 자랑하였는데 과연 너희의 열심이 퍽 많은 사람들을 분발하게
하였느니라 [3]그런데 이 형제들을 보낸 것은 이 일에 너희를 위한 우리의 자랑이 헛
되지 않고 내가 말한 것 같이 준비하게 하려 함이라 [4]혹 마게도냐인들이 나와 함께
가서 너희가 준비하지 아니한 것을 보면 너희는 고사하고 우리가 이 믿던 것에 부
끄러움을 당할까 두려워하노라 [5]그러므로 내가 이 형제들로 먼저 너희에게 가서 너
희가 전에 약속한 연보를 미리 준비하게 하도록 권면하는 것이 필요한 줄 생각하
였노니 이렇게 준비하여야 참 연보답고 억지가 아니니라(9:1-5).

바울이 이 단락에서 하고 있는 말들은, 얼핏 보면, 그가 앞에서 했던 말들과 적어도 잘 연결되지 않는 것으로 보인다. 왜냐하면, 그는 실제로는 앞에서와 동일한 주제를 계속해서 다루어 나가고 있는 것임에도 불구하고, 마치 앞에서 다루지 않았던 전혀 새로운 주제에 대하여 말하고 있는 것으로 보이기 때문이다. 하지만 독자들이 유념해야 할 것은, 바울은 여기에서 자기가 앞에서 다루어 왔던 것과 정확히 동일한 주제를 다루고 있다는 것이다. 즉, 여기에서도 그는 자기가 이렇게 고린도 교인들에게 이 연보의 일과 관련해서 신신당부를 하고 있는 것은 그들에 대한 확신이 부족해서도 아니고, 이 일과 관련해서 그들이 이전에 소홀히 하였던 것에 대하여 책망하는 의미가 은연중에 내포되어 있는 것도 아니라고 설명하면서, 거기에는 다른 이유들이 있다는 것을 계속해서 밝히고 있다는 것이다. 따라서 그가 이제 여기에서 말하고자 하는 것은 이런 것이다: "나는 지금 너희에게는 성도를 섬겨야 할 의무가 있다는 것을 가르치고 있는 것이 아니다. 왜냐하면, 나는 너희에게 그런 의무에 대해서 새삼스럽게 가르칠 필요가 전혀 없기 때문이다. 너희는 그런 의무에 대해서 너무나 잘 알고 있다. 너희가 지금까지 행해 온 일들이 그런 의무를 행

하고자 하는 마음이 너희에게 있다는 것을 잘 보여 준다. 그런데도 내가 이 일에 대해서 이렇게 여러 가지 말들로 신신당부하지 않을 수 없는 이유는, 내가 그동안에 너희가 이 연보와 관련해서 한 일, 즉 그 어떤 교회들보다 먼저 나서서 이 연보를 시작한 것을 도처의 여러 교회들에서 자랑해 왔고, 따라서 너희가 이 연보의 일을 어떤 식으로 마무리하느냐 하는 것에 너희의 명성만이 아니라 나의 명성도 달려 있기 때문이다."

만일 바울이 자기가 고린도 교인들에게 이 연보의 일을 놓고서 신신당부하는 이유가 이런 것임을 밝히지 않았다면, 그들은 그가 이 문제를 이렇게 끈질기게 얘기하는 것은, 자신들이 지금까지 이 연보의 일을 소홀히 한 것에 대하여 내심 좋지 않은 감정을 가지고 비난하고 있기 때문이거나, 아니면 자신들이 과연 이 연보의 일을 잘 해 낼 수 있을까 하는 의구심이 그에게 있기 때문이라고 생각해서, 그를 좋지 않게 생각하였을 수도 있었다. 그러나 바울은 이 대목에서 시의적절하게 지극히 합당한 해명을 함으로써, 고린도 교인들의 마음을 상하지 않게 하는 가운데서 이 일에 대하여 권면할 수 있게 되었을 뿐만 아니라, 이 일에 대하여 좀 더 적극적으로 반복해서 그들을 강권할 수 있는 발판을 마련하였다. 어떤 사람들은 여기에서 바울은 실제로는 고린도 교인들이 이 연보의 일과 관련해서 자신들의 의무를 잘 알고 있다고 생각하지 않으면서도, 그들의 마음을 누그러뜨리고 풀어 주기 위해서 짐짓 그렇게 말한 것이라고 주장한다. 그러나 그러한 주장은 정말 황당하다. 왜냐하면, 만일 그가 고린도 교인들이 이 연보의 일과 관련한 자신들의 의무를 충분히 알고 있고, 그러한 의무를 적극적으로 자원해서 준행하고자 하는 마음이 있다고 생각하지 않았다면, 그는 그들에게 이렇게 이 연보의 일과 관련해서 세부적인 것들까지 시시콜콜히 자세하게 말할 필요가 없었을 것이고, 또한 만일 그가 고린도 교인들이 이 연보의 일을 자원해서 적극적으로 나설 것이라는 것에 대하여 의심이 있었다면, 그는 자기가 그들에게 성도를 섬길 의무에 대해서는 굳이 말할 필요를 느끼지 않는다고 얘기할 이유도 없었을 것이기 때문이다.

사랑에는 선한 소망(bona spes)만이 아니라 염려와 걱정(sollicitudo)도 따른다. 만일 바울이 고린도 교인들에 대하여 자기가 한 말이 진실이라는 것을 확신하지 않았다면, 그는 결코 자기가 가는 곳마다 여러 교회들에서 이 연보와 관련해서 고린도 교인들이 한 일을 그렇게 칭찬하지 않았을 것이다. 바울은 고린도 교인들이 일 년 전에 자원해서 이 연보를 시작하는 모습 속에서 소망을 보았고, 이제 그들이 그 일을 잘 마무리해서 유종의 미를 거두게 되기를 바랐다. 그러나 그는 사람들의 마음이라는 것이 얼마나 변덕스러운 것인지를 너무나 잘 알고 있었기 때문에, 그들이 그들의 처음의 경건한 의도와 열심으로부터 떨어져 나가는 불미스러운 일이 벌어지게 될 것을 염려하고 걱정해서, 그런 일을 미연에 방지하기 위하여, 자기가 할 수 있는 최선을 다해서 여러 가지 조치들을 강구하는 데 애를 쓴 것이었다.

1. 성도를 섬기는 일에 대하여는 내가 너희에게 쓸 필요가 없나니. 믿는 자들이 자신들의 물질을 내놓아서 가난한 형제들을 돕기 위한 연보는 훨씬 더 존귀하고 고상한 이름으로 불리는 것이 마땅하기 때문에, 여기에서 바울이 그것을 단순히 "성도를 섬기는 일"이라고 지칭하고 있는 것은 그리 적절한 것은 아니지만, 그는 믿는 자들은 한 동일한 몸에 속한 지체들인 까닭에, 서로가 서로를 섬기는 것이 마땅하다는 것을 보여 주기 위해서, "연보"를 "성도를 섬기는 일"이라고 지칭한 것이었다. 그리스도의 지체들은 서로를 "섬길" 의무가 있기 때문에, 우리가 우리의 형제들을 돕는다고 할지라도, 그것은 단지 우리가 가진 것들 중에서 그들에게 돌아가야 할 몫을 그들에게 준 것에 불과하다. 따라서 우리의 도움을 필요로 하는 성도들을 돕는 일을 소홀히 한다면, 그것은 단지 인색하거나 자비롭지 못하다는 책망을 듣는 것에서 그치는 것이 아니라, 그 성도들이 우리로부터 받아야 할 몫을 우리 자신이 가로채 버린 죄를 범한 것이 된다.

2. 이는 내가 너희의 원함을 앎이라 내가 너희를 위하여 마게도냐인들에게 아가야에서는 일 년 전부터 준비하였다는 것을 자랑하였는데 과연 너희의 열심이 퍽 많은 사람들을 분발하게 하였느니라. 바울은 이제 고린도 교인들에 대한 자신의 확신이 빈 말이 아니라 진짜라는 증거를 제시한다. 즉, 자기는 그들이 이 연보를 자원해서 시작하여 끝까지 잘 해 낼 것을 믿고 확신하였기 때문에, 그들이 이 연보의 일과 관련해서 한 일을 도처의 여러 교회들에서 자랑하고 다녔다는 것이다. 그런데 우리는 바울이 여러 교회들에서 이 일과 관련된 것에 대하여 사실만을 말하지 않고 사실 이상의 것을 자랑하고 다닌 것은 아닌가 하는 의구심을 가질 수 있고, 여러 가지 정황으로 보아서, 우리의 그러한 의구심은 실제로 단지 의구심에서 끝나는 것이 아니라 사실인 것처럼 보일 수 있다. 왜냐하면, 바울은 고린도 교인들이 이 연보를 "일 년 전부터 준비하였다"고 자랑하고 다녔는데, 사실은 지금도 여전히 우리는 그가 그들에게 이 연보를 잘 준비하라고 신신당부하는 모습을 이 서신에서 보기 때문이다. 이러한 의심에 대한 나의 대답은, 바울이 여러 교회들에서 고린도

교인들이 "일 년 전부터 준비하였다"고 말한 것은, 그들이 이미 연보를 다 모아서 금고에 넣어 두었다는 의미가 아니라, 단지 그들이 이 연보를 시작하기로 결정하였다는 의미라는 것이다. 그리고 바울이 여러 교회들에서 이렇게 말한 것은 단지 고린도 교인들이 결정하고 약속한 것을 말한 것이기 때문에, 무책임하고 경솔한 짓이라거나 실수한 것이라는 비난을 받을 이유가 전혀 없었다.

3. 그런데 이 형제들을 보낸 것은 이 일에 너희를 위한 우리의 자랑이 헛되지 않고 내가 말한 것 같이 준비하게 하려 함이라. 이제 바울은 고린도 교인들이 이 연보의 일을 자원해서 잘 마무리하고자 하는 마음이 있고, 실제로 그렇게 할 것임을 확신하고 있으면서도, 이렇게 많은 말로 그들에게 권면하고 신신당부하고 있는 이유를 그들에게 말한다: "내가 앞에서 말한 형제들을 보내어 이 연보의 일을 맡아 처리하게 한 것은 오로지 혹시라도 너희의 이름과 나의 이름에 먹칠하는 일이 벌어지지 않도록 하기 위한 것이다. 왜냐하면, 나는 여러 교회들에서 너희가 이 연보를 일 년 전에 시작하였다는 것을 자랑하고 다녔는데, 만일 너희 중에서 시작된 연보가 제대로 마무리가 되지 않고 흐지부지 끝나 버린다면, 너희와 나는 언행이 일치하지 않는다는 이유로 모든 교회에서 수치를 당하게 될 것이기 때문이다. 그러므로 너희는 내가 이렇게 이 연보의 일과 관련해서 염려가 되어 너희에게 많은 말로 신신당부하는 것을 좋은 쪽으로 너그럽게 보아 주기를 바란다."

4. 혹 마게도냐인들이 나와 함께 가서 너희가 준비하지 아니한 것을 보면 너희는 고사하고 우리가 이 믿던 것에 부끄러움을 당할까 두려워하노라. 여기에서 "믿던 것"으로 번역된 헬라어는 '휘포스타시스'(ὑπόστασις)인데, 불가타 역본에서는 이 단어를 라틴어로 '수브스탄티아'(substantia)로 번역하였고, 에라스무스(Erasmus)는 "문제"로 번역하였지만, 이 두 가지 번역은 적절하지 않다. 부다이우스(Budaeus)는 이 단어가 종종 "담대함" 또는 "확신"을 가리키는 데 사용된다는 점을 지적하면서, 폴리비오스(Polybius)가 "적을 당혹스럽게 만든 것은 그의 힘이 아니라 그의 대담무쌍함이었다"고 말할 때, '휘포스타시스'라고 표현한 것을 예로 든다. 따라서 '휘포스타시스'는 종종 담대하고 확신에 차 있는 사람을 가리킨다. 이 번역이 여기에서 바울이 말하고자 하는 것과 잘 어울린다는 것은 누가 보아도 분명하다. 따라서 다른 해석자들은 이것을 제대로 살피지 못하는 부주의함 때문에 잘못된 번역이나 해석에 빠진 것 같다.

5. 그러므로 내가 이 형제들로 먼저 너희에게 가서 너희가 전에 약속한 연보를

미리 준비하게 하도록 권면하는 것이 필요한 줄 생각하였노니 이렇게 준비하여야 참 연보답고 억지가 아니니라. 여기에서 "참 연보"로 번역된 헬라어는 직역하면 "후히 베푸는 것"을 의미하지만, 어떤 이들은 이 단어를 "연보"로 번역한다. 그러나 나는 "후히 베푸는 것"이라는 문자적인 번역을 그대로 유지하였는데, 그것은 헬라어로 '율로기아스'(εὐλογίας)는 히브리어로 "축복," 즉 모든 일이 잘되도록 복을 빌어 주는 것이나 복을 베푸는 것을 의미하는 '베라카'에 해당하기 때문이다. 이러한 두 가지 의미를 지니는 이 히브리어는 무엇보다도 먼저 하나님과 관련해서 사용된다. 왜냐하면, 하나님께서 단순히 자신의 의지의 작용을 통해서 우리에게 실제로 복을 베푸시기 때문이다. 또한, 이 단어는 사람들과 관련해서 사용될 때에도 동일한 의미로 사용되지만, 사실 그러한 용법은 부적절하다. 왜냐하면, 사람들이 다른 사람에게 복을 빌어 준다고 해서 실제로 그 사람에게 복이 임하는 것은 아니기 때문이다. 하지만 하나님께서 "복을 베풀어 주신다"는 것을 의미하는 것으로 사용되는 이 단어가 사람들과 관련해서는 "복을 빌어 준다"는 전이된 의미로 사용되는 것이라는 점에서는 꼭 부적절하다고 할 수는 없다. 여기에서 바울은 이렇게 "복을 빌어 준다"는 의미를 지닌 단어를, 헬라어에서 지나친 탐욕과 인색함을 의미하는 단어인 '플레오넥시안'(πλεονεξίαν)과 대비해서 사용한다. 따라서 우리는 여기에서 "참 연보"로 번역된 단어를, 그것과 반대개념으로 사용된 "인색함"(한글 개역개정에는 "억지")에 대비해 보았을 때에만, 그 진정한 의미를 제대로 이해할 수 있게 된다. 즉, 바울은 이후에 계속해서 하는 말들을 통해서 좀 더 분명하게 보여주듯이, 고린도 교인들이 탐욕으로 인해서 인색해져서 어쩔 수 없이 마지못해 하는 것이 아니라, 후히 베풀고자 하는 마음으로 연보를 하기를 바라고 있는 것이다.

6이것이 곧 적게 심는 자는 적게 거두고 많이 심는 자는 많이 거둔다 하는 말이로다
7각각 그 마음에 정한 대로 할 것이요 인색함으로나 억지로 하지 말지니 하나님은
즐겨 내는 자를 사랑하시느니라 8하나님이 능히 모든 은혜를 너희에게 넘치게 하시
나니 이는 너희로 모든 일에 항상 모든 것이 넉넉하여 모든 착한 일을 넘치게 하게
하려 하심이라 9기록된 바 그가 흩어 가난한 자들에게 주었으니 그의 의가 영원토
록 있느니라 함과 같으니라(9:6-9).

6. 이것이 곧 적게 심는 자는 적게 거두고 많이 심는 자는 많이 거둔다 하는 말이

로다. 바울은 이제 "구제"를 씨앗을 "심는 것"에 비유해서, 이 아름다운 비유를 통해 자원해서 기쁜 마음으로 후하게 구제하기를 권한다. 우리가 손으로 씨앗들을 한 움큼 움켜쥐고서 밭의 여기저기에 흩뿌리면, 씨앗들은 땅의 곳곳에 떨어져서 결국에는 흔적도 보이지 않게 다 사라져 버리기 때문에, 마치 다 소실되어 버린 것처럼 보인다. 구제도 마찬가지이다. 우리가 우리의 재물을 어떤 사람에게 주었을 때, 우리에게 있던 그 재물은 없어져 버린 것처럼 보이지만, 언젠가 추수할 때가 되면, 우리는 그 열매들을 거두게 된다. 왜냐하면, 하나님께서는 우리가 가난한 자들에게 나누어 준 것을 하나님께 드린 것으로 여기고서, 나중에 많은 이자를 붙여서 다시 되갚아 주시기 때문이다. 이제 바울의 비유로 다시 돌아가 보면, 그는 자기가 가진 씨앗이 아까워서 "적게 심는" 사람은 추수할 때에 자기가 심은 만큼 "적게" 거두게 될 것인 반면에, 자신의 씨앗을 후히 아낌없이 뿌려서 "많이 심은" 사람은 차고 넘치게 수확하게 될 것이라고 말한다. 우리는 이 가르침을 우리의 마음속에 깊이 새겨 두어야 한다. 그러면, 우리 속에서 육신적인 지혜가 발동해서, 우리가 다른 사람들에게 많이 베푸는 것이 다 손실이 되고 손해가 될 것이기 때문에, 될 수 있으면 베풀지 말고, 베풀더라도 적게 베풀라고 속삭이면, 우리는 우리의 것으로 베푸는 것은 씨앗을 "심는" 것이고, 많이 심는 자가 많이 거두게 될 것이라는 하나님의 말씀을 기억하고서, 육신적인 지혜의 그러한 유혹과 충동을 즉시 물리칠 수 있게 될 것이다. 우리는 바울이 여기에서 말하고 있는 "거둔다"는 것은, 한편으로는 영생이라는 영적인 상을 가리키는 것이고, 다른 한편으로는 하나님께서 후히 베푸는 자들을 높이셔서 그들에게 이 땅에서 주시는 여러 가지 복들을 가리키는 것이라고 이해하여야 한다. 하나님께서는 믿는 자들이 행한 선한 일들에 대하여 장차 천국에서만 상을 내리시는 것이 아니라, 이 세상에서도 상을 주신다. 바울은 이렇게 말한 것과 같다: "너희가 너희 이웃들에게 더 후히 베풀수록, 너희는 하나님께서 너희에게 더 후히 복을 내려 주시는 것을 발견하게 될 것이다." 바울은 앞에서와 마찬가지로 여기에서도 "후히 베푸는 것"을 "인색함"과 대비시켜서, "적게 심는" 것을 "인색하게 심는" 것으로 표현하고, "많이 심는" 것을 "후히 베풀어 심는" 것으로 표현함으로써, "많이 심는다"는 것은 후히 아낌없이 구제하고 연보하는 것을 의미한다는 것을 보여 주고 있다.

7. 각각 그 마음에 정한 대로 할 것이요 인색함으로나 억지로 하지 말지니. 바울은 앞에서 고린도 교인들에게 후히 연보할 것을 당부한 후에, 이제 여기에서는 하

나님께서는 어떤 사람이 연보를 한 금액이 아니라 그 동기를 보시고서, 그 사람이 후히 하였느냐 인색하게 하였느냐를 판단하신다는 것을 분명히 한다. 그가 가능한 한 많은 연보를 거두어서 예루살렘의 궁핍한 형제들에게 전달하고자 하였다는 것은 분명하지만, 이방 교회의 믿는 자들이 내기 싫어하는 것을 거의 반강제로 착취하다시피 억지로 거두어서, 그렇게 모아진 연보를 전달하고자 하는 마음은 없었다. 그래서 그는 고린도 교인들에게 "각각 그 마음에 정한 대로," 즉 자기가 얼마를 하는 것이 마땅하겠다고 생각한 것에 따라서 자유롭게 연보를 하고, 많이 하여야 한다는 강박감에 사로잡혀서 억지로 많이 하는 일이 있어서는 안 된다고 말한다. 바울은 "마음에 정한 대로"를 "인색함으로"와 "억지로"와 대비시킨다. 우리는 어떻게 하여야 한다는 강박감 아래에서 행할 때에는, 우리의 "마음에 정한" 것을 따라서 행하는 것이 아니기 때문에, 어쩔 수 없이 마지못해 억지로 하게 되는데, 바울은 여기에서 고린도 교인들이 외부로부터 가해진 강박감, 즉 이 연보를 많이 하고 후히 하여야 한다는 강박감에 얼마든지 사로잡힐 수 있다는 것을 고려해서, 이런 말을 하고 있는 것이다. 우리는 하나님께 순종하는 것이 마땅하기 때문에 순종하여야 한다는 것은 분명하지만, 그것은 마음에서는 순종하고 싶지 않은데 그렇게 해야 하기 때문에 어쩔 수 없이 순종하는 것이 되어서는 안 되고, 우리의 마음속에서 진심으로 순종하고 싶어서 순종하는 것이 되어야 한다. 이 연보의 일과 관련해서도 우리는 우리의 자유의지로 후히 연보를 하는 것이 마땅하지만, 우리의 육신이 그렇게 하기를 꺼리기 때문에, 우리는 흔히 어쩔 수 없어서 마지못해서, 자기가 합당하다고 생각하는 것보다 더 많은 연보를 하지 않을 수 없게 된다. 그러나 우리가 외부로부터의 어떤 강제나 강박감으로 인해서, 우리의 마음속에서는 피할 수만 있다면 피하고 싶은 것을 행할 때, 그것은 기쁜 마음으로 자원해서 그 일을 하는 것이 아니라, 어쩔 수 없이 마지못해 그 일을 하는 것이다.

하나님은 즐겨 내는 자를 사랑하시느니라. 바울은 연보를 적게 하거나 많이 하는 것과 관련해서 여기에서 또다시 우리를 하나님 앞으로 불러낸다. 즉, 그는 우리를 하나님 앞으로 호출해서는, 내가 앞에서 이미 말하였듯이, 구제(eleemosyna)는 하나님께 드리는 희생제사이고, 하나님께서는 오직 자원하여 기쁜 마음으로 드리는 제사만을 기뻐하시며 받으신다는 것을 명심하라고 일깨워 준다. 왜냐하면, 그가 하나님께서는 기쁜 마음으로 내는 자를 사랑하신다고 말한 것은, 뒤집어 말하면, 하나님께서는 억지로 인색하게 내는 자를 기뻐하지 않으신다는 것을 의미하기 때문이다. 이것은 하나님께서는 폭군처럼 우리에게 강요하고 강제하시는 것이 아니라, 우리의 아버지로서, 자녀들인 우리가 기쁜 마음으로 자원해서 순종하기를 바라신다는 것을 잘 보여 준다.

8. 하나님이 능히 모든 은혜를 너희에게 넘치게 하시나니. 여기에서 믿음이 결여된 우리의 마음은 언제나 우리의 귀에 대고 이렇게 속삭인다: "왜 너는 네 자신의 이익을 생각하지 않는 것이냐? 네가 이렇게 자꾸 너의 것을 다른 사람들에게 주어 버리면, 네게 남아 있는 것이 없을 것이라는 사실을 왜 생각하지 않는 것이냐?" 그래서 바울은 사람들이 그런 불순한 속삭임에 넘어가지 않도록 하기 위해서, 하나님께서는 우리에게 모든 은혜를 넘치게 하셔서 항상 모든 것에서 모든 것이 넉넉하게 해 주실 것이라고 약속하셨기 때문에, 우리가 다른 사람들에게 베푸는 것이 얼핏 보면 손해인 것 같지만 사실은 우리에게 유익이 된다는 것을 보여 줌으로써, 그 불순한 속삭임을 반박함과 동시에, 우리를 하나님의 놀라운 약속으로 무장시킨다. 나는 이미 앞에서, 우리는 믿음이 부족하기 때문에, 우리 자신의 것을 꼭 움켜쥐고서 결코 남들에게 베풀려고 하지 않는 성향을 지니고 있어서, 본성적으로 지독하게 인색하다고 말한 바 있다. 이러한 잘못을 바로잡기 위해서는, 우리는 바울이 여기에서 하나님의 약속을 우리에게 전하면서, 가난한 자들에게 재물을 나누어 주는 자들은 마치 자신의 밭에 물을 주는 것과 같아서 그들 자신에게 유익이라는 것을 알아야 한다고 말하는 것을 굳게 붙잡아야 한다. 왜냐하면, 어떤 사람이 다른 사람들을 구제하는 것은 자신의 밭에 물을 공급해 줄 수로들을 마련하는 것과 같아서, 하나님께서는 바로 그 수로들을 통해서 그들에게 차고 넘치게 복을 주셔서 그들을 부요하게 해 주시기 때문이다. 따라서 바울이 여기에서 말하고자 하는 것은 이것이다: "너희가 후히 베푸는 것은 너희에게 결코 손해가 아니라 큰 유익이다. 왜냐하면, 너희가 베푼 것은 머지않아 너희에게 여러 배로 차고 넘치게 다시 되돌아오게 될 것이기 때문이다." 바울은 여기에서 시인들처럼 하나님의 권능에 대해서 시적으로 말하고 있는 것이 아니라, 성경이 말하고 있는 것처럼 행동으로 나타나는 하나님의 권능에 대하여 말하고 있는 것이기 때문에, 우리는 바울이 여기에서 말한 것을, 단지 하나님이라면 당연히 그렇게 하실 것이라고 하나의 가능성으로만 생각하는 것이 아니라, 현실에서 실제적으로 그 결과를 경험하게 된다.

이는 너희로 모든 일에 항상 모든 것이 넉넉하여 모든 착한 일을 넘치게 하게 하려 하심이라. 여기에서 바울은 자기가 전반절에서 고린도 교인들에게 약속하였던 하나님의 "은혜"가 그들에게 가져다줄 두 가지 결과에 대하여 말하는데, 하나는 그들이 모든 일에서 항상 모든 것이 넉넉할 것이라는 것이고, 다른 하나는 그들이 자신들의 넉넉함 가운데서 다른 사람들에게 모든 착한 일을 넘치게 하게 될 것이라는 것이다. 그가 여기에서 "넉넉할" 것이라고 말한 것은, 하나님께서 우리에게 유익이 되는 한도 내에서 "넉넉하게" 부어 주실 것이라는 의미이다. 왜냐하면, 모든 것이 주체할 수 없을 정도로 차고 넘치는 것이 언제나 반드시 우리에게 유익이 되는 것은 아니기 때문이다. 하나님께서는 우리에게 유익이 될 정도만 우리에게 채워 주시기 때문에, 어떤 때에는 더 많이 주시고 어떤 때에는 더 적게 주시지만, 우리는 늘 만족하게 되는데, 이것은 우리에게 항상 모든 것이 차고 넘쳐서 흥청망청 살아가게 되는 것보다 훨씬 더 우리에게 유익하다. 우리는 우리의 이러한 넉넉함으로 다른 사람들에게 모든 착한 일을 넘치게 하여야 한다. 왜냐하면, 하나님께서 우리를 넉넉하게 해 주시는 목적은, 우리로 하여금 하나님으로부터 받은 넉넉한 것으로 우리 자신만을 배부르게 하시기 위한 것이 아니라, 우리의 그 넉넉한 것을 모든 것이 부족한 형제들에게 나누어 주어서, 우리나 그들이나 다 배부르게 하시기 위한 것이기 때문이다.

9. 기록된 바 그가 흩어 가난한 자들에게 주었으니 그의 의가 영원토록 있느니라 함과 같으니라. 바울은 자기가 앞에서 말해 온 것들을 증명하기 위해서, 여기에서는 시편 112:9("그가 재물을 흩어 빈궁한 자들에게 주었으니 그의 의가 영구히 있고 그의 뿔이 영광 중에 들리리로다")을 인용한다. 거기에서 선지자는 경건한 자가 행하는 여러 가지 훌륭한 일들을 열거하는 가운데, 그에게는 선한 일을 행하는 것이 그치지 않을 것이라고 말한다. 즉, 마르지 않는 샘에서 물이 끊임없이 흘러나오듯이, 경건한 자가 자신의 재물을 흩어 가난한 자들에게 나누어 주는 것도 결코 마르지 않고 그치지 않으리라는 것이다. 바울이 이 시편을 인용해서 말하고자 하는 것은, 우리는 선을 행함에 있어서 지쳐서는 안 된다는 것인데(갈 6:9, "우리가 선을 행하되 낙심하지 말지니 포기하지 아니하면 때가 이르매 거두리라"), 선지자가 이 시편에서 말하고자 한 것도 바로 그것이다.

[10]심는 자에게 씨와 먹을 양식을 주시는 이가 너희 심을 것을 주사 풍성하게 하시고 너희 의의 열매를 더하게 하시리니 [11]너희가 모든 일에 넉넉하여 너그럽게 연보를 함은 그들이 우리로 말미암아 하나님께 감사하게 하는 것이라 [12]이 봉사의 직무가

성도들의 부족한 것을 보충할 뿐 아니라 사람들이 하나님께 드리는 많은 감사로
말미암아 넘쳤느니라 [13]이 직무로 증거를 삼아 너희가 그리스도의 복음을 진실히
믿고 복종하는 것과 그들과 모든 사람을 섬기는 너희의 후한 연보로 말미암아 하
나님께 영광을 돌리고 [14]또 그들이 너희를 위하여 간구하며 하나님이 너희에게 주
신 지극한 은혜로 말미암아 너희를 사모하느니라 [15]말할 수 없는 그의 은사로 말미
암아 하나님께 감사하노라(9:10-15).

10. 심는 자에게 씨와 먹을 양식을 주시는 이가 너희 심을 것을 주사 풍성하게 하시고 너희 의의 열매를 더하게 하시리니. 바울은 여기에서 "하나님"이라는 말 대신에, "심는 자에게 씨와 먹을 양식을 주시는 이"라는 아름다운 표현을 사용하여, 우리에게 너무나 큰 위로가 되는 말을 해 주고 있다. 파종할 시기에 씨를 심는 사람은 추수 때에 자신의 땀과 수고의 열매를 거두는 것처럼 보이기 때문에, 우리가 먹는 양식은 "심는 자"로부터 오는 것처럼 보인다. 그러나 바울은 그것을 부인하고, "심는 자"인 농부들에게 "씨와 먹을 양식"을 공급해 주시는 이는 하나님이시고, 그 농부들의 수고를 통해서 다른 사람들도 먹을 양식을 얻게 되는 것이라고 말한다. 이것과 동일한 말씀은 신명기 8:16-18에도 나온다: "네 조상들도 알지 못하던 만나를 광야에서 네게 먹이셨나니 이는 다 너를 낮추시며 너를 시험하사 마침내 네게 복을 주려 하심이었느니라 그러나 네가 마음에 이르기를 내 능력과 내 손의 힘으로 내가 이 재물을 얻었다 말할 것이라 네 하나님 여호와를 기억하라 그가 네게 재물 얻을 능력을 주셨음이라 이같이 하심은 네 조상들에게 맹세하신 언약을 오늘과 같이 이루려 하심이니라."

너희 심을 것을 주사 풍성하게 하시고 너희 의의 열매를 더하게 하시리니. 이 구절에 대해서는 헬라어 사본들에서 두 가지 서로 다른 읽기가 존재한다. 어떤 사본들에는 이 구절에서 사용된 세 개의 동사, 즉 "주다," "풍성하게 하다," "더하게 하다"를 모두 미래 시제로 읽는다. 이 읽기에 따르면, 이 구절은 바로 앞에 나온 구절을 확증해 주는 것이 된다. 바울은 하나님의 어떤 약속을 우리의 마음에 확실하게 각인시키기 위해서, 그 동일한 약속을 표현만 달리해서 반복하는 경우가 드물지 않다. 반면에, 어떤 사본들에는 이 세 개의 동사가 모두 부정사로 되어 있는데, 헬라어에서 부정사가 종종 희구법 대신에 사용된다는 것은 잘 알려져 있는 사실이다. 나는 두 가지 이유에서 이 두 번째 읽기를 선호하는데, 첫 번째 이유는 이 읽기

가 좀 더 일반적으로 받아들여지고 있기 때문이고, 두 번째 이유는 바울은 어떤 주제와 관련해서 사람들에게 권면한 후에는, 자기가 권면한 것을 하나님께서 이루어 주시도록 간구하는 기도를 덧붙이는 경우가 많기 때문이다. 하지만 첫 번째 읽기를 택한다고 하여도, 그것은 잘못된 것이 아니다.

먹을 양식. 바울은 하나님께서 우리에게 은혜를 베푸셨을 때에 생겨나는 두 가지 결과에 대하여 말하는데, 첫 번째는 우리에게 넉넉하게 먹고 살 것이 있게 된다는 것이고, 두 번째는 다른 곤궁한 사람들에게 줄 것이 우리에게 있게 된다는 것이다. 왜냐하면, 그리스도인들은 오직 자기 자신만을 위해 태어난 것이 아닌 까닭에, 자기 자신만을 위해서 살아서도 안 되고, 자기에게 있는 것들을 오직 자기 자신만을 위해서 사적으로 사용해서도 안 되기 때문이다. 바울이 여기에서 말하고 있는 "씨"와 "의의 열매들"은 둘 다 "구제"를 의미한다. 그는 "의의 열매들"을, 사람들이 일생 동안 부족함 없이 풍족한 삶을 누리며 잘 먹고 잘 살기 위해서, 자신들의 수고를 통해 얻거나, 수단과 방법을 가리지 않고 닥치는 대로 끌어 모아서 자신의 곳간들이나 저장소들에 쌓아둔 것들과 간접적으로 대비시킨다. 바울이 말하는 "씨"는 다른 사람들에게 선을 행할 때에 수단이 되는 것들을 가리키고, "열매"는 선을 행하거나 다른 사람들을 구제하는 일 자체를 가리킨다. 왜냐하면, 여기에서 "의"는 자선(beneficentia)을 의미하는 제유법적 표현이기 때문이다. 따라서 바울은 이렇게 말한 것과 같다: "나는 하나님께서 너희에게 너희 자신이 쓸 것을 충분하게 공급해 주실 뿐만 아니라, 너희가 가진 것들을 다른 사람들에게 후히 베풀고 나누어 주는 것도 끊임없이 계속해서 이어질 수 있게 해 주시기를 기원한다." 우리의 궁핍한 이웃들을 돕는 일은 "의"의 일부이고 결코 작은 일이 아니기 때문에, 우리가 해야 할 일들 중에서 이 부분을 소홀히 하는 사람들은 불의한 것으로 여김을 받는 것이 마땅하다.

11-12. 너희가 모든 일에 넉넉하여 너그럽게 연보를 함은. 바울은 참된 연보의 본질을 표현하기 위해서, 여기에서 또다시 "후히 베푼다"(한글개역개정에는 "너그럽게 연보를 함")는 단어를 사용한다. 왜냐하면, 우리가 우리의 모든 염려와 걱정을 하나님께 맡긴다면, 우리는 우리가 가진 모든 것들을 하나님께서 원하시는 곳에 기쁜 마음으로 자원해서 내놓게 될 것이기 때문이다. 바울은 믿는 자들은 모든 것을 넉넉하게 공급해 주시는 하나님의 섭리를 믿고 의지할 때, 진정한 부요함을 누리게 되고, 믿음이 부족해서 선한 일을 하지 못하는 일이 없게 된다고 가르친다. 바울

이 자기가 가진 것들을 다른 사람들에게 후히 베풀어 나누어 주고, 자기는 자신에게 적절한 몫만으로 만족하는 사람을 부요한 사람으로 표현한 것은 합당하다. 왜냐하면, 아무리 많은 것을 가지고 있는 사람일지라도, 믿음이 없어서, 자기가 가진 것들이 없어질 것을 염려하여 늘 노심초사해서 결코 평안을 알지 못하는 사람이야말로 세상에서 가장 곤궁하고 굶주린 사람이기 때문이다.

그들이 우리로 말미암아 하나님께 감사하게 하는 것이라 이 봉사의 직무가 성도들의 부족한 것을 보충할 뿐 아니라 사람들이 하나님께 드리는 많은 감사로 말미암아 넘쳤느니라. 바울은 믿는 자들이 행하는 구제가 가져다주는 또 하나의 선한 결과를 여기에서 제시함으로써, 그들에게 구제를 행할 것을 다시 한 번 적극적으로 권면하는데, 그것은 그들이 구제하는 것은 결국 하나님께서 더 큰 영광을 받으시게 하는 일이라는 것이다. 그는 계속해서 그들의 구제가 "성도들의 부족한 것을 보충해 주는" 사랑의 열매를 맺게 될 뿐만 아니라, 그들의 구제를 받은 성도들이 하나님께 드리는 많은 감사로 말미암아, 하나님께서도 많은 영광을 받으시는 결과를 가져올 것이라고 설명함으로써, 그 점을 한층 더 강조한다. 즉, 바울은 고린도 교인들이 연보를 통해서 예루살렘의 궁핍한 형제들을 돕게 되면, 그 형제들은 궁핍함으로 인해서 곤경에 처해 있던 자신들이 도움을 입게 된 것에 대하여 하나님께 감사하게 될 뿐만 아니라, 고린도 교인들의 경건한 삶과 신앙으로 인해서도 하나님께 감사하게 될 것임을 강조하고 있는 것이다.

바울은 이 연보의 일을 "봉사의 직무"라고 말함으로써, 자기가 이 일을 교회들의 요청에 의해서 수행해 왔다는 것을 보여 준다. 우리가 여기에서 "봉사"로 번역한 헬라어는 '레이투르기아'(λειτουργία)인데, 이 단어는 "제사"를 의미하기도 하고 공적으로 맡겨진 일, 즉 "공무"를 의미하기도 한다. 이 두 가지 의미는 어느 것이나 현재의 문맥과 잘 부합한다. 왜냐하면, 한편으로는 구제를 제사라고 부른다는 것은 우리가 익히 아는 사실이고, 다른 한편으로는 시민들이 공적인 일들을 서로 나누어서 행하여야 하는 경우에, 모든 시민들이 자신에게 맡겨진 공무를 불평 없이 행하듯이, 교회에서도 공적으로 필요한 일들을 서로 나누어서 행하여야 할 때, 각 사람에게 맡겨진 일은 공무가 되기 때문이다. 즉, 고린도 교인들을 비롯한 여러 이방 교회들이 예루살렘의 궁핍한 형제들을 돕기 위하여 연보를 모으고 있는 것은 하나님께 드리는 일종의 제사라고 할 수도 있고, 그들에게 공적으로 주어진 합법적인 공무를 수행하고 있는 것이라고 할 수도 있다는 것이다. 바울은 바로 그러한 제사를 맡아 집례하는 사역자였다. 우리는 "직무" 또는 "봉사"가 바울이 아니라 고린도 교인들이 하고 있는 일을 지칭하는 것일 수도 있는데, 그렇다고 하더라도 해석상의 차이는 별로 없기 때문에, 그런 것은 중요하지 않다.

13. 이 직무로 증거를 삼아 너희가 그리스도의 복음을 진실히 믿고 복종하는 것과 그들과 모든 사람을 섬기는 너희의 후한 연보로 말미암아 하나님께 영광을 돌리고. "이 직무로 증거를 삼아"라는 어구에서 사용된 단어는, 다른 많은 본문들에서와 마찬가지로 여기에서도 "증거" 또는 "시금석"을 의미한다. 왜냐하면, 바울이 고린도 교인들이 그들로부터 아주 멀리 떨어져 있는 예루살렘의 궁핍한 형제들을 위하여 이렇게 후히 연보를 한 것은, 그들의 사랑이 참되다는 것을 보여 주는 충분한 "증거" 또는 "시금석" 될 것이라고 말한 것은 지극히 합당하기 때문이다. 그러나 그는 단지 그것만을 말하고자 하는 것이 아니라, 그 이상의 것을 여기에서 말하고자 하는데, 그것은 이러한 연보는 고린도 교인들이 한마음으로 복음을 믿고 순종하고 있음을 보여 주는 증거 또는 시금석이 되리라는 것이다. 왜냐하면, 이 연보는 고린도 교인들 중에서 일부만 동의해서는 안 되고 그들 모두가 한마음과 한뜻으로 협력하고 함께 할 때에만 가능한 것인 까닭에, 그들이 이 연보의 일을 제대로 마무리한다는 것은, 그들이 복음의 가르침에 한마음으로 순종하고 있다는 증거 또는 시금석이 될 것이었기 때문이다.

14-15. 또 그들이 너희를 위하여 간구하며 하나님이 너희에게 주신 지극한 은혜로 말미암아 너희를 사모하느니라 말할 수 없는 그의 은사로 말미암아 하나님께 감사하노라. 바울은 이 연보와 관련해서 고린도 교인들에게 동기부여가 되고 그들의 마음을 움직일 만한 무게를 지닌 것들은 하나도 남김 없이 빼놓지 않고 다 그들 앞에 말하고자 하고 있기 때문에, 여기에서도 그들의 후한 연보로 말미암아 초래될 유익들을 제시한다. 그는 앞에서 먼저 믿는 자들이 경험하게 될 "위로"에 대하여 언급하였고, 다음으로는 예루살렘의 형제들이 이 연보를 통해서 고린도 교인들이 한마음으로 믿음과 경건한 순종에 거하는 모습을 보고 하나님께 감사함으로써, 하나님께서 영광을 받으시게 될 것이라고 말하였는데, 이제 여기에서는 고린도 교인들이 자신들의 이 연보로 말미암아 예루살렘의 형제들로부터 받게 될 보답을 덧붙이는데, 그가 말하는 보답이라는 것은, 진정으로 감사하는 마음에서 우러나오는 "사모함"과 고린도 교인들을 위한 "간절한 기도"이다. 그는 이렇게 말한다: "너희의 연보를 통해서 도움을 받은 형제들은 너희가 하나님으로부터 지극히 큰

은혜를 받았다는 것을 알고서 너희를 진심으로 사랑하고 사모하게 될 것이며, 하나님 앞에서 너희를 위하여 진심으로 간절히 기도하게 될 것이다." 마지막으로, 바울은 마치 자기가 이미 자신의 목적을 이루었다는 듯이, 하나님께서 주신 이루 말할 수 없는 은혜를 인하여 하나님께 감사와 찬송을 올려드린다. 왜냐하면, 이것을 통해서 그는 이 연보의 일이 제대로 잘 마무리될 것이라는 자신의 확신을 증언하고자 하였기 때문이다.

제10장

[1]너희를 대면하면 유순하고 떠나 있으면 너희에 대하여 담대한 나 바울은 이제 그
리스도의 온유와 관용으로 친히 너희를 권하고 [2]또한 우리를 육신에 따라 행하는
자로 여기는 자들에 대하여 내가 담대히 대하는 것 같이 너희와 함께 있을 때에 나
로 하여금 이 담대한 태도로 대하지 않게 하기를 구하노라 [3]우리가 육신으로 행하
나 육신에 따라 싸우지 아니하노니 [4]우리의 싸우는 무기는 육신에 속한 것이 아니
요 오직 어떤 견고한 진도 무너뜨리는 하나님의 능력이라 모든 이론을 무너뜨리며
[5]하나님 아는 것을 대적하여 높아진 것을 다 무너뜨리고 모든 생각을 사로잡아 그
리스도에게 복종하게 하니 [6]너희의 복종이 온전하게 될 때에 모든 복종하지 않는
것을 벌하려고 준비하는 중에 있노라(10:1-6).

바울은 연보의 일과 관련한 자신의 권면을 다 마쳤기 때문에, 이제 한편으로는 거짓 사도들이 자기를 겨냥해서 제기해 온 거짓 고소들을 반박하고, 다른 한편으로는 자신의 명령이나 권면을 전혀 듣고자 하지 않고 있는 일부 악한 자들의 오만방자함을 꺾어 놓기 위하여 계속해서 말을 해 나가기 시작한다. 이 두 부류의 무리들은 바울의 권위를 깎아내리기 위해서, 그가 자신의 편지들을 통해서 호통을 치고 큰소리를 쳤지만, 그것은 '트라소데일리안'(θρασοδειλίαν), 즉 겁 많고 소심한 허풍쟁이가 허세를 부리는 것일 뿐이라고 고린도 교인들에게 말하고 다녔다. 그리고 그들은 바울이 고린도 교인들 가운데 있을 때에 보여 주었던 태도와 언행은 이 편지들에서 그가 보여 주고 있는 모습과는 완전히 딴판이었다는 것을 그 증거로 들었다. 즉, 바울을 직접 대면해서 만나보면, 그 풍모에 공경할 만한 것이나 위엄이 없고, 도리어 아주 수수하고 심지어 보잘것없다고까지 할 만하기 때문에, 이렇게 큰소리를 치는 편지들을 보낸 것은 허풍에 지나지 않는다는 것이었다. 이 무리들은 바울에 대하여 고린도 교인들에게 이렇게 말하였다: "우리가 알다시피, 바울은 열등감에 사로잡혀서 비굴할 정도로 굽신거리고 소심하기 짝이 없는 사람이었지 않느냐. 그런 그가 이제 우리와 대면하지 않고 멀리 떨어져 있으니까, 이렇게 허세를 부리며 대놓고 큰소리를 치고 맹렬하게 우리를 공격하고 있는 것일 뿐이다! 그렇지 않다면, 그가 우리와 함께 있을 때는 아무 말도 못하다가, 이렇게 편지들로만 대담하게 우리를 공격할 이유가 없지 않겠는가? 그가 우리와 함께 있을 때에도 우리가 그를 멸시하였는데, 그가 우리와 멀리 떨어져서 편지들로 우리를 겁준다고 해서, 우리가 그를 두려워할 이유가 어디 있겠는가? 그는 우리와 멀리 떨어져 있기 때문에, 그 마음에 담대함을 얻어서, 자기가 원하는 대로 우리를 다룰 수 있다고 생각하여, 이렇게 허세를 부리고 있는 것이 아니겠는가?"

이 무리들은 이런 식의 말을 고린도 교인들 가운데 퍼뜨려서, 편지들에서 보여준 바울의 엄한 경고와 명령을 가소로운 것으로 폄하할 뿐만 아니라, 한 걸음 더 나아가서 가증스러운 것으로 만들어 버리고자 하였다. 바울은 자신에 대한 이 무리들의 이러한 비방과 중상모략에 대해서, 자기는 오직 꼭 필요한 경우에만 담대함을 나타내고자 하는 것이고, 평소에 그들과 함께 있을 때에 자기가 권위를 내세우지 않고 겸손하고 온유하게 행하는 것을 보고, 그들이 자기를 멸시하였지만, 권위라는 것은 육신적이고 외적으로 위엄과 당당함을 보인다고 해서 생기는 것이 아니라, 뛰어난 영적인 능력(spiritualis virtus)을 지녀야만 생기는 것이기 때문에, 그들이 자기를 멸시한다고 해서, 자신의 권위가 손상되는 것은 결코 아니라고 대답한다. 따라서 그는 자기가 편지들을 통해서 고린도 교인들에게 행한 권면들이나 책망들이나 경고들을 조롱하고 비웃은 자들은 중대한 죄를 저지르고 있는 것이라고 말한다. "나 바울은"이라는 어구는 강조된 표현이다. 그는 이렇게 말한 것과 같다: "나에 대하여 악의적인 자들은 내가 원래 보잘것없고 형편없는 자인데, 편지들에서만 큰소리치고 있다고 비방하지만, 나 바울은 너희와 함께 있을 때와 너희로부터 멀리 떨어져 있을 때가 서로 다른 그런 사람이 아니라, 어느 때에나 늘 한결같이 동일한 사람이다."

1. 나 바울은 이제 그리스도의 온유와 관용으로 친히 너희를 권하고. 격렬한 감정이 마음속에서 솟아오를 때면 흔히 그러하듯이, 바울은 여기에서 느닷없이 불쑥 "나 바울은 … 너희에게 권한다"고 말을 꺼내는데, 그가 여기에서 말하고자 하는 것은 이런 것이다: "너희 중에 어떤 자들은 하나님께서 내게 주신 저 영적인 탁월한 능력을 보고서 나를 판단해야 함에도 불구하고, 그렇게 하지 않고, 도리어 나의 외적인 모습에 공경할 만한 점이 없다는 이유로 나를 멸시하고 있는데, 나는 그런

자들에 대하여는 담대히 대하고자 하지만, 너희에게까지 담대하게 대하기를 원하지 않기 때문에, 너희가 너희의 완악함으로 말미암아 나로 하여금 너희에게 심하게 대하지 않을 수 없게 만들지 않기를, 그리스도의 온유하심을 의지해서 너희에게 진심으로 간절하게 권하고 당부한다." 바울이 여기에서 권하는 형식을 취하고 있는 것은, 그가 "그리스도의 온유와 관용으로" 이 문제를 다루고 있기 때문이다. 고린도 교회에 있던 대적들이 바울을 비방하고 중상모략을 한 이유는, 한편으로는 그의 외적인 모습에 공경할 만한 것이 없었기 때문이었고, 다른 한편으로는 그가 대면해서는 아무 말도 못하면서도 멀리 떨어져 있으니까 편지들을 통해서 그들에게 큰소리를 치고 있다고 생각하였기 때문이었다. 우리가 이미 말하였듯이, 여기에서 바울은 이 두 가지 고소를 만족스러울 정도로 충분히 반박하고 있으면서도, 자신의 마음속에는 그 무엇보다도 "온유함"이 자리잡고 있다는 것을 보여 준다. "온유"는 그리스도께서 친히 모범을 보여 주신 것으로서, 그리스도께서는 친히 마태복음 11:29-20에서 "나는 마음이 온유하고 겸손하니 나의 멍에를 메고 내게 배우라 그리하면 너희 마음이 쉼을 얻으리니 이는 내 멍에는 쉽고 내 짐은 가벼움이라"고 말씀하셨다. 따라서 그리스도의 사역자들은 이 "온유"를 배워 행하는 것이 마땅하다. 또한, 이사야 선지자도 저 옛적에 그리스도에 대해 예언하면서, "그는 외치지 아니하며 목소리를 높이지 아니하며 그 소리를 거리에 들리게 하지 아니하며 상한 갈대를 꺾지 아니하며 꺼져가는 등불을 끄지 아니하고"(사 42:2-3)라고 말하였다. 그리스도께서는 친히 온유하셨을 뿐만 아니라, 자신의 종들에게도 그러한 온유함을 요구하신다. 바울은 여기에서 이것에 대하여 말함으로써, 자기가 이것에 대하여 결코 모르는 사람이 아니라는 것을 고린도 교인들에게 보여 준다. 따라서 그는 이렇게 말한 것과 같다: "나는 너희가 그리스도께서 몸소 우리에게 보여 주신 저 '온유,' 그리고 자신의 종들을 통해서 우리에게 매일같이 보여 주시는 저 '온유,' 그리고 너희가 내게서 보는 저 '온유'를 멸시하지 않기를 신신당부한다."

너희를 대면하면 유순하고 떠나 있으면 너희에 대하여 담대한. 바울은 자신의 대적들이 자기를 비방하고 고소할 때에 한 말을 여기에서 그대로 옮겨 놓는다. 따라서 얼핏 보면, 여기에서 그는 자신에 대한 그들의 비방과 고소가 옳다는 것을 인정하는 것처럼 보이지만, 나중에 밝혀지게 되듯이, 사실은 그들의 그러한 비방과 고소를 조금도 인정하지 않고 도리어 그 모든 것들을 반박한다.

2. 또한 우리를 육신에 따라 행하는 자로 여기는 자들에 대하여 내가 담대히 대

하는 것 같이 너희와 함께 있을 때에 나로 하여금 이 담대한 태도로 대하지 않게 하기를 구하노라. 어떤 이들은 바울은 여기에서 자기가 무엇을 "구하고" 있는 것인지를 설명하고 있지 않기 때문에, 이 구절은 불완전한 것이라고 생각한다. 하지만 나는 바울이 앞 절에서 다 말하지 못한 것을 여기에서 말함으로써 지극히 일반적인 권면을 완성하고 있는 것이라고 생각한다: "내가 너희를 엄하게 대하는 일이 벌어지지 않게 하기 위하여, 너희는 내게 대하여 온순하고 고분고분한 태도를 보이라." 선한 목자의 책무는 자신의 양들을 강제로 따라오게 만드는 것이 아니라, 양들을 온유하게 권유해서, 그들로 하여금 온순한 마음으로 자원해서 목자의 인도함을 받고 목자를 따르게 하는 것이다. 나는 목자가 양들에게 종종 엄하게 할 필요가 있다는 것도 인정하기는 하지만, 목자는 양들이 고분고분하게 말을 잘 듣고 따라올 때까지 늘 온유함 가운데서 오래 참고 기다려 주는 것이 마땅하다. 엄하게 하는 것은 최후의 수단이기 때문에, 내가 다시 한 번 말하지만, 다른 모든 수단들을 다 써도 말을 듣지 않을 때에만 마지막으로 사용되어야 한다. 즉, 우리는 어쩔 수 없을 때가 아니면, 결코 양들에게 엄하게 하여서는 안 된다. 바울은 계속해서 자기가 그들과 함께 있을 때에 심약하고 소심하였다고 그들이 생각한다면, 그것은 오산이라고 말하면서, 장차 자기가 자기를 그런 식으로 음해하면서 자기 말을 듣지 않고 끝까지 완악하게 행하는 자들을 대면하게 되면, 그들에 대하여 "담대히" 대할 것이라고 경고한다. 그는 이렇게 말한다: "그들은 나를 심약한 자라고 말하며 멸시하지만, 진짜 싸움이 시작되면, 내가 그들이 생각한 것보다 더 담대하고 강한 자라는 것을 알게 될 것이다." 이것은 우리가 온유함 가운데서 많이 권해도 아무 소용이 없는 경우에는, 엄하게 대하여야 한다는 것을 분명하게 보여 준다. 바울은 "나는 엄하게 대하고 싶은 마음이 추호도 없지만, 그렇게 하기로 결심하였다"고 말한다. 바울의 이러한 절제된 중용의 태도는 매우 칭찬받을 만하다. 왜냐하면, 우리는 우리의 힘이 닿는 데까지 최선을 다해서 사람들을 엄하게 몰아치는 것이 아니라 온유함으로 이끄는 것이 마땅하지만, 완악하고 고집센 사람들을 대할 때에 온유함이 아무 소용이 없는 것으로 증명된 후에는, 그들을 엄하게 대할 필요가 있기 때문이다. 만일 엄하게 대하여야 할 때에 엄하게 대하지 않는다면, 그것은 온유한 것이 아니라 겁쟁이의 비겁한 행위에 지나지 않을 것이다.

여기에서 "우리를 육신에 따라 행하는 자로 여기는 자들"로 번역된 어구에 대해서, 에라스무스(Erasmus)는 "우리가 육신에 따라 행한다고 생각하는 자들"로 번역하고, 불가타 역본에서는 "우리에 대하여 마치 우리가 육신을 따라 행하는 것처럼 판단하는 자들"이라고 번역하는데, 나는 불가타 역본의 번역이 바울의 원래의 의도에 더 가깝다고 본다. 하지만 불가타 역본의 번역은 좋은 라틴어도 아니고, 사도의 의도를 온전히 드러내고 있지도 않다. 왜냐하면, 여기에서 헬라어 '로기제스타이' (λογίζεσθαι)는 "판단하다"라는 의미가 아니라 "여기다, 생각하다"라는 의미로 사용되고 있기 때문이다. 따라서 바울은 이렇게 말하고 있는 것이다: "그들은 우리에 대하여 마치 우리가 육신을 따라 행하는 것처럼 여기거나 생각한다." "육신을 따라 행한다"는 것에 대해서, 크리소스토모스(Chrysostomus)는 신실하지 못하게 행하거나, 자신의 직무를 불성실하게 수행하는 것을 의미하는 것이라고 말하고, 바울도 흔히 이 표현을 그런 의미로 사용한다. 그러나 나는 여기에서 "육신"은 외적으로 그럴 듯해 보이는 것을 가리키는 것이라고 보는데, 거짓 사도들은 바로 그러한 외적으로 그럴 듯해 보이는 것들로 자신들을 치장해서 고린도 교인들의 환심을 샀다. 따라서 여기에서 바울은 자신의 대적들이, 온통 이기적인 목적에 사로잡혀서 살아가는 모든 자들이 흔히 그러하듯이, 자신의 "육신," 즉 눈에 보이는 자신의 외적인 모습만을 보고서 자기를 평가하고 있는 것이 얼마나 불합리하고 잘못된 것인지를 말하고 있는 것이다. 바울은 세상 사람들로부터 통상적으로 찬사를 받거나 공경을 받게 해 주는 그러한 외적인 모습들이나 자질들 중 그 어느 것에서도 뛰어난 것이 없었기 때문에, 그들은 그를 별 볼일 없고 하찮은 평범한 무리들 중의 한 사람으로 치부하여 멸시하였다. 그렇다면, 바울을 이런 식으로 바라보고 멸시하였던 자들은 누구였는가? 그들은 바울 안에 감추어져 있는 것들에는 아무 관심도 갖지 않고 오로지 그의 외적인 모습에 의거해서만 그를 판단하고 평가하였던 야심에 가득 찬 자들이었다.

3. 우리가 육신으로 행하나 육신에 따라 싸우지 아니하노니. 여기에서 "육신으로 행한다"는 것은 이 세상에서 산다는 의미이거나, 바울이 고린도후서 5:6에서 "몸으로 있을 때"라고 말한 것처럼, 육신을 지니고서 살아간다는 의미이다. 왜냐하면, 그는 이 세상에서 살아가는 동안에는 "육신"이라는 감옥 속에 갇혀서 살아갈 수밖에 없었기 때문이다. 하지만 그가 육신으로 살아간다고 해도, 그것은 그의 연약함 가운데서 성령이 강력하게 역사하여 기이한 일들을 행하시는 것을 방해할 수는 없었다. 우리는 여기에서 다시 한 번 바울이 "우리가 육신으로 행한다"고 말함으로써, 자신의 대적들을 인정해 주는 듯한 말을 하는 것을 보지만, 사실은 전혀

그렇지 않다. 왜냐하면, 그는 곧바로 "육신에 따라 싸우지 아니한다"고 말함으로써, 자신의 대적들이 행하는 행태를 전면적으로 부정하기 때문이다. "육신에 따라 싸우는" 자들은 모든 일에서 자신들이 유일하게 자랑하는 것들인 이 세상의 자원들에 의지해서 싸우는 자들이다. 그들은 성령의 다스리심과 인도하심을 의지하지 않는다. 바울은 자기는 세상과 육신이 주는 것들과는 다른 무기들로 무장되어 있는 사람이라는 점에서, "육신에 따라 싸우는" 자들에 속하지 않는다는 것을 분명하게 선언한다. 바울이 여기에서 자기 자신에 대하여 말하고 있는 것들은 그리스도의 모든 참된 사역자들에게도 그대로 적용된다. 왜냐하면, 바울이 앞에서 이미 말하였듯이, 그리스도의 모든 사역자들은 자신들의 질그릇 속에 이루 헤아릴 수 없이 귀한 "보배"를 가지고 있기 때문이다(고후 4:7, "우리가 이 보배를 질그릇에 가졌으니 이는 심히 큰 능력은 하나님께 있고 우리에게 있지 아니함을 알게 하려 함이라"). 그러므로 그들이 아무리 육신의 연약함(carnis infirmitas)에 둘러싸여 있을지라도, 그럼에도 불구하고 하나님의 저 영적인 능력(spiritualis potentia)은 그들 속에서 찬란하게 빛을 발한다.

4-5. 우리의 싸우는 무기는 육신에 속한 것이 아니요 오직 어떤 견고한 진도 무너뜨리는 하나님의 능력이라. 어떤 종류의 무기를 사용하느냐 하는 것은 어떤 종류의 전쟁을 하고 있느냐에 따라 결정된다. 바울은 여기에서 자기가 영적인 무기들로 무장되어 있다는 것을 자랑하고 있기 때문에, 그가 수행하고 있는 전쟁도 영적인 전쟁이다. 따라서 이 논리의 역도 성립한다. 즉, 그가 수행하고 있는 전쟁은 영적인 것이기 때문에, 그는 "육신에 따라 싸우고" 있는 것이 결코 아니다. 복음 사역을 전쟁에 비유한 것은 지극히 적절하다. 왜냐하면, 자기 자신을 드려서 온전히 하나님만을 섬기며 살아가는 사람은 결코 사탄과 평화로운 관계를 유지할 수 없고, 끊임없이 서로 충돌하여 분쟁과 싸움이 일어나는 까닭에, 그리스도인의 삶 전체는 늘 전쟁이고 싸움일 수밖에 없기 때문이다. 그 중에서도 말씀 사역자들과 목회자들은 다른 모든 그리스도인들보다 앞장서서 군기를 들고 전진해 나아가는 사람들이다. 따라서 그들은 사탄으로부터 더 맹렬한 공격을 받으며 더 심한 괴롭힘을 당할 수밖에 없고, 따라서 더 크고 중한 상처들을 입을 수밖에 없다. 그러므로 그러한 싸움을 위하여 불굴의 담대함으로 무장하지 않은 사람이 그러한 직무를 수행하고자 하는 것은 잘못된 것이다. 왜냐하면, 그리스도의 사역자들이 하는 모든 일은 싸우는(militare) 것이기 때문이다. 우리는 복음은 사탄의 분노를 촉발시키는 불

(ignis)이라는 것을 인식하고서, 복음을 전파할 기회가 있을 때마다 반드시 사탄과의 싸움이 벌어질 것을 예상하고서 싸울 준비를 하여야 한다는 것을 알아야 한다. 그렇다면, 우리는 어떤 종류의 무기로 사탄을 물리칠 수 있는가? 사탄은 오직 영적인 무기들로만 물리칠 수 있다. 따라서 성령의 능력으로 무장하지 않은 사람은, 아무리 자기가 그리스도의 사역자라고 자랑하고 다닐지라도, 곧 그렇지 않다는 것이 증명될 것이다. 그러나 우리가 영적인 무기들에 대한 온전한 정의를 원한다면, 우리는 복음의 가르침과 열심이 결합되어야 하고, 선한 양심과 성령의 권능의 역사가 결합되어야, 그 밖의 다른 은혜들이 반드시 필요하다고 말하여야 한다. 교황은 자기가 사도의 위엄을 계승하고 있다고 주장하지만, 우리가 바울이 여기에서 말하고 있는 것을 그리스도의 사역을 판단하는 기준으로 삼는다면, 그런 주장이 얼마나 우스꽝스럽고 가소로운 주장인지는 금방 드러난다.

여기에서 "하나님의 능력"으로 번역된 어구는 "하나님을 따른 능력" 또는 "하나님으로부터 오는 능력"이라는 의미이다. 나는 바울이 여기에서 자기가 세상에서 겉으로 볼 때에는 약해 보이는 것(imbecillitas)과 자기 속에 지니고 있는 하나님으로부터 오는 강한 것(fortitudo)을 암묵적으로 대비시키면서, 그렇기 때문에 자기는 자신의 불굴의 신앙을 하나님으로부터 인정받고자 할 뿐이고, 자기에 대한 사람들의 판단을 무가치한 것으로 여긴다는 것을 은연중에 내비치고 있는 것이라고 본다. 또한, 바울은 자신의 무기는 세상으로부터 오는 육신적인 것이 아니라 하나님으로부터 오는 영적인 것이라고 말하고 있다는 점에서도, 여기에서 대비법을 사용하고 있다.

바울이 여기에서 말하고 있는 "견고한 진들"은, 그가 곧이어서 부연설명하고 있듯이, 하나님을 대적하여 높아진 온갖 "이론들"과 그 밖의 다른 것들을 가리키는데, 그런 것들을 이 단어로 표현한 것은 적절하고 의미심장하다. 왜냐하면, 그가 이 단어를 사용해서 그런 식으로 표현한 의도는, 이 세상에는 자기가 지닌 하나님으로부터 오는 능력으로 무너뜨릴 수 없을 만큼 견고한 것은 아무것도 없다는 것을 분명히 하고자 한 것이기 때문이다. 그는 이렇게 말한 것과 같다: "나는 육신을 따라 행하는 자들이 스스로 교만해져서 그들 자신에 대하여 육신적인 것들을 자랑하면서, 육신적으로 그런 자랑할 만한 것들을 갖고 있지 않은 나를 멸시하고 경멸하며 하찮게 여기고 있다는 것을 알고 있다. 그들은 마치 자신들은 지극히 뛰어나고 고상한 반면에, 내게는 오직 미천하고 보잘것없는 것들만이 있는 것처럼 말하고 행한다. 그러나 그들의 그러한 생각은 어리석은 것이다. 왜냐하면, 하나님께서는 나를 영적으로 무장시켜 주셨고, 내게 있는 그러한 영적인 무기들은 그들이 무적이라고 생각하며 철석같이 믿고 의지하는 온갖 요새들을 다 무너뜨리게 될 것이기 때문이다." 세상은 그리스도와의 싸움을 수행하기 위해서 통상적으로 두 가지 방식으로 무장하는데, 한편으로는 교활함과 사악한 술수들과 영악함과 은밀한 음모들이 그들의 무기이고, 다른 한편으로는 잔인함과 압제가 그들의 무기이기 때문에, 바울은 이 두 가지를 모두 다룬다.

모든 이론을 무너뜨리며 하나님 아는 것을 대적하여 높아진 것을 다 무너뜨리고. 여기에서 "이론들"로 번역된 단어는 육신적인 지혜(carnalis sapientia))에 속한 모든 것들을 의미하고, "높아진 것"은 온갖 종류의 세상적인 영광과 능력(mundi gloria et potentia)을 의미한다. 그러므로 그리스도의 종들은 복음을 전하거나 가르칠 때에 그 어떤 가공할 만한 반대와 박해를 받는다고 할지라도, 그 앞에서 두려워 떨 이유가 전혀 없다. 그들이 그러한 반대와 박해에도 불구하고 오직 굳건히 자신의 신앙을 지키며 인내로써 견디기만 하면, 머지않아 그러한 반대와 박해는 언제 그랬느냐는 듯이 바람처럼 흩어져 사라지고 없게 될 것이다. 사실, 세상에서 높아져 있는 모든 것들이 무너지지 않는다면, 그리스도의 나라는 이 땅에 견고하게 세워질 수 없기 때문에, 그리스도의 나라는 이 세상에서 하나님을 대적하여 높아진 것들이 무너진 폐허 위에 세워진다. 왜냐하면, 육신의 지혜(carnis prudentia)는 하나님의 영적인 지혜를 도저히 용납할 수 없는 까닭에 극렬하게 대적할 수밖에 없고, 사람의 본성적인 능력(naturalis hominis facultas)은 하나님의 은혜를 도저히 용납할 수 없는 까닭에 있는 사력을 다해서 반대할 수밖에 없으며, 이 세상에서 "하나님 아는 것에 대적하여 높아진" 모든 것들도 마찬가지이기 때문이다. 그런 까닭에, 인간이 낮아질 때에만, 그리스도의 나라는 그 터 위에 세워질 수 있다. 옛적의 선지자들도 그런 취지로 다음과 같이 예언하였다: "그 때에 달이 수치를 당하고 해가 부끄러워하리니 이는 만군의 여호와께서 시온 산과 예루살렘에서 왕이 되시고 그 장로들 앞에서 영광을 나타내실 것임이라"(사 24:23); "그 날에 자고한 자는 굴복되며 교만한 자는 낮아지고 여호와께서 홀로 높임을 받으실 것이요"(사 2:17). 왜냐하면, 하나님께서 홀로 빛을 발하시고 영광을 나타내시기 위해서는, 세상의 영광은 사라져야 하기 때문이다.

모든 생각을 사로잡아 그리스도에게 복종하게 하니. 나는 바울이 앞에서 그리스도의 사역자들이 영적인 무기들로 무장하고서 영적인 싸움을 벌여서 그리스도의 복음을 대적하는 모든 것들을 무너뜨리는 것이라고 말한 후에, 이제 여기에서는 사람들이 그리스도께 복종하게 되는 통상적인 과정에 대하여 말하고 있는 것이라고 생각한다. 왜냐하면, 우리가 우리 자신의 삶에 만족하고 스스로 지혜롭다고 생각하는 동안에는, 우리는 그리스도의 가르침을 결코 받아들일 수 없기 때문이다. 따라서 우리는 먼저 사도가 고린도전서 3:18에서 "아무도 자신을 속이지 말라 너희 중에 누구든지 이 세상에서 지혜 있는 줄로 생각하거든 어리석은 자가 되라 그리하여야 지혜로운 자가 되리라"고 권면한 것을 받아들여야 한다. 즉, 우리는 우리의 명철을 버리고, 육신의 지혜를 폐기하고서, 우리의 빈 마음을 그리스도께 드려서, 그리스도로 하여금 우리의 빈 마음을 채우시도록 하지 않으면 안 된다는 것이다. 우리는 여기에서 바울이 사용하고 있는 표현, 즉 그가 "모든 생각을 사로잡아"라고 표현한 것에 주목하여야 한다. 왜냐하면, 그것은 인간이 제멋대로 생각하는 것에 재갈을 물리고 제어해서, 그리스도의 가르침 밖에서 지혜를 찾지 못하게 하여야 하는데, 인간이 제멋대로 생각하는 것을 제어할 수 있는 유일한 방법은 그 생각을 포로로 사로잡는 것뿐이라고 말하고 있는 것이기 때문이다. 그리고 그런 일은 성령께서 사람들의 마음에 역사하셔서, 그들이 제정신으로 돌아와서 성령에 의해 포로로 사로잡힌 가운데 고분고분하게 성령의 가르침을 따르고 순종하게 되었을 때에 이루어지게 된다.

6. 모든 복종하지 않는 것을 벌하려고 준비하는 중에 있노라. 바울은 자기가 앞에서 그렇게 말하였는데도, 오만방자한 사람들이 여전히 자신들의 죄를 깨닫지 못하고, 계속해서 그의 사역을 방해하고 대적하여도 아무런 벌도 받지 않을 것이라고 생각하지 못하도록 하기 위해서, 여기에 이 말을 덧붙인다. 즉, 그는 자기에게는 사람들로 하여금 복음을 기꺼이 받아들여서 그리스도께 복종하게 하는 권능만이 주어져 있는 것이 아니라, 복음을 대적하는 자들을 벌할 수 있는 권능도 주어져 있기 때문에, 대적하는 자들에 대한 자신의 경고는 그들을 겁주기 위한 단순한 엄포에 지나지 않는 것이 아니고, 자기는 그들을 벌하려고 지금 준비하고 있다고 말한다. 그리스도께서는 "네 형제가 죄를 범하거든 가서 너와 그 사람과만 상대하여 권고하라 만일 들으면 네가 네 형제를 얻은 것이요 만일 듣지 않거든 한두 사람을 데리고 가서 두세 증인의 입으로 말마다 확증하게 하라 만일 그들의 말도 듣지 않거든 교회에 말하고 교회의 말도 듣지 않거든 이방인과 세리와 같이 여기라 진실로

너희에게 이르노니 무엇이든지 너희가 땅에서 매면 하늘에서도 매일 것이요 무엇이든지 땅에서 풀면 하늘에서도 풀리리라"(마 18:15-18)고 말씀하심으로써, 그리스도의 사역자들에게 실제로 그러한 권세를 보장하셨다. 따라서 어떤 사역자가 진정으로 영적인 무장을 하고 싸움을 수행하고 있기만 하다면, 그 사역자가 어떤 사람에게 화를 선언한 경우에는, 하나님께서 그 즉시 그 사람에게 벌을 내리시지는 않으실지라도, 그 사람에 대한 자신의 사역자의 선고를 재가하셔서, 때가 되면 이루신다. 어떤 이들은 베드로가 아나니아와 삽비라에게 성령을 속였다고 책망하였을 때에 그들이 그 자리에서 죽었고(행 5:1-10), 바울이 마술사 엘루마를 책망하며 맹인이 되리라고 선언하였을 때에 그가 그 즉시 맹인이 된 것처럼(행 13:6-11), 바울이 여기에서 말하고 있는 "벌"도 복음을 대적하는 자들에게 육신적인 벌을 내리겠다는 의미라고 생각한다. 하지만 사도들은 육신적인 벌을 내리는 권세를 늘 또는 무차별적으로 사용한 것이 아니었다는 점에서, 내가 앞에서 설명한 것이 여기에는 더 적절하다. 즉, 바울은 여기에서 모든 복종하지 않는 자들을 벌할 채비를 다 갖추어 놓고 있다고 일반적인 관점에서 말하고 있는 것이다.

너희의 복종이 온전하게 될 때에. 고린도 교인들은 바울이 앞에서 한 말, 즉 "모든 복종하지 않는 것을 벌하려고 준비하는 중에 있노라"고 말한 것을 들었을 때, 얼마든지 그가 그들을 너무 심하게 위협하며 몰아 부치고 있는 것으로 여겨서 반감을 품을 수 있었기 때문에, 여기에서 바울은 아주 지혜롭게도 이 말을 덧붙여서, 그들에게 생길 수도 있는 반감을 미리 차단한다. 즉, 그는 자기가 자기를 계속해서 대적하고 반역하는 자들을 벌하겠다고 경고하였지만, 자기가 그들에게 진정으로 바라고 원하는 것은, 그들이 그리스도께 온전히 순종하게 되는 것임을 분명하게 밝힌다. 바울이 로마서의 시작 부분과 끝 부분에서 가르치고 있듯이(롬 1:5, "그로 말미암아 우리가 은혜와 사도의 직분을 받아 그의 이름을 위하여 모든 이방인 중에서 믿어 순종하게 하나니"; 16:26, "영원하신 하나님의 명을 따라 선지자들의 글로 말미암아 모든 민족이 믿어 순종하게 하시려고 알게 하신 바 그 신비의 계시를 따라 된 것이니"), 사람들로 하여금 그리스도를 믿고 순종하게 하는 것이야말로 복음의 본래의 목적이다. 그러므로 모든 그리스도인 교사들은 이 순서를 정확히 지켜서, 복음에 대적하고 반역하는 자들을 벌하기에 앞서, 먼저 온유함 가운데서 그들에게 그리스도를 믿고 순종하도록 최선을 다하여야 한다는 것을 언제나 명심하지 않으면 안 된다. 그리스도께서 자신의 사역자들에게 풀고 매는 권세를 주실 때,

먼저 "풀라"고 명하시고, 그런 후에야 "매라"고 명하신 이유도 거기에 있다.

[7]**너희는 외모만 보는도다 만일 사람이 자기가 그리스도에게 속한 줄을 믿을진대 자기가 그리스도에게 속한 것 같이 우리도 그러한 줄을 자기 속으로 다시 생각할 것이라** [8]**주께서 주신 권세는 너희를 무너뜨리려고 하신 것이 아니요 세우려고 하신 것이니 내가 이에 대하여 지나치게 자랑하여도 부끄럽지 아니하리라** [9]**이는 내가 편지들로 너희를 놀라게 하려는 것 같이 생각하지 않게 함이라** [10]**그들의 말이 그의 편지들은 무게가 있고 힘이 있으나 그가 몸으로 대할 때는 약하고 그 말도 시원하지 않다 하니** [11]**이런 사람은 우리가 떠나 있을 때에 편지들로 말하는 것과 함께 있을 때에 행하는 일이 같은 것임을 알지라**(10:7-11).

7. 너희는 외모만 보는도다. 여기에서 "외모를 본다"로 번역된 어구는 두 가지로 해석될 수 있는데, 하나는 사람들이 자신들의 눈으로 직접 볼 수 있는 것들만을 본다는 것을 의미하는 것으로 해석하는 것이고, 다른 하나는 사람들이 진짜 모습을 보는 것이 아니라, 사람들을 속이기 위하여 외적으로 위장한 가면만을 보는 것으로 해석하는 것이다. 또한, 이 구절은 서술문으로 해석할 수도 있고 의문문으로 해석할 수도 있다. 왜냐하면, 이 구절에서 사용된 '블레페테' (βλέπετε, "본다")는 직설법으로 사용된 것으로 볼 수도 있고 명령법으로 사용된 것으로 볼 수도 있기 때문이다. 내 생각에는, 이 구절은 책망을 담고 있다. 즉, 바울은 고린도 교인들이 겉으로 그럴 듯한 것들에 현혹되어서 제대로 보지 못하고 있는 것을 질책하고 있다는 것이다. 따라서 그는 이렇게 말한 것과 같다: "너희는 자신들이 대단한 자들인 것처럼 겉으로 그럴 듯하게 꾸민 자들에게는 지극한 공경을 바치는 반면에, 겉으로 아무런 치장도 하지 않는 나에 대해서는 멸시하는 태도를 보이고 있다." 그리스도께서도 친히 "외모로 판단하는 것"과 "공의롭게 판단하는 것"을 대비시키셨다(요 7:24, "외모로 판단하지 말고 공의롭게 판단하라"; 8:15, "너희는 육체를 따라 판단하나 나는 아무도 판단하지 아니하노라"). 여기에서 바울은 고린도 교인들이 겉모습만 보고서 판단하는 것으로 만족하고, 정말 누가 그리스도의 참된 종인지를 분별하기 위해서 주의 깊고 신중하게 살피는 일을 소홀히 하고 있다고 책망하고 있다.

만일 사람이 자기가 그리스도에게 속한 줄을 믿을진대 자기가 그리스도에게 속

한 것 같이 우리도 그러한 줄을 자기 속으로 다시 생각할 것이라. 여기에서 바울은 자기가 그리스도의 사역자라는 것은 너무나 당연한 것이기 때문에, 자기에게서 그러한 존귀와 영광을 빼앗아가는 것은 불가능하다는 것을 지극히 큰 확신 가운데서 말한다: "자기 자신이 그리스도의 사역자로 여김을 받고자 하는 자는 누구나 나도 그리스도의 사역자라는 것을 인정하지 않으면 안 된다." 바울은 왜 이렇게 말하고 있는 것인가? 그는 "어떤 사람이 자기가 그리스도의 참된 사역자라고 생각한다면, 그가 그리스도의 참된 사역자로서 갖추고 있는 모든 요건들을, 나에게서도 똑같이 발견하게 될 것이기 때문"이라고 말한다. 바울은 이렇게 말함으로써, 고린도 교인들에게, 그들 중에서 자기를 비방하는 자들은 그리스도의 참된 종들이 아니라는 것을 암시한다. 하지만 모든 사람이 다 확신에 차서 이렇게 말하는 것은 옳지 않다. 왜냐하면, 그리스도의 참된 종들이 아닌 자들이 주제넘고 뻔뻔스럽게, 바울이 여기에서 한 것과 같은 주장을 하는 것은, 단지 그리스도를 욕보이는 것에 지나지 않는데, 그런 일은 매일같이 쉽게 일어날 수 있고, 실제로 일어나고 있기 때문이다. 바울은 자기가 여기에서 말한 모든 것이 참이라는 것을 분명하고 확실한 증거들을 통해서 이미 고린도 교인들에게 증명한 바 있기 때문에, 여기에서 이렇게 확신 있게 말할 수 있었다. 반면에, 어떤 사람이 자기 자신에 대하여 바울이 여기에서 한 것과 같은 동일한 주장을 하면서도, 자기가 말한 것이 참이라는 것을 증명해 줄 그 어떤 실제적인 증거도 제시할 수 없다면, 그는 단지 자기 자신을 사람들의 조롱거리와 비웃음거리로 만들고 있는 것일 뿐이다. 바울이 여기에서 "믿을진대"라는 표현을 사용한 것은, 고린도 교회에서 자기를 비방하고 중상모략을 일삼는 자들이 사실은 다른 사람들로부터 대단한 사람으로 인정받고 공경을 받고자 하는 야심에 사로잡혀서, 거짓으로 자기를 그리스도의 사역자로 내세워서 자신의 권위나 권세를 주장하고 있는 것임을 암시하기 위한 것이다.

8. 주께서 주신 권세는 너희를 무너뜨리려고 하신 것이 아니요 세우려고 하신 것이니 내가 이에 대하여 지나치게 자랑하여도 부끄럽지 아니하리라. 바울은 사실 그리스도의 다른 종들보다 훨씬 뛰어난 자였음에도 불구하고, 자신을 그리스도의 종들 중의 한 사람으로 자처한 자체가 그의 겸양의 증거였다. 하지만 그는 사람들이 그리스도의 종으로서의 자신의 권위를 손상시키고자 하는 것에 대해서는 결코 용납할 수 없었다. 왜냐하면, 그는 자기 자신이 사람들로부터 멸시받는 것은 얼마든지 감수할 수 있었지만, 그리스도의 종으로서의 자신의 권위가 훼손됨으로써,

복음을 전파하는 일이 치명적인 타격을 입게 되는 것은 용납할 수 없었기 때문이다. 그래서 그는 자기가 앞에서 자신의 권세에 대하여 자랑하는 말을 한 것처럼 들릴 수도 있지만, 사실은 그들이 자신의 말을 자화자찬으로 받아들이게 될 것을 염려해서, 자기가 하나님으로부터 받은 "권세"에 대하여 제대로 말하지 못한 것이라는 말을 여기에 덧붙인다. 왜냐하면, 그는 그리스도의 평범한 사역자들 중의 한 사람이었던 것이 아니라, 심지어 사도들 중에서도 뛰어난 사도였기 때문이었다. 따라서 그는 이렇게 말하고 있는 것이다: "하나님께서 내게 주신 권세에 대하여 내가 다소 많이 자랑한다고 할지라도, 나는 그런 자랑으로 인해서 부끄러움을 당하게 되는 일은 없을 것이다. 왜냐하면, 나의 자랑에는 다 그럴 만한 근거들이 존재하기 때문이다." 바울은 고린도 교회에서 자기를 대적하는 자들이 그의 말을 듣고서 분명히 자화자찬이 심하다고 비방할 것을 알았기 때문에, 그 점을 염두에 두고서, 자기는 그런 것이 아니라는 것을 미리 해명하고 밝혀 두기 위해서 여기에서 이렇게 말하고 있는 것이다. 그러나 그는 고린도 교인들이 자기는 자신이나 자신의 권세를 자랑하는 것이 정말 싫고, 어쩔 수 없이 자랑하는 것처럼 보이는 말들을 한 것일 뿐임을 알아 주기만을 바라고서 이 말을 덧붙인 것이고, 거짓 사도들이 그들의 거짓 고소들과 비방들을 통해서 자기로 하여금 해명하지 않을 수 없게 만들지 않았다면, 자기는 이런 말조차도 아예 하지 않았을 것이기 때문에, 이 정도로만 말하고 더 이상 말하지 않는다.

바울이 여기에서 말한 "권세"는 그가 고린도 교인들 가운데서 가지고 있는 사도적 권세를 의미한다. 왜냐하면, 모든 말씀 사역자들은 동일한 직무를 공통으로 가지고 있기는 하지만, 그들 중에도 존귀함에 있어서의 서열은 존재하기 때문이다. 하나님께서는 고린도 교회를 세우는 데 바울의 수고를 사용하시고, 그 밖의 다른 많은 방식으로 그의 사도직을 존귀하게 하심으로써, 바울을 다른 사역자들보다 더 높이셨다. 그는 하나님께서 자기에게 주신 "권세"를 지나치게 자랑하여도 사실은 전혀 잘못된 것이 아니라고 말하였기 때문에, 고린도 교회에서 그에 대하여 악의를 가지고 있는 자들이 그의 그런 말을 얼마든지 그를 비방할 빌미로 삼을 수 있었다. 그래서 그는 그것을 방지하기 위해서, 하나님께서 자기에게 주신 권세는 고린도 교인들을 "무너뜨리기" 위한 것이 아니라 도리어 "세우기" 위한 것임을 분명히 밝힘으로써, 그들이 자신의 권세를 못마땅해하거나 우려할 이유가 전혀 없다는 것을 보여 준다. 왜냐하면, 우리가 어떤 것이 우리에게 유익한 것임을 안다면, 우리는 그것을 쉽게 받아들일 수 있을 뿐만 아니라, 한 걸음 더 나아가서 좋아하게 될 것이기 때문이다. 바울이 여기에서 "권세"에 대하여 말한 것 속에도, 자신의 권세와 거짓 사도들이 자랑하는 권세 간의 대비가 존재한다. 왜냐하면, 이것은 그가 거짓 사도들은 자신들의 권세를 대단한 것으로 자랑하였지만, 실제로 그들이 그 권세로 고린도 교인들에게 유익을 끼치거나 그들의 덕을 세운 것은 아무것도 없었지 않느냐고 은연중에 반문하고 있는 것이기 때문이다. 모든 말씀 사역자들이 권세를 부여받고 있다는 것은 의심의 여지가 없다. 만일 하나님으로부터 권세를 부여받지 않았다면, 그들이 복음을 전하고 가르치는 것이 무슨 소용이 있겠는가? 따라서 그리스도께서 "너희 말을 듣는 자는 곧 내 말을 듣는 것이요 너희를 저버리는 자는 곧 나를 저버리는 것이요 나를 저버리는 자는 나 보내신 이를 저버리는 것이라"(눅 10:16)고 하신 말씀은 보편적으로 적용된다. 그러나 많은 사람들이 실제로는 하나님으로부터 오는 권세를 지니고 있지 않으면서도, 마치 자신들이 그런 권세를 지니고 있는 것처럼 거짓 주장을 하기 때문에, 먼저 우리는 바울이 하나님께서 자기에게 권세를 주신 목적은 오로지 믿는 자들의 덕을 세우기 위한 것이라고 말한 것을 유념하여야 한다. 그러므로 교회의 덕을 세우기 위한 것이 아니라 교회에 해악을 끼치고 교회를 망하게 하는 데 자신의 권세를 사용하는 자들은 하나님의 사역자들이 아니라 폭군들이자 강도들이다.

다음으로, 우리는 바울이 자신의 권세는 하나님에 의해서 자기에게 주어진 것이라고 말하고 있는 것을 유념하여야 한다. 이것은 하나님의 일을 하고자 하는 사람은 반드시 하나님으로부터 주어진 권세를 받아야 한다는 것을 의미한다. 그런데 이것과 관련해서도 거짓 주장을 일삼는 자들이 있다. 예컨대, 교황은 자기가 그리스도의 대리자라고 큰소리를 치지만, 과연 그는 그것을 증명해 줄 수 있는 증거를 제시할 수 있는가? 왜냐하면, 그리스도께서는 복음을 전하지는 않고 말 없이 제사만을 반복하는 그런 자들에게 그런 종류의 권세를 주신 것이 없고, 오직 사도들을 비롯해서 복음을 전하는 자신의 사역자들에게 그런 종류의 권세를 수여하셔서, 자신의 복음을 널리 전하고 변증하라고 명하셨기 때문이다. 따라서 그리스도께서는 예전이나 지금이나 늘 우리의 주이시자 선생이신 까닭에, 하나님의 사역자들의 모든 권세는 복음을 전하고 가르치는 것에 토대를 두고 있다. 그러므로 우리는 어떤 사역자가 지닌 권세가 합법적인 것이 되기 위해서는 두 가지 요건이 충족되어야 한다는 것을 명심하여야 하는데, 하나는 그 권세는 하나님에 의해서 주어진 것이어야 한다는 것이고, 다른 하나는 그 권세는 교회의 덕을 세우기 위한 목적으로 사용되어야 한다는 것이다. 하나님께서 이 권세를 누구에게 수여하셨고, 그 권세의 사용에 어떤 제한들을 두셨는지는 잘 알려져 있다. 따라서 하나님의 명령을 신실하게 순종하는 자들은 하나님이 정하신 뜻을 따라 그 권세를 합당하게 사용한다.

하지만 여기에서 한 가지 질문이 제기될 수 있다: "하나님께서는 예레미야 선지자에게 '보라 내가 오늘 너를 여러 나라와 여러 왕국 위에 세워 네가 그것들을 뽑고 파괴하며 파멸하고 넘어뜨리며 건설하고 심게 하였느니라' (렘 1:10)고 말씀하셨고, 마찬가지로 바울도 방금 5절에서 하나님께서는 그리스도를 대적하여 높아진 모든 것들을 무너뜨리시기 위하여 사도들을 세우셨다고 말하였으며, 그리고 어쨌든 복음을 전하고 가르치는 자들은 오직 우리의 옛 사람을 멸하여야만 우리를 새 사람으로 다시 세울 수 있고, 그들이 전하는 복음은 믿지 않는 자들에게는 사망과 정죄를 가져다주는 것이 아니겠느냐?"

이러한 질문에 대한 나의 대답은, 바울이 5절에서 말한 것은 믿지 않는 불경건한 자들을 염두에 두고 말한 것이고, 여기에서 자신의 사도직은 "무너뜨리려는" 것이 아니라 "세우기" 위한 것이며, 자기가 고린도 교인들 가운데서 행한 모든 일은 그들을 세우기 위한 것이라고 말한 것은 믿는 자들을 염두에 두고 한 말이라는 것이다. 또한, 복음의 교훈은 본질적으로 사람들을 무너뜨리고 멸하는 것이 아니라 세우는 것이라는 것은 일반적으로 참되다. 복음의 교훈이 사람들에게 사망으로 작용하는 경우에는, 그것은 복음 자체 속에 원래부터 사망을 불러오는 어떤 것이 내재되어 있기 때문이 아니라, 단지 사람들이 자신들의 죄로 인하여 복음의 교훈을 사망으로 경험하게 되는 것일 뿐이다. 왜냐하면, 복음은 사람들에게 영생의 토대인 반석이 되어서 사람들을 세우고자 하는 것인데, 사람들이 자신의 죄로 인해서 그 반석에 걸려 넘어지는 것이기 때문이다(벧전 2:6-8, "성경에 기록되었으되 보라 내가 택한 보배로운 모퉁잇돌을 시온에 두노니 그를 믿는 자는 부끄러움을 당하지 아니하리라 하였으니 그러므로 믿는 너희에게는 보배이나 믿지 아니하는 자에게는 건축자들이 버린 그 돌이 모퉁이의 머릿돌이 되고 또한 부딪치는 돌과 걸려 넘어지게 하는 바위가 되었다 하였느니라 그들이 말씀을 순종하지 아니하므로 넘어지나니 이는 그들을 이렇게 정하신 것이라"). 또한, 복음의 교훈이 우리의 옛 사람을 멸함으로써, 우리를 새 사람으로 만들어서 하나님의 형상을 회복하게 한다는 것은 사실이지만, 그것은 바울이 여기에서 말하는 것과 결코 모순되지 않는다. 왜냐하면, 바울이 여기에서 하나님이 자기에게 주신 권세는 믿는 자들을 "무너뜨리려고 하신 것"이 아니라고 말할 때, 그것은 하나님께 속한 선한 것들을 파괴하거나 사람들의 영혼을 죽이는 것 같은 나쁜 일을 말하는 것인 반면에, 옛 사람을 멸하는 것은 좋은 일이기 때문이다. 바울은 여기에서 하나님으로부터 받은 자신의 권세는 고린도 교인들에게 해악이 되는 것이 절대로 아니고, 도리어 그들을 잘되게 하고 그들의 덕을 세우는 데 유익한 것임을 분명히 한다.

9-11. 이는 내가 편지들로 너희를 놀라게 하려는 것 같이 생각하지 않게 함이라 그들의 말이 그의 편지들은 무게가 있고 힘이 있으나 그가 몸으로 대할 때는 약하고 그 말도 시원하지 않다 하니 이런 사람은 우리가 떠나 있을 때에 편지들로 말하는 것과 함께 있을 때에 행하는 일이 같은 것임을 알지라. 바울은 자기가 앞에서 이미 반박한 바 있던 자신에 대한 비방, 즉 자기가 편지들에서는 담대하지만, 실제로 대면해 보면 담대하지 않고 도리어 약하다고 하는 비방을 여기에서 다시 언급한다. 바울을 대적하던 자들은 그런 식으로 그를 비방하면서, 그러한 비방을 그의 편지들을 폄하하는 빌미로 사용하였다. 그들은 이렇게 말하였다: "우리와 함께 대면해 있으면, 감히 입 한 번 벙긋 하지도 못할 위인이, 우리와 멀리 떨어져 있다고 해서, 편지들로 우리를 겁주고 위협하는 것이 말이 되느냐?" 바울은 자신의 편지들이 고린도 교인들 가운데서 권위를 잃지 않도록 하기 위해서, 자기에 대한 그들의 그러한 비방이 그 자신이나 그의 가르침의 권위를 결코 훼손할 수 없다고 반박하면서, 그 근거 또는 이유를 제시한다. 즉, 바울은 자기가 고린도 교인들 가운데서 행한 일들은 자신의 말만큼이나 중요한데, 자기가 그들과 함께 있을 때에 행한 일들은 모든 면에서 자기가 그들과 멀리 떨어져서 그들에게 보낸 편지들만큼이나 담대하고 강하였다는 사실을 지적하면서, 자기가 그들 가운데 있을 때에 자신을 낮추고 그들을 온유하게 대하였다고 해서, 그들이 자신의 권위와 권세를 무시하고 멸시하는 것은 온당하지 못하다고 말한다.

바울이 여기에서 자기가 그들과 "함께 있을 때에 행하는 일"이라고 한 것은, 자기가 그들 가운데 있을 때에 모든 면에서 사도라는 직분에 걸맞는 행동거지를 보여 주고 모든 일에서 담대하게 행한 것은 물론이고, 자신의 전도가 그들 가운데서 많은 열매를 맺었다는 의미이고, 그의 대적들이 "그가 몸으로 대할 때는 약하고 그 말도 시원하지 않다"고 말한 것은, 그가 그들 가운데서 가르친 내용에 대하여 말하는 것이 아니라, 단지 그 가르침의 형태와 외적인 껍데기, 즉 그가 사도로서의 권위를 내세워서 고압적이고 권위적으로 그들을 가르친 것이 아니라, 자신을 낮춘 가운데 겸손하고 온유하게 그들을 가르쳤고, 화려한 언변이 아니라 소박한 언어를 사용해서 가르친 것을 그렇게 평가한 것이다. 만일 그들이 바울의 가르침을 그런 식으로 폄하한 것이라면, 바울은 훨씬 더 과감하게 그들을 반박하고 자신의 가르침을 옹호하였을 것이다. 그들이 바울을 멸시한 이유는, 화려하고 그럴 듯한 언변으로 사람들의 마음을 사로잡는 것이 바울에게는 결여되어 있었기 때문이었다.

12우리는 자기를 칭찬하는 어떤 자와 더불어 감히 짝하며 비교할 수 없노라 그러나
그들이 자기로써 자기를 헤아리고 자기로써 자기를 비교하니 지혜가 없도다 13그러
나 우리는 분수 이상의 자랑을 하지 않고 오직 하나님이 우리에게 나누어 주신 그
범위의 한계를 따라 하노니 곧 너희에게까지 이른 것이라 14우리가 너희에게 미치
지 못할 자로서 스스로 지나쳐 나아간 것이 아니요 그리스도의 복음으로 너희에게
까지 이른 것이라 15우리는 남의 수고를 가지고 분수 이상의 자랑을 하는 것이 아니
라 오직 너희 믿음이 자랄수록 우리의 규범을 따라 너희 가운데서 더욱 풍성하여
지기를 바라노라 16이는 남의 규범으로 이루어 놓은 것으로 자랑하지 아니하고 너
희 지역을 넘어 복음을 전하려 함이라 17자랑하는 자는 주 안에서 자랑할지니라 18
옳다 인정함을 받는 자는 자기를 칭찬하는 자가 아니요 오직 주께서 칭찬하시는
자니라(10:12-18).

12. 우리는 자기를 칭찬하는 어떤 자와 더불어 감히 짝하며 비교할 수 없노라. 바울은 여기에서 반어법을 사용해서 말하고 있다. 왜냐하면, 그는 지금까지 계속해서 자기 자신을 자신의 대적들, 즉 "자기를 칭찬하는 어떤 자들"과 담대하게 비교해 왔을 뿐만 아니라, 그들의 주장의 허무맹랑함을 조롱하며, 그들은 자기에 비해 한참이나 못 미치는 자들이라고 말해 왔기 때문이다. 하지만 그는 여기에서 이러한 반어법을 통해서 자기 자신을 자랑하는 저 어리석은 자들에게 일격을 가할 뿐만 아니라, 그들에게 속아서 그들을 인정해 주고 옹호해 줌으로써 그들의 어리석음을 더욱더 조장한 책임이 있는 고린도 교인들에게도 일격을 가한다. 그는 이렇게 말한다: "나로서는 내 자신의 분수를 알고 거기에 따라 살아가는 데 만족하고, 너희의 사도들처럼 자기 자신이 훌륭하고 잘났다고 떠벌리고 다니는 일은 하지 않을 것이다." 바울은 계속해서 그들의 자랑은 그저 말뿐이고 허풍일 뿐이고 알

맹이는 전혀 없다는 것을 지적함으로써, 그들이 얼마나 어리석고 무가치한 자들인지를 보여 줌과 동시에, 자기는 "분수 이상의 자랑"을 하지 않는다고 선언함으로써, 자신의 자랑은 사실적이고 분명한 근거들이 있기 때문에, 단순히 말뿐인 허풍이 아니라고 말한다.

그러나 여기에서 우리는 바울이 자신의 대적들이 어리석은 자랑을 하고 있다고 비난한 후에, 스스로도 자기 자신에 대하여 그런 어리석은 자랑을 하고 있는 것은 잘못된 것이 아니냐고 반문할 수도 있다. 왜냐하면, 그는 그들을 비난한 직후에 곧바로 자기 자신을 자랑하고 있기 때문이다. 그러한 반문에 대한 나의 대답은, 우리는 바울이 그렇게 하고 있는 이유를 생각하여야 한다는 것이다. 왜냐하면, 온갖 야심(ambitio)으로부터 전적으로 자유로운 사람들은 오로지 하나님을 섬기는 데 유익한 일들만을 하고자 하는 까닭에, 절대로 자기 자신을 칭찬하는 것 자체를 목적으로 해서 자신을 칭찬하는 일은 없기 때문이다. 따라서 바울이 여기에서 반어법을 사용해서, 자기는 스스로를 칭찬한 자들과는 다르다고 말한 것은, 그들은 자랑하지만 자기는 자랑하지 않겠다고 말하고 있는 것이 아니라, 그들이 자랑하는 것과 자기가 자랑하는 것은 질적으로 다르다는 것을 선언하고 있는 것이다. 왜냐하면, 우리가 앞에서 말했듯이, 바울은 자기 자신을 자랑하는 것 자체를 목적으로 삼고 있지 않은 반면에, 여기에서 그가 말한 "자기를 칭찬하는" 자들은 참된 칭찬에 굶주리고 헐벗어서, 있지도 않은 허무맹랑한 자랑들로 그들 자신을 포장하여 높여서, 실제의 자기가 아닌 위장되고 거짓된 자기를 사람들 앞에 제시함으로써, 사람들로부터 인정받고 높임을 받고자 하는 것일 뿐이기 때문이다. 이것은 바울이 후반절에서 말하고 있는 것으로부터 분명하게 드러난다.

그러나 그들이 자기로써 자기를 헤아리고 자기로써 자기를 비교하니 지혜가 없도다. 여기에서 바울은 어째서 그들이 어리석은 자들인지를 자신의 손가락으로 직접 가리켜 가며 고린도 교인들에게 설명해 준다. 한 쪽 눈만을 가진 사람도 두 눈이 완전히 먼 맹인들 가운데 있으면 아주 잘 보는 사람이 되고, 반쯤 귀 먹은 사람도 완전히 귀가 먹어 듣지 못하는 사람들 가운데 있으면 아주 똑똑히 들을 줄 아는 사람이 된다. 그들 자신이 대단히 훌륭하고 똑똑하며 잘난 사람이라고 생각하여 다른 사람들 앞에서 자기 자신을 자랑하고 다니는 자들도 그런 한 쪽만 가진 사람이나 반쯤 귀 먹은 사람과 같아서, 그들이 자기 자신에 대하여 그렇게 생각하고 자랑하는 이유는, 단지 자기보다 더 훌륭하고 똑똑하며 잘난 사람들을 의도적으로 무시해 버리며 살아 왔기 때문이다. 만일 그들이 정직한 마음으로 그들 자신을 바울이나 바울 같은 사람과 비교하였더라면, 그들은 그들 자신이 훌륭하고 잘났다고 생각해 온 것이 얼마나 어리석은 것이었는지를 깨닫고서, 그들 자신을 자랑하고자 하는 마음을 버리고 도리어 부끄러워하였을 것이다.

우리가 이 본문을 적용할 수 있는 사례를 발견하고자 한다면, 멀리 가서 찾을 필요도 없이 가톨릭의 수도사들을 보면 된다. 왜냐하면, 그들은 정말 아무것도 배우지 못한 멍청이들에 불과한 자들이지만, 단지 수도사의 복장을 하고 있다는 이유만으로, 박식한 자들이라는 명성을 얻고 있기 때문이다. 이러한 거짓된 환상으로 인해서, 수도사들 중 한 사람이 교양 있고 유식한 말 한 마디를 어쩌다가 주워 들어서 알게 된 경우에는, 그는 마치 공작처럼 자신의 깃털들을 교만하게 펼치고서 잘난 체를 하고, 그의 명성은 사방으로 멀리 퍼져 나가서, 그를 추종하고 숭배하는 자들이 많이 생겨나는 것이 현실이다. 그러나 그들의 수도복의 허울을 벗기고, 그들이 어떤 자들인지를 제대로 공정하게 시험해 보면, 그들의 가식은 그 즉시 드러나게 된다. 왜 그러한가? "무식하면 용감하다"는 옛 속담처럼, 우리가 수도사들에게서 볼 수 있는 하늘을 찌를 듯한 지나친 오만방자함과 교만함은, 그들이 "자기로써 자기를 헤아리는" 것으로부터 주로 생겨난다. 왜냐하면, 그들의 수도원들에는 온통 야만적인 것들만이 가득한 까닭에, 한 쪽 눈만을 가진 사람이 두 눈이 완전히 먼 맹인들의 나라에서 왕 노릇을 하는 것은 전혀 이상한 일이 아니기 때문이다.

바울의 대적들도 마찬가지였다. 즉, 그들은 자신들끼리 서로를 칭찬해 주고 추켜 주는 분위기 속에 젖어 있어서, 자신들은 사람들로부터 참된 칭찬을 받을 만한 자질들을 전혀 갖추고 있지도 않고, 그들의 자질들은 바울이나 바울 같은 사람들이 지닌 훌륭함과 탁월함에 전혀 미치지 못한다는 것을 볼 수도 없었고 깨달을 수도 없었다. 만일 그들이 정직한 마음으로 자기 자신을 살펴보고, 자신들과 바울을 비교해 보았더라면, 그들은 그러한 사실을 깨닫고서 얼굴을 붉히지 않을 수 없게 되었을 것이다. 야심이라는 불순한 목적으로 행하는 자들은 사람들로부터 인정을 받고 높임을 받으려고 그렇게 어리석게 행하는 것이지만, 결국에는 그들이 그토록 간절히 원하던 영광은 얻지 못하고, 도리어 그들이 다른 무엇보다도 그토록 피하고자 하였던 수치와 조롱만을 받게 되는데, 이것은 야심으로 행하는 자들에 대한 의로운 벌이다.

13. 그러나 우리는 분수 이상의 자랑을 하지 않고 오직 하나님이 우리에게 나누

어 주신 그 범위의 한계를 따라 하노니. 바울은 이제 자기가 분수를 지켜 행하는 것과 거짓 사도들이 과장된 허풍으로 어리석게 행하는 것을 대비시키는 가운데, 어떻게 행하는 것이 분수를 지켜 자랑하는 것인지를 보여 주는데, 그것은 우리가 하나님께서 우리에게 정해 주신 한계 내에서 자랑하는 것이라고 말한다: "하나님께서 내게 이 만큼을 주셨다면, 나는 이 만큼으로 만족하고, 그 이상을 원하거나 주장하려고 하지 않는다." 이것이 그가 "그 범위의 한계"라고 말한 것의 의미이다. 왜냐하면, 각 사람은 하나님께서 자기에게 주신 은사와 부르심 안에 머무르는 것이 마땅하기 때문이다. 아울러, 우리가 우리 자신을 높이기 위한 목적으로, 하나님이 우리에게 주신 은사와 부르심을 자랑하는 것은 옳지 않고, 우리는 오직 우리에게 모든 것을 전적인 은혜로 값없이 후히 주신 하나님의 영광을 위하여 필요한 경우에만 자랑하여야 한다. 왜냐하면, 하나님께서 우리에게 주신 은사와 부르심은 우리가 받을 만한 자격이 있어서 우리에게 주신 것이 아니라, 오로지 하나님의 전적인 은혜로 우리에게 주어진 것이어서, 그것들을 빌미로 우리 자신을 자랑할 이유가 전혀 없기 때문이다.

곧 너희에게까지 이른 것이라. 바울이 이렇게 말하고 있는 것은, 자기는 하나님이 자기에게 주신 "분수"가 어떠한 것인지를 굳이 고린도 교인들에게 일일이 설명할 필요를 느끼지 못한다고 말하고 있는 것이다. 왜냐하면, 고린도 교인들은 바울의 "영광"의 일부였고, 그가 다른 곳에서 말하고 있듯이, 그들은 그의 "면류관"(빌 4:1)이었기 때문이다. 하지만 그는 자기가 이미 앞에서 사용한 표현방식을 계속해서 사용해서 이렇게 말한다: "내게는 나의 분수의 한계를 넘지 않는 한도 내에서 자랑할 것이 아주 많은데, 그 중의 하나가 바로 너희이다." 이것은 고린도 교인들이 배은망덕하게도 자신의 사도직을 거의 인정하지 않고 자기를 멸시하고 있는 것을 온유하게 책망하고 있는 말이다. 왜냐하면, 하나님께서 바울의 사역으로 말미암아 그들 가운데서 이루신 역사는 그의 사도직을 인쳐 주신 것인 까닭에, 그들은 마땅히 계속해서 바울을 지극히 공경하는 마음으로 대하는 것이 마땅하였음에도 불구하고, 그렇게 하지 않고, 거짓 사도들의 부추김에 넘어가서 그의 사도직을 부정하고 그를 멸시해 왔기 때문이다. 우리는 이 구절 속에서도, 바울이 하나님으로부터 인침 받은 자신의 참된 사도직을, 거짓 사도들이 겉으로 그럴 듯하게 포장해서 사람들로부터 사도들로 인정받은 것과 암묵적으로 대비시키고 있는 것을 알게 된다.

14. 우리가 너희에게 미치지 못할 자로서 스스로 지나쳐 나아간 것이 아니요 그리스도의 복음으로 너희에게까지 이른 것이라. 바울은 여기에서 사람들이 무리하게 팔을 길게 뻗거나 발끝으로 서서 손이 닿지 않는 어떤 것을 붙잡고자 하는 것에 비유해서, 자기와 자신의 동역자들은 그런 식으로 행한 사람들이 아니라고 말한다. 그는 사람들로부터 영광을 얻고자 하는 탐욕스러운 욕망을 지닌 자들을 그런 식으로 묘사하면서, 그렇게 행하는 것은 자신의 분수를 모르고 어떻게 해서든지 자신들의 더러운 욕망을 만족시키고자 하는 것이기 때문에 수치스럽고 역겨운 것임을 보여 준다. 왜냐하면, 야심에 가득 찬 자들은 사람들로부터 영광을 얻고자 하는 자신의 목적을 달성하기 위해서라면 무리하게 손을 뻗고 발끝으로 서는 것은 물론이고, 거꾸로 물구나무를 서는 등 그 어떤 짓도 서슴지 않고 행하고자 하기 때문이다. 따라서 바울은 자신의 대적들이 바로 그런 사람들이라고 은연중에 말하고 있는 것이다. 다음으로, 그는 전에 자기가 어떻게 해서 고린도 교인들에게 이르렀는지를 분명히 밝힌다. 즉, 자기는 자신의 사역을 통해서 그들의 교회를 세우기 위하여 그들에게 왔었다는 것이다. 따라서 그는 자기가 "그리스도의 복음 안에서"(한글개역개정에는 "그리스도의 복음으로") 그들에게 왔다고 말한다. 왜냐하면, 그는 빈 손으로 그들에게 온 것이 아니라, 최초로 그들에게 복음을 전한 사람이었기 때문이다. 어떤 이들은 이 어구에서 내가 "안에서"로 번역한 전치사를 "~으로"로 번역하기도 하는데, 그러한 번역도 잘못된 것은 전혀 아니다. 따라서 여기에서 바울은 자기는 아주 소중한 선물을 들고 그들에게 왔기 때문에, 자기가 온 것이 그들에게 큰 유익이 되었다는 사실을 부각시키고 있는 것으로 보인다.

15. 우리는 남의 수고를 가지고 분수 이상의 자랑을 하는 것이 아니라. 이제 바울은 거짓 사도들이 자신들의 손을 뻗어서, 자기가 밭 갈고 경작해서 수고하여 맺은 열매를 거저 얻고자 하면서도, 그들이 지금 누리고 있는 것을 마련하기 위해서 땀과 수고를 아끼지 않았던 자기를 도리어 욕하고 비방하고 있다고, 좀 더 대놓고 책망한다. 바울은 무수한 난관들을 헤쳐나가며 고군분투해서 고린도 교회를 세워 놓은 사람이었고, 거짓 사도들은 나중에 거기에 나타나서, 길이 잘 닦여지고 문이 열려 있는 것을 보고서, 감언이설로 고린도 교인들을 현혹시켜 그 곳을 차지한 자들이었다. 그들은 그러한 목적을 가지고서, 고린도 교인들의 환심을 사기 위해서, 자신들을 하나님의 훌륭한 사역자들로 거짓으로 위장하고, 바울의 수고를 폄하하며, 그의 사도직을 부정하는 등 뻔뻔스럽고 후안무치한 짓들을 저질러 왔다.

오직 너희 믿음이 자랄수록 우리의 규범을 따라 너희 가운데서 더욱 풍성하여지기를 바라노라. 바울은 여기에서 고린도 교인들이 자기가 복음을 널리 전파하는 데 걸림돌이 된 것에 대하여, 다시 한 번 그들을 간접적으로 책망한다. 왜냐하면, 그가 "너희 믿음이 자랄" 때, 자신의 영광의 범위가 더 확장될 것을 소망한다고 말하고 있는 것은, 그들의 믿음이 연약함으로 말미암아 자신의 복음 전파가 일정 정도 지체되고 있다는 의미이기 때문이다. 그는 이렇게 말한 것과 같다: "만일 너희의 믿음이 잘 성장하였다면, 나는 지금쯤 새로운 교회들을 개척하는 데 전념할 수 있었을 것이고, 너희도 내가 그 일을 하는 데 도움을 주었을 것이다. 그러나 지금 실제로는 너희의 믿음이 연약해서, 너희가 나의 발목을 잡고 있는 것이 엄연한 현실이다. 하지만 나는 하나님께서 너희로 하여금 장래에 믿음에 큰 진보가 있게 하셔서, 나의 사역으로 인한 영광이 하나님의 부르심의 분량에 따라 더욱 커지게 될 것을 소망한다."

16절에서 "남의 규범으로 이루어 놓은 것으로 자랑한다"는 것은 다른 사람이 수고한 것을 가지고 자랑하는 것을 의미한다. 치열한 전쟁을 통해서 고린도 교회를 세운 것은 바울이었지만, 그 전쟁에서 얻은 전리품을 차지한 것은 거짓 사도들이었다.

17-18. 자랑하는 자는 주 안에서 자랑할지니라 옳다 인정함을 받는 자는 자기를 칭찬하는 자가 아니요 오직 주께서 칭찬하시는 자니라. 바울은 자기가 자신을 자랑하는 것이 헛된 자랑으로 비쳐져서, 고린도 교인들에게 나쁜 인상을 주지 않도록 하기 위해서, 이 말을 여기에서 덧붙인다. 즉, 그는 자기 자신과 거짓 사도들을 하나님의 심판대 앞으로 호출해서, 하나님으로부터 옳다고 인정함을 받는 자만이 자랑할 자격이 있다는 것을 보여 준다. 바울이 여기에서 말하고 있는 "주 안에서 자랑한다"는 것은, 그가 고린도전서 1:31에서 "기록된 바 자랑하는 자는 주 안에서 자랑하라 함과 같게 하려 함이라"고 말한 것이나, 예레미야서 9:24에서 "자랑하는 자는 이것으로 자랑할지니 곧 명철하여 나를 아는 것과 나 여호와는 사랑과 정의와 공의를 땅에 행하는 자인 줄 깨닫는 것이라 나는 이 일을 기뻐하노라"고 말한 것과는 다른 의미를 갖는다. 후자의 본문들에서 "주 안에서 자랑한다"는 것은, 하나님은 모든 선한 것들의 근원이신 까닭에, 모든 선한 것들은 하나님의 은혜로 인한 것으로 돌리는 것이 마땅하기 때문에, 사람들은 그들 자신을 높여서는 안 되고 오직 하나님께만 영광을 돌려야 한다는 것을 의미한다.

반면에, 여기에서 "주 안에서 자랑한다"는 것은, 우리는 오직 하나님께서 인정하시는 것만을 자랑하여야 하고, 하나님께서 인정하시지 않는 것들은 아무리 자랑해도 소용이 없다는 것을 의미한다. 왜냐하면, 어떤 자들은 사람들의 평판이나 평가라는 거짓되고 잘못된 기준에 의거해서 자신들을 자랑하고, 어떤 자들은 자신들의 교만한 생각에 속아서 스스로를 자랑하지만, 여기에서 바울은 우리의 서고 넘어짐이 하나님의 판단에 달려 있다는 것을 지적하면서, 우리는 오직 하나님이 기뻐하시고 인정하시는 자랑, 곧 하나님께 영광을 돌리기 위한 목적으로 하나님이 주신 분수의 한계 내에서 하는 자랑만을 하여야 한다고 우리에게 명하고 있는 것이기 때문이다. 하나님을 믿지 않는 이방인들조차도 참된 자랑이 되려면, 그것은 참되고 올바른 양심에서 나온 것이어야 한다고 말한다. 자랑과 관련해서 그들이 하는 말이 다 옳은 것은 아니지만, 적어도 그 점에서는 옳다. 왜냐하면, 거의 모든 사람은 지나친 자기애(sui amor)에 사로잡혀서 눈멀어 있는 까닭에, 우리는 자기 자신에 대한 우리 자신의 평가에 만족하고 안심해서는 안 되기 때문이다. 우리는 사도가 고린도전서 4:4에서 "내가 자책할 아무 것도 깨닫지 못하나 이로 말미암아 의롭다 함을 얻지 못하노라 다만 나를 심판하실 이는 주시니라"고 말한 것을 명심하여야 한다. 왜냐하면, 우리를 올바르게 제대로 판단하실 권한은 오직 하나님께만 있고, 우리는 우리 자신을 제대로 판단할 수 있는 자들이 결코 아니기 때문이다. 바울이 "옳다 인정함을 받는 자는 자기를 칭찬하는 자가 아니요"라고 말하고 있는 것이 우리의 이러한 해석을 확증해 준다. 사람들은 잘못된 인식에 의해서 쉽게 속아 넘어가고, 그런 일은 매일같이 일어난다. 그러므로 우리는 다른 모든 것은 잊어버리고, 하나님의 인정을 받는 것을 우리의 유일한 목표로 삼아야 하고, 오직 하나님이 우리를 인정해 주시는 것만으로 만족하여야 한다. 왜냐하면, 하나님으로부터 인정을 받는 것은 온 세상으로부터 박수갈채와 환호를 받는 것보다 더 가치 있는 것이기 때문이다. 옛적에 어떤 사람은 자기에게는 플라톤(Platon) 한 사람의 인정을 받는 것이 천 명의 사람들로부터 박수갈채를 받는 것보다 더 가치가 있다고 말하였지만, 여기에서 우리는 인간의 판단을 다루거나, 어떤 사람의 판단이 다른 사람의 판단보다 더 가치있고 중요한가를 다루고 있는 것이 아니고, 사람들이 내리는 모든 판단들을 아무것도 아닌 것으로 만들어 버리는 하나님의 판단(Dei sententia)에 대하여 말하고 있는 것이다.

제11장

[1]원하건대 너희는 나의 좀 어리석은 것을 용납하라 청하건대 나를 용납하라 [2]내가
하나님의 열심으로 너희를 위하여 열심을 내노니 내가 너희를 정결한 처녀로 한
남편인 그리스도께 드리려고 중매함이로다 그러나 나는 [3]뱀이 그 간계로 하와를 미
혹한 것 같이 너희 마음이 그리스도를 향하는 진실함과 깨끗함에서 떠나 부패할까
두려워하노라 [4]만일 누가 가서 우리가 전파하지 아니한 다른 예수를 전파하거나 혹
은 너희가 받지 아니한 다른 영을 받게 하거나 혹은 너희가 받지 아니한 다른 복음
을 받게 할 때에는 너희가 잘 용납하는구나 [5]나는 지극히 크다는 사도들보다 부족
한 것이 조금도 없는 줄로 생각하노라 [6]내가 비록 말에는 부족하나 지식에는 그렇
지 아니하니 이것을 우리가 모든 사람 가운데서 모든 일로 너희에게 나타내었노라
(11:1-6).

1. 원하건대 너희는 나의 좀 어리석은 것을 용납하라 청하건대 나를 용납하라. 바울은 고린도 교인들의 귀가 여전히 어느 정도는 자신의 대적들의 말에 길들여져 있다는 것을 알고 있어서, 그들의 마음을 얻기 위한 또 하나의 조치를 강구하여야 하였기 때문에, 사람들이 감히 공개적으로 대놓고 말하기가 민망한 것을 말하지 않을 수 없게 되었을 때에 사용하는 표현을 여기에서 먼저 사용해서 운을 뗀다. 즉, 그는 자기가 자기 자신에 대하여 이렇게까지 말하고 싶지는 않았지만, 마침내 말하여야 하겠다고 결심하였다는 듯이, 고린도 교인들에게 자신의 "어리석은 것"을 용납해 줄 것을 요청한다. 그가 여기에서 "어리석은 것"이라고 부르고 있는 것은, 이후에 나오는 자기 자신에 대한 엄청난 찬사들을 자기 입으로 말하는 것이었다. 그는 앞에서 자기가 하나님께서 자기에게 주신 분수의 한계 내에서 행하였다고 말하였지만, 자신의 대적들은 얼마든지 그가 자신의 분수를 모르고 지금까지 행해 왔다고 비방할 수 있었고, 따라서 그런 빌미를 주지 않기 위해서, 자기가 실제로 어떤 사람인지를 말하지 않을 수 없게 된 것이었기 때문에, 자기를 자랑하는 것 자체

를 "어리석은 것"이라고 부르고 있는 것이 아니라, 단지 자기 자신의 입으로 자신을 자랑한다는 것은 겸손한 사람에게는 너무나 이질적인 것이고 볼썽사나운 일인데도 불구하고, 자기가 그렇게 할 수밖에 없게 된 것을 "어리석은 것"이라고 부르고 있는 것이다. 한편, 여기에서 "용납하라"로 번역된 동사를 크리소스토모스(Chrysostomus)는 서술문으로 보지만, 나는 명령문으로 보았다. 이렇게 번역에서 차이가 나는 이유는, 헬라어 본문에서 이 동사가 직설법으로 사용된 것인지 아니면 명령법으로 사용된 것인지가 모호해서, 어느 쪽으로 번역해도 상관없기 때문이다. 그러나 바울이 고린도 교인들에게 자신의 어리석은 것을 용납하라고 말하면서 덧붙인 이유들을 보면, 그는 그들에게 자기를 용납하라고 권하고 있는 것이 분명하고, 또한 그는 나중에 그들이 자기를 용납하지 않고 있다는 사실을 지적하며, 다시 한 번 자기를 용납해 달라고 그들에게 역설하고 있다는 점에서도, 나는 불가타 역본의 번역을 따라 이 구절을 명령문으로 해석하였다. 바울은 "원하건대 너희는 나의 좀 어리석은 것을 용납하라"고 말할 때까지만 해도, 별 자신이 없는 모습을 보이며 부탁하지만, 그렇게 말한 후에 자신의 주저하는 모습을 바로잡아서, 이번에는 결심이 섰다는 듯이, "청하건대 나를 용납하라"고 단호하게 다시 한 번 그들에게 명령한다.

2. 내가 하나님의 열심으로 너희를 위하여 열심을 내노니. 바울은 앞에서 자기가 "어리석은 것"을 행하는 것을 용납해 달라고 고린도 교인들에게 말한 이유를 여기에서 밝힌다. 즉, 질투나 시기로 인한 "열심"을 품게 되면, 사람이 물불을 가리지 않게 되는데, 바울은 자기가 그들에 대하여 "열심"이 있기 때문에, 다른 사람들의 눈에 어리석게 보이는 일들조차도 다 감수하고 그들을 위하여 할 수밖에 없다는 것이다. 그는 이렇게 말한 것과 같다: "너희가 어떤 형편에 처해 있는지를 뻔히 아는 내가 아무런 걱정이나 염려도 없이 침착하게 태평한 반응을 보일 것이라고 너희는 기대해서는 안 된다. 왜냐하면, 내가 너희에게 느끼는 열심은 무척 강한 것이어서, 나로 하여금 가만 있지 못하게 만들기 때문이다." 그러나 열심에는 두 종류가 있어서, 자기애로부터 생겨나는 악하고 왜곡된 열심이 있는 반면에, 하나님을 위하는 마음에서 생겨나는 선한 열심이 있기 때문에, 바울은 자신의 열심이 어느 쪽인지를 그들에게 말해 준다. 하나님을 위해서가 아니라 자기 자신을 위해서 열심을 내는 자들은 많지만, 유일하게 옳고 합당한 열심은, 하나님께서 마땅히 받으셔야 할 존귀와 영광이 도둑질당하는 것을 차마 볼 수 없어서, 하나님께 속한 것

을 하나님께 돌려드리기 위하여 내는 경건한 열심이다.

내가 너희를 정결한 처녀로 한 남편인 그리스도께 드리려고 중매함이로다. 바울은 그들에 대한 자신의 열심이 자기가 앞에서 말한 두 종류의 열심 중에서 후자에 속한 것임을 증명하기 위해서, 자기가 그들에게 복음을 전하고 가르친 동기를 여기에서 제시한다. 즉, 자기가 고린도 교인들에게 복음을 전한 목적은 그들을 그리스도와 혼인시켜서, 그리스도와 그들이 하나로 연합되어 살아가게 하기 위한 것이었다는 것이다. 여기에서 바울은 자신의 모습을 통해서 선한 사역자상을 우리에게 보여 준다. 신부인 교회의 신랑은 오직 한 분 하나님의 아들 그리스도뿐이시고, 세례 요한이 "신부를 취하는 자는 신랑이나 서서 신랑의 음성을 듣는 친구가 크게 기뻐하나니 나는 이러한 기쁨으로 충만하였노라"(요 3:29)고 말한 것처럼, 모든 사역자들은 이 "신랑의 친구들"이기 때문에, 이 거룩한 결혼이 끝까지 정결하고 온전하게 지켜지게 하기 위하여 애를 쓰는 것이 마땅하다. 그리고 이것은 그들이 오직 교회를 향한 신랑의 사랑을 공유하고서, 남편이 아내의 정절에 관심을 갖듯이, 그들 각자가 신부의 정결함에 관심을 갖고 돌볼 때에만 가능하다. 하나님의 참된 사역자들이라면, 이 일과 관련해서 절대로 냉담하거나 무관심할 수 없다. 왜냐하면, 이 일에 냉담한 자들은 이 일에 합당한 자들일 수 없기 때문이다. 또한, 아울러 사역자들은 신부들을 돌봄에 있어서 그리스도의 유익이 아니라 자신의 유익을 추구하지 않도록 조심하여야 한다. 왜냐하면, 거짓된 사역자들은 신랑의 친구들인 체하면서, 신랑의 자리를 자신들이 대신 꿰차고서, 신부의 사랑을 신랑이 아니라 그들 자신에게로 향하도록 유혹하는 자들로서, 사실상 간음하는 자들이기 때문이다.

바울이 여기에서 그리스도의 신부를 "정결한 처녀"라고 말한 이유는, 우리는 오직 우리를 모든 더럽고 부패한 것들로부터 지켜서, 우리의 순결을 결혼 지참금으로 가져갈 때에만, 그리스도와 결혼할 수 있기 때문이다. 따라서 복음 사역자들의 책무는, 우리의 영혼을 순결하게 하여서, 우리로 하여금 그리스도의 정결한 신부들이 될 수 있게 하는 것이다. 사역자들이 그 일을 제대로 해내지 못한다면, 그들은 아무 일도 하지 않은 것이다. 우리는 바울이 여기에서 말하고 있는 것을, 복음 사역자들의 책무는 믿는 자들 한 사람 한 사람을 정결한 처녀로 그리스도께 드리는 것이라는 의미로 해석할 수도 있고, 사역자들은 하나님의 백성 전체를 정결한 처녀로서 그리스도 앞으로 이끌어야 한다는 의미로 해석할 수도 있다. 나는 두 번째 해석을 선호해서, 이 구절을 에라스무스(Erasmus)와는 다르게 번역하였다.

3. 뱀이 그 간계로 하와를 미혹한 것 같이 너희 마음이 그리스도를 향하는 진실함과 깨끗함에서 떠나 부패할까 두려워하노라. 바울은 앞에서 고린도 교인들을 "정결한 처녀"로 신랑이신 그리스도께 드리고자 하는 데 자기가 열심이 있다고 말하였는데, 이제 여기에서는 "정결함"(virginitas)이라는 것이 도대체 무엇인지를 설명하기 시작한다. 즉, 우리가 우리의 온 마음을 다하여 오직 그리스도만을 순전하게 사모하고 바라보며 그리스도께 꼭 붙어 있는 것이 바로 "정결함"이라는 것이다. 성경의 어디에서나 하나님께서는 우리가 우리의 온 마음과 몸을 다하여 그에게 붙어 있어야 한다고 요구하시고, 자신은 질투하시는 하나님이시기 때문에, 우리가 그에게 등을 돌리고 떠난 경우에는, 우리에게 혹독하게 보응하실 것이라고 선언하신다. 그러나 바울이 에베소서 5장에서 가르치고 있듯이, 우리와 하나님의 그러한 연합은 그리스도를 통해서 이루어진다. 이 구절에서 바울은 우리에게 그러한 연합을 이루는 방법을 말해 주는데, 그것은 우리가 순전하고 참된 복음에 머물러 있는 것이라고 말한다. 왜냐하면, 인간 사회에서 남녀 간의 결혼이 이루어질 때, 그 혼인이 이루어졌다는 증서가 작성되는 것과 마찬가지로, 우리와 하나님의 아들 간의 영적인 결혼도 복음에 의해서 확증되는 까닭에, 복음은 일종의 증서로서의 역할을 하기 때문이다. 즉, 우리는 복음을 받아들이면서 약속한 믿음과 사랑과 순종을 계속해서 변함없이 드려야 하고, 그리스도께서는 복음 안에서 약속하신 것들을 우리에게 신실하게 행하시는 것이다.

바울은 이제 고린도 교인들의 마음이 "그리스도 안에 있는 진실함에서 떠나 부패하게" 되지는 않을지 걱정이 된다고 말한다. 내가 여기에서 "그리스도 안에 있는"으로 번역한 어구는 헬라어 본문에는 '에이스 크리스톤'(εἰς χριστόν)으로 되어 있는데, 에라스무스(Erasmus)는 이 어구를 "그리스도를 향하는"이라고 번역하였지만, 내 생각에는 "그리스도 안에 있는"으로 번역한 불가타 역본이 바울의 의도에 더 가까운 것으로 보인다. 바울이 말하고 있는 "그리스도 안에 있는 진실함"이라는 것은, 복음의 본래의 순전한 가르침을 그대로 지켜서, 그 어떤 이질적인 부패한 것들도 그 가르침 안으로 들어오지 못하도록 하는 것을 의미한다. 바울은 여기에서 우리가 그리스도의 순전한 가르침으로부터 조금이라도 벗어나자마자, 우리의 마음은 부패할 수밖에 없다는 것을 우리에게 말해 주고 있다. 그리고 그의 그러한 경고는 옳다. 왜냐하면, 결혼한 여자가 그녀를 유혹하는 자의 말에 솔깃해서 경청하기 시작하는 순간, 그녀는 부정(impudicitia)을 저질렀다는 단죄를 받지 않을 수 없게 되기 때문이다. 따라서 우리가 사탄의 졸개들로서 우리를 유혹하는 불경건한 거짓 교사들의 말에 귀를 기울이고 있다면, 그것은 우리가 그리스도와의 결혼관계에서 정절의 의무를 저버리고 있음을 보여 주는 분명한 증거가 된다. 또한, 우리가 주목하여야 할 것은 "진실함"이라는 단어이다. 바울은 고린도 교인들이 그리스도와의 결혼관계를 즉각적이고 공개적으로 완전히 단절해 버리지는 않을지를 걱정한 것이 아니었고, 거짓 교사들의 속되고 이질적인 교훈들을 조금씩 받아들여서, 자신들이 전에 배웠던 "진실함과 깨끗함"으로부터 조금씩 멀어지다가, 결국에는 순전한 복음에서 완전히 떠나게 되지는 않을지를 걱정한 것이었다.

바울은 "뱀이 그 간계로 하와를 미혹한 것 같이"라는 비유를 사용한다. 즉, 이 비유를 통해서 그는 거짓 교사들이 자신들이 지혜 있는 자들인 체하며 우리에게 접근해서, 자신들의 장기인 특유의 달변으로 그럴 듯하고 화려한 감언이설로 우리를 설득하여, 우리의 마음을 사로잡고서, 아주 교묘하고 영악한 술수로 자신들의 독을 우리의 심령 속에 주입하는 것은, 사탄이 옛적에 하와를 미혹시켰을 때에 사용한 것과 동일한 수법으로 일하고 있는 것임을 우리에게 보여 준다. 이렇게 사탄이나 거짓 교사들은 둘 다 그들이 우리의 원수라고 공식으로 대놓고 선포하고 공격하는 것이 아니라, 마치 우리의 원수가 아닌 것처럼 위장을 해서 아주 은밀하게 우리에게 접근해서 우리를 파멸시키려 한다.

4. 만일 누가 가서 우리가 전파하지 아니한 다른 예수를 전파하거나 혹은 너희가 받지 아니한 다른 영을 받게 하거나 혹은 너희가 받지 아니한 다른 복음을 받게 할 때에는 너희가 잘 용납하는구나. 바울은 이제 고린도 교인들이 거짓 사도들을 너무나 쉽고 경솔하게 받아들여서 그들을 추종하고 있는 것에 대하여 책망한다. 왜냐하면, 고린도 교인들은 바울에 대해서는 지나치게 편협하고 신경질적인 반응을 보여서, 그가 조금이라도 그들을 책망하는 기미가 보이면, 못마땅해하고 화를 낸 반면에, 교만하고 오망방자하게 행하는 거짓 사도들에게는 지극한 공경을 바치며 한없이 너그러워서, 그들이 말도 안 되는 요구들을 해도, 그런 요구들을 다 기꺼이 들어주었기 때문이었다. 바울은 그들이 거짓 사도들에게 지극한 공경을 바치는 어처구니없는 짓을 하는 것은 그들에게 제대로 된 분별력과 판단력이 없다는 것을 증명해 주는 것일 뿐이라고 말하며, 그들의 그러한 행태를 단죄한다. 그는 이렇게 말한 것과 같다: "이 사람들은 너희에게 너무나 말도 안 되는 요구들을 하며 제멋

대로 행하고 있는데도, 너희가 그들의 그러한 독단과 전횡을 다 기꺼이 감내한다는 것이 말이 되는 것이냐? 만일 그들이 너희가 내게서 배우지 못한 그리스도나 복음이나 성령에 대한 가르침을 너희에게 베푼 것이라면, 그들은 지극한 공경을 받을 만한 자들일 것이기 때문에, 나는 너희가 그들을 공경하는 것을 충분히 이해할 수 있고 인정할 수 있다. 그러나 실제로는 그들은 내가 너희에게 전에 처음으로 가르친 것 외에 다른 것을 너희에게 가르친 것이 없는데도, 너희가 너희에게 아무런 유익을 끼치지도 않은 자들에게 그토록 지극한 공경을 바치는 반면에, 하나님으로 하여금 너희에게 그토록 차고 넘치는 복을 받게 해 준 나에 대해서는 배은망덕하게도 공경하기는커녕 도리어 멸시하고 박대하는 것은 도대체 어떻게 된 일이냐?" 또한, 교황주의자들이, 고린도 교인들이 그랬던 것처럼, 자신들의 거짓된 주교들에게 바로 그런 동일한 지극한 공경을 바치고 있는 것이 오늘날의 현실이다. 왜냐하면, 교황주의자들은 그 거짓된 주교들에 의해서 지독한 압제를 당하며 살아가면서도, 아주 순순히 고분고분하게 그 압제를 감내하는 반면에, 참된 그리스도를 멸시하는 일에는 조금도 망설이거나 주저하지 않기 때문이다. 바울이 여기에서 말하고 있는 "다른 예수"와 "다른 복음"은 그가 갈라디아서 1:8에서 말한 "다른 복음"과는 다른 의미를 지닌다. 즉, 후자에서 "다른 복음"은 참된 복음과 반대되는 거짓되고 허구적인 복음을 의미하지만, 여기에서 "다른 복음"은 거짓된 복음이라는 의미는 없고, 단지 바울이 전한 복음 외에 다른 사람들이 전한 복음을 의미한다.

5. 나는 지극히 크다는 사도들보다 부족한 것이 조금도 없는 줄로 생각하노라. 고린도 교인들은 바울을 다른 사도들보다 못하고 격이 떨어진다는 것을 내세워서, 자신들이 바울을 멸시하는 것을 정당화할 수 있었는데, 바울은 여기에서 자기는 사도들 중에서 최고로 손꼽히는 사도에 비해서도 전혀 손색이 없는 사도라는 것을 보여 줌으로써, 그들이 정당한 이유와 근거라며 내세울 수도 있었던 그러한 구실과 변명을 제거하고, 그들이 말 그대로 뻔뻔스러운 배은망덕한 자들임을 드러낸다. 이렇게 고린도 교인들은 바울을 겪어 보았기 때문에, 그가 어떤 인물인지를 경험적으로 잘 알고 있었음에도 불구하고, 그에게 돌려야 할 권위와 공경을, 그런 것들을 받을 만한 자들이 전혀 아닌 거짓 사도들과 교사들에게 돌린 반면에, 그를 형편없는 자로 여겨서 멸시함으로써, 배은망덕을 저지르고 있었다. 바울은 자기가 "지극히 크다는 사도들보다 부족한 것이 조금도 없다"는 것은 너무나 분명하고 모든 사람에게 잘 알려져 있는 사실이었음에도 불구하고, "생각하노라"는 말을 덧붙

임으로써, 자신의 겸손을 나타낸다. 여기에서 그가 말하고자 하는 것은, 하나님께서는 사도 요한이나 베드로에게 베푸셨던 것에 결코 뒤지지 않는 은혜와 역사를 자기에게 베푸셔서 그의 사도직을 존귀하게 하셨다는 것이다. 게다가, 고린도 교인들은 바울이 하나님으로부터 은혜와 권세를 받았다는 것을 분명히 알았으면서도, 바울을 무시하고 멸시한 것이었기 때문에, 그들이 악의적으로 배은망덕하게 행하였다는 것은 변명의 여지가 있을 수 없었고, 따라서 그들이 배은망덕한 자들로 단죄받는 것은 마땅한 일이었다. 왜냐하면, 우리가 어떤 사람에게서 하나님의 은사들이 나타나는 것을 알았다면, 우리는 그 사람을 공경함으로써 하나님에 대한 우리의 공경하는 마음을 나타내는 것이 마땅하기 때문이다. 즉, 내가 말하고자 하는 것은, 어떤 사람에게서 하나님의 은혜와 은사들이 강하게 나타나고, 게다가 그 은사들이 우리에게 유익이 되었다면, 우리는 그 사람을 공경하는 것이 합당하다는 것이다.

6. 내가 비록 말에는 부족하나 지식에는 그렇지 아니하니. 바울이 말을 그럴듯하고 멋지게 하지 않았다는 것, 즉 그가 달변이 아니었다는 사실은, 얼핏 보면 다른 사람들보다 열등한 것으로 생각될 수 있는 한 가지 요인이었다. 그래서 여기에서 그는 자기가 남들처럼 멋지게 말하지는 않았다는 것을 인정하면서도, 하나님을 아는 "지식"에 있어서는 결코 부족함이 없다고 말함으로써, 자신의 투박한 언변에 대한 사람들의 비판을 미리 예상하고서, 사람들이 자신의 그 점을 문제삼아서 자기를 멸시하는 것은 잘못된 일이라고 반박한다. 바울이 여기에서 자기가 "말에는 부족하다"고 한 것은, 문맥상으로 자기가 우아하고 멋진 표현들을 구사해서 말하는 것에 익숙하지 않다는 것을 의미하고, "지식"은 그의 가르침의 내용을 가리킨다. 사람이 영혼과 육신으로 구성되어 있는 것과 마찬가지로, 우리의 가르침도 우리가 가르치는 내용물과 그 내용물을 감싸고 있는 수사적인 장식물로 구성되어 있다. 따라서 바울은 비록 자기는 언변이 뛰어난 웅변가처럼 멋지고 그럴듯한 수사들로 자신의 가르침을 장식하지는 않을지라도, 복음과 관련해서 자기가 사람들에게 무엇을 가르쳐야 하고, 사람들이 무엇을 알아야 하는지에 대해서는 잘 알고 있다고 말하고 있는 것이다.

우리는 여기에서 한 가지 질문을 제기할 수 있다: "말을 잘하는 것은 사도들에게 필수적인 자질이 아니겠는가? 왜냐하면, 말을 잘하지 못하는 사람은 사람들에게 복음을 제대로 가르칠 수 없을 것이기 때문이다. 다른 사람들을 가르치는 직분을 맏지 않은 사람들이야 하나님을 아는 지식을 갖추고 있는 것만으로 충분하겠지만, 다른 사람들을 가르치는 것이 주된 직무인 사도나 교사가 말을 잘하지 못하는 것은 문제가 있지 않겠는가?" 나의 대답은, 바울은 여기에서 자기가 다른 사람들에게 복음을 전하거나 가르치지 못할 정도로 유아처럼 말을 잘 못하고 어눌하다고 말하고 있는 것이 아니라, 단지 화려하고 그럴듯한 언변으로 청중들을 사로잡는 자신의 대적들과 비교해서, 자기에게는 그런 언변이 없다는 것을 인정하고, 그 점에서 그들의 우월성을 인정하는 반면에, 복음을 가르침에 있어서 가장 중요한 것, 즉 가르침의 내용물에 있어서는 자기가 지극히 크다고 하는 사도들에게도 결코 뒤지지 않는다고 강조함으로써, 자신의 대적들은 가르침의 내용물은 형편없으면서도, 별 중요하지도 않은 포장은 그럴듯하게 하고 있지만, 자기는 그 정반대라고 말하고 있다는 것이다. 그런데도 어떤 사람들이 사람의 혀를 지으신 하나님께서는 이토록 위대한 사도에게 얼마든지 달변의 은사를 수여하셔서, 바울로 하여금 그러한 결함이 없게 하실 수도 있으셨을 터인데도, 왜 그렇게 하지 않으신 것이냐고 묻는다면, 거기에 대한 나의 대답은, 하나님께서는 바울의 어눌함을 충분히 보완해 줄 수 있는 그 밖의 다른 은사들을 이미 그에게 차고 넘치게 주셨다는 것이다. 왜냐하면, 우리는 그가 쓴 글들이 지극히 장중하고 고상하며 힘이 있고, 하나님을 아는 그의 지식이 얼마나 깊고 넓은지를 보고 느낄 수 있기 때문이다. 사실, 바울의 글들은 단순한 말들(verba)이 아니라, 우리의 심령을 때리는 벼락들(fulmina)이다. 그리고 성령의 역사는 미사여구로 장식된 달변으로 포장된 말보다도 투박하고 단순한 말들 속에서 좀 더 분명하게 나타난다는 것이 사실이지 않은가? 이 문제에 대해서는 우리가 고린도전서를 다룰 때에 좀 더 자세하게 살펴보았기 때문에, 여기에서는 바울이 자신의 대적들이 자신의 어눌함에 대하여 지적한 것에 대하여, 그 말 자체는 옳다고 인정하면서도, 그들이 자신의 어눌함을 문제삼는 것 자체는 잘못된 것이라고 말하고 있다는 것만을 말해 두는 것으로 충분할 것이다. 우리는 바울이 여기에서 보여 준 모범을 통해서, 말 자체보다는 실체를 중시하는 것이 마땅하다는 것을 배울 수 있어야 한다. 이것과 관련해서 라틴어로 된 좀 거칠지만 흔히 사용되는 속담이 있다: "명목은 다른 사람들에게 주어 버리고, 우리는 실속을 챙겨야 한다" (Teneant alii quid nominis, nos autem quid rei). 우리는 달변을 복음에 이질적인 것으로 여겨야 하기 때문에, 꼭 사용하여야 한다면, 원래의 순전한 복음을 설명하는 데에만 사용하고, 복음의 가르침을 왜곡시키거나 변질시키는 데 사용해서는 안 된다.

이것을 우리가 모든 사람 가운데서 모든 일로 너희에게 나타내었노라. 바울은 앞에서 자기 자신이 "지극히 크다고 하는 사도들"과 대등하다고 말한 것은 너무나 엄청난 주장이었기 때문에, 그런 주장을 빌미로 해서 아무도 자기를 오만방자하다고 비난하지 못하도록 하기 위해서, 여기에서는 고린도 교인들에게, 그들이 지금까지 경험한 것을 토대로 해서, 자기가 한 말이 과연 참된 것인지 그렇지 않은 것인지를 판단해 보라고 말한다. 왜냐하면, 고린도 교인들은 바울의 그러한 자랑이 결코 근거가 없거나 허무맹랑한 것이 아니라는 것을 보여 주는 많은 증거들을 가지고 있었기 때문이다. 따라서 그가 이렇게 말한 것은, 자기가 앞에서 말한 것이 참되다는 것은 사실과 경험이 이미 분명하게 증명해 주고 있기 때문에, 자기가 굳이 많은 말을 할 필요도 없는 일임을 보여 주고 있는 것이다.

7내가 너희를 높이려고 나를 낮추어 하나님의 복음을 값없이 너희에게 전함으로 죄
를 지었느냐 8내가 너희를 섬기기 위하여 다른 여러 교회에서 비용을 받은 것은 탈
취한 것이라 9또 내가 너희와 함께 있을 때 비용이 부족하였으되 아무에게도 누를
끼치지 아니하였음은 마게도냐에서 온 형제들이 나의 부족한 것을 보충하였음이
라 내가 모든 일에 너희에게 폐를 끼치지 않기 위하여 스스로 조심하였고 또 조심
하리라 10그리스도의 진리가 내 속에 있으니 아가야 지방에서 나의 이 자랑이 막히
지 아니하리라 11어떠한 까닭이냐 내가 너희를 사랑하지 아니함이냐 하나님이 아시
느니라 12나는 내가 해 온 그대로 앞으로도 하리니 기회를 찾는 자들이 그 자랑하는
일로 우리와 같이 인정 받으려는 그 기회를 끊으려 함이라(11:7-12).

7. 내가 너희를 높이려고 나를 낮추어 … 죄를 지었느냐 바울은 고린도 교인들 가운데서 자기를 낮추어 겸손하게 행하였고, 그의 그러한 태도는 그들로부터 지극히 큰 찬사와 공경을 받을 만한 훌륭한 일이었는데도, 그들은 도리어 그것을 빌미로 삼아서 그를 멸시하고 무시하였다. 그가 여기에서 "나를 낮추었다"고 말한 것은 자원해서 자기 자신을 낮추어 겸손하게 행한 것을 의미한다. 즉, 그는 사실은 하나님으로부터 큰 권세를 수여받은 특별하고 대단한 인물이었지만, 마치 전혀 그렇지 않은 듯이 자기를 낮추어 겸손하게 처신하였고, 그래서 고린도 교회의 많은 사람들은 그를 평범한 사람으로 여겼는데, 그가 이렇게 한 것은 고린도 교인들의 유

익을 위한 것이었다. 바울의 심령 속에서는 그들이 잘되게 하고자 하는 열심과 관심이 너무나 강렬하였기 때문에, 그는 자기 자신보다도 그들을 더 많이 생각하고 배려하였다. 여기에서 바울은 자기가 사도로서의 자신의 높고 존귀한 지위를 자원해서 기꺼이 버리고 스스로 낮아진 것은 자신의 낮아짐으로 말미암아서 그들이 높아지고 존귀하게 되게 하기 위한 것이었다고 말한다. 왜냐하면, 그의 목표는 어떻게 해서든지 그들로 하여금 구원을 이루게 하는 것이었기 때문이다. 이제 그는 자기는 그렇게 선한 의도로 자원해서 낮아진 것인데도, 그들은 그것을 빌미로 삼아서 그를 멸시하는 배은망덕함을 저질러 왔다고, 그들을 간접적으로 책망하는데, 그가 이렇게 책망하고 있는 것은 그들로 하여금 수치와 창피를 당하게 하기 위한 것이 아니라, 그들이 자신들의 잘못된 것을 깨닫고 정신을 차리고서 올바른 상태로 다시 돌아오게 하기 위한 것이었다. 바울이 여기에서 반어법을 사용해서 그들을 책망한 것은, 좀 더 직설적이고 단도직입적으로 그들을 책망한 것보다 더 통렬한 아픔으로 그들에게 다가왔을 것이 틀림없다. 그는 "내가 너희를 위해서 나를 낮춘 것인데도, 너희가 그것을 빌미로 삼아서 나를 멸시하고 있는 것이 도대체 말이 되는 것이냐?"고 말할 수도 있었지만, 그들을 제대로 부끄럽게 하기 위하여 좀 더 효과적이고 강력한 방식, 즉 반어법을 사용하여 반문하는 방식을 사용한 것이었다.

하나님의 복음을 값없이 너희에게 전함으로. 이것은 바울이 자신을 낮춘 모습의 일부였다. 왜냐하면, 그는 다른 사도들처럼 고린도 교인들에게 복음을 전하고 가르치면서 그들로부터 부양을 받을 권리와 자격이 있었음에도 불구하고, 마치 자기에게는 그런 권리와 자격이 없는 것처럼 행하였기 때문이었다. 그런데 이것과 관련해서 고린도 교인들이 그것을 빌미로 삼아서, 선한 의도로 자기 자신을 낮춘 바울을 멸시하고서는, 그를 부양할 가치조차 없는 사람으로 치부해 버린 것은, 말도 안 되는 터무니없는 잘못을 저지른 것이었다. 바울은 자기가 고린도 교인들로부터 아무런 부양도 받지 않고 "값없이" 그들에게 복음을 전하고 그들 가운데서 사역을 한 것이, 그들이 자기를 멸시하게 된 이유가 된 것은 말도 되지 않는 것이라고 말한다. 왜냐하면, 그는 모든 교회에서 아무런 부양도 받지 않고 "값없이" 사역한 것이 아니었고, 고린도전서에서 이미 말하였듯이, 특별히 고린도 교회에서는 자기가 그들의 부양을 받게 되면, 거짓 사도들이 자기가 자신의 이익을 챙기기 위한 불순한 의도로 복음을 전하고 있다고 비방할 위험성이 있다는 것을 알았던 까닭에, 거짓 사도들에게 그런 빌미를 주지 않기 위해서 그렇게 한 것이었을 뿐이기 때문이다.

8-9. 내가 너희를 섬기기 위하여 다른 여러 교회에서 비용을 받은 것은 탈취한 것이라 또 내가 너희와 함께 있을 때 비용이 부족하였으되 아무에게도 누를 끼치지 아니하였음은 마게도냐에서 온 형제들이 나의 부족한 것을 보충하였음이라 내가 모든 일에 너희에게 폐를 끼치지 않기 위하여 스스로 조심하였고 또 조심하리라. 내 생각에는, 바울은 고린도 교인들이 자기가 그들에게 "값없이" 복음을 전한 것으로 인하여 자신을 멸시하는 것이 얼마나 잘못된 일인지를 좀 더 분명하게 부각시키기 위해서, 여기에서 의도적으로 "탈취한 것"이라는 거친 표현을 사용한 것으로 보인다. 그는 이렇게 말한다: "나는 너희를 아껴서 너희에게 유익이 되게 하기 위하여, 내가 사역하기 위한 비용은 다른 여러 교회들로부터 받고, 실제로는 너희 가운데서 사역을 하였었다. 그런데도 너희가 그것을 빌미로 나를 멸시하며 이런 식으로 배은망덕한 모습을 보이는 것은 정말 가당치 않은 것이다." 바울은 여기에서 전쟁과 관련된 비유를 가져와서 사용한다. 왜냐하면, 전쟁에서 이긴 나라는 패한 나라로부터 탈취물들을 받게 되듯이, 그는 자기가 그리스도를 위하여 얻은 교회들로부터 받은 "비용"을 자신의 승리로 말미암은 탈취물들에 비유하고 있기 때문이다. 그는 교회들로부터 강제로 그 비용을 탈취한 것은 결코 아니고, 그들이 자원해서 그에게 준 것이었지만, 어쨌든 그것은 그가 영적인 전쟁에서 거둔 승리로 말미암아 마땅히 얻어야 몫이었다고 할 수 있다.

하지만 우리는 바울이 자기에게는 "비용이 부족하였다"고 말하고 있는 것을 주목하여야 한다. 이것은 만일 그가 어쩔 수 없이 다른 교회들로부터 비용을 받지 않을 수 없는 처지가 되지 않았더라면, 그는 여러 교회들에 결코 "누"를 끼치거나, 짐이 되고자 하지 않았을 것임을 보여 준다. 우리가 이미 알고 있듯이, 바울은 선교 활동을 하는 내내 손으로 장막을 만들어서 생계를 유지하였지만, 그것으로는 생계를 유지하는 데 충분하지 않았기 때문에, 마게도냐 교인들이 그 부족한 것을 보충해 준 것이었다. 따라서 그는 마게도냐 교인들이 그의 생활비 전부를 대주었다고 말하고 있는 것이 아니라, 단지 그들이 자신의 "부족한 것"을 보충해 주었다고 말하고 있다. 우리는 다른 곳에서 사도가 복음 전도에 걸림돌이 되지 않게 하기 위해서 사람들에게 비방의 빌미를 주지 않기 위하여 매사에 얼마나 신중하고 사려깊게 행하였는지에 대해서 이미 살펴본 바 있다. 그런데도 마게도냐 교인들은 고린도 교인들이 자신들보다 더 부유한 자들이었음에도 불구하고, 바울이 고린도 교인들에게 복음을 전할 수 있도록 지원하기 위하여 물질적으로 돕는 일에 주저하지 않았다는 점에서, 우리는 그들의 경건한 열심을 주목하여야 한다. 우리는 오늘날 마게도냐 교인들 같은 사람들은 거의 찾아볼 수 없는 반면에, 고린도 교인들 같은 사람들은 도처에 무수히 널려 있다.

10. 그리스도의 진리가 내 속에 있으니 아가야 지방에서 나의 이 자랑이 막히지 아니하리라. 바울이 앞에서 한 말을 들은 사람들은, 그가 고린도 교인들로 하여금 그들이 전에는 그에게 제대로 대우를 못해 주었기 때문에, 그것을 보상하는 차원에서라도 장차 그에게 좀 더 후해져서 얼마간이라도 비용을 대게 하기 위한 속셈으로 그런 말을 하고 있는 것이라고 생각할 수도 있었기 때문에, 여기에서 그는 앞으로 고린도 교회나 아가야에 있는 다른 교회들이 자기에게 비용을 대겠다고 제안을 해 오더라도, 자기는 결코 그들에게서 아무것도 취하지 않을 것이라고 맹세로써 선언한다. "그리스도의 진리가 내 속에 있으니"라는 표현은 맹세하는 말로서, "만일 내가 아가야 지방의 교인들 사이에서 나의 이러한 자랑을 계속해서 유지하지 않는다면, 그리스도의 진리가 내 속에 있다는 것을 아무도 믿지 않아도 좋다"고 말한 것과 같다. 고린도 교회는 아가야 지방에 있었다.

11. 어떠한 까닭이냐 내가 너희를 사랑하지 아니함이냐 하나님이 아시느니라. 사람들은 자기가 사랑하는 사람들을 다른 사람들보다 한층 더 친밀하게 대하는 것이 보통이다. 그런데 얼마든지 고린도 교인들은 바울이 마게도냐 교인들이 주는 생활비는 받았으면서도, 자신들에게서는 이전에 생활비를 한 푼도 받지 않았을 뿐만 아니라, 앞으로도 절대로 받지 않겠다고 맹세로써 선언하는 것을 듣고서는, 그가 자신들을 별로 사랑하지 않아서 이렇게 거리를 두는 것이 아니냐 하는 의구심을 품고서 못마땅해할 수 있었기 때문에, 여기에서 그는 그러한 의구심에 대해서도 미리 대답을 해 놓는다. 바울은 고린도 교인들이 제기할 수도 있는 불만에 대답하기 위해서, 먼저 자기가 그들에게서 비용을 받지 않은 이유가 자기에게 그들에 대한 호의나 사랑이 없기 때문이냐고 반문한다. 그는 이렇게 그들에게 반문을 던진 후에, 거기에 대한 직접적인 대답을 제시하지 않고, 간접적인 대답을 제시하는데, 그것은 후자가 더 효과적인 대답이 될 것이었기 때문이다. 즉, 바울은 하나님을 증인으로 내세워서, 자기가 그들을 사랑한다는 것을 하나님이 누구보다도 더 잘 아신다고 대답한다. 우리는 그가 세 절에 걸쳐서 두 번이나 맹세의 형식으로 말하

고 있는 것을 주목하여야 한다. 그러나 그것들은 선한 목적과 합당한 이유에 의거해서 행해지고 있는 것이기 때문에, 합당하고 거룩한 맹세들이다. 모든 맹세를 무차별적으로 단죄하는 것은 검은 것과 흰 것을 구별하지 못하는 광신자들 같이 행하는 것일 뿐이다.

12. 나는 내가 해 온 그대로 앞으로도 하리니 기회를 찾는 자들이 그 자랑하는 일로 우리와 같이 인정 받으려는 그 기회를 끊으려 함이라. 바울은 자기가 왜 그런 식으로 행하고 있는지, 그 이유를 다시 한 번 설명한다. 거짓 사도들은 무지한 자들을 현혹시켜서 자신들을 추종하도록 만들기 위해서 자신들의 사역의 대가로 아무것도 받지 않았다. 왜냐하면, 아무것도 받지 않고 교회를 섬기는 것은 무지한 자들에게는 그들의 대단한 열심을 증명해 주는 증거로 보였기 때문이었다. 따라서 만일 바울이 고린도 교인들 가운데서 자신의 권리를 사용해서 사역의 대가로 비용을 받았다면, 거짓 사도들은 마치 자신들이 바울보다 훨씬 더 훌륭한 신앙과 열심을 가지고 있는 것처럼 의기양양할 수 있었을 것이고, 무지한 자들은 영락없이 거기에 넘어가 버리고 말았을 것이었다. 그래서 바울은 거짓 사도들에게 그를 비방함과 동시에 그들의 우월성을 자랑할 "기회"를 주지 않기 위해서, 고린도 교인들로부터 아무것도 받지 않고 복음을 전하기로 결심하고, 실제로 그렇게 하였다. 이것이 그가 "기회를 찾는 자들"에게서 "기회를 끊으려 함이라"고 말한 것의 의미이다. 거짓 사도들은 이러한 술수와 간계를 사용해서, 고린도 교인들로부터 자신들이 하나님의 훌륭한 사역자들이라는 것을 인정받음과 동시에, 바울의 명성을 깎아내려서, 마치 자신들이 여러 가지 면에서 바울보다 더 훌륭하다는 것을 고린도 교인들의 마음속에 각인시키고자 애를 썼다. 그러나 바울은 그들에게 그럴 "기회"를 주고자 하지 않았다. 그는 이렇게 말한다: "거짓 사도들은 오직 자신들만이 아무 대가를 받지 않고 사역함으로써, 지금도 여전히 그 자랑을 그들만이 독차지하려고 하고 있지만, 나는 그들에게 그럴 기회를 절대로 주지 않기 위해서, 앞으로도 계속해서 너희로부터 아무런 대가를 받지 않으려 한다."

이 구절은 악한 자들이 믿는 자들을 현혹시키기 위해서 악한 자들 자신을 높여줌과 동시에 우리를 공격할 기회를 얻고자 할 때에는, 우리는 그런 기회를 그들에게 주어서는 안 된다는 것을 상기시켜 준다는 점에서 유익하다. 악한 자들의 그러한 간계를 이길 수 있는 방법은, 우리가 얼른 그들의 속셈을 알아차리고서, 그들에게 우리를 공격할 수 있는 기회를 아예 처음부터 내주지 않는 것이다.

[13]그런 사람들은 거짓 사도요 속이는 일꾼이니 자기를 그리스도의 사도로 가장하는 자들이니라 [14]이것은 이상한 일이 아니니라 사탄도 자기를 광명의 천사로 가장하나니 [15]그러므로 사탄의 일꾼들도 자기를 의의 일꾼으로 가장하는 것이 또한 대단한 일이 아니니라 그들의 마지막은 그 행위대로 되리라(11:13-15).

13. 그런 사람들은 거짓 사도요 속이는 일꾼이니 자기를 그리스도의 사도로 가장하는 자들이니라. 바울은 앞에서 이미 자신의 대적들의 주된 주장을 반박하였지만, 그들이 자기보다 우월하다고 주장하는 것과 관련해서, 자기는 그들과 대등하다는 것을 보여 주는 것으로 만족하지 않고, 여기에서는 그들은 "그리스도의 사도"가 결코 아니라고 딱 잘라서 선언한다. 그들은 자신들의 사역의 대가로 돈을 받지 않음으로써 돈 문제에 대하여 초연함을 보여 줌으로써, 외적으로 판단했을 때에는, 자신들이 대단히 칭송받을 만한 자들이라는 것을 증명한 것처럼 보이지만, 사실 그들이 그렇게 하고 있는 것은 기만적인 술책에 불과한 것으로서, 마치 창녀가 고귀한 귀부인의 옷을 빌려서 입은 것과 같은 것이었다. 그들의 그러한 위장된 모습은 하나님의 영광을 가리는 것이었기 때문에, 바울은 그들의 가면을 벗겨야만 하였다. 그는 그들을 "속이는 일꾼들"이라고 부른다. 즉, 그들은 겉보기에 그럴 듯한 가면을 쓰고서 그 아래에서 자신들의 악을 감추고 있기 때문에, 얼핏 보면 하나님의 훌륭한 "일꾼들'로 보이지만, 사실 그들의 그러한 모습은 위장된 것에 지나지 않는다는 것이다. 그런 자들은 얼핏 보면 대단히 훌륭한 자들로 보이기 때문에, 우리가 그들에게 속아 넘어가서 그들을 그리스도의 참된 종들로 받아들이고 공경하는 일이 벌어지지 않도록 하기 위해서는, 우리는 그들을 세심하고 철저하게 살피지 않으면 안 된다. 여기에서 바울은 그들이 실제로는 참된 덕목들을 지니고 있는데도, 그들에 대한 악의와 시기라는 불순한 동기로 인해서 그들을 비방하고 공격하고 있는 것이 결코 아니고, 그들이 끝까지 자신들의 정체를 숨기고 위선적으로 행하고 있기 때문에, 그들의 위장된 선 이면에 숨겨진 악을 드러내지 않을 수 없었을 뿐이다. 왜냐하면, 돈 문제에 대해서 초연한 것은 그 자체로 훌륭한 덕목이지만, 그들은 그 덕목을 교묘하게 악용해서, 마치 자신들이 그리스도의 다른 모든 종들보다 더 큰 열심으로 불타오르고 있는 것처럼 위장하고 있었던 까닭에, 그런 그들을 그대로 두는 것은 위험천만한 일이 될 것이었기 때문이다.

14-15. 이것은 이상한 일이 아니니라 사탄도 자기를 광명의 천사로 가장하나니

그러므로 사탄의 일꾼들도 자기를 의의 일꾼으로 가장하는 것이 또한 대단한 일이 아니니라. 이것은 작은 것을 들어서 큰 것을 증명하는 논증방식이다. 모든 존재 가운데서 가장 부패하고 타락한 자이자 악인들의 우두머리이며 수장인 사탄이 자신을 "광명의 천사"로 변장해서 일한다면, 그가 부리는 일꾼들도 그렇게 하리라는 것은 두말할 필요가 없지 않겠는가? 우리는 이 두 가지 일을 매일같이 경험한다. 왜냐하면, 사탄은 우리를 악으로 이끌기 위해서 시험하고 유혹할 때, 자기가 진짜 누구인지, 자신의 정체를 있는 그대로 우리에게 말해 주지 않기 때문이다. 만일 사탄이 자신의 정체를 똑바로 우리에게 밝힘으로써, 우리가 사탄은 우리의 철천지원수이고 우리로 하여금 구원을 받지 못하게 하고 우리를 멸망에 빠뜨리고자 하는 자라는 것을 알게 된다면, 사탄은 자기가 의도한 것을 아무것도 이루지 못하게 될 것이다. 따라서 사탄은 우리를 속이기 위해서 어떤 식으로든 자신의 정체를 위장해서, 자신의 뿔들을 즉시 우리에게 내보이지 않고, 우리에게 "광명의 천사"로 보이게 하려고 애를 쓴다. 사탄은 우리를 몰아가서 중대한 범죄들을 저지르게 하고자 할 때에도, 여전히 그럴 듯한 구실과 핑계를 사용하여 우리의 경계심을 늦추어서, 우리를 그의 덫 속으로 끌어들여 걸려들게 만든다. 따라서 사탄은 우리를 공격할 때, 선한 것처럼 보이는 것들로 우리를 유혹하고, 심지어 하나님의 이름조차도 우리를 낚기 위한 미끼로 사용한다.

그리고 앞에서 이미 말하였듯이, 사탄의 졸개들도 자신들의 주인과 동일한 방법을 그대로 사용한다. 교황은 자기 자신에 대하여 "그리스도의 대리자," "베드로의 계승자," "하나님의 종들의 종"이라는 거창하고 휘황찬란한 호칭들을 사용하지만, 그 가면들을 벗겨내면, 과연 교황의 정체는 어떤 것일까? 아마도 교황의 주인인 사탄 자신도 그 가증스러움에 있어서는 자신의 놀라울 정도로 뛰어난 종의 수완을 거의 능가할 수 없을 것이다. 예레미야 선지자가 바벨론에 대해서 예언한 아주 유명한 말씀이 있는데, 그것은 "바벨론은 여호와의 손에 잡혀 있어 온 세계가 취하게 하는 금잔이라 뭇 민족이 그 포도주를 마심으로 미쳤도다"(렘 51:7)라는 말씀이다. 즉, "바벨론"은 자신의 독주를 "금잔"에 담아서 세상에 준다는 것이다. 그러므로 우리는 겉보기에 그럴 듯하고 대단해 보이는 것들을 조심하여야 한다. 여기에서 어떤 사람들은 이렇게 반문할 수도 있다: "그런 식으로 말한다면, 그것은 우리가 모든 사람을 의심의 눈초리로 바라보아야 한다는 것이 아닌가?" 그것이 바울의 의도가 아니라는 것은 분명하다. 그가 말하고자 한 것은, 사람들을 분별하는 방법들이 있는데, 그 방법들을 간과하는 것은 지혜롭지 못하고 어리석은 일이라는 것이다. 여기에서 그는 우리가 단지 겉모습이나 무늬만 보고서 경솔하게 판단해서는 안 된다는 것을 우리에게 경고하고자 한 것이었다. 왜냐하면, 우리가 지나치게 서둘러서 경솔하게 판단하지만 않는다면, 하나님께서는 머지않아 진실을 드러내 주실 것이기 때문이다. 아울러, 바울은 우리가 그리스도의 종들을 평가할 때에는, 겉모습에 휘둘리거나 현혹되어서는 안 되고, 겉모습보다 훨씬 더 중요한 것들을 살펴야 한다는 것을 우리에게 경고하고자 하였다. "의의 일꾼들"이라는 어구는 신실하고 올바른 사역자들을 의미하는 히브리식 표현법이다.

그들의 마지막은 그 행위대로 되리라. 바울은 믿는 자들에게 위로와 힘이 되게 하기 위하여 이 말을 여기에 덧붙인다. 왜냐하면, 이 말은 사람들의 어리석은 판단들을 멸시하고, 주의 날을 인내로써 기다리는 담대한 사람이 할 수 있는 말이기 때문이다. 또한, 이것은 바울이 자기에게는 장차 있을 하나님의 심판을 두려워하지 않는 양심의 담대함이 있다는 것을 보여 주는 것이기도 하다.

[16]내가 다시 말하노니 누구든지 나를 어리석은 자로 여기지 말라 만일 그러하더라 도 내가 조금 자랑할 수 있도록 어리석은 자로 받으라 [17]내가 말하는 것은 주를 따라 하는 말이 아니요 오직 어리석은 자와 같이 기탄 없이 자랑하노라 [18]여러 사람이 육신을 따라 자랑하니 나도 자랑하겠노라 [19]너희는 지혜로운 자로서 어리석은 자들을 기쁘게 용납하는구나 [20]누가 너희를 종으로 삼거나 잡아먹거나 빼앗거나 스스로 높이거나 뺨을 칠지라도 너희가 용납하는도다 [21]나는 우리가 약한 것 같이 욕되게 말하노라 그러나 누가 무슨 일에 담대하면 어리석은 말이나마 나도 담대하리라 (11:16-21).

16. 내가 다시 말하노니 누구든지 나를 어리석은 자로 여기지 말라. 사도의 목적은 두 가지인데, 하나는 그들 자신에 대하여 끊임없이 헛된 자랑을 늘어 놓는 역겨운 짓을 하고 있는 거짓 사도들의 정체를 드러내는 것이고, 다른 하나는 사도 자신은 자기를 자랑하고 싶지 않지만, 자신이 참된 사도라는 것을 증명하여 고린도 교인들에게 유익이 되게 하기 위해서 어쩔 수 없이 자랑하는 것을 그들이 용납해 주게 하는 것이다. 그는 "내가 다시 말하노니"라고 말한다. 왜냐하면, 그는 자기가 그들로부터 멸시를 받을 이유가 전혀 없다는 것을 앞에서도 누누이 역설해 왔었고,

아울러 자기는 거짓 사도들과 완전히 다른 까닭에, 그들의 자랑을 평가할 때에 사용한 것과 동일한 잣대로 자신의 자랑을 평가해서는 안 된다는 것도, 이미 그들이 알아들을 만큼 말해 왔었기 때문이다. 여기에서 바울은 지금까지 자기가 자신을 자랑해 온 목적이 아무도 자신의 사도직을 멸시하지 못하게 하는 것이었다는 것을 다시 한 번 고린도 교인들에게 말한다. 왜냐하면, 만일 고린도 교인들이 바울과 그의 사도직을 존중하는 올바른 태도로 처신하였다면, 그가 이런 식으로 자기 입으로 자기를 자랑하는 일은 결코 없었을 것이기 때문이다.

만일 그러하더라도 내가 조금 자랑할 수 있도록 어리석은 자로 받으라. 여기에서 바울은 이렇게 말한 것과 같다: "너희가 나를 어리석은 자로 생각한다면 어쩔 수 없는 일이기는 하지만, 너희는 거짓 사도들이 끊임없이 헛된 자랑을 늘어 놓는 것을 허용해 왔다는 점에서, 적어도 나에게도 내가 어리석은 자처럼 어리석게 말할 수 있는 권리와 자유를 허용해 주는 것이 마땅하다." 그는 이렇게 말함으로써, 거짓 사도들과 고린도 교인들을 간접적으로 책망한다. 왜냐하면, 거짓 사도들은 이 점에 있어서 그들 자신에 대한 헛된 자랑을 끊임없이 늘어놓음으로써 지독하게 어리석은 자들로 행해 왔지만, 고린도 교인들은 그들을 받아 주고 용납해 주었을 뿐만 아니라, 그들에게 큰 박수갈채와 환호를 보내 주었기 때문이다. 바울은 자기가 어떤 점에서 어리석은 자가 되고자 하는지를 설명하면서, 자기가 그들 앞에서 자기 자신을 어쩔 수 없이 자랑하지 않을 수 없기 때문에, 자기는 어리석은 자가 될 수밖에 없다고 말한다. 바울의 대적들은 그들 자신에 대한 헛된 자랑들을 시도 때도 없이 끊임없이 늘어놓으면서도, 그들 자신을 어리석은 자들이라고 생각하기는 커녕 도리어 대단히 훌륭한 자들이라고 생각하였던 반면에, 바울은 자기 자신에 대하여 "조금" 자랑하는 것에 대해서조차, 자기가 그래서는 안 되는 것인데, 어쩔 수 없어서 자랑하는 것이기는 하지만, 어쨌든 그것은 자기가 어리석은 자로 행하는 것이라고 자책하는 모습을 보여 준다. 나는 여기에서 "조금"으로 번역된 어구는 분량이 아니라 기간을 나타내는 것이라고 본다. 즉, 바울은 계속해서 오랫동안 자기 자신을 자랑하려는 것이 아니라, 단지 "잠시 동안만" 자기와는 이질적인 다른 사람이 되어서 자기 자신을 자랑하다가, 그 후에 이내 다시 자신의 원래의 모습으로 돌아오겠다고 말하고 있는 것이다. 왜냐하면, 정상적인 사람들은 별로 중요하지 않은 문제들에 대해서는 가볍게 넘어가고 중요한 문제에 집중하는 반면에, 어리석은 자들은 별로 중요하지 않은 부수적이고 부차적인 문제들을 끈질기게 물고 늘어지는 습성이 있기 때문이다. 따라서 바울은 자기가 일시적으로 "어리석은 자"로 변신해야만, 자기 자신을 잠시 자랑할 수 있다고 말하고 있는 것이다.

17. 내가 말하는 것은 주를 따라 하는 말이 아니요 오직 어리석은 자와 같이 기탄 없이 자랑하노라. 실제로 바울의 마음은 오로지 일편단심으로 하나님만을 바라보고 있었지만, 그는 지금 일시적으로 어리석은 자가 되어서 자기 자신을 자랑하고 있었기 때문에, 그의 외적인 모습은 하나님의 종으로서 합당하지 않은 것처럼 보였다. 또한, 그는 거짓 사도들이 그들 자신에 대하여 자랑들을 늘어놓는다고 단죄하였지만, 자신도 겉보기에는 그들과 똑같이 자기 자신에 대한 자랑을 늘어놓고 있었기 때문에, 그것도 앞뒤가 맞지 않는 것처럼 보일 수 있었다. 하지만 바울이 겉보기에 거짓 사도들과 똑같이 자기를 자랑한 목적은, 자기 자신을 자랑하는 것 자체에 있었던 것이 아니라, 자기가 실제로 어떤 인물인지를 드러냄으로써, 거짓 사도들로 하여금 더 이상 그들 자신에 대한 헛된 자랑을 하지 못하게 하기 위한 것이었다. 그는 고린도 교인들의 눈을 열어서, 그들로 하여금 모든 것의 진실을 분명하게 볼 수 있도록 해 주기 위해서는, 이런 식으로 거짓 사도들이 그동안 자랑한 바로 그런 것들에 있어서 자기가 그들보다 훨씬 더 뛰어나다는 것을 보여 줄 수밖에 없었고, 그렇게 하려면 어쩔 수 없이 자기 자신을 자랑할 수밖에 없게 된 것이었다. 내가 여기에서 "담대하게"(한글개역개정에는 "기탄없이")로 번역한 헬라어 '휘포스타시스' (ὑπόστασις)가 어떤 의미인지에 대해서는, 우리가 고린도후서 9:4("혹 마게도냐인들이 나와 함께 가서 너희가 준비하지 아니한 것을 보면 너희는 고사하고 우리가 이 믿던 것에 부끄러움을 당할까 두려워하노라")을 다룰 때에 이미 살펴본 바 있다. 따라서 여기에서 이 단어를 "주제" 또는 "내용" 등으로 번역하는 것은 완전히 부적절하다.

18. 여러 사람이 육신을 따라 자랑하니 나도 자랑하겠노라. 바울이 여기에서 말하고자 하는 것은 이런 것이다: "어떤 사람들이 내가 내 자신을 자랑하는 것은 잘못된 것이라고 말하며 나를 비방한다면, 바로 그 사람들이 나보다 먼저 그들 자신을 자랑한 자들이 아니냐? 그들이 그들 자신을 자랑하는데, 나라고 해서 내 자신을 자랑하지 못할 것이 무엇이냐? 육신을 따라 자랑하는 것이 내가 처음이거나 유일한 것이 아니지 않느냐? 그들이 육신을 따라 그들 자신을 자랑할 때에는, 너희가 그들을 칭송하더니, 내가 육신을 따라 자랑한다고 해서, 너희가 나를 비난한다면, 그것이 말이 되겠느냐?" 바울은 어떤 불순한 야심 때문에 자기 자신을 자랑하고 있

는 것이 전혀 아니었고, 오로지 거짓 사도들의 추악한 진면목을 드러내기 위해서 그렇게 하고 있는 것이었지만, 그렇게 해서 고린도 교인들에게 유익을 끼칠 수만 있다면, 자기는 얼마든지 기꺼이 욕을 먹을 각오가 되어 있었다. "육신을 따라 자랑한다"는 것은 선한 양심 가운데서 자신을 자랑하는 것이 아니라, 다른 사람들에게 자신을 과시하기 위하여 자랑하는 것을 의미한다. 여기에서 "육신"이라는 단어는 세상과 관련되어 있다. 왜냐하면, 우리가 사람들에게 우리 자신을 과시하기 위하여 자랑할 때에는, 세상의 평가기준에 따라서 세상에서 대단하고 훌륭한 것으로 칭송받는 외적인 것들로 우리 자신을 자랑하는 것이기 때문이다. 바울은 고린도후서 10:7("너희는 외모만 보는도다")에서는 "외모"라는 단어를 사용한 바 있는데, 이 단어도 여기에서 사용한 "육신"이라는 단어와 동일한 의미이다.

19. 너희는 지혜로운 자로서 어리석은 자들을 기쁘게 용납하는구나. 바울은 고린도 교인들을 "지혜로운 자들"이라고 부르고 있지만, 내 생각에는 이것은 반어법이다. 왜냐하면, 그들은 바울을 멸시하고 있었는데, 만일 그들이 지독한 교만에 빠져서 하늘 높은 줄 모르고 오만방자해지지 않았다면, 그들이 그를 멸시한다는 것은 있을 수 없는 일이었을 것이기 때문이다. 그런데도 그들이 바울을 멸시하고 있었기 때문에, 실제로 그들은 지독하게 어리석은 자들이 되어 있는 것이었다. 따라서 그는 여기에서 이렇게 말한다: "너희는 너희 자신을 지극히 지혜로운 자들로 자처하고 있는데도, 너희의 사도인 나를 멸시함으로써 어리석은 자들에게나 합당한 모습을 보이고 있다. 그러므로 너희가 진정으로 지혜로운 자들이라면, 나를 참된 사도로 인정하고 받아들임으로써, 너희가 지혜로운 자들이라는 것을 조금이라도 나타내 보여라." 내가 이것으로부터 추측할 수 있는 것은, 바울은 여기에서 고린도 교인들 전체를 향하여 말하고 있는 것이 아니라, 그들 중에서 자기에 대하여 매우 비우호적으로 행하고 있던 특정한 사람들을 겨냥해서 책망하는 말을 하고 있다는 것이다.

20-21. 누가 너희를 종으로 삼거나 잡아먹거나 빼앗거나 스스로 높이거나 뺨을 칠지라도 너희가 용납하는도다. 바울이 여기에서 무엇을 말하고자 하는 것인지에 대해서는 세 가지 해석이 가능하다. 첫 번째로, 그는 여기에서 반어법을 사용해서, 고린도 교인들이 자신들을 지극히 고상하고 대단한 사람들로 여겨서, 자신들을 책망하는 그 어떤 말도 용납하려고 하지 않는다는 것을 꾸짖고 있는 것일 수 있다. 두 번째로, 그는 고린도 교인들이 사려분별이 전혀 없이 거짓 사도들의 말에 속아 넘

어가서 부끄러운 줄도 모른 채 그들의 종 노릇을 하고 있다고 책망하고 있는 것일 수 있다. 세 번째로, 그는 자기가 고린도 교인들 위에 군림해서 폭군처럼 제멋대로 포악을 행하고 그들을 종 부리듯 해 왔다고 거짓 사도들이 자기에 대하여 행한 비난을 그대로 여기에서 옮겨 놓고 있는 것일 수 있다. 이 중에서 두 번째가 크리소스토모스(Chrysostomus), 암브로시우스(Ambrosius), 아우구스티누스(Augustinus)의 지지를 얻고 있고 일반적으로 받아들여지고 있는 해석인데다, 문맥에도 아주 잘 부합하지만, 내 생각에는 세 번째 해석도 마찬가지로 괜찮은 것으로 보인다. 왜냐하면, 우리는 바울은 실제로는 고린도 교인들 위에 군림하여 폭군처럼 행한 일이 없었지만, 악의적인 원수들은 마치 그가 그렇게 행한 것처럼 비방하고 중상모략해 온 것을 여러 차례 반복해서 보아 왔기 때문이다. 하지만 두 번째 해석이 좀 더 일반적으로 받아들여지고 있기 때문에, 나는 그 해석을 올바른 것으로 받아들이는 데 아무런 이의가 없다. 바울이 여기에서 말하고 있는 것은 그가 바로 앞에서 다음과 같이 말한 것과 연결되어 있다: "거짓 사도들은 너희를 압제하고 너희에게 무리한 요구를 하며 너희를 멸시함으로 대하는데도, 너희는 그들이 너희에게 행하는 모든 것들을 다 기꺼이 용납하고 있다. 그들은 그 어떤 점에서도 나보다 더 우월하거나 훌륭한 것이 없는데, 너희가 그들에 대해서는 지극히 너그러운 태도를 취하면서도, 나에 대해서는 인색하게 대하는 이유가 도대체 무엇이냐?"

세상은 늘 하나님의 종들을 배척하고, 어떻게든 꼬투리를 잡거나 트집을 잡아서 그들에 대하여 맹렬한 분노를 쏟아부으며, 그들에 대하여 쉴 새 없이 불만과 불평을 늘어놓으며 못마땅해하고, 그들이 제시하는 그리 엄격하지도 않은 규범에 대하여 불만을 쏟아놓으며 질색을 하는 반면에, 하나님의 종들로 위장한 거짓 사도들과 사악한 자들에게는 노예처럼 굴종하여, 그들이 자신들에게 어떤 짓을 해도 다 용납하고, 그들이 어떤 무거운 짐을 지워도 다 인내로써 감내해 왔고, 앞으로도 항상 그럴 것이다. 마찬가지로, 우리 시대에서도 우리는 그리스도의 멍에를 메고 순종하며 살아가고자 하는 사람은 삼십 명 중에 한 명도 되지 않는 반면에, 모든 사람이 교황의 가혹한 폭정에 대해서는 한 마디 불평 없이 모든 것을 다 용납하고 감내하는 것을 본다. 사람들은 하나님의 참된 사역자들이 아버지 같은 심정으로 선한 말씀으로 책망하면, 불 같이 화를 내며 달려들지만, 수도사들로부터는 차마 입에 담기 어려운 지독하게 모욕적인 말을 듣고도 고분고분히 용납하고 순종한다. 이것은 진리를 듣기 싫어하는 사람들은 그리스도의 온유하신 품보다는 적그리스도의 고문대와 형틀에서 괴로움을 당하는 것이 합당하기 때문인 것인가? 그러나 사람들은 처음부터 그래 왔다.

나는 우리가 약한 것 같이 욕되게 말하노라. 바울이 여기에서 "우리가 약한 것 같이"라고 말함으로써, 실제로 자기가 "약하지" 않다고 밝힌 것은, 하나님께서 자기에게 너무나 놀라운 은혜를 베풀어 주셨기 때문에, 고린도 교인들이 자기를 평범한 사람으로 생각하는 것은 잘못된 것임을 보여 주기 위한 것이다. 우리가 곧 다시 보게 되겠지만, "약하다"라는 단어는 숨겨진 함의들을 지니고 있다.

그러나 누가 무슨 일에 담대하면 어리석은 말이나마 나도 담대하리라. 바울은 자기는 결코 "약한" 자가 아니고, 따라서 멸시받을 만한 자가 아닌데도, 고린도 교인들이 거짓 사도들에게는 공경하는 태도를 보이면서도, 자기에게는 그렇지 않은 이유가 무엇이냐고 계속해서 물어 왔었다. 이제 그는 그들이 공경하는 거짓 사도들과 자기를 비교해 본다면, 자기는 그들이 자랑하는 그 어떤 것에서도 그들에게 결코 뒤지지 않는다고 말함으로써, 그들이 자기를 멸시할 이유가 전혀 없다는 것을 분명하게 못박아서 말한다.

[22]그들이 히브리인이냐 나도 그러하며 그들이 이스라엘인이냐 나도 그러하며 그들
이 아브라함의 후손이냐 나도 그러하며 [23]그들이 그리스도의 일꾼이냐 정신 없는
말을 하거니와 나는 더욱 그러하도다 내가 수고를 넘치도록 하고 옥에 갇히기도
더 많이 하고 매도 수없이 맞고 여러 번 죽을 뻔하였으니 [24]유대인들에게 사십에서
하나 감한 매를 다섯 번 맞았으며 [25]세 번 태장으로 맞고 한 번 돌로 맞고 세 번 파
선하고 일 주야를 깊은 바다에서 지냈으며 [26]여러 번 여행하면서 강의 위험과 강도
의 위험과 동족의 위험과 이방인의 위험과 시내의 위험과 광야의 위험과 바다의
위험과 거짓 형제 중의 위험을 당하고 [27]또 수고하며 애쓰고 여러 번 자지 못하고
주리며 목마르고 여러 번 굶고 춥고 헐벗었노라 [28]이 외의 일은 고사하고 아직도 날
마다 내 속에 눌리는 일이 있으니 곧 모든 교회를 위하여 염려하는 것이라 [29]누가
약하면 내가 약하지 아니하며 누가 실족하게 되면 내가 애타지 아니하더냐(11:22-29).

22. 그들이 히브리인이냐 나도 그러하며 그들이 이스라엘인이냐 나도 그러하며 그들이 아브라함의 후손이냐 나도 그러하며. 바울은 이제 그들이 자랑하는 것들

을 하나하나 열거하면서, 거짓 사도들과 자기를 비교해 보면, 자기가 그들보다 결코 뒤지지 않는다는 것을 고린도 교인들에게 좀 더 분명하게 보여 준다. 먼저, 그는 자신의 대적들이 가장 큰 자부심을 가지고 자랑하였던 것, 즉 자신들은 하나님의 선민인 "히브리인" 이자 "이스라엘인" 이라는 것에 대하여 언급하면서, 이렇게 말한다: "그들이 자신의 고귀한 혈통을 자랑한다면, 나도 그들과 동일한 고귀한 혈통을 지닌 사람이다. 왜냐하면, 나도 아브라함의 후손인 이스라엘인이기 때문이다." 이것은 어리석고 헛된 자랑이었지만, 바울은 이 혈통에 대한 자랑과 관련된 세 가지 서로 다른 우월성을 나타내기 위해서, "히브리인," "이스라엘인," "아브라함의 후손" 이라는 세 가지 어구를 사용한다. 나는 그가 이렇게 세 가지 어구를 반복해서 열거함으로써 간접적으로 그들의 어리석음을 책망하고 있는 것이라고 본다. 왜냐하면, 그들은 자신들이 대단한 사람들이라는 것을 과시하기 위해서, 너무나 하잘것없는 혈통 문제를 이런저런 식으로 여러 가지로 표현하며, 끊임없이 입에 침이 마르도록 자랑하고 있는데, 바울은 여기에서 그들의 그러한 자랑은, 어리석고 우매한 자들이 아무것도 아닌 일을 가지고 허탄한 자랑들을 쉴 새 없이 쏟아 놓곤 하는 것과 마찬가지로, 너무나 역겨운 짓이라는 것을 이 세 가지 어구의 반복을 통해서 보여 주고 있는 것이기 때문이다.

"히브리인" 이라는 명칭과 관련해서, 창세기 11:14("셀라는 삼십 세에 에벨을 낳았고")은 "히브리인" 은 "에벨" 의 후손이라는 의미를 지닌다는 것을 보여 주고, 창세기 14:13("도망한 자가 와서 히브리 사람 아브람에게 알리니")에서 아브라함을 히브리인으로 부른 것은 그가 에벨의 후손이라는 의미 외에 다른 의미는 없는 것 같다. 어떤 이들은 이 단어가 "강 너머에 거주하는 자들" 이라는 의미를 지닌다고 주장하지만, 자신들의 주장을 뒷받침해 줄 만한 합당한 증거를 제시하지 못한다. 물론, 우리는 성경에서 아브라함 이전에는 히브리인으로 불린 사람을 찾아볼 수 없고, 요셉에 관한 기사는 아브라함이 자신의 고향 땅을 떠나서 강을 건넌 후에 그의 가족 가운데서 히브리인이라는 명칭이 친숙하게 사용되었다는 것을 분명하게 보여 주기는 하지만, 이 단어에 붙은 접미어는 이 단어가 혈통을 나타내고 있다는 것을 보여 주고, 내가 앞에서 인용한 구절들은 그러한 사실을 충분히 확증해 준다.

23. 그들이 그리스도의 일꾼이냐 정신 없는 말을 하거니와 나는 더욱 그러하도다. 바울은 앞에서 사실은 자랑할 만한 것이 못 되는 혈통 문제에 있어서는 자기가 거짓 사도들보다 뒤지지 않는다고 말하였지만, 이제 진정으로 자랑할 만한 일들을

말할 차례가 되자, 자기가 그들보다 뒤지지 않는다고 말하는 것으로 만족하지 않고, 자기는 그들보다 더 우월하다고 분명하게 말한다. 그는 지금까지는 그들이 자랑하는 것들에서 자기가 결코 뒤지지 않는다고 말하여, 그들의 육신적인 자랑들을 바람 앞의 연기처럼 다 흩어 버림으로써, 그런 것들은 자랑할 만한 것들이 되지 않는다는 것을 보여 주었던 반면에, 이제 여기에서 진정으로 자랑할 만한 것들에 대해서 말하게 되었을 때에는, 그들의 자랑과 자신의 자랑을 아주 구체적으로 분명하게 대비시킴으로써, 그들에게는 진정으로 자랑할 만한 것이 아무것도 없다는 것을 분명히 한다. 왜냐하면, "그리스도의 일꾼"이라는 것은 아브라함 가문의 모든 장자들 중에서 장자인 것보다 훨씬 더 영광스럽고 존귀한 것이기 때문이다. 바울은 여기에서도 자기가 자랑하는 것은 사실은 정신나간 짓이지만 어쩔 수 없어서 그렇게 하는 것임을 보여 주기 위하여, 다시 한 번 "나는 더욱 그러하도다"라고 말하기 전에, 먼저 "내가 정신 없는 말을 하고 있는 것이기는 하지만"이라고 운을 뗀다. 따라서 그는 이렇게 말하고 있는 것이다: "내가 이렇게 자랑하는 것이 어리석은 짓이라는 것을 뻔히 알지만, 그럼에도 불구하고 그 점에 있어서 내가 그들보다 더욱더 그리스도의 일꾼이라는 것은 엄연한 사실이다."

내가 수고를 넘치도록 하고 옥에 갇히기도 더 많이 하고 매도 수없이 맞고 여러 번 죽을 뻔하였으니. 바울이 여기에서 이런 말들을 하고 있는 것은, 자기가 거짓 사도들보다 더 뛰어난 "그리스도의 일꾼"이라는 것을 증명하기 위한 것이고, 이 증거들은 말들이 아니라 행한 일들로 구성되어 있기 때문에 신뢰할 만한 것들이다. 그는 여기에서는 "수고들"이라는 복수형을 사용하고, 나중에 27절에서는 "수고"라는 단수형을 사용하는데, 이 둘 간의 차이점은 다른 것은 없고, 단지 그가 27절에서는 자신이 하나하나 열거한 것들을 한데 뭉뚱그려서 좀 더 일반적으로 말하기 위하여 단수형을 사용한 것으로 보인다는 점만이 차이인 것 같다. 마찬가지로, 바울은 여기에서 자기가 죽을 뻔한 온갖 위험들을 나타내기 위하여 "죽음들"이라는 복수형을 사용한 후에, 계속해서 그러한 위험들을 열거해 나가는 방식을 취하고 있다. 그는 이렇게 말한 것과 같다: "나는 '죽음들'을 자주 겪고 '수고들'은 한층 더 자주 겪음으로써, 내가 그리스도의 일꾼이라는 것을 증명해 왔다." 그가 여기에서 사용한 "죽음들"은 고린도후서 1:10("그가 이같이 큰 사망에서 우리를 건지셨고 또 건지실 것이며 이 후에도 건지시기를 그에게 바라노라")에서 사용한 "죽음들"(한글개역개정에는 "사망")과 동일한 의미이다.

24. 유대인들에게 사십에서 하나 감한 매를 다섯 번 맞았으며. 당시에 유대인들에게는 사법권이 없었다는 것은 확실하지만, 태형은 이른바 가벼운 형벌들 중의 하나였기 때문에, 아마도 가벼운 죄를 범한 자들에게 태형을 가하는 것은 여전히 허용되었던 것으로 보인다. 하나님의 율법에서는 사형에 해당하는 죄를 범하지 않은 자들에게는 재판장 앞에서 태형을 시행하도록 규정하고 있었고, 잔혹한 형벌로 인해서 사람의 몸이 불구가 되거나 사지가 절단되지 않도록 하기 위해서, 사십 대를 한도로 정해 놓았다. 그런데 시간이 흐르면서, 형벌을 가하는 사람들이 실수로 하나님이 정하신 사십 대를 넘겨 버리는 일이 발생하지 않게 하기 위해서, 실제로는 서른아홉 대에서 태형을 그치는 관행이 생겨난 것으로 보인다. 하나님께서 율법에 규정하신 것들에 일정한 제한을 가하는 그러한 수많은 예방조치들은 랍비들로부터 기원한 것들로서, 유대인들 가운데서 많이 발견된다. 또한, 세월이 흐르고 시대가 악해지면서, 하나님의 의도는 태형의 최고한도를 정해 놓으심으로써, 범죄자들에게 너무 가혹한 형벌을 가하지 않게 하신 것인데도, 유대인들은 모든 범죄자들에게 사십 대의 태형을 가하는 것을 당연한 것으로 생각하게 되었다. 어떤 이들은 여기에서 바울은 자기가 다른 범죄자들보다 더 혹독하고 가혹하게 태장을 맞았다고 말하고 있는 것이라고 보는데, 그렇게 보는 것이 결코 부적절한 것은 아니다. 왜냐하면, 만일 모든 범죄자들이 "사십 대에서 하나 감한 매"를 맞는 것이 관행이었다면, 바울은 자기가 통상적인 방식으로 태장을 맞았다고 말하였을 것이기 때문이다. 하지만 그가 이렇게 자기가 맞은 매의 댓수를 구체적으로 밝힌 것은 자기가 다른 사람들보다 더욱 심하고 가혹하게 매를 맞았다는 것을 말하고자 한 것임을 보여 준다.

25-27. 세 번 태장으로 맞고 한 번 돌로 맞고 세 번 파선하고 일 주야를 깊은 바다에서 지냈으며 여러 번 여행하면서 강의 위험과 강도의 위험과 동족의 위험과 이방인의 위험과 시내의 위험과 광야의 위험과 바다의 위험과 거짓 형제 중의 위험을 당하고 또 수고하며 애쓰고 여러 번 자지 못하고 주리며 목마르고 여러 번 굶고 춥고 헐벗었노라. 이것은 바울이 누가가 사도행전에 기록해 놓은 것보다 훨씬 더 많은 고난들을 겪었다는 것을 분명하게 보여 준다. 왜냐하면, 누가는 단지 바울이 한 번 돌에 맞은 것과 한 번 "파선한" 것에 대해서만 기록해 놓고 있기 때문이다. 누가는 바울에게 일어난 모든 사건들이 아니라, 오직 주목할 만한 두드러진 사건들만을 기록해 놓은 것이기 때문에, 사도행전의 기사들은 바울이 겪은 일들 중의 일부에 대해서만 말해 줄 뿐이다.

모든 유대인들은 바울에 대하여 적개심을 품고 있었기 때문에, 그는 유대인들의 손에 의해서 여러 번 죽을 고비를 넘겼는데, 이렇게 자신의 동족으로부터 겪은 위험한 일들을, 그는 여기에서 "동족의 위험들"이라고 부른다. 또한, 이방인들도 바울에게 적대감을 지니고 그를 해치고자 하였기 때문에, 그는 "이방인의 위험들"을 여기에서 언급한다. 그리고 세 번째로 그를 기다리고 있었던 것은 "거짓 형제들"이 쳐놓은 덫과 함정들이었다. 이렇게 바울은 그리스도의 이름을 인하여 모든 사람으로부터 미움을 받았다(마 10:22, "너희가 내 이름으로 말미암아 모든 사람에게 미움을 받을 것이나 끝까지 견디는 자는 구원을 얻으리라"). 나는 그가 "여러 번 굶고"라고 말한 것은 그가 자원해서 금식한 것을 의미하는 것이라고 본다. 왜냐하면, 양식이나 물이 없어서 "주리며 목마른" 경우에 대해서는 그가 이미 앞에서 얘기하였기 때문이다. 이러한 것들은 그가 자신이 그리스도의 뛰어난 일꾼이라는 자신의 주장을 뒷받침하기 위한 합당한 근거들로 제시하고 있는 것들이다. 왜냐하면, 이러한 것들이 그가 그리스도의 참된 일꾼이라는 것을 증명해 줄 수 없다면, 그 어떤 대단한 증거들로도 그것을 증명하는 것은 불가능할 것이기 때문이다.

반면에, 거짓 사도들은 자신들이 그리스도의 대단한 일꾼들이라고 입에 침이 마르도록 자랑하고 떠벌리며 다녔지만, 실제로 그들이 그리스도를 위하여 한 일은 없었고, 그리스도를 위하여 고난당한 것도 없었다. 그럼에도 불구하고, 그들은 뻔뻔스럽게도 자신들이 대단한 자들이라도 된다는 듯이 그들 자신을 자랑해 왔다. 우리는 여기에서 "그렇다면, 수많은 위험들과 고난들과 난관들을 겪지 않는 사람은 그리스도의 종이 될 수 없다는 말이냐?"고 반문할 수 있다. 나의 대답은 그리스도의 참된 일꾼이라고 해서, 바울이 여기에서 열거하고 있는 모든 일들을 다 실제로 겪어야 하는 것은 아니지만, 그런 일들을 겪은 사람들은 자기가 그리스도의 참된 일꾼이라는 좀 더 확실하고 분명한 증거들을 갖게 된다는 것이다. 이토록 수많은 증거들을 통해서 자신이 그리스도의 종이라는 확신을 갖게 된 사람들은, 자기와 같은 그러한 확증들이 별로 없는 다른 종들을 멸시하거나, 스스로 자고해져서는 안 되지만, 필요한 경우에 바울의 모범을 따라서 자신의 그러한 확증들을 제시하며 거짓된 가짜 일꾼들을 반박할 수 있을 것이다. 그러나 그런 경우에도, 그들은 자기 자신을 과시하기 위한 교만함이나 어떤 불순한 야심으로 인해서 자기 자신을 자랑해서는 안 되고, 반드시 그리스도와 복음을 위한 경우에만 그렇게 하여야 한다. 왜냐하면, 이러한 증거들이 아무리 대단하고 훌륭한 것들이라고 할지라도, 거기에 교만함이나 야심이 개입되면, 형편없이 변질되고 왜곡되어서, 더할 나위 없이 역겨운 것들이 되고 말기 때문이다. 하지만 바울이 여기에서 자기가 그리스도의 참된 일꾼이라는 것을 증명하기 위해서, 자신이 그동안 겪은 이런 일들을 열거한 주된 목적은, 우리는 오로지 순수한 양심으로 그리스도를 섬기는 것이 마땅하고, 그 밖의 다른 모든 것들은 단지 부수적인 것들에 지나지 않는다는 것을 보여 주기 위한 것이다.

28. 이 외의 일은 고사하고 아직도 날마다 내 속에 눌리는 일이 있으니 곧 모든 교회를 위하여 염려하는 것이라. 여기에서 바울은 이렇게 말한다: "사방으로부터 내게 닥친 이러한 괴롭고 힘든 일들 외에도, 내게는 날마다 나를 짓누르는 일상적인 무거운 짐이 있는데, 그것은 '모든 교회를 위하여 염려하는 것' 이다." 그가 이러한 "염려"를 자신의 일상적인 무거운 짐이라고 부른 것은 적절하다. 그래서 여기에서 "눌리는 일"로 번역된 단어인 '에피쉬스타신' (ἐπισύστασιν)은 종종 우리를 압박하고 짓누르는 것은 무엇이든지 다 가리킨다는 점에서, 나는 이 단어를 "무거운 짐"으로 자유롭게 번역하였다. 하나님의 교회가 잘되기를 진심으로 바라고 거기에 심혈을 기울이는 사람들은 늘 교회에 대하여 염려할 수밖에 없기 때문에, 자신의 어깨에 무거운 짐을 지고 있는 것이나 마찬가지이다. 우리는 여기에서 진정으로 온전한 사역자의 모습을 본다. 그런 사역자는 오직 한 교회 또는 열 교회 또는 서른 교회가 아니라 모든 교회를 염려하고, 모든 교회에 대하여 열심을 보이기 때문에, 어떤 교회들에 대해서는 가르치고, 어떤 교회들에 대해서는 힘을 더해 주며, 어떤 교회들에 대해서는 권면하고, 어떤 교회들에 대해서는 그 병들을 치유해 주는 일을 한다. 여기에서 바울이 한 말을 통해서 우리가 알 수 있는 것은, 모든 교회에 대하여 진심으로 염려하는 사람은 많은 어려운 일들에 봉착하게 될 수밖에 없고, 따라서 늘 무거운 짐을 짊어질 수밖에 없다는 것이다. 왜냐하면, 사탄은 안 들춰 본 돌이 하나도 없을 정도로 끊임없이 온갖 시험들과 유혹들로 믿는 자들을 들쑤셔 놓고, 모든 교회를 쉴 새 없이 괴롭히는 까닭에, 교회를 다스리는 일은 우리가 기쁨과 즐거움으로 수행할 수 있는 즐거운 일이 결코 아니고, 이미 앞에서 말하였듯이, 입에서 단내가 날 정도로 힘들고 어려운 전쟁이기 때문이다.

29. 누가 약하면 내가 약하지 아니하며 누가 실족하게 되면 내가 애타지 아니하더냐. 교회에서 어떤 죄악들이 자행되든지 간에, 그런 것에는 관심도 없고, 연약한 형제들이 멸시를 당하고 짓밟혀도 눈 하나 깜짝하지 않는 사역자들이 얼마나 많은

가. 그들이 그런 식으로 행하는 이유는 교회에 대하여 아무런 관심도 없고 교회를 위하여 아무런 염려도 하지 않기 때문이다. 관심(cura)이 있어야 염려도 하고, 거기에서 '쉼파테이안'(συμπάθειαν, "연민, 동정")도 생겨나는 법이다. 그러므로 교회를 위하여 염려하는 사역자들만이 모든 신자들의 일을 자신의 일처럼 여기고서 함께 아파하고 함께 기뻐할 수 있게 된다.

[30]내가 부득불 자랑할진대 내가 약한 것을 자랑하리라 [31]주 예수의 아버지 영원히
찬송할 하나님이 내가 거짓말 아니하는 것을 아시느니라 [32]다메섹에서 아레다 왕의
고관이 나를 잡으려고 다메섹 성을 지켰으나 [33]나는 광주리를 타고 들창문으로 성
벽을 내려가 그 손에서 벗어났노라(11:30-33).

30. 내가 부득불 자랑할진대 내가 약한 것을 자랑하리라. 바울은 자기가 지금까지 앞에서 말하였던 모든 것에 대한 결론을 여기에서 제시하면서, 자기는 거짓 사도들이 자랑하는 그런 것들이 아니라, 자신의 "연약함"과 관련된 모든 것들, 즉 굶주림이나 목마름, 감옥에 갇힌 일, 돌에 맞은 일, 태장을 맞은 일 등과 같이, 사람들이 일반적으로 큰 수치라고 여기는 그런 일들이기 때문에, 세상 사람들의 눈에 자랑거리가 아니라 수치로 여겨지는 그런 것들을 자랑하고자 한다고 말한다.

31-33. 주 예수의 아버지 영원히 찬송할 하나님이 내가 거짓말 아니하는 것을 아시느니라 다메섹에서 아레다 왕의 고관이 나를 잡으려고 다메섹 성을 지켰으나 나는 광주리를 타고 들창문으로 성벽을 내려가 그 손에서 벗어났노라. 바울은 사람들에게 거의 알려져 있지 않았던 기이한 사건을 소개하기에 앞서, 지금부터 자기가 하는 얘기는 결코 거짓말이 아니라는 것을 맹세로써 단언한다. 우리가 주목할 것은, 그가 자신의 말이 참되다는 것을 확증하기 위한 목적으로, 하나님을 자신의 증인으로 호출하는 경건한 맹세의 형식을 사용하고 있다는 것이다. 누가가 분명하게 보여 주듯이, 바울이 여기에서 말하고 있는 사건은 그에 대한 최초의 박해였다. 당시에 바울은 회심한 지 얼마 되지 않은 초신자에 불과하였는데도 처음부터 이러한 시련과 박해를 당해야 하였다면, 그가 그리스도의 노련한 군사가 되었을 때, 그에게 어떤 고난과 박해가 닥쳤을지는 우리가 충분히 짐작할 수 있지 않겠는가? 하지만 우리는 바울이 자신을 박해하는 자들을 피하여 도망한 이야기는 그의 담대함을 증명해 줄 수 있는 증거가 될 수 없을 것인데도, 왜 그가 여기에서 이 이야기를

하고 있는 것인지, 그 이유를 물을 수 있다. 나의 대답은, 다메섹이라는 왕의 도시의 문들을 다 닫고 바울을 잡으려고 하였다는 것은, 그 박해하는 자들이 바울에 대하여 얼마나 격노하였는지를 잘 보여 주는 것이고, 그들은 아무 이유도 없이 바울에 대하여 그러한 분노를 드러내지는 않았을 것이라는 것이다. 즉, 바울은 당시에 믿은 지 얼마 되지도 않은 때에 다른 믿는 자들보다 훨씬 더 특별한 열심으로 그리스도를 위하여 싸웠고, 다메섹의 믿지 않는 자들은 바울의 그런 모습을 보고서 격노해서 어떻게든 그를 붙잡아 죽이려고 하였다는 것이다. 이렇게 그는 자기가 처음부터 그리스도를 위하여 죽을 위험을 무릅썼다는 것을, 이 이야기를 통해서 보여 주고자 한 것이다. 하지만 더 놀라운 사실은, 그는 처음부터 그렇게 혹독한 박해를 당해 도망을 친 후에도 두려움 없이 그리스도와 복음을 전하는 하나님의 일을 계속하여, 끊임없이 온 세상으로부터 온갖 죽을 위험을 감수해야 하는 것을 멈추지 않음으로써, 자신의 확고하고 견고한 믿음을 아주 분명하게 보여 주었다는 것이다. 바울이 여기에서 이 이야기를 한 의도는, 고린도 교회에 있는 자신의 대적들은 그리스도와 복음을 위하여 목숨을 거는 위험은 아예 하려고 하지도 않으면서, 오로지 불순한 야심을 품고서, 고린도 교인들로부터 박수갈채와 환심과 공경과 편안한 잠자리만을 제공받고자 하면서도, 자신들이 마치 그리스도의 대단한 일꾼들인 것처럼 행세하고 있는 것을 조롱하고자 한 것일 수 있다. 바울은 그런 자들과는 반대로, 자기는 처음부터 그리스도와 복음을 위하여 목숨을 걸고 일하다가 곤경에 처해서, "광주리를 타고 들창문으로" 성을 빠져나가는 옹색하고 욕된 방법을 사용해서 겨우 가까스로 목숨을 건질 수 있었다는 것을 우리에게 들려준다. 여기에서 어떤 사람들은 바울이 성벽을 타고 내려 온 것은 중대한 범죄였다는 점에서, 과연 그가 그렇게 행한 것이 잘한 일이냐고 물을 수 있다. 나의 대답은, 첫 번째는 당시에 동방에서 그러한 일을 실제로 범죄로 규정하고 처벌하였는지가 확실하지 않다는 것이고, 두 번째는 설령 그것이 범죄로 규정된 것이었다고 할지라도, 바울은 적군으로서 정탐을 위한 것이거나 장난삼아서 그렇게 한 것이 아니라, 어쩔 수 없는 상황에서 그렇게 한 것이기 때문에, 범죄를 저지른 것이 아니라는 것이다. 왜냐하면, 법은 불을 피해서 자신의 목숨을 건지기 위하여 성벽에서 뛰어내린 사람을 벌하지 않는데, 불을 피하기 위한 것이나, 불한당들의 맹렬한 공격을 피하기 위한 것이나 차이가 없기 때문이다. 법을 생각할 때, 우리는 언제나 공평을 존중하여야 하는데, 그런 점에서 볼 때, 바울에게는 잘못이 있다고 할 수 없다.

제12장

1무익하나마 내가 부득불 자랑하노니 주의 환상과 계시를 말하리라 2내가 그리스도
안에 있는 한 사람을 아노니 그는 십사 년 전에 셋째 하늘에 이끌려 간 자라 (그가
몸 안에 있었는지 몸 밖에 있었는지 나는 모르거니와 하나님은 아시느니라) 3내가
이런 사람을 아노니 (그가 몸 안에 있었는지 몸 밖에 있었는지 나는 모르거니와 하
나님은 아시느니라) 4그가 낙원으로 이끌려 가서 말로 표현할 수 없는 말을 들었으
니 사람이 가히 이르지 못할 말이로다 5내가 이런 사람을 위하여 자랑하겠으나 나
를 위하여는 약한 것들 외에 자랑하지 아니하리라(12:1-5).

1. 무익하나마 내가 부득불 자랑하노니. 바울은 자기 자신을 자랑하는 중간에, 여기에서 갑자기 자기가 이런 자랑들을 하는 것은 무익한 일이지만, 어쩔 수 없어서 자랑하는 것이라는 말을 불쑥 꺼냄으로써, 자신의 대적들인 거짓 사도들이 헛된 자랑들을 일삼고 다니는 것이 얼마나 뻔뻔스러운 일인지를 다시 한 번 시의적절하게 책망함과 동시에, 자기가 그런 자들과 더불어서 자랑 경쟁을 한다는 것은 너무나 한심한 일이었기 때문에, 자기는 정말 그렇게 하기 싫다는 자신의 심정을 내 보인다. 왜냐하면, 거짓 사도들은 자신들이 바울과 대등한 자들이라는 것을 증명해 줄 추천서들을 받기 위해서 여러 교회들을 돌아다니며 구걸한 자들이었고, 그들의 그런 행동은 정말 말하기도 부끄럽고 창피한 일이었기 때문이다. 바울은 여기에서 자기 자신에 대한 자랑을 하는 것을 극도로 꺼리는 모범을 보임으로써, 우리 각 사람은 하나님으로부터 더욱더 크고 놀라운 은혜들을 풍성하게 받는 데 열심을 내야 하지만, 그렇게 해서 받은 은혜들을 자랑하는 일은 극도로 삼가야 한다는 것을 우리에게 일깨워 준다. 실제로 우리가 크고 놀라운 은혜들을 받았다고 할지라도, 우리의 그러한 뛰어난 것들을 자랑하는 것은 늘 위험한 일이다. 왜냐하면, 그런 자랑에 취하게 되면, 우리는 마치 미로에 진입한 사람처럼 이내 그 자랑 속에 갇히게 되어, 우리가 받은 은혜들과 은사들에 대해서는 도가 지나치게 부풀

려 생각하게 되고, 우리 자신에 대해서나 우리 자신의 분수에 대해서는 더욱더 모르는 자들이 되어 버리기 때문이다. 바울은 어쩔 수 없어서 자기 자신에 대하여 자랑한 것이긴 하여도, 이유야 어찌 되었든, 자기가 자랑을 하는 동안에 그 자랑에 사로잡히고 휘둘리게 되는 일이 자기에게도 일어나게 되지는 않을까 하는 염려가 생겨서, 여기에서 잠시 이 말을 통해서 다시 한 번 제동을 건 것이었다. 우리는 하나님께서 우리에게 주신 은혜들을 인정하고 감사를 드리고 그 은혜들을 올바르게 사용하는 것이 마땅하지만, 그 은혜들을 빌미로 삼아서 우리 자신을 자랑하는 것은 너무나 위험천만한 일이라는 것을 명심하여야 한다.

주의 환상과 계시를 말하리라. 바울은 여기에서 이렇게 말한다: "나는 하나님으로부터 내가 받은 은혜들이 너무나 엄청나서, 그런 것들에 대해서 말했다가는, 내 자신의 분수를 잃어버릴 것이 염려되기도 하지만, 그럼에도 불구하고 내가 땅에서 겪은 일들만이 아니라, 저 높이 들려서 하늘에서 겪은 신비한 일들도 이번 기회에 말하지 않을 수 없다." 만일 바울이 자기 자신을 과시하기 위한 목적으로 자기를 자랑한 것이었다면, 앞에서 그는 곧바로 자기가 겪은 신비한 일들, 곧 하나님으로부터 받은 "환상과 계시"를 들먹였을 것이다. 그러나 그는 하나님 앞에서 우리에게 가장 중요한 유일한 것은 우리 자신을 낮추는 것임을 알고 있었기 때문에, 자기 자신을 높이거나 과시하고자 하는 마음이 그에게 없었고, 따라서 이 신비한 일들에 관한 체험을 맨 나중에 마지못해 말하게 된 것이었다. "환상"과 "계시"는 서로 다르다. "계시"는 흔히 눈에는 아무것도 보이지 않는 가운데 꿈이나 말씀을 통해서 일어나는 반면에, "환상"은 하나님께서 어떤 것을 우리의 눈에 보여 주시면서, 그 의미를 우리에게 설명해 주시는 것이기 때문에, "환상"에는 거의 언제나 "계시"가 수반된다.

2-3. 내가 그리스도 안에 있는 한 사람을 아노니 그는 십사 년 전에 셋째 하늘에 이끌려 간 자라 (그가 몸 안에 있었는지 몸 밖에 있었는지 나는 모르거니와 하나님은 아시느니라) 내가 이런 사람을 아노니 (그가 몸 안에 있었는지 몸 밖에 있었는지 나는 모르거니와 하나님은 아시느니라). 바울은 자신의 분수를 지켜서 한계를 벗어나지 않기 위해서, 자기가 겪은 신비한 일들 중에서 오직 한 사건만을 선택하여, 자기는 이 일을 정말 말하고 싶지 않지만, 어쩔 수 없어서 말하는 것일 뿐이라는 것을 분명히 하는 방식으로, 이 사건에 대하여 말한다. 왜냐하면, 바울이 자기가 이 일을 말함으로써 자기 자신을 자랑하고자 하는 마음이 추호도 없다는 것을 나

타내고자 한 것이 아니라면, 그가 이 이야기를 하면서 굳이 삼인칭으로 말할 이유가 없었을 것이기 때문이다. 그는 이렇게 말한 것과 같다: "나는 이 일에 대해서 침묵한 채로, 내 자신만이 아는 일로 묻어 두고 싶었지만, 나의 대적들로 인해서 이 일을 말하지 않을 수 없게 되어서, 지금 이렇게 말하고 있는 것이다. 그러므로 나는 나의 의지와 뜻을 거슬러서 이 말을 하고 있는 것이고, 마지못해서 주저하면서 이 말을 하고 있는 것임을 분명히 해 두고 싶다." 어떤 이들은 "그리스도 안에서"(한글 개역개정에는 "그리스도 안에 있는")라는 어구는 바울이 자기가 지금부터 하는 말이 사실이라는 것을 맹세로써 단언하기 위하여 사용한 것이라고 생각하지만, 나는 바울이 자기는 자기 자신에 대해서는 아무런 관심도 없고, 오직 그리스도만을 바라볼 뿐임을 분명히 하기 위하여 이 어구를 사용한 것이라고 본다. 바울이 "그가 몸 안에 있었는지 몸 밖에 있었는지 나는 모른다"고 말하고 있는 것은, 이 계시가 얼마나 대단한 것이었는지를 좀 더 분명하게 드러내 주는데, 그의 말은 하나님께서 자기가 도무지 이해할 수 없는 방식으로 자기에게 역사하셨다는 것을 의미하기 때문이다. 하나님께서는 종종 어떤 식으로 역사하신 것인지를 우리가 알 수 없는 방식으로 우리에게 계시하시는데, 그렇다고 해서 우리가 하나님의 그러한 역사를 믿지 않으려고 해서는 안 된다. 왜냐하면, 그런 경우에 우리에게 말씀하신 분이 하나님이시라는 것은 전적으로 우리의 믿음에 의거해서 인식하고 알게 되는데, 우리의 믿음에 의거해서 인식하게 된 것은 불확실한 것이 결코 아니기 때문이다. 또한, 우리가 이것으로부터 배워야 할 것은, 우리는 오직 우리가 알아야 할 필요가 있는 것만을 알고자 하고, 나머지는 하나님께 맡겨드려야 한다는 것이다. 따라서 바울은 자신의 몸과 영혼이 다 하늘로 이끌려 간 것인지, 아니면 단지 자신의 영혼만이 이끌려 간 것인지에 대해서는 자기가 알지 못하겠다고 말한다.

십사 년 전에. 어떤 사람들은 이 일이 어디에서 일어난 것인지를 알고 싶어 하겠지만, 그런 사람들의 호기심을 만족시켜 주는 것은 우리의 일이 아니다. 하나님께서는 바울을 유대교에서 복음 신앙으로 회심시키고자 하셨을 때, 처음에 다메섹으로 가는 길에서 "환상" 가운데서 그에게 나타나셨지만, 그때에 이 신비한 체험을 그에게 허락하신 것은 아니었다. 왜냐하면, 바울은 그 후에 먼저 아나니아로부터 복음의 초보에 대하여 가르침을 받을 필요가 있었기 때문이었다(행 9:12). 다메섹 도상에서 그가 본 "환상"은 단지 그로 하여금 가르침을 받을 수 있도록 준비시키기 위한 것일 뿐이었다. 바울이 여기에서 말하고 있는 것은 누가가 사도행전

22:17("후에 내가 예루살렘으로 돌아와서 성전에서 기도할 때에 황홀한 중에")에 기록한 환상을 가리키는 것일 수도 있다. 하지만 바울은 자기가 이 일에 대해서 십사 년 동안이나 침묵을 지켜 왔고, 만일 악한 자들의 말도 안 되는 주장으로 말미암아 이 일에 대하여 어쩔 수 없이 말하지 않을 수 없는 입장이 되지만 않았다면, 자기는 이 일에 대해서 끝까지 함구했을 것이라고 말하고 있기 때문에, 우리는 이런 저런 추측을 하느라 고민할 필요가 전혀 없다.

셋째 하늘에. 바울이 여기에서 "셋째 하늘"이라고 말한 것은, 하늘들을 여러 층으로 구분해서, 각각의 행성을 여러 층의 하늘에 배정하는 철학적인 정교한 사변을 따르고 있는 것이 아니고, 단지 3이라는 숫자를 완전수로 사용해서, 가장 높고 완전한 하늘이라는 의미에서 "셋째 하늘"이라고 지칭한 것일 뿐이다. 또한, 여기에서 사용된 "하늘"이라는 단어 자체도 모든 천체들과 궁창, 그리고 만유를 구성하고 있는 모든 것들 위에 있는 하나님의 저 복되고 영광스러운 나라, 즉 천국을 의미한다. 그러나 바울은 자기가 천국에서도 가장 높고 가장 내밀한 곳까지 가 보았다는 것을 강조하기 위해서, 단지 "하늘"이라고 말하는 것으로 만족하지 않고, "셋째"라는 수식어를 덧붙인 것이다. 우리의 신앙은 위로 높이 올라서 천국에 들어갈 수 있고, 하나님을 아는 지식에 뛰어난 사람들은 더 높고 깊은 것들을 통달하지만, "셋째 하늘"에 가 보는 것은 극소수의 사람들에게만 주어졌다.

4. 그가 낙원으로 이끌려 가서 말로 표현할 수 없는 말을 들었으니 사람이 가히 이르지 못할 말이로다. 성경에서는 특히 살기 좋고 복된 곳은 어디든지 "하나님의 동산"이라고 부르고 있기 때문에, 이러한 관행이 발전해서, 헬라인들은 그리스도께서 오시기 이전부터 하늘의 영광을 가리키는 데 "낙원"이라는 단어를 사용하였는데, 이것은 집회서 40:17, 27("온정은 축복의 낙원과 같으며 자비는 영원히 잊혀지지 않는다 … 주님을 두려워함은 축복의 낙원과 같아서 사람에게 어떤 영광보다도 더 큰 보호가 된다")이 분명하게 보여 준다. 또한, 그리스도께서도 누가복음 23:43에서 강도에게 "오늘 네가 나와 함께 낙원에 있으리라"고 말씀하실 때, "낙원"이라는 단어를 그런 의미로 사용하시는데, 이것은 "너는 복 받은 자들의 상태와 삶 속에서 하나님의 임재를 누리게 될 것"이라는 의미이다.

여기에서 "말들"로 번역된 단어는, 히브리어에서 흔히 "일들"이라는 의미를 지니는 것과는 달리, 여기에서는 그런 의미를 지니지 않는다. 왜냐하면, 이 단어를 "일들"이라고 번역하게 되면, 이 구절에서 사용된 "들었다"는 동사와 부합하지 않기 때문이다. 어떤 사람들이 바울이 거기에서 들은 말들이 도대체 어떤 말들이었느냐고 묻는다면, 거기에 대한 우리의 대답은 간단하다. 바울은 자기가 "말로 표현할 수 없는" 말들을 들었다고 말함으로써, 자기가 그 말들을 발설하는 것은 불법이라는 것을 분명히 하고 있다는 것이다. 어떤 사람들은 바울이 영원히 침묵해야 하고 발설할 수 없는 말들을 들은 것이라면, 그가 들은 말들은 아무 짝에도 쓸데없는 무익한 것들이었을 것임에 틀림없다고 조롱할지도 모르겠지만, 거기에 대한 나의 대답은 이 일은 다른 사람들에게 전하게 하기 위한 것이 아니라 바울 자신의 유익을 위해서 일어난 일이었다는 것이다. 왜냐하면, 바울의 앞날에는 인간으로서 차마 감당하기 힘들 정도의 고난들이 무수히 그를 기다리고 있었던 까닭에, 하나님께서는 자기가 그에게 주신 소임을 그가 감당하다가 중간에 포기하지 않게 하고, 그 어떤 극심한 고난과 환난 가운데서도 한 치의 요동함도 없이 굳건히 믿음을 지키며 자신의 소임을 끝까지 행해 나갈 수 있게 하기 위해서는, 특별한 방식으로 그에게 힘을 더해 줄 필요가 있었기 때문이었다. 바울이 복음을 전하는 가운데 얼마나 많은 대적들과 싸우고 이런저런 무수한 방식으로 공격을 당하여야 하였는지를 생각한다면, 하나님께서 다른 사람들에게 발설해서는 안 되는 말들을 그에게 들려주신 것은 전혀 이상한 일이 아닐 것이다. 이 구절은 우리의 지식에 한계를 두어야 한다는 것을 우리에게 깨우쳐 준다. 우리에게는 본성적으로 강한 호기심이 있어서, 우리의 덕을 세우는 데 유익한 가르침들은 건성으로 듣고 넘기거나, 수박 겉핥기식으로 맛보고 다 알았다고 생각해 버리는 반면에, 아무 짝에도 쓸데없는 무익한 질문들에는 호기심이 발동해서 끝장을 볼 때까지 파고들어가고자 한다. 우리는 그러한 호기심에 무모함과 경솔함까지 더해서, 우리가 전혀 알지 못하고 우리에게 숨겨져 있는 것들을, 마치 우리가 잘 알고 있다는 듯이, 서슴지 않고 단정하고 단언해 버린다. 그래서 이 두 가지 근원들로부터 엄청난 양의 사변적인 신학이 생겨났고, 디오니시우스(Dionysius)라는 작자는 자신의 상상력을 동원해서, 마치 자기가 하늘의 위계질서들에 대하여 잘 안다는 듯이, 하늘의 삶을 자세하게 설명하는 글을 쓰는 만용도 서슴지 않았다. 따라서 우리는 하나님이 우리의 지식에 한계를 정해 주신 것을 넘어서려고 하지 말고, 하나님께서 자신의 교회에 계시해 주시는 것이 유익하다고 생각하셔서 우리에게 알게 해 주신 것들 외에는 그 어떤 것도 알려고 하지 않는 것이 합당하다.

5. 내가 이런 사람을 위하여 자랑하겠으나 나를 위하여는 약한 것들 외에 자랑하

지 아니하리라. 그는 이렇게 말한 것과 같다: "나는 자랑할 만한 합당한 이유가 있기는 하지만, 그렇더라도 나를 자랑하는 것은 내가 정말 하고 싶지 않은 일이다. 왜냐하면, 오로지 '나의 약한 것들' 만을 자랑하고 싶은 것이 나의 진정한 심정이기 때문이다. 하지만 악의적인 자들이 계속해서 나를 괴롭혀서, 나로 하여금 내가 정말 하고 싶지 않은 자랑을 더 할 수밖에 없게 만든다면, 그들은 하나님께서 셋째 하늘로 이끌고 가셔서 말로 표현할 수 없는 것들을 보여 주심으로써 더할 나위 없이 존귀하게 하시고 높이신 바로 '이런 사람' 을 보고서, 자신들이 얼마나 어리석은 자들임을 깨달아야 마땅할 것이다."

6내가 만일 자랑하고자 하여도 어리석은 자가 되지 아니할 것은 내가 참말을 함이
라 그러나 누가 나를 보는 바와 내게 듣는 바에 지나치게 생각할까 두려워하여 그
만두노라 7여러 계시를 받은 것이 지극히 크므로 너무 자만하지 않게 하시려고 내
육체에 가시 곧 사탄의 사자를 주셨으니 이는 나를 쳐서 너무 자만하지 않게 하려
하심이라 8이것이 내게서 떠나가게 하기 위하여 내가 세 번 주께 간구하였더니 9나
에게 이르시기를 내 은혜가 네게 족하도다 이는 내 능력이 약한 데서 온전하여짐
이라 하신지라 그러므로 도리어 크게 기뻐함으로 나의 여러 약한 것들에 대하여
자랑하리니 이는 그리스도의 능력이 내게 머물게 하려 함이라 10그러므로 내가 그
리스도를 위하여 약한 것들과 능욕과 궁핍과 박해와 곤고를 기뻐하노니 이는 내가
약한 그 때에 강함이라(12:6-10).

6. 내가 만일 자랑하고자 하여도 어리석은 자가 되지 아니할 것은 내가 참말을 함이라. 바울이 자기에게는 자랑하고자 하는 마음이 전혀 없다고 말한 것을, 자신의 대적들이 꼬투리를 잡아서, "당신은 실제로는 자랑할 것이 아무것도 없기 때문에, 자기는 자랑할 마음이 전혀 없다고 핑계 대는 것이 아니냐"고 거짓 비방을 하며, 그를 조롱할 수도 있었기 때문에, 그는 그들이 그런 식으로 자신의 말을 왜곡하여 비방하고 조롱하는 것을 사전에 차단하기 위해서, "내게는 자랑할 것들이 있고, 또한 내가 나를 자랑한다고 하여도, 그것은 허황되고 거짓된 것이 아니라 참말을 하는 것이기 때문에, 사실 나는 얼마든지 자랑할 수 있지만, 진정으로 자랑하고 싶지 않기 때문에 자랑하고자 하지 않는 것" 임을 분명하게 밝힌다. 여기에서 사용된 "어리석은 자" 라는 단어는 그가 앞에서 사용한 것과는 다른 의미를 지닌다. 그들

자신을 자랑할 만한 합당한 근거들을 가지고 있는 사람들일지라도, 이기적인 불순한 의도로 자기 자신을 과시하고자 하여 자신을 자랑한다면, 그들은 어리석고 역겨운 자들이 될 수밖에 없지만, 어떤 사람들이 합당한 근거들도 없이 사실이 아닌 것들을 가지고서 자랑한다면, 그들은 한층 더 어리석고 역겨운 자들이 될 수밖에 없다. 왜냐하면, 후자의 경우에는 그들은 어리석고 우둔한 자들일 뿐만 아니라, 뻔뻔스럽고 후안무치한 자들임이 분명하기 때문이다. 사도는 여기에서 자신의 자랑은 합당한 근거가 있는 "참말"일 뿐만 아니라 결코 교만한 것이 아니라는 것을 기정사실로 전제한다. 여기에서 "그만두노라"로 번역된 단어를, 에라스무스(Erasmus)는 "나는 너희를 아끼노라"로 번역하였지만, 나는 이 단어가 "삼가다, 그만두다"라는 의미를 지니고 있는 것으로 본다.

그러나 누가 나를 보는 바와 내게 듣는 바에 지나치게 생각할까 두려워하여 그만두노라. 바울은 이제 자기가 자랑하는 것을 그만두고자 하는 이유를 밝히는데, 그것은 자기는 하나님이 자기에게 정해 주신 자리에 머물러 있는 것으로 만족하고자 하기 때문이라는 것이다. 그는 이렇게 말한다: "하나님께서는 나의 겉모습과 언변에 대해서는 특별히 훌륭한 것이 없게 하셨기 때문에, 나는 그런 것들과 관련해서는 사람들로부터 존중이나 공경을 받지 않아도 아무런 이의가 없다." 여기에서 우리는 그가 얼마나 겸손하였는지를 알 수 있다. 왜냐하면, 그는 수많은 뛰어난 은사들을 수여받았음에도 불구하고, 자신의 겉모습과 언변이 보잘것없음으로 인해서 사람들로부터 멸시를 받았어도, 그런 것에 전혀 개의치 않았기 때문이다. 어떤 사람들은 여기에서 바울은 거짓 사도들은 아무런 근거도 없이 그들 자신에 대한 헛된 자랑을 무수히 늘어놓고 있는 것인 반면에, 자기가 그들보다 뛰어나다는 것은 엄연한 사실이기 때문에, 자신은 그것으로 만족하고, 자기 자신에 대하여 굳이 더 이상 어떤 자랑을 할 필요를 느끼지 못한다고 말함으로써, 거짓 사도들을 은연중에 꾸짖고 있는 것으로 보는데, 나는 이 절을 그런 식으로 해석하는 것도 무리가 없다고 생각하기는 하지만, 내가 앞서 설명한 해석을 더 선호한다.

7. 여러 계시를 받은 것이 지극히 크므로 너무 자만하지 않게 하시려고 내 육체에 가시 곧 사탄의 사자를 주셨으니 이는 나를 쳐서 너무 자만하지 않게 하려 하심이라. 이것은 바울이 자신을 자랑하지 않고자 하는 두 번째 이유이다. 그가 여기에서 제시하는 두 번째 이유는, 자기가 받은 계시들이 많고 엄청난 것들이었기 때문에, 하나님께서 그에게서 그 어떤 교만의 기미도 생겨나지 않도록 하시기 위하여

"매"를 주셔서, 자기로 하여금 온전히 하나님께 복종하게 하셨기 때문이라는 것이다. 바울은 이 매를 "가시," 즉 소를 몰 때에 목동이 사용하는 소몰이용 막대기 또는 가시채라고 부른다. 헬라어 본문에서 "육체"라는 단어는 여격으로 되어 있기 때문에, 에라스무스(Erasmus)는 "육체로 말미암아"로 번역하였지만, 나는 이 가시채가 그의 육체를 찌르곤 하였다는 것을 의미하는 것이라고 보기 때문에, "육체에"로 번역하는 것이 합당하다고 생각한다.

이제 이 가시채가 도대체 무엇이었느냐 하는 질문이 생겨난다. 어떤 사람들은 바울이 정욕에 시달린 것을 가리킨 것이라고 생각하지만, 그런 생각은 너무나 어처구니없는 것이기 때문에, 우리는 그런 사람들의 견해는 제쳐두어야 한다. 어떤 사람들은 바울이 자주 두통에 시달린 것이라고 생각한다. 크리소스토모스(Chrysostomus)는 바울은 "후메내오와 알렉산더"(딤전 1:20, "그 가운데 후메내오와 알렉산더가 있으니 내가 사탄에게 내준 것은 그들로 훈계를 받아 신성을 모독하지 못하게 하려 함이라") 같은 자들을 여기에서 가시채에 비유한 것이라고 생각한다. 왜냐하면, 그런 자들은 사탄의 부추김을 받아서 바울을 아주 많이 괴롭혔기 때문이다. 하지만 나는 이 구절은 바울이 겪은 온갖 종류의 시련들과 환난들을 집약해서 표현한 것이라고 생각한다. 왜냐하면, 내 생각에는 여기에서 "육체"는 바울의 육신을 가리키는 것이 아니라, 그의 심령 중에서 거듭나지 않은 부분을 가리키는 것이기 때문이다. 따라서 그가 여기에서 말하고자 하는 것은 이런 것이다: "나는 육체를 따른 시험들에서 완전히 벗어나 있을 정도로 그렇게 신령한 상태가 되어 있지 않기 때문에, 하나님께서는 나의 변화되지 못한 부분들을 가시채로 계속해서 찌르셔서, 내가 교만해지거나 한 눈을 팔지 못하게 해 오셨다." 또한, 바울은 이 가시채를 "사탄의 사자"라고 부르는데, 그 이유는 모든 시험은 사탄으로부터 오는 것들인 까닭에, 우리는 시험을 당할 때마다, 사탄이 우리 가까이에 있다는 경고를 받는 것이기 때문이다. 따라서 우리는 시험을 당할 때마다, 정신을 바짝 차리고서 느슨해진 마음을 다시 다잡아서, 사탄의 공격을 물리치기 위하여 신속하게 완전군장을 다시 갖추게 된다. 이렇게 사탄으로부터 오는 모든 시험들은 바울에게 지극히 유익한 것이었다. 왜냐하면, 그는 그런 시험들을 통해서 자신이 어떤 상황에 처해 있는지를 생생하게 깨달을 수 있었던 까닭에, 아무런 위험도 없는 사람처럼 안일하게 앉아 있다가 큰 위험을 자초하게 되지 않을 수 있었기 때문이다. 원수가 바로 코앞에 있고, 자기가 수많은 위험들에 둘러싸여 있다는 것을 아는 사람은 안일하게 승리에 도취해서 승전가를 부를 수는 없는 법이다. 그는 이렇게 말한다: "하나님께서는 사탄이 나를 호시탐탐 노리고 있다는 것을 자주 깨닫게 해 주심으로써, 내가 자만에 빠지지 않도록 하시기 위하여, 늘 사탄의 시험들을 내게 허락하셨는데, 그것은 나를 교만으로부터 안전하게 지킬 수 있게 해 준 최고의 방책이었다."

하나님께서는 바울이 자만에 빠지지 않도록 하시기 위하여, 단지 그의 육체를 가시채로 찌르신 것만이 아니라, 아울러 굴욕을 당하여 낮아지게 하셨다. 왜냐하면, 바울은 "나를 쳐서"라는 말을 덧붙이고 있는데, 이 말은 하나님께서 그로 하여금 늘 정신을 차리고 자신의 분수를 지켜서 행하지 않을 수 없게 만드셨다는 것을 너무나 생생하게 보여 주기 때문이다. 여기에서 "나를 쳐서"라는 말은, 그가 손과 주먹으로 흠씬 두들겨 맞는 것을 의미하는 것이기 때문에, 그가 그런 일을 당한 것은 지독하게 수치스럽고 굴욕적인 것이었다. 사람들이 손과 주먹으로 우리의 얼굴을 두들겨 패서, 우리의 얼굴이 온통 멍이 들어 검고 푸르게 되었다면, 우리는 부끄럽고 창피해서 사람들 앞에 우리의 모습을 보이지 않으려 할 것이다. 마찬가지로, 우리가 지닌 연약함 가운데서 복음을 위하여 일할 때, 우리는 제대로 하는 것이 없이 모든 것에서 부족하여 사람들로부터 얻어맞아서 여기저기 온통 멍이 든 가운데 일하는 것인데, 그때에 우리는 하나님께서 그런 식으로 우리가 사람들로부터 흠씬 두들겨 맞게 만드셔서, 우리로 하여금 겸손을 배울 수 있게 하고 계시는 것임을 기억하여야 한다. 특히 뛰어나고 훌륭한 자질들을 갖춘 사람들은 이것을 명심하여야 한다. 왜냐하면, 그들이 그러한 뛰어나고 훌륭한 자질들을 갖추었어도, 그들에게도 마찬가지로 결점들이 있어서, 사람들은 그 단점들을 빌미로 삼아서 그들을 미워하고 박해하며 욕하고 저주한다면, 사람들로부터 그들이 겪는 그러한 모욕과 수치들은 단지 하늘에 계신 그들의 선생이신 하나님의 회초리일 뿐만 아니라, 그들의 온갖 교만과 자만을 억제하고 무너뜨려서 겸손으로 충만하게 하기 위하여, 하나님께서 사람들로 하여금 그들을 흠씬 두들겨 패게 하시는 역사이기 때문이다. 그러므로 모든 경건한 자들은, 아우구스티누스(Augustinus)가 바울 사도의 말씀들에 관한 자신의 세 번째 설교에서, "교만(superbia)은 너무나 치명적인 독이기 때문에, 오로지 또 다른 독으로만 해독될 수 있다"고 말한 것을 명심할 필요가 있다. 교만은 인간에게 파멸을 가져다준 최초의 원인이었던 것과 마찬가지로, 우리가 맞서 싸워야 하는 최후의 악이다. 왜냐하면, 다른 악들은 악한 행위들과 결합되어 있는 반면에, 교만은 우리가 행하는 최고의 선행들과 결합되어 있을 뿐만 아니라, 우리에게 본성적으로 아주 지독하게 들러붙어 있고, 우리의 심령 깊은 곳에 아주 견고하게 뿌리를 내리고 있어서, 제거하기가 극도로 어려운 까닭에, 우리가 가장 두려워해야 할 악이기 때문이다.

우리는 지금 우리에게 이 말을 하고 있는 사람이 누구인지를 주의하고 유념하여야 한다. 그는 무수히 많은 시련들과 환난들과 위험들을 비롯해서 온갖 해악들을 극복한 사람이었고, 그는 그리스도의 모든 원수들과 싸워서 승리한 사람이었으며, 그는 죽음의 공포를 이기고 세상을 멸시한 사람이었지만, 그런 그도 아직 자신의 교만을 완전히 꺾고 굴복시키지 못하였고, 그의 심령 속에는 자주 교만의 기미가 올라왔기 때문에, 하나님으로부터 이렇게 흠씬 두들겨 맞지 않고서는 그러한 교만을 이길 수 없었다. 따라서 우리는 바울의 모범으로부터 교훈을 얻어서, 우리의 다른 결점들과도 싸워야 하지만, 특히 교만과 싸워 이기는 것을 우리의 주된 목표로 삼고, 거기에 우리의 심혈을 기울여야 한다. 그러나 여기에서 한 가지 질문이 제기될 수 있다: "사탄은 처음부터 살인하는 자인데, 이런 식으로 자신의 사자를 보내어서, 바울의 육신만이 아니라 그의 영혼까지도 더욱더 건강하게 해 주는 의사의 역할을 하고 있다는 사실을 우리는 어떻게 보아야 하는가?" 나의 대답은 사탄이 바울에게 그렇게 하는 목적은 자신의 본래의 성품과 습관을 따라 그를 죽이고 멸망시키려고, 치명적인 독이 묻은 가시채로 그를 계속해서 찌르고 있는 것인데, 하나님께서 특별한 은혜의 역사를 통해서 원래 사망의 도구인 가시채를 치유의 도구로 사용하신 것일 뿐이라는 것이다.

8. 이것이 내게서 떠나가게 하기 위하여 내가 세 번 주께 간구하였더니. 여기에서 바울이 "세 번" 간구하였다고 말한 것은 꼭 세 번이라는 뜻이 아니라 자주 간구하였다는 것을 의미한다. 그가 말하고자 하는 것은, 자신을 끊임없이 괴롭히는 이 가시채가 그에게 너무나 큰 괴로움이자 스트레스였기 때문에, 자기는 이 가시채를 제거해 주시라고 하나님께 자주 기도하였다는 것이다. 만일 이 가시채로 인한 괴로움이 가벼운 것이었거나 견디기 쉬운 것이었다면, 그는 이렇게 자주 간절하게 이 괴로움에서 벗어나게 해 달라고 기도하지 않았을 것이다. 또한, 그가 이렇게 자주 간절하게 기도하였는데도, 하나님께서 이것과 관련한 그의 기도를 들어주시지 않으셨다는 사실은, 그에게 주어진 계시가 너무나 엄청나서, 하나님이 그를 낮추실 필요가 절실하였다는 것을 분명하게 보여 준다. 이것은 그가 이미 앞에서 말하

였던 것, 즉 이 가시채는 그가 자만에 빠지지 못하게 하시려고 하나님께서 그에게 물리신 재갈이었다는 것을 확증해 준다. 만일 이 괴로움에서 벗어나는 것이 바울에게 유익한 일이었다면, 하나님께서는 결코 그의 기도를 거절하지 않으셨을 것이다. 그러나 성경의 많은 곳들에서는 우리가 "믿음으로" 기도하기만 하면, 하나님께서는 우리의 기도에 반드시 응답해 주실 것이라고 약속하고 계신다고 말씀하고 있다는 점에서, 어떤 사람들은 하나님께서 자신의 약속을 지키지 않으실 리가 없기 때문에, 이 일과 관련해서 바울이 "믿음으로" 기도하지 않아서 응답을 받지 못한 것이라고 보아야 한다고 반문할지도 모른다. 그러한 반문에 대한 나의 대답은, 구하는 것에도 여러 종류가 있듯이, 응답에도 두 종류가 있다는 것이다. 우리는 하나님의 나라가 온전히 임하게 해 달라거나, 하나님의 이름이 거룩히 여김을 받으시게 해 달라거나, 우리의 죄를 사하여 주시라거나, 모든 일이 합력하여 우리에게 유익이 되게 해 주시라거나 하는 것과 같이 하나님의 확실한 약속이 주어진 일들에 대해서는 무조건적으로 구할 수 있다. 그러나 우리가 이러저러한 일들이 이루어져야 하나님의 나라가 더욱 확장될 수 있다거나, 하나님의 이름이 거룩히 여김을 받으시려면 이러저러한 일들이 꼭 필요하다고 생각하는 경우에는, 우리는 우리 자신에게 어떤 것들이 유익인지를 생각할 때와 마찬가지로, 자주 잘못 판단을 하게 된다.

따라서 우리는 하나님께서 확실하게 약속하신 것들에 대해서는 온전한 확신을 가지고서 무조건적으로 구하여야 하지만, 우리가 하나님께 그 약속들을 이러저러하게 이루어 주시라고 구체적인 처방들을 제시한다면, 우리의 그런 기도들은 하나님께서 확실하게 약속하신 것들을 구하는 것도 아니고, 하나님을 은연중에 제약하는 것이며, 우리에게 유익한 것들을 구하는 것도 아닌 경우가 많다. 바울은 그것을 잘 알고 있었기 때문에, 비록 하나님께서 자기가 간구한 것을 들어주시지 않으셨다고 할지라도, 자기가 그러한 간구를 한 의도와 목적을 받으셔서, 그의 기도에 응답을 해 주신 것임을 알았다. 이것은 하나님께서 우리가 간구한 것들을 들어주시지 않으셨다고 해서, 마치 우리의 기도가 아무 소용이 없었다는 듯이, 우리가 낙심하고 의기소침해서는 안 된다는 것을 우리에게 경고해 준다. 왜냐하면, 하나님께서 우리가 요구한 것을 들어주지 않으셨다고 해서, 그것이 우리의 기도 자체를 듣지 않으시고 거부하셨다는 것을 의미하는 것이 아니고, 도리어 우리의 요구를 들어주시지 않으시는 것이 우리에게 유익이 되는 것을 아시고, 우리에게 합당하고 충분한 은혜를 베풀어 주시기 위하여 그렇게 하신 것이기 때문이다. 하나님께서 종종 우리의 눈에 좋아 보이고 복으로 보이는 것들을 불경건한 자들에게는 진노하심 가운데서 별로 허락하시지만, 경건한 자들에게는 은혜와 긍휼을 베푸시기 위하여 그런 것들을 주시지 않는 이유도 바로 거기에 있다. 왜냐하면, 하나님께서는 우리에게 어떤 것들이 유익인지를 우리보다 더 잘 아시는 까닭에, 때로는 우리의 눈에 좋아 보이고 복으로 보이는 것들을 우리가 구할 때, 우리의 그러한 간구를 들어주시지 않으시는 것이기 때문이다.

9. **나에게 이르시기를 내 은혜가 네게 족하도다.** 하나님의 이러한 응답이 특별한 계시를 통해서 바울에게 임하였던 것인지는 분명하지 않지만, 그런 것은 별로 중요하지 않다. 왜냐하면, 하나님께서는 어떤 식으로든 자신의 성령을 통해서 우리의 심령 속에서 내적으로 역사하셔서 우리에게 힘과 위로를 주시고 붙들어 주심으로써, 우리로 하여금 소망과 인내 가운데서 끝까지 믿음을 지켜 나가게 하실 때, 그것은 우리의 기도에 대한 하나님의 응답이기 때문이다. 하나님께서는 바울에게 지금 자기가 그에게 베풀어 주고 계시는 은혜로 만족하고, 가시채를 통한 징계를 거부하지 말라고 말씀하신다. 그러므로 우리는 환난과 괴로움이 우리에게 오랫동안 지속된다고 할지라도, 하나님의 은혜가 우리와 함께 있어서 우리를 붙들어 주고 있는 한, 그 모든 것들은 우리에게 놀라운 유익으로 작용한다는 것을 깨닫고서, 그러한 환난과 괴로움을 믿음과 소망 가운데서 잘 감내하여야 한다. 여기에서 바울이 사용한 "은혜"라는 단어는 다른 곳들에서처럼 하나님의 은총을 의미하는 것이 아니라, 하나님께서 아무런 자격 없는 우리에게 무조건적인 은혜로 베풀어 주시는 "성령의 도우심"을 가리키는 환유법적 표현이다. 경건한 자들에게는 하나님이 그들에게 베풀어 주시는 그러한 은혜로 충분하다. 왜냐하면, 하나님의 그러한 은혜, 즉 성령의 도우심은 우리로 하여금 끝까지 우리의 믿음과 소망을 지키게 해주기에 충분한 확실하고 강력한 지지대가 되기 때문이다.

이는 내 능력이 약한 데서 온전하여짐이라 하신지라. 우리의 약함(infirmitas)은 하나님의 능력이 우리 속에서 온전하게 역사하는 데 장애물이 될 것처럼 보이지만, 하나님께서 결코 그렇지 않다고 말씀하실 뿐만 아니라, 오직 우리의 약함이 분명할 때에만, 하나님의 능력이 온전히 드러날 수 있다고 단언하신다. 우리가 이것을 분명하게 이해하기 위해서는, 하나님의 능력과 우리의 능력을 구별하여야 한다. 왜냐하면, 여기에서 강조점은 "내"라는 단어에 두어져 있기 때문이다. 하나님께서는 이렇게 말씀하신다: "내 능력, 즉 곤경에 처한 사람들을 돕고, 넘어진 자들을 일으켜 세우며, 기진맥진해 있는 자들에게 새 힘을 주는 나의 능력은 사람들의 약함 속에서 온전해진다. 사람들의 약함이 분명하게 드러날 때, 내 능력이 역사할 기회가 주어진다. 게다가, 그런 상황이 되어야만, 사람들은 나의 능력을 인정하고서 내게 합당한 영광을 돌리게 된다." "온전하여지다"라는 동사는 사람들이 알게 되고 인정하게 되는 것을 가리킨다. 왜냐하면, 하나님의 능력은 사람들에게 분명하고 밝게 드러나서 사람들로부터 합당한 영광을 얻게 될 때에만 온전하여지기 때문이다. 그리고 사람들은 자신들이 하나님의 능력을 절실하게 필요로 하게 될 때까지는, 하나님의 능력이 얼마나 소중하고 귀한 것인지를 알지 못하고, 그들 자신의 약함을 끊임없이 일깨워 주는 일들이 일어나지 않는다면, 하나님의 능력의 참된 가치를 금방 잊어버린다.

그러므로 도리어 크게 기뻐함으로 나의 여러 약한 것들에 대하여 자랑하리니 이는 그리스도의 능력이 내게 머물게 하려 함이라. 이것은 내가 앞에서 한 설명을 확증해 준다. 그는 이렇게 말한다: "나는 나의 여러 약한 것들에 대하여 자랑하리니 이는 그리스도의 능력이 내게 머물게 하려 함이라." 따라서 자신의 약한 것들을 자랑하기를 부끄러워하는 사람들은 그리스도의 은혜를 받지 않으려고 문을 닫아 버리는 자들이고, 그리스도의 은혜가 그들에게 들어오지 못하도록 멀리 쫓아 버리는 자들이다. 왜냐하면, 우리는 진정으로 낮아진 마음으로 우리 자신의 약한 것들을 느끼고 고백할 때, 그리스도의 은혜가 우리 속으로 들어올 공간을 만드는 것이기 때문이다. 계곡들은 풍부한 빗물들로 인해서 비옥하지만, 높은 산봉우리들은 계속해서 메말라 있는 법이다. 우리가 하나님의 신령한 은혜라는 하늘로부터 오는 빗물을 받아 비옥해지고자 한다면, 우리는 높은 산봉우리들이 되어서는 안 되고 낮은 계곡들이 되어야 한다. 바울은 자기는 그리스도의 은혜를 너무나 사모하기 때문에, 그 은혜를 얻기 위해서는 그 어떤 것이라도 기꺼이 감수하고자 하는 각오가 되어 있다는 것을 보여 주기 위해서, "크게 기뻐한다"는 말을 덧붙인다. 반면에, 우리는 너무나 많은 사람들이 자신들이 하나님의 영광을 넘보는 신성모독을 저지르는 일이 없게 하기 위해서 하나님께 굴복하지만, 기쁜 마음으로 자원해서 그렇게 하지 않고, 어쩔 수 없이 마지못해서 그렇게 하는 것을 본다.

10. 그러므로 내가 그리스도를 위하여 약한 것들과 능욕과 궁핍과 박해와 곤고를 기뻐하노니. 바울이 "약한 것"이라는 단어를 서로 다른 의미들로 사용하고 있

다는 것은 의심의 여지가 없다. 왜냐하면, 그는 앞에서는 자신의 육체에 있는 "가시"가 자기를 끊임없이 찌르고 있는 것들을 "약한 것"이라고 지칭한 반면에, 여기에서는 자기로 하여금 세상 사람들로부터 멸시와 능욕을 받게 만드는 외적인 것들을 가리키는 데 이 단어를 사용하고 있기 때문이다. 이렇게 바울은 앞에서는 온갖 종류의 "약한 것들"을 일반적인 방식으로 말한 후에, 이제 여기에서는 이 모든 논의의 출발점이 되었던 특별한 종류의 "약한 것"으로 다시 되돌아온 것이다. 그러므로 우리는 "약함"(infirmitas)이라는 것은 우리의 본성의 연약함은 물론이고, 우리의 비천함과 욕됨을 보여 주는 모든 외적인 징표들도 포함하는 포괄적인 용어라는 것을 유의하여야 한다. "약함"에 관한 논의는 바울이 무수한 고난과 박해를 당하여 비참한 처지에 놓여 있는 것과 관련하여 시작되었지만, 그는 거기에서 한 걸음 더 나아가서, 인간의 영광은 흔히 하나님의 영광을 가리고 은폐하는 까닭에, 하나님께서는 그의 결점들이나 약한 것들 속에서 자신의 영광을 더 분명하게 빛나도록 하시기 위하여, 모든 점에서 그를 낮추셨기 때문에, 자기가 비참하고 비천한 삶을 사는 것처럼 보이게 된 것이라고 설명해 왔다. 따라서 그는 바로 그런 이유로 인해서 사람들은 자기를 칭찬하는 것이 아니라 도리어 멸시하고 조롱하게 되었지만, 사실은 자기가 하나님으로부터 받은 계시와 은혜가 너무나 엄청나서, 하나님이 자기로 하여금 자만하지 못하게 하시기 위하여 자기를 낮추신 것이고, 자신의 영광을 더욱 분명하게 드러내시기 위하여 자기를 약함 가운데 두신 것일 뿐이기 때문에, 자기는 그 누구보다도 뛰어난 그리스도의 일꾼이라고 말하고 있는 것이다.

이는 내가 약한 그 때에 강함이라. 바울은 여기에서 이렇게 말하고 있는 것이다: "내게 약한 것들이 많으면 많을수록, 하나님께서는 내게 부족하거나 필요한 것들을 채워 주시기 위하여, 더욱더 큰 능력으로 내게 역사하신다." 세속의 철학자들이 칭송하는 불굴의 강인함(fortitudo)이라는 것은 단지 더할 나위 없이 완악하고 오만방자하게 행하는 것이거나, 정신 나간 자들이 미쳐서 광분하는 것에 지나지 않는다. 진정으로 강하고자 하는 사람은 자신의 약함을 인정하는 것을 거부하지 않아야 한다. 왜냐하면, 우리가 하나님 안에서 강한 자들이 되려면, 우리의 약함을 인정하고, 그 약함을 그대로 드러내 보여야 하기 때문이다. 어떤 사람이 여기에서 바울은 능력의 부족에 대해서가 아니라, 자기가 겪고 있는 "궁핍"과 그 밖의 다른 여러 환난들에 대하여 말하고 있는 것일 뿐이라고 반론을 제기한다면, 거기에 대한 나의 대답은, 그러한 것들은 모두 우리로 하여금 우리 자신의 "약함"을 분명하게 인식하게 해 주는 수단들이라는 것이다. 왜냐하면, 하나님께서 바울에게 그러한 환난들을 겪게 하지 않으셨다면, 바울은 자신의 약함을 결코 그렇게 분명하게 인식하거나 알 수 없었을 것이기 때문이다. 따라서 바울은 여기에서 단지 자기가 겪은 "궁핍"을 비롯한 온갖 종류의 곤경들에 대해서만 말하고 있는 것이 아니라, 그러한 환난들이 그로 하여금 그의 약함을 알게 해 주어서, 자기가 낮아지게 되고, 그 결과 자기 자신을 의지하지 않고, 오직 하나님만을 의지하게 되었다는 것을 말하고 있는 것이다.

11내가 어리석은 자가 되었으나 너희가 억지로 시킨 것이니 나는 너희에게 칭찬을
받아야 마땅하도다 내가 아무 것도 아니나 지극히 크다는 사도들보다 조금도 부족
하지 아니하니라 12사도의 표가 된 것은 내가 너희 가운데서 모든 참음과 표적과 기
사와 능력을 행한 것이라 13내 자신이 너희에게 폐를 끼치지 아니한 일밖에 다른 교
회보다 부족하게 한 것이 무엇이 있느냐 너희는 나의 이 공평하지 못한 것을 용서
하라 14보라 내가 이제 세 번째 너희에게 가기를 준비하였으나 너희에게 폐를 끼치
지 아니하리라 내가 구하는 것은 너희의 재물이 아니요 오직 너희니라 어린 아이
가 부모를 위하여 재물을 저축하는 것이 아니요 부모가 어린 아이를 위하여 하느
니라 15내가 너희 영혼을 위하여 크게 기뻐하므로 재물을 사용하고 또 내 자신까지
도 내어 주리니 너희를 더욱 사랑할수록 나는 사랑을 덜 받겠느냐(12:11-15).

11. 내가 어리석은 자가 되었으나 너희가 억지로 시킨 것이니 나는 너희에게 칭찬을 받아야 마땅하도다. 바울은 자기 자신을 자랑하는 것이 자신의 의지나 뜻과 반대되는 것으로서 결코 하고 싶지 않은 일이었고, 자신의 사도직에도 정말 어울리지 않는 일이었기 때문에, 그럼에도 불구하고 자기가 왜 이렇게 자신을 자랑할 수밖에 없게 된 것인지를 이제까지 여러 차례에 걸쳐서 반복해서 해명해 왔고, 지금 여기에서도 다시 한 번 그런 해명을 제시하고 있다. 하지만 그는 여기에서는 단지 해명만을 하는 것이 아니라, 자기로 하여금 이렇게 자신을 자랑하게 만든 것은 고린도 교인들이라는 것을 지적하면서, 그들에게 그 책임을 돌리며 책망한다. 왜냐하면, 고린도 교회에서 거짓 사도들이 바울을 비방하고 중상모략을 하여, 마치 바울이 아무것도 아닌 사람인 것처럼 무시하는 말들을 하였을 때, 고린도 교인들은 당연히 바울이 신실하고 충성된 사도로서 얼마나 자신의 직무를 훌륭하게 수행

해 왔는지를 있는 그대로 정직하게 증언하는 한편, 거짓 사도들의 중상모략을 단호하게 거부하며 그들을 배척하는 것이 마땅하였지만, 실제로는 그렇게 하지 않고, 도리어 거짓 사도들에게 미혹되어 그들의 주장에 동조하여, 바울을 멸시하고 배척해 왔기 때문이다. 따라서 바울은 고린도 교인들이 자기를 옹호하고 변호해 주지 않고, 도리어 배은망덕하게 행한 까닭에, 자기가 어쩔 수 없이 마지못해서 자신을 자랑하게 된 것인데도, 고린도 교회에서 그에 대하여 악의를 지닌 자들이 그의 그러한 해명조차도 악의적으로 해석해서, 계속해서 거짓 비방과 중상모략을 일삼는 일이 벌어지지 않도록 하기 위해서, 시의적절하게 이 대목에서 고린도 교인들에게 일침을 가함으로써, 또다시 그런 자들의 중상모략에 동조하는 잘못을 저지르지 않게 하고자 한 것이었다.

내가 아무 것도 아니나 지극히 크다는 사도들보다 조금도 부족하지 아니하니라. 우리가 하나님께서 우리 속에서 분명하게 드러내신 은사들을 폄하하거나 멸시한다면, 그것은 하나님께 감사하는 것이 우리에게 결여되어 있다는 것을 보여 주는 것이다. 바울은 여기에서 고린도 교인들이 바로 그러한 잘못을 저질렀다고 책망하고 있다. 왜냐하면, 그들은 바울이 "지극히 크다는 사도들보다 조금도 부족하지" 않다는 것을 인정하였으면서도, 그에 대한 거짓 사도들의 비방에 귀를 기울이고 거기에 동조하였었기 때문이다. 어떤 이들은 바울이 여기에서 말한 "지극히 크다는 사도들"은 그들 자신을 대단한 하나님의 종들이라고 주장하였던 거짓 사도들을 가리키는 것으로 보지만, 나는 열두 사도들 중에서 최고의 사도들을 가리키는 것이라고 본다. 따라서 그는 이렇게 말한 것과 같다: "나는 내 자신을 열두 사도들 중에서 그 어느 사도와 비교해 보아도 조금도 부족하지 않고, 그 어떤 사도에 비해서도 뒤지지 않는다는 것을 장담한다." 바울은 모든 사도들과 지극히 친밀한 관계에 있었고, 얼마든지 그들 모두가 자기보다 더 뛰어나다고 그들을 높일 용의가 있었지만, 사람들이 그 사도들을 인간적으로 높여서, 거기에 근거하여 잘못된 주장을 하는 것에 대해서는 절대로 용납할 수 없었다. 왜냐하면, 거짓 사도들은 자신들은 열두 사도의 무리와 함께 지냈기 때문에, 모든 사도들의 의중과 뜻을 누구보다도 더 잘 이해하고 있는 사람들이라고 말하면서, 자신들의 권위가 진짜 권위이고, 바울에게는 아무런 권위도 없다고 거짓 주장을 하였기 때문이다. 이렇게 그들은 열두 사도를 들먹이며 겉보기에 그럴 듯한 근거들을 내세우면서, 자신들이야말로 진정한 사도들이라고 거침없이 주장하고, 사도로서의 권위를 빙자하여 오만방자하게 행하였고, 고린도 교회의 순진한 사람들은 그들의 그런 거짓된 언행에 속아 넘어가서, 그들을 공경하고 떠받들었기 때문에, 여기에서 바울은 자기 자신을 열두 사도와 비교해서 말하지 않을 수 없었다. 바울이 "내가 아무 것도 아니나"라는 말을 덧붙인 것은, 그가 이런 말을 하는 의도가 자기 자신을 과시하거나 자랑하는 것이 아니라, 오로지 하나님 안에서 자랑하는 것임을 보여 주기 위한 것이다. 또는, 어떤 이들은 바울은 여기에서 자신의 대적들과 자기를 비방하는 자들이 자기를 폄하하여 "아무 것도 아닌" 자라고 말한 것을 그대로 가져와서, 그들이 말한 대로 자기는 아무 것도 아닌 자라는 것을 일단 용인하고 나서, 그럼에도 불구하고 자기는 그 어느 사도와 비교해도 부족함이 없는 자라고 말하고 있는 것이라고 해석한다.

12. 사도의 표가 된 것은 내가 너희 가운데서 모든 참음과 표적과 기사와 능력을 행한 것이라. 바울이 여기에서 말한 "사도의 표들"은 그의 사도직이 참된 것임을 입증해 주는 증표들, 달리 말하면 자기가 참된 사도라는 것을 증명해 주는 것들을 가리킨다. 그는 이렇게 말한 것과 같다: "하나님께서는 내가 참된 사도라는 증거들을 이미 너희 가운데서 차고 넘치게 보여 주시고 확증해 주셨기 때문에, 너희에게는 더 이상의 그 어떤 증거도 필요하지 않다."

그는 자기가 참된 사도임을 증명해 주는 첫 번째 "표"로 "참음"을 언급하는데, 이것은 그가 사탄과 자신의 원수들의 온갖 공격들에도 불구하고 조금도 굴하지 않고 담대하게 행한 것을 가리키는 것일 수도 있고, 사도로서의 자신의 고귀한 지위는 아랑곳하지 않고, 자기에게 쏟아진 온갖 모욕과 수모와 멸시 같은 것들을 아무런 불평 없이 끝까지 인내하고 감수한 것을 가리키는 것일 수도 있다. 이렇게 인간으로서는 도저히 참기 힘든 일들을 다 참고 끝까지 고린도 교인들을 사랑으로 섬긴 것은 하나님께서 자신의 사도들이라는 것을 확증하시고 보증해 주시는 하늘의 "표" 같은 것이었다.

바울이 두 번째로 제시한 "사도의 표"는 그가 이적들을 행한 것이었다. 그는 "표적들과 기사들과 능력들"이라고 말함으로써, 동일하게 이적들을 가리키는 세 가지 단어를 사용한다(살후 2:9-10, "악한 자의 나타남은 사탄의 활동을 따라 모든 능력과 표적과 거짓 기적과 불의의 모든 속임으로 멸망하는 자들에게 있으리니 이는 그들이 진리의 사랑을 받지 아니하여 구원함을 받지 못함이라"). 그가 자신이 행한 이적들을 "표적들"이라고 부르는 이유는, 그 이적들은 단지 사람들에게 무의미한 구경거리로 주어지는 것이 아니라, 사람들을 가르치기 위한 목적으로 행해지는 것이기 때문이다. 또한, 그가 자신이 행한 이적들을 "기사들"이라고 부르는 이유는, 이적들은 사람들에게 신기하고 경이로운 것들이어서, 사람들의 마음을 뒤흔들고 깜짝 놀라게 하여서 잠에서 깨어나게 하기 때문이다. 그리고 그가 자신이 행한 이적들을 "능력들"이라고 부르는 이유는, 이적들은 사람들이 자연의 순리 속에서 발견하는 것보다 더 분명한 하나님의 능력을 보여 주어서, 사람들에게 하나님의 존재와 그 능력을 일깨워 주기 때문이다. 복음으로 처음으로 전파되었을 때, 이적들의 주된 기능은 복음의 가르침에 더 큰 권위를 부여해 주는 것이었다는 것을, 이제 우리는 알고 있다. 따라서 내가 로마서 15장을 주석할 때에 이미 설명하였듯이, 어떤 사람에게 이적을 행하는 능력이 더 많이 주어졌을 때, 그의 사역은 더욱 견고하고 확실한 권위를 부여받을 수 있었다.

13. 내 자신이 너희에게 폐를 끼치지 아니한 일밖에 다른 교회보다 부족하게 한 것이 무엇이 있느냐. 바울은 대단한 사도였고, 하나님께서는 그의 사도직을 확증해 주시기 위하여, 그에게 온갖 이적들을 행하는 능력을 주셨기 때문에, 고린도 교인들은 그에게서 큰 유익을 얻을 수 있었음에도 불구하고, 나중에 가서는 바울에 대한 거짓 사도들의 비방과 중상모략을 받아들여서, 바울의 사도직을 부정하고 그를 멸시하였다는 사실은, 그들의 배은망덕함이 얼마나 가증스러운 것이었는지를 한층 더 극명하게 드러내 보여 준다. 여기에서 바울은 자기가 그들에게 "부족하게 한 것," 즉 잘 못해 준 것이 있다면, 그것은 자기가 그들에게 폐를 끼치지 않은 것이라는 반어법적인 말을 덧붙인다. 왜냐하면, 그가 아무 대가도 받지 않고 그들을 섬긴 것은, 사실은 그가 그들에게 베푼 수많은 복들 중에서 최고의 복이었기 때문이다. 그럼에도 불구하고 그들이 그를 멸시한 것은, 그가 자신의 온 마음을 다하여 그들을 지극정성으로 섬긴 것을 모욕하는 것이었을 뿐만 아니라, 그들을 순수하게 사랑한 그의 마음을 잔인하게 짓밟은 것이었다. 그러므로 그들이 바울에 대하여 그런 식으로 해 놓고서도, 스스로 교만해져서 자신들이 대단한 자들이라고 여긴 것은, 정말 정신 나간 짓이 아닐 수 없었다. 따라서 바울이 여기에서 그들을 호되게 책망하고 있는 것은 합당한 일이었다.

너희는 나의 이 공평하지 못한 것을 용서하라. 고린도 교인들은 바울이 온 마음과 힘을 다해서 그들로 하여금 하나님의 온갖 복을 받게 해 주었는데도, 그런 바울을 멸시하였을 뿐만 아니라, 그가 그들을 생각해서 아무런 대가도 받지 않고 그들을 섬긴 것에 대하여, 그들은 감사하기는커녕 도리어 그를 멸시하는 빌미로 삼음으로써, 이중으로 배은망덕함을 저지르고 있었다. 크리소스토모스(Chrysostomus)는 바울의 이 말 속에는 반어법이 들어 있지 않고, 이 말은 그의 진정한 사과라고 생각한다. 그러나 전후문맥을 주의 깊게 살펴보면, 우리는 그러한 견해는 바울의 의도와는 정반대라는 것을 그리 어렵지 않게 알 수 있다.

14. 보라 내가 이제 세 번째 너희에게 가기를 준비하였으나 너희에게 폐를 끼치지 아니하리라 내가 구하는 것은 너희의 재물이 아니요 오직 너희니라 어린 아이가 부모를 위하여 재물을 저축하는 것이 아니요 부모가 어린 아이를 위하여 하느니라. 고린도 교인들은 자기가 지금까지 그들 가운데서 아무런 대가도 받지 않고 일하고 섬긴 것에 대하여 전혀 감사하지 않았을 뿐만 아니라, 도리어 그것을 악의적으로 왜곡하여 비방하였음에도 불구하고, 바울은 자기가 이제 그들에게 세 번째로 갈 준비를 하고 있다고 말하면서, 이번에도 그들에게 폐를 끼치지 않을 것이라고 단호하게 밝힌다. 그러면서 그는 자기가 그들에게서 돈을 받지 않고자 하는 이유가 두 가지인데, 하나는 자기가 그들에게 구하는 것은 그들의 재물이 아니라 그들 자신이기 때문이라는 것이고, 다른 하나는 자기는 아버지 같은 심정으로 그들을 대하고자 하기 때문이라고 말한다. 이것은 고린도 교인들은 바울이 그들 가운데서 아무런 대가도 받지 않고 섬긴 것을 감사하지 않고 도리어 멸시하였지만, 그들을 위한 그의 그러한 배려가 얼마나 칭찬 받아 마땅한 일이었는지를 분명하게 보여 준다.

내가 구하는 것은 너희의 재물이 아니요 오직 너희니라. 참되고 올바른 사역자가 자기가 돌보는 양들로부터 어떤 이득을 얻기를 구하는 것이 아니라, 그들의 구원을 위하여 애쓰는 것은 너무나 당연하고 합당한 일이다. 또한, 우리는 사람들을 우리의 추종자들로 삼기 위한 목적으로, 사람들을 위해 일하거나 섬기지 않도록 주의하여야 한다. 사역자라는 직분을 이용해서 사람들로부터 이득을 얻고자 하는 것은 악한 일이지만, 개인적인 야심을 품고서 사람들을 그리스도의 제자들로 만드는 것이 아니라, 자신의 추종자들로 만들고자 하는 것은 한층 더 악한 일이다. 여기에서 바울이 말하고자 하는 것은, 자기에게는 고린도 교인들로부터 어떤 물질적인 이득을 취하고자 하는 마음이 없고, 오로지 그들의 영혼이 잘되게 하는 일에만 관심이 있다는 것이다. 그러나 그의 말 속에는 그런 것보다 더 깊은 뜻이 숨어 있다. 즉, 그는 이렇게 말하고 있는 것과 같다: "나는 너희가 생각하는 것보다 더 큰 삯을 얻기 위하여 일하고 있다. 왜냐하면, 나는 너희의 재물로부터 이득을 얻고자 하는 것이 아니라, 너희의 존재 전체를 얻어서, 너희를 나의 사역의 열매들로 삼아서 하나님께 제물로 드리고자 하는 것이기 때문이다."

그렇다면, 어떤 사역자가 복음을 위하여 자기가 수고한 것으로 말미암아 생계를 유지하고자 한다면, 그것은 잘못된 일인가? 그런 경우에, 그 사역자는 자기가 돌보는 양들로부터 물질적인 이득을 추구하고 있는 것인가? 어떤 사람이 신실하고 충성된 사역자라면, 그 사람은 언제나 자신의 양들이 잘되는 것만을 구하고, 그 밖의 다른 어떤 것도 구하지 않을 것이 분명하다. 따라서 그가 교회로부터 생활비를 받는다고 하여도, 그것은 어디까지나 부수적인 것일 뿐이고, 그의 유일한 목적은, 내가 이미 앞에서 말한 대로, 오직 자신의 양들이 잘되게 하고 구원받게 하는 것이어야 한다. 이것 외의 다른 것을 구하여 사역자의 직분을 감당하는 자들에게는 화가 있을 것이다!

어린 아이가 부모를 위하여 재물을 저축하는 것이 아니요 부모가 어린 아이를 위하여 하느니라. 바울은 빌립보 교인들에게도 아버지 같은 존재였지만, 그가 그들로부터 떠나 있을 때에도, 그들은 그를 부양하지 않았던가? 바울을 제외한 다른 사도들은 자신들이 사역한 교회들로부터 부양을 받았다는 점에서, 그들은 믿는 자들에게 아버지 같은 존재가 아니었다는 것인가? 그런 것들이 그가 여기에서 말하고자 하는 것이 아님은 분명하다. 왜냐하면, 부모라고 할지라도, 나이가 들어서는 자녀들의 부양을 받는 것은 새삼스러운 일이 아니기 때문이다. 따라서 바울은 교회의 부양을 받으며 살아가는 사역자들은 누구나 반드시 아버지에게 합당한 존귀를 받을 자격이 없다는 의미로 이런 말을 한 것이 아니라, 단지 자기가 대가 없이 그들을 섬기는 것은 그들에 대하여 아버지 같은 심정으로 그렇게 하는 것임을 분명히 하고자 한 것이었을 뿐이다. 그러므로 우리는 바울이 여기에서 한 말을 근거로 삼아서, 자녀로부터 부양을 받는 자들은 부모의 자격이 없다는 식의 부정적인 결론을 이끌어 내어서는 안 된다. 바울은 아버지의 심정으로 고린도 교인들을 아무런 대가 없이 섬겼지만, 만일 그가 자신의 수고와 사역의 대가를 그들로부터 받았다고 할지라도, 그가 그들에 대하여 아버지이기를 그치게 되는 것은 결코 아니다.

15. 내가 너희 영혼을 위하여 크게 기뻐하므로 재물을 사용하고 또 내 자신까지도 내어 주리니 너희를 더욱 사랑할수록 나는 사랑을 덜 받겠느냐. 바울은 고린도 교인들을 섬기기 위해서라면, 아무런 대가 없이 그들을 위하여 온 힘을 다해 수고

할 뿐만 아니라, 자기가 가진 모든 소유를 다 사용할 준비가 되어 있었을 뿐만 아니라, 심지어 자신의 목숨까지도 그들을 위해 내어 줄 준비가 되어 있다고 말함으로써, 그들에 대한 자신의 사랑은 아버지가 자기 자녀들에 대하여 품은 사랑보다 더한 것임을 보여 준다. 그는 고린도 교인들로부터 별로 사랑을 받지 못하였음에도 불구하고, 그들을 향한 그의 사랑은 이전이나 지금이나 변함없이 지속되고 있었다. 어떤 사역자가 자신의 양들에 대하여 이러한 사랑을 품고 있을 뿐만 아니라, 신실하고 충성되기까지 하다면, 양들의 마음이 돌 같이 단단히 굳어져 있는 마음이라고 할지라도, 그러한 뜨겁고 열렬한 사랑 앞에서 어떻게 녹아 내리지 않겠으며 무너져 내리지 않겠는가! 바울이 여기에서 자기 자신에 대하여 이렇게 말하고 있는 것은, 단지 고린도 교인들로 하여금 자신에 대한 오해를 풀고, 사도에게 합당한 공경을 자기에게 보임으로써, 그들 자신이 유익을 얻게 하기 위한 것일 뿐만 아니라, 우리로 하여금 그를 본받게 하기 위한 것이기도 하다. 따라서 모든 사역자들은 바울이 여기에서 말하고 있는 것을 통해서, 그들이 자신들이 맡은 교회에 어떻게 행하여야 하는지를 배울 수 있어야 한다.

[16]하여간 어떤 이의 말이 내가 너희에게 짐을 지우지는 아니하였을지라도 교활한
자가 되어 너희를 속임수로 취하였다 하니 [17]내가 너희에게 보낸 자 중에 누구로 너
희의 이득을 취하더냐 [18]내가 디도를 권하고 함께 한 형제를 보내었으니 디도가 너
희의 이득을 취하더냐 우리가 동일한 성령으로 행하지 아니하더냐 동일한 보조로
하지 아니하더냐 [19]너희는 이 때까지 우리가 자기 변명을 하는 줄로 생각하는구나
우리는 그리스도 안에서 하나님 앞에 말하노라 사랑하는 자들아 이 모든 것은 너
희의 덕을 세우기 위함이니라 [20]내가 갈 때에 너희를 내가 원하는 것과 같이 보지
못하고 또 내가 너희에게 너희가 원하지 않는 것과 같이 보일까 두려워하며 또 다
툼과 시기와 분냄과 당 짓는 것과 비방과 수군거림과 거만함과 혼란이 있을까 두
려워하고 [21]또 내가 다시 갈 때에 내 하나님이 나를 너희 앞에서 낮추실까 두려워하
고 또 내가 전에 죄를 지은 여러 사람의 그 행한 바 더러움과 음란함과 호색함을
회개하지 아니함 때문에 슬퍼할까 두려워하노라(12:16-21).

16-18. 하여간 어떤 이의 말이 내가 너희에게 짐을 지우지는 아니하였을지라도 교활한 자가 되어 너희를 속임수로 취하였다 하니 내가 너희에게 보낸 자 중에 누

구로 너희의 이득을 취하더냐 내가 디도를 권하고 함께 한 형제를 보내었으니 디도가 너희의 이득을 취하더냐 우리가 동일한 성령으로 행하지 아니하더냐 동일한 보조로 하지 아니하더냐. 바울은 여기에서 자신의 악의적인 원수들이 자기가 고린도 교인들로부터 공식적으로는 생활비를 받지 않는다고 말하고서는, 몇몇 교인들에게 뇌물을 먹여서 결국에는 자신의 생활비를 은밀하게 뒤로 빼돌려서 자기 수중에 넣었다고 음해하고 다닌다는 말을 자기가 전해 들었다고 말한다. 실제로 그는 그런 식으로 고린도 교회로부터 생활비를 속여서 취한 적이 없었지만, 속담에서도 말하듯이, 그의 대적들은 자신들이 행하곤 하는 짓을 잣대로 삼아서, 바울도 자신들처럼 하였을 것이라고 추측해서, 그런 식으로 비방한 것일 뿐이었다. 왜냐하면, 악한 자들은 뻔뻔스럽게도 통상적으로 자기 자신들이 행하곤 하는 것들에 비추어서 하나님의 종들도 그렇게 할 것이라고 단정해서 말하기 때문이다. 따라서 바울은 자신의 대적들이 후안무치한 막무가내식의 비방과 중상모략을 통해서 자신에게 씌운 누명을 벗고 자신의 결백함을 보이기 위해서는, 자신이 고린도 교회에 보낸 사자들을 통해서 자기가 그들로부터 물질적인 이득을 취한 적이 있었느냐고 반문할 수밖에 없었다. 왜냐하면, 만일 그들이 어떤 식으로든 고린도 교인들로부터 재물을 편취하는 죄를 저질렀다면, 그 모든 책임은 그에게로 돌아갈 수밖에 없을 것이었기 때문이다. 바울은 아무런 대가도 받지 않고 고린도 교인들을 섬기며 온갖 수고를 다하였지만, 자신의 그러한 수고에 대한 보답으로 감사하다는 말을 들은 것이 아니라, 도리어 지금까지도 말도 안 되는 비방과 중상모략을 들으며 시달리고 있는 처지였기 때문에, 고린도 교인들로부터 연보를 모으는 일에서는 그런 빌미를 조금도 주지 않기 위해서 극히 조심할 수밖에 없었고, 이 모든 정황에 비추어 볼 때, 그것은 전혀 이상한 일이 아니었다.

그러나 바울이 겪은 이러한 일들은, 우리가 언젠가 바울이 겪었던 것과 동일한 거짓 비방과 중상모략을 당한다고 하여도, 그것은 전혀 새삼스러운 일도 아니고 감당하지 못할 운명도 아니라는 것을 우리에게 경고해 준다. 또한, 우리는 바울에게 일어난 이러한 일들을 교훈으로 삼아서, 우리가 무슨 일을 하든지, 우리에게 악의적인 자들에게 우리를 비방할 수 있는 빌미를 주지 않기 위해서 극히 조심하여야 한다는 것을 명심하여야 한다. 왜냐하면, 우리 자신이 결백하다는 증거가 확실하다고 할지라도, 우리의 일을 돕거나 우리와 함께 일하는 자들이 결백하지 않다면, 우리의 결백함은 아무 소용이 없고, 우리의 대적들에게 여지없이 비방을 당할 수밖에 없게 된다는 것을 우리는 알기 때문이다. 따라서 우리는 어떤 일을 하는 경우에 우리를 돕거나 함께 할 사람들을 선택하는 것을 가볍게 행하거나 형식적으로 행하지 말고, 반드시 아주 세세한 부분까지 꼼꼼하게 살펴서 사람들을 선택하지 않으면 안 된다.

19. 너희는 이 때까지 우리가 자기 변명을 하는 줄로 생각하는구나 우리는 그리스도 안에서 하나님 앞에 말하노라 사랑하는 자들아 이 모든 것은 너희의 덕을 세우기 위함이니라. 사람들은 일반적으로 어떤 사람이 자기 자신을 지나치게 변호하려고 애쓰는 것을 보면, 그 사람이 마음에 무엇인가 찔리는 것이 있어서, 그렇게 자신을 변호하는 데 열을 올린다고 생각하기 때문에, 바울이 고린도전서에서 자신의 직분과 사역에 대하여 누누이 변호한 것을 편지를 통해서 듣게 된 고린도 교인 중 일부는 바로 그 점을 빌미로 삼아서 그를 또다시 비방하고 중상모략하였던 것 같다. 또한, 그들은 그리스도의 종들이 자신의 명성이나 평판에 지나치게 신경을 쓰는 것은 잘못이라고 지적하였을 것이다. 바울은 이 두 가지 잘못된 비방을 반박하기 위해서, 먼저 자기는 "하나님 앞에서" 말을 하고 있는 것이라고 선언한다. 왜냐하면, 양심에 걸리는 것이 있거나 거짓말을 하는 자들은 하나님을 두려워하는 까닭에, 자기가 하나님 앞에서 말하고 있다는 말을 감히 공개적으로 할 수 없기 때문이다. 다음으로, 바울은 자기 자신의 유익이 아니라 고린도 교인들의 유익을 생각해서 말하고 있는 것이라고 단언한다. 그는 개인적으로는 사람들이 자기를 칭찬하거나 욕하거나, 그런 것에는 개의치 않았고, 심지어 자기를 사람 취급하지 않는다고 하여도, 그것도 다 기꺼이 용납할 각오가 되어 있었지만, 사도로서의 자신의 명성이나 평판이 훼손되는 경우에는, 그의 사역조차도 멸시를 당하게 될 것이고, 그렇게 되면 고린도 교인들의 유익을 크게 해치게 될 것이었기 때문에, 오로지 그들의 유익을 위해서 자기 자신과 자신의 사도직을 변호하고자 한 것이었다.

20. 내가 갈 때에 너희를 내가 원하는 것과 같이 보지 못하고. 여기에서 바울은 자기가 자신의 결백함을 증명해서 누명으로부터 벗어나게 되는 것이 어떻게 해서 그들의 덕을 세우는 일이 되는 것인지에 대하여 설명한다. 왜냐하면, 고린도 교인들이 바울에 대한 거짓 사도들의 비방과 중상모략에 넘어가서 그를 멸시하게 되자, 그들 중에서 다수는 이미 자신들을 통제하고 규율할 자가 없어졌다고 생각해서, 고삐 풀린 망아지처럼 제멋대로 오만방자하게 행하고 있었기 때문이었다. 하지만 바울과 그의 사도직이 원래의 권위와 명예를 회복하게 된다면, 그들은 그의

경고와 권면에 귀를 기울이게 될 것이었고, 그렇게 되면 이제까지 자신들이 잘못해 왔던 것들을 회개하고서 큰 유익을 얻을 수 있을 것이었다. 바울은 여기에서 자기가 고린도 교인들에게 갔을 때, 그들이 자신의 권면을 받아들여서 그들의 잘못들을 다 바로잡고, 자기가 원하던 모습으로 자기를 맞이하게 되기를 바라는데, 그렇게 되지 않으면 어쩌나 하는 염려와 두려움이 자기에게 있다고 말한다. 그의 이러한 염려와 두려움은 그들에 대한 사랑으로부터 나온 것이었다. 만일 그들이 잘되는 것이 바울의 최대의 관심사이고 그가 지극히 소중히 여기는 것이 아니었다면, 그는 그들의 잘못된 모습을 보고서도 아무렇지도 않게 넘겨 버릴 수 있을 것이었다. 왜냐하면, 사람들은 보통 자기가 해악을 당하게 될 것을 두려워하고, 자기와 아무 상관도 없는 일에는 두려워하지 않는 법인 까닭에, 만일 바울이 고린도 교인들이 잘되든 잘못되든 그런 것에 관심이 없었다면, 그가 그들의 잘못된 모습을 보면 어쩌나 하고 염려하며 두려워할 이유는 전혀 없었을 것이기 때문이다.

또 내가 너희에게 너희가 원하지 않는 것과 같이 보일까 두려워하며. 바울이 두 번째로 염려하고 두려워하였던 것은, 고린도 교인들이 자신들의 잘못들을 바로잡지 않은 것을 자기가 보고서 그들에 대하여 엄하고 심하게 행하지 않을 수 없게 되면 어쩌나 하는 것이었다. 그는 이렇게 말한 것과 같다: "내가 너희에게 갔을 때, 너희가 너희의 잘못들을 여전히 고치지 않은 모습을 본다면, 나는 너희의 완악함을 엄하게 책망하고 벌할 수밖에 없게 될 것이기 때문에, 그런 불미스러운 일이 일어나지 않게 할 목적으로, 지금 너희로 하여금 나의 권위를 제대로 다시 인정하고서 내 말에 순종하여 나의 권면대로 행하고 너희의 잘못된 것들을 바로잡도록 하기 위하여, 내가 이렇게 나와 나의 사도직을 변호하는 일에 온 힘을 쏟고 있는 것이다." 여기에서 바울이 자신의 모범을 통해서 우리에게 가르치고 있는 것은, 사역자들은 신자들의 잘못된 것을 바로잡기 위해서 엄한 수단을 사용하기 전에 먼저 온건한 방법을 사용하여야 하고, 어떻게든 권면하고 책망해서 그들의 잘못을 바로잡음으로써, 최후의 엄한 조치를 피하는 것이 마땅하다는 것이다.

또 다툼과 시기와 분냄과 당 짓는 것과 비방과 수군거림과 거만함과 혼란이 있을까 두려워하고. 바울은 고린도 교인들 가운데 만연되어 있던 주된 악들을 열거하는데, 이 모든 악들은 거의 다 하나의 동일한 원천으로부터 생겨난 것들이다. 왜냐하면, 만일 모든 고린도 교인들이 이기적인 동기에서 자기 자신에게만 몰두해 있지 않았다면, 그들 가운데서 "다툼"이 생겨났을 리가 없고, 서로에 대한 "시기"

도 없었을 것이며, 그들 가운데서 "비방"도 발붙일 곳이 없었을 것이기 때문이다. 고린도 교인들이 저지르고 있던 잘못들에 관한 이 첫 번째 목록을 한 마디로 집약해서 말한다면, "사랑"의 결여이다. 즉, 그들 가운데서는 "자기애"(φιλαυτία — '필라우티아')와 "야심"(ambitio)이 만연되어 있었기 때문에, 서로에 대한 "사랑"은 들어설 여지가 없었다는 것이다.

21. 또 내가 다시 갈 때에 내 하나님이 나를 너희 앞에서 낮추실까 두려워하고. 고린도 교인들은 바울의 비천함을 빌미로 삼아서 그를 멸시하였지만, 그는 자기가 존귀히 여김을 받지 못하게 된 책임을 그들에게 다시 돌린다. 즉, 그들은 그의 사도직을 존귀하게 하는 것이 마땅하였는데도 불구하고, 도리어 욕되게 하였다는 것이다. 왜냐하면, 만일 그들이 믿음과 거룩한 삶에서 진보를 이루었다면, 그것은 바울의 사도직을 존귀하게 하고 영광스럽게 하는 것이 되었을 것이지만, 실제로는 그들은 도리어 수많은 잘못들과 악들에 사로잡혀서, 있는 힘을 다해서 그에게 욕과 수치를 더해 주었기 때문이었다. 바울의 이러한 책망은 고린도 교인들 전체를 겨냥한 것이 아니라, 단지 그들 중에서 자신의 모든 권면을 비웃으며 무책임하게 행한 일부 교인들을 겨냥한 것이었다. 그가 여기에서 말하고자 한 것은 이런 것이다: "그들은 내가 세상적으로 보잘것없어 보이고 미천해 보인다는 이유로 나를 멸시하고 있다. 그러므로 그런 자들은 이제 더 이상 나를 보잘것없어 보이게 만드는 짓을 그만두고, 제멋대로 오만방자하게 행하는 것을 그치고서, 자신들이 저지른 잘못들을 똑똑히 보고 부끄러워하고 당혹스러워하며, 교만하게 머리를 빳빳하게 들고서 다른 사람들을 깔보는 것이 아니라, 그들 자신을 낮추어 땅에 엎드리는 것이 마땅하다."

또 내가 전에 죄를 지은 여러 사람의 그 행한 바 더러움과 음란함과 호색함을 회개하지 아니함 때문에 슬퍼할까 두려워하노라. 바울은 자기가 그들에게 가서 어떤 사람들의 죄가 그대로 있는 것을 보고서 슬퍼하게 되지는 않을지를 염려하고 두려워한다고 말함으로써, 참되고 신실한 사역자의 마음이 어떤 것인지를 우리에게 보여 준다. 모든 사역자들은 교회의 일을 자신의 일처럼 여겨서, 교회의 병폐들을 자신의 병폐들로 느껴야 하고, 교회의 슬프고 아픈 일들을 볼 때에 함께 슬퍼하고 아파하여야 하며, 교회 안에 있는 죄들을 보았을 때에는 근심하고 염려하는 것이 마땅하다. 옛적에 예레미야 선지자는 "어찌하면 내 머리는 물이 되고 내 눈은 눈물 근원이 될꼬 죽임을 당한 딸 내 백성을 위하여 주야로 울리로다"(렘 9:1)라고 말함으로써, 자신의 눈이 눈물 근원이 되어서, 재난을 당하게 될 자기 백성을 위하여 한없이 울 수 있었으면 좋겠다고 말하였다. 우리는 이스라엘 백성을 다스리는 책무를 맡았던 그 밖의 다른 경건한 왕들과 선지자들도 바로 그런 심정이었다는 것을 알고 있다. 옛적의 모든 경건한 사람들은 사람들이 하나님에 대하여 범죄할 때마다 근심하고 슬퍼하며, 형제들이 실족할 때마다 탄식하고, 마치 자신이 죄를 지은 것처럼 하나님 앞에 나아가 용서를 빌었는데, 오늘날의 복음 사역자들은 그들보다 한층 더 그렇게 하는 것이 마땅하다. 바울은 여기에서도 또다시 "부정"(不貞, impudicitia)으로 요약될 수 있는 여러 악들의 목록을 제시한다.

제13장

1내가 이제 세 번째 너희에게 가리니 두세 증인의 입으로 말마다 확정하리라 2내가
이미 말하였거니와 지금 떠나 있으나 두 번째 대면하였을 때와 같이 전에 죄 지은
자들과 그 남은 모든 사람에게 미리 말하노니 내가 다시 가면 용서하지 아니하리
라 3이는 그리스도께서 내 안에서 말씀하시는 증거를 너희가 구함이니 그는 너희에
게 대하여 약하지 않고 도리어 너희 안에서 강하시니라 4그리스도께서 약하심으로
십자가에 못 박히셨으나 하나님의 능력으로 살아 계시니 우리도 그 안에서 약하나
너희에게 대하여 하나님의 능력으로 그와 함께 살리라(13:1-4).

1. 내가 이제 세 번째 너희에게 가리니 두세 증인의 입으로 말마다 확정하리라. 바울은 자기가 지금까지 말해 온 자들, 즉 자신의 권면이나 책망에는 전혀 신경도 쓰지 않고, 정욕에 빠져서 방탕하게 살아가거나 고린도 교인들 중에서 다툼과 분쟁을 일삼고 있던 자들의 오만방자함을 꾸짖는 말을 계속해 나간다. 그의 이러한 책망은 고린도 교인들 전체가 아니라, 그들 중에서 일부 병들고 반쯤 썩은 지체들을 겨냥한 것이다. 바울은 이제 고린도 교인들 전체가 아니라, 그들 중에서 인자하고 온유한 권면이나 책망으로는 바로잡을 수 없는 일부 사람들을 겨냥해서 말하고 있는 것이기 때문에, 한층 더 엄한 어조로 책망을 해 나간다. 그는 자기가 세 번째로 그들에게 갈 것이라고 경고하고, 자기가 그들에게 세 번 가는 것은 그들에게 세 번의 기회를 준 것이기 때문에, 세 증인의 입으로 그들의 완악함과 불순종을 확정하게 하는 것과 같은 것이라고 말한다.

바울은 "두세 증인"에 의해서 확정된 것은 사실로서의 권위를 지닌다는 율법 규정을 인용해서, 그 규정이 본래 지니고 있는 문자적인 의미가 아니라 비유적으로 사용하여, 자기가 현재 다루고 있는 문제에 적용한다. 그는 이렇게 말한다: "율법은 우리가 어떤 논란이 되는 문제를 확정할 때에는 두세 증인의 증언에 의거하여야 한다고 분명하게 규정하고 있다." 여기에서 "확정하다"로 번역된 단어는 어떤

문제에 대하여 결정을 내려서 더 이상 분쟁이나 논란이 없게 하는 것을 의미한다. "나는 한 사람에 불과하지만, 내가 너희에게 세 번 가는 것은 세 명의 증인들의 권위를 지니게 될 것이다." 또는, "내가 세 번 가는 것은 세 명의 증인들의 증언을 대신할 것이다." 왜냐하면, 그가 세 번씩이나 그들을 찾아가서 그들이 잘되게 하기 위하여 권면하고 경고한 것은, 서로 다른 세 사람이 그들에게 가서 그들에게 권면하고 경고한 것과 같은 것으로 여겨질 수 있기 때문이다.

2. 내가 이미 말하였거니와 지금 떠나 있으나 두 번째 대면하였을 때와 같이 전에 죄 지은 자들과 그 남은 모든 사람에게 미리 말하노니 내가 다시 가면 용서하지 아니하리라. 바울은 여러 번 그들에게 조용히 온유하게 권하고 경책하였지만, 그런 것들이 아무 소용이 없었고, 그들은 여전히 자신들의 잘못을 고치려 하지 않았기 때문에, 자기가 두 번째로 가서 그들을 만나서 말로 이미 경고했던 것처럼, 이제 세 번째로 그들에게 가면 그들을 용서하지 않을 것이라고 단호하게 밝힌다. 바울이 이렇게 아주 엄중하게 경고하고 있는 것을 볼 때, 우리는 그들이 지독할 정도로 완악하고, 그 어떤 말도 들으려고 하지 않은 자들이었다는 것을 알 수 있다. 왜냐하면, 우리는 바울이 쓴 서신들을 통해서, 그가 다른 경우들에 있어서는 끝까지 인내하며 온유한 태도로 사람들을 대하였다는 것을 분명하게 알게 되기 때문이다. 많은 것들을 못본 체해 주고 너그럽게 관용하는 것은 선한 아버지의 특징인 반면에, 자신의 자녀들을 엄격하게 대하여야 할 때에 엄격하지 못하고 늘 온유하기만 한 것은 자녀들이 잘되든 말든 그런 것에는 관심도 없는 우매하고 악한 아버지의 특징이다. 우리는 지나친 관용(indulgentia)보다 더 해로운 것은 없다는 것을 잘 알고 있다. 그러므로 우리는 온유하게 행할 때에는 온유함 가운데서 온 힘을 다해서 설득하려고 해야 하지만, 엄하게 할 필요가 있을 때에는 반드시 엄하게 대하여 잘못된 것들을 바로잡는 것이 마땅하다.

그러나 여기에서 우리에게는 이런 질문이 생긴다: "여기에서 왜 사도는 마치 많은 사람들 앞에서 자신의 손가락으로 죄 지은 사람들을 가리키는 것처럼, 개개 신자들이 저지른 잘못들과 죄악들을 공개적으로 노출시키고 있는 것인가?" 나의 대답은, 만일 그들이 저지른 죄악들이 많은 사람들에게 감추어져 있었다면, 바울은 결코 그렇게 하지 않았을 것이지만, 그들의 죄악들은 모든 고린도 교인들에게 잘 알려져 있었고, 지극히 해로운 본보기로 공개되어 있었기 때문에, 공개적인 범죄를 저지른 자들을 자신의 손가락으로 가리키듯이 지적해서 경고할 필요가 있었다는 것이다. 우리에게 드는 두 번째 질문은, 바울은 그들을 말로써 더욱 호되고 심하게 질책하는 것 외에는 그들을 바로잡는 데 사용할 수 있는 수단이 없었을 것인데, 그가 여기에서 그들에게 취하겠다고 경고한 조치는 과연 무엇이었을까 하는 것이다. 나는 바울이 여기에서 그들에게 경고하고 있는 조치는 "출교"였을 것임을 의심하지 않는다. 왜냐하면, 회개하지 않는 신자들에게 가장 두려운 벌은, 그리스도의 몸으로부터 잘려져 나가고, 하나님의 나라에서 추방되어서, 멸망을 위하여 사탄에게 넘겨지는 것이기 때문이다.

3. 이는 그리스도께서 내 안에서 말씀하시는 증거를 너희가 구함이니 그는 너희에게 대하여 약하지 않고 도리어 너희 안에서 강하시니라. "이는 그리스도께서 내 안에서 말씀하시는 증거를 너희가 구함이니"라는 구절에 대해서는 두 가지 해석이 가능하다. 먼저, 우리는 이 구절을 "내가 스스로 말하는 것인지, 아니면 그리스도께서 나를 통해서 말씀하시는 것인지에 대해서, 너희가 증거를 원하기 때문에"로 해석할 수 있는데, 크리소스토모스(Chrysostomus)와 암브로시우스(Ambrosius)가 이 구절을 이런 식으로 해석한다. 하지만 나는 바울은 여기에서 그들이 자신의 권위를 부정한다면, 그것은 그의 권위가 아니라 그리스도의 권위를 부정하는 것이고, 그들이 자신의 경고들을 무시한다면, 그것은 그리스도의 인내심을 시험하는 것이라고 분명하게 선언하고 있는 것이라고 이해한다: "나를 통해서 말씀하시는 분은 그리스도이시다. 그러므로 너희가 나의 가르침을 멸시한다면, 너희는 내가 아니라 그리스도를 멸시하는 것이다."

그러나 어떤 사람들은 이렇게 반론을 제기할 것이다: "어떤 사람이 자신의 가르침은 그리스도로부터 온 것이라고 주장한다고 해서, 우리는 그 사람의 가르침이 과연 그리스도로부터 온 것인지를 살피는 것을 그만두어야 하는가? 모든 거짓 선지자들은 자신들의 가르침이 하나님으로부터 온 것이라고 주장한다. 이렇게 자신의 가르침이 하나님으로부터 온 것이라고 주장하기만 하면, 우리가 그 가르침을 시험하고 검증하는 것을 그만두어야 한다면, 우리는 참 선지자와 거짓 선지자를 어떻게 분별하겠는가? 또한, '사랑하는 자들아 영을 다 믿지 말고 오직 영들이 하나님께 속하였나 분별하라 많은 거짓 선지자가 세상에 나왔음이라' (요일 4:1)고 한 말씀은 어떻게 되는 것인가?" 바울은 이런 종류의 온갖 반론들을 예상이라도 한 듯이, 그리스도께서 자신의 사역을 통해서 고린도 교인들 가운데서 능력으로 역사하셨다는 말을 여기에 덧붙인다. 왜냐하면, "그리스도께서 내 안에서 말씀하시는"

이라는 구절과 "그는 너희에게 대하여 약하지 않고 도리어 너희 안에서 강하시니라"는 구절을 한데 묶어서 이해하면, 바로 그런 의미가 되기 때문이다: "그리스도께서는 너희에 대한 나의 가르침 속에서 너희에게 능력으로 역사하심으로써, 자기가 나의 입을 통해서 말씀하고 계신다는 것을 증명해 오셨기 때문에, 너희는 그것을 모른다고 변명하거나 핑계할 수 없다."

우리는 바울이 단지 말로만 자랑하는 것이 아니라, 실제로 그리스도께서 자기 안에서 말씀하고 계신다는 것을 증명하고 있는 것을 본다. 이렇게 바울은 고린도 교인들에게 자신의 주장을 받아들이라고 요구하기에 앞서, 자기가 그들에게 하는 말들이 그리스도께서 하시는 말씀들이라는 것을 그들에게 확신시켜 준다. 따라서 어떤 사람이 교회에서 가르침을 베푸는 경우에는, 그리스도께서 그의 가르침 속에서 자신을 나타내고 계신다는 것이 분명해질 때까지는, 그 사람이 교회에서 어떤 직분을 맡고 있든, 그 가르침을 시험하고 검증하는 것이 합당하다. 왜냐하면, 그러한 시험과 검증의 대상은 그리스도가 아니라 그 사람이기 때문이다. 그러나 그 사람을 통해서 선포되고 있는 것이 하나님의 말씀이라는 것이 분명해졌을 때에는, 바울이 여기에서 자신의 가르침과 관련하여 하고 있는 말, 즉 자신의 가르침을 믿지 않는 것은 하나님을 믿지 않는 것이라고 말하는 것은 옳다.

옛적에 모세도 동일한 확신으로 이렇게 말하였다: "아론이 어떠한 사람이기에 너희가 그를 원망하느냐"(민 16:11). 즉, 아론은 하나님께서 자신의 대변자로 세우신 사람이기 때문에, 그를 원망하는 것은 하나님을 원망하는 것이라는 의미이다. 또한, 이사야 선지자도 이렇게 말하였다: "다윗의 집이여 원하건대 들을지어다 너희가 사람을 괴롭히고서 그것을 작은 일로 여겨 또 나의 하나님을 괴롭히려 하느냐"(사 7:13). 말씀을 전하고 있는 사람이 하나님의 사역자이고, 그가 자신의 직분을 충성되게 수행하고 있다는 것이 분명한 경우에는, 그의 가르침을 거부하는 것은 하나님을 거부하는 것이기 때문에, 거기에는 변명의 여지가 없다. 본문으로 돌아가서, 바울의 사역은 고린도 교인들 가운데서 하나님의 역사라는 것이 너무나 분명하게 드러났고, 하나님께서는 그의 사역 가운데서 자기 자신을 공개적으로 드러내셨기 때문에, 그가 자신의 사역에 대하여 반대하는 자들을 아주 호되고 엄하게 대하고 있는 것은 이상한 일이 아니다. 바울에게는 그들을 그리스도를 대적하는 반역자들로 규정하고서 엄하게 책망할 만한 합당한 근거가 있었다.

4. 그리스도께서 약하심으로 십자가에 못 박히셨으나 하나님의 능력으로 살아

계시니. 바울이 여기에서 그리스도의 낮아지심에 대하여 말하고 있는 데에는, 그럴 만한 특별한 이유가 있었다. 왜냐하면, 그는 고린도 교회에 있는 자신의 대적들이 자신의 낮아짐을 계속해서 멸시하고자 한다면, 그리스도께서 "사람의 모양으로 나타나사 자기를 낮추시고 십자가에 죽기까지 복종하신"(빌 2:8) 것에 대해서도 멸시하는 것이 마땅하다는 것을 간접적으로 지적하고자 한 것이기 때문이다. 아울러, 바울은 그리스도께서 스스로 낮아지셔서 십자가에 못 박히셨기 때문에, 하나님의 능력으로 부활하셔서 지극히 큰 영광을 얻게 되신 것임을 보여 줌으로써, 그리스도의 그러한 낮아지심을 멸시하는 것이 얼마나 어이없고 황당한 일인지를 알게 해 준다. 그는 이렇게 말한 것과 같다: "그리스도께서 하나님의 능력으로 부활하셔서 지금 지극한 영광 중에서 하늘에 살아 계시는 것은 십자가의 죽음 속에서 자신의 약하심을 보이셨기 때문인데도, 너희는 그리스도께서 영광을 얻으시기 위하여 자원해서 낮아지시고 약함 가운데 계셨다고 해서, 그리스도를 멸시하고자 하는 것이냐?" "육체"라는 단어가 그리스도의 인성을 나타내는 것과 마찬가지로, 여기에서 "하나님"이라는 단어는 그리스도의 신성을 나타낸다.

이 구절은 다음과 같은 질문을 제기한다: "우리가 우리의 약함으로 인해서 고난을 겪게 되는 것은 우리의 의지적인 선택이 아니라 어쩔 수 없는 일이기 때문인데, 그렇다면 그리스도께서 자신을 약함 가운데 두신 것도 자신의 의지를 거슬러 어쩔 수 없어서 그렇게 하신 것인가?" 옛적에 아리우스파는 이 문제를 악용해서 그리스도의 신성을 부정하였던 반면에, 정통적인 교부들은 그리스도께서 자신을 약함 가운데 두신 것은 어쩔 수 없어서가 아니라 자원하신 것이라고 설명하였다. 우리가 제대로 이해하기만 한다면, 교부들의 이러한 설명은 옳다. 하지만 그리스도께서 자원해서 자신을 약함 가운데 두신 것을 지나치게 확장하여 잘못 해석한 사람들이 있어 왔다. 그들은 "약함"은 그리스도께서 지니신 본성의 상태가 아니라, 그리스도의 본성과 상반되는 것인데, 그리스도께서 단지 자원해서 허용하신 것이라고 주장한다. 예를 들면, 그들은 그리스도께서 죽으신 것은 그의 인성이 죽음에 종속되어 있었기 때문이 아니라, 원래 죽지 않아도 되는 본성을 지니고 계셨는데, 자원해서 죽는 것을 선택하셨기 때문이라고 말한다. 나는 그리스도께서 자신의 의지적인 선택을 통해서 죽으셨다는 것에는 당연히 동의한다. 하지만 그리스도께서는 우리와 똑같은 죽을 몸을 입으시기로 결심하셨을 때, 이미 죽음을 선택하신 것이 아니겠는가? 왜냐하면, 우리가 그리스도의 인성이 우리와 똑같은 인성이 아니었다고 말하는 순간, 우리의 믿음의 주된 토대는 무너지기 때문이다. 그러므로 우리는 그리스도께서는 "하나님의 본체"로 계실 때에는 죽지 않아도 되셨지만, "자기를 비워 종의 형체를 가지사 사람들과 같이" 되심으로써 "약함"을 입기로 결심하시고 실제로 그렇게 하심으로써(빌 2:6), 어쩔 수 없어서가 아니라 자원해서 죽기로 결심한 것이라고 이해하여야 한다.

우리도 그 안에서 약하나 너희에게 대하여 하나님의 능력으로 그와 함께 살리라. "우리도 그 안에서 약하다," 즉 우리가 그리스도 안에서 약하다는 것은, 우리가 그리스도의 약함에 참여하고 있다는 것을 의미한다. 이런 식으로 바울은 자신의 약함을 영광스러운 것으로 만든다. 왜냐하면, 그의 약함은 그리스도를 본받는 것이고, 하나님의 아들이 자신을 약함 가운데 두시고서 온갖 모욕과 수치를 감당하신 것 같이, 그도 그렇게 하고 있는 것이기 때문이다. 바울은 자기가 그리스도의 모범을 따라서 그들을 향하여 살고자 하는 것이라고 말한다. 그는 이렇게 말한다: "나의 약함이 제거된 후에는, 나도 그리스도의 생명에 참여하게 될 것이다." 그는 여기에서 "생명"과 "약함"을 대비시키는데, "생명"은 사람이 온전히 영광과 존귀를 누리게 되는 상태를 의미한다. 우리는 "너희에게 대하여"를 "하나님의 능력"과 연결시켜서 해석할 수도 있지만, 어느 쪽으로 해석해도 의미는 동일하기 때문에, 이 문제는 별로 중요하지 않다. 즉, 고린도 교인들이 제정신으로 돌아와서 올바르게 판단하기 시작하게 되면, 바울 속에서 역사하고 있는 하나님의 능력을 깨닫고, 그와 그의 사도직을 인정하고서, 그의 외적인 약함을 더 이상 멸시하지 않게 되리라는 것이다.

[5]너희는 믿음 안에 있는가 너희 자신을 시험하고 너희 자신을 확증하라 예수 그리스도께서 너희 안에 계신 줄을 너희가 스스로 알지 못하느냐 그렇지 않으면 너희는 버림 받은 자니라 [6]우리가 버림 받은 자 되지 아니한 것을 너희가 알기를 내가 바라고 [7]우리가 하나님께서 너희로 악을 조금도 행하지 않게 하시기를 구하노니 이는 우리가 옳은 자임을 나타내고자 함이 아니라 오직 우리는 버림 받은 자 같을지라도 너희는 선을 행하게 하고자 함이라 [8]우리는 진리를 거슬러 아무 것도 할 수 없고 오직 진리를 위할 뿐이니 [9]우리가 약할 때에 너희가 강한 것을 기뻐하고 또 이것을 위하여 구하니 곧 너희가 온전하게 되는 것이라(13:5-9).

5. 너희는 믿음 안에 있는가 너희 자신을 시험하고 너희 자신을 확증하라 예수 그리스도께서 너희 안에 계신 줄을 너희가 스스로 알지 못하느냐. 바울은 자기가 방금 말하였던 것, 즉 그리스도의 능력이 자신의 사역 속에서 분명하게 나타났다는 사실을 확증한다. 그는 고린도 교인들에게 그들 자신을 들여다보고, 그들이 자기로부터 무엇을 받았는지를 잘 생각해 봄으로써, 자신의 말이 진짜인지 가짜인지를 판단해 보라고 요구한다. 먼저, 그는 그리스도는 오직 한 분이시고, 사역자와 믿는 자들 안에 계시는 분은 바로 그 한 분 그리스도이시기 때문에, 그리스도께서 고린도 교인들 안에 계신다면, 그들이 자기를 부정한다는 것은 있을 수 없는 일이라고 말한다. 다음으로, 그는 그리스도께서는 자신의 가르침 속에서 자신의 능력을 결코 모호하지 않게 아주 분명하고 생생하게 나타내셨기 때문에, 고린도 교인들이 완전히 우매한 자들이 아니라면, 그러한 사실을 의심할 수 없을 것이라고 말한다. 그들이 믿음을 갖게 되고, 그리스도를 믿게 되고, 온갖 은혜와 은사들을 받게 된 것은, 다 바울의 가르침을 통해서였다. 그러므로 그가 그들이 그들 자신을 찬찬히 들여다본다면, 자신의 가르침 속에서 그리스도의 능력이 나타났다는 사실을 결코 부정할 수 없게 될 것이라고 말한 것은 지극히 합당한 것이었다. 사역자가 가질 수 있는 유일하게 참되고 합당한 근거가 있는 확신은, 자기가 가르친 자들의 양심에 호소해서, 자신의 가르침이 옳다는 것을 인정받을 수 있다는 것이다. 그런 경우에 그들에게 그리스도를 믿는 믿음과 참된 경건이 조금이라도 있다면, 그들은 그 사역자의 신실함을 인정하지 않을 수 없게 된다. 우리가 지금 보고 있듯이, 바울이 고린도 교인들을 상대로 해서 하고 있는 것이 바로 그것이다.

그러나 우리가 이 구절을 특별히 주목해야 할 이유가 두 가지가 있다. 첫 번째는 이 구절은 사람들의 믿음과 사역자의 전도 간의 관계를 보여 주고 있다는 것이다. 왜냐하면, 전도는 사람들 속에 믿음을 잉태하게 하고 낳게 만드는 어머니이고, 믿음은 사람들에게 자신의 기원을 일깨워 주는 딸이기 때문이다. 두 번째는 이 구절은 믿음의 확신(fidei certitudo)을 증명해 주는 역할을 한다는 것이다. 궤변을 일삼는 가톨릭의 신학자들은 이 가르침을 완전히 변질시켜서, 사람들의 마음으로부터 이 가르침을 거의 완전히 뿌리째 뽑아내어 버렸다. 그들은 사람들이 자기가 그리스도의 지체이고, 그리스도께서 자기 안에 내주하고 계신다고 확신하는 것은 경솔하고 무분별하고 무모한 짓이라고 주장하면서, 그런 것들은 우리가 확실히 알 수 있는 것들이 아니고, 우리가 죽을 때까지 계속해서 확정되지 않는 것이기 때문에,

우리는 단지 그럴 것이라고 추정할 수만 있다고 말함으로써, 믿는 자들의 양심을 언제까지나 확신하지 못하는 상태로 두고자 한다. 그러나 바울은 여기에서 무엇이라고 말하고 있는가? 그는 예수 그리스도께서 자기 안에 계신 것을 알지 못하고, 자기가 그리스도의 지체라는 것을 알지 못하는 자들은 "버림 받은 자들"이라고 분명하게 선언한다. 그러므로 우리는 그리스도께서 우리 안에 거하신다는 것과 우리가 그리스도의 지체라는 사실에 대하여, 단지 그럴 것이라고 추측하는 것이 아니라, 견고하고 확실하게 확신하는 가운데, 우리로 하여금 하나님의 은혜 안에서 안식할 수 있게 해 주는 믿음만이 오직 참된 믿음이라는 것을 알아야 한다.

그렇지 않으면 너희는 버림 받은 자니라. 바울은 고린도 교인들 앞에 두 가지 선택지를 제시하고서 하나를 선택하라고 말한다. 즉, 그들이 자신의 사역이 하나님으로부터 온 것임을 인정하고 증언하는 것이 합당한 일인데도, 그렇게 하지 않는다면, 그들은 버림 받은 자들일 수밖에 없다는 것이다. 이렇게 그는 그들이 자신의 사도직을 인정하면 참된 신자들이고, 인정하지 않으면 버림 받은 자들이라고 말함으로써, 제3의 선택지를 허용하지 않는다. 왜냐하면, 그들의 믿음은 그의 가르침에 토대를 둔 것이었고, 그들이 받아들인 그리스도는 그가 그들에게 전한 그리스도였으며, 그들이 믿은 복음은 그가 그들에게 전한 복음이었던 까닭에, 만일 그들이 그의 사도직을 인정하지 않는다면, 그들의 구원의 토대는 남김없이 다 무너질 것이었고, 따라서 그들은 버림 받은 자들이 될 수밖에 없을 것이었기 때문이다.

6. 우리가 버림 받은 자 되지 아니한 것을 너희가 알기를 내가 바라고. 바울은 계속해서 고린도 교인들에게 결단할 것을 촉구하며 한층 더 심하게 압박해 나가지만, 그럼에도 불구하고 그들이 자기를 배척하지 않을 것임을 여전히 확신한다. 그들은 바울을 참된 사도로 인정하고 거기에 합당한 공경을 드리든지, 아니면 그들에게 믿음이 없고 그들은 교회도 아니라는 것을 인정하든지, 이 둘 중의 하나를 선택하여야 한다. 바울은 "바란다"는 단어를 사용함으로써 자신의 심한 말의 강도를 완화시키기는 하지만, 이 단어조차도 여전히 그들에게 그들이 어떻게 하는 것이 마땅한 도리인지를 상기시키고 있다. 왜냐하면, 우리에게 올바르게 행하기를 바라는 사람들의 기대를 저버리고 실망시키는 것은 매우 잔인한 일이기 때문이다. 그는 이렇게 말하고 있는 것이다: "나는 너희가 제정신으로 회복되어서, 모든 것을 올바르게 알게 되기를 바란다." 바울은 지혜롭게도 이 시점에서 자기 자신에 대해서는 아무 말도 하지 않고, 그들이 하나님으로부터 받은 복들을 생각해 보라고 하

면서, 자신의 권위가 아니라 그들의 구원에 강조점을 두어 말하고 있다.

7. 우리가 하나님께서 너희로 악을 조금도 행하지 않게 하시기를 구하노니 이는 우리가 옳은 자임을 나타내고자 함이 아니라 오직 우리는 버림 받은 자 같을지라도 너희는 선을 행하게 하고자 함이라. 바울은 자기는 자신이 사람들로부터 높임과 공경을 받는 것 따위에는 아무런 관심도 없고, 오로지 그들이 잘되게 하는 데에만 관심이 있다는 것을 여기에서 다시 한 번 분명하게 선언한다. 왜냐하면, 고린도 교인들이 바울의 가르침으로부터 얻었고 또한 얻고 있는 유익들을 박탈당한다면, 그것보다 그들에게 더 해악이 되는 일은 없을 것이었고, 실제로 그들이 교만해져서 바울과 그의 사도직을 멸시함으로 인해서 그런 일은 이미 일어나고 있었기 때문이었다. 그는 이렇게 말한다: "나는 내 자신이나 나의 명성 같은 것에 대해서는 추호의 관심도 없고, 그런 것들에는 전혀 신경 쓰지 않는다. 오직 내가 걱정하고 두려워하는 것은, 너희가 하나님을 노여우시게 하면 어쩌나 하는 것이다. 너희가 악을 행하여 하나님을 노여우시게 하지 않을 수만 있다면, 나는 기꺼이 너희를 위하여 내 자신이 버림 받은 자 같이 보이게 되는 것도 감수할 각오가 되어 있다." 즉, 그는 고린도 교인들이 아무런 악도 행하지 않고 오직 선만을 행하는 자들이 된다면, 자기는 사람들이 볼 때에 "버림 받은 자" 같이 보일지라도, 그런 것에는 전혀 개의치 않는다는 말이다. 왜냐하면, 사람들이 지극히 공경 받아 마땅한 자들을 멸시하고 배척하는 것은 다반사로 일어나는 일이기 때문이다.

여기에서 "같다"를 의미하는 불변화사가 사용된 것은 결코 무의미한 것이 아니다. 왜냐하면, 바울이 고린도후서 6:8에서 "우리는 속이는 자 같으나 참되고"라고 말할 때, "같다"라는 불변화사가 사용됨으로써, 자기는 사람들의 눈에는 "속이는 자" 같이 보이지만, 사실은 "참된 자"라고 말한 것과 마찬가지로, 여기에서도 자기는 실제로는 "버림 받은 자"가 아니지만, 사람들이 자기를 그렇게 보고 멸시해도 얼마든지 그런 모욕과 멸시를 감수할 용의가 있다는 것을 이 불변화사를 통해서 보여 주고 있는 것이기 때문이다. 여기에서 바울은 모든 사역자들은 자기 자신에는 신경을 쓰지 말고, 오로지 교회의 덕을 세우는 일에만 전적으로 헌신하여야 한다는 것을 하나의 철칙으로 삼아야 하며, 교회와 믿는 자들의 유익을 위해서 자신의 명성이나 명예를 지킬 필요가 있는 경우를 제외하고는, 그런 것에 신경을 쓰지 않아야 한다는 것을 우리에게 가르쳐 준다. 즉, 사역자들은 그들의 명예나 명성이 훼손이 된다고 하여도, 교회나 믿는 자들에게 전혀 해악이 없는 경우에는, 그런 것에 신경을 쓰지 않아야 한다는 것이다.

8. 우리는 진리를 거슬러 아무 것도 할 수 없고 오직 진리를 위할 뿐이니. 바울은 이렇게 말하고 있는 것이다: "거짓 사도들은 모든 능력을 그들 자신을 위하여 사용하는 데에만 관심이 있고, 교회와 성도들의 유익을 위해 사용하는 데에는 전혀 관심이 없지만, 나는 나로 하여금 진리를 섬기도록 하시기 위하여 하나님께서 내게 주신 것 이외의 다른 능력을 구하지도 않고 원하지도 않는다." 요컨대, 바울은 오로지 하나님의 진리를 지키기 위한 목적 때문에 사도로서의 자신의 직분과 자기 자신을 변호하는 것일 뿐이라고 말한다. 그는 이렇게 말한 것과 같다: "내가 사람들의 눈에 버림 받은 자 같이 보이고 사람들로부터 멸시를 받는다고 할지라도, 그런 것은 내게 하나도 중요하지 않다. 왜냐하면, 만일 내가 진리를 세우는 데 관심이 없다면, 나의 이익이나 명성 따위에는 아무런 관심도 없다는 나의 모든 주장은 거짓되고 옳지 않겠지만, 나는 내게 있는 모든 권세와 능력을 오로지 진리를 세우는 데에만 쏟아 붓고 있는 까닭에, 내가 사람들에게 베푸는 가르침의 권위가 훼손되지 않는 한, 내 자신의 이익이나 나에 대한 사람들의 평판 따위에는 아무런 관심이 없다. 왜냐하면, 오직 내가 바라는 것은 진리가 훼손되지 않는 것이기 때문이다. 따라서 내가 내 자신과 나의 사도직을 이렇게 필사적으로 변호하고 옹호하고 있기는 하지만, 나의 이러한 행동은 결코 내 자신의 개인적인 명예나 명성을 지키기 위한 사적인 동기에서 나온 것이 결코 아니다."

이것이 여기에서 바울이 오로지 진리를 위하여 싸우고 수고하는 자들은, 하나님의 영광이 훼손되지 않고, 교회의 덕 세움에 방해가 되지 않으며, 자신들이 베푼 올바르고 건전한 가르침의 권위가 흔들리지 않기만 한다면, 사람들이 그들을 버림받은 자들이라고 생각하여 멸시하더라도, 그런 것에 전혀 개의치 않는 법이라고 말하는 이유이다. 이 구절은 교회의 사역자들이 하나님으로부터 받은 권세와 능력을 사용하는 것과 관련한 한계를 분명하게 설정해 주고 있다는 점에서, 우리가 명심하여야 할 주목할 만한 구절이다. 즉, 사역자들은 자신의 권세와 능력을 오직 진리의 일꾼으로서 진리를 세우고 지키며 가르치는 데에만 사용하여야 한다는 것이다. 교황주의자들이 의기양양해서 우리의 귀에 큰 소리로 들려 주는 성경 본문들이 있는데, 그것은 "너희 말을 듣는 자는 곧 내 말을 듣는 것이요 너희를 저버리는 자는 곧 나를 저버리는 것이요 나를 저버리는 자는 나 보내신 이를 저버리는 것이라"(눅 10:16)는 말씀과 "너희를 인도하는 자들에게 순종하고 복종하라 그들은 너희 영혼을 위하여 경성하기를 자신들이 청산할 자인 것 같이 하느니라 그들로 하여금 즐거움으로 이것을 하게 하고 근심으로 하게 하지 말라 그렇지 않으면 너희에게 유익이 없느니라"(히 13:17)는 말씀이다. 그들은 실제로는 진리의 불구대천의 철천지원수로 행하여, 그들이 지닌 모든 힘을 다 사용해서 어떻게 해서든지 진리를 멸하기 위하여 광분하는 자들인데도, 온갖 말도 안 되는 짓들을 자행하며 신자들을 폭정으로 억압하고 제멋대로 행하는 그들에게 신자들이 무조건적으로 복종하는 것이 마땅하다는 근거로 이러한 본문들을 큰 소리로 읽어 들려주는 것이다. 바울이 여기에서 우리에게 들려주는 이 말씀 하나만으로도, 교황주의자들이 얼마나 뻰뻰스럽고 후안무치한 자들인지가 잘 드러난다. 왜냐하면, 바울은 모든 사역자들은 오직 진리들만을 섬겨야 한다는 것을 분명하게 선언하고 있기 때문이다.

9. 우리가 약할 때에 너희가 강한 것을 기뻐하고. 여기에서 사용된 이유를 나타내는 불변화사인 '가르'(γάρ)는 "그러므로"로 번역할 수도 있고, 바울이 고린도 교인들의 유익을 위하여 자기가 버림 받은 자로 여김을 받는 것을 거부하지 않는 두 번째 이유를 말하기 위한 도입어로 보고서 "왜냐하면"으로 번역할 수도 있다. 어느 쪽을 선택해도 의미상으로는 별 차이가 없기는 하지만, 어느 쪽으로 보느냐 하는 것은 독자들의 몫이다. 바울은 여기에서 "너희가 정말 믿음이 강한 자들이기만 하다면, 나는 너희가 믿음이 강한 자들이 된 것이 너무나 기뻐서, 사람들이 나를 약한 자로 여겨도, 그런 것쯤은 아무렇지도 않을 것이다"라고 말하고 있는데, 이 구절에서는 겉보기에는 "약함"과 "강함"을 대비시키는 대조법이 사용되고 있는 것처럼 보이지만, 이 두 단어는 실제로는 대비되는 개념으로 사용되고 있는 것이 아니다. 왜냐하면, 여기에서 "약함"은 앞에서와 마찬가지로 멸시를 당하는 것을 의미하지만, 바울이 고린도 교인들이 "강하다"고 말할 때, 그것은 그들이 하나님의 능력과 은혜로 충만한 것을 의미하기 때문이다.

또 이것을 위하여 구하니 곧 너희가 온전하게 되는 것이라. 바울은 앞에서도 자주 그랬듯이 여기에서도 다시 한 번, 자기가 그들에게 이렇게 엄하게 말할 수밖에 없게 된 것은, 자기가 원했기 때문이 아니라, 어쩔 수 없어서였다는 것을 밝히면서, 자기가 편지로 엄하게 말하는 것은, 나중에 그들에게 갔을 때, 그들이 자신들의 잘못들을 바로잡지 않은 것을 보고서, 더욱 엄하게 그들을 대하여야 하는 것을 피하기 위한 것이기 때문에, 오히려 그들을 아껴서 엄하게 하는 것이라고 말한다. 바울은 고린도 교인들 전체가 모든 잘못들을 다 바로잡고 한마음으로 올바른 상태에서 신앙생활을 하게 되는 것을 "온전하게 되는 것"이라고 표현한다. 그가 "온전하게 되는 것"이라는 표현을 사용한 것은, 좋은 의사들이 사람의 몸의 다른 부분에 해악이 되지 않게 하는 방식으로 특정한 질병을 고치는 것에 빗대어서 말한 것이다. 즉, 그는 고린도 교회의 병이 더 악화되어서 대수술이 필요할 지경이 되는 것을 막기 위해서, 자기가 편지로 그들에게 엄히 경고하고 권면할 때, 고린도 교인들이 거기에 순종해서 모든 것을 바로잡고 "온전하게" 되기를 바라고 있는 것이다. 왜냐하면, 처음에 상처가 심하지 않을 때에는 연고만 발라도 금방 나을 것인데도, 사람들이 연고조차 바르기를 거부하면, 나중에는 그 상처가 곪아 터져서, 그 상처를 불로 태우거나 잘라내어도 완치될 수 있을지 의심스러운 상황이 되어 버리기 때문이다.

[10]그러므로 내가 떠나 있을 때에 이렇게 쓰는 것은 대면할 때에 주께서 너희를 넘어뜨리려 하지 않고 세우려 하여 내게 주신 그 권한을 따라 엄하지 않게 하려 함이라
[11]마지막으로 말하노니 형제들아 기뻐하라 온전하게 되며 위로를 받으며 마음을 같이하며 평안할지어다 또 사랑과 평강의 하나님이 너희와 함께 계시리라 거룩하게 입맞춤으로 서로 문안하라 [12]모든 성도가 너희에게 문안하느니라 [13]주 예수 그리스도의 은혜와 하나님의 사랑과 성령의 교통하심이 너희 무리와 함께 있을지어다 (13:10-13).

10. 그러므로 내가 떠나 있을 때에 이렇게 쓰는 것은 대면할 때에 주께서 너희를 넘어뜨리려 하지 않고 세우려 하여 내게 주신 그 권한을 따라 엄하지 않게 하려 함이라. 먼저, 바울은 자기가 이렇게 그들에게 엄하게 하는 것은 하나님의 명령을 따른 것이기 때문에, 그들은 자기가 공연히 호통을 치거나, 까닭도 없이 화를 내는 것으로 생각해서는 안 된다는 것을 보여 준다. 즉, 그는 하나님께서는 원래 그들을 세우게 하시기 위하여 자기에게 권세를 주신 것이기 때문에, 비록 그들이 큰 잘못들을 범하였다고 할지라도, 그들을 무너뜨리고 멸하기 위하여 자신의 권세를 사용하는 것을 원하지 않는다는 것을 그들에게 알게 하고 있다. 그는 이렇게 말한 것과 같다: "나는 너희를 바로잡기 위해서 극단적인 조치들을 경솔하게 취하고 있는 것도 아니고, 너희에 대한 나의 분노와 서운함을 그대로 다 너희에게 쏟아 붓고 있는 것도 아니다. 나는 단지 하나님께서 내게 주신 명령을 따라 행하고 있는 것일 뿐이

다."

바울은 고린도후서 10:8에서도 "주께서 주신 권세는 너희를 무너뜨리려고 하신 것이 아니요 세우려고 하신 것이니"라고 말하였는데, 여기에서는 "주께서 너희를 넘어뜨리려 하지 않고 세우려 하여 내게 주신 그 권한"이라는 어구를 조금 다른 의미로 사용하고 있다. 왜냐하면, 전자에서 그는 우리는 우리에게 유익이 되는 것은 통상적으로 기쁜 마음으로 받아들인다는 점에서, 복음이 우리에게 가져다주는 유익을 지적하면서 복음을 추천하고 있는 것인 반면에, 여기에서 그가 이 어구를 사용한 목적은, 자기가 고린도 교인들을 엄하게 벌을 한다고 해도, 그것은 의롭고 합당한 일이 되겠지만, 자기가 하나님으로 받은 권세는 원래 그들을 세우는 데 사용하게 되어 있는 까닭에, 자기는 그들을 무너뜨리고 멸하기 위해서가 아니라 그들에게 유익을 끼치고 그들을 세우는 데 자신의 권세를 사용하고자 한다는 것을 보여 주기 위한 것이기 때문이다.

복음은 본질적으로 "모든 믿는 자들에게 구원을 주시는 하나님의 능력"(롬 1:16)이고, "생명으로부터 생명에 이르는 냄새"이고, 단지 부수적으로만 "사망으로부터 사망에 이르는 냄새"이기 때문에(고후 2:16), 복음 사역자들에게 주어진 권세는 복음을 듣는 사람들의 구원을 위하여 사용되는 것이 마땅하다. 왜냐하면, 복음이 결국 복음을 들은 사람들에게 사망으로 작용하였다고 할지라도, 그것은 복음의 본질이 아니라 부수적인 결과물에 지나지 않기 때문이다. 그러므로 바울이 여기에서 말하고자 하는 것은 이런 것이다: "너희는 하나님께서 너희의 구원을 위하여 주신 것을 너희 자신의 잘못으로 인하여 너희를 정죄하는 것으로 변질시켜서는 안 된다." 아울러, 바울은 자신의 모범을 통해서 모든 사역자들에게, 하나님이 그들에게 주신 권세의 용도에는 한계가 있다는 것을 보여 주면서, 그 한계를 넘어서서 권세를 사용해서는 안 된다고 경고하고 있다.

11-12. 마지막으로 말하노니 형제들아 기뻐하라 온전하게 되며 위로를 받으며 마음을 같이하며 평안할지어다. 바울은 고린도 교인들을 화나게 하고 착잡하게 한 채로 내버려 두는 것이 아니라, 그들의 그런 마음을 가라앉히고 나서 이 편지를 마무리하기를 원하였기 때문에, 자기가 이 편지에서 그들에게 심하게 하거나 서운하게 한 것들이 있다고 할지라도, 그 모든 것들은 그들의 유익을 위해서 그렇게 한 것임을 보여 주면서, 그들의 마음을 다독여 준다. 책망이 효과가 있고 유익이 되려면, 거기에 꿀을 섞어야 한다. 왜냐하면, 그렇게 해야만, 책망을 듣는 자들은 안심

을 하고 책망을 받아들일 수 있기 때문이다. 아울러, 바울은 지금까지 자기가 하는 권면이나 경고들을 무시해 온 일부 병든 지체들을 겨냥해서 엄하게 말을 해 오다가, 이제 여기에서는 눈을 돌려서 고린도 교회 전체를 다시 향하고 있는 것으로 보인다. 그래서 그는 자기가 오로지 관심을 갖고 있는 것은 그들이 "온전하게 되는" 것이고, 자기가 오로지 원하는 것은 그들이 "위로를 받는" 것임을 분명하게 선언한다. "마음을 같이하는" 것과 "평안한" 것은 서로 다르다. 왜냐하면, 전자는 사람들이 다 같은 생각으로 행하는 것이고, 후자는 서로를 용납하는 가운데 한마음이 되는 것을 의미하는 까닭에, 후자는 전자의 결과이기 때문이다.

또 사랑과 평강의 하나님이 너희와 함께 계시리라 거룩하게 입맞춤으로 서로 문안하라. 바울이 이 말을 하고 있는 것은, 앞에서 자기가 한 권면을 강화하기 위한 것이다. 아울러, 그는 고린도 교인들이 서로 한마음과 한뜻이 되어서, 그들 가운데 평강이 있게 되면, 하나님께서 그들과 함께 하시게 될 것이라고 선언한다. 왜냐하면, 서로 분쟁하고 다투는 자들은 하나님으로부터 단절되어 있는 자들이기 때문이다. 분쟁과 다툼이 있는 곳에는, 하나님이 아니라 마귀가 다스리고 있다는 것은 확실하다. "빛과 어둠"이 어떻게 서로 일치할 수 있겠는가(고후 6:14)? 바울이 여기에서 하나님을 "사랑과 평강의 하나님"이라고 부르는 이유는, 하나님께서는 이 두 가지 덕목을 사랑하시고, 그 원천이실 뿐만 아니라, 우리에게 사랑과 평강을 명하신 분이시기 때문이다. "입맞춤"에 대해서는, 우리가 앞의 두 서신에서 이미 다룬 바 있다.

13. 주 예수 그리스도의 은혜와 하나님의 사랑과 성령의 교통하심이 너희 무리와 함께 있을지어다. 바울은 우리의 구원과 관련된 모든 것이 들어 있는 세 부분으로 된 기도로 이 서신을 끝마친다. 그는 첫 번째로는 "그리스도의 은혜," 두 번째로는 "하나님의 사랑," 세 번째로는 "성령의 교통하심"이 고린도 교인들과 함께 하시기를 기원한다. "은혜"라는 단어는 여기에서 값없이 거저 주어지는 은총을 의미하는 것이 아니라, 구속(redemptio)의 모든 복을 가리키는 환유법적 표현이다. 하나님의 사랑은 그리스도의 은혜의 원천이기 때문에 가장 먼저 언급되었어야 하는 것으로 생각될 수 있다는 점에서, 그리스도의 은혜를 먼저 언급하고, 하나님의 사랑을 두 번째로 언급한 것은 순서가 잘못된 것으로 보일 수 있다.

이 문제에 대한 나의 대답은, 첫 번째로는 성경에서는 용어들을 정확히 배열하는 데 언제나 세심하게 신경을 쓰고 있지는 않는다는 것이고, 두 번째로는 성경은 이 두 가지에 대하여 말할 때에 하나님의 사랑을 먼저 언급하기도 하고 그리스도의 은혜를 먼저 언급하기도 하지만, 바울은 로마서 5:10에서 "우리가 원수 되었을 때에 그의 아들의 죽으심으로 말미암아 하나님과 화목하게 되었은즉"이라고 말한 것과 동일한 순서를 여기에서 따르고 있는 것이라고 할 수 있다는 것이다. 이렇게 성경에서는 한편으로는 종종 내가 방금 로마서에서 인용한 본문이 보여 주는 것 같은 순서를 따라서, 우리와 하나님 간에는 적대관계가 존재하였는데, 그리스도로 말미암아 우리가 하나님과 화목하게 될 수 있었다고 말한다.

하지만 다른 한편으로는, 요한복음 3:16에서는 "하나님이 세상을 이처럼 사랑하사 독생자를 주셨으니"라고 말함으로써, 하나님의 사랑을 먼저 언급한다. 이 두 가지 서술은 서로 모순되는 것처럼 보이지만, 이 둘을 조화시키는 것은 쉽다. 왜냐하면, 후자의 서술은 우리의 구속을 하나님의 관점에서 보고 있는 것이고, 전자는 우리 자신의 관점에서 보고 있는 것일 뿐이며, 서로 모순되는 것은 결코 아니기 때문이다. 즉, 하나님의 관점에서 보면, 하나님께서는 창세 전부터 우리를 사랑하셨고, 오직 우리를 향하신 사랑으로 인하여 우리를 구속하신 것인 반면에, 우리의 관점에서 보면, 우리는 우리 자신 속에서 하나님의 진노를 촉발시키는 죄 외에는 다른 그 어떤 것도 볼 수가 없기 때문에, 중보자이신 그리스도의 은혜를 바라보지 않고서는 우리를 향하신 하나님의 사랑을 깨달을 수 없다. 그러므로 하나님의 관점에서 보면, 하나님의 사랑이 그리스도의 은혜보다 선행하지만, 우리의 관점에서 보면, 그리스도의 은혜가 하나님의 사랑보다 선행한다. 따라서 이 문제를 하나님의 관점에서 보면, 바울이 그리스도의 은혜를 하나님의 사랑보다 먼저 언급한 것은, 결과를 원인보다 먼저 말한 것이 되기 때문에, 합당하지 않게 보이게 된다. 그러나 우리의 관점에서 보면, 바울이 하나님께서 그리스도 안에서 우리를 자녀로 삼으셨다는 것을 보여 주기 위하여 중보자로서의 "그리스도의 은혜"를 먼저 언급한 후에, 하나님께서 전에 죄로 인하여 진노하시고 가증스럽게 여기셨던 우리와 그리스도 안에서 화해하심으로써 우리를 향하신 자신의 사랑을 보여 주셨다는 것을 보여 주기 위하여 "하나님의 사랑"을 언급한 것은 합당하다.

바울이 여기에서 "성령의 교통하심"을 덧붙인 것은, 우리는 오직 성령의 인도하심 아래에서만 그리스도를 영접하고 그의 모든 은택들을 받아 누릴 수 있게 되기 때문이다. 또한, 그는 다른 곳에서 말하였던 것처럼(고전 12:11, "이 모든 일은 같은 한 성령이 행하사 그의 뜻대로 각 사람에게 나누어 주시는 것이니라"), 성령께서 각각의 신자들에게 다양한 은사들을 나누어 주셔서 서로 교제하며 서로에게 유익을 끼치게 하시는 것을 염두에 두고 있는 것으로 보인다. 왜냐하면, 하나님께서는 독립적인 개개인들에게 성령을 주시는 것이 아니라, 모든 믿는 자들에게 성령을 주시고 성령의 서로 다른 은사들을 나누어 주심으로써, 그들이 교회의 지체들로서 서로 하나로 연합되어, 모든 은사들을 서로 나누고 공유하게 하시는 것이기 때문이다.

칼빈 주석21 - 고린도전후서

1판 1쇄 발행 2016년 7월 27일

펴낸이 박명곤
디자인 류인수, 요나미디어 고봉환(02-991-9191)
마케팅 박지성
경영지원 김영은
펴낸곳 크리스천다이제스트
출판등록 제406-1999-000038호
전화 031-911-9864 **팩스** 031-944-9820
주소 경기도 파주시 회동길 152 피노키오뮤지엄 4층
홈페이지 www.cdp1984.com **이메일** cdp1984@naver.com

ISBN 978-89-447-2321-6
ISBN 978-89-447-2300-1 (세트)